Günter Wellenreuther
Dieter Zastrow

Steuerungstechnik
mit SPS

Günter Wellenreuther
Dieter Zastrow

Steuerungstechnik mit SPS

Bitverarbeitung und Wortverarbeitung
Regeln mit SPS
Von der Steuerungsaufgabe zum Steuerprogramm

3., korrigierte Auflage

Mit 101 Bildern, 71 Beispielen, 108 Übungsaufgaben
und einem kommentierten Programmverzeichnis

vieweg

1. Auflage 1991
2., überarbeitete und erweiterte Auflage 1993
3., korrigierte Auflage 1995

Der Verlag Vieweg ist ein Unternehmen der Bertelsmann Fachinformation GmbH.

Umschlaggestaltung: Klaus Birk, Wiesbaden
Satz: Vieweg, Wiesbaden
Druck und buchbinderische Verarbeitung: Lengericher Handelsdruckerei, Lengerich
Gedruckt auf säurefreiem Papier
Printed in Germany

ISBN 3-528-24580-8

Vorwort

Die Weiterentwicklung Speicherprogrammierter Steuerungen SPS vom Schützersatz zum Automatisierungssystem schlägt sich unter anderem im Erscheinungsbild der Anwenderprogramme nieder. So treten neben den binären Grundfunktionen UND, ODER, Setzen bzw. Rücksetzen von Merkern und Ausgängen sowie Zeit- und Zählfunktionen immer häufiger Lade- und Transferoperationen, arithmetische Funktionen und die Anwendung von Funktions- und Datenbausteinen auf. Durch den Einsatz von wortverarbeitenden Prozessoren anstelle der ursprünglich bitorientierten Bearbeitung des Programms in der Zentraleinheit (CPU) wurde die Grundlage für eine effiziente Bearbeitung von digitalen Signalen geschaffen. Selbst Regelungsfunktionen lassen sich mit dem von der CPU zur Verfügung gestellten Operationsvorrat ausführen.

Den Anforderungen, die durch den erweiterten Operationsvorrat an den Anwender von Speicherprogrammierten Steuerungen SPS gestellt werden, soll mit dem vorliegenden Lehr- und Arbeitsbuch Rechnung getragen werden. Neben den grundlegenden Verknüpfungs- und Ablaufsteuerungen werden in ausführlicher Weise die Wortverarbeitung mit den verschiedenen Varianten digitaler Steuerungen, die Analogwertverarbeitung und das Regeln mit der SPS behandelt. Wegen seiner besonderen Bedeutung für die Praxis ist das Thema Steuerungssicherheit ausführlich und mit Beispielen versehen in einem Kapitel dargestellt worden.

Die Methode dieses Lehr- und Arbeitsbuches besteht darin, neben der Darstellung der gebräuchlichsten allgemeinen Steuerungsoperationen, den interessierten Leser in die wichtigsten Programmentwicklungsverfahren einzuführen. In vielen aus der Praxis stammenden Steuerungsbeispielen werden die erlernten Verfahren angewendet. Im Kapitel Regeln mit SPS ist es das Ziel, die Grundlagen für die SPS als digitalen Abtastregler herauszuarbeiten, so daß die für die Praxis angebotenen Regelalgorithmusbausteine eingesetzt und die Scheu vor der Anwendung von angebotenen Regelungssoftwarepaketen genommen wird. Zur eigentätigen Vertiefung und Anwendung des Lehrstoffes werden am Ende der meisten Kapitel Übungsbeispiele unterschiedlichen Schwierigkeitsgrades angeboten. Das zugehörige Lösungsbuch ist unter dem Titel „Lösungsbuch Steuerungstechnik mit SPS“ erhältlich.

Alle vorgestellten Steuerungs- und Regelungsbeispiele sind in Kursen der beruflichen Erwachsenenfortbildung sowie im Lehrerfortbildungsprogramm Baden-Württembergs mehrfach erprobt und verbessert worden. Darüberhinaus sind viele Beispiele und Übungen in den verschiedenen Schularten der beruflichen Schulen (Berufsschule, Fachschule, Meisterschule, Fachoberschule und Berufskolleg) mit Erfolg im Unterricht eingesetzt worden. Die vorgestellten Entwurfsmethoden und Darstellungsmöglichkeiten von Steuerungslösungen sind geräteunabhängig aufbereitet, d.h. nicht auf eine bestimmte SPS ausgerichtet. Der Anweisungsvorrat und die Gliederung der Programme in Bausteine orientiert sich an der DIN-Norm 19239. Die verwendeten Operationen werden ausführlich erklärt und sind in Tabellen zusammengefaßt. Alle Steuerungsprogramme der Beispiele sind in der Programmiersprache STEP-5 der Firma SIEMENS geschrieben und mit Automatisierungsgeräten der Serie S5-115U (CPU 942) getestet worden. Damit ist dieses Buch aber zugleich auch eine Einführung in einige doch sehr ähnlich gewordenen firmengebundenen Programmiersprachen führender SPS-Hersteller.

Es sei hier noch auf die besondere Funktion des Anhangs verwiesen. Dieser beinhaltet eine Zusammenstellung der wichtigsten Normen und Vorschriften der SPS-Technik, eine Operationsliste der Steuerungssprache STEP-5, eine Zusammenstellung aller verwendeten Beschreibungsmittel (Lösungsmethoden) und ein kommentiertes Programmverzeichnis mit Angaben der verwendeten Beschreibungsmittel.

Das vorliegende Lehr- und Arbeitsbuch wendet sich an alle, die in Ausbildung, Studium oder Praxis sowie in der Weiterbildung vertieft in das Gebiet der SPS einsteigen wollen. Das können sein:

- Auszubildende in den gewerblichen Berufsfeldern,
- Schüler von Berufskollegs und Fachoberschulen,
- Schüler von Fachschulen und Meisterschulen,
- Studenten an Fachhochschulen,
- Umschüler,
- Teilnehmer an beruflichen Weiterbildungskursen.

Ferner wendet sich das Buch auch an SPS-Spezialisten, die auf der Suche nach Software-Entwurfsmethoden für Steuerungsaufgaben sind. Auch bieten viele Steuerungsbeispiele interessante Lösungsvorschläge für die Vervollständigung der eigenen Programmbibliothek. Den Zugang dazu erleichtert das kommentierte Programmverzeichnis.

Dem Verlag Vieweg und allen, die an dem Zustandekommen des Buches beteiligt waren sei herzlich gedankt. Für Verbesserungsvorschläge aus dem Leserkreis sind wir jederzeit dankbar.

Mannheim, Ellerstadt, Januar 1995

Günter Wellenreuther
Dieter Zastrow

Inhaltsverzeichnis

II.3 Spezialgebiete der Steuerungstechnik

Teil III Digitale Steuerungen

III.1 Einführung in die Wortverarbeitung

1 Einführung

1.1 Anforderungen an eine SPS-Ausbildung

Speicherprogrammierbare Steuerungen (SPS) gelten heute als Kernstück jeder Automatisierung. Mit diesen Geräten können je nach Funktionsumfang Automatisierungsaufgaben wie

Steuern,
Regeln und Rechnen,
Bedienen und Beobachten,
Melden und Protokollieren

wirtschaftlich ausgeführt werden.

Die Nutzung speicherprogrammierter Automatisierungsgeräte erfordert ein Fachpersonal, das den Automatismus beherrscht. Als Notwendigkeit im Umgang mit der neuen Technik wird immer wieder hervorgehoben, daß der betroffene Personenkreis neben dem bisher üblichen gerätetechnischen Denken vor allem ein *funktionales Denken* entwickeln muß.

Dazu gehören das Denken in Funktionsblöcken und Ablaufschritten, das Einhalten von Vorschriften der Programmiersprache und der sichere Umgang mit symbolischen Beschreibungsmitteln auf der Basis eines praxisgerechten theoretischen Fundaments:

- Die Ausbildung auf dem Gebiet der Speicherprogrammierten Steuerungen umfaßt als Schwerpunkte das technisch-instrumentelle Handeln an bereitgestellten SPS-Geräten mit dem Ziel der *Handhabbarkeit der Geräte* am Einsatzort und das anwendungsorientierte Lernen an geeigneten Steuerungsaufgaben zur Grundlegung einer *Problemlösungsfähigkeit* für Automatisierungsaufgaben.
- SPS im Unterricht bedeutet das *Finden der Lösungsstruktur* der Steuerung, das Umsetzen in ein Steuerungsprogramm, das Eingeben der Programme in Automatisierungsgeräte sowie die Inbetriebnahme der Steuerung und das Austesten der Programme einschließlich der Fehlersuche und der abschließenden Programmdokumentation. Die Unterrichtsorganisation sowie der Schüler-Arbeitsplatz für SPS sollten diesen didakischen Zielsetzungen Rechnung tragen.
- Übungsbeispiele aus dem Bereich der Automatisierungstechnik haben nicht nur die Aufgabe an Einzelfällen zu zeigen, wie ausgesuchte Probleme mit einer SPS gelöst wurden. Die Beispiele sollen vielmehr zeigen, auf welchen Wegen und mit welchen *Denkmethoden* man neue Aufgaben lösen oder sich in vorgegebene Lösungen hineindenken kann, um z.B. Optimierungs- oder Anpassungsprobleme ausführen zu können. Dieser Ansatz schließt die Programmerstellung und Programmanalyse ein.

1.2 Grundbegriffe der Steuerungstechnik mit SPS

Jede Steuerung besteht aus einem Automatisierungsteil und einem Prozeßteil. Der Automatisierungsteil enthält die „Intelligenz“ der Steuerung. Der Prozeßteil umfaßt den technischen Ablauf zur Erreichung eines bestimmten Ziels, bei dem Stoff, Energie oder Information quantitativ oder qualitativ verändert bzw. transportiert wird. Anschaulich sind z.B. Fertigungsprozesse.

Bild 1.1 zeigt die typische Struktur eines Steuerungssystems, wie es sich für den SPS-Anwender darstellt. Die abgebildete Steuerung stellt eine „Insellösung" dar. Die in diesem Lehr- und Arbeitsbuch behandelte Steuerungstechnik mit Speicherprogrammierbaren Steuerungen bleibt innerhalb dieses Rahmens. Komplexe Steuerungen mit vernetzten Systemen werden nur am Rande angesprochen.

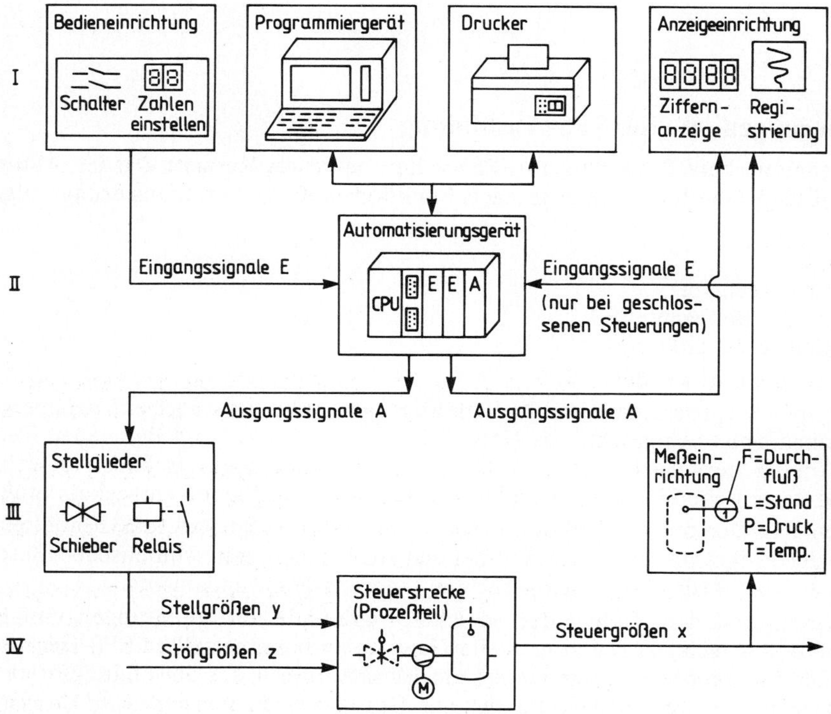

Bild 1.1
Steuerungssystem

Funktionsebenen:
I = Ein-/Ausgabeebene
II = Signalverarbeitungsebene
III = Stell- und Meßebene
IV = Prozeßebene

Das Steuerungssystem besteht aus verschiedenen *Elementen*, die wohlunterschiedene Funktionen erfüllen müssen.

Elemente: Bedieneinrichtung, Automatisierungsgeräte, Stellglieder, Meßeinrichtung, Prozeßteil.

Bild 1.1 zeigt, wie die Elemente verschiedenen Funktionsebenen zugeordnet sind. Die Art und Anzahl der Elemente sowie ihre *Kopplungen* bestimmen die Eigenschaften des Steuerungssystems. Man unterscheidet bei den Steuerungen zwei Grundstrukturen: die offene und geschlossene Steuerung.

Offene Steuerungen

DIN 19226 definiert Steuern und Steuerung als Ablauf in einem System, bei dem eine oder mehrere Eingangsgrößen andere Größen als Ausgangsgrößen aufgrund der dem System eigentümlich Gesetzmäßigkeiten beeinflussen. Kennzeichen für das Steuern ist der *offene Wirkungsablauf* über das einzelne Übertragungsglied oder die Steuerstrecke.

Eine Steuerung liegt also vor, wenn Eingangsgrößen nach einer festgelegten Gesetzmäßigkeit Ausgangsgrößen beeinflussen. Die Auswirkung einer nicht vorhersehbaren Störgröße wird nicht ausgeglichen.

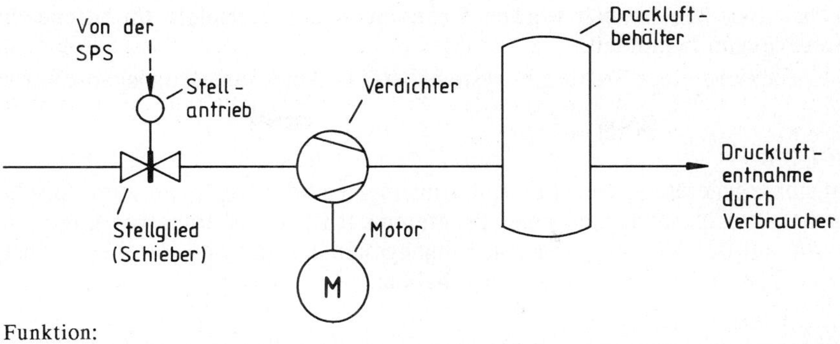

Funktion:

Die Lieferung des Druckluft-Verdichters wird über die Ansaugmenge *gesteuert*. Die unterschiedliche Druckluftentnahme durch die Verbraucher wirkt als Störgröße.

Bild 1.2 Steuerung

Geschlossene Steuerungen

Das Kennzeichen geschlossener Steuerungen ist die Signalrückführung aus dem gesteuerten Prozeß zum Automatisierungsgerät. Bild 1.1 zeigt, wie Ausgangsgrößen wieder als Eingangsgrößen mitverwendet werden.

In vielen Fällen dienen die Rückführsignale dazu, die Steuerung von einem verriegelten Zustand in den nächstfolgenden zu bringen. Ein bekanntes Beispiel für diese Struktur sind die sog. *Ablaufsteuerungen*. Ablaufsteuerungen sind gekennzeichnet durch ihren zwangsläufig schrittweisen Ablauf aufgrund von Weiterschaltbedingungen.

Unter besonderen Bedingungen werden geschlossene Steuerungen auch zu Regelungen. Eine geschlossene Steuerung wird nach DIN 19226 dann als *Regelung* bezeichnet, wenn die Signalrückführung so ausgeführt ist, daß der Wert der gesteuerten Größe fortlaufend mit dem Wert der zugeordneten Führungsgröße verglichen wird, um trotz einwirkender Störgrößen den Wert der gesteuerten Größe dem der Führungsgröße anzugleichen. Der sich dabei ergebende Wirkungsablauf findet in einem geschlossenen Kreis, dem *Regelkreis*, statt.

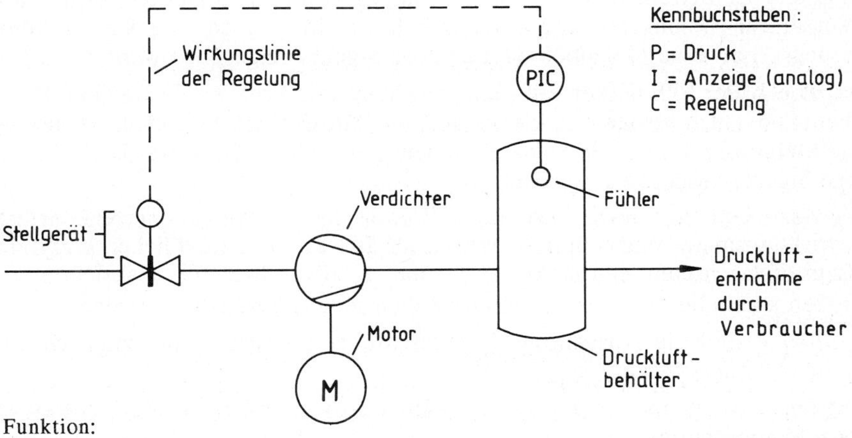

Funktion:

Druck im Druckluftbehälter wird *selbsttätig* auf eingestellten Sollwert gehalten. (Wie die Regelung technisch ausgeführt wird, ist nicht Gegenstand der Fließbilddarstellung.)

Bild 1.3 Regelung

In diesem Lehr- und Arbeitsbuch werden Grundlagen und Beispiele für offene und geschlossene Steuerungen behandelt.

Das wichtigste Element eines Steuerungssystems ist das Automatisierungsgerät mit seinem Programm.

Automatisierungsgerät

Ein Automatisierungsgerät ist versehen mit Eingängen und Ausgängen zum Anschluß an einen technischen Prozeß. Aufgrund eines Programms trifft das Automatisierungsgerät Entscheidungen, die auf der Verknüpfung von Eingangssignalen mit den jeweiligen Zuständen des Systems beruhen und Ausgaben zur Folge haben.

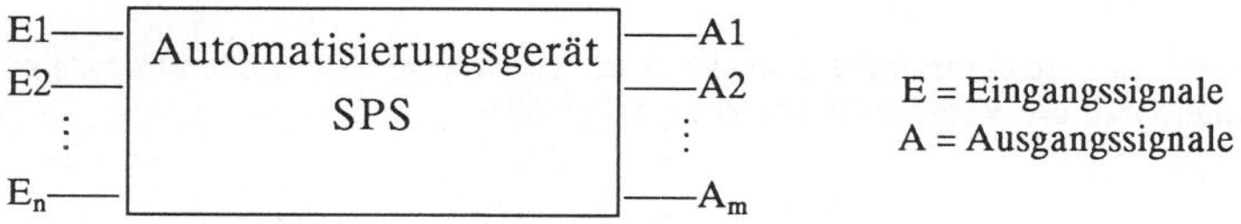

Eine an Bedeutung ständig zunehmende Gruppe von Automatisierungsgeräten wird *Speicherprogrammierte Steuerungen* (SPS) genannt. SPS haben die Struktur von Rechnern (Zentralprozessor, Arbeitsspeicher, E/A-Logik, Bus-System), jedoch ist die Peripherie auf der Ein- und Ausgabeseite sowie die bereitgestellte Programmiersprache auf die besonderen Belange der Steuerungstechnik ausgerichtet. SPS sind also anwendungsorientierte, adaptierte Systeme, mit denen sich relativ einfach Verknüpfungs- und Ablaufsteuerungen sowie digitale Steuerungen realisieren lassen.

Programm

Das Programm einer SPS ist eine logische Folge von Anweisungen. Allgemein versteht man unter einem Programm die Gesamtheit aller Anweisungen und Vereinbarungen für die Signalverarbeitung, durch die eine zu steuernde Anlage (Prozeß) aufgabengemäß beeinflußt wird (DIN 19237).

Die Elemente eines Steuerungssystems sind wirkungsmäßig durch Signale verbunden. Bild 1.1 zeigt die Wirkungsrichtung der Signale, die nachfolgend definiert werden.

Signale

Eingangssignale E können Führungssignale oder Prozeßsignale sein. Signalgeber sind Taster, Schalter, Zahleneinsteller in Bedienfeldern sowie Endschalter, Annäherungs-, Druck-, Temperatur-, Fliehkraft- und Niveauschalter in Maschinen. Die Signale können je nach Steuerungsart als binäre, digitale oder analoge Signale eingegeben werden.

Ausgangssignale A der SPS wirken auf Meldeleuchten und Anzeigen in Bedienfeldern oder auf Stellglieder, die den zu steuernden Prozeß beeinflussen z.B. Schütze, Magnetventile, Thyristoren, Stellmotoren etc. Die Signale können je nach Steuerungsart als binäre, digitale oder analoge Signale ausgegeben werden.

Die *Steuergrößen* x (= gesteuerte Größen) sind entweder die Aufgabengrößen selbst oder mit ihnen wirkungsmäßig verknüpft, wobei x_i als Istwert (= tatsächlicher Wert, den die Größen x zum betrachteten Zeitpunkt haben) und x_s als Sollwert (= beabsichtigter Wert, den die Größen x zum betrachteten Zeitpunkt haben sollen) bezeichnet werden.

Die *Stellgrößen* y sind die Ausgangsgrößen der Steuereinrichtung und zugleich die Eingangsgrößen der Steuerstrecke.

Als *Störgrößen* z bezeichnet man alle von außen einwirkenden Größen, soweit sie die Steuergrößen beeinträchtigen.

2 Aufbau und Funktionsweise einer SPS

2.1 Struktur einer Informationsverarbeitung

Sowohl die Informationsverarbeitung beim Menschen als auch die Informationsverarbeitung eines Automaten lassen sich in die Bereiche Dateneingabe, Datenverarbeitung/Datenspeicherung und Datenausgabe unterteilen.

Dateneingabe

Informationen über den Zustand eines Systems werden aufgenommen.

Datenverarbeitung und Datenspeicherung

Über die Dateneingabe aufgenommene oder gespeicherte Informationen werden verarbeitet. Das Ergebnis der Verarbeitung wird entweder gespeichert oder nach außen gegeben.

Datenausgabe

Informationen als Ergebnis der Verarbeitung werden dem System zur Verfügung gestellt.

Informationsverarbeitung durch die SPS schematisch dargestellt:

Eingabe	→	Verarbeitung Speicher	→	Ausgabe

Informationsverarbeitung durch den Menschen schematisch dargestellt:

Sehen Hören Riechen Schmecken Tasten	→	Speichern Verarbeiten	→	Sprechen Bewegen Handeln

Bei der Informationsverarbeitung durch einen Automaten werden über Eingabeeinheiten Signale als Träger der zu verarbeitenden Information aufgenommen. Mit Hilfe eines gespeicherten Programms werden diese Informationen im Prozessor verarbeitet. Das Ergebnis dieser Verarbeitung wird über Ausgabeeinheiten durch Signale als Träger der Information zur Verfügung gestellt.

2.2 Struktur einer SPS

Der elektrische Aufbau einer SPS besteht aus den Funktionsgruppen einer Informationsverarbeitung.

Die zu steuernde Anlage liefert über Sensoren Eingabesignale an die Eingabeeinheit des Automatisierungsgerätes. Diese Signale werden fortlaufend durch das im Programmspeicher des Automatisierungsgerätes hinterlegte Steuerungsprogramm verarbeitet. Das Ergebnis der Verarbeitung wird über die Ausgabeeinheit des Automatisierungsgerätes an die Aktoren oder Stellglieder der zu steuernden Anlage in Form von Ausgangssignalen ausgegeben.

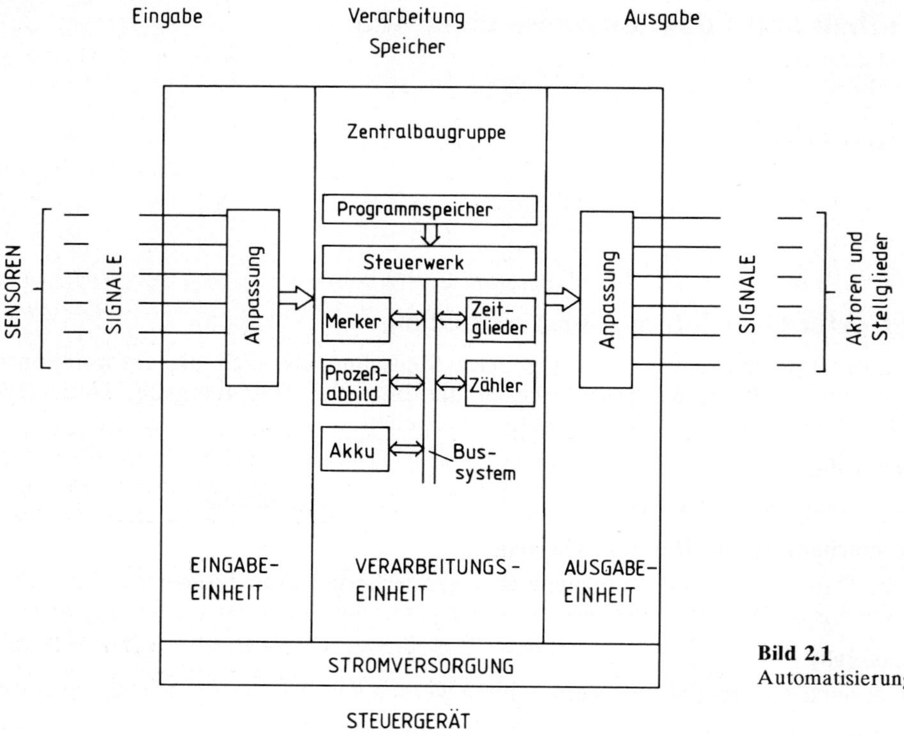

Bild 2.1
Automatisierungsgerät

Programmspeicher

Bei Speicherprogrammierbaren Steuerungen ist das Steuerungsprogramm in einem speziellen elektronisch lesbaren Speicher abgelegt.

Wird ein Schreib-Lese-Speicher (RAM) verwendet, kann dessen Inhalt immer wieder schnell verändert werden z.B. bei Inbetriebnahme einer Steuerung. Bei Netzspannungsausfall bleibt der Inhalt im RAM erhalten, wenn eine Pufferbatterie eingesetzt ist.

Wenn die Steuerung nach Inbetriebnahme fehlerfrei arbeitet, ist es zweckmäßig, das Programm unverlierbar in einen Festwertspeicher zu übertragen z.B. in einem EPROM. Bei EPROMs kann das alte Programm bei Bedarf durch UV-Licht wieder gelöscht werden.

Steuerwerk

Nach dem Anlegen der Netzspannung gibt das Steuerwerk einen Richtimpuls ab: Die nichtremanenten Zähler, Zeitglieder und Merker sowie der Akku und das Prozeßabbild werden auf Null gesetzt.

Zur Programmbearbeitung „liest“ das Steuerwerk, von vorne beginnend, eine Programmzeile nach der anderen. Entsprechend den dort stehenden Anweisungen führt das Steuerwerk das Programm durch.

Merker

Merker sind Speicherelemente, in denen sich das Steuerwerk Signalzustände „merkt“ (speichert).

Prozeßabbild

Das Prozeßabbild ist ein Speicherbereich, in dem sich das Steuerwerk die Signalzustände der binären Ein- und Ausgänge merkt.

Akku

Der Akkumulator ist ein Zwischenspeicher, über den z.B. Zeitglieder und Zähler geladen oder arithmetische Operationen durchgeführt werden.

Zeitglieder, Zähler

Zeitglieder und Zähler sind ebenfalls Speicherbereiche, in denen sich das Steuerwerk Zahlenwerte merkt.

Bussystem

Programmspeicher, Steuerwerk und Peripheriebaugruppen (Eingänge und Ausgänge) sind in der SPS durch einen Bus miteinander verbunden. Ein Bus besteht aus Sammelleitungen, über die Daten ausgetauscht werden. Das Steuerwerk organisiert die Datenübertragung auf diesen Leitungen.

Zur Abgrenzung von den Speicherprogrammierbaren Steuerungen sei hier auch noch auf die sog. Verbindungsprogrammierten Steuerungen hingewiesen, bei denen das Steuerungsprogramm durch elektrische Verbindungen entsprechender Steuerglieder festgelegt ist. Zu den Verbindungsprogrammierten Steuerungen gehören Schützsteuerungen, pneumatische bzw. hydraulische Steuerungen und die aus elektronischen Schaltkreisen aufgebauten Steuerungen.

2.3 Programmverarbeitung

Bei der Programmverarbeitung durch die Zentraleinheit werden über einen Adreßzähler die Adressen der einzelnen Speicherzeilen, in denen das Steuerungsprogramm steht, ange-

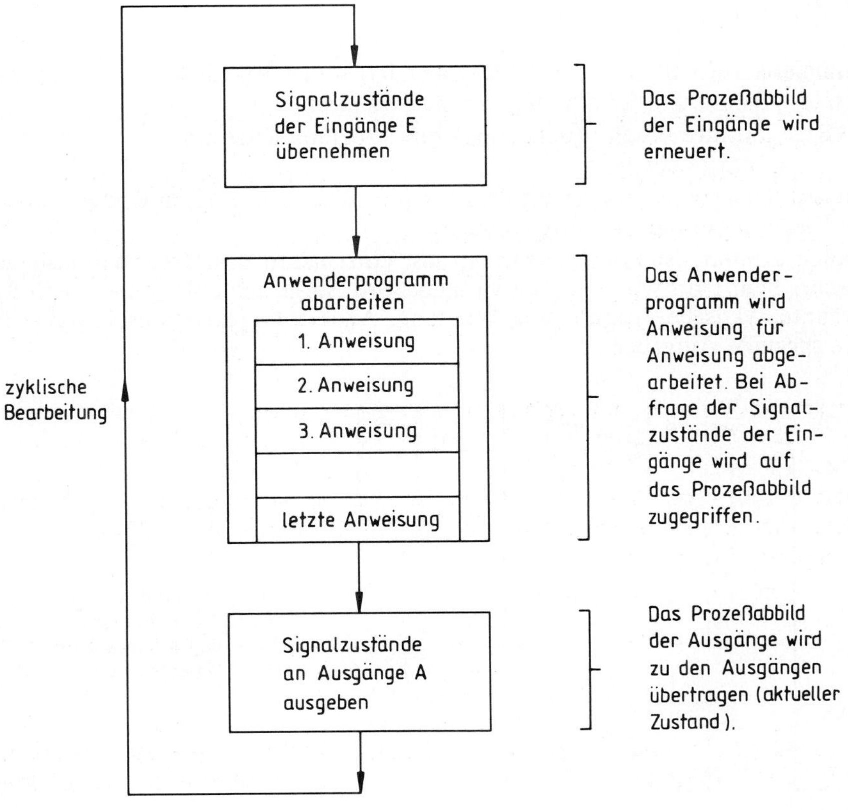

wählt. Die Steueranweisung in der angewählten Adresse des Programmspeichers wird in das Steuerwerk übertragen und dort bearbeitet. Danach wird der Adreßzähler um + 1 erhöht, damit ist die nächste Adresse des Programmspeichers angewählt. Die dort stehende Steueranweisung wird wieder in das Steuerwerk übertragen und bearbeitet usw. Am Programmende beginnt die Programmbearbeitung von vorne. Man spricht von einer *zyklischen* und *linearen* Programmverarbeitung. Die Zeit, die für einen Programmdurchlauf benötigt wird, ist die *Zykluszeit.*

Der SPS-Programmierer braucht sich in der Regel keine Gedanken über die Organisation und Adressen des Programmspeichers zu machen. In DIN 19239 wird empfohlen, das Anwenderprogramm in sog. Bausteine schreiben zu lassen, die die SPS selber verwaltet.

Für einfache, nicht zu umfangreiche Steuerungsprogramme genügt meistens die nachfolgende Programmstruktur:

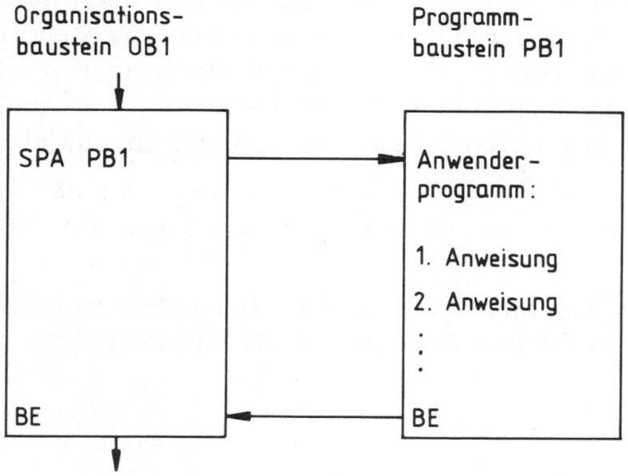

Der Programmierer ruft mit Hilfe seines Programmiergerätes den zunächst „leeren" Organisationsbaustein OB1 auf und füllt ihn mit den Anweisungen:

SPA PB1 = Springe absolut (unbedingt) zum Programmbaustein 1
BE = Bausteinende

Ebenso verfährt der Programmierer mit dem Programmbaustein PB1, in den er jedoch sein eigentliches Steuerungsprogramm programmiert.

Nicht bei allen Automatisierungsgeräten ist das Vorschalten des Organisationsbausteins OB1 vorgeschrieben. Dort wo es jedoch verlangt wird, sorgt der OB1 automatisch für die bereits erwähnte zyklische Programmverarbeitung. Andere Organisationsbausteine haben dann andere spezielle Aufgaben.

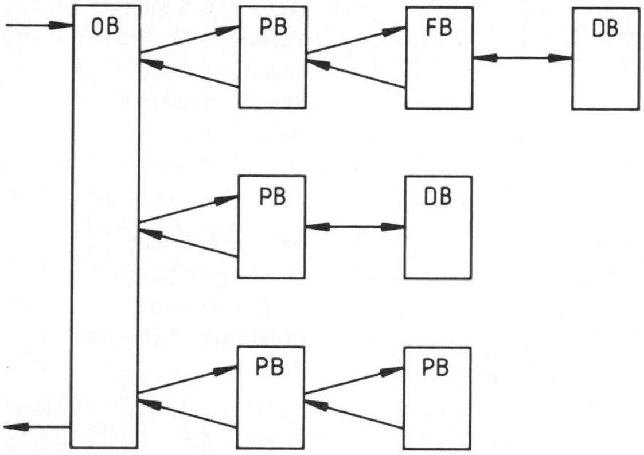

OB = Organisationsbaustein
PB = Programmbaustein
FB = Funktionsbaustein[1)]
DB = Datenbaustein[1)]

1) Nähere Erläuterungen in Kapitel 14

Bei umfangreichen Steuerungsaufgaben unterteilt man das Programm in kleine, überschaubare und nach verschiedenen Funktionen geordnete Programmbausteine. In einem übergeordneten Baustein, dem Organisationsbaustein, wird die Reihenfolge der Bearbeitung festgelegt. Auch hier erfolgt die Programmverarbeitung in der Regel zyklisch. Sie kann jedoch auch zeit- oder alarmgesteuert sein.

2.4 Signaleingabe, Signalausgabe

Die zwischen den Elementen nach Bild 1.1 wirkenden physikalischen Größen wie elektrische Spannung, Druck, Temperatur etc. werden in der Steuerungstechnik *Signale* genannt. Die SPS kann nur elektrische Signale erkennen und ausgeben.

Binäre Signale

Signale sind die Träger von Informationen. Ein binäres Signal kann nur eine von zwei möglichen Informationen tragen:

die *binäre Null* „0" die *binäre Eins* „1"

Ein Signal heißt binär, wenn es nur zweier Werte fähig ist. Die SPS-Hersteller haben für ihre Speicherprogrammierbaren Steuerungen ein Toleranzschema festgelegt, das den Wertebereich konkreter Spannungen den binären Signalzuständen zuordnet, z.B. für Simatic-Steuerungen:

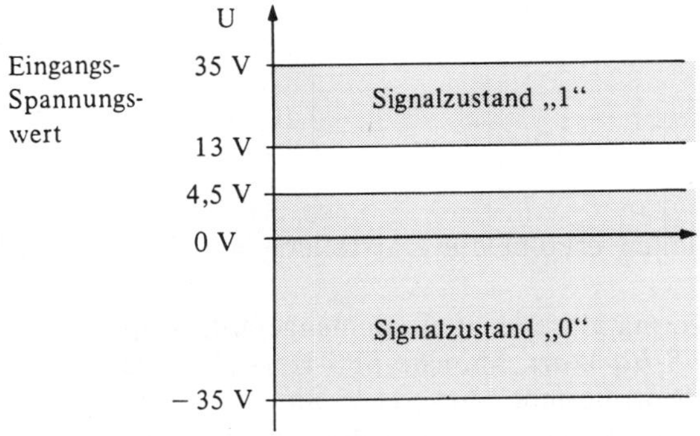

Für den wichtigen Sonderfall, daß ein Steuerungseingang unbeschaltet, d.h. spannungslos bleibt (sog. offener Eingang), gilt der Signalzustand „0".

Da die meisten Geber und Aktoren in steuerungstechnischen Anlagen schaltende Elemente sind, lassen sich deren Schaltzustände (AUS bzw. EIN) den binären Signalen (0 bzw. 1) direkt zuordnen. Die SPS hat allerdings keine Möglichkeit den Schaltzustand von Schaltern direkt zu erkennen. Die SPS nimmt nur die durch die Schalter geschalteten Spannungen wahr. Die unterschiedliche Wirkung von Öffner- und Schließerkontakten muß bei der Programmerstellung bedacht werden.

Ein-/Ausgabebaugruppen

Die Eingabeeinheit einer SPS hat die Aufgabe, die angelegten Steuersignale an die Verarbeitungseinheit zu übergeben. Je nach Hersteller und Eingabebaugruppentyp werden von den Sensoren bestimmte Spannungspegel erwartet. In der Eingabeeinheit wird die Entstörung, Pegelumwandlung, Codierung und unter Umständen die galvanische Trennung der Eingangssignale vorgenommen.

Bei den meisten Eingabeeinheiten wird der Signalzustand der Eingänge durch Leuchtdioden angezeigt.

Die Ausgabeeinheit bereitet die von der Verarbeitungseinheit gelieferten Signale auf. Eine extern an die Ausgabeeinheit gelegte Spannung wird bei Ausgangssignal „1" von der Ausgabeeinheit durchgeschaltet. Je nach Hersteller und Ausgabebaugruppentyp können verschiedene Ausgangsspannungspegel mit unterschiedlichen Belastungen durchgeschaltet werden. Das Durchschalten kann entweder mit Relais oder elektronisch erfolgen, wobei bei den meisten Ausgabebaugruppen eine galvanische Trennung vorgenommen wird. In den Unterlagen der Hersteller ist neben dem Schaltvermögen der Ausgabeeinheit noch die maximale Schaltfrequenz und der Gleichzeitigkeitsfaktor angegeben.

Die Signalzustände der Ausgänge werden bei vielen Ausgabeeinheiten durch Leuchtdioden angezeigt.

Digitale Signale

Mehrere binäre Signale zusammengefaßt ergeben nach einer bestimmten Zuordnung (Code) ein digitales Signal. Während ein binäres Signal nur das Erfassen einer zweiwertigen Größe ermöglicht, kann man durch Bündeln von Binärstellen z.B. eine *Zahl* oder Ziffer als digitale Information bilden. Um die Ziffern 0 bis 9 darstellen zu können, sind vier Binärstellen erforderlich. Eine Binärstelle wird 1 *Bit* genannt.

Dezimalzahl	Digitale Darstellung (Dualzahl)			
	Bit: 4	3	2	1
	Wert: 8	4	2	1
0	0	0	0	0
1	0	0	0	1
2	0	0	1	0
3	0	0	1	1
4	0	1	0	0
5	0	1	0	1
6	0	1	1	0
7	0	1	1	1
8	1	0	0	0
9	1	0	0	1

Die Zusammenfassung von n-Binärstellen erlaubt die Darstellung von 2^n verschiedenen Zeichen.

Werden 8 Bit zu einer Daten- oder Informationseinheit zusammengefaßt, so spricht man von einem *„Byte“*. Ein Byte ist immer ein *8-Bit-Wort*. Manche SPS-Hersteller fassen 2 Byte zu einem *„Wort“* zusammen. Ein solches Wort besteht dann aus 16 Bit.

Digitale Signale belegen also viele Eingänge bzw. Ausgänge der Ein-/Ausgabebaugruppen.

2.5 Struktur der Steuerungssprache

Das Programm einer Speicherprogrammierbaren Steuerung besteht aus einer Folge von Steueranweisungen. Eine Steueranweisung gliedert sich nach DIN 19239 in den Operationsteil und den Operandenteil. Der Operandenteil besteht aus dem Operanden-Kennzeichen, der Datenformatangabe und dem Parameter:

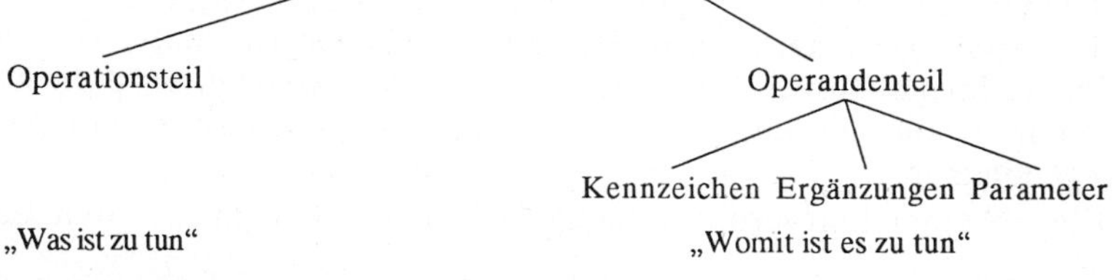

Für den Anwender einer SPS ist die firmenspezifische Programmiersprache der Steuerung maßgebend. In der Regel wird sie im Befehlsumfang über die Mindestanforderungen der

DIN 19239 hinausgehen. Eine solche firmenspezifische Steuerungssprache, die der DIN 19239 weitgehend entspricht, ist „Step-5“ für Automatisierungsgeräte SIMATIC S5.

2.5.1 Operationsumfang

Der Operationsumfang einer Steuerungssprache beschreibt, welche Anweisungen (Befehle) dem Anwender für die

- Signalverarbeitung,
- Programmorganisation

zur Verfügung stehen.

Die Operationen zur Signalverarbeitung untergliedern sich in Anweisungen für

- bitverarbeitende Operationen,
- wortverarbeitende Operationen.

Die nachfolgende Tafel zeigt die wichtigsten Operationen zur Signalverarbeitung auszugsweise aus DIN 19239. Dieser Operationsvorrat genügt für die Bearbeitung der Kapitel ”Verknüpfungssteuerungen“ und „Ablaufsteuerungen“. Die genaue Wirkung der Operationen wird in den nachfolgenden Abschnitten näher erläutert. Weitergehende Operationen, wie sie für das Kapitel „Digitale Steuerungen“ erforderlich sind, werden später eingeführt.

Tafel 1
Operationen zur Signalverarbeitung (Auszug aus DIN 19239)

Benennung	Darstellungsart			Hinweise für Steuerungssprache STEP 5
	AWL	FUP	KOP	
UND	U	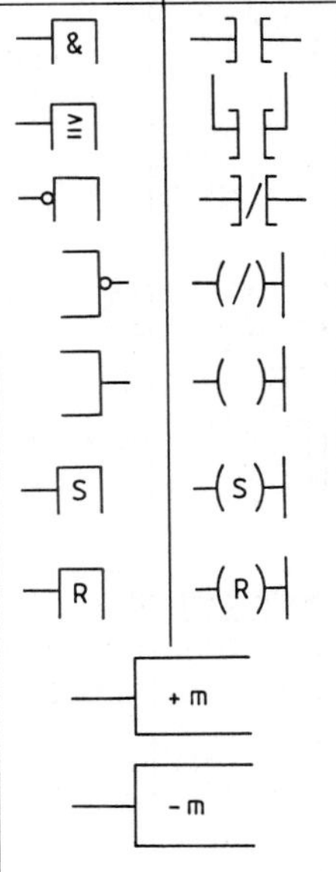		Anwendung der Operationen a) zur Bildung von logischen Verknüpfungen b) zur Zustandsabfrage von Eingängen, Ausgängen etc.
ODER	O			
NICHT (Eingang)	N			
(Ausgang)				nicht vorhanden
Zuweisung	=			
Setzen	S			
Rücksetzen	R			
Zählen vorwärts	ZV			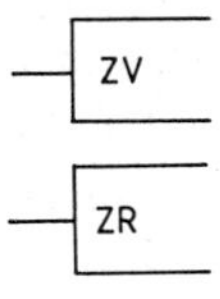
Zählen rückwärts	ZR			
Operationen zur Programmorganisation				
Nulloperation	NOP			
Laden	L			L = Laden von Konstanten für Zeit- und Zählwerte etc.
Sprung unbedingt	SP			SPA = Sprung absolut
Sprung bedingt	SPB			
Bausteinende	BE			

2.5.2 Operandenumfang

Nachdem mit dem Operationsteil einer Steueranweisung die auszuführende Operation bestimmt wurde (was ist zu tun?), müssen nun im Operandenteil die dazu erforderlichen Daten genannt werden (womit ist was zu tun?).

Daten für signalverarbeitende Operationen heißen *Operanden.* Daten für programmorganisatorische Operationen heißen Sprungadressen oder *Marken.*

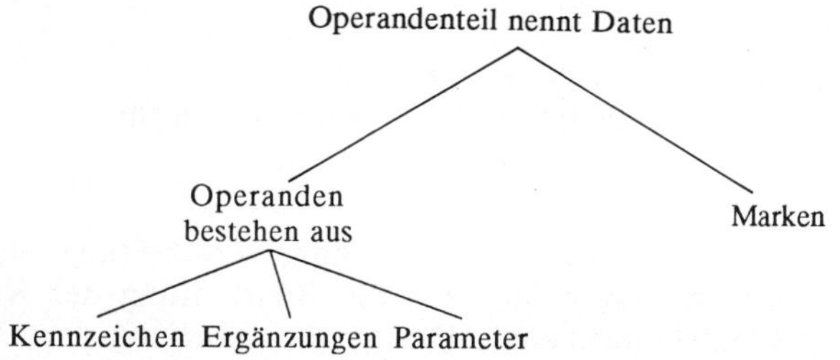

Die nachfolgende Tafel zeigt die wichtigsten Operandenkennzeichen (1. Datenstelle) und Ergänzungen (2. Datenstelle) auszugsweise aus DIN 19239.

Tafel 2

Kennzeichen von Operanden (1. Datenstelle) (Auszug aus DIN 19239)

Benennung	Darstellungsart			Hinweise für Steuerungssprache STEP 5
	AWL	FUP	KOP	
Konstante	K			
Eingang	E			zusätzlich: P = Peripherie
Ausgang	A			
Merker	M			
Zeitglied	T	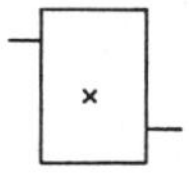		X Kennzeichen des Zeitverhaltens
Zähler	Z	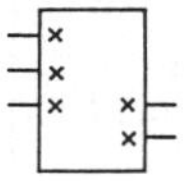		X Funktionskennzeichnung der Ein- und Ausgänge
Ergänzungen zu Operandenkennzeichen (2. Datenstelle)				
Byte: 8 Bit	B			Bit = BI Byte = BY
Wort: 2 Byte	W			
Doppelwort: 4 Byte	D			
Impuls	I	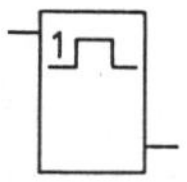		
Einschaltverzögerung	E	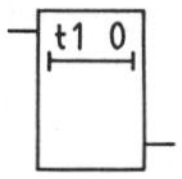		
Ausschaltverzögerung	A	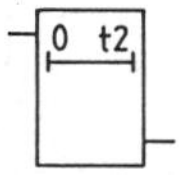		

Der Parameter besteht bei Eingängen, Ausgängen und Merkern aus einer Byteadresse und einer Bitadresse. Zu einer Byteadresse gehören 8 Operanden mit den Bitadressen 0...7. Byteadresse und Bitadresse sind durch einen Punkt getrennt. Bei Zählern und Zeitgliedern besteht der Parameter aus einer fortlaufenden Zahl.

Marken kennzeichnen bei verzweigten Programmen die Fortsetzungsstelle. Die hinter dem Sprungbefehl stehende Marke nennt das Sprungziel.

2.5.3 Adressierung von Eingängen, Ausgängen, Merkern

Speicherprogrammierbare Steuerungen können Daten vom Format

- Bit
- Byte
- Wort
- Doppelwort

mit einem dafür geeigneten Anweisungsvorrat verarbeiten. Es bestehen folgende Möglichkeiten der Adressierung von Eingängen, Ausgängen und Merkern:

- *bitweise*
  Einzel-Eingänge E 0.7...E 0.0, E 1.7...E 1.0
  Einzel-Ausgänge A 0.7...A 0.0, A 1.7...A 1.0
  Einzel-Merker M 0.7...M 0.0, M 1.7...M 1.0
- *byteweise*
  Eingangsbyte EB0 umfaßt die Eingänge E 0.7...E 0.0
  Eingangsbyte EB1 umfaßt die Eingänge E 1.7...E 1.0
  Ausgangsbyte AB0 umfaßt die Ausgänge A 0.7...A 0.0
  Ausgangsbyte AB1 umfaßt die Ausgänge A 1.7...A 1.0
  Merkerbyte MB0 umfaßt die Merker M 0.7...M 0.0
  Merkerbyte MB1 umfaßt die Merker M 1.7...M 1.0

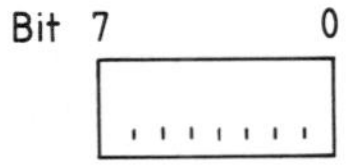

- *wortweise*
  Eingangswort EW0 umfaßt die Eingänge E 0.7...E 0.0, E 1.7...E 1.0
  Ausgangswort AW0 umfaßt die Ausgänge A 0.7...A 0.0, A 1.7...A 1.0
  Merkerwort MW0 umfaßt die Merker M 0.7...M 0.0, M 1.7...M 1.0

Das Wort hat eine Länge von 16 Bit, die von rechts nach links durch die Bitadressen 0...15 gekennzeichnet sind. Dabei muß beachtet werden, daß immer das linke Byte die niedrigere Byteadresse hat, die bei Zusammenfassung von 2 Byte zu einem Wort mit der Wortadresse identisch ist.

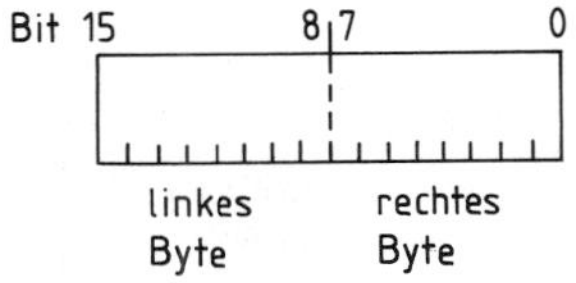

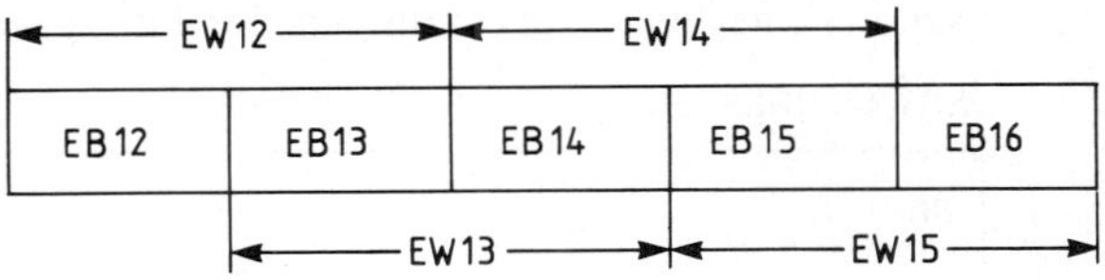

- *doppelwortweise*
  Vier Bytes oder zwei Worte können zu einem Doppelwort zusammengefaßt werden. Ein Doppelwort hat demnach eine Länge von 32 Bit. Auch bei einem Doppelwort bestimmt das links stehende Wort bzw. Byte mit seiner niedrigsten Adresse die Adresse des entsprechenden Doppelwortes.

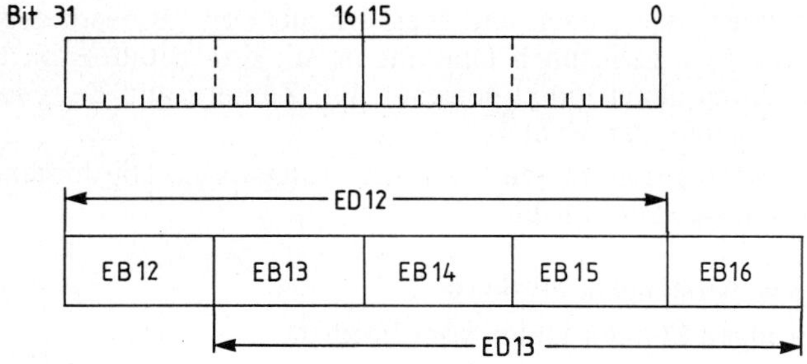

Bedien- und Anzeigefeld eines Übungsgerätes:

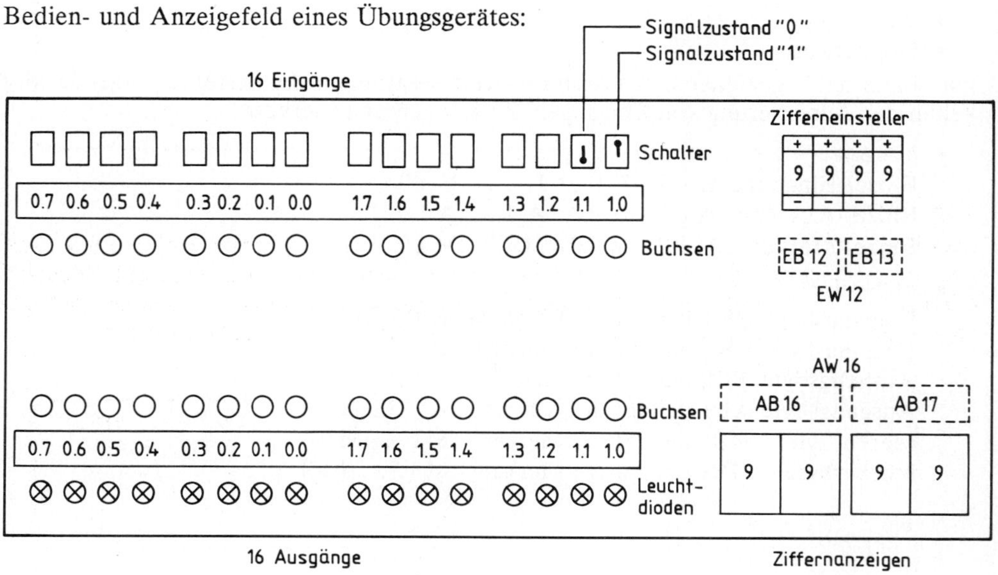

2.5.4 Programmdarstellung

Für die Programmdarstellung und die Programmierung gibt es 3 Möglichkeiten:

1. Anweisungsliste AWL
2. Funktionsplan FUP
3. Kontaktplan KOP

Anweisungsliste (AWL)

In der Anweisungsliste wird die Steuerungsaufgabe mit einzelnen Steuerungsanweisungen beschrieben. Die Steuerungsanweisungen (Operation und Operand) verwenden mnemotechnische (sinnfällige) Abkürzungen der Funktionsbezeichnungen nach DIN 19239.

Anweisungsliste

```
PB 1                                                    LAE=10
                                                        BLATT    1
NETZWERK 1          0000
0000        :U   E     0.0              Lichtschranke A
0001        :U   E     0.1              Lichtschranke B
0002        :ON  E     0.2              Einschalter
0003        :=   A     0.1              Bremsmotor Ein
0004        :BE
```

Funktionsplan (FUP)

Der Funktionsplan ist die bildliche Darstellung der Steuerungsaufgabe mit Symbolen nach DIN 40900 und DIN 19239. Die einzelnen Funktionen werden durch ein Symbol mit Funktionskennzeichen dargestellt. Auf der linken Seite des Symbols werden die Eingänge, auf der rechten Seite die Ausgänge bildschirmgerecht angeordnet. Eingänge und Ausgänge müssen mit Operandenkennzeichen versehen werden.

Funktionsplan

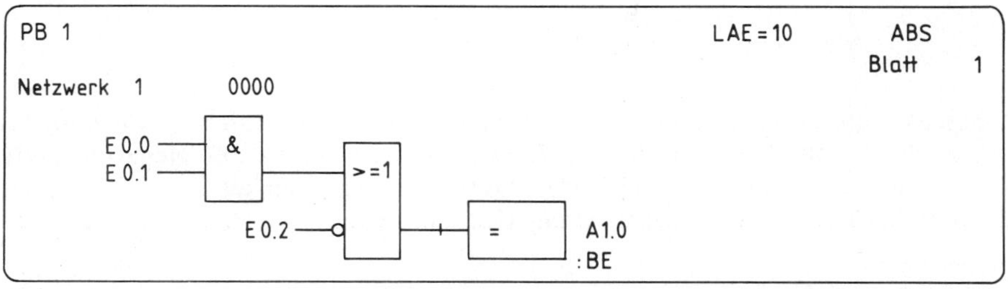

Kontaktplan (KOP)

Der Kontaktplan ist die bildliche Darstellung der Steuerungsaufgabe nach DIN 19239. Er hat viel Ähnlichkeit mit dem herkömmlichen Stromlaufplan, jedoch sind mit Rücksicht auf die Bildschirmdarstellung die einzelnen Strompfade nicht senkrecht sondern waagerecht angeordnet. Die Symbole müssen mit Operandenkennzeichen versehen werden.

Kontaktplan (KOP)

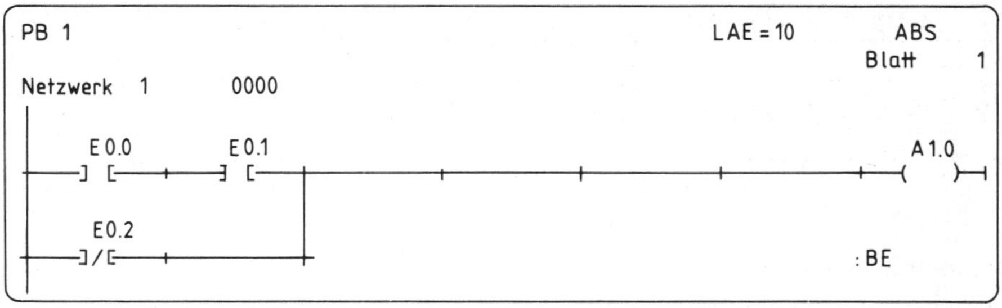

Die Programmeingabe erfolgt mit dem Programmiergerät. Wenn bei der Programmierung bestimmte Regeln eingehalten werden, ist ein Übersetzen in alle drei Darstellungsformen möglich. Im Automatisierungsgerät ist das Programm immer in Anweisungsliste (allerdings in Maschinensprache) abgelegt.

3 Logische Verknüpfungen

Werden Signale funktional miteinander verbunden, so spricht man von *Verknüpfungen*. Alle auch noch so komplizierten Verknüpfungen lassen sich aus der Negation „NICHT" und zwei Grundverknüpfungen „UND", „ODER" zusammensetzen. Diese logischen Elemente sind den Menschen aus dem Alltag als Funktionen ihres Handels bekannt.

3.1 Negation und logische Grundverknüpfungen

3.1.1 Die Negation (NICHT)

Das Ausgangsignal der Negation hat dann den Wert „1", wenn das Eingangssignal den Wert „0" hat und umgekehrt.

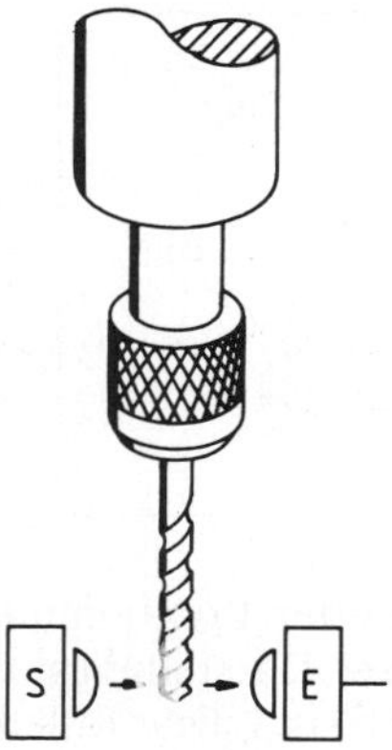

Veranschaulichung der **Negation**

Eine Bohrer-Bruchkontrolle wird mit einer Lichtschranke durchgeführt. Ist der Bohrer nicht abgebrochen, so wird der Lichtstrahl unterbrochen und ein Freigabesignal für den Bohrvorgang erteilt. Im umgekehrten Fall wird das Freigabesignal unterdrückt.

Der Zusammenhang zwischen der Eingangsvariablen „Lichtschranke" und der Ausgangsvariablen „Freigabe" ist hier verbal beschrieben. *Verbale Beschreibungen* von Steuerungsaufgaben haben sich in der Praxis nicht bewährt. Solche Beschreibungen sind oft unübersichtlich, umfangreich, aufwendig und unter Umständen mißverständlich. Um den Steuerungszusammenhang übersichtlicher beschreiben zu können, führt man zunächst eine mnemotechnische Bezeichnung oder *Betriebsmittelkennzeichnung* der Eingangs- und Ausgangsvariablen durch. Die Zuordnung der Signalzustände zu den Variablen wird in eine Tabelle eingetragen.

Zuordnungstabelle:

Eingangsvariable	Betriebsmittel Kennzeichen	logische Zuordnung
Lichtschranke	E	Lichtschranke unterbrochen E = 0 Lichtschranke nicht unterbrochen E = 1
Ausgangsvariable		
Freigabe	A	Freigabe Nein A = 0 Freigabe Ja A = 1

Mit einer *FUNKTIONSTABELLE* (Wahrheitstabelle) kann nun der Zusammenhang zwischen der Eingangsvariablen E und der Ausgangsvariablen A sehr übersichtlich dargestellt werden:

Funktionstabelle:

E	A
0	1
1	0

Andere wichtige Beschreibungsmittel für Verknüpfungen sind der

Funktionsplan:

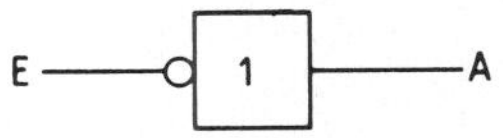

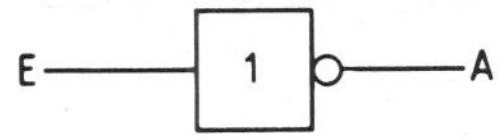

Schaltalgebraische Ausdruck:

$A = \overline{E}$

$\overline{A} = E$

Wird die Negation in Kontakttechnik realisiert, so erfolgt die Beschreibung des Zusammenhangs zwischen Eingangs- und Ausgangsvariablen im Stromlaufplan.

Realisierung in Kontakttechnik:

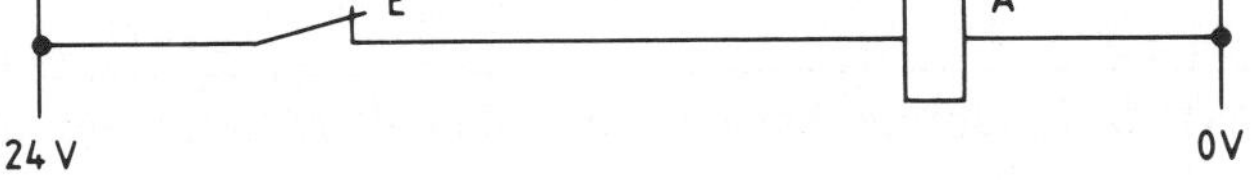

Wird die Negation mit einer SPS realisiert, so kann die Programmeingabe mit dem Funktionsplan, der Anweisungsliste AWL oder dem Kontaktplan KOP erfolgen.

Realisierung mit einer SPS:

Zuordnung:
E = E 1.0 A = A 1.0

Anweisungsliste:
UN E 1.0
= A 1.0

Die NICHT-Verknüpfung stellt also einfach die Umkehrung des Signalwertes dar. Häufig wird die Umkehrung des Signalwertes bei der Abfrage von binären Eingangsvariablen benötigt.

Vor der Programmerstellung muß bekannt sein, ob der verwendete Geber ein *„Öffner"* oder ein *„Schließer"* ist. Diese Begriffe kommen von der Stromlaufplantechnik und bedeuten:

„Schließer"	betätigt ⇒ Signalzustand „1" am AG nicht betätigt ⇒ Signalzustand „0" am AG
„Öffner"	betätigt ⇒ Signalzustand „0" am AG nicht betätigt ⇒ Signalzustand „1" am AG

AG = Automatisierungsgerät (SPS)

Um auch den häufig auftretenden elektronischen Gebern gerecht zu werden, wird im folgenden auf die Begriffe „Öffner" und „Schließer" bei Gebern verzichtet und der Signalgeber dahingehend untersucht, ob er bei Betätigung oder Aktivierung den Signalzustand „0" oder „1" liefert.

▼ **Beispiel: Verkaufsraumüberwachung**

Kommen Kunden in den Verkaufsraum eines Geschäftes, so soll dies im Büro mit einer Meldeleuchte angezeigt werden. Hierzu wird an die Eingangstür ein kapazitiver Näherungsschalter installiert. Ist die Tür zum Verkaufsraum geschlossen, so liefert der Geber den Signalwert „1".

Gesucht: Zuordnung, Funktionstabelle, Funktionsplan, schaltalgebraischer Ausdruck und AWL.

Zuordnungstabelle:

Eingangsvariable	Betriebsmittel Kennzeichen	logische Zuordnung
Kapazitiver Sensor	E	Tür geschlossen E = 1
Ausgangsvariable		
Meldeleuchte	A	leuchtet A = 1

Funktionstabelle:

E	A
0	1
1	0

Funktionsplan:

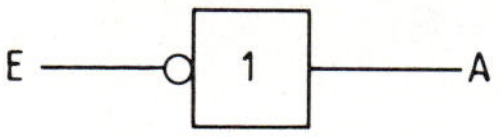

Schaltalgebraischer Ausdruck:

$A = \overline{E}$

Realisierung mit einer SPS:

Zuordnung:
E = E 1.0   A = A 1.0

Anweisungsliste:
UN E 1.0
= A 1.0

▲

3.1.2 Die UND-Verknüpfung

Das Ausgangssignal einer UND-Verknüpfung hat nur dann den Wert „1", wenn alle Eingangssignale den Signalwert „1" haben.

Veranschaulichung der **UND-Verknüpfung:**

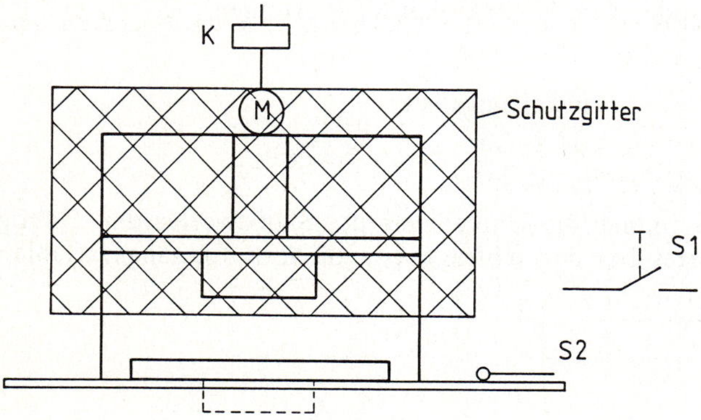

Eine Presse führt den Arbeitshub nur aus, wenn das Schutzgitter geschlossen ist und der Starttaster S1 betätigt wird.

Bevor die „UND-Verknüpfung“ mit den anderen Darstellungsarten beschrieben wird, werden die Eingangs- und Ausgangsvariablen in der Zuordnungstabelle aufgelistet.

Zuordnungstabelle:

Eingangsvariable	Betriebsmittel Kennzeichen	logische Zuordnung
Taster Start Endschalter	S1 S2	betätigt S1 = 1 betätigt S2 = 1
Ausgangsvariable		
Presse	K	Arbeitshub K = 1

Der Zusammenhang zwischen den Eingangsvariablen und der Ausgangsvariablen kann mit der Funktionstabelle, dem Funktionsplan und dem schaltalgebraischen Ausdruck dargestellt werden.

In den Eingangsspalten der Funktionstabelle werden alle möglichen Kombinationen der Eingangswerte eingetragen. Bei n Eingangsvariablen sind dies 2^n Kombinationen. Zu jeder Eingangskombination wird dann in der Spalte der Ausgangsvariablen der entsprechende Ausgangswert eingetragen.

Funktionstabelle:

S2	S1	K
0	0	0
0	1	0
1	0	0
1	1	1

Funktionsplan:

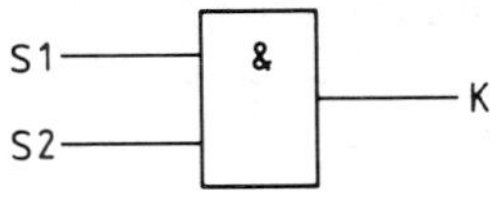

Schaltalgebraischer Ausdruck:

$K = S1 \wedge S2$
$K = S1 \,\&\, S2$
$K = S1S2$

gleichwertige Schreibweisen

Realisierung in Kontakttechnik:

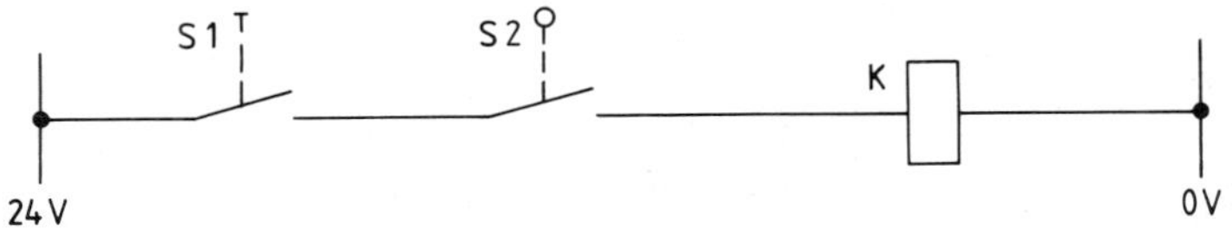

Realisierung mit einer SPS:

Zuordnung:
S1 = E 1.1   K = A 1.0
S2 = E 1.2

Anweisungsliste:
U E 1.1
U E 1.2
= A 1.0

▼ **Beispiel: Mitschreibbeleuchtung**

Die Mitschreibbeleuchtung in einem Demonstrationsraum darf nur leuchten, wenn das Hauptlicht ausgeschaltet, der Raum verdunkelt und der entsprechende Schalter betätigt ist.

Zuordnungstabelle:

Eingangsvariable	Betriebsmittel Kennzeichen	logische Zuordnung
Hauptlichtschalter Raumverdunkelungsschalter Mitschreibbeleuchtungsschalter	S1 S2 S3	Aus S1 = 0 Aus S2 = 0 Aus S3 = 0
Ausgangsvariable		
Mitschreibbeleuchtung	H	Ein H = 1

Funktionstabelle:

S3	S2	S1	H
0	0	0	0
0	0	1	0
0	1	0	0
0	1	1	0
1	0	0	0
1	0	1	0
1	1	0	1
1	1	1	0

Funktionsplan:

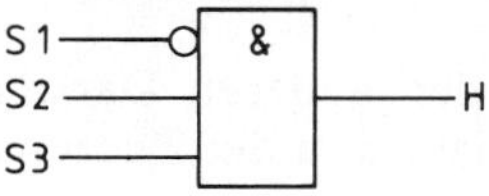

Schaltalgebraischer Ausdruck:

$H = \overline{S1}\, S2\, S3$

Realisierung mit einer SPS:

Zuordnung:
S1 = E 0.1 H = A 0.0
S2 = E 0.2
S3 = E 0.3

Anweisungsliste:

```
UN  E 0.1
U   E 0.2
U   E 0.3
=   A 0.0
```

▲

3.1.3 Die ODER-Verknüpfung

Das Ausgangssignal einer ODER-Verknüpfung hat den Wert „1", wenn mindestens ein Eingangssignal den Wert „1" hat.

Veranschaulichung der **ODER-Verknüpfung:**

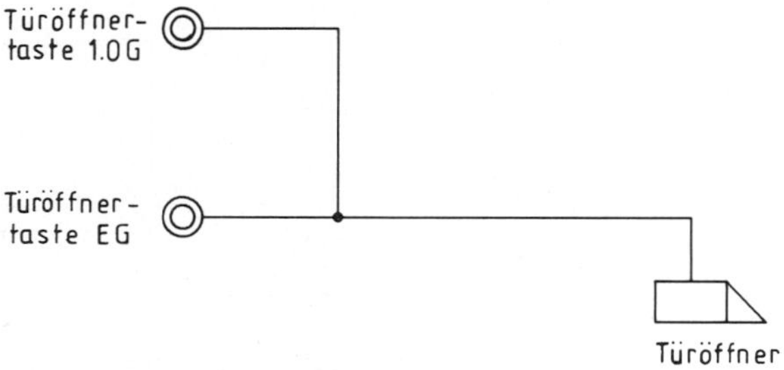

Der Türöffner eines Zweifamilienhauses kann vom Erdgeschoß oder vom 1. Obergeschoß aus betätigt werden.

Auch die ODER-Verknüpfung läßt sich durch die anderen Darstellungsarten beschreiben.

Zuordnungstabelle:

Eingangsvariable	Betriebsmittel Kennzeichen	logische Zuordnung
Türöffnertaster EG Türöffnertaster 1. OG	S1 S2	Taster betätigt S1 = 1 Taster betätigt S2 = 1
Ausgangsvariable		
Türöffner (Elektromagnet)	K	Elektromagnet angezogen K = 1

Mit der Funktionstabelle, dem Funktionsplan und dem schaltalgebraischen Ausdruck kann wieder der Zusammenhang von Eingangs- und Ausgangsvariablen für die ODER-Verknüpfung beschrieben werden.

Funktionstabelle:

S2	S1	K
0	0	0
0	1	1
1	0	1
1	1	1

Funktionsplan:

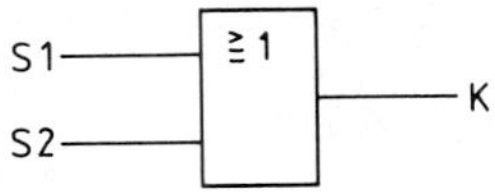

Schaltalgebraischer Ausdruck:

$K = S1 \vee S2$

Realisierung in Kontakttechnik:

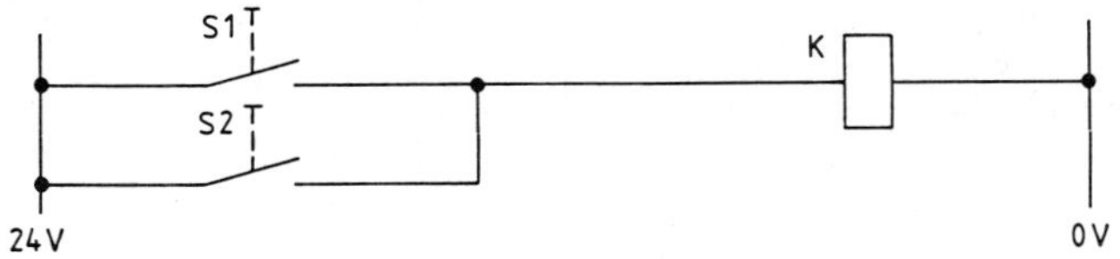

Realisierung mit einer SPS:

Zuordnung:

S1 = E 0.1 K = A 0.0
S2 = E 0.2

Anweisungsliste:

O E 0.1
O E 0.2
= A 0.0

▼ **Beispiel: Wasserturbine-Schutzüberwachung**

Die Wasserzufuhr zu einer Turbine wird gesperrt, wenn eine bestimmte Drehzahl überschritten oder die Lagertemperatur zu hoch oder der Kühlkreislauf nicht mehr in Betrieb ist. Wird die Wasserzufuhr gesperrt, wird gleichzeitig eine Warnleuchte angeschaltet.

Zuordnungstabelle:

Eingangsvariable	Betriebsmittel Kennzeichen	logische Zuordnung	
Drehzahlüberwachung	E1	Drehzahl zu hoch	E1 = 1
Lagertemperatur	E2	zu groß	E2 = 1
Kühlkreislauf	E3	in Betrieb	E3 = 1
Ausgangsvariable			
Wasserzufuhr	K	gesperrt	K = 1
Meldeleuchte	H	EIN	H = 1

Funktionstabelle:

E3	E2	E1	K	H
0	0	0	1	1
0	0	1	1	1
0	1	0	1	1
0	1	1	1	1
1	0	0	0	0
1	0	1	1	1
1	1	0	1	1
1	1	1	1	1

Funktionsplan:

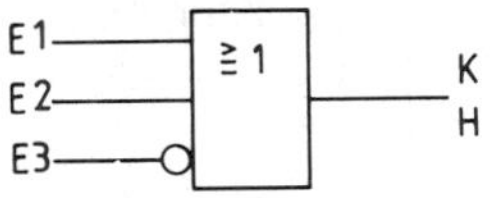

Schaltalgebraischer Ausdruck:

$K = H = E1 \vee E2 \vee \overline{E3}$

Mit dem Ergebnis einer Verknüpfung können mehrere Ausgänge angesteuert werden. Die verschiedenen Ausgänge werden nacheinander programmiert.

Realisierung mit einer SPS:

Zuordnung:

E1 = E 0.1 K = A 0.0
E2 = E 0.2 H = A 0.1
E3 = E 0.3

Anweisungsliste:

O E 0.1
O E 0.2
ON E 0.3
= A 0.0
= A 0.1

▲

3.2 Zusammenstellung der Beschreibungsmittel und Darstellungsarten

<table>
<tr><td>Verbal
Hier wird sprachlich der Zusammenhang zwischen Eingangs- und Ausgangsgrößen angegeben.</td><td>„NICHT“</td><td>„UND“</td><td>„ODER“</td></tr>
<tr><td>Funktionstabelle
In der Funktionstabelle werden für die Eingangs- und Ausgangsvariablen je eine Spalte zur Verfügung gestellt und alle mögliche Kombinationen der Eingangswerte in die Zeilen eingetragen. Nach der Verknüpfungsbedingung ergeben sich dann die zugehörigen Ausgangswerte.</td>
<td><table><tr><th>E</th><th>A</th></tr><tr><td>0</td><td>1</td></tr><tr><td>1</td><td>0</td></tr></table></td>
<td><table><tr><th>E2</th><th>E1</th><th>A</th></tr><tr><td>0</td><td>0</td><td>0</td></tr><tr><td>0</td><td>1</td><td>0</td></tr><tr><td>1</td><td>0</td><td>0</td></tr><tr><td>1</td><td>1</td><td>1</td></tr></table></td>
<td><table><tr><th>E2</th><th>E1</th><th>A</th></tr><tr><td>0</td><td>0</td><td>0</td></tr><tr><td>0</td><td>1</td><td>1</td></tr><tr><td>1</td><td>0</td><td>1</td></tr><tr><td>1</td><td>1</td><td>1</td></tr></table></td></tr>
<tr><td>Schaltalgebraischer Ausdruck
Binäre Verknüpfungen können mittels der Schaltalgebra auch mathematisch beschrieben werden. Hierbei werden die Funktionen in einer schaltalgebraischen Gleichung formuliert. Die logischen Grundfunktionen sind durch Operationszeichen gekennzeichnet.</td>
<td>$A = \overline{E}$</td>
<td>$A = E1 \wedge E2$
$A = E1 \,\&\, E2$
$A = E1E2$</td>
<td>$A = E1 \vee E2$

Merkhilfe:
ODER ist oben offen ($\vee$)</td></tr>
<tr><td>Funktionsplan
Der Funktionsplan gibt die Negation und die Grundverknüpfungen durch grafische Symbole an. Darüberhinaus lassen sich mit dem Funktionsplan auch andere Grundfunktionen mit Symbolen darstellen. Die Symbole sind in Normen beschrieben. Durch das Symbol ist der Funktionsinhalt bestimmt.</td>
<td>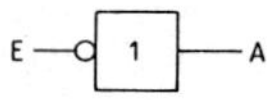</td>
<td>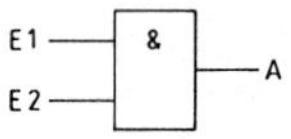</td>
<td>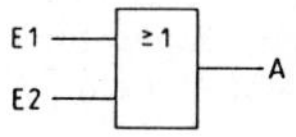</td></tr>
<tr><td>Funktionsdiagramm oder Zeitdiagramm
Diese Darstellungsart wird zur Beschreibung der Negation und der Grundverknüpfungen weniger verwendet, eignet sich aber gut, um Zeit- und Speicherfunktionen zu beschreiben. Im Funktionsdiagramm werden die Werte der Eingangs- und Ausgangsvariablen grafisch über der Zeit dargestellt.</td>
<td>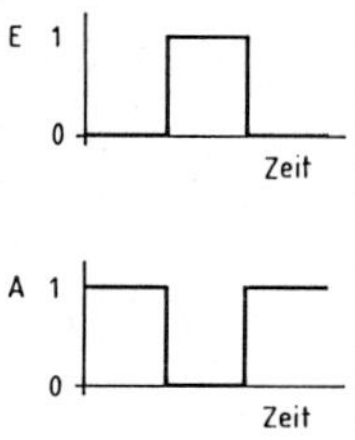</td>
<td>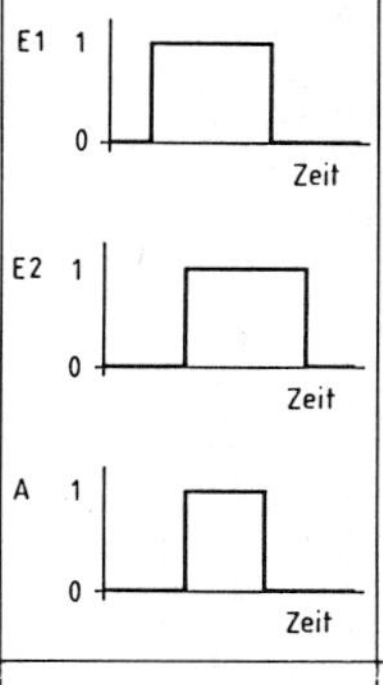</td>
<td>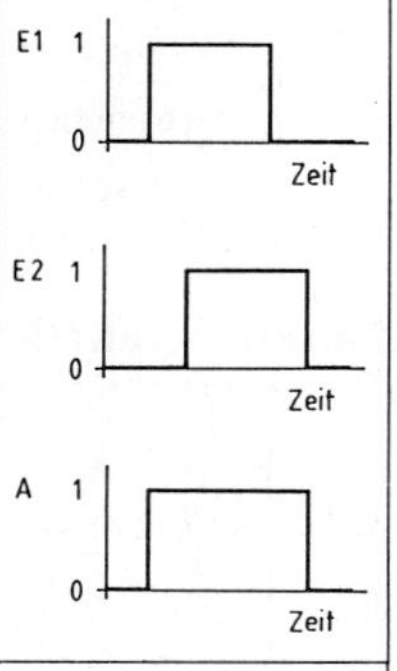</td></tr>
<tr><td>Gebietsdarstellung oder Diagramm
Die verschiedenen Eingangskombinationen werden durch grafische Flächen dargestellt.
<table><tr><th>E2</th><th>E1</th><th>A</th></tr><tr><td>0</td><td>0</td><td></td></tr><tr><td>0</td><td>1</td><td></td></tr><tr><td>1</td><td>0</td><td></td></tr><tr><td>1</td><td>1</td><td></td></tr></table>
<table><tr><td></td><td colspan="2">E1</td></tr><tr><td></td><td>00</td><td>01</td></tr><tr><td>E2</td><td>10</td><td>11</td></tr></table>
<table><tr><td></td><td colspan="2">E1</td></tr><tr><td></td><td>00</td><td>01</td></tr><tr><td>E2</td><td>02</td><td>03</td></tr></table>
In diese Flächen wird der zur jeweiligen Eingangskombination gehörende Ausgangssignalwert eingetragen.</td>
<td><table><tr><td colspan="2">E</td></tr><tr><td>1</td><td>0</td></tr></table></td>
<td><table><tr><td></td><td colspan="2">E1</td></tr><tr><td></td><td>0</td><td>0</td></tr><tr><td>E2</td><td>0</td><td>1</td></tr></table></td>
<td><table><tr><td></td><td colspan="2">E1</td></tr><tr><td></td><td>0</td><td>1</td></tr><tr><td>E2</td><td>1</td><td>1</td></tr></table></td></tr>
</table>

3.3 Zusammengesetzte logische Grundverknüpfungen

In Steuerungsprogrammen kommen nicht nur die reinen Elemente „NICHT", „UND" und „ODER" vor. In vielen Fällen setzt sich eine Verknüpfung aus mehreren Elementen zusammen. Bei solchen zusammengesetzten Funktionen treten immer wieder die beiden Grundstrukturen „UND-vor-ODER" und „ODER-vor-UND" auf.

3.3.1 UND-vor-ODER-Verknüpfung

Bei dieser Grundstruktur führen die Ausgänge von UND-Verknüpfungen auf eine ODER-Verknüpfung. Eine andere Bezeichnung für diese Struktur ist: *DISJUNKTIVE FORM.*

UND-vor-ODER-Verknüpfung

Funktionsplan:

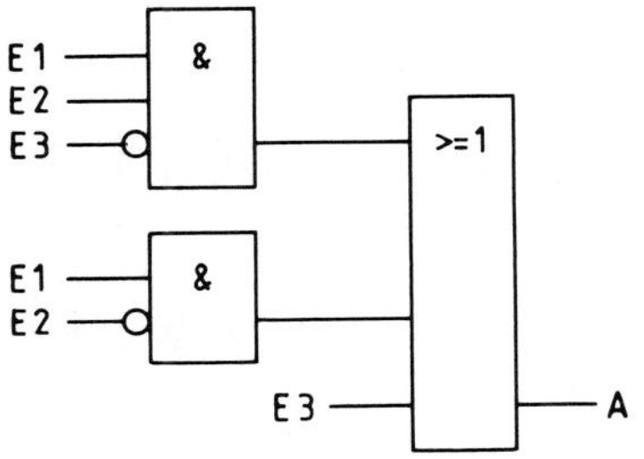

Die Verknüpfungsergebnisse der UND-Verknüpfungen werden zusammen mit dem Eingang E3 ODER-verknüpft. Wenn eine der UND-Verknüpfungen erfüllt ist oder wenn der Eingang E3 Signalzustand „1" führt, erscheint am Ausgang A Signalzustand „1".

Mit einer Funktionstabelle wird der Zusammenhang zwischen Eingangs- und Ausgangsvariablen deutlich.

Funktionstabelle:

E3	E2	E1	$E1E2\overline{E3}$	$E1\overline{E2}$	E3	A
0	0	0	0	0	0	0
0	0	1	0	1	0	1
0	1	0	0	0	0	0
0	1	1	1	0	0	1
1	0	0	0	0	1	1
1	0	1	0	1	1	1
1	1	0	0	0	1	1
1	1	1	0	0	1	1

Schaltgebraischer Ausdruck:

Diese aus UND- und ODER-Verknüpfungen zusammengesetzte Funktion läßt sich aufgrund einer SPS-bezogenen Festlegung ohne Klammern schreiben:

$$A = E1E2\overline{E3} \vee E1\overline{E2} \vee E3$$

Von der SPS werden zuerst die UND-Verknüpfungen bearbeitet und danach die Verknüpfungsergebnisse der UND-Verknüpfungen ODER-verknüpft.

Die Anweisungsliste nach STEP 5 entspricht dieser Schreibweise.

Realisierung mit einer SPS:

Zuordnung:	Anweisungsliste:	
E1 = E 0.1	U E 0.1	U E 0.1
E2 = E 0.2	U E 0.2	UN E 0.2
E3 = E 0.3	UN E 0.3	O E 0.3
A = A 0.0	O	= A 0.0

3.3.2 ODER-vor-UND-Verknüpfung

Bei dieser Grundstruktur führen die Ausgänge von ODER-Verknüpfungen auf eine UND-Verknüpfung. Eine andere Bezeichnung für diese Struktur ist: *KONJUNKTIVE FORM.*

ODER-vor-UND-Verknüpfung

Funktionsplan:

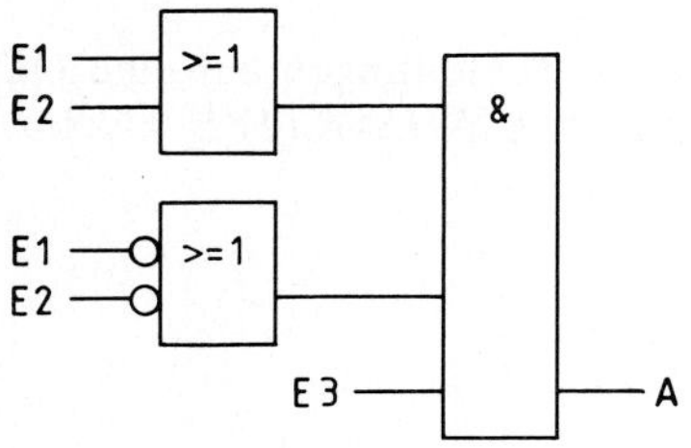

Die Verknüpfungsergebnisse der ODER-Verknüpfungen werden zusammen mit dem Eingang E3 UND-verknüpft. Wenn beide ODER-Verknüpfungen erfüllt sind und E3 den Signalzustand „1" führt, erscheint am Ausgang Signalzustand „1".

Mit einer Funktionstabelle wird der Zusammenhang zwischen Eingangs- und Ausgangsvariablen deutlich.

Funktionstabelle:

E3	E2	E1	E1 ∨ E2	$\overline{E1} \vee \overline{E2}$	E3	A
0	0	0	0	1	0	0
0	0	1	1	1	0	0
0	1	0	1	1	0	0
0	1	1	1	0	0	0
1	0	0	0	1	1	0
1	0	1	1	1	1	1
1	1	0	1	1	1	1
1	1	1	1	0	1	0

Schaltgebraischer Ausdruck:

Diese aus ODER- und UND-Verknüpfungen zusammengesetzte Funktion muß man in der Booleschen Algebra mit Klammern schreiben, um festzulegen, daß die ODER-Verknüpfungen vor der UND-Verknüpfung bearbeitet werden:

$$A = (E1 \vee E2) \ \& \ (\overline{E1} \vee \overline{E2}) \ \& \ E3$$

Auch in der Anweisungsliste nach STEP 5 werden die ODER-Verknüpfungen bei dieser Struktur in Klammern gesetzt.

Realisierung mit einer SPS:

Zuordnung:
E1 = E 0.1   A = A 0.0
E2 = E 0.2
E3 = E 0.3

Anweisungsliste:

```
U(
O   E 0.1
O   E 0.2
)
U(
ON  E 0.1
ON  E 0.2
)
U   E 0.3
=   A 0.0
```

3.4 Merker

Treten bei einem Entwurf eines Steuerungsprogramms Verknüpfungsstrukturen auf, die über die disjunktive oder konjunktive Form hinausgehen, so können solche umfangreiche Schaltungen mit einigen Automatisierungsgeräten durch Einführen mehrerer Klammerebenen direkt programmiert werden.

Verknüpfungsstruktur mit zwei Klammerebenen

Funktionsplan:

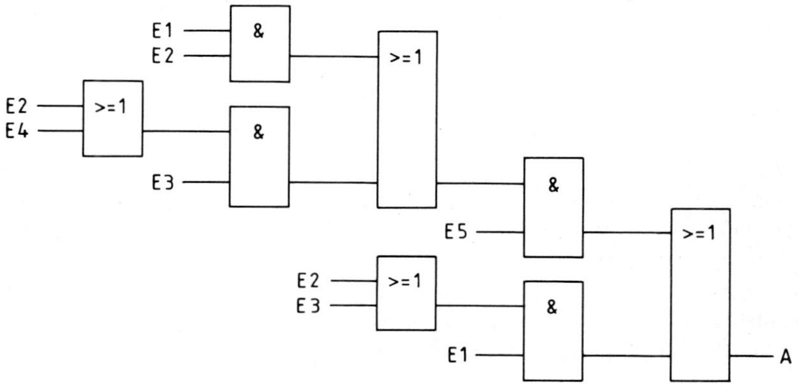

Schaltalgebraischer Ausdruck:

Der zugehörige schaltalgebraische Ausdruck hat zwei Klammerebenen.

A = (E1 & E2 v (E2 v E4) & E3) & E5 v (E2 v E3) & E1

Die Anweisungsliste zu dieser Verknüpfungsstruktur entspricht wieder dem schaltalgebraischen Ausdruck.

Realisierung mit einer SPS:

Zuordnung:		Anweisungsliste:		
E1 = E 0.1	A = A 0.0	U(	O E 0.4	U(
E2 = E 0.2		U E 0.1	)	O E 0.2
E3 = E 0.3		U E 0.2	U E 0.3	O E 0.3
E4 = E 0.4		O	)	)
E5 = E 0.5		U(	U E 0.5	U E 0.1
		O E 0.2	O	= A 0.0

Solche umfangreiche logische Verknüpfungen sind für die Überprüfung des Signalzustandes bei der Fehlersuche wenig geeignet. Ein übersichtlicheres und einfacher zu programmierendes Steuerungsprogramm erhält man durch Bildung von Zwischenergebnissen, welche dann weiterverknüpft werden. Zwischenergebnisse werden mit *MERKER* gebildet. Einem Merker wird ähnlich wie einem Ausgang ein logischer Signalzustand zugewiesen. Dieser Signalzustand tritt jedoch nur im Automatisierungsgerät intern auf. Zu den Operanden EINGÄNGE und AUSGÄNGE kommt also nun noch der Operand MERKER hinzu, dessen Operandenkennzeichen M ist.

Wird in der vorangegangenen Verknüpfungsstruktur mit zwei Klammerebenen als Verknüpfungstiefe nur die UND-vor-ODER bzw. ODER-vor-UND Struktur zugelassen, so ist zur Aufnahme der Zwischenergebnisse die Einführung von drei Merkern erforderlich.

Funktionsplan:

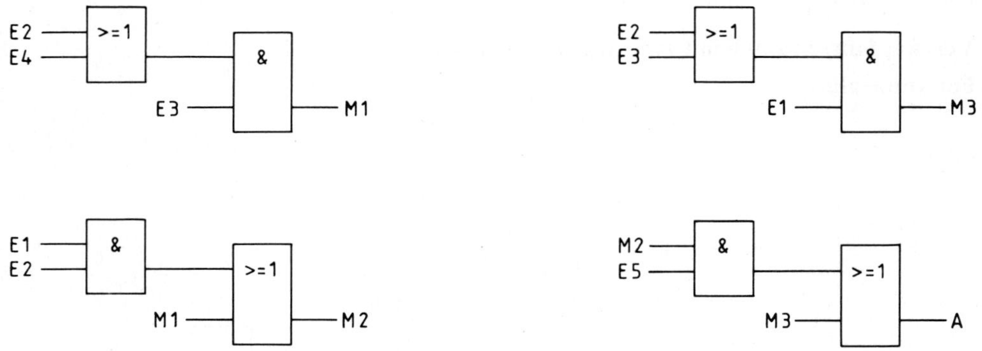

Mit einer Funktionstabelle kann nun der Signalzustand des Ausgangs in Abhängigkeit von den Signalzuständen der Eingangsvariablen leicht festgestellt werden.

Funktionstabelle:

E5	E4	E3	E2	E1	M1	M2	M3	A
0	0	0	0	0	0	0	0	0
0	0	0	0	1	0	0	0	0
0	0	0	1	0	0	0	0	0
0	0	0	1	1	0	1	1	1
0	0	1	0	0	0	0	0	0
0	0	1	0	1	0	0	1	1
0	0	1	1	0	1	1	0	0
0	0	1	1	1	1	1	1	1
0	1	0	0	0	0	0	0	0
0	1	0	0	1	0	0	0	0
0	1	0	1	0	0	0	0	0
0	1	0	1	1	0	1	1	1
0	1	1	0	0	1	1	0	0
0	1	1	0	1	1	1	1	1
0	1	1	1	0	1	1	0	0
0	1	1	1	1	1	1	1	1
1	0	0	0	0	0	0	0	0
1	0	0	0	1	0	0	0	0
1	0	0	1	0	0	0	0	0
1	0	0	1	1	0	1	1	1
1	0	1	0	0	0	0	0	0
1	0	1	0	1	0	0	1	1
1	0	1	1	0	1	1	0	1
1	0	1	1	1	1	1	1	1
1	1	0	0	0	0	0	0	0
1	1	0	0	1	0	0	0	0
1	1	0	1	0	0	0	0	0
1	1	0	1	1	0	1	1	1
1	1	1	0	0	1	1	0	1
1	1	1	0	1	1	1	1	1
1	1	1	1	0	1	1	0	1
1	1	1	1	1	1	1	1	1

In der Anweisungsliste wird dieses Steuerungsprogramm dann wie folgt geschrieben:

Realisierung mit einer SPS:

Zuordnung:

E1 = E 0.1	M1 = M 0.1	A = A 0.0
E2 = E 0.2	M2 = M 0.2	
E3 = E 0.3	M3 = M 0.3	
E4 = E 0.4		
E5 = E 0.5		

Anweisungsliste:

```
U(            U(
O E 0.2       O E 0.2
O E 0.4       O E 0.3
)             )
U E 0.3       U E 0.1
= M 0.1       = M 0.3
U E 0.1       U M 0.2
U E 0.2       U E 0.5
O M 0.1       O M 0.3
= M 0.2       = A 0.0
```

Wird das Automatisierungsgerät in den STOP-Zustand versetzt, oder tritt ein Stromausfall ein, hängt es vom Gerätetyp ab, ob der Signalzustand der Merker erhalten bleibt oder verloren geht.

Einige Automatisierungsgeräte reservieren bestimmte Merkerbereiche, bei denen der Signalwert gespeichert wird. Diese Merker werden dann als *remanente Merker* oder *Haftmerker* bezeichnet. Bei anderen Automatisierungsgeräten kann die Remanenz der Merker mit einem Schalter am Steuerungsprozessor eingestellt werden. Tritt ein Spannungsausfall auf, ist eine Pufferbatterie erforderlich, damit der Signalzustand der remanenten Merker gehalten werden kann.

Verlieren die Merker ihren Signalzustand, so wird bei Neustart oder Spannungswiederkehr allen Merkern der Signalzustand „0“ zugewiesen.

Durch die Verwendung von remanenten Merkern kann der letzte Anlagen- oder Maschinenzustand vor Verlassen des „Betriebs“-Zustandes gespeichert werden. Bei Neustart kann die Anlage oder Maschine an der Stelle weiterarbeiten, wo sie zum Stillstand gekommen ist.

> Merker sind zur Aufnahme binärer Zwischenergebnisse vorgesehen; sie werden behandelt wie Ausgänge, jedoch ist ihr logischer Zustand nur geräteintern.
>
> Man unterscheidet remanente und nichtremanente Merker.

3.5 Vertiefung und Übung

• Übung 3.1: Überwachung eines chemischen Prozesses

Die Temperatur eines chemischen Prozesses wird mit einem Bimetallthermometer überwacht. Sinkt die Temperatur unter einen bestimmten Wert, so meldet dies der Signalgeber mit dem Signalwert „0“ und eine Alarmhupe wird betätigt.

Gesucht: Zuordnung, Funktionstabelle, Funktionsplan, schaltalgebraischer Ausdruck und AWL.

• Übung 3.2: Spritzgußmaschine

Bei einer Spritzgußmaschine fährt der Stempel nur dann ab, wenn die Form geschlossen, der Formdruck aufgebaut, das Schutzgitter unten und die Preßtemperatur erreicht ist.

Sensoren:

Form geschlossen:	Induktiver Näherungsschalter, „1“-Signal, wenn Form geschlossen.
Formdruck:	Dehnungsmeßstreifen, „0“-Signal, wenn Formdruck aufgebaut.
Schutzgitter:	Endschalter, „1“-Signal, wenn Schutzgitter unten.
Preßtemperatur:	Thermoelement, „0“-Signal, wenn Temperatur erreicht.
Stellglied:	5/2-Wege-Magnetventil mit Federrückstellung. Bei „1“-Signal fährt der Stempel ab.

Gesucht: Zuordnung, Funktionstabelle, Funktionsplan, schaltalgebraischer Ausdruck und AWL.

• Übung 3.3: Reaktionsgefäß

In einem Reaktionsgefäß muß ein Sicherheitsventil geöffnet werden, wenn der Druck zu groß oder die Temperatur zu hoch oder das Einlaßventil geöffnet oder eine bestimmte Konzentration der chemischen Reaktion erreicht ist.

Sensoren: Druckmesser,
„0“ Signal, wenn Druck zu groß.
Thermoelement,
„0“ Signal, wenn Temperatur zu groß.
Einlaßventil,
„0“ Signal, wenn Ventil offen.
Konzentration,
„0“ Signal, wenn Konzentration erreicht.

Gesucht: Zuordnung, Funktionstabelle, Funktionsplan, schaltalgebraischer Ausdruck und AWL.

• Übung 3.4: UND-vor-ODER

Bestimmen Sie zu der im folgenden Funktionsplan gegebenen UND-vor-ODER Verknüpfung die zugehörige Funktionstabelle, den schaltalgebraischen Ausdruck und die AWL.

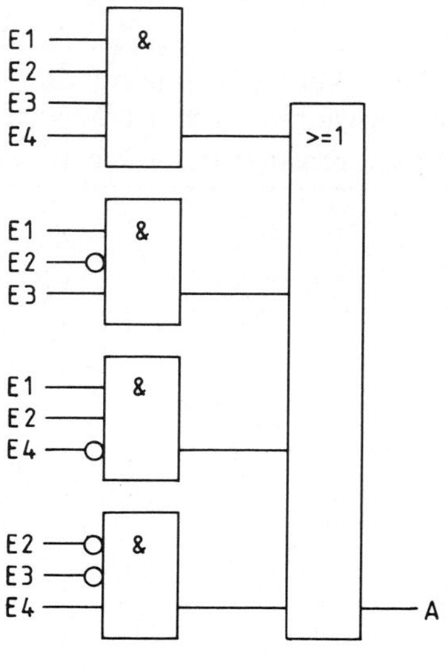

• Übung 3.5: ODER-vor-UND

Bestimmen Sie zu der im folgenden Funktionsplan gegebenen ODER-vor-UND Verknüpfung die zugehörige Funktionstabelle, den schaltalgebraischen Ausdruck und die AWL.

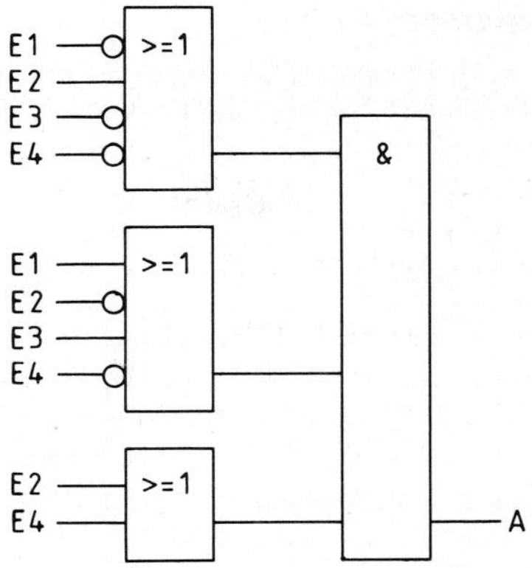

• Übung 3.6: Funktionsplandarstellung

Gegeben ist der folgende Funktionsplan einer Steuerung:

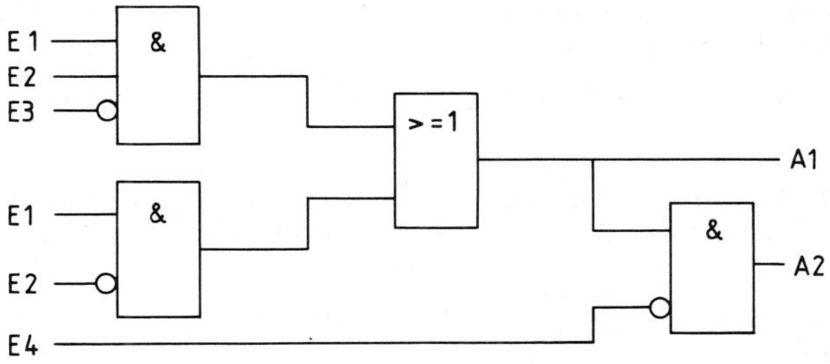

Bestimmen Sie in einer Funktionstabelle für diese Verknüpfung den Zusammenhang zwischen Eingangsvariablen und Ausgangsvariablen. Schreiben Sie für den gegebenen Funktionsplan die zugehörige Anweisungsliste.

• Übung 3.7: Analyse einer AWL

Bestimmen Sie aus der gegebenen Anweisungsliste den Funktionsplan und ermitteln Sie den Zusammenhang zwischen Eingangs- und Ausgangsvariablen in einer Funktionstabelle.

```
U    E 0.0      UN   E 0.0      U    E 0.0
UN   E 0.1      UN   E 0.1      U    E 0.1
UN   E 0.2      UN   E 0.2      O
O               O               U    E 0.0
UN   E 0.0      U    E 0.0      U    E 0.2
U    E 0.1      U    E 0.1      O
UN   E 0.2      U    E 0.2      U    E 0.1
O               =    A 0.0      U    E 0.2
                                =    A 0.1
```

● Übung 3.8: Merker

Zerlegen Sie die im Funktionsplan gegebene Verknüpfungsstruktur in die Grundstrukturen durch Einführen von Merkern. Bestimmen Sie dann die Funktionstabelle, den schaltalgebraischen Ausdruck und die AWL.

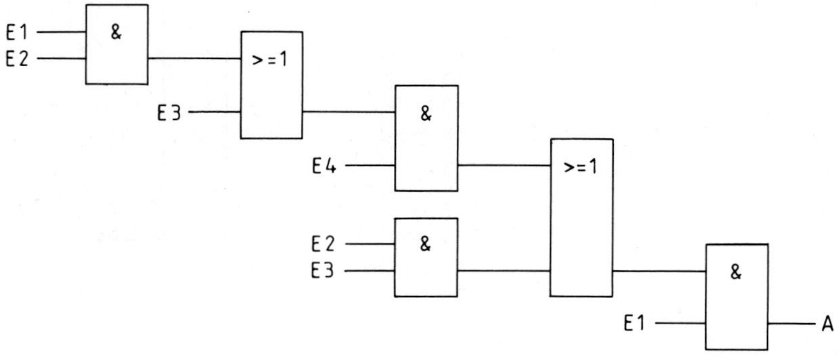

● Übung 3.9: Zerlegung in die Grundstrukturen

Zerlegen Sie die im Funktionsplan vorgegebene Verknüpfungsstruktur in die Grundstrukturen ODER-vor-UND bzw. UND-vor-ODER durch Einführen von drei Merkern.

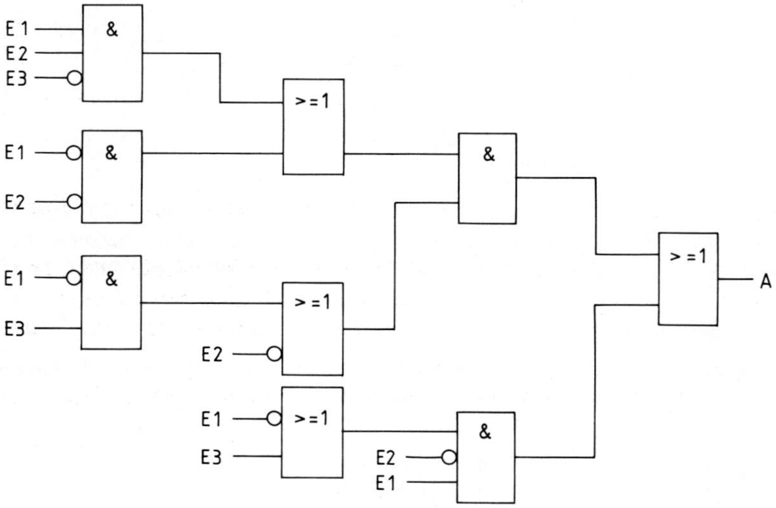

Bestimmen Sie mit einer Funktionstabelle die logische Zuordnung der Merker und des Ausgangs zu den Eingangskombinationen. Geben Sie das Steuerungsprogramm in der AWL an.

4 Verknüpfungssteuerungen ohne Speicherverhalten

Eine Steuerung wird nach DIN 19 237 als *Verknüpfungssteuerung* bezeichnet, wenn den Signalzuständen der Eingänge bestimmte Signalzustände der Ausgänge im Sinne boolscher Verknüfungen zugeordnet werden.

Verknüpfungssteuerungen ohne Speicherverhalten beruhen auf der Anwendung und Kombination der logischen Grundverknüpfungen und werden auch „logische Zuordner“ oder *Schaltnetze* genannt.

4.1 Funktionstabelle

Ein Schaltnetz ist eine Verknüpfungsstruktur, bei der Signalzustände derart verknüpft werden, daß die Ausgangssignale zu jedem beliebigen Zeitpunkt allein von den Zuständen der Eingangssignale abhängen.

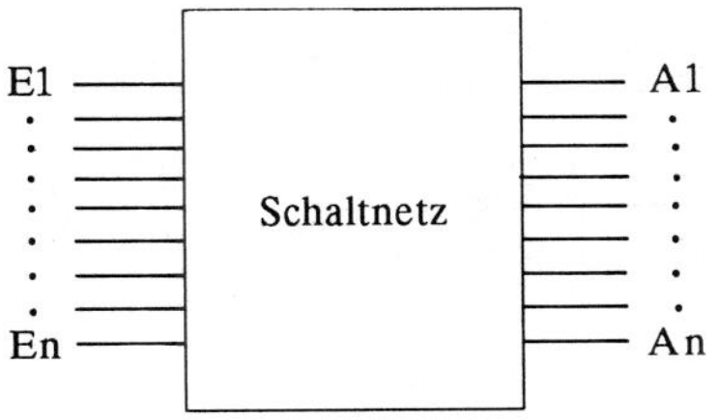

Der Zusammenhang zwischen Eingangs- und Ausgangssignalen kann mit einer Funktionstabelle vollständig beschrieben werden.

Da *Funktionstabellen* auch in den folgenden Kapiteln immer wieder vorkommen, empfiehlt es sich, beim Aufbau solcher Tabellen stets nach den gleichen Regeln vorzugehen. Die Einhaltung der folgenden drei Regeln bringt einige Vorteile beim Umgang mit Funktionstabellen mit sich.

1. Die Eingangsvariablen werden von rechts nach links mit steigender Numerierung eingetragen
2. Die Variable E1 wechselt nach jeder Zeile den Zustand
   Die Variable E2 wechselt nach jeder 2. Zeile den Zustand
   Die Variable E3 wechselt nach jeder 4. Zeile den Zustand
   Die Variable E4 wechselt nach jeder 8. Zeile den Zustand
   Die Variable En wechselt nach jeder 2^{n-1}. Zeile den Zustand
3. Die Zeilen in der Funktionstabelle werden entsprechend der Eingangsbelegung oktal durchnumeriert. Die *Oktalindizierung* der Zeilen erhält man, indem von rechts beginnend stets drei Eingangswerte pro Zeile zusammengefaßt und die entsprechende Dualzahl für diese Werte aufgeschrieben werden. Die Eingangskombination

E6	E5	E4	E3	E2	E1
1	0	1	1	1	0
	5			6	

erhält demnach die Oktalnummer 56.

Liegt bei einer Steuerungsaufgabe die Struktur eines Schaltnetzes zugrunde, kann der Zusammenhang zwischen Eingangsvariablen und Ausgangsvariablen in einer Funktionstabelle dargestellt werden. Das Aufstellen der Funktionstabelle aus der Aufgabenstellung ist im folgenden an einer Motorschaltung gezeigt.

Ein Motor soll von drei Schaltstellen aus über ein 24-V-Leistungsschütz ein- und ausgeschaltet werden können. An den Schaltstellen werden einpolige Schalter verwendet.

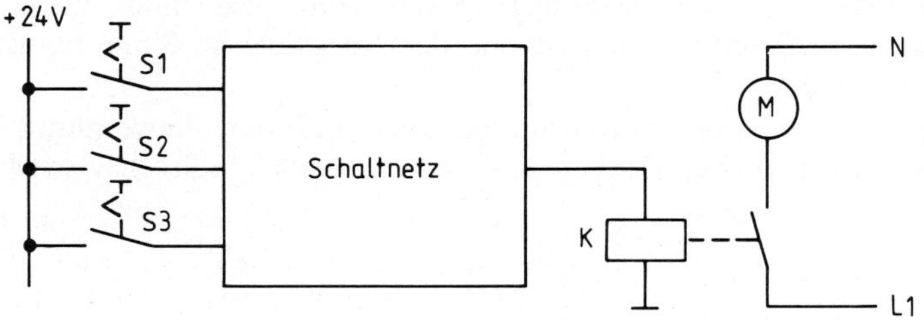

Zuordnungstabelle:

Eingangsvariable	Betriebsmittel-kennzeichen	logische Zuordnung
Schalter 1 Schalter 2 Schalter 3	S1 S2 S3	Schalter offen S1 = 0 Schalter offen S2 = 0 Schalter offen S3 = 0
Ausgangsvariable		
Motor oder Leistungsschütz	K	Schütz angezogen K = 1

Der Signalzustand des Ausgangs K ist nur abhängig von den Schalterstellungen. Wurde z.B. mit dem 2. Schalter der Motor eingeschaltet, mit dem 1. Schalter der Motor wieder ausgeschaltet sowie der 3. Schalter nicht verändert, so hat der Ausgang den Signalwert „0".

Es lassen sich mit den Eingängen S1, S2 und S3 $2^3 = 8$ verschiedene Eingangskombinationen erzeugen. Bei der Funktionstabelle sind demnach 8 Zeilen vorzusehen.

Allgemein gilt die Regel:

> Mit n-Eingangsvariablen ergeben sich 2^n verschiedene Eingangskombinationen.

Zur vollständigen Beschreibung des Schaltznetzes wird in die Funktionstabelle noch der Signalzustand des Ausganges bei den verschiedenen Eingangskombinationen eingetragen. Es wird festgelegt, daß bei nichtbetätigten Schaltern das Schütz nicht angezogen hat und der Motor demnach stillsteht. Deshalb wird in die Zeile 0 für die Ausgangsvariable der Signalzustand „0" eingetragen. Wird nun einer der drei Schalter betätigt, so soll das Schütz anziehen. Demnach ist in den Spalten 1, 2 und 4 eine „1" als Signalwert für den Ausgang einzutragen. Sind zwei Schalter betätigt worden, wie dies in den Zeilen 3, 5 und 6 geschehen ist, so steht der Motor wieder still. In der Spalte für den Ausgangssignalwert ist für diese Zeilen eine „0" als Signalwert einzutragen. Sind alle drei Schalter betätigt worden, so wurde ein-, aus- und wieder eingeschaltet. Die Zeile 7 erhält somit eine „1" als Ausgangssignalwert.

Funktionstabelle:

Oktal Nr.	S3	S2	S1	K
00	0	0	0	0
01	0	0	1	1
02	0	1	0	1
03	0	1	1	0
04	1	0	0	1
05	1	0	1	0
06	1	1	0	0
07	1	1	1	1

Mit dieser Funktionstabelle ist nun übersichtlich und vollständig der Zusammenhang zwischen Eingangs- und Ausgangsvariablen des vorliegenden Schaltnetzes beschrieben.

Eine Funktionstabelle ist für Schaltnetze mit bis zu sechs Eingangsvariablen noch handhabbar. Treten bei einem Schaltnetz mehr als sechs Eingangsvariable auf, so kommen meist nur ganz bestimmte Eingangskombinationen vor. Nur diese werden dann in eine *verkürzte Funktionstabelle* eingetragen.

4.2 Disjunktive Normalform DNF

Ist eine Steuerungsaufgabe, deren Struktur sich auf ein Schaltnetz zurückführen läßt, mit einer Funktionstabelle exakt beschrieben, so kann aus dieser Tabelle die logische Verknüpfung in Form eines schaltalgebraischen Ausdrucks oder eines Funktionsplanes direkt ermittelt werden. Eine Verknüpfungsstruktur, die sich aus der Funktionstabelle direkt ergibt, ist die *Disjunktive Normalform DNF* oder auch UND-vor-ODER Normalform.

Der Lösungsweg, der zur Disjunktiven Normalform DNF führt, geht von den Zeilen der Funktionstabelle aus, in denen die Ausgangsvariable den Signalzustand „1“ besitzt. Für diese Zeilen werden die Eingangsvariablen entsprechend ihrem Signalzustand UND-verknüpft. Bei Signalzustand „0“ wird die Eingangsvariable negiert und bei Signalzustand „1“ nicht negiert verknüpft. Eine solche UND-Verknüpfung, bestehend aus allen Eingangsvariablen der Funktionstabelle, wird als MINTERM bezeichnet. Der Name MINTERM rührt daher, daß diese Verknüpfung eine minimale Anzahl von „1“ Signalzuständen am Ausgang liefert, nämlich genau einen. Der Minterm

$$\overline{S4}\ \&\ S3\ \&\ \overline{S2}\ \&\ S1 = \overline{S4}\,S3\,\overline{S2}\,S1$$

liefert nur bei der Eingangskombination

$$S4 = 0,\ S3 = 1,\ S2 = 0 \text{ und } S1 = 1$$

am Ausgang den Signalzustand „1“.

Die Funktionstabelle der Motorschaltung enthält in den Zeilen 01, 02, 04 und 07 eine „1“ für den Ausgangssignalwert. Die entsprechenden Minterme für die DNF lauten dann:

Tabelle der Minterme:

Zeile	S3	S2	S1	Minterm
01	0	0	1	$\overline{S3}\ \&\ \overline{S2}\ \&\ S1$
02	0	1	0	$\overline{S3}\ \&\ S2\ \&\ \overline{S1}$
04	1	0	0	$S3\ \&\ \overline{S2}\ \&\ \overline{S1}$
07	1	1	1	$S3\ \&\ S2\ \&\ S1$

Die komplette Schaltfunktion erhält man nun, indem alle ermittelten Minterme ODER-verknüpft werden. Daraus ergibt sich dann die Disjunktive Normalform DNF oder UND-vor-ODER Normalform.

Für die Motorschaltung ergibt sich folgende DNF:

Schaltalgebraischer Ausdruck:

$$K = \overline{S3}\,\overline{S2}\,S1 \vee \overline{S3}\,S2\,\overline{S1} \vee S3\,\overline{S2}\,\overline{S1} \vee S3\,S2\,S1$$

Funktionsplan:

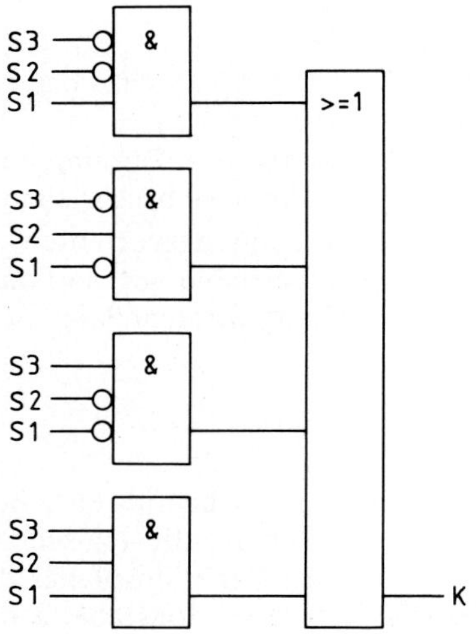

Nachdem ein Schaltnetz mit der DNF beschrieben ist, wird der schaltalgebraische Ausdruck oder der Funktionsplan in eine Realisierungsart umgesetzt. Diese Umsetzung der DNF in die Realisierung mit einer SPS und mit Schützen ist im folgenden für die Motorschaltung ausführlich dargestellt. Bei allen weiteren Beispielen wird auf die Darstellung der Realisierung mit Schützen verzichtet.

Realisierung mit einer SPS:

Wird die Steuerung mit einer SPS realisiert, so ist das Steuerungsprogramm mit der DNF bereits gefunden. Die Eingabe des Programms mit dem Programmiergerät kann entweder mit der AWL oder dem Funktionsplan erfolgen.

Zuordnung:

S1 = E 0.1
S2 = E 0.2
S3 = E 0.3
K = A 0.0

Anweisungsliste:

```
UN  E 0.3
UN  E 0.2
U   E 0.1
O
UN  E 0.3
U   E 0.2
UN  E 0.1
O
U   E 0.3
UN  E 0.2
UN  E 0.1
O
U   E 0.3
U   E 0.2
U   E 0.1
=   A 0.0
```

Anschlußplan:

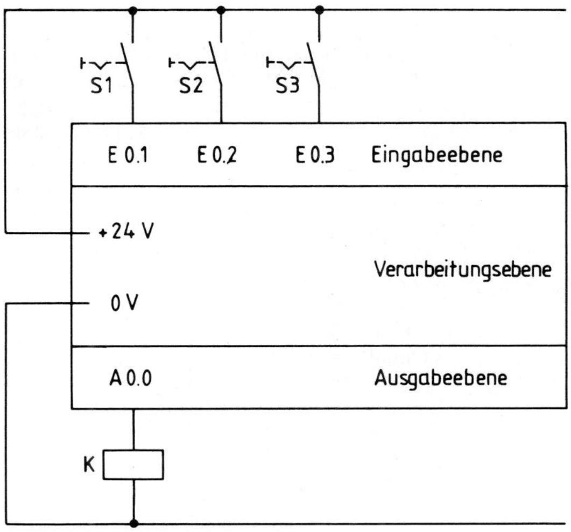

Realisierung mit Schützen:

Die Anordnung der Schützkontakte kann aus dem schaltalgebraischen Ausdruck der DNF abgelesen werden. Hierbei sind folgende Regeln zu berücksichtigen:

Negierte Variable sind Öffner.
Bejahte Variable sind Schließer.
Eine UND-Verknüpfung ergibt eine Reihenschaltung.
Eine ODER-Verknüpfung ergibt eine Parallelschaltung.

Da die Schaltstellen der Motorschaltung aus einpoligen Schaltern bestehen und jede Eingangsvariable mehrmals verknüpft wird, ist eine Kontaktvervielfachung durch drei Hilfsschütze (K1, K2 und K3) erforderlich.

Schaltplan:

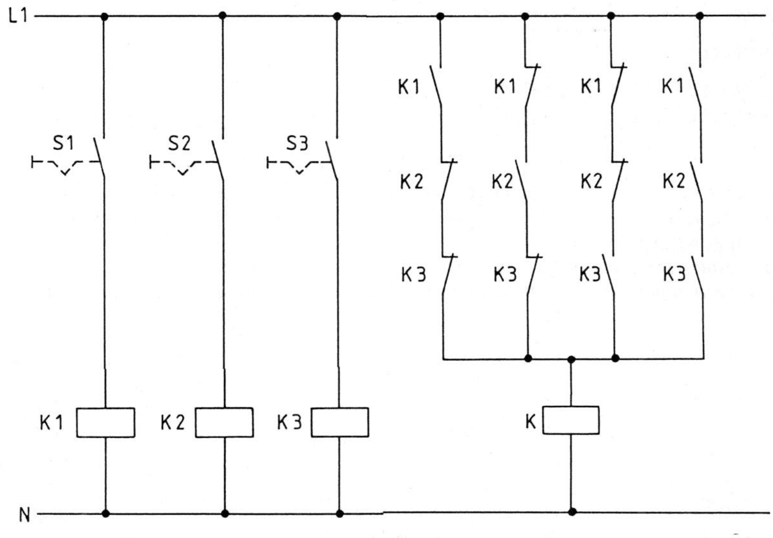

Das folgende Beispiel zeigt nochmals zusammenhängend das Lösungsverfahren bei einer Steuerungsaufgabe, welche sich auf ein Schaltnetz zurückführen läßt.

▼ **Beispiel: Lüfterüberwachung**

In einer Tiefgarage sind vier Lüfter installiert. Die Funktionsüberwachung erfolgt durch je einen Luftströmungswächter. An der Einfahrt der Tiefgarage ist eine Ampel angebracht. Sind alle vier Lüfter oder drei Lüfter in Betrieb, so ist für eine ausreichende Belüftung gesorgt und die Ampel zeigt grün. Bei Betrieb von nur zwei Lüftern schaltet die Ampel auf gelb. Sind weniger als zwei Lüfter in Betrieb, muß die Ampel rot anzeigen.

Zuordnungstabelle:

Eingangsvariable	Betriebsmittel-kennzeichen	logische Zuordnung
Luftströmungswächter 1	E1	Ventilator 1 an E1 = 1
Luftströmungswächter 2	E2	Ventilator 2 an E2 = 1
Luftströmungswächter 3	E3	Ventilator 3 an E3 = 1
Luftströmungswächter 4	E4	Ventilator 4 an E4 = 1
Ausgangsvariable		
Signalleuchte rot	A1	Signalleuchte an A1 = 1
Signalleuchte gelb	A2	Signalleuchte an A2 = 1
Signalleuchte grün	A3	Signalleuchte an A3 = 1

Funktionstabelle:

Oktal-Nr.	E4	E3	E2	E1	A1	A2	A3
00	0	0	0	0	1	0	0
01	0	0	0	1	1	0	0
02	0	0	1	0	1	0	0
03	0	0	1	1	0	1	0
04	0	1	0	0	1	0	0
05	0	1	0	1	0	1	0
06	0	1	1	0	0	1	0
07	0	1	1	1	0	0	1
10	1	0	0	0	1	0	0
11	1	0	0	1	0	1	0
12	1	0	1	0	0	1	0
13	1	0	1	1	0	0	1
14	1	1	0	0	0	1	0
15	1	1	0	1	0	0	1
16	1	1	1	0	0	0	1
17	1	1	1	1	0	0	1

Disjunktive Normalform:

$$A1 = \overline{E4}\,\overline{E3}\,\overline{E2}\,\overline{E1} \vee \overline{E4}\,\overline{E3}\,\overline{E2}\,E1 \vee \overline{E4}\,\overline{E3}\,E2\,\overline{E1} \vee \overline{E4}\,E3\,\overline{E2}\,\overline{E1} \vee E4\,\overline{E3}\,\overline{E2}\,\overline{E1}$$

$$A2 = \overline{E4}\,\overline{E3}\,E2\,E1 \vee \overline{E4}\,E3\,\overline{E2}\,E1 \vee \overline{E4}\,E3\,E2\,\overline{E1} \vee E4\,\overline{E3}\,\overline{E2}\,E1 \vee E4\,\overline{E3}\,E2\,\overline{E1} \vee E4\,E3\,\overline{E2}\,\overline{E1}$$

$$A3 = \overline{E4}\,E3\,E2\,E1 \vee E4\,\overline{E3}\,E2\,E1 \vee E4\,E3\,\overline{E2}\,E1 \vee E4\,E3\,E2\,\overline{E1} \vee E4\,E3\,E2\,E1$$

Da immer eine der drei Signalleuchten an ist, genügt es zur Realisierung der Schaltfunktion, nur zwei Ausgänge mit der Disjunktiven Normalform zu bestimmen. Eine Ausgangsvariable hat immer dann den Signalzustand „1“, wenn die beiden anderen Ausgangsvariablen Signalzustand „0“ haben. Da die gelbe Signalleuchte die meisten Minterme hat, also die umfangreichste Disjunktive Normalform ist, wird dieser Ausgang durch die beiden Signalzustände der anderen Ausgangsvariablen bestimmt. Die logische Zuordnung für A2 lautet dann:

$$A2 = \overline{A1}\ \&\ \overline{A3}$$

Realisierung mit einer SPS:

Zuordnung:

E1 = E 0.1	A1 = A 0.1
E2 = E 0.2	A2 = A 0.2
E3 = E 0.3	A3 = A 0.3
E4 = E 0.4	

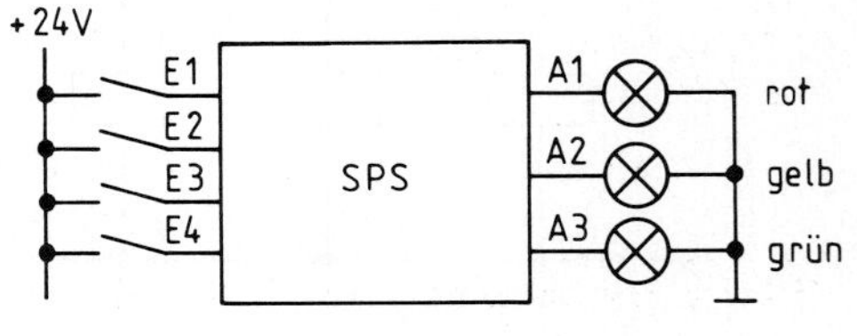

Anweisungsliste:[1)]

```
:UN  E   0.4
:UN  E   0.3
:UN  E   0.2
:UN  E   0.1
:O
:UN  E   0.4
:UN  E   0.3
:UN  E   0.2
:U   E   0.1
:O
:UN  E   0.4
:UN  E   0.3
:U   E   0.2
:UN  E   0.1
:O
:UN  E   0.4
:U   E   0.3
:UN  E   0.2
:UN  E   0.1
:O
:U   E   0.4
:UN  E   0.3
:UN  E   0.2
:UN  E   0.1
:=   A   0.1
```

```
:UN  A   0.1
:UN  A   0.3
:=   A   0.2
```

```
:UN  E   0.4
:U   E   0.3
:U   E   0.2
:U   E   0.1
:O
:U   E   0.4
:UN  E   0.3
:U   E   0.2
:U   E   0.1
:O
:U   E   0.4
:U   E   0.3
:UN  E   0.2
:U   E   0.1
:O
:U   E   0.4
:U   E   0.3
:U   E   0.2
:UN  E   0.1
:O
:U   E   0.4
:U   E   0.3
:U   E   0.2
:U   E   0.1
:=   A   0.3
:BE
```

▲

Sind bei Steuerungsaufgaben mit der Struktur eines Schaltnetzes mehrere Ausgangszuweisungen in die Funktionstabelle eingetragen, kommt es vor, daß ein Minterm zur Ansteuerung mehrerer Ausgänge verwendet wird. In diesem Fall wird das Steuerungsprogramm kürzer, wenn der Signalwert des Minterms einem Merker zugewiesen wird. Bei der Aufstellung der Disjunktiven Normalform wird dann der Merker mit den anderen Mintermen ODER-verknüpft.

Im nächsten Beispiel wird die Ansteuerung einer 7-Segment-Anzeige behandelt. Obwohl dieses Beispiel für die Praxis keine große Bedeutung hat, zeigt es die Vereinfachung des Steuerungsprogramms durch das Ersetzen der Minterme mit Merkern. Darüberhinaus wird an der 7-Segment-Anzeige später noch die Konjunktive Normalform exemplarisch dargestellt und ein Minimierungsverfahren erläutert.

▼ Beispiel: 7-Segment-Anzeige

Mit einer 7-Segment-Anzeige sind die Ziffern von 0–9 darzustellen. Für jede Ziffer müssen die entsprechenden Segmente a bis g angesteuert werden. Die Ziffern 0–9 werden im 8-4-2-1-Code (BCD-Code) mit den Schaltern S4–S1 angesteuert.

Zuordnung der Segmente zu den Dezimalziffern:

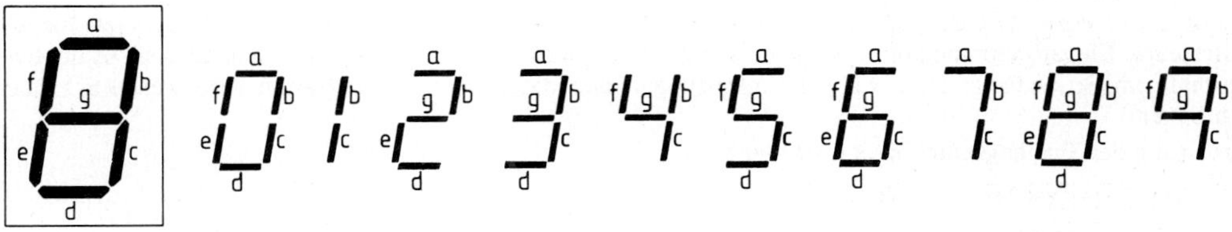

[1)] Diese Anweisungsleiste kann durch Anwendung eines Minimierungsverfahrens gekürzt werden, s. S. 49 f.

Zuordnungstabelle:

Eingangsvariable	Betriebsmittel-kennzeichen	logische Zuordnung
Schalter S1	E1	Schalter gedrückt E1 = 1
Schalter S2	E2	Schalter gedrückt E2 = 1
Schalter S3	E3	Schalter gedrückt E3 = 1
Schalter S4	E4	Schalter gedrückt E4 = 1
Ausgangsvariable		
Segment a	A1	Segment leuchtet A1 = 1
Segment b	A2	Segment leuchtet A2 = 1
Segment c	A3	Segment leuchtet A3 = 1
Segment d	A4	Segment leuchtet A4 = 1
Segment e	A5	Segment leuchtet A5 = 1
Segment f	A6	Segment leuchtet A6 = 1
Segment g	A7	Segment leuchtet A7 = 1

Funktionstabelle:

Aus der Zuordnung der Segmente zu den Dezimalziffern ergeben sich die Eintragungen der Ausgangssignalwerte in die Funktionstabelle. Da die letzten sechs Eingangskombinationen keine Festlegung für die 7-Segment-Anzeige erhalten, werden diese in der Funktionstabelle nicht eingetragen.

Oktal-Nr.	E4	E3	E2	E1	A1	A2	A3	A4	A5	A6	A7
0	0	0	0	0	1	1	1	1	1	1	0
1	0	0	0	1	0	1	1	0	0	0	0
2	0	0	1	0	1	1	0	1	1	0	1
3	0	0	1	1	1	1	1	1	0	0	1
4	0	1	0	0	0	1	1	0	0	1	1
5	0	1	0	1	1	0	1	1	0	1	1
6	0	1	1	0	1	0	1	1	1	1	1
7	0	1	1	1	1	1	1	0	0	0	0
10	1	0	0	0	1	1	1	1	1	1	1
11	1	0	0	1	1	1	1	0	0	1	1

Disjunktive Normalform:

$$A1 = \overline{E4}\,\overline{E3}\,\overline{E2}\,\overline{E1} \lor \overline{E4}\,\overline{E3}\,E2\,\overline{E1} \lor \overline{E4}\,\overline{E3}\,E2\,E1 \lor \overline{E4}\,E3\,\overline{E2}\,E1 \lor \overline{E4}\,E3\,E2\,\overline{E1} \lor \overline{E4}\,E3\,E2\,E1 \lor E4\,\overline{E3}\,\overline{E2}\,\overline{E1} \lor E4\,\overline{E3}\,\overline{E2}\,E1$$

$$A2 = \overline{E4}\,\overline{E3}\,\overline{E2}\,\overline{E1} \lor \overline{E4}\,\overline{E3}\,\overline{E2}\,E1 \lor \overline{E4}\,\overline{E3}\,E2\,\overline{E1} \lor \overline{E4\;E3}\,E2\,E1 \lor \overline{E4}\,E3\,\overline{E2}\,\overline{E1} \lor \overline{E4}\,E3\,E2\,E1 \lor E4\,\overline{E3}\,\overline{E2}\,\overline{E1} \lor E4\,\overline{E3}\,\overline{E2}\,E1$$

$$A3 = \overline{E4}\,\overline{E3}\,\overline{E2}\,\overline{E1} \lor \overline{E4}\,\overline{E3}\,\overline{E2}\,E1 \lor \overline{E4}\,\overline{E3}\,E2\,E1 \lor \overline{E4}\,E3\,\overline{E2}\,\overline{E1} \lor \overline{E4}\,E3\,\overline{E2}\,E1 \lor \overline{E4}\,E3\,E2\,\overline{E1} \lor \overline{E4}\,E3\,E2\,E1 \lor E4\,\overline{E3}\,\overline{E2}\,\overline{E1} \lor E4\,\overline{E3}\,\overline{E2}\,E1$$

$$A4 = \overline{E4}\,\overline{E3}\,\overline{E2}\,\overline{E1} \lor \overline{E4}\,\overline{E3}\,E2\,\overline{E1} \lor \overline{E4}\,\overline{E3}\,E2\,E1 \lor \overline{E4}\,E3\,\overline{E2}\,E1 \lor \overline{E4}\,E3\,E2\,\overline{E1} \lor E4\,\overline{E3}\,\overline{E2}\,\overline{E1}$$

$$A5 = \overline{E4}\,\overline{E3}\,\overline{E2}\,\overline{E1} \lor \overline{E4}\,\overline{E3}\,E2\,\overline{E1} \lor \overline{E4}\,E3\,E2\,\overline{E1} \lor E4\,\overline{E3}\,\overline{E2}\,\overline{E1}$$

$$A6 = \overline{E4}\,\overline{E3}\,\overline{E2}\,\overline{E1} \lor \overline{E4}\,E3\,\overline{E2}\,\overline{E1} \lor \overline{E4}\,E3\,\overline{E2}\,E1 \lor \overline{E4}\,E3\,E2\,\overline{E1} \lor E4\,\overline{E3}\,\overline{E2}\,\overline{E1} \lor E4\,\overline{E3}\,\overline{E2}\,E1$$

$$A7 = \overline{E4}\,\overline{E3}\,E2\,\overline{E1} \lor \overline{E4}\,\overline{E3}\,E2\,E1 \lor \overline{E4}\,E3\,\overline{E2}\,\overline{E1} \lor \overline{E4}\,E3\,\overline{E2}\,E1 \lor \overline{E4}\,E3\,E2\,\overline{E1} \lor E4\,\overline{E3}\,\overline{E2}\,\overline{E1} \lor E4\,\overline{E3}\,\overline{E2}\,E1$$

Ein in dieser Form geschriebenes Steuerprogramm wäre aufwendig und unübersichtlich. Führt man für jede auftretende Eingangskombination einen Merker ein und verknüpft diese dann entsprechend der Disjunktiven Normalform, so benötigt man weniger Anweisungen und das Steuerungsprogramm wird wesentlich übersichtlicher.

Zuweisung der Eingangskombination zu Merkern:

$M0 = \overline{E4}\,\overline{E3}\,\overline{E2}\,\overline{E1}$ $\quad$ $M1 = \overline{E4}\,\overline{E3}\,\overline{E2}\,E1$

$M2 = \overline{E4}\,\overline{E3}\,E2\,\overline{E1}$ $\quad$ $M3 = \overline{E4}\,\overline{E3}\,E2\,E1$

$M4 = \overline{E4}\,E3\,\overline{E2}\,\overline{E1}$ $\quad$ $M5 = \overline{E4}\,E3\,\overline{E2}\,E1$

$M6 = \overline{E4}\,E3\,E2\,\overline{E1}$ $\quad$ $M7 = \overline{E4}\,E3\,E2\,E1$

$M8 = E4\,\overline{E3}\,\overline{E2}\,\overline{E1}$ $\quad$ $M9 = E4\,\overline{E3}\,\overline{E2}\,E1$

Die Ausgangszuweisungen ergeben sich dann wie folgt:

$$\begin{aligned}
A1 &= M0 \vee M2 \vee M3 \vee M5 \vee M6 \vee M7 \vee M8 \vee M9\\
A2 &= M0 \vee M1 \vee M2 \vee M3 \vee M4 \vee M7 \vee M8 \vee M9\\
A3 &= M0 \vee M1 \vee M3 \vee M4 \vee M5 \vee M6 \vee M7 \vee M8 \vee M9\\
A4 &= M0 \vee M2 \vee M3 \vee M5 \vee M6 \vee M8\\
A5 &= M0 \vee M2 \vee M6 \vee M8\\
A6 &= M0 \vee M4 \vee M5 \vee M6 \vee M8 \vee M9\\
A7 &= M2 \vee M3 \vee M4 \vee M5 \vee M6 \vee M8 \vee M9
\end{aligned}$$

Die Zuweisung der Merker zu den einzelnen Segmenten hätte auch direkt aus der Aufgabenstellung heraus geschehen können. Das Segment d leuchtet z.B. bei den Ziffern 0, 2, 3, 5, 6 und 8. Demnach werden dem Ausgang A4 die Merker M0, M2, M3, M5, M6 und M8 zugewiesen.

Realisierung mit einer SPS:

Zuordnung:

E1 = E 0.1	A1 = A 0.1
E2 = E 0.2	A2 = A 0.2
E3 = E 0.3	A3 = A 0.3
E4 = E 0.4	A4 = A 0.4
	A5 = A 0.5
	A6 = A 0.6
	A7 = A 0.7

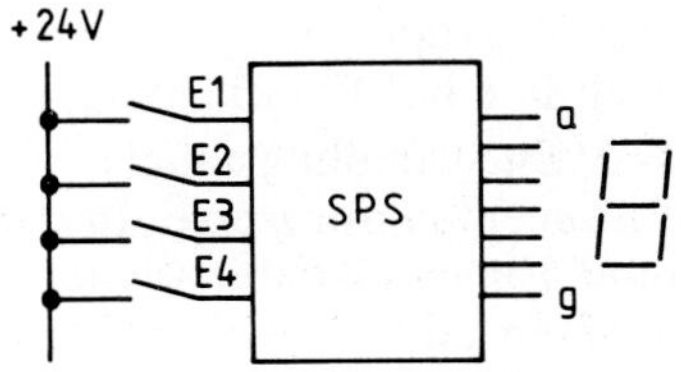

Anweisungsliste:

```
:UN  E  0.4
:UN  E  0.3
:UN  E  0.2
:UN  E  0.1
:=   M  0.0

:UN  E  0.4
:UN  E  0.3
:UN  E  0.2
:U   E  0.1
:=   M  0.1

:UN  E  0.4
:UN  E  0.3
:U   E  0.2
:UN  E  0.1
:=   M  0.2

:UN  E  0.4
:UN  E  0.3
:U   E  0.2
:U   E  0.1
:=   M  0.3

:UN  E  0.4
:U   E  0.3
:UN  E  0.2
:UN  E  0.1
:=   M  0.4

:UN  E  0.4
:U   E  0.3
:UN  E  0.2
:U   E  0.1
:=   M  0.5

:UN  E  0.4
:U   E  0.3
:U   E  0.2
:UN  E  0.1
:=   M  0.6

:UN  E  0.4
:U   E  0.3
:U   E  0.2
:U   E  0.1
:=   M  0.7

:U   E  0.4
:UN  E  0.3
:UN  E  0.2
:UN  E  0.1
:=   M  1.0

:U   E  0.4
:UN  E  0.3
:UN  E  0.2
:U   E  0.1
:=   M  1.1

Segment a
:O   M  0.0
:O   M  0.2
:O   M  0.3
:O   M  0.5
:O   M  0.6
:O   M  0.7
:O   M  1.0
:O   M  1.1
:=   A  0.1

Segment b
:O   M  0.0
:O   M  0.1
:O   M  0.2
:O   M  0.3
:O   M  0.4
:O   M  0.7
:O   M  1.0
:O   M  1.1
:=   A  0.2

Segment c
:O   M  0.0
:O   M  0.1
:O   M  0.3
:O   M  0.4
:O   M  0.5
:O   M  0.6
:O   M  0.7
:O   M  1.0
:O   M  1.1
:=   A  0.3

Segment d
:O   M  0.0
:O   M  0.2
:O   M  0.3
:O   M  0.5
:O   M  0.6
:O   M  1.0
:=   A  0.4

Segment e
:O   M  0.0
:O   M  0.2
:O   M  0.6
:O   M  1.0
:=   A  0.5

Segment f
:O   M  0.0
:O   M  0.4
:O   M  0.5
:O   M  0.6
:O   M  1.0
:O   M  1.1
:=   A  0.6

Segment g
:O   M  0.2
:O   M  0.3
:O   M  0.4
:O   M  0.5
:O   M  0.6
:O   M  1.0
:O   M  1.1
:=   A  0.7
:BE
```

▲

Bei dem vorangegangenen Beispiel 7-Segmentanzeige waren nicht alle sechzehn Zeilen der Funktiontabelle für die Lösung des Steuerungsproblems erforderlich. Mit den ersten zehn Zeilen war die Zuordnung von Eingangsvariablen und Ausgangsvariablen bereits eindeutig beschrieben. Bei vielen Schaltnetzen ist das Auftreten bestimmter Eingangskombinationen nicht nur unwahrscheinlich, sondern auch für die Lösung der Steuerungsaufgabe uninteressant. Bei solchen Aufgaben genügt es immer, nur die Zeilen in eine reduzierte Funktionstabelle einzutragen, die tatsächlich von Bedeutung sind.

Bei sehr einfachen und leicht erkennbaren Zusammenhängen kann der schaltalgebraische Ausdruck auch direkt aus der verbalen Formulierung gewonnen werden.

4.3 Entscheidungstabelle

Der Zusammenhang zwischen Eingangs- und Ausgangsvariablen eines Schaltnetzes kann auch in einer Entscheidungstabelle nach DIN 66241 dargestellt werden.

Die Entscheidungstabelle ist ein tabellarisches Beschreibungsmittel für formalisierbare Entscheidungsprozesse. In der Entscheidungstabelle wird eine Anzahl von Entscheidungen oder Eingabekombinationen (Bedingung = Wenn) dargestellt, bei denen bestimmte Maßnahmen oder Ausgabezuweisungen (Aktionen = Dann) zu ergreifen sind. Unterteilt wird die Entscheidungstabelle in einen Bedingungsteil und einen Aktionsteil.

Bedingungsteil: Im Bedingungsteil werden in den Zeilen die einzelnen Bedingungen angegeben. Bedingungen bestehen aus einem Text und einem Bedingungsanzeiger und beschreiben eine bestimmte Voraussetzung. In den Spalten werden nach bestimmten Regeln die einzelnen Bedingungen logisch UND-verknüpft. Eine Regel legt fest, unter welchen Voraussetzungen bestimmte Aktionen zu ergreifen sind.

Aktionsteil: Im Aktionsteil wird angegeben, welche Maßnahmen als Entscheidung für eine Aktion getroffen wird. Aktionen bestehen aus einem Text und einem Aktionsanzeiger und beschreiben die zu ergreifenden Maßnahmen.

Prinzipdarstellung einer Entscheidungstabelle:

<table>
<tr><th rowspan="2"></th><th rowspan="2">Problembeschreibung</th><th colspan="6">Entscheidungsregeln</th></tr>
<tr><th>R1</th><th>R2</th><th>R3</th><th>...</th><th>Rn</th><th>sonst</th></tr>
<tr><td>Bedingungen</td><td>1. Bedingung
Eingangsvariable
2. Bedingung
Eingangsvariable
n. Bedingung
Eingangsvariable</td><td colspan="6">Bedingungsanzeiger oder Fallbeschreibung durch Angabe der Regel. Jede Regel oder Spalte gibt eine mögliche Eingangskombination an. Eingangskombinationen, die nicht auftreten können, werden in der Spalte „sonst“ zusammengefaßt.</td></tr>
<tr><td>Aktionen</td><td>1. Aktion
Ausgangsvariable
2. Aktion
Ausgangsvariable
n. Aktion
Ausgangsvariable</td><td colspan="6">Aktionsanzeiger
Markierung der Aktionen bzw. Ausgabeanweisungen, die abhängig vom Bedingungsanzeiger ausgeführt werden sollen.</td></tr>
</table>

In einer vollständigen Entscheidungstabelle mit n-Bedingungen werden insgesamt 2^n Entscheidungsregeln gebildet. In den meisten Fällen werden jedoch Entscheidungstabellen dort angewandt, wo wesentlich weniger Entscheidungsregeln zur vollständigen Beschreibung des Problems genügen. In solchen Fällen wird in einer weiteren Spalte eine SONST-Regel (ELSE-Regel) angegeben, die festlegt, welche Maßnahmen zu ergreifen sind, wenn keine der angegebenen Regeln in der Entscheidungstabelle zutrifft.

Wird eine Entscheidungstabelle zur Beschreibung von Steuerungsaufgaben verwendet, sind die Entscheidungsregeln durch die Eingangskombinationen bestimmt. Die Aktionsanzeiger geben die zur Eingangskombination zugehörigen Belegungen der Ausgangsvariablen an. In den Bedingungsanzeigern und den Aktionsanzeigern können die Signalzustände der Variablen wieder mit „0“ oder „1“ beschrieben werden. Das Symbol „–“ wird in den Bedingungsanzeiger eingetragen, wenn die zugehörige Bedingung ohne Bedeutung für das Zutreffen der Regel ist.

Die Entscheidungstabelle in dieser Form ist mit der schon bekannten Funktionstabelle zu vergleichen. Beide Tabellen unterscheiden sich nur durch eine unterschiedliche Anordnung der Variablen und deren Belegungen. Entscheidungstabellen stellen somit prinzipiell keine neue Beschreibungsform dar. Für Steuerungsaufgaben, die sich auf Schaltnetze zurückführen lassen und bei denen insbesondere nicht alle möglichen Eingangskombinationen auftreten können, kann die Beschreibung mit der Entscheidungstabelle von Vorteil sein. Eine entsprechende Anordnung der Variablen in der Entscheidungstabelle erleichtert nämlich das Finden aller möglichen Eingangskombinationen bzw. Bedingungsregeln.

Das Verhalten des Schaltnetzes bei den Eingangskombinationen, die nicht möglich sind, wird in der Spalte SONST-Regel festgelegt. In dieser Spalte, in der es keinen Bedingungsanzeiger gibt, werden die Belegungen der Ausgangsvariablen eingetragen.

Die Umsetzung einer Steuerungsaufgabe, die mit einer Entscheidungstabelle beschrieben ist, in ein Steuerungsprogramm kann nach den gleichen Regeln erfolgen, die bei der Funktionstabelle angewandt wurden.

Das folgende Beispiel zeigt die Anwendung einer Entscheidungstabelle bei einer Steuerungsaufgabe, bei der nur bestimmte Eingangskombinationen möglich sind. Bei den sechs Eingangsvariablen gäbe es bei einer vollständigen Tabelle $2^6 = 64$ mögliche Eingangskombinationen. Eine solch große Tabelle wäre sehr unübersichtlich und schlecht handhabbar. Neben der Beschreibung der Steuerungsaufgabe mit einer Entscheidungstabelle wird in diesem Beispiel noch die reduzierte Funktionstabelle angegeben.

▼ Beispiel: Stanze

Der Zylinder einer Stanze soll nur unter einer der folgenden Bedingungen ausgefahren werden können:

1. Zwei Handtaster müssen gleichzeitig betätigt werden (keine Zweihandverriegelung).
2. Das Schutzgitter ist geschlossen und der Fußschalter wird betätigt.
3. Das Schutzgitter ist geschlosen und einer der beiden Handtaster wird betätigt.

Zusätzlich muß bei allen drei genannten Bedingungen sichergestellt sein, daß sich Stanzgut in der Presse befindet (induktiver Geber) und daß die Anlage eingeschaltet ist.

Zuordnungstabelle:

Eingangsvariable	Betriebsmittelkennzeichen	logische Zuordnung	
EIN-Schalter	S1	eingeschaltet	S1 = 1
Handtaster 1	S2	gedrückt	S2 = 1
Handtaster 2	S3	gedrückt	S3 = 1
Fußtaster	S4	gedrückt	S4 = 1
Schutzgitter	S5	geschlossen	S5 = 1
Induktiver Geber	S6	Stanzgut eingelegt	S6 = 1
Ausgangsvariable			
Zylinder	A	Zylinder fährt aus	A = 1

Entscheidungstabelle:

	Problembeschreibung		Entscheidungsregeln oktal codiert 47	63	65	71		Sonst
Bedingungsteil	EIN-Schalter	S1	1	1	1	1		
	Handtaster 1	S2	1	1	0	0	=1	
	Handtaster 2	S3	1	0	1	0		
	Fußtaster	S4	0	0	0	1		
	Schutzgitter	S5	0	1	1	1	=7	
	Induktiver Geber	S6	1	1	1	1		
Aktionsteil	Zylinder	A	1	1	1	1		0

Reduzierte Funktionstabelle:

	S6	S5	S4	S3	S2	S1	A
47	1	0	0	1	1	1	1
63	1	1	0	0	1	1	1
65	1	1	0	1	0	1	1
71	1	1	1	0	0	1	1

Disjunktive Normalform:

$$A = S6\,\overline{S5}\,\overline{S4}\,S3\,S2\,S1 \vee S6\,S5\,S4\,\overline{S3}\,\overline{S2}\,S1 \vee S6\,S5\,\overline{S4}\,\overline{S3}\,S2\,S1 \vee S6\,S5\,\overline{S4}\,S3\,\overline{S2}\,S1$$

Realisierung mit einer SPS:

Zuordnung
S1 = E 0.1   A = A 0.0
S2 = E 0.2
S3 = E 0.3
S4 = E 0.4
S5 = E 0.5
S6 = E 0.6

Anweisungsliste:

```
:U   E   0.6      :U   E   0.6      :U   E   0.6      :U   E   0.6
:UN  E   0.5      :U   E   0.5      :U   E   0.5      :U   E   0.5
:UN  E   0.4      :U   E   0.4      :UN  E   0.4      :UN  E   0.4
:U   E   0.3      :UN  E   0.3      :UN  E   0.3      :U   E   0.3
:U   E   0.2      :UN  E   0.2      :U   E   0.2      :UN  E   0.2
:U   E   0.1      :U   E   0.1      :U   E   0.1      :U   E   0.1
:O                :O                :O                :=   A   0.0
                                                      :BE
```

4.4 Konjunktive Normalform KNF

Mit der Disjunktiven Normalform könnten alle Schaltnetze beschrieben werden. Bei manchen Schaltnetzen ist es jedoch von Vorteil, die *Konjunktive Normalform* zu benutzen. Diese Normalform wird auch ODER-vor-UND Normalform genannt und berücksichtigt in der Funktionstabelle die Zeilen, in denen als Ausgangssignalwert „0“ eingetragen ist. Treten bei einem Schaltnetz die Ausgangssignalwerte „1“ häufiger auf als die Werte „0“, so ergibt sich mit der Konjunktiven Normalform eine kürzere Darstellung als mit der Disjunktiven Normalform. Bei einer Realisierung mit einer SPS bedeutet dies, daß das Steuerungsprogramm weniger Speicherplatz benötigt. Diese Forderung tritt jedoch oft hinter der Forderung eines einheitlichen, übersichtlichen und fehlerdiagnosefreundlichen Steuerungsprogramms zurück.

Obwohl die Bedeutung der Konjunktiven Normalform bei der Realisierung mit einer SPS nicht allzu groß ist, wird diese Normalform der Vollständigkeit halber im folgenden dargestellt.

Bei der Konjunktiven Normalform werden alle die Zeilen der Funktionstabelle berücksichtigt, bei denen die Ausgangsvariable den Signalzustand „0“ hat. In diesen Zeilen werden alle Eingangsvariable unter Berücksichtigung ihres Signalzustandes ODER-verknüpft. Anders als bei der Disjunktiven Normalform wird hier bei Signalzustand „1“ die Eingangsvariable negiert und bei Signalzustand „0“ nicht negiert ODER-verknüpft. Eine solche ODER-Verknüpfung, bestehend aus allen Eingangsvariablen der Funktionstabelle wird mit MAXTERM bezeichnet. Der Name MAXTERM rührt daher, daß diese Verknüpfung eine maximale Anzahl von „1“ Signalzuständen und eine minimale Anzahl von „0“ Signalzuständen, nämlich genau einen am Ausgang liefert. Der Maxterm

$$E4 \vee \overline{E3} \vee E2 \vee \overline{E1}$$

liefert nur bei der Eingangskombination

$$E4 = 0, E3 = 1, E2 = 0 \text{ und } E1 = 1$$

am Ausgang den Signalzustand „0“. Alle anderen Ausgangssignalzustände sind bei diesem Term „1“.

Bei der Funktionstabelle der Motorschaltung (Seite 33) steht in den Zeilen 0, 3, 5 und 6 eine „0“ für den Ausgangssignalwert. Die entsprechenden Maxterme für die konjunktive Normalform lauten dann:

Funktionstabelle:

Zeile	S3	S2	S1	Maxterm
0	0	0	0	$S3 \vee S2 \vee S1$
3	0	1	1	$S3 \vee \overline{S2} \vee \overline{S1}$
5	1	0	1	$\overline{S3} \vee S2 \vee \overline{S1}$
6	1	1	0	$\overline{S3} \vee \overline{S2} \vee S1$

Die komplette Schaltfunktion erhält man nun, indem alle ermittelten Maxterme miteinander UND-verknüpft werden. Daraus ergibt sich dann die Konjunktive Normalform KNF oder „ODER-vor-UND Normalform“.

Für die Motorschaltung ergibt sich folgende KNF:

Schaltalgebraischer Ausdruck:

$$K = (S3 \vee S2 \vee S1) \,\&\, (S3 \vee \overline{S2} \vee \overline{S1}) \,\&\, (\overline{S3} \vee S2 \vee \overline{S1}) \,\&\, (\overline{S3} \vee \overline{S2} \vee S1)$$

Funktionsplan:

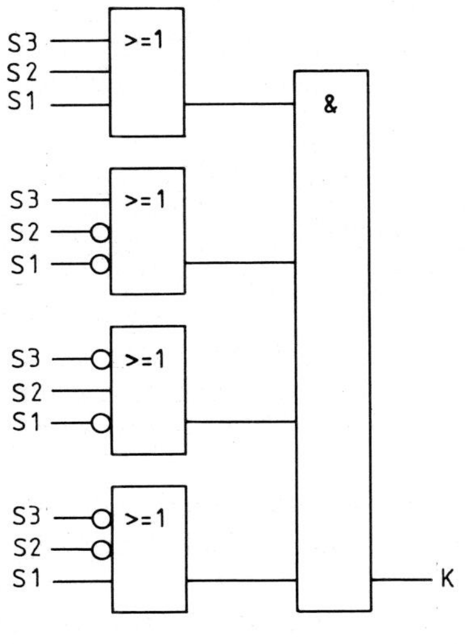

Realisierung mit einer SPS:

Zuordnung: S1 = E 0.1 K = A 0.0
S2 = E 0.2
S3 = E 0.3

Anweisungsliste:

```
U(
O   E 0.3
O   E 0.2
O   E 0.1
)
U(
O   E 0.3
ON  E 0.2
ON  E 0.1
)
U(
ON  E 0.3
O   E 0.2
ON  E 0.1
)
U(
ON  E 0.3
ON  E 0.2
O   E 0.1
(
=   A 0.0
```

4.5 Vereinfachung von Schaltfunktionen

Die aus der Funktionstabelle ermittelte Schaltungsgleichung kann in vielen Fällen vereinfacht werden. Das Ziel der Vereinfachung ist es, die betreffende Schaltung mit einem kleineren Aufwand realisieren zu können.

Je weniger Variable und Verknüpfungselemente in der Schaltungsgleichung vorkommen, desto weniger Bauelemente werden bei der Realisierung mit Schützen oder pneumatischen bzw. hydraulischen Stellgliedern benötigt. Wird die vereinfachte Schaltungsgleichung mit einer SPS realisiert, so ist das Steuerungsprogramm kürzer und übersichtlicher, außerdem werden Speicherplätze gespart.

Für die Vereinfachung von Schaltfunktionen gibt es verschiedene Methoden, die sich in drei Gruppen einordnen lassen:

algebraische Verfahren,
graphische Verfahren,
tabellarische Verfahren.

Die beiden ersten Methoden sind nur für die Vereinfachung von Funktionen mit nicht mehr als fünf bis sechs Variablen günstig. Für größere Variablenzahlen greift man auf ein tabellarisches Verfahren zurück, welches sich günstig mit einem Rechnerprogramm durchführen läßt.

4.5.1 Algebraisches Verfahren

Das algebraische Vereinfachungsverfahren für Schaltfunktionen besteht darin, durch Anwendung der Regeln der Schaltalgebra zu versuchen, eine gegebene Schaltfunktion in einen anderen Ausdruck umzuformen. Die Schaltalgebra oder auch BOOLE'sche Algebra ist der mathematische Formalismus zum Rechnen mit zweiwertigen Variablen, analog zur allgemeinen Algebra. Viele Regeln der Schaltalgebra stimmen mit den allgemeinen Regeln der Algebra überein. Bei den nachfolgend aufgeführten Regeln der Schaltalgebra werden – wenn möglich – die entsprechenden Regeln der allgemeinen Algebra mit angegeben.

Zusammenstellung der wichtigsten Regeln der Schaltalgebra:

1. Priorität oder Rangfolge

	allgemeine Algebra
Negation	Potenzieren
Konjunktion	Multiplikation/Division
Disjunktion	Addition/Subtraktion

Die Rangfolge der Konjunktion vor der Disjunktion ist in der Schaltalgebra nicht verbindlich festgelegt. Führt man diese jedoch ein, so spart man bei manchen Darstellungen das Setzen von Klammern.

2. Regeln für eine Variable

	allgemeine Algebra
$E \vee 0 = E$	$x + 0 = x$
$E \,\&\, 1 = E$	$x \cdot 1 = x$
$E \vee 1 = 1$	
$E \,\&\, 0 = 0$	$x \cdot 0 = 0$
$E \vee E = E$	
$E \,\&\, E = E$	
$E \vee \overline{E} = 1$	
$E \,\&\, \overline{E} = 0$	

3. Regeln für mehrere Variable

Kommutativgesetz	allgemeine Algebra
$E1 \vee E2 = E2 \vee E1$	$a + b = b + a$
$E1 \,\&\, E2 = E2 \,\&\, E1$	$a \cdot b = b \cdot a$

Assoziationsgesetz

$E1 \vee E2 \vee E3 = E1 \vee (E2 \vee E3)$	$a + b + c = a + (b + c)$
$= (E1 \vee E2) \vee E3$	$= (a + b) + c$
$E1 \,\&\, E2 \,\&\, E3 = E1 \,\&\, (E2 \,\&\, E3)$	$a \cdot b \cdot c = a \cdot (b \cdot c)$
$= (E1 \,\&\, E2) \,\&\, E3$	$= (a \cdot b) \cdot c$

Distributivgesetz

$E1 \,\&\, E2 \vee E1 \,\&\, E3 = E1 \,\&\, (E2 \vee E3)$	$x \cdot a + x \cdot b = x \cdot (a + b)$

Während in der allgemeinen Algebra nur gleiche Faktoren aus einer Summe von Produkten ausgeklammert werden können, dürfen in der Schaltalgebra wegen der vollständigen Dualität von Konjunktion und Diskonjunktion auch gleiche ODER-verknüpfte Variable ausgeklammert werden.

$$(E1 \vee E2) \,\&\, (E1 \vee E3) = E1 \vee (E2 \,\&\, E3)$$

4. Reduktionsregeln

$$E1 \vee E1 \,\&\, E2 = E1$$
$$E1 \,\&\, (E1 \vee E2) = E1$$
$$E1 \,\&\, (\overline{E1} \vee E2) = E1 \,\&\, E2$$
$$E1 \vee \overline{E1} \,\&\, E2 = E1 \vee E2$$

5. Die Theoreme von De Morgan

$$\overline{E1 \vee E2} = \overline{E1} \,\&\, \overline{E2}$$
$$\overline{\overline{E1} \vee \overline{E2}} = E1 \,\&\, E2$$
$$\overline{\overline{E1} \,\&\, \overline{E2}} = \overline{E1} \vee \overline{E2}$$
$$\overline{\overline{E1} \,\&\, \overline{E2}} = E1 \vee E2$$

Bei dem algebraischen Verfahren zur Vereinfachung von Schaltfunktionen ist hauptsächlich die Anwendung des Distributivgesetzes erforderlich.
Der schaltalgebraische Ausdruck:

$$A = (\overline{E3} \,\&\, \overline{E2} \,\&\, E1) \vee (\overline{E3} \,\&\, E2 \,\&\, E1)$$

unterscheidet sich bei den beiden UND-Verknüpfungen nur durch die Variable E2, die in der einen Verknüpfung bejaht und in der anderen Verknüpfung negiert auftritt. Wird auf diese beiden Terme das Distributivgesetz angewendet, so ergibt sich der Ausdruck:

$$A = \overline{E3} \,\&\, E1 \,\&\, (\overline{E2} \vee E2)$$

Der Klammerausdruck $(\overline{E2} \vee E2)$ hat stets den Signalwert „1", unabhängig von dem Signalwert der Variablen E2. Bei einer UND-Verknüpfung kann ein konstanter Signalwert „1" entsprechend der Regel $E \,\&\, 1 = E$ weggelassen werden. Somit ergibt sich die vereinfachte Schaltfunktion:

$$A = \overline{E3} \,\&\, E1$$

Diese Zusammenfassung und Reduzierung um eine Variable ist Grundlage jeder Vereinfachung. Im folgenden wird gezeigt, wie ein Term zur Vereinfachung mehrfach herangezogen werden kann.

Vereinfachung einer Schaltfunktion

Die Schaltfunktion $A = \overline{E3} \,\&\, \overline{E2} \,\&\, \overline{E1} \lor \overline{E3} \,\&\, \overline{E2} \,\&\, E1 \lor E3 \,\&\, \overline{E2} \,\&\, E1$ ist zu vereinfachen. Die mittlere UND-Verknüpfung unterscheidet sich von den beiden anderen UND-Verknüpfungen nur in einer Variable und wird deshalb zweimal zur Vereinfachung benötigt. Nach der Regel: $E = E \lor E$ kann der mittlere Term nochmals in der Schaltfunktion geschrieben und zur Zusammenfassung genutzt werden.
Die Schaltfunktion lautet dann:

$$A = \overline{E3} \,\&\, \overline{E2} \,\&\, \overline{E1} \lor \overline{E3} \,\&\, \overline{E2} \,\&\, E1 \lor \overline{E3} \,\&\, \overline{E2} \,\&\, E1 \lor E3 \,\&\, \overline{E2} \,\&\, E1$$

Nach Anwendung des Distributivgesetzes ergibt sich dann:

$$A = \overline{E3} \,\&\, \overline{E2} \,\&\, (\overline{E1} \lor E1) \lor \overline{E2} \,\&\, E1 \,\&\, (\overline{E3} \lor E3)$$

Vereinfachte Schaltfunktion:

$$A = \overline{E3} \,\&\, \overline{E2} \lor \overline{E2} \,\&\, E1$$

Bei manchen Schaltfunktionen können bereits vereinfachte Terme nochmals zusammengefaßt werden. Eine solche weitergehende Vereinfachung ist im folgenden gezeigt.

Weitergehende Vereinfachung

Die Schaltfunktion

$$A = E3 \,\&\, \overline{E2} \,\&\, \overline{E1} \lor E3 \,\&\, \overline{E2} \,\&\, E1 \lor E3 \,\&\, E2 \,\&\, \overline{E1} \lor E3 \,\&\, E2 \,\&\, E1$$

ist zu vereinfachen.
Werden jeweils die erste und zweite sowie die dritte und vierte UND-Verknüpfung zusammengefaßt, so ergibt sich der Ausdruck:

$$A = E3 \,\&\, \overline{E2} \,\&\, (\overline{E1} \lor E1) \,\&\, E3 \,\&\, E2 \,\&\, (\overline{E1} \lor E1)$$

$$A = E3 \,\&\, \overline{E2} \lor E3 \,\&\, E2$$

Die beiden vereinfachten UND-Terme unterscheiden sich wieder nur in einer einzigen Variablen und können deshalb weiter zusammengefaßt werden.

$$A = E3 \,\&\, (\overline{E2} \lor E2)$$

$$A = E3$$

Beim algebraischen Verfahren zur Vereinfachung von Schaltfunktionen werden also Terme (UND-Verknüpfungen) gesucht, die sich nur in einer einzigen Variablen unterscheiden. Solche Terme werden dann zusammengefaßt. Die Schwierigkeit des Verfahrens besteht darin, die Zusammenfassungen herauszufinden, welche eine möglichst kurze vereinfachte Schaltfunktion liefern, wenn sich mehrere Zusammenfassungsmöglichkeiten anbieten.

Grenzen des Verfahrens

Die Schaltfunktion

$$A = \overline{E3} \,\&\, \overline{E2} \,\&\, \overline{E1} \lor \overline{E3} \,\&\, \overline{E2} \,\&\, E1 \lor \overline{E3} \,\&\, E2 \,\&\, E1 \lor E3 \,\&\, \overline{E2} \,\&\, \overline{E1}$$

ist zu vereinfachen.
Bei dieser Schaltfunktion können der 1. und 2.
der 1. und 4.
und der 2. und 3. Term
zusammengefaßt werden. Jeder Term kann zwar mehrmals für eine Zusammenfassung genutzt werden, es genügt jedoch für die Vereinfachung, wenn jeder Term in einer Zusammenfassung enthalten ist. Faßt man in diesem Beispiel den 1. und 4. sowie den 2. und

3. Term zusammen, so sind alle UND-Verknüpfungen erfaßt und es ergibt sich der Ausdruck:

$$A = \overline{E2} \,\&\, \overline{E1} \,\&\, (\overline{E3} \vee E3) \vee \overline{E3} \,\&\, E1 \,\&\, (\overline{E2} \vee E2)$$

$$A = \overline{E2} \,\&\, \overline{E1} \vee \overline{E3} \,\&\, E1$$

Mit zunehmender Anzahl von Variablen und Termen wird es immer schwieriger, die günstigsten Zusammenfassungen von Verknüpfungen zu finden. Für eine systematische Vereinfachung bei umfangreichen Schaltfunktionen ist dieses Verfahren deshalb ungeeignet. Unabhängig davon bildet jedoch das algebraische Verfahren die Grundlage der anderen Vereinfachungsmethoden. Alle Verfahren beruhen nämlich auf der Zusammenfassung von Termen, die sich nur durch eine einzige Variable unterscheiden. Das Auffinden von günstigen Zusammenfassungen wird durch besondere Darstellungsarten wie bei der graphischen und tabellarischen Methode wesentlich erleichtert.

4.5.2 KVS-Diagramm

Bei diesem Verfahren der Vereinfachung wird die Darstellung der Schaltfunktion in Diagrammen ausgenutzt, um die Terme der Funktion zusammenzufassen, die sich nur in einer einzigen Variablen unterscheiden. Der Aufwand bei diesem Vereinfachungsverfahren ist bis zu sechs Variablen relativ gering.

Aufbau des KVS-Diagramms

Ausgangspunkt des KVS-Diagramms (Karnaugh-Veitch-Symmetrie-Diagramm) ist ein Rechteck, dessen linker Hälfte die Variable E1 negiert und dessen rechter Hälfte die Variable E1 bejaht zugewiesen wird.

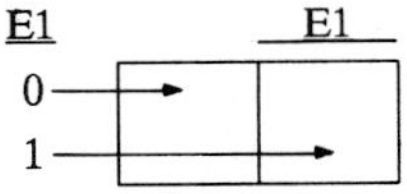

Ausgehend von der Darstellung einer Variablen wird nun für jede weitere Variable das ganze Diagramm durch Spiegelung verdoppelt. Der ursprüngliche Bereich des Diagramms wird dann der negierten, der neue Bereich der bejahten neuen Variablen zugeordnet.

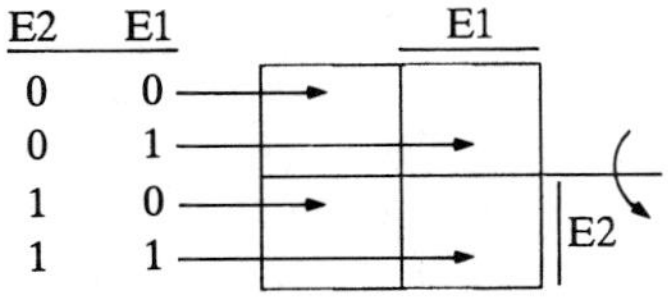

Durch Hinzufügen einer weiteren Variablen wird das bisherige Diagramm wieder gespiegelt. Die Spiegelachse verläuft nun allerdings senkrecht, wechselt also bei jeder weiteren Spiegelung zwischen waagrecht und senkrecht. Um die entsprechenden Felder der Funktionstabelle im Diagramm leicht finden zu können, erhalten die einzelnen Felder die Zeilennumerierung.

Oktal-Nr.	E3	E2	E1
00	0	0	0
01	0	0	1
02	0	1	0
03	0	1	1
04	1	0	0
05	1	0	1
06	1	1	0
07	1	1	1

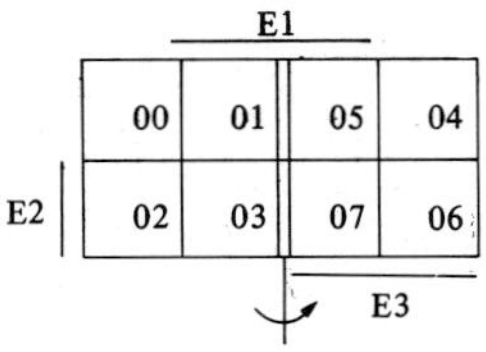

Führt man die Zeilennumerierung in oktaler Form bei Diagrammen mit mehr als drei Variablen weiter, so zeigt sich der Vorteil der *Oktalindizierung*. Entsprechende Ziffern liegen nämlich ebenfalls symmetrisch. Dies gilt jedoch nur bei Einhaltung der Reihenfolge der Variablen beim Aufbau des Diagramms.

Oktal-Nr.	E4	E3	E2	E1
00	0	0	0	0
01	0	0	0	1
02	0	0	1	0
03	0	0	1	1
04	0	1	0	0
05	0	1	0	1
06	0	1	1	0
07	0	1	1	1
10	1	0	0	0
11	1	0	0	1
12	1	0	1	0
13	1	0	1	1
14	1	1	0	0
15	1	1	0	1
16	1	1	1	0
17	1	1	1	1

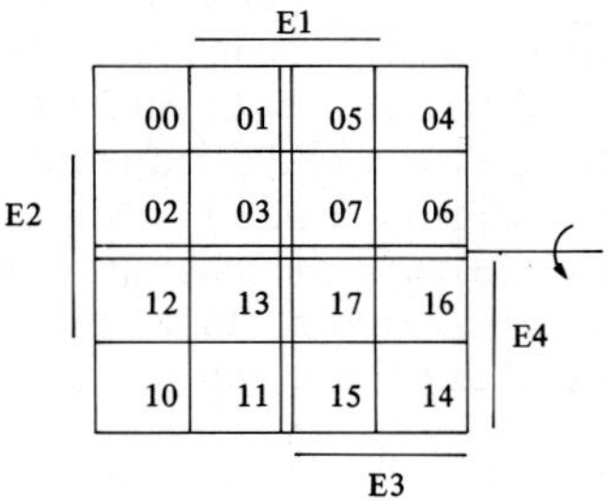

Fügt man eine weitere Variable zu dem vorhergehenden Diagramm hinzu, so ist das komplette Diagramm an der senkrechten Spiegelachse wieder zu spiegeln. Für die Variable E1 entstehen nun zwei Bereiche, in denen der Eingangszustand bejaht ist. Da es sich hier nun um die dritte Spiegelung in der senkrechten Richtung handelt, wird die Spiegelachse mit drei Strichen gekennzeichnet.

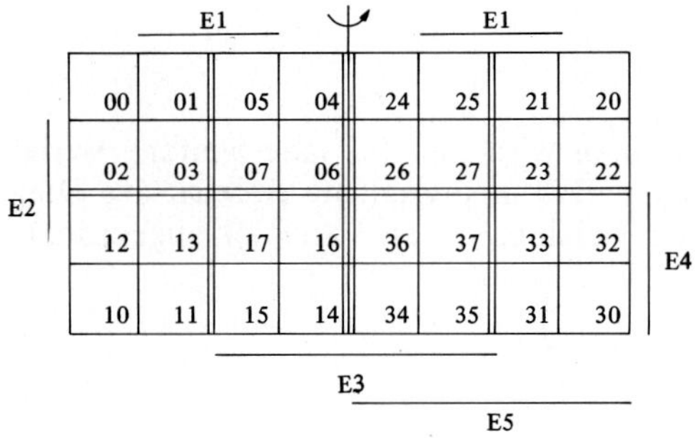

Durch Hinzufügen einer weiteren Variablen erhält man das KVS-Diagramm für 6 Variablen mit $2^6 = 64$ Felder.

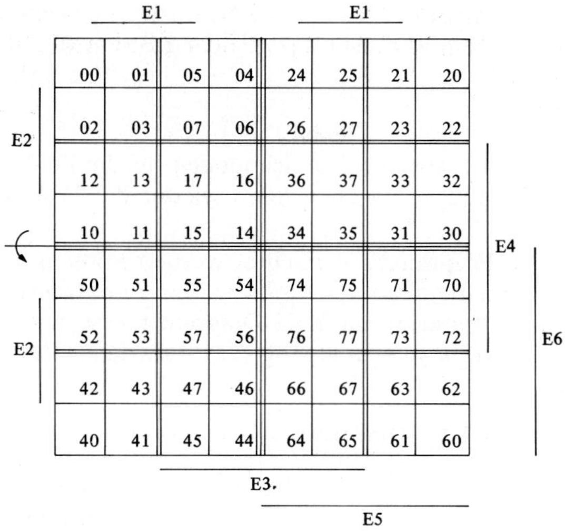

Da jedes Feld des KVS-Diagramms einer Zeile der Funktionstabelle entspricht, kann man in die Felder des Diagramms die Ausgangssignalwerte der Schaltfunktion eintragen. Die Schaltfunktion ist dann vollständig mit dem Diagramm beschrieben.

Die Funktionstabelle des Beispiels „Lüfterüberwachung" lautete:

Oktal-Nr.	E4	E3	E2	E1	A1	A2	A3
00	0	0	0	0	1	0	0
01	0	0	0	1	1	0	0
02	0	0	1	0	1	0	0
03	0	0	1	1	0	1	0
04	0	1	0	0	1	0	0
05	0	1	0	1	0	1	0
06	0	1	1	0	0	1	0
07	0	1	1	1	0	0	1
10	1	0	0	0	1	0	0
11	1	0	0	1	0	1	0
12	1	0	1	0	0	1	0
13	1	0	1	1	0	0	1
14	1	1	0	0	0	1	0
15	1	1	0	1	0	0	1
16	1	1	1	0	0	0	1
17	1	1	1	1	0	0	1

Überträgt man diese Funktionstabelle für die drei Ausgangsvariablen in drei KVS-Diagramme, so ergeben sich folgende Darstellungen:

Variable A1

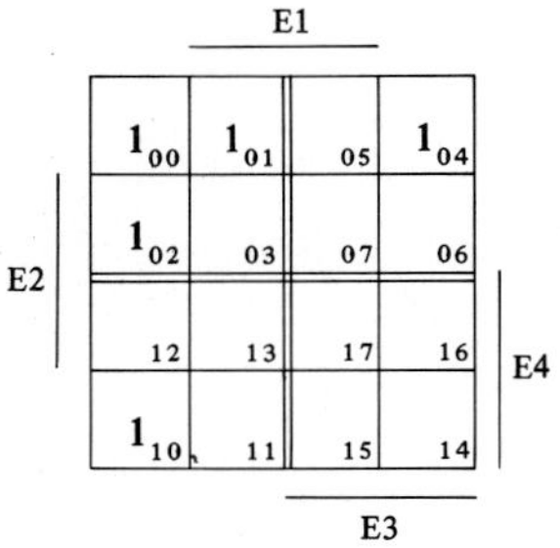

Variable A2

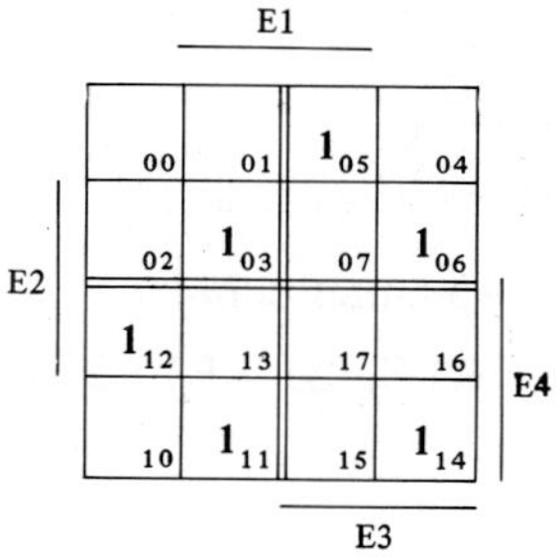

Variable A3

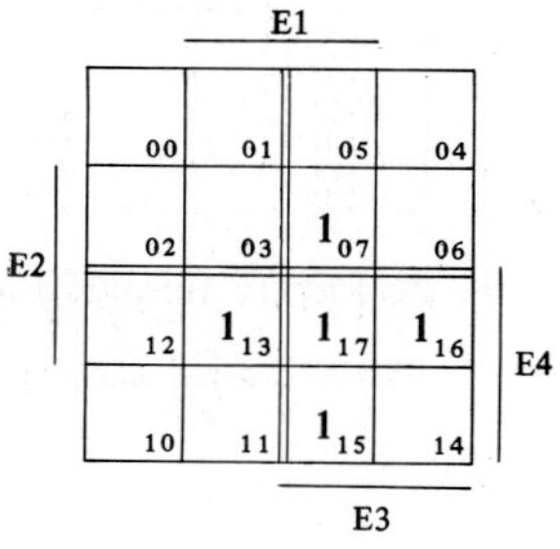

Aus diesen Diagrammen läßt sich nun ebenfalls die Disjunktive Normalform bestimmen. Jedes Feld, das eine „1“ enthält, entspricht einem Minterm. Das Feld 4 z.B. entspricht dem Minterm:

$$\overline{E4}\ \&\ E3\ \&\ \overline{E2}\ \&\ \overline{E1} = \overline{E4}\ E3\ \overline{E2}\ \overline{E1}$$

Die Belegungen der einzelnen Variablen können aus den Bezeichnungen für die Felder entnommen werden. Alle Minterme ODER-verknüpft, ergeben dann wieder die Disjunktive Normalform.

Bis jetzt hätte auf die Einführung des KVS-Diagramms verzichtet werden können, da die gleiche Information, die das KVS-Diagramm beinhaltet, bereits in der Funktionstabelle steht. Der Vorteil der Darstellung der Schaltfunktion im KVS-Diagramm liegt jedoch im leichten Auffinden von Termen, die sich nur in der Belegung einer einzigen Variablen unterscheiden.

Vereinfachung einer Schaltfunktion mit einem KVS-Diagramm

Liegen Felder des KVS-Diagramms symmetrisch zueinander, so unterscheiden sich diese nur in einer einzigen Variablen. Sofern symmetrische Felder mit dem Ausgangssignalzustand „1“ belegt sind, können die beiden Felder zusammengefaßt werden. Bei der Zusammenfassung wird aus zwei Termen ein Term, in dem die Variable eliminiert ist, die sich ändert.

Wird diese Regel bei den drei KVS-Diagrammen der Lüftersteuerung verwendet, so ergibt sich eine minimierte Ansteuerfunktion für die drei Ausgangsvariablen.

Für die Ausgangsvariable A1 liegen folgende Felder, die mit Signalzustand „1“ belegt sind, symmetrisch und können zusammengefaßt werden:

Felder	Variable, die sich ändert	vereinfachter Term
00; 01	E1	$\overline{E4}\ \&\ \overline{E3}\ \&\ \overline{E2}$
00; 02	E2	$\overline{E4}\ \&\ \overline{E3}\ \&\ \overline{E1}$
00; 04	E3	$\overline{E4}\ \&\ \overline{E2}\ \&\ \overline{E1}$
00; 10	E4	$\overline{E3}\ \&\ \overline{E2}\ \&\ \overline{E1}$

Die verkürzte Schaltfunktion für A1 lautet dann:

$$A1 = \overline{E4}\ \overline{E3}\ \overline{E2} \vee \overline{E4}\ \overline{E3}\ \overline{E1} \vee \overline{E4}\ \overline{E2}\ \overline{E1} \vee \overline{E3}\ \overline{E2}\ \overline{E1}$$

Für die Ausgangsvariable A2 gibt es keine Felder, die mit „1“ belegt sind und symmetrisch zueinander liegen. Es können deshalb keine Terme zusammengefaßt werden.

Für die Ausgangsvariable A3 liegen folgende Felder, die mit Signalzustand „1“ belegt sind, symmetrisch und können zusammengefaßt werden:

Felder	Variable, die sich ändert	vereinfachter Term
07; 17	E4	E3 & E2 & E1
13; 17	E3	E4 & E2 & E1
15; 17	E2	E4 & E3 & E1
16; 17	E1	E4 & E3 & E2

Die verkürzte Schaltfunktion für A3 lautet dann:

$$A3 = E3\ E2\ E1 \vee E4\ E2\ E1 \vee E4\ E3\ E1 \vee E4\ E3\ E2$$

Wie bereits zusammengefaßte Terme weiter zusammengefaßt werden können, zeigt die Vereinfachung der Schaltfunktion für die Ansteuerung eines Segments bei der 7-Segment-Anzeige.

Die Ansteuerfunktion für Segment a bei der 7-Segment-Anzeige in der Funktionstabelle lautete:

Oktal-Nr.	E4	E3	E2	E1	A1
00	0	0	0	0	1
01	0	0	0	1	0
02	0	0	1	0	1
03	0	0	1	1	1
04	0	1	0	0	0
05	0	1	0	1	1
06	0	1	1	0	1
07	0	1	1	1	1
10	1	0	0	0	1
11	1	0	0	1	1

Die letzten sechs Eingangskombinationen der Funktionstabelle waren für die Ansteuerung der 7-Segment-Anzeige unwichtig und wurden weggelassen. Für die Vereinfachung der Schaltfunktion können diese Felder jedoch benutzt werden, um Terme zusammenzufassen. Als Ausgangssignalwert erhalten solche Felder deshalb den Wert „x". Dies bedeutet eine *redundante Belegung* der Felder (x = 0 oder x = 1). Nach Bedarf können solche Felder dann zur Vereinfachung herangezogen werden.

Vereinfachung von Segment a: A1

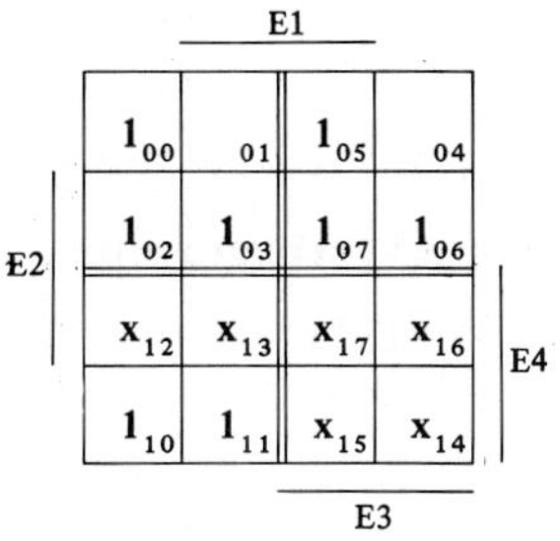

Folgende Felder, die mit Signalzustand „1" oder „x" belegt sind, liegen symmetrisch und können zusammengefaßt werden:

Felder	Variable, die sich ändert	vereinfachter Term
00; 02	E2	$\overline{E4}$ & $\overline{E3}$ & $\overline{E1}$
10; 12	E2	E4 & $\overline{E3}$ & $\overline{E1}$

Die zusammengefaßten Terme 00; 02 und 10; 12 liegen nun wieder symmetrisch zueinander und können zusammengefaßt werden. Bei der Zusammenfassung wird wieder die Variable eliminiert, die sich ändert.

Felder	Variable, die sich ändert	vereinfachter Term
(00; 02); (10; 12)	E4	$\overline{E3}$ & $\overline{E1}$

Bei dem grafischen Vereinfachungsverfahren mit dem KVS-Diagramm besteht die Aufgabe nun darin, die Felder, welche mit „1" belegt sind, durch möglichst große Zusammenfassungen (eventuell auch unter Einschluß von Feldern mit „x") zu überdecken.

Zusammengefaßt werden können:

2 Felder,	dabei entfällt	1 Variable.
4 Felder,	dabei entfallen	2 Variable.
8 Felder,	dabei entfallen	3 Variable.
16 Felder,	dabei entfallen	4 Variable.
2^n Felder,	dabei entfallen	n Variable.

Zusammenfassungen werden im KVS-Diagramm durch *Einkreisung* der Felder gekennzeichnet. Für die Ausgangsvariable A1 der 7-Segment Anzeige ergeben sich folgende Zusammenfassungen:

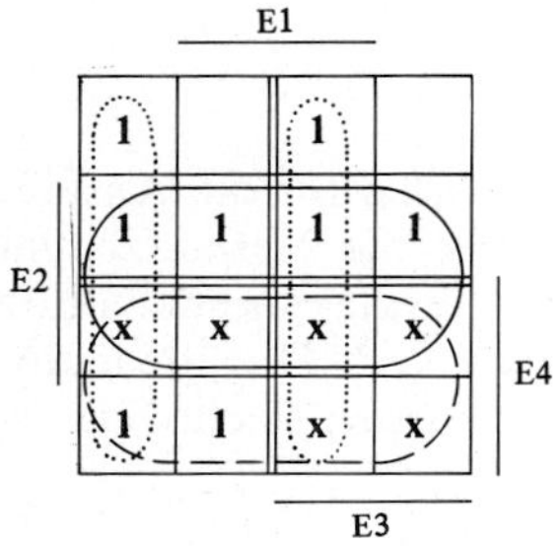

Sind alle Felder, die mit „1" belegt sind, eingekreist oder überdeckt, so ergeben die einzelnen Terme ODER-verknüpft die vereinfachte Schaltfunktion:

$$A1 = E2 \vee E4 \vee \overline{E1}\,\overline{E3} \vee E1\,E3$$

Zusammenfassung des Algorithmus für die Minimierung mit einem KVS-Diagramm:

Ausgehend von der Funktionstabelle, welche die Zuordnung der Ausgangsvariablen zu der Eingangsvariablen enthält, sind bei der Minimierung nach der KVS-Diagramm-Methode folgende Regeln zu befolgen.

1. Zeichnen des KVS-Diagramms mit Kennzeichnung der Variablenbereiche und oktale Bezeichnung der Felder.
2. Eintragung der Ausgangssignalwerte in das Diagramm aus der Funktionstabelle. Nicht belegte Felder sind redundante Felder und erhalten die Eintragung „x".
3. Zusammenfassung derjenigen Felder bzw. Blöcke, die symmetrisch liegen und als Signalwert „1" oder „x" enthalten. Es sind stets die größtmöglichen Zusammenfassungen zu suchen.
4. Aus den Zusammenfassungen ist eine Mindestanzahl so auszuwählen, daß sämtliche Ausgangssignalwerte „1" mindestens einmal überdeckt werden.
5. Bei der Ermittlung der verkürzten Terme werden alle Eingangsvariable, die innerhalb der Zusammenfassung unverändert bleiben, entsprechend ihrer Belegung UND-verknüpft.
6. Zur Aufstellung der verkürzten Schaltfunktion werden die ausgewählten Terme disjunktiv miteinander verknüpft.

4.6 Vertiefung und Übung

• Übung 4.1: Ölpumpensteuerung

Mit zwei Schaltern kann die Heizölpumpe eines Ölofens ein- bzw. ausgeschaltet werden. Die Pumpe darf jedoch nur laufen, wenn die Zündflamme brennt. Das Erlöschen der Zündflamme wird mit einem Flammenwächter gemeldet, der bei Zündflamme „1"-Signal meldet.

Zuordnungstabelle:

Eingangsvariable	Betriebsmittel-kennzeichen	logische Zuordnung
Schalter 1 Schalter 2 Bimetallkontakt	S1 S2 S3	Schalter betätigt S1 = 1 Schalter betätigt S2 = 1 Zündflamme an S3 = 1
Ausgangsvariable		
Pumpe	A	Pumpe ein A = 1

Stellen Sie eine Funktionstabelle auf. Ermitteln Sie aus der Funktionstabelle die Disjunktive Normalform. Realisieren Sie die Schaltung mit einer SPS.

• Übung 4.2: Tunnelbelüftung

In einem langen Autotunnel sind drei Lüfter installiert. An verschiedenen Stellen des Tunnels befinden sich drei Rauchgasmelder. Gibt ein Rauchgasmelder Signal, so muß Lüfter 1 laufen. Geben zwei Rauchgasmelder Signal, so sind Lüfter 2 und 3 einzuschalten. Geben alle Rauchgasmelder Signal, so müssen alle drei Lüfter laufen.

Zuordnungstabelle:

Eingangsvariable	Betriebsmittel-kennzeichen	logische Zuordnung
Rauchgasmelder 1 Rauchgasmelder 2 Rauchgasmelder 3	S1 S2 S3	spricht an S1 = 1 spricht an S2 = 1 spricht an S3 = 1
Ausgangsvariable		
Lüfter 1 Lüfter 2 Lüfter 3	K1 K2 K3	steht still K1 = 0 steht still K2 = 0 steht still K3 = 0

Stellen Sie eine Funktionstabelle auf. Ermitteln Sie aus der Funktionstabelle die Disjunktive Normalform. Realisieren Sie die Schaltung mit einer SPS.

• Übung 4.3: Reaktionsgefäß

Technologieschema:

Leuchtmelder

⊗	⊗	⊗
H1	H2	H3

Anfahren Normal Alarm

Die drei möglichen Prozeßzustände:

Anfahren: Druck zu klein
Normal: Druck normal
Alarm: Druck zu groß oder Störung der Geber

werden über Leuchtmelder angezeigt.

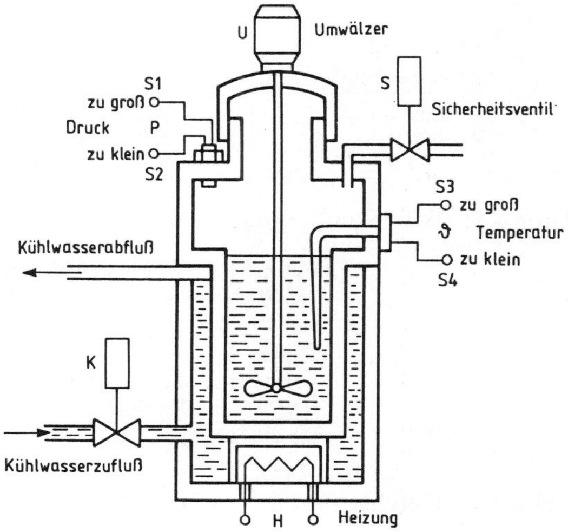

Bild 4.1 Reaktionsgefäß

Funktionsbeschreibung

In einem Reaktionsgefäß soll ein chemischer Prozeß mit einer bestimmten Temperatur und unter einem bestimmten Druck ablaufen. Für die Stellglieder des Reaktionsgefäßes sollen folgende Einschaltbedingungen gelten:

Sicherheitsventil S:	Druck zu groß und Temperatur nicht zu klein.
Kühlwasserzufluß K:	Temperatur zu groß und Druck nicht zu klein.
Heizung H:	Temperatur zu klein und Druck nicht zu groß oder Druck zu klein und Temperatur normal.
Umwälzer U:	Kühlwasserzufluß oder Heizung eingeschaltet.

Zuordnungstabelle:

Eingangsvariable	Betriebsmittel-kennzeichen	logische Zuordnung	
Druck zu groß	S1	Meldung P zu groß	S1 = 1
Druck zu klein	S2	Meldung P zu klein	S2 = 1
Temperatur zu groß	S3	Meldung T zu groß	S3 = 1
Temperatur zu klein	S4	Meldung T zu klein	S4 = 1
Ausgangsvariable			
Umwälzer	U	Rührwerk an	U = 1
Sicherheitsventil	S	Sicherheitsventil auf	S = 1
Kühlwasserzufluß	K	Kühlwasserzufluß auf	K = 1
Heizung	H	Heizung an	H = 1
Meldeleuchte Anfahren	H1	Leuchte an	H1 = 1
Meldeleuchte Normal	H2	Leuchte an	H2 = 1
Meldeleuchte Alarm	H3	Leuchte an	H3 = 1

• Übung 4.4: Luftschleuse

Eine Luftschleuse hat drei Gleittüren. Es dürfen nicht zwei unmittelbar aufeinanderfolgende Türen geöffnet sein. Die einzelnen Gleittüren werden über Türöffner geöffnet. Endschalter melden, ob die Türen geschlossen sind. Stellen Sie für diese Steuerung eine Funktionstabelle auf. Ermitteln Sie aus der Funktionstabelle die Disjunktive Normalform. Realisieren Sie die Schaltung mit einer SPS.

Zuordnungstabelle:

Eingangsvariable	Betriebsmittel-kennzeichen	logische Zuordnung	
Taster 1	S1	Taster betätigt	S1 = 1
Taster 2	S2	Taster betätigt	S2 = 1
Taster 3	S3	Taster betätigt	S3 = 1
Endschalter 1	S4	Tür 1 geschlossen	S4 = 1
Endschalter 2	S5	Tür 2 geschlossen	S5 = 1
Endschalter 3	S6	Tür 3 geschlossen	S6 = 1
Ausgangsvariable			
Türöffner 1	K1	Türmagnet angezogen	K1 = 1
Türöffner 2	K2	Türmagnet angezogen	K2 = 1
Türöffner 3	K3	Türmagnet angezogen	K3 = 1

• Übung 4.5: Würfelcodierung

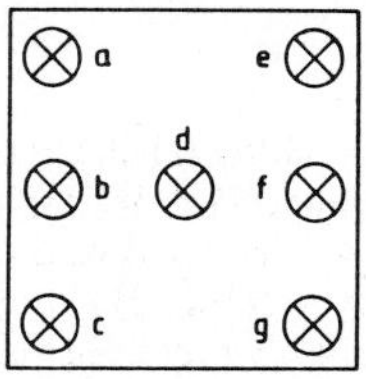

Mit 7 Anzeigeleuchten a–g sollen die Würfelzahlen 1–6 angezeigt werden. Drei Schalter ergeben dualcodiert die einzelnen Würfelzahlen.

Stellen Sie eine Zuordnungstabelle und Funktionstabelle auf. Ermitteln Sie aus der Funktionstabelle die Disjunktive Normalform. Realisieren Sie die Schaltung mit einer SPS.

• Übung 4.6: Durchlauferhitzer I

In einem großen Einfamilienhaus mit dezentraler Warmwasserversorgung sind fünf Durchlauferhitzer installiert. Wegen des hohen Anschlußwertes der Durchlauferhitzer erlaubt das Energieversorgungsunternehmen nur den gleichzeitigen Betrieb von zwei Durchlauferhitzern. Mit Lastabwurfrelais wird der Betriebszustand der Durchlauferhitzer angezeigt. Entwerfen Sie eine Verriegelungsschaltung 2 aus 5, indem Sie eine Funktionstabelle aufstellen. Ermitteln Sie dann aus der Funktionstabelle die Disjunktive Normalform. Realisieren Sie die Schaltung mit einer SPS.

Zuordnungstabelle:

Eingangsvariable	Betriebsmittel-kennzeichen	logische Zuordnung	
Lastabwurfrelais 1	S1	angezogen	S1 = 1
Lastabwurfrelais 2	S2	angezogen	S2 = 1
Lastabwurfrelais 3	S3	angezogen	S3 = 1
Lastabwurfrelais 4	S4	angezogen	S4 = 1
Lastabwurfrelais 5	S5	angezogen	S5 = 1
Ausgangsvariable			
Durchlauferhitzer 1	K1	Freigabe	K1 = 1
Durchlauferhitzer 2	K2	Freigabe	K2 = 1
Durchlauferhitzer 3	K3	Freigabe	K3 = 1
Durchlauferhitzer 4	K4	Freigabe	K4 = 1
Durchlauferhitzer 5	K5	Freigabe	K5 = 1

Hinweis: Das Einschalten freigegebener Durchlauferhitzer erfolgt über die Wasserentnahme.

• Übung 4.7: Behälterfüllanlage I

Zwei Vorratsbehälter mit den Signalgebern S3 und S4 für die Vollmeldung und S1 und S2 für die Meldung halbvoll können von Hand in beliebiger Reihenfolge entleert werden. Die Füllung der Behälter erfolgt abhängig vom Füllstand durch die drei Pumpen P1, P2 und P3.

Meldet entweder kein Signalgeber oder nur ein Signalgeber, eine Halbvoll- oder Vollanzeige, so sollen alle drei Pumpen laufen. Melden zwei Signalgeber, so sollen zwei Pumpen die Füllung übernehmen.

Wenn drei Signalgeber melden, genügt es, wenn eine Pumpe die Füllung übernimmt.

Melden alle vier Signalgeber, so sind alle Behälter gefüllt und alle Pumpen bleiben ausgeschaltet.

Tritt ein Fehler auf, der von einer widersprüchlichen Meldung der Signalgeber herrührt, so soll dies eine Meldelampe anzeigen und keine Pumpe laufen.

Es ist darauf zu achten, eine möglichst gleiche Einschalthäufigkeit der Pumpen zu erreichen.

Technologieschema:

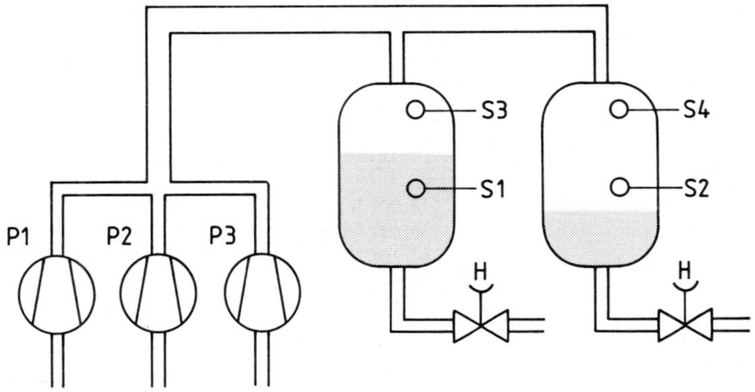

Bild 4.2 Behälterfüllanlage

Bestimmen Sie für die Steuerungsaufgabe die Zuordnungstabelle und stellen Sie eine Entscheidungstabelle auf, in der den Pumpen bei den entsprechend vorliegenden möglichen Meldungen ein bestimmter Signalzustand zugewiesen wird. Alle möglichen Kombinationen, also die Entscheidungsregeln, erhält man, indem zunächst eine Meldung, dann zwei Meldungen usw. angenommen und entsprechend kombiniert werden. Bei der Entscheidung, welche Pumpen bei einer bestimmten Kombination der Signalgeber eingeschaltet werden, ist auf eine möglichst gleichmäßige Aufteilung (Anzahl der „1“-Zuweisungen für die einzelnen Pumpen) zu achten.

Die widersprüchlichen Meldungen der Signalgeber werden in der Entscheidungstabelle unter „SONST“ erfaßt. Ein Widerspruch liegt beispielsweise vor, wenn S3 „1“-Signal und S1 „0“-Signal meldet.

Bestimmen Sie aus der Entscheidungstabelle die Disjunktiven Normalformen für die Ausgangsvariablen und realisieren Sie die Steuerungsaufgabe mit einer SPS.

• Übung 4.8: 7-Segment-Anzeige I

Ermitteln Sie für die in Beispiel 7-Segmentanzeige aufgestellte Funktionstabelle ein neues Steuerungsprogramm, indem Sie die Konjunktive Normalform benutzen.

• Übung 4.9: 7-Segment-Anzeige II

Vereinfachen Sie die in Beispiel 7-Segmentanzeige aufgestellten Funktionsgleichungen für die Ansteuerung der Segmente b bis g mit einem KVS-Diagramm. Realisieren Sie die vereinfachten Schaltfunktionen mit einer SPS.

• Übung 4.10: Gefahrenmelder

Eine mit Risiken behaftete Anlage (Kraftwerk) soll im Gefahrenfall sofort abgeschaltet werden. Hierzu dienen Gefahrenmelder. Da in dem Gefahrenmelder selbst Fehler auftreten können und ein unnötiges Abschalten erhebliche Kosten verursachen kann, setzt man an jeder kritischen Stelle drei gleichartige Gefahrenmelder ein. Die Abschaltung soll nur dann erfolgen, wenn mindestens zwei der Gefahrenmelder die Gefahr anzeigen.

Zuordnungstabelle:

Eingangsvariable	Betriebsmittel-kennzeichen	logische Zuordnung	
Gefahrenmelder 1	S1	spricht an	S1 = 0
Gefahrenmelder 2	S2	spricht an	S2 = 0
Gefahrenmelder 3	S3	spricht an	S3 = 0
Ausgangsvariable			
Abschaltung	A	Anlage abgeschaltet	A = 0

Stellen Sie eine Funktionstabelle auf. Ermitteln Sie aus der Funktionstabelle die Disjunktive Normalform. Vereinfachen Sie die Schaltung mit einem KVS-Diagramm und realisieren Sie die vereinfachte Schaltfunktion mit einer SPS.

• Übung 4.11: Tunnelbelüftung

Vereinfachen Sie die in Übung 4.2 aufgestellten Funktionsgleichungen mit einem KVS-Diagramm. Realisieren Sie die vereinfachten Schaltfunktionen mit einer SPS.

• Übung 4.12: Generator

Ein Generator ist mit maximal 10 kW belastbar. Anschaltbar sind vier Motoren mit den Leistungen 2 KW, 3 KW, 5 KW und 7 KW. Für alle zulässigen Kombinationen ist ein Ausgang A einzuschalten.

Zuordnungstabelle:

Eingangsvariable	Betriebsmittel-kennzeichen	logische Zuordnung	
Drehzahlwächter			
2 kW-Motor	S1	Motor läuft	S1 = 0
3 kW-Motor	S2	Motor läuft	S2 = 0
5 kW-Motor	S3	Motor läuft	S3 = 0
7 kW-Motor	S4	Motor läuft	S4 = 0
Ausgangsvariable			
Zulässige Kombination	A	Kombination zulässig	A = 1

Stellen Sie eine Funktionstabelle auf. Ermitteln Sie aus der Funktionstabelle die Disjunktive Normalform. Vereinfachen Sie die Schaltung mit einem KVS-Diagramm und realisieren Sie die vereinfachte Schaltfunktion mit einer SPS.

• Übung 4.13: Durchlauferhitzer II

Vereinfachen Sie die in Übung 4.6 aufgestellten Funktionsgleichungen mit einem KVS-Diagramm. Realisieren Sie die vereinfachten Schaltfunktionen mit einer SPS.

• Übung 4.14: Behälterfüllanlage II

Vereinfachen Sie die in Übung 4.7 aufgestellten Funktionsgleichungen mit einem KVS-Diagramm. Realisieren Sie die vereinfachten Schaltfunktionen mit einer SPS.

5 Verknüpfungssteuerungen mit Speicherverhalten

Viele Steuerungsaufgaben erfordern die Verwendung einer Speicherfunktion. Eine Speicherfunktion liegt dann vor, wenn ein kurzzeitig auftretender Signalzustand festgehalten, d.h. gespeichert wird. Eine Steuerung mit Speicherfähigkeit wird allgemein als *Schaltwerk* bezeichnet.

5.1 Entstehung des Speicherverhaltens

Während bei allen bisher behandelten Steuerschaltungen die Ausgangssignalwerte nur von der augenblicklichen Kombination der Eingangssignale bestimmt wurden, hängt bei Steuerungen mit Speichern der Zustand der Ausgänge noch zusätzlich von einem *„inneren Zustand"* ab. Soll beispielsweise eine Meldeleuchte durch kurzzeitiges Betätigen eines EIN-Tasters E1 eingeschaltet und durch kurzzeitiges Betätigen eines AUS-Tasters E0 wieder ausgeschaltet werden, so kann der Ausgangssignalwert nicht mehr allein durch die Kombination der Eingangssignalwerte angegeben werden.

Zeile	E1	E0	A
0	0	0	1 ⇒ wenn E1 zuvor betätigt wurde 0 ⇒ wenn E0 zuvor betätigt wurde
1 2	0 1	1 0	0 1
3	1	1	0 ⇒ wenn Ausschalten dominant 1 ⇒ wenn Einschalten dominant

Wie die Tabelle zeigt, kann der Ausgangssignalwert in der Zeile 3 durch Festlegung bestimmt und eingetragen werden, während der Ausgangssignalwert der Zeile 0 von der Vorgeschichte des Schaltwerks abhängt. Für diese Vorgeschichte führt man eine neue Variable, die *„Zustandsvariable Q"* ein. Die Zustandsvariable Q beschreibt den inneren Signalzustand, den das Schaltwerk **vor** dem Anlegen der jeweiligen Eingangskombination hatte. Damit lassen sich die Ausgangssignalwerte wieder vollständig mit einer Funktionstabelle beschreiben.

Funktionstabelle:

Zeile	Q	E1	E0	A
0	0	0	0	0
1	0	0	1	0
2	0	1	0	1
3	0	1	1	0
4	1	0	0	1
5	1	0	1	0
6	1	1	0	1
7	1	1	1	0

Festlegung: Werden E0 und E1 gleichzeitig gedrückt so soll der Ausgangssignalwert „0" sein.

Der Ausgangssignalwert A des Schaltwerks ist also abhängig von den Eingangsvariablen E und der Zustandsvariablen Q,

$$A = f\,(E1; E0; Q)$$

und kann zwei Zustände annehmen.

Da der Signalzustand der Zustandsvariablen Q jeweils mit dem Signalwert der Ausgangsvariablen A übereinstimmt, kann in der Funktionstabelle statt der Zustandsvariablen Q die Ausgangsvariable A eingetragen werden. Die Ausgangsvariable A erscheint somit zweimal in der Funktionstabelle, jedoch mit unterschiedlicher Bedeutung.

Einmal steht die Variable bei den Eingangsvariablen und entspricht dem Ausgangssignalzustand vor Anlegen der Eingangskombination und zum anderen taucht die Ausgangsvariable A in der Ausgangsspalte auf, in die der Ausgangssignalwert nach angelegter Eingangskombination eingetragen wird.

Zeile	A_v	E1	E0	A_n
0	0	0	0	0
1	0	0	1	0
2	0	1	0	1
3	0	1	1	0
4	1	0	0	1
5	1	0	1	0
6	1	1	0	1
7	1	1	1	0

Index: v = vorher
n = nachher

Aus der Funktionstabelle kann nach der disjunktiven Normalform folgende Schaltfunktion abgelesen werden:

$$A = \overline{A}E1\overline{E0} \vee A\overline{E1}\,\overline{E0} \vee AE1\overline{E0}$$

In ein **KVS-Diagramm** eingetragen ergibt dies:

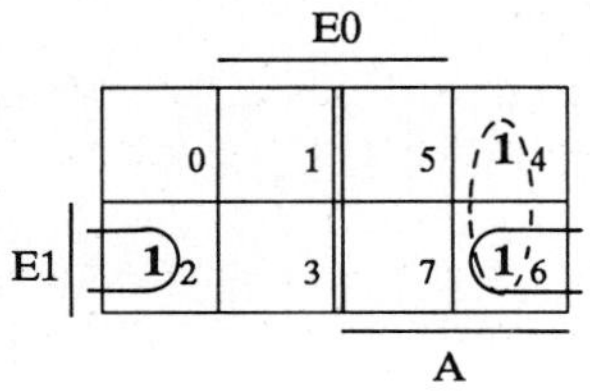

Die **vereinfachte Schaltfunktion** lautet:

$$A = A\overline{E0} \vee E1\overline{E0} = \overline{E0} \,\&\, (A \vee E1)$$

Funktionsplan:

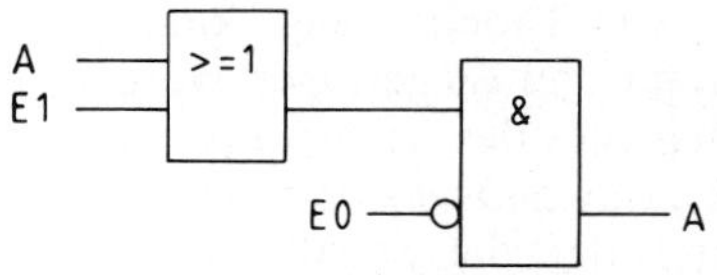

Aus dem Funktionsplan ist zu erkennen, daß diese logische Verknüpfung eine Rückführung der Ausgangsvariablen auf den Eingang besitzt und dadurch die Eigenschaft eines Speichers annimmt.

Allgemein kann ein Schaltwerk demnach wie folgt dargestellt werden:

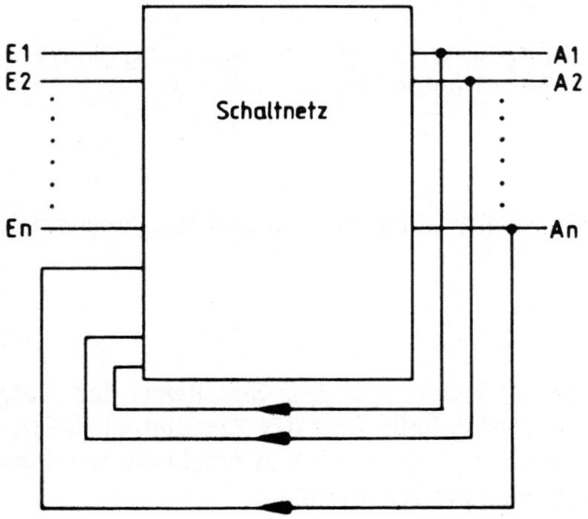

In der Schütztechnik werden Speicher nach derselben Schaltfunktion realisiert. Überträgt man die Schaltfunktion

$$A = \overline{E0} \,\&\, (A \vee E1)$$

in eine Kontaktlogik, so erhält man folgenden Schaltplan:

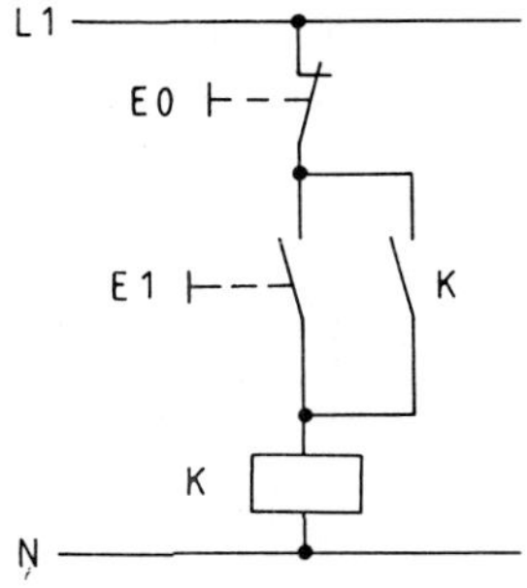

Das Schütz K entspricht dem Ausgangssignalwert A

Ein Schließer des Schützes K ist zum EIN-Taster parallelgeschaltet. Über diesen Stromweg wird ein kurzzeitiges Drücken des Tasters E1 gespeichert. In der Schütztechnik wird dies als „*Selbsthaltung*" bezeichnet.

In der pneumatischen und hydraulischen Steuerungstechnik wäre eine Umsetzung der Schaltfunktion ebenfalls möglich. Jedoch werden in der Praxis bereits fertige Speicherglieder (siehe Kapitel 5.2) eingesetzt.

▼ Beispiel: Meldeleuchte

Eine Meldeleuchte soll mit einem EIN-Taster S1 eingeschaltet und mit einem AUS-Taster S0 ausgeschaltet werden können. Werden die beiden Taster gleichzeitig betätigt, so soll die Meldeleuchte Signal geben. Es ist die Funktionstabelle zu bestimmen, die vereinfachte Schaltungsgleichung zu ermitteln und die Schaltung mit einer SPS und in Kontakttechnik zu realisieren.

Zuordnungstabelle:

Eingangsvariable	Betriebsmittel-kennzeichen	logische Zuordnung
AUS-Taster EIN-Taster	S0 S1	Taster gedrückt S0 = 1 Taster gedrückt S1 = 1
Ausgangsvariable		
Meldeleuchte	H	Meldeleuchte an H = 1

Funktionstabelle:

Zeile	Hv	S1	S0	Hn
0	0	0	0	0
1	0	0	1	0
2	0	1	0	1
3	0	1	1	1
4	1	0	0	1
5	1	0	1	0
6	1	1	0	1
7	1	1	1	1

Schaltfunktion nach der DNF: $H = \overline{H}S1\overline{S0} \vee \overline{H}S1S0 \vee H\overline{S1}\,\overline{S0} \vee HS1\overline{S0} \vee HS1S0$

KVS-Diagramm:

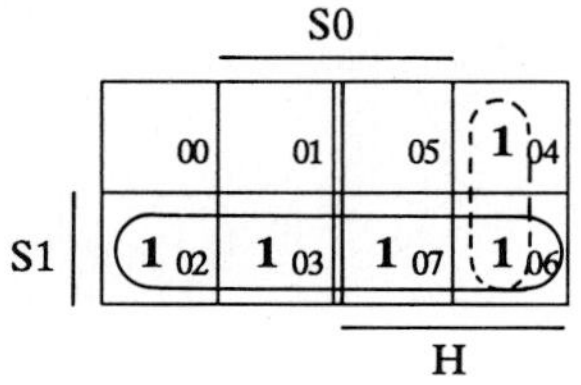

Vereinfachte Schaltfunktion:

$H = S1 \vee H\overline{S0}$

Funktionsplan:

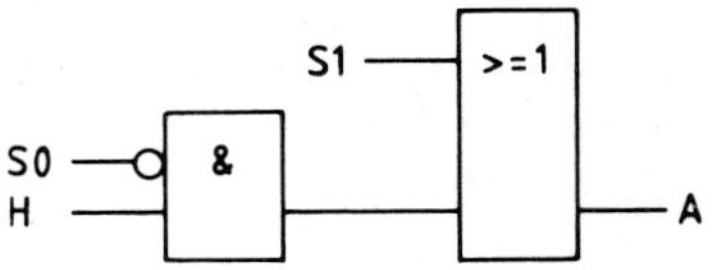

Realisierung mit einer SPS:

Zuordnung:
S0 = E 0.0 H = A 0.0
S1 = E 0.1

Anweisungsliste:

```
:O   E   0.1
:O
:UN  E   0.0
:U   A   0.0
:=   A   0.0
:BE
```

Realisierung in Kontakttechnik:

$H = S1 \vee H\overline{S0}$. Für den Taster S0 muß nun ein Öffner verwendet werden, da S0 negiert ist.

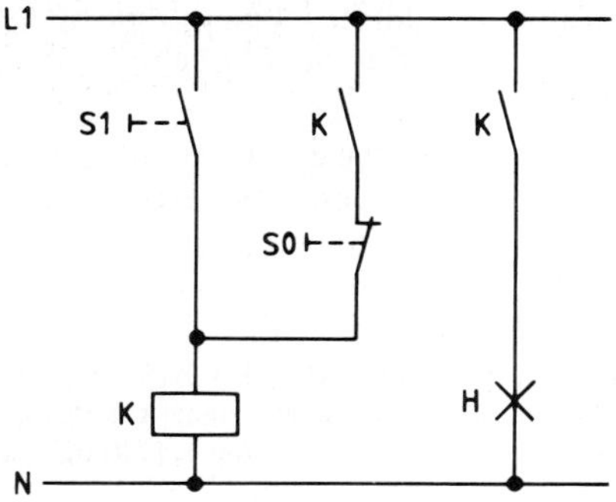

5.2 RS-Speicherglied

Die im vorherigen Abschnitt entworfene Speicherschaltung mit der Funktionsgleichung $A = \overline{E0} \,\&\, (A \vee E1)$ hat zwei Eingänge und einen Ausgang.

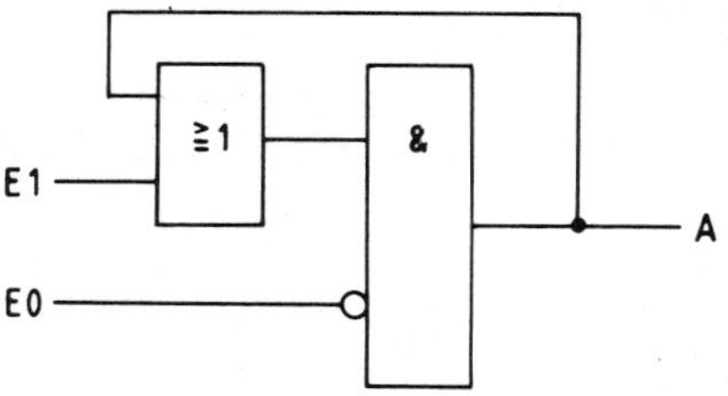

Bei einer Speicherschaltung nimmt der Ausgang A den Signalzustand „1“ an, wenn der Eingang E1 kurzzeitig „1“-Signal führt. Der „1“-Ausgangssignalzustand wird solange gespeichert, bis an den Eingang E0 ein „1“-Signal angelegt wird.

E1 setzt also den Ausgang A auf Signalwert „1“ und E0 setzt den Ausgangssignalwert wieder zurück. Die Eingänge der Speicherschaltung können deshalb auch bezeichnet werden mit:

E1 = Setzeingang = S
E0 = Rücksetzeingang = R

Die Speicherschaltung kann somit auch als *RS-Speicherfunktion* bezeichnet werden.

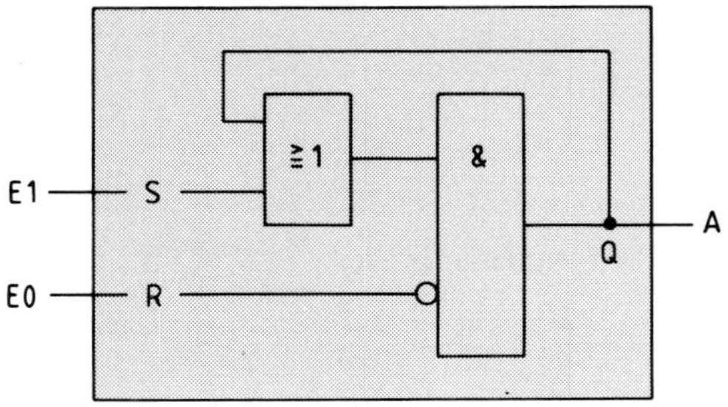

Die RS-Speicherfunktion wird in der Steuerungstechnik sehr häufig benötigt. Viele SPS-Hersteller haben deshalb die Speicherfunktion als Grundfunktion in den Befehlsvorrat aufgenommen. Solche Speicherfunktionen werden im Funktionsplan als Rechteck mit zwei Eingängen und einem Ausgang wie folgt dargestellt.

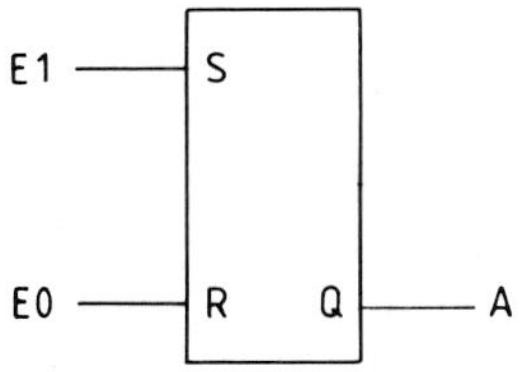

Rücksetzen ist dominant

Mit diesem Symbol wird auf die Darstellung der internen Realisierung der Speicherfunktion verzichtet.

Die Anweisungsliste AWL der RS-Speicherfunktion lautet:

U	E1	UND hat hier die Bedeutung „Abfrage eines Signalzustandes“
S	A	Statt der Zuweisung „=“ wird hier „S“ für Setzen geschrieben
U	E0	
R	A	Statt der Zuweisung „=“ wird hier „R“ für Rücksetzen geschrieben

▼ **Beispiel: Meldeleuchte**

Eine Meldeleuchte soll von drei Schaltstellen aus ein- und ausgeschaltet werden können. An den Schaltstellen stehen hierfür EIN- und AUS-Taster zur Verfügung.

Zuordnungstabelle:

Eingangsvariable	Betriebsmittelkennzeichen	logische Zuordnung
AUS-Taster 1	S0	Taster gedrückt S0 = 1
EIN-Taster 1	S1	Taster gedrückt S1 = 1
AUS-Taster 2	S2	Taster gedrückt S2 = 1
EIN-Taster 2	S3	Taster gedrückt S3 = 1
AUS-Taster 3	S4	Taster gedrückt S4 = 1
EIN-Taster 3	S5	Taster gedrückt S5 = 1
Ausgangsvariable		
Meldeleuchte	H	Meldeleuchte an H = 1

Alle EIN-Taster werden ODER-verknüpft auf den Setzeingang und alle AUS-Taster werden ODER-verknüpft auf den Rücksetzeingang einer RS-Speicherfunktion gegeben.

Funktionsplan:

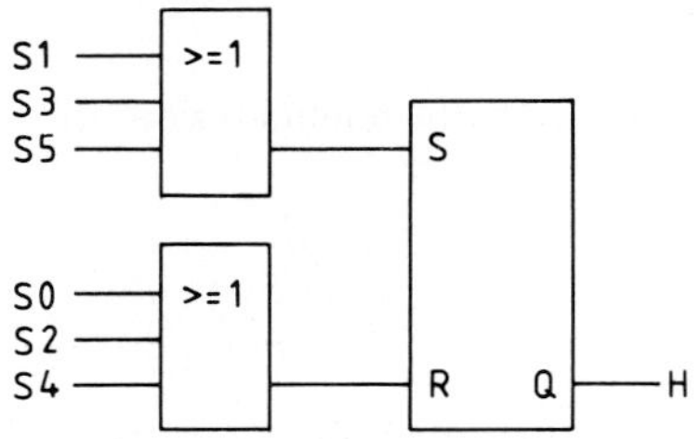

Realisierung mit einer SPS:

Zuordnung:

S0 = E 0.0 S1 = E 0.1 H = A 0.0
S2 = E 0.2 S3 = E 0.3
S4 = E 0.4 S5 = E 0.5

Anweisungsliste:

```
:O   E   0.1
:O   E   0.3
:O   E   0.5
:S   A   0.0
:O   E   0.0
:O   E   0.2
:O   E   0.4
:R   A   0.0
:BE
```

▲

Bei der bisher behandelten Speicherfunktion ist die *Rücksetzfunktion dominant.* Das bedeutet, wird an den Setz- und Rücksetzeingang gleichzeitig ein „1"-Signal gelegt, so ist am Ausgang der Speicherfunktion „0"-Signal. Berücksichtigt man die sequentielle Abarbeitung der Steueranweisungen, so wird bei „1"-Signal auf beiden Eingängen der Ausgang der Speicherfunktion SPS intern zunächst gesetzt und mit der nächsten Anweisung sofort wieder zurückgesetzt. An dem Steuerungsausgang erscheint jedoch nur der zuletzt gültige Zustand.

Wird für eine Steuerschaltung eine Speicherfunktion benötigt, bei der die *Setzfunktion dominant* ist, so ist folgende Innenschaltung zugrunde zu legen:

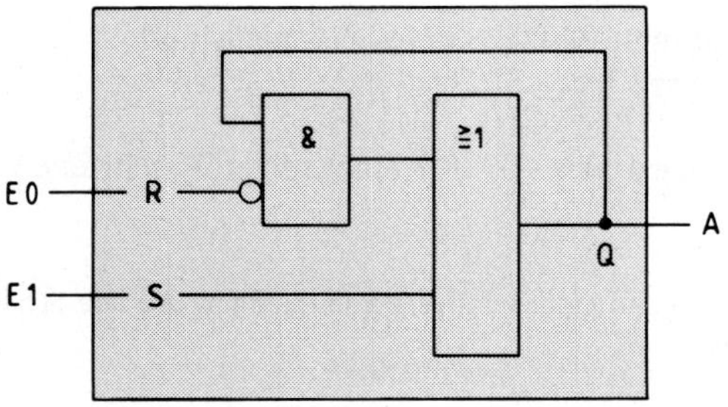

Im Funktionssymbol der Speicherfunktion wird die Dominanz des Setzeinganges dadurch verdeutlicht, daß zunächst der Rücksetzeingang und dann der Setzeingang geschrieben wird.

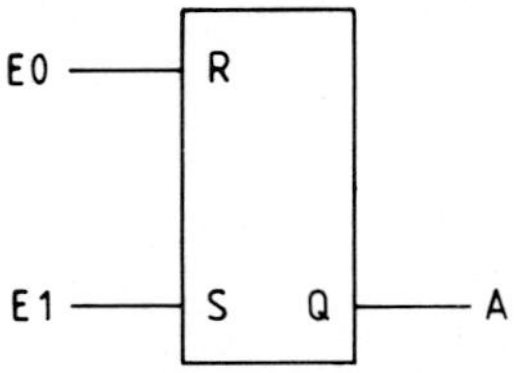

Setzen ist dominant

In der Anweisungsliste wird zunächst die Ansteuerfunktion für den Rücksetzeingang und dann für den Setzeingang geschrieben.
Im Beispiel Meldeleuchte lautet die Anweisungsliste dann:

O E 0.0	O E 0.1
O E 0.2	O E 0.3
O E 0.4	O E 0.5
R A 0.0	S A 0.0

5.3 Verriegelung von Speichern

Das gegenseitige Verriegeln von Speichern ist in der Steuerungstechnik ein immer wiederkehrendes und wichtiges Prinzip. Verriegeln bedeutet, daß ein Speicher nicht gesetzt werden kann, wenn bestimmte Bedingungen nicht erfüllt sind. Am Beispiel der gegenseitigen Verriegelung von zwei Speichergliedern wird gezeigt, wie das Verriegeln eines Speichers am Setz-Eingang und am Rücksetz-Eingang erfolgen kann.
Ist ein Speicherglied gesetzt, so kann das andere Speicherglied nicht gesetzt werden.

Verriegelung über den Setz-Eingang:

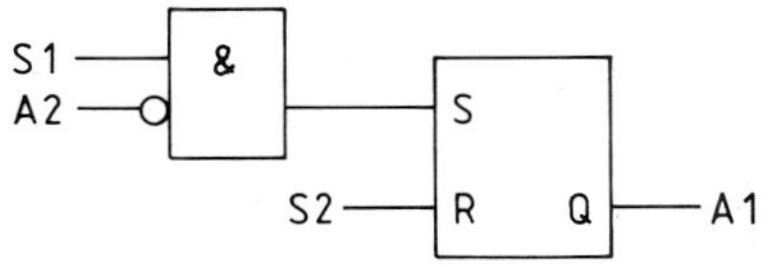

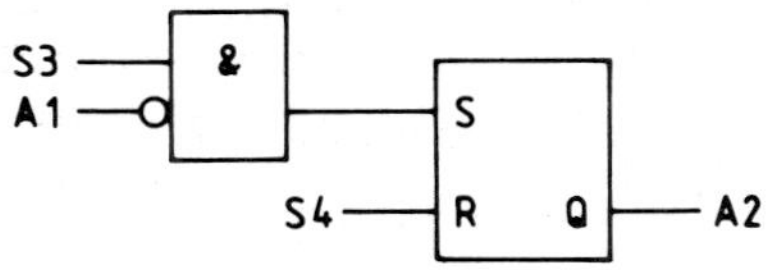

Über die UND-Verknüpfung an den Setz-Eingängen der Speicher wird der Setz-Befehl nur wirksam, wenn der jeweils andere Speicher ein „0“-Signal hat, also nicht gesetzt ist.

Verriegelung über den Rücksetz-Eingang:

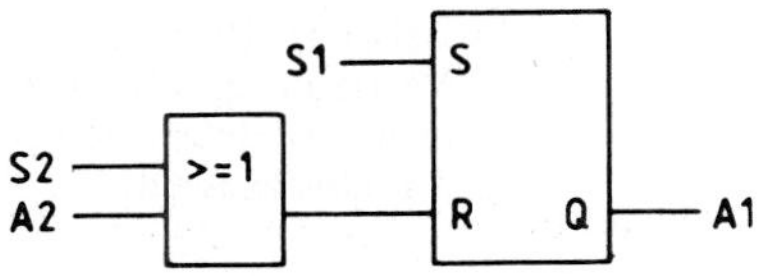

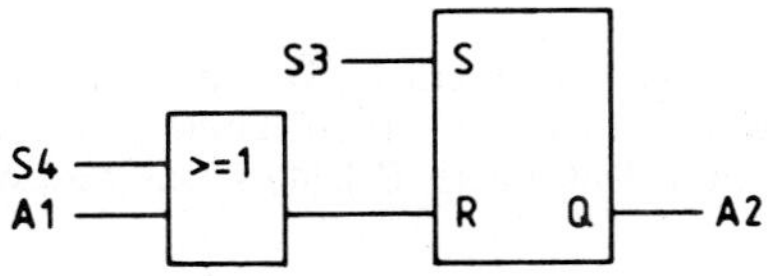

Wird über S1 ein „1"-Signal an den Setz-Eingang des Speichers gelegt, so wird durch die sequentielle Programmbearbeitung Speicher 1 geräteintern gesetzt, jedoch sofort wieder mit der nächsten Anweisung zurückgesetzt, wenn Speicher 2 gesetzt ist.

Obwohl die Verriegelung über Rücksetzeingänge nur möglich ist bei der Programmierung der rücksetzdominanten Speicherfunktion, wird diese Art der Verriegelung sehr häufig angewandt.

Eine andere Art der Verriegelung liegt vor, wenn Speicherglieder nur in einer ganz bestimmten *festgelegten Reihenfolge* gesetzt werden dürfen. Damit ein Speicher gesetzt werden kann, muß zuvor ein anderer Speicher gesetzt sein. Mit dem Befehl S1 wird beispielsweise Speicher 1 gesetzt. Nun erst kann mit dem Befehl S3 Speicher 2 gesetzt werden. Die Bedingung, daß zunächst Speicher 1 gesetzt sein muß bevor Speicher 2 gesetzt werden kann, läßt sich sowohl am Setzeingang wie auch am Rücksetzeingang des Speichergliedes berücksichtigen.

Reihenfolgen-Verriegelung über den Setz-Eingang:

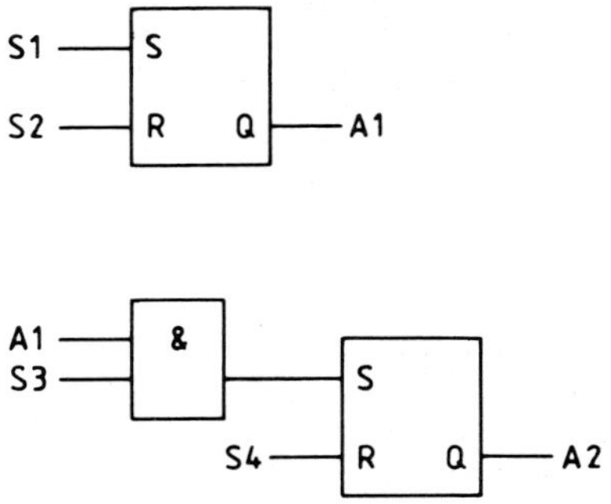

Reihenfolgen-Verriegelung über den Rücksetz-Eingang:

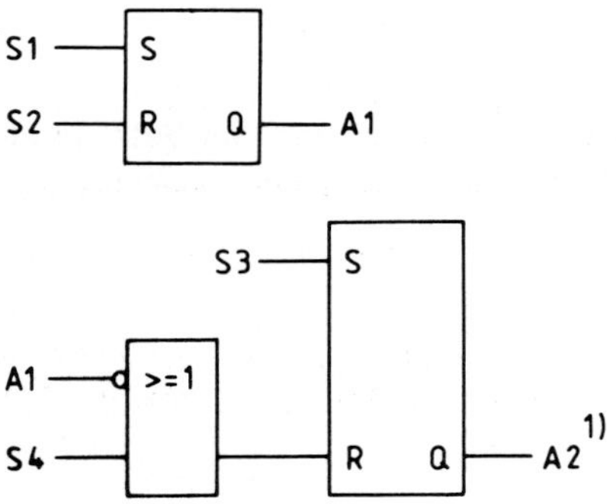

1) Bei dieser Reihenfolgen-Verriegelung wird allerdings beim Rücksetzen von A1 auch A2 zurückgesetzt.

In der Praxis wird die Reihenfolgen-Verriegelung am Setzeingang bevorzugt.

▼ **Beispiel: Behälter-Füllanlage**

Drei Vorratsbehälter mit den Signalgebern S1; S3 und S5 für die Vollmeldung und S2; S4 und S6 für die Leermeldung können von Hand in beliebiger Reihenfolge entleert werden. Eine Steuerung soll bewirken, daß stets nur ein Behälter nach erfolgter Leermeldung gefüllt werden kann. Das Füllen eines Behälters dauert solange an, bis die entsprechende Vollmeldung erfolgt ist.

Technologieschema:

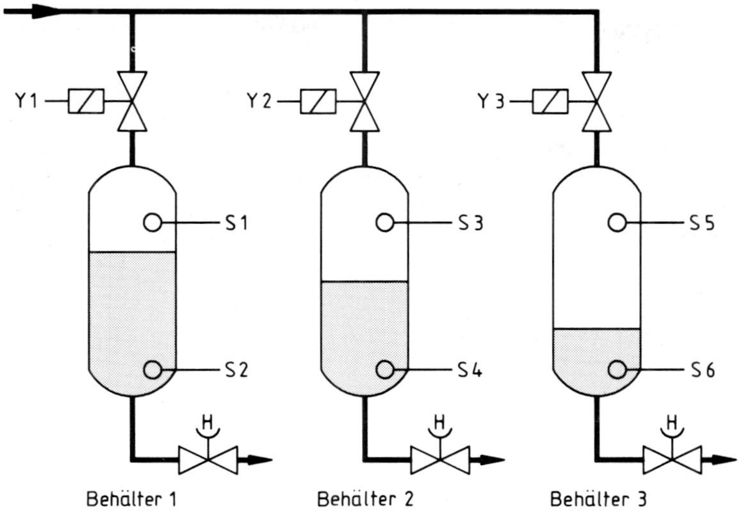

Bild 5.1 Behälterfüllanlage

Zuordnungstabelle:

Eingangsvariable	Betriebsmittel-kennzeichen	logische Zuordnung
Vollmeld. Beh. 1	S1	Beh. 1 voll S1 = 1
Vollmeld. Beh. 2	S3	Beh. 2 voll S3 = 1
Vollmeld. Beh. 3	S5	Beh. 3 voll S5 = 1
Leermeld. Beh. 1	S2	Beh. 1 leer S2 = 1
Leermeld. Beh. 2	S4	Beh. 2 leer S4 = 1
Leermeld. Beh. 3	S6	Beh. 3 leer S6 = 1
Ausgangsvariable		
Ventil Beh. 1	Y1	Ventil offen Y1 = 1
Ventil Beh. 2	Y2	Ventil offen Y2 = 1
Ventil Beh. 3	Y3	Ventil offen Y3 = 1

Die Steuerung erfordert eine Verriegelungsschaltung 1 aus 3. Das bedeutet, von drei Speichern darf nur jeweils ein Speicher gesetzt werden.

Lösungshilfe für die Erstellung des Funktionsplanes:

Trägt man in eine Tabelle die zu betätigenden Ausgänge bzw. Merker ein und schreibt in zwei weiteren Spalten die zugehörigen Variablen, die das „Setzen" und „Rücksetzen" verursachen, so ergibt sich eine Hilfe beim Entwurf des Funktionsplanes.

Zu betätigende Ausgänge oder Merker	Variablen für „Setzen"	Variablen für „Rücksetzen"
Ventil Behälter 1 Y1	S2	S1 Verriegelungen: Y2, Y3
Ventil Behälter 2 Y2	S4	S3 Verriegelungen: Y1, Y3
Ventil Behälter 3 Y3	S6	S5 Verriegelungen: Y1, Y2

Funktionsplan:

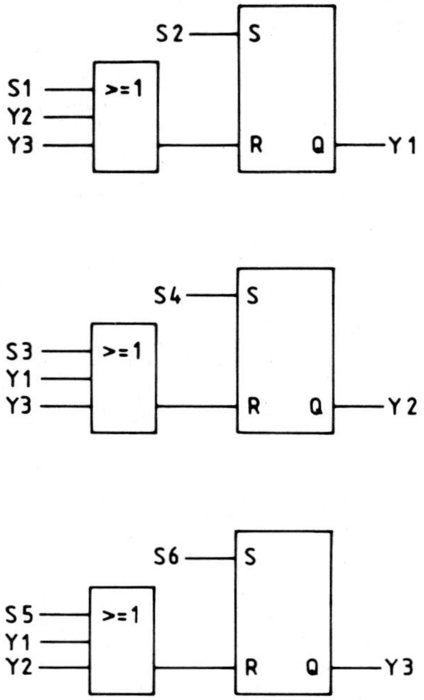

Realisierung mit einer SPS:

Zuordnung:

S1 = E 0.1	Y1 = A 0.1
S2 = E 0.2	Y2 = A 0.2
S3 = E 0.3	Y3 = A 0.3
S4 = E 0.4	
S5 = E 0.5	
S6 = E 0.6	

Anweisungsliste:

```
:U  E  0.2      :U  E  0.4      :U  E  0.6
:S  A  0.1      :S  A  0.2      :S  A  0.3
:O  E  0.1      :O  E  0.3      :O  E  0.5
:O  A  0.2      :O  A  0.1      :O  A  0.1
:O  A  0.3      :O  A  0.3      :O  A  0.2
:R  A  0.1      :R  A  0.2      :R  A  0.3
                                :BE
```

▲

Tritt im vorangegangenem Beispiel bei zwei Behältern eine Leermeldung auf, während der dritte Behälter gerade gefüllt wird, so ist es von der Plazierung der entsprechenden Speicherfunktion im Steuerungsprogramm abhängig, welcher Behälter als nächster gefüllt wird. Sind die Steuerungsanweisungen in der Reihenfolge geschrieben wie im Beispiel angegeben, so werden die Behälter immer in der numerischen Reihenfolge gefüllt. In Übung 5.5 ist für diese Steuerungsaufgabe das Programm dahingehend zu verändern, daß die zeitliche Reihenfolge der Leermeldung berücksichtigt wird.

Im nächsten Beispiel „Pumpensteuerung" wird nochmals die Verriegelung von Speichergliedern gezeigt, allerdings mit unterschiedlichen Verriegelungsbedingungen für die einzelnen Speicherglieder.

▼ Beispiel: Pumpensteuerung

Vier Behälter, die von Hand entleert werden können, werden mit Pumpen aus einem gemeinsamen Vorratsbehälter gefüllt. Jeder Behälter hat einen Signalgeber für die Vollmeldung und für die Leermeldung. Die Pumpen haben die unterschiedlichen Anschlußleistungen:

P1 = 3 kW P2 = 2 kW P3 = 7 kW P4 = 5 kW

Eine Steuerschaltung soll bewirken, daß bei Leermeldung eines Behälters dieser wieder gefüllt wird, jedoch ein Gesamtanschlußwert von 10 kW nicht überschritten werden darf.

Technologieschema:

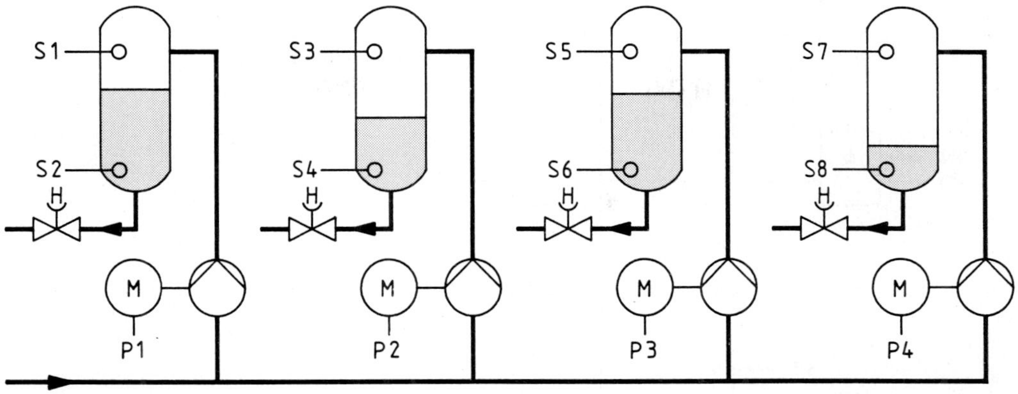

Bild 5.2 Pumpensteuerung

Zuordnungstabelle:

Eingangsvariable	Betriebsmittel-kennzeichen	logische Zuordnung
Vollmeld. Beh. 1	S1	Beh. 1 voll S1 = 1
Vollmeld. Beh. 2	S3	Beh. 2 voll S3 = 1
Vollmeld. Beh. 3	S5	Beh. 3 voll S5 = 1
Vollmeld. Beh. 4	S7	Beh. 4 voll S7 = 1
Leermeld. Beh. 1	S2	Beh. 1 leer S2 = 1
Leermeld. Beh. 2	S4	Beh. 2 leer S4 = 1
Leermeld. Beh. 3	S6	Beh. 3 leer S6 = 1
Leermeld. Beh. 4	S8	Beh. 4 leer S8 = 1
Ausgangsvariable		
Pumpe Beh. 1	P1	Pumpe P1 an P1 = 1
Pumpe Beh. 2	P2	Pumpe P2 an P2 = 1
Pumpe Beh. 3	P3	Pumpe P3 an P3 = 1
Pumpe Beh. 4	P4	Pumpe P4 an P4 = 1

Um die aufgabengemäßen Verriegelungsbedingungen zu berücksichtigen, wird eine Ausschlußtabelle angelegt. Sie zeigt mögliche Betriebskombinationen, bei denen bestimmte Pumpen *nicht* zugeschaltet werden dürfen.

Pumpen in Betrieb:	P2 & P3	P1 & P3	P1 & P2, P4 alleine	P3 & P1, P3 & P2, P3 alleine*
Nicht zugeschaltet werden dürfen	P1	P1	P3	P4

* Vereinfachung: $P3 \,\&\, P1 \vee P3 \,\&\, P2 \vee P3 = P3 \,\&\, (P1 \vee P2 \vee 1) = P3$

Lösungshilfe für die Erstellung des Funktionsplanes:

Zu betätigende Ausgänge oder Merker		Variablen für „Setzen“	Variablen für „Rücksetzen“
Pumpe Behälter 1	P1	S2	S1, Verriegelungen: P2 & P3
Pumpe Behälter 2	P2	S4	S3, Verriegelungen: P1 & P3
Pumpe Behälter 3	P3	S6	S5, Verriegelungen: (P1 & P2) ∨ P4
Pumpe Behälter 4	P4	S8	S7, Verriegelungen: P3

Funktionsplan:

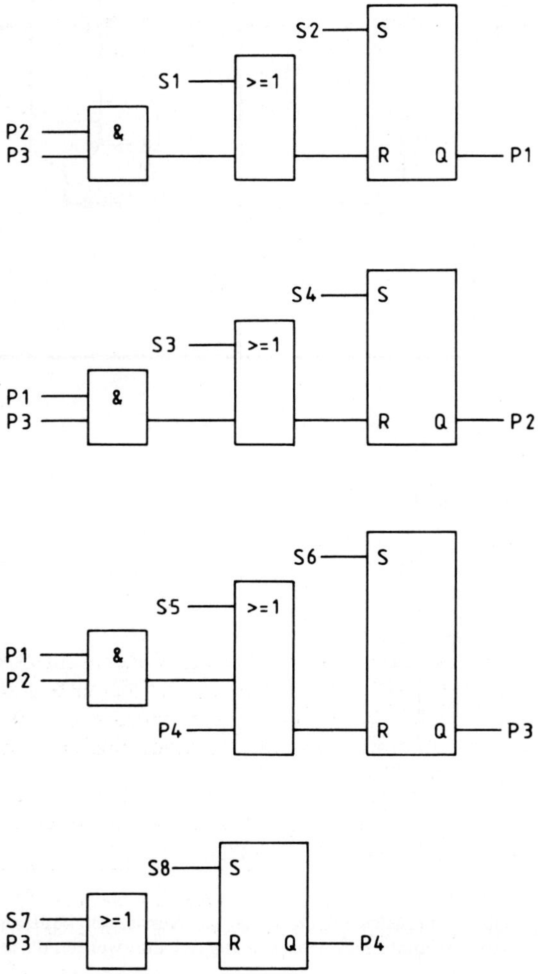

Realisierung mit einer SPS:

Zuordnung:

S1 = E 0.1	S5 = E 0.5	P1 = A 0.1
S2 = E 0.2	S6 = E 0.6	P2 = A 0.2
S3 = E 0.3	S7 = E 0.7	P3 = A 0.3
S4 = E 0.4	S8 = E 1.0	P4 = A 0.4

Anweisungsliste:

```
PUMPE 1
:U   E   0.2
:S   A   0.1
:O   E   0.1
:O
:U   A   0.2
:U   A   0.3
:R   A   0.1
```

```
PUMMPE 2
:U   E   0.4
:S   A   0.2
:O   E   0.3
:O
:U   A   0.1
:U   A   0.3
:R   A   0.2
```

```
PUMPE 3
:U   E   0.6
:S   A   0.3
:O   E   0.5
:O
:U   A   0.1
:U   A   0.2
:O   A   0.4
:R   A   0.3
```

```
PUMPE 4
:U   E   1.0
:S   A   0.4
:O   E   0.7
:O   A   0.3
:R   A   0.4
:BE
```

5.4 Wischkontakt und Flankenauswertung

Wischkontakte oder *Kurzeinschaltglieder* werden in der Steuerungstechnik benötigt, um aus einem Dauersignal einen *Impuls* zu bilden. In der Kontakttechnik sind solche Kurzeinschaltglieder spezielle Kontakte eines Relais, die nur während das Relais anzieht oder abfällt kurz Kontakt geben. Realisiert man die Steuerschaltung mit einer SPS, so bieten manche SPS-Hersteller das Wischprinzip als fertige Funktion an. Die Wischzeit (Kurzeinschaltzeit) kann hierbei sogar eingestellt werden.

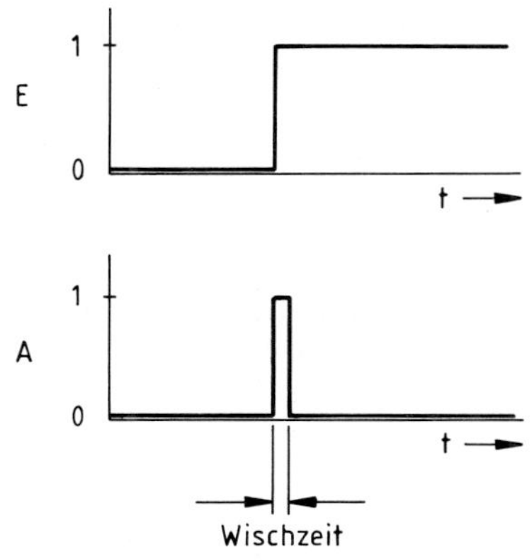

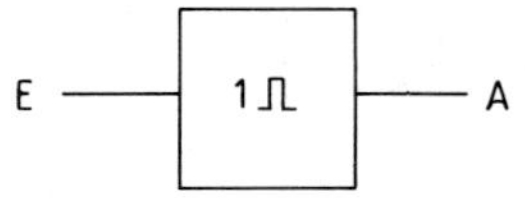

Dauert die Kurzeinschaltzeit länger als die Zykluszeit, so wird für die Wischfunktionen ein Zeitglied verwendet. Diese Anwendung wird in Kapitel 6 behandelt. Die kürzeste realisierbare Zeit dauert so lange wie die Zykluszeit. Wischkontakte, bei denen die Einschaltzeit eine Zykluszeit beträgt, können mit einer UND-Verknüpfung und einer Speicherfunktion oder mit zwei UND-Verknüpfungen aufgebaut werden.

> Wischfunktionen werden innerhalb eines Steuerungsprogramms dazu verwendet, um ansteigende oder abfallende Flanken zu erfassen und auszuwerten.

Eine Flanke entsteht immer, wenn sich der Signalzustand einer Variablen ändert. Wechselt der Signalzustand von „0“ nach „1“, so liegt eine *ansteigende Flanke* vor. Bei umgekehrtem Signalwechsel spricht man von einer fallenden Flanke.

Das Erkennen einer Flanke mit einem Wischkontakt basiert auf der sequentiellen Abarbeitung des Steuerungsprogamms. Bei jedem Programmdurchlauf wird geprüft, ob sich der Signalzustand einer Variablen gegenüber dem vorherigen Durchlauf verändert hat. Der alte Signalzustand muß gespeichert werden, um ihn mit dem neuen Signalzustand vergleichen zu können. Diese Aufgabe übernimmt der Merker M1. Stimmt der Signalzustand des Merkers M1 nicht mit dem Signalzustand der Variablen überein, liegt eine Signalflanke vor. Für die Dauer eines Programmdurchlaufs wird dann einem zweiten Merker M0 der Signalzustand „1“ zugewiesen. Der Merker M0 wird häufig als Impulsmerker bezeichnet.

Wischfunktion für das Erkennen einer ansteigenden Flanke:

Variante 1

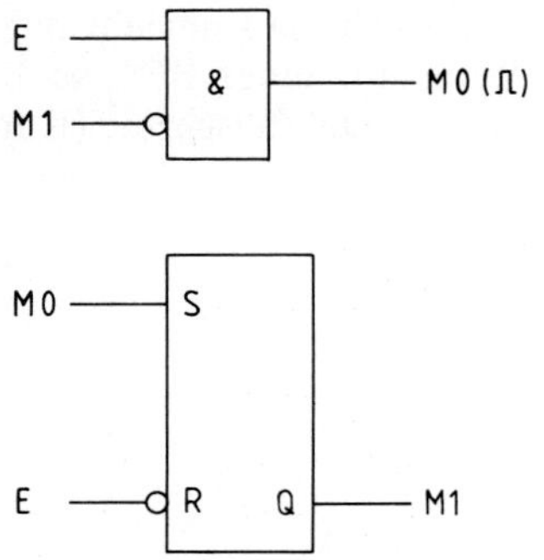

Variante 2

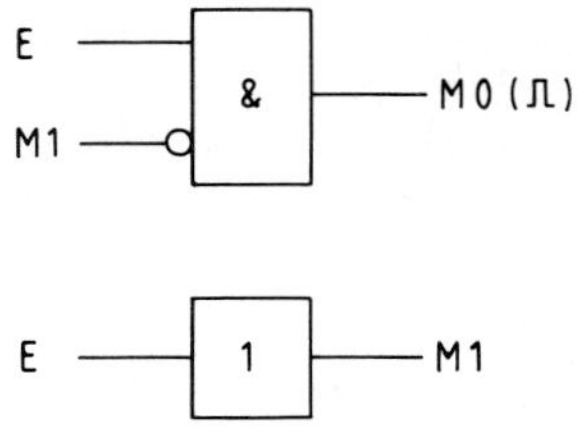

In der folgenden Tabelle sind zur Verdeutlichung der Wischfunktion für mehrere Programmdurchläufe die Signalzustände der beteiligten Variablen dargestellt.

Zyklus	1	2	3	4	. . .	n−1	n
Variable							
E	0	1	1	1	. . .	1	0
M0	0	1	0	0	. . .	0	0
M1	0	1	1	1	. . .	1	0

Wie aus der Tabelle zu ersehen ist, hat der *Impulsmerker M0* nur während des 2. Durchlaufs des Programms den Signalzustand „1". Die Realisierung der Wischfunktion zur Flankenauswertung setzt eine zyklische Programmabarbeitung voraus und kann, obwohl diese Funktion mit allgemeinen logischen Funktionsgliedern dargestellt ist, nicht ohne weiteres auf eine andere Realisierungsart wie Schütze, pneumatische Ventile oder Schaltkreisglieder übertragen werden.

Wischfunktion für das Erkennen einer abfallenden Flanke:

Variante 1

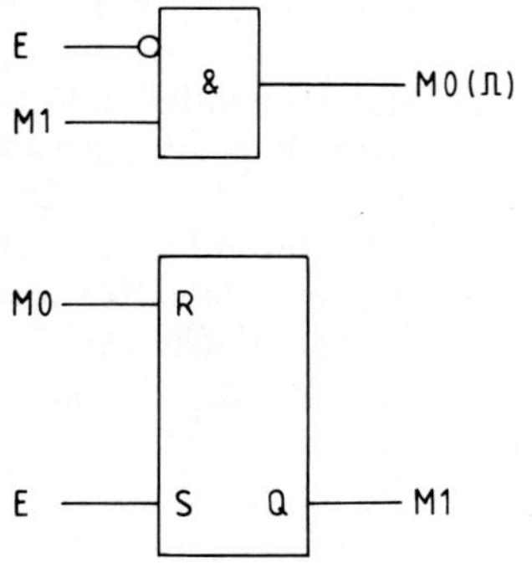

Variante 2

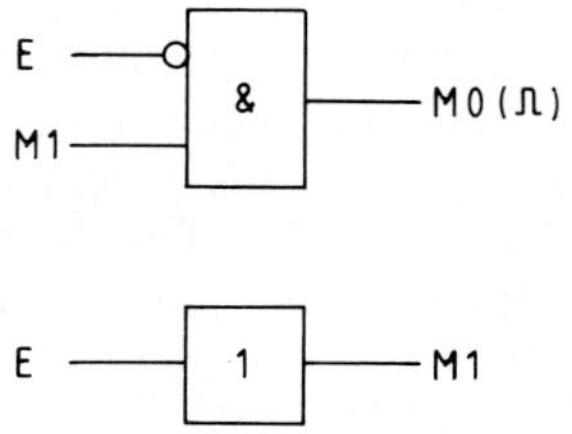

Tabelle mit aufeinanderfolgenden Programmdurchläufen

Zyklus	1	2	3	. . .	n−2	n−1	n
Variable							
E	0	1	1	. . .	1	0	0
M0	0	0	0	. . .	0	1	0
M1	0	1	1	. . .	1	0	0

Das Steuerungsprogramm für die Wischfunktion zur Flankenauswertung muß in der Anweisungsliste stets in der angegebenen Reihenfolge geschrieben werden.

Zuordnung:

E = E 0.0 M0 = M 0.0
M1 = M 0.1

Anweisungsliste:

ansteigende Flanke

U	E 0.0	oder	U	E 0.0
UN	M 0.1		UN	M 0.1
=	M 0.0		=	M 0.0
S	M 0.1		U	E 0.0
UN	E 0.0		=	M 0.1
R	M 0.1			

abfallende Flanke

UN	E 0.0	oder	UN	E 0.0
U	M 0.1		U	M 0.1
=	M 0.0		=	M 0.0
R	M 0.1		U	E 0.0
U	E 0.0		=	M 0.1
S	M 0.1			

Die Überprüfung der Wischfunktion kann weder mit der Statusanzeige noch mit einer Zuweisung der Merker auf Ausgänge erfolgen. Es läßt sich nur die Wirkung der Wischfunktion zeigen, wenn mit dem Flankenmerker M0 ein Speicher gesetzt wird. Im folgenden Beispiel Impulsschalter wird eine typische Anwendung der Wischfunktion beschrieben.

▼ **Beispiel: Impulsschalter**

Eine Meldeleuchte soll durch kurzzeitiges Betätigen eines Tasters S1 eingeschaltet werden. Wird der Taster S1 erneut betätigt, wird die Meldeleuchte wieder ausgeschaltet.

Zuordnungstabelle:

Eingangsvariable	Betriebsmittel-kennzeichen	logische Zuordnung
Taster	S1	Taster gedrückt S1 = 1
Ausgangsvariable		
Meldeleuchte	H	Meldeleuchte an H = 1

Funktionsdiagramm der Steueraufgabe:

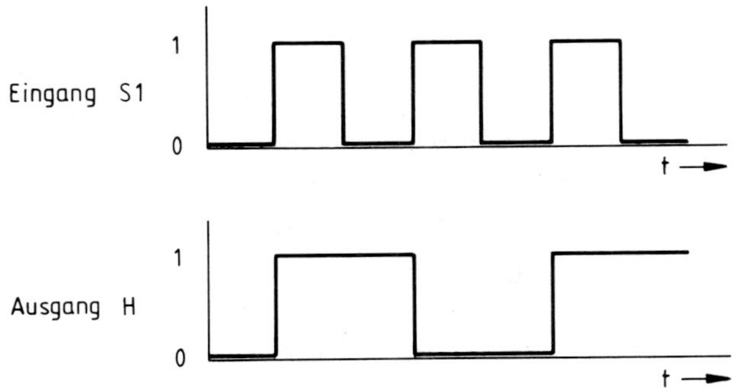

Aus dem Funktionsdiagramm ist zu erkennen, daß stets die positive Flanke der Eingangsvariablen zu einer Änderung des Signalzustandes der Ausgangsvariablen führt. Der Speicher für die Ausgangsvariable wird bei einer ansteigenden Flankenänderung abwechselnd gesetzt und rückgesetzt.

Ausgangspunkt des Steuerungsprogramms für den Impulsschalter ist ein RS-Speicherglied. Das Speicherglied wird mit einer Flankenauswertung M0 des Eingangs S1 gesetzt, wenn der Ausgang H Signalzustand „0“ hat und mit M0 zurückgesetzt, wenn der Ausgang H Signalzustand „1“ führt. Nach dem Setz- und Rücksetzbefehl für das Speicherglied (Merker M2), wird der Signalwert des Merkers M2 dem Ausgang H zugewiesen.

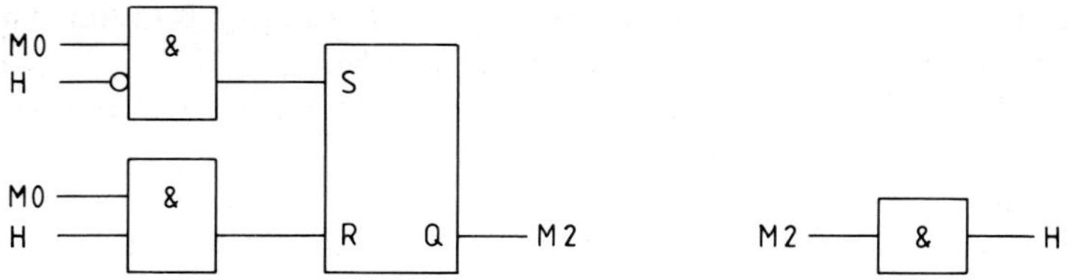

In den Verriegelungen des Setz- bzw. Rücksetzeinganges wird der Signalzustand des Ausganges H abgefragt.
Hat der Merker M0 Signalzustand „1“, wechselt zunächst der Speicher M2 und dann der Ausgang H seinen Signalzustand. Da über die Flankenauswertung des Einganges S1 der Merker M0 nur einen Zyklus lang „1“-Signal führt, wechselt der Signalzustand des Ausganges H bei jeder ansteigenden Flanke des Einganges S1, also bei jedem Tastendruck.
Das komplette Steuerungsprogramm für den Impulsschalter lautet dann:

Funktionsplan:

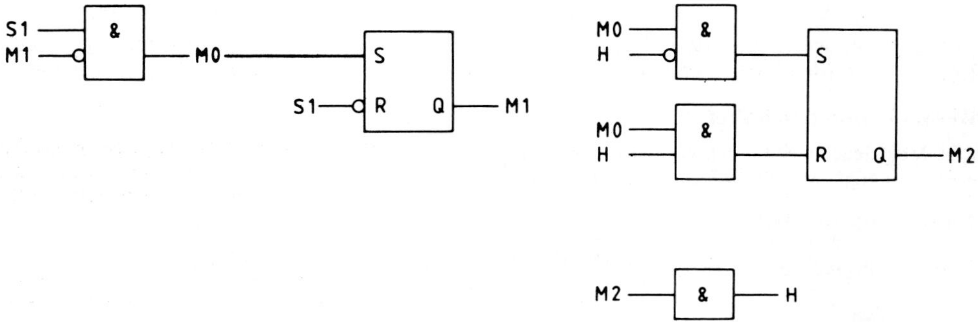

Wird die Speicherfunktion für Merker M2 rücksetzdominant programmiert, so kann in der Setzbedingung die Verriegelung mit dem Ausgang H auch weggelassen werden.

Realisierung mit einer SPS:

Zuordnung:

S1 = E 0.0 H = A 0.0 M0 = M 0.0
M1 = M 0.1
M2 = M 0.2

Anweisungsliste:

```
:U   E   0.0        :U   M   0.0        :U   M   0.2
:UN  M   0.1        :UN  A   0.0        :=   A   0.0
:=   M   0.0        :S   M   0.2        :BE
:S   M   0.1        :U   M   0.0
:UN  E   0.0        :U   A   0.0
:R   M   0.1        :R   M   0.2
```
▲

Der „Trick“ mit der versetzten Zuweisung der Ausgangsvariablen in Zusammenhang mit dem Wischkontakt für die Flankenauswertung ermöglicht es, aus RS-Speichergliedern *flankengesteuerte Speicherglieder* zu bilden. Schaltungen dieser Art können nicht mehr mit elektrischen Schaltkreisen, Schützen und pneumatischen Stellgliedern aufgebaut und nachvollzogen werden.

Der im vorangegangenen Beispiel dargestellte Impulsschalter wird häufig als *Binäruntersetzer* bezeichnet. Werden mehrere Binäruntersetzer hintereinander geschaltet, so ergibt sich ein Zähler.

Häufig wird die Flankenauswertung auch dazu verwendet, bei Signalwechsel einer Variablen einmalig in einen bestimmten Programmbaustein zu springen. Das Automatisierungsgerät muß dann allerdings über die Möglichkeit einer strukturierten Programmierung verfügen.

In der Anweisungsliste AWL kann ein solcher einmaliger Sprung, der beispielsweise abhängig vom Signalwechsel des Einganges E 0.0 in den Programmbaustein PB5 ausgeführt wird, wie folgt geschrieben werden:

```
U   E 0.0
UN  M 0.1
SPB PB5
U   E 0.0
=   M 0.1
```

Auch beim Test von Steuerungsprogrammen kann ein solcher einmaliger Sprung in ein Programmbaustein ein hilfreiches Instrument sein, um die Auswirkungen der Steuerungsanweisungen bei einem einzigen Programmdurchlauf zu ermitteln.

5.5 Vertiefung und Übung

• Übung 5.1: Sammelbecken

Der Inhalt eines Sammelbeckens wird über zwei Schwimmschalter überwacht. Übersteigt der Füllstand eine bestimmte Höhe, so meldet der obere Signalgeber S2 „1"-Signal und das Sammelbecken ist vollständig über das Ablaufventil Y zu entleeren. Ist das Sammelbecken entleert, so meldet der untere Schwimmschalter S1 „0"-Signal.

Technologieschema: **Anschlußplan:**

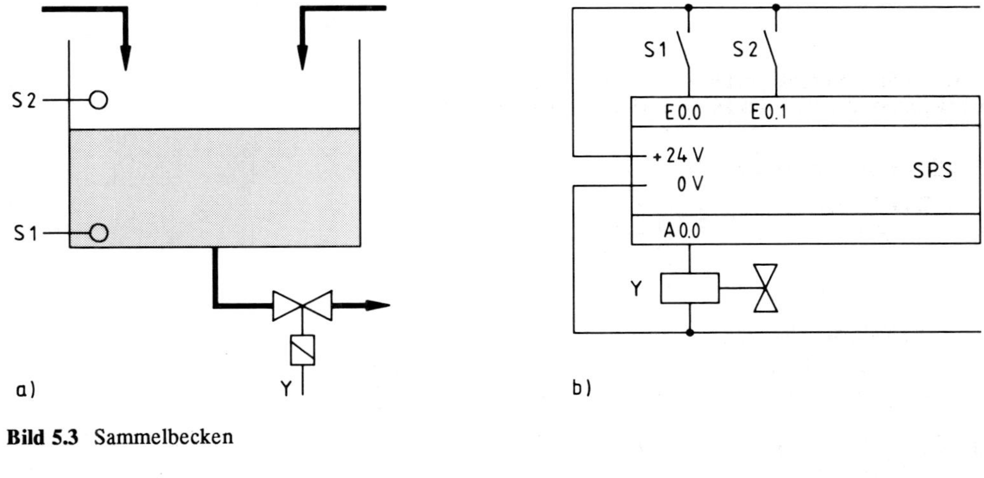

Bild 5.3 Sammelbecken

Ermitteln Sie die Zuordnungstabelle, die Funktionstabelle, die vereinfachte Schaltungsgleichung, den Funktionsplan, und realisieren Sie die Schaltung mit einer SPS.

• Übung 5.2: Überwachungseinrichtung

Ein Aggregat wird von zwei Ventilatoren gekühlt. Die Funktionsüberwachung erfolgt durch je einen Luftströmungswächter. Fallen beide Ventilatoren aus solange das Aggregat eingeschaltet ist, soll eine akustische Meldung ausgegeben werden. Diese Meldung soll solange ausgegeben werden, bis eine Quittierung der Störmeldung über eine Quittierungstaste erfolgt. Die Quittierung soll jedoch nur wirksam werden, wenn mindestens einer der beiden Ventilatoren wieder in Betrieb oder das Aggregat nicht mehr eingeschaltet ist.

Zuordnungstabelle:

Eingangsvariable	Betriebsmittel-kennzeichen	logische Zuordnung
Luftströmungswächter 1 Luftströmungswächter 2 Aggregatüberwachung Quittierungstaste	S1 S2 S3 S4	Ventilator 1 in Betr. S1 = 1 Ventilator 2 in Betr. S2 = 1 Aggregat eingesch. S3 = 0 betätigt S4 = 1
Ausgangsvariable		
Störungsmeldung	A	Meldesignal an A = 1

Ermitteln Sie die Ansteuerung für die Meldungseinrichtung und realisieren Sie die Steuerung mit einer SPS.

• Übung 5.3: Selektive Bandweiche

Auf einem Transportband werden lange und kurze Werkstücke in beliebiger Reihenfolge antransportiert. Die Bandweiche soll so gesteuert werden, daß die ankommenden Teile nach ihrer Länge selektiert und getrennten Abgabestationen zugeführt werden. Die Länge der Teile wird über eine Abtastvorrichtung ermittelt (Rollenhebelventile):

Durchläuft ein langes Teil die Abtastvorrichtung, sind kurzzeitig alle drei Rollenhebelventile betätigt.

Durchläuft ein kurzes Teil die Abtastvorrichtung, wird kurzzeitig nur das mittlere Rollenhebelventil betätigt.

Technologieschema:

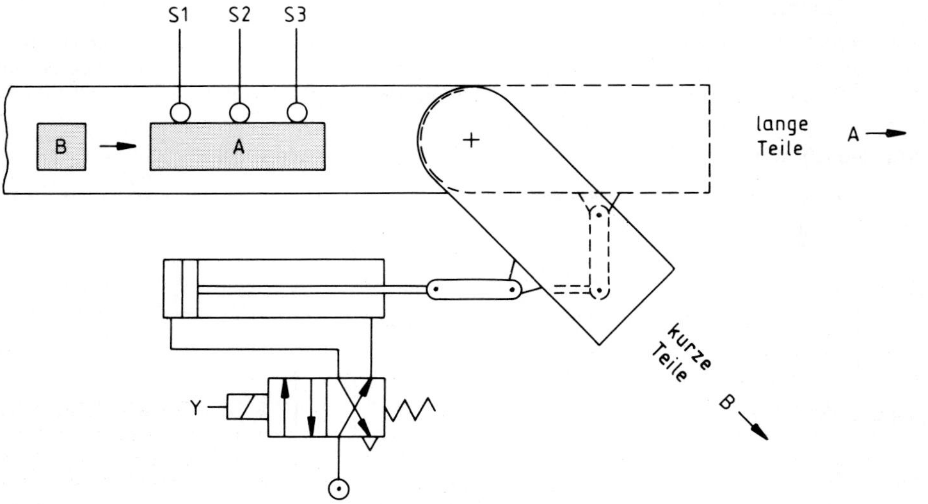

Bild 5.4 Bandweiche
Die Weiche wird pneumatisch nach Stellung A und B gesteuert.

Zuordnungstabelle:

Eingangsvariable	Betriebsmittel-kennzeichen	logische Zuordnung
Rollenhebelventil 1 Rollenhebelventil 2 Rollenhebelventil 3	S1 S2 S3	Ventil betätigt S1 = 1 Ventil betätigt S2 = 1 Ventil betätigt S3 = 1
Ausgangsvariable		
Bandweiche	Y	Magnetventil angez. Y = 1

Ermitteln Sie die Ansteuerfunktion für das elektropneumatische Ventil Y und realisieren Sie die Steuerung mit einer SPS.

• Übung 5.4: Behälter-Füllanlage I

Drei Vorratsbehälter (siehe Beispiel Behälter-Füllanlage) mit den Signalgebern S1, S3 und S5 für die Vollmeldung und S2, S4 und S6 für die Leermeldung können von Hand in beliebiger Reihenfolge entleert werden. Eine Steuerung soll bewirken, daß stets nur ein oder höchstens zwei Behälter nach erfolgter Leermeldung gleichzeitig gefüllt werden können.

Kann ein Behälter, der eine Leermeldung gebracht hat, noch nicht nachgefüllt werden, soll eine Meldeleuchte H eingeschaltet werden. Der Melder H soll sich automatisch abschalten, wenn der Behälter dann nachgefüllt wird.

Es ist das zugehörige Steuerungsprogramm in FUP-Darstellung zu entwerfen und mit einer SPS zu realisieren.

• Übung 5.5: Behälter-Füllanlage II

Drei Vorratsbehälter (siehe Beispiel Behälter-Füllanlage) mit den Signalgebern S1, S3 und S5 für die Vollmeldung und S2, S4 und S6 für die Leermeldung können von Hand in beliebiger Reihenfolge entleert werden. Eine Steuerung soll bewirken, daß stets nur ein Behälter nach erfolgter Leermeldung gefüllt werden kann. Das Füllen eines Behälters dauert, bis die entsprechende Vollmeldung erfolgt ist. Das Füllen der Behälter soll in der Reihenfolge ausgeführt werden, in der sie entleert werden. Werden die Behälter beispielsweise in der Reihenfolge 2-1-3 entleert, müssen sie auch in der Reihenfolge 2-1-3 wieder gefüllt werden.

Ermitteln Sie die Zuordnungstabelle, den Funktionsplan der Steuerung und realisieren Sie die Steuerung mit einer SPS.

Hinweis:

Die Steuerschaltung stellt eine Kombination von zwei Verriegelungsschaltungen 1 aus 3 dar. In der ersten Verriegelungsschaltung wird der Behälter gespeichert, der als nächster gefüllt werden muß. In der zweiten Verriegelungsschaltung wird das Ventil gespeichert, welches gerade offen ist.

Grobstruktur der Steuerung:

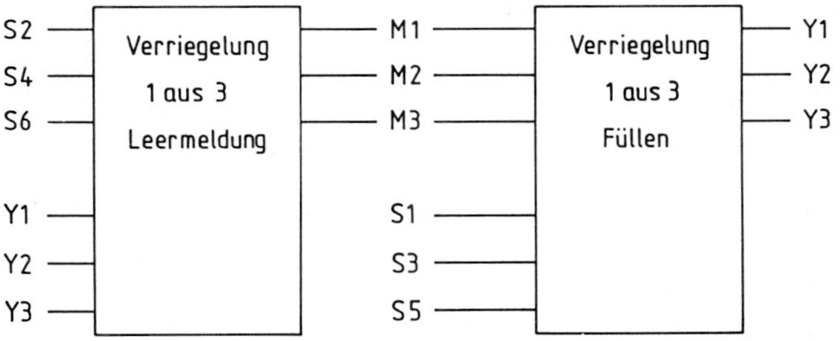

• Übung 5.6: Schleifmaschine

Eine Schleifmaschine wird durch das Betätigen des Tasters S1 in Betrieb gesetzt. Der Betriebszustand wird durch die Meldeleuchte H1 angezeigt. Im Betriebszustand wird der Schleifscheibenmotor M1 und der Schlittenantrieb M2 eingeschaltet. M2 läuft aber nur, wenn M1 in Betrieb ist. Beim Erreichen der Endposition „RECHTS" bzw. „LINKS" wird die Drehrichtung vom Schlittenantriebsmotor M2 umgeschaltet. Mit Taster S0 wird die Maschine abgeschaltet. Der Schlittenantrieb und der Schleifscheibenmotor laufen jedoch bis zum Erreichen einer der Endpositionen weiter. Die Betätigung von NOT-AUS und die thermische Auslösung der beiden Motoren führen zur sofortigen Stillsetzung aller Antriebe und Anzeigen.

Zuordnungstabelle:

Eingangsvariable	Betriebsmittelkennzeichen	logische Zuordnung	
Taster AUS	S0	betätigt	S0 = 0
Taster EIN	S1	betätigt	S1 = 1
NOT-AUS	S3	betätigt	S3 = 0
Therm. Auslöser M1	S4	betätigt	S4 = 0
Therm. Auslöser M2	S5	betätigt	S5 = 0
Endschalter links	S6	betätigt	S6 = 0
Endschalter rechts	S7	betätigt	S7 = 0
Ausgangsvariable			
Motorschütz M1	K1	Schütz angezogen	K1 = 1
Motorschütz M2 rechtsl.	K2	Schütz angezogen	K2 = 1
Motorschütz M2 linksl.	K3	Schütz angezogen	K3 = 1
Anzeige „Betrieb"	H	Anzeige an	H = 1

• Übung 5.7: Torsteuerung

Ein Werktor soll mit einem Elektromotor auf und zu gesteuert werden können. Der Elektromotor wird über zwei Leistungsschütze angesteuert. Hat Leistungsschütz K1 angezogen, dreht der Motor rechts und das Schiebetor geht auf. Mit dem Leistungsschütz K2 dreht der Motor links und das Schiebetor geht zu. Die beiden Schütze dürfen niemals gleichzeitig angezogen sein. Nach VD 0160 ist eine Verriegelung auf der Schützebene zusätzlich erforderlich.

Die Endlagen des Schiebetors werden mit entsprechenden Endschaltern gemeldet. Das Bedienpult für die Torsteuerung ist wie folgt aufgebaut:

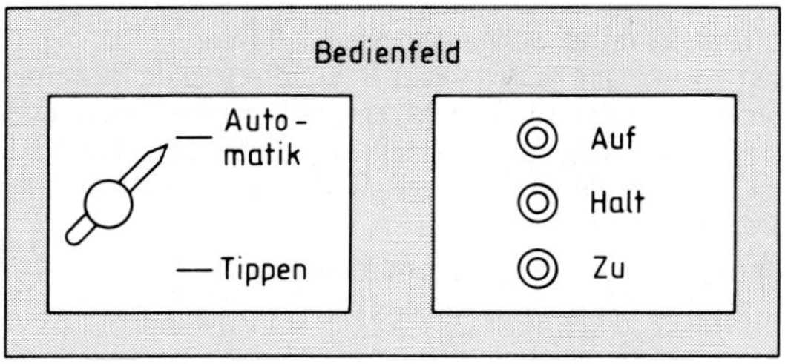

Steht der Wahlschalter Automatik/Tippen in Stellung Automatik, so kann durch kurzzeitiges Drücken des AUF-Tasters bzw. ZU-Tasters das Tor auf- bzw. zugesteuert werden. Durch Drücken des HALT-Tasters kann dieser Vorgang jeweils unterbrochen werden. Steht der Wahlschalter in Stellung Tippen, so wird das Werktor mit den Tastern AUF und ZU im Tippbetrieb betätigt, das heißt, das Tor bewegt sich nur solange, wie die entsprechende Taste betätigt wird. Ermitteln Sie den Funktionsplan und realisieren Sie die Schaltung mit einer SPS.

Technologieschema:

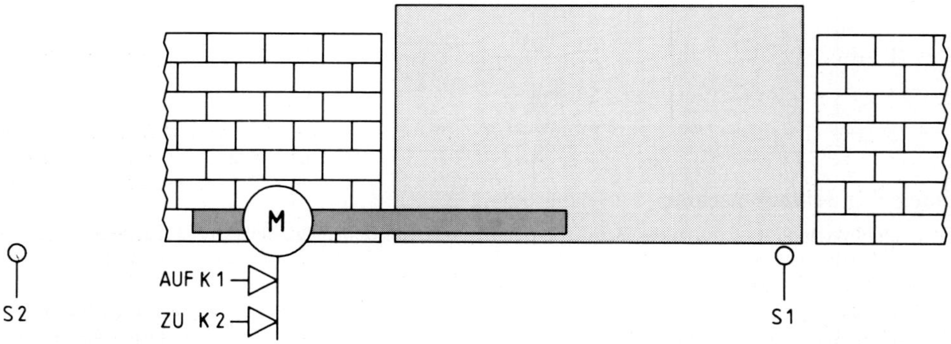

Bild 5.5 Torsteuerung

Zuordnungstabelle:

Eingangsvariable	Betriebsmittel-kennzeichen	logische Zuordnung	
Endschalter Tor zu	S1	Tor zu	S1 = 0
Endschalter Tor auf	S2	Tor auf	S2 = 0
Wahlschalter Auto/Tipp	S3	Stellung Automatik	S3 = 1
Taster „AUF“	S4	betätigt	S4 = 1
Taster „Halt“	S5	betätigt	S5 = 0
Taster „ZU“	S6	betätigt	S6 = 1
Ausgangsvariable			
Motorschütz Tor auf	K1	Schütz angezogen	K1 = 1
Motorschütz Tor zu	K2	Schütz angezogen	K2 = 1

• Übung 5.8: Pumpensteuerung

In einem Behälter mit freiem unterschiedlichem Zulauf soll im Automatikbetrieb (S1 = 0) eine Überfüllung vermieden werden. Mit Stellschalter S1 sollen in Stellung S1 = 1 die Pumpen P1 und P2 mit S2 und S3 ein- bzw. mit S4 und S5 ausschaltbar sein.

Befindet sich der Stellschalter S1 in Stellung S1 = 0, so sollen die Pumpen automatisch durch Grenzwertschalter S6 und S7 eingeschaltet werden.

Bei steigendem Behälterstand soll gelten:
Zwischen S7 und S6 ist P1 eingeschaltet.
Oberhalb S6 ist P1 und P2 eingeschaltet.

Bei fallendem Wasserstand werden P1 und P2 mit S8 gleichzeitig abgeschaltet.

Technologieschema:

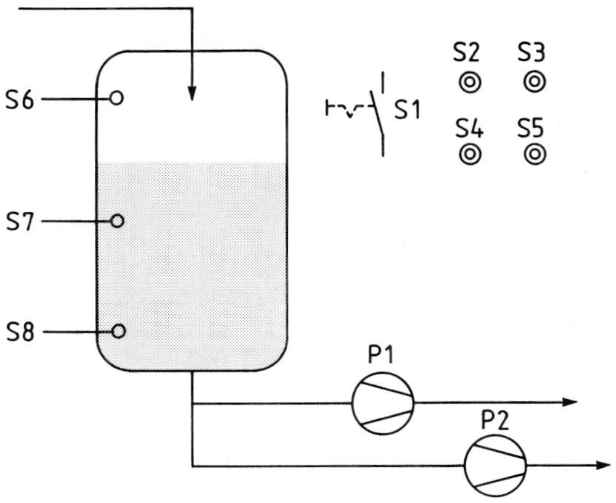

Bild 5.6 Pumpensteuerung

Ermitteln Sie die Zuordnungstabelle, den Funktionsplan und realisieren Sie die Steuerung mit einer SPS.

• Übung 5.9: Schloßschaltung

Der Eingang in einen Lagerraum ist mit einer Schloßschaltung gesichert. Hierzu sind fünf Taster T1 bis T5 angebracht. Nach Eingabe der Tastenfolge T2-T4-T3-T2-T5 wird ein Türöffner solange angesteuert, wie Taster T5 gedrückt wird. Wird in der Reihenfolge eine falsche Taste gedrückt, so muß die richtige Tastenfolge nochmals von Beginn an eingegeben werden.

Ermitteln Sie die Zuordnungstabelle und den Funktionsplan. Realisieren Sie die Steuerung mit einer SPS.

• Übung 5.10: Impulsschalter für zwei Meldeleuchten

Durch einmaliges Betätigen eines Tasters S1 wird die Meldeleuchte H1 eingeschaltet. Wird der Taster S1 nochmals betätigt, wird eine zweite Meldeleuchte H2 eingeschaltet. Durch nochmaliges Betätigen des Tasters S1 werden beide Meldeleuchten wieder ausgeschaltet.

Ermitteln Sie die Zuordnungstabelle, das Funktionsdiagramm, den Funktionsplan und realisieren Sie die Steuerung mit einer SPS.

• Übung 5.11: Analyse einer AWL

Ermitteln Sie die Funktionsweise des folgenden Steuerungsprogramms, indem Sie das Verhalten des Ausganges A in das Funktionsdiagramm eintragen.

Anweisungsliste:

```
PB2             PB3
U   E 0.0       UN A 0.0
UN  M 0.1       =  A 0.0
SPB PB3
U   E 0.0
=   M 0.1
```

Funktionsdiagramm:

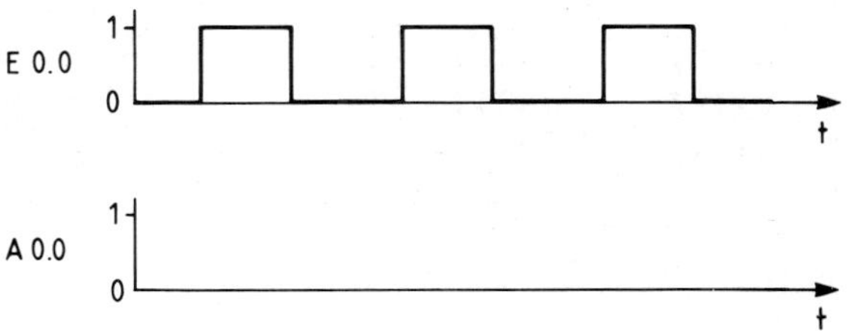

6 Verknüpfungssteuerungen mit Zeitverhalten

6.1 Betriebsarten der Zeitglieder

Die Zeitbildung ist eine binäre Grundfunktion der Steuerungstechnik. Programmierbare *Zeitglieder* haben die Aufgabe, zwischen einem Startsignal an einem Eingang und einem Antwortsignal an einem Steuerungsausgang eine gewünschte Zeit-logische Beziehung herzustellen. Die Zeitglieder (Timer) werden numeriert. Dem Anwender einer SPS stehen in der Regel mehrere Zeitglieder zur Verfügung.

Für die Steuerungspraxis sind die nachfolgenden vier Zeitfunktionen von Bedeutung, wobei SI und SE am häufigsten benötigt werden.

Je nach Funktionsumfang der SPS können eine oder mehrere Zeitfunktionen per Programmiergerät aufgerufen werden.

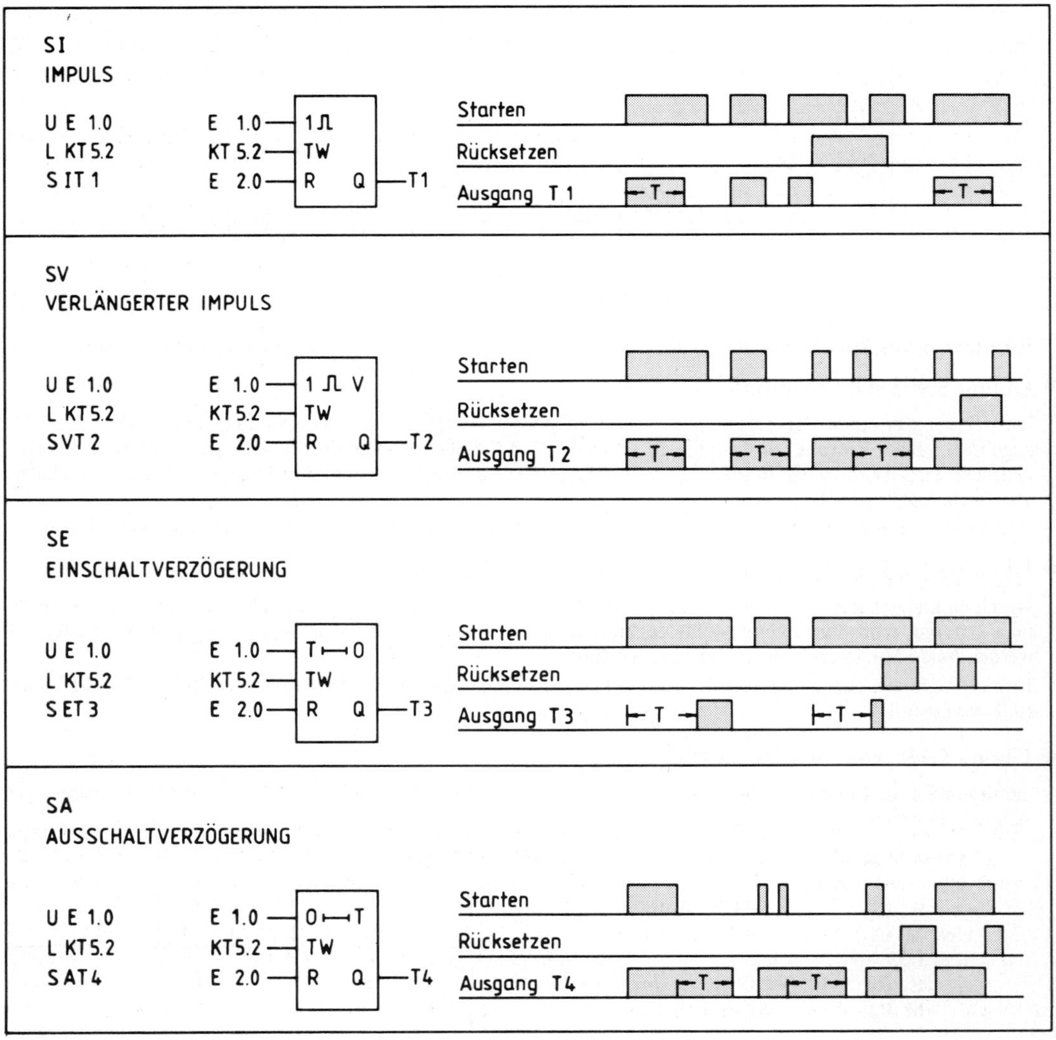

Bild 6.1 Zeitglieder

Die geräteinterne Realisierung der Zeitbildung muß vom Anwender nicht bedacht werden. Es genügt zu wissen, daß bei einfachen SPS *Analog-Zeitglieder* verwendet werden, die man wirkungsmäßig auf die Aufladung von Kondensatoren zurückführen kann. Üblicherweise kommen jedoch *Digital-Zeitglieder* zur Anwendung. Bei diesem Prinzip liefert ein interner Taktgenerator Zählimpulse, die einem Rückwärtszähler zugeführt werden. Starten einer Zeit bedeutet in diesem Fall, den Zähler auf eine bestimmte Zahl voreinstellen. Die Zeit ist dann abgelaufen, wenn die internen Zählimpulse den Zählerstand auf Null vermindert haben. Die zyklische Abarbeitung des Anwenderprogramms bleibt davon jedoch unbeeinflußt.

6.2 Zeit als Impuls (SI)

Bei einem *Zustandswechsel* von „0“ nach „1“ am *Starteingang* (1⎍) des Zeitgliedes wird die Zeit gestartet. Tritt während der Laufzeit des Zeitgliedes am Starteingang der Signalzustand „0“ auf, wird das Zeitglied auf Null gesetzt (gelöscht). Dies bedeutet eine vorzeitige Beendigung der Laufzeit (Abbruch der Zeit).

Während der Laufzeit führt der Binärausgang Q des Zeitgliedes den Signalzustand „1“. Eine „0“ am Steuerungsausgang Q zeigt an, daß die Zeit abgelaufen ist. Der *binäre Steuerungsausgang* Q wird abgefragt mit den Anweisungen U Tx (UND ZEIT x) bzw. O Tx (ODER ZEIT x). Der Signalzustand des binären Zeitausganges kann einem Steuerungsausgang A oder einem Merker M zugewiesen werden.

Direkt vor der Startoperation muß die Zeitdauer programmiert werden. Die *Zeitdauer* bestimmt sich aus dem *Zeitfaktor* und der *Zeitbasis*.

Zeitfaktor = Zahl zwischen 1 und 999
Zeitbasis = Zeitraster
0 = 0.01 2 = 1 s
1 = 0.1 s 3 = 10 s

Beispiel: K T 50.1
(Konstante Zeit 5 s)

Funktionsplan:

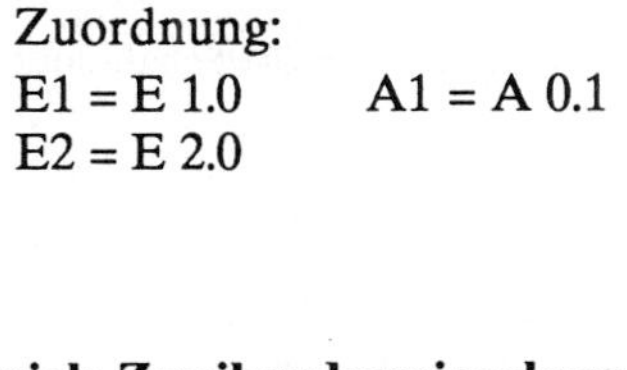

TW = Zeitwert
DU = Zeitwert, dualcodiert
DE = Zeitwert, BCD-codiert

Realisierung mit einer SPS:

Zuordnung:
E1 = E 1.0 A1 = A 0.1
E2 = E 2.0

Anweisungsliste:

U E 1.0	R T 1
L KT050.1	U T 1
SI T 1	= A 0.1
U E 2.0	

▼ **Beispiel: Zweihandverriegelung**

Zur Vermeidung von Unfallgefahren soll die Steuerung einer Presse durch eine sogenannte „Zweihandverriegelung“ gesichert werden. Es ist die Aufgabe der Zweihandverriegelung, die Presse nur dann in Gang zu setzen, wenn die Bedienperson die Tastschalter S1 und S2 innerhalb von 0.1 s betätigt. Beide Tastschalter sind in ausreichendem Abstand voneinander angebracht.

Die Presse führt den Arbeitshub nicht aus, wenn einer oder beide Tastschalter dauernd betätigt sind (z.B. Feststellung mittels Klebeband). Ebenso wird die Bewegung des Stempels über den Excenter bei Unterbrechung der Tastenbetätigung sofort unterbunden. Nach Ausführung eines Arbeitshubes verbleibt die Presse in der Ausgangsstellung. Erst die erneute Betätigung von S1 und S2 innerhalb von 0,1 s löst einen weiteren Arbeitshub aus.

Technologieschema:

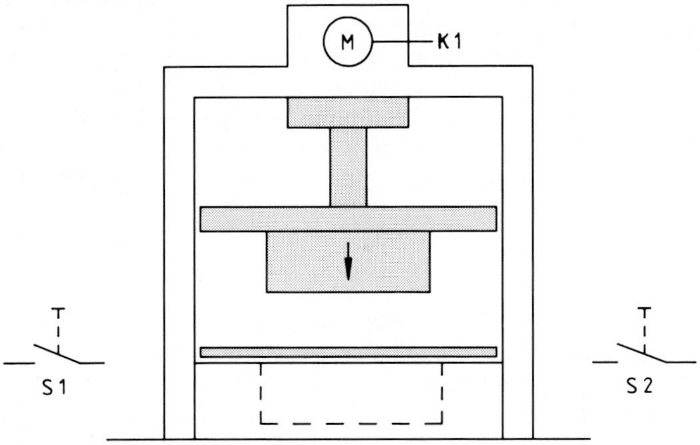

Bild 6.2 Presse

Zuordnungstabelle:

Eingangsvariable	Betriebsmittelkennzeichen	Logische Zuordnung
Tastschalter links Tastschalter rechts	S1 S2	Taster gedrückt S1 = 1 Taster gedrückt S2 = 1
Ausgangsvariable		
Presse	K1	Arbeitshub K1 = 1

Lösung:

Die verkürzt dargestellte Funktionstabelle weist die Eingangsvariablen S1 und S2 (Tastschalter) sowie den Zeitkontakt T und den Zustand Q des Steuerungsausgangs K1 auf (die Zustandsvariable Q beschreibt den Ausgangszustand der Steuerung vor dem Anlegen der jeweiligen Eingangskombination).

Q	T	S1	S2	K1
0	1	1	1	1
1	0	1	1	1
1	1	1	1	1
alle anderen Kombinationen				0

Schaltfunktion:

$K1 = \overline{Q}TS2S1 \vee Q\overline{T}S2S1 \vee QTS2S1$

Minimierung:

Regeln siehe Kap. 4.5.1. Nach der Regel $E = E \vee E$ kann der rechte Term nochmals in die Schaltfunktion geschrieben und zur Zusammenfassung genutzt werden.

$K1 = \overline{Q}TS2S1 \vee QTS2S1 \vee Q\overline{T}S2S1 \vee QTS2S1$

$K1 = TS2S1 \vee QS2S1$

$K1 = S1S2\,(T \vee Q)$

Funktionsplan:

Der Funktionsplan stellt die gewonnene Schaltfunktion einschließlich der Zeitbildung dar. Das Zeitglied T1 kann nur durch einen Zustandswechsel von „0" auf „1" gestartet werden. Dieser Zustandswechsel wird durch S1 oder S2 ausgelöst. Eine Dauerbetätigung von S1 oder S2 unterbindet den Zustandswechsel!

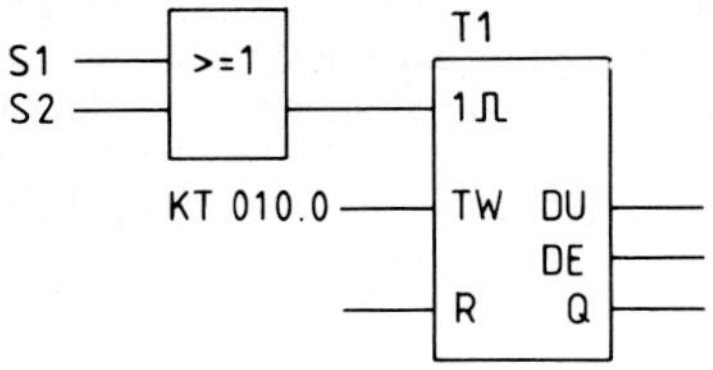

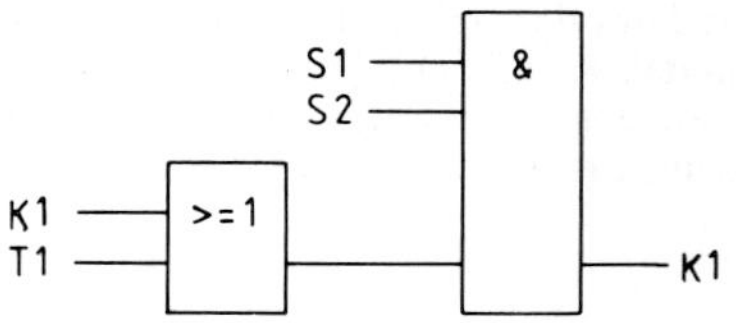

Realisierung mit einer SPS:

Zuordnung:
S1 = E 0.0 K1 = A 0.0 Zeitglied T1
S2 = E 0.1

Anweisungsliste:

```
:O   E   0.0          :U(
:O   E   0.1          :O   A   0.0
:L   KT 010.0         :O   T   1
:SI  T   1            :)
:U   E   0.0          :=   A   0.0
:U   E   0.1          :BE
```

6.3 Zeit als verlängerter Impuls (SV)

Bei einem *Zustandswechsel* von „0“ nach „1“ am Starteingang (1⎍V) wird die Zeit gestartet. Unabhängig von der zeitlichen Länge des Eingangssignals erscheint am Binärausgang Q eine „1“ über die programmierte Zeitdauer. Kurze oder lange Startimpulse erzeugen gleich lange *Zeitblöcke* am Ausgang. Tritt ein erneuter Startimpuls noch während der Laufzeit auf, beginnt die Zeitdauer aufs Neue, so daß sich der Ausgangsimpuls zeitlich verlängert (*Nachtriggerung*). Zur Auswertung des Zeitablaufs wird der binäre Steuerungsausgang Q mit den Anweisungen U Tx bzw. O Tx abgefragt. Der Signalzustand des binären Zeitausgangs kann einem Ausgang A oder Merker M zugewiesen werden.

Bei einigen SPS kann die Zeitdauer eines Zeitgliedes auch durch Laden eines Eingangswortes (EWx), Ausgangswortes (AWx), Merkerwortes (MWx) oder Datenwortes (DWx) variabel vorgegeben werden. Die Wortvorgabe muß BCD-codiert sein. Ein Wort (16 Bit) besteht aus 2 Byte (8 Bit).

Beispiel für STEP 5:

Der Anschluß eines BCD-Zahleneinstellers für das Eingangswort EW12 erfordert 16 binäre Steuerungseingänge EW12 = E 12.0 ... 12.7 und E 13.0 ... 13.7 (siehe Kapitel 13).

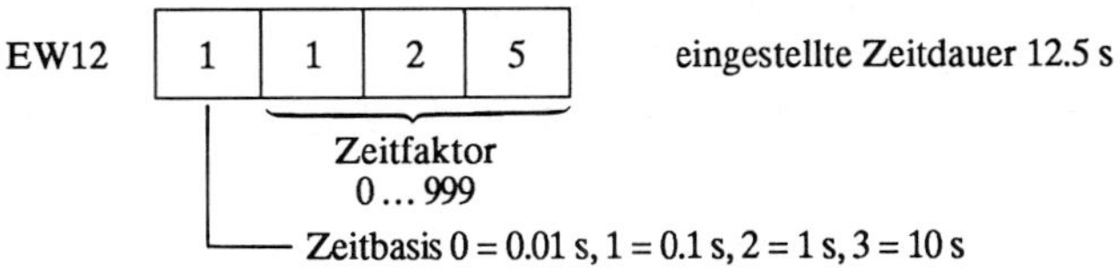

Funktionsplan:

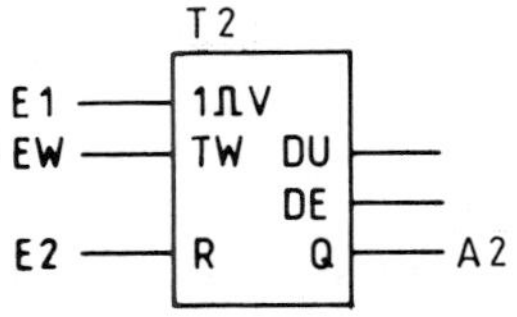

Ersatz-Funktionsplan:

Wenn die SPS nicht über die Anweisung „SV“ verfügt.

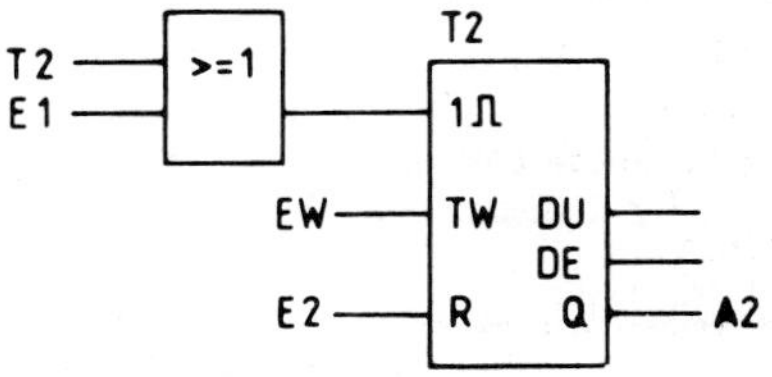

Bei diesem Ersatz-Funktionsplan ist jedoch keine Nachtriggerung möglich.

Realisierung mit einer SPS:

Zuordnung:

E1 = E 1.0	A2 = A 0.2
E2 = E 2.0	
EW = EW12	

Anweisungsliste:	Anweisungsliste für Ersatzlösung:	
U E 1.0	O T 2	U E 2.0
L EW 12	O E 1.0	R T 2
SV T 2	L EW 12	U T 2
U E 0.2	SI T 2	= A 0.2
R T 2		
U T 2		
:= A 0.2		

▼ Beispiel: Taktgenerator

Es ist ein Taktgenerator der Frequenz 1 Hz zu entwerfen, der bei Betätigung des Schalters S sofort mit einem 1-Signal am Ausgang beginnt und ein Impuls-Pausen-Verhältnis von 1 : 2 haben soll. Wird Schalter S ausgeschaltet, soll die Impulsfolge nach Beendigung des letzten vollständigen Taktzyklus unterbrochen werden.

Impulsdiagramm:

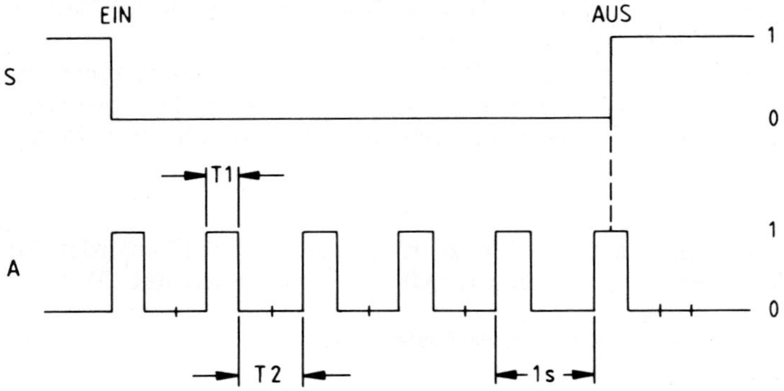

Zuordnungstabelle:

Eingangsvariable	Betriebsmittel-kennzeichen	Logische Zuordnung
Schalter	S	gedrückt S = 1
Ausgangsvariable		
Leuchtdiode	A	leuchtet A = 1

Lösung:

Die Lösung erfordert offensichtlich zwei Zeitglieder mit den Laufzeiten T1 = 0,33 s und T2 = 0,67 s. Somit ist der Binärausgang des Zeitgliedes 1 gleichzeitig der Ausgang A des Taktgenerators.

T1	A
0	0
1	1

$A = T1$

Bei Beendigung der Laufzeit T1 wechselt der Signalzustand von „1" nach „0", gleichzeitig soll das Zeitglied T2 gestartet werden.

T1	T2
0	1
1	0

$T2 = \overline{T1}$

Zeitglied T1 soll bei Abschalten von S den letzten Impuls über die volle Zeitdauer ausführen, deshalb ist das Zeitglied SV T1 erforderlich.

Zur Ansteuerung des Zeitgliedes T1 müssen die Ausgangszustände von T2 und S ausgewertet werden. Wenn T2 auf den Ausgangszustand „0" zurückwechselt und S = 0 (EIN) ist, muß Zeitglied T1 gestartet werden.

S	T2	T1
0	0	1
0	1	0
1	0	0
1	0	0

$T1 = \overline{S1} \,\&\, \overline{T2}$

Funktionsplan:

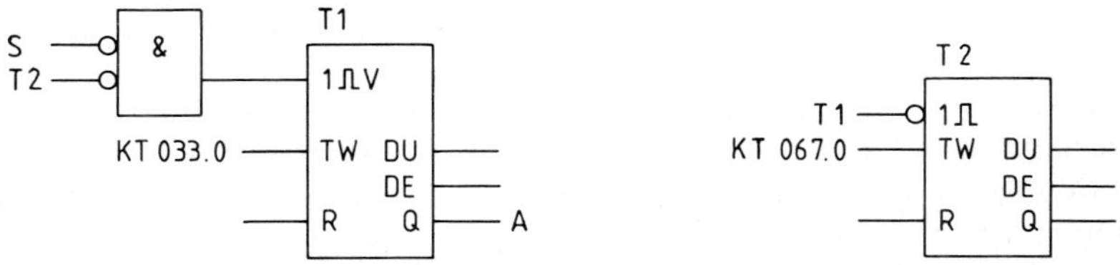

Realisierung mit einer SPS:

Zuordnung:
S = E 0.0 A = A 0.0 Zeitglied T1 (SV)
T2 (SI, SV)

Anweisungsliste:

```
:UN  E    0.0
:UN  T    2
:L   KT 033.0
:SV  T    1
:U   T    1
:=   A    0.0
:UN  T    1
:L   KT 067.0
:SI  T    2
:BE
```

▲

6.4 Einschaltverzögerung (SE)

Bei einem *Zustandswechsel* von „0" nach „1" am Starteingang (T⊢⊣0) wird die Zeit gestartet. Erst nach *Ablauf der Zeitdauer* erscheint am binären Steuerungsausgang Q eine „1", sofern das Eingangssignal noch anliegt. Der Ausgang Q wird *verzögert* eingeschaltet. Eingangssignale, deren Zeitdauer kürzer als die der programmierten Zeit sind, erscheinen am Ausgang nicht mehr. In diesem Fall wirkt die Einschaltverzögerung wie eine Impulsunterdrückung für kurze Impulse.

Zur Auswertung des Zeitablaufs wird der Binärausgang Q des Zeitgliedes mit den Anweisungen U Tx bzw. O Tx abgefragt; sein Signalzustand kann einem Ausgang A oder Merker M zugewiesen werden.

Funktionsplan:

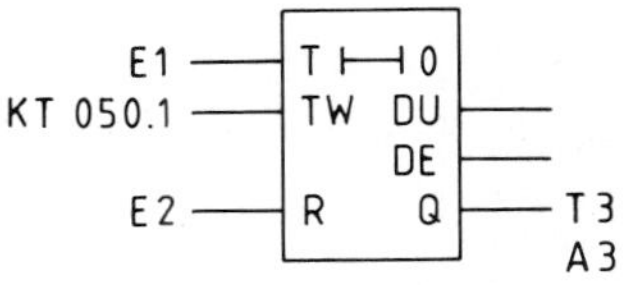

Realisierung mit einer SPS:

Zuordnung:
E1 = E 1.0 A3 = A 0.3
E2 = E 2.0

Anweisungsliste:

```
U  E  1.0
L  KT 050.1
SE T  3
U  E  2.0
R  T  3
U  T  3
=  A  0.3
```

▼ Beispiel: Ofentürsteuerung

Eine Ofentür mit den Funktionen „Öffnen, Schließen und Stillstand" wird durch einen Zylinder gesteuert. In der Grundstellung ist die Ofentür geschlossen:

- Durch den Tastschalter S1 kann die Öffnung eingeleitet und durch Endschalter S4 abgeschaltet werden.
- Befindet sich die geöffnete Tür in der Endposition, wird sie automatisch nach Ablauf der Zeit 6 s oder zuvor von Hand mit Tastschalter S2 geschlossen.
- Die Türschließung wird durch Endschalter S5 abgeschaltet.
- Die Schließbewegung muß sofort gestoppt werden, wenn die Lichtschranke LI betätigt wird, muß aber weiterlaufen, sobald die Lichtschranke wieder unbetätigt ist.
- Die Türbewegungen müssen gegenseitig verriegelt werden.

Technologieschema:

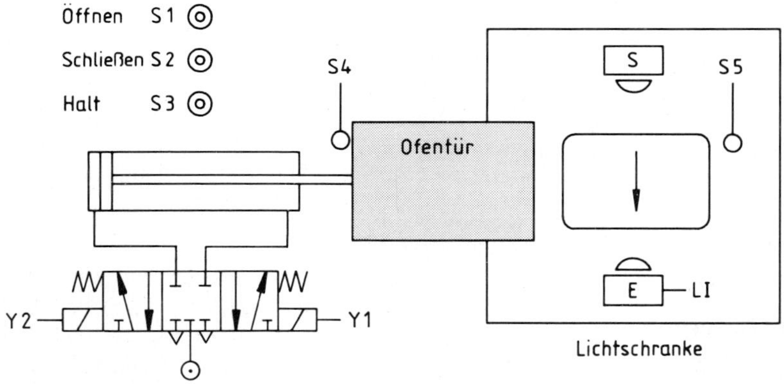

Bild 6.3 Ofentürsteuerung mit 5/3-Wege-Ventil

Zuordnungstabelle:

Eingangsvariable	Betriebsmittel-kennzeichen	Logische Zuordnung	
Taster „Öffnen"	S1	gedrückt	S1 = 1
Taster „Schließen"	S2	gedrückt	S2 = 1
Taster „Stillstand"	S3	gedrückt	S3 = 0
Endschalter „Tür auf"	S4	gedrückt	S4 = 0
Endschalter „Tür zu"	S5	gedrückt	S5 = 0
Lichtschranke	LI	frei	LI = 1
Ausgangsvariable			
Zylinder „Tür auf"	Y1	Zyl. fährt ein	Y1 = 1
Zylinder „Tür zu"	Y2	Zyl. fährt aus	Y2 = 1

Funktionsplan:

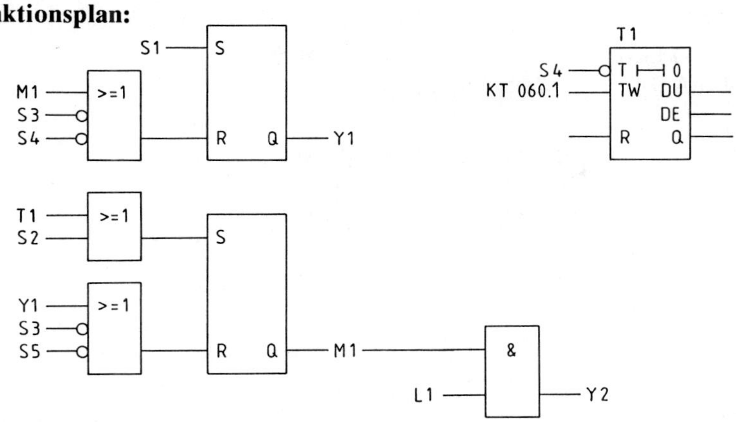

Realisierung mit einer SPS:

Zuordnung:

S1 = E 0.1	Y1 = A 0.1	Merker	Zeitglied T1
S2 = E 0.2	Y2 = A 0.2	M1 = M 1.0	
S3 = E 0.3			
S4 = E 0.4			
S5 = E 0.5			
LI = E 0.6			

Anweisungsliste:

```
:U   E   0.1
:S   A   0.1
:O   M   1.0
:ON  E   0.3
:ON  E   0.4
:R   A   0.1
:UN  E   0.4
:L   KT  060.1
:SE  T   1
:O   T   1
:O   E   0.2
:S   M   1.0
:O   A   0.1
:ON  E   0.3
:ON  E   0.5
:R   M   1.0
:U   M   1.0
:U   E   0.6
:=   A   0.2
:BE
```

6.5 Ausschaltverzögerung (SA)

Bei einem *Zustandswechsel* von „0“ nach „1“ am Starteingang (0 ⊢⊣ T) erscheint am Binärausgang Q der Signalzustand „1“. Wechselt der Zustand am Starteingang von „1“ nach „0“, so wird die Zeit gestartet. Erst *nach Ablauf der Zeitdauer* nimmt der Binärausgang Q den Signalzustand „0“ an. Der Ausgang Q wird *verzögert* abgeschaltet.

Zur Auswertung des Zeitablaufs wird der Binärausgang Q des Zeitgliedes mit den Anweisungen U Tx bzw. O Tx abgefragt. Sein Signalzustand kann einem Ausgang A oder Merker M zugewiesen werden.

Funktionsplan:

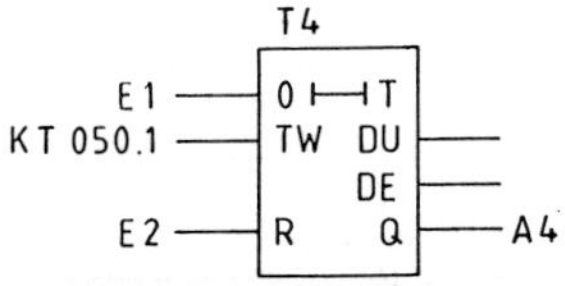

Ersatz-Funktionsplan:

Wenn die SPS nicht über die Anweisung „SA“ verfügt.

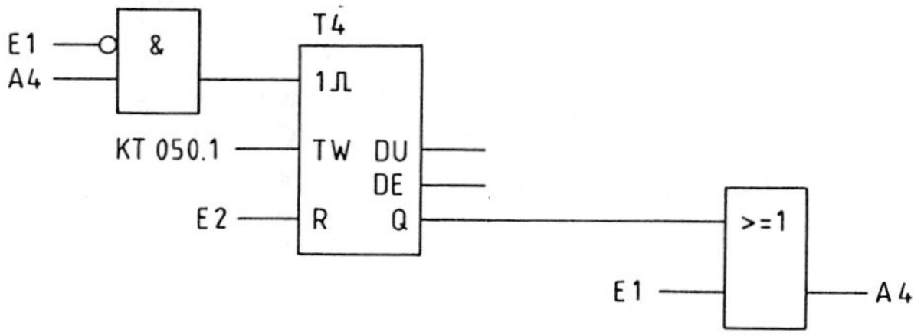

Realisierung mit einer SPS:

Zuordnung:

E1 = E 1.0 A4 = A 0.4 Zeitglied T4
E2 = E 2.0

Anweisungsliste:	Anweisungsliste für Ersatzlösung:	
U E 1.0	UN E 1.0	O T 4
L KT 050.1	U A 0.4	O E 1.0
SA T 4	L KT 050.1	= A 0.4
U E 2.0	SI T 4	
R T 4	U E 2.0	
U T 4	R T 4	
= A 0.4		

▼ Beispiel: Bandsteuerung

Eine Förderbandanlage ist zu steuern. Über Handtaster sollen sich die Bänder 1 und 2 ein- und ausschalten lassen. Je eine EIN- und AUS-Lampe sollen den Betriebszustand anzeigen.

Die Bänder 1 und 2 dürfen nicht gleichzeitig fördern. Band 3 soll immer fördern, wenn Band 1 oder Band 2 fördert.

Nach dem Betätigen einer der AUS-Tasten sollen vor dem Abschalten die Bänder 1 und 2 noch 2 s und das Band 3 noch 6 s leerfördern. Bandwächter signalisieren die Bewegung der Bänder mit einer Pulsfrequenz von 10 Hz. Bei Ausfall der Bandwächterimpulse liefern die Geber den Signalzustand „0". Während der Anlaufphase von 3 s sollen diese Signale nicht ausgewertet werden.

Fällt während des Betriebes das Bandwächtersignal von Band 1 oder Band 2 aus, soll sofort der Antrieb von Band 1 oder Band 2 stillgesetzt werden. Band 3 soll leergefördert und dann ebenfalls stillgesetzt werden. Die AUS-Lampe von Band 1 oder Band 2 soll die Störung durch Blinken mit der Frequenz 2 Hz melden. Fallen die Bandwächterimpulse von Band 3 aus, so sind alle Antriebe schnellst möglich abzuschalten.

Technologieschema:

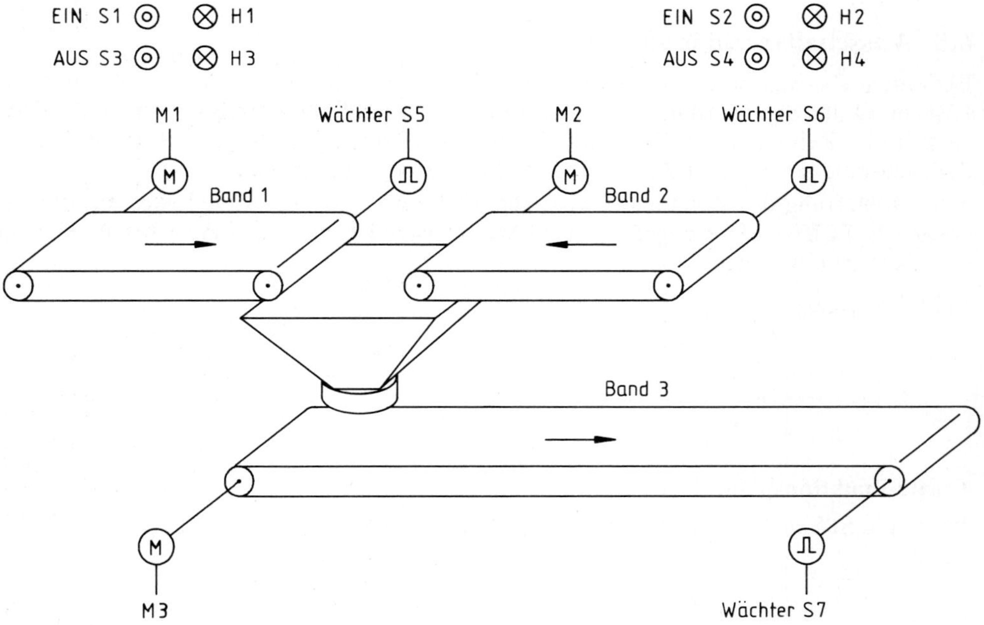

Bild 6.4 Förderbandanlage

Zuordnungstabelle:

Eingangsvariable		Betriebsmittel-kennzeichen	Logische Zuordnung	
EIN-Taste	Band 1	S1	gedrückt	S1 = 1
EIN-Taste	Band 2	S2	gedrückt	S2 = 1
AUS-Taste	Band 1	S3	gedrückt	S3 = 1
AUS-Taste	Band 2	S4	gedrückt	S4 = 1
Wächter	Band 1	S5	Impulse	
Wächter	Band 2	S6	Impulse	
Wächter	Band 3	S7	Impulse	
Ausgangsvariable				
EIN-Lampe	Band 1	H1	leuchtet	H1 = 1
EIN-Lampe	Band 2	H2	leuchtet	H2 = 1
AUS-Lampe	Band 1	H3	leuchtet	H3 = 1
AUS-Lampe	Band 2	H4	leuchtet	H4 = 1
Antrieb M1	Band 1	Y1	läuft	Y1 = 1
Antrieb M2	Band 2	Y2	läuft	Y2 = 1
Antrieb M3	Band 3	Y3	läuft	Y3 = 1

Funktionsplan:

EIN-LAMPE BAND 1

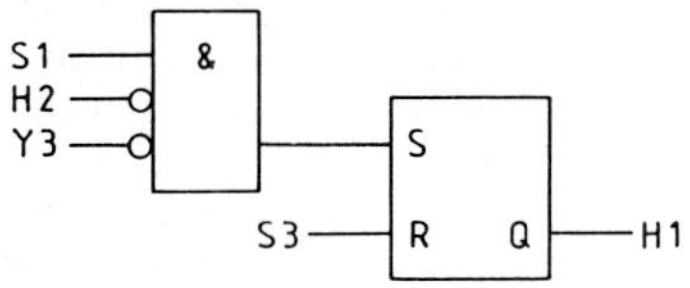

EIN-LAMPE BAND 2

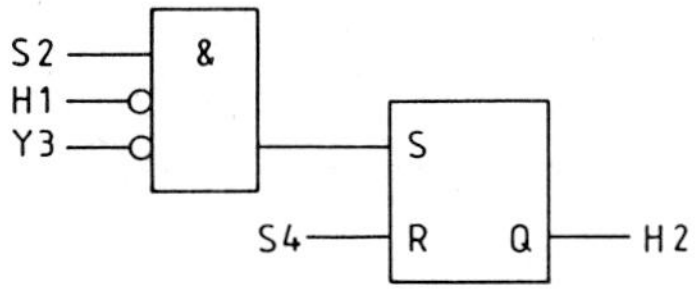

ANLAUFZEIT

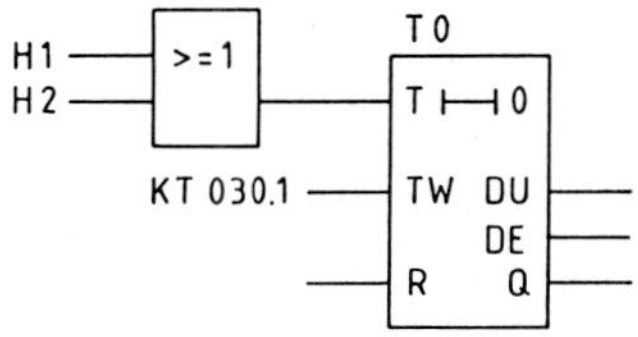

BANDWÄCHTERÜBERWACHUNG BAND 1 u. 2

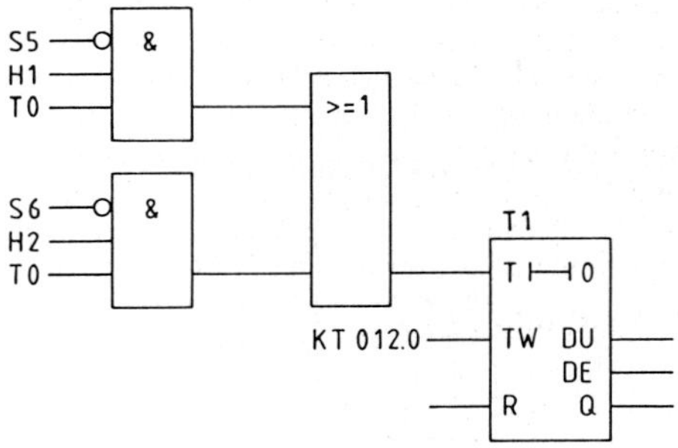

BANDWÄCHTERÜBERWACHUNG BAND 3

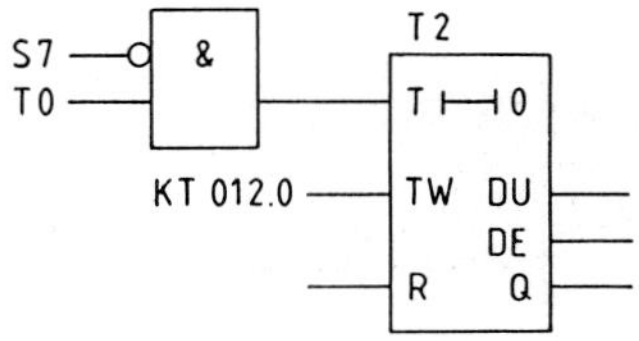

BLINKTAKT 2 HZ

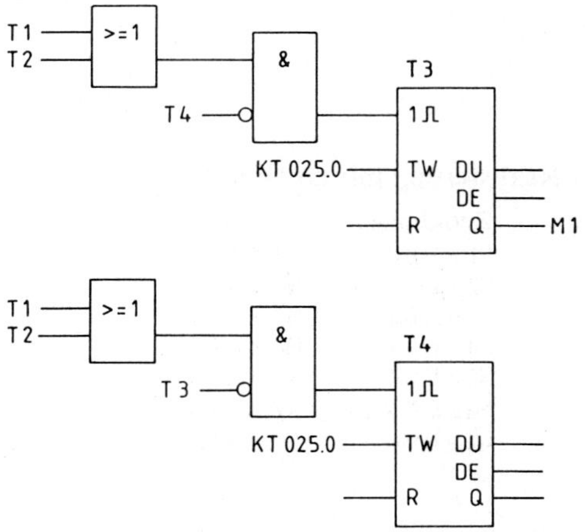

AUS-LAMPE BAND 1

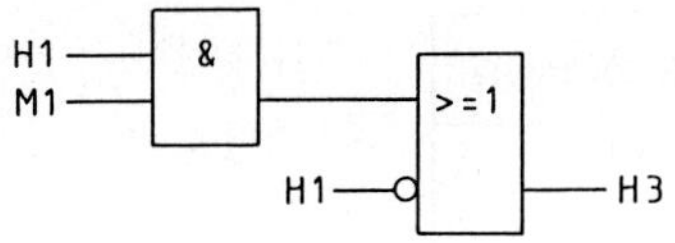

AUS-LAMPE BAND 2

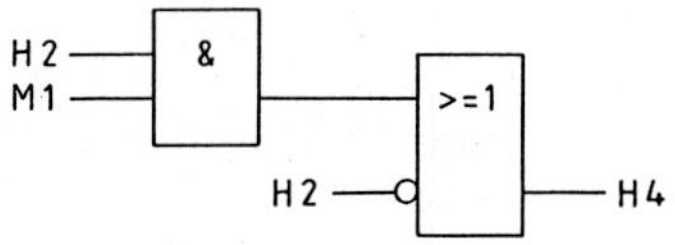

AUSSCHALTVERZÖGERUNG BAND 1

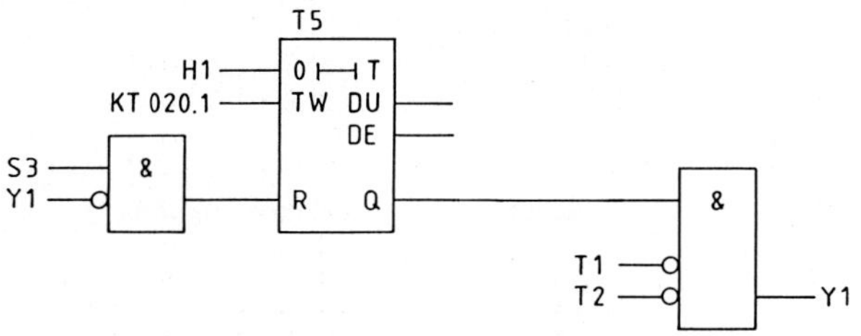

AUSSCHALTVERZÖGERUNG BAND 2

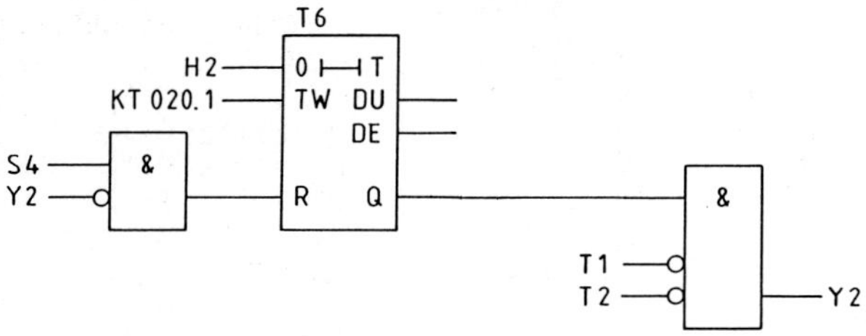

AUSSCHALTVERZÖGERUNG BAND 3

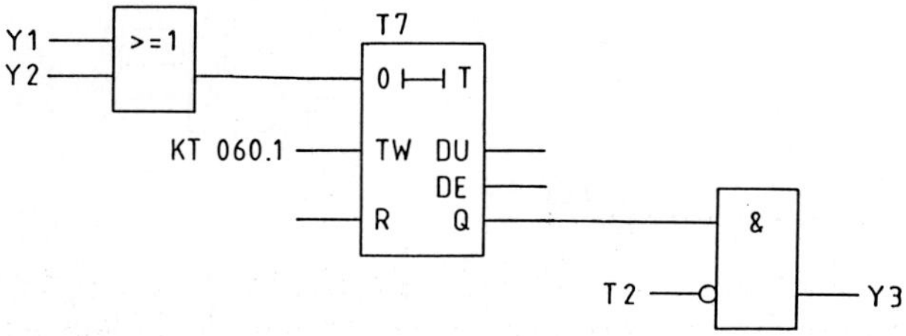

Realisierung mit einer SPS:

Zuordnung:

S1 = E 0.0	H1 = A 0.0	M1 = M 1.0	Zeitglieder
S2 = E 0.1	H2 = A 0.1		T0 = 3 s
S3 = E 0.2	H3 = A 0.2		T1 = 120 ms
S4 = E 0.3	H4 = A 0.3		T2 = 120 ms
S5 = E 0.4	Y1 = A 0.4		T3 = 250 ms
S6 = E 0.5	Y2 = A 0.5		T4 = 250 ms
S7 = E 0.6	Y3 = A 0.6		T5 = 2 s
			T6 = 2 s
			T7 = 6 s

Anweisungsliste:

```
EIN LAMPE BAND 1
:U   E    0.0
:UN  A    0.1
:UN  A    0.6
:S   A    0.0
:U   E    0.2
:R   A    0.0

EIN LAMPE BAND 2
:U   E    0.1
:UN  A    0.0
:UN  A    0.6
:S   A    0.1
:U   E    0.3
:R   A    0.1

ANLAUFZEIT
:O   A    0.0
:O   A    0.1
:L   KT 030.1
:SE  T    0

BANDWAECHTERUEBERWACHUNG
BAND 1 UND BAND 2
:UN  E    0.4
:U   A    0.0
:U   T    0
:O
:UN  E    0.5
:U   A    0.1
:U   T    0
:L   KT 012.0
:SE  T    1
```

```
BANDWAECHTERUEBERWACHUNG
BAND 3
:UN  E    0.6
:U   T    0
:L   KT 012.0
:SE  T    2

BLINKTAKT 2 Hz
:U(
:O   T    1
:O   T    2
:)
:UN  T    4
:L   KT 025.0
:SI  T    3
:U   T    3
:=   M    1.0

BLINKTAKT 2 HZ
:U(
:O   T    1
:O   T    2
:)
:UN  T    3
:L   KT 025.0
:SI  T    4

AUS LAMPE BAND 1
:U   A    0.0
:U   M    1.0
:ON  A    0.0
:=   A    0.2

AUS LAMPE BAND 2
:U   A    0.1
:U   M    1.0
:ON  A    0.1
:=   A    0.3
```

```
AUSSCHALTVERZOEGERUNG
BAND 1
:U   A    0.0
:L   KT 020.1
:SA  T    5
:U   E    0.2
:UN  A    0.4
:R   T    5
:U   T    5
:UN  T    1
:UN  T    2
:=   A    0.4

AUSSCHALTVERZOEGERUNG
BAND 2
:U   A    0.1
:L   KT 020.1
:SA  T    6
:U   E    0.3
:UN  A    0.5
:R   T    6
:U   T    6
:UN  T    1
:UN  T    2
:=   A    0.5

AUSSCHALTVERZOEGERUNG
BAND 3
:O   A    0.4
:O   A    0.5
:L   KT 060.1
:SA  T    7
:U   T    7
:UN  T    2
:=   A    0.6
:BE
```

6.6 Laden und Transferieren von Zeitworten

Bei einigen Speicherprogrammierten Steuerungen haben die Zeitglieder neben dem binären Steuerungsausgang auch noch *digitale Zeitwortausgänge.* D.h. es besteht die Möglichkeit, die Zeit nicht nur grob zu unterscheiden nach „Zeit läuft ≙ Q = 1“ und „Zeit ist abgelaufen ≙ Q = 0“, sondern die Zeit kann auch exakt erfaßt und auf einer Ziffernanzeige sichtbar gemacht werden. Die nachstehende Abbildung zeigt die vollständige Darstellung eines Zeitgliedes mit allen Ein- und Ausgängen.

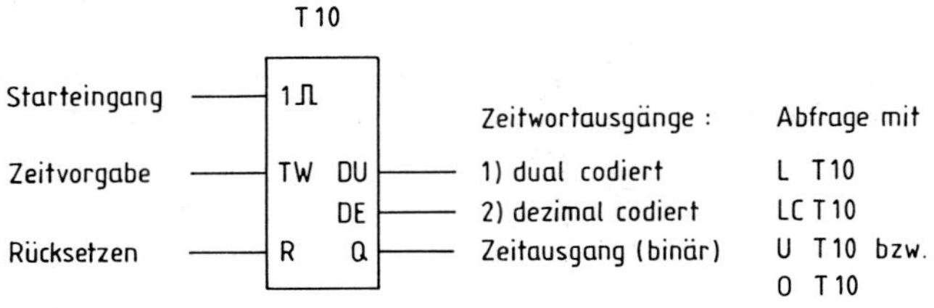

Die *digitalen Abfragen* an den Ausgängen DU = DUAL-Zahl bzw. DE = DEZIMAL-Zahl (BCD) liefern den aktuellen Zeitwert, der noch ablaufen muß. Diese Zeitwerte können mit Lade- und Transferoperationen weiterverarbeitet werden. *Laden* heißt, eine Zahl in den Akkumulator des Automatisierungsgerätes bringen. *Transferieren* bedeutet, eine Zahl aus dem Akkumulator herauslesen und z.B. zu einer Ziffernanzeige im Ausgabebereich bringen.

▼ **Beispiel: Anzeigen der Bearbeitungszeit**

Der Einbrennvorgang einer Charge Fliesen dauere 30 min (Zeitwert 4 s bei der Simulation der Steuerung). Zu Beobachtungszwecken soll während des Einbrennvorgangs die noch verbleibende Restzeit an einer BCD-codierten Ziffernanzeige sichtbar gemacht werden. Die Wortadresse AW4 der Ziffernanzeige umfaßt die 16 Bitausgänge A 4.0 ... A 4.7, A 5.0 ... A 5.7 gemeinsam.

Die digitale Abfrage muß in diesem Fall den Dezimalausgang DE ansprechen. Dies erfolgt durch die Anweisung LC T 10 (Lade codiert T10). Der Dualausgang DU wird in diesem Beispiel nicht benutzt, seine Abfrage müßte mit der Anweisung L T 10 (Lade T 10) erfolgen.

Zuordnungstabelle:

Eingangsvariable	Betriebsmittel-kennzeichen	Logische Zuordnung
Schalter EIN/AUS	S1	Brennvorgang EIN S1 = 1 AUS S1 = 0
Ausgangsvariable		
Ofen Anzeige	Y1 YW	heizen Y1 = 1 Ziffernanzeige

Funktionsplan:

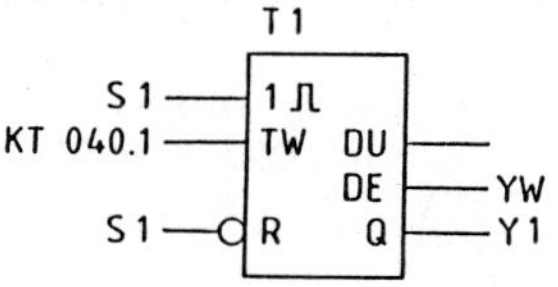

Realisierung mit einer SPS:

Zuordnung:

S1 = E 1.0 Y1 = A 0.0 Zeit T1
YW = AW4

Anweisungsliste:

```
:U   E   1.0     :LC  T   1
:L   KT  040.1   :T   AW  4
:SI  T   1       :U   T   1
:UN  E   1.0     :=   A   0.0
:R   T   1       :BE
```

▲

6.7 Vertiefung und Übung

● **Übung 6.1: Anlassersteuerung**

Bei Drehstrommotoren mit Schleifringläufern werden zur Vermeidung eines hohen Einschaltstromes Widerstände in den Läuferstromkreis geschaltet.

Durch Betätigung des Tastschalters S1 zieht das Netzschütz K1 an. Die Schütze K2, K3 und K4 ziehen dann jeweils nach Ablauf einer Verzögerungszeit von 5 s in der Reihenfolge K2, K3, K4 an und schließen die entsprechenden Widerstandsgruppen kurz.

Hat das letzte Schütz K4 angezogen, sind die Schleifringe des Läufers kurzgeschlossen und der Motor läuft im Nennbetrieb. Durch Betätigung des Tasters S0 wird die Steuerung sofort in den Ruhezustand versetzt.

Technologieschema:

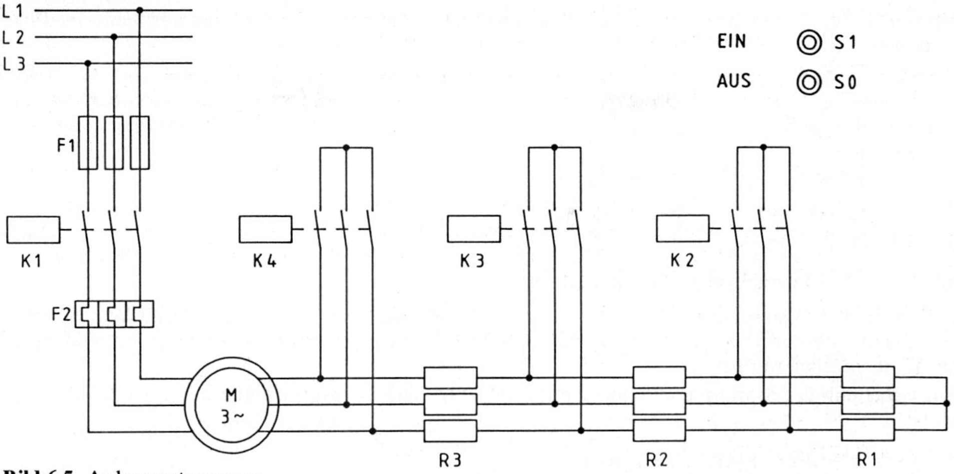

Bild 6.5 Anlassersteuerung

• Übung 6.2: Förderbandkontrolle

Ein Förderband wird durch einen Motor angetrieben. Solange das Band läuft, weil Motor M eingeschaltet ist, liefert der Bandwächter S2 24V-Impulse der Frequenz 10 Hz. Bei Stillstand meldet der Bandwächter den Signalzustand „0".

Offensichtlich liegt dann eine Störung vor (z.B. Bandriß), wenn die Bandwächterimpulse fehlen, ohne daß der Motor ausgeschaltet wurde. In diesem Fall soll der Bandmotor abgeschaltet und ein Blinklicht der Frequenz 2 Hz an der Meldelampe H (Störung) aufleuchten. Die Bandwächterimpulse müssen bei der Erprobung der Steuerung extern bereitgestellt werden.

Technologieschema:

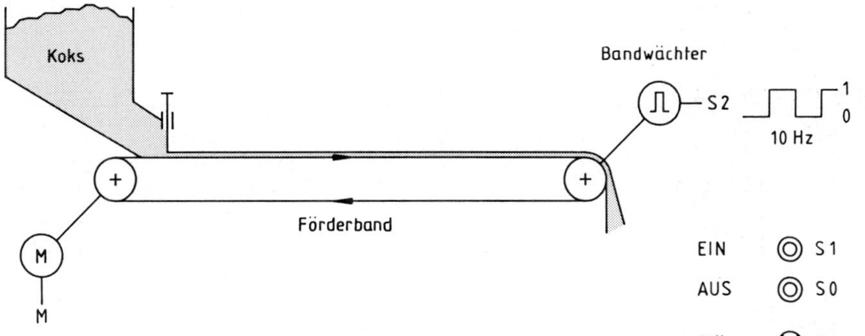

Bild 6.6 Förderbandkontrolle

Zuordnungstabelle:

Eingangsvariable	Betriebsmittel-kennzeichen	Logische Zuordnung
Tastschalter AUS	S0	Taster gedrückt S0 = 0
Tastschalter EIN	S1	Taster gedrückt S1 = 1
Bandwächter	S2	Impulse ⎍
Ausgangsvariable		
Bandmotor	M	läuft M = 1
Meldelampe	H	leuchtet H = 1

Ermitteln Sie FUP und AWL der Steuerung:

1. Verwenden Sie für die Bandwächterkontrolle das Zeitglied T1 (SV).
2. Der Taktgenerator für das Störmeldesignal soll ein Impuls-Pausen-Verhältnis von 1 : 1 haben und mit den Zeitgliedern T2 und T3 (SI) gebildet werden.

• Übung 6.3: Analyse einer AWL

Zeichnen Sie für die gegebene AWL einen Funktionsplan und ermitteln Sie die Funktionsweise des Steuerungsprogramms.

```
O  E  0.0        U  M  0.1
ON M  0.1        S  M  0.2
L  KT 100.0      U  M  0.1
SE T  1          U  A  0.0
U  T  1          R  M  0.2
=  M  0.1        U  M  0.2
UN E  0.0        =  A  0.0
```

Hinweis Beginnen Sie mit der Annahme E 0.0 = 0 und gehen Sie die Signalzustände der einzelnen Variablen zyklenweise durch.

• Übung 6.4: Überwachung der Türöffnung

Im Beispiel Ofentürsteuerung soll die Öffnung der Ofentür durch eine Überwachungszeit kontrolliert werden. Wenn die Ofentüre nicht 9 s nach Beginn ihrer Öffnung wieder geschlossen ist, soll eine Störmeldung am Ausgang Y3 ausgegeben werden.

Nach Behebung der Störung und Schließen der Ofentür kann die Störmeldung mit Tastschalter S6 gelöscht werden.

• Übung 6.5: Füllmengenkontrolle

Auf einem Förderband werden Konservendosen transportiert. Die Dosen folgen einander mit kleinem Zwischenraum. Die bereits geschlossenen Dosen sollen auf vollständige Füllung kontrolliert werden.

Die Füllmengenkontrolle erfolgt mittels einer Gamma-Strahlenquelle, deren Empfänger bei ungenügender Füllung einer Dose den Signalzustand „1“ meldet. Die Messung wird ausgeführt, wenn eine Dose den Bodenkontakt S1 betätigt (Signalzustand „1“ bei Betätigung). Zum Auswerfen einer nicht richtig gefüllten Dose muß das elektropneumatische Ventil Y zwei Sekunden nach der Messung kurz angesteuert werden.

Technologieschema:

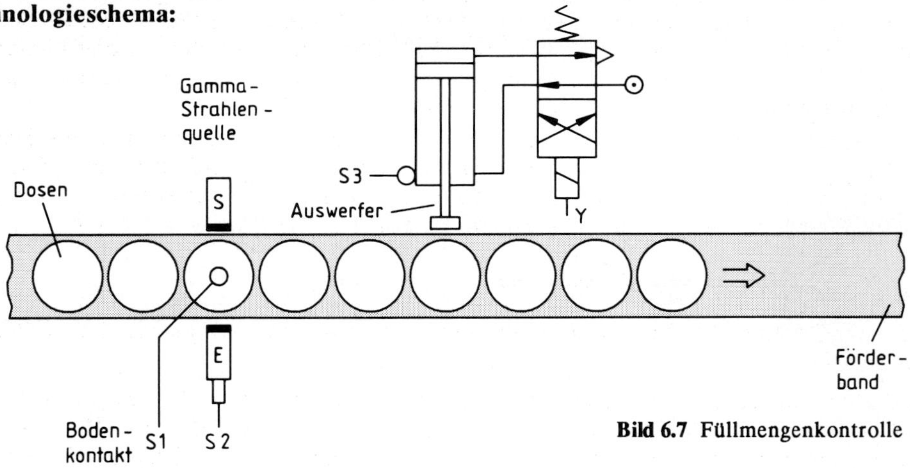

Bild 6.7 Füllmengenkontrolle

Zuordnungstabelle:

Eingangsvariable	Betriebsmittel-kennzeichen	Logische Zuordnung	
Bodenkontakt	S1	betätigt	S1 = 1
Gammastrahlenquelle	S2	ungenügende Füllung	S2 = 1
Endschalter Auswerfer	S3	betätigt	S3 = 1
Ausgangsvariable			
Auswerfer	Y	Zyl. fährt aus	Y = 1

• Übung 6.6: Lauflicht

Ein Reklameleuchtenband mit 7 Lampengruppen H1 bis H7 soll in Lauflichtfolge angesteuert werden. Mit dem Schalter S1 wird das Lauflicht gestartet, welches mit einer Frequenz von 2 Hz getaktet wird. Nacheinander werden nun die Lampengruppen ein- bzw. ausgeschaltet. Nach der Lampengruppe H7 wird wieder H1 eingeschaltet. Wird der Schalter S1 wieder ausgeschaltet, hört das Lauflicht nach der letzten Lampengruppe H7 auf, das bedeutet, daß alle Lampengruppen ausgeschaltet sind.

7 Verknüpfungssteuerungen mit Zählvorgängen

7.1 Zählen in der Steuerungstechnik

Das Erfassen einer bestimmten Menge erfolgt in vielen Fällen durch Aufsummieren von Impulsen. Dabei werden die einer Teilmenge entsprechenden Impulse einem *Zähler* zugeführt, der die Summe der eintreffenden Impulse bildet. Der Zählerstand, der im Dual- oder BCD-Code ausgegeben wird, entspricht dem der erfaßten Menge. Im einzelnen können sich folgende Probleme stellen:

Abzählen einer Menge,
Vergleichen mit einer Sollmenge auf Gleichheit (=), kleiner als (<), größer als (>),
Erfassung von Mengendifferenzen.

Bei Positioniersteuerungen ist die Wegerfassung von Bedeutung. Diese Aufgabe kann durch Einsatz eines Winkelschrittgebers in Verbindung mit einem Zähler gelöst werden. Der Winkelschrittgeber liefert proportional zum Drehwinkel Impulse, die in einem Zähler aufsummiert werden. Je Winkeleinheit und damit auch Wegeeinheit (bei geeigneter Umsetzung der Längsbewegung in eine Drehbewegung) wird ein Impuls in den Zähler gegeben, so daß der Zahlenwert des Zählers der momentanen Position entspricht.

Zähler können auch die Funktion einfacher Steuerwerke übernehmen: z.B. die Impulse eines Taktgebers werden im Zähler summiert und dienen zum Aufruf aufeinanderfolgender Steuerungsphasen. Voraussetzung ist, daß es sich um Steuerungen mit zyklischer Wiederholung ihrer Einzelschritte handelt (z.B. Ampelsteuerung).

7.2 Zählfunktionen

Grundsätzlich bieten Speicherprogrammierte Steuerungen drei Möglichkeiten, Zählfunktionen mit einem Automatisierungsgerät zu realisieren.

- Zähler sind als abrufbare Softwarebausteine bzw. Funktionen im Speicher des Zentralgerätes hinterlegt. Solche Softwarezähler sind in sich abgeschlossene Einheiten mit einem eigenen Operandenbereich. Bei der Steuerungssprache STEP 5 wird der Operandenbereich mit Z1 ... Z16 bzw. Z32 je nach Automatisierungsgerätetyp bezeichnet. Diese Zähler können je Zykluszeit jeweils nur einen Vorwärts- und einen Rückwärtszählimpuls verarbeiten. Die Verarbeitung von externen Zählimpulsen ist von der Zykluszeit und der Schaltfrequenz der Signaleingänge abhängig.
  Innerhalb dieses Kapitels wird ausschließlich auf die Verwendung dieser Zähler zurückgegriffen.
- Zähler werden mit einem Merkerregister realisiert. Das Auf- bzw. Abwärtszählen erfolgt bei diesen Zählern mit Additions- bzw. Subtraktionsbefehlen. Diese Zähler können je Zykluszeit mehrere interne Vorwärts- bzw. Rückwärtszählimpulse verarbeiten. Die Verarbeitung von externen Zählimpulsen ist jedoch wieder von der Zykluszeit und der Schaltfrequenz der Signaleingänge abhängig.
  Die Anwendung solcher Zähler wird in Kapitel 14 dargestellt.

- Zähler sind auf einer speziellen Baugruppe untergebracht, oder werden als „Schnelle Zähler“ mit seperaten Signaleingängen auf der Zentralbaugruppe ausgewiesen. Mit diesen Zählern ist das Automatisierungsgerät in der Lage, externe Zählimpulse zu erfassen, die schneller als die Zykluszeit sind. Innerhalb des Steuerungsprogramms können Zählerstände mit sogenannten Übergabemerkern abgerufen werden.

Die nachfolgende Abbildung zeigt die vollständige Darstellung eines Softwarezählerbausteins mit seinen charakteristischen Ein- und Ausgängen.

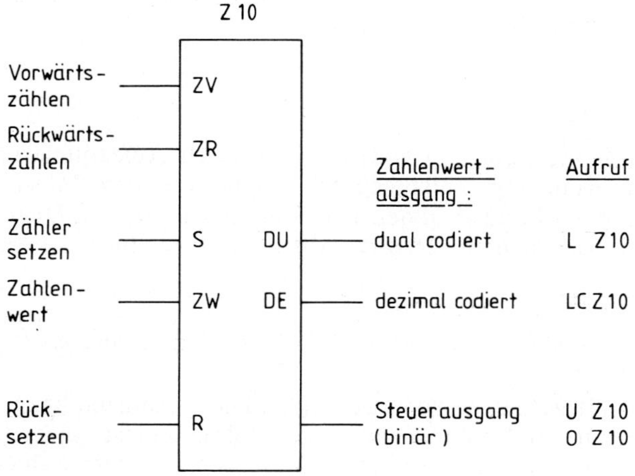

Vorwärtszählen

Als Eingang für Vorwärtszählimpulse können binäre Ein-/Ausgänge und Merker verwendet werden. Bei einem *Zustandswechsel* von „0“ auf „1“ (positive Flanke) wird der *Zählerstand um 1 erhöht* (inkrementiert), solange die obere Zählgrenze (z.B. 999) noch nicht erreicht ist; in diesem Fall würde der Zählerstand unverändert bestehen bleiben, ohne einen Übertrag zu bilden.

Rückwärtszählen

Eingang für Rückwärtszählimpulse. Bei einem *Zustandswechsel* von „0“ nach „1“ am Rückwärtszähleingang wird der *Zählerstand um 1 verringert* (dekrementiert), solange die untere Zählgrenze Null noch nicht erreicht ist; in diesem Fall würde der Zählerstand unverändert bestehen bleiben, ohne in die negativen Zahlen zu gehen. Bei Gleichzeitigkeit von Vorwärts- und Rückwärts-Zählimpulsen entstehen keine Schwierigkeiten. Da SPS-Zähler sequentiell arbeiten, bleibt der vorhergehende Zählerstand erhalten.

Zähler setzen

Einen Zähler setzen oder voreinstellen bedeutet, den Zählvorgang bei einer bestimmten Zahl beginnen lassen. Bei einem *Zustandswechsel* von „0“ nach „1“ am Setzeingang S wird der am Eingang ZW anstehende *Zahlenwert* übernommen. Der Zahlenwert muß als 16-Bit-Wort BCD-codiert vorgegeben werden, und zwar entweder

- direkt als *Zahlenwert,* z.B. KZ50 (Konstanter Zahlenwert 50) oder
- indirekt als *Adresse,* z.B. EW4,

bei der die Zahl abgeholt werden kann. Die angegebene Wortadresse umfaßt 16 Binäreingänge (E4.0 ... 4.7 und E5.0 ... 5.7), an die ein geeigneter Zahleinsteller angeschlossen werden kann.

Rücksetzen

Der Rücksetzeingang wirkt statisch. Eine „1“ am Rücksetzeingang setzt den Zähler auf Null. Bei erfüllter Rücksetzbedingung kann weder gesetzt noch gezählt werden.

Zähler abfragen (binär)

Der *binäre Steuerungsausgang* Q des Zählers kann mit den Anweisungen U Zx (UND Zähler x) bzw. O Zx (ODER Zähler x) abgefragt werden. Der Steuerungsausgang Q führt Signalzustand „1“, wenn der Zählwert größer als Null ist. Der Steuerungsausgang Q führt den Signalzustand „0“ bei Zählerstand Null.

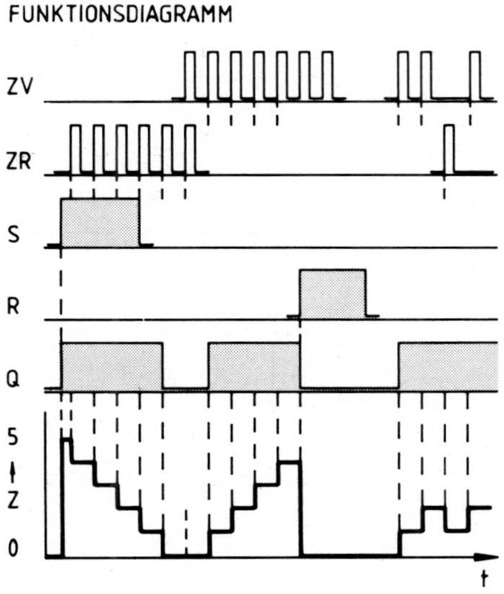

Bild 7.1 Zählerfunktionen

Zähler abfragen (digital)

Der im Zähler stehende Digitalwert kann am *Ausgang DU als Dualzahl* oder am *Ausgang DE als Dezimalzahl* durch eine Ladeanweisung abgefragt und in den Akkumulator gebracht werden. Von dort läßt sich der Zahlenwert in einen anderen Operandenbereich transferieren.

Funktionsplan:

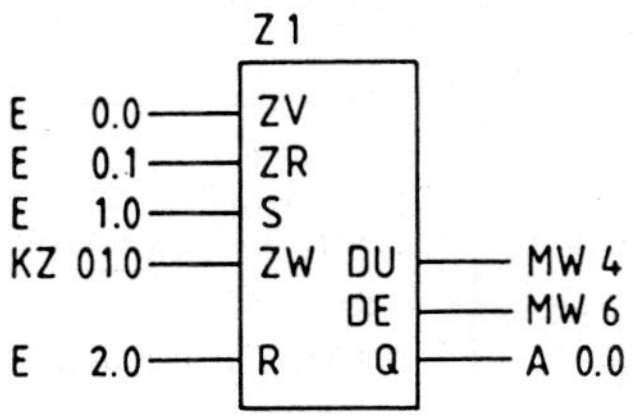

Anweisungsliste:

```
U  E  0.0
ZV Z  1
U  E  0.1
ZR Z  1
U  E  1.0
L  KZ 010
S  Z  1
U  E  2.0
R  Z  1
L  Z  1
T  MW 4
LC Z  1
T  MW 6
U  Z  1
=  A  0.0
```

▼ Beispiel: Elektropneumatische Steuerung einer Reinigungsanlage

Der Behälter einer Reinigungsanlage soll pneumatisch gesenkt und gehoben werden. Nach dreimaligem Heben und Senken soll der Kolben des doppeltwirkenden Arbeitszylinders in seiner eingefahrenen Stellung stehenbleiben; dabei soll der Korb je 10 s im Reinigungsbad verbleiben.

Durch Betätigung von Taster S1 wird ein Reinigungszyklus gestartet. Lampe H1 leuchtet während des Reinigungsvorgangs.

Bemerkung: Das elektromagnetisch betätigte 4/2-Wege-Ventil wirkt wie ein RS-Speicherglied. Wird die Betätigungsspule Y2 kurzzeitig stromführend, so gelangt das 4/2-Wege-Ventil in die gezeichnete Stellung und der Arbeitszylinder wird eingefahren oder in der eingefahrenen Stellung gehalten. Ein Impuls auf Betätigungsspule Y1 steuert das 4/2-Wege-Ventil um und läßt den Kolben des Arbeitszylinders ausfahren.

Technologieschema:

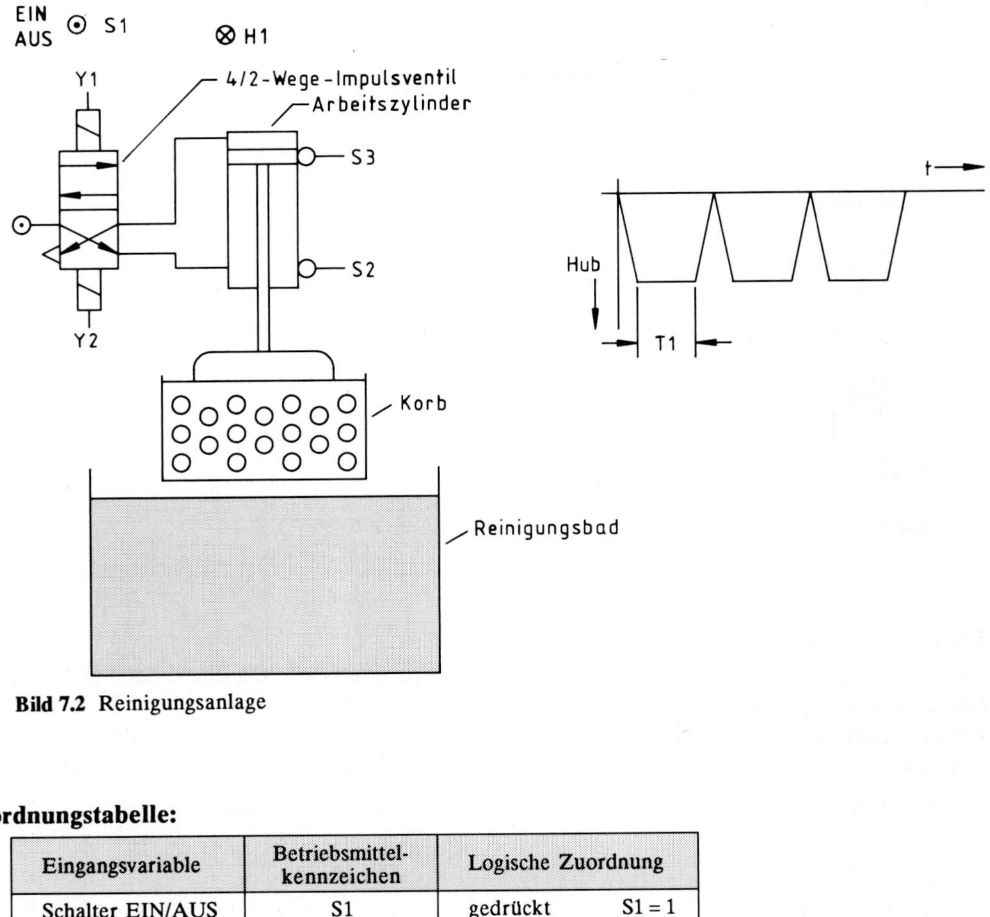

Bild 7.2 Reinigungsanlage

Zuordnungstabelle:

Eingangsvariable	Betriebsmittel-kennzeichen	Logische Zuordnung
Schalter EIN/AUS	S1	gedrückt S1 = 1
Endschalter 1	S2	Korb unten S2 = 1
Endschalter 2	S3	Korb oben S3 = 1
Ausgangsvariable		
Spule 1	Y1	Zyl. ausfahren Y1 = 1
Spule 2	Y2	Zyl. einfahren Y2 = 1
Schrittanzeige	AB16	Ziffernanzeige
Lampe	H1	leuchtet H1 = 1

Funktionsplan:

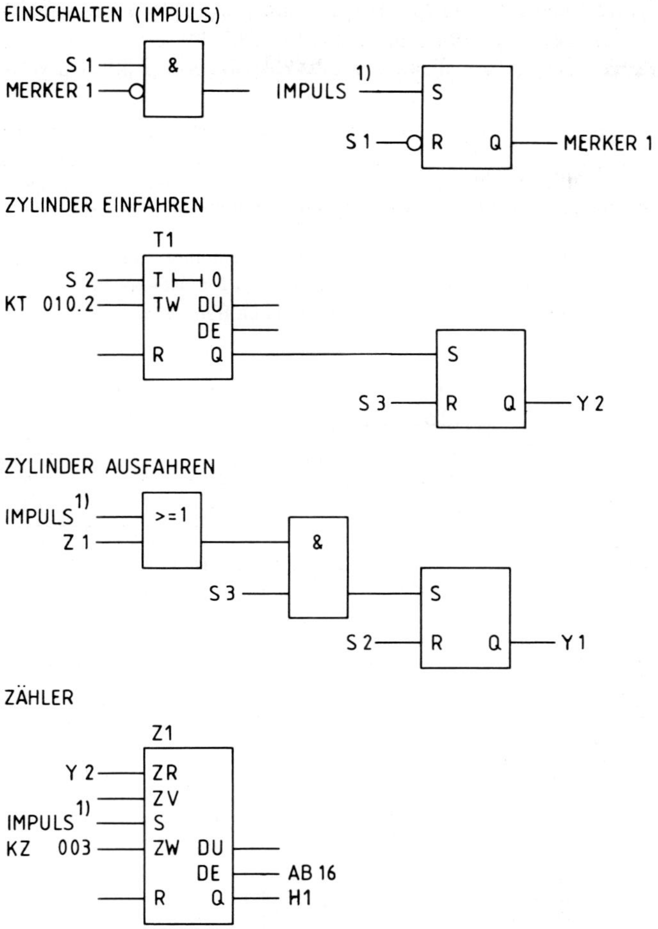

Realisierung mit einer SPS:

Zuordnung:

S1 = E 0.1	Y1 = A 0.1	AB 16 = AB 16	Zeit T1 = 10 s	Merker 1 = M 1.1
S2 = E 0.2	Y2 = A 0.2			Impuls-
S3 = E 0.3	H1 = A 0.3		Zähler Z1	merker = M 1.0

Anweisungsliste:

```
EINSCHALTEN (IMPULS)
:U   E   0.1
:UN  M   1.1
:=   M   1.0
:S   M   1.1
:UN  E   0.1
:R   M   1.1
```

```
ZYLINDER EINFAHREN
:U   E    0.2
:L   KT   010.2
:SE  T    1
:U   T    1
:S   A    0.2
:U   E    0.3
:R   A    0.2
```

```
ZYLINDER AUSFAHREN
:U(
:O   M   1.0
:O   Z   1
:)
:U   E   0.3
:S   A   0.1
:U   E   0.2
:R   A   0.1
```

```
ZAEHLER
:U   A    0.2
:ZR  Z    1
:U   M    1.0
:L   KZ   003
:S   Z    1
:LC  Z    1
:T   AB   16
:U   Z    1
:=   A    0.3
:BE
```

▲

1) Impulsmerker

Das nächste Beispiel „Pufferspeicher“ zeigt die Verwendung eines Vor-/Rückwärtszählers, sowie die Auswertung des jeweils aktuellen Zählerstandes mit einer Vergleichsfunktion. Obwohl diese Steuerungsaufgabe bereits auf wortverarbeitende Befehle zurückgreift und deshalb eigentlich nach Kapitel 14 gehört, soll es jedoch aufgrund der einfachen Lösungsstruktur bereits an dieser Stelle eine in der Praxis oft anzutreffende Zähleranwendung zeigen.

▼ **Beispiel: Pufferspeicher**

In einer Montagestraßé befindet sich ein Pufferspeicher für Bildröhren.

Der Zu- und Abgang von Einheiten wird durch Lichtschranken kontrolliert, deren Impulse einem Zähler zugeführt werden.

Steigt der Bestand auf den oberen Grenzwert (Zahl 30), dann soll der Transportbandmotor abgeschaltet werden. Unterschreitet der Vorrat den unteren Grenzwert (Zahl 10), so ist dies durch eine Meldelampe anzuzeigen.

Das Löschen des Zählers erfolgt zu Beginn der Schicht bei leerem Magazin durch Betätigung eines Tastschalters.

Technologieschema:

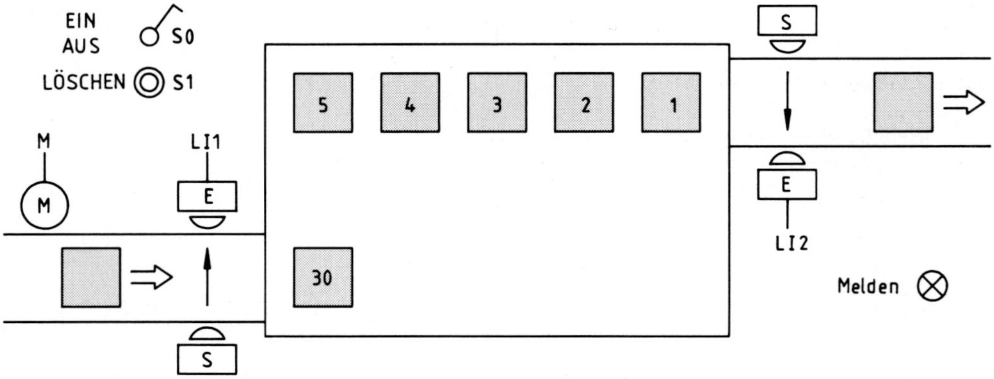

Bild 7.3 Pufferspeicher

Zuordnungstabelle:

Eingangsvariable	Betriebsmittel-kennzeichen	Logische Zuordnung
EIN-Schalter	S0	betätigt S0 = 1
Taster Löschen	S1	gedrückt S1 = 1
Lichtschranke 1	LI1	frei LI1 = 0
Lichtschranke 2	LI2	frei LI2 = 0
Ausgangsvariable		
Bandmotor	M	läuft M = 1
Meldelampe	H	leuchtet H = 1

Lösung:

Funktionsplan:

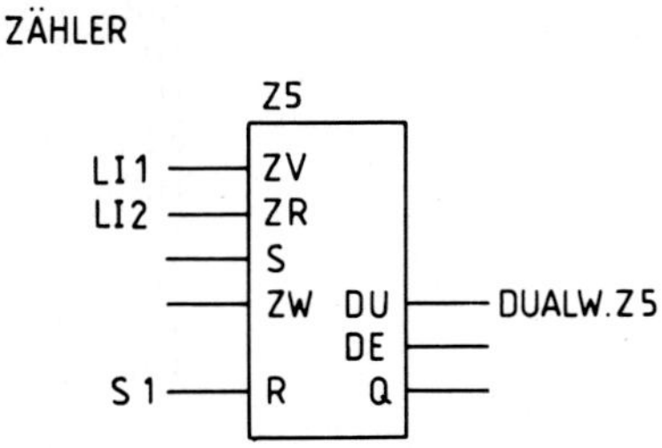

VERGLEICH KLEINER 10

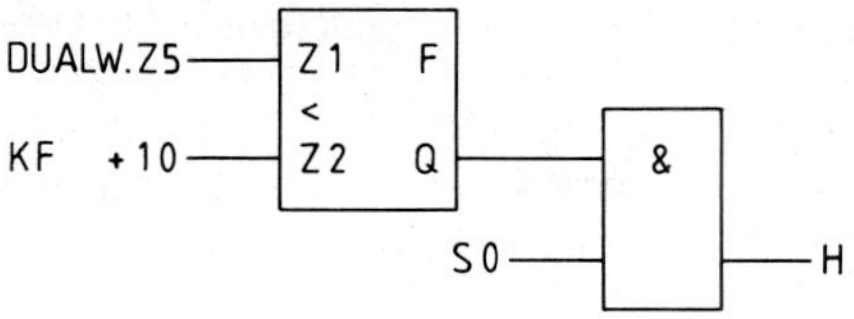

VERGLEICH KLEINER 30

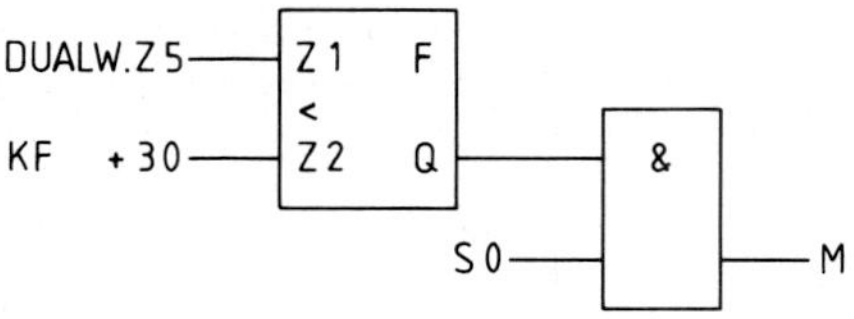

Realisierung mit einer SPS:

Zuordnung:

S0 = E 0.0	M = A 0.0	Zähler Z5
S1 = E 0.1	H = A 0.1	
LI1 = E 0.2		
LI2 = E 0.3		

Anweisungsliste:

```
ZAEHLER
:U   E   0.2
:ZV  Z   5
:U   E   0.3
:ZR  Z   5
:U   E   0.1
:R   Z   5
```

```
VERGLEICH KLEINER 10
:U(
:L   Z    5
:L   KF  +10
:<F
:)
:U   E    0.0
:=   A    0.1
```

```
VERGLEICH KLEINER 30
:U(
:L   Z    5
:L   KF  +30
:<F
:)
:U   E    0.0
:=   A    0.0
:BE
```

▲

7.3 Vertiefung und Übung

● Übung 7.1: Analyse einer AWL

Aus der gegebenen Anweisungsliste ist der Funktionsplan zu bestimmen und die Funktionsweise des Steuerungsprogramms zu ermitteln.

```
U   E  0.7
S   M  3.0
U   M  3.1
UN  A  0.7
O   E  0.6
R   M  3.0
U   M  3.0
UN  M  3.1
L   KT 500.1
SE  T1
U   T1
=   M  3.1
```

```
U   M  3.1
ZR  Z2
U   M  3.0
L   KZ 576
S   Z2
U   E  0.6
R   Z2
U   Z2
=   A  0.7
```

Übung 7.2: Transportband

Mit einem Transportband werden Kisten zum Versand bereitgestellt. Nach jeweils 20 Kisten soll die Weiche Y umgeschaltet werden.

Lösungshinweis:

Die Impulse der Lichtschranke werden einem Vorwärts-Rückwärtszähler zugeführt. Hochzählen auf Zahl 20 und Erkennung durch Vergleicher. Abwärtszählen auf Null und Auswertung durch Q = 0.

Technologieschema:

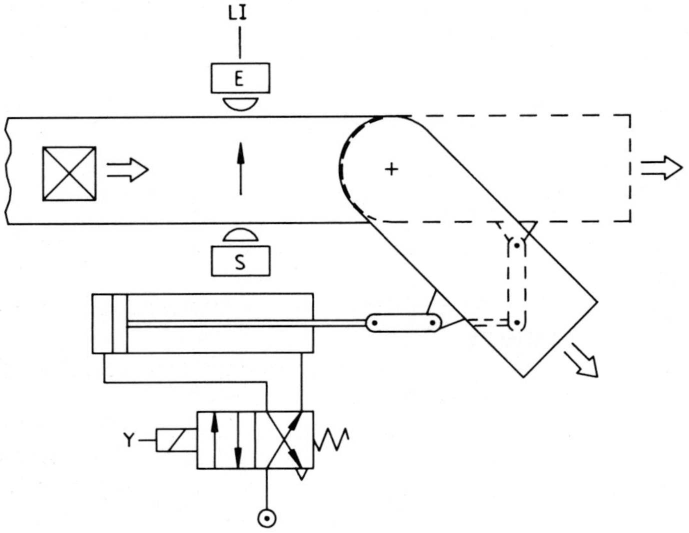

Bild 7.4 Transportband

Übung 7.3: Alarmsignal

Zur Ansteuerung eines akustischen Warnmelders wird am Steuerungsausgang A eine Impulsfolge (kurz-kurz-lang) benötigt. Der Impulsgeber wird durch Betätigung des Schalters S gestartet und arbeitet solange wie dieser geschlossen bleibt. Beim Öffnen des Schalters S wird die laufende Impulsfolge noch vollständig beendet.

Alarmsignal:

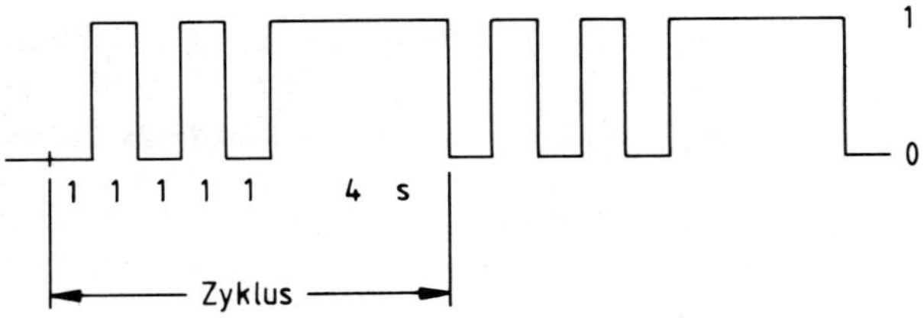

Lösungshinweis:

Der Impuls-Pausen-Takt von 1 s kann durch einen Taktgeber, bestehend aus den Zeitgliedern T1 und T2, gebildet werden. Der Zähler Z1 zählt die Impulse. Den Langzeitimpuls am Zyklusende kann mit einem Zeitglied T3 eingefügt werden.

Übung 7.4: Rüttelsieb

Bei einer Brennersteuerung soll alle 24h ein Rüttelsieb für 5 Minuten eingeschaltet werden. Es ist ein Steuerungsprogramm zur Ansteuerung des Rüttlers zu entwerfen, das aus einm Taktgenerator und einem Zähler für die Zeitbildung von 24h aufgebaut ist. Für den Taktgenerator soll nur ein Timer verwendet werden.

8 Zustandsbeschreibung für Verknüpfungssteuerungen

8.1 Einführung

Steuerungen mit kombinatorischem Charakter sowie Speicher- oder Zeitverhalten, jedoch ohne zwangsläufig schrittweisen Ablauf bezeichnet man allgemein als *Verknüpfungssteuerung*. Da bei solchen Steuerungen der Prozeß selbst keine Steuerungsstruktur vorgibt, ist es schwierig, aus der Aufgabenstellung heraus das Steuerungsprogramm zu finden.

Empirisch gefundene Lösungen haben oftmals folgende Nachteile:

das Steuerungsprogramm ist schwer nachvollziehbar,
die Fehlersuche ist erschwert,
die Dokumentation ist wenig aussagefähig.

Ziel dieses Kapitels ist es, Steuerungsprogramme für Verknüpfungssteuerungen mit Hilfe eines *Entwurfsverfahrens* zu finden.

Kennzeichen dieses Verfahrens ist die Ablaufbeschreibung der Steuerungsprozesse durch die *Einführung von Steuerungszuständen.*

Die Steuerungszustände werden in einem Zustandsgraph angeordnet. Der Ablauf des Steuerungsprozesses wird dann durch das Steuerungsprogramm festgelegt.

Können den Zuständen des Steuerungsprogrammes jedoch eindeutig Ablaufschritte der Anlage zugeordnet werden, so wird das Steuerungsprinzip als Ablaufsteuerung bezeichnet. Die Anordnung der Zustände im Zustandsgraph wird dann in Schrittkette umbenannt.

Die Übergänge von einer Verknüpfungssteuerung mit im Steuerungsprogramm hinterlegten Zuständen zu einer Ablaufsteuerung sind jedoch fließend. In diesem Abschnitt soll gezeigt werden, wie Steuerungsaufgaben mit und ohne zwangsläufig schrittweisem Ablauf durch die Einführung von Steuerungszuständen systematisch gelöst werden können.

Die so ermittelten Steuerungsprogramme sind in der Regel umfangreicher als empirisch gefundene (trickreiche) Lösungen, vermeiden jedoch die oben genannten Nachteile.

Für die Steuerungspraxis in Schule und Betrieb sind daher systematisch gefundene Lösungen zu bevorzugen.

8.2 Zustandsgraph

Zur Beschreibung von Verknüpfungssteuerungen ohne Speicherverhalten (Schaltnetze) bietet sich, wie in Kapitel 4 gezeigt, die Funktionstabelle an. Diese Beschreibungsart ist jedoch nicht ohne weiteres auf Verknüpfungssteuerungen mit Speicherverhalten (Schaltwerke) übertragbar. Bei Schaltwerken, die ja im Unterschied zu Schaltnetzen Speichereigenschaften besitzen, muß eine zusätzliche Einflußgröße berücksichtigt werden. Die Ausgangssignalwerte sind sowohl von momentanen wie zurückliegenden Einwirkungen abhängig.

Der Einfluß einer „Vorgeschichte" auf die Ausgangssignale kann über die Einführung von Zuständen berücksichtigt werden. *Jede Steuerung nimmt zu einem bestimmen Zeitpunkt einen ganz bestimmten Zustand ein.* Mit einer Ablaufbeschreibung können die unterschiedlichen Zustände und Bedingungen für die Beibehaltung oder Änderung eines Zustandes angegeben werden.

Sehr übersichtlich und anschaulich wird eine solche Ablaufbeschreibung, wenn diese in einem Zustandsgraphen dargestellt wird. Der *Zustandsgraph* zeigt alle möglichen Zustände und Zustandsänderungen, die ein Schaltwerk annehmen kann. Die Regeln und graphischen Symbole für den Zustandsgraph sind an die DIN 40719 angelehnt.

Innerhalb des Zustandsgraphen wird ein Zustand mit einem *rechteckigen Zustandssymbol* gekennzeichnet, das durch einen waagrechten Strich unterteilt ist. In den oberen Teil wird die Zustandsnummer eingetragen und im unteren Teil kann Text stehen. Wirkungslinien führen zu vorherigen und nachfolgenden Zuständen.

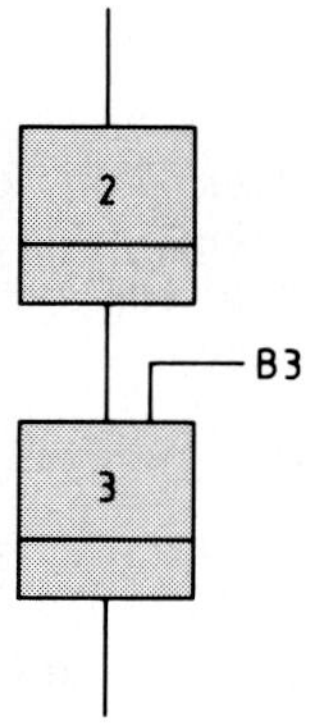

Der Zustand 3 wird erreicht, wenn sich das Schaltwerk in Zustand 2 befindet und die logische Bedingung B3 erfüllt ist. Die beiden zum Zustand 3 führenden Linien werden als Wirkungslinien bezeichnet, die UND-verknüpft sind und beide den Signalzustand „1" führen müssen, damit Zustand 3 erreicht wird.

In jedem Zustand können bestimmte Ausgabebefehle gegeben werden. Die Ausgabebefehle können Ausgänge A, Merker M, später auch Zeiten, Zähler usw. betreffen. Die Befehle werden in ein Rechtecksymbol eingetragen, das mit einer Wirkungslinie rechts mit dem Rechtecksymbol des Zustandes verbunden wird. Werden mehrere Befehle durch einen Zustand veranlaßt, so sind mehrere Ausgaberechtecksymbole untereinander oder nebeneinander anzuordnen und gegebenenfalls zu numerieren.

Ist der Ausgabebefehl noch von einer weiteren Bedingung abhängig, so kann diese Bedingung mit einer Wirkungslinie oben an das Symbol angebracht werden.

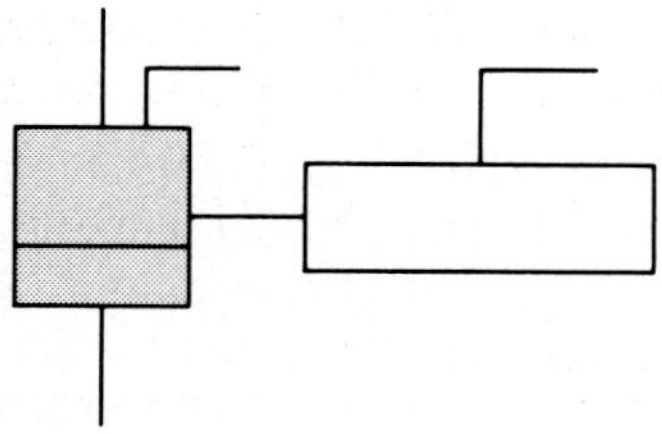

Zustandsgraphen können Verzweigungen aufweisen, wie auf der folgenden Seite gezeigt wird. Nach Zustand 2 kann der Zustand 3 oder der Zustand 5 auftreten. Beim Entwurf eines Zustandsgraphen spielt dieser Sachverhalt noch keine Rolle. Erst bei der Umsetzung in ein Steuerungsprogramm muß für eine gegenseitige Verriegelung der Folgezustände gesorgt werden, wenn deren Weiterschaltbedingungen gleichzeitig auftreten können.

Wird beim Aufbau des Zustandsgraphen in einen Zustand übergegangen, der bereits eingetragen ist, so müßte die Wirkungslinie zu diesem Zustand führen. Dies würde jedoch bei häufigerem Auftreten den Zustandsgraph unübersichtlich werden lassen. Besser ist es, solche Zustände nochmals, allerdings mit einem *runden Zustandssymbol* zu zeichnen.

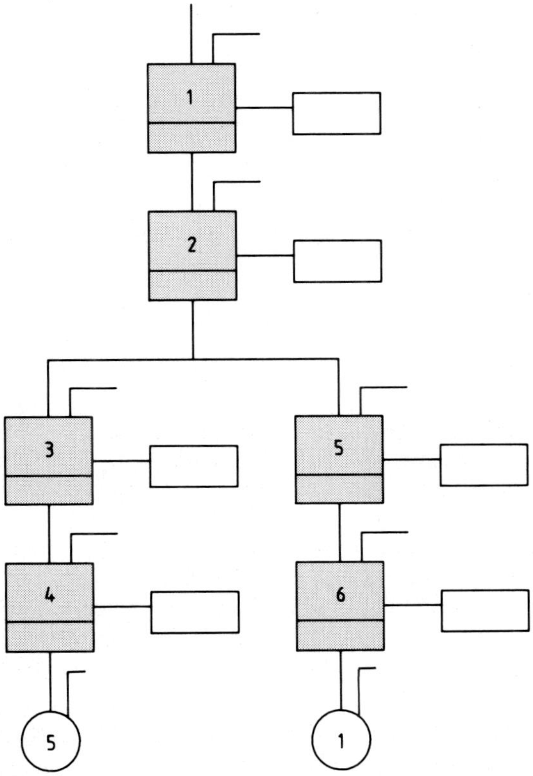

Ein Schaltwerk kann sich stets nur in einem Zustand befinden. Wird der Zustandsgraph in ein Steuerungsprogramm übertragen, so bieten sich je nach dem Operationsvorrat des verwendeten Automatisierungsgerätes unterschiedliche Möglichkeiten an. Eine vom Operationsvorrat unabhängige Umsetzung des Funktionsgraphen in ein Steuerungsprogramm ist die Zuweisung eines Zustandes zu einem Speicher.

Es werden soviele Speicher verwendet, wie Zustände vorhanden sind.

Der für einen Zustand verwendete Merker kann mit in das Zustandssymbol eingetragen werden.

Umsetzung des Zustandes 3 in ein RS-Speicherglied:

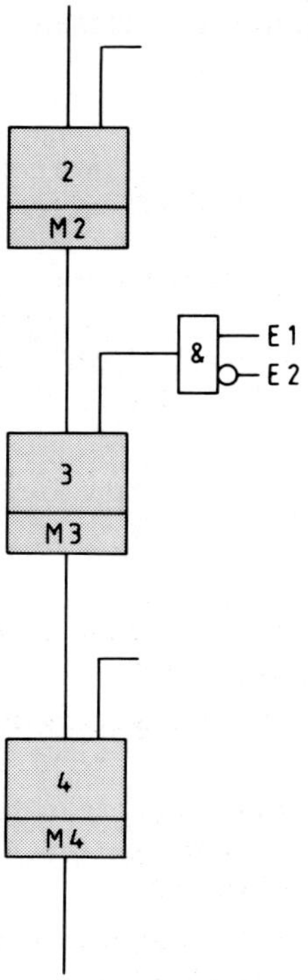

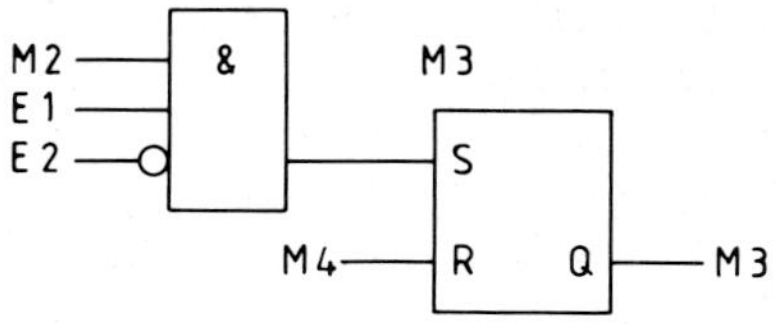

Am Setzeingang sind die Bedingungen der beiden Wirkungslinien, die zu dem Zustand hinführen, UND-verknüpft eingetragen. Der Speicher wird mit dem Merker des Folgezustandes zurückgesetzt. Erst wenn der nächste Zustand erreicht ist, wird der bisherige Zustand zurückgesetzt.

Bei der Umsetzung des Zustandsgraphen in ein Steuerungsprogramm werden zunächst alle Zustände in RS-Speicherglieder übertragen. Danach wird die Befehlsausgabe erstellt. Soll beispielsweise der Ausgang A1 im Zustand 2, 4 und 6 „1"-Signal haben, so wird dies mit einer ODER-Verknüpfung der Merker, die den entsprechenden Zuständen zugeordnet sind, ausgeführt.

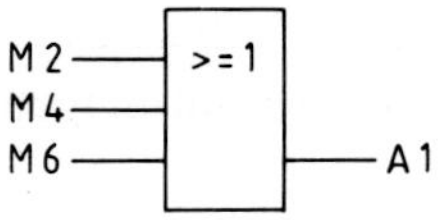

Beim Einschalten der Programmabarbeitung am Automatisierungsgerät muß der Zustand 0 (Grundzustand) ohne Bedingung gesetzt werden. Gegebenenfalls müssen alle anderen Zustände auch noch zurückgesetzt werden. Dies kann mit einem *Richtimpuls* geschehen. Realisiert man die Steuerung mit einer SPS, so erzeugen manche Automatisierungsgeräte beim Einschalten der Spannungsversorgung einen solchen Richtungsimpuls.

Bietet ein Automatisierungsgerät diesen Einschaltimpuls nicht, so kann dieser mit der Anweisungsfolge

```
UN M X        X, Y = Operandenparameter (Merkernummer)
=  M Y
S  M X
```

erzeugt werden.

Nur beim ersten Zyklusdurchlauf nach dem Einschalten des Automatisierungsgerätes, also beim Programmstart, hat der Merker Y den Signalwert „1". Voraussetzung allerdings ist, daß Merker X ein nichtremanenter Merker ist, der also beim Stopp-Betrieb oder Spannungsausfall des Automatisierungsgeräts seinen Signalwert verliert. Bei der Verwendung der Zustandsmerker ist zu beachten, daß diese nichtremanente Merker sind. Ansonsten müßte der Richtimpuls beim Einschalten oder Programmstart noch auf die Rücksetzeingänge der Zustandsmerker geführt werden.

Zusammenfassend sind bei der Umsetzung des Zustandsgraphen in ein Steuerungsprogramm mit RS-Speichergliedern folgende Regeln zu beachten:

- Jedem Zustand des Zustandsgraphen wird ein RS-Speicherglied zugewiesen. Der dafür verwendete Merker kann in den Zustandsgraphen eingetragen werden.
- In der Setzbedingung jedes Speichergliedes steht der Merker des vorangegangenen Zustandes UND-verknüpft mit der Weiterschaltbedingung.
- Der Grundzustand (Zustand 0) wird beim Einschalten der Programmabarbeitung am Automatisierungsgerät ohne Bedingung durch einen Richtimpuls gesetzt und gegebenenfalls alle anderen Speicher (remanente Merker) zurückgesetzt.
- Bei Verzweigungen müssen die möglichen Folgezustände gegenseitig verriegelt werden, wenn deren Weiterschaltbedingungen gleichzeitig auftreten können.
- Die Ansteuerung der Ausgänge erfolgt durch eine ODER-Verknüpfung der Merker, die den Zuständen zugeordnet sind, bei denen die Ausgabe erfolgen soll.

Mit der Darstellung der Steuerung im Zustandsgraph ist die Steuerungsaufgabe bereits gelöst. Das Umsetzen des Zustandsgraphen in ein Steuerungsprogramm läßt sich nach den beschriebenen Regeln leicht ausführen und kann sogar mit einem entsprechenden Rechnerprogramm erfolgen.

▼ Beispiel: Beschickungsanlage

Bei einer Beschickungsanlage wird aus einem Silo über eine Förderschnecke mit dem Antriebsmotor M2 ein rieselfähiges Gut auf ein Transportband mit dem Antriebsmotor M1 gebracht und in einen Wagen geladen. Der Wagen steht auf einer Waage, die über einen Sensor S3 meldet, wenn der Wagen gefüllt ist.

Technologieschema:

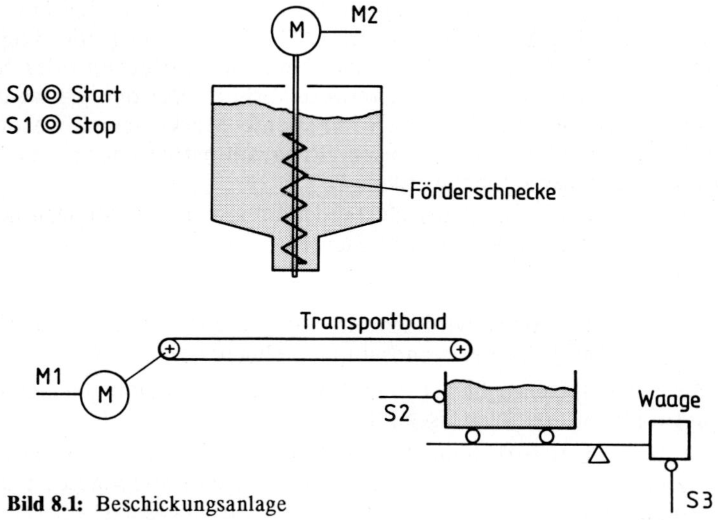

Bild 8.1: Beschickungsanlage

Der Beschickungsvorgang wird durch Betätigen des Start-Tasters S0 ausgelöst, sofern der Wagen an der Verladerampe steht (Meldung mit S2). Damit sich kein Fördergut auf dem Transportband staut, muß zunächst das Transportband 3 s laufen, bevor die Förderschnecke in Betrieb gesetzt wird. Meldet der Sensor S3 an der Waage, daß der Wagen gefüllt ist, oder der Endschalter S2, daß sich der Wagen nicht mehr in der Endposition der Verladerampe befindet, oder wird der Stop-Taster S1 betätigt, wird die Förderschnecke sofort abgeschaltet. Das Förderband läuft jedoch noch 5 s weiter, um das Band völlig zu entleeren. Ein weiterer Beschickungsvorgang muß dann durch Betätigung des Tasters S0 erneut gestartet werden.

Zuordnungstabelle:

Eingangsvariable	Betriebsmittel-kennzeichen	Logische Zuordnung	
Start-Taster	S0	betätigt	S0 = 1
Stop-Taster	S1	betätigt	S1 = 1
Sensor Rampe	S2	Wagen an Rampe	S2 = 1
Sensor „Waage“	S3	Wagen beladen	S3 = 1
Ausgangsvariable			
Schütz Motor M1	K1	angezogen	K1 = 1
Schütz Motor M2	K2	angezogen	K2 = 1

Die verbale Beschreibung der Steuerungsaufgabe ist in den Zustandsgraph zu übertragen.

Zustandsgraph:

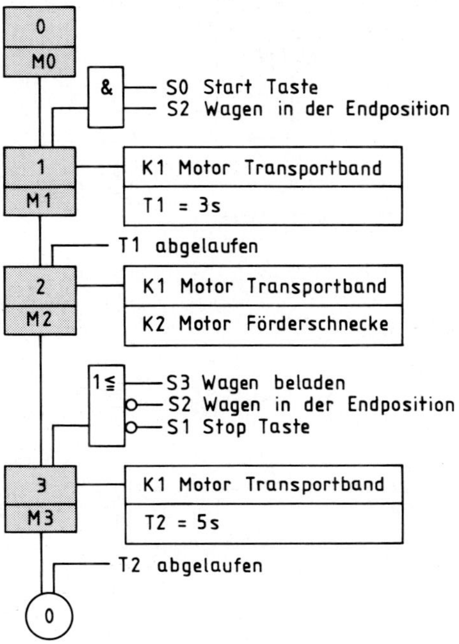

Bei der Umsetzung des Zustandsgraphen in die Funktionsplandarstellung mit RS-Speicherfunktionen wird davon ausgegangen, daß den Zuständen nichtremanente Merker zugeordnet werden. Deshalb genügt es, nur Zustand 0 beim Einschalten des Automatisierungsgerätes mit dem Richtimpuls zu setzen. Ein Rücksetzen der Merker der anderen Zustände erübrigt sich hierbei.

Funktionsplandarstellung mit RS-Speicherglieder:

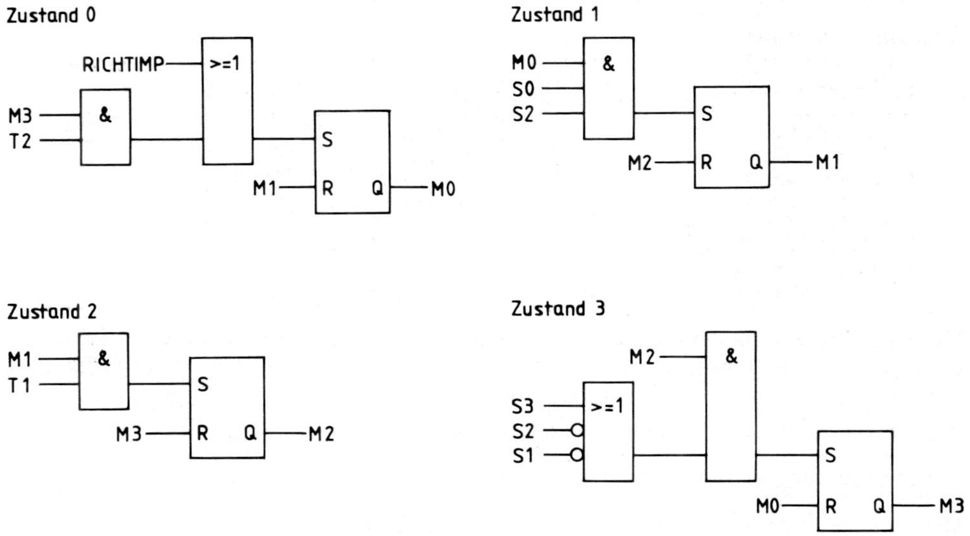

Zeitglied T1 (SE)

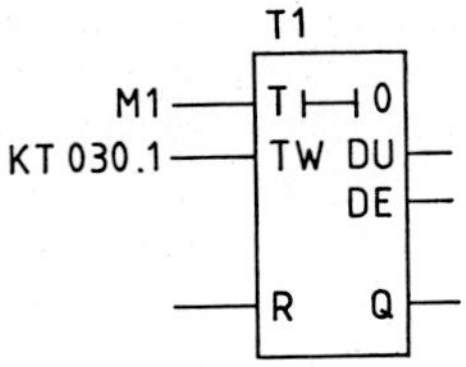

Zeitglied T2 (SE)

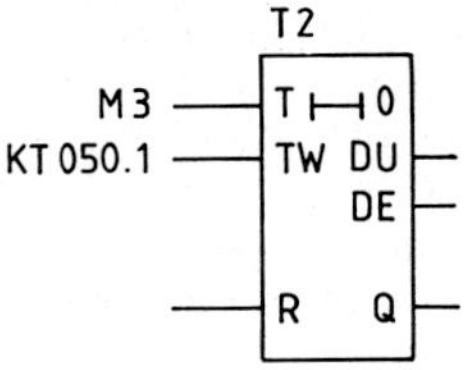

Ausgabezuweisungen:

Motor Transportband

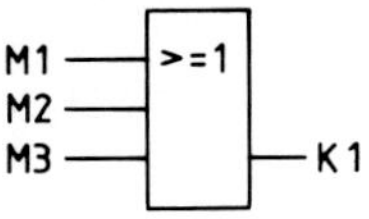

Motor Förderschnecke

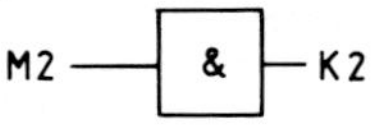

Realisierung mit einer SPS:

Zuordnung:

S0 = E 0.0	K1 = A 0.1	M0 = M40.0	Zeitglieder:
S1 = E 0.1	K2 = A 0.2	M1 = M40.1	T1
S2 = E 0.2		M2 = M40.2	T2
S3 = E 0.3		M3 = M40.3	

Anweisungsliste:

```
EINSCHALTFLANKE
:UN  M   60.0
:=   M   60.1
:S   M   60.0

ZUSTAND 0
:O   M   60.1
:O
:U   M   40.3
:U   T    2
:S   M   40.0
:U   M   40.1
:R   M   40.0

ZUSTAND 1
:U   M   40.0
:U   E    0.0
:U   E    0.2
:S   M   40.1
:U   M   40.2
:R   M   40.1
```

```
ZUSTAND 2
:U   M   40.1
:U   T    1
:S   M   40.2
:U   M   40.3
:R   M   40.2

ZUSTAND 3
:U   M   40.2
:U(
:O   E    0.3
:ON  E    0.2
:ON  E    0.1
:)
:S   M   40.3
:U   M   40.0
:R   M   40.3
```

```
ZEITGLIED T1
:U   M   40.1
:L   KT  030.1
:SE  T    1

ZEITGLIED T2
:U   M   40.3
:L   KT  050.1
:SE  T    2

AUSGABEZUWEISUNG
:O   M   40.1
:O   M   40.2
:O   M   40.3
:=   A    0.1

AUSGABEZUWEISUNG
:U   M   40.2
:=   A    0.2
:BE
```

▲

Das folgende Beispiel Baustellenampel zeigt, wie bei Verzweigungen im Zustandsgraph die Folgezustände gegenseitig verriegelt werden müssen, damit bei gleichzeitig möglichen Weiterschaltbedingungen nicht beide Folgezustände gesetzt werden können.

Für die Funktionsstruktur des Zustandsgraphen gilt stets die Regel:

Ein Steuerungsprozeß kann sich stets nur in einem Zustand befinden.

Die Verriegelung von zwei Folgezuständen kann, wie in Kapitel 5.3 gezeigt, leicht an den Rücksetzeingängen der zugehörigen Speicherglieder erfolgen.

▼ Beispiel: Baustellenampel

Wegen Bauarbeiten muß der Verkehr auf einer Zufahrtsstraße zu einer Fabrik über eine Fahrspur geleitet werden. Da am Tage das Verkehrsaufkommen sehr hoch ist, wird eine Bedarfsampelanlage installiert. Beim Einschalten der Anlage sollen beide Ampeln rot signalisieren. Wird ein Initiator betätigt, soll die entsprechende Ampel nach 10 s auf grün schalten.

Die Grün-Phase soll mindestens 20 s andauern, bevor durch eventuelle Betätigung des anderen Initiators beide Signallampen wieder rot zeigen. Nach 10 s wird dann die andere Fahrspur mit grün bedient. Liegt keine Meldung eines Initiators vor, so bleibt die Ampelanlage in ihrem jeweiligen Zustand.

Das Ausschalten der Anlage soll nur nach der Grünphase einer Fahrspur möglich sein.

Technologieschema:

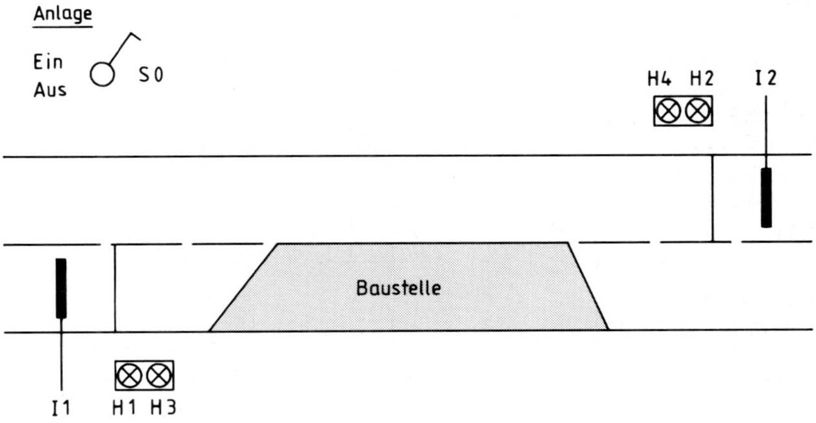

Bild 8.2 Baustellenampel

Zuordnungstabelle:

Eingangsvariable	Betriebsmittel-kennzeichen	Logische Zuordnung
Anlage EIN/AUS	S0	eingeschaltet S0 = 1
Initiator 1	I1	betätigt I1 = 1
Initiator 2	I2	betätigt I2 = 1
Ausgangsvariable		
Lampe Grün 1	H1	leuchtet H1 = 1
Lampe Grün 2	H2	leuchtet H2 = 1
Lampe Rot 1	H3	leuchtet H3 = 1
Lampe Rot 2	H4	leuchtet H4 = 1

Die verbale Beschreibung der Steuerungsaufgabe ist in den Zustandsgraph zu übertragen. Aus dem Zustandsgraph ist der Funktionsplan zu entwickeln und aus diesem ist die Anweisungsliste abzuleiten.

Zustandsgraph:

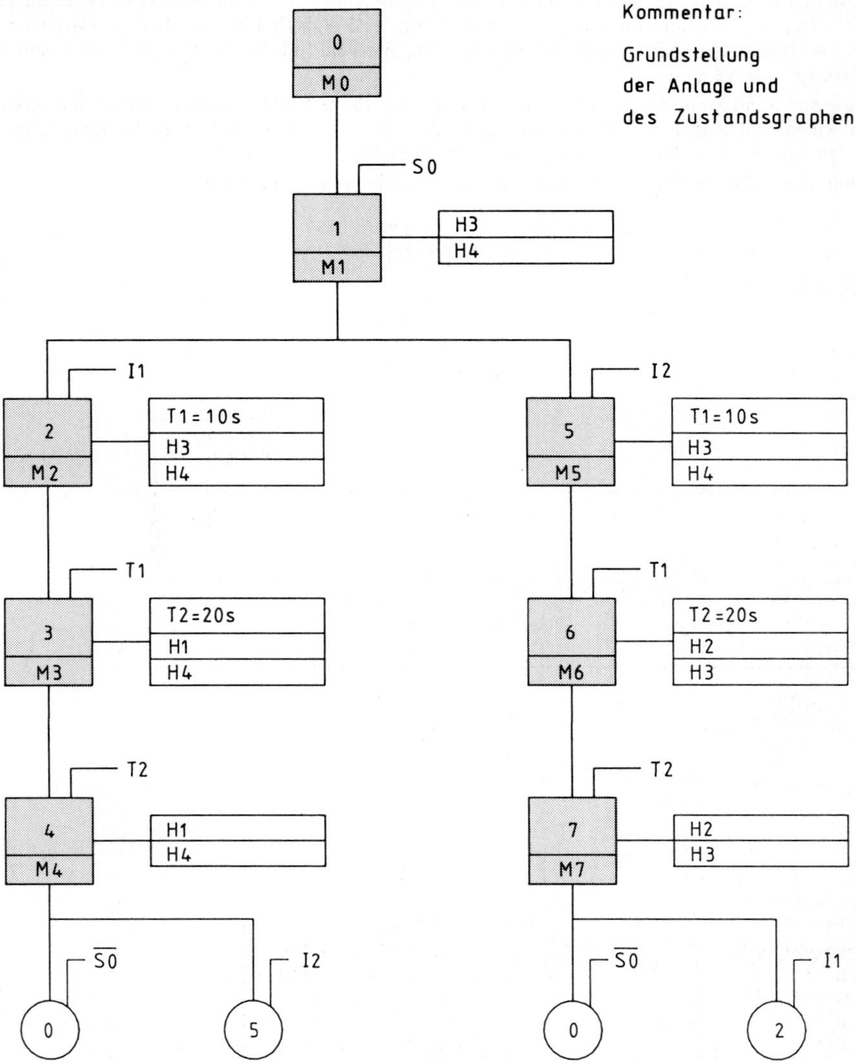

Bei diesem Zustandsgraph ist die Verriegelung der jeweils zwei möglichen Folgezustände unbedingt erforderlich. Befindet sich der Steuerungsprozeß beispielsweise in Zustand 1, so können die Weiterschaltbedingungen I1 und I2 gleichzeitig erfüllt sein. Im nachfolgenden Programm wurde dem Zustand 2 der Vorzug gegeben, indem Zustand 5 durch Zustand 2 zurückgesetzt wird.

Auch die Nachfolgezustände von Zustand 4 bzw. Zustand 7 müssen gegenseitig verriegelt werden. Hier erhält Zustand 0 den Vorzug: M0 setzt M2 bzw. M5 zurück.

Befindet sich beispielsweise die Steuerung in Zustand 4 und beide Weiterschaltbedingungen $\overline{S0}$ und I2 sind gleichzeitig vorhanden, so setzt sich wegen der im nachfolgenden Funktionsplan vorgesehenen Verriegelung nur Zustand 0 durch.

Umsetzung des Zustandsgraphen in die ausführliche Darstellung mit RS-Speicherfunktionen:

Funktionsplan:

ZUSTAND 0

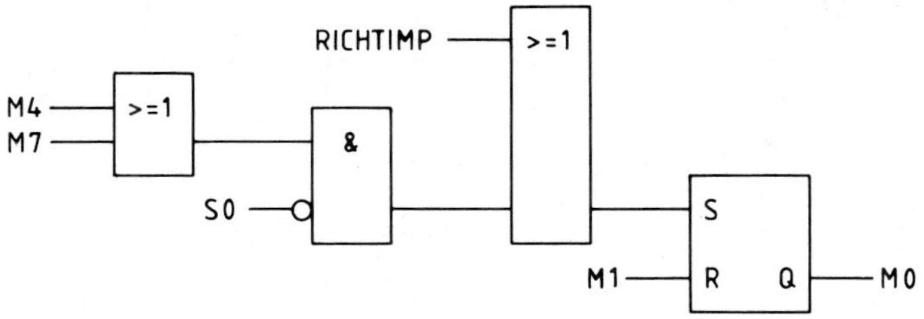

ZUSTAND 1

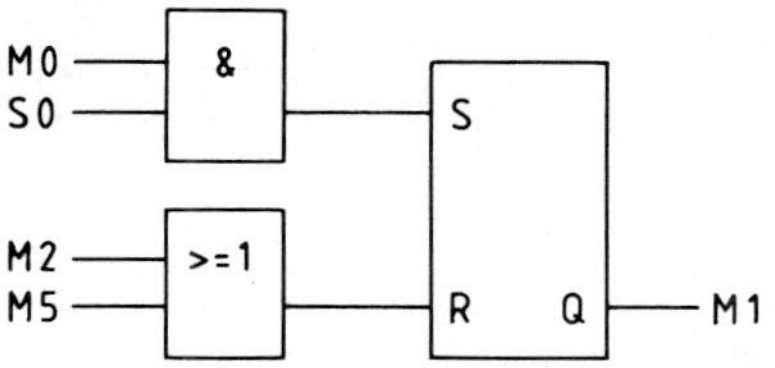

ZUSTAND 2

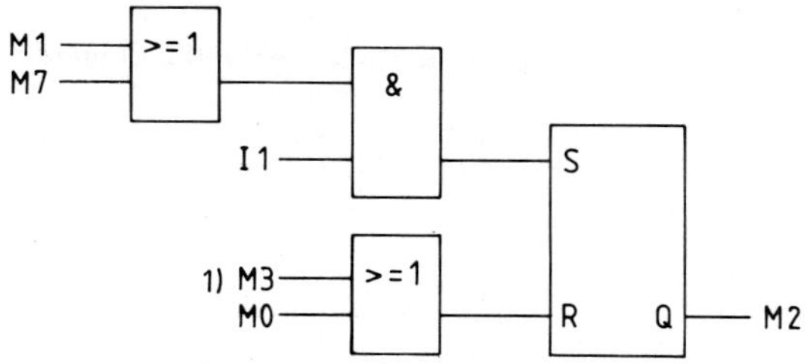

ZUSTAND 3

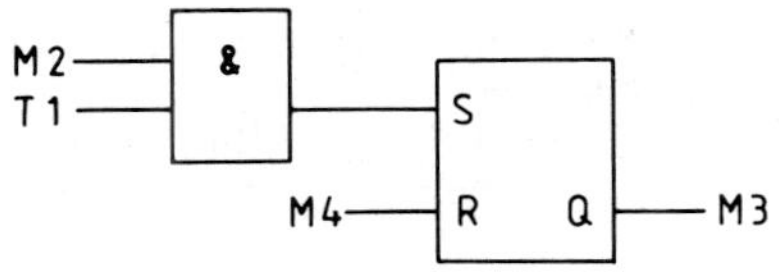

ZUSTAND 4

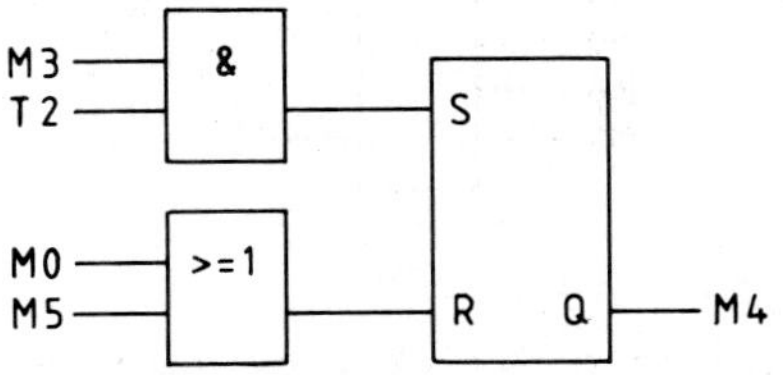

ZUSTAND 5

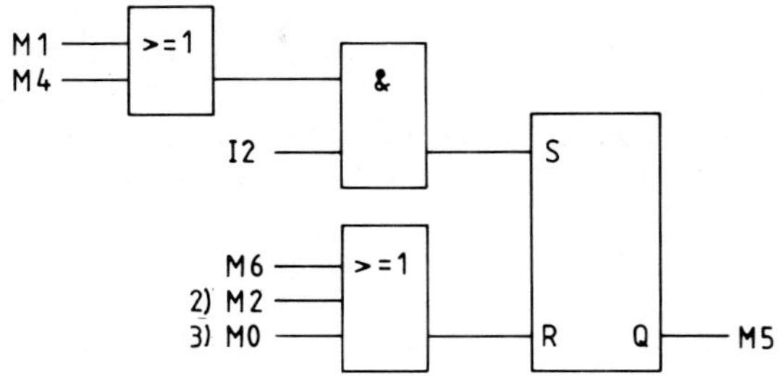

1), 2), 3): Verriegelungen, siehe Text auf S. 110

ZUSTAND 6

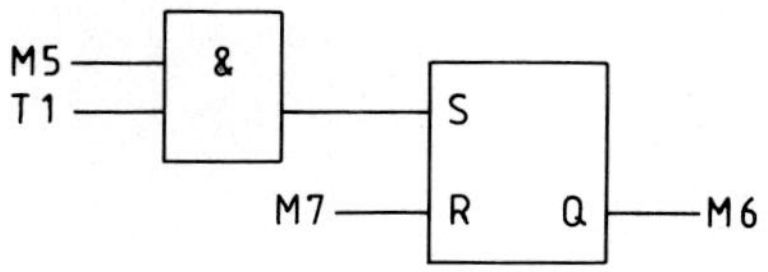

ZUSTAND 7

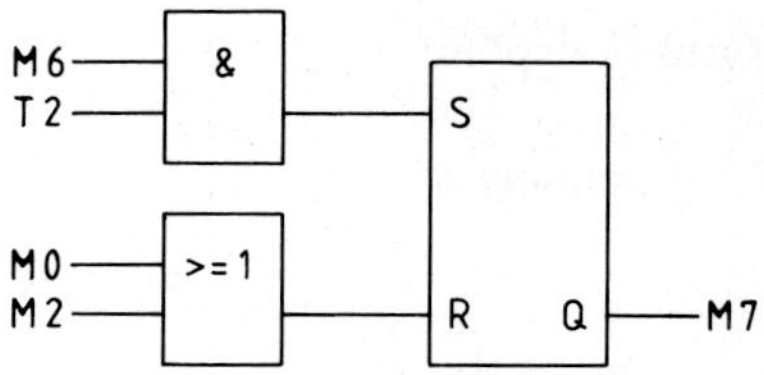

ZEITGLIED 1 (SE)

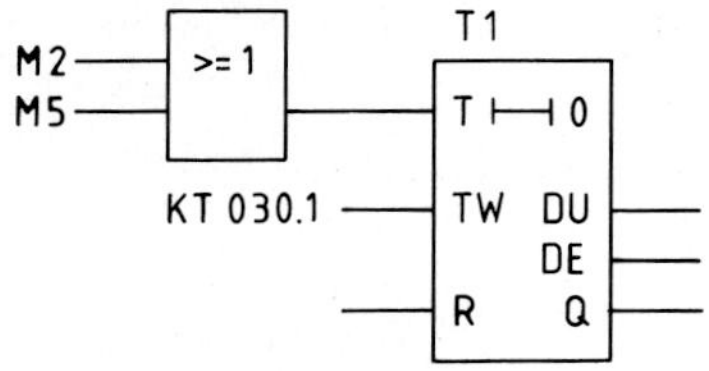

ZEITGLIED 2 (SE)

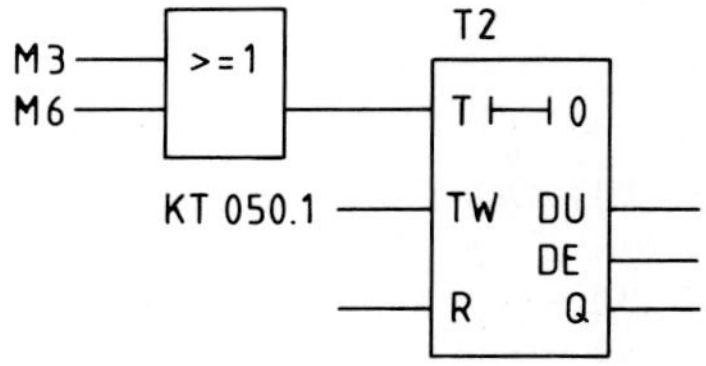

Anmerkung:
Um bei der Inbetriebnahme des Steuerungsprogramms lange Wartezeiten zu vermeiden, wurden den Zeitgliedern folgende Zeitwerte zugeordnet: T1 = 3 s; T2 = 5 s.

AUSGANGSZUWEISUNG GRÜN 1

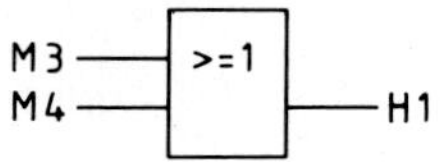

AUSGANGSZUWEISUNG GRÜN 2

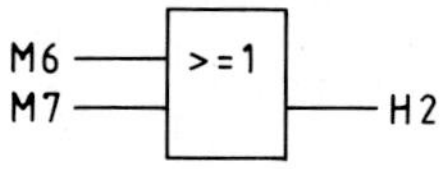

AUSGANGSZUWEISUNG ROT 1

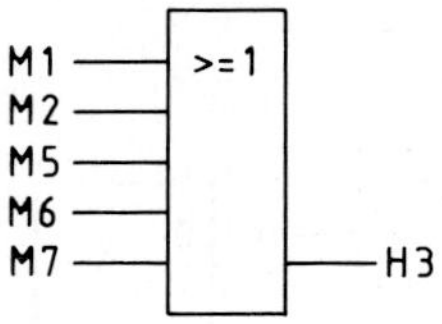

AUSGANGSZUWEISUNG ROT 2

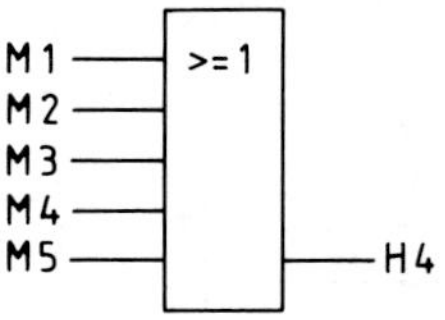

Realisierung mit einer SPS:

Zuordnung:

S0 = E 0.0	H1 = A 0.1	M0 = M 40.0	M5 = M 40.5	Zeitglieder:
I1 = E 0.1	H2 = A 0.2	M1 = M 40.1	M6 = M 40.6	T1; T2
I2 = E 0.2	H3 = A 0.3	M2 = M 40.2	M7 = M 40.7	
	H4 = A 0.4	M3 = M 40.3	MX = M 60.6	
		M4 = M 40.4	MY = M 60.7	

Anweisungsliste:

```
EINSCHALTFLANKE
:UN  M   60.6
:=   M   60.7
:S   M   60.6

ZUSTAND 0
:O   M   60.7
:O
:U(
:O   M   40.4
:O   M   40.7
:)
:UN  E    0.0
:S   M   40.0
:U   M   40.1
:R   M   40.0

ZUSTAND 1
:U   M   40.0
:U   E    0.0
:S   M   40.1
:O   M   40.2
:O   M   40.5
:R   M   40.1

ZUSTAND 2
:U(
:O   M   40.1
:O   M   40.7
:)
:U   E    0.1
:S   M   40.2
:O   M   40.3
:O   M   40.0
:R   M   40.2

ZUSTAND 3
:U   M   40.2
:U   T    1
:S   M   40.3
:U   M   40.4
:R   M   40.3

ZUSTAND 4
:U   M   40.3
:U   T    2
:S   M   40.4
:O   M   40.0
:O   M   40.5
:R   M   40.4

ZUSTAND 5
:U(
:O   M   40.1
:O   M   40.4
:)
:U   E    0.2
:S   M   40.5
:O   M   40.6
:O   M   40.2
:O   M   40.0
:R   M   40.5

ZUSTAND 6
:U   M   40.5
:U   T    1
:S   M   40.6
:U   M   40.7
:R   M   40.6

ZUSTAND 7
:U   M   40.6
:U   T    2
:S   M   40.7
:O   M   40.0
:O   M   40.2
:R   M   40.7

ZEITGLIED 1 (SE)
:O   M   40.2
:O   M   40.5
:L   KT 030.1
:SE  T    1

ZEITGLIED 2 (SE)
:O   M   40.3
:O   M   40.6
:L   KT 050.1
:SE  T    2

AUSGANGSZUWEISUNG
GRUEN 1
:O   M   40.3
:O   M   40.4
:=   A    0.1

AUSGANGSZUWEISUNG
GRUEN 2
:O   M   40.6
:O   M   40.7
:=   A    0.2

AUSGANGSZUWEISUNG
ROT 1
:O   M   40.1
:O   M   40.2
:O   M   40.5
:O   M   40.6
:O   M   40.7
:=   A    0.3

AUSGANGSZUWEISUNG
ROT 2
:O   M   40.1
:O   M   40.2
:O   M   40.3
:O   M   40.4
:O   M   40.5
:=   A    0.4
:BE
```

▲

8.3 Signalvorverarbeitung

Bei vielen Steuerungsaufgaben stehen die Signale von Gebern (z.B. Taster) nur kurze Zeit am Signaleingang des Automatisierungsgerätes an. Befindet sich der Steuerungsprozeß gerade in einem Zustand, dessen Folgezustand auf irgend ein anderes Steuerungssignal wartet, so würde eine nur kurze Zeit anstehende Meldung verloren gehen können. Deshalb ist es erforderlich, nur kurze Zeit anstehende Meldungen außerhalb des Zustandsgraphen zu speichern. Werden demnach Steuerungsaufgaben, bei denen Kurzzeitsignale auftreten, in einen Zustandsgraph umgesetzt, so ist folgende allgemeine Regel zu beachten:

Gebersignale, die nur kurze Zeit anstehen und erst zu einem späteren Zeitpunkt im Zustandsgraph verarbeitet werden, müssen innerhalb einer Signalvorverarbeitung gespeichert werden.

Wie mit einem Zustandsgraph Schaltwerke beschrieben werden, bei denen bestimmte Signalgeber vorverarbeitet werden müssen, wird im folgenden Beispiel „Türsteuerung einer Schleuse" gezeigt.

▼ Beispiel: Türsteuerung einer Schleuse

Damit ein Raum möglichst staubfrei bleibt, ist eine Schleuse mit zwei Schiebetüren A und B eingebaut.

Zum Passieren der Schleuse muß Taster S1 oder S2 betätigt werden. Möchte man zum Beispiel von außen nach innen, wird Taster S1 betätigt. Es öffnet sich Tür A. Man betritt die Schleuse. Nachdem Tür A 3 s offen war, schließt die Tür. Tür B öffnet sich erst dann automatisch, wenn Tür A geschlossen ist. Ein entsprechender Ablauf gilt auch für die umgekehrte Bewegungsrichtung.

Neben den Tastern sind Meldeleuchten angebracht, die anzeigen, daß die Steuerung den Tastendruck erkannt hat.

An jeder Tür sind zwei induktive Endschalter angebracht, die melden, wenn die Tür geöffnet bzw. geschlossen ist.

Außerdem wird jeder Eingang der Schleuse mit einer Lichtschranke überwacht. Solange die Lichtschranke unterbrochen ist, darf die geöffnete Tür nicht zugehen.

In der Schleuse sind zur Sicherheit zwei Taster S3 und S4 angebracht, die die zugehörige Tür im Notfall öffnen, wenn jemand die Schleuse betreten hat, ohne vorher den entsprechenden Taster S1 oder S2 betätigt zu haben. Dies ist denkbar, wenn jemand von der anderen Seite gerade gekommen ist und so die eine Tür offen war. Ist jedoch der entsprechende Taster S1 oder S2 vor dem Betreten der Schleuse betätigt worden, so öffnet die Tür automatisch. Wird während des Schließens einer Tür die zugehörige Lichtschranke unterbrochen oder der zugehörige Taster S1, S2, S3 oder S4 gedrückt, so öffnet die Tür sofort wieder.

Technologieschema:

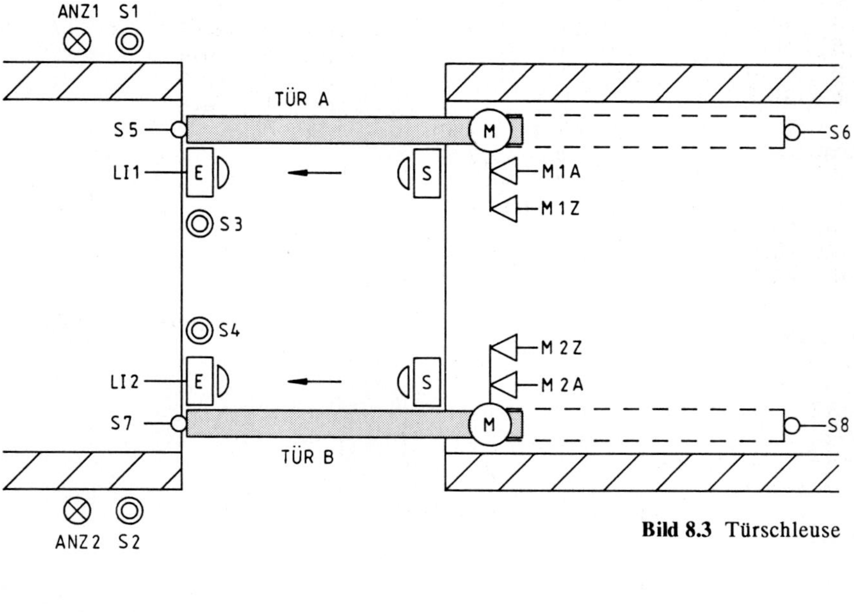

Bild 8.3 Türschleuse

Zuordnungstabelle:

Eingangsvariable	Betriebsmittel-kennzeichen	Logische Zuordnung	
Taster Tür A außen	S1	Taster gedrückt	S1 = 1
Taster Tür B außern	S2	Taster gedrückt	S2 = 1
Taster Tür A innen	S3	Taster gedrückt	S3 = 1
Taster Tür B innen	S4	Taster gedrückt	S4 = 1
Endsch. Tür A zu	S5	Tür A zu	S5 = 1
Endsch. Tür A auf	S6	Tür A auf	S6 = 1
Endsch. Tür B zu	S7	Tür B zu	S7 = 1
Endsch. Tür B auf	S8	Tür B auf	S8 = 1
Lichtschr. Tür A	LI1	Lichtschr. unterbr.	LI1 = 0
Lichtschr. Tür B	LI2	Lichtschr. unterbr.	LI2 = 0
Ausgangsvariable			
Motor Tür A auf	M1A	Tür A geht auf	M1A = 1
Motor Tür A zu	M1Z	Tür A geht zu	M1Z = 1
Motor Tür B auf	M2A	Tür B geht auf	M2A = 1
Motor Tür B zu	M2Z	Tür B geht zu	M2Z = 1
Anzeige Taster S1	ANZ1	Anzeigeleuchte an	ANZ1 = 1
Anzeige Taster S2	ANZ2	Anzeigeleuchte an	ANZ2 = 1

Bevor der Zustandsgraph für die Steuerung aus der verbalen Beschreibung entwickelt wird, müssen die Eingangssignale daraufhin überprüft werden, ob Kurzzeitsignale gespeichert werden müssen.

Die Eingangssignale der beiden Türtaster außen S1/S2 müssen für die Verarbeitung mit dem Zustandsgraph gespeichert werden, da die Steuerung nicht unbedingt sofort auf einen Tastendruck durch Öffnen einer Schleusentür reagieren kann.

Damit jedoch nach einem Tastendruck die Steuerung eine Reaktion zeigt, sollen die zu den Tastern zugehörigen Anzeigeleuchten sofort aufleuchten, bis die entsprechende Schleusentür geöffnet wird.

Solche Rückmeldungen sind in der Steuerungstechnik stets erforderlich, wenn die Steuerung nicht sofort auf Eingabesignale die geforderte Reaktion zeigen kann, dem Benutzer jedoch angezeigt werden muß, daß die Anforderung zu gegebener Zeit bedient wird.

Mit S1 bzw. S2 werden also Speicherglieder gesetzt, deren Ausgänge die Anzeigelampen ANZ1 bzw. ANZ2 ansteuern (Anzeigespeicher).

Da die Anzeigespeicher jeweils zurückgesetzt werden, wenn die entsprechende Schleusentür aufgeht, sind in der Signalvorverarbeitung noch zwei weitere Speicher erforderlich. Einer der beiden Speicher (Tastenspeicher 1) wird abgefragt, ob nach Tür A noch Tür B geöffnet werden muß oder nicht. Der andere Speicher (Tastenspeicher 2) gibt an, ob, nachdem Tür B geöffnet war, noch Tür A geöffnet werden muß.

Tastenspeicher 1 wird mit der Anzeigeleuchte 1 und Tastenspeicher 2 mit der Anzeigeleuchte 2 gesetzt.

Mit welchen Zuständen die Anzeigespeicher und Tastenspeicher jeweils zurückgesetzt werden, ergibt sich bei der Erstellung des Zustandsgraphen.

Die anderen Eingabesignale müssen bei Betätigung sofort auf die Steuerung einwirken. Eine Speicherung der Signale ist deshalb nicht erforderlich.

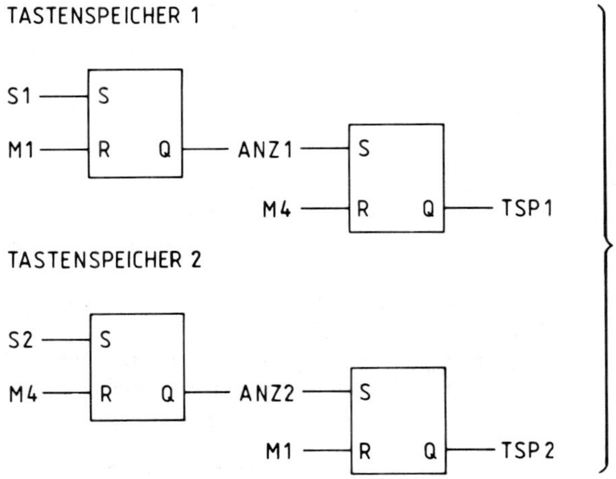

Anzeigen- und Tastenspeicher

Zustandsgraph:

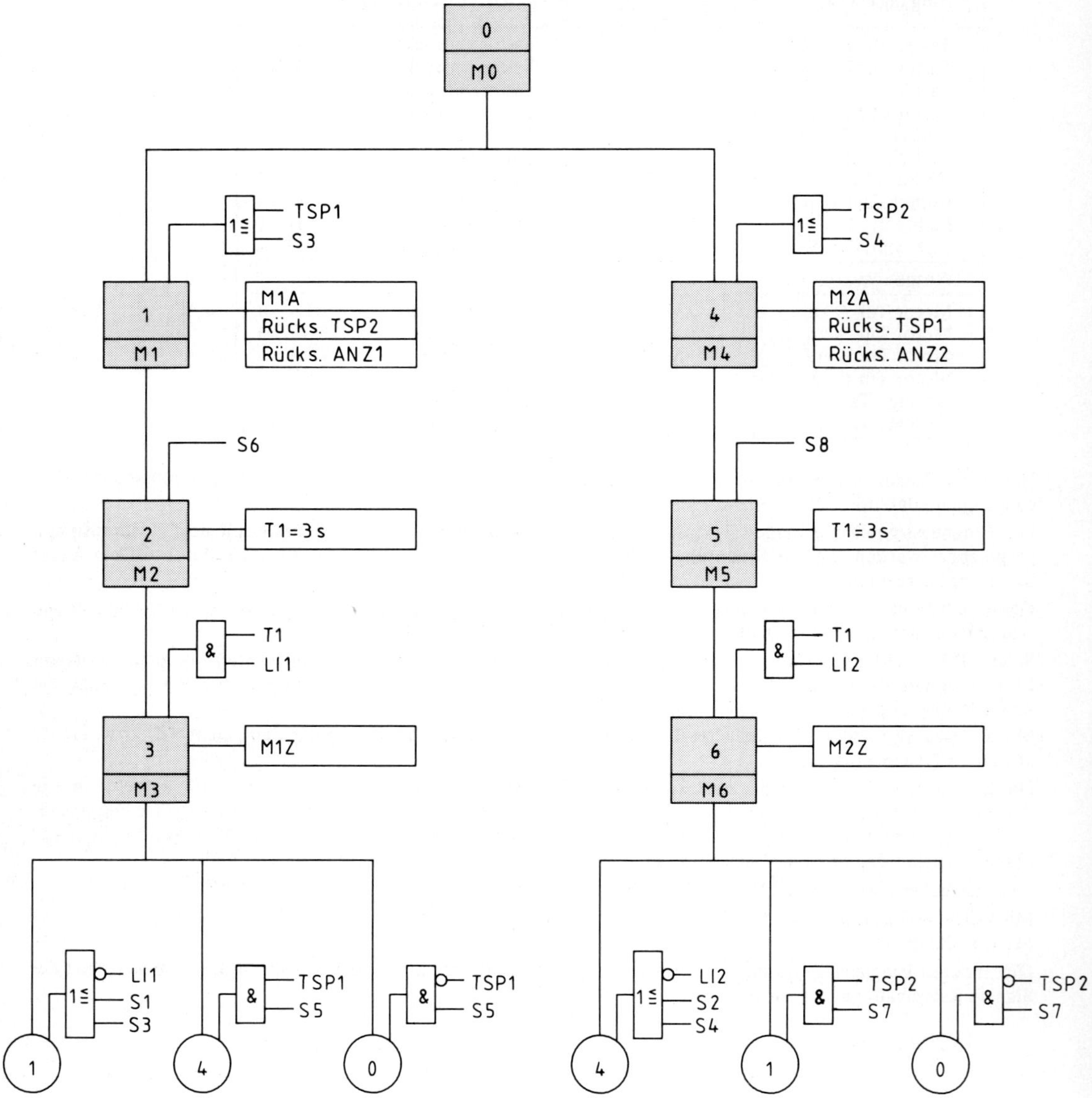

Sowohl in Zustand 3 wie in Zustand 6 kann in verschiedene Folgezustände übergegangen werden.

Betrachtet man beispielsweise Zustand 3, so wird mit diesem die Tür A zugesteuert. Wird nun die Lichtschranke LI1 unterbrochen oder einer der Taster S1 bzw. S3 betätigt, so wird die Tür A sofort wieder geöffnet, also in den Zustand 1 übergegangen.

Der Übergang von Zustand 3 nach Zustand 4 erfolgt, wenn der Tastenspeicher TSP1 gesetzt ist und die Tür A geschlossen ist. Die Tür B muß dann geöffnet werden, damit die Schleuse verlassen werden kann.

Der Übergang von Zustand 3 nach Zustand 0 erfolgt, wenn die Tür B für das Betreten der Schleuse bereits geöffnet war. Vom Zustand 3 wird dann in den Zustand 0 übergegangen, wenn der Tastenspeicher TSP1 nicht gesetzt wurde.

Umsetzung des Zustandsgraphen in die ausführliche Darstellung mit RS-Speichergliedern:

Funktionsplan:

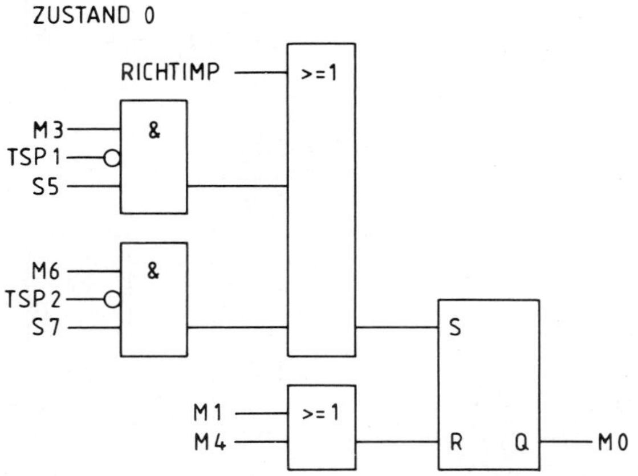

Bei Verzweigungen müssen die möglichen Folgezustände stets verriegelt werden, damit nicht in beide Zustände übergegangen werden kann, wenn gleichzeitig beide Bedingungen für die Zustände erfüllt sind.

Nach Zustand 0 dürfen also nicht Zustand 1 und Zustand 4 gleichzeitig gesetzt werden können. Mit der Programmerstellung entscheidet man sich, welcher der beiden Zustände gesetzt wird, wenn beide Bedingungen gleichzeitig erfüllt sind. In diesem Beispiel wird in Zustand 1 übergegangen.

Nach Zustand 3 können gar drei mögliche Folgezustände erreicht werden. Zustand 1 und Zustand 4 sind bereits durch die Verzweigung nach Zustand 0 gegenseitig verriegelt. Die Zustände 4 und 0 sind über die Eingangsbedingungen gegenseitig verriegelt, können also nicht gleichzeitig gesetzt werden.

Für die Folgezustände des Zustandes 6 gilt das gleiche wie für die Folgezustände von Zustand 3.

Die hier angegebene Art der Verriegelung greift nur unter Berücksichtigung der linearen Programmabarbeitung bei einer SPS.

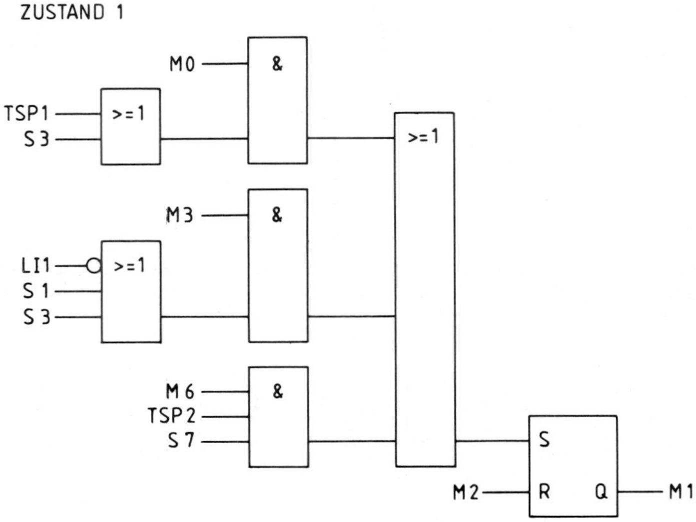

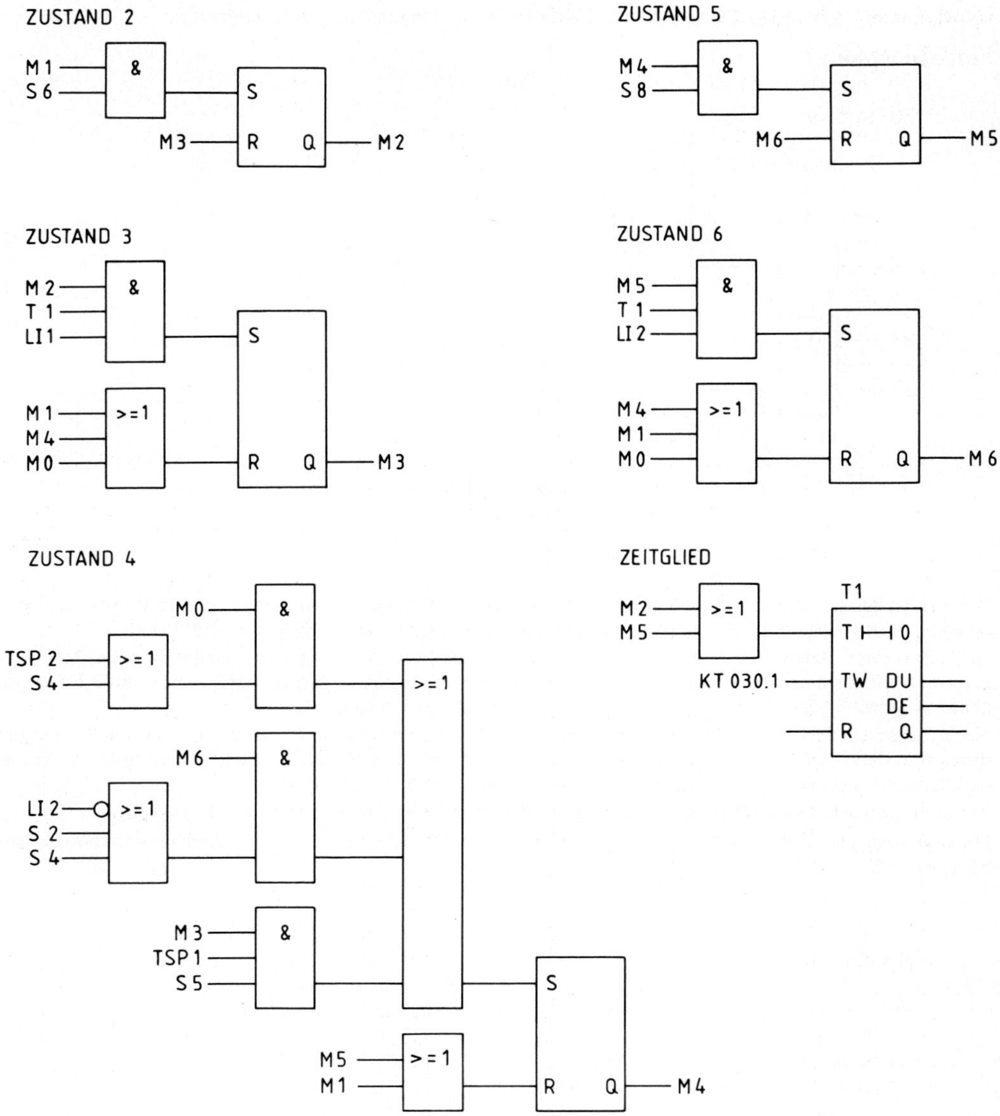

Ausgangszuweisung:

Damit in jedem Fall ein Überfahren der Endschalter mit den Türen vermieden wird, werden in den Ausgangszuweisungen für die Türmotoren die zugehörigen Endschalter nochmals berücksichtigt.

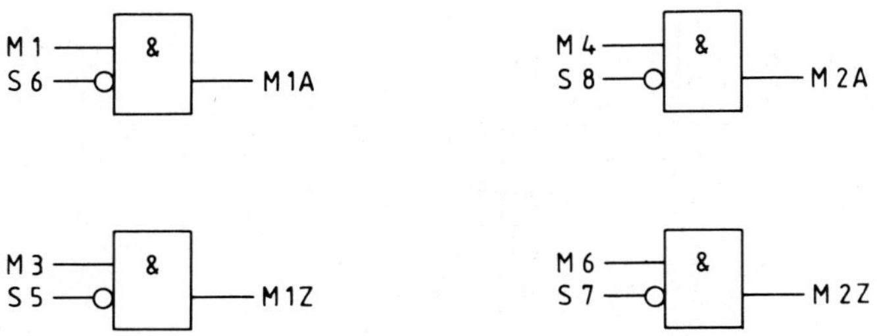

Realisierung mit einer SPS:

Zuordnung:

S1 = E 0.1	M1A = A 0.1	M0 = M 40.0	TSP1 = M 50.1
S2 = E 0.2	M1Z = A 0.2	M1 = M 40.1	TSP2 = M 50.2
S3 = E 0.3	M2A = A 0.3	M2 = M 40.2	MX = M 60.6
S4 = E 0.4	M2Z = A 0.4	M3 = M 40.3	MY = M 60.7
S5 = E 0.5	ANZ1 = A 0.5	M4 = M 40.4	
S6 = E 0.6	ANZ2 = A 0.6	M5 = M 40.5	
S7 = E 0.7		M6 = M 40.6	
S8 = E 1.0			
LI1 = E.1.1			
LI2 = E 1.2			

Anweisungsliste:

```
ANZEIGE- UND
TASTENSPEICHER 1
:U   E    0.1
:S   A    0.5
:U   M   40.1
:R   A    0.5
:U   A    0.5
:S   M   50.1
:U   M   40.4
:R   M   50.1

ANZEIGE- UND
TASTENSPEICHER 2
:U   E    0.2
:S   A    0.6
:U   M   40.4
:R   A    0.6
:U   A    0.6
:S   M   50.2
:U   M   40.1
:R   M   50.2

RICHTIMPULS
:UN  M   60.6
:=   M   60.7
:S   M   60.6

ZUSTAND 0
:O   M   60.7
:O
:U   M   40.3
:UN  M   50.1
:U   E    0.5
:O
:U   M   40.6
:UN  M   50.2
:U   E    0.7
:S   M   40.0
:O   M   40.1
:O   M   40.4
:R   M   40.0
```

```
ZUSTAND 1
:U   M   40.0
:U(
:O   M   50.1
:O   E    0.3
:)
:O
:U   M   40.3
:U(
:ON  E    1.1
:O   E    0.1
:O   E    0.3
:)
:O
:U   M   40.6
:U   M   50.2
:U   E    0.7
:S   M   40.1
:U   M   40.2
:R   M   40.1

ZUSTAND 2
:U   M   40.1
:U   E    0.6
:S   M   40.2
:U   M   40.3
:R   M   40.2

ZUSTAND 3
:U   M   40.2
:U   T    1
:U   E    1.1
:S   M   40.3
:O   M   40.1
:O   M   40.4
:O   M   40.0
:R   M   40.3
```

```
ZUSTAND 4
:U   M   40.0
:U(
:O   M   50.2
:O   E    0.4
:)
:O
:U   M   40.6
:U(
:ON  E    1.2
:O   E    0.2
:O   E    0.4
:)
:O
:U   M   40.3
:U   M   50.1
:U   E    0.5
:S   M   40.4
:O   M   40.5
:O   M   40.1
:R   M   40.4

ZUSTAND 5
:U   M   40.4
:U   E    1.0
:S   M   40.5
:U   M   40.6
:R   M   40.5

ZUSTAND 6
:U   M   40.5
:U   T    1
:U   E    1.2
:S   M   40.6
:O   M   40.4
:O   M   40.1
:O   M   40.0
:R   M   40.6

ZEITGLIED
:O   M   40.2
:O   M   40.5
:L   KT 030.1
:SE  T    1
```

```
AUSGANGSZUWEISUNG
:U   M   40.1
:UN  E    0.6
:=   A    0.1

:U   M   40.3
:UN  E    0.5
:=   A    0.2

:U   M   40.4
:UN  E    1.0
:=   A    0.3

:U   M   40.6
:UN  E    0.7
:=   A    0.4
:BE
```

▲

8.4 Komplexes Steuerungsbeispiel mit Zählfunktionen

Die Einführung von Steuerungszuständen bei Steuerungsprozessen mit Zählern ermöglicht wieder eine systematische Erstellung und Darstellung des Steuerungsprogramms. Das Setzen der Zähler mit entsprechenden Zuständen, sowie die Auswertung des Zählerstandes für einen Zustandsübergang ergibt sich aus der Struktur des Zustandsgraphen. Das folgende Beispiel einer Abfüllanlage zeigt eine solche Ansteuerung bzw. Auswertung von Zählern durch den Zustandsgraph.

▼ **Beispiel: Tablettenabfüllautomat**

Aus einem Vorratsbehälter soll eine bestimmte Anzahl von Tabletten in Röhrchen abgefüllt werden.

Nach dem Einschalten der Anlage ist die gewünschte Tablettenanzahl zu wählen. Der Bandmotor M treibt das Förderband an, bis ein Tablettenröhrchen an der Abfüllstelle angekommen ist (Meldung durch Geber S2).

Das Ventil Y öffnet dann den Vorratsbehälter; die Tablettenzählung erfolgt durch die Lichtschranke LI. Ist die eingestellte Anzahl von Tabletten erreicht, schließt das Ventil Y wieder und der Bandmotor wird in Bewegung gesetzt. Dieser Vorgang wiederholt sich ständig. Wird eine andere Tablettenanzahl durch Drücken des entsprechenden Tasters gewünscht, so ist ein gerade in Betrieb befindlicher Abfüllvorgang noch mit der alten Anzahl zu beenden.

Beim Ausschalten der Anlage wird ein laufender Abfüllvorgang vollständig beendet, bevor alle Stellglieder abgeschaltet werden.

Technologieschema:

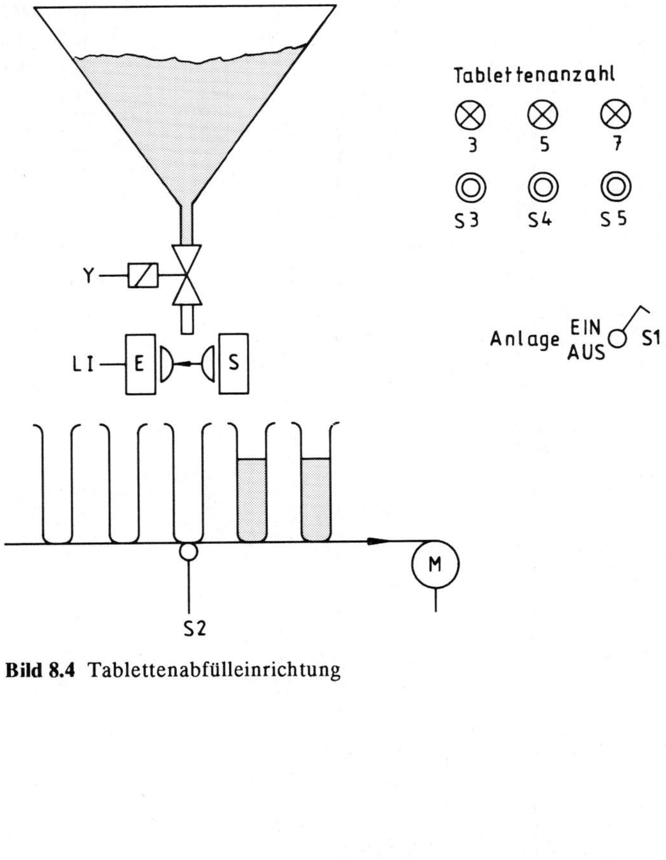

Bild 8.4 Tablettenabfülleinrichtung

Zuordnungstabelle:

Eingangsvariable	Betriebsmittel-kennzeichen	Logische Zuordnung	
Schalter Anlage	S1	Anlage ein	S1 = 1
		Anlage aus	S1 = 0
Geber Position	S2	Abfüllstelle erreicht	S2 = 1
Taster Zahl 3	S3	gedrückt	S3 = 1
Taster Zahl 5	S4	gedrückt	S4 = 1
Taster Zahl 7	S5	gedrückt	S5 = 1
Lichtschranke	LI	frei	LI = 0
Ausgangsvariable			
Bandmotor	M	läuft	M = 1
Ventil	Y	offen	Y = 1
Lampe Anz. 3	H1	leuchtet	H1 = 1
Lampe Anz. 5	H2	leuchtet	H2 = 1
Lampe Anz. 7	H3	leuchtet	H3 = 1

Umsetzung der verbalen Aufgabenbeschreibung:

Lösung:

Die Taster für die Einstellung der Tablettenzahl müssen gegenseitig verriegelt werden. Die Umschaltung von einer auf eine andere Tablettenzahl soll zu jederzeit direkt erfolgen können. Eine Speicherung der eingestellten Tablettenzahl ist erforderlich und wird in der Eingangssignalvorverarbeitung mit RS-Speichergliedern durchgeführt. Wird die Anlage ausgeschaltet, soll die Speicherung gelöscht werden.

VORVERARBEITUNG TASTER ZAHL 3

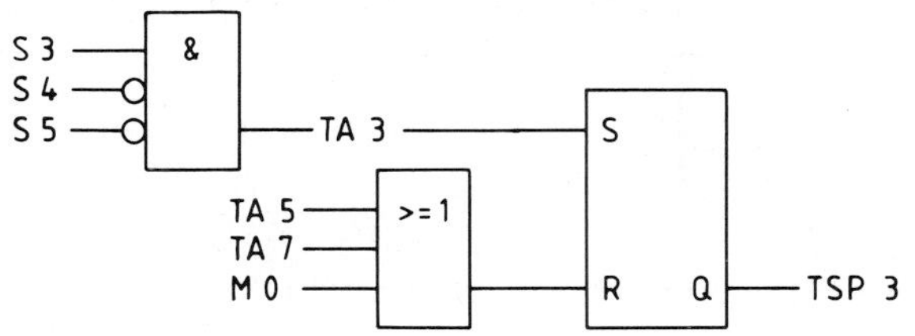

VORVERARBEITUNG TASTER ZAHL 5

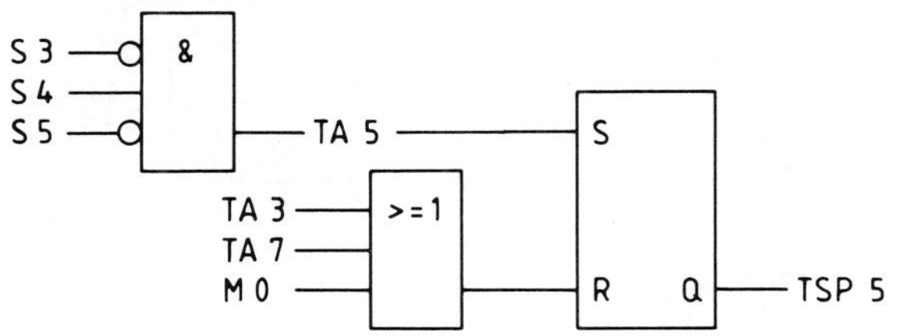

VORVERARBEITUNG TASTER ZAHL 7

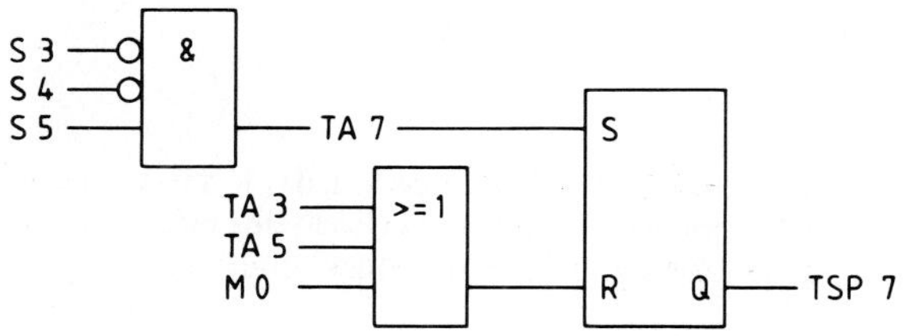

Zustandsgraph:

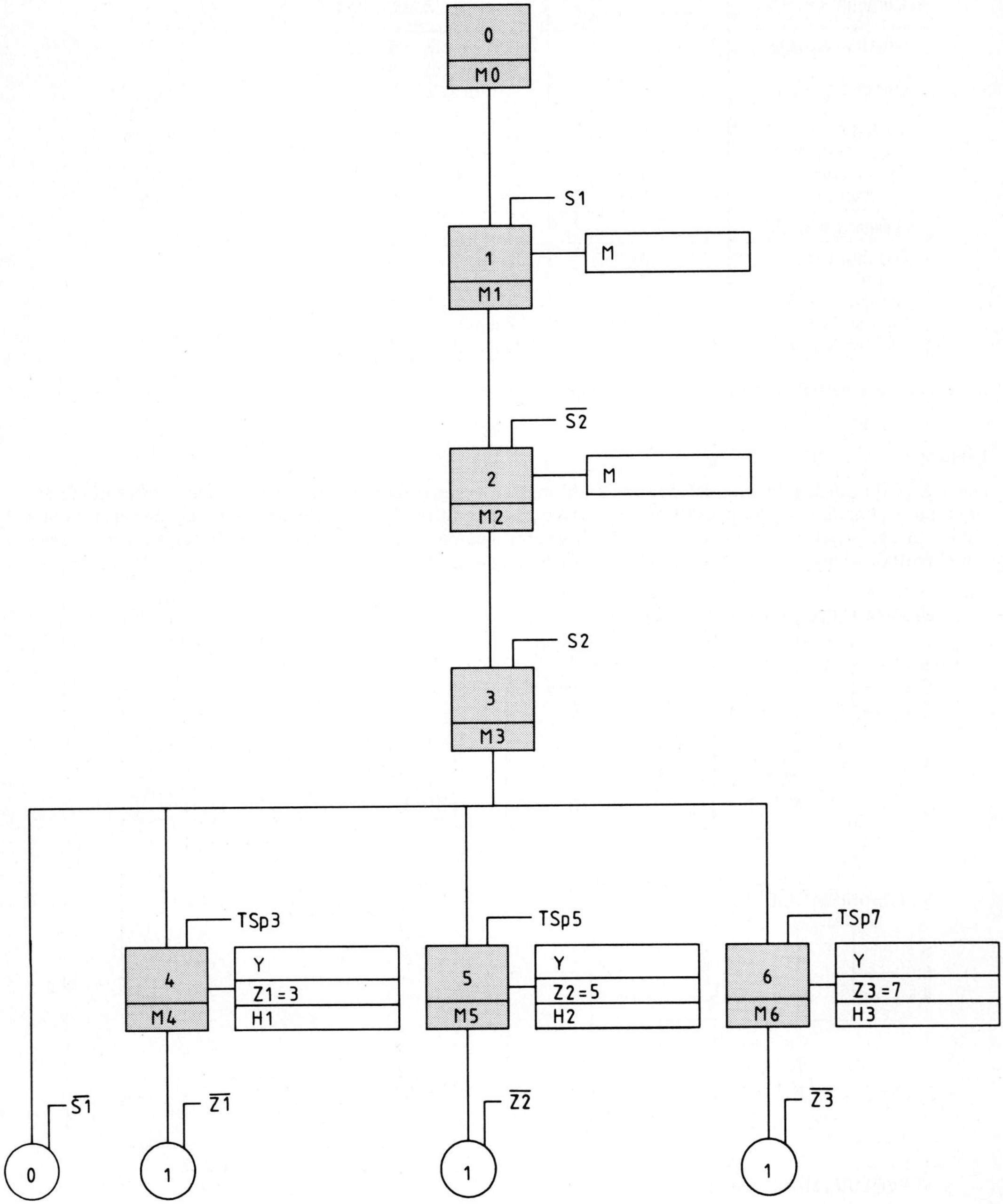

Eine gegenseitige Verriegelung der Zustände 4, 5 und 6, 7 ist hier nicht erforderlich, da die Tastenspeicher gegenseitig verriegelt sind und somit die Übergangsbedingungen der Zustände nicht gleichzeitig erfüllt sein können.

Die Verriegelung der Zustände 4, 5 und 6 gegenüber Zustand 0 ist an den Rücksetzeingängen der jeweiligen Speicherglieder ausgeführt.

Funktionsplan:

Zustand 0

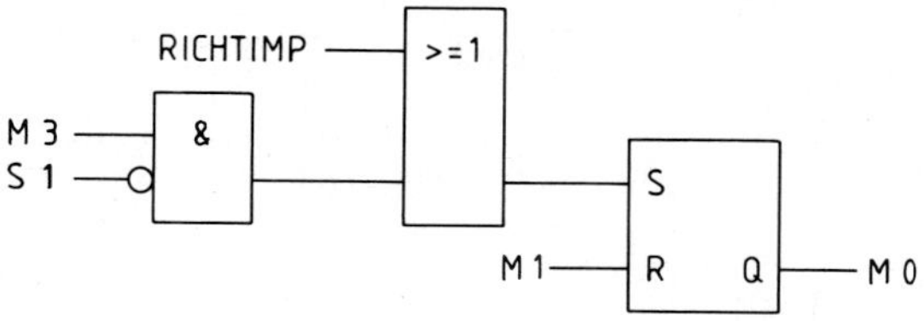

Zustand 1

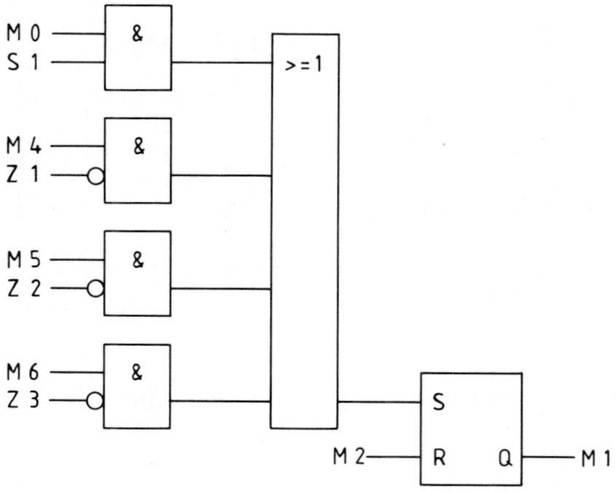

Zustand 2

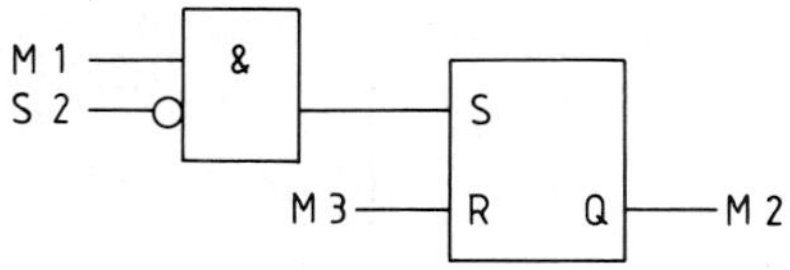

Zustand 3

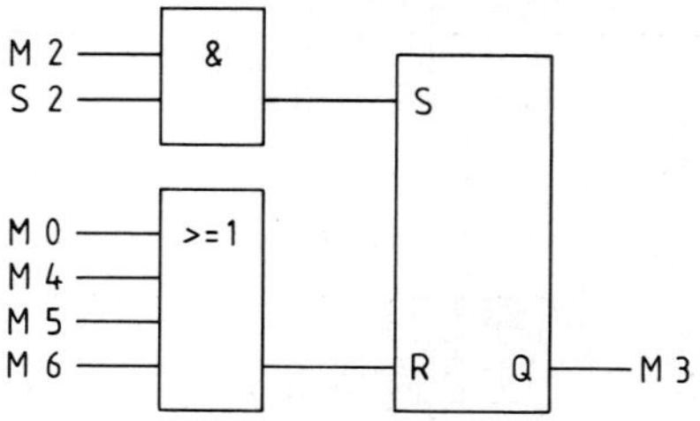

Zustand 4

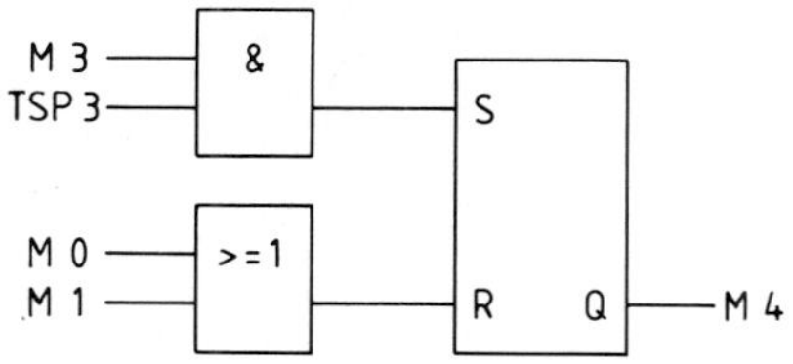

Zustand 5

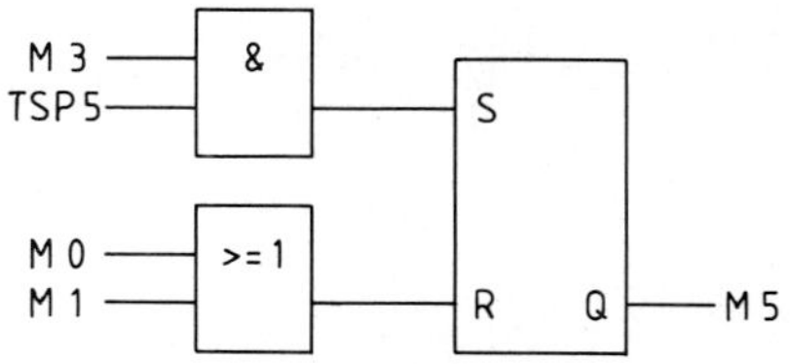

Zustand 6

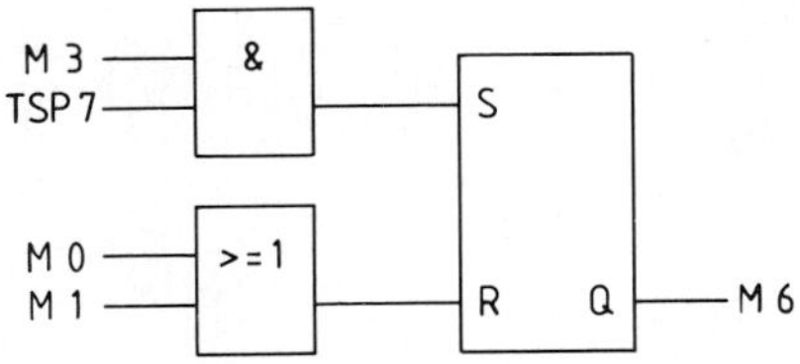

AUSGANGSZUWEISUNG BANDMOTOR

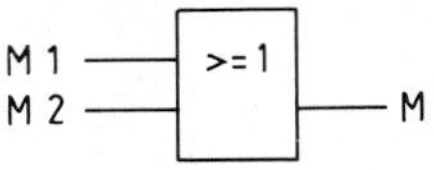

AUSGANGSZUWEISUNG VENTIL

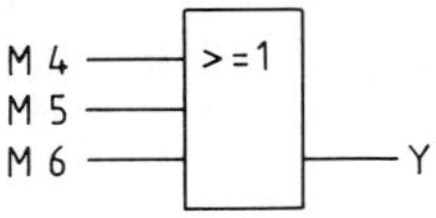

ZÄHLER 1

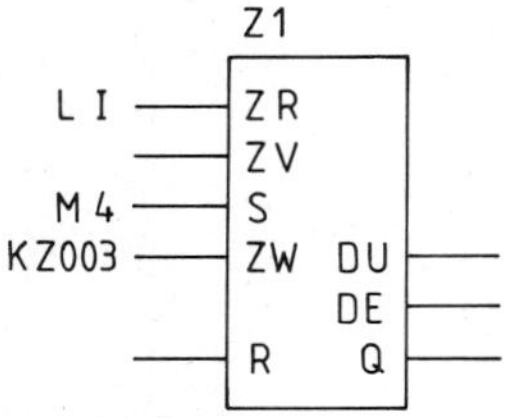

AUSGANGSZUWEISUNG LAMPE ANZ. 3

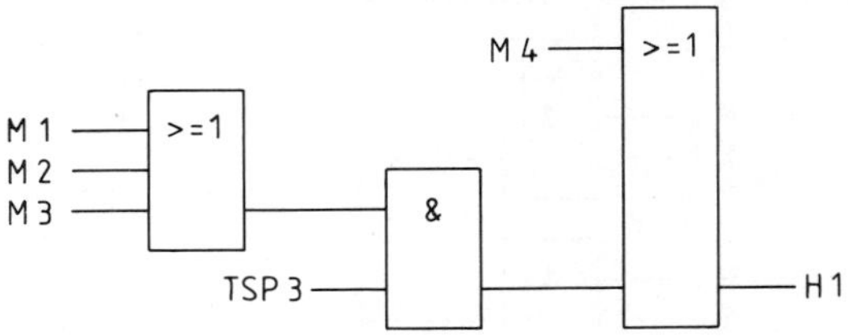

ZÄHLER 2

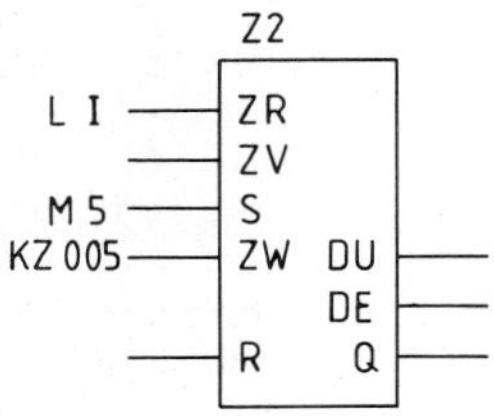

AUSGANGSZUWEISUNG LAMPE ANZ. 5

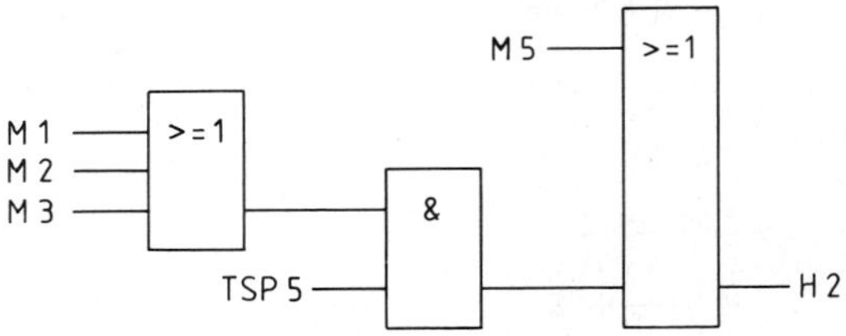

ZÄHLER 3

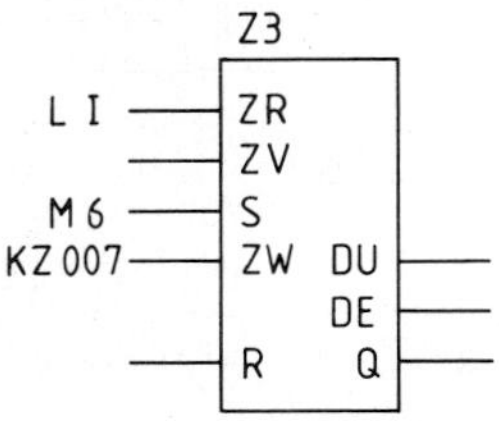

AUSGANGSZUWEISUNG LAMPE ANZ. 7

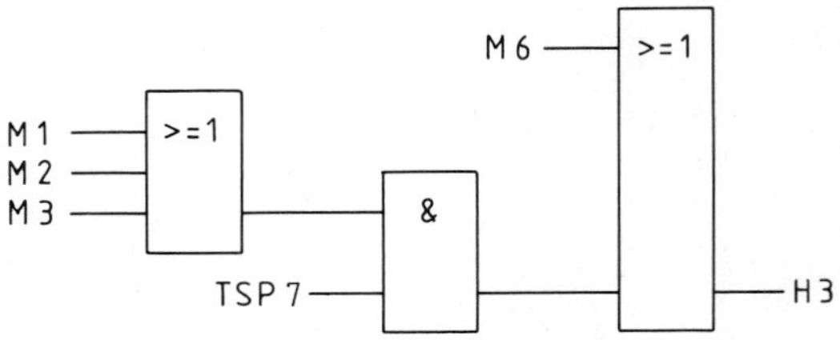

Realisierung mit einer SPS:

Zuordnung:

S1 = E 0.1	M = A 0.1	M0 = M 40.0	TA3 = M 50.0	Zähler
S2 = E 0.2	Y = A 0.2	M1 = M 40.1	TSP3 = M 50.1	Z1
S3 = E 0.3	H1 = A 0.3	M2 = M 40.2	TA5 = M 50.2	Z2
S4 = E 0.4	H2 = A 0.4	M3 = M 40.3	TSP5 = M 50.3	Z3
S5 = E 0.5	H3 = A 0.5	M4 = M 40.4	TA7 = M 50.4	
Li = E 0.6		M5 = M 40.5	TSP7 = M 50.5	
		M6 = M 40.6	MX = M 60.6	
			MY = M 60.7	

Anweisungsliste:

```
RICHTIMPULS
:UN  M   60.6
:=   M   60.7
:S   M   60.6

VORVERARBEITUNG
TASTER ZAHL 3
:U   E    0.3
:UN  E    0.4
:UN  E    0.5
:=   M   50.0
:U   M   50.0
:S   M   50.1
:O   M   50.2
:O   M   50.4
:O   M   40.0
:R   M   50.1

VORVERARBEITUNG
TASTER ZAHL 5
:UN  E    0.3
:U   E    0.4
:UN  E    0.5
:=   M   50.2
:U   M   50.2
:S   M   50.3
:O   M   50.0
:O   M   50.4
:O   M   40.0
:R   M   50.3

VORVERARBEITUNG
TASTER ZAHL 7
:UN  E    0.3
:UN  E    0.4
:U   E    0.5
:=   M   50.4
:U   M   50.4
:S   M   50.5
:O   M   50.0
:O   M   50.2
:O   M   40.0
:R   M   50.5

ZUSTAND 0
:O   M   60.7
:O
:U   M   40.3
:UN  E    0.1
:S   M   40.0
:U   M   40.1
:R   M   40.0

ZUSTAND 1
:U   M   40.0
:U   E    0.1
:O
:U   M   40.4
:UN  Z    1
:O
:U   M   40.5
:UN  Z    2
:O
:U   M   40.6
:UN  Z    3
:S   M   40.1
:U   M   40.2
:R   M   40.1

ZUSTAND 2
:U   M   40.1
:UN  E    0.2
:S   M   40.2
:U   M   40.3
:R   M   40.2

ZUSTAND 3
:U   M   40.2
:U   E    0.2
:S   M   40.3
:O   M   40.0
:O   M   40.4
:O   M   40.5
:O   M   40.6
:R   M   40.3

ZUSTAND 4
:U   M   40.3
:U   M   50.1
:S   M   40.4
:O   M   40.0
:O   M   40.1
:R   M   40.4

ZUSTAND 5
:U   M   40.3
:U   M   50.3
:S   M   40.5
:O   M   40.0
:O   M   40.1
:R   M   40.5

ZUSTAND 6
:U   M   40.3
:U   M   50.5
:S   M   40.6
:O   M   40.0
:O   M   40.1
:R   M   40.6

ZAEHLER 1
:U   E    0.6
:ZR  Z    1
:U   M   40.4
:L   KZ 003
:S   Z    1

ZAEHLER 2
:U   E    0.6
:ZR  Z    2
:U   M   40.5
:L   KZ 005
:S   Z    2

ZAEHLER 3
:U   E    0.6
:ZR  Z    3
:U   M   40.6
:L   KZ 007
:S   Z    3

AUSGANGSZUWEISUNG
BANDMOTOR
:O   M   40.1
:O   M   40.2
:=   A    0.1

AUSGANGSZUWEISUNG
VENTIL
:O   M   40.4
:O   M   40.5
:O   M   40.6
:=   A    0.2

AUSGANGSZUWEISUNG
LAMPE ANZ. 3
:O   M   40.4
:O
:U(
:O   M   40.1
:O   M   40.2
:O   M   40.3
:)
:U   M   50.1
:=   A    0.3

AUSGANGSZUWEISUNG
LAMPE ANZ. 5
:O   M   40.5
:O
:U(
:O   M   40.1
:O   M   40.2
:O   M   40.3
:)
:U   M   50.3
:=   A    0.4

AUSGANGSZUWEISUNG
LAMPE ANZ. 7
:O   M   40.6
:O
:U(
:O   M   40.1
:O   M   40.2
:O   M   40.3
:)
:U   M   50.5
:=   A    0.5
:BE
```

▲

8.5 Schleifen im Zustandsgraph

Die Umsetzung eines Zustandsgraphen in einen Funktionsplan mit RS-Speichergliedern kann dann Schwierigkeiten bereiten, wenn eine Schleife zwischen zwei Zuständen entsteht.

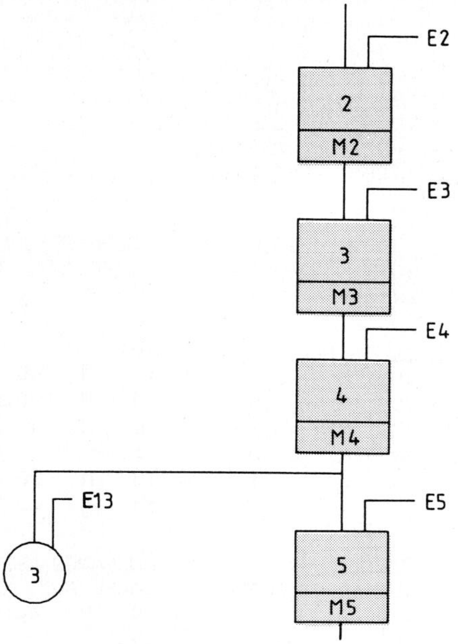

Zustand 3 und Zustand 4 können in einer Schleife bei entsprechenden Bedingungen ständig durchlaufen werden. Zustand 3 bereitet das Setzen von Zustand 4 vor und setzt diesen als Folgezustand wieder zurück. M3 erscheint also in der Setz- und Rücksetzbedingung des Speichers für Zustand 4. Genauso erscheint Merker M4 in der Setz- und Rücksetzbedingung des Speichers M3.

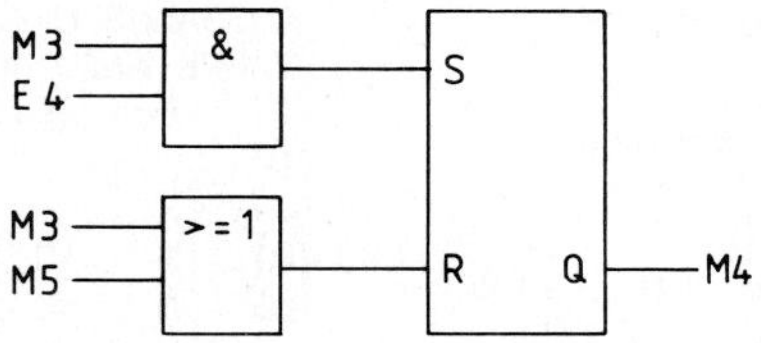

Diese Umsetzung des Zustandes 4 geht wegen der sich aufhebenden Bedingung M3 nicht!
Die richtige Umsetzung folgt im nächsten Bild.

Für die Umsetzung einer Schleife im Zustandsgraph gilt deshalb folgende Regel:

Bei Schleifen müssen die beiden zugehörigen Zustände mit dem Folgezustand und der Setzbedingung des Folgezustandes zurückgesetzt werden.

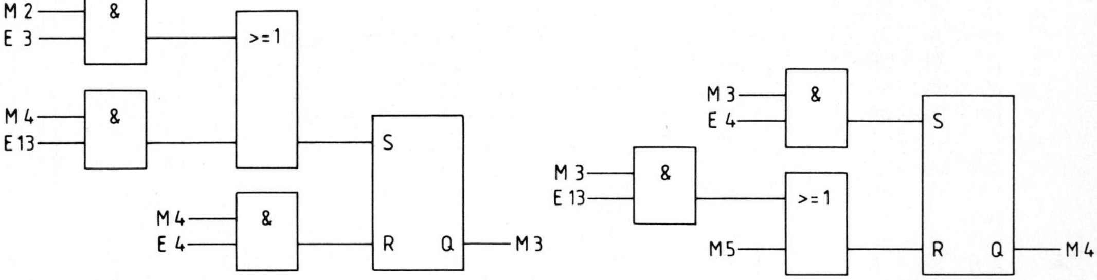

Das nächste Beispiel „Behältersteuerung" entspricht der Übungsaufgabe 5.5. Es soll zum einen gezeigt werden, wie diese Steuerungsaufgabe systematisch mit der Zustandsgraph-Methode entworfen werden kann. Zum anderen treten bei dieser Steuerungsaufgabe Schleifen zwischen den Zuständen auf.

▼ **Beispiel: Behältersteuerung**

Drei Vorratsbehälter mit den Signalgebern S1; S3 und S5 für die Vollmeldung und S2; S4 und S6 für die Leermeldung können von Hand in beliebiger Reihenfolge entleert werden. Eine Steuerung soll bewirken, daß stets nur ein Behälter nach erfolgter Leermeldung gefüllt werden kann. Das Füllen eines Behälters dauert bis die entsprechende Vollmeldung erfolgt ist. Das Füllen der Behälter soll in der Reihenfolge ausgeführt werden, in der sie entleert werden. Werden die Behälter beispielsweise in der Reihenfolge 2-1-3 entleert, müssen sie auch in der Reihenfolge 2-1-3 wieder gefüllt werden.

Die Steuerung ist mit einem Zustandsgraph zu entwerfen.

Technologieschema:

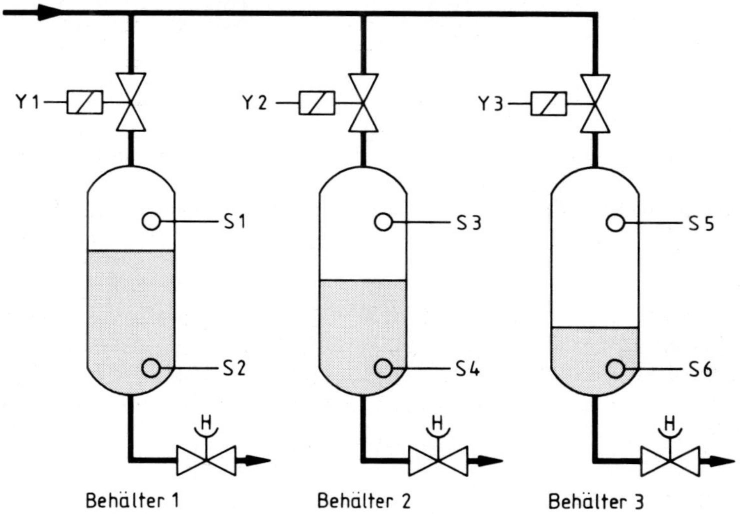

Bild 8.5 Behältersteuerung

Zuordnungstabelle:

Eingangsvariable	Betriebsmittel-kennzeichen	Logische Zuordnung
Vollmeld. Beh. 1	S1	Beh. 1 voll S1 = 1
Vollmeld. Beh. 2	S3	Beh. 2 voll S3 = 1
Vollmeld. Beh. 3	S5	Beh. 3 voll S5 = 1
Leermeld. Beh. 1	S2	Beh. 1 leer S2 = 1
Leermeld. Beh. 2	S4	Beh. 2 leer S4 = 1
Leermeld. Beh. 3	S6	Beh. 3 leer S6 = 1
Ausgangsvariable		
Ventil Beh. 1	Y1	Ventil offen Y1 = 1
Ventil Beh. 2	Y2	Ventil offen Y2 = 1
Ventil Beh. 3	Y3	Ventil offen Y3 = 1

Zustandsgraph:

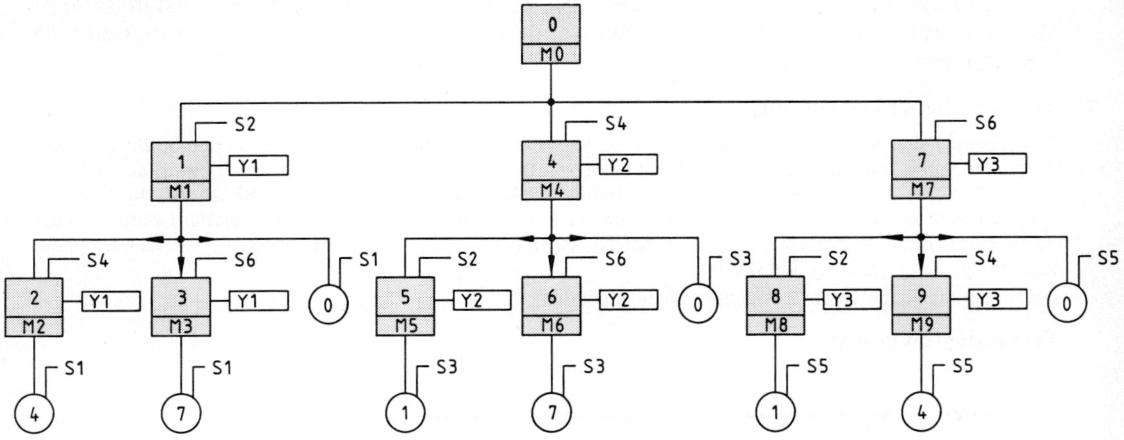

Wie aus dem Zustandsgraph zu ersehen ist, können die Zustände 0 und 1, 0 und 4 sowie 0 und 7 in Schleifen durchlaufen werden. Bei der Umsetzung des Zustandsgraphen sind diese möglichen Schleifen zu berücksichtigen.

Umsetzung des Zustandsgraphen in die ausführliche Darstellung mit RS-Speichergliedern:

Funktionsplan:

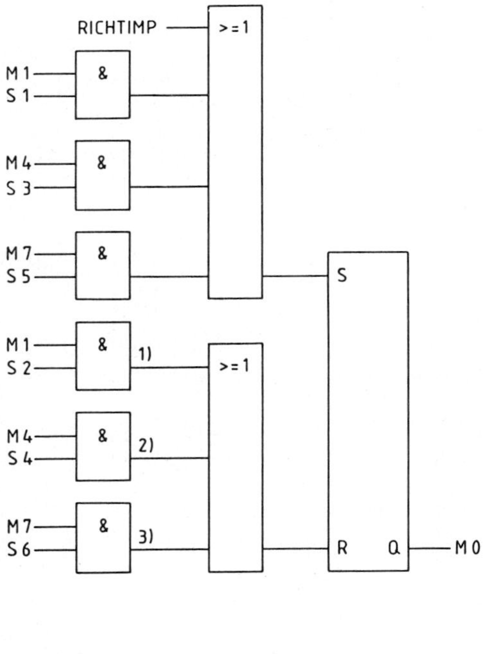

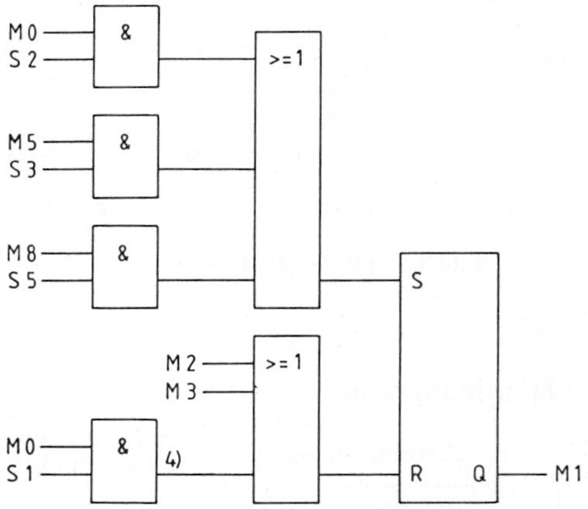

1) Schleife 0-1-0
2) Schleife 0-4-0
3) Schleife 0-7-0
4) Schleife 1-0-1

ZUSTAND 2

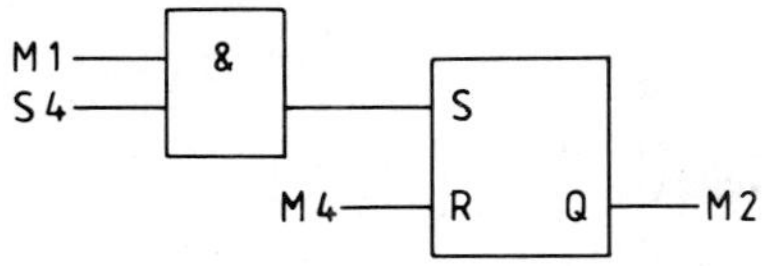

ZUSTAND 3

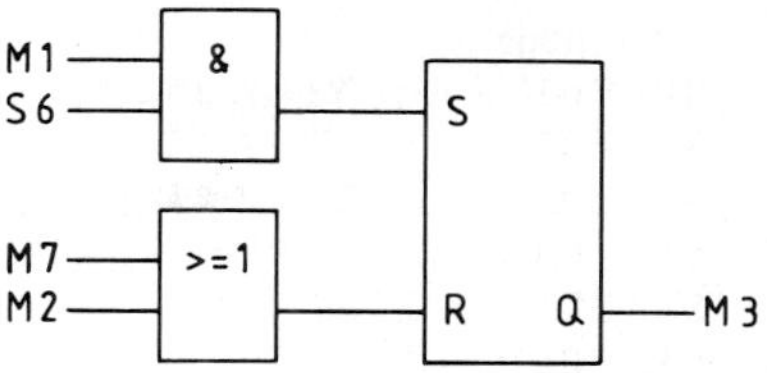

ZUSTAND 4

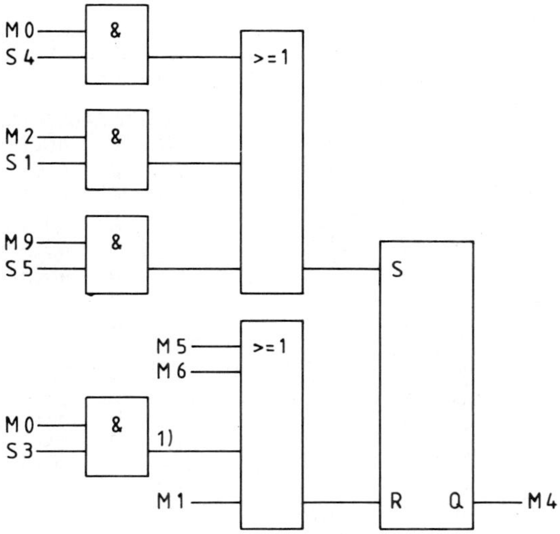

ZUSTAND 5

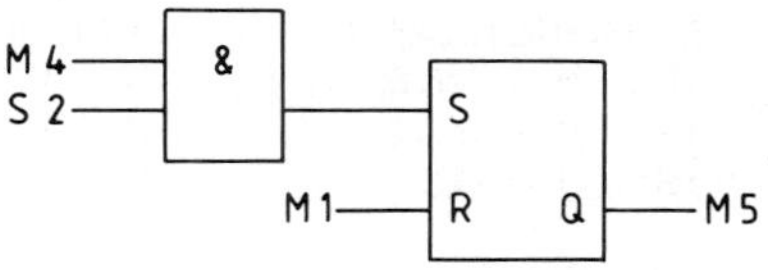

ZUSTAND 6

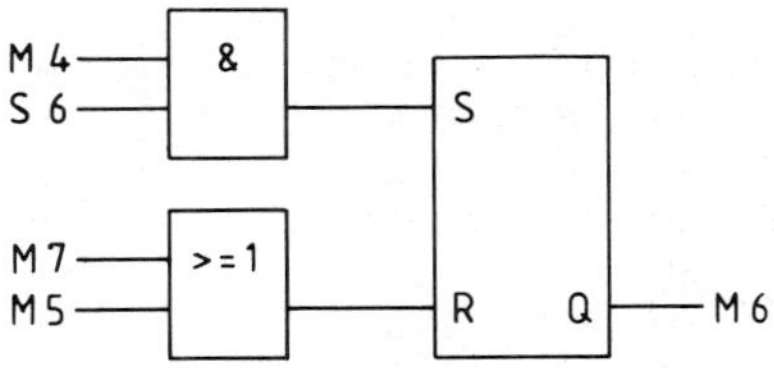

ZUSTAND 7

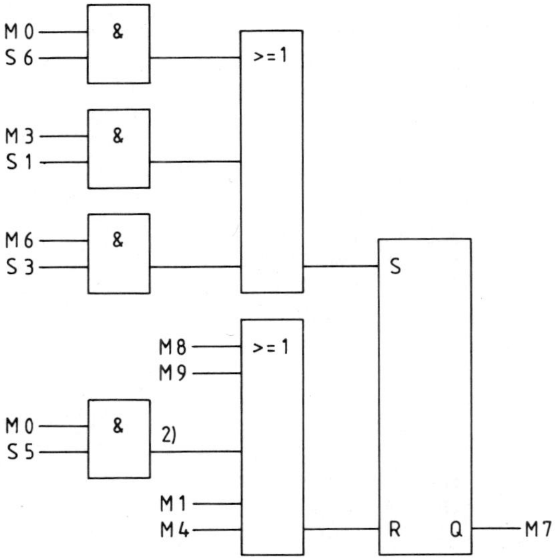

ZUSTAND 8

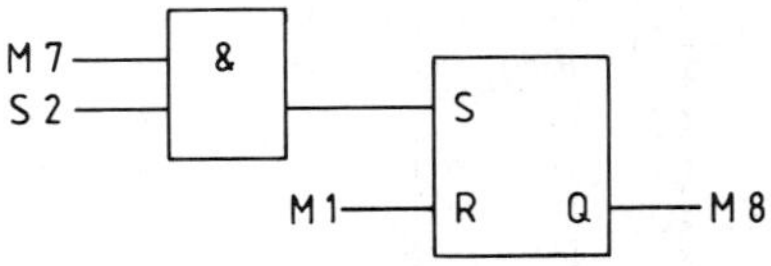

ZUSTAND 9

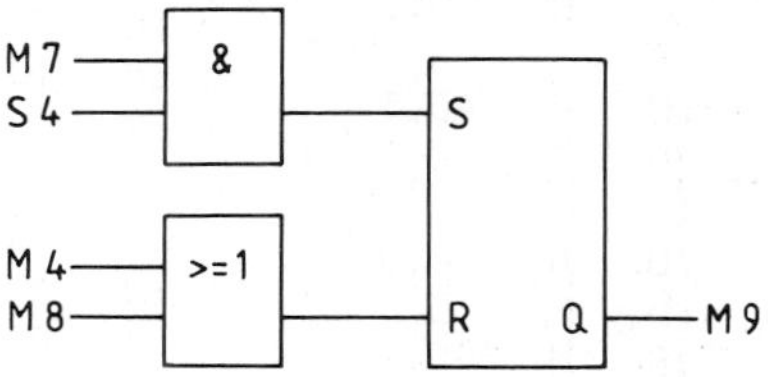

BEFEHLSAUSGABE

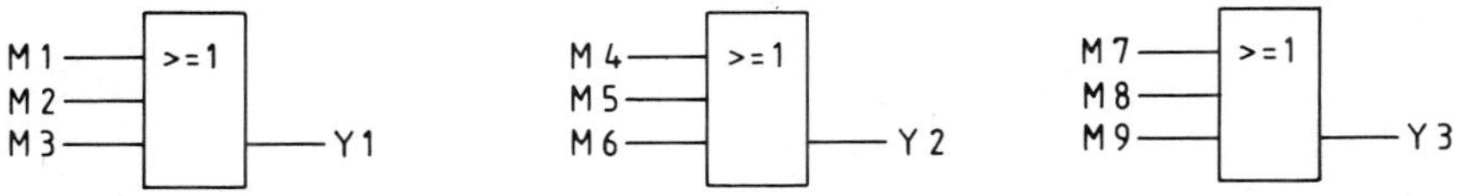

1) Schleife 4-0-4
2) Schleife 7-0-7

Realisierung mit einer SPS:

Zuordnung:

S1 = E 0.1	Y1 = A 0.1	M0 = M 40.0	M6 = M 40.6
S2 = E 0.2	Y2 = A 0.2	M1 = M 40.1	M7 = M 40.7
S3 = E 0.3	Y3 = A 0.3	M2 = M 40.2	M8 = M 41.0
S4 = E 0.4		M3 = M 40.3	M9 = M 41.1
S5 = E 0.5		M4 = M 40.4	MX = M 60.6
S6 = E 0.6		M5 = M 40.5	MY = M 60.7

Anweisungsliste:

```
EINSCHALTFLANKE
:UN  M  60.6
:=   M  60.7
:S   M  60.6

ZUSTAND 0
:O   M  60.7
:O
:U   M  40.1
:U   E   0.1
:O
:U   M  40.4
:U   E   0.3
:O
:U   M  40.7
:U   E   0.5
:S   M  40.0
:U   M  40.1
:U   E   0.2
:O
:U   M  40.4
:U   E   0.4
:O
:U   M  40.7
:U   E   0.6
:R   M  40.0

ZUSTAND 1
:U   M  40.0
:U   E   0.2
:O
:U   M  40.5
:U   E   0.3
:O
:U   M  41.0
:U   E   0.5
:S   M  40.1
:O   M  40.2
:O   M  40.3
:O
:U   M  40.0
:U   E   0.1
:R   M  40.1

ZUSTAND 2
:U   M  40.1
:U   E   0.4
:S   M  40.2
:U   M  40.4
:R   M  40.2

ZUSTAND 3
:U   M  40.1
:U   E   0.6
:S   M  40.3
:O   M  40.7
:O   M  40.2
:R   M  40.3

ZUSTAND 4
:U   M  40.0
:U   E   0.4
:O
:U   M  40.2
:U   E   0.1
:O
:U   M  41.1
:U   E   0.5
:S   M  40.4
:O   M  40.5
:O   M  40.6
:O
:U   M  40.0
:U   E   0.3
:O   M  40.1
:R   M  40.4

ZUSTAND 5
:U   M  40.4
:U   E   0.2
:S   M  40.5
:U   M  40.1
:R   M  40.5

ZUSTAND 6
:U   M  40.4
:U   E   0.6
:S   M  40.6
:O   M  40.7
:O   M  40.5
:R   M  40.6

ZUSTAND 7
:U   M  40.0
:U   E   0.6
:O
:U   M  40.3
:U   E   0.1
:O
:U   M  40.6
:U   E   0.3
:S   M  40.7
:O   M  41.0
:O   M  41.1
:O
:U   M  40.0
:U   E   0.5
:O   M  40.1
:O   M  40.4
:R   M  40.7

ZUSTAND 8
:U   M  40.7
:U   E   0.2
:S   M  41.0
:U   M  40.1
:R   M  41.0

ZUSTAND 9
:U   M  40.7
:U   E   0.4
:S   M  41.1
:O   M  40.4
:O   M  41.0
:R   M  41.1

BEFEHLSAUSGABE
:O   M  40.1
:O   M  40.2
:O   M  40.3
:=   A   0.1
:O   M  40.4
:O   M  40.5
:O   M  40.6
:=   A   0.2

:O   M  40.7
:O   M  41.0
:O   M  41.1
:=   A   0.3
:BE
```

▲

8.6 Vertiefung und Übung

• Übung 8.1: Umsetzung eines Zustandsgraphen in ein Steuerungsprogramm

Der folgende Zustandsgraph ist in ein Steuerungsprogramm umzusetzen und mit einer SPS zu realisieren.

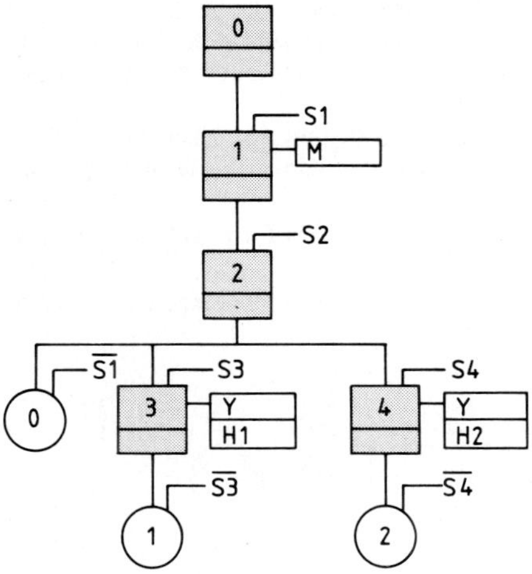

• Übung 8.2: Analyse einer AWL

Aus der gegebenen Anweisungsliste ist der Zustandsgraph zu bestimmen.

Anweisungsliste:

```
:UN  M  60.0
:=   M  60.1
:S   M  60.0
:O   M  60.1
:O
:U(
:O   M  40.3
:O   M  40.5
:O   M  40.6
:)
:UN  E   0.1
:S   M  40.0
:U   M  40.1
:R   M  40.0
:U   M  40.0
:U   E   0.1
:S   M  40.1
:O   M  40.2
:O   M  40.4
:O   M  40.6
:R   M  40.1
:U   M  40.1
:U   E   0.2
:UN  E   0.4
:S   M  40.2
:U   M  40.3
:R   M  40.2
```

```
:U   M  40.2
:U   E   0.3
:S   M  40.3
:O   M  40.0
:O   M  40.4
:R   M  40.3
:U   M  40.1
:UN  E   0.2
:U   E   0.4
:O
:U   M  40.3
:U   E   0.4
:S   M  40.4
:O   M  40.5
:O   M  40.0
:R   M  40.4
:U   M  40.4
:U   E   0.3
:S   M  40.5
:O   M  40.0
:O   M  40.6
:R   M  40.5
```

```
:U   M  40.1
:UN  E   0.1
:UN  E   0.2
:UN  E   0.4
:O
:U   M  40.5
:UN  E   0.2
:S   M  40.6
:U   M  40.0
:R   M  40.6
:O   M  40.1
:O   M  40.2
:O   M  40.3
:O   M  40.4
:O   M  40.6
:=   A   0.1
:O   M  40.2
:O   M  40.3
:=   A   0.2
:O   M  40.4
:O   M  40.5
:=   A   0.3
:BE
```

• Übung 8.3: Ölbrennersteuerung

Der Ölbrenner einer Heizungsanlage besteht aus einem Motor, der das Gebläse und die Ölpumpe antreibt, einem Magnetventil, welches die Ölzufuhr von der Pumpe zur Düse freigibt und einer Zündeinrichtung, die mit Hilfe eines Hochspannungstransformators einen Lichtbogen unmittelbar vor der Düse erzeugt.

Die Ölbrennersteuerung soll den Motor mit Gebläse und Ölpumpe einschalten, wenn der Thermostat anspricht, weil die eingestellte Wassertemperatur unterschritten wird.

Nach einer Vorbelüftungszeit von drei Sekunden wird durch das Magnetventil die Ölzufuhr freigegeben und gleichzeitig die Zündung eingeschaltet. Die Zündung wird sofort ausgeschaltet, sobald der Flammenwächter das Entstehen der Flamme meldet. Ist die am Thermostaten eingestellte Wassertemperatur erreicht, müssen Motor und Magnetventil ausgeschaltet werden.

Wenn trotz eingeschalteter Zündung keine Flamme erscheint, liegt eine Störung vor. Nach einer Sicherheitszeit von 10 Sekunden muß die Ölzufuhr gesperrt, der Motor abgeschaltet und ein Alarm ausgelöst werden (Störungslampe).

Nach einem Alarmzustand kann die Anlage von Hand durch Betätigen eines Entriegelungstasters wieder in Betrieb genommen werden.

Erlischt die Flamme während des Brennerbetriebs, so muß die Zündung automatisch eingeschaltet werden.

Technologieschema:

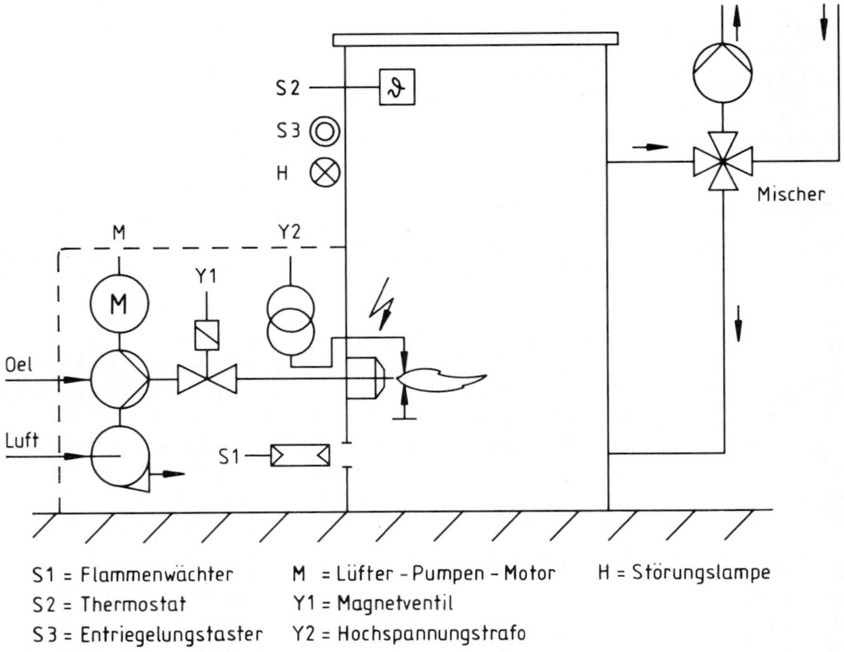

Bild 8.6 Ölbrenner

Zuordnungstabelle:

Eingangsvariable	Betriebsmittel-kennzeichen	Logische Zuordnung	
Flammenwächter	S1	Flamme vorhanden	S1 = 1
Thermostat	S2	spricht an	S2 = 1
Entriegelungstaster	S3	betätigt	S3 = 1
Ausgangsvariable			
Lüfter-Pumpen-Motor	M	Motor läuft	M = 1
Magnetventil	Y1	Ölzufuhr frei	Y1 = 1
Hochspannungstrafo	Y2	Lichtbogen an	Y2 = 1
Störungslampe	H	Lampe an	H = 1

Ermitteln Sie den Zustandsgraph und realisieren Sie die Steuerungsaufgabe mit einer SPS.

• Übung 8.4: Automatisches Rollentor

Die Ein- und Ausfahrt einer Tiefgarage ist nur einspurig befahrbar und mit einem Rollentor verschlossen. Auf beiden Seiten des Tores befinden sich jeweils zwei Induktionsschleifen. Die Unterkante des Tores ist mit einem luftgefüllten Schlauch abgeschlossen. Wenn das Tor geschlossen ist, erhöht sich der Druck im Schlauch und der Antrieb wird über einen Druckwächter abgeschaltet.

Die Endstellung „offen" wird durch einen Endschalter gemeldet. Eine Lichtschranke unter dem Tor soll ein Schließen des Tores im Fehlerfalle verhindern. Vor und hinter dem Tor sind Ampeln angebracht. die die Durchfahrt steuern sollen.

Technologieschema:

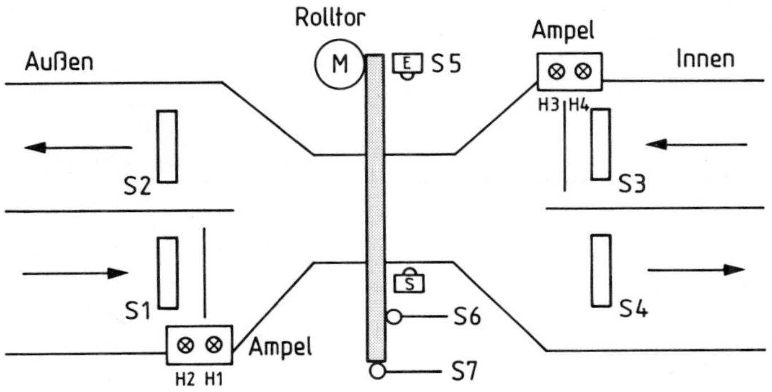

Bild 8.7
Rollentor

Funktionsablaufbeschreibung:

Im Normalfall ist das Tor geschlossen und beide Ampeln zeigen rot. Fährt ein Fahrzeug auf die Induktionsschleife von außen zum Tor hin, öffnet das Tor und schaltet die zugehörige Ampel auf grün, wenn es ganz geöffnet ist.

Verläßt das Fahrzeug die Induktionsschleife, schaltet die Ampel sofort wieder auf rot.

Erst wenn das einfahrende Fahrzeug die Induktionsschleife auf der anderen Seite passiert hat, wird das Tor geschlossen, sofern kein weiteres Fahrzeug auf der Einfahrt- oder Ausfahrtinduktionsschleife steht. In diesem Fall wird die zugehörige Ampel auf grün geschaltet und das Fahrzeug darf passieren.

Damit in der Garage kein Stau entsteht, soll die Ausfahrt Vorrang vor der Einfahrt haben.

Zuordnungstabelle:

Eingangsvariable	Betriebsmittel-kennzeichen	Logische Zuordnung	
Induktiver Geber 1	S1	spricht an	S1 = 1
Induktiver Geber 2	S2	spricht an	S2 = 1
Induktiver Geber 3	S3	spricht an	S3 = 1
Induktiver Geber 4	S4	spricht an	S4 = 1
Lichtschranke	S5	unterbrochen	S5 = 0
Endschalter oben	S6	betätigt	S6 = 0
Druckmelder	S7	spricht an	S7 = 0
Ausgangsvariable			
Signalleuchte Rot 1	H1	leuchtet	H1 = 1
Signalleuchte Grün 1	H2	leuchtet	H1 = 1
Signalleuchte Rot 2	H3	leuchtet	H1 = 1
Signalleuchte Grün 2	H4	leuchtet	H1 = 1
Motorschütz Tor auf	K1	Schütz angezogen	K1 = 1
Motorschütz Tor zu	K2	Schütz angezogen	K2 = 1

Ermitteln Sie den Zustandsgraph und realisieren Sie die Steuerungsaufgabe mit einer SPS.

• Übung 8.5: Parkhaus

Ein Parkhaus mit 40 Stellplätzen hat je eine beschrankte Einfahrt und Ausfahrt. Die Einfahrtschranke wird mit dem Motor M1, die Ausfahrtschranke mit Motor M2 geöffnet und geschlossen. Vor und unmittelbar nach jeder Schranke sind induktive Geber angebracht. Bei der Einfahrt befindet sich eine Ampel, die auf Rot schaltet, wenn das Parkhaus voll ist.

Technologieschema:

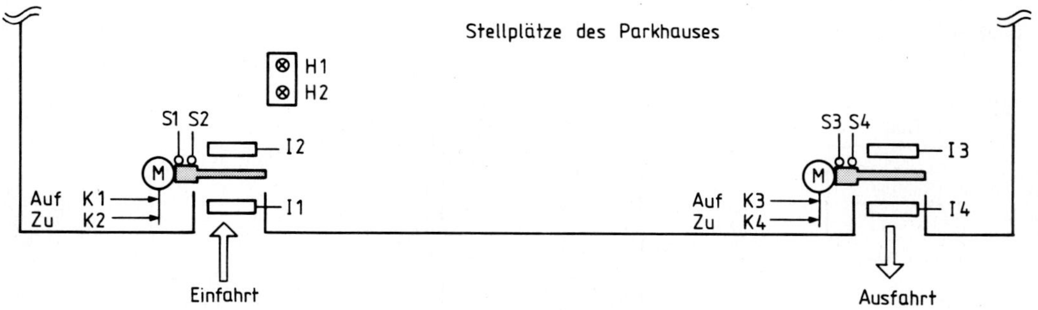

Bild 8.8 Parkhaus

Funktionsablaufbeschreibung:

Einfahrt: Fährt ein Fahrzeug vor die Einfahrtschranke und ist die Ampel auf grün, spricht der induktive Geber I1 an. Die Einfahrtschranke wird durch den Motor M1 (Rechtslauf) geöffnet, bis der Endschalter S1 meldet, daß die Schranke sich in der oberen Endlage befindet. Hat das Fahrzeug den induktiven Geber I2 nach der Schranke passiert, so schließt der Motor M1 (Linkslauf) die Einfahrtschranke wieder bis zur unteren Endlage (Meldung mit S2). Gleichzeitig wird der Zähler um eins erhöht.

Ausfahrt: Die Ausfahrtschranke wird analog zur Einfahrtschranke über die Initiatoren I3 und I4 sowie den Endschaltern S3 und S4 gesteuert. Wenn ein ausfahrendes Fahrzeug den Initiator I4 passiert hat, wird der Zähler um eins zurückgezählt.

Mit einem Schlüsseltaster S0 kann der Zählerstand auf Null gesetzt werden.

Zuordnungstabelle:

Eingangsvariable	Betriebsmittel-kennzeichen	Logische Zuordnung	
Schlüsseltaster	S0	betätigt	S0 = 1
Induktiver Geber 1	I1	spricht an	I1 = 1
Induktiver Geber 2	I2	spricht an	I2 = 1
Induktiver Geber 3	I3	spricht an	I3 = 1
Induktiver Geber 4	I4	spricht an	I4 = 1
Endsch. Schranke 1 oben	S1	betätigt	S1 = 0
Endsch. Schranke 1 unten	S2	betätigt	S2 = 0
Endsch. Schranke 2 oben	S3	betätigt	S1 = 0
Endsch. Schranke 2 unten	S4	betätigt	S2 = 0
Ausgangsvariable			
Schranke 1 auf	K1	Schütz angezogen	K1 = 1
Schranke 1 zu	K2	Schütz angezogen	K2 = 1
Schranke 2 auf	K3	Schütz angezogen	K3 = 1
Schranke 2 zu	K4	Schütz angezogen	K4 = 1
Signalleuchte ROT	H1	leuchtet	H1 = 1
Signalleuchte GRÜN	H2	leuchtet	H2 = 1

• Übung 8.6: Speiseaufzug

Ein Speiseaufzug stellt die Verbindung von der im Keller gelegenen Küche zu dem im Erdgeschoß befindliche Restaurant dar. In der Küche und im Restaurant sind hierzu automatische Türen und entsprechende Ruftaster angebracht.

Technologieschema:

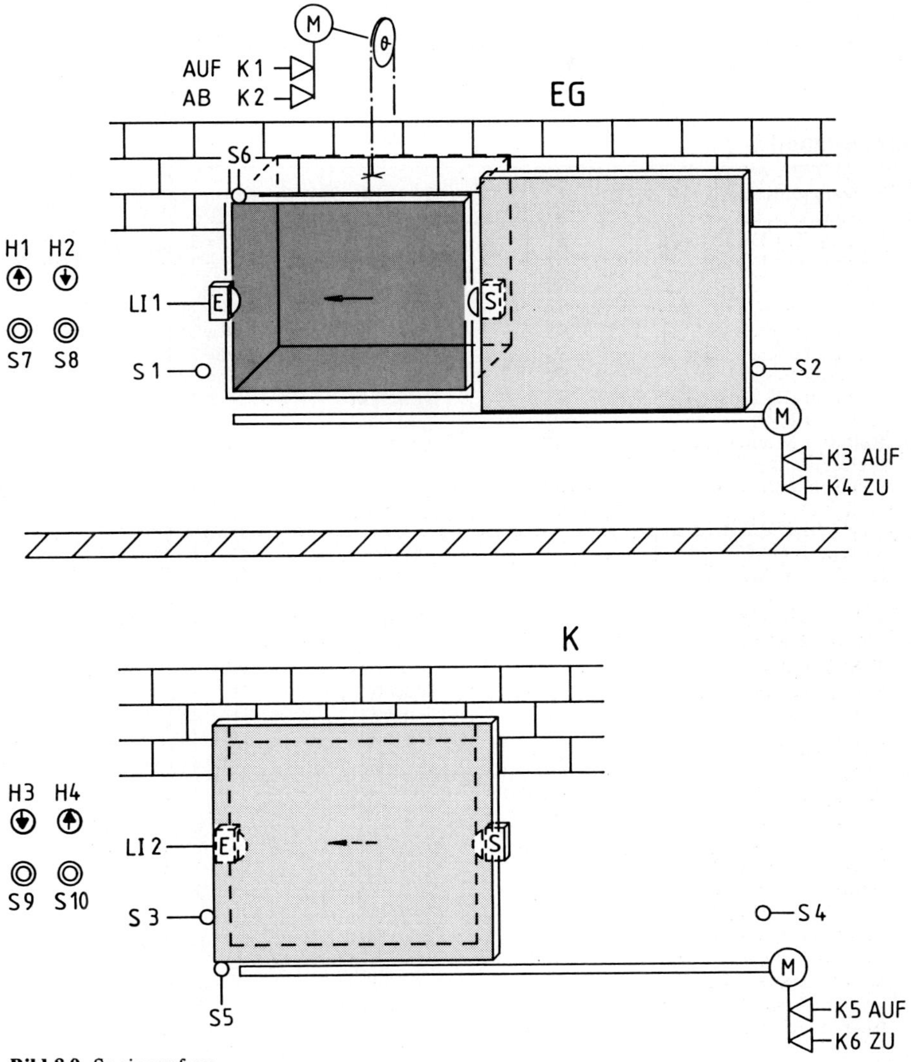

Bild 8.9 Speiseaufzug

Das System Aufzugkorb mit Gegengewicht wird von einem Elektromotor M mit zwei Drehrichtungen angetrieben. Hierfür sind die beiden Leistungsschütze K1 und K2 anzusteuern.
Sowohl in der Küche wie auch im Restaurant sind je zwei Ruftaster angebracht. Mit S7 und S9 kann der Fahrkorb geholt werden und mit S8 und S10 kann der Fahrkorb in das jeweils andere Stockwerk geschickt werden.
Die zu den Tastern gehörenden Rufanzeigen in den Stockwerken zeigen an, daß die Steuerung den Tastendruck bearbeitet.

Die Türen zum Aufzugsschacht werden automatisch geöffnet, wenn der Fahrkorb in dem entsprechenden Stockwerk steht. Hierzu werden die beiden Türöffnermotoren M1 und M2 über die Leistungsschütze K3, K4 und K5, K6 in zwei Drehrichtungen betrieben. Die Mindestöffnungszeit einer Tür beträgt 3 s.
In dem Stockwerk, in dem sich der Fahrkorb befindet, bleibt die Tür stets geöffnet.
Die Türöffnungen werden mit den Lichtschranken LI1 und LI2 überwacht. Wird während des Schließens der Tür die Lichtschranke unterbrochen oder auf einen entsprechenden Taster S7 bzw. S9 gedrückt, geht die Tür sofort wieder auf.
Beim Einschalten der Steuerung sollen beide Türen zunächst geschlossen werden und der Förderkorb in den Keller fahren.
Ermitteln Sie für diese Steuerungsaufgabe den Zustandsgraph und setzen Sie diesen in ein Steuerungsprogramm um. Realisieren Sie die Steuerung mit einer SPS.

Zuordnungstabelle:

Eingangsvariable	Betriebsmittel-kennzeichen	Logische Zuordnung	
Endsch. Tür EG zu	S1	Tür zu	S1 = 1
Endsch. Tür EG auf	S2	Tür auf	S2 = 1
Endsch. Tür K zu	S3	Tür zu	S3 = 1
Endsch. Tür K auf	S4	Tür auf	S4 = 1
Fahrkorbendsch. K	S5	Fahrk. im Keller	S5 = 1
Fahrkorbendsch. EG	S6	Fahrk. im EG	S6 = 1
Ruftaster EG auf	S7	gedrückt	S7 = 1
Ruftaster EG ab	S8	gedrückt	S8 = 1
Ruftaster M ab	S9	gedrückt	S9 = 1
Ruftaster M auf	S10	gedrückt	S10 = 1
Lichtschranke EG	LI1	frei	LI1 = 1
Lichtschranke K	LI2	frei	LI2 = 1
Ausgangsvariable			
Korbmotor AUF	K1	Motor an	K1 = 1
Korbmotor AB	K2	Motor an	K2 = 1
Türmotor EG AUF	K3	Motor an	K3 = 1
Türmotor EG ZU	K4	Motor an	K4 = 1
Türmotor K AUF	K5	Motor an	K5 = 1
Türmotor K ZU	K6	Motor an	K6 = 1
Rufanzeige EG AUF	H1	leuchtet	H1 = 1
Rufanzeige EG AB	H2	leuchtet	H2 = 1
Rufanzeige K AB	H3	leuchtet	H3 = 1
Rufanzeige K AUF	H4	leuchtet	H4 = 1

9 Ablaufsteuerungen mit RS-Speicher

Ablaufsteuerungen sind Steuerungen mit einem zwangsweisen Ablauf in einzelnen Schritten. Das Weiterschalten von einem Schritt auf den durch das Steuerungsprogramm bestimmten nachfolgenden Schritt hängt von Weiterschaltbedingungen ab. Wichtigste Eigenschaft der Ablaufsteuerung ist die eindeutige funktionelle und zeitliche Zuordnung der einzelnen Schritte zu technologischen Abläufen.

Im Gegensatz zu Verknüpfungssteuerungen mit Zustandszuweisungen lassen sich deshalb bei Ablaufsteuerungen die inneren Zustände des Steuerungsprogramms eindeutig den einzelnen Schritten des technologischen Ablaufs zuordnen. Die strukturelle Anordnung der Zustände bzw. Schritte in einem Funktionsablaufplan wird bei Ablaufsteuerungen nicht mehr als Zustandsgraph, sondern als Ablaufkette oder Schrittkette bezeichnet.

Eine häufige Ursache für das Blockieren einer Steuerung sind fehlende Weiterschaltbedingungen. Diese können bei einer Ablaufsteuerung schnell erkannt werden. Weitere Vorteile der Ablaufsteuerung sind:

- einfache und zeitsparende Projektierung und Programmierung
- übersichtlicher Programmaufbau
- leichtes Ändern des Funktionsablaufs
- bei Störungen schnelles Erkennen der Fehlerursache
- einstellbare unterschiedliche Betriebsarten

Aufgrund dieser Vorteile werden in der Praxis sehr viele Steuerungsaufgaben mit Ablaufsteuerungen gelöst.

Man unterscheidet zeitgeführte und prozeßgeführte Ablaufsteuerungen.

Zeitgeführte Ablaufsteuerungen

Bei einer zeitgeführten Ablaufsteuerung sind die Weiterschaltbedingungen nur von der Zeit abhängig. Zum Erzeugen der Weiterschaltbedingungen können Zeitglieder, Zeitzähler oder Schrittwalzen mit gleichbleibender Drehzahl verwendet werden.

Prozeßgeführte Ablaufsteuerungen

Bei einer prozeßgeführten Ablaufsteuerung sind die Weiterschaltbedingungen von den Signalen der gesteuerten Anlage (Prozeß) abhängig. Die Rückmeldungen aus dem Prozeßgeschehen können Ventilstellungen, Antriebsüberwachungen, Durchflußmengen, Druck, Temperatur, Leitwert, Viskosität usw. sein. In vielen Fällen müssen die Prozeßrückmeldungen in binäre elektrische Signale umgesetzt werden.

Eine Form der prozeßabhängigen Ablaufsteuerungen ist die Wegplansteuerung, deren Weiterschaltbedingungen nur von wegabhängigen Signalen der gesteuerten Anlage abhängig sind.

9.1 Struktur einer Ablaufsteuerung

Eine Ablaufsteuerung kann in die vier Teile

Ablaufkette
Betriebsarten
Meldungen
Befehlsausgabe

gegliedert werden. Das Zusammenwirken der einzelnen Teile mit den entsprechenden Signalen zeigt die folgende Übersicht.

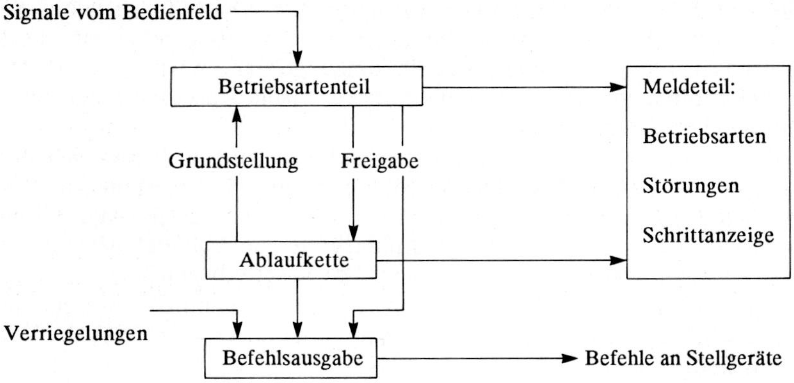

Ablaufkette

Kernstück einer Ablaufsteuerung ist die Ablaufkette. In dieser wird das Programm für den schrittweisen Funktionsablauf der Steuerungen bearbeitet. Die einzelnen Ablaufschritte werden abhängig von den Weiterschaltbedingungen in einer festgelegten Reihenfolge aktiviert.

Betriebsartenteil

Im Betriebsartenteil werden die Bedingungen für die unterschiedlichen Betriebsarten bearbeitet. Folgende Betriebsarten sind üblich und kommen in der Steuerungstechnik immer wieder vor:

Automatikbetrieb

Im Automatikbetrieb erfolgt nach dem Startsignal der in der Ablaufkette festgelegte Steuerungsablauf ohne Eingriff eines Bedienenden. Die Stellgeräte werden ausschließlich von der Ablaufkette angesteuert.

Einzelschrittbetrieb

Im Einzelschrittbetrieb kann die Ablaufkette von Hand schrittweise weitergeschaltet werden. In dieser Betriebsart unterscheidet man zusätzlich noch die *Weiterschaltung mit Bedingung* und die *Weiterschaltung ohne Bedingung*. Diese Betriebsart erleichtert die Prüfung des Programms bei der Inbetriebnahme und die Störungsbehebung.

Einrichtbetrieb

In dieser Betriebsart können die einzelnen Stellgeräte unabhängig vom Programm der Steuerung von Hand betätigt werden. Die Sicherheitsverriegelungen bleiben im allgemeinen jedoch wirksam.

Die verschiedenen Betriebsarten werden über ein *Bedienfeld* eingestellt. Je nach eingestellter Betriebsart erhalten die Ablaufkette, die Befehlsausgabe und der Meldeteil Befehle in Form von Freigabesignalen, Weiterschaltsignalen, Verriegelungssignalen und Anzeigesignalen.

Für die einzelnen Betriebsarten müssen die üblichen Sicherheitsregeln (DIN 57113 = VDE 0113) für die Steuerungstechnik beachtet werden. Die wichtigsten Regeln zusammengefaßt besagen:

- Es müssen gefährliche Zustände verhindert werden, durch die Personen gefährdet oder Maschinen bzw. Material beschädigt werden können.
- Nach Wiederkehr einer vorher ausgefallenen Netzspannung dürfen Maschinen nicht selbsttätig anlaufen.
- Bei Störungen (z.B. im Automatisierungsgerät) müssen Befehle von NOT-AUS-Schaltern und Sicherheitsgrenzschaltern auf alle Fälle wirksam bleiben. Diese Schutzeinrichtungen sollen deshalb direkt an den Stellgeräten im Leistungsteil wirksam sein. Die NOT-AUS-Einrichtung muß komplett mit elektromechanischen Schaltgeräten aufgebaut werden.
- Durch Fehler in den Geberstromkreisen wie Leiterbruch oder Erdschluß darf es weder zu einem unbeabsichtigten Selbstanlauf kommen, noch darf eine beabsichtigte Stillsetzung verhindert werden. Das Einschalten sollte nach dem Arbeitsstromprinzip (Schließer) und das Ausschalten nach dem Ruhestromprinzip (Öffner) erfolgen.

Diese allgemeinen Regeln sind bei der Realisierung jeder Steuerungsaufgabe zu befolgen. (Siehe Kapitel 11)

Spezielle Fragen des Ein- bzw. Ausschaltens von Anlagen wie z.B.:

wann darf ein- bzw. ausgeschaltet werden,
wann darf nicht ein- bzw. ausgeschaltet werden,
wann muß ausgeschaltet werden,

sind sehr stark von Prozeßerfordernissen und örtlichen Gegebenheiten abhängig. Auf die Beantwortung dieser Fragen kann deshalb im einzelnen nicht eingegangen werden.

Meldungen

In diesem Programmteil werden notwendige Meldungen von der Steuerung an den Bediener veranlaßt. Solche Meldungen bestehen aus der Anzeige der eingestellten *Betriebsart*, der Anzeige der aktuellen *Schrittnummer* und aus *Störungsanzeigen*.

Befehlsausgabe

Im Programmteil Befehlsausgabe werden die Befehle, die von den einzelnen Schritten der Ablaufkette aktiviert wurden, mit den Freigabesignalen des Betriebsartenteils und den Verriegelungssignalen aus dem Prozeß verknüpft. Darüberhinaus werden noch die Befehle für das Steuern der einzelnen Stellgeräte von Hand in der Betriebsart Einrichten berücksichtigt.

In der modernen Steuerungstechnik ist es üblich und erstrebenswert, Programmteile nach Möglichkeit zu standardisieren. Bei Ablaufsteuerungen bieten sich hierbei die Programmteile Betriebsarten, Meldungen und Befehlsausgabe an. Durch die *Standardisierung* wird der Aufwand an Planungsarbeit erheblich vermindert. Kurze Erstellungszeiten sind auch bei umfangreichen Steuerungen möglich. Das Steuerungsprogramm wird übersichtlich und für jeden Fachmann leicht verständlich.

Hinzu kommt, daß durch die Standardisierung Fehlerortungen für Anlagestörungen besonders einfach durchgeführt werden können. Selbstverständlich können technologisch bedingte Programmergänzungen, die nicht durch die Standardisierung erfaßt werden, in das Steuerungsprogramm eingeführt werden.

9.2 Ablaufkette

Die Struktur der Ablaufkette entspricht dem schrittweisen Ablauf der Steuerungsfunktion für den Prozeß. Für die bildliche Umsetzung des Funktionsablaufs sind zwei verschiedene Darstellungen gebräuchlich.

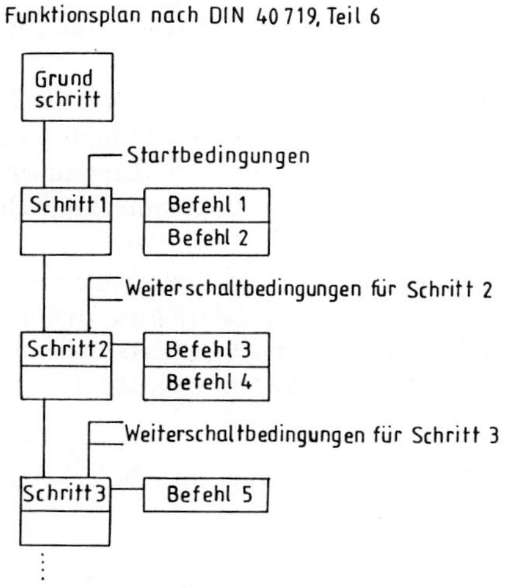

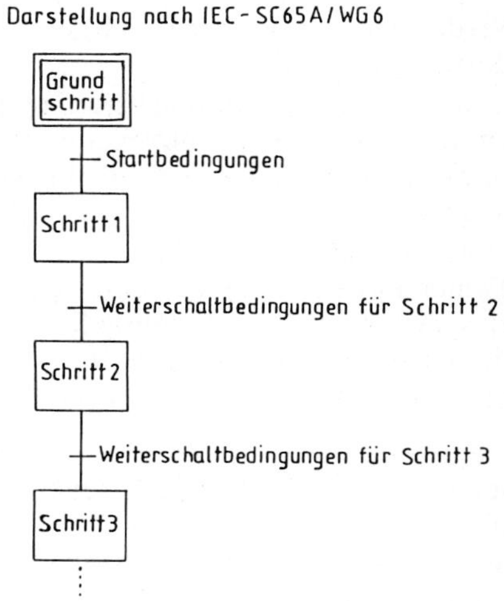

Die Grobstruktur in der Darstellung nach dem IEC-Entwurf muß noch durch Detaildarstellungen ergänzt werden. Diese Darstellung ist entwickelt worden, um die Programmierung von Ablaufsteuerungen mit einer besonderen Programmiersprache zu erleichtern. Mit dieser Programmiersprache erstellt der Anwender zunächst die Struktur der Ablaufkette in bildhafter Darstellung und programmiert dann die Weiterschaltbedingungen und Befehle.

Im weiteren Verlauf wird für die Darstellung der *Schrittkette* der *Funktionsplan nach DIN 40719* verwendet. Die Symbole entsprechen den in Kapitel 8 verwendeten Darstellungen für den Zustandsgraphen. Das Symbol für einen Schritt besteht aus einem Rechteck, an das mehrere Wirkungslinien angebracht sind.

Schrittsymbol:

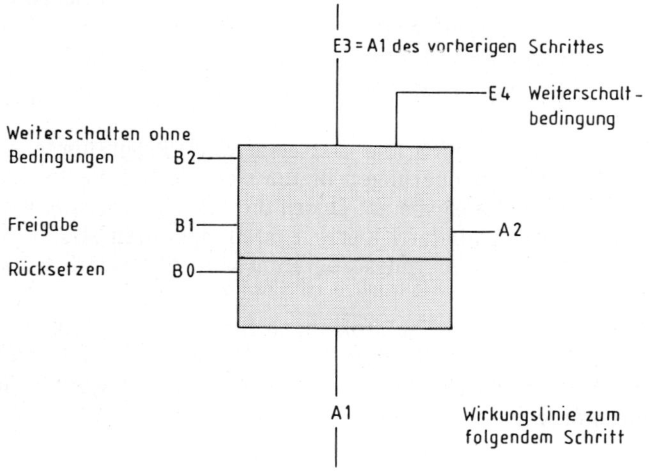

Im oberen Feld des Schrittsymbols steht die Schrittnummer, im unteren Feld kann Text eingetragen werden.

Die Wirkungslinien, die an das Schrittsymbol hinführen, sind im Vergleich zu dem Zustandssymbol in Kapitel 8 um drei Linien erweitert worden. Links zum Schrittsymbol führend sind die Signale B0, B1 und B2 angebracht, welche als übergeordnete Signale aus dem Betriebsartenteil die Ablaufkette beeinflussen.

Mit dem Signal B0 *Rücksetzen* werden alle Schrittspeicher bis auf den ersten (Grundstellung) zurückgesetzt. Schritt 0 (Grundstellung) wird durch dieses Signal gesetzt. Die Ablaufkette kann so dominant vom Betriebsartenteil aus in die Grundstellung gesetzt werden.

Mit dem Signal B1 *Freigabe* kann aus dem Betriebsartenteil eine Schrittweiterschaltung gesperrt werden, obwohl alle Weiterschaltbedingungen für diesen Schritt erfüllt sind. Nur wenn B1 den Signalwert „1" hat, kann bei erfüllten Weiterschaltbedingungen in der Ablaufkette der nächste Schritt gesetzt werden. Im Automatikbetrieb ist der Signalwert von B1 stets „1". Im Schrittbetrieb mit Bedingungen erhält das Signal B1 nur bei Betätigen einer bestimmten Taste auf dem Bedienfeld während eines Zyklusdurchlaufs den Signalwert „1".

Mit dem Signal B2 *Weiterschalten* kann vom Betriebsartenteil aus der nächste Schritt gesetzt werden, ohne daß die Weiterschaltbedingung E5 erfüllt ist. Dieses Signal hat nur in der Betriebsart „Schrittbetrieb ohne Bedingungen" bei Betätigen einer bestimmten Taste auf dem Bedienfeld während eines Zyklusdurchlaufs den Wert „1".

Ausführliche Darstellung eines Schrittes, z.B. Schritt 5:

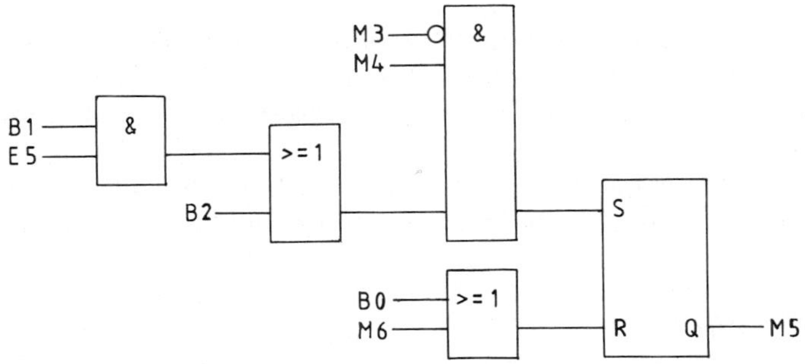

M3 = Schrittmerker 3
M4 = Schrittmerker 4
M5 = Schrittmerker 5
M6 = Schrittmerker 6

B0 = Rücksetzen
B1 = Freigabe
B2 = Weiterschalten ohne Bedingungen
E5 = Weiterschaltbedingung

Aus der ausführlichen Funktionsplandarstellung ist zu ersehen, daß Schritt 5 nur gesetzt werden kann, wenn Schritt 4 gesetzt ist und Schritt 3 bereits zurückgesetzt worden ist. Die Abfrage, ob Schritt 3 bereits zurückgesetzt ist, ist erforderlich, damit im Einzelschrittbetrieb stets nur ein Schritt weitergeschaltet wird. Das Freigabesignal B1 wird mit der Weiterschaltbedingung E5 aus dem Prozeß UND-verknüpft.

Da die drei Signale (B0, B1 und B2) aus dem Betriebsartenteil an alle Schrittsymbole führen, wird bei der Erstellung der Ablaufkette auf die Eintragung dieser Signale verzichtet. Bei der Umsetzung der Ablaufkette in ein Steuerungsprogramm dürfen diese Signale jedoch nicht vergessen werden.

Rechts neben dem Schrittsymbol sind die Befehle angegeben, mit denen die Stellgeräte oder auch Zeiten, Merker usw. abhängig von den Ablaufschritten eingeschaltet und ausgeschaltet werden. Die Befehle werden in ein Rechtecksymbol geschrieben, das durch zwei horizontale Striche in drei Felder geteilt wird.

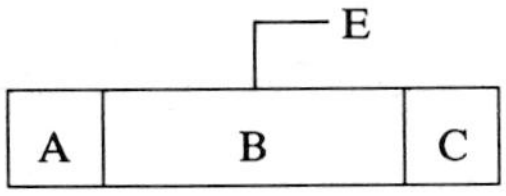

In Feld A wird mit einer Abkürzung die Art des Befehls angegeben. Folgende Abkürzungen für die Befehlsarten können in das Feld A eingetragen werden:

Abkürzung	Befehlsart
NS	nicht gespeichert
S	gespeichert
D	verzögert
SD	gespeichert und verzögert
NSD	nicht gespeichert und verzögert
SH	gespeichert auch bei Energieausfall
T	zeitlich begrenzt
ST	gespeichert und zeitlich begrenzt

In Feld B wird die Wirkung des Befehls eingetragen. Entweder werden hier die Stellgeräte, die mit diesem Schritt aktiviert werden sollen, direkt angegeben, oder es werden Operanden wie Ausgänge, Merker, Zeiten, Zähler usw. angegeben, die mit diesem Schritt Signalzustand „1“ erhalten sollen. Mit der Wirkungslinie von E ausgehend zu diesem Feld kann der Befehl, der in diesem Feld angegeben ist, nochmals verriegelt werden.

In Feld C wird die Kennzeichnung für die Abbruchstelle eines Befehlsausgangs eingetragen oder bei mehreren Befehlen die einzelnen Befehle numeriert. Das Feld C kann entfallen, wenn eine Abbruchstelle nicht vorhanden ist oder eine Numerierung der Befehle nicht erforderlich ist.

Bei der Befehlsausgabe sind die nichtspeichernden (NS) Befehle am einfachsten zu handhaben. Diese Befehlsart wird ausschließlich bei allen Beispielen und Übungen verwendet. Deshalb wird in den weiteren Ausführungen auf das Feld A verzichtet, da hier stets die Abkürzung NS eingetragen werden müßte.

Abhängig von den Funktionen in dem zu steuernden Prozeß sind die Ablaufketten unterschiedlich strukturiert. Man unterscheidet hierbei unverzweigte und verzweigte Ablaufketten.

9.2.1 Ablaufkette ohne Verzweigung

Bei der Ablaufkette ohne Verzweigung sind die Funktionen der zu steuernden Anlage nacheinander oder seriell angeordnet und lassen sich ohne Verzweigungen ausführen. Nach Durchlaufen aller möglichen Schritte wird mit dem Funktionsablauf wieder von vorn begonnen und mit dem letzten Schritt der Ablaufkette Schritt 0 (Grundstellung der Kette) gesetzt.

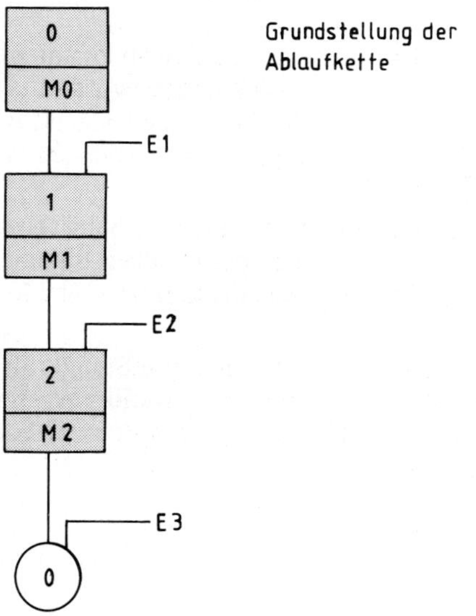

Bei der Umsetzung der Schrittkette in die ausführliche Darstellung mit RS-Speichergliedern sind die Signale B0, B1 und B2 aus dem Betriebsartenteil berücksichtigt.

SCHRITT 0 (GRUNDSTELLUNG D. KETTE)

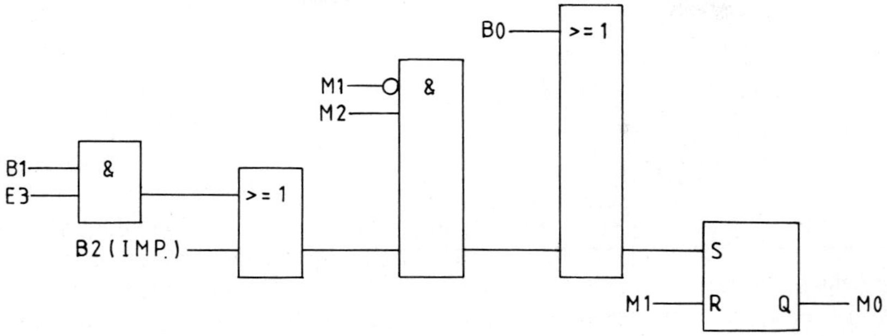

SCHRITT 1

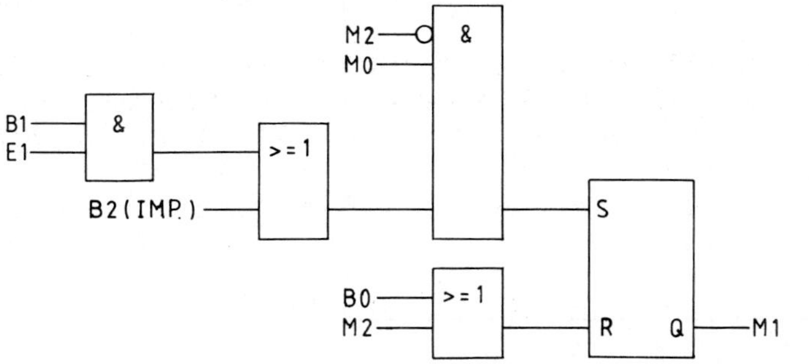

SCHRITT 2

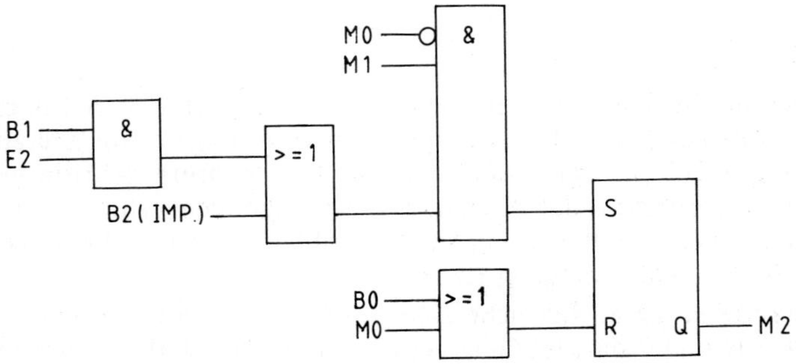

9.2.2 Ablaufkette mit einer ODER-Verzweigung

Die Ablaufkette mit einer ODER-Verzweigung gabelt sich nach einem Schritt in zwei oder mehrere Zweige. Die Zweige bestehen wieder aus aufeinanderfolgenden Schritten. Von diesen Zweigen darf jedoch nur ein Zweig durchlaufen werden.

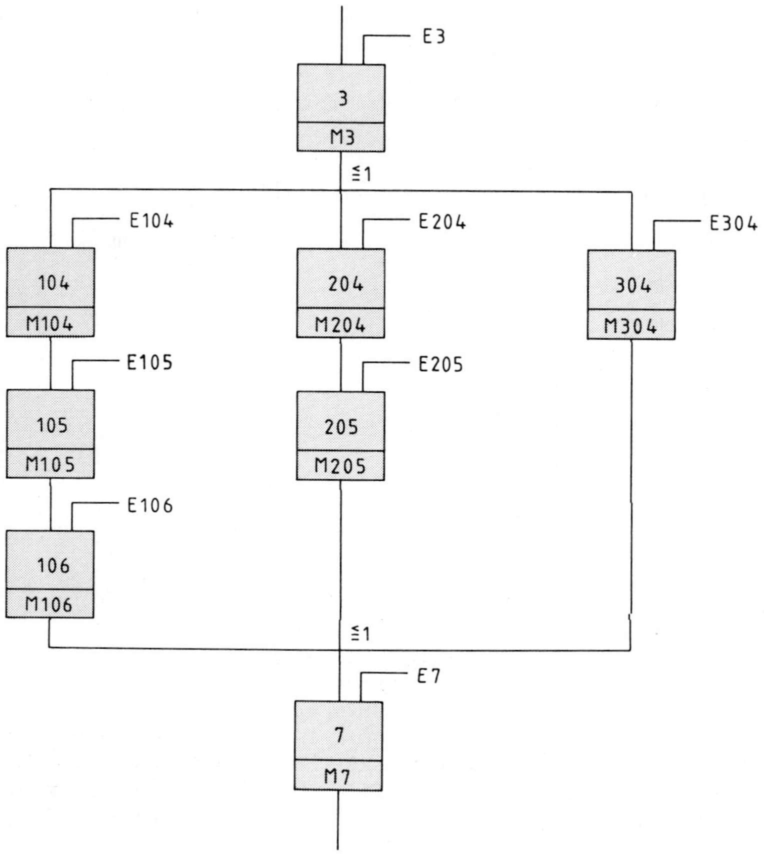

Mit der gegebenen Struktur der Ablaufkette wird Schritt 3 von Schritt 104, 204 oder 304 zurückgesetzt. Die Schritte 104, 204 und 304 müssen gegenseitig verriegelt sein, um zu verhindern, daß bei gleichzeitig erfüllten Weiterschaltbedingungen mehrere Schritte gesetzt werden können. Die Zusammenführung der einzelnen Verzweigungen erfolgt über eine ODER-Verknüpfung. Schritt 7 wird gesetzt, wenn sich die Ablaufkette in Schritt 106, 205 oder 304 befindet und die Weiterschaltbedingung E7 erfüllt ist.

Die Umsetzung der Schrittkette in die ausführliche Darstellung mit RS-Speichergliedern ist für die Schritte 3, 104, 204, 304 und 7 durchgeführt, da bei diesen die ODER-Verzweigung auf die Setz- und Rücksetzbefehle der Speicherglieder einwirkt.

SCHRITT 3

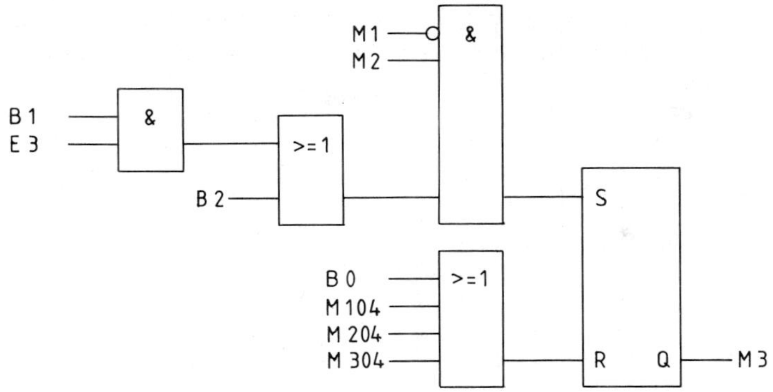

SCHRITT 104

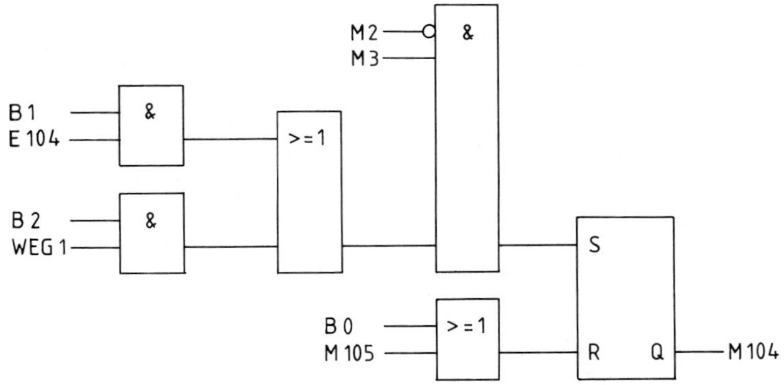

Bei der Verriegelung der Schritte 104, 204 und 304 gibt es mehrere Möglichkeiten, die von den Prozeßbedingungen abhängen. Sind für diese Schritte die Weiterschaltbedingungen E104, E204 und E304 gleichzeitig erfüllt und befindet sich die Schrittkette in Schritt 3, so muß mit der Art der Programmierung und der Reihenfolge der Befehle der Schritt gesetzt werden, der durch die Prozeßanforderung bestimmt ist.
In diesem Beispiel wurde die Priorität 104 vor 204 und 304 sowie 204 vor 304 festgelegt.

SCHRITT 204

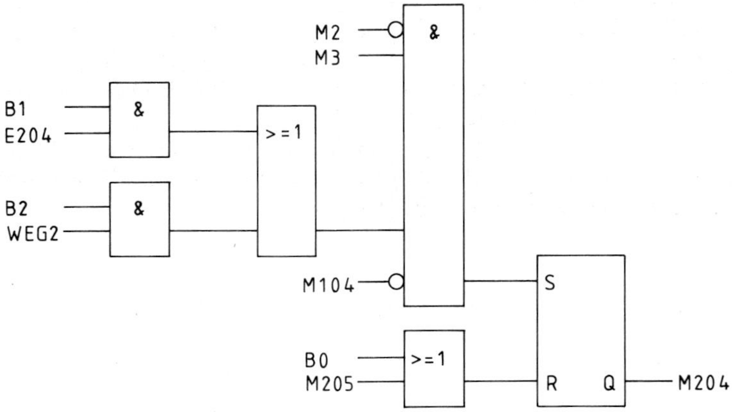

SCHRITT 304

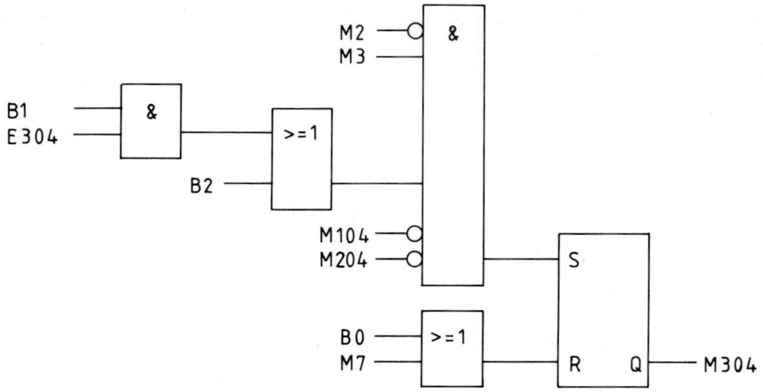

Die Zusammenführung der ODER-Verzweigung wird aus der Setz-Bedingung von Schritt 7 deutlich.

SCHRITT 7

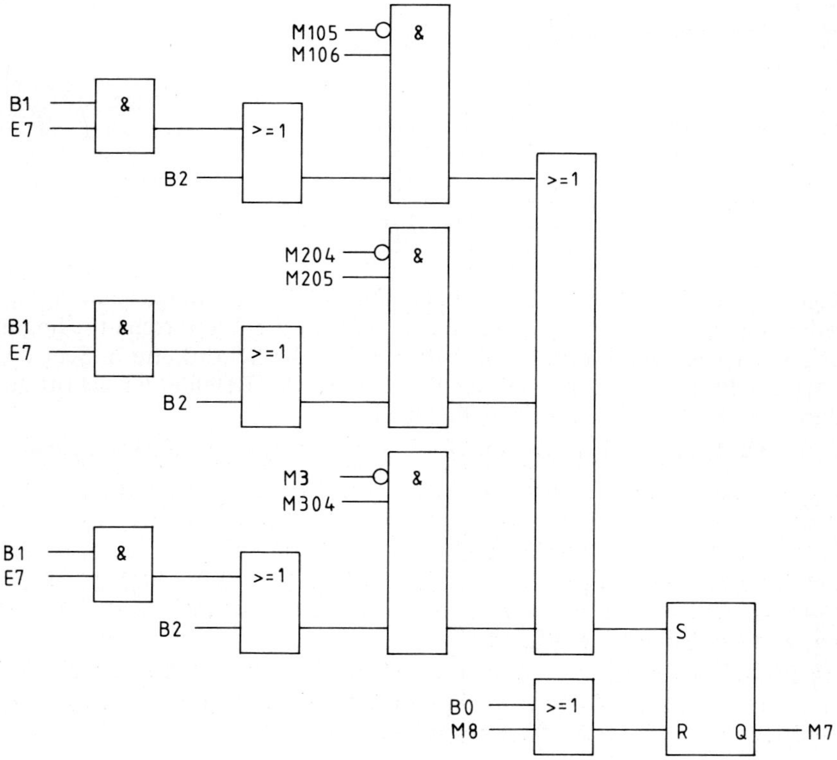

9.2.3 Ablaufkette mit einer UND-Verzweigung

Die Ablaufkette mit einer UND-Verzweigung gabelt sich nach einem Schritt in zwei oder mehrere Zweige. Die Zweige bestehen wieder aus aufeinanderfolgenden Schritten. Alle Zweige werden gleichzeitig durchlaufen.

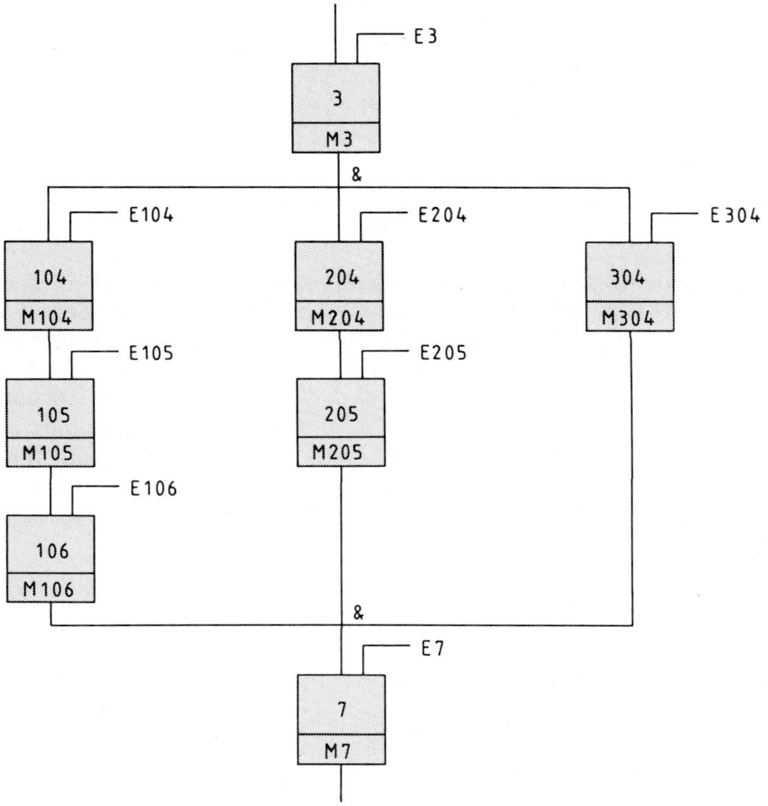

Mit der gegebenen Struktur der Ablaufkette können von Schritt 3 aus die Schritte 104, 204 oder 304 gesetzt werden, wenn die entsprechenden Weiterschaltbedingungen erfüllt sind. Diese Schritte müssen nicht gleichzeitig gesetzt werden. Schritt 3 darf jedoch erst zurückgesetzt werden, wenn alle Folgeschritte gesetzt sind oder gesetzt waren.

Die Zusammenführung der einzelnen Verzweigungen erfolgt über eine UND-Verknüpfung. Schritt 7 wird erst gesetzt, wenn sich die Ablaufkette in Schritt 106, 205 und 304 befindet und die Weiterschaltbedingung E7 erfüllt ist.

Die Umsetzung der Schrittkette in die ausführliche Darstellung mit RS-Speichergliedern ist für die Schritte 3, 104, 105, 204, 304 und 7 durchgeführt, da bei diesen die UND-Verzweigung auf die Setz- und Rücksetzbefehle der Speicherglieder einwirkt.

SCHRITT 3

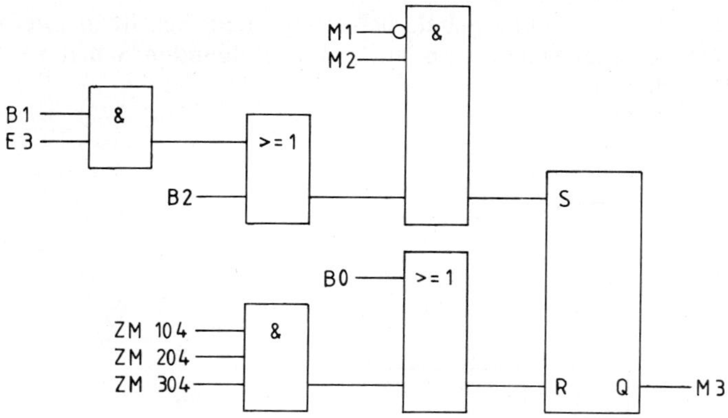

Das Rücksetzen des dritten Schrittes erfolgt mit *Zusatzmerkern*, die durch die jeweilig zugehörigen Schritte 104, 204 bzw. 304 gesetzt werden. Dies ist erforderlich, da Schritt 3 erst zurückgesetzt werden darf, wenn alle Folgeschritte 104, 204 und 304 gesetzt sind oder gesetzt waren. Die einzelnen Schrittkettenzweige können bereits weiter bearbeitet werden, ohne daß alle Folgeschritte von Schritt 3 schon erreicht sind. Daß die Schritte 104, 204 und 304 gesetzt waren, wird mit den Zusatzmerkern ZM104, ZM204 und ZM304 festgehalten.

Die Zusatzmerker verriegeln gleichzeitig noch das erneute Setzen der Zustände 104, 204 und 304. Ist beispielsweise der Schritt 106 gesetzt, Schritt 3 jedoch noch nicht zurückgesetzt und die Weiterschaltbedingung E104 erfüllt, so würde Schritt 104 erneut gesetzt werden.

SCHRITT 104

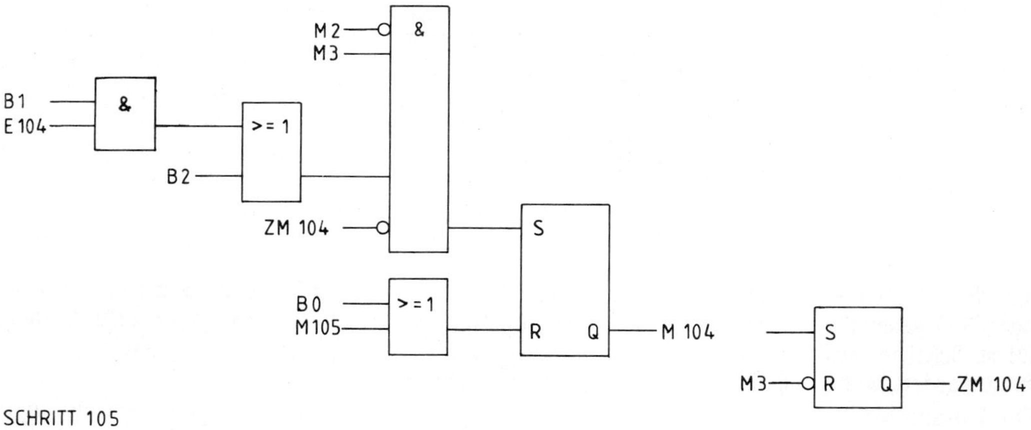

SCHRITT 105

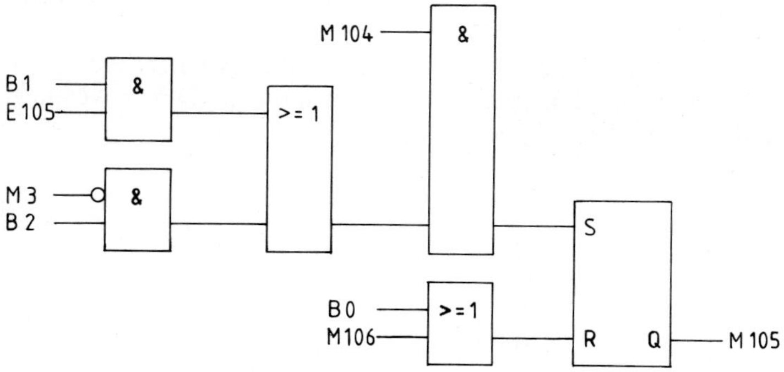

SCHRITT 204

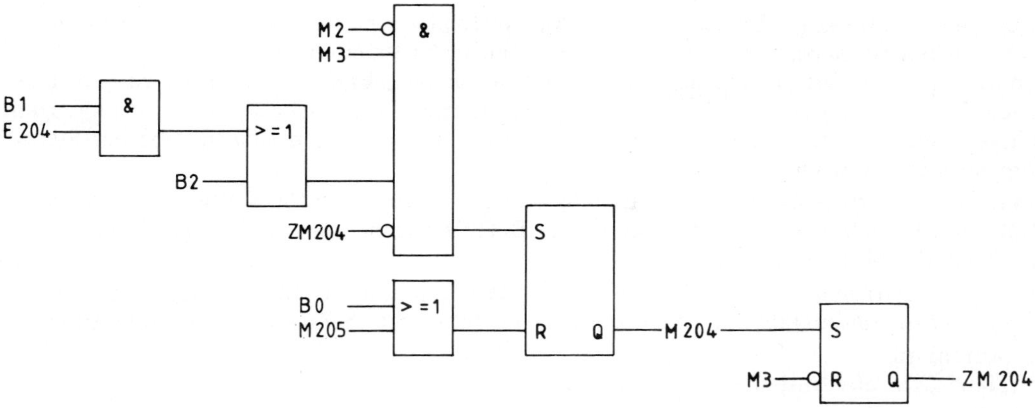

SCHRITT 304

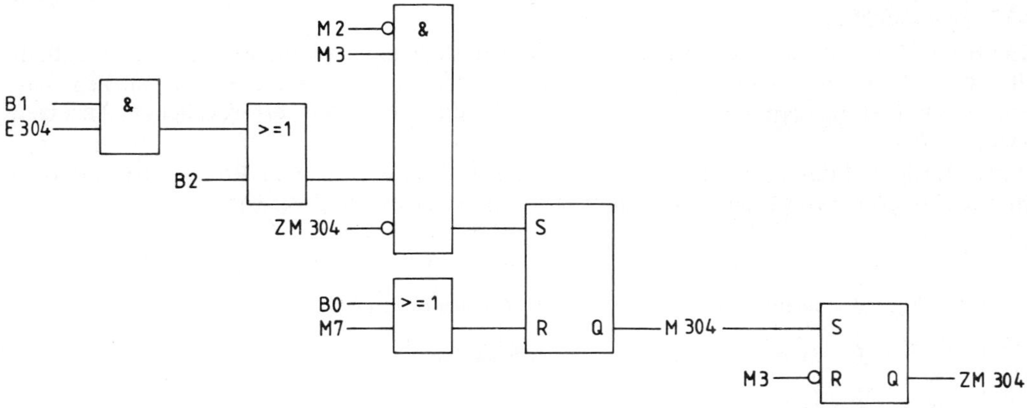

Die Zusammenführung der UND-Verzweigung wird aus der Setz-Bedingung von Schritt 7 deutlich.

SCHRITT 7

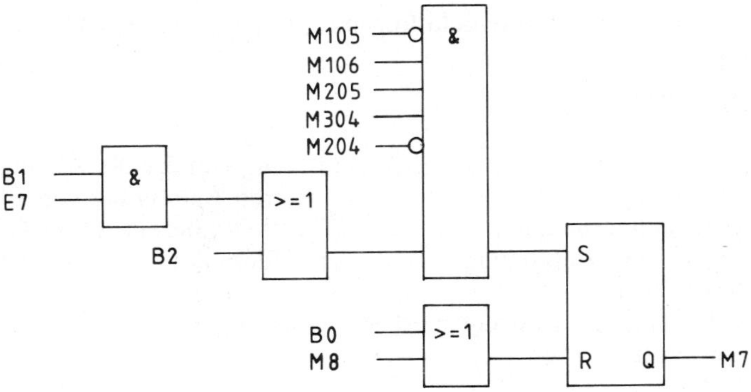

9.3 Betriebsartenteil, Meldungen und Befehlsausgabe

Zu jeder Steuerung gehört ein Teil, der es dem Bediener ermöglicht, die Anlage in unterschiedlichen Betriebszuständen zu betreiben und in bestimmten Fällen einzugreifen. Darüberhinaus ist es oft erforderlich, dem Bediener aus dem Prozeß Meldungen zu geben. Je nach eingestellter Betriebsart werden Ausgangssignale nur unter bestimmten Bedingungen ausgegeben. Alle diese Gesichtspunkte wurden bei der bisherigen Realisierung der Steuerungen nicht berücksichtigt.

Eine vollständige Ablaufsteuerung besteht deshalb neben der Ablaufkette noch aus einem Betriebsartenteil, einem Meldeteil und einer Befehlsausgabe, in denen Eingriffe durch den Bedienenden verarbeitet werden.

In diesem Abschnitt werden die Programmteile Betriebsarten mit Meldungen, Schrittanzeige und Befehlsausgabe für Ablaufsteuerungen entwickelt, bei denen die Betriebsarten

- Automatik,
- Hand (Einzelschrittbetrieb ohne Bedingungen)

wählbar sind. Bei der Auswahl der beiden genannten Betriebsarten wurde vor allem Wert auf eine einfache Realisierbarkeit und leichte Handhabbarkeit bei der Bearbeitung von Steuerungsaufgaben gelegt.

9.3.1 Bedienfeld

Das Bindeglied zwischen Steuerung und Bediener stellt ein Bedienfeld dar. Dieses enthält alle Wahlschalter und Taster, die für die Eingriffe durch einen Bediener erforderlich sind. Außerdem sind auf dem Bedienfeld noch die für die Meldungen erforderlichen Anzeigen angebracht.

Unter Berücksichtigung der möglichen Betriebsarten und einfachen Realisierbarkeit wird für alle Steuerungsaufgaben dieses Kapitels folgendes Bedienfeld verwendet:

Bedienfeld:

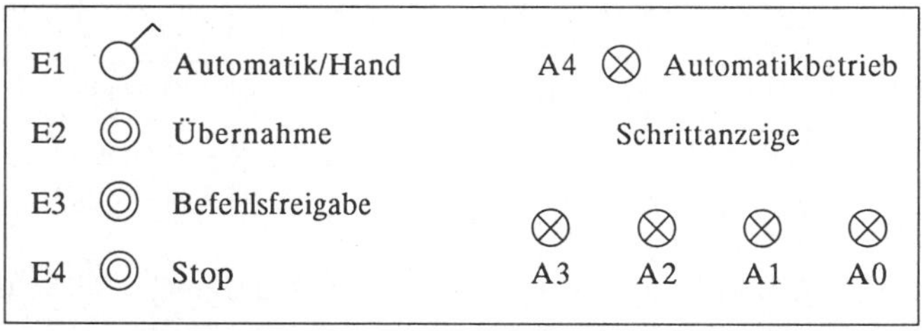

Um Verwechslungen mit den Signalgebern der Anlage zu vermeiden, die in den Technologieschemata mit S1 ... bezeichnet werden, sind die Eingänge vom Bedienfeld mit E1 bis E4 bezeichnet.

Zur Bedienung der Anlage sind auf dem Bedienfeld folgende Befehlsgeber erforderlich:

Schalter E1: Automatik/Hand:
Wahl der Betriebsart.

Taster E2: Übernahme:
Bei E1 = 1 (Automatikbetrieb) wird bei Betätigung von E2 die Ablaufkette in die Grundstellung gesetzt und bei einer weiteren Betätigung von E2 der Automatikbetrieb übernommen. Steht die Ablaufkette bereits in der Grundstellung, ist nur eine Betätigung von E2 zur Übernahme des Automatikbetriebs erforderlich.
Bei E1 = 0 (Handbetrieb) erfolgt bei Betätigung von E2 eine Weiterschaltung der Schrittkette.

Taster E3: Befehlsfreigabe:
Im Einzelschrittbetrieb muß der Taster betätigt werden, um die Befehlsausgabe des jeweiligen Schrittes frei zu geben.

Taster E4: Stop:
Beendigung der Betriebsart Automatik bei Erreichen des letzten Schrittes der Ablaufkette.

Zur Anzeige des Betriebszustandes und des jeweiligen Schrittes werden auf dem Bedienfeld fünf Anzeigeleuchten A0 ... A4 vorgesehen. Mit A4 wird der Automatikbetrieb angezeigt. A0 ... A3 sind für die dualcodierte Anzeige des jeweiligen Schrittes vorgesehen.

9.3.2 Betriebsartenteil mit Meldungen

Der Betriebsartenteil einer Ablaufsteuerung verarbeitet die Signale vom Bedienfeld und der Anlage zu den für die Ablaufkette erforderlichen Steuersignale wie:

B0: Richtimpuls für die Grundstellung der Ablaufkette
B1: Freigabe der Schrittweiterschaltung mit Bedingung
B2: Freigabe der Schrittweiterschaltung ohne Weiterschaltbedingung
B3: Startbedingung für die Ablaufkette

Darüberhinaus werden die zur Anzeige der Betriebsarten notwendigen Signale für das Bedienfeld sowie das Freigabesignal für die Befehlsausgabe mit dem Betriebsartenteil erzeugt.

Die Struktur der Verknüpfungssteuerung des Betriebsartenteils ist abhängig von den Befehlsgebern des Bedienfeldes und den Anforderungen der gewünschten Betriebsarten.

Der entwickelte Betriebsartenteil soll folgende Betriebsarten ermöglichen:

- Automatikbetrieb,
- Handbetrieb (Einzelschrittbetrieb ohne Bedingungen).

Die erforderlichen Steuersignale zwischen der Anlage, dem Bedienfeld und den einzelnen Programmteilen sind in der folgenden Übersicht mit ihrer Bezeichnung und Richtung angegeben.

Grobstruktur des Betriebsartenteils mit den erforderlichen Eingangs- und Ausgangssignalen.

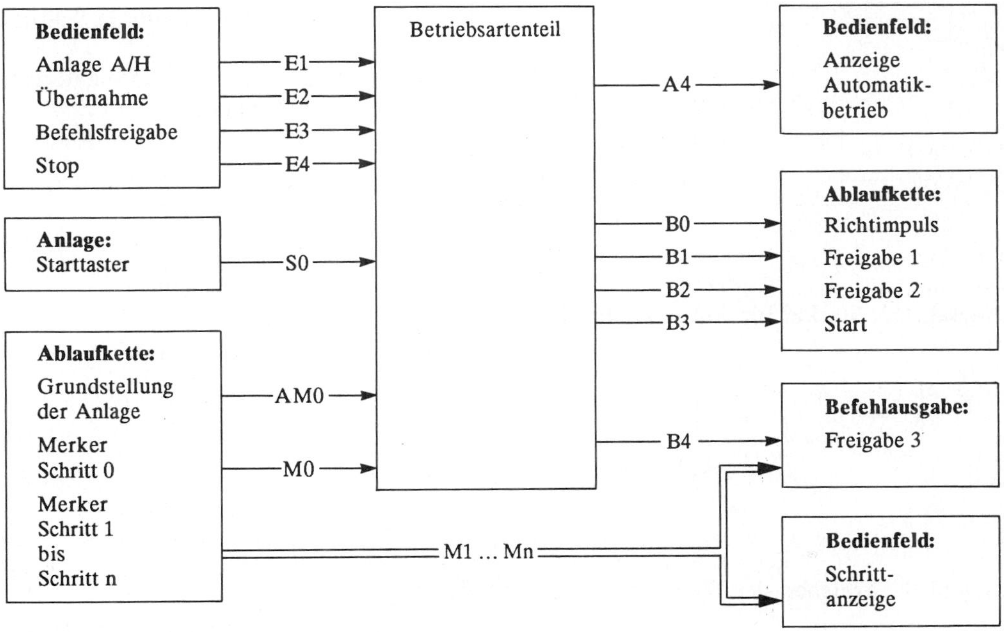

Freigabe 1 für Weiterschalten mit Bedingungen (Automatikbetrieb)
Freigabe 2 für Weiterschalten ohne Bedingungen (Handbetrieb)
Freigabe 3 von Ausgabebefehlen

Der folgende Funktionsplan des Betriebsartenteils ist empirisch entwickelt worden und gibt die Verknüpfungssteuerung an, mit der aus den Eingangssignalen E1, E2, E3, E4, S0, AM0 und M0 die Ausgangssignale A4, B0, B1, B2, B3 und B4 gebildet werden.

Funktionsplan des Betriebsartenteils:
Flankenauswertung der Taste Übernahme E2

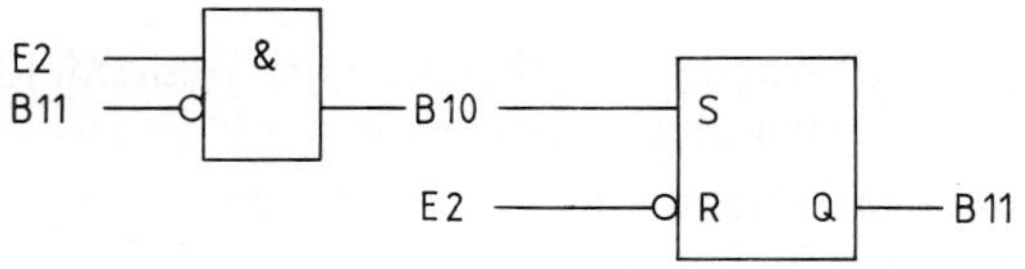

B10: Impulsmerker
B11: Hilfsmerker

Signal B0: Richtimpuls für die Grundstellung der Ablaufkette

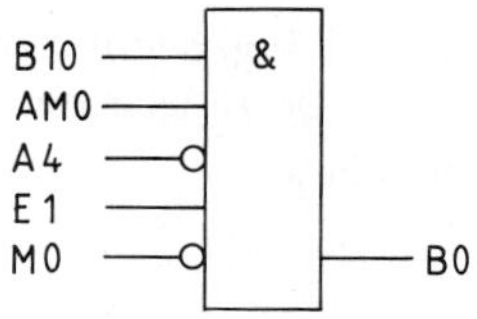

B10: Impulsmerker
AM0: Anlage im Grundzustand
A4: Anzeige Automatikbetrieb
M0: Merker von Schritt 0

Signale A4 und B1: Anzeige Automatikbetrieb und Freigabe 1

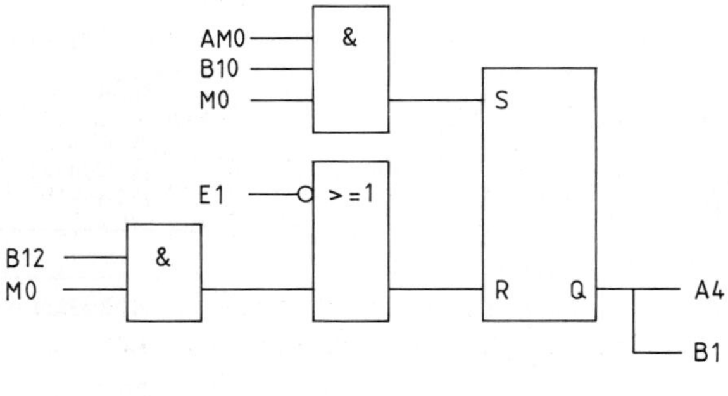

AM0: Anlage im Grundzustand
B10: Impulsmerker
M0: Ablaufkette in Schritt 0

B12: Merker Automatikbetrieb beenden

Signal B12: Merker für Automatikbetrieb beenden

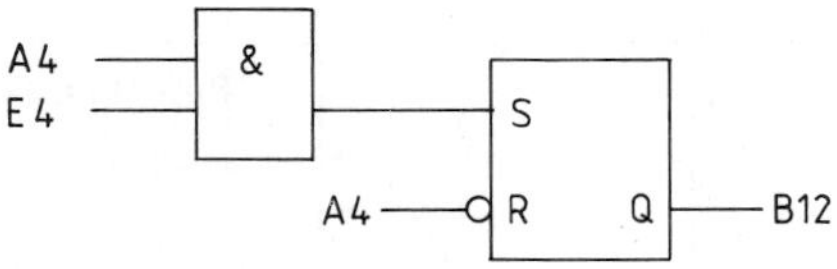

Signal B2: Freigabe der Weiterschaltung ohne Bedingung

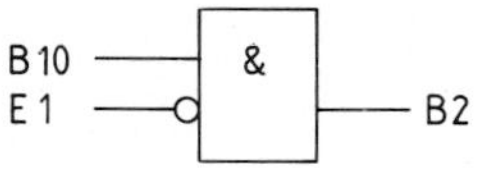

B10: Impulsmerker

Signal B3: Startbedingung für die Ablaufkette

Besitzt die Anlage eine Starttaste S0, so wird diese in dem Signal B3 berücksichtigt. Je nachdem, ob die Ablaufkette nur einmal durchlaufen werden soll oder bis zur Betätigung der Stop-Taste sich ständig wiederholen soll, wird das Startsignal B3 wie folgt gebildet:

Einmalige Abarbeitung:

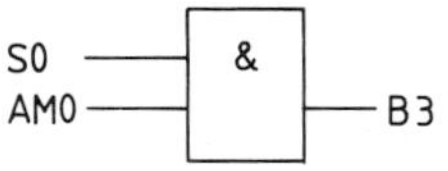

Wiederholte Abarbeitung:

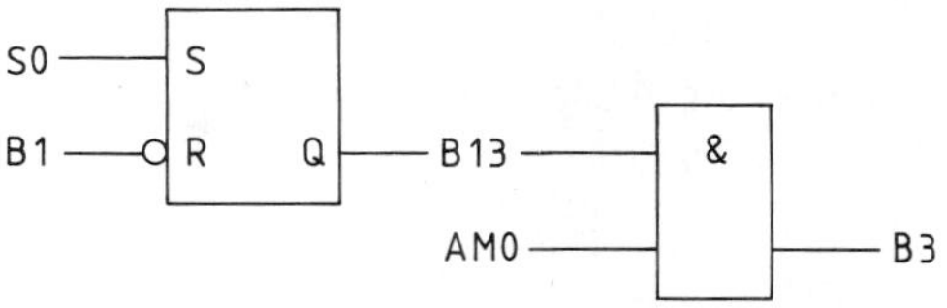

S0: Starttaste der Anlage
B1: Freigabe der Ablaufkette
B13: Hilfsmerker
AM0: Anlage in Grundstellung

Hat die Anlage keine Starttaste, so wird statt S0 die Übernahme-Taste E2 verwendet.

Signal B4: Befehlsfreigabe

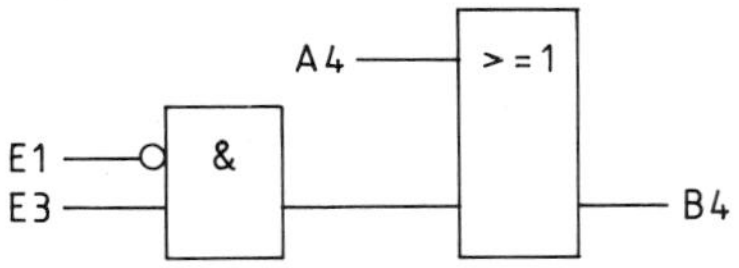

9.3.3 Schrittanzeige

Das Anzeigesignal für die Meldung über den Betriebszustand der Anlage ist bereits im Betriebsartenteil programmiert worden.

Die Ausgabesignale für die Schrittanzeige werden aus den entsprechenden Verknüpfungen der Schrittmerker gebildet.

Werden für die Schrittanzeige, wie auf dem Bedienfeld des vorigen Abschnitts vorgegeben, nur Meldeleuchten verwendet, so kann der jeweilige Schritt durch eine dualcodierte Zahl angezeigt werden. Damit bei Schritt 0 nicht alle Anzeigeleuchten aus sind und somit keine Kontrolle besteht, ob Schritt 0 gesetzt ist oder nicht, werden bei Schritt 0 alle Anzeigeleuchten angesteuert, sofern die Anzahl der Schritte dies erlaubt.

Für beispielsweise 12 mögliche Schritte sind vier Anzeigeleuchten erforderlich und die Ansteuerung der einzelnen Anzeige erfolgt dual-codiert nach dem Funktionsplan:

Anzeigeleuchte A0 Wert $2^0 = 1$

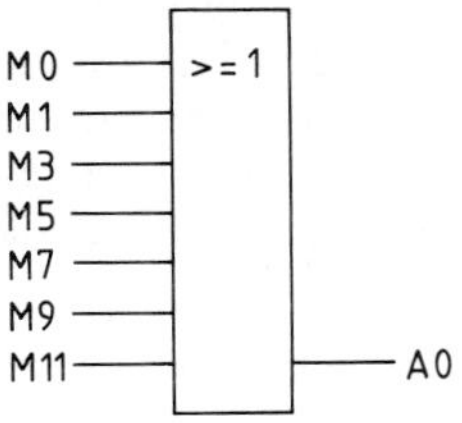

Anzeigeleuchte A1 Wert $2^1 = 2$

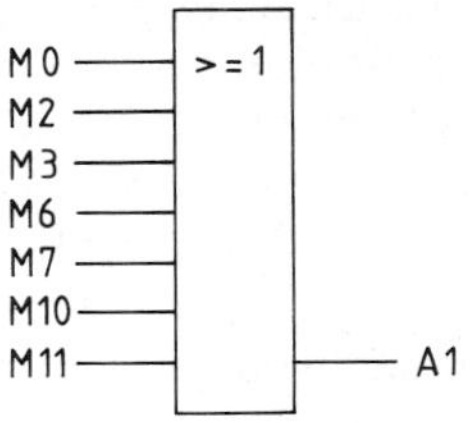

Anzeigeleuchte A2 Wert $2^2 = 4$

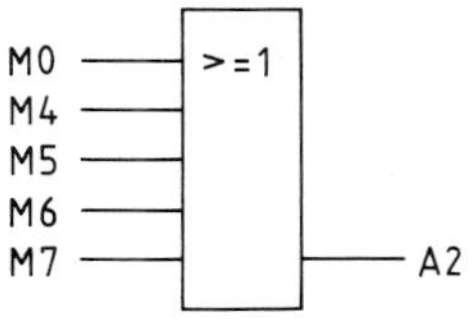

Anzeigeleuchte A3 Wert $2^3 = 8$

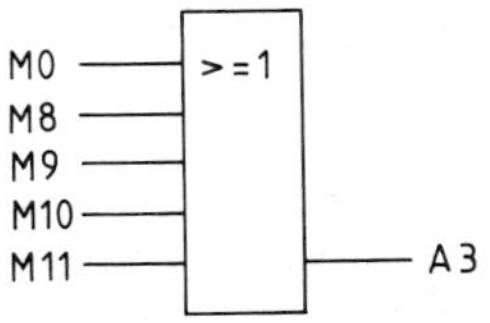

9.3.4 Befehlsausgabe

Im Befehlsausgabeteil der Ablaufsteuerung werden die von der Ablaufkette kommenden Ausgabebefehle mit dem Befehlsfreigabesignal B4 aus dem Betriebsartenteil UND-verknüpft.

Um im Handbetrieb Kollisionen zu vermeiden, sind bei Ausgängen, die eine Bewegung zur Folge haben und bestimmte Endschalter nicht überfahren dürfen, nochmals Verriegelungen mit dem Endschalter vorzusehen.

Beispiel einer Ausgangszuweisung:

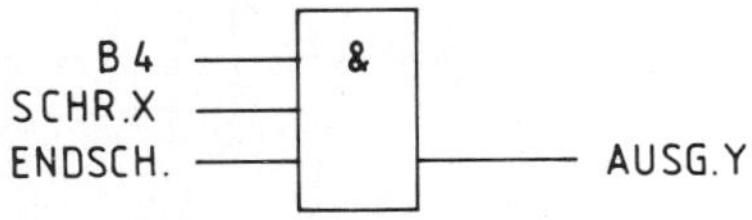

B4	=	Befehlsfreigabe aus Betriebsartenteil
SCHR.X	=	Schrittmerker der Ablaufkette
ENDSCH	=	Endschalter der mit diesem Ausgang nicht überfahren werden darf.

9.3.5 Programmaufbau

Realisiert man die Ablaufsteuerung mit einer SPS, so ist zu empfehlen, das Programm zu strukturieren und diese Struktur stets zu verwenden. Für die folgenden Beispiele und Übungen ist das Steuerungsprogramm wie folgt strukturiert:

Verfügt das Automatisierungsgerät über die Möglichkeit das Steuerungsprogramm in mehrere Programmbausteine aufteilen zu können, empfiehlt es sich, jeden Programmteil in einen eigenen Programmbaustein zu schreiben. Wird der gleiche Betriebsartenteil für mehrere Ablaufsteuerungen verwendet, so können die Programmbausteine, welche den Betriebsartenteil und die Meldungen enthalten, dupliziert und somit mehrfach verwendet werden.

Um die Bearbeitungszeit von Übungsaufgaben aus dem Gebiet der Ablaufsteuerungen klein zu halten, können einzelne Programmteile vorgegeben werden. Es ist dann beispielsweise nur der Programmteil Ablaufkette und Befehlsausgabe zu programmieren.

9.4 Steuerungsbeispiele

Für die folgenden Steuerungsaufgaben wird der in Abschnitt 9.3.2 vorgestellte Betriebsartenteil mit dem dazugehörenden Bedienfeld verwendet. Deutlich wird bei diesen Steuerungsaufgaben, daß bei Verwendung einer vorgegebenen Programmstruktur nur wenige Änderungen erforderlich sind, um das Programm für sehr unterschiedliche Anlagen verwenden zu können.

▼ **Beispiel: Mischbehälter**

In einem Mischbehälter werden zwei unterschiedliche Flüssigkeiten gemischt und bis zu einer bestimmten Temperatur erwärmt.

Technologieschema:

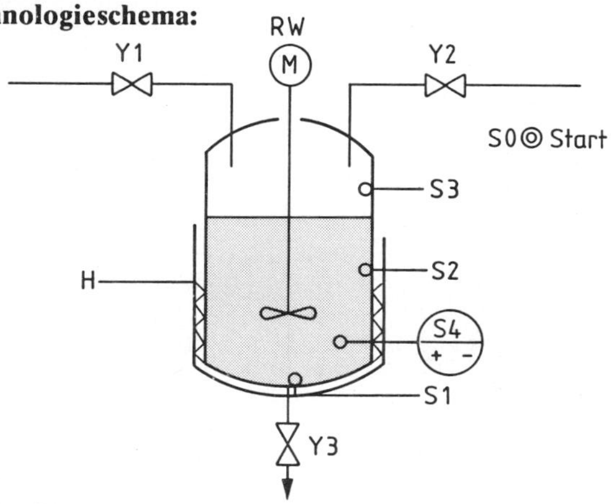

Bild 9.1: Mischbehälter

Bedienfeld:

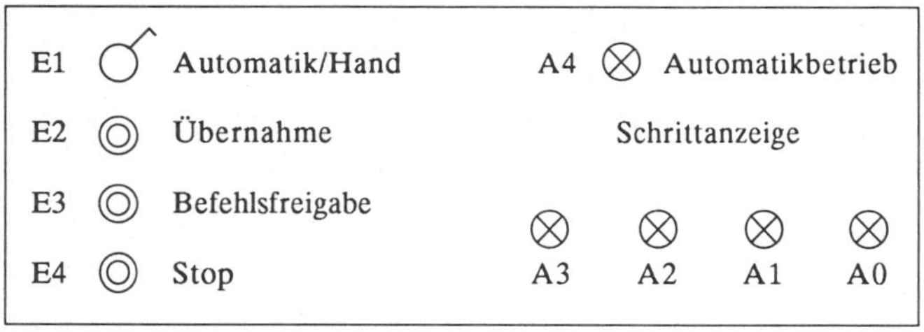

Zuordnungstabelle:

Eingangsvariable	Betriebsmittelkennzeichen	Logische Zuordnung	
Schalter Hand/Autom.	E1	betätigt = Automatik	E1 = 1
Übernahme	E2	betätigt	E2 = 1
Befehlsfreigabe	E3	betätigt	E3 = 1
Stop	E4	betätigt	E4 = 1
Start-Taste	S0	betätigt	S0 = 1
Niveauschalter 1	S1	spricht an	S1 = 1
Niveauschalter 2	S2	spricht an	S2 = 1
Niveauschalter 3	S3	spricht an	S3 = 1
Temperaturfühler	S4	spricht an	S4 = 1
Ausgangsvariable			
Schrittanzeige W1	A0	Anzeige an	A0 = 1
Schrittanzeige W2	A1	Anzeige an	A1 = 1
Schrittanzeige W4	A2	Anzeige an	A2 = 1
Anz. Automatikbetrieb	A4	Anzeige an	A4 = 1
Ventil 1	Y1	Ventil offen	Y1 = 1
Ventil 2	Y2	Ventil offen	Y2 = 1
Ventil 3	Y3	Ventil offen	Y3 = 1
Heizung	H	Heizung an	H = 1
Rührwerk	M	Rührwerk an	M = 1

Prozeßablaufbeschreibung:

Nach Betätigung der Taste S0 wird das Zulaufventil Y1 bis zum Ansprechen des Niveauschalters S2 geöffnet. Danach wird das Rührwerk eingeschaltet und das Ventil Y2 geöffnet. Spricht der Niveauschalter S3 an, wird das Ventil Y2 wieder geschlossen und die Heizung H eingeschaltet. Meldet der Temperaturfühler S4 das Erreichen der vorgegebenen Temperatur, werden die Heizung und das Rührwerk abgeschaltet sowie das Ventil Y3 geöffnet. Wenn Niveauschalter S1 meldet, daß der Behälter leer ist, wird das Ventil Y3 geschlossen und der Vorgang wiederholt sich, wenn die Taste S0 wieder betätigt wird.

Ablaufkette:

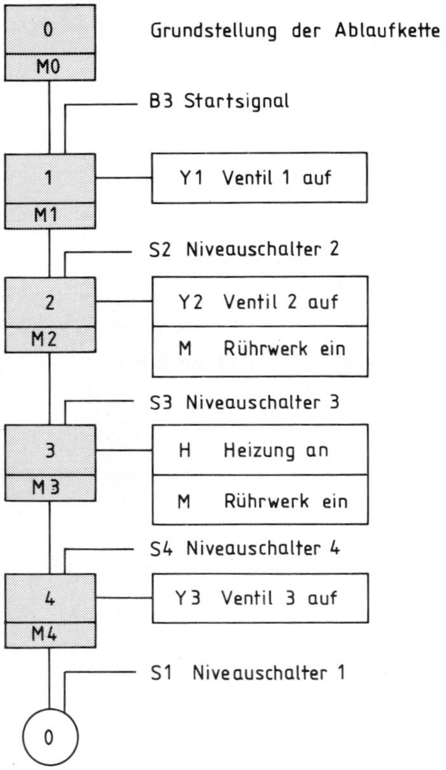

Die Umsetzung des Steuerungsprogramms in die Funktionsplandarstellung erfolgt unterteilt in die Abschnitte:

- Betriebsartenteil
- Ablaufkette
- Meldungen
- Befehlsausgabe

Betriebsartenteil:

Der auf der Seite 152f im Funktionsplan dargestellte Betriebsartenteil kann unverändert übernommen werden.

Programmabschnitt Ablaufkette:

Grundstellung der Anlage

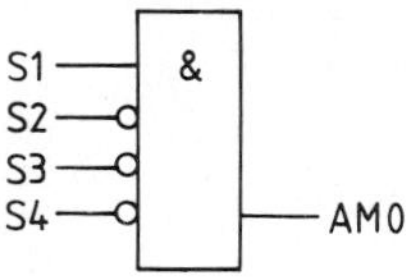

Umsetzung der Schritte in RS-Speicherglieder:

SCHRITT 0

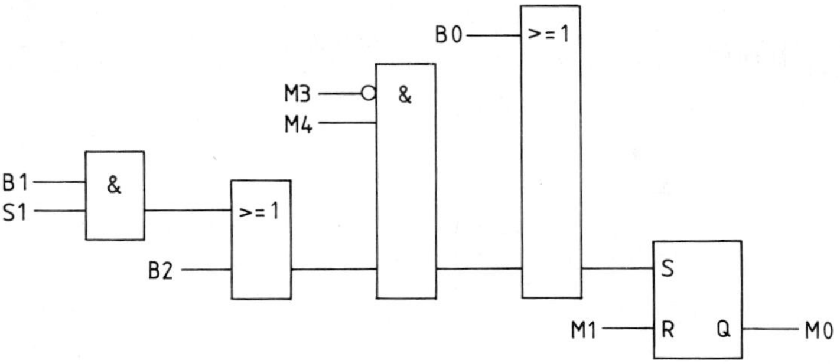

SCHRITT 1

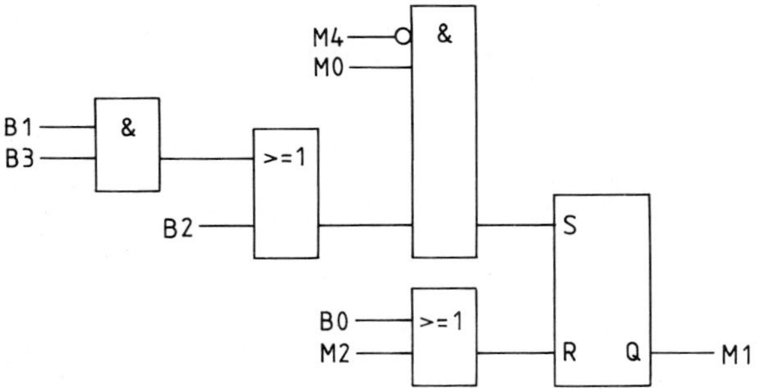

SCHRITT 2

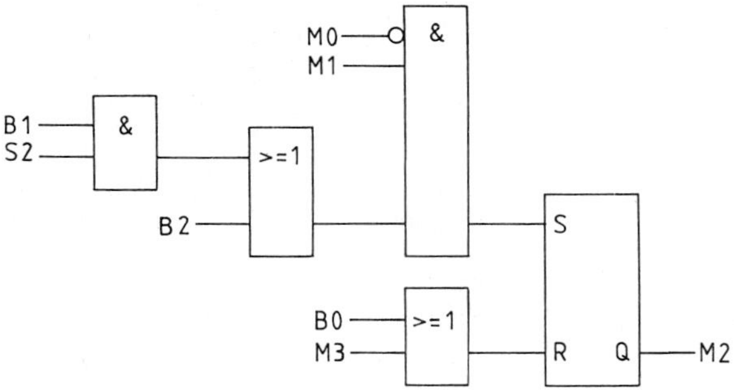

SCHRITT 3

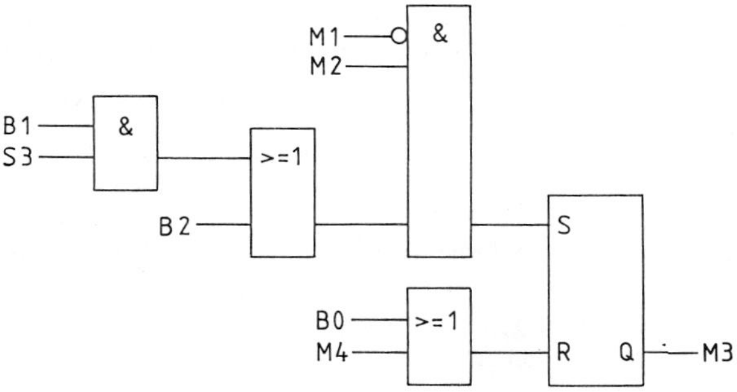

SCHRITT 4

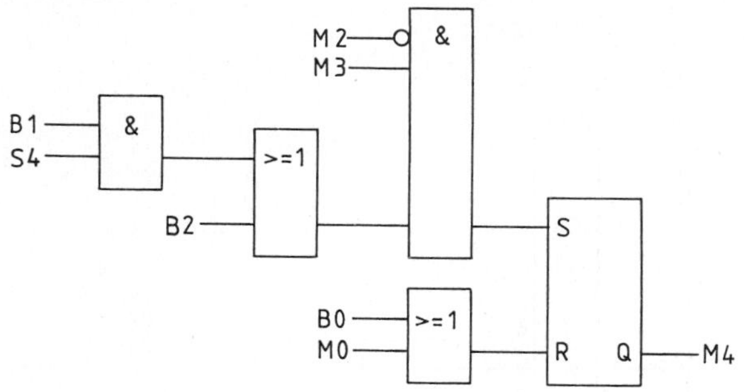

Meldungen:

Anzeigeleuchte A0 Wert $2^0 = 1$

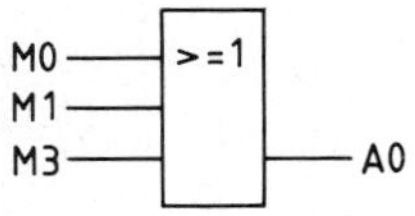

Anzeigeleuchte A1 Wert $2^1 = 2$

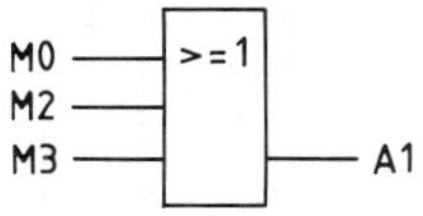

Anzeigeleuchte A2 Wert $2^2 = 4$

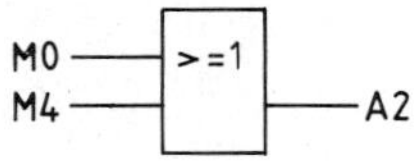

Befehlsausgabe:

VENTIL 1

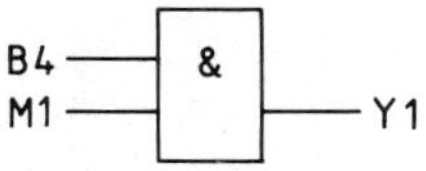

VENTIL 2

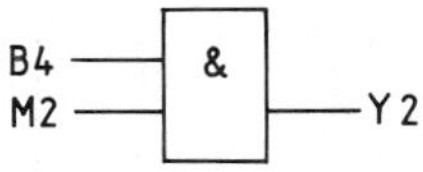

VENTIL 3

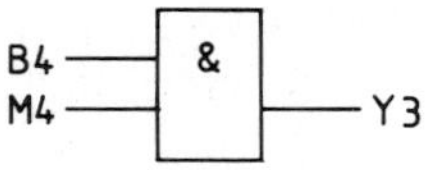

HEIZUNG H

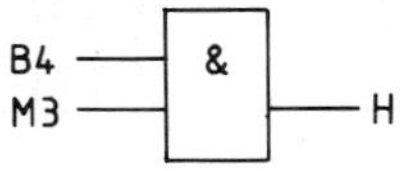

RÜHRWERK M

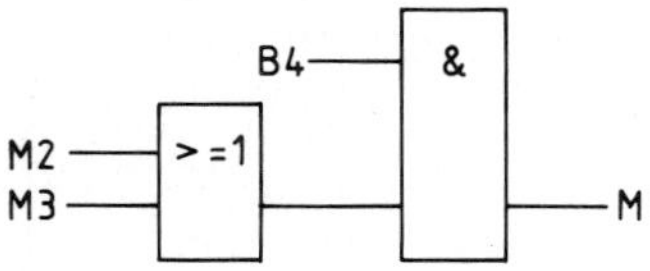

Realisierung mit einer SPS:

Bei der Realisierung mit einer SPS werden die einzelnen Programmteile in folgende Programmbausteine geschrieben:

Betriebsartenteil mit Meldungen:	PB10	Schrittanzeige:	PB12
Ablaufkette:	PB11	Befehlsausgabe:	PB13

Zuordnung:

E1 = E 1.1	A0 = A 1.0	M0 = M40.0	Zeitglied T1
E2 = E 1.2	A1 = A 1.1	M1 = M40.1	
E3 = E 1.3	A2 = A 1.2	M2 = M40.2	
E4 = E 1.4	A4 = A 1.4	M3 = M40.3	
S0 = E 0.0	Y1 = A 0.1	M4 = M40.4	
S1 = E 0.1	Y2 = A 0.2	B0 = M50.0	
S2 = E 0.2	Y3 = A 0.3	B1 = M50.1	
S3 = E 0.3	H = A 0.4	B2 = M50.2	
S4 = E 0.4	M = A 0.5	B3 = M50.3	
		B4 = M50.4	
		AM0 = M51.0	
		B10 = M52.0	
		B11 = M52.1	
		B12 = M52.2	

Anweisungsliste:

```
PB 10
:U   E    1.2
:UN  M   52.1
:=   M   52.0
:U   M   52.0
:S   M   52.1
:UN  E    1.2
:R   M   52.1
:U   M   52.0
:U   M   51.0
:UN  A    1.4
:U   E    1.1
:UN  M   40.0
:=   M   50.0
:U   M   51.0
:U   M   52.0
:U   M   40.0
:S   A    1.4
:ON  E    1.1
:O
:U   M   52.2
:U   M   40.0
:R   A    1.4
:U   A    1.4
:=   M   50.1
:U   A    1.4
:U   E    1.4
:S   M   52.2
:UN  A    1.4
:R   M   52.2
:U   M   52.0
:UN  E    1.1
:=   M   50.2
:U   E    0.0
:U   M   51.0
:=   M   50.3
:O   A    1.4
:O
:UN  E    1.1
:U   E    1.3
:=   M   50.4
:BE
```

```
PB 11
:U   E    0.1
:UN  E    0.2
:UN  E    0.3
:UN  E    0.4
:=   M   51.0
:O   M   50.0
:O
:UN  M   40.3
:U   M   40.4
:U(
:U   M   50.1
:U   E    0.1
:O   M   50.2
:)
:S   M   40.0
:U   M   40.1
:R   M   40.0
:UN  M   40.4
:U   M   40.0
:U(
:U   M   50.1
:U   M   50.3
:O   M   50.2
:)
:S   M   40.1
:O   M   50.0
:O   M   40.2
:R   M   40.1
:UN  M   40.0
:U   M   40.1
:U(
:U   M   50.1
:U   E    0.2
:O   M   50.2
:)
:S   M   40.2
:O   M   50.0
:O   M   40.3
:R   M   40.2
:UN  M   40.1
:U   M   40.2
:U(
:U   M   50.1
:U   E    0.3
:O   M   50.2
:)
:S   M   40.3
:O   M   50.0
:O   M   40.4
:R   M   40.3
:UN  M   40.2
:U   M   40.3
:U(
:U   M   50.1
:U   E    0.4
:O   M   50.2
:)
:S   M   40.4
:O   M   50.0
:O   M   40.0
:R   M   40.4
:BE
```

```
PB 12
:O   M   40.0
:O   M   40.1
:O   M   40.3
:=   A    1.0
:O   M   40.0
:O   M   40.2
:O   M   40.3
:=   A    1.1
:O   M   40.0
:O   M   40.4
:=   A    1.2
:BE
```

```
PB 13
:U   M   50.4
:U   M   40.1
:=   A    0.1
:U   M   50.4
:U   M   40.2
:=   A    0.2
:U   M   50.4
:U   M   40.4
:=   A    0.3
:U   M   50.4
:U   M   40.3
:=   A    0.4
:U   M   50.4
:U(
:O   M   40.2
:O   M   40.3
:)
:=   A    0.5
:BE
```

▲

Beim folgenden Beispiel: „Prägemaschine" kann der auf Seite 152f dargestellte Betriebsartenteil wieder ohne Veränderung übernommen werden. Auf eine nochmalige Darstellung des Funktionsplanes wird deshalb auch hier verzichtet. Im Unterschied zum Beispiel „Behältersteuerung", wird bei der Prägemaschine die wiederholte automatische Abarbeitung der Ablaufkette nach einem einmaligen Startsignal gezeigt.

▼ Beispiel: Prägemaschine

Mit einer Prägemaschine soll auf Werkstücken eine Kennzeichnung eingeprägt werden.

Technologieschema:

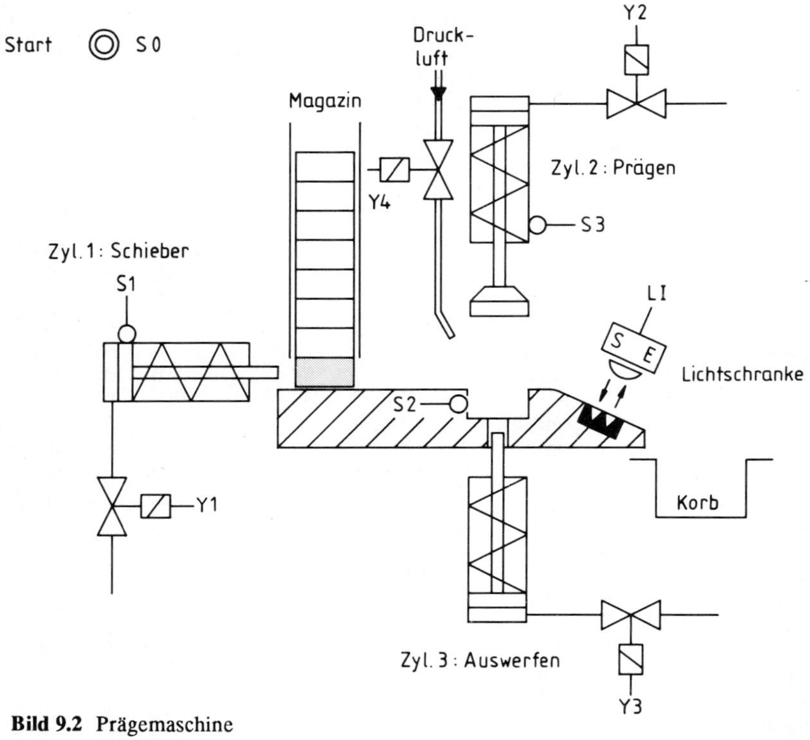

Bild 9.2 Prägemaschine

Bedienfeld:

E1	Automatik/Hand	A4	Automatikbetrieb			
E2	Übernahme		Schrittanzeige			
E3	Befehlsfreigabe					
E4	Stop	A3	A2	A1	A0	

Prozeßablauf:

Ein Schieber schiebt ein Werkstück aus dem Magazin in die Prägeform. Wenn die Prägeform belegt ist, stößt der Prägestempel abwärts und bewegt sich nach einer Wartezeit von 2 Sekunden wieder nach oben. Nach dem Prägevorgang stößt der Auswerfer das fertige Teil aus der Form, so daß es anschließend von dem Luftstrom aus der Luftdüse in den Auffangbehälter geblasen werden kann. Eine Lichtschranke spricht an, wenn das Teil in den Auffangbehälter fällt. Danach kann der nächste Prägevorgang beginnen.

Zuordnungstabelle:

Eingangsvariable	Betriebsmittel-kennzeichen	Logische Zuordnung	
Schalter Hand/Autom.	E1	betätigt = Automatik	E1 = 1
Übernahme	E2	betätigt	E2 = 1
Befehlsfreigabe	E3	betätigt	E3 = 1
Stop	E4	betätigt	E4 = 1
Start-Taste	S0	betätigt	S0 = 1
Hint. Endl. Zylinder 1	S1	Hint. Endl. erreicht	S1 = 1
Prägeform belegt	S2	Prägeform belegt	S2 = 1
Vord. Endl. Zylinder 2	S3	Vord. Endl. erreicht	S3 = 1
Lichtschranke	LI	unterbrochen	S4 = 1
Ausgangsvariable			
Schrittanzeige W1	A0	Anzeige an	A0 = 1
Schrittanzeige W2	A1	Anzeige an	A1 = 1
Schrittanzeige W4	A2	Anzeige an	A2 = 1
Anz. Automatikbetrieb	A4	Anzeige an	A4 = 1
Ventil Zyl. 1	Y1	Zyl. 1 fährt aus	Y1 = 1
Ventil Zyl. 2	Y2	Zyl. 1 fährt aus	Y2 = 1
Ventil Zyl. 3	Y3	Zyl. 1 fährt aus	Y3 = 1
Luftdüse	Y4	Ventil offen	Y4 = 1

Ablaufkette:

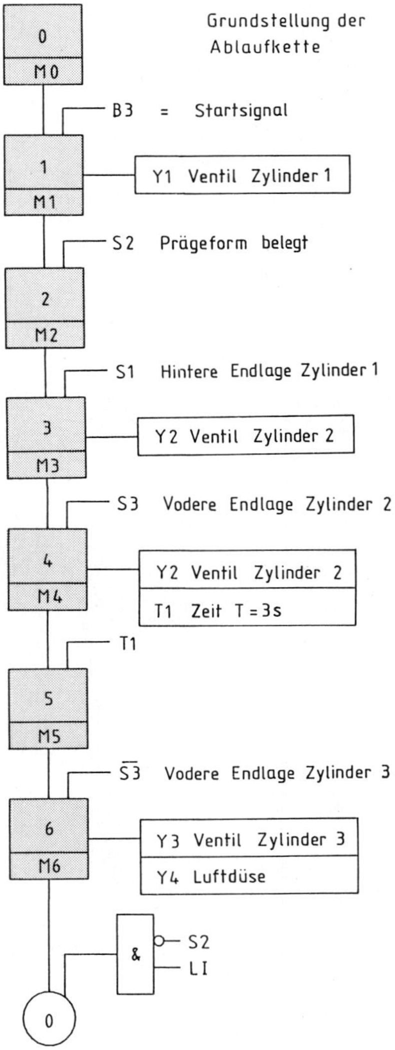

Programmabschnitt Ablaufkette:

Grundstellung der Anlage:

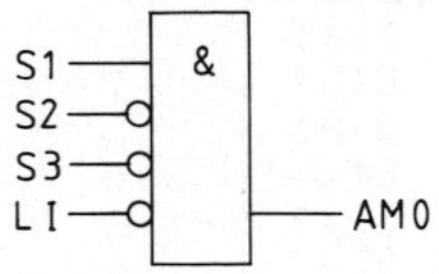

Umsetzung der Schritte in RS-Speicherglieder:

SCHRITT 0

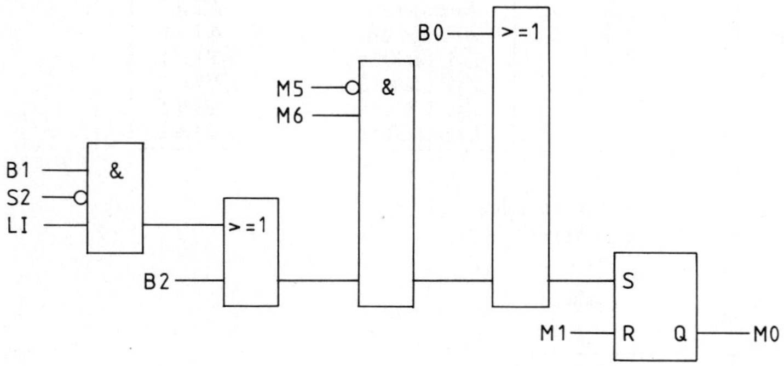

SCHRITT 1

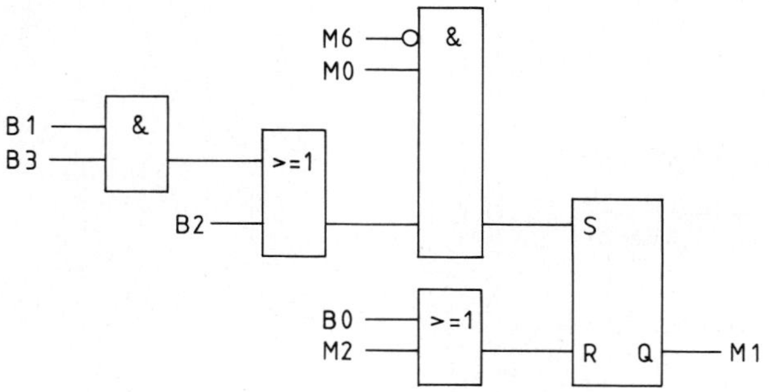

SCHRITT 2

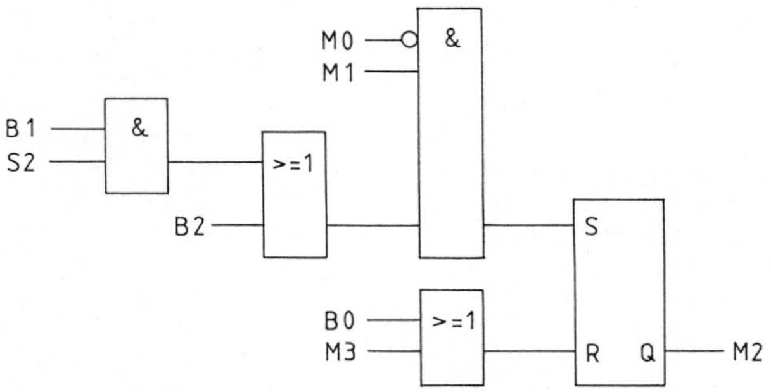

SCHRITT 3

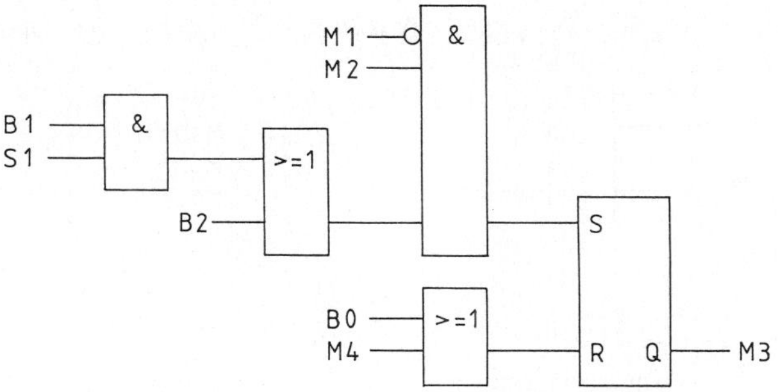

SCHRITT 4

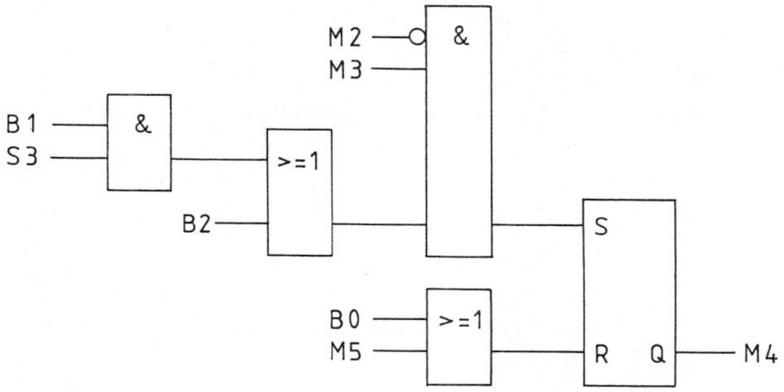

SCHRITT 5

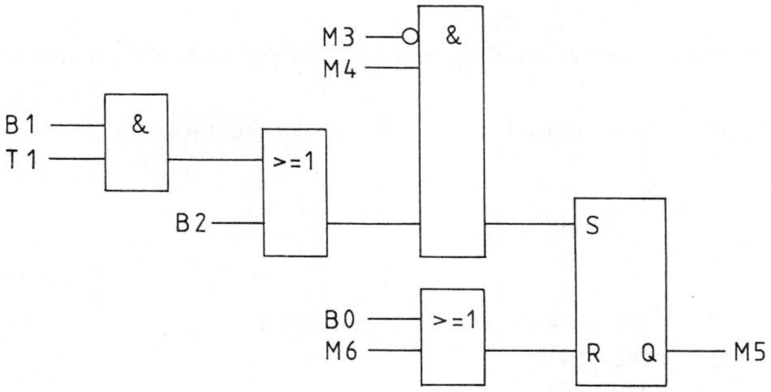

SCHRITT 6

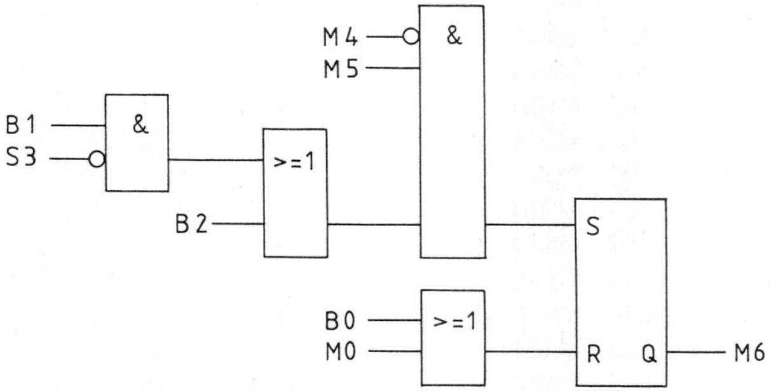

ZEITGLIED T1

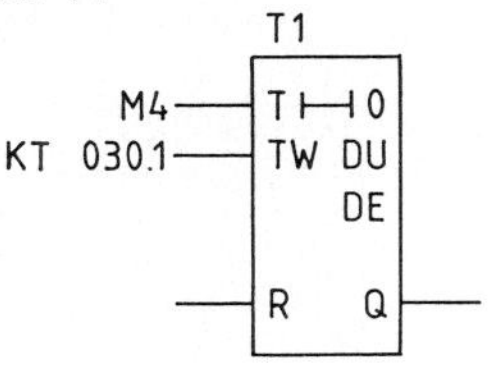

Meldungen:

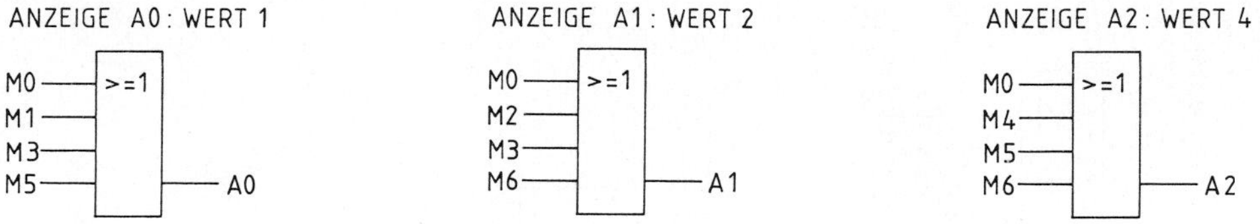

Befehlsausgabe:

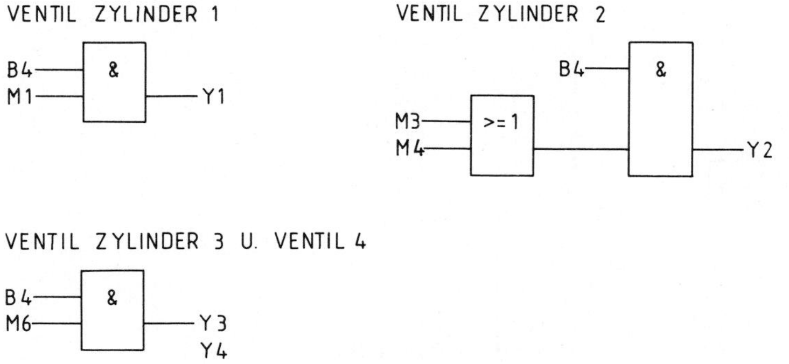

Realisierung mit einer SPS:

Bei der Realisierung mit einer SPS werden die einzelnen Programmteile in folgende Programmbausteine geschrieben:

Betriebsartenteil mit Meldungen:	PB10	(mit wiederholter Abarbeitung der Ablaufkette).
Ablaufkette:	PB11	
Schrittanzeige:	PB12	
Befehlsausgabe:	PB13	

Zuordnung:

E1 = E 1.1	A0 = A 1.0	M0 = M40.0	Zeitglied T1
E2 = E 1.2	A1 = A 1.1	M1 = M40.1	
E3 = E 1.3	A2 = A 1.2	M2 = M40.2	
E4 = E 1.4	A4 = A 1.4	M3 = M40.3	
S0 = E 0.0	Y1 = A 0.1	M4 = M40.4	
S1 = E 0.1	Y2 = A 0.2	M5 = M40.5	
S2 = E 0.2	Y3 = A 0.3	M6 = M40.6	
S3 = E 0.3	Y4 = A 0.4	B0 = M50.0	
LI = E 0.4		B1 = M50.1	
		B2 = M50.2	
		B3 = M50.3	
		B4 = M50.4	
		AM0 = M51.0	
		B10 = M52.0	
		B11 = M52.1	
		B12 = M52.2	
		B13 = M52.3	

Anweisungsliste:

```
PB 10
:U   E    1.2
:UN  M   52.1
:=   M   52.0
:U   M   52.0
:S   M   52.1
:UN  E    1.2
:R   M   52.1
:U   M   52.0
:U   M   51.0
:UN  A    1.4
:U   E    1.1
:UN  M   40.0
:=   M   50.0
:U   M   51.0
:U   M   52.0
:U   M   40.0
:S   A    1.4
:ON  E    1.1
:O
:U   M   52.2
:U   M   40.0
:R   A    1.4
:U   A    1.4
:=   M   50.1
:U   A    1.4
:U   E    1.4
:S   M   52.2
:UN  A    1.4
:R   M   52.2
:U   M   52.0
:UN  E    1.1
:=   M   50.2
:U   E    0.0
:S   M   52.3
:UN  M   50.1
:R   M   52.3
:U   M   52.3
:U   M   51.0
:=   M   50.3
:O   A    1.4
:O
:UN  E    1.1
:U   E    1.3
:=   M   50.4
:BE

PB 11
:U   E    0.1
:UN  E    0.2
:UN  E    0.3
:UN  E    0.4
:=   M   51.0
:O   M   50.0
:O
:UN  M   40.5
:U   M   40.6
:U(
:U   M   50.1
:UN  E    0.2
:U   E    0.4
:O   M   50.2
:)
:S   M   40.0
:U   M   40.1
:R   M   40.0
:UN  M   40.6
:U   M   40.0
:U(
:U   M   50.1
:U   M   50.3
:O   M   50.2
:)
:S   M   40.1
:O   M   50.0
:O   M   40.2
:R   M   40.1
:UN  M   40.0
:U   M   40.1
:U(
:U   M   50.1
:U   E    0.2
:O   M   50.2
:)
:S   M   40.2
:O   M   50.0
:O   M   40.3
:R   M   40.2
:UN  M   40.1
:U   M   40.2
:U(
:U   M   50.1
:U   E    0.1
:O   M   50.2
:)
:S   M   40.3
:O   M   50.0
:O   M   40.4
:R   M   40.3
:UN  M   40.2
:U   M   40.3
:U(
:U   M   50.1
:U   E    0.3
:O   M   50.2
:)
:S   M   40.4
:O   M   50.0
:O   M   40.5
:R   M   40.4
:UN  M   40.3
:U   M   40.4
:U(
:U   M   50.1
:U   T    1
:O   M   50.2
:)
:S   M   40.5
:O   M   50.0
:O   M   40.6
:R   M   40.5
:UN  M   40.4
:U   M   40.5
:U(
:U   M   50.1
:UN  E    0.3
:O   M   50.2
:)
:S   M   40.6
:O   M   50.0
:O   M   40.0
:R   M   40.6
:U   M   40.4
:L   KT 030.1
:SE  T    1
:BE

PB 12
:O   M   40.0
:O   M   40.1
:O   M   40.3
:O   M   40.5
:=   A    1.0
:O   M   40.0
:O   M   40.2
:O   M   40.3
:O   M   40.6
:=   A    1.1
:O   M   40.0
:O   M   40.4
:O   M   40.5
:O   M   40.6
:=   A    1.2
:BE

PB 13
:U   M   50.4
:U   M   40.1
:=   A    0.1
:U   M   50.4
:U(
:O   M   40.3
:O   M   40.4
:)
:=   A    0.2
:U   M   50.4
:U   M   40.6
:=   A    0.3
:=   A    0.4
:BE
```

9.5 Vertiefung und Übung

- **Übung 9.1: Biegewerkzeug**

Auf einer Biegevorrichtung werden Bleche gebogen. Nachdem das Blech von Hand eingelegt und die Starttaste S0 betätigt wurde, fährt Zylinder 1 aus und hält das Blech fest. Der Zylinder 2 biegt das Blech zunächst um 90° bevor Zylinder 3 das Blech auf die endgültige Form bringt.

Die drei Zylinder werden durch elektromagnetische Impulsventile angesteuert. Aus dem Technologieschema ist ersichtlich, welcher Elektromagnet jeweils angesteuert werden muß.

Technologieschema:

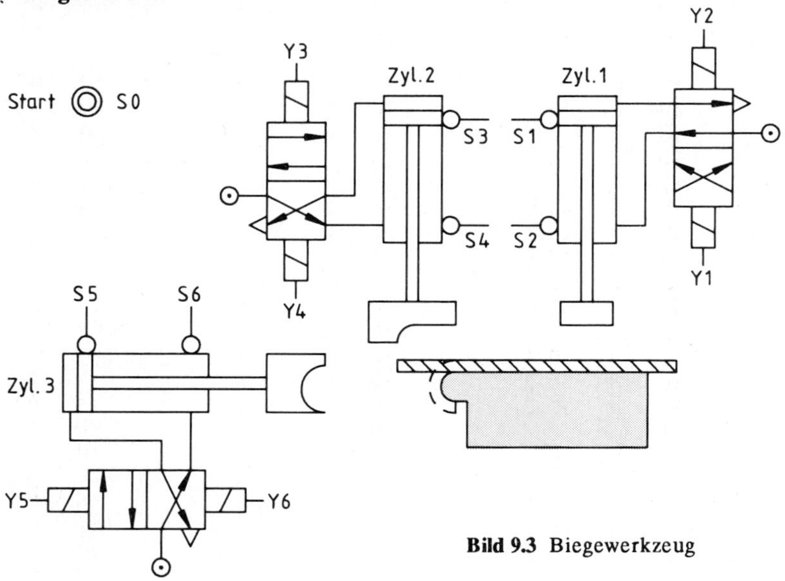

Bild 9.3 Biegewerkzeug

Zuordnungstabelle:

Eingangsvariable	Betriebsmittel-kennzeichen	Logische Zuordnung	
Schalter Hand/Autom.	E1	betätigt = Automatik	E1 = 1
Übernahme	E2	betätigt	E2 = 1
Befehlsfreigabe	E3	betätigt	E3 = 1
Stop	E4	betätigt	E4 = 1
Start-Taste	S0	betätigt	S0 = 1
Hint. Endl. Zylinder 1	S1	Hint. Endl. erreicht	S1 = 1
Vord. Endl. Zylinder 1	S2	Vord. Endl. erreicht	S2 = 1
Hint. Endl. Zylinder 2	S3	Hint. Endl. erreicht	S3 = 1
Vord. Endl. Zylinder 2	S4	Vord. Endl. erreicht	S4 = 1
Hint. Endl. Zylinder 3	S5	Hint. Endl. erreicht	S5 = 1
Vord. Endl. Zylinder 3	S6	Vord. Endl. erreicht	S6 = 1
Ausgangsvariable			
Schrittanzeige W1	A0	Anzeige an	A0 = 1
Schrittanzeige W2	A1	Anzeige an	A1 = 1
Schrittanzeige W4	A2	Anzeige an	A2 = 1
Anz. Automatikbetrieb	A4	Anzeige an	A4 = 1
Ventil Zyl. 1 vor	Y1	Zyl. 1 fährt aus	Y1 = 1
Ventil Zyl. 1 zurück	Y2	Zyl. 1 fährt zurück	Y2 = 1
Ventil Zyl. 2 vor	Y3	Zyl. 2 fährt aus	Y3 = 1
Ventil Zyl. 2 zurück	Y4	Zyl. 2 fährt zurück	Y4 = 1
Ventil Zyl. 3 vor	Y5	Zyl. 3 fährt aus	Y5 = 1
Ventil Zyl. 3 zurück	Y6	Zyl. 3 fährt zurück	Y6 = 1

Ermitteln Sie für diese Steuerungsaufgabe die Ablaufkette. Fügen Sie das Programm der Ablaufkette in die vorgegebene Programmstruktur mit Betriebsartenteil, Meldungen und Befehlsausgabe ein. Realisieren Sie die Steuerung mit einer SPS.

• Übung 9.2: Rohrbiegeanlage

In einer Rohrbiegeanlage werden Werkstücke, die von Hand auf einen Wagen gelegt werden, in eine bestimmte Form gebracht.

Technologieschema:

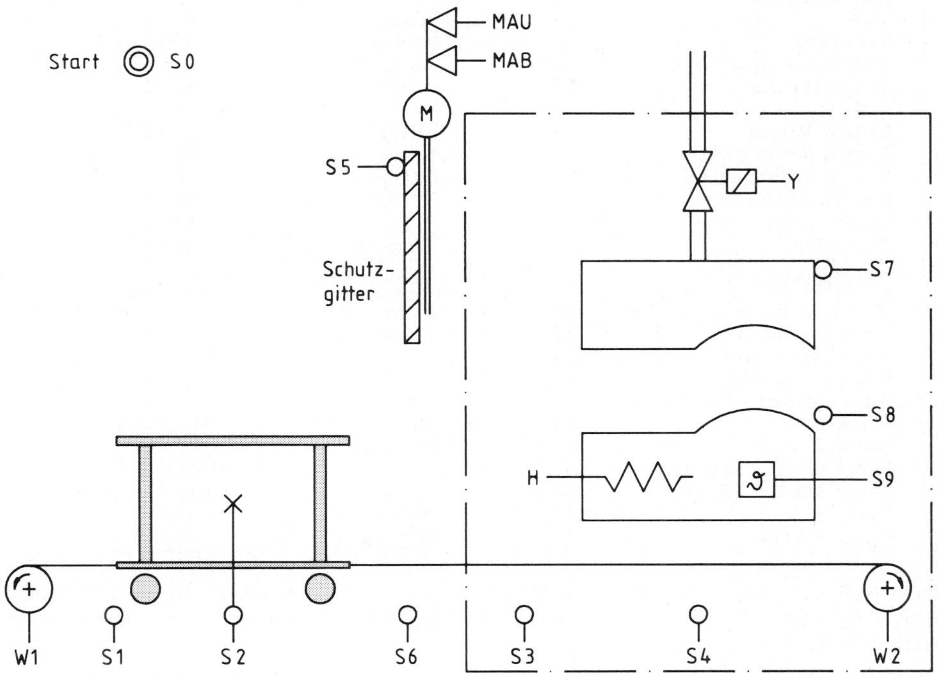

Bild 9.4 Rohrbiegeanlage

Funktionsbeschreibung:

Ist der Transportwagen in der Ausgangslage (S1) und beladen (S2) sowie das Werkzeug geöffnet (S7) und das Schutzgitter oben (S5), kann der Bedienende durch Betätigen der Starttasten den Biegeprozeß anlaufen lassen.

Der Wagen wird von Winde 2 (W2) in die Biegeeinrichtung gezogen. Beim Überfahren von Initiator S3 wird die Heizung H eingeschaltet. Stößt der Wagen an S4 an, ist die Winde W2 auszuschalten und das Schutzgitter zu senken (MAB).

Erreicht die Temperatur den geforderten Wert (Meldung mit S9) und ist das Schutzgitter geschlossen (S6), so ist das Biegen einzuschalten (Y). Ist das Biegewerkzeug in der unteren Endlage (S8), wird die Heizung H ausgeschaltet.

Nach Ablauf der Zeit T = 3s ist das Biegen auszuschalten und das Schutzgitter zu öffnen (MAU). Erreicht das Biegewerkzeug die obere Endlage (S7) und ist das Schutzgitter ganz geöffnet (S5), ist die Winde 1 (W1) einzuschalten. Stößt der Wagen an S1 an, ist die Winde 1 wieder auszuschalten.

Nach der Entladung des Wagens kann der gesamte Vorgang wiederholt werden.

Zuordnungstabelle:

Eingangsvariable	Betriebsmittel-kennzeichen	Logische Zuordnung	
Schalter Hand/Autom.	E1	betätigt = Automatik	E1 = 1
Übernahme	E2	betätigt	E2 = 1
Befehlsfreigabe	E3	betätigt	E3 = 1
Stop	E4	betätigt	E4 = 1
Start-Taste	S0	betätigt	S0 = 1
Wagen in Ausgangslage	S1	Ausgangsl. erreicht	S1 = 1
Wagen beladen	S2	beladen	S2 = 1
Initiator	S3	betätigt	S3 = 1
Endsch. Wagen	S4	betätigt	S4 = 1
Endsch. Schutzg. oben	S5	betätigt	S5 = 1
Endsch. Schutzg. unten	S6	betätigt	S6 = 1
Endsch. Biegew. oben	S7	betätigt	S7 = 1
Endsch. Biegew. unten	S8	betätigt	S8 = 1
Thermostat	S9	Temp. erreicht	S9 = 1
Ausgangsvariable			
Schrittanzeige W1	A0	Anzeige an	A0 = 1
Schrittanzeige W2	A1	Anzeige an	A1 = 1
Schrittanzeige W4	A2	Anzeige an	A2 = 1
Schrittanzeige W8	A3	Anzeige an	A3 = 1
Anz. Automatikbetrieb	A4	Anzeige an	A4 = 1
Winde 1	W1	Winde an	W1 = 1
Winde 2	W2	Winde an	W2 = 1
Motor Schutzg. abwärts	MAB	Motor an	MAB = 1
Motor Schutzg. aufwärts	MAU	Motor an	MAU = 1
Heizung	H	Heizung an	H = 1
Biegewerkzeug	Y	Biegen an	Y = 1

Ermitteln Sie für diese Steuerungsaufgabe die Ablaufkette. Fügen Sie das Programm der Ablaufkette in die vorgegebene Programmstruktur mit Betriebsartenteil, Meldungen und Befehlsausgabe ein. Realisieren Sie die Steuerung mit einer SPS.

• Übung 9.3: Farbspritzmaschine

Ein Werkstück soll in einer Spritzmaschine auf vier Seiten mit Farbe überzogen werden.

Technologieschema:

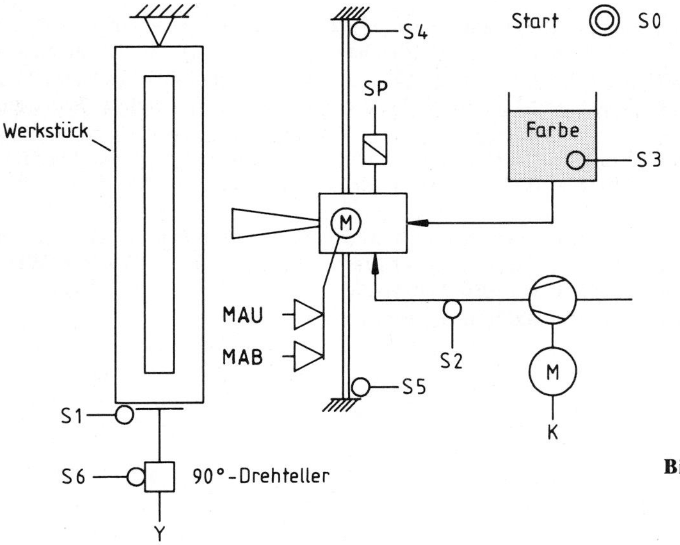

Bild 9.5 Farbspritzvorrichtung

Funktionsablauf:

Der Spritzvorgang soll erst beginnen können, wenn das Werkstück richtig eingelegt ist (S1).

Nach dem Start soll der Kompressor K anlaufen, wenn genügend Farbe (S3) im Vorratsbehälter ist.

Hat der Kompressor den erforderlichen Spritzdruck aufgebaut (S2), soll die Spritzpistole SP eingeschaltet und über die gesamte Höhe des Werkstücks vom Hubwerk aufwärts bewegt werden.

Ist das Hubwerk in der oberen Endlage (S4), soll die Spritzpistole ausgeschaltet und das Werkstück um 90° gedreht werden. Danach wird die Spritzpistole wieder eingeschaltet und das Hubwerk fährt in die untere Endlage (S5) zurück.

Dort angekommen, wird die Spritzpistole erneut ausgeschaltet und das Werkstück um weitere 90° gedreht.

Nach ausgeführter Drehung fährt die Spritzpistole nochmals nach oben und wieder ab, um die restlichen beiden Seiten zu bearbeiten.

Ist die Grundstellung der Maschine wieder erreicht, soll automatisch ein neuer Bearbeitungsablauf beginnen, wenn S1 nicht länger als 10 Sekunden unterbrochen ist.

Unterschreitet der Farbvorrat eine bestimmte Grenze, soll die Farbspritzmaschine nach abgeschlossenem Bearbeitungsvorgang stillgesetzt werden.

Zuordnungstabelle:

Eingangsvariable	Betriebsmittel-kennzeichen	Logische Zuordnung	
Schalter Hand/Autom.	E1	betätigt = Automatik	E1 = 1
Übernahme	E2	betätigt	E2 = 1
Befehlsfreigabe	E3	betätigt	E3 = 1
Stop	E4	betätigt	E4 = 1
Start-Taste	S0	betätigt	S0 = 1
Werkstückendschalter	S1	Werkst. eingelegt	S1 = 1
Drucksensor	S2	Druck vorhanden	S2 = 1
Füllstandsmesser	S3	Farbe vorhanden	S3 = 1
Hubw. Endsch. oben	S4	betätigt	S4 = 1
Hubw. Endsch. unten	S5	betätigt	S5 = 1
Endsch. Drehteller	S6	betätigt	S6 = 1
Ausgangsvariable			
Schrittanzeige W1	A0	Anzeige an	A0 = 1
Schrittanzeige W2	A1	Anzeige an	A1 = 1
Schrittanzeige W4	A2	Anzeige an	A2 = 1
Schrittanzeige W8	A3	Anzeige an	A3 = 1
Anz. Automatikbetrieb	A4	Anzeige an	A4 = 1
Kompressor	K	Kompressor an	K = 1
Spritzpistole	SP	eingeschaltet	SP = 1
Hubwerk aufwärts	MAU	Motor an	MAU = 1
Hubwerk abwärts	MAB	Motor an	MAB = 1
Drehteller	Y	Drehung an	Y = 1

Ermitteln Sie für diese Steuerungsaufgabe die Ablaufkette. Fügen Sie das Programm der Ablaufkette in die vorgegebene Programmstruktur mit Betriebsartenteil, Meldungen und Befehlsausgabe ein. Realisieren Sie die Steuerung mit einer SPS.

• Übung 9.4: Sortieranlage

Eine Sortieranlage soll Körper nach Größe und Werkstoffart sortieren. Die Anlage besteht aus:

- einer schrägen Rollenbahn mit zwei Schiebern zur Vereinzelung der Teile,
- einer Bandförderung für den Transport der Werkstücke,
- zwei automatischen Ausstoßstellen mit Pushern,
- einem Überlaufbehälter am Bandende.

Die Anordnung der Geber und Stellglieder ist aus dem folgenden Technologieschema zu entnehmen.

Technologieschema:

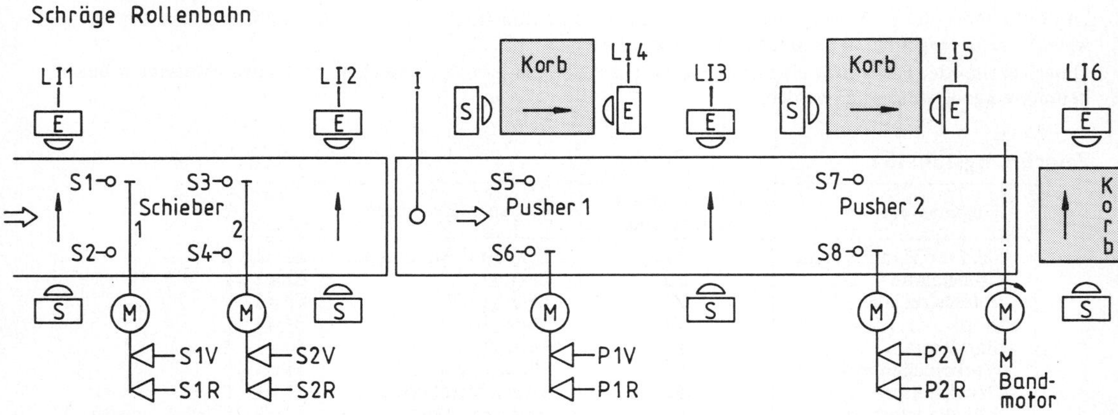

Bild 9.6 Sortieranlage

Funktionsablauf:

Sind Teile auf der Rollenbahn, so meldet dies die Lichtschranke LI1. Die Anlage kann gestartet werden. Nach Vereinzelung der Teile durch die Schieber 1 und 2 passiert das Teil die Lichtschranke LI2. Damit wird der Bandmotor M eingeschaltet.

Der Initiator I meldet „1"-Signal, wenn das Teil aus einem metallischen Werkstoff besteht. Metallische Teile sollen an der Ausstoßstelle 1 vom Band befördert werden. Nach Meldung durch den Initiator I ist das Teil in zwei Sekunden in der Mitte der Ausstoßstelle 1. Das Band wird angehalten und der Pusher P1 befördert das Teil vom Band. Wird die Lichtschranke LI4 unterbrochen oder hat der Pusher P1 seine vordere Endlage erreicht, wird dieser wieder in seine Ausgangslage zurückgesteuert.

Ist der Pusher P1 in seiner Ausgangslage, kann das nächste Teil von der Rollenbahn vereinzelt werden.

Die Lichtschranke LI3 meldet, wenn das Teil auf dem Förderband eine bestimmte Größe überschreitet. Diese Teile sollen an der Ausstoßstelle 2 vom Band befördert werden. Nach Meldung durch die Lichtschranke LI3 ist das Teil in drei Sekunden in der Mitte der Ausstoßstelle 2. Das Band wird angehalten und der Pusher P2 befördert das Teil vom Band. Wird die Lichtschranke LI5 unterbrochen oder hat der Pusher P2 seine vordere Endlage erreicht, wird dieser wieder in seine Ausgangslage zurückgesteuert.

Ist der Pusher P2 in seiner Ausgangslage, kann das nächste Teil von der Rollenbahn vereinzelt werden.

Ist ein Teil weder metallisch noch hat es eine bestimmte Größe, so wird es von dem Band in den Überlaufbehälter am Bandende transportiert. Die Lichtschranke LI6 meldet, daß das Teil in den Überlaufbehälter gefallen ist. Der Bandmotor M wird dann abgeschaltet und das nächste Teil kann auf der Rollenbahn vereinzelt werden.

Die Lichtschranken LI4, LI5 und LI6 melden außerdem noch, wenn ein entsprechender Vorratsbehälter mit Teilen voll ist. In diesem Fall muß der Sortiervorgang unterbrochen werden.

Zuordnungstabelle:

Eingangsvariable	Betriebsmittel-kennzeichen	Logische Zuordnung	
Schalter Hand/Autom.	E1	betätigt = Automatik	E1 = 1
Übernahme	E2	betätigt	E2 = 1
Befehlsfreigabe	E3	betätigt	E3 = 1
Stop	E4	betätigt	E4 = 1
Schieber 1 vorne	S1	vord. Endl. Schieber	S1 = 1
Schieber 1 hinten	S2	hint. Endl. Schieber	S2 = 1
Schieber 2 vorne	S3	vord. Endl. Schieber	S3 = 1
Schieber 2 hinten	S4	hint. Endl. Schieber	S4 = 1
Pusher 1 vorne	S5	vord. Endl. Pusher	S5 = 1
Pusher 1 hinten	S6	hint. Endl. Pusher	S6 = 1
Pusher 2 vorne	S7	vord. Endl. Pusher	S7 = 1
Pusher 2 hinten	S8	hint. Endl. Pusher	S8 = 1
Lichtschranke 1	LI1	Lichtschr. unterbr.	LI1 = 1
Lichtschranke 2	LI2	Lichtschr. unterbr.	LI2 = 1
Lichtschranke 3	LI3	Lichtschr. unterbr.	LI3 = 1
Lichtschranke 4	LI4	Lichtschr. unterbr.	LI4 = 1
Lichtschranke 5	LI5	Lichtschr. unterbr.	LI5 = 1
Lichtschranke 6	LI6	Lichtschr. unterbr.	LI6 = 1
Initiator	I	metallisches Teil	I = 1
Ausgangsvariable			
Schrittanzeige W1	A0	Anzeige an	A0 = 1
Schrittanzeige W2	A1	Anzeige an	A1 = 1
Schrittanzeige W4	A2	Anzeige an	A2 = 1
Schrittanzeige W8	A3	Anzeige an	A3 = 1
Anz. Automatikbetrieb	A4	Anzeige an	A4 = 1
Schieber 1 zurück	S1R	Schieber fährt zurück	S1R = 1
Schieber 1 vor	S1V	Schieber fährt aus	S1V = 1
Schieber 2 zurück	S2R	Schieber fährt zurück	S2R = 1
Schieber 2 vor	S2V	Schieber fährt aus	S2V = 1
Pusher 1 vor	P1V	Pusher fährt aus	P1V = 1
Pusher 1 zurück	P1R	Pusher fährt zurück	P1R = 1
Pusher 2 vor	P2V	Pusher fährt aus	P2V = 1
Pusher 2 zurück	P2R	Pusher fährt zurück	P2R = 1
Bandmotor	M	Bandmotor an	M = 1

Ermitteln Sie für diese Steuerungsaufgabe die Ablaufkette. Fügen Sie das Programm der Ablaufkette in die vorgegebene Programmstruktur mit Betriebsartenteil, Meldungen und Befehlsausgabe ein. Realisieren Sie die Steuerung mit einer SPS.

• Übung 9.5: Chargenbetrieb

Zwei Reaktoren arbeiten im Chargenbetrieb und entleeren ihre Fertigprodukte in einen Mischkessel. Zwei Füllungen von Reaktor 1 und eine Füllung von Reaktor 2 werden im Mischkessel gesammelt und ergeben das gewünschte Fertigprodukt.

Sind die Vorbedingungen erfüllt, kann der Prozeß gestartet werden.

Technologieschema:

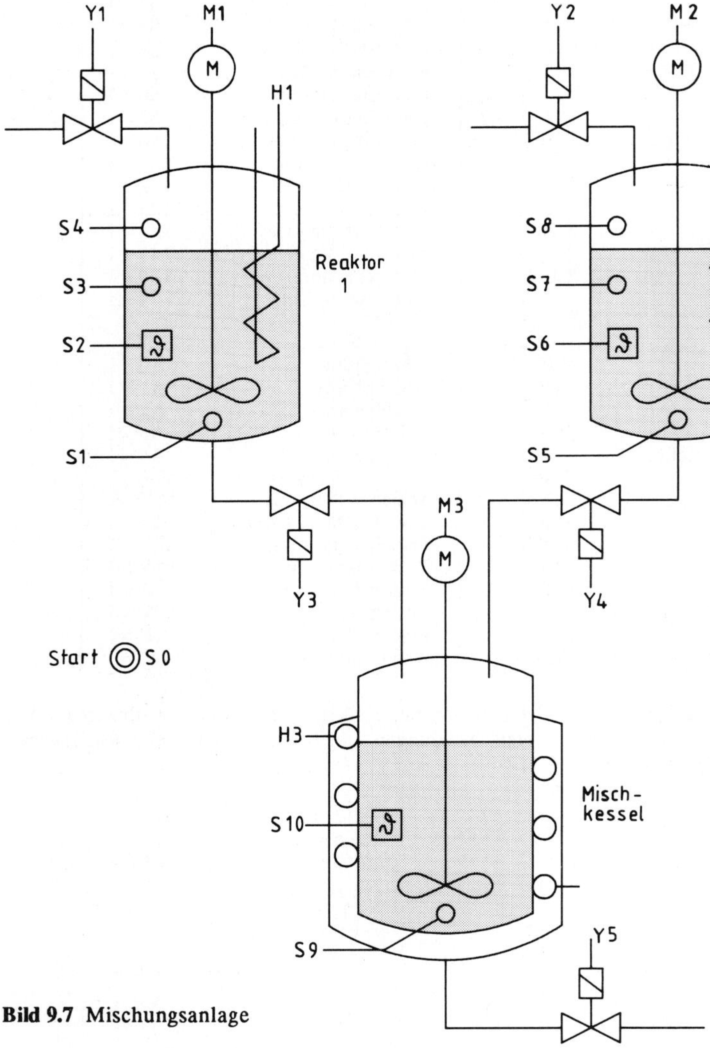

Bild 9.7 Mischungsanlage

Funktionsablauf:

Reaktorbetrieb

Die zwei Reaktoren beginnen ihren Betrieb mit dem Prozeßstart. Sie werden weitgehend gleichartig betrieben. Die folgende Beschreibung für den einen Reaktor gilt entsprechend auch für den anderen Reaktor.

Zunächst ist das Einlaßventil für das Rohrprodukt zu öffnen. Ist der Reaktor halb gefüllt, so ist die Heizung einzuschalten. Bei vollem Reaktor ist das Einlaßventil wieder zu schließen. Übersteigt die Temperatur im Reaktor einen bestimmten Wert, ist das Rührwerk einzuschalten. Die Füllungen sind nach Einschalten des Rührwerks bei Reaktor 1 nach 15 und bei Reaktor 2 nach 20 Sekunden fertig.

Erst wenn in beiden Reaktoren die erste Füllung fertig ist, werden die Auslaßventile der Reaktoren geöffnet. Bis dahin soll bei dem bereits fertigen Reaktor die Heizung abgeschaltet werden, das Rührwerk jedoch weiter laufen. Wird ein Reaktor entleert und ist er nur noch halb voll, wird das Rührwerk ausgeschaltet. Bei leerem Reaktor ist das Auslaßventil wieder zu schließen.

Sind beide Reaktoren vollständig entleert, wird mit der zweiten Füllung von Reaktor 1 begonnen.

Mischkesselbetrieb

Nach erfolgter erster Füllung werden im Mischkessel die Heizung und das Rührwerk eingeschaltet. Nach Erreichen der erforderlichen Temperatur im Mischkessel soll das Rührwerk noch mindestens 10 Sekunden laufen, bevor die zweite fertige Füllung von Reaktor 1 in den Mischkessel entleert wird. Während der Mischkessel mit der zweiten Füllung von Reaktor 1 gefüllt wird, ist das Rührwerk im Mischkessel abzuschalten.

Hat der Reaktor 1 die zweite Füllung vollständig in den Mischkessel entleert, muß die gesamte Mischung noch 25 Sekunden gerührt werden. Danach ist das Mischkesselprodukt fertig. Das Rührwerk und die Heizung sind abzuschalten und das Auslaßventil ist zu öffnen. Ist der Mischkessel leer, so ist das Auslaßventil wieder zu schließen und der gesamte Prozeß kann erneut mit der Starttaste S0 gestartet werden.

Zuordnungstabelle:

Eingangsvariable	Betriebsmittel-kennzeichen	Logische Zuordnung	
Schalter Hand/Autom.	E1	betätigt = Automatik	E1 = 1
Übernahme	E2	betätigt	E2 = 1
Befehlsfreigabe	E3	betätigt	E3 = 1
Stop	E4	betätigt	E4 = 1
Start	S0	betätigt	S0 = 1
Reaktor 1 leer	S1	Reaktor leer	S1 = 1
Reaktor 1 halb voll	S3	Reaktor halb voll	S3 = 1
Reaktor 1 voll	S4	Reaktor voll	S4 = 1
Temp. Reaktor 1 erreicht	S2	Temp. erreicht	S2 = 1
Reaktor 2 leer	S5	Reaktor leer	S1 = 1
Reaktor 2 halb voll	S7	Reaktor halb voll	S3 = 1
Reaktor 2 voll	S8	Reaktor voll	S4 = 1
Temp. Reaktor 2 erreicht	S6	Temp. erreicht	S2 = 1
Mischkessel leer	S9	Mischkessel leer	S9 = 1
Temp. Mischkessel erreicht	S10	Temp. erreicht	S10 = 1
Ausgangsvariable			
Schrittanzeige W1	A0	Anzeige an	A0 = 1
Schrittanzeige W2 } 1. Ziffer	A1	Anzeige an	A1 = 1
Schrittanzeige W4	A2	Anzeige an	A2 = 1
Schrittanzeige W1	A3	Anzeige an	A3 = 1
Schrittanzeige W2 } 2. Ziffer	A4	Anzeige an	A4 = 1
Schrittanzeige W4	A5	Anzeige an	A5 = 1
Anz. Automatikbetrieb	A6	Anzeige an	A6 = 1
Einlaßventil Reaktor 1	Y1	Ventil offen	Y1 = 1
Auslaßventil Reaktor 1	Y3	Ventil offen	Y3 = 1
Rührwerk Reaktor 1	M1	Motor an	M1 = 1
Heizung Reaktor 1	H1	Heizung an	H1 = 1
Einlaßventil Reaktor 2	Y2	Ventil offen	Y2 = 1
Auslaßventil Reaktor 2	Y4	Ventil offen	Y4 = 1
Rührwerk Reaktor 2	M2	Motor an	M2 = 1
Heizung Reaktor 2	H2	Heizung an	H2 = 1
Auslaßventil Mischkessel	Y5	Ventil offen	Y5 = 1
Rührwerk Mischkessel	M3	Motor an	M3 = 1
Heizung Mikschkessel	H3	Heizung an	H3 = 1

Ermitteln Sie für diese Steuerungsaufgabe die Ablaufkette. Fügen Sie das Programm der Ablaufkette in die vorgegebene Programmstruktur mit Betriebsartenteil, Meldungen und Befehlsausgabe ein. Realisieren Sie die Steuerung mit einer SPS.

10 Ablaufsteuerungen mit Zähler

Bei einer zeitgeführten Ablaufsteuerung erfolgt die Schrittweiterschaltung in Abhängigkeit von einem Zeitablauf synchron zu einem Takt. Liegt ein solcher zeitgeführter Steuerungsprozeß vor, so kann die Ablaufstruktur im Steuerungsprogramm mit einem taktabhängigen Schrittschaltwerk realisiert werden. Kernstück eines solchen Schrittschaltwerkes ist ein Zähler, dessen Zählerstand den gerade aktuellen Schritt oder auch Takt angibt.

Die Idee, jeweils einem Schritt einen Zählerstand zuzuordnen, kann auch bei der Umsetzung der Ablaufkette einer prozeßgeführten Ablaufsteuerung angewandt werden. Im Steuerungsprogramm wird deshalb ein Zähler verwendet, dessen Zählerstand den jeweils aktuellen Ablaufschritt angibt. Die Schrittweiterschaltung wird dabei durch ein Hochzählen des Zählers abhängig von den jeweiligen Weiterschaltbedingungen erreicht.

10.1 Zähler als taktabhängiges Schrittschaltwerk

Kennzeichen eines Schrittschaltwerkes ist das Weiterschalten eines Signalzustandes „1" von Ausgangsstufe zu Ausgangsstufe in Abhängigkeit von einem Taktsignal.

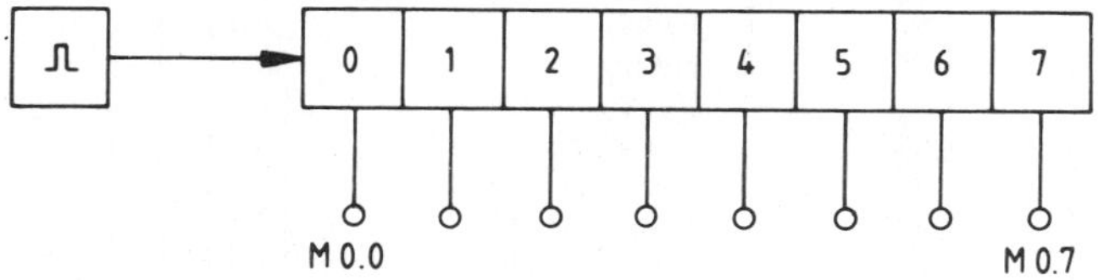

Solche Schrittschaltwerke findet man in vielen automatisch arbeitenden Anlagen, deren Kennzeichen die gleichmäßige Wiederholung von Prozeßschritten ist.

Wie kann nun mit den Mitteln der SPS ein taktabhängiges Schrittschaltwerk gebildet werden? Man verwendet einen Zähler mit Digitalausgang und dekodiert seine Ausgangszustände.

Zur Realisierung des taktabhängigen Schrittschaltwerkes wird ein Zähler mit einem dualcodierten Digitalausgang verwendet. Die Ansteuerung der Ausgänge erfolgt durch eine Decodierung des Digitalausgangs.

▼ **Beispiel: Ampel**

Eine Verkehrsampel zeige 3 Zeiteinheiten lang rot, wobei während der 3. Zeiteinheit gleichzeitig auch gelb angezeigt wird. Darauf folgt eine Grünphase von 4 Zeiteinheiten Länge. Der Zyklus schließt ab mit einer Zeiteinheit gelb. Jede Zeiteinheit betrage 5 s. Die Zählersteuerung ist zu entwerfen.

Zuordnungstabelle:

Eingangsvariable	Betriebsmittel-kennzeichen	Logische Zuordnung
Schalter EIN	E1	Ampel EIN E1 = 1
Ausgangsvariable		
Anzeige Schritt 1	A1	ein A1 = 1
Anzeige Schritt 2	A2	ein A2 = 1
Anzeige Schritt 3	A3	ein A3 = 1
Anzeige Schritt 4	A4	ein A4 = 1
Anzeige Schritt 5	A5	ein A5 = 1
Anzeige Schritt 6	A6	ein A6 = 1
Anzeige Schritt 7	A7	ein A7 = 1
Anzeige Schritt 8	A8	ein A8 = 1
Ampel ROT	A9	ein A9 = 1
Ampel GELB	A10	ein A10 = 1
Ampel GRÜN	A11	ein A11 = 1

Lösung:

Ein Zyklus besteht aus 8 Zeiteinheiten. Den Zeittakt bildet ein Taktgeber, dessen Programm besonders einfach gehalten ist: Der ausgangsseitig angesteuerte Merker M40 führt zunächst Signalzustand „0“. Dieser Merker wird mit dem Starteingang des Zeitgliedes verbunden. Durch die Eingangsnegation erhält das Zeitglied beim Einschalten der Steuerung einen Zustandswechsel „0“ auf „1“ und startet die Zeit. Nach Ablauf von 5 s erscheint am Ausgang Q ein 1-Signal für die Dauer von nur einer Zykluszeit, denn im darauffolgenden Zyklus wird am Starteingang ein 0-Signal wirksam, das den Steuerausgang Q abschaltet. Wiederholung des Vorgangs. Die Funktion des Taktgenerators kann mit einer Leuchtdiode (LED) wegen der Kürze der Zykluszeit nicht beobachtet werden.

Das Umschalten des Zählers bei Erreichen der Zahl 8 erfolgt über die Vergleichsfunktion. Ist Z1 = 8, so führt Vergleichsausgang M50 den Signalzustand „1“. Damit wird der Rücksetzeingang des Zählers angesteuert.

Der dual-codierte Zahlenwert des digitalen Zählerausgangs DU wird zum Merkerbyte MB0 (bestehend aus den Merkern M0 ... M7) transferiert. Nur die ersten drei Stellen (Merker M0, M1, M2) werden zur Bildung der Ansteuersignale benötigt.

Funktionstabelle:

Zählerausgänge			Schaltwerksausgänge								Phasen			Takt
M2	M1	M0	0	1	2	3	4	5	6	7	rot	gelb	grün	
0	0	0	1	0	0	0	0	0	0	0	x			1
0	0	1	0	1	0	0	0	0	0	0	x			2
0	1	0	0	0	1	0	0	0	0	0	x	x		3
0	1	1	0	0	0	1	0	0	0	0			x	4
1	0	0	0	0	0	0	1	0	0	0			x	5
1	0	1	0	0	0	0	0	1	0	0			x	6
1	1	0	0	0	0	0	0	0	1	0			x	7
1	1	1	0	0	0	0	0	0	0	1		x		8

Die Zählgrenze des Zählers muß in diesem Fall auf 8 festgesetzt werden, d.h. der Zähler ist so zu programmieren, daß bei Auftreten der Zahl 8 auf die Zahl 0 umgeschaltet und der Zählvorgang aufs neue begonnen wird.

Funktionsplan:

TAKTGENERATOR

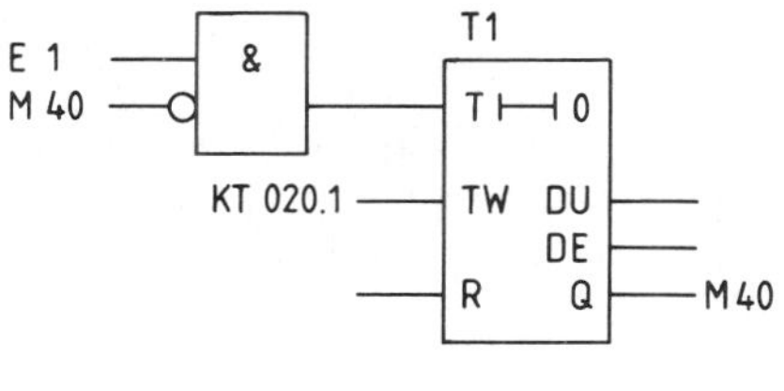

ZÄHLER

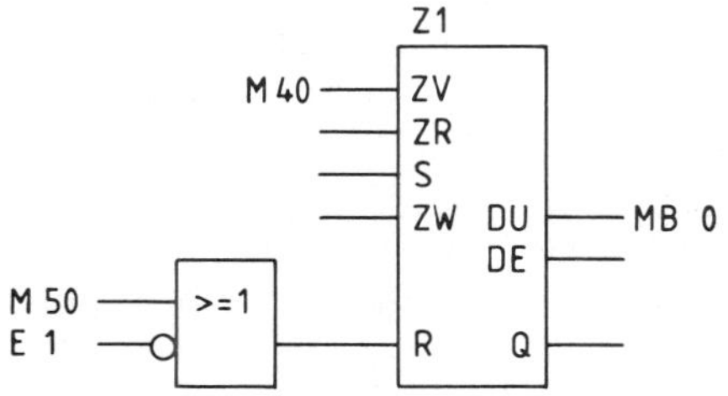

VERGLEICHER

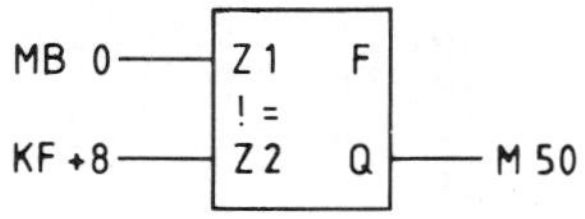

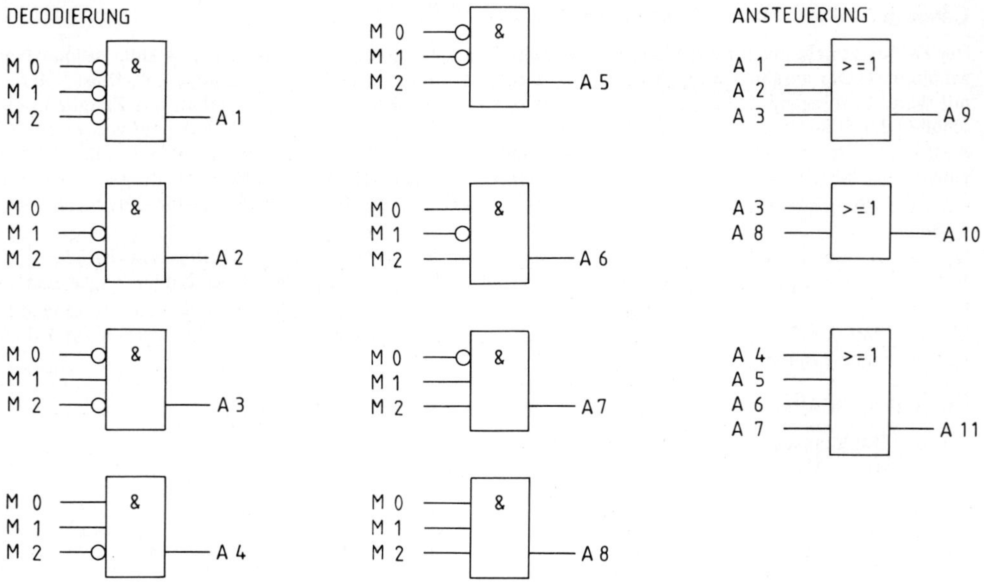

Realisierung mit einer SPS:

Zuordnung:	Ausgänge		Merker	Zeit T1
	A1 = A 0.0	A6 = A 0.5	M0 = M 0.0	Zähler Z1
Eingänge	A2 = A 0.1	A8 = A 0.7	M1 = M 0.1	
E1 = E 0.0	A3 = A 0.2	A9 = A 1.0	M2 = M 0.2	
	A4 = A 0.3	A10 = A 1.1		
	A5 = A 0.4	A11 = A 1.2	M40 = M 4.0	
			M50 = M 5.0	

Anweisungsliste:

```
Taktgenerator
:U   E    0.0
:UN  M    4.0
:L   KT 020.1
:SE  T    1
:U   T    1
:=   M    4.0
Zaehler
:U   M    4.0
:ZV  Z    1
:O   M    5.0
:ON  E    0.0
:R   Z    1
:L   Z    1
:T   MB   0
Vergleicher
:L   MB   0
:L   KF +8
:=   M    5.0
Dekodierung
:UN  M    0.0
:UN  M    0.1
:UN  M    0.2
:=   A    0.0
:
```

```
:U   M    0.0
:UN  M    0.1
:UN  M    0.2
:=   A    0.1
:
:UN  M    0.0
:U   M    0.1
:UN  M    0.2
:=   A    0.2
:
:U   M    0.0
:U   M    0.1
:UN  M    0.2
:=   A    0.3
:
:UN  M    0.0
:UN  M    0.1
:U   M    0.2
:=   A    0.4
:
:U   M    0.0
:UN  M    0.1
:U   M    0.2
:=   A    0.5
:
```

```
:UN  M    0.0
:U   M    0.1
:U   M    0.2
:=   A    0.6
:
:U   M    0.0
:U   M    0.1
:U   M    0.2
:=   A    0.7
Ansteuerung
:O   A    0.0
:O   A    0.1
:O   A    0.2
:=   A    1.0
:
:O   A    0.2
:O   A    0.7
:=   A    1.1
:
:O   A    0.3
:O   A    0.4
:O   A    0.5
:O   A    0.6
:=   A    1.2
:BE
```

▲

10.2 Umsetzung der Ablaufkette mit Zählern

Prozeßgeführte Ablaufsteuerungen lassen sich in die Programmteile Ablaufkette, Betriebsarten, Meldungen und Befehlsausgabe unterteilen. Für den Programmteil Ablaufkette soll im folgenden die Realisierung mit einem Zähler gezeigt werden. Die übrigen Programmteile wurden bereits in Kapitel 9 ausführlich dargestellt und können fast unverändert übernommen werden.

Bei dieser neuen Art der Umsetzung des Programmteils Ablaufkette wird ein Zähler eingeführt, dessen Zählerstand die jeweils aktuelle Schrittnummer angibt. Das bedingte Weiterschalten von einem Schritt auf den nächsten wird durch ein Vorwärtszählen des Zählers erreicht. Neben der jeweiligen Weiterschaltbedingung ist beim Vorwärtszählen noch der alte Zählerzustand und die Bedingung B1 „Freigabe der Schrittweiterschaltung" aus dem Betriebsartenteil zu berücksichtigen. Als Zähler kann entweder ein Register (siehe Kapitel 18.4) oder ein fertiger Zählerbaustein verwendet werden. Für jeden Schrittübergang ist demnach eine Zähleransteuerung mit der stets gleichen Struktur zu programmieren.

Übergang von Schritt n nach Schritt n + 1:

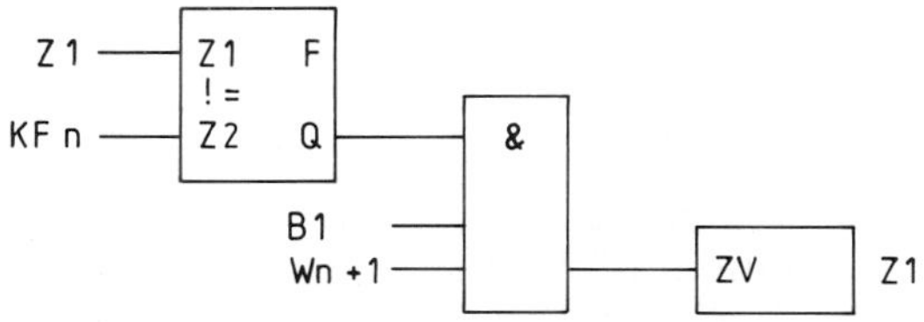

Statt der Vergleichsfunktion vor der UND-Verknüpfung kann auch der jeweilige Schrittmerker, der den Zustand repräsentiert, verwendet werden. Gebildet werden die Schrittmerker durch die Dekodierung des Zählerstandes.

Übergang von Schritt n nach Schritt n + 1:

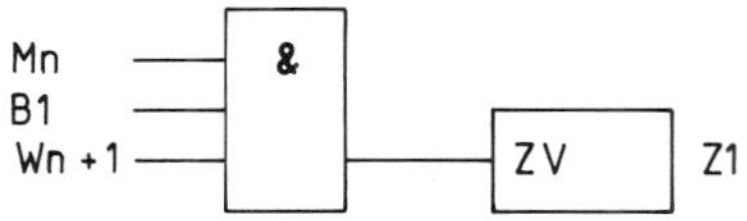

Erklärung der verwendeten Variablen und Bezeichnungen:

Z 1: Zähler, dessen Zählerstand die aktuelle Schrittnummer angibt;
n: aktuelle Schrittnummer;
Mn: Schrittmerker des Schrittes n;
B1: Freigabesignal der Weiterschaltung aus dem Betriebsartenteil;
Wn: Weiterschaltbedingung von Schritt n nach Schritt n + 1.

Die Verwendung eines fertigen Zählerbausteines, wie hier gezeigt, bringt einige Vorteile mit sich:

- bei der Betriebsart Einzelschrittbetrieb ohne Bedingungen wird der Zählerbaustein mit dem Signal B2 „Freigabe der Schrittweiterschaltung" einfach unbedingt hochgezählt;
- eine BCD-codierte Schrittanzeige kann direkt vom DE-Ausgang des Zählerbausteines angesteuert werden;
- die Grundstellung Schritt 0 der Ablaufkette, welche durch das Signal B0 „Richtimpuls für die Grundstellung der Ablaufkette" eingestellt wird, kann an dem RESET-Eingang des Zählerbausteins programmiert werden;
- eine direkte Schrittanwahl in der Einzelschrittbetriebsart kann leicht mit einem Ziffern-einsteller am Setzeingang des Zählerbausteins ausgeführt werden.

Die Grundstellung der Ablaufkette ist durch Schritt 0 gegeben. Dies entspricht dem Zählerstand „0“, welcher zum einen durch das Signal B0 „Richtimpuls für die Grundstellung der Ablaufkette“ eingestellt wird. Zum anderen wird dieser Zählerstand wieder beim Übergang des letzten Schrittes der Ablaufkette zur Grundstellung erreicht.

Dieser Übergang sowie die Verarbeitung der beiden Signale B0 „Richtimpuls für die Grundstellung der Ablaufkette und B2 „Freigabe der Schrittweiterschaltung ohne Bedingung aus dem Betriebsartenteil ist im Funktionsplan nachfolgend dargestellt.

Übergang vom letzten Schritt (Schritt m) der Kette zur Grundstellung der Kette Schritt 0 und Verarbeitung des Richtimpulses B0:

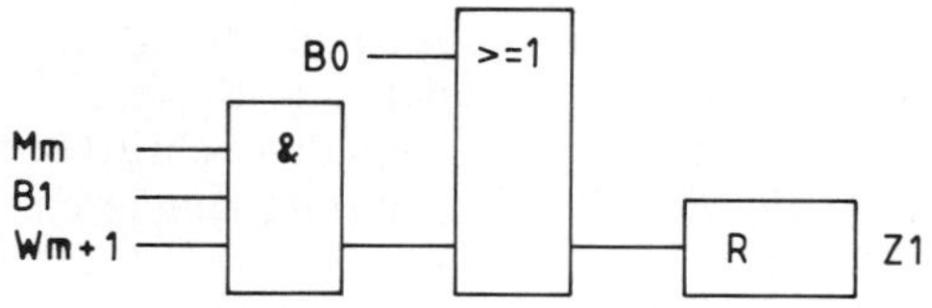

Erklärung der verwendeten Variablen:
B0: Richtimpuls für die Grundstellung der Anlage;
Mm: letzter Schritt der Ablaufkette;
B1: Freigabe der Schrittweiterschaltung mit Bedingung;
Wm + 1: Weiterschaltbedingung des letzten Schrittes zu Schritt 0;
Z 1: Zähler, dessen Zählerstand die aktuelle Schrittnummer angibt.

Die Verarbeitung des Freigabesignals B2 der Schrittweiterschaltung ohne Bedingung sowie die Zuweisung des dualcodierten Zählerausganges zum Merkerbyte MB10 (bestehend aus den Merkern M 10.0 bis M 10.7) zur Dekodierung des Zählerstandes ist im folgenden Funktionsplan gezeigt.

Damit der Zähler nicht über den letzten Schritt m hinauszählt, wird er beim Erreichen des Zählerstandes m + 1 auf den Wert „0“ zurückgesetzt.

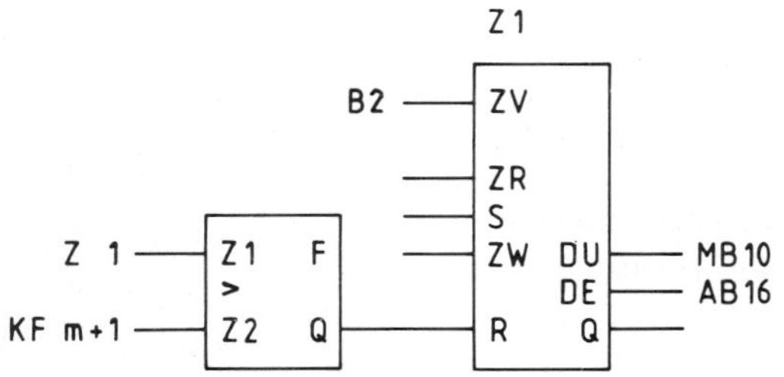

Erklärung der verwendeten Variablen:
Z 1: Zähler, dessen Zählerstand die aktuelle Schrittnummer angibt;
B2: Freigabe der Schrittweiterschaltung ohne Bedingung;
MB10: Register für die Decodierung des aktuellen Zählerstandes;
AB16: Ansteuerung einer BCD-codierten Ziffernanzeige zur Schrittanzeige.

Da die Schrittanzeige bereits durch die Zuweisung des BCD-codierten Zählerstandes an den Ausgang erfolgte, kann auf den bisher verwendeten Programmteil Schrittanzeige verzichtet werden.

Für die Befehlsausgabe sowie für die Schrittweiterschaltung und zur Abfrage im Betriebsartenteil müssen die Schrittmerker Mn aus der Dekodierung des Zählerstandes gebildet werden. Dafür gibt es zwei Möglichkeiten:

1. Auswertung des Merkerbytes MB10 am Dualausgang des Zählers:
Der Zusammenhang zwischen der Anzahl x der Schritte und der Anzahl n der Merker des Merkerbytes MB10, die zur Dekodierung des Zählerstandes erforderlich sind, kann aus folgender Ungleichung ermittelt werden:

$x \geq 2^n$ x: Anzahl der Schritte;
n: Anzahl der Merker des Merkerbytes MB10.

Bei einer Schrittkette mit 7 Schritten ist demnach die Abfrage von den drei Merkern M 10.0, M 10.1 und M 10.2 des Merkerbytes MB10 erforderlich.
Decodierung des Zählerstandes mit den drei Merkern zur Bildung der Schrittmerker:

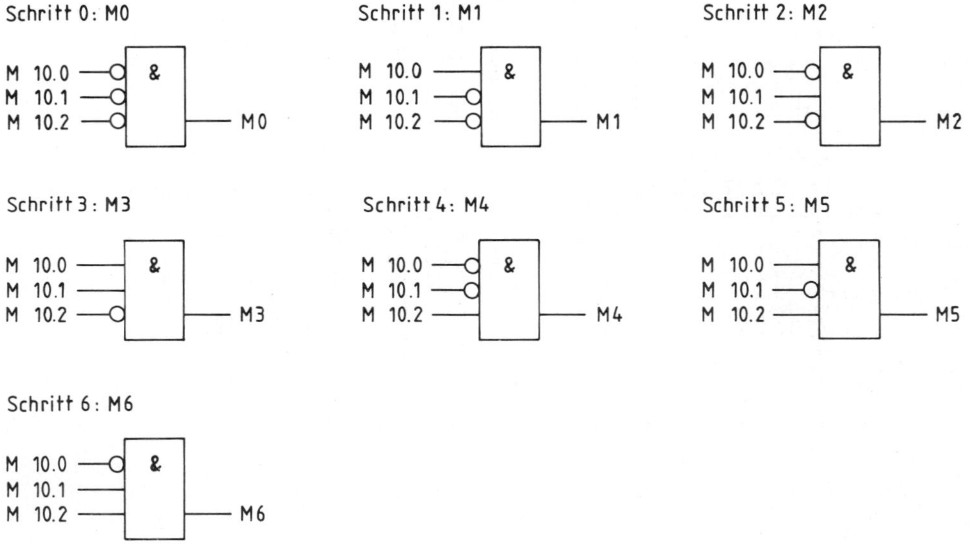

2. Bildung der Schrittmerker mit der Vergleichsfunktion
Eine andere Möglichkeit der Dekodierung des Zählerstandes besteht aus der Vergleichsabfrage des Zählerstandes. Die Schrittmerker lassen sich danach wie folgt bilden:

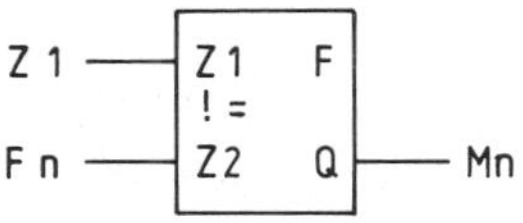

Zur Einführung der neuen Umsetzungsmethode für die Ablaufkette wird das bereits in Kapitel 9 gelöste Steuerungsbeispiel der Prägemaschine verwendet. Auf eine wiederholte Darstellung der Funktionspläne von Betriebsartenteil und Befehlsausgabe wird an dieser Stelle verzichtet und auf die Seiten 152f und 154f verwiesen.

▼ Beispiel: Prägemaschine

Mit einer Prägemaschine soll auf Werkstücke eine Kennzeichnung eingeprägt werden.

Technologieschema:

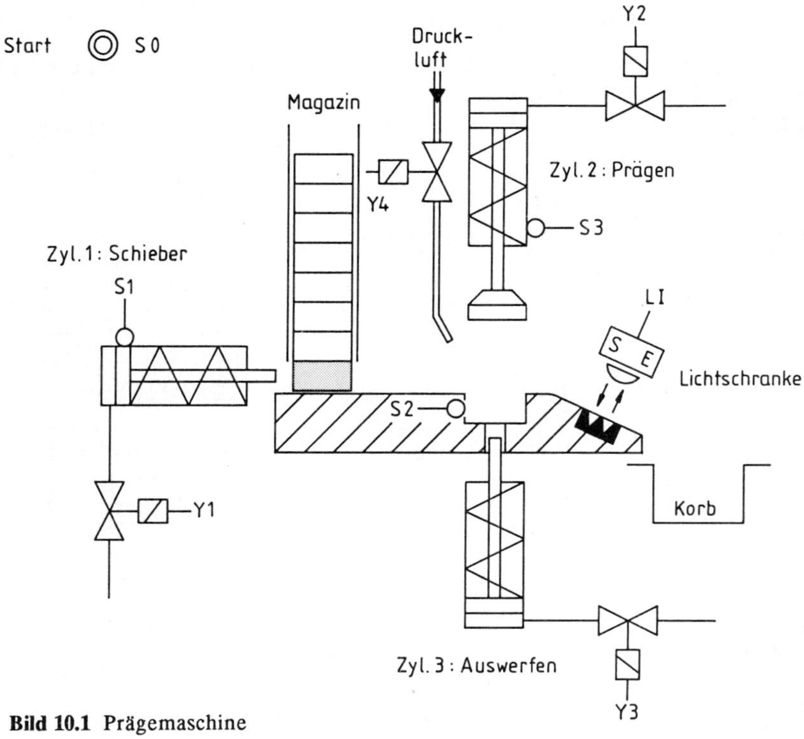

Bild 10.1 Prägemaschine

Bedienfeld:

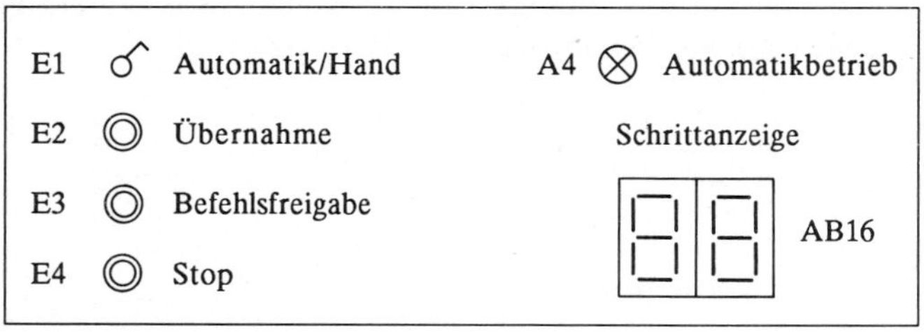

Prozeßablauf:

Ein Schieber schiebt ein Werkstück aus dem Magazin in die Prägeform. Wenn die Prägeform belegt ist, stößt der Prägestempel abwärts und bewegt sich nach einer Wartezeit von 2 Sekunden wieder nach oben. Nach dem Prägevorgang stößt der Auswerfer das fertige Teil aus der Form, so daß es anschließend von dem Luftstrom aus der Luftdüse in den Auffangbehälter geblasen werden kann. Eine Lichtschranke spricht an, wenn das Teil in den Auffangbehälter fällt. Danach kann der nächste Prägevorgang beginnen.

Zuordnungstabelle:

Eingangsvariable	Betriebsmittel-kennzeichen	Logische Zuordnung	
Schalter Hand/Autom.	E1	betätigt Automatik	E1 = 1
Übernahme	E2	betätigt	E2 = 1
Befehlsfreigabe	E3	betätigt	E3 = 1
Stop	E4	betätigt	E4 = 1
Start-Taste	S0	betätigt	S0 = 1
Hint. Endl. Zylinder 1	S1	Hint. Endl. erreicht	S1 = 1
Prägeform belegt	S2	Prägeform belegt	S2 = 1
Vord. Endl. Zylinder 2	S3	Vord. Endl. erreicht	S3 = 1
Lichtschranke	LI	unterbrochen	S4 = 1
Ausgangsvariable			
Schrittanzeige	AB16	1 Byte	
Anz. Automatikbetrieb	A4	Anzeige an	A4 = 1
Ventil Zyl. 1	Y1	Zyl. 1 fährt aus	Y1 = 1
Ventil Zyl. 2	Y2	Zyl. 1 fährt aus	Y2 = 1
Ventil Zyl. 3	Y3	Zyl. 1 fährt aus	Y3 = 1
Luftdüse	Y4	Ventil offen	Y4 = 1

Der Funktionsablaufplan der Ablaufkette ist auf Seite 161 dargestellt.

Umsetzung der Steuerungsaufgabe in ein Steuerungsprogramm:

1. Betriebsartenteil:

Das Programm des bisher verwendeten Betriebsartenteils kann unverändert übernommen werden.

2. Ablaufkette und Schrittanzeige:

Grundstellung der Anlage AM0

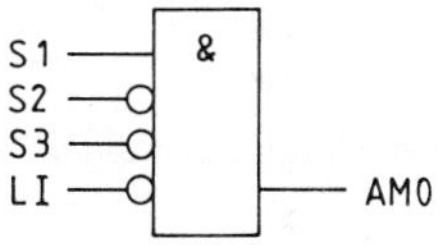

Übergang von Schritt 0 nach Schritt 1:

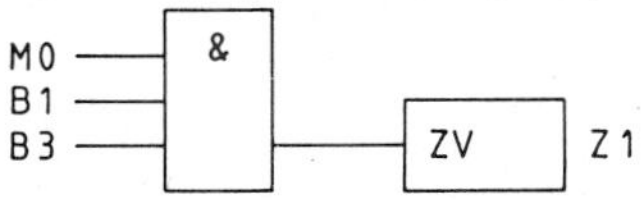

Übergang von Schritt 1 nach Schritt 2:

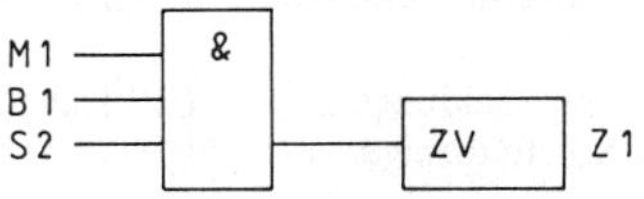

Übergang von Schritt 2 nach Schritt 3:

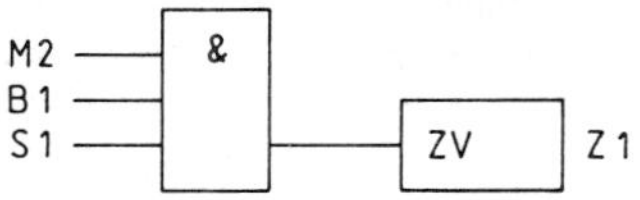

Übergang von Schritt 3 nach Schritt 4:

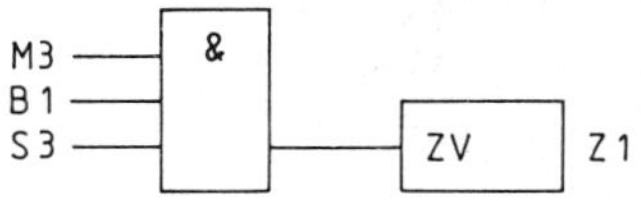

Übergang von Schritt 4 nach Schritt 5:

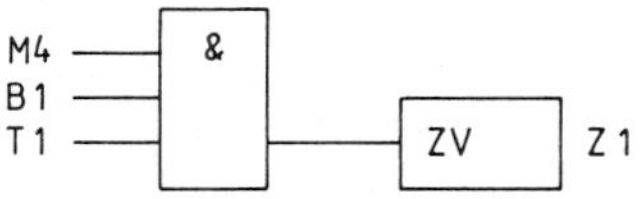

Übergang von Schritt 5 nach Schritt 6:

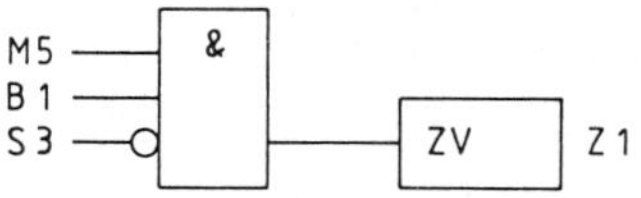

Verarbeitung des Signals B0: Ablaufkette in Grundstellung und Übergang von Schritt 6 nach Schritt 0

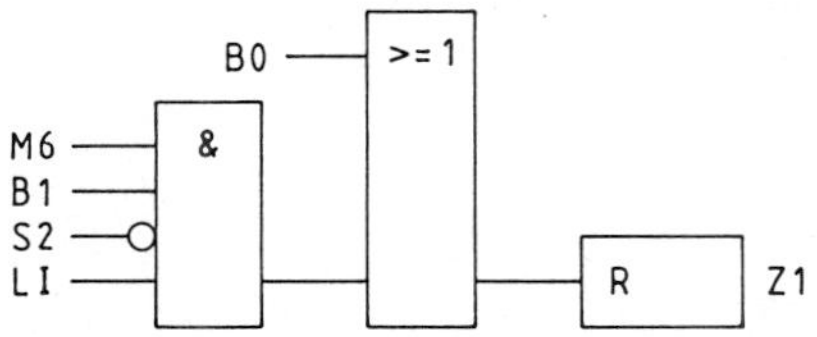

Verarbeitung des Freigabesignals B2: „Schrittweiterschaltung ohne Bedingung" und Zuweisung des Dualwertes des Zählerstandes nach Merkerbyte MB10 sowie des BCD-codierten Wertes zu der Ziffernanzeige an AB16:

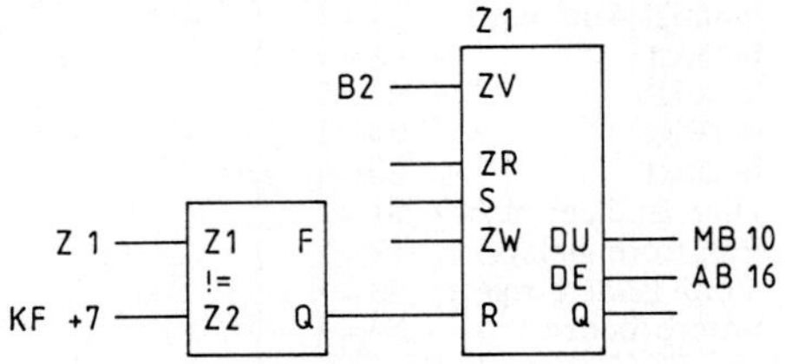

Die Decodierung des Zählerzustandes mit der Zuweisung der Schrittmerker entspricht dem auf der Seite 179 angegebenen Funktionsplan.

Ansteuerung der Zeitfunktion T1

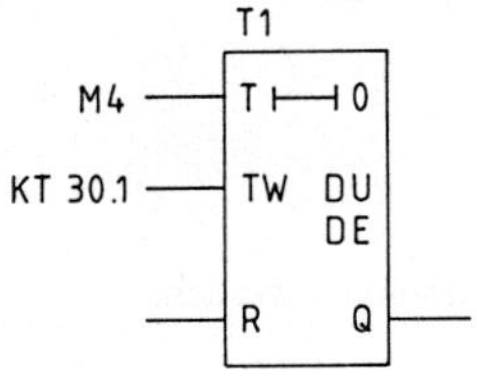

3. Befehlsausgabe:

Das Programm der Befehlsausgabe (PB13) für das Beispiel Prägemaschine in Kapitel 9 kann unverändert übernommen werden.

Realisierung mit einer SPS:

Bei der Realisierung mit einer SPS werden die einzelnen Programmteile in folgende Programmbausteine geschrieben:

Betriebsartenteil mit Meldungen:	PB10 siehe auch Seite 165
Ablaufkette mit Schrittanzeige:	PB11
Befehlsausgabe:	PB13 siehe auch Seite 165

Zuordung:

E1 = E 1.1	A4 = A 1.4	B0 = M 50.0	Zähler Z 1
E2 = E 1.2	AB16 = AB 16	B1 = M 50.1	Timer T 1
E3 = E 1.3		B2 = M 50.2	
E4 = E 1.4		B3 = M 50.3	
S0 = E 0.0	Y1 = A 0.1	B4 = M 50.4	
S1 = E 0.1	Y2 = A 0.2	AM0 = M 51.0	
S2 = E 0.2	Y3 = A 0.3	B10 = M 52.0	
S3 = E 0.3	Y4 = A 0.4	B11 = M 52.1	
LI = E 0.4		B12 = M 52.2	
		B13 = M 52.3	
		MB10 = MB 10	
		M0 = M 40.0	
		M1 = M 40.1	
		M2 = M 40.2	
		M3 = M 40.3	
		M4 = M 40.4	
		M5 = M 40.5	
		M6 = M 40.6	

Anweisungsliste:

```
PB 10
:U   E    1.2
:UN  M   52.1
:=   M   52.0
:U   M   52.0
:S   M   52.1
:UN  E    1.2
:R   M   52.1
:U   M   52.0
:U   M   51.0
:UN  A    1.4
:U   E    1.1
:UN  M   40.0
:=   M   50.0
:U   M   51.0
:U   M   52.0
:U   M   40.0
:S   A    1.4
:ON  E    1.1
:O
:U   M   52.2
:U   M   40.0
:R   A    1.4
:U   A    1.4
:=   M   50.1
:U   A    1.4
:U   E    1.4
:S   M   52.2
:UN  A    1.4
:R   M   52.2
:U   M   52.0
:UN  E    1.1
:=   M   50.2
:U   E    0.0
:S   M   52.3
:UN  M   50.1
:R   M   52.3
:U   M   52.3
:U   M   51.0
:=   M   50.3
:O   A    1.4
:O
:UN  E    1.1
:U   E    1.3
:=   M   50.4
:BE
```

```
PB 11
:U   E    0.1
:UN  E    0.2
:UN  E    0.3
:UN  E    0.4
:=   M   51.0
:U   M   40.0
:U   M   50.1
:U   M   50.3
:ZV  Z    1
:U   M   40.1
:U   M   50.1
:U   E    0.2
:ZV  Z    1
:U   M   40.2
:U   M   50.1
:U   E    0.1
:ZV  Z    1
:U   M   40.3
:U   M   50.1
:U   E    0.3
:ZV  Z    1
:U   M   40.4
:U   M   50.1
:U   T    1
:ZV  Z    1
:U   M   40.5
:U   M   50.1
:UN  E    0.3
:ZV  Z    1
:O   M   50.0
:O
:U   M   40.6
:U   M   50.1
:UN  E    0.2
:U   E    0.4
:R   Z    1
:U   M   50.2
:ZV  Z    1
:L   Z    1
:T   MB  10
:LC  Z    1
:T   AB  16
:L   Z    1
:L   KF  +7
:!=F
:R   Z    1
```

```
:UN  M   10.0
:UN  M   10.1
:UN  M   10.2
:=   M   40.0
:U   M   10.0
:UN  M   10.1
:UN  M   10.2
:=   M   40.1
:UN  M   10.0
:U   M   10.1
:UN  M   10.2
:=   M   40.2
:U   M   10.0
:U   M   10.1
:UN  M   10.2
:=   M   40.3
:UN  M   10.0
:UN  M   10.1
:U   M   10.2
:=   M   40.4
:U   M   10.0
:UN  M   10.1
:U   M   10.2
:=   M   40.5
:UN  M   10.0
:U   M   10.1
:U   M   10.2
:=   M   40.6
:U   M   40.4
:L   KT  030.1
:SE  T    1
:BE
```

```
PB 13
:U   M   50.4
:U   M   40.1
:=   A    0.1
:U   M   50.4
:U(
:O   M   40.3
:O   M   40.4
:)
:=   A    0.2
:U   M   50.4
:U   M   40.6
:=   A    0.3
:=   A    0.4
:BE
```

Das nächste Beispiel zeigt die Umsetzung der Ablaufkette mit Zählern, bei der eine „UND-Verzweigung" in der Ablaufkette auftritt. Da bei einer „UND-Verzweigung" zwei Schritte gleichzeitig gesetzt sind, die wiederum mit unterschiedlichen Weiterschaltbedingungen verlassen werden, muß ein zweiter Zähler für den parallelen Zweig der Kette eingeführt werden. Zur Anzeige beider Schritte wird auf dem Bedienfeld eine zweite Ziffernanzeige untergebracht. Die eine Ziffernanzeige zeigt die Schritte der Hauptkette an und die andere die Schritte des parallelen Zweiges. Im übrigen werden das Bedienfeld und der Betriebsartenteil aus dem vorigen Beispiel übernommen.

▼ Beispiel: Mischkessel

In einem Mischkessel wird zur Herstellung von Kunststoff ein Rohprodukt bei einer bestimmten Temperatur mit einem Zusatzstoff versehen.

Technologieschema:

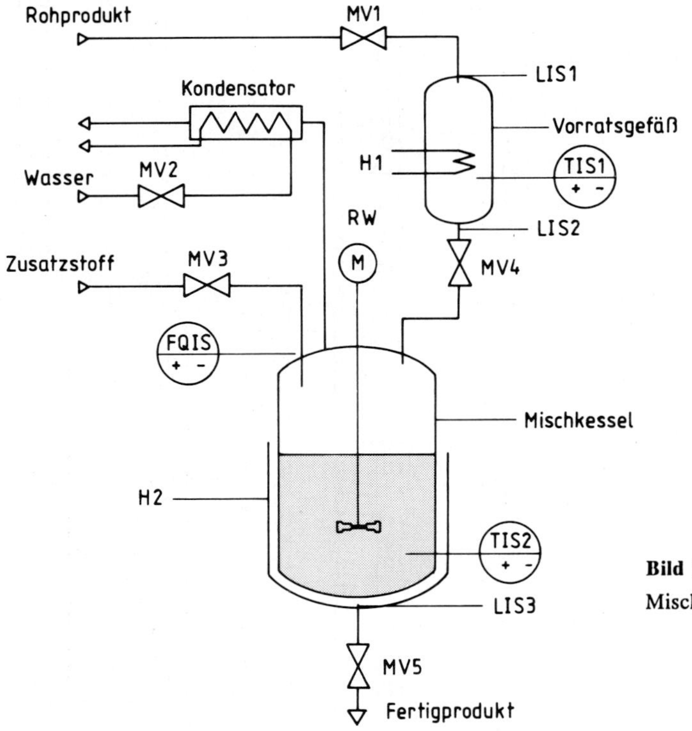

Bild 10.2
Mischkessel

Funktionsbeschreibung:

Nach Betätigung der Starttaste S0 wird, wenn Mischkessel und Vorratsbehälter leer sind, über das Magnetventil MV1 das Rohprodukt in den Vorratsbehälter vorgelegt. Meldet der Grenzsignalgeber LIS1, daß das Vorratsgefäß voll ist, wird das Magnetventil MV1 wieder geschlossen und die Vorlage über das Magnetventil MV4 in den Mischkessel abgelassen.

Ist der Vorratsbehälter völlig entleert, wird eine weitere Füllung mit dem Rohprodukt gestartet. Nachdem der Vorratsbehälter wieder gefüllt ist, wird die Heizung H1 eingeschaltet.

Gleichzeitig wird im Mischkessel das Rührwerk eingeschaltet und nach einer Vorlaufzeit von 10 s bei geöffnetem Kühlwasserventil MV2 des Kondensators das Magnetventil MV3 für den Zusatzstoff geöffnet. Meldet der Dosierzähler FQIS die eingestellte Dosiermenge, so wird das Magnetventil MV3 wieder geschlossen und die Heizung H2 eingeschaltet.

Zeigt der Temperaturgrenzsignalgeber TIS1 im Vorratsbehälter das Erreichen der eingestellten Solltemperatur an, wird die Heizung H1 abgeschaltet. Ebenso wird die Heizung H2 abgeschaltet, wenn der Temperaturgrenzsignalgeber TIS2 das Erreichen der Solltemperatur im Mischkessel meldet. Sind beide Heizungen abgeschaltet, wird die zweite Vorlage aus dem Vorratsbehälter in den Mischkessel abgelassen. Nach vollständiger Entleerung des Vorratsbehälters wird der Mischkesselinhalt noch 20 s nachgerührt, bevor das Fertigprodukt über das Magnetventil MV5 abgelassen wird. Dabei wird das Rührwerk ausgeschaltet und das Kühlwasserventil geschlossen.

Meldet der Grenzsignalgeber LIS3, daß der Mischkessel entleert ist, wiederholt sich im Automatikbetrieb der Vorgang solange, bis auf dem Bedienfeld die Taste „STOP" B4 betätigt wird.

Mit Hilfe des Bedienfeldes soll der Mischvorgang auch im Einzelschrittbetrieb ohne Bedingungen gefahren werden können. Dabei werden die Ausgangszuweisungen nur freigegeben, wenn der Befehlsfreigabetaster B3 des Bedienfeldes betätigt ist. Da im Mischkessel und im Vorratsbehälter zwei Vorgänge gleichzeitig ablaufen, ergibt sich eine „UND-verzweigte" Ablaufkette.

Ablaufkette zur Funktionsbeschreibung:

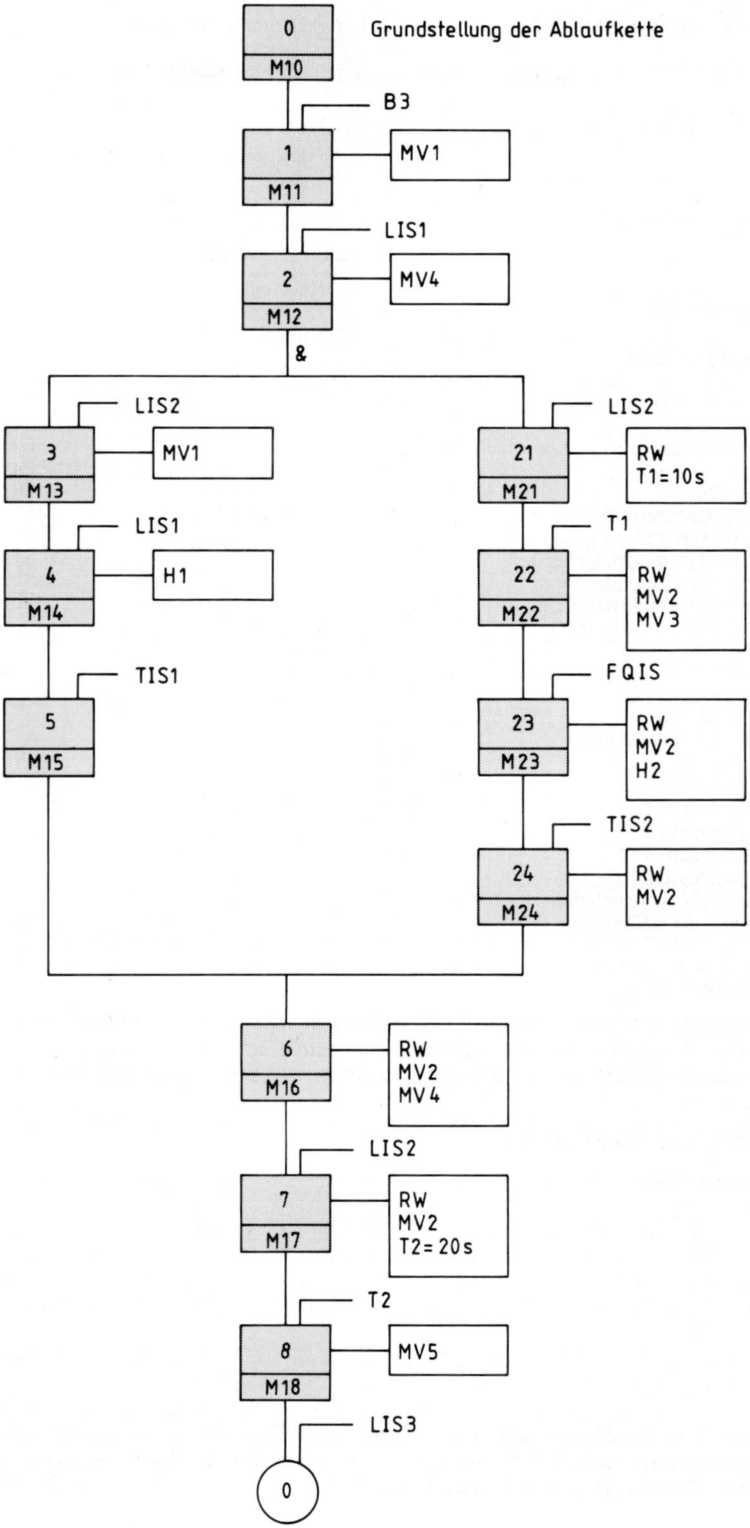

Bedienfeld:

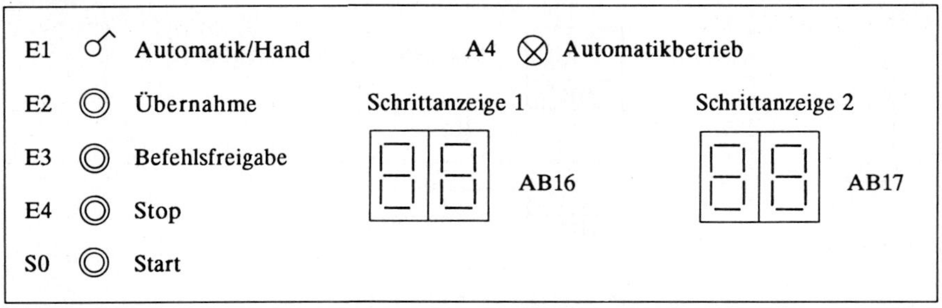

Zuordnungstabelle:

Eingangsvariable	Betriebsmittel-kennzeichen	Logische Zuordnung	
Schalter Hand/Autom.	E1	betätigt Automatik	E1 = 1
Übernahme	E2	betätigt	E2 = 1
Befehlsfreigabe	E3	betätigt	E3 = 1
Stop	E4	betätigt	E4 = 1
Start-Taste	S0	betätigt	S0 = 1
oberer Grenzsignalgeber VB	LIS1	Behälter voll	LIS1 = 1
unterer Grenzsignalgeber VB	LIS2	Behälter leer	LIS2 = 1
unterer Grenzsignalgeber Mk	LIS3	Behälter leer	LIS3 = 1
Temp. Grenzsignalgeber 1	TIS1	Temp. erreicht	TIS1 = 1
Temp. Grenzsignalgeber 2	TIS2	Temp. erreicht	TIS2 = 1
Durchflußmengenzähler	FQIS	Durchflm. erreicht	FQIS = 1
Ausgangsvariable			
Schrittanzeige 1	AB16	1 Byte	
Schrittanzeige 2	AB17	1 Byte	
Anz. Automatikbetrieb	A4	Anzeige an	A4 = 1
Rührwerk	RW	Motor ein	RW = 1
Magnetventil 1	MV1	Ventil offen	MV1 = 1
Magnetventil 2	MV2	Ventil offen	MV2 = 1
Magnetventil 3	MV3	Ventil offen	MV3 = 1
Magnetventil 4	MV4	Ventil offen	MV4 = 1
Magnetventil 5	MV5	Ventil offen	MV5 = 1
Heizung Vorratsbehälter	H1	Heizung an	H1 = 1
Heizung Mischkessel	H2	Heizung an	H2 = 1

1. Betriebsartenteil

Der im vorangegangenem Beispiel verwendete Betriebsartenteil kann unverändert übernommen werden.

Der Merker M0 für die Grundstellung der Ablaufkette wird durch UND-Verknüpfung der Merker M10 und M20, die jeweils den Zählerstand 0 für die beiden Zähler angeben, bei der Dekodierung der Zählerstände gebildet.

2. Ablaufkette und Schrittanzeige

Grundstellung der Anlage AM0

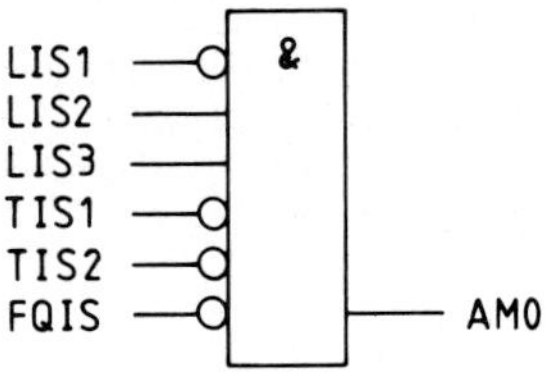

Die Schritte 0 bis 8 werden durch den Zähler Z1 und die Schritte 21 bis 24 durch den Zähler Z2 gebildet.

Im Steuerungsprogramm wird zunächst die Umsetzung der Hauptkette durch den Zähler Z1 programmiert. Danach folgt im Steuerungsprogramm die Umsetzung der Schritte 21 bis 24 durch den Zähler Z2.

Zähler Z1 Hauptkette:

Übergang von Schritt 0 nach Schritt 1:

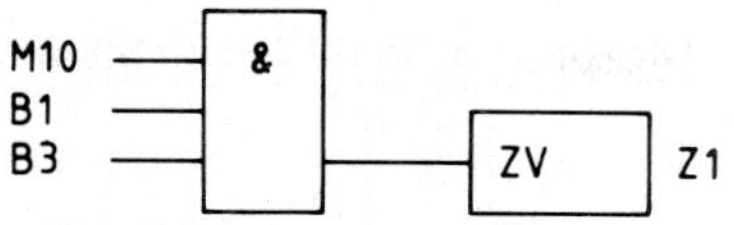

Übergang von Schritt 1 nach Schritt 2:

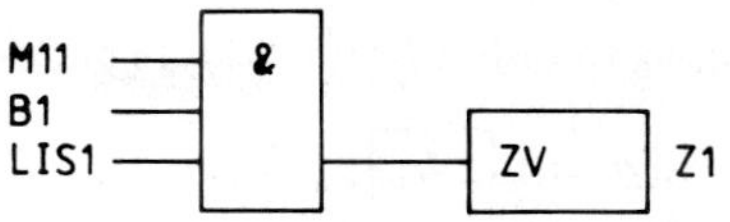

Übergang von Schritt 2 nach Schritt 3:

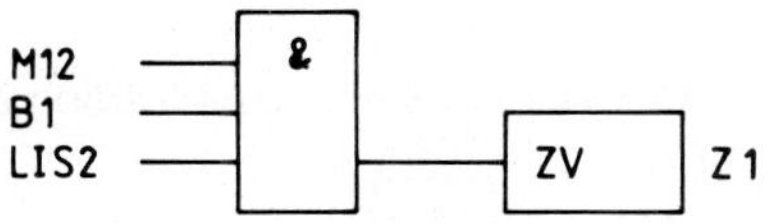

Übergang von Schritt 3 nach Schritt 4:

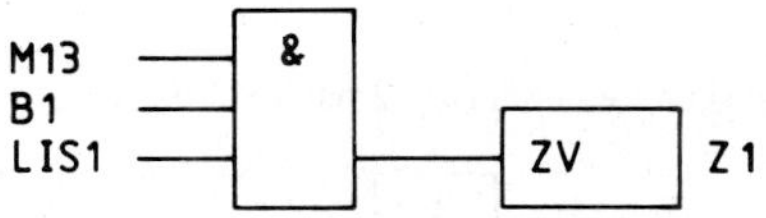

Übergang von Schritt 4 nach Schritt 5:

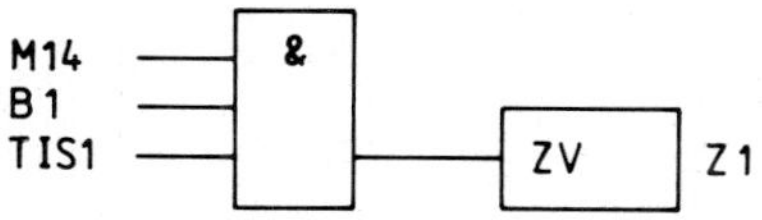

Übergang von Schritt 5 und Schritt 24 nach Schritt 6:

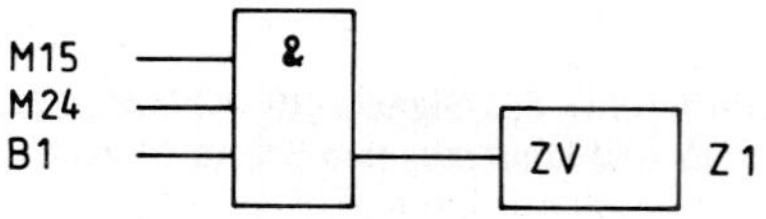

Übergang von Schritt 6 nach Schritt 7:

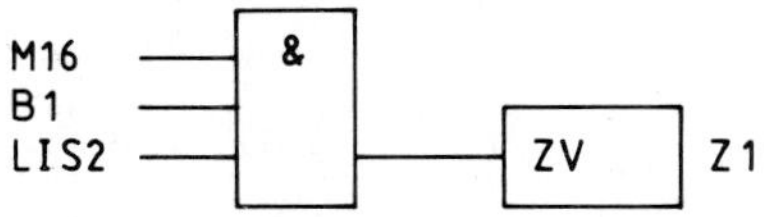

Übergang von Schritt 7 nach Schritt 8:

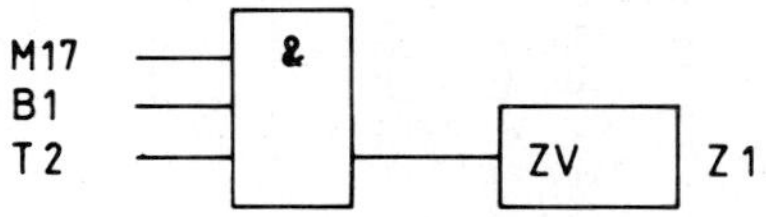

Verarbeitung des Signals B0: Ablaufkette in Grundstellung und Übergang von Schritt 8 nach Schritt 0:

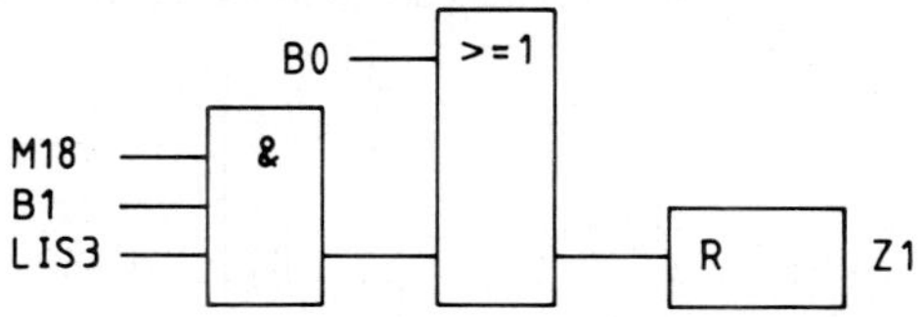

Verarbeitung des Freigabesignals B2: „Schrittweiterschaltung ohne Bedingung" und Zuweisung des BCD-codierten Wertes zu der Ziffernanzeige an AB16:

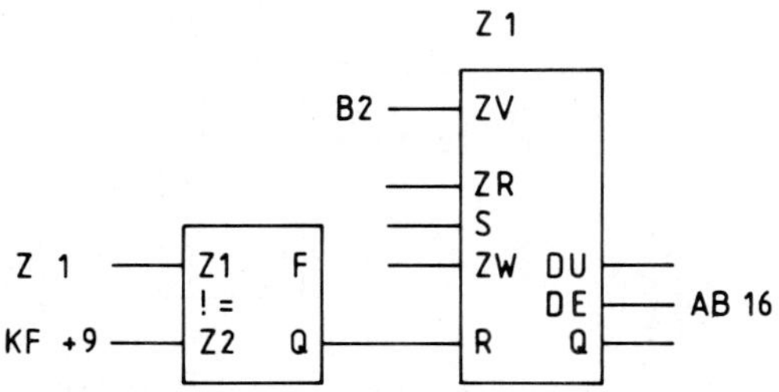

Da die Schrittmerker bei diesem Beispiel durch die Vergleichsfunktion gebildet werden, ist keine Zuweisung des Dualwertes des Zählers zu einem Merkerbyte erforderlich.

Zähler Z2 Schritte 21 bis 24:
Die Grundstellung dieses Zweiges der Ablaufkette entspricht wieder dem Zählerstand Z2 = 0. Der zugehörige Schrittmerker M20 taucht in der Funktionsablaufbeschreibung der Ablaufkette jedoch nicht auf.

Übergang von Schritt 20 und Schritt 2 nach Schritt 21:

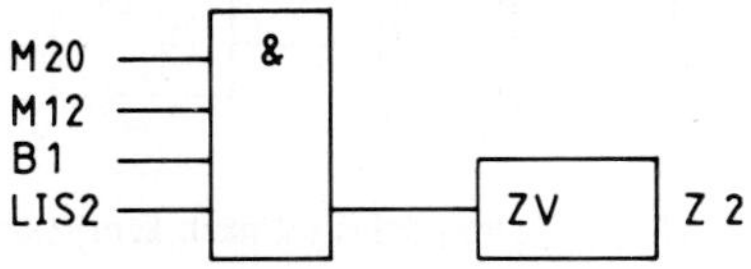

Übergang von Schritt 21 nach Schritt 22:

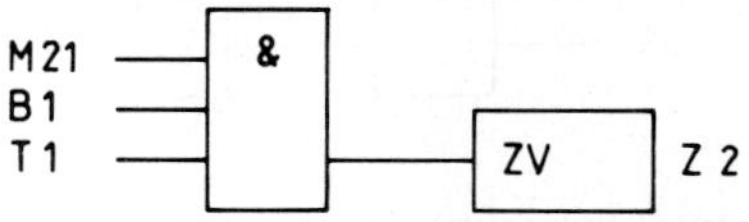

Übergang von Schritt 22 nach Schritt 23:

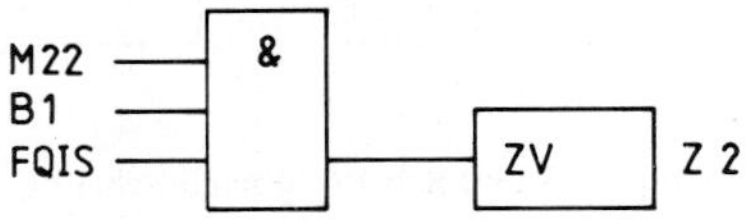

Übergang von Schritt 23 nach Schritt 24:

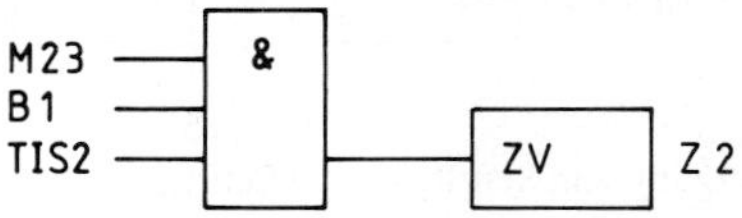

Verarbeitung des Signals B0: Ablaufkette in Grundstellung und Übergang von Schritt 24 nach Schritt 20:

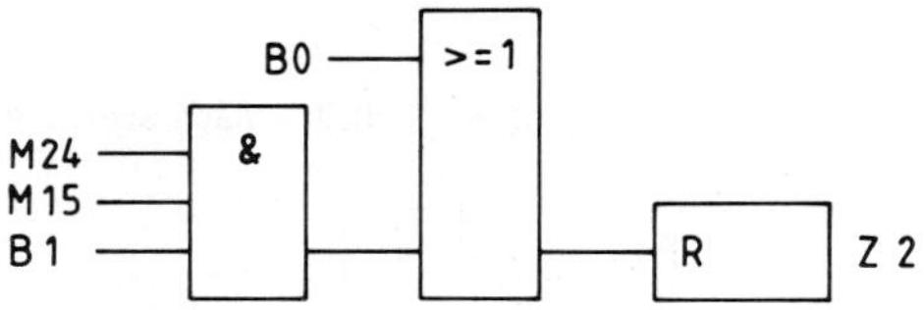

Zuweisung der BCD-codierten Ausgabe des Zählers an die Schrittanzeige:

```
LC  Z2
T   AB17
```

Jeder Schrittmerker Mn für die Schrittweiterschaltung und Befehlsausgabe wird durch eine Vergleichsfunktion gebildet.

Schrittmerker M10 bis M18 der Hauptkette:

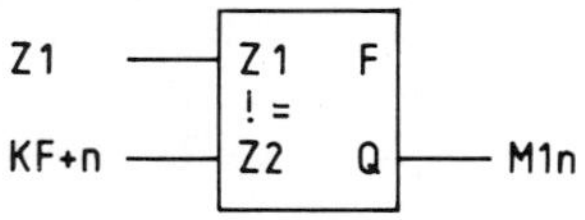

n = 0...8

Ansteuerung der Zeitfunktion T1

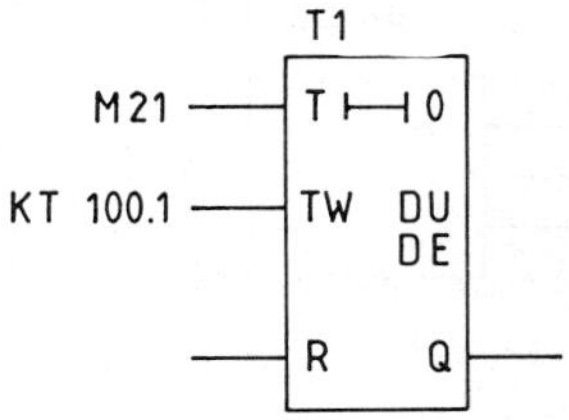

Schrittmerker M20 bis M24 der UND-Verzweigung:

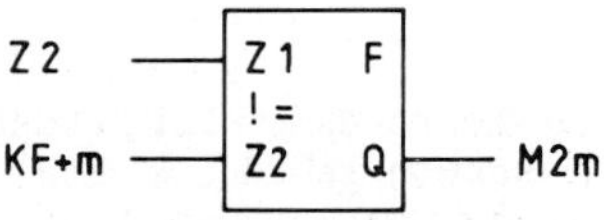

m = 0...4

Ansteuerung der Zeitfunktion T2

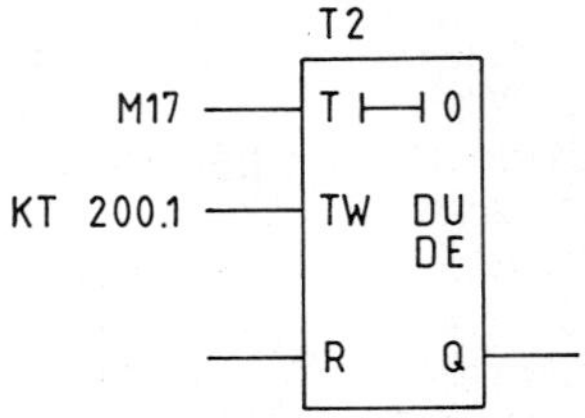

Merker M0: „Grundstellung der Ablaufkette" für den Betriebsartenteil:

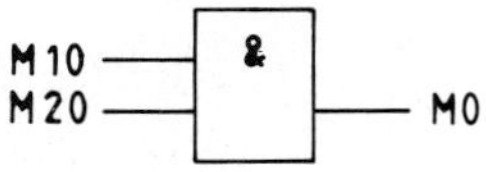

3. Befehlsausgabe

Rührwerk RW

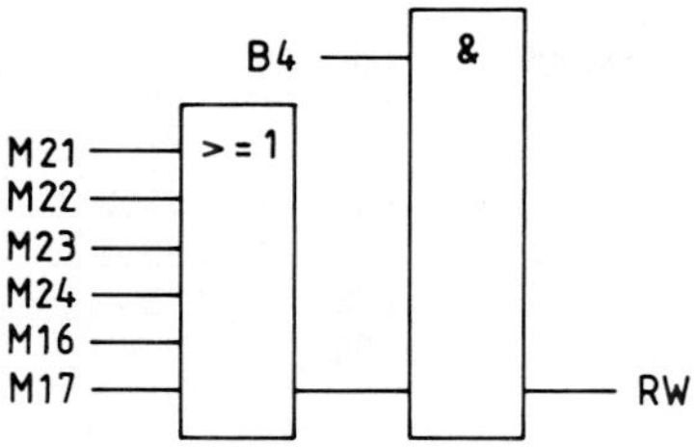

Magnetventil MV1

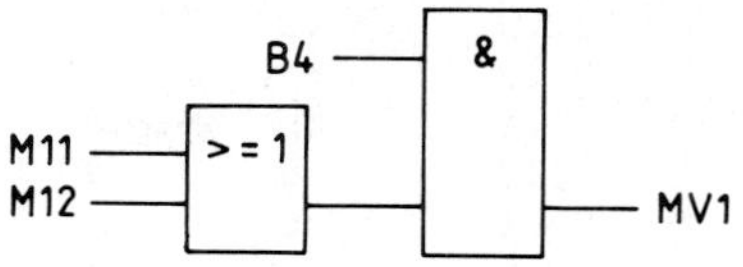

Magnetventil MV2

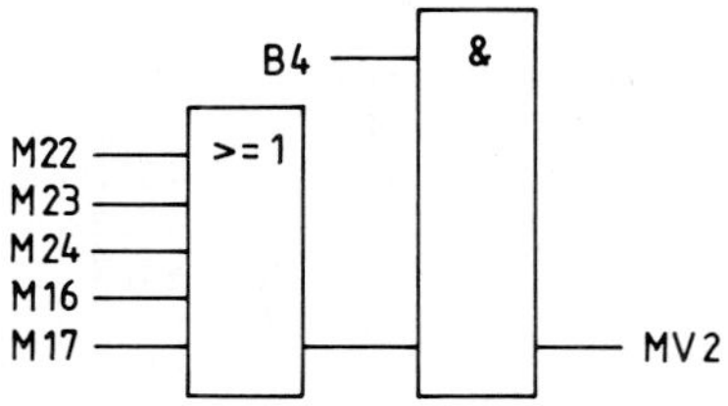

Magnetventil MV3

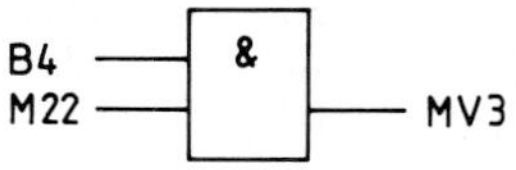

Magnetventil MV4

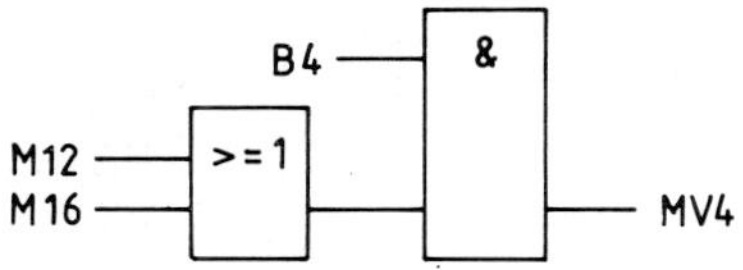

Magnetventil MV5

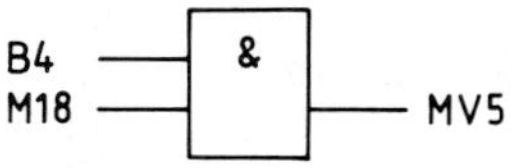

Heizung H1

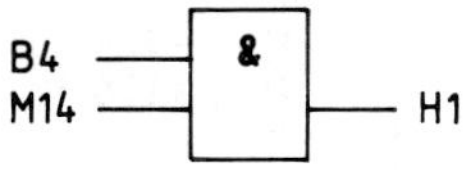

Heizung H2

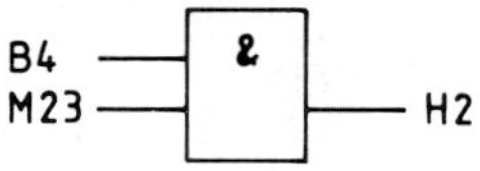

Realisierung mit einer SPS:

Bei der Realisierung mit einer SPS werden die Programmteile in folgende Programmbausteine geschrieben:

Betriebsartenteil:	PB10	Siehe auch Seite 165
Ablaufkette mit Schrittanzeige:	PB11	
Befehlsausgabe:	PB13	

Zuordnung:

E1 = E 1.1	A4 = A 1.4	B0 = M 50.0	M0 = M 40.0	M20 = M 43.0
E2 = E 1.2	AB16 = AB 16	B1 = M 50.1	M10 = M 41.0	M21 = M 43.1
E3 = E 1.3	AB17 = AB 17	B2 = M 50.2	M11 = M 41.1	M22 = M 43.2
E4 = E 1.4	RW = A 0.0	B3 = M 50.3	M12 = M 41.2	M23 = M 43.3
S0 = E 0.0	MV1 = A 0.1	B4 = M 50.4	M13 = M 41.3	M24 = M 43.4
LIS1 = E 0.1	MV2 = A 0.2	AM0 = M 51.0	M14 = M 41.4	
LIS2 = E 0.2	MV3 = A 0.3	B10 = M 52.0	M15 = M 41.5	
LIS3 = E 0.3	MV4 = A 0.4	B11 = M 52.1	M16 = M 41.6	
TIS1 = E 0.4	MV5 = A 0.5	B12 = M 52.2	M17 = M 41.7	
TIS2 = E 0.5	H1 = A 0.6	B13 = M 52.3	M18 = M 42.0	Timer T1
FQIS = E 0.6	H2 = A 0.7			Timer T2

Anweisungsliste:

PB10

```
:U   E   1.2
:UN  M  52.1
:=   M  52.0
:U   M  52.0
:S   M  52.1
:UN  E   1.2
:R   M  52.1
:U   M  52.0
:U   M  51.0
:UN  A   1.4
:U   E   1.1
:UN  M  40.0
:=   M  50.0
:U   M  51.0
:U   M  52.0
:U   M  40.0
:S   A   1.4
:ON  E   1.1
:O
:U   M  52.2
:U   M  40.0
:R   A   1.4
:U   A   1.4
:=   M  50.1
:U   A   1.4
:U   E   1.4
:S   M  52.2
:UN  A   1.4
:R   M  52.2
:U   M  52.0
:UN  E   1.1
:=   M  50.2
:U   E   0.0
:S   M  52.3
:UN  M  50.1
:R   M  52.3
:U   M  52.3
:U   M  51.0
:=   M  50.3
:O   A   1.4
:O
:UN  E   1.1
:U   E   1.3
:=   M  50.4
:BE
```

PB11

```
:UN  E   0.1
:U   E   0.2
:U   E   0.3
:UN  E   0.4
:UN  E   0.5
:UN  E   0.6
:=   M  51.0
:U   M  41.0
:U   M  50.1
:U   M  50.3
:ZV  Z   1
:U   M  41.1
:U   M  50.1
:U   E   0.1
:ZV  Z   1
:U   M  41.2
:U   M  50.1
:U   E   0.2
:ZV  Z   1
:U   M  41.3
:U   M  50.1
:U   E   0.1
:ZV  Z   1
:U   M  41.4
:U   M  50.1
:U   E   0.4
:ZV  Z   1
:U   M  41.5
:U   M  43.4
:U   M  50.1
:ZV  Z   1
:U   M  41.6
:U   M  50.1
:U   E   0.2
:ZV  Z   1
:U   M  41.7
:U   M  50.1
:U   T   2
:ZV  Z   1
:O   M  50.0
:O
:U   M  42.0
:U   M  50.1
:U   E   0.3
:R   Z   1
:U   M  50.2
:ZV  Z   1
:L   Z   1
:L   KF +9
:!=F
:R   Z   1
:LC  Z   1
:T   AB  16
:U   M  43.0
:U   M  41.2
:U   M  50.1
:U   E   0.2
:ZV  Z   2
:U   M  43.1
:U   M  50.1
:U   T   1
:ZV  Z   2
:U   M  43.2
:U   M  50.1
:U   E   0.6
:ZV  Z   2
:U   M  43.3
:U   M  50.1
:U   E   0.5
:ZV  Z   2
:O   M  50.0
:O
:U   M  43.4
:U   M  41.5
:U   M  50.1
:R   Z   2
:LC  Z   2
:T   AB  17
:L   Z   1
:L   KF +0
:!=F
:=   M  41.0
:L   Z   1
:L   KF +1
:!=F
:=   M  41.1
:L   Z   1
:L   KF +2
:!=F
:=   M  41.2
:L   Z   1
:L   KF +3
:!=F
:=   M  41.3
:L   Z   1
:L   KF +4
:!=F
:=   M  41.4
:L   Z   1
:L   KF +5
:!=F
:=   M  41.5
:L   Z   1
:L   KF +6
:!=F
:=   M  41.6
:L   Z   1
:L   KF +7
:!=F
:=   M  41.7
:L   Z   1
:L   KF +8
:!=F
:=   M  42.0
:L   Z   2
:L   KF +0
:!=F
:=   M  43.0
:L   Z   2
:L   KF +1
:!=F
:=   M  43.1
:L   Z   2
:L   KF +2
:!=F
:=   M  43.2
:L   Z   2
:L   KF +3
:!=F
:=   M  43.3
:L   Z   2
:L   KF +4
:!=F
:=   M  43.4
:U   M  41.0
:U   M  43.0
:=   M  40.0
:U   M  43.1
:L   KT 100.1
:SE  T   1
:U   M  41.7
:L   KT 200.1
:SE  T   2
:BE
```

PB13

```
:U   M  50.4
:U(
:O   M  43.1
:O   M  43.2
:O   M  43.3
:O   M  43.4
:O   M  41.6
:O   M  41.7
:)
:=   A   0.0
:U   M  50.4
:U(
:O   M  41.1
:O   M  41.3
:)
:=   A   0.1
:U   M  50.4
:U(
:O   M  43.2
:O   M  43.3
:O   M  43.4
:O   M  41.6
:O   M  41.7
:)
:=   A   0.2
:U   M  50.4
:U   M  43.2
:=   A   0.3
:U   M  50.4
:U(
:O   M  41.2
:O   M  41.6
:)
:=   A   0.4
:U   M  50.4
:U   M  42.0
:=   A   0.5
:U   M  50.4
:U   M  41.4
:=   A   0.6
:U   M  50.4
:U   M  43.3
:=   A   0.7
:BE
```

10.3 Vertiefung und Übung

• Übung 10.1: Taktsteuerung Reklamebeleuchtung

Bei einer Lichtreklame sollen acht Lichtquellen durch eine zyklische Taktsteuerung mit 32 Einzeltakten ein- bzw. ausgeschaltet werden. Der Taktgeber soll eine Frequenz von 1 Hz aufweisen und wird mit dem Schalter S1 gestartet.

Die Zuordnung der Leuchtenkombination zu den einzelnen Takten ist aus der nachfolgenden Tabelle ersichtlich.

Takt	Leuchten							
	7	6	5	4	3	2	1	0
0	x							
1	x	x						
2	x	x	x					
3	x	x	x	x				
4	x	x	x	x	x			
5	x	x	x	x	x	x		
6	x	x	x	x	x	x	x	
7	x	x	x	x	x	x	x	x
8								
9	x	x	x	x	x	x	x	x
10								
11	x							
12	x	x						
13	x	x	x					
14	x	x	x	x				
15	x	x	x	x	x			
16	x	x	x	x	x	x		
17	x	x	x	x	x	x	x	
18	x	x	x	x	x	x	x	x
19								
20	x	x	x	x	x	x	x	x
21								
22	x	x	x	x	x	x	x	x
23	x	x	x	x	x	x	x	
24	x	x	x	x	x	x		
25	x	x	x	x	x			
26	x	x	x	x				
27	x	x	x					
28	x	x						
29	x							
30								
31								

• Übung 10.2: CHA-CHA-CHA-FOLGE

Als Reklamegag soll eine Meldeleuchte H1 nach dem Rhytmus des CHA-CHA-CHA-Taktes angesteuert werden. Dazu ist eine Taktsteuerung mit 14 Einzeltakten aufzubauen. Der Taktgeber soll mit einer geeigneten Frequenz laufen.

Bitmuster:

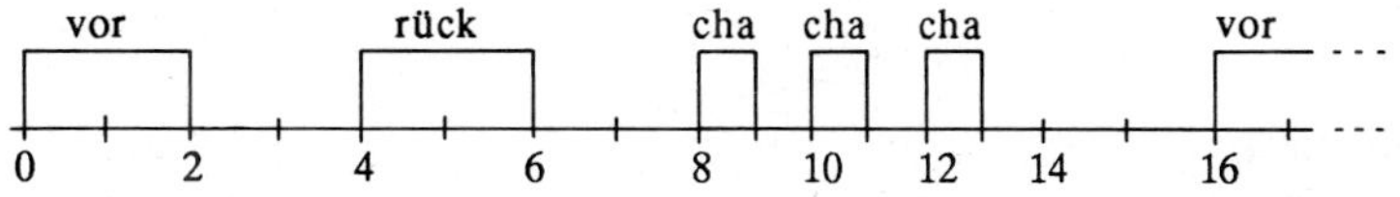

• Übung 10.3: Biegewerkzeug

Die Ablaufkette der in Kapitel 9.5 dargestellten Übungsaufgabe 9.1 „Biegewerkzeug" ist mit einem Zähler umzusetzen. Die komplette Steuerungsaufgabe ist dann mit einer SPS zu realisieren.

• Übung 10.4: Rohrbiegeanlage

Die Ablaufkette der in Kapitel 9.5 dargestellten Übungsaufgabe 9.2 „Rohrbiegeanlage" ist mit einem Zähler umzusetzen. Die komplette Steuerungsaufgabe ist dann mit einer SPS zu realisieren.

11 Grundlagen der Steuerungssicherheit

11.1. Begriffe und Ziele

Die Sicherheit einer elektrischen Anlage ist nicht nur im Hinblick auf die Speicherprogrammierte Steuerung zu sehen, sondern sie ergibt sich aus der Gesamtheit aller Betriebsmittel an und außerhalb der Maschine bzw. Anlage. Die Sicherheit einer elektrischen Ausrüstung muß gewährleistet sein, unabhängig von der Art der Steuerung, ob z.B. eine Schützsteuerung oder eine Speicherprogrammierte Steuerung eingesetzt wird. Das setzt die Beachtung einschlägiger VDE-Vorschriften und der besonderen Unfallverhütungsvorschriften voraus.

Der Begriff *Sicherheit* eines Steuerungssystems ist auf die *möglichen Folgen von auftretenden Fehlern* bezogen. Davon zu unterscheiden sind die Begriffe „Zuverlässigkeit" bzw. „Verfügbarkeit" eines Steuerungssystems, die zwischen den Werten 0 und 1 liegen können, unabhängig von der Bedeutung der möglichen Folgen eines Fehlers. Eins bedeutet: Die Anlage steht ständig zur Verfügung. Null sagt: Die Anlage steht nie zur Verfügung.

In den Vorschriften wird zumeist nicht von Speicherprogrammierten Steuerungen sondern von Elektronischen Betriebsmitteln (EB) gesprochen. Für DIN VDE 0160 sind elektronische Betriebsmittel (EB) Baugruppen, Geräte und Anlagen

- zum Regeln (analog oder digital), einschließlich Soll- und Istwertbildung,
- zum Überwachen, auch mittels Prozeßrechner,
- zur verdrahtungsprogrammierten und Speicherprogrammierten Steuerung,
- für die Leittechnik, einschließlich Prozeßrechner,
- zur unmittelbaren Leistungssteuerung

soweit sie auf Starkstromanlagen einwirken.

DIN VDE 0113 und 0160 geben als vorrangiges Schutzziel an, daß Personen weder durch fehlerfreien bestimmungsmäßigen Betrieb noch durch fehlerhafte Funktion elektronischer Betriebsmittel gefährdet werden dürfen.

> Die nachfolgend aufgeführten Sicherheitsgesichtspunkte stellen nur eine Auswahl von Beispielen dar. Maßgebend sind die einschlägigen Vorschriften. Die meisten der im Lehrbuch ausgeführten Steuerungsbeispiele und Lösungen von Übungsaufgaben dienen der Veranschaulichung spezieller Lehrstoffinhalte und sind nicht ausdrücklich unter Sicherheitsgesichtspunkten geprüft worden.

11.2 Spezielle Sicherheitsanforderungen

Es werden in bezug auf das Sicherheitsbedürfnis an Speicherprogrammierte Steuerungen keine anderen Anforderungen gestellt als an andere Betriebsmittel auch.

Unter sicherheitstechnischem Aspekt sind folgende spezielle Bestimmungen von besonderer Bedeutung:

11.2.1 NOT-AUS-Einrichtung

DIN VDE 0113 verlangt NOT-AUS-Einrichtungen, wenn Gefahren für Personen oder Schäden an Maschinen entstehen können:

- Bei Betätigung der NOT-AUS-Einrichtungen muß ein für Personen und Anlage ungefährlicher Zustand erreicht werden. D.h. es müssen Stellgeräte und Antriebe, durch die gefährliche Zustände entstehen können, sofort ausgeschaltet werden (z.B. Hauptspindelantriebe bei Maschinen). Dagegen müssen Stellgeräte und Antriebe, durch deren Ausschalten Personen oder Anlage gefährdet werden können, auch im Notfall weiterarbeiten (z.B. Spannvorrichtungen).

- Nach Entriegeln der NOT-AUS-Einrichtungen dürfen Maschinen nicht selbsttätig wiederanlaufen.
- Das Betätigen der NOT-AUS-Einrichtungen muß vom Automatisierungsgerät erfaßt und vom Anwenderprogramm ausgewertet werden können.

- Der NOT-AUS-Kreis muß unabhängig von der SPS in Schütztechnik ausgeführt sein.

Im nachfolgenden Bild 11.1 wird am Beispiel gezeigt, wie die oben genannten NOT-AUS-Anforderungen umgesetzt werden können; es sind jedoch auch andere Schaltungsvarianten denkbar.

Das Ausschalten der Steuerung durch Betätigen des Befehlsgebers NOT-AUS soll mit größtmöglicher Sicherheit funktionieren. Es ist deshalb eine *Schützsicherheitskombination* mit K1 und K2 vorgesehen. Das Abschalten der Anlage funktioniert auch dann noch, wenn einer der beiden Schütze versagt. K1 und K2 fallen ab und werden auch nach Entriegeln des NOT-AUS-Tasters nicht wieder angesteuert, da wenigstens einer der beiden Kontakte K1 oder K2 geöffnet hat.

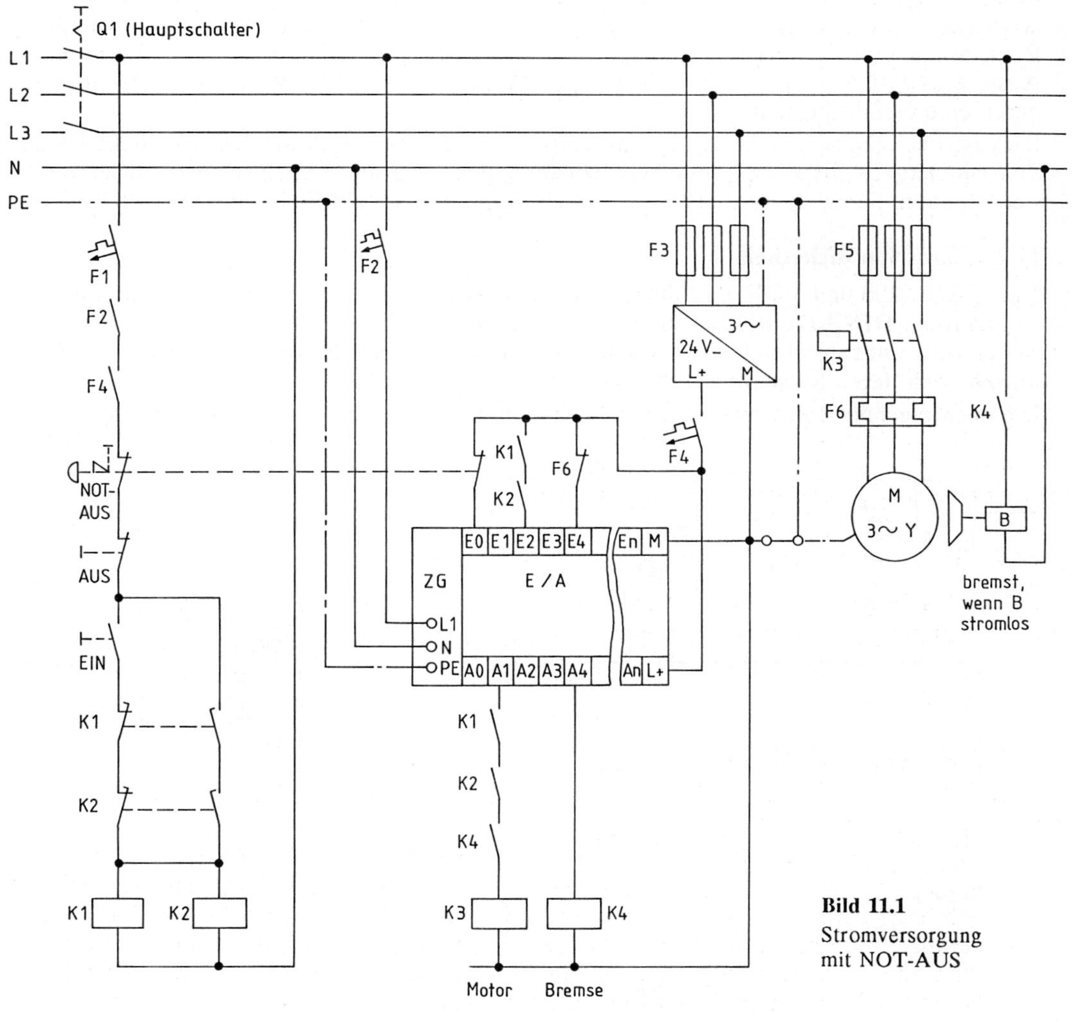

Bild 11.1
Stromversorgung mit NOT-AUS

Am Steuerungseingang E0 kann die NOT-AUS-Betätigung programmgemäß ausgewertet werden. Ferner erhält der Steuerungseingang E2 die Abschaltinformation durch Öffnen der Kontakte K1 und/oder K2 zur Auswertung z.B. im Betriebsartenteil.

Zusätzlich soll der Motor als gefährlich wirkendes Stellglied nicht nur durch das SPS-Programm, sondern auch durch die Schützkontakte K1 und K2 direkt abgeschaltet werden, indem Motor-Schütz K3 stromlos wird. Keine volle Sicherheit für das Stillsetzen des gefährlichen Antriebes besteht im Falle des Versagens von Motor-Schütz K3. Hier müßte ebenfalls das Prinzip der Schützsicherheitskombination angewendet werden. Eine Teilsicherheit besteht jedoch drin, daß im NOT-AUS-Fall über Eingang E4 per Programm Bremsschütz K4 abgeschaltet wird. Dadurch wird die Bremse stromlos und greift mechanisch ein.

Zur Sicherheit trägt ferner bei, daß die Leitungsschutzeinrichtungen F2 und F4 im NOT-AUS-Kreis überwacht werden. Durch das Einschleifen von F1 und der Kontakte F2 sowie F4 wird die NOT-AUS-Einrichtung nicht etwa gefährlicherweise außer Kraft gesetzt, denn das Ansprechen einer Leitungsschutzeinrichtung wirkt wie eine NOT-AUS-Betätigung.

11.2.2 Schutz gegen selbsttätigen Wiederanlauf

DIN VDE 0113 verlangt einen Schutz gegen selbsttätigen Wiederanlauf von Steuerungen nach Netzausfall und Spannungswiederkehr. Ebenso darf auch das Rückstellen der NOT-AUS-Einrichtung nicht den Wiederanlauf der Maschine bewirken. Auch das selbsttätige Rückstellen einer Überstromschutzeinrichtung, z.B. durch Abkühlen eines thermischen Auslösers, darf nicht zu einem selbsttätigen Wiederanlauf des Motors führen, wenn hierdurch eine Gefahr besteht.

Dies ist im Beispiel des Bildes 11.1 so gelöst, daß der Motorschutzschalterkontakt F6 am SPS-Eingang E4 liegt und sein Schaltzustand per Programm entsprechend ausgewertet werden kann. Denkbar wäre auch das Einschleifen von Kontakt F6 in den NOT-AUS-Kreis.

11.2.3 Erdschlußsicherheit

Nach VDE 0100 und VDE 0113 dürfen Hilfsstromkreise geerdet oder auch ungeerdet betrieben werden. DIN VDE 0113 bestimmt jedoch auch, daß Erdschlüsse in Steuerstromkreisen weder zum unbeabsichtigten Anlaufen oder zu gefährlichen Bewegungen einer Maschine führen noch deren Stillsetzen verhindern dürfen.

Die nachfolgende Abbildung zeigt das Verhalten der Steuerung bei ungeerdetem Betrieb.

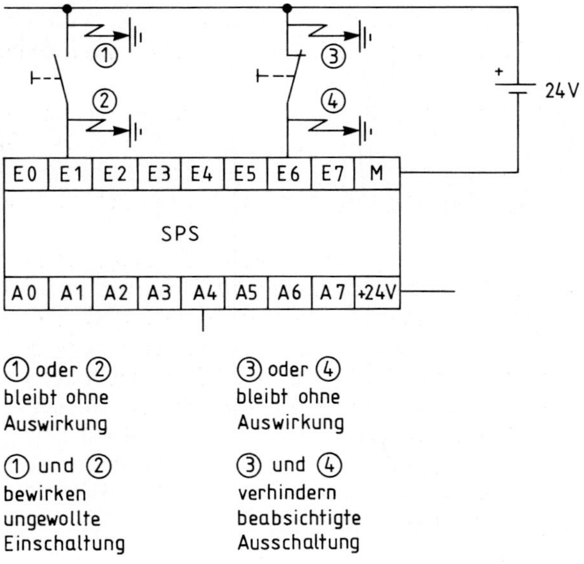

AWL:

U E 1
S A 4
UN E 6
R A 4

Die Steuerung ist nicht erdschlußsicher! Deshalb ist nach VDE 0113 eine Isolationsüberwachung vorzusehen, damit beim Auftreten des ersten – sich noch nicht gefährlich auswirkenden – Isolationsfehlers eine Meldung erfolgt.

Die nachfolgende Abbildung zeigt das Verhalten der Steuerung bei geerdetem Betrieb.

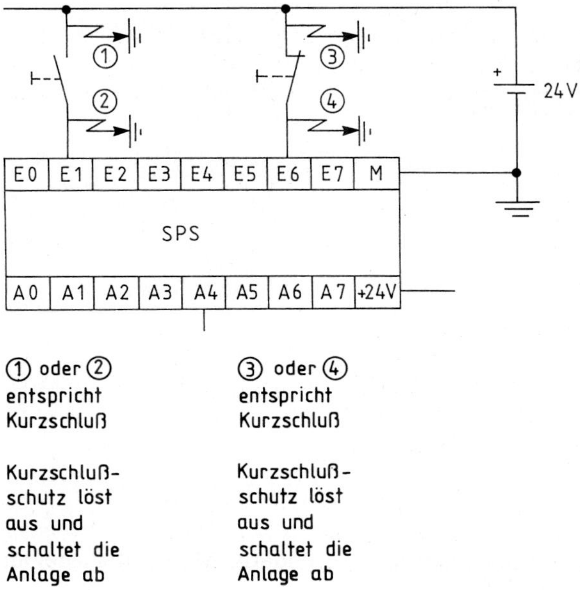

AWL:
U E1
S A4
UN E6
R A4

Bei geerdetem Betrieb der Steuerung entsteht durch einen Erdschluß in der Eingabeebene der SPS ein Kurzschluß, der zum Abschalten der Stromversorgung führen muß. Somit entsteht kein gefährlicher Zustand in der Steuerung.

11.2.4 Drahtbruchsicherheit

Befehlsgeber können auf einer Schließer- bzw. Öffner-Funktion beruhen, d.h. bei Betätigung ein 1-Signal bzw. ein 0-Signal an den Steuerungseingang liefern.

Die Auswahl der Befehlsgeber hinsichtlich der Signalfunktion erfolgt unter folgenden Gesichtspunkten:

- Nach DIN VDE 0113 muß ein Startbefehl durch Einschalten des entsprechenden Stromkreises oder, im Falle Elektronischer Betriebsmittel (EB), durch Setzen eines 1-Signals ausgeführt werden. Ein Haltbefehl dagegen muß durch Ausschalten des entsprechenden Steuerstromkreises oder durch ein 0-Signal erfolgen. Haltbefehle müssen Vorrang vor zugeordneten Startbefehlen haben.
- Erfolgt das Einschalten einer Steuerung durch einen Schließer (Arbeitsstromprinzip) und das Ausschalten durch einen Öffner (Ruhestromprinzip), so ist die Steuerung drahtbruchsicher. Bei Auftreten eines Drahtbruches erfolgt kein unbeabsichtigtes Einschalten der Steuerung, jedoch wird eine eingeschaltete Steuerung abgeschaltet. Das Ausschalten der Steuerung mit einem Öffnerkontakt ist jedoch dann nicht möglich, wenn der Befehlsgeber durch zwei Erdschlüsse in einem ungeerdeten Steuerstromkreis kurzgeschlossen ist. Deshalb sind Maßnahmen gegen Erdschlüsse erforderlich.

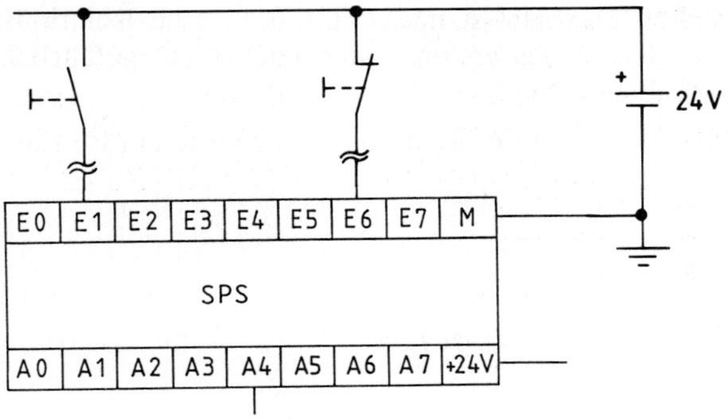

AWL:
U E1
S A4
UN E6
R A4

Einschalten, Ingangsetzen:	Abschalten, Stillsetzen:
Arbeitsstrom-prinzip, Verwendung von Schließern bei Gebern	Ruhestrom-prinzip, Verwendung von Öffnern bei Gebern
Anlegen von Aktiv-HIGH	Wegnahme von Aktiv-HIGH

11.2.5 Verriegelungen

Verriegelungen sollen unerwünschte Schaltzustände verhindern. Man unterscheidet verschiedene Arten von Hardware-Verriegelungen:

Verriegelung gegensinnig wirkender Eingangsbefehle

Hierbei werden die gegensinnig wirkenden Eingangsbefehle über den Öffner des Gegenkontaktes verriegelt. Dabei hat jeder Drucktaster einen Öffner- und Schließerkontakt. Bei Betätigung des Drucktasters öffnet zuerst der Öffnerkontakt bevor der Schließerkontakt schließt.
Diese Art der Eingangskontakt-Verriegelung ist bei SPS *nicht* zwingend vorgeschrieben.

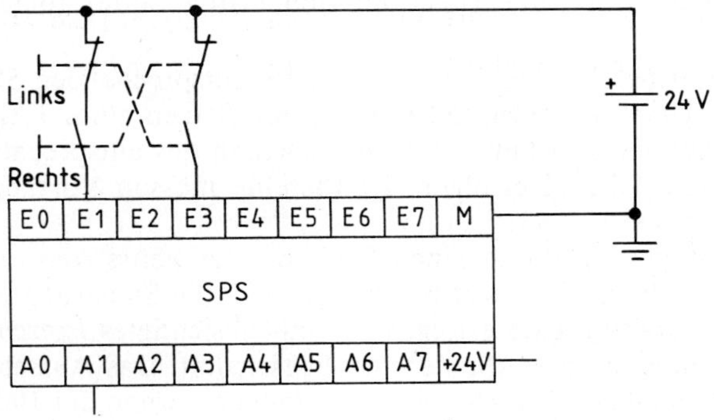

Verriegelung gegensinnig wirkender Ausgangsbefehle

Hierbei werden die gegensinnig wirkenden Ausgangsbefehle über den Öffner des Gegenschützes verriegelt. Damit wird verhindert, daß bei einer Wendesteuerung gleichzeitig Rechtslauf- und Linkslaufschütz angezogen sein können.

Diese Art der Verriegelung ist bei SPS *zwingend* vorgeschrieben, da das Klebenbleiben von Schützen und Programmierfehler nicht ausgeschlossen werden können.

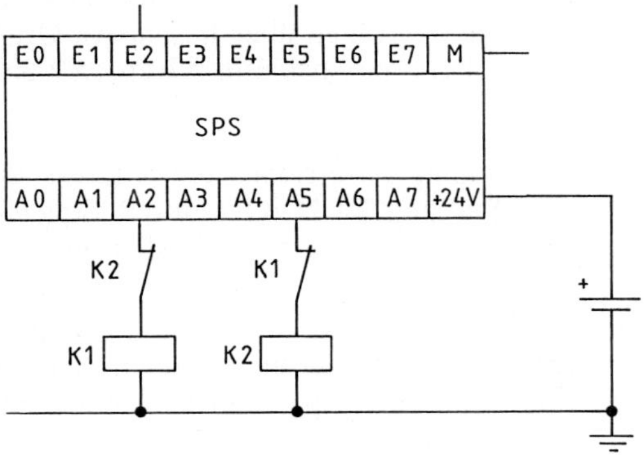

Zweihandverriegelungen

Die Zweihandverriegelung ist eine Maßnahme, die immer dann anzuwenden ist, wenn die unerwartete oder unbeabsichtigte Wiederholung eines Arbeitszyklus einer Maschine die Bedienperson gefährden würde. Für den Start eines neuen Arbeitszyklus muß eine Befehlsgabe mit beiden Händen erforderlich sein. Nach DIN VDE 0113 müssen beide Drucktaster während der gesamten Dauer des Arbeitszyklus gemeinsam betätigt bleiben. Jedes Drucktasterpaar muß so angeordnet werden, daß der Bedienende beide Hände zum Betätigen braucht. Erforderlichenfalls muß verlangt werden, daß die Drucktaster innerhalb einer bestimmten Zeit (z.B. 0,2 sec) betätigt werden müssen. Ferner ist der Steuerstromkreis so auszulegen, daß vor dem Start eines neuen Arbeitszyklus beide Drucktaster losgelassen und wieder von neuem betätigt werden müssen.

11.2.6 Sicherheits-Grenztaster

Wenn bei Bewegungsabläufen ein „Überfahren" des Endkontaktes zu einem gefährlichen Zustand führen kann, muß nach VDE 0113 jedem Grenztaster ein *zusätzlicher* Sicherheits-Grenztaster zugeordnet werden. Der Öffnerkontakt des Sicherheits-Grenztasters wird direkt in die Ansteuerleitung des Stellgerätes eingebaut. Mit einem weiteren Öffnerkontakt des Sicherheits-Grenztasters kann eine Störmeldung veranlaßt werden.

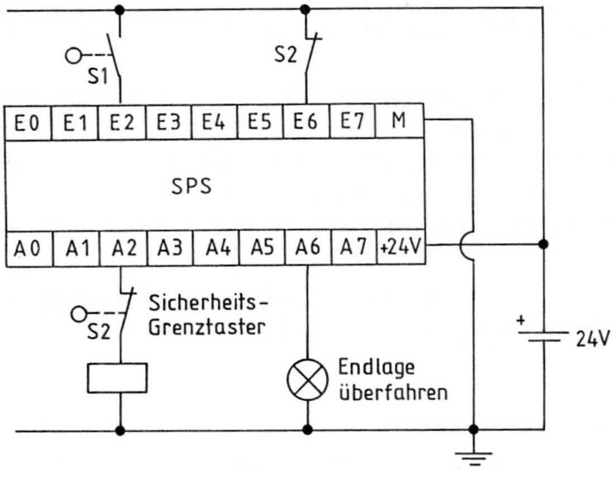

11.3 Sicherheitstechnische Software-Maßnahmen

Spezielle Software-Maßnahmen können die Steuerungssicherheit ebenfalls verbessern. Dazu zählen der Einsatz besonderer Organisationsbausteine für das Anlaufverhalten der Anlage, die Alarmbearbeitung und der Betriebsartenteil bei Ablaufsteuerungen.

11.3.1 Einstellung des Anlaufverhaltens mit Organisationsbausteinen

Bisher wurde nur der Organisationsbaustein OB1 für die zyklische Programmbearbeitung erwähnt. Einige Speicherprogrammierbare Steuerungen verfügen über besondere Organisationsbausteine, mit denen das Anlaufverhalten einer Steuerung beeinflußt werden kann:

Manueller Neustart mit OB21

Der manuelle Neustart wird durch Handbetätigung des Betriebsartenschalters an der Zentralbaugruppe von der Stellung STOP in die Stellung RUN oder durch Eingabe der Funktion AG-START mit Hilfe des Programmiergerätes ausgelöst. Bei diesem Neustart wird der OB21 einmal bearbeitet.

Der Neustart eines Programms kann gefährlich sein z.B. dann, wenn das Programm auf Datenbestände in Datenbausteinen zugreift. Dabei kann es passieren, daß die in dem Datenbaustein stehenden Vergangenheitswerte für den Neustart unpassend sind oder sich gar gefährlich auswirken.

Um dem vorzubeugen, kann mit dem OB21 z.B. dem betreffenden Datenbaustein ein Satz „richtiger" Anfangsdaten gegeben werden.

Automatischer Neustart mit OB22

Der automatische Neustart wird ausgeführt, wenn die Spannungsversorgung am Automatisierungsgerät eingeschaltet wird. Das schließt die Spannungswiederkehr nach vorangegangenem Spannungsausfall ein. Bei diesem Neustart wird der OB22 einmal bearbeitet. Im OB22 können Anweisungen gegeben werden, was in diesem Fall geschehen soll. Wenn die SPS z.B. bei Spannungswiederkehr nicht automatisch anlaufen soll, muß im OB22 die Anweisung STP (Stopp) programmiert werden.

Wenn die Organisationsbausteine OB21 und OB22 nicht programmiert worden sind, beginnt das Automatisierungsgerät direkt mit der zyklischen Programmbearbeitung. Nähere Einzelheiten müssen dem Handbuch der SPS entnommen werden.

11.3.2 Alarmbearbeitung

Bisher wurde der Begriff Steuerungssicherheit auf die möglichen Folgen von auftretenden Fehlern bezogen. Neben den *zufälligen* Fehlern gibt es aber auch *systembedingte* Fehler, die Auswirkungen auf die Betriebssicherheit einer Anlage haben können. Zu den systembedingten Fehlern einer SPS kann man die von der Programmlänge abhängige Reaktionszeit zählen, die zwischen dem Einlesen des Prozeßabbildes und der Ausgabe des neuen Prozeßabbildes liegt.

Einige SPS besitzen die Möglichkeit der Alarmbearbeitung. Eine alarmgesteuerte Bearbeitung liegt vor, wenn ein vom Prozeß kommendes *zeitkritisches* Signal das Automatisierungsgerät veranlaßt, die zyklische Programmbearbeitung zu unterbrechen, um das Alarmprogramm auszuführen. Nach der Bearbeitung dieses vordringlichen Programms kehrt die SPS zur Unterbrechungsstelle im zyklischen Programm zurück und setzt dort die Bearbeitung fort.

Als Alarm-Eingabestellen kommen besondere Technologiebaugruppen oder auch Digitaleingabebaugruppen mit Prozeßalarm (Interrupteingänge) in Frage.

In den Anlauf-Organisationsbausteinen OB21 und OB22 müssen diejenigen Signaleingänge, die interruptfähig gemacht werden sollen, durch Eingabe eines entsprechenden Bitmusters festgelegt werden. In die für die Alarmbearbeitung zuständigen Organisationsbausteine OB2 und OB3 werden die Alarmprogramme programmiert. Nähere Angaben sind dem Handbuch der SPS zu entnehmen.

11.3.3 Betriebsartenteil unter Sicherheitsaspekten

Insbesondere bei der Inbetriebnahme einer Steuerung oder bei der Behebung von Störungen zeigt sich, daß auch der Betriebsartenteil und der sinnvolle Aufbau des Bedienfeldes wesentlich zur Verbesserung der Sicherheit einer Steuerung beitragen können.

Der nachfolgende Betriebsartenteil ist für Ablaufsteuerungen gedacht und soll folgende Betriebsarten ermöglichen:

- Automatikbetrieb,
- Einzelschrittbetrieb mit Bedingungen,
- Einzelschrittbetrieb ohne Bedingungen,
- Einrichtbetrieb.

Außerdem sollen Störungsmeldungen innerhalb des Betriebsartenteils verarbeitet werden.

Das zu diesem Betriebsartenteil passende Bedienfeld muß die Befehlsgeber und Anzeigeleuchten besitzen, mit denen die oben genannten Betriebsarten eingestellt bzw. angezeigt werden können.

Befehlsgeber des Bedienfeldes:

NOT-AUS,
Taster EIN, Taster AUS,
Taster für die Betriebsart Automatik,
Taster für die Betriebsart Einzelschritt mit Bedingung,
Taster für die Betriebsart Einzelschritt ohne Bedingung,
Taster für die Betriebsart Einrichten,
4 Taster zur Ansteuerung von Aktoren im Einrichtbetrieb,
Taster Übernahme,
Taster Vorwahl-Stop,
Taster Befehlsfreigabe.

Anzeigeleuchten des Bedienfeldes:

Betriebsbereit,
Automatikbetrieb,
Einzelschrittbetrieb mit Bedingung,
Einzelschrittbetrieb ohne Bedingung,
Einrichtbetrieb,
Halt bei Taktende,
Störungsanzeige.

Aufbau des Standard-Bedienfeldes

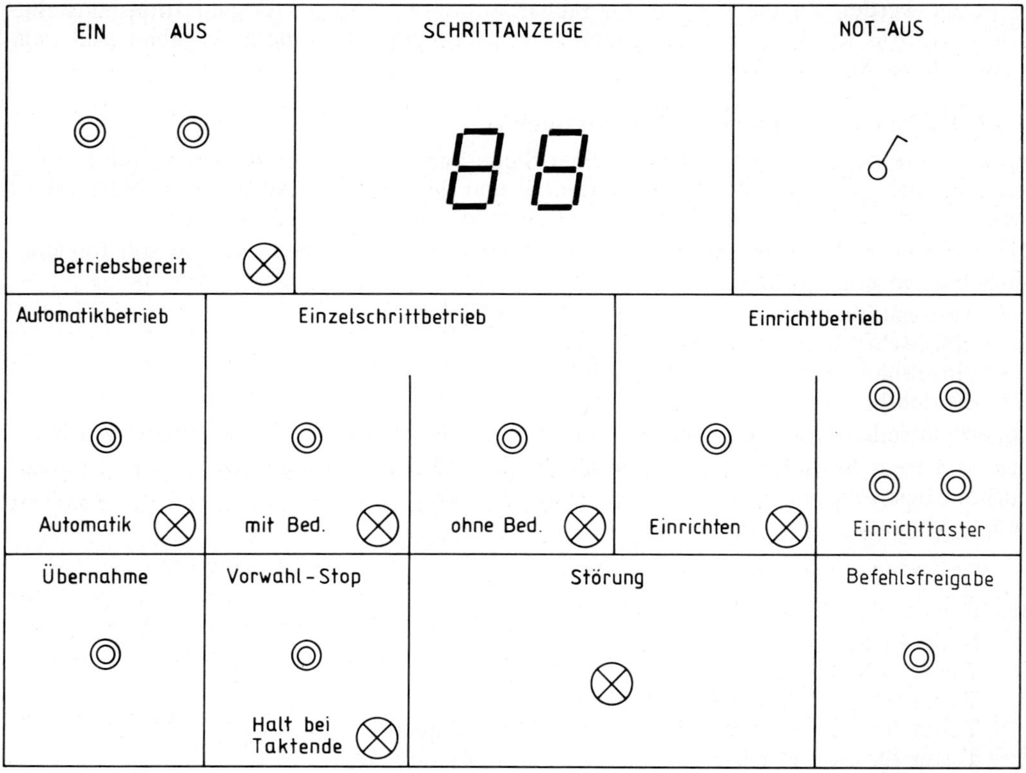

Die nachfolgend beschriebenen Wirkungen beim Betätigen der Schalter bzw. Taster auf dem Bedienfeld sind so gewählt worden, daß der daraus resultierende Betriebsartenteil bei sehr vielen Steuerungsaufgaben verwendet werden kann.

NOT-AUS

Aus sicherheitstechnischen Gründen muß eine Anlage bei Gefahr so stillgesetzt werden können, daß Personen nicht gefährdet werden und Sachschäden nicht auftreten.

Beim NOT-AUS müssen nicht nur alle bewegbaren Anlageteile abgeschaltet werden, sondern auch die für die Bedienperson und die Anlage gefährlichen Teile der Energieversorgung (z.B. Druckluft, Spannungen, Gaszufuhr). Wichtig ist hierbei, daß durch das Abschalten der Energiequellen keine zusätzlichen Gefahren entstehen.

NOT-AUS muß unmittelbar über einen getrennten Hardwarekreis geschaltet werden. Das Schalten über die Logik der Speicherprogrammierten Steuerung ist nicht zulässig. (DIN VDE 0113.)

Mit NOT-AUS kann man entweder die gesamte Anlage ausschalten, oder es werden nur Teile der Anlage, die Personen oder die Anlage selbst gefährden, mit NOT-AUS unterbrochen.

In dem später dargestellten Programm wird bei Betätigung des NOT-AUS stets die Abarbeitung der Ablaufkette sofort ausgeschaltet. Bei Wiedereinschalten nach NOT-AUS-Betätigung wird die Ablaufkette in die Grundstellung gesetzt.

EIN-AUS

Mit der Betätigung des EIN-Tasters wird die Steuerung betriebsbereit geschaltet. Gleichzeitig wird ein Impuls auf die Ablaufkette gegeben, der alle Schritte der Ablaufkette zurücksetzt und Schritt 0 (Grundstellung der Ablaufkette) setzt. Nur wenn die Steuerung betriebsbereit geschaltet ist, können die einzelnen Betriebsarten eingeschaltet werden.

Wird während der Abarbeitung einer eingestellten Betriebsart der Taster AUS betätigt, so wird die Bearbeitung sofort abgebrochen.

Hinweis: Die Taster EIN und AUS wirken auf Schütz K1 der in Bild 11.4 dargestellten Steuerung. Schützkontakt K1 gibt an die SPS das Signal „Betriebsbereit".

Automatikbetrieb

Mit Betätigung der Automatiktaste kann die Steuerung in den Automatikbetrieb gebracht werden, wenn die Steuerung betriebsbereit geschaltet ist. Die automatische Bearbeitung der Ablaufkette erfolgt jedoch erst, wenn der Start-Taster betätigt wurde. Durch Betätigen des Vorwahl-Stop-Tasters wird die Betriebsart wieder ausgeschaltet, allerdings erst, wenn die Ablaufkette sich in der Grundstellung – also im Schritt 0 – befindet.

Einzelschrittbetrieb

Mit den beiden Einzelschritt-Tasten kann entweder der Einzelschrittbetrieb mit Bedingungen oder der Einzelschrittbetrieb ohne Bedingungen eingestellt werden. Voraussetzung ist auch hier, daß die Steuerung betriebsbereit geschaltet ist.

Mit der Start-Taste wird jeweils der Übergang zu dem Folgeschritt ausgeführt.

Zwischen den beiden Einzelschrittbetriebsarten kann jederzeit gewechselt werden. Der Wechsel vom Automatikbetrieb in einen der Einzelschrittbetriebsarten ist ebenfalls jederzeit möglich. Vom Einzelschrittbetrieb kann jedoch nur in den Automatikbetrieb zurückgegangen werden, wenn die Ablaufkette sich in der Grundstellung befindet.

Durch Betätigen des Vorwahl-Stop-Tasters kann der Einzelschrittbetrieb abgeschaltet werden, allerdings erst, wenn sich die Ablaufkette in der Grundstellung befindet.

In den beiden Einzelschrittbetriebsarten erhalten die Stellglieder nur die entsprechenden Ausgabebefehle, wenn die Befehlsfreigabetaste gedrückt ist.

Einrichtbetrieb

Die Betriebsart „Einrichten" kann nur gestartet werden, wenn die Anlage betriebsbereit geschaltet ist und keine andere Betriebsart eingeschaltet ist. Ist diese Betriebsart eingestellt, dann können mit den Einrichttastern entsprechende Stellglieder direkt angesteuert werden.

Übernahme

Mit der Übernahme-Taste kann im Automatikbetrieb der automatische Ablauf gestartet werden. Im Einzelschrittbetrieb wird die Ablaufkette um jeweils einen Schritt weitergeschaltet. Liegt eine Störmeldung vor, kann diese durch die Taste Übernahme quittiert werden.

Vorwahl-Stop

Mit der Stop-Taste werden die Betriebsarten Automatik, Einzelschritt und Einrichten ausgeschaltet, wenn die Ablaufkette bis zur Grundstellung weiter geschaltet wurde.

Befehlsfreigabe

In den Einzelschrittbetriebsarten muß die Befehlsfreigabe-Taste gedrückt werden, damit die zu dem jeweiligen Schritt gehörenden Ausgabebefehle an die Anlage weitergegeben werden.

Aus diesen Bedingungen ergibt sich für den Betriebsartenteil folgende Grobstruktur mit den erforderlichen Eingangs- und Ausgangssignalen:

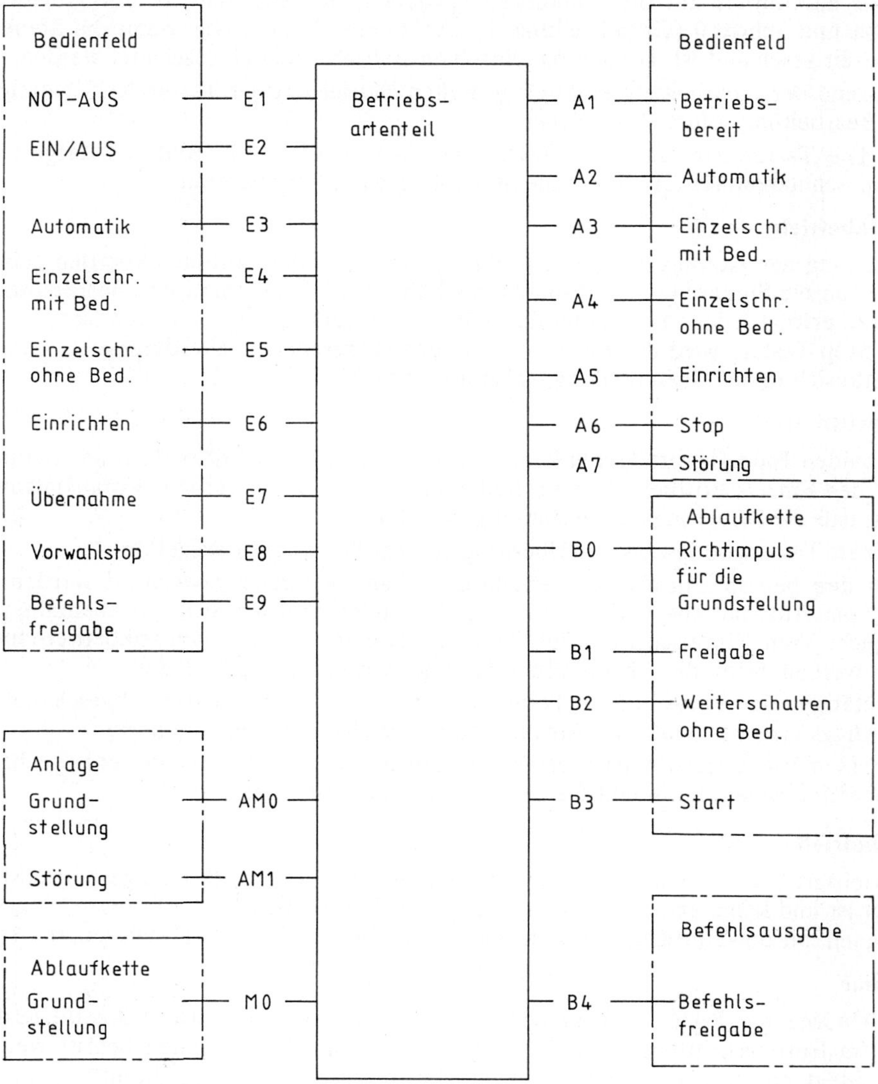

Die logischen Zuordnungen der Eingänge E1–E9, AM0, AM1 und M0 zu den Ausgängen A1–A6 und B0–B4 ergeben sich aus den beschriebenen Anforderungen der Betriebsarten und der erforderlichen Wirkungen beim Betätigen von Schaltern bzw. Tastern auf dem Bedienfeld. Die für den Betriebsartenteil intern benötigten Merker werden mit B10 beginnend aufwärts numeriert.

In der Funktionsplandarstellung ergeben sich folgende logische Zuordnungen:

Anzeige Betriebsbereit A1:

Die Betriebsbereitschaft der Steuerung wird bei 1-Signal an E2 eingeschaltet. Durch NOT-AUS, Störungsmeldung aus der Anlage oder durch 0-Signal an E2 wird die Betriebsbereitschaft ausgeschaltet. Damit erneut eingeschaltet werden muß, wenn beispielsweise mit dem NOT-AUS zuvor ausgeschaltet wurde, ist es erforderlich, eine Flankenauswertung des Signals E2 vorzunehmen.

Der Eingang E2 wird durch Schützkontakt K1 angesteuert (siehe Bild 11.4).

Flankenauswertung EIN/AUS

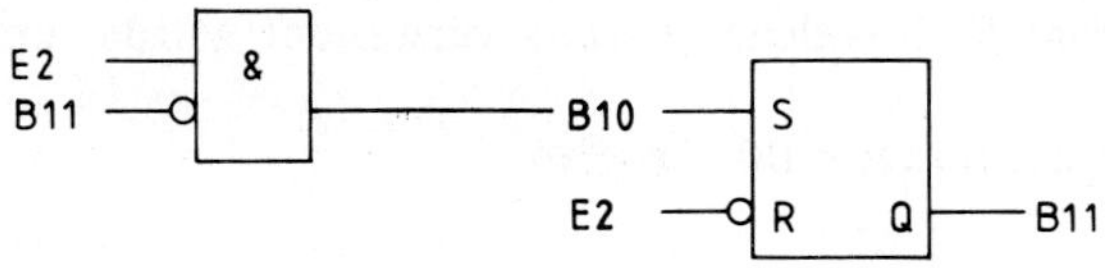

Anzeige Betrieb A1

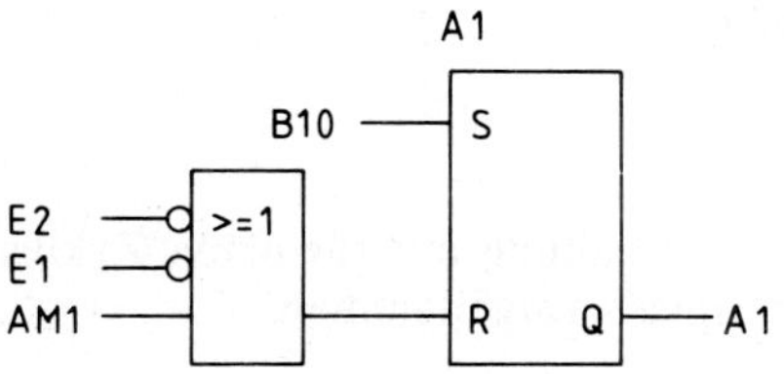

Anzeige Automatik A2

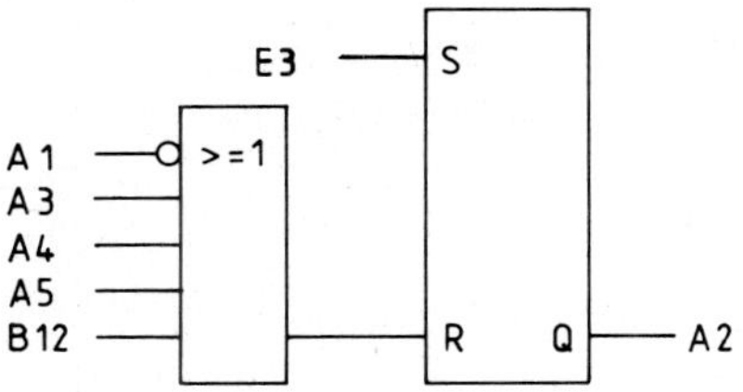

Anzeige Einzelschrittbetrieb mit Bedingungen A3

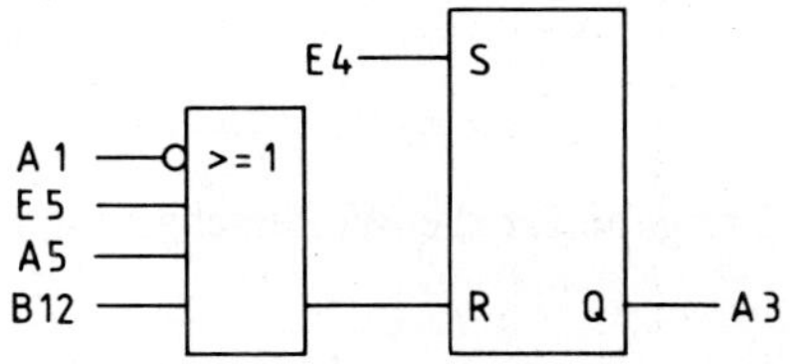

Anzeige Einzelschritt ohne Bedingungen A4

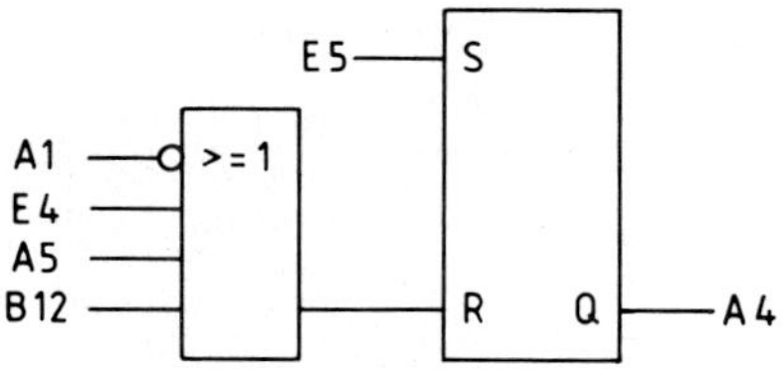

Anzeige Einrichten A5

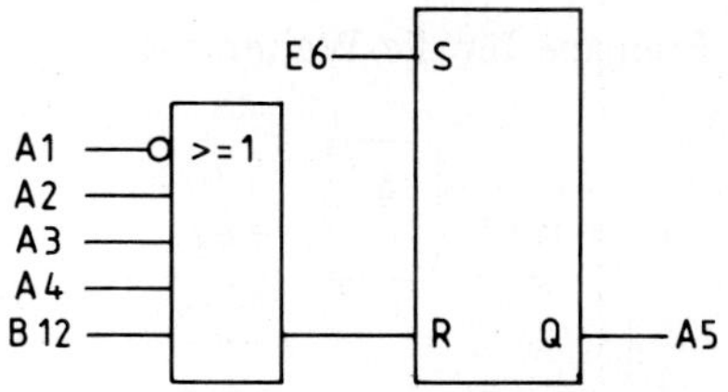

Anzeige Vorwahl-Stop A6

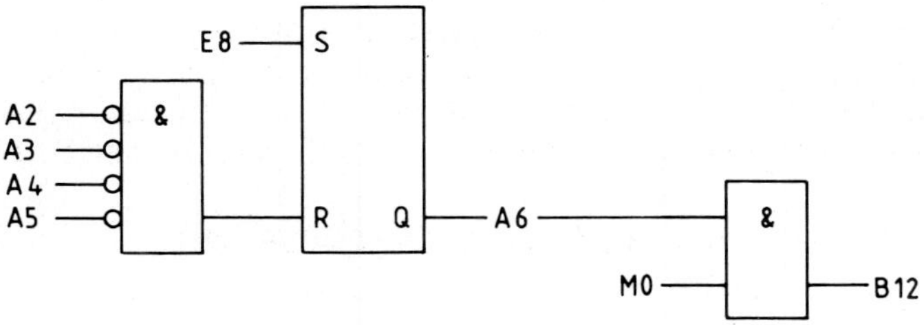

M0 = Merker der Ablaufkette
(Grundstellung, Schritt 0)

Während die Anzeige von Vorwahl-Stop sofort erfolgt, darf die Wirkung jedoch erst eintreten, wenn die Ablaufkette in Schritt 0 ist. Deshalb wird A6 UND-verknüpft mit M0 (Schritt 0). Das Ergebnis ist das Signal B12, welches bereits verwendet wurde, um die Betriebsarten zurückzusetzen.

Richtimpuls für die Grundstellung der Schrittkette B0

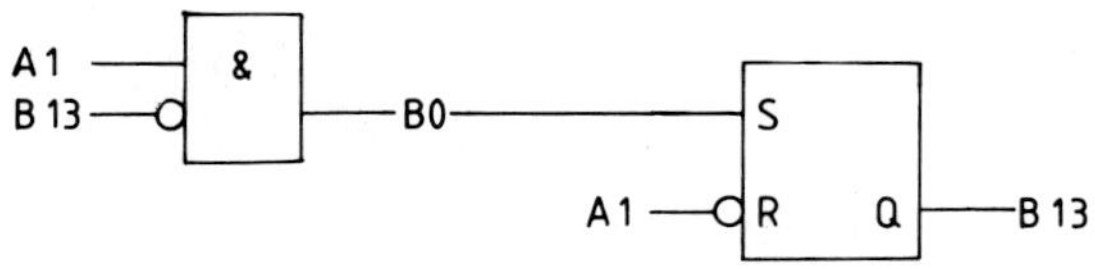

Flankenauswertung Übernahme-Taste:

Damit im Einzelschrittbetrieb die Freigabe der Weiterschaltung nur für einen Zyklus „1"-Signal hat, wurde eine Flankenauswertung des Start-Signals vorgenommen.

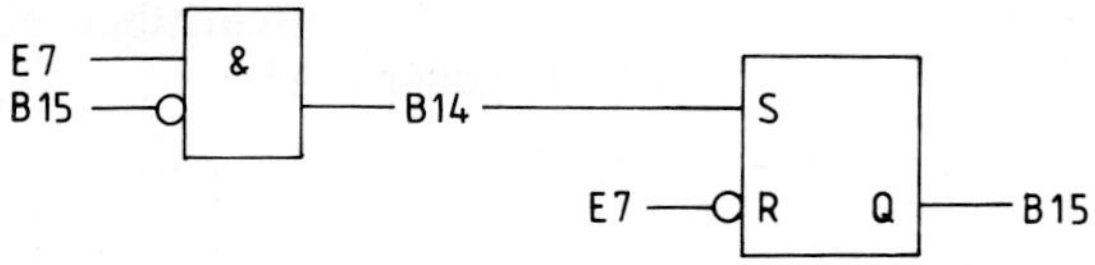

Freigabe für die Weiterschaltung mit Bedingungen B1

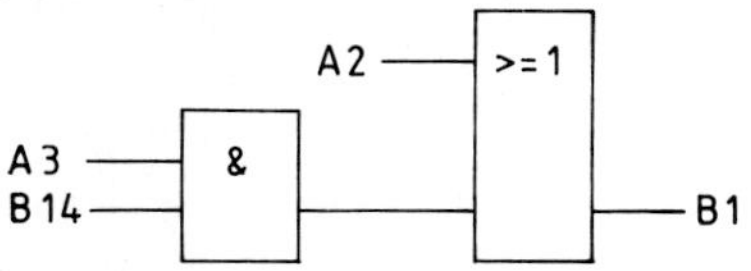

Freigabe für die Weiterschaltung ohne Bedingungen B2

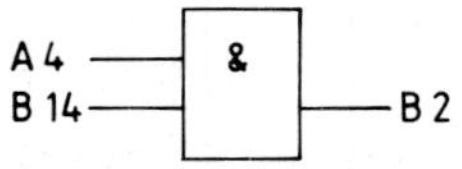

AM0 = Merker für Grundstellung der Anlage

Startbedingung B3 für Ablaufkette

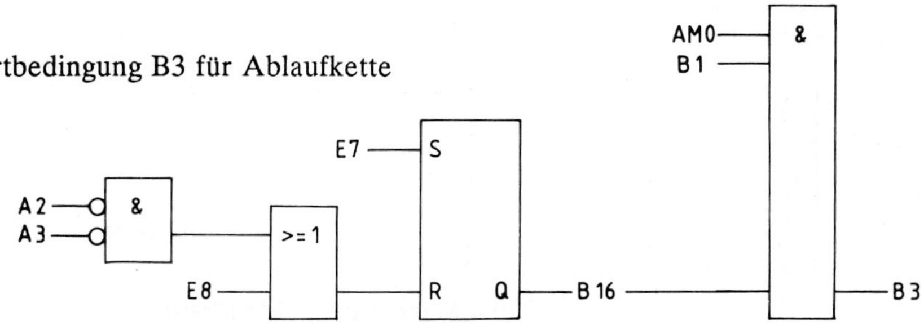

Befehlsfreigabe B4

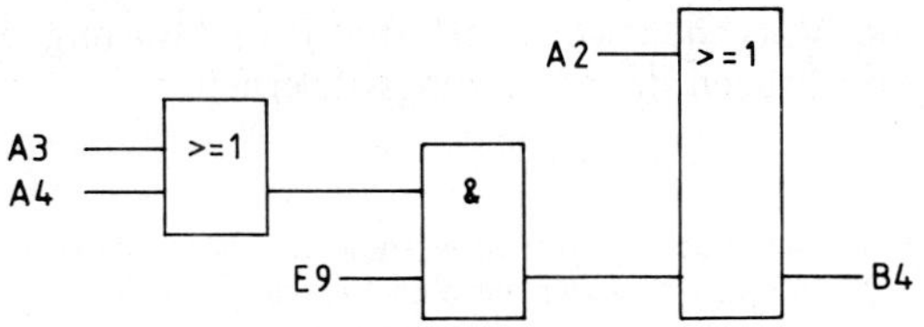

Störmeldungssignal AM1 und Störungsanzeige A7

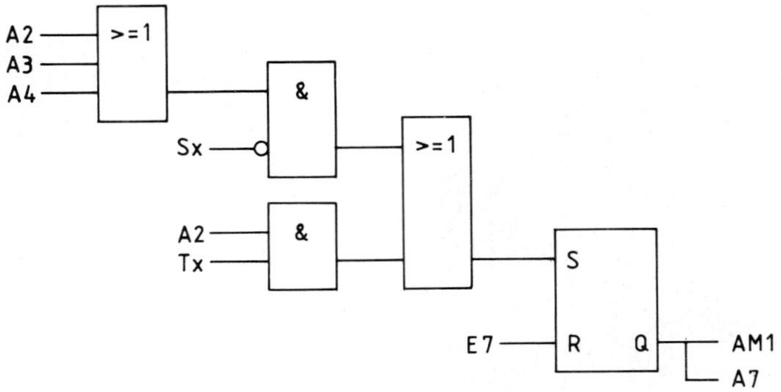

A2: Automatikbetrieb
A3: Einzelschrittbetrieb mit Bedingungen
A4: Einzelschrittbetrieb ohne Bedingungen
Sx: Sicherheitsendschalter, die bei Nichtbetätigung die Betriebsbereitschaft der Anlage abschalten
Tx: Zeitgliederausgänge (SE) welche die Schrittweiterschaltungszeit überwachen
E7: Übernahme Taster
AM1: Merker für die Störungsmeldung
A7: Störungsanzeige

Verfügt das Automatisierungsgerät über die Möglichkeit mehrere Programmbausteine zu verarbeiten, so empfiehlt sich wieder die Verwendung eines eigenen Programmbausteins für den beschriebenen Betriebsartenteil. Dieser Teil des Programms kann dann für verschiedene Anlagen verwendet werden und braucht nur einmal geschrieben zu werden.

11.4 Projektierungsbeispiel

Das folgende Steuerungsbeispiel zeigt die Vorgehensweise bei der Projektierung einer Ablaufsteuerung unter Berücksichtigung von Fragen der Steuerungssicherheit.

▼ **Beispiel: Fräsvorrichtung**

Mit einer Fräsvorrichtung soll in Werkstücke automatisch eine Nut gefräst werden. Die Werkstücke sind in einem Fallmagazin gestapelt und werden von dort durch einen Zylinder auf eine Vorschubeinheit geschoben. Das aufgespannte Werkstück wird an den Fräser gefahren und dort bearbeitet. Nach der Bearbeitung wird das Werkstück mit einem Zylinder in einen Vorratsbehälter geschoben.

Technologieschema:

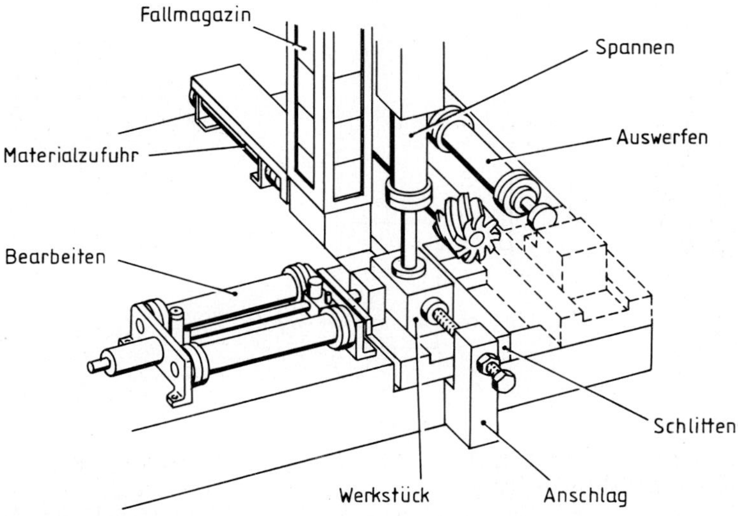

Bild 11.2 Fräsvorrichtung (Schutzgitter nicht gezeichnet)

Die einzelnen Funktionsbaugruppen sind:

1. Fallmagazin,
2. Vorschubzylinder Materialzufuhr (Zylinder 1),
3. Anschlag,
4. Spannzylinder (Zylinder 2),
5. Vorschubzylinder Bearbeiten (Zylinder 3),
6. Arbeitsschlitten,
7. Fräser,
8. Vorschubzylinder Auswerfen (Zylinder 4).

Die Zylinder werden mit elektropneumatischen Impulsventilen angesteuert und die Endlagen mit induktiven Gebern überwacht. Zylinder 3 wird hydraulisch angesteuert.

Funktionsbeschreibung

Befindet sich ein Werkstück im Fallmagazin (Meldung mit einem Befehlsgeber), so kann der Arbeitsablauf beginnen. Durch das Ausfahren von Zylinder 1 wird ein Werkstück auf den Vorschubschlitten gegen einen Anschlag geschoben. Mit dem Zylinder 2 wird das Werkstück auf den Vorschubschlitten gespannt. Danach fährt der Zylinder 1 in seine Ausgangsstellung zurück und Werkstücke im Fallmagazin können nachfallen. Der Zylinder 3 setzt dann den Arbeitsschlitten mit dem Werkstück in Bewegung. Das Werkstück wird an den Fräser gefahren und dort bearbeitet. Wenn der Zylinder 3 das Werkstück über die Bearbeitungsstelle hinaus gefahren hat und in der Endlage zum Stehen kommt, gibt Zylinder 2 das Werkstück frei. Befindet sich der Spannzylinder wieder in der oberen Endlage, wird das Werkstück durch den Auswurfzylinder vom Arbeitsschlitten in einen Vorratsbehälter geschoben. Der Auswurfzylinder fährt dann wieder in seine Ausgangslage zurück.

Meldet der entsprechende induktive Geber die hintere Endlage von Zylinder 4, fährt Zylinder 3 und somit der Arbeitsschlitten in die hintere Endlage zurück.

Nach Erreichen der Ausgangsstellung des Arbeitsschlitten wiederholt sich der Vorgang, sofern sich noch ein Werkstück im Fallmagazin befindet und die Stop-Taste auf dem Bedienfeld nicht betätigt wurde.

Das Öffnen des Schutzgitters im Automatikbetrieb soll zum Abschalten der Betriebsbereitschaft führen und als Störmeldung angezeigt werden.

Schematisches Technologieschema:

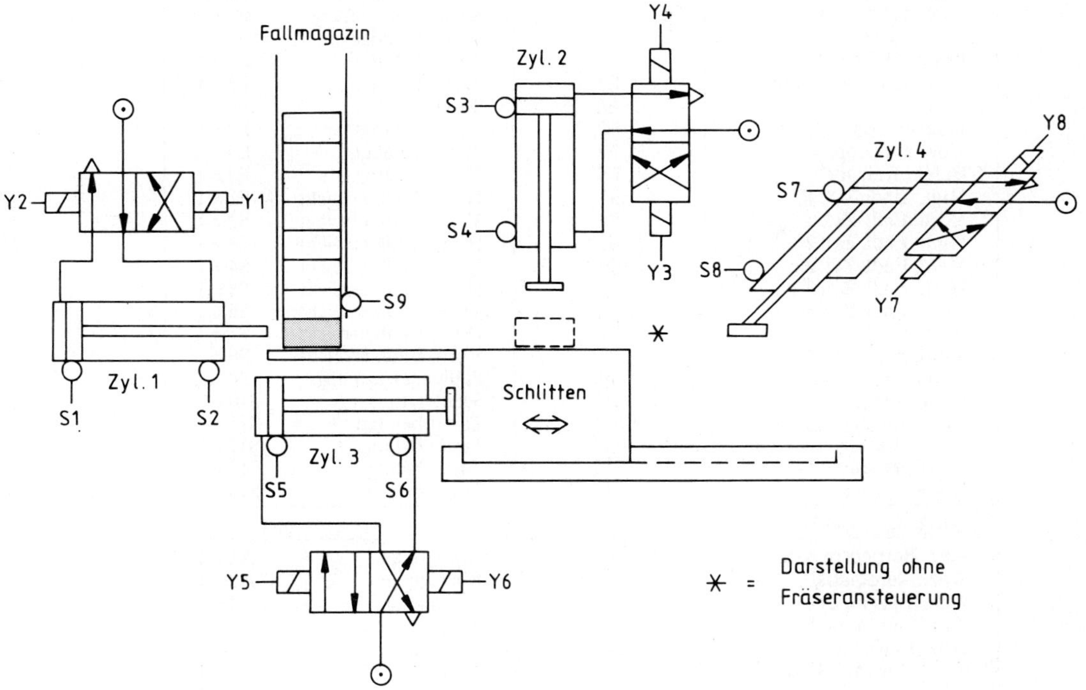

Bild 11.3 Technologieschema zur Fräsvorrichtung
Das handbetätigte Schutzgitter mit Kontakt S10 ist nicht gezeichnet.

Bedienfeld:

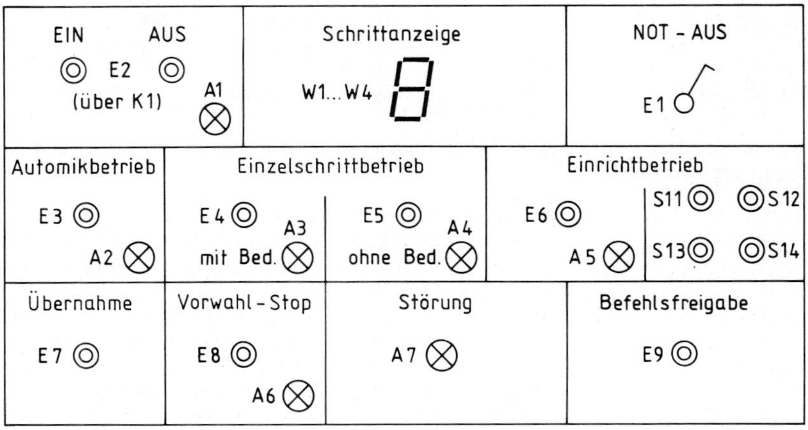

Zuordnungstabelle:

Die Eingabe- und Ausgabebelegung wird vor Beginn der Programmerstellung in Zusammenarbeit mit allen an der Projektierung Beteiligten in Listen festgelegt.

Dabei ist zu beachten, daß bei Verwendung standardisierter Programmteile bestimmte Eingänge, Ausgänge und Merker bereits belegt sind.

Eingangsvariable	Betriebsmittel-kennzeichen	Logische Zuordnung	
NOT-AUS	E1	Schalter betätigt	E1 = 0
EIN/AUS	E2	Kontakt K1 betätigt	E2 = 1
Automatik	E3	Taster betätigt	E3 = 1
Einzelschr. mit Bed.	E4	Taster betätigt	E4 = 1
Einzelschr. ohne Bed.	E5	Taster betätigt	E5 = 1
Einrichten	E6	Taster betätigt	E6 = 1
Übernahme	E7	Taster betätigt	E7 = 1
Vorwahl-Stop	E8	Taster betätigt	E8 = 1
Befehlsfreigabe	E9	Taster betätigt	E9 = 1
Hint. Endl. Zyl. 1	S1	Hint. Endl. erreicht	S1 = 1
Vord. Endl. Zyl. 1	S2	Vord. Endl. erreicht	S2 = 1
Hint. Endl. Zyl. 2	S3	Hint. Endl. erreicht	S3 = 1
Vord. Endl. Zyl. 2	S4	Vord. Endl. erreicht	S4 = 1
Hint. Endl. Zyl. 3	S5	Hint. Endl. erreicht	S5 = 1
Vord. Endl. Zyl. 3	S6	Vord. Endl. erreicht	S6 = 1
Hint. Endl. Zyl. 4	S7	Hint. Endl. erreicht	S7 = 1
Vord. Endl. Zyl. 4	S8	Vord. Endl. erreicht	S8 = 1
Geber Fallmagazin	S9	Fallmagazin belegt	S9 = 1
Schutzgitter	S10	Schutzgitter auf	S10 = 0
Einrichttaster	S11	Taster betätigt	S11 = 1
Einrichttaster	S12	Taster betätigt	S12 = 1
Einrichttaster	S13	Taster betätigt	S13 = 1
Einrichttaster	S14	Taster betätigt	S14 = 1
Ausgangsvariable			
Anz. Betriebsbereit	A1	Anzeige an	A1 = 1
Anz. Automatik	A2	Anzeige an	A2 = 1
Anz. Einz. m. Bed.	A3	Anzeige an	A3 = 1
Anz. Einz. o. Bed.	A4	Anzeige an	A4 = 1
Anz. Einrichten	A5	Anzeige an	A5 = 1
Anz. Vorwahl-Stop	A6	Anzeige an	A6 = 1
Anz. Störung	A7	Anzeige an	A7 = 1
Wert 1	W1		
Wert 2	W2		
Wert 4	W4		
Wert 8	W8		
Magn. Vent. Zyl. 1 vor	Y1	Zyl. 1 fährt aus	Y1 = 1
Magn. Vent. Zyl. 1 zurück	Y2	Zyl. 1 fährt zurück	Y2 = 1
Magn. Vent. Zyl. 2 vor	Y3	Zyl. 2 fährt aus	Y3 = 1
Magn. Vent. Zyl. 2 zurück	Y4	Zyl. 2 fährt zurück	Y4 = 1
Magn. Vent. Zyl. 3 vor	Y5	Zyl. 3 fährt aus	Y5 = 1
Magn. Vent. Zyl. 3 zurück	Y6	Zyl. 3 fährt zurück	Y6 = 1
Magn. Vent. Zyl. 4 vor	Y7	Zyl. 4 fährt aus	Y7 = 1
Magn. Vent. Zyl. 4 zurück	Y8	Zyl. 4 fährt zurück	Y8 = 1

Die Zuordnungsliste für die Merker wird während der Programmerstellung ständig aktualisiert und kann erst am Ende vollständig ausgegeben werden.

Elektrischer Aufbau der Steuerung

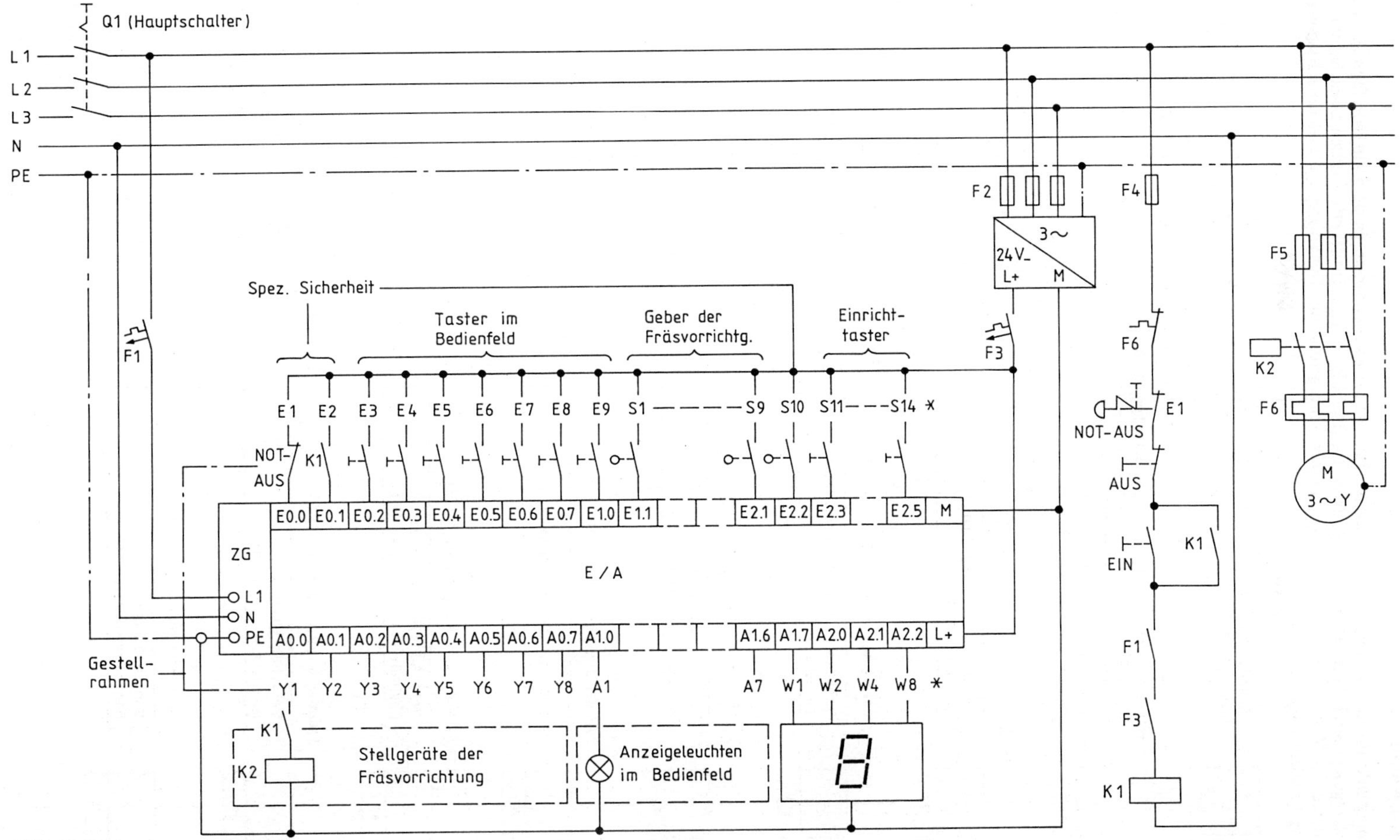

Bild 11.4
Elektrischer Aufbau der Steuerung
* = Betriebsmittel-Kennzeichen nach Zuordnungstabelle

Funktionsplan

Ausgangspunkt für die Lösung der Steuerungsaufgabe ist ein Funktionsplan, in dem die einzelnen Anlagefunktionen festgelegt sind. Weiterschaltbedingungen und Befehle in der Schrittkette werden zunächst nur verbal beschrieben. Im Zuge der weiteren Programmentwicklung wird dieser Funktionsplan durch die Eingangs- und Ausgangsbezeichnungen ergänzt.

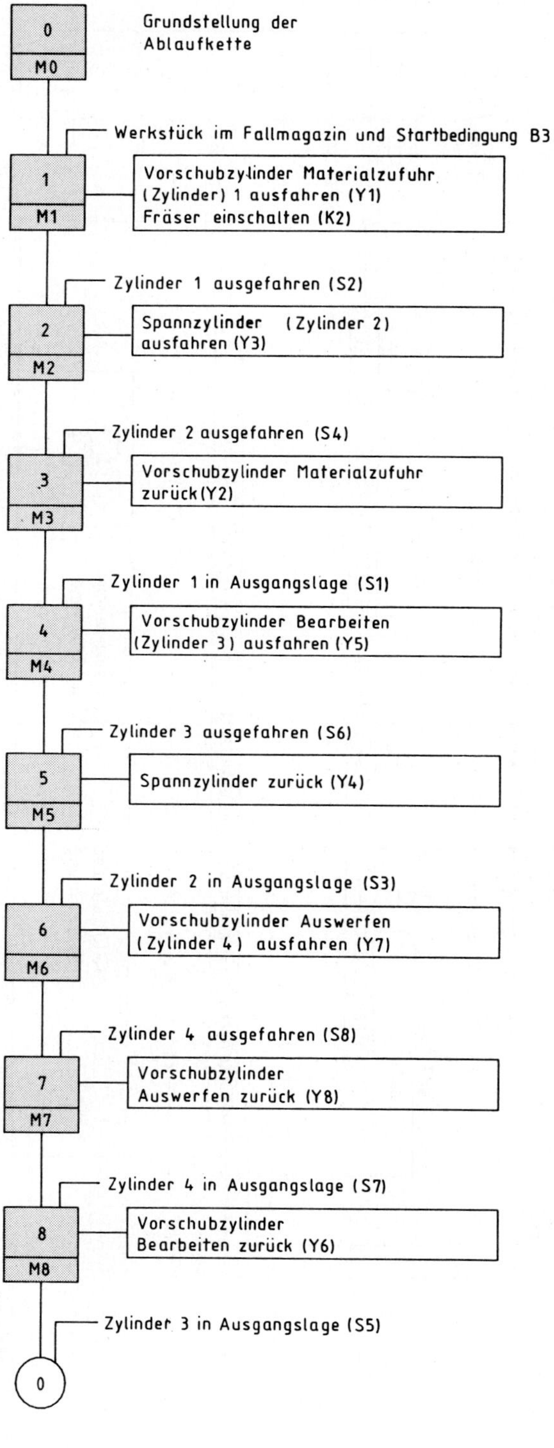

Betriebsartenteil

Für diese Steuerungsaufgabe wird der in Abschnitt 11.3.3 entwickelte Betriebsartenteil unverändert übernommen. Es ist zu beachten, daß eine Störung angezeigt werden soll, wenn die Gesamtüberwachungszeit für einen Arbeitsablauf von 30 Sekunden überschritten wird.

Die Anlage ist betriebsbereit, wenn alle Zylinder in der hinteren Endlage sind und sich mindestens ein Werkstück im Fallmagazin befindet.

Meldungen

Für den Programmteil „Meldungen" wird das standardisierte Programm aus Abschnitt 10.3.2 (Seite ••) unverändert übernommen.

Befehlsausgabe

Bei der Befehlsausgabe müssen im Einrichtbetrieb verschiedene Zylinder gegenseitig verriegelt werden. Zu verriegeln sind:

Zyl. 1 darf nur ausfahren, wenn S5 „1"-Signal meldet,
Zyl. 3 darf nur ausfahren, wenn S1 „1"-Signal meldet,
Zyl. 4 darf nur ausfahren, wenn S6 „1"-Signal meldet,
Zyl. 3 darf nur zurückfahren, wenn S7 „1"-Signal meldet.

Mit den Tasten S11 bis S14 vom Bedienfeld werden in der Betriebsart „Einrichten" die Magnetspulen der Impulsventile angesteuert.

Realisierung mit einer SPS:

Zuordnung:	E1 = E 0.0	A1 = A 1.0	M0 = M 40.0
	E2 = E 0.1	A2 = A 1.1	M1 = M 40.1
	E3 = E 0.2	A3 = A 1.2	M2 = M 40.2
	E4 = E 0.3	A4 = A 1.3	M3 = M 40.3
	E5 = E 0.4	A5 = A 1.4	M4 = M 40.4
	E6 = E 0.5	A6 = A 1.5	M5 = M 40.5
	E7 = E 0.6	A7 = A 1.6	M6 = M 40.6
	E8 = E 0.7	W1 = A 1.7	M7 = M 40.7
	E9 = E 1.0	W2 = A 2.0	M8 = M 41.0
	S1 = E 1.1	W4 = A 2.1	B0 = M 50.0
	S2 = E 1.2	W8 = A 2.2	B1 = M 50.1
	S3 = E 1.3	Y1 = A 0.0	B2 = M 50.2
	S4 = E 1.4	Y2 = A 0.1	B3 = M 50.3
	S5 = E 1.5	Y3 = A 0.2	B4 = M 50.4
	S6 = E 1.6	Y4 = A 0.3	AM0 = M 51.0
	S7 = E 1.7	Y5 = A 0.4	AM1 = M 51.1
	S8 = E 2.0	Y6 = A 0.5	B10 = M 52.0
	S9 = E 2.1	Y7 = A 0.6	B11 = M 52.1
	S10 = E 2.2	Y8 = A 0.7	B12 = M 52.2
	S11 = E 2.3		B13 = M 52.3
	S12 = E 2.4		B14 = M 52.4
	S13 = E 2.5		B15 = M 52.5
	S14 = E 2.6		B16 = M 52.6

Die einzelnen Programmteile sind in folgenden Programmbausteinen geschrieben:

Betriebsartenteil mit Meldungen:	PB10
Ablaufkette:	PB11
Schrittanzeige:	PB12
Befehlsausgabe:	PB13

Anweisungsliste:

Programmbaustein PB10

```
FLANKE EIN/AUS
:U   E    0.1
:UN  M   52.1
:=   M   52.0
:U   M   52.0
:S   M   52.1
:UN  E    0.1
:R   M   52.1

ANZEIGE BETRIEB
:U   M   52.0
:S   A    1.0
:ON  E    0.1
:ON  E    0.0
:O   M   51.1
:R   A    1.0

ANZEIGE AUTOMATIK
:U   E    0.2
:S   A    1.1
:ON  A    1.0
:O   A    1.2
:O   A    1.3
:O   A    1.4
:O   M   52.2
:R   A    1.1

ANZ. EINZELSCHR.
M. BEDINGUNG
:U   E    0.3
:S   A    1.2
:ON  A    1.0
:O   E    0.4
:O   A    1.4
:O   M   52.2
:R   A    1.2

ANZ. EINZELSCHR.
O. BEDINGUNG
:U   E    0.4
:S   A    1.3
:ON  A    1.0
:O   E    0.3
:O   A    1.4
:O   M   52.2
:R   A    1.3
```

```
ANZEIGE EINRICHTEN
:U   E    0.5
:S   A    1.4
:ON  A    1.0
:O   A    1.1
:O   A    1.2
:O   A    1.3
:O   M   52.2
:R   A    1.4

ANZEIGE STOP
:U   E    0.7
:S   A    1.5
:UN  A    1.1
:UN  A    1.2
:UN  A    1.3
:UN  A    1.4
:R   A    1.5
:U   A    1.5
:U   M   40.0
:=   M   52.2

RICHTIMP. U. GRUND-
STELLUNG B0
:
:U   A    1.0
:UN  M   52.3
:=   M   50.0
:U   M   50.0
:S   M   52.3
:UN  A    1.0
:R   M   52.3

FLANKENAUSWERT.
TASTE UEBERNAHME
:U   E    0.6
:UN  M   52.5
:=   M   52.4
:U   M   52.4
:S   M   52.5
:UN  E    0.6
:R   M   52.5

FREIGABE B1
:O   A    1.1
:O
:U   A    1.2
:U   M   52.4
:=   M   50.1
```

```
WEITERSCHA.
OHNE BEDINGUNG B2
:U   A    1.3
:U   M   52.4
:=   M   50.2

START ABLAUFKETTE
:U   E    0.6
:S   M   52.6
:UN  A    1.1
:UN  A    1.2
:O   E    0.7
:R   M   52.6
:U   M   51.0
:U   M   50.1
:U   M   52.6
:=   M   50.3

BEFEHLSFREIGABE B4
:O   A    1.1
:O
:U(
:O   A    1.2
:O   A    1.3
:)
:U   E    1.0
:=   M   50.4

STOERUNGSMELDUNG
:U(
:O   A    1.1
:O   A    1.2
:O   A    1.3
:)
:UN  E    2.2
:O
:U   A    1.1
:U(
:O   T   10
:O   T   11
:)
:S   M   51.1
:U   E    0.7
:R   M   51.1
:U   M   51.1
:=   A    1.6
:BE
```

Programmbaustein PB11

```
BETRIEBSBEREIT U.
GRUNDST. DER ANLAGE
:U   E    1.1
:U   E    1.3
:U   E    1.5
:U   E    1.7
:U   E    2.1
:=   M   51.0

SCHRITT 0
:O   M   50.0
:O
:UN  M   40.7
:U   M   41.0
:U(
:U   M   50.1
:U   E    1.5
:O   M   50.2
:)
:S   M   40.0
:U   M   40.1
:R   M   40.0

SCHRITT 1
:UN  M   41.0
:U   M   40.0
:U(
:U   M   50.1
:U   M   50.3
:O   M   50.2
:)
:S   M   40.1
:O   M   50.0
:O   M   40.2
:R   M   40.1

SCHRITT 2
:UN  M   40.0
:U   M   40.1
:U(
:U   M   50.1
:U   E    1.2
:O   M   50.2
:)
:S   M   40.2
:O   M   50.0
:O   M   40.3
:R   M   40.2

SCHRITT 3
:UN  M   40.1
:U   M   40.2
:U(
:U   M   50.1
:U   E    1.4
:O   M   50.2
:)
:S   M   40.3
:O   M   50.0
:O   M   40.4
:R   M   40.3

SCHRITT 4
:UN  M   40.2
:U   M   40.3
:U(
:U   M   50.1
:U   E    1.1
:O   M   50.2
:)
:S   M   40.4
:O   M   50.0
:O   M   40.5
:R   M   40.4

SCHRITT 5
:UN  M   40.3
:U   M   40.4
:U(
:U   M   50.1
:U   E    1.6
:O   M   50.2
:)
:S   M   40.5
:O   M   50.0
:O   M   40.6
:R   M   40.5

SCHRITT 6
:UN  M   40.4
:U   M   40.5
:U(
:U   M   50.1
:U   E    1.3
:O   M   50.2
:)
:S   M   40.6
:O   M   50.0
:O   M   40.7
:R   M   40.6

SCHRITT 7
:UN  M   40.5
:U   M   40.6
:U(
:U   M   50.1
:U   E    2.0
:O   M   50.2
:)
:S   M   40.7
:O   M   50.0
:O   M   41.0
:R   M   40.7

SCHRITT 8
:UN  M   40.6
:U   M   40.7
:U(
:U   M   50.1
:U   E    1.7
:O   M   50.2
:)
:S   M   41.0
:O   M   50.0
:O   M   40.0
:R   M   41.0

UEBERWACHUNGSZEIT
SCHR. 1,3,5,7
:U(
:O   M   40.1
:O   M   40.3
:O   M   40.5
:O   M   40.7
:)
:U   A    1.1
:L   KT 030.2
:SE  T   10
:U   M   51.1
:R   T   10

UEBERWACHUNGSZEIT
SCHR.2,4,6,8
:U(
:O   M   40.2
:O   M   40.4
:O   M   40.6
:O   M   41.0
:)
:U   A    1.1
:L   KT 030.2
:SE  T   11
:U   M   51.1
:R   T   11
:BE
```

Programmbaustein PB12

```
SCHRITTANZEIGE
WERT 1
:O   M   40.1
:O   M   40.3
:O   M   40.5
:O   M   40.7
:=   A    1.7

WERT 2
:O   M   40.2
:O   M   40.3
:O   M   40.6
:O   M   40.7
:=   A    2.0

WERT 4
:O   M   40.4
:O   M   40.5
:O   M   40.6
:O   M   40.7
:=   A    2.1

WERT 8
:O   M   41.0
:O   M   41.1
:=   A    2.2
:BE
```

Programmbaustein PB13

```
AUSGABE Y1
:U(
:U   M   50.4
:U   M   40.1
:O
:U   A    1.4
:U   E    2.3
:)
:U   E    1.5
:=   A    0.0

AUSGABE Y2
:U   M   50.4
:U   M   40.3
:O
:U   A    1.4
:UN  E    2.3
:=   A    0.1

AUSGABE Y3
:U   M   50.4
:U   M   40.2
:O
:U   A    1.4
:U   E    2.4
:=   A    0.2

AUSGABE Y4
:U   M   50.4
:U   M   40.5
:O
:U   A    1.4
:UN  E    2.4
:=   A    0.3

AUSGABE Y5
:U(
:U   M   50.4
:U   M   40.4
:O
:U   A    1.4
:U   E    2.5
:)
:U   E    1.1
:=   A    0.4

AUSGABE Y6
:U(
:U   M   50.4
:U   M   41.0
:O
:U   A    1.4
:UN  E    2.5
:)
:U   E    1.7
:=   A    0.5

AUSGABE Y7
:U(
:U   M   50.4
:U   M   40.6
:O
:U   A    1.4
:U   E    2.6
:)
:U   E    1.6
:=   A    0.6

AUSGABE Y8
:U   M   50.4
:U   M   40.7
:O
:U   A    1.4
:UN  E    2.6
:=   A    0.7
:BE
```

▲

12 Umsetzung verbindungsprogrammierter Steuerungen in speicherprogrammierte Steuerungen

Um die Vorteile speicherprogrammierter Steuerungen gegenüber verbindungsprogrammierter Steuerungen nutzen zu können, wird in der Praxis vielfach dazu übergegangen, bestehende Schützsteuerungen oder pneumatische Steuerungen durch speicherprogrammierte Steuerungen zu ersetzen.

Bei einer solchen Umsetzung gibt es zwei Möglichkeiten.

1. Es wird für die Anlage ein völlig neues Steuerungsprogramm entwickelt. Bei diesem Neuentwurf kann dabei eine grundsätzlich andere Steuerungsstruktur entstehen. Darüberhinaus können bei diesem Neuentwurf zusätzliche Anforderungen und Bedingungen berücksichtigt werden und der Komfort der Steuerung hinsichtlich Fehlerdiagnose und Meldungen erheblich verbessert werden.
   Für diese Vorgehensweise sind Steuerungsstrukturen und entsprechende Entwurfsverfahren in den anderen Kapiteln des Buches beschrieben.
2. Es wird die durch die Anordnung und Verdrahtung der Schütze bzw. Anordnung und Verschlauchung der pneumatischen Ventile bestehende Steuerungsstruktur in ein Steuerungsprogramm für eine SPS so weit wie möglich übernommen.

Wenn Sie stets die erste Möglichkeit bei der Umsetzung einer bestehenden Steuerungsstruktur bevorzugen, sollten Sie sofort zum nächsten Kapitel übergehen.

Die Regeln, die bei einer Umsetzung einer bestehenden Steuerung in ein Steuerungsprogramm für eine SPS zu beachten sind, werden im folgenden nach Schützsteuerungen und pneumatischen Steuerungen unterteilt an Beispielen dargestellt.

12.1 Schützsteuerung

Schütze sind elektrisch betätigte Schalter mit Rückstellkraft. Nach Art und Einsatz werden Schütze in *Hauptschütze* und *Hilfsschütze* unterteilt.

Hauptschütze oder auch Lastschütze genannt, werden zum Ein-, Aus- oder Umschalten elektrischer Verbraucher eingesetzt. Sie schalten Motoren, Beleuchtungsanlagen, Elektrowärmeanlagen, Magnetventile, Magnetkupplungen, Bremsen usw. Auf den Einsatz von Hauptschützen kann auch bei der Verwendung von speicherprogrammierten Steuerungen nicht verzichtet werden.

Hilfsschütze sind nur für die Schaltbelastung von Steuerströmen gebaut. Mit den Kontakten der Hilfsschütze, aber auch mit den Kontakten der Hauptschütze ist eine Steuerung aufgebaut.

In den Schaltungsunterlagen für eine Schützsteuerung wird der Stromablaufplan in aufgelöster Darstellung unterteilt in die Darstellung für den Laststromkreis (Hauptstromkreis) und den Steuerstromkreis (Hilfsstromkreis).

> Ersetzt man eine Schützsteuerschaltung durch ein Steuerungsprogramm für eine SPS, so wird der Laststromkreis unverändert beibehalten. Nur der Steuerstromkreis wird durch ein Steuerungsprogramm vollständig ersetzt. Die Ausgänge des Steuerungsprogramms werden hierbei verwendet, um die Hauptschütze, Magnetventile usw. des Hauptstromkreises anzusteuern.

Nachdem die erforderlichen Signalein- und Signalausgänge der Steuerschaltung festgelegt wurden, kann diese sogar ohne eine Analyse der Funktionsweise in ein Steuerungsprogramm umgesetzt werden.

Bei dieser Umsetzung gelten folgende Regeln für *Schützkontakte*, die im Funktionsplan durch die ihnen zugewiesenen Merker oder Ausgänge ersetzt werden.

- Parallelgeschaltete Kontakte ergeben eine ODER-Verknüpfung und in Reihe geschaltete Kontakte ergeben eine UND-Verknüpfung.
- Öffner werden negiert und Schließer bejaht im Steuerungsprogramm abgefragt.

Im folgenden Beispiel „Schrittschaltung für eine Blindstromkompensationsanlage" wird beschrieben, wie der Steuerstromkreis der Anlage in ein Steuerungsprogramm für eine SPS übertragen werden kann.

▼ **Beispiel: Schrittschaltsteuerung einer Blindstromkompensationsanlage**

Für eine Anlage zur Blindstromkompensation ist folgender elektrischer Schaltplan gegeben.

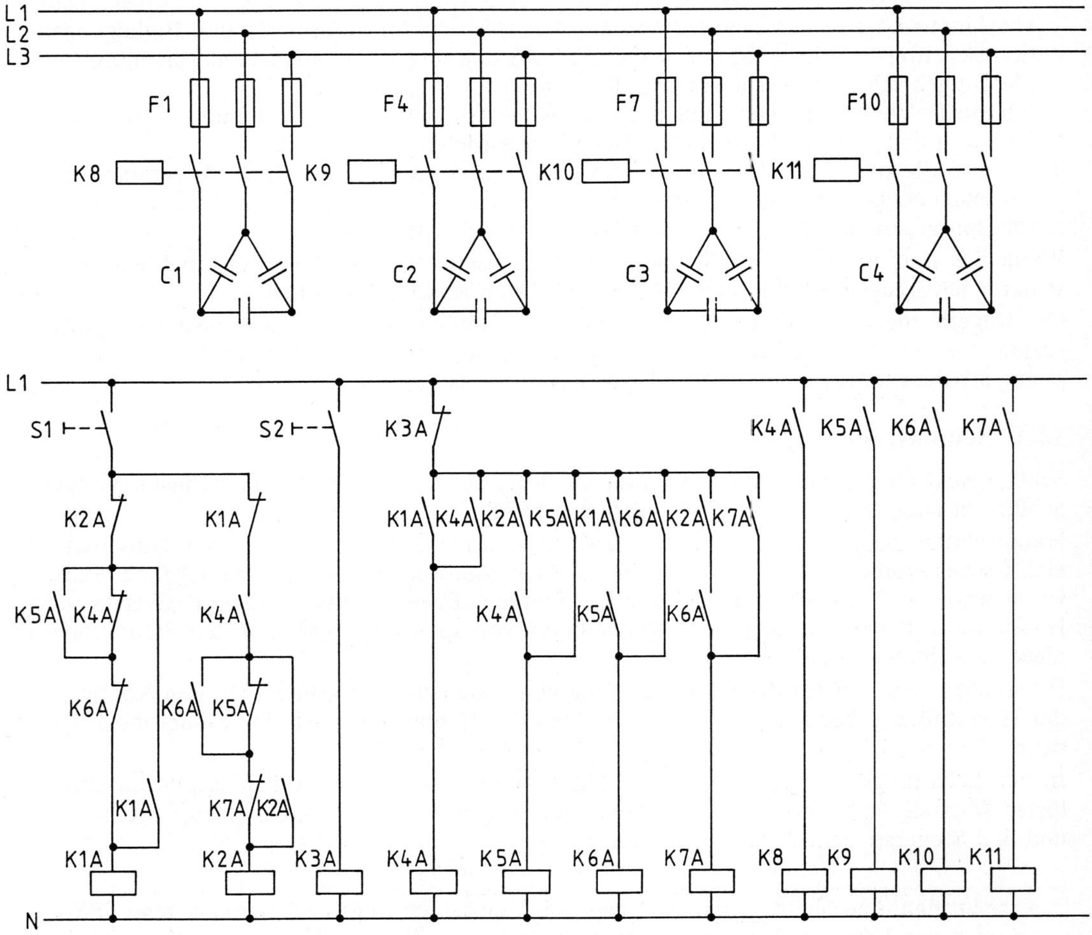

Zuordnungstabelle:

Eingangsvariable	Betriebsmittel-kennzeichen	Logische Zuordnung	
Taster 1	S1	Taster gedrückt	S1 = 1
Taster 2	S2	Taster gedrückt	S2 = 1
Ausgangsvariable			
Hauptschütz K8	A1	Schütz zieht an	A1 = 1
Hauptschütz K9	A2	Schütz zieht an	A2 = 1
Hauptschütz K10	A3	Schütz zieht an	A3 = 1
Hauptschütz K11	A4	Schütz zieht an	A4 = 1

Den im Steuerstromkreis angegebenen Hilfsschützen K1A bis K7A werden die Merker M1 bis M7 zugewiesen.

Auf eine Analyse der gegebenen Steuerschaltung wird zunächst verzichtet, um zu zeigen, wie man ohne genaue Kenntnis des Steuerungsablaufs, allein aus der Anordnung der Kontakte, das Steuerungsprogramm entwickeln kann.

Nach den Umsetzungsregeln ergibt sich folgender Funktionsplan für die Steuerung:

Funktionsplan:

MERKER M1 (K1A)

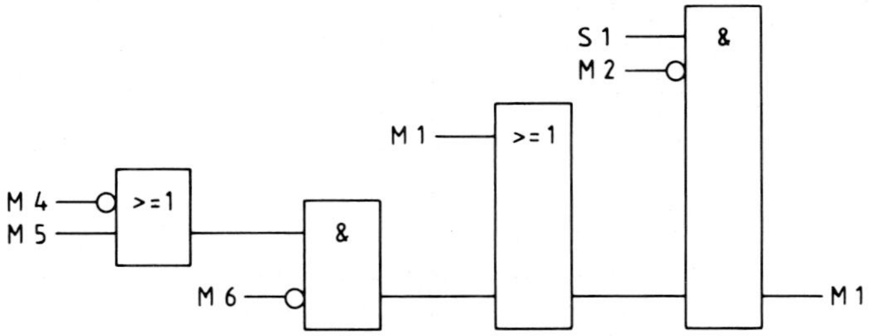

MERKER M2 (K2A)

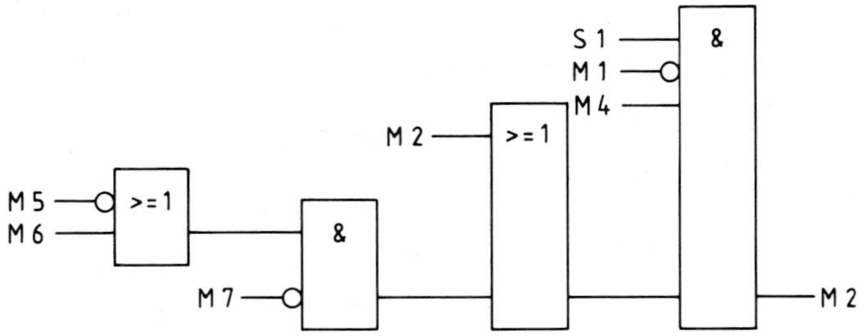

MERKER M3 (K3A)

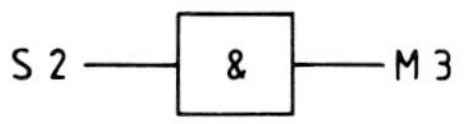

MERKER M4 (K4A)

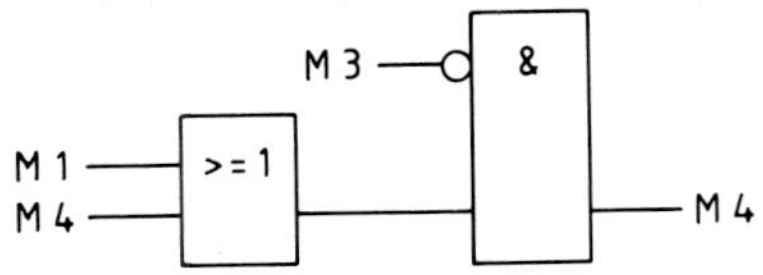

MERKER M5 (K5A)

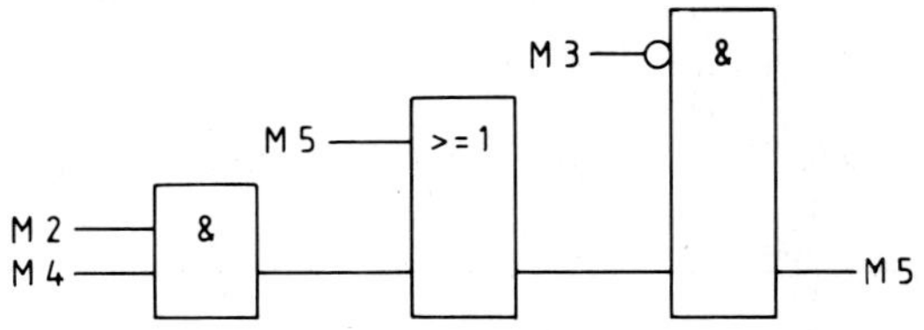

MERKER M 6 (K 6A)

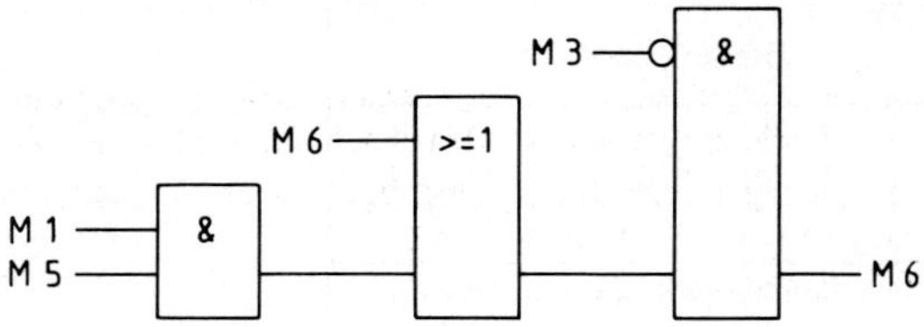

MERKER M 7 (K 7A)

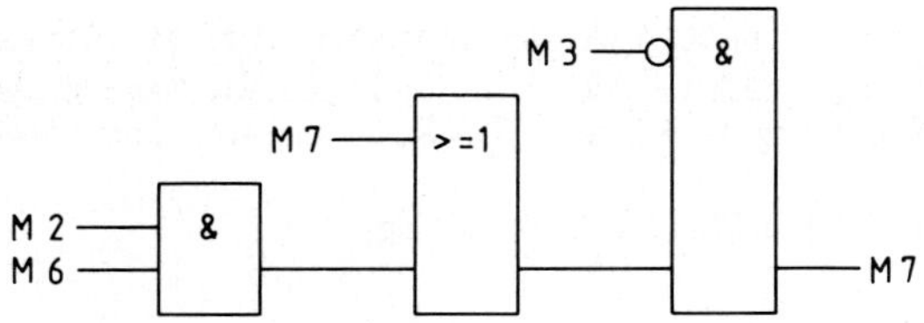

AUSGANGSZUWEISUNG (K 8)

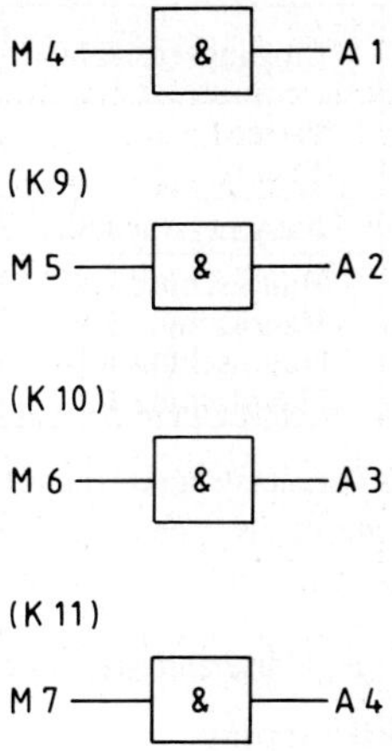

Realisierung mit einer SPS:

Zuordnung:	S1 = E 0.1	A1 = A 0.1	M1 = M 0.1
	S2 = E 0.2	A2 = A 0.2	M2 = M 0.2
		A3 = A 0.3	M3 = M 0.3
		A4 = A 0.4	M4 = M 0.4
			M5 = M 0.5
			M6 = M 0.6
			M7 = M 0.7

Anweisungsliste:

```
MERKER M1  (K1A)
:U    E      0.1
:UN   M      0.2
:U(
:O    M      0.1
:O
:U(
:ON   M      0.4
:O    M      0.5
:)
:UN   M      0.6
:)
:=    M      0.1

MERKER M2  (K2A)
:U    E      0.1
:UN   M      0.1
:U    M     40.4
:U(
:O    M      0.2
:O
:U(
:ON   M      0.5
:O    M      0.6
:)
:UN   M      0.7
:)
:=    M      0.2

MERKER M3  (K3A)
:U    E      0.2
:=    M      0.3

MERKER M4  (K4A)
:UN   M      0.3
:U(
:O    M      0.1
:O    M      0.4
:)
:=    M      0.4

MERKER M5  (K5A)
:UN   M      0.3
:U(
:O    M      0.5
:O
:U    M      0.2
:U    M      0.4
:)
:=    M      0.5

MERKER M6  (K6A)
:UN   M      0.3
:U(
:O    M      0.6
:O
:U    M      0.1
:U    M      0.5
:)
:=    M      0.6

MERKER M7  (K7A)
:UN   M      0.3
:U(
:O    M      0.7
:O
:U    M      0.2
:U    M      0.6
:)
:=    M      0.7

AUSGANGSZUWEISUNG  (K8)
:U    M      0.4
:=    A      0.1

(K9)
:U    M      0.5
:=    A      0.2

(K10)
:U    M      0.6
:=    A      0.3

(K11)
:U    M      0.7
:=    A      0.4
:BE
```

Im folgenden wird die Umsetzung der Steuerschaltung unter Berücksichtigung der Funktionsweise gezeigt.

Funktion:

Überprüft man die Funktionsweise der Steuerschaltung, so stellt man fest, daß nach jeder Betätigung der Taste S1 ein Hauptschütz hinzugeschaltet wird. Mit S2 werden alle eingeschalteten Hauptschütze wieder stromlos.

Untersucht man die Steuerschaltung vor der Übertragung in ein Steuerungsprogramm, stellt man fest, daß manche Hilfsschütze nur zur Kontaktvervielfachung erforderlich waren.

Die Hauptschütze können direkt von den Merkern M4 bis M7 angesteuert werden.

Damit werden in einem vereinfachten Steuerungsprogramm statt der Merker M4 bis M7 sofort die Ausgänge A1 bis A4 mit der entsprechenden Zuweisung programmiert.

Statt Merker M3 kann der Signalzustand des Tasters S2 direkt abgefragt werden.

Aus der Analyse der Steuerschaltung mit Schützen ist weiterhin zu entnehmen, daß die Hilfsschütze eine Selbsthaltung besitzen. Verwendet man deshalb Speicherglieder für die Merker M1 und M2 und für die Ausgänge A1 bis A4, so sind aus dem Stromlaufplan die Bedingungen für das Setzen und Rücksetzen der Speicherfunktionen zu ermitteln.

Unter Berücksichtigung der beschriebenen Möglichkeiten ergibt sich dann folgendes vereinfachtes Steuerungsprogramm für den Steuerteil der Schrittschaltung:

MERKER M1 (K1A)

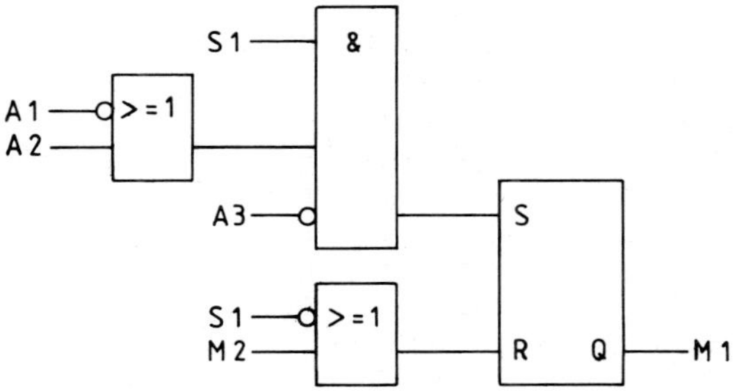

MERKER M2 (K2A)

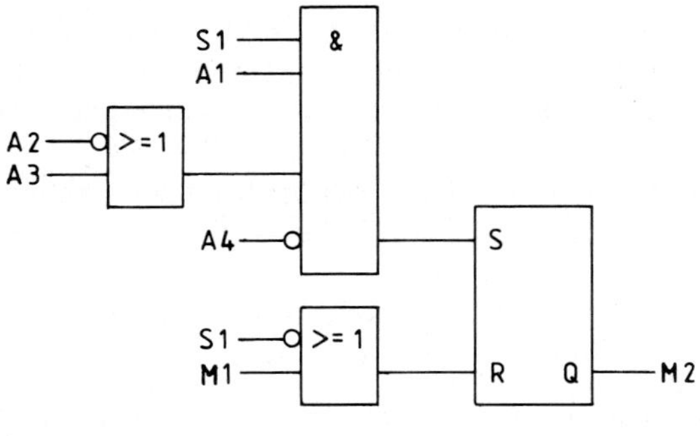

(K4A BZW. K8)

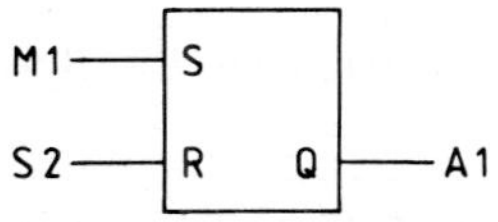

(K5A BZW. K9)

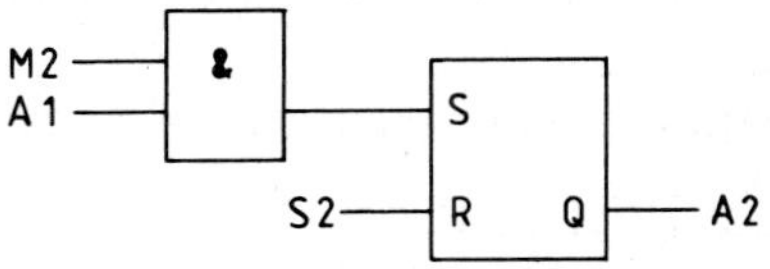

(K6A BZW. K 10)

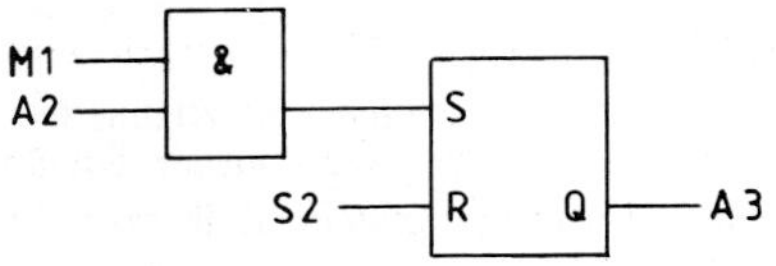

(K7A BZW. K 11)

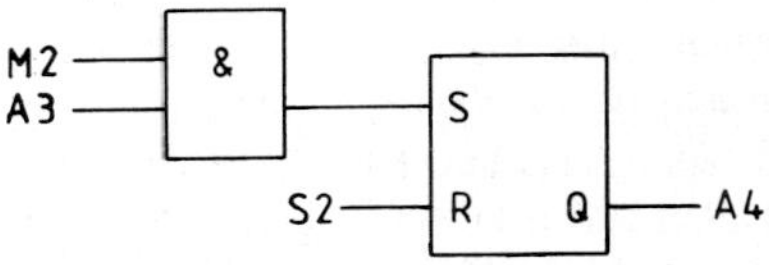

Realisierung mit einer SPS:

Zuordnung:

S1 = E 0.1	A1 = A 0.1	M1 = M 0.1
S2 = E 0.2	A2 = A 0.2	M2 = M 0.2
	A3 = A 0.3	
	A4 = A 0.4	

Anweisungsliste:

```
MERKER M1 (K1A)
:U   E   0.1
:U(
:ON  A   0.1
:O   A   0.2
:)
:UN  A   0.3
:S   M   0.1
:ON  E   0.1
:O   M   0.2
:R   M   0.1

MERKER M2 (K2A)
:U   E   0.1
:U   A   0.1
:U(
:ON  A   0.2
:O   A   0.3
:)
:UN  A   0.4
:S   M   0.2
:ON  E   0.1
:O   M   0.1
:R   M   0.2

(K4A BZW. K8)
:U   M   0.1
:S   A   0.1
:U   E   0.2
:R   A   0.1

(K5A BZW. K9)
:U   M   0.2
:U   A   0.1
:S   A   0.2
:U   E   0.2
:R   A   0.2

(K6A BZW. K10)
:U   M   0.1
:U   A   0.2
:S   A   0.3
:U   E   0.2
:R   A   0.3

(K7A BZW K11)
:U   M   0.2
:U   A   0.3
:S   A   0.4
:U   E   0.2
:R   A   0.4
:BE
```

Enthält eine Schützsteuerung *einschalt- oder ausschaltverzögerte Schütze oder Wischkontakte,* muß die gegebene Steuerungsstruktur etwas verändert werden. Im Steuerungsprogramm für eine SPS werden für solche besonderen Schaltgeräte Zeitfunktionen oder Wischfunktionen programmiert.

Darüberhinaus müssen die bisherigen Umsetzungsregeln, die nur für Schützkontakte gelten, durch Regeln für die Kontakte von Signalgebern, wie Taster, Schalter, Endschalter, usw. erweitert werden.

Für *Geberkontakte* (Öffner und Schließer) des Stromlaufplans gelten bei deren Weiterverwendung in der SPS-Steuerung:

- Parallelgeschaltete Kontakte ergeben eine ODER-Verknüpfung und in Reihe geschaltete Kontakte ergeben eine UND-Verknüpfung.
- Öffner- und Schließerkontakte werden bejaht im Steuerungsprogramm abgefragt.

Eine in der Schützsteuerung bestehende Drahtbruchsicherheit besteht dann auch in der SPS-Steuerung.

Diese Regel hat keine Gültigkeit bei der Verwendung von Speichergliedern. Bei Speichergliedern gilt:

- Befehlsgeber als Öffner zum Rücksetzen des Speichers werden negiert abgefragt.

Das folgende Beispiel zeigt neben der Zeitfunktion noch die Besonderheiten bei der Abfrage von Befehlsgebern.

▼ Beispiel: Zerkleinerungsanlage

Bei einer Zerkleinerungsanlage für Steingut wird das zerkleinerte Material aus einer Mühle über ein Transportband in einen Wagen verladen.

Der Abfüllvorgang kann durch Betätigen der Taste S1 begonnen werden, wenn ein Wagen an der Rampe steht. Um Stauungen des Fördergutes auf dem Transportband zu vermeiden, muß zuerst das Förderband zwei Sekunden laufen, bevor die Mühle eingeschaltet wird.

Meldet die Waage, daß der Wagen gefüllt ist, wird die Mühle sofort ausgeschaltet. Das Förderband läuft allerdings noch drei Sekunden nach, um das Steingut vollständig vom Band zu entfernen. Durch Betätigen der Taste S0 wird der Abfüllvorgang sofort unterbrochen.

Technologieschema:

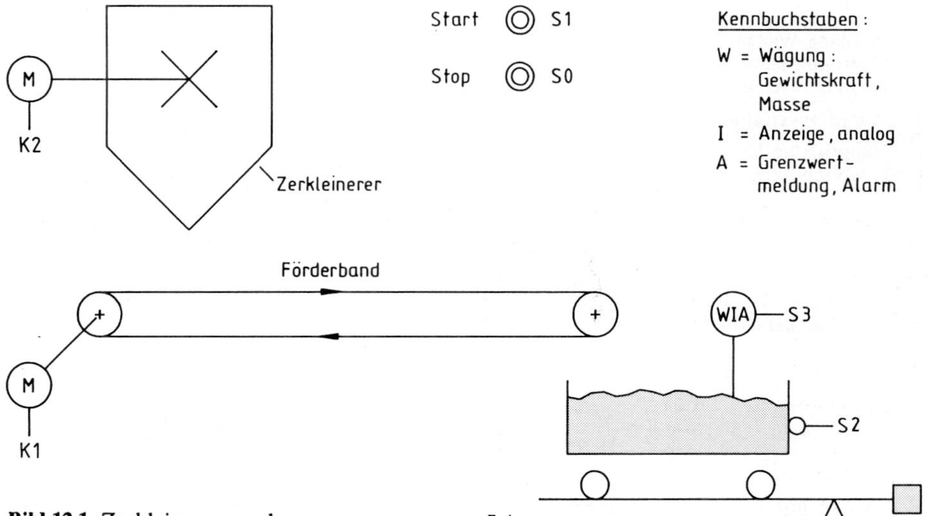

Bild 12.1 Zerkleinerungsanlage

Stromlaufplan des Steuerstromkreises:

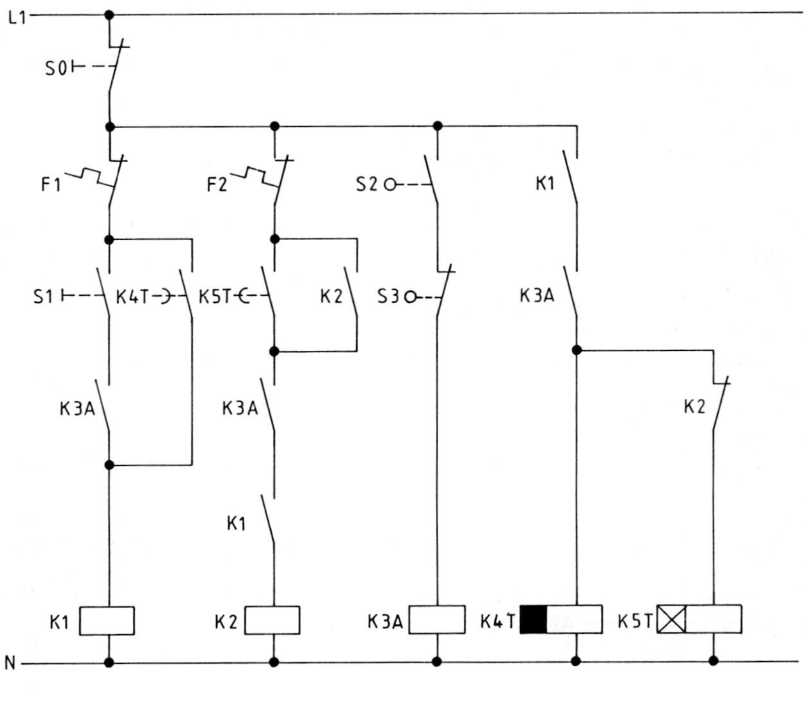

Mit dem Hauptschütz K1 wird der Motor M1 des Förderbandes und mit dem Hauptschütz K2 der Motor M2 der Mühle eingeschaltet.

Bei der Umwandlung des Steuerstromkreises in ein Steuerungsprogramm sind wieder zunächst Ein- und Ausgänge für die Steuerung festzulegen.

Auf die Kontakte der Überstromschutzorgane F1 und F2 wird die Steuerspannung gelegt und der Steuerung als Eingangsvariablen zugeführt.

Zuordnungstabelle:

Eingangsvariable	Betriebsmittel-kennzeichen	Logische Zuordnung	
Taster 0	S0	Taster gedrückt	S0 = 0
Taster 1	S1	Taster gedrückt	S1 = 1
Endschalter Rampe	S2	Wagen an der Rampe	S2 = 1
Meldung Waage	S3	Gewicht erreicht	S3 = 0
Überstromschutz Motor 1	F1	Relais spricht an	F1 = 0
Überstromschutz Motor 2	F2	Relais spricht an	F2 = 0
Ausgangsvariable			
Hauptschütz K1	A1	Schütz zieht an	A1 = 1
Hauptschütz K2	A2	Schütz zieht an	A2 = 1

Das abfallverzögerte Schütz K4T wird durch das Zeitglied T1 mit der Befehlsart SI ersetzt. Aus der Funktionsweise und nicht aus dem Stromlaufplan muß die Ansteuerung für dieses Zeitglied ermittelt werden. Wenn K1 angezogen hat und K3A abfällt, übernimmt das Zeitglied die Selbsthaltung von K1.

Das anzugsverzögerte Schütz K5T wird durch das Zeitglied T2 mit der Befehlsart SE ersetzt. Die Ansteuerung für dieses Zeitglied kann direkt aus dem Stromlaufplan ermittelt werden.

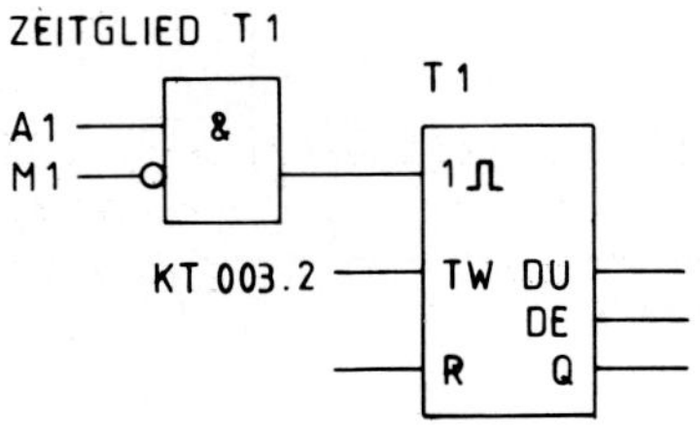

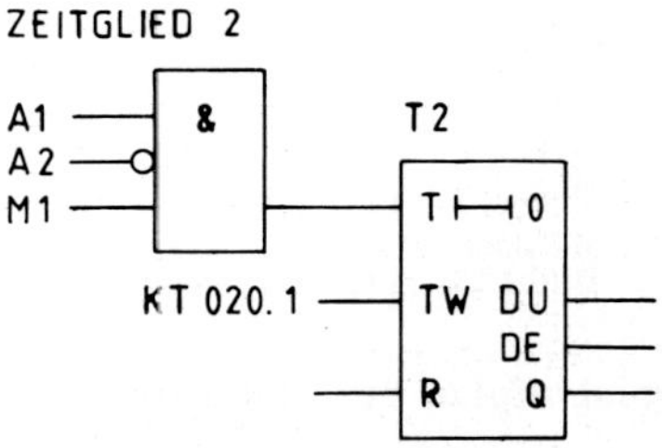

Für die Umwandlung der übrigen Stromzweige werden die Umsetzungsregeln angewandt.

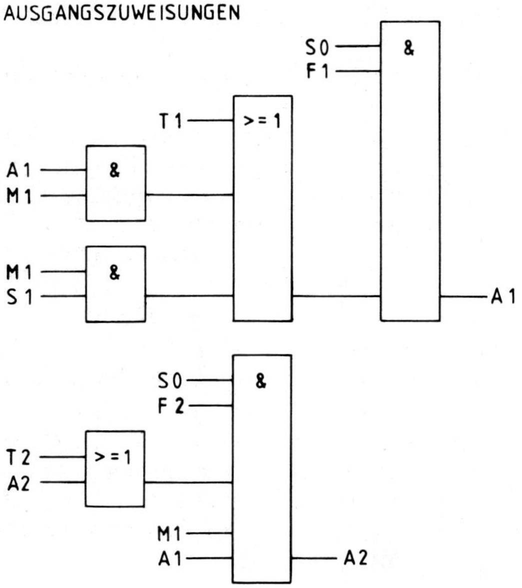

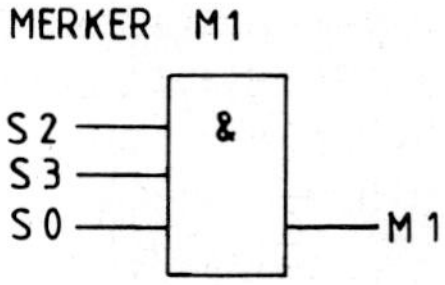

Realisierung mit einer SPS:

Zuordnung:

S0 = E 0.1	A1 = A 0.1	M1 = M 0.1
S1 = E 0.2	A2 = A 0.2	
S2 = E 0.3		
S3 = E 0.4		
F1 = E 0.5		
F2 = E 0.6		

Anweisungsliste:

```
ZEITGLIED T1
:U   A    0.1
:UN  M    0.1
:L   KT 003.2
:SI  T    1

ZEITGLIED 2
:U   A    0.1
:UN  A    0.2
:U   M    0.1
:L   KT 020.1
:SE  T    2

AUSGANGSZUWEISUNGEN
:UN  E    0.1
:UN  E    0.5
:U(
:O   T    1
:O
:U   A    0.1
:U   M    0.1
:O
:U   M    0.1
:U   E    0.2
:)
:=   A    0.1

:UN  E    0.1
:UN  E    0.6
:U(
:O   T    2
:O   A    0.2
:)
:U   M    0.1
:U   A    0.1
:=   A    0.2

MERKER M1
:U   E    0.3
:UN  E    0.4
:UN  E    0.1
:=   M    0.1
:BE
```

▲

Auch bei dieser Umsetzung könnten wieder Speicherglieder verwendet werden. Das entstehende Steuerungsprogramm hätte aber dann nur noch sehr wenig mit dem Stromlaufplan der Schützsteuerung gemeinsam und käme einem Neuentwurf gleich.

12.2 Pneumatische Steuerung

In der pneumatischen Steuerungstechnik unterscheidet man die Steuerelemente:

Signalglied: gibt beim Erreichen eines bestimmten Wertes für eine physikalische Größe ein Signal ab.

Steuerglied: reagiert auf die einzelnen Signale und beeinflußt dadurch den Zustand der Stellglieder

Stellglied: steuert den Energiefluß der Arbeitsenergie und verändert damit den Zustand der Arbeitselemente.

Will man eine bestehende pneumatische Schaltung durch ein Steuerungsprogramm für eine SPS ersetzen, so werden die Stellglieder für die Arbeitselemente nun elektromagnetisch angesteuert. Ob dabei elektromagnetische Impulsventile oder elektromagnetische Ventile mit Rückstellfedern verwendet werden, hängt ab von den Prozeßanforderungen und Sicherheitsbestimmungen. Bei den folgenden Umsetzungen wird die Art des Stellgliedes beibehalten.

Vollständig ersetzt werden bei der Umsetzung die pneumatischen Steuerglieder.

Ob man die pneumatischen Signalglieder durch elektrische ersetzt oder eine Druck-Spannungsumwandlung des Signals mittels P/E-Wandler vornimmt, hängt davon ab, inwieweit Änderungen der bestehenden Anlage möglich und erwünscht sind.

Impulsventile der pneumatischen Steuerungstechnik haben zwei Steuereingänge und speicherndes Verhalten. In der Wirkungsweise können solche Ventile mit RS-Speichergliedern verglichen werden. Die Umsetzung einer pneumatischen Steuerschaltung gestaltet sich deshalb recht einfach, wenn man allen Impulsventilen ein RS-Speicherglied zuweist.

Der eine Steuereingang des ersetzten Stellgliedes gibt dann die Bedingung für das Setzen und der andere Steuereingang die Bedingung für das Rücksetzen des nachgebildeten RS-Speichergliedes an.

Wurde das Impulsventil bisher als Stellglied für einen Arbeitszylinder verwendet, so muß dieses durch ein elektromagnetisch gesteuertes Impulsventil mit zwei Magnetspulen ersetzt werden. Zur Ansteuerung der einen Magnetspule kann der Ausgang des RS-Speichergliedes verwendet werden. Zur Ansteuerung der zweiten Magnetspule wird der negierte Ausgang des RS-Speichergliedes verwendet.

Vielfach treten bei pneumatischen Steuerschaltungen Sammelleitungen auf, für die eine bestimmte logische Zuordnung ermittelt werden kann. Diese wird dann zur Ansteuerung für die entsprechenden Ventile verwendet.

Nachdem alle genannten Festlegungen getroffen wurden, kann der pneumatische Schaltplan direkt in einen Funktionsplan umgesetzt werden. Dieser Funktionsplan dient dann nicht nur zur Vorlage für das Steuerungsprogramm einer SPS, sondern mit ihm kann die Funktionsweise der Steuerschaltung wesentlich leichter beschrieben werden.

Zusammenfassend kann die Umsetzung einer pneumatischen Steuerung in eine SPS-Steuerung nach folgenden Regeln erfolgen.

- Die Stellglieder der Arbeitszylinder werden durch elektromagnetische Impulsventile ersetzt.
- Alle Impulsventile werden durch RS-Speicherglieder ersetzt.
- Bestimmung der logischen Zuordnung der Sammelleitungen
- Umsetzung des Schaltplanes in einen Funktionsplan

Das folgende Beispiel „Biegewerkzeug" zeigt, wie aus einem pneumatischen Schaltplan das Steuerungsprogramm für eine SPS gewonnen werden kann, ohne den Funktionsablauf der Steuerung zuvor zu analysieren.

▼ **Beispiel: Biegewerkzeug**

Technologieschema:

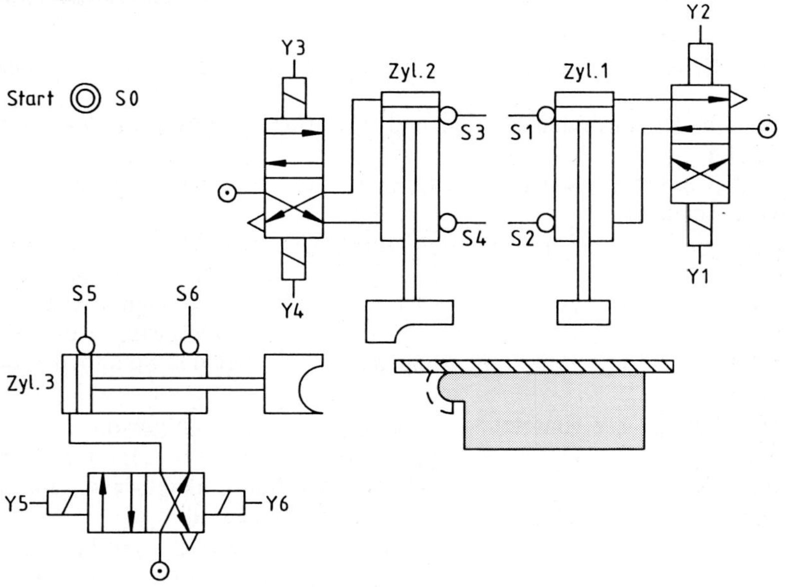

Bild 12.2 Biegewerkzeug

Für das Biegewerkzeug ist folgender pneumatischer Schaltplan gegeben, der in ein SPS-Programm für das umgerüstete Biegewerkzeug zu übersetzen ist:

Pneumatischer Schaltplan:

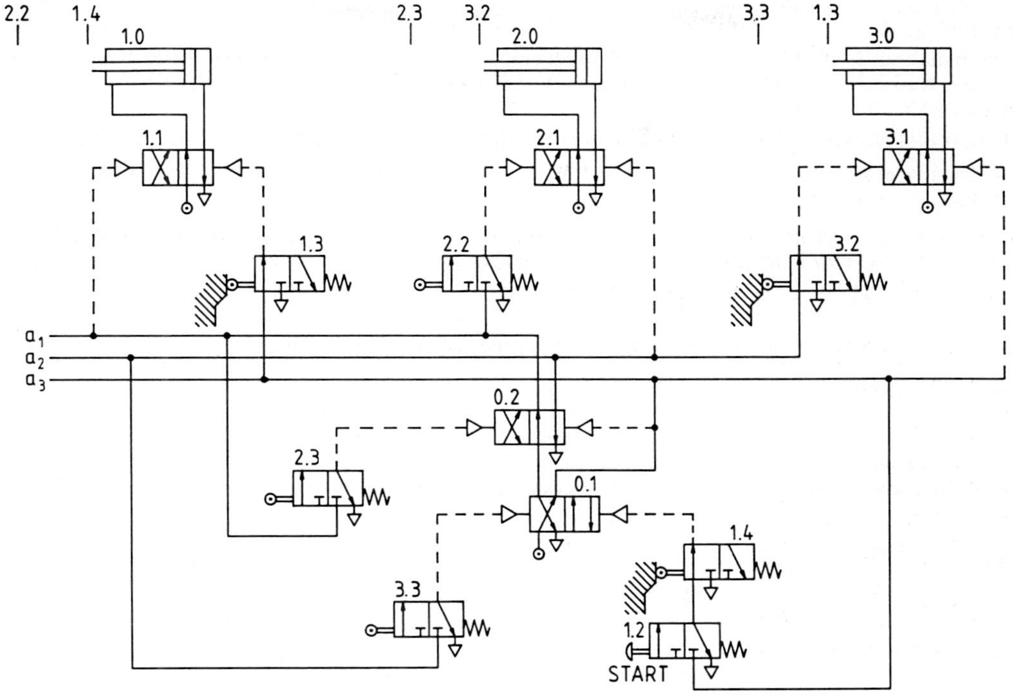

Für die drei Arbeitszylinder des umgerüsteten Biegewerkzeugs werden zunächst wieder die Ein- und Ausgangsbelegungen festgelegt.

Zuordnungstabelle:

Eingangsvariable	Betriebsmittel-kennzeichen	Logische Zuordnung	
Start-Taster	S0	Taster gedrückt	S0 = 1
Hint. Endl. Zyl. 1	S1	Hint. Endl. erreicht	S1 = 1
Vord. Endl. Zyl. 1	S2	Vord. Endl. erreicht	S2 = 1
Hint. Endl. Zyl. 2	S3	Hint. Endl. erreicht	S3 = 1
Vord. Endl. Zyl. 2	S4	Vord. Endl. erreicht	S4 = 1
Hint. Endl. Zyl. 3	S5	Hint. Endl. erreicht	S5 = 1
Vord. Endl. Zyl. 3	S6	Vord. Endl. erreicht	S6 = 1
Ausgangsvariable			
Magn. Vent. Zyl. 1 vor	Y1	Zyl. 1 fährt aus	Y1 = 1
Magn. Vent. Zyl. 1 zur.	Y2	Zyl. 1 fährt zurück	Y2 = 1
Magn. Vent. Zyl. 2 vor	Y3	Zyl. 2 fährt aus	Y3 = 1
Magn. Vent. Zyl. 2 zur.	Y4	Zyl. 2 fährt zurück	Y3 = 1
Magn. Vent. Zyl. 3 vor	Y5	Zyl. 3 fährt aus	Y5 = 1
Magn. Vent. Zyl. 4 zur.	Y6	Zyl. 3 fährt zurück	Y6 = 1

Würden als Signalglieder weiterhin pneumatische Ventile benutzt werden, so müßte mit P/E-Wandlern eine Anpassung der Signale für die SPS vorgenommen werden. Einfacher ist jedoch die Verwendung von induktiven Gebern (S1...S6) zur Anzeige der Endlagen der Zylinder und die Verwendung eines elektrischen Start-Tasters (S0).

Die Stellglieder 1.1, 2.1 und 3.1 der drei Arbeitszylinder werden ersetzt durch elektromagnetische Impulsventile (siehe Bild 12.2).

Im zu erstellenden Funktionsplan bilden RS-Speicherglieder die logischen Funktionen dieser Impulsventile nach. Die Ausgänge der RS-Speicherglieder können dann direkt zur Ansteuerung der Magnetventile Y1, Y3 und Y5 bzw. Y2, Y4 und Y6 verwendet werden.

Den beiden Impulsventilen 0.2 und 0.1 werden folgende Merker zugewiesen:

Impulsventil 0.1: M1
Impulsventil 0.2: M2

Das Impulsventil 0.2 schaltet Druck in Abhängigkeit von der Stellung des Impulsventils 0.1. Die Sammelleitung a_1 als ein Ausgang von 0.2 hat somit die logische Zuordnung:

$$a_1 = M1 \,\&\, \overline{M2}$$

Für die beiden anderen Sammelleitungen ergibt sich folgende logische Zuordnung:

$$a_2 = M1 \,\&\, M2$$

$$a_3 = \overline{M1}$$

Aus dem pneumatischen Schaltplan kann direkt der Funktionsplan mit RS-Speichergliedern entnommen werden. Zu berücksichtigen ist jedoch, daß die Signalglieder 1.3, 3.2 und 1.4 im betätigten Zustand gezeichnet sind.

Funktionsplan:

MERKER M1 (IMPULSVENTIL 0.1)

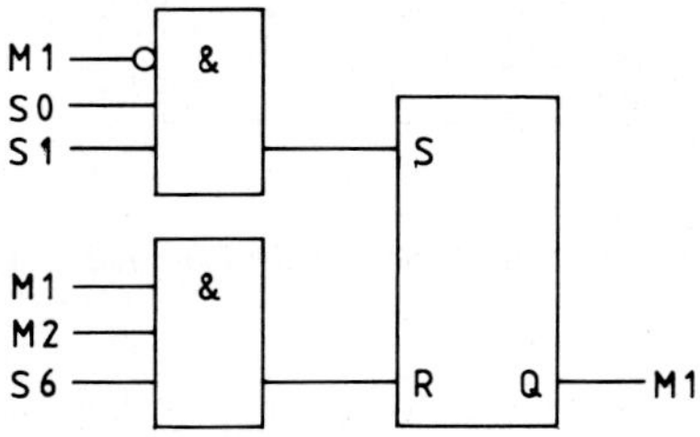

MERKER M2 (IMPULSVENTIL 0.2)

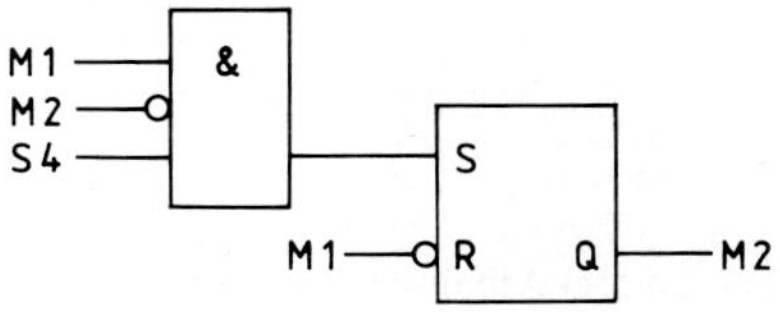

(IMPULSVENTIL 1.1)

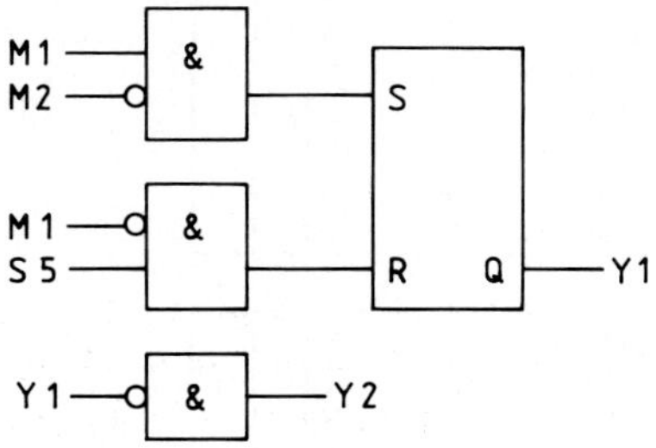

(IMPULSVENTIL 2.1)

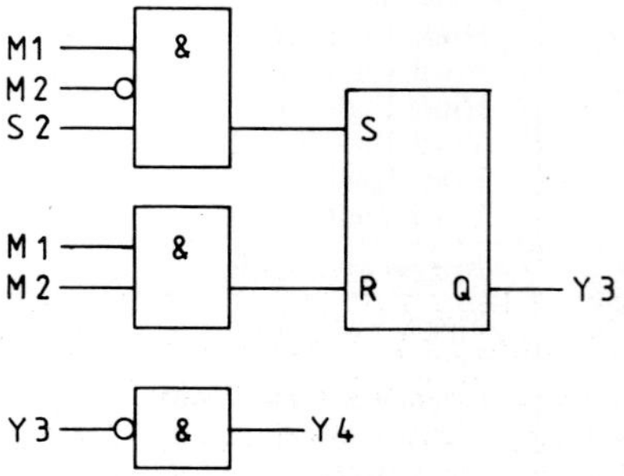

(IMPULSVENTIL 3.1)

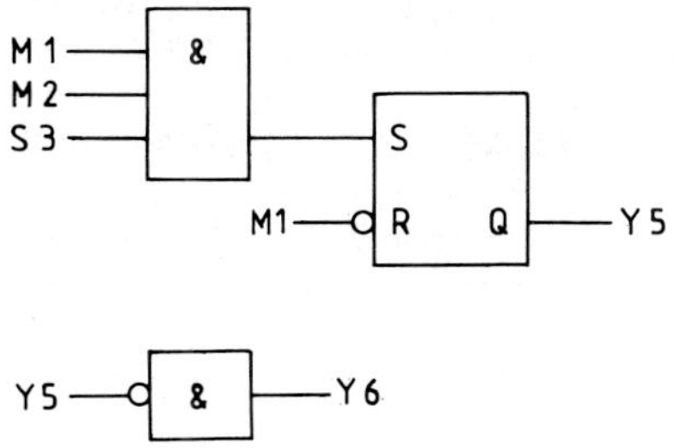

Realisierung mit einer SPS:

Zuordnung:	S0 = E 0.0	Y1 = A 0.1	M1 = M 0.1
	S1 = E 0.1	Y2 = A 0.2	M2 = M 0.2
	S2 = E 0.2	Y3 = A 0.3	
	S3 = E 0.3	Y4 = A 0.4	
	S4 = E 0.4	Y5 = A 0.5	
	S5 = E 0.5	Y6 = A 0.6	
	S6 = E 0.6		

Anweisungsliste:

```
MERKER M1
(IMPULSVENTIL 0.1)
:UN  M   0.1
:U   E   0.0
:U   E   0.1
:S   M   0.1
:U   M   0.1
:U   M   0.2
:U   E   0.6
:R   M   0.1

MERKER M2
(IMPULSVENTIL 0.2)
:U   M   0.1
:UN  M   0.2
:U   E   0.4
:S   M   0.2
:UN  M   0.1
:R   M   0.2

(IMPULSVENTIL 1.1)
:U   M   0.1
:UN  M   0.2
:S   A   0.1
:UN  M   0.1
:U   E   0.5
:R   A   0.1

:UN  A   0.1
:=   A   0.2

(IMPULSVENTIL 2.1)
:U   M   0.1
:UN  M   0.2
:U   E   0.2
:S   A   0.3
:U   M   0.1
:U   M   0.2
:R   A   0.3

:UN  A   0.3
:=   A   0.4

(IMPULSVENTIL 3.1)
:U   M   0.1
:U   M   0.2
:U   E   0.3
:S   A   0.5
:UN  M   0.1
:R   A   0.5

:UN  A   0.5
:=   A   0.6
:BE
```

▲

Im vorangegangenen Beispiel konnte die Ansteuerung der Speicherglieder direkt aus dem pneumatischen Schaltplan entnommen werden. Enthält eine pneumatische Steuerung jedoch *Drosselventile*, um Vorgänge und Zustände eine bestimmte Zeit zu halten oder zu sperren, so sind wieder einige Zusatzüberlegungen bei der Umsetzung des Schaltplans in ein Steuerungsprogramm erforderlich. Für solche Drosselventile werden Zeitglieder verwendet, deren Ansteuerung aus dem Schaltplan funktionsgemäß zu entnehmen ist. Das nächste Beispiel „Bördelvorrichtung" enthält im pneumatischen Schaltplan ein Drosselventil.

▼ Beispiel: Bördelvorrichtung

In einer Bördelvorrichtung soll ein Rohr in zwei Arbeitsgängen gebördelt werden.

Technologieschema:

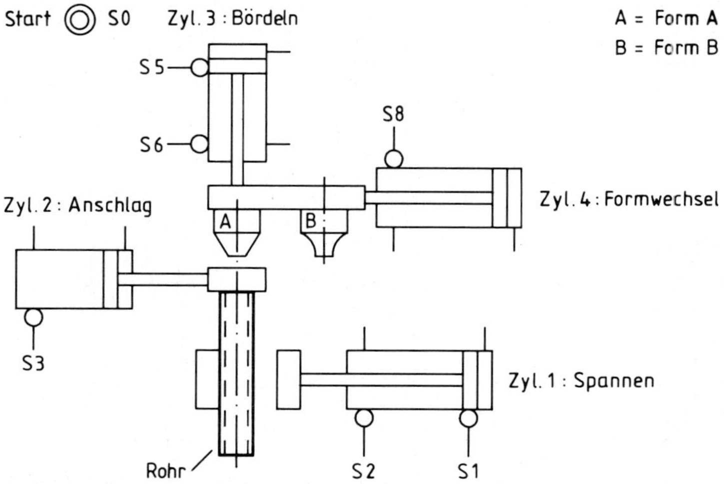

Bild 12.3 Bördelvorrichtung

Pneumatischer Schaltplan:

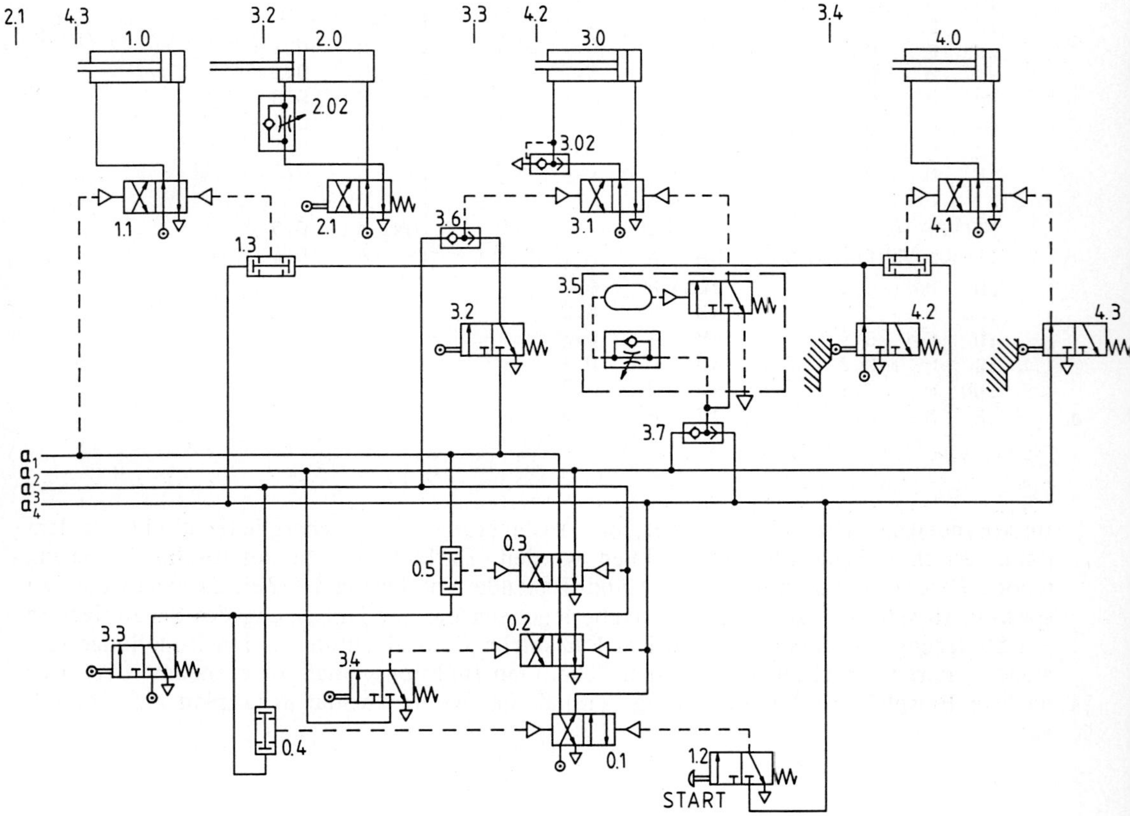

Für die vier Arbeitszylinder der umgerüsteten Bördelvorrichtung werden zunächst wieder die Ein- und Ausgangsbelegungen festgelegt.

Zuordnungstabelle:

Eingangsvariable	Betriebsmittel-kennzeichen	Logische Zuordnung	
Start-Taster	S0	Taster gedrückt	S0 = 1
Hint. Endl. Zyl. 1	S1	Hint. Endl. erreicht	S1 = 1
Vord. Endl. Zyl. 1	S2	Vord. Endl. erreicht	S2 = 1
Hint. Endl. Zyl. 2	S3	Hint. Endl. erreicht	S3 = 1
Hint. Endl. Zyl. 3	S5	Hint. Endl. erreicht	S5 = 1
Vord. Endl. Zyl. 3	S6	Vord. Endl. erreicht	S6 = 1
Vord. Endl. Zyl. 4	S8	Hint. Endl. erreicht	S8 = 1
Ausgangsvariable			
Magn. Vent. Zyl. 1 vor	Y1	Zyl. 1 fährt aus	Y1 = 1
Magn. Vent. Zyl. 1 zur.	Y2	Zyl. 1 fährt zurück	Y2 = 1
Magn. Vent. Zyl. 2 zur.	Y3	Zyl. 2 fährt zurück	Y3 = 1
Magn. Vent. Zyl. 3 vor	Y5	Zyl. 3 fährt aus	Y5 = 1
Magn. Vent. Zyl. 3 zur.	Y6	Zyl. 3 fährt zurück	Y6 = 1
Magn. Vent. Zyl. 4 vor	Y7	Zyl. 4 fährt aus	Y7 = 1
Magn. Vent. Zyl. 4 zur.	Y8	Zyl. 4 fährt zurück	Y8 = 1

Die Stellglieder 1.1, 3.1 und 4.1 der Arbeitszylinder werden wieder ersetzt durch elektromagnetische Impulsventile, denen im Steuerungsprogramm RS-Speicher zugewiesen werden.

Der eine Eingang eines elektromagnetischen Stellgliedes wird vom bejahten Ausgang und der andere Eingang vom negierten Ausgang des zugehörigen RS-Speichers angesteuert.

Das Stellglied 2.1 wird ersetzt durch ein elektromagnetisches Ventil mit Rückstellfeder. Für die Ansteuerung dieses Ventils ist nur ein Ausgang erforderlich.

Wie bei den Stellgliedern für die Arbeitszylinder werden auch den in der Steuerung noch auftretenden Impulsventilen RS-Speicherglieder zugewiesen.

Den drei Impulsventilen werden die Merker:

Impulsventil 0.1 = M1
Impulsventil 0.2 = M2
Impulsventil 0.3 = M3

zugewiesen.

Für Sammelleitungen ergeben sich folgende logische Zuordnungen:

$$a_1 = M1 \; \& \; \overline{M2} \; \& \; \overline{M3}$$

$$a_2 = M1 \; \& \; \overline{M2} \; \& \; M3$$

$$a_3 = M1 \; \& \; M2$$

$$a_4 = \overline{M1}$$

Die Ventileinheit 3.5 wird durch ein Zeitglied T1 ersetzt, dessen Ausgang den Speicher Y5 zurücksetzt.

Aus dem pneumatischen Schaltplan können dann die Setz- und Rücksetzbedingungen für die RS-Speicherglieder entnommen werden. Zu berücksichtigen ist jedoch, daß die Signalglieder 4.2 und 4.3 im betätigten Zustand gezeichnet sind.

ZEITGLIED T1 (3,5)

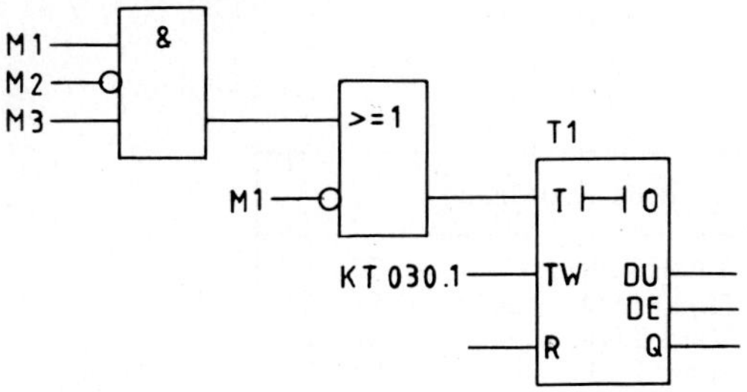

MERKER M1 (IMPULSVENTIL 0,1)

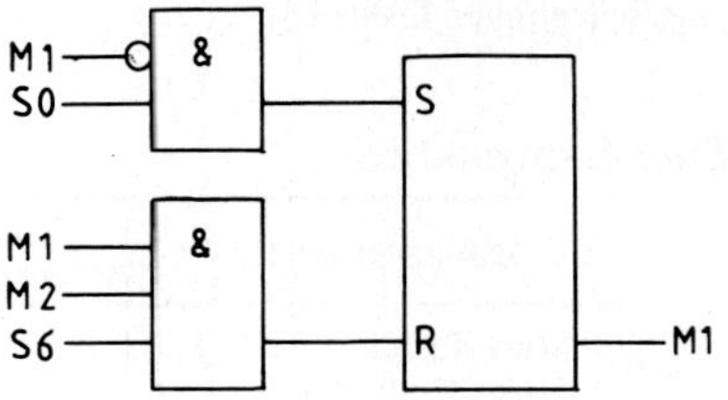

MERKER M2 (IMPULSVENTIL 0,2)

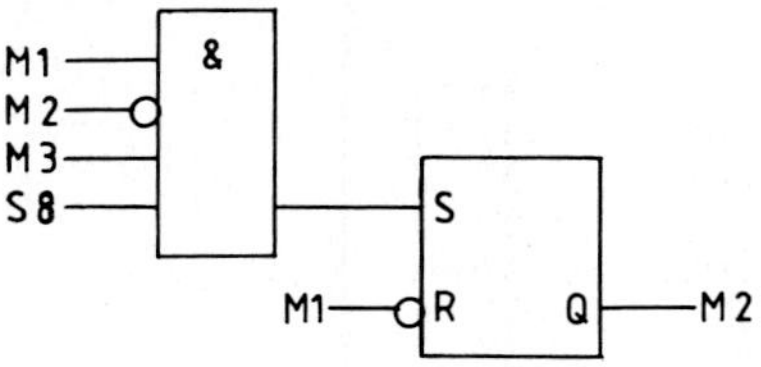

MERKER M3 (IMPULSVENTIL 0,3)

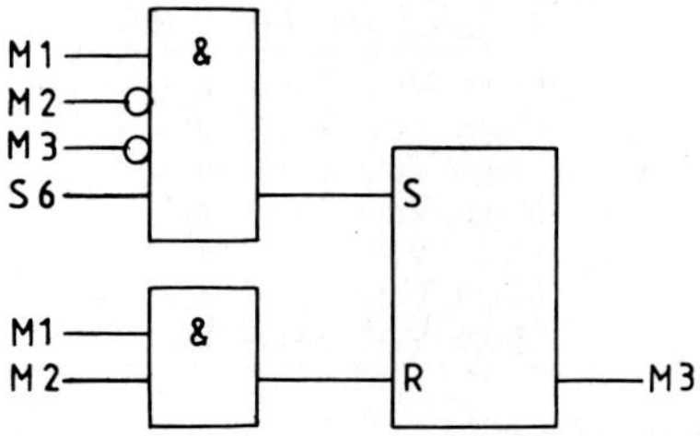

AUSGANG A1 (IMPULSVENTIL 1,1)

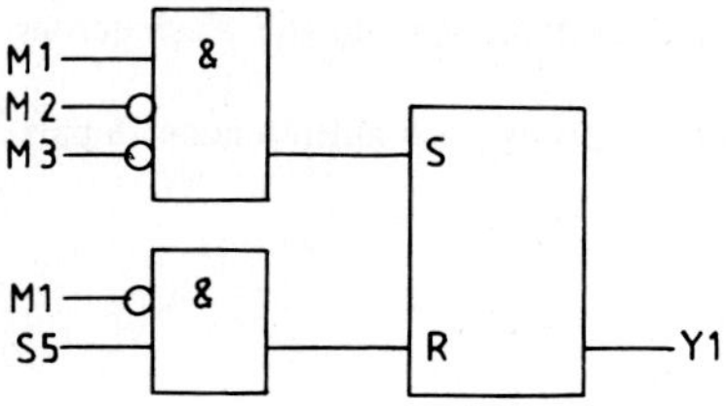

AUSGANG A3 (VENTIL 2,1)

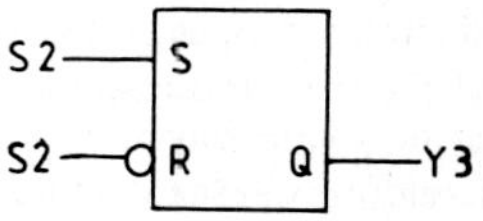

AUSGANG A2

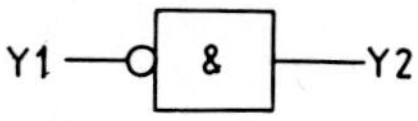

AUSGANG A5 (IMPULSVENTIL 3,1)

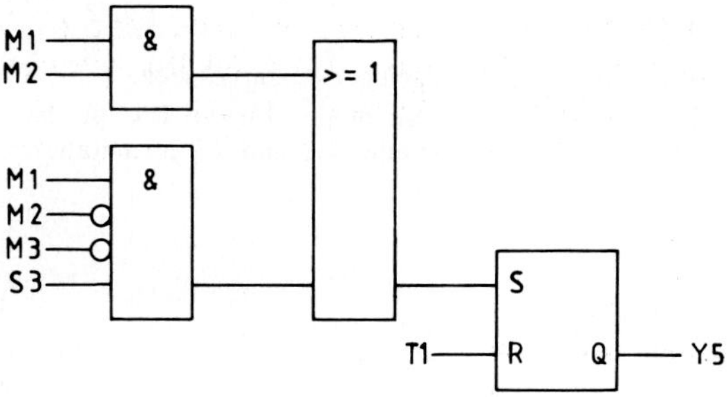

AUSGANG A7 (IMPULSVENTIL 4,1)

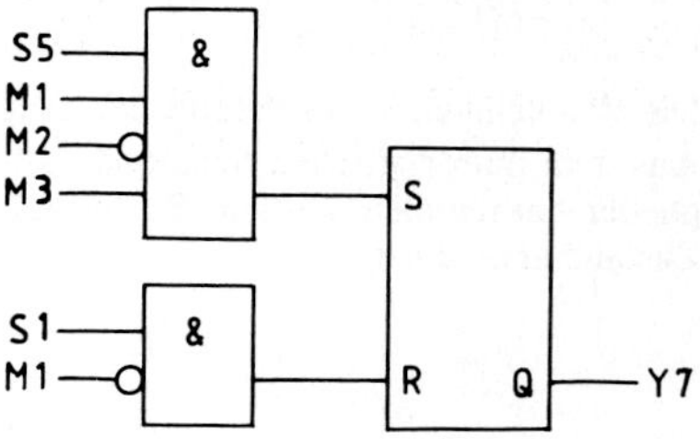

AUSGANG A6

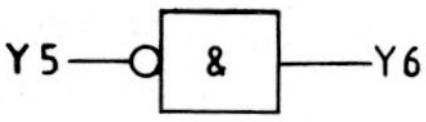

AUSGANG A8

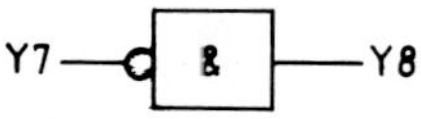

Realisierung mit einer SPS:

Zuordnung:

S0 = E 0.0	Y1 = A 0.1	M1 = M 0.1
S1 = E 0.1	Y2 = A 0.2	M2 = M 0.2
S2 = E 0.2	Y3 = A 0.3	M3 = M 0.3
S3 = E 0.3	Y5 = A 0.5	
S5 = E 0.5	Y6 = A 0.6	
S6 = E 0.6	Y7 = A 0.7	
S8 = E 1.0	Y8 = A 1.0	

Anweisungsliste:

```
ZEITGLIED T1 (3.5)
:U   M   0.1
:UN  M   0.2
:U   M   0.3
:ON  M   0.1
:L   KT 030.1
:SE  T   1

MERKER M1
(IMPULSVENTIL 0.1)
:UN  M   0.1
:U   E   0.0
:S   M   0.1
:U   M   0.1
:U   M   0.2
:U   E   0.6
:R   M   0.1

MERKER M2
(IMPULSVENTIL 0.2)
:U   M   0.1
:UN  M   0.2
:U   M   0.3
:U   E   1.0
:S   M   0.2
:UN  M   0.1
:R   M   0.2
```

```
MERKER M3
(IMPULSVENTIL 0.3)
:U   M   0.1
:UN  M   0.2
:UN  M   0.3
:U   E   0.6
:S   M   0.3
:U   M   0.1
:U   M   0.2
:R   M   0.3

(IMPULSVENTIL 1.1)
:U   M   0.1
:UN  M   0.2
:UN  M   0.3
:S   A   0.1
:UN  M   0.1
:U   E   0.5
:R   A   0.1

:UN  A   0.1
:=   A   0.2

(VENTIL 2.1)
:U   E   0.2
:S   A   0.3
:UN  E   0.2
:R   A   0.3
```

```
(IMPULSVENTIL 3.1)
:U   M   0.1
:U   M   0.2
:O
:U   M   0.1
:UN  M   0.2
:UN  M   0.3
:U   E   0.3
:S   A   0.5
:U   T   1
:R   A   0.5

:UN  A   0.5
:=   A   0.6

(IMPULSVENTIL 4.1)
:U   E   0.5
:U   M   0.1
:UN  M   0.2
:U   M   0.3
:S   A   0.7
:U   E   0.1
:UN  M   0.1
:R   A   0.7

:UN  A   0.7
:=   A   1.0
:BE
```

▲

Bei den in diesem Kapitel aufgeführten Steuerungsaufgaben wurde von einer bestehenden Lösung im Stromlaufplan oder pneumatischen Plan ausgegangen. Diese Lösungsstruktur wurde in ein Steuerungsprogramm für SPS übertragen. Die Beispiele und Übungen des Kapitels könnten auch mit Hilfe der Zustandsgraphen (Kapitel 8) gelöst werden.

12.3 Vertiefung und Übung

• Übung 12.1: Impulssteuerung einer Heizung

Zwei Heizkörper sollen über eine handbediente Impulssteuerung so eingeschaltet werden, daß beim ersten Impuls der erste Heizkörper eingeschaltet wird, beim zweiten Impuls der zweite Heizkörper und beim dritten Impuls beide Heizkörper abgeschaltet werden. Die Heizkörper werden mit den Lastschützen K11 und K12 eingeschaltet. Außerdem wird mit den Signallampen H11 und H12 der Einschaltzustand jedes Heizkörpers angezeigt.

Stromlaufplan der Steuerung:

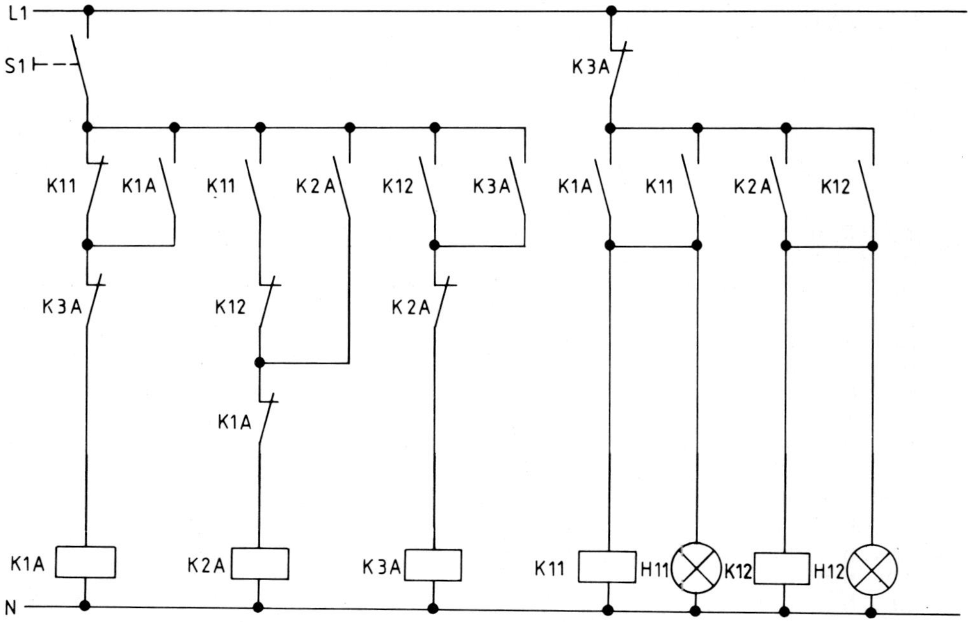

Zuordnungstabelle:

Eingangsvariable	Betriebsmittel-kennzeichen	Logische Zuordnung	
Taster	S1	betätigt	S1 = 1
Ausgangsvariable			
Lastschütz Hz. 1	K11	angezogen	K11 = 1
Lastschütz Hz. 2	K12	angezogen	K12 = 1
Signallampe 1	H1	leuchtet	H1 = 1
Signallampe 2	H2	leuchtet	H2 = 1

Setzen Sie den Stromlaufplan in ein Steuerungsprogramm für eine speicherprogrammierte Steuerung um und realisieren Sie die Steuerung mit einer SPS.

• Übung 12.2: Reklamebeleuchtung

Eine Reklamebeleuchtung soll wie folgt angesteuert werden:

Einschalten über Stellschalter S1
Nach 10 s leuchtet E1 auf
Nach 20 s leuchtet E2 auf
Nach 30 s leuchtet E3 auf
Nach 40 s erlöschen alle Lampen.

Danach beginnt die Schaltfolge von neuem.

Übersichtsschaltplan:

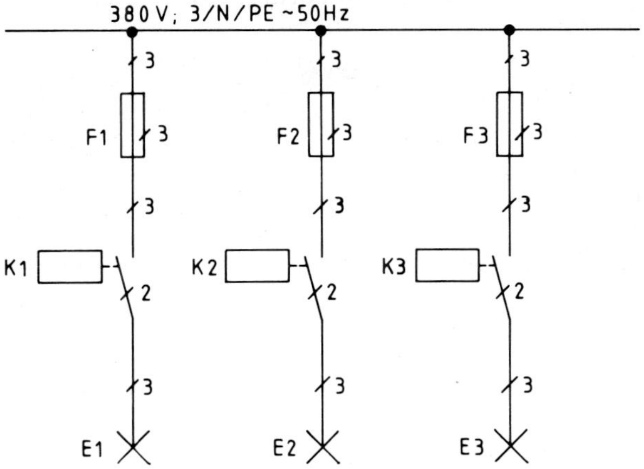

Stromlaufplan der Steuerung:

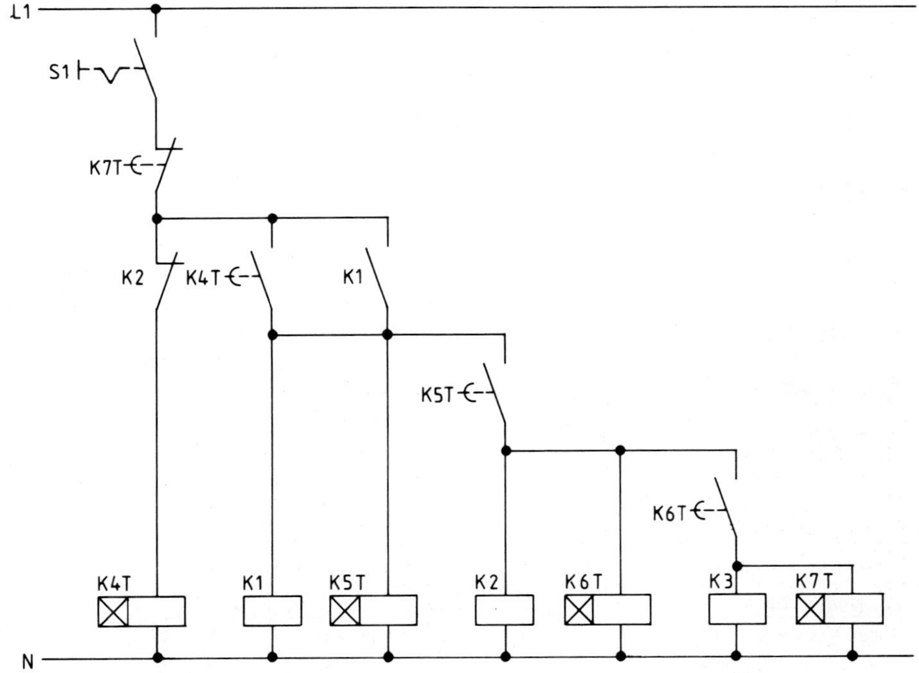

Zuordnungstabelle:

Eingangsvariable	Betriebsmittel-kennzeichen	Logische Zuordnung	
Schalter	S1	betätigt	S1 = 1
Ausgangsvariable			
Lastschütz Lampe 1	K1	angezogen	K1 = 1
Lastschütz Lampe 2	K2	angezogen	K2 = 1
Lastschütz Lampe 3	K3	angezogen	K3 = 1

Setzen Sie den Stromlaufplan in ein Steuerungsprogramm für eine speicherprogrammierte Steuerung um und realisieren Sie die Steuerung mit einer SPS.

• Übung 12.3: Bohrvorrichtung

In einem Werkstück aus Holz soll mit Hilfe einer Bohrvorrichtung ein Sackloch gebohrt werden.

Technologieschema:

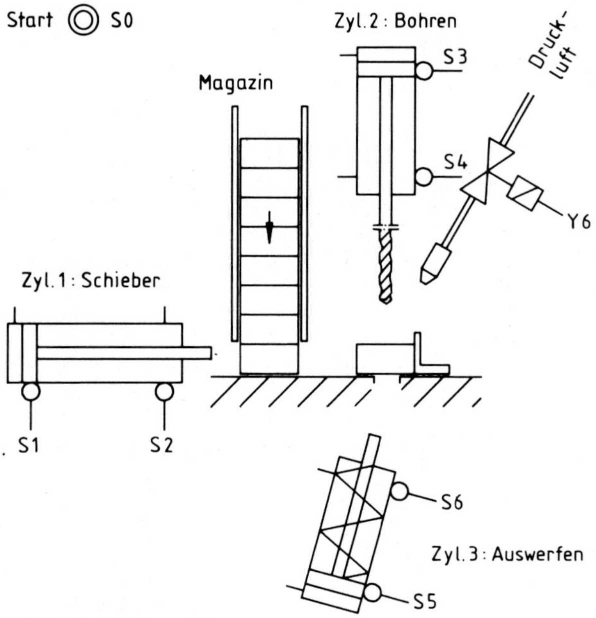

Bild 12.4 Bohrvorrichtung

Zuordnungstabelle:

Eingangsvariable	Betriebsmittel-kennzeichen	Logische Zuordnung	
Start-Taster	S0	betätigt	S0 = 1
Hint. Endlage Zyl. 1	S1	Hint. Endl. erreicht	S1 = 1
Vord. Endlage Zyl. 1	S2	Vord. Endl. erreicht	S2 = 1
Hint. Endlage Zyl. 2	S3	Hint. Endl. erreicht	S3 = 1
Vord. Endlage Zyl. 2	S4	Vord. Endl. erreicht	S4 = 1
Hint. Endlage Zyl. 3	S5	Hint. Endl. erreicht	S5 = 1
Vord. Endlage Zyl. 3	S6	Vord. Endl. erreicht	S6 = 1
Ausgangsvariable			
Magn. Vent. Zyl. 1 vor	Y1	Zyl. 1 fährt aus	Y1 = 1
Magn. Vent. Zyl. 1 zur.	Y2	Zyl. 1 fährt zurück	Y2 = 1
Magn. Vent. Zyl. 2 vor	Y3	Zyl. 2 fährt aus	Y3 = 1
Magn. Vent. Zyl. 2 zur.	Y4	Zyl. 2 fährt zurück	Y4 = 1
Magn. Vent. Zyl. 3 vor.	Y5	Zyl. 3 fährt aus	Y5 = 1
Magn. Vent. 4	Y6	Ventil offen	Y6 = 1

Setzen Sie den Schaltplan in ein Steuerungsprogramm für eine speicherprogrammierte Steuerung um und realisieren Sie die Steuerung mit einer SPS.

Pneumatischer Schaltplan:

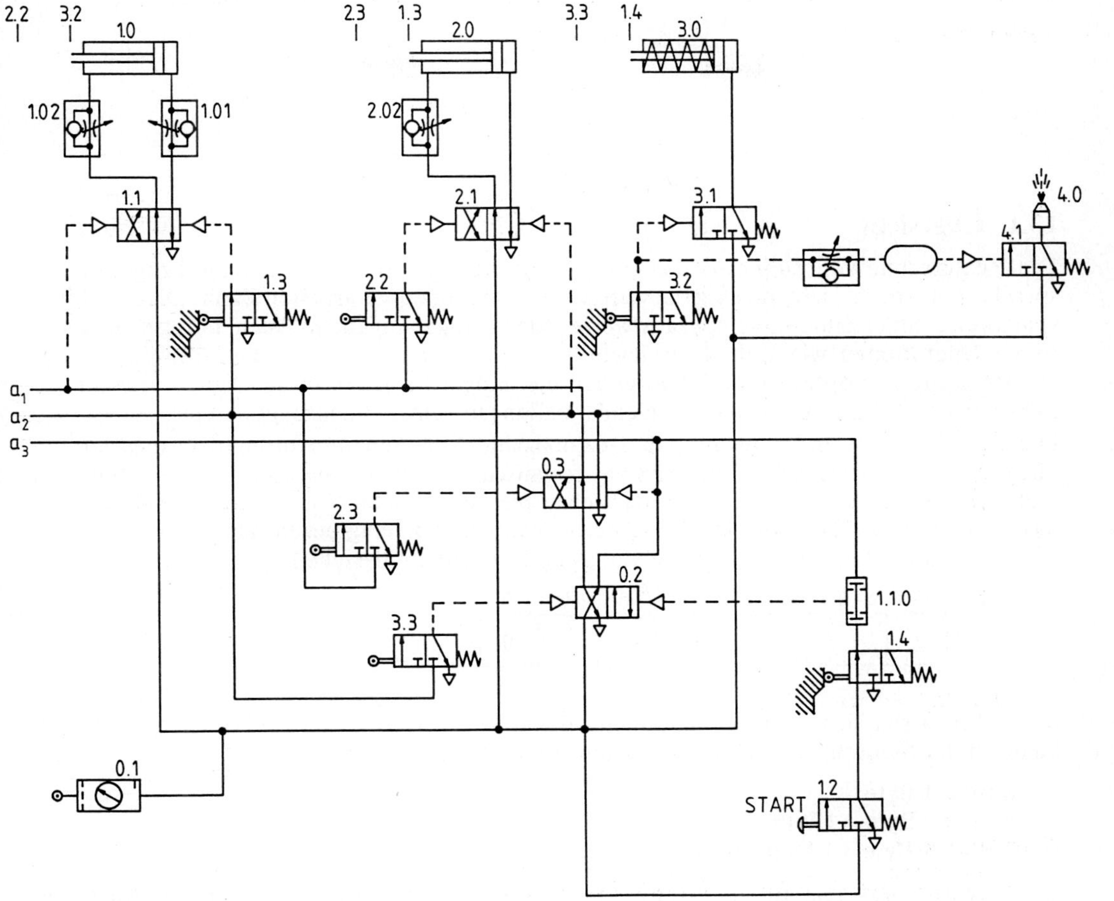

13 Zahlendarstellung in der Steuerungstechnik

13.1 Übersicht

Die Realisierung von *Digitalen Steuerungen* mit der SPS erfordert, daß die Programmiersprache numerisch (zahlenmäßig) bewertete Informationen verarbeiten kann. Dies sind beispielsweise Stückzahlen, Temperaturwerte oder Längenangaben. Auch müssen arithmetische Operationen wie Zahlenvergleiche oder die Berechnung von Differenzen bei der Verarbeitung von Sollwerten und Istwerten etc. möglich sein. In diesen Fällen braucht der SPS-Anwender Kenntnisse über Zahlendarstellungen seines Steuerungssystems.

Die dem SPS-Anwender geläufigen Dezimalzahlen können in Automatisierungsgeräten nicht verwendet werden, weil die SPS aus technischen Gründen nur zwei Zeichen (0 und 1) und nicht 10 Zeichen (0, 1...9) und auch nicht die zugehörigen Vorzeichen (+ und –) sowie das Komma erkennen kann. Die SPS-interne Zahlendarstellung beruht auf der Bildung von Bitketten. Bitketten sind Binärworte, die aus n Binärstellen bestehen.

Bit	n – 1	n – 2		2	1	0
	1	1		1	1	0

Mit n Bit lassen sich 2n Kombinationen bilden, denen man je eine Information zuweisen kann. In der Steuerungstechnik überwiegen Bitketten der Länge

8 Bit = 1 Byte
16 Bit = 2 Byte = 1 Wort
32 Bit = 4 Byte = 1 Doppelwort

Die Verarbeitung von Binärworten setzt voraus, daß die SPS ihre Eingänge, Ausgänge sowie ihren Merker- und Datenbereich auch byte- oder wortweise ansprechen kann. Die SPS muß deshalb über die Möglichkeit der *Wortverarbeitung* verfügen. Um die wortverarbeitenden Befehle einer SPS richtig anwenden zu können, benötigt der Anwender die in der folgenden Übersicht angegebenen Zahlensystemkenntnisse.

Zahlendarstellung

Grundlagen des Dualzahlensystems

(SPS-unabhängig)

- Stellenwerte der Dualzahlen
- Addition
- Multiplikation
- Division
- Zweierkomplement

Zahlenformate der Steuerungssprache

(teilweise SPS-abhängig)

- Betragszahlen
- Festpunktzahlen
- Gleitpunktzahlen
- Hexadezimalzahlen
- BCD-Zahlen
- Operandenformate

13.2 Grundlagen des Dualzahlensystems

13.2.1 Dualzahlwort

Im Dualzahlensystem kann man im Prinzip genauso zählen wie im Dezimalsystem nur mit den beiden Unterschieden, daß

- lediglich die Ziffern 0 und 1 vorhanden sind,
- ein Übertrag in die nächst höhere Stelle schon beim Überschreiten der Zahl 1 und nicht erst bei der Zahl 9 erfolgt.

Zählt man auf diese Art und Weise, so entsteht eine Folge von *Dualzahlen.*

	000	001	010	011	100	101	110	usw.
	+ 001	+ 001	+ 001	+ 001	+ 001	+ 001	+ 001	
		1		11		1		Übertrag
dual	001	010	011	100	101	110	111	
dezimal	1	2	3	4	5	6	7	

Kennzeichen der dualen Zahlendarstellung ist es, daß die aufsteigenden Stellenwerte Potenzen der Basis 2 sind. Ein Dual-Zahlwort wird dargestellt durch die Summe aller vorkommenden Produkte $Z_i \cdot 2^i$ mit von rechts nach links ansteigenden Potenzwerten. Das Komma steht rechts vom Stellenwert $2^0 = 1$.

Dual-Zahlwort = $\sum Z_i \cdot 2^i$
Z = Ziffern: 0,1
i = Laufindex: ... – 1, 0, + 1 ...

Zahlenbeispiel: Dualzahl

Wie heißt der Zahlenwert für das Dual-Zahlwort 100011?

$$\begin{array}{lllllll} \text{Dual-Zahlwort} & = Z_5 & Z_4 & Z_3 & Z_2 & Z_1 & Z_0 \\ & = 1\cdot 2^5 & +\ 0\cdot 2^4 & +\ 0\cdot 2^3 & +\ 0\cdot 2^2 & +\ 1\cdot 2^1 & +\ 1\cdot 2^0 \\ \text{Zahlenwert} & = 32 & +\ 0 & +\ 0 & +\ 0 & +\ 2 & +\ 1 \quad = 35 \end{array}$$

Zahlenbeispiel: Dualzahl

Wie heißt der Zahlenwert für das Dual-Zahlwort 0,11001?

$$\begin{array}{ll} \text{Dual-Zahlwort} & = 0\cdot 2^0 + 1\cdot 2^{-1} + 1\cdot 2^{-2} + 0\cdot 2^{-3} + 0\cdot 2^{-4} + 1\cdot 2^{-5} \\ \text{Zahlenwert} & = 0 + 0{,}5 + 0{,}25 + 0 + 0 + 0{,}03125 = 0{,}78125 \end{array}$$

Es sei hier auf den Unterschied der Begriffe *dual* und *binär* hingewiesen:

dual = der Zweierpotenz folgend: 2^i,

binär = zweier Werte fähig: 0,1

Nachfolgend wird der einfachheithalber nur mit Ganzzahlen gerechnet. Die angegebenen Rechenregeln gelten jedoch auch für gebrochene Zahlen.

Der darstellbare Zahlenumfang ist abhängig von der Binärwortlänge der Dualzahlen:

Der darstellbare Zahlenumfang ist abhängig von der Binärwortlänge der Dualzahlen:

1. Dualzahlen im Format 4 Bit

dezimal	dual
0	0000
1	0001
2	0010
3	0011
4	0100
5	0101
6	0110
7	0111
8	1000
9	1001
10	1010
11	1011
12	1100
13	1101
14	1110
15	1111

Zahlengrenze bei $2^4 - 1 = 15$

2. Dualzahlen im Format 8 Bit = 1 Byte

<table>
<tr><th>dezimal</th><th>dual</th></tr>
<tr><td>0</td><td>00000000</td></tr>
<tr><td>|</td><td>|</td></tr>
<tr><td>|</td><td>|</td></tr>
<tr><td>255</td><td>11111111</td></tr>
</table>

Zahlengrenze bei $2^8 - 1 = 255$

3. Dualzahlen im Format 16 Bit = 1 Wort

<table>
<tr><th>dezimal</th><th>dual</th></tr>
<tr><td>0</td><td>00000000 00000000</td></tr>
<tr><td>|</td><td>| |</td></tr>
<tr><td>|</td><td>| |</td></tr>
<tr><td>65535</td><td>11111111 11111111</td></tr>
</table>

Zahlengrenze bei $2^{16} - 1 = 65535$

13.2.2 Rechnen mit Dualzahlen

Addition

Die Regeln für die Addition im Dualzahlensystem sind in der nachfolgenden Tabelle für 1 Binärstelle aufgeführt.

X +	Y	Übertrag (hinein)	= Z	Übertrag (heraus)
0	0	0	0	0
1	0	0	1	0
0	1	0	1	0
1	1	0	0	1
0	0	1	1	0
1	0	1	0	1
0	1	1	0	1
1	1	1	1	1

Schema für die Addition 1-stelliger Dualzahlen:

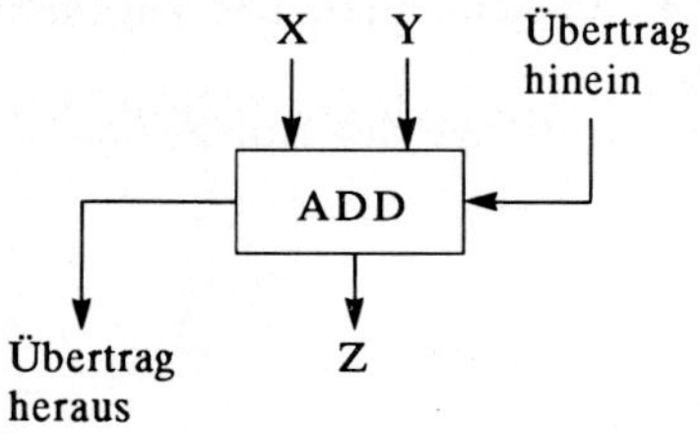

Zahlenbeispiel: Z = X + Y = 13 + 9

		dual						dezimal
			8	4	2	1	Stellenwerte	
X =			1	1	0	1		13
Y =	+		1	0	0	1		+9
		1			1		Übertrag	1
Z =		1	0	1	1	0		22

Schema für die Addition 4-stelliger Dualzahlen:

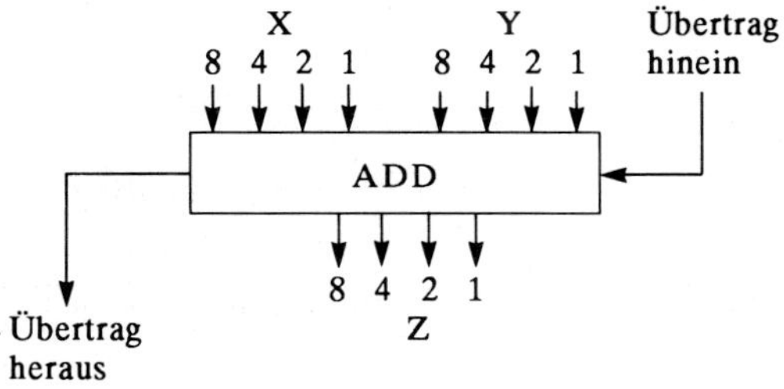

Subtraktion

Die Regeln für die Subtraktion im Dualzahlensystem sind in der nachfolgenden Tabelle für 1 Binärstelle aufgeführt.

X	–	Y	Entlehnung hinein	=	Z	Entlehnung heraus
0		0	0		0	0
1		0	0		1	0
0		1	0		1	1
1		1	0		0	0
0		0	1		1	1
1		0	1		0	0
0		1	1		0	1
1		1	1		1	1

Zahlenbeispiel: Z = X – Y = 113 – 39

	dual								dezimal
	64	32	16	8	4	2	1	Stellenwerte	
X =	1	1	1	0	0	0	1		113
Y =		1	0	0	1	1	1		–39
			1	1	1			Entlehnung	1
Z =	1	0	0	1	0	1	0		74

Multiplikation mit 2^n

Die Multiplikation einer Dualzahl mit einer Zahl 2^n erfolgt durch „Linksverschieben" der Bitkette um n Stellen.

Zahlenbeispiel: $Z = X \cdot 2^n = 11 \cdot 2^3$

		dual								dezimal
		64	32	16	8	4	2	1	Stellenwerte	
X =		0	0	0	1	0	1	1		11
n =	3									·8
		← Linksschieben 3 Stellen								
Z =		1	0	1	1	0	0	0		88

Division durch 2^n

Die Division einer Dualzahl durch eine Zahl 2^n erfolgt durch „Rechtsverschieben" der Bitkette um n Stellen.

Zahlenbeispiel: $Z = X : 2^n = 100 : 2^3$

	dual	dezimal
	64 32 16 8 4 2 1 Stellenwerte	
X =	1 1 0 0 1 0 0	100
n = 2		:4
	→ Rechtsschieben 2 Stellen	
Z =	0 0 1 1 0 0 1	25
n = 1		:2
	→ Rechtsschieben 1 Stellen	
Z =	0 0 0 1 1 0 0, 1	12,5

Multiplikation

Bei der Multiplikation von Dualzahlen gelten die folgenden Multiplizierregeln:

X · Y	= Z
0 · 0	0
0 · 1	0
1 · 0	0
1 · 1	1

Die Multiplikation beliebiger Dualzahlen kann auf eine fortgesetzte Addition zurückgeführt werden. Der Prozessor der SPS braucht zur Durchführung einer Multiplikation nur die Operationen „Schieben" und Addition auszuführen.

Zahlenbeispiel: $Z = X \cdot Y = 6 \cdot 7$

	dual		dezimal
Stellenwerte	8 4 2 1 8 4 2 1		
Z = X · Y =	0 1 1 0 · 0 1 1 1		6 · 7
	0 1 1 0		
	0 1 1 0		
	1 0 0 1 0	Zwischensumme	
	0 1 1 0		
Z =	1 0 1 0 1 0		Z = 42

Zahlenbeispiel: $Z = X \cdot Y = 3 \cdot 0{,}75$

1 1 · 0, 1 1	
1 1	Links-Schieben bei Multiplikation
1 1	mit Nachkommastellen!
Z = 1 0, 0 1 = 2,25 dezimal	

Division

Bei der Division von Dualzahlen gelten die folgenden Divisionsregeln:

X : Y	= Z
0 : 0	unbestimmt
1 : 0	verboten
0 : 1	0
1 : 1	1

Die Division beliebiger Dualzahlen kann auf eine fortgesetzte Subtraktion zurückgeführt werden.

Zahlenbeispiel: Z = X : Y = 30 : 5

```
                      dual                          dezimal
Stellenwerte   16 8 4 2 1   4 2 1
  Z=X:Y         1 1 1 1 0 : 1 0 1 = 1 1 0          30:5
               -1 0 1
                  1 0 1
                 -1 0 1
                      0
  Z=1 1 0                                          Z=6
```

13.2.3 Zweierkomplement

Die Zweierkomplement-Methode ist ein besonderes Verfahren zur Darstellung negativer Zahlen im Dualzahlensystem. Die Grundidee besteht darin, eine negative Zahl so zu notieren, daß sie in Addition mit der betragsgleichen positiven Zahl Null ergibt.

dezimal	dual
(+ 7)	00000111
+ (− 7)	+????????
0	00000000

Für die Zweierkomplement-Arithmetik gelten folgende Regeln:

Regel 1: Das höchstwertige Bit kennzeichnet das Vorzeichen der Dualzahl.

VZ-Bit 0 $\hat{=}$ positive Zahl

VZ-Bit 1 $\hat{=}$ negative Zahl

Regel 2: Positive Dualzahlen werden entsprechend dem Dualcode notiert. Die größte darstellbare positive Zahl ist erreicht, wenn alle nachrangigen Stellenwertigkeiten mit Einsen besetzt sind, z.B. für 8 Bit-Zahlen:

```
Bit Nr   7         0
        VZ
        0111  1111       = Zahlenwert    + 127
         |     |              |             |
         |     |              |             |
         |     |              |             |
        0000  0001       = Zahlenwert      + 1
        0000  0000       = Zahlenwert        0
```

Regel 3: Negative Dualzahlen werden entsprechend ihrem Zweierkomplement notiert. Die größte darstellbare negative Zahl ist erreicht, wenn alle nachrangigen Stellenwertigkeiten mit Nullen besetzt sind, z.B. für 8 Bit-Zahlen

```
Bit Nr   7         0
        VZ
        0000  0000       = Zahlenwert        0
        1111  1111       = Zahlenwert      − 1
         |     |              |             |
         |     |              |             |
         |     |              |             |
        1000  0000       = Zahlenwert   − 128
```

Erklärung des Zweierkomplements

Das Zweierkomplement Y* ist eine Ergänzung einer n-stelligen Dualzahl Y zur Höchstzahl 2^n.

$$Y^* = 2^n - Y$$

Die Ermittlung der Ergänzungszahl Y* kann durch echte Subtraktion oder durch Anwendung einer Regel erfolgen. Die Regel lautet:

$Y^* = \overline{Y} + 1$ $\qquad$ $\overline{Y}$ = alle Stellen der Zahl Y invertieren (= Einerkomplement)

Die Ergänzungszahl Y* hat die besondere Eigenschaft, daß

$Y + Y^* = 0$ $\qquad$ mit Übertrag = 1

ist.

Zahlenbeispiel: Zweierkomplement

Es sind die Bitmuster zur Darstellung der Zahlenwerte + 7 und – 7 für eine 8-stellige Dualzahl gesucht.

Lösung:

Dualzahl $\quad$ Y = 0000 0111 $\quad$ = + 7 dezimal
$\quad$ Y* = 1111 1001 $\quad$ = – 7 dezimal

ermittelt durch

Rechnung		Regel $y^* = \overline{y} + 1$	
	1 0000 0000	y 0000 0111	
	– 0000 0111	$\overline{y}$ 1111 1000	Invertierung
Entlehnung	1 1111 111	+ 1	Addition + 1
	1111 1001	y* 1111 1001	

(günstigerer Weg für Computer)

Wir probieren, ob $\quad Y + Y^* = 0 \quad$ mit Übertrag = 1 ist

7 =	0000 0111	
–7 = +	1111 1001	
1	1111 111	Übertrag
1	0000 0000	

└→ Übertrag entfällt, da er außerhalb des Wortformats liegt.

Die nachstehende Tabelle zeigt die Darstellung positiver und negativer Zahlenwerte im Dualzahlensystem für 4-stellige Dualzahlen:

Dezimalzahlen	Regel $Y^* = \overline{Y} + 1$	Dualzahlen	
+7		0111	
+6		0110	
+5		0101	
+4		0100	positive Zahlen
+3		0011	
+2		0010	
+1		0001	
0		0000	
	Y $\quad \overline{Y} \quad$ +1	Y*	
–1	0001 → 1110 → + 1 →	1111	
–2	0010 → 1101 → + 1 →	1110	
–3	0011 → 1100 → + 1 →	1101	
–4	0100 → 1011 → + 1 →	1100	negative Zahlen
–5	0101 → 1010 → + 1 →	1011	
–6	0110 → 1001 → + 1 →	1010	
–7	0111 → 1000 → + 1 →	1001	
–8	1000 → 0111 → + 1 →	1000	

Zahlenbeispiel: Bitmusterdarstellung negativer Zahlen

Wie lautet die Zweierkomplement-Darstellung der Zahl – 52 (dezimal) in Bytedarstellung und Wortdarstellung?

Bytedarstellung:	+ 52 =	00110100	
		11001011	Einerkomplement
		+ 1	
	– 52 =	11001100	Zweierkomplement
Wortdarstellung:	+ 52 =	00000000 00110100	
		11111111 11001011	Einerkomplement
		+ 1	
	– 52 =	11111111 11001100	Zweierkomplement

Zahlenbeispiel: Zweierkomplement-Darstellung

Bei einer SPS stehen zwei Schalterfelder mit je 8 Schaltern zur Eingabe von Bitmustern mit Zahlenbedeutung zur Verfügung. Das Additionsergebnis kann an einem Anzeigenfeld mit 8 Leuchtdioden sichtbar gemacht werden.

Es ist die Addition

$$ZA = (+9) + (-4)$$

durchzuführen.

Vor Beginn der Programmdurchführung sind die Schalterstellungen entsprechend den beiden Zahlenwerten festzulegen.

Technologieschema:

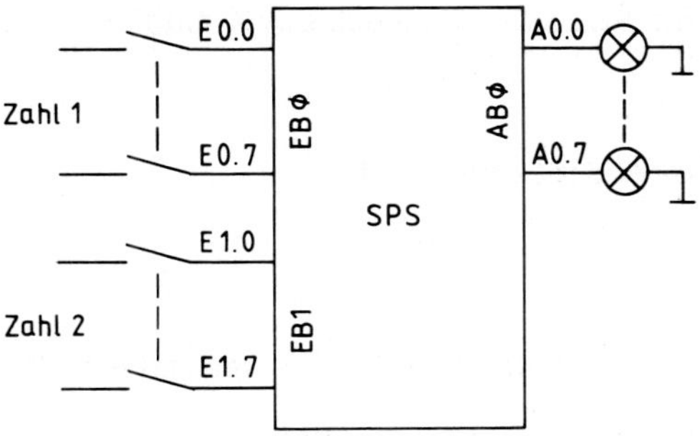

Anweisungsliste:

L EB 0	Lade Eingangs-Byte (Zahl Z1) in Rechenwerk
L EB 1	Lade Eingangs-Byte (Zahl Z2) in Rechenwerk
+ F	Addiere Z1 und Z2
T AB 0	Transferiere Ausgangs-Byte (= Ergebniszahl) ZA an Ausgänge

Die Bitmuster der Variablen stellen sich wie folgt dar:

EB 0	KM = 0000 1001	= + 9 dezimal
EB 1	KM = 1111 1100	= – 4 dezimal
AB 0	KM = 0000 0101	= + 5 dezimal

Schriftliche Kontrollrechnung

ZA = Z1 + Z2

Z1		0000 1001	
Z2	+	1111 1100	
	1	1111	Übertrag
ZA	1	0000 0101	

→ positive Zahl, da VZ-Bit = 0

→ entfällt, da nicht angezeigt

13.3 Zahlenformate der Steuerungssprache

Die Kenntnis der in einer Steuerungssprache verfügbaren Zahlenformate ist eine wichtige Voraussetzung für die Wortverarbeitung.

13.3.1 Betragszahlen

Betragszahlen sind vorzeichenlose, ganze Dualzahlen. Sie haben eine Bitkettenlänge von 8 Bit = 1 Byte.

Bit 7	0
2^7	2^0

Die Programmmiersprache STEP 5 kennzeichnet diese Zahlen mit „B". Der zulässige Zahlenbereich liegt zwischen 0...255:

dual	dezimal
00000000	0
11111111	255

13.3.2 Festpunktzahlen

Festpunktzahlen sind ganze, mit Vorzeichen versehene Dualzahlen. Sie haben eine Bitkettenlänge von 16 Bit = 1 Wort, wobei das Bit Nr. 15 das Vorzeichen VZ enthält:

VZ: „0" = positive Zahl
VZ: „1" = negative Zahl

Negative Zahlen werden in ihrem Zweierkomplement dargestellt.

Bit 15		0
VZ	2^{14}	2^0

Die Programmiersprache STEP 5 kennzeichnet diese Zahlen mit „F". Der zulässige Zahlenbereich liegt zwischen

$$\left.\begin{array}{r} Z_{max} = +(2^{15}-1) = +32767 \\ 0 \end{array}\right\} \text{positiver Zahlenbereich}$$

$$\left.\begin{array}{r} -1 \\ Z_{min} = -(2^{15}) = -32768 \end{array}\right\} \text{negativer Zahlenbereich}$$

Merkregeln zum „Lesen" von Festpunktzahlen:

1. Positive Festpunktzahl
   Höchster Stellenwert gleich „0" bedeutet positive Zahl.
   Der Betrag der Zahl ist gleich der Summe aller Stellenwerte, die den Signalzustand „1" führen.

	VZ
Bitmuster der Festpunktzahl	00000000 00101100
Zahlenwert der Festpunktzahl	+ (32 + 8 + 4) = + 44

2. Negative Festpunktzahl
   Höchster Stellenwert gleich „1“ bedeutet negative Zahl.
   Der Betrag der Zahl ist gleich der Summe aller Stellenwerte, die den Signalzustand „0“ führen vermehrt um + 1.

Bitmuster der Festpunktzahl	VZ 11111111 11010100
Zahlenwert der Festpunktzahl	$-[(32+8+2+1)+1]=-44$

13.3.3 Gleitpunktzahlen

Gleitpunktzahlen sind gebrochene, mit einem Vorzeichen versehene Zahlen in normalisierter Mantisse-Exponent-Darstellung.

Die Gleitpunktzahl ist das Produkt aus einem Ziffernanteil, der auch Mantisse genannt wird und einer Potenz zur Basis 10 bei Dezimalzahlen bzw. zur Basis 2 bei Dualzahlen.

Dezimalzahlen:	$G = M \cdot 10^n$	M = Mantisse
Dualzahlen:	$G = M \cdot 2^n$	n = Exponent

Für die Mantisse gilt die besondere Regel, daß sie mit 0,... beginnen muß, wobei die 1. Ziffer nach dem Komma *keine* „0“ sein darf.

Zahlenbeispiel: Gleitpunktzahlen

Wie lautet die Gleitpunktzahlen-Darstellung für den Zahlenwert 104

a) bei Dezimalzahlen,
b) bei Dualzahlen?

Lösung:

a) Dezimal: $104 = 0{,}104 \cdot 10^3$
b) Dual: $1101000 = 0{,}1101000 \cdot 2^7$

In den Automatisierungsgeräten kann eine Gleitpunktzahl nur als Dualzahl gespeichert werden, wobei anstelle der eigentlichen Zahl nur die Mantisse und der Exponent notiert werden. Häufig wird eine Form aus 4 Byte gewählt.

Bit 31	24	23		0
VZ	Exponent	VZ	2^{-1} Mantisse	2^{-23}
linkes Byte		andere Bytes		
← 1 Doppelwort →				

Negative Werte von Exponent bzw. Mantisse erkennt man an ihrem jeweiligen Vorzeichen-Bit:

VZ : „0“ = positive Zahl
„1“ = negative Zahl

Weist das Vorzeichen-Bit auf einen negativen Wert hin, dann sind die Dualzahlen von Exponent bzw. Mantisse mit ihrem Zweierkomplement angegeben.

Die Programmiersprache STEP 5 kennzeichnet Gleitpunktzahlen mit „G“. Sie haben eine Bitkettenlänge von 32 Bit = 1 Doppelwort. Der zulässige Zahlenbereich liegt zwischen

$\pm 0{,}146 \cdot 10^{-38}$ bis $\pm 0{,}170 \cdot 10^{+39}$

Zahlenbeispiel: Bitmuster einer Gleitpunktzahl

Wie lautet der Zahlenwert, wenn die Bitmuster-Darstellung einer Gleitpunktzahl wie folgt gegeben ist?

VZ		VZ			
0	0000011	1	1100000	00000000	00000000

Exponent n — Mantisse M

Lösung:

$n = +3$

$M = -0{,}25$

$G = M \cdot 2^n = -0{,}25 \cdot 2^3 = -2$ (dezimal)

Hinweis:

Die Mantisse ist eine negative Zahl, da das Vorzeichen-Bit „1" ist. Um den Betrag der Mantisse zu ermitteln, müßte man alle Stellenwerte, die den Signalzustand „0" führen, addieren. In diesem Fall ist es einfacher, umgekehrt vorzugehen. Der höchste Stellenwert ist -1 und davon sind die mit „1" gegebenen Stellenwerte abzuziehen.

VZ	2^{-1}	2^{-2}			
1	1	1	0	0	. . .

$-1-[(-0{,}5-0{,}25)] = -0{,}25$

Im Einzelfall kann es schwer bis unzumutbar sein, aus der Bitmuster-Darstellung einer Gleitpunktzahl den richtigen Zahlenwert zu ermitteln. Hier hilft dem SPS-Anwender das Programmiergerät, das eine Art Übersetzerfunktion ausüben kann.

13.3.4 Hexadezimalzahlen

Kennzeichen der *hexadezimalen* Zahlendarstellung ist es, daß die aufsteigenden Stellenwerte Potenzen der Basis 16 sind. Ein Hexadezimal-Zahlwort wird dargestellt durch die Summe aller vorkommenden Produkte $Z_i \cdot 16^i$ mit von rechts nach links ansteigenden Potenzwerten.

$$\text{Hexa-Zahlwort} = \Sigma\, Z_i \cdot 16^i$$

Z = Ziffern: 0, 1, 2 ... 9, A, B, C, D, E, F

i = Laufindex 0, 1, 2 ...

Da 16 verschiedene einstellige Ziffern unterschieden werden müssen, reicht der Vorrat der Ziffern 0...9 nicht aus und muß durch die „Ziffern" A...F ergänzt werden.

Zahlenbeispiel: Hexadezimalzahl

Wie heißt die Dezimalzahl für das Hexadezimal-Zahlwort Z = 12C?

Hexa-Zahlwort $Z = Z_2 + Z_1 + Z_0$

Hexa-Zahlwort $Z = 1 \cdot 16^2 + 2 \cdot 16^1 + C \cdot 16^0$

Höhere Potenzen der Basis 16 kommen in diesem Beispiel nicht vor und entfallen.

Dezimalzahl $Z = 256 + 32 + 12 = 300$

Tabelle: 1-stellige Hexadezimalzahlen

Dezimalzahlen	Hexadezimalzahlen	Dualzahlen
0	0	0000
1	1	0001
2	2	0010
3	3	0011
4	4	0100
5	5	0101
6	6	0110
7	7	0111
8	8	1000
9	9	1001
10	A	1010
11	B	1011
12	C	1100
13	D	1101
14	E	1110
15	F	1111

Die Bedeutung der hexadezimalen Darstellung von Zahlen besteht darin, daß sie eine weitverbreitete Kurzschreibweise für Dualzahlen der Wortlänge 4, 8, 16, 32 Bit sind.
Die hexadezimale Zahlendarstellung verändert nicht den mit 16 Bit erreichbaren Zahlenumfang des Dualsystems, sondern bringt lediglich eine strukturierte Lesart hervor, indem man immer 4 Bit zu einer Einheit zusammenzieht und dafür das hexadezimale Zeichen setzt.

0011	1111	1100	0101
3	F	C	5

Diese Darstellungsart ist weniger fehleranfällig als die Schreibweise der Dualzahlen und sehr übersichtlich.

Zahlenbeispiel: Hexzahl

Eine hexadezimale Ziffernanzeige zeigt die Zahl D7. Welches Bitmuster steht hinter dieser Zahl und wie lautet der Zahlenwert?

Lösung:

	D					7			
	1	1	0	1		0	1	1	1
Bit Nr.	7	6	5	4		3	2	1	0

Berechnung des Zahlenwertes:

a) im Dualsystem

Zahlenwert $Z = 1 \cdot 2^7 + 1 \cdot 2^6 + 0 \cdot 2^5 + 1 \cdot 2^4 + 0 \cdot 2^3 + 1 \cdot 2^2 + 1 \cdot 2^1 + 1 \cdot 2^0$
Zahlenwert $Z = 128 + 64 + 0 + 16 + 0 + 4 + 2 + 1$
Zahlenwert $Z = 215$

b) im Hexadezimalsystem

Zahlenwert $Z = D \cdot 16^1 + 7 \cdot 16^0$
Zahlenwert $Z = 13 \cdot 16 + 7 \cdot 1$
Zahlenwert $Z = 215$

Wie im Dualsystem so können auch im Hexadezimalsystem positive und negative Zahlen dargestellt werden.

Darstellung negativer Zahlen:

	Dualzahlen	Hexadezimalzahlen
Vorzeichen-Kennung durch höchstwertige Stelle	0 für „+" 1 für „–"	0...7 für „+" 8...F für „–"
Regel für die Bildung negativer Zahlen	Alle Ziffern werden durch ihr Einer-Komplement ersetzt: 0 durch 1 1 durch 0 Anschließend wird an der niedrigsten Stelle eine + 1 addiert	Alle Ziffern werden durch ihr 16er-Komplement ersetzt: A durch F – A = 5 3 durch F – 3 = C
Beispiel	+ 13 = 01101 – 13 = 10011	+ 58 = 003A – 58 = FFC6

Die Programmiersprache STEP 5 kennzeichnet Hexadezimalzahlen mit „H". Der zulässige Zahlenbereich wird in den beiden nachstehenden Tabellen angegeben.

Tabellen: Hexadezimalzahlen

Dezimalzahlen	Hexa-Zahlen vorzeichenlos
0	0 0 0 0
255	0 0 F F
256	0 1 0 0
1023	0 3 F F
1024	0 4 0 0
2047	0 7 F F
2048	0 8 0 0
4095	0 F F F
4096	1 0 0 0
8191	1 F F F
8192	2 0 0 0
16383	3 F F F
16384	4 0 0 0
65535	F F F F

Dezimalzahlen	Hexa-Zahlen vorzeichenbehaftet
+32767	7 F F F
+16384	4 0 0 0
+16383	3 F F F
+ 2047	0 7 F F
+ 1023	0 3 F F
+ 127	0 0 7 F
+ 1	0 0 0 1
0	0 0 0 0
– 1	F F F F
– 128	F F 8 0
– 1024	F C 0 0
– 2048	F 8 0 0
–16384	C 0 0 0
–32768	8 0 0 0

13.3.5 BCD-Zahlen

Um den dezimalen Wert einer Dualzahl zu erfassen, ist man besonders bei großen Zahlen auf umständliche Berechnungen oder die Benutzung von Tabellen angewiesen.

Eine geschicktere Methode der Zahlendarstellung besteht darin, ein Binärwort so aufzubauen, daß man den dezimalen Wert ziffernweise ablesen kann. Bei der nachfolgend beschriebenen Zahlendarstellung wird unterstellt, daß man die Dualzahlen von 0000 ... 1111 direkt lesen und verstehen kann.

Binär-codierte Dezimalzahlen werden abgekürzt als *BCD-Zahlen* bezeichnet. Eine vorliegende Dezimalzahl wird ziffernweise codiert, wobei nur der binäre Zeichenvorrat verwendet wird. Für die Darstellung der 10 Dezimalziffern werden mindestens 4 Binärstellen (= 1 Tetrade) benötigt.

Es gibt sehr viele BCD-Codes. Der bekannteste ist der BCD-8421-Code. Die Ziffernfolge 8421 benennt die Stellenwertigkeit der Binärstellen innerhalb einer Tetrade. Nachfolgend werden Zahlen, die im BCD-8421-Code codiert sind, auch einfach als BCD-Zahlen bezeichnet.

Tabelle: BCD-Zahlen für 1 Dezimalstelle

Dezimalzahlen	BCD-8421-Zahlen
0	0000
1	0001
2	0010
3	0011
4	0100
5	0101
6	0110
7	0111
8	1000
9	1001
Nicht verwendete Kombinationen (Pseudotetraden)	1010 1011 1100 1101 1110 1111

Mit 4 Tetraden = 16 Bit läßt sich ein Zahlenumfang von

$$0 \text{ bis } 10^4 - 1 = 9999$$

darstellen.

Zahlenbeispiel: BCD-codierte Zahl schreiben

Die Darstellung des dezimalen Zahlenwertes 254 im BCD-Code ergibt:

2	5	4	dezimal
0010	0101	0100	BCD-codiert

Zahlenbeispiel: BCD-codierte Zahl lesen

Wie lautet der dezimale Zahlenwert der gegebenen BCD-codierten Zahl?

1001	0011	0111	BCD-codiert
9	3	7	dezimal

Zahlenbeispiel: Ziffernanzeige

Eine BCD-codierte Ziffernanzeige zeigt die Zahl 80.

a) Welches Bitmuster weist das anliegende Binärwort auf?

b) Welche Zahl würde eine geeignete dual-codierte Ziffernanzeige beim gleichen Bitmuster anzeigen?

c) Welches Ergebnis würden die BCD-codierte Ziffernanzeige und die dual-codierte Ziffernanzeige ausgeben, wenn sie mit dem Bitmuster 0111 1111 angesteuert werden würden?

Lösung:

a) Bit Nr.

7	6	5	4	3	2	1	0	
1	0	0	0	0	0	0	0	BCD-codierte Ziffernanzeige
8				0				(4 Signalleitungen je Stelle)

b) Bit Nr.

7	6	5	4	3	2	1	0	
1	0	0	0	0	0	0	0	
1			2			8		Dual-codierte Ziffernanzeige

c) Bit Nr.

7	6	5	4	3	2	1	0	
0	1	1	1	1	1	1	1	
7				dunkel				BCD-codierte Ziffernanzeige

Das Bitmuster 1111 für die niederwertige Stelle kann nicht als Ziffer angezeigt werden, da es 9 übersteigt. Die BCD-Anzeige schaltet auf „dunkel“.

Bit Nr.	7	6	5	4	3	2	1	0	
	0	1	1	1	1	1	1	1	
	1			2			7		Dual-codierte Ziffernanzeige

Auch BCD-Zahlen können vorzeichenbehaftet verwendet werden. In der SPS-Technik sind zumindest zwei Methoden der Vorzeichenkennung eingeführt. Die beiden Methoden sind die Vorzeichenkennung außerhalb und innerhalb der Tetraden.

Vorzeichenkennung außerhalb der Tetraden

Die Vorzeichenkennung bleibt außerhalb der Tetraden, die nur den Betrag der Zahl ausdrücken. Es muß ein separates Vorzeichen-Bit eingeführt werden:

Bei einer Zahleneingabe wird ein Binäreingang verwendet, z.B. E 0.0
Bei einer Zahlenausgabe wird ein Binärausgang verwendet, z.B. A 0.0.

VZ-Bit „0“ = positive Zahl
VZ-Bit „1“ = negative Zahl

Zahlenbeispiel: Vorzeichenkennung außerhalb

	VZ			
+ 123	0	0001	0010	0011
– 123	1	0001	0010	0011

Vorzeichenkennung innerhalb der Tetraden

Man opfert eine Tetrade und verwendet sie als Vorzeichenkennung. Die vier linken Bits im Akkumulator sind dann Vorzeichen-Bits.

VZ	Ziffer	Ziffer	Ziffer
1 Wort			

So kann z.B. vom SPS-Hersteller definiert worden sein:

VZ : | 0 | 0 | 0 | 0 | = positive BCD-Zahl

VZ : | 1 | 1 | 1 | 1 | = negative BCD-Zahl

oder auch

VZ : | 1 | 0 | 0 | 0 | = negative BCD-Zahl

Zahlenbeispiel: Vorzeichenkennung innerhalb

+ 123	0	0	0	0	0	0	0	1	0	0	1	0	0	0	1	1
– 123	1	1	1	1	0	0	0	1	0	0	1	0	0	0	1	1
oder auch																
– 123	1	0	0	0	0	0	0	1	0	0	1	0	0	0	1	1

In der Programmiersprache STEP 5 werden BCD-Zahlen für Timer mit „T“ und BCD-Zahlen für Zähler mit „Z“ gekennzeichnet.

13.3.6 Laden von Konstanten und Formatwahl von Operanden

Laden von Konstanten bedeutet, einen bestimmten Wert als Zahl oder Text im Programm zu hinterlegen, der dann bei der Programmbearbeitung in den Akkumulator gebracht (geladen) wird. Ein praktisches Beispiel für eine solche Möglichkeit ist ein Vergleich auf einen Grenzwert hin.

Dem SPS-Anwender stehen in der Programmiersprache STEP 5 neun verschiedene Konstantenformate zur Verfügung:

KM = *Bitmuster (16 Bit)*

Der SPS-Anwender kann ein Bitmuster der Länge 16 Bit mit beliebiger 0-1-Kombination in den Akku laden.

Beispiel: L KM 01000000 11001000

KH = *Hexadezimalzahl*

Man kann eine 4-stellige Hexazahl im Bereich 0000 bis FFFF in den Akku laden. Nach Ausführung des Ladebefehls steht das zur Hexzahl gehörende Bitmuster der Länge 16 Bit im Akku.

Beispiel: L KH 01FF

KF = *Festpunktzahl*

Der Programmierer kann eine 16 Bit-Festpunktzahl im Bereich von – 32768 bis + 32767 in den Akku laden. Die gewählte Zahl steht dann im Akkumulator in dualcodierter Form zur Verfügung. Die negativen Zahlen sind als Dualzahlen mit ihrem Zweierkomplement notiert.

Beispiel: L KF + 312

KG = *Gleitpunktzahl*

Der SPS-Anwender kann eine gebrochene Zahl im Bereich von ca. 10^{-38} bis 10^{+38} in den Akkumulator bringen. Die gewählte Zahl steht dann in normalisierter Mantisse-Exponent-Darstellung in dual-codierter Form zur Verfügung.

Beispiel: L KG + 1234567 + 02
(Dies entspricht dem Zahlenwert $0{,}1234567 \cdot 10^{+2} = 12{,}34567$)

KB = *Betragszahl (8 Bit)*

Mit dem Format KB kann eine vorzeichenlose Zahl zwischen 0 ... 255 in den Akku geladen werden. Dort steht die Zahl dann in dual-codierter Form.

Beispiel: L KB 123

KY = *2 Betragszahlen (je 8 Bit)*

Mit dem Format KY können zwei durch Komma getrennte, vorzeichenlose Zahlen zwischen 0 ... 255 in den Akkumulator geladen werden. Nach Ausführung des Befehls stehen die Zahlen in dual-codierter Form im Akku, und zwar die 1. Zahl im linken Akkubyte und die 2. Zahl im rechten Akkubyte.

Beispiel: L KY 12,7

KT = *Zeitwert*

Beim Laden eines Zeitwertes für ein Zeitglied wird ein 3-stelliger Zeitwert zwischen 000 bis 999 und eine Zeitbasis im Bereich von 0 bis 3 benötigt. Beide Zahlen sind durch einen Punkt zu trennen. Nach Durchführung des Ladebefehls stehen die Zahlen BCD-codiert im Akkumulator.

Beispiel: L KT 025.1 (das entspricht der Zeit 2,5 s)

KZ = *Zählerwert*

Beim Setzen eines Zählers muß ein Zählerwert in den Akku geladen werden. Er besteht aus einer 3-stelligen Zahl zwischen 000 und 999. Nach Ausführung des Ladebefehls steht die Zahl BCD-codiert im Akku.

Beispiel: L KZ 123

KC = *2 ASCII-Zeichen*

Der Programmierer kann zwei beliebige ASCII-Zeichen in den Akku laden. Nach Ausführung des Befehls stehen die Zeichen im sog. ASCII-Code im Akkumulator, das 1. Zeichen im linken Akkubyte und das 2. Zeichen im rechten Akkubyte.

Beispiel: L KC X%

Der ASCII-Code umfaßt einen Zeichenvorrat, den man alphanumerisch nennt. Ein Zeichenvorrat heißt alphanumerisch, wenn er aus den Buchstaben des Alphabets, den Dezimalziffern und den Satz- und Sonderzeichen besteht. Hinzu kommen noch die Steuerzeichen wie Wagenrücklauf, Zeilenvorschub, Seitenvorschub etc., die erforderlich sind, um die Dateneingabe an Drucker und Datensichtgeräte zu steuern.

Die Tabelle zeigt den Zeichenvorrat des ASCII-Codes, wobei die Bitmuster als Hexa-Zahlen angegeben sind.

Tabelle: ASCII-Zeichensatz

ASCII-Zeichensatz (American Standard Code for Information Interchange)															
00	NUL	10	DLE	20	SP	30	0	40	@	50	P	60	`	70	p
01	SOH	11	DC1	21	!	31	1	41	A	51	Q	61	a	71	q
02	STX	12	DC2	22	´´	32	2	42	B	52	R	62	b	72	r
03	ETX	13	DC3	23	#	33	3	43	C	53	S	63	c	73	s
04	EOT	14	DC4	24	$	34	4	44	D	54	T	64	d	74	t
05	ENQ	15	NAK	25	%	35	5	45	E	55	U	65	e	75	u
06	ACK	16	SYN	26	&	36	6	46	F	56	V	66	f	76	v
07	BEL	17	ETB	27	´	37	7	47	G	57	W	67	g	77	w
08	BS	18	CAN	28	(	38	8	48	H	58	X	68	h	78	x
09	HT	19	EM	29	)	39	9	49	I	59	Y	69	i	79	y
0A	LF	1A	SUB	2A	*	3A	:	4A	J	5A	Z	6A	j	7A	z
0B	VT	1B	ESC	2B	+	3B	;	4B	K	5B	[	6B	k	7B	{
0C	FF	1C	FS	2C	,	3C	<	4C	L	5C	\	6C	l	7C	|
0D	CR	1D	GS	2D	–	3D	=	4D	M	5D	]	6D	m	7D	}
0E	SO	1E	RS	2E	.	3E	>	4E	N	5E	^	6E	n	7E	~
0F	SI	1F	US	2F	/	3F	?	4F	O	5F	—	6F	o	7F	DEL

Aus der Tabelle läßt sich folgende Zuordnung erkennen:

Zeichengruppe	ASCII-Code
Dezimalziffern 0 ... 9	30 ... 39 HEX
Großbuchstaben A ... Z	41 ... 5A HEX
Kleinbuchstaben a ... z	61 ... 7A HEX
Satz- u. Sonderzeichen	3A ... 40 HEX
	5B ... 60 HEX
	7B ... 7F HEX
Steuerzeichen	00 ... 1F HEX

Schema zur Zahlendarstellung:

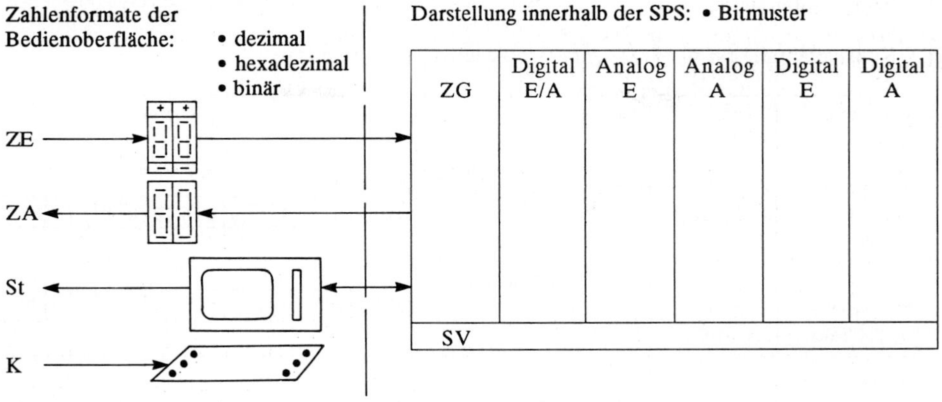

ZE = Zahleneinsteller
ZA = Ziffernanzeige
St = Statusanzeige
K = Konstanteneingabe

ZG = Zentralgerät
SV = Stromversorgung
E = Eingabebaugruppe
A = Ausgabebaugruppe

Hinweis:

Für den SPS-Anwender stellt im Zusammenhang mit Zahleneinstellern, Programm-Konstanten und Ziffernanzeigen die Frage, woher die SPS überhaupt weiß, was ein Bitmuster im einzelnen Fall bedeuten soll. Die Antwort darauf lautet:

Die Deutung eines *Bitmusters* ist nicht eigenständige Aufgabe der SPS, sondern Sache des Programmierers, der seine Interpretation des Bitmusters der SPS in Form seines Programms mitteilen muß. Das Programm bestimmt, wie die Daten zu verarbeiten sind. Der Programmierer darf also nicht den Fehler machen, die dual-codierte Zahl X mit der BCD-codierten Zahl Y zu addieren. Müssen die Zahlen X und Y jedoch addiert werden, so ist zuvor durch Code-Umwandlung das Problem der unterschiedlichen Zahlenformate zu beheben. Dabei muß das gemeinsame Zahlenformat so gewählt werden, wie es der Additionsbefehl erwartet!

Operandenformate bei Statusbearbeitung

Die Formate „KM, KH, KF, KG, KY, KT, KZ, KC" werden nicht nur bei der Programmierung von Konstanten angewendet. Ebenso wichtig ist ihr Einsatz bei der sog. *Statusbearbeitung* (STAT.VAR). Mit der Statusbearbeitung will der SPS-Anwender den tatsächlichen Signalzustand von Merkern, Eingängen, Ausgängen, Zeiten, Zählern und Datenworten feststellen. Dazu kann er die gewünschten Operanden mit dem Programmiergerät aufrufen und das *Operandenformat* mit KM ... KC wählen. In dieser Funktion übt das Programmiergerät eine Art Übersetzerfunktion aus. Es übersetzt die Bitmuster in die gewünschten Datenformate, um so z.B. Zahlenwerte bequemer lesen zu können.

Die nachfolgende Tabelle zeigt, welche Operandenformate bei welchen Operanden zugelassen sind. Das nicht in Klammern stehende Format wird vom Programmiergerät vorgeschlagen, kann jedoch abgeändert werden.

Tabelle: Operandenformate bei STAT.VAR

Operand		Format
Merker, Ausgang, Eingang	M, A, E	KM
Merker-, Ausgangs-, Eingangs-Byte	MB, AB, EB	KH (KM, KY, KC, KF)
Merker-, Ausgangs-, Eingangs-Wort	MW, AW, EW	KH (KM, KY, KC, KF)
Zeiten	T	KT (KM, KH)
Zähler	Z	KZ (KM, KH)
Datenwort, Datum linkes Byte, Datum rechtes Byte	DW, DL, DR	KH (KM, KY, KC, KF)
Merker-, Ausgangs-, Eingangs-, Daten-Doppelwort	MD, AD, ED, DD	KH (KM, KY, KC, KF)

Die nachfolgende Tafel zeigt eine Übersicht zur Bedeutung und Benutzung von Konstanten im Programm mit den zugehörigen Bitmustern.

Tafel 3: Konstantentafel für die Programmiersprache STEP 5 (Auszug)

Kenn-zeichen	Konstanten-typ	Daten-format	Beispiele	Bitmuster
KB	Vorzeichen-lose Zahl 0...255	1 Byte, dual-codiert	Dezimalwert 20 laden L KB 20 T DW1	DB10 DW1: 15 … 0 0 0 0 0 0 0 0 0 0 0 0 1 0 1 0 0
KC	zwei beliebige ASCII-Zeichen	2 Byte im ASCII-Code	Textzeichen X % laden L KC X % T DW2	DW2: 15 … 0 0 1 0 1 1 0 0 0 0 0 1 0 0 1 0 1
KM	Bitmuster	16 Bit	Bitmuster laden L KM 01110011 00011111 T DW3	DW3: 15 … 0 0 1 1 1 0 0 1 1 0 0 0 1 1 1 1 1
KH	Hexa-Zahl 0000...FFFF	je 4 Bit dual-codiert	Dezimalwert + 2048 laden L KH0800 T DW4	DW4: 15 … 0 0 0 0 0 1 0 0 0 0 0 0 0 0 0 0 0
			Dezimalwert – 2048 laden L KHF800 T DW5	DW5: 15 … 0 1 1 1 1 1 0 0 0 0 0 0 0 0 0 0 0
KF	Vorzeichen-behaftete Zahl – 32768...+ 32767	1 Wort, Zweier-komplement-Codierung	Dezimalwert + 2048 laden L KF + 2048 T DW6	DW6: 15 … 0 0 0 0 0 1 0 0 0 0 0 0 0 0 0 0 0
			Dezimalwert – 2048 laden L KF – 2048 T DW7	DW7: 15 … 0 1 1 1 1 1 0 0 0 0 0 0 0 0 0 0 0
KY	zwei vor-zeichenlose Zahlen 0...255 durch Komma getrennt	2 Byte, dual-codiert	Bei Analogwert-Einlesen Kanal Nr. u. Kanaltyp laden: KY = x, y x = 0...15 Kanal Nr. y = 3...6 Kanaltyp L KY 12,3 T DW8	DW8: 15 … 0 0 0 0 0 1 1 0 0 | 0 0 0 0 0 0 1 1
KT	Zeitwert 0...999.0 = 10 ms 1 = 0,1s 2 = 1 s 3 = 10 s	16-Bit-Wort, BCD-codiert	Zeitwert 2,5 s laden L KT025.1 T DW9	Zeitwert 0...999 (BCD) DW9: 15 … 0 0 0 0 1 | 0 0 0 0 | 0 0 1 0 | 0 1 0 1 ↑ 10^2 10^1 10^0 0 = 0,01 sec 1 = 0,1 sec 2 = 1 sec 3 = 10 sec } Multiplikator
KZ	Zählerwert 0...999	16-Bit-Wort, BCD-codiert	Zählerwert 53 laden L KZ053 T DW10	Zählerwert 0...999 (BCD) DW10: 15 … 0 0 0 0 0 | 0 0 0 0 | 0 1 0 1 | 0 0 1 1 10^2 10^1 10^0

13.4 Vertiefung und Übung

• Übung 13.1: Festpunktzahl

Ein SPS-Anwender sieht am Programmiergerät, daß in einem Datenwort das Bitmuster KM = 00010000 00001111 steht. Er will dieses Bitmuster als Dualzahl interpretieren und den Zahlenwert ermitteln.

a) Lösung durch Berechnung des Zahlenwertes.
b) Lösung durch Wahl eines anderen Zahlenformates beim Programmiergerät.

• Übung 13.2: KM/KH/KY/KC/KF

In einem Datenwort steht das Bitmuster 00100110 00111111. Was zeigt das Programmiergerät bei der Statusbearbeitung des Datenwortes an, wenn die Operandenformate KM/KH/KY/KC/KF eingestellt sind?

• Übung 13.3: Gleitpunktzahlausgabe

In einem Daten-Doppelwort (32 Bit) liegt die Zahl Z1 im Zahlenformat Gleitpunktzahl KG vor. Das Programmiergerät zeigt bei der Statusbearbeitung KG = – 4 + 01 an.

a) Wie lautet der Dezimalwert der Zahl Z1?
b) Welches Bitmuster steht im Daten-Doppelwort?

• Übung 13.4: Gleitpunktzahleingabe

Wie ist die Dezimalzahl 12,34567 am Programmiergerät als Gleitpunktzahl einzugeben?

• Übung 13.5: Negativer Zahlenwert

In einem SPS-Programm muß als Grenzwert ein negativer Zahlenwert eingegeben werden. Bei der nachfolgenden Rechenoperation interpretiert die SPS die eingegebene Zahl als Festpunktzahl. Welche Möglichkeiten hat der Programmierer, die Zahl „– 128“ formatrichtig in den Akkumulator der SPS zu bringen?

• Übung 13.6: BCD-codierte Ziffernanzeige

In zwei aufeinander folgenden Datenworten stehen die Zahlen Z1 und Z2. Das Programmiergerät zeigt

a) Z1 : KF = + 12
b) Z2 : KF = + 1897

Welche Anzeige liefert eine 4-stellige BCD-codierte Ziffernanzeige, wenn sie mit dem Bitmuster der Datenworte angesteuert wird? Was muß getan werden, damit die Zahlenwerte richtig angezeigt werden?

• Übung 13.7: BCD-codierter Zahleneinsteller

An einem BCD-codierten Zahleneinsteller wird die Ziffernfolge 1234 eingestellt. Der Zahlenwert wird in einem Merkerwort abgelegt.

a) Wie lautet das Bitmuster im Merkerwort?
b) Aufgrund eines Programmierfehlers wird das Bitmuster im Merkerwort als Festpunktzahl interpretiert. Welcher Zahlenwert wird dann verarbeitet?

• Übung 13.8: Hexadezimalzahl

Im Merkerwort MW 10 soll der Zahlenwert 1590 in BCD-codierter Form abgelegt werden. Welches Eingabe-Format ist am Programmiergerät zu wählen, um die Konstante in den Akkumulator zu laden?

• Übung 13.9: ASCII-Zeichen

a) Wieviel 16-Bit-Datenworte sind zur Aufnahme des Meldetextes STOERUNG MOTOR erforderlich?
b) Welches Eingabe-Format ist am Programmiergerät einzustellen, um den Meldetext direkt einzugeben?
c) Welche Hexadezimalzahlen-Folge wäre anstelle des direkten Meldetextes im Eingabe-Format KH erforderlich?

14 Grundoperationen für digitale Steuerungen

14.1 Abgrenzung der Begriffe binäre und digitale Steuerung

Die Kennzeichnung einer Steuerung als binäre oder digitale Steuerung bezieht sich gemäß DIN 19237 (Steuerungstechnik) auf die Gestalt der in den Steuerungen wirkenden Signale.

Eine Steuerung wird *binäre Steuerung* genannt, wenn binäre Eingangssignale, die nicht Bestandteile einer codierten Informationsdarstellung sind, zu binären Ausgangssignalen verarbeitet werden. Im Programm einer SPS werden dabei sog. *Binäranweisungen* verwendet, die sich auf einzelne Eingänge, Ausgänge oder Merker beziehen.

Eine Steuerung wird *digitale Steuerung* genannt, wenn sie digitale Signale verarbeitet. Digitale Signale sind Mehrbitsignale, deren Einzelbits Bestandteile einer codierten Informationsdarstellung sind und die deshalb in einem bestimmten Zusammenhang als codierte Einheit betrachtet werden müssen bzw. als Zahl. Zur Verarbeitung digitaler Signale sind Steuerungsbefehle mit Byte- bzw. Wortoperanden, sog. *Wortanweisungen*, erforderlich. Eingeschlossen in den Kreis digitaler Steuerungen sollen ferner solche binären Steuerungsaufgaben sein, die sich durch Verwendung von wortverarbeitenden Anweisungen geschickter lösen lassen.

Die in der Praxis vorkommenden Steuerungen sind weder reine binäre noch reine digitale Steuerungen. Fast immer läßt sich ein Steuerungsprogramm in einen binären Steuerungsteil und einen digitalen Steuerungsteil aufgliedern.

Steuerungen
(DIN 19237)

- Binärer Steuerungsteil
  - Verknüpfungssteuerungen
  - Ablaufsteuerungen

  Die Signalverarbeitung erfolgt überwiegend mit den logischen Grundfunktionen UND, ODER, NICHT sowie den Speicher- und Zeitfunktionen.

- Digitaler Steuerungsteil
  - Signalorientierte Steuerungsprobleme
  - Datenorientierte Steuerungsprobleme

  Die Signalverarbeitung erfolgt überwiegend mit digitalen Grundfunktionen wie Zählen, Vergleichen, Addieren, Code-Umsetzen und Registeroperationen.

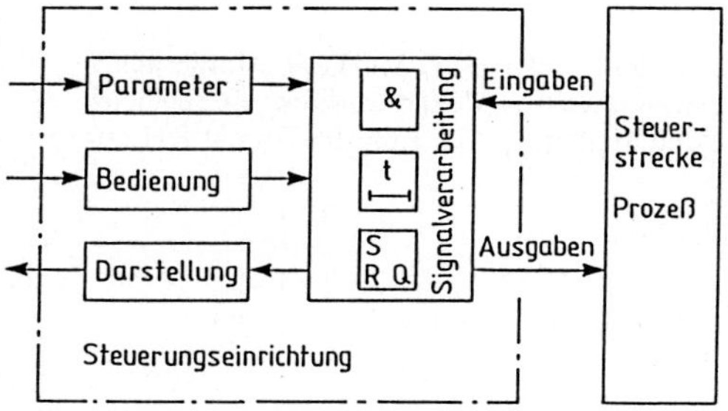

Bild 14.1
Strukturbild binärer Steuerungen

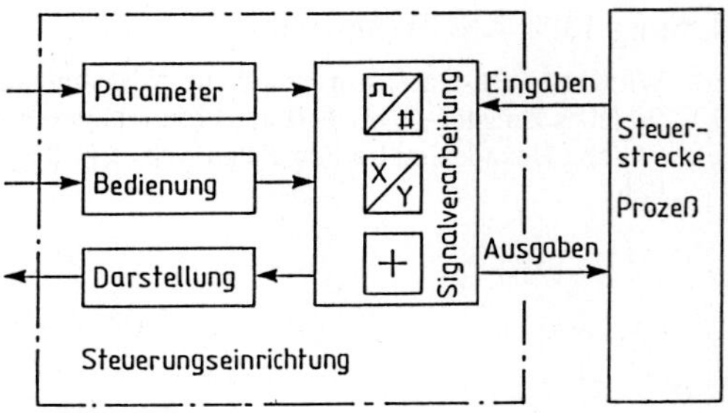

Bild 14.2
Strukturbild digitaler Steuerungen

14.2 Einsatz von Funktionsbausteinen

Die bisher bei der Programmerstellung verwendeten Bausteine waren der Organisationsbaustein (OB1) für die Einleitung der zyklischen Programmbearbeitung und die Programmbausteine (PBn). Diese Bausteine werden auch weiterhin verwendet, sie reichen jedoch zur Programmierung digitaler Steuerungslösungen nicht aus. Es werden zusätzlich noch Funktionsbausteine (FBn) und Datenbausteine (DBn) benötigt. Die Aufgabe und Programmierung von Datenbausteinen wird im Abschnitt Registeroperationen (Kap. 14.10) behandelt. Für den Einsatz von Funktionsbausteinen sind Vorüberlegungen erforderlich.

In der Regel steht der größte Teil des Anwenderprogramms in den schon bekannten Programmbausteinen (PBn). DIN 19239 sieht jedoch auch *Funktionsbausteine* vor, die parametrierbar sein sollen. *Parametrierbar* soll heißen, daß beim Aufruf des Funktionsbausteins die Operanden angegeben werden können, mit denen der Baustein arbeiten soll. Diese

Tafel 4

Aufbau eines Funktionsbausteins

Struktur: Ein Funktionsbaustein besteht aus zwei Teilen:
1. Bausteinkopf mit dem Namen und der Liste der Formaloperanden (= Bezeichner BEZ)
2. Programm, nur in AWL programmierbar. Neben den Formaloperanden sind im Programm auch Aktualoperanden zulässig.

Beispiel: FB1

```
Netzwerk 1
Name: EXODER
BEZ  :X1          E/A/D/B/T/Z: E   BI/BY/W/D: BI  } Name und
BEZ  :X2          E/A/D/B/T/Z: E   BI/BY/W/D: BI  } Liste der
BEZ  :X3          E/A/D/B/T/Z: A   BI/BY/W/D: BI  } Bezeichner
                  Parameterart     Parametertyp

     :U      =X1                                  }
     :UN     =X2                                  }
     :O                                           } Anwender-
     :UN     =X1                                  } programm
     :U      =X2                                  }
     :=      =X3                                  }
     :BE                                          }
```

Erläuterungen:

Name: Der Anwender erteilt dem Funktionsbaustein einen Namen: 8 Zeichen lang, erstes Zeichen ist ein Buchstabe.

Bezeichnerliste: Verzeichnis der im Programm verwendeten Formaloperanden: 4 Zeichen lang, erstes Zeichen ist ein Buchstabe.

Parameterart: Aus der vom Programmiergerät gelieferten Auswahl muß für jeden Bezeichner eine Angabe ausgewählt werden:

E = Eingang des FBn (z.B. abgefragte E, A, M)
D = Daten
B = Baustein
T = Zeit
Z = Zähler
} Datenvorgaben für den Baustein

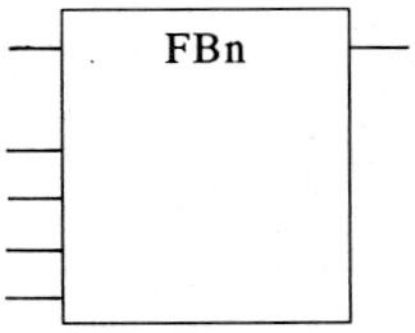

A = Ausgang des FBn (z.B. A, M)

Parametertyp: Je nach gewählter Parameterart werden vom Programmiergerät verschiedene Parametertypen zur Auswahl angeboten.

Bei	E, A	folgt	BI/BY/W/D:
Bei	D	folgt	KM/KH/KY/KC/KF/KT/KZ/KG:
Bei	B, T, Z	folgt	–

Möglichkeit ist dann vorteilhaft, wenn innerhalb eines Programms eine bestimmte Steuerungsfunktion mehrmals benötigt wird, jedoch immer mit anderen Operanden. Zu diesem Zweck muß das Programm im parametrierten Funktionsbaustein mit *Formaloperanden* geschrieben werden. Im Programmdurchlauf lassen sich die Formaloperanden durch die *Aktualoperanden* ersetzen, so daß sich aus einer allgemeinen Lösung beliebig viele spezielle Steuerungslösungen ableiten lassen.

In der Steuerungssprache STEP 5 sind Funktionsbausteine zu verwenden, wenn

a) die Parametrierbarkeit,
b) die Sprungmarkenverarbeitung,
c) der erweiterte Operationsvorrat

gewünscht werden. Der Programmierer kann Funktionsbausteine selber schreiben oder Standard-Funktionsbausteine verwenden, die der SPS-Hersteller anbietet. Die voranstehende Tafel 4 nennt dem SPS-Programmierer die wichtigsten Regeln, die er beim Erstellen eines Funktionsbausteins beachten muß.

▼ Beispiel: Standard-Funktionsbaustein

Mit dem Standard-Funktionsbaustein „Codewandler: 16" läßt sich eine 16 Bit-Festpunktzahl in eine BCD-Zahl mit 6 Dekaden unter Berücksichtigung des Vorzeichens umwandeln.

Es besteht die Aufgabe, eine im Merkerwort MW10 stehende vorzeichenbehaftete Dualzahl (Festpunktzahl) in eine BCD-Zahl umzuwandeln. Dabei sollen die Dekaden 0 bis 3 im Merkerwort MW12 und die Dekaden 4 bis 5 im Merkerbyte MB14 stehen. Als Vorzeichen-Ausgabe soll Ausgangsbit A0.0 dienen.

Die Zahleneingabe erfolgt durch Schalter am Eingangswort EW0. Als Zahlenausgabe wird die BCD-codierte Ziffernanzeige am Ausgangswort AW16 verwendet, an der die Dekaden 0 bis 3 angezeigt werden.

Lösung:

Der Codewandler „COD: 16" steht im Funktionsbaustein FB241 zur Verfügung.

Programmstruktur:

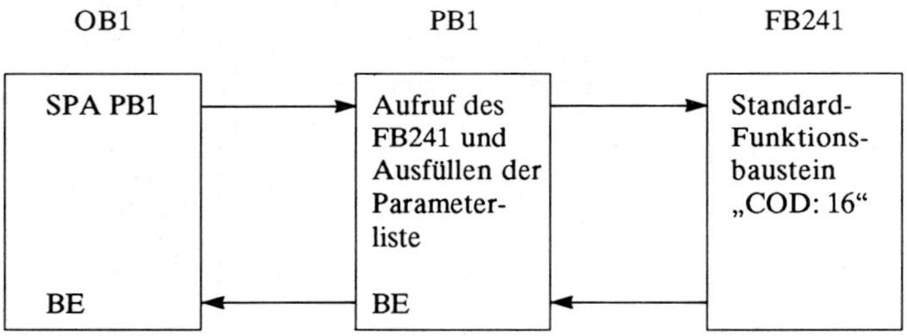

Anweisungsliste:

```
OB1                  PB 1                 FB241

                                          ***
:SPA PB1                  :L    EW   0
:BE                       :T    MW   10
                          :
                          :SPA  FB  241
                     NAME :COD:16
                     DUAL :     MW   10
                     SBCD :     A     0.0
                     BCD2 :     MB   14
                     BCD1 :     MW   12
                          :
                          :L    MW   12
                          :T    AW   16
                          :BE
```

▲

▼ Beispiel: Selbstgeschriebener Funktionsbaustein „Melden“

Zwei Motorgruppen mit den Motoren A, B, C sollen überwacht werden. Jeder Motor ist mit einem Drehzahlwächter ausgerüstet, der mit 1- oder 0-Signal meldet, ob sich der Motor dreht oder nicht.

Die Überwachung der Motorgruppen soll wirksam sein, wenn der Schalter „FREI“ betätigt worden ist.

Eine Störungsanzeige „STOE“ soll in folgenden Fällen aufleuchten:

1. Fall: Wenn zwei von drei Motoren länger als 5 Sekunden ausgefallen sind (zeitverzögerte Meldung).
2. Fall: Wenn alle drei Motoren ausgefallen sind (sofortige Meldung).

Die Störungsanzeige soll im Fall 1 selbsttätig verlöschen, wenn die Störungsursachen behoben worden sind, also wenigstens zwei Motoren wieder laufen. Im Fall, daß alle drei Motoren ausgefallen waren, muß nach der Störungsbeseitigung noch zusätzlich die für beide Motorgruppen geltende Quittierungstaste „Quit“ betätigt werden, um die Störmeldung abzuschalten.

Das Überwachungsprogramm soll in einem parametrierbaren Funktionsbaustein FB1 stehen. Den Motorgruppen sind die Programmbausteine PB1 und PB2 zur Aufnahme der Aktualoperanden zuzuordnen. Das eigentliche Motorsteuerungsprogramm ist nicht Gegenstand dieser Aufgabe und kann als vorhanden angesehen werden.

Technologieschema:

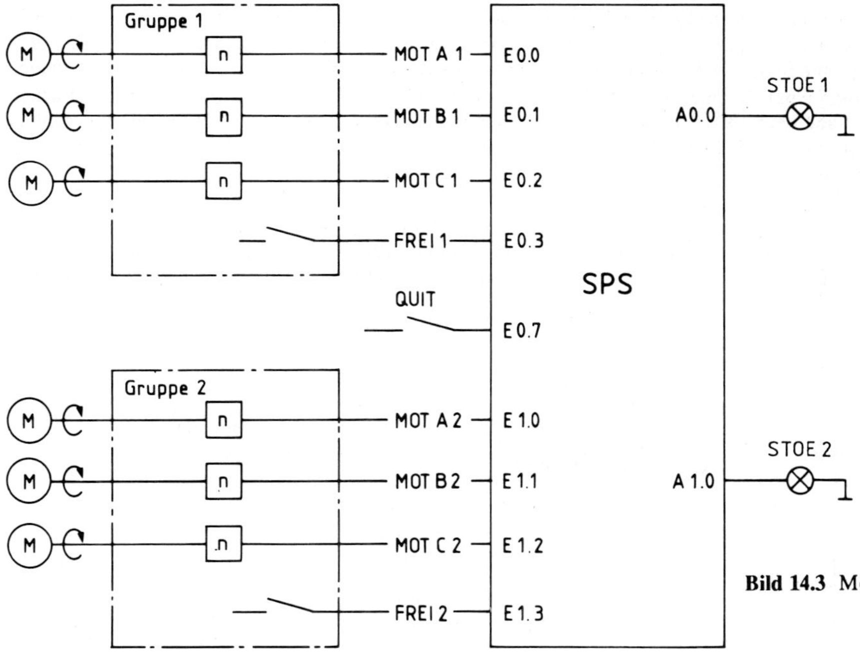

Bild 14.3 Motorgruppen

Zuordnungstabelle:

Eingangsvariable	Betriebsmittel-kennzeichen	Logische Zuordnung			
Drehzahlwächter A1	MOTA 1	Motor	A1	läuft	MOT A1 = 1
Drehzahlwächter A2	MOTA 2	Motor	A2	läuft	MOT A2 = 1
Drehzahlwächter B1	MOTB 1	Motor	B1	läuft	MOT B1 = 1
Drehzahlwächter B2	MOTB 2	Motor	B2	läuft	MOT B2 = 1
Drehzahlwächter C1	MOTC 1	Motor	C1	läuft	MOT C1 = 1
Drehzahlwächter C2	MOTC 2	Motor	C2	läuft	MOT C2 = 1
Meldung Freigabe 1	FREI 1	Gruppe 1		frei	FREI 1 = 1
Meldung Freigabe 2	FREI 2	Gruppe 2		frei	FREI 2 = 1
Ausgangsvariable					
Störungsanzeige 1	STOE1	leuchtet bei			STOE1 = 1
Störungsanzeige 2	STOE2	leuchtet bei			STOE2 = 1

Lösung

Grobstruktur der Steuerung:

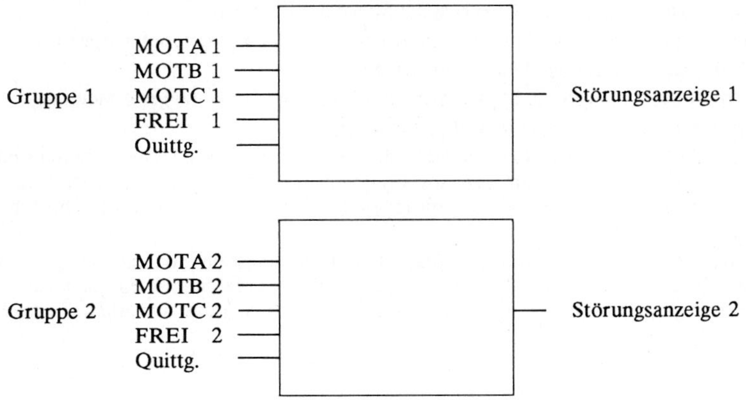

Man erkennt aus der Grobstruktur, daß ein- und dieselbe Aufgabe zweimal gelöst werden muß. Ohne Anwendung eines parametrierbaren Funktionsbausteins müßten zwei identische Programmteile programmiert werden, die sich nur in den Steuerungseingängen und Steuerungsausgängen, d.h. in den Operanden unterscheiden.

Bei Anwendung eines parametrierbaren Funktionsbausteins wird eine formalgültige Lösung im Funktionsbaustein abgelegt und bei jedem Programmzyklus zweimal zur Ausführung gebracht, einmal mit den Aktualoperanden der Motorgruppe 1 und danach mit den Aktualoperanden der Motorgruppe 2.

Programmstruktur:

Der Organisationsbaustein OB1 sorgt für die zyklische Programmbearbeitung. Die Programmbausteine PB1 und PB2 bewirken die zweimalige Bearbeitung des Funktionsbausteins FB1 und liefern die Parameterliste, damit die Formaloperanden im Funktionsbaustein durch die aktuellen Operanden jeder Motorgruppe ersetzt werden können.

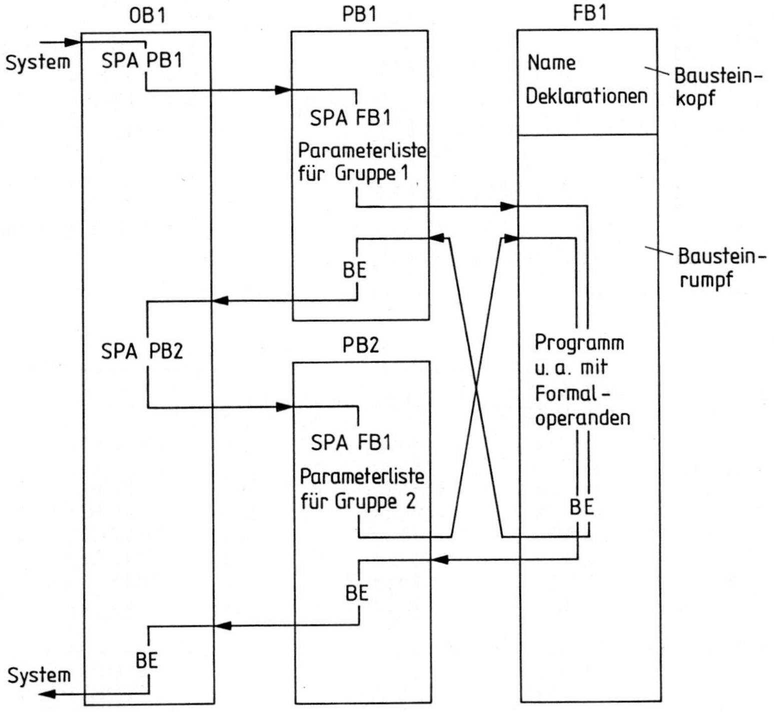

Funktionsplan der Überwachungsschaltung:

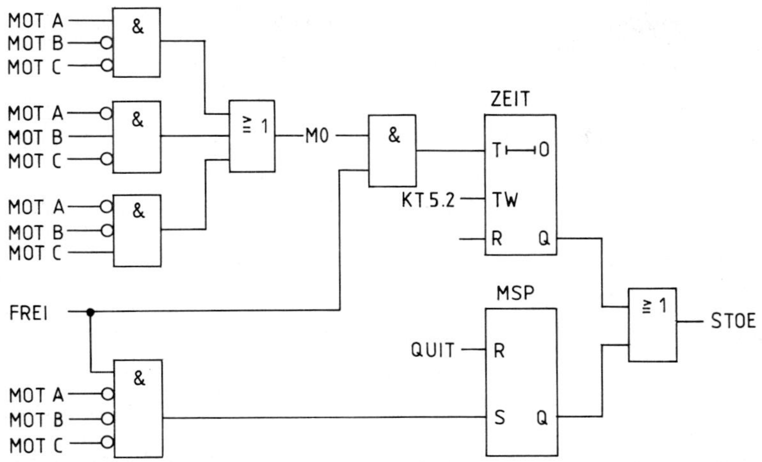

Festlegung der Formaloperanden:

Neben den aus der Aufgabenstellung direkt ablesbaren Formaloperanden MOTA, MOTB, MOTC, FREI, STOE muß der Funktionsbaustein noch auf verdeckte Formaloperanden hin untersucht werden.

Man benötigt noch einen Formaloperanden ZEIT, da ein direkt programmiertes Zeitglied innerhalb eines Programmdurchlaufs zweimal angesprochen werden würde. Die Einschaltverzögerung könnte beispielsweise aufgrund der Signale der Motorgruppe 1 gestartet und durch die entsprechenden Signale der Motorgruppe 2 sofort wieder rückgesetzt werden. Es muß also mit zwei Zeitgliedern T1 und T2 gearbeitet werden. Im Programm steht deshalb der Formaloperand ZEIT.

Ebenso benötigt man einen Formaloperanden MSP als Störungsmerker, da Störungen in den beiden Motorgruppen unabhängig voneinander auftreten können und gespeichert werden müssen.

Der Zwischenmerker M0 dagegen kann ein Aktualoperand sein! Sein Zustand ist nur für die kurzfristige Zwischenergebnisbildung bei der Programmabarbeitung für jede Motorgruppe von Bedeutung. M0 darf also während eines Programmdurchlaufs für die Motorgruppe 1 und 2 unterschiedliche Zustände annehmen.

Zur Eingabe des Quittierungssignals QUIT stehe nur ein Tastschalter für beide Motorgruppen zur Verfügung. Diese Entscheidung bedeutet, daß QUIT kein Formaloperand zu sein braucht.

Die Abbildung zeigt den Funktionsbaustein als *black-box*-Darstellung einer Lösung. Als Eingänge auf der linken Seite und als Ausgänge auf der rechten Seite treten grundsätzlich nur Formaloperanden auf. Aus diesem Grunde erscheint der Operand QUIT nicht in der Funktionsbausteindarstellung.

Darstellung des Funktionsbausteins MELDEN als FB1:

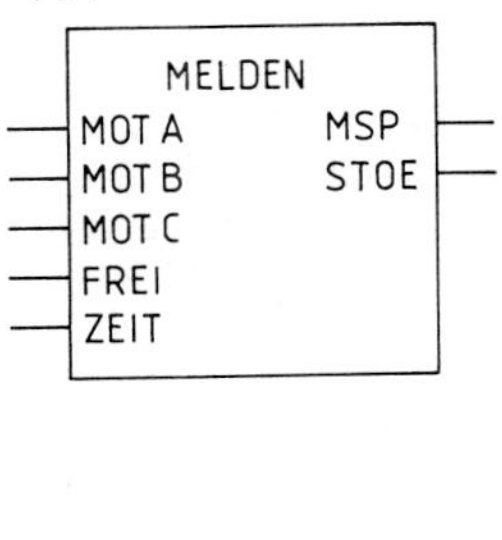

Realisierung mit einer SPS:

Zuordnung:

Motorengruppe 1:

MOTA1 = E 0.0	STOE1 = A 0.0	MSP1 = M 0.0
MOTB1 = E 0.1		ZEIT1 = T 1
MOTC1 = E 0.2		
FREI1 = E 0.3		

Motorengruppe 2:

MOTA2 = E 1.0	STOE2 = A 1.0	MSP2 = M 1.0
MOTB2 = E 1.1		ZEIT2 = T 2
MOTC2 = E 1.2		
FREI2 = E 1.3		

Quittierungssignal:
QUIT = E 0.7

Zwischenmerker:
M0 = M 2.0

Programm:

Der OB1 zeigt zwei absolute Sprünge zu den Programmbausteinen PB1 und PB2. Diese Bausteine rufen ihrerseits wieder den Funktionsbaustein FB1 mit der Absicht auf, den Formaloperanden die aktuellen Operanden jeder Motorengruppe zuordnen zu können.

Anweisungsliste:

OB1

```
          :SPA PB    1
          :SPA PB    2
          :BE
```

PB 1

```
          :SPA FB    1
     NAME :MELDEN
     MOTA :     E    0.0
     MOTB :     E    0.1
     MOTC :     E    0.2
     FREI :     E    0.3
     MSP  :     M    0.0
     STOE :     A    0.0
     ZEIT :     T    1
          :BE
```

Funktionsplandarstellung:

PB 1

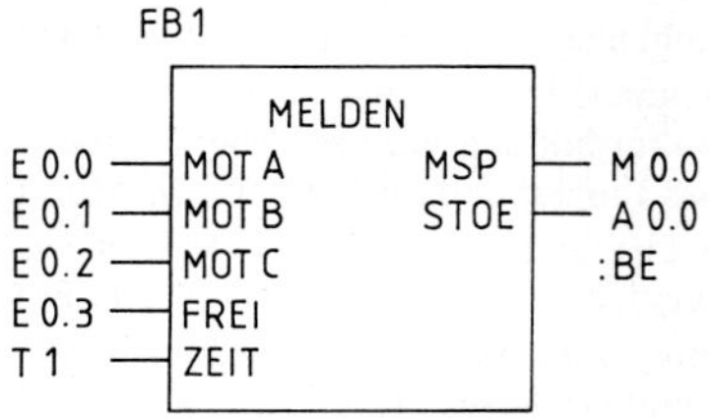

PB 2

```
          :SPA FB    1
     NAME :MELDEN
     MOTA :     E    1.0
     MOTB :     E    1.1
     MOTC :     E    1.2
     FREI :     E    1.3
     MSP  :     M    1.0
     STOE :     A    1.0
     ZEIT :     T    2
          :BE
```

PB 2

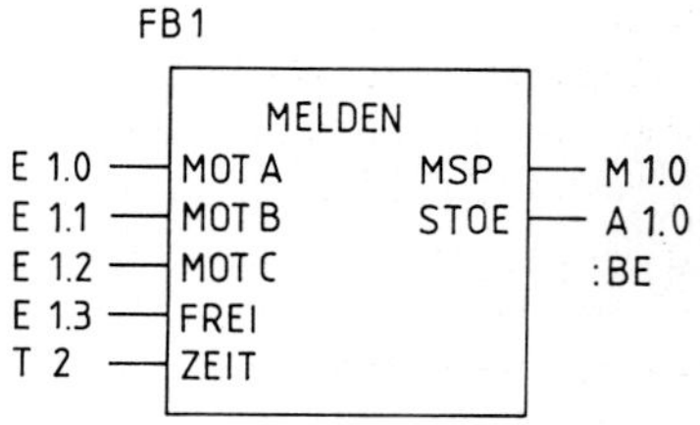

Programm des Funktionsbausteins MELDEN im FB1:

```
NAME :MELDEN
BEZ  :MOTA      E/A/D/B/T/Z: E  BI/BY/W/D: BI
BEZ  :MOTB      E/A/D/B/T/Z: E  BI/BY/W/D: BI
BEZ  :MOTC      E/A/D/B/T/Z: E  BI/BY/W/D: BI
BEZ  :FREI      E/A/D/B/T/Z: E  BI/BY/W/D: BI
BEZ  :MSP       E/A/D/B/T/Z: A  BI/BY/W/D: BI
BEZ  :STOE      E/A/D/B/T/Z: A  BI/BY/W/D: BI
BEZ  :ZEIT      E/A/D/B/T/Z: T


:U   =MOTA
:UN  =MOTB
:UN  =MOTC
:O
:UN  =MOTA
:U   =MOTB
:UN  =MOTC
:O
:UN  =MOTA
:UN  =MOTB
:U   =MOTC
:=   M    2.0          Zwischenmerker (Aktualoperand)
:
:U   M    2.0
:U   =FREI
:L   KT 050.1
:SE  =ZEIT
:
:U   E    0.7          Quittierungssignal (Aktualoperand)
:RB  =MSP              RB = Rücksetzen binär eines Formaloperanden
:
:U   =FREI
:UN  =MOTA
:UN  =MOTB
:UN  =MOTC
:S   =MSP
:
:O   =ZEIT
:O   =MSP
:=   =STOE
:BE
```
▲

14.3 Digitale Grundoperationen im Überblick

Die Realisierung digitaler Steuerungen mit der SPS erfordert Operationen mit Byte- bzw. Wortoperanden, sog. *Wortanweisungen*. Die wichtigsten Wortanweisungen sind die Lade- und Transferoperationen, arithmetische Operationen, Vergleichsoperationen, Code-Umsetzungen, Registeroperationen und die Wort-Verknüpfungsoperationen. Wird beim Abarbeiten eines Anwenderprogramms eine Wortanweisung erreicht, so wird diese Operation ohne Berücksichtigung eines binären Abfrage- oder Verknüpfungsergebnisses ausgeführt.

Soll eine Wortoperation in Abhängigkeit von einem Ergebnis ausgeführt werden, so ist dies mit Hilfe einer bedingten Programmverzweigung zu verwirklichen. Deshalb werden *Programmverzweigungs-Operationen* zu den wortverarbeitenden Operationen hinzugenommen und zusammen als *digitale Grundoperationen* bezeichnet.

Digitale Grundoperationen

Wortverarbeitende Operationen | Programmverzweigungs-Operationen

Die nachfolgende Tafel zeigt eine Auswahl der wichtigsten digitalen Grundoperationen, die im Anschluß daran näher erläutert werden.

Tafel 5

Grundoperationen für digitale Steuerungen (z.T. DIN 19239)					
Benennung	Darstellungsart AWL	FUP	KOP	Hinweise für Steuerungssprache STEP 5	
Daten-Transportoperationen					
Laden	L			L	8, 16, 32 Bit
Transferieren	=			T	
Arithmetische Operationen[1]					
Addition	ADD	[+]		+ F	F = Festpunktzahl
					alternativ auch:
Subtraktion	SUB	[−]		− F	G = Gleitpunktzahl
					D = Doppelwort
Multiplikation	MUL	[×]		× F	
Division	DIV	[:]		: F	
Vergleichsoperationen[1]					
Größer	GR	[>]		> F	
Größer gleich	GRG	[>=]		> = F	
Gleich	GL	[=?]		! = F	
Kleiner	KL	[<]		< F	
Kleiner gleich	KLG	[<=]		< = F	
Codeumsetzung					
Dezimal zu Dual	DED	[DE DU]		DED	
Dual zu Dezimal	DUD	[DU DE]		DUD	
Umwandlungsoperationen					
1er-Komplement				KEW	
2er-Komplement				KZW	
Verknüpfungsoperationen					
UND-Wort				UW	Wortlänge 16 Bit
ODER-Wort				OW	
EXOR-Wort				XOW	
Registeroperationen					
Dekrementieren				D	
Inkrementieren				I	
Schiebeoperationen					
Schieben Links Wort				SLW	
Schieben Rechts Wort				SRW	
Bearbeitungsoperationen					
Bearbeite Datenwort				BDW	
Bearbeite Merkerwort				BMW	
Programmverzweigungsoperationen					
Sprung unbedingt	SP			SPA	
				z.B.	SPA PBn Sprung zu Baustein
					SPA=M12 Sprung zu Marke
Sprung bedingt	SPB			SPB	
Bausteinaufruf	BA			A DBn	Aufruf Datenbaustein DBn

1) DIN 19239 legt BCD-(8421)-Code zugrunde

14.4 Lade- und Transferoperationen

Lade- und Transferoperationen stellen wichtige Programmiermerkmale der Wortverarbeitung dar, da sie einen Informationsaustausch zwischen verschiedenen Baugruppen der Steuerung wie den Eingängen, Ausgängen sowie dem Merker- und Datenspeicherbereich ermöglichen. Dieser Informationsaustausch geht jedoch nicht direkt zwischen den genannten Baugruppen vor sich, sondern immer auf dem Umweg über den Akkumulator. Dieser *Akkumulator* ist ein besonderes Register im Prozessor zur Verarbeitung von 16-Bit-Worten, er besteht aus einem Hauptregister (Akku 1) und einem Hilfsregister (Akku 2).

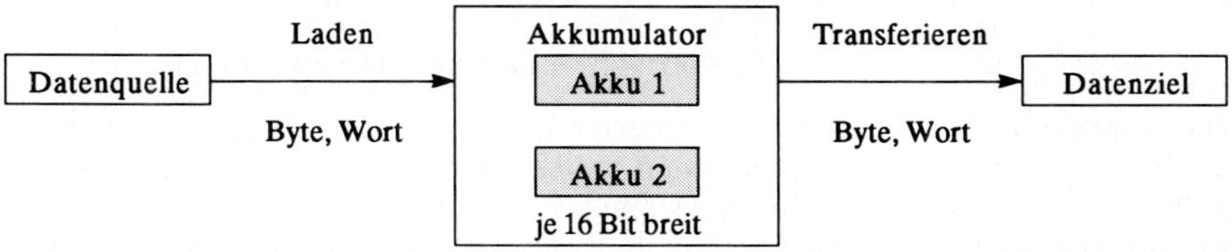

Ein Hilfsregister (Akku 2) wird deshalb gebraucht, weil bei Vergleichsoperationen, arithmetischen Operationen und digitalen Verknüpfungen zwei Operanden zu einem Ergebnis verarbeitet werden müssen. Der zuerst geladene Operand kommt in den Akku 1. Beim Laden des zweiten Operanden wird zunächst die Information des Akku 1 nach Akku 2 verschoben und dann der zweite Operand in den Akku 1 geladen. Abschließend wird die gewünschte Operation durchgeführt. Das Ergebnis steht dann in Akku 1 bereit.

Um die Richtung des Informationsflusses zu kennzeichnen, werden die Begriffe Laden und Transferieren eingeführt:

Laden bedeutet, daß die Informationen von einer Datenquelle zum Akkumulator gebracht werden. Laden heißt auch soviel wie *Abfragen*. Abgefragt werden können Eingangs-(E), Ausgangs-(A), Merker-(M) und Daten-(D)-Bereiche mit dem Datenformat Byte (B), linkes Byte (L), rechtes Byte (R) oder Wort (W) sowie Zeitglieder (T), Zähler (Z) und Konstanten (K).

Übersicht zu Ladebefehlen:

Operation	Operand	Datenformat	Parameter
L	E	B, W,D	Zahl gemäß Adreßumfang
	A	B, W,D	– der E/A-Baugruppen
	M	B, W,D	– des Merkerbereichs
	D	L, R, W, D	Zahl gemäß Datenbausteinlänge
L	T	– –	Zahl gemäß Zeitglieder-
LC	T	– –	vorrat (Timer)
L	Z	– –	Zahl gemäß Zählervorrat
LC	Z	– –	
L	KB	– –	0 bis 255
L	KC	– –	2 ASCII-Zeichen
L	KF	– –	– 323768 bis + 32767
L	KG	– –	$\pm 10^{-38}$ bis $\pm 10^{+38}$
L	KH	– –	0000 bis FFFF
L	KM	– –	Bitmuster 16 Bit
L	KY	– –	0 bis 255, jedes Byte
L	KT	– –	0.0 bis 999.3
L	KZ	– –	0 bis 999

Beim Laden von Zeit- oder Zählerwerten in den Akkumulator hat man die Möglichkeit, zwischen zwei Datenformaten zu wählen:

L: Zeit- oder Zählerwert wird dual-codiert in den Akku geladen;
LC: Zeit- oder Zählerwert wird BCD-codiert in den Akku geladen.

Transferieren meint, Informationen werden vom Akkumulator zu einem Datenziel geleitet. Transferieren heißt auch soviel wie *Zuweisen*. Ein Ergebnis kann einem Eingangs-(E), Ausgangs-(A), Merker-(M) und Daten-(D)-Bereich mit den Datenformaten Byte (BY), linkes Byte (L), rechtes Byte (R) oder Wort (W) zugewiesen werden.

Übersicht zu Transferbefehlen:

Operation	Operand	Datenformat	Parameter
T	E	BY, W,D	Zahl gemäß Adreßumfang
	A	BY, W,D	– der E/A-Baugruppen
	M	BY, W,D	– des Merkerbereichs
	D	L, R, W, D	Zahl gemäß Datenbausteinlänge

Für die funktionsplanmäßige Darstellung isolierter Lade- und Transferoperationen gibt es keine Symbole. Lade- und Transferoperationen müssen deshalb als Anweisungsliste (AWL) programmiert werden. Erst die Verbindung einer Lade- und Transferanweisung zu einer Einheit läßt sich wieder funktionsplanmäßig als Eingangs-Ausgangs-Verhalten eines Funktionsgliedes darstellen.

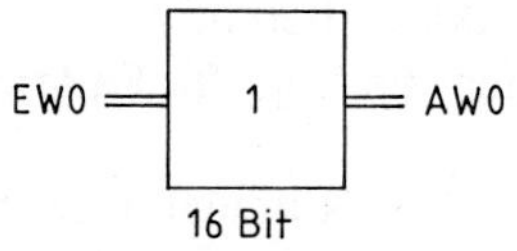

Lesart der Symbolik:

1. Abfrage eines 16 Binärstellen umfassenden Steuerungseinganges (Eingangswort EW0 = E 0.7...0.0, E 1.7...1.0).
2. Zuweisung des Akkuinhalts an einen 16 Binärstellen umfassenden Steuerungsausgang (Ausgangswort AW0 = A 0.7...0.0, A 1.7...1.0).
3. ≙ Wortleitung

Wir vergleichen auf der Ebene der Anweisungsliste (AWL) die nachfolgenden Bit- und Wortanweisungen:

Binäranweisungen	Wortanweisungen
U E 0.0	L EW 0
= A 0.0	T AW 0

Es handelt sich offensichtlich um einfache Zuweisungsoperationen, die einmal mit Bitoperanden und dann mit Wortoperanden durchgeführt werden. In der zugehörigen Funktionsplandarstellung ist zur Unterscheidung die Anzahl der Binärstellen angegeben.

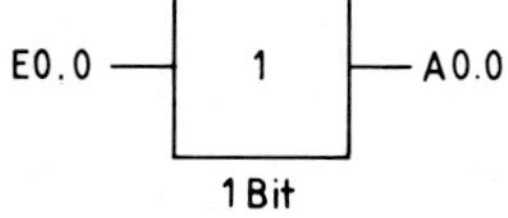

Der Signalzustand des Binärausganges A 0.0 bleibt selbsttätig solange erhalten, bis der obige Programmteil erneut bearbeitet wird.

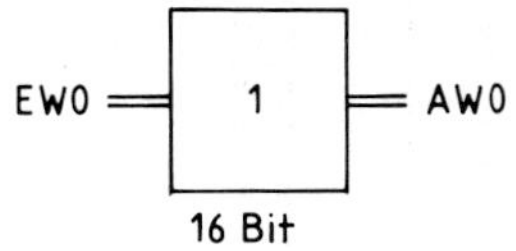

Die Signalzustände des Ausgangswortes AW 0 bleiben selbsttätig solange erhalten, bis der obige Programmteil erneut bearbeitet wird.

Lade- und Transferoperationen sind oftmals vorbereitende und abschließende Operationen einer anderweitigen Signalverarbeitung.

Lade- und Transferoperationen sind unbedingte Operationen, d.h. sie werden unabhängig von einem voraus ermittelten Verknüpfungsergebnis ausgeführt. Sollen Lade- und Transferoperationen nur in Abhängigkeit von bestimmten Bedingungen ausgeführt werden, müssen sie nach bedingten Sprüngen (siehe Kap. 14.8) stehen.

Bei der Anwendung von Lade- und Transferoperationen muß der SPS-Anwender je nach Ausführung des Automatisierungsgerätes einige Datentransportregeln beachten.

Realisierungsbeispiel: Byte laden und transferieren

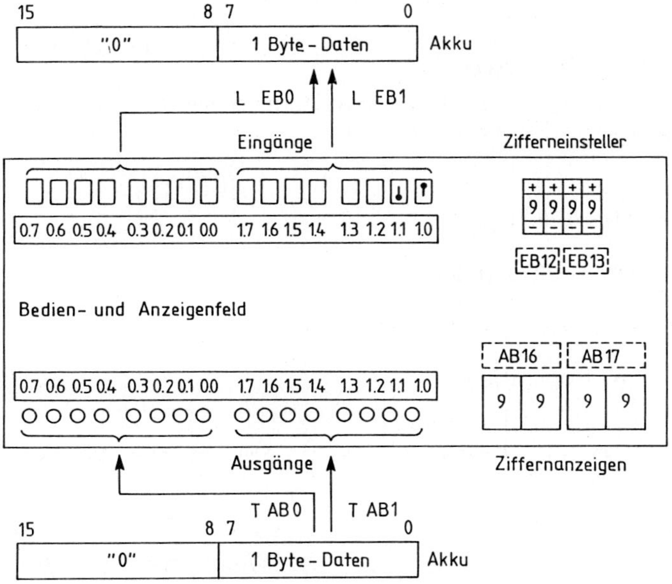

Einzelbyte werden rechtsbündig im Akku abgelegt. Die restlichen Stellen werden mit „0" aufgefüllt.

Einzelbyte werden aus dem rechten Byte des Akkus geholt und zum angegebenen Adreßbereich gebracht.

Realisierungsbeispiel: Wort laden und transferieren

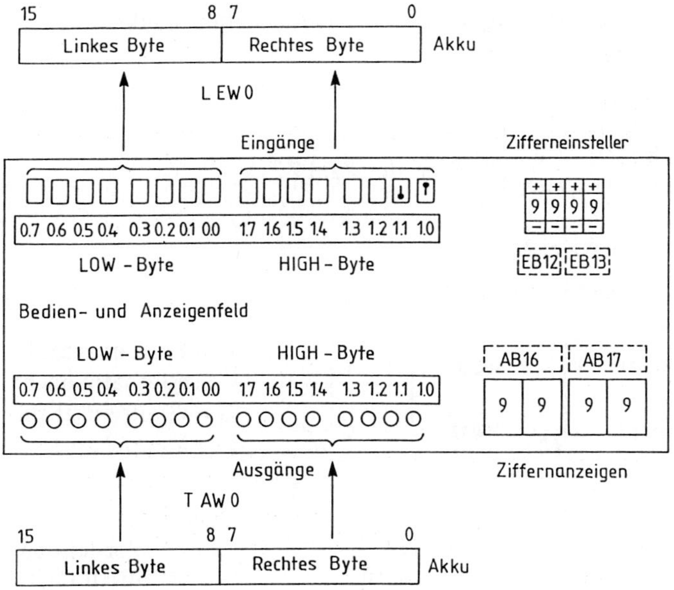

Daten der LOW-Byte-Adresse zum linken Akkubyte,
Daten der HIGH-Byte-Adresse zum rechten Akkubyte.

Linkes Akku-Byte zur LOW-Byte-Adresse,
rechtes Akku-Byte zur HIGH-Byte-Adresse.

14.5 Digitales Invertieren

Die Umkehrung des Signalzustandes wird Invertierung genannt. Bei Bitoperationen erfolgt die Signalumkehr durch negierte Abfrage eines Einganges, Ausganges oder Merkers und anschließende Zuweisung des Ergebnisses an einen Ausgang oder Merker.

Bei Wortoperationen erfolgt die Signalumkehr aller Binärstellen eines Digitalwortes durch die Anweisung 1er-Komplementbildung

KEW (Komplement Einer Wort)

Mit dieser Anweisung wird die im Akkumulator stehende Bitkombination invertiert. Das Ergebnis kann im Akkumulator weiter verarbeitet werden. Die Wirkung der 1er-Komplementanweisung ist die eines digitalen Inverters.

Realisierungsbeispiel: Invertieren eines Bitmusters

Die an den Eingängen E 0.0...0.7, E 1.0...1.7 anliegenden Signale sollen abgefragt und invertiert werden. Das Ergebnis soll an den Ausgängen A 0.0...0.7, A 1.0...1.7 zur Verfügung stehen.

Lösung:

```
Anweisungsliste
L EW 0        00001111 00110101
KEW
T AW0         11110000 11001010 (Ergebnis)
```

Die Inverter-Operation in Funktionsplandarstellung im Vergleich:

Bitoperation Wortoperation

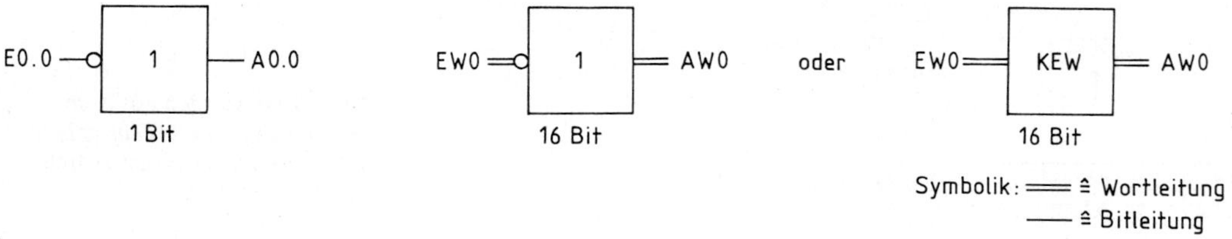

14.6 Vergleichsoperationen

Vergleichsoperationen sind ein wichtiger Bestandteil der Wortverarbeitungsfunktionen. Die Fragestellung der Vergleichsoperationen lautet:

Wert der Zahl Z1 { != Gleich; >< Ungleich; > Größer; >= Größer gleich; < Kleiner; <= Kleiner gleich } Wert der Zahl Z2

Vergleichsoperationen in Funktionsplandarstellung:

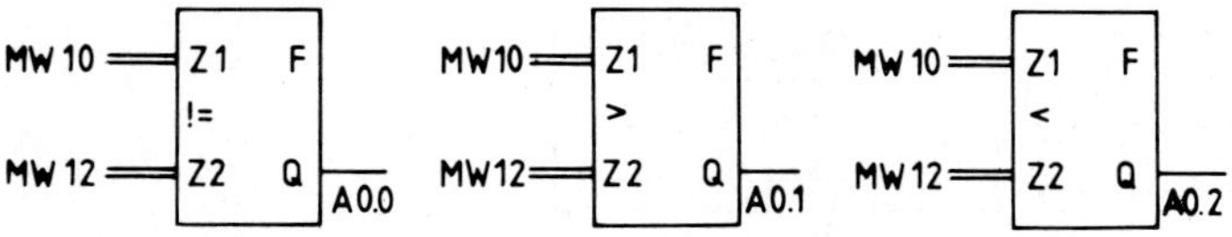

L MW10	L MW10	L MW10
L MW12	L MW12	L MW12
!= F	> F	< F
= A0.0	= A0.1	= A0.2

F = Festpunktzahl alternativ auch:
G = Gleitpunktzahl
D = Doppelwort

Symbolik:
═ ≙ Wortleitung
— ≙ Bitleitung

Bei den Vergleichsfunktionen werden die Zahlen Z1 und Z2 als vorzeichenbehaftete Dualzahlen (Festpunktzahlen) verglichen. Wird die beim Vergleich gestellte Frage bejaht, führt der Entscheidungsausgang den Zustand 1-Signal, bei der Verneinung wird der Zustand 0-Signal ausgegeben.

Alle Vergleichsoperationen werden unabhängig vom vorausgehenden Verknüpfungsergebnis ausgeführt. Sollen Vergleichsoperationen nur unter bestimmten Voraussetzungen im Programm ausgeführt werden, müssen sie nach bedingten Sprüngen stehen (siehe Kap. 14.8).

Zur Vorbereitung der Vergleichsoperation müssen die beiden Zahlen nacheinander mit Ladebefehlen in den Akkumulator gebracht werden. Dabei ist darauf zu achten, daß die beiden Operanden das gleiche Zahlenformat aufweisen. Zur Aufnahme des Vergleichsergebnisses muß ein binärer Ausgang oder Merker mit dem Abschlußbefehl Zuweisung (=) oder Setzen (S) vorgesehen werden. Der Vergleichsvorgang findet im Akkumulator statt.

Zahlenbeispiel: Vergleichsfunktionen

In der nachfolgenden Tabelle werden zwei Zahlen Z1 und Z2 auf verschiedene Weise miteinander verglichen. Die Zahleneinstellung erfolgt dual-codiert durch Schalter an den Eingängen EW0 (Z1) und EW14 (Z2). Es werden sechs Fälle unterschieden.

			Zahl Z1/EW0	+8	+8	+8	−8	−8	−8
			Zahl Z2/EW14	+7	+8	+9	−7	−8	−9
gleich	EW0 = Z1 F != EW14 = Z2 Q — A 0.0	L EW0 L EW14 != F = A 0.0	!=	0	1	0	0	1	0
ungleich	EW0 = Z1 F >< EW14 = Z2 Q — A 0.0	L EW0 L EW14 >< F = A 0.0	><	1	0	1	1	0	1
größer oder gleich	EW0 = Z1 F >= EW14 = Z2 Q — A 0.0	L EW0 L EW14 >= F = A 0.0	>=	1	1	0	0	1	1
größer	EW0 = Z1 F > EW14 = Z2 Q — A 0.0	L EW0 L EW14 > F = A 0.0	>	1	0	0	0	0	1
kleiner oder gleich	EW0 = Z1 F <= EW14 = Z2 Q — A 0.0	L EW0 L EW14 <= F = A 0.0	<=	0	1	1	1	1	0
kleiner	EW0 = Z1 F < EW14 = Z2 Q — A 0.0	L EW0 L EW14 < F = A 0.0	<	0	0	1	1	0	0

▼ **Beispiel: Zahlenvergleich auf Gleichheit**

Die Zahlenwerte des Zählers Z1 sollen mit den Zahlenwerten eines BCD-Zahleneinstellers auf Gleichheit überprüft werden. Der Zahleneinsteller hat die Wortadresse EW12.

Realisierung mit einer SPS:

Funktionsplan

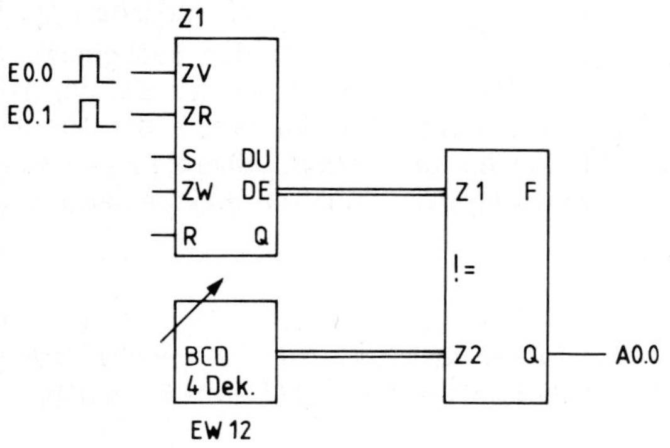

Anweisungsliste

```
PB 1

NETZWERK 1
:U   E    0.0
:ZV  Z    1
:U   E    0.1
:ZR  Z    1
:
:LC  Z    1
:L   EW   12
:!=F
:=   A    0.0
:BE
```

Symbolik:

═ ≙ Wortleitung

— ≙ Bitleitung

Hinweis:

Der gleiche Zahlenwert des Zählers Z1 steht am DU-Ausgang in dual-codierter Form zur Verfügung. Er kann nicht zum Vergleich mit dem BCD-codierten Zahlenformat des Zahleneinstellers herangezogen werden, da dann die Zahlenformate nicht übereinstimmen. Es muß also der Zählerausgang DE benutzt werden, der den Zahlenwert des Zählers BCD-codiert ausgibt. In der Anweisungsliste bedeutet „LC" Laden eines Zahlenwertes mit Codeumwandlung. Korrekter wäre an sich der DU-Ausgang des Zählers zu verwenden, dann müßte jedoch die BCD-codierte Zahl des Zahleneinstellers durch Codewandlung in eine Dualzahl umgesetzt werden. Bei der ▲ Vergleichsfunktion wird ein Bitmustervergleich durchgeführt.

14.7 Arithmetische Operationen

Bei vielen Zählaufgaben wie Stückzählen, Umdrehungen, Impulse etc. müssen die Zählergebnisse logisch überwacht werden. Dazu sind neben den schon bekannten Vergleichsoperationen auch arithmetische Operationen wie Addieren, Subtrahieren, Multiplizieren und Dividieren notwendig.

Arithmetische Operationen mit Festpunkt-Dualzahlen können vorzeichenbehaftete Datenworte verarbeiten und liefern ergebnisseitig ein ebenfalls vorzeichenbehaftetes Zahlenergebnis.

Zur Vorbereitung einer arithmetischen Operation müssen die beiden Zahlen nacheinander mit Ladebefehlen in den Akkumulator gebracht werden. Zur Aufnahme des Rechenergebnisses muß ein Ausgangs- oder Merkerwort mit dem Abschlußbefehl Transferieren (T) bereitgehalten werden. Die arithmetische Operation findet im Akkumulator statt.

Arithmetische Operationen werden unabhängig vom vorausgehenden Verknüpfungsergebnis ausgeführt, sie sind also unbedingte Operationen. Sollen arithmetische Operationen nur unter bestimmten Voraussetzungen ausgeführt werden, so müssen sie nach bedingten Sprungoperationen stehen.

14.7.1 Addition und Subtraktion

Addition ZA = Z1 + Z2

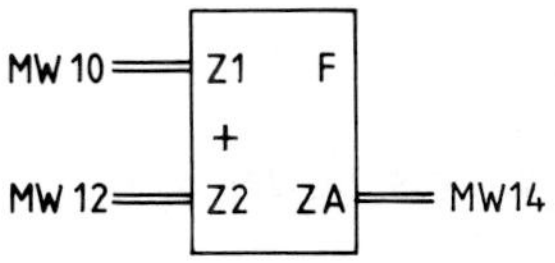


```
L MW10
L MW12
+F
T MW14
```

Subtraktion ZA = Z1 + Z2

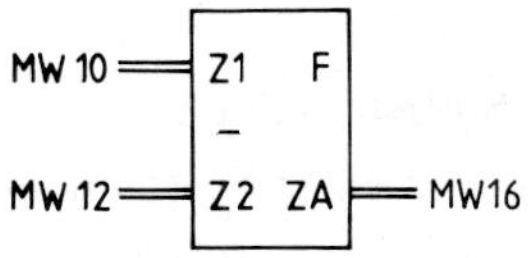


```
L MW10
L MW12
-F
T MW16
```

F = Festpunktzahl
alternativ auch:
G = Gleitpunktzahl
D = Doppelwort

Symbolik:
══ ≙ Wortleitung

▼ Beispiel: Subtraktion

Es ist die Differenz eines Zählerstandes Z10 gegenüber einem vorgegebenen Sollwert zu ermitteln und als Ergebnis in das Merkerwort MW100 zu übertragen.

Z1 = Zählerstand des Zählers Z10 (z.B. Zahlenwert 32, dual-codiert)
Z2 = Sollwert (Festpunktzahl z.B. KF = + 48)
ZA = Differenz (zum Merkerwort MW100)

Realisierung mit einer SPS:

Funktionsplan:

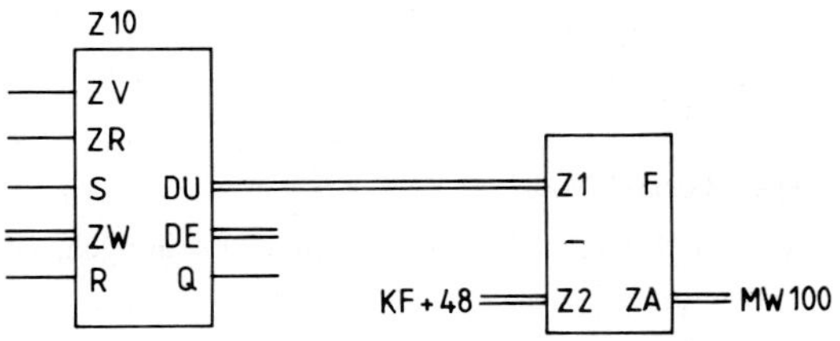

Symbolik:
══ ≙ Wortleitung
── ≙ Bitleitung

Anweisungsliste:

L Z10	Bitmuster	0 000 0000 0010 0000	= +32
L KF+48		0 000 0000 0011 0000	= +48
–F			
T MW100		1 111 1111 1111 0000	= –16

Hinweis:
Der im Zähler Z10 stehende Zahlenwert Z1 muß im dual-codierten Zahlenformat abgerufen werden. Dies geschieht mit der Anweisung L Z10. Würde man LC Z10 programmieren, so würde der Zahlenwert im BCD-Code im Akkumulator erscheinen. Die Subtraktion mit der Konstanten Z2, die als Festpunkt-Dualzahl vorliegt, ergäbe ein falsches Ergebnis!

Zur Frage, warum 1 111 1111 0000 = – 16 ist, siehe Kap. 13.2.3.

▲ Auch wenn beide Zahlen BCD-codiert vorlägen, würde der Subtrahierer ein falsches Ergebnis bilden.

14.7.2 Multiplikation und Division

Multiplikation ZA = Z1 × Z2

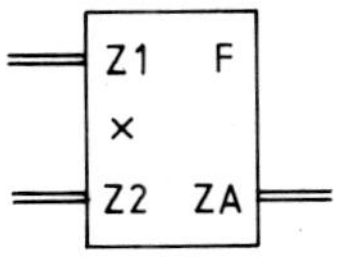

Division ZA = Z1 : Z2

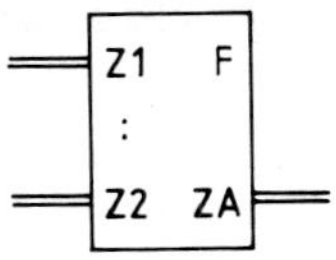

Symbolik:
══ ≙ Wortleitung

F = Festpunktzahl
alternativ auch:
G = Gleitpunktzahl

Der Sonderfall einer Multiplikation einer Festpunktzahl mit – 1 wird durch Zweierkomplementbildung gelöst (siehe Kap. 14.7.3).
Die Multiplikation einer Festpunktzahl mit einer ganzzahligen oder gebrochenen Konstanten wurde in Kap. 13.2 behandelt.

14.7.3 Vorzeichenumkehr bei Dualzahlen

Zur Änderung des Vorzeichens einer Festpunktzahl steht die Anweisung 2er-Komplement

KZW (Komplement Zweier Wort)

zur Verfügung.
Der im Akkumulator stehende Wert wird bei der Bildung des Zweierkomplements als Festpunktzahl gedeutet und zuerst Bit für Bit invertiert. Danach wird zum Akkumulatorinhalt + 1 addiert. Diese Operation ist gleichbedeutend mit einer Multiplikation mit – 1. Die Operation wird unbedingt ausgeführt.

Zahlenbeispiel: Zweierkomplement

Der Inhalt des Merkerwortes MW10 wird als Festpunktzahl interpretiert und hat den Zahlenwert + 51. Dieser Zahlenwert soll mit umgekehrtem Vorzeichen in MW12 abgelegt werden.
Anschließend ist vom Inhalt des Merkerwortes MW12 das Zweierkomplement zu bilden und im Merkerwort MW14 abzulegen. Welchen Zahlenwert hat das Endergebnis?

Lösung:

L	MW10	KF = + 51	KM = 00000000 00110011
KZW			
T	MW12	KF = – 51	KM = 11111111 11001101
L	MW12	KF = – 51	KM = 11111111 11001101
KZW			
T	MW14	KF = + 51	KM = 00000000 00110011

Die Grundlagen der Zweierkomplementbildung sind im Kapitel 13.2.3 über Zahlendarstellungen näher erläutert.

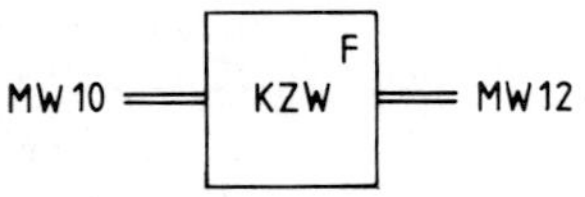

F = Festpunktzahl
alternativ auch:
D = Doppelwort

Symbolik:
══ ≙ Wortleitung

14.8 Bausteinaufrufe und Sprungoperationen

Man unterscheidet Bausteinaufrufe und Sprungoperationen. Beide gehören an sich nicht zu den digitalen Grundoperationen, sie sind jedoch oftmals den digitalen Operationen nachgeordnet und werten deren Ergebnisse in Form von Entscheidungen aus.

14.8.1 Bausteinaufrufe

Programmbausteine (PB) und Funktionsbausteine (FB) können bedingt und unbedingt aufgerufen werden. Die Fortsetzung des Programmlaufs erfolgt dann im aufgerufenen Baustein. In diesem wird das Verknüpfungsergebnis VKE zu Beginn auf „1“ gesetzt.

SPA x y unbedingter (absoluter) Sprung zum bezeichneten Baustein
SPB x y bedingter Sprung, wird ausgeführt, wenn das Verknüpfungsergebnis VKE = 1 ist. Bei VKE = 0 wird der Sprung nicht ausgeführt und das VKE = 1 gesetzt.
x = PB oder FB
y = 1...255

Der Aufruf von Datenbausteinen (DB) bedeutet, daß die im Programm auftretenden Datenworte (DW) dem zuvor aufgerufenen Datenbaustein zugeordnet werden.

A DB y Aufruf Datenbaustein
 y = 1...255

Mit Ausnahme der Datenbausteine müssen alle anderen Bausteine mit einer Baustein-Ende-Anweisung abgeschlossen werden. Dem Programmierer stehen drei verschiedene Baustein-Ende-Befehle zur Verfügung:

BE = Baustein-Ende,
BEA = Baustein-Ende absolut,
BEB = Baustein-Ende bedingt, d.h. abhängig vom VKE.

Die Anwendung von BEA, BEB vermeidet das sonst notwendige Anspringen der Anweisung BE und gestaltet so das Programm übersichtlicher.

14.8.2 Sprungoperationen

Sprungoperationen wirken auf die Programmorganisation. Durch Sprünge im Programm kann die lineare Programmabarbeitung in einen verzweigten Programmlauf umgestaltet werden.

Tafel 6

Sprungoperationen innerhalb von Funktionsbausteinen
(□ = Symboladresse einsetzen, max. 4 Zeichen beginnend mit einem Buchstaben)

Operation	Beschreibung
SPA = □	Sprung unbedingt. Der unbedingte Sprung wird unabhängig von Bedingungen ausgeführt.
SPB = □	Sprung bedingt. Der bedingte Sprung wird ausgeführt, wenn das Verknüpfungsergebnis VKE = 1 ist. Bei VKE = 0 wird die Anweisung nicht ausgeführt und das VKE = 1 gesetzt.
SPZ = □	Sprung, wenn Akkumulatorinhalt Null ist (Zero). Der Sprung wird ausgeführt, wenn der Akkumulatorinhalt aufgrund einer vorausgegangenen arithmetischen Operation oder Digitalverknüpfung Null ist oder die Vergleichsfunktion „!=F" erfüllt ist oder nach einer Schiebeoperation der Wert des zuletzt hinausgeschobenen Bits „0" ist.
SPN = □	Sprung, wenn Akkumulatorinhalt nicht Null ist. Der Sprung wird ausgeführt, wenn der Akkumulatorinhalt aufgrund einer vorausgegangenen arithmetischen Operation oder Digitalverknüpfung nicht Null ist oder eine der Vergleichsfunktionen „< F", „> F" erfüllt ist oder nach einer Schiebeoperation der Wert des zuletzt hinausgeschobenen Bits „1" ist.
SPP = □	Sprung, wenn Akkumulatorinhalt positiv ist. Der Sprung wird ausgeführt, wenn der Akkumulatorinhalt aufgrund einer vorausgegangenen arithmetischen Operation oder Digitalverknüpfung größer Null ist oder die Vergleichsfunktion „> F" erfüllt ist oder nach einer Schiebeoperation der Wert des zuletzt hinausgeschobenen Bits „1" ist.
SPM = □	Sprung, wenn Akkumulatorinhalt negativ (Minus) ist. Der Sprung wird ausgeführt, wenn der Akkumulatorinhalt aufgrund einer vorausgegangenen arithmetischen Operation kleiner Null ist oder die Vergleichsoperation „< F" erfüllt ist.
SPO = □	Sprung bei Überlauf (Overflow) Der Sprung wird ausgeführt, wenn aufgrund einer vorausgegangenen Rechenoperation ein Überlauf vorliegt, d.h. die zulässige Zahlengrenze überschritten wurde.

Bei der Verwendung von Sprungfunktionen in einem SPS-Programm muß sich der Programmierer über die Sprungbedingungen und Sprungziele Klarheit verschaffen.

Sprungbedingungen:

- Entweder muß das Verknüpfungsergebnis einer vorausgegangenen logischen Verknüpfung oder einer Vergleichsoperation VKE = 1 sein,
- oder der Akkumulatorinhalt muß aufgrund einer vorausgegangenen arithmetischen Operation, Schiebeoperation, Umwandlungsoperation oder Digitalverknüpfung den Wert Null haben, positiv sein, negativ sein etc.

Sprungziel:

- Das Sprungziel für unbedingte oder bedingte Sprünge wird symbolisch angegeben (maximal 4 Zeichen). Dabei ist der Symbolparameter des Sprungbefehls identisch mit der Symboladresse der anzuspringenden Anweisung;
- die absolute Sprungdistanz innerhalb eines Programmsegments darf nicht mehr als + 127 Wörter umfassen.

Hier müssen die Angaben der verwendeten Steuerungssprache genau beachtet werden!

Die voranstehende Tafel 6 über Sprungoperationen gilt grundsätzlich für alle wortverarbeitenden SPS, in formalen Einzelheiten beziehen sich die Angaben jedoch auf die Steuerungssprache STEP 5, bei der Sprünge nur in Funktionsbausteinen zugelassen sind.

Bei der Programmdarstellung in Funktionsplanform ergibt sich bei Sprüngen ein Darstellungsproblem. Deshalb heißt die Vorschrift: Sprünge können nur in AWL unter zu Hilfenahme von Sprungmarken dargestellt werden. Trotzdem ist es bei der Programmentwurfsarbeit sehr hilfreich, wenn wenigstens eine FUP-ähnliche Darstellungsform für Sprünge zur Verfügung steht – auch wenn sie nicht vom Programmiergerät unterstützt wird. Es wird folgende Symbolik eingeführt:

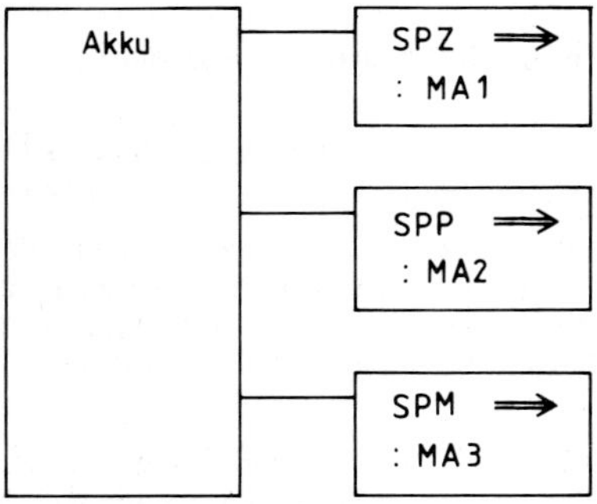

Symbolik:
MAn = Sprungmarke, Anfang eines anderen Programmteils

Das nachfolgende Beispiel zeigt eine grundsätzliche Schwierigkeit der Unterprogrammtechnik: Werden in einem Unterprogramm Ausgänge oder Merker durch Zuweisung (=) oder Setzen (S) angesteuert, so bleibt ihr Zustand nach Wegfall der Sprungbedingung zum Unterprogramm auch weiterhin erhalten, da das Unterprogramm nicht mehr bearbeitet wird! Es muß deshalb folgende Regel beachtet werden:

> Das Ausschalten der in Unterprogrammen angesteuerten Ausgänge oder Merker muß außerhalb der Unterprogramme erfolgen, am besten am Beginn des Bausteins.
> Als Befehlsfolgen eignen sich:
>
> | | | |
> |---|---|---|
> | 1) L KF + 0 | 2) O My | y = Adresse eines freien Merkers |
> | T MBx | ON My | |
> | | R Ax | x = Adresse eines rückzusetzenden Ausgangs oder Merkerbytes |

▼ Beispiel: 1 aus 2 Verzweigung

Die Dualzahlen Z1 (in MW0) und Z2 (in MW2) sind zu subtrahieren. Abhängig vom Ergebnis der Subtraktion (nach MW20) soll das Programm an verschiedenen Stellen fortgesetzt werden.

Wenn das Ergebnis Z1 – Z2

a) positiv ist, dann Programmfortsetzung bei Marke MA1 mit einem Vergleich, ob die Differenz kleiner als + 10 ist, Anzeige durch Ausgang A0;

b) negativ ist, dann Programmfortsetzung bei Marke MA2 mit einem Vergleich, ob die Differenz größer als – 10 ist, Anzeige durch Ausgang A1.

Das Verzweigungsprogramm soll im Funktionsbaustein FB1 stehen.

Zuordnungstabelle:

Eingangsvariable	Betriebsmittel-Kennzeichnung	Logische Zuordnung
Dualzahl 1	MW0	16 Bit
Dualzahl 2	MW2	16 Bit
Ausgangsvariable		
Dualzahl (Ergebnis)	MW20	16 Bit
Anzeige 1	A0	Anzeige 1 ein A0 = 1
Anzeige 2	A1	Anzeige 2 ein A1 = 1

Lösung:

Funktionsplan

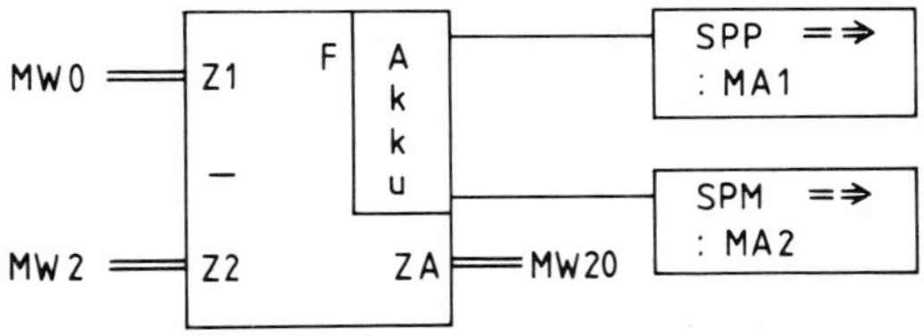

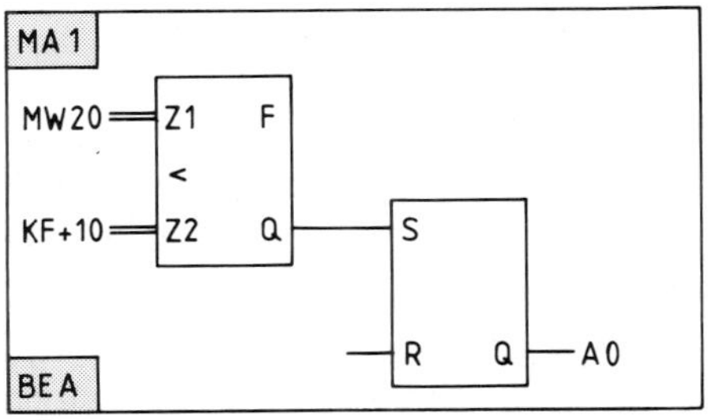

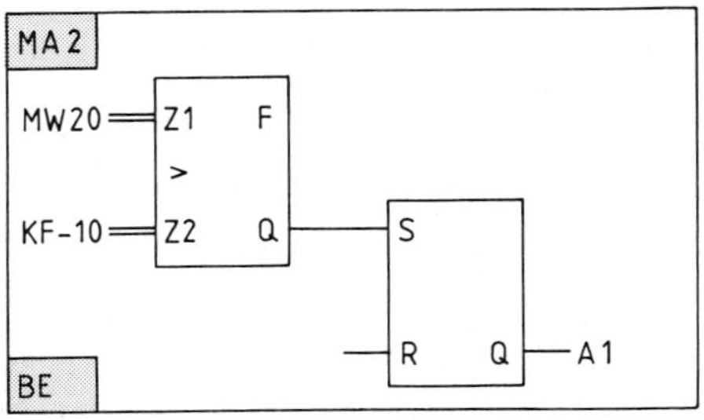

Symbolik:

MAn = Marke Programmanfang
BEA = Bausteinende absolut
BE = Bausteinende
══ = Wortleitung
── = Bitleitung

Realisierung mit einer SPS:

Zuordnung:

A0 = A0.0	Marke	MA1 = M001	MW0 = MW 0
A1 = A0.1		MA2 = M002	MW2 = MW 2
			MW20 = MW 20

Anweisungsliste:

```
FB 1

NETZWERK 1
NAME :SPRUENGE

          :L    KF +0          Ruecksetzen der Ausgaenge
          :T    AB   0         A0 und A1
          :L    MW   0         Subtraktion
          :L    MW   2
          :-F
          :T    MW  20         ZA = Z1 - Z2
          :SPP =M001           Sprung nach Marke M001, wenn
          :                    ZA>0
          :SPM =M002           Sprung nach Marke M002, wenn
          :                    ZA<0
          :BEA                 Bausteinende
          :
     M001 :L    MW  20
          :L    KF +10
          :<F
          :S    A    0.0       A 0.0 = 1, wenn 0 < ZA < +10
          :BEA                 Bausteinende
          :
     M002 :L    MW  20
          :L    KF -10
          :>F
          :S    A    0.1       A 0.1 = 1, wenn 0 > ZA > -10
          :BE                  Bausteinende
```

▲

14.9 Digitale Verknüpfungen

14.9.1 UND-, ODER-, EXOR-Wort

Bei den digitalen Verknüpfungen werden die einzelnen Binärstellen von 16 Bit-Worten nach UND, ODER sowie EXCLUSUV-ODER (Antivalenz) miteinander verknüpft. Überträge zur nächsten Binärstelle werden nicht vorgenommen.

	UW (UND)	OW (ODER)	XOW (EX-ODER)
Wort 1	1010	1010	1010
Wort 2	1100	1100	1100
Ergebnis	1000	1110	0110

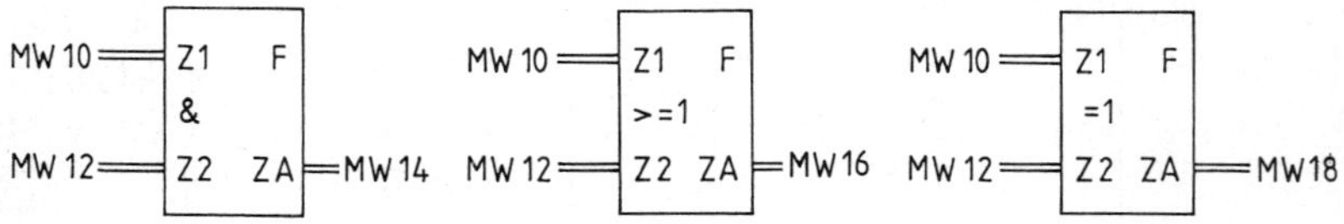

L MW 10	L MW 10	L MW 10
L MW 12	L MW 12	L MW 12
UW	OW	XOW
T MW 14	T MW 16	T MW 18

14.9.2 Maskieren von Binärstellen

Eine Anwendung der digitalen Verknüpfung „UND-Wort" ist das sog. *Maskieren* von Binärstellen.

Zum Ausblenden von nichtbenötigten Binärstellen bildet man eine Maske, bei der die benötigten Binärstellen auf „1" und die auszublendenden Stellen auf „0" gesetzt werden. Die Maske kann als direktes Bitmuster mit dem Zahlenformat KM oder als entsprechende Dualzahl mit dem Zahlenformat KF eingegeben werden, z.B.:

	Bit 15 0		
Maske:	KM 00000000 00001111	oder	KF + 15

Anschließend werden Vorlage und Maske UND-verknüpft. Damit fallen die nicht gewünschten Stellen heraus, während die Signalzustände der gewünschten Stellen unverändert bleiben.

			(EB0) (EB1)
L EW 0	Vorlage	z.B.	01101111 1010 0110
L KF + 15	Maske	z.B.	00000000 0000 1111
UW			
T MW10	Ergebnis		00000000 0000 0110
			(MB10) (MB11)

Zahlenbeispiel: Maskieren

Von den 8 Signalzuständen des Eingangsbytes EB0 sollen nur die oberen fünf Signalzustände (E0.7...E0.3) im Ausgangsbyte AB0 angezeigt werden. Das Eingangsbyte EB0 ist entsprechend zu maskieren.

Lösung:

L EB0	L EB0	L EB0	L EB0
L KF+248	L KH 00F8	L KB 248	L KM 00000000 11111000
UW	UW	UW	UW
T AB0	T AB0	T AB0	T AB0

14.9.3 Ergänzen von Bitmustern

Eine Anwendung der digitalen Verknüpfung ODER-Wort ist die Bitmusterergänzung, wenn es um die Ergänzung von 1-Signalzuständen geht.

Beim Ergänzen von Bitmustern werden einzelne oder mehrere Binärstellen mit dem Signalwert „1" in ein gegebenes Bitmuster eingefügt.

L MW10	Bitmuster	alt z.B.	00010001 01100000
L MW20	Ergänzung	z.B.	00000000 00000111
OW			
T MW10	Bitmuster	neu z.B.	00010001 01100111

Bitmusterergänzungen kommen z.B. vor bei der Aktualisierung von Störmeldezuständen.

14.9.4 Signalwechsel von Binärstellen erkennen

Eine Anwendung der digitalen Verknüpfung EXOR-Wort ist das Erkennen von Signalwechseln bei einzelnen oder mehreren Binärstellen.

Die Signaländerung in Binärstellen läßt sich durch die EXOR-Verknüpfung (Antivalenz) der alten und der neuen Zustände feststellen. Die EXOR-Verknüpfung liefert ein 1-Signal für

$0 \rightarrow 1$ – Änderungen,
$1 \rightarrow 0$ – Änderungen.

Will man nun allein die 0 → 1-Änderungen erfassen, muß man noch eine UND-Verknüpfung des Änderungsmusters mit den *neuen* Signalzuständen durchführen.

L MW 50	 0011	Datenwort „alt"
L EW 1	 1010	Datenwort „neu"
XOW	 1001	Änderungsmuster im Akku
L EW 1	 1010	Datenwort „neu"
UW		UND-Verknüpfung mit Änderungsmuster
T AW 0	 1000	Ergebnis: nur 1 Binärstelle (Bit 3) hat eine 0 → 1-Änderung erfahren.

Möchte man nur die 1 → 0-Änderungen erfassen, muß eine UND-Verknüpfung des Änderungsmusters mit den *alten* Signalzuständen durchgeführt werden.

L MW 50	 0011	Datenwort „alt"
L EW 1	 1010	Datenwort „neu"
XOW	 1001	Änderungsmuster im Akku
L MW 50	 0011	Datenwort „alt"
UW		UND-Verknüpfung mit Änderungsmuster
T AW 0	 0001	Ergebnis: nur 1 Binärstelle (Bit 0) hat eine 1 → 0-Änderung erfahren.

▼ **Beispiel: 1 → 0-Signalwechsel**

Die Signalzustände des Eingangsbytes EB1 sollen auf 1 → 0-Änderungen überprüft werden. Diejenigen Binärstellen, die eine 1 → 0-Änderung erfahren haben, sollen im Ausgangsbyte AB1 ein 1-Signal zeigen. Als Zwischenspeicher für den alten Signalzustand soll das Merkerbyte MB50 dienen.

FB1				
L MB 50	Daten „alt"	z.B.	00010001	
L EB1	Daten „neu"	z.B.	10000001	
XOW				
	Änderungsmuster		10010000	im Akku
L MB 50	Daten „alt"		00010001	
UW	UND-Verknüpfung ergibt			
	1 → 0-Änderungen		00010000	im Akku
L AB1	1 → 0-Änderungen „alt"	z.B.	00000000	
OW	ODER-Verknüpfung ergibt			
T AB1	1 → 0-Änderungen „neu"		00010000	Ergebnis
L EB1	Daten „neu"		10000001	
T MB50	im Zwischenspeicher		10000001	Diese Daten sind im nächsten Programmzyklus dann die Daten „alt".

▲

14.10 Registeroperationen

Register sind Mehrbitspeicher zur Aufnahme begrenzter Datenmengen. Sie bestehen aus einer kettenförmigen Anordnung mehrerer Speicherglieder mit Byte- oder Wortlänge. Bei Speicherprogrammierbaren Steuerungen stehen Register in Datenbausteinen und im Merkerbereich zur Verfügung. Registeroperationen dienen dem Transport oder der Verarbeitung von Daten unter Einbeziehung des Akkumulators. Der Akkumulator ist ein besonderes Register der SPS.

Bevor auf Registeroperationen bei der SPS eingegangen wird, soll unabhängig von der Realisierung in der SPS ein Überblick über die wichtigsten Registerfunktionen gegeben werden.

14.10.1 Parallelregister

Parallelregister sind geeignet zur gleichzeitigen (parallelen) Aufnahme, zum Speichern und gleichzeitigen (parallelen) Ausgabe von binärcodiert dargestellten Informationen.

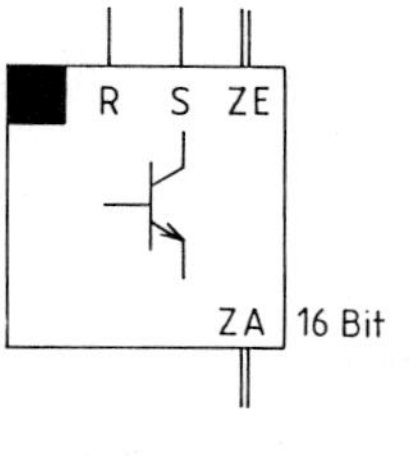

Mit Signal „1“ am Eingang S wird die an den Eingängen ZE anstehende Zahl in das Register übernommen und an den Ausgängen ZA angeboten. Signal „1“ am Eingang R bewirkt ein Rücksetzen des Registers auf Null.

Beispiel für die Wortlänge 16 Bit.

14.10.2 Schieberegister

Bei diesen Registern kann die Information mit jedem Takt um einen Speicherplatz verschoben werden. Neben der seriellen Ein- und Ausgabe der Daten besteht die Möglichkeit, Daten parallel ein- bzw. auszulesen. Die Schieberichtung ist nicht räumlich zu verstehen, sondern stellenwertmäßig:

- *Linksschieben* ist die Verschiebung der Daten von niedrigen zu höheren Stellenwerten der Registerspeicher.
- *Rechtsschieben* ist die Verschiebung der Daten von höheren zu niedrigeren Stellenwerten der Registerspeicher.

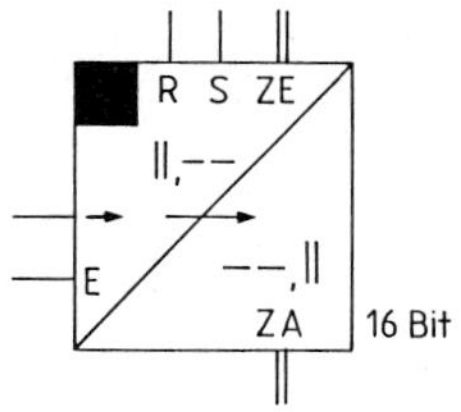

ZE = Paralleleingänge
ZA = Parallelausgänge
S = Bei Signal „1“ am Setzeingang S werden die an den Paralleleingängen anstehenden Daten in das Schieberegister übernommen
R = Rücksetzen des Registers auf Null mit Signal „1“ an Eingang R
E = Serieller Dateneingang
→ = Takteingang für „Schieben rechts“: Daten werden nach rechts geschoben bei gleichzeitiger Aufnahme der am Eingang E anstehenden Information.

Schieberegister haben vielfältige Anwendungsmöglichkeiten, z.B.:

Parallel-Serien-Umsetzer	Serien-Parallel-Umsetzer	Laufzeitspeicher
Aufnahme der an den Paralleleingängen anstehenden Daten mit Signal S. Durch Taktimpulse an „→“ kann die Information Bit für Bit an der letzten Binärstelle der Parallelausgänge abgegriffen werden.	Eine Information ist Bit für Bit im Takte der Schiebefrequenz an den seriellen Eingang E anzulegen und wird in das Schieberegister übernommen. Nach n Takten, entsprechend der Wortlänge, können die Daten an den Parallelausgängen abgegriffen werden.	Eine Information ist Bit für Bit im Takte der Schiebefrequenz an den seriellen Eingang E anzulegen und wird in das Schieberegister übernommen. Nach n Takten, entsprechend der Länge des Schieberegisters, erscheinen die Daten zeitverzögert Bit für Bit an der letzten Binärstelle der Ausgänge.

14.10.3 Schiebespeicher

Schiebespeicher sind mehrzeilige Parallelregister. Man unterscheidet Schiebespeicher nach ihrem Speicherverhalten in FIFO und LIFO.

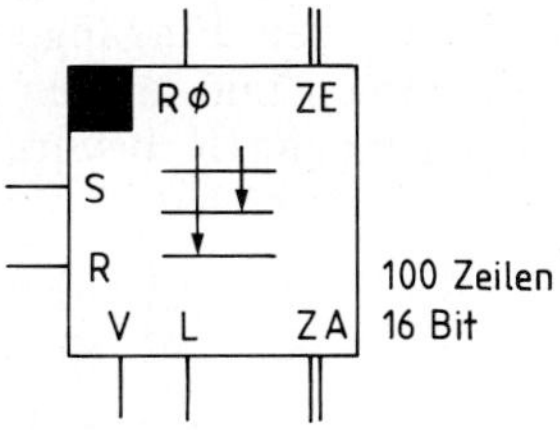

S = Einlesen eines Datenwortes von ZE
ZE = Dateneingänge
R = Auslesen eines Datenwortes an ZA
ZA = Datenausgänge
R0 = Speicher löschen
V = Anzeige: Speicher belegt (voll)
L = Anzeige: Speicher leer

FIFO-Speicher

Die an den Paralleleingängen anliegenden Datenworte können nacheinander eingeschrieben werden. Im Innern des Speichers liegen die Datenworte in geschichteter Form. Die Datenworte können in der Reihenfolge der Eingabe wieder entnommen werden. Man nennt die Arbeitsweise auch „First In – First Out".

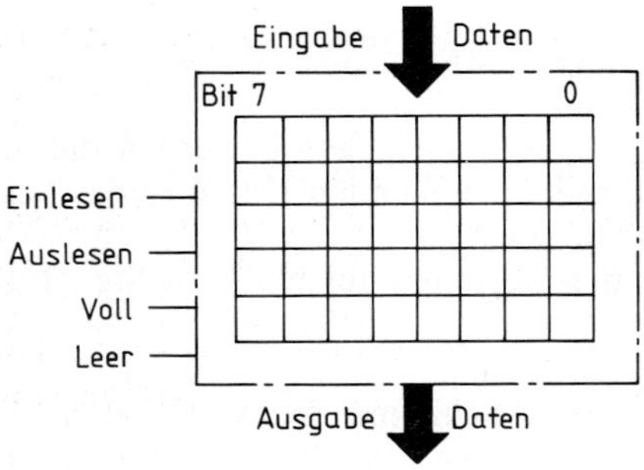

FIFO als Warteschlangenspeicher

LIFO-Speicher

Die an den Paralleleingängen anliegenden Datenworte können nacheinander aufgenommen werden. Im Innern des Schiebespeichers liegen die Datenworte in geschichteter Form. Die Ausgabe der Datenworte erfolgt jedoch in der umgekehrten Reihenfolge wie bei der Eingabe. Man nennt die Arbeitsweise auch „Last In – First Out".

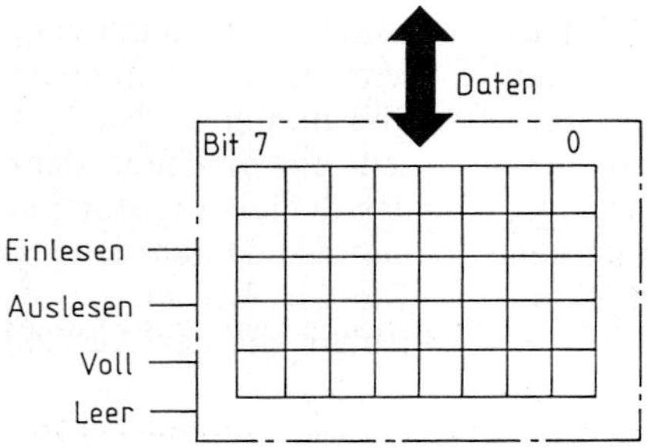

LIFO als Stapelspeicher

14.10.4 SPS-Register in Datenbausteinen

Für Registeroperationen bei Speicherprogrammierbaren Steuerungen kommen in erster Linie die aus Datenworten bestehenden Datenbausteine in Frage. *Datenbausteine* DBn dienen der Aufnahme aller festen und variablen Daten des Anwenderprogramms.

Jeder Datenbaustein kann aus bis zu 256 Datenworten bestehen. Unter einem *Datenwort* DWn versteht man ein Register mit einer Wortlänge von 16 Bit. Die in einem Datenwort stehende Information ist der Inhalt des Datenwortes.

In Datenbausteinen werden keine Programmoperationen ausgeführt sondern nur Daten aufbewahrt. Die Daten eines Datenbausteins können sein:

- Bitmuster (Tabellen),
- Zahlen (hexadezimal, dual),
- alphanumerische Zeichen (Schriftfuß, Meldetexte).

Der SPS-Anwender bestimmt durch sein Programm, welchen Registertyp (Parallel-, Seriell-, Schiebe-, FIFO-, LIFO-Speicher) er in einem Datenbaustein verwirklichen will. Die Registeroperationen der SPS stehen in engster Verbindung zum Akkumulator des SPS (siehe Kap. 14.4).

In geringem Umfang kommt auch der Merkerbereich einer SPS für Registeroperationen in Frage.

Datenbausteine müssen zunächst im RAM-Bereich der SPS erzeugt werden. Hierfür stehen zwei Verfahren zur Verfügung:

- Datenbausteine mit Hilfe des Programmiergerätes entsprechend den Handbuchanweisungen erzeugen;
- Datenbausteine per Programm erzeugen.

L KF + 11	Die Festpunktzahl +11 wird in den Akku geladen.
E DB 5	Der Datenbaustein DB 5 wird mit einer Länge von 12 Datenworten DW0...DW11 mit Nullen als Inhalt im Automatisierungsgerät (AG) erzeugt. Bei der wiederholten Bearbeitung dieses Programmteils in den folgenden Programmzyklen bleibt der Befehl E DB 5 wirkungslos.

Der Datenbaustein DB5 hat dann das folgende Aussehen:

DB5

```
 0:  KH = 0000;     KH = 4-stellige Hexzahl ≙ 16 Bit-Datenwortlänge
 1:  KH = 0000;
 2:  KH = 0000;
 3:  KH = 0000;
 4:  KH = 0000;
 5:  KH = 0000;
 6:  KH = 0000;
 7:  KH = 0000;
 8:  KH = 0000;
 9:  KH = 0000;
10:  KH = 0000;
11:  KH = 0000;
12:
```

Datenbausteine können auch wieder gelöscht werden, hierfür stehen auch zwei Verfahren zur Verfügung:

- Datenbaustein löschen mit Hilfe des Programmiergerätes gemäß Handbuchanweisung;
- Datenbaustein per Programm löschen.

L KF + 0	Die Festpunktzahl +0 wird in den Akku geladen.
E DB 5	Das Datenwort DB 5 wird für ungültig erklärt und aus der Bausteinliste ausgetragen.

14.10.5 Lade- und Transferoperationen mit Datenworten

Ladeoperationen sind immer Operationen, die den Dateninhalt einer Datenquelle zum Akkumulator bringen. Mit Transferoperationen werden Daten vom Akkumulator ausgelesen und zum Datenziel transferiert.

Ist der Datenbereich als Datenquelle oder Datenziel miteinbezogen, so muß der betreffende Datenbaustein aufgerufen werden. Datenbausteine können nur unbedingt aufgerufen werden. Der Aufruf bleibt solange gültig, bis ein neuer Aufruf erfolgt.

Zahlenbeispiel: Aufruf von Datenbausteinen

Es soll der Inhalt des Datenwortes DW 1 von Datenbaustein DB 10 in das Datenwort DW 5 der Datenbausteine DB 12 transferiert werden.

Anweisungsliste:

A DB 10	Aufruf Datenbaustein DB 10
L DW 1	Inhalt des DW 1 in den Akkumulator laden
A DB 12	Aufruf Datenbaustein DB 12
T DW 5	Inhalt des Akkumulators zum Datenwort DW 5 des Datenbausteins DB 12 transferieren.

Der Aufruf von Datenbausteinen bleibt auch über Bausteingrenzen hinweg gültig, auch wenn vorübergehend ein anderer Datenbaustein aktuell ist.

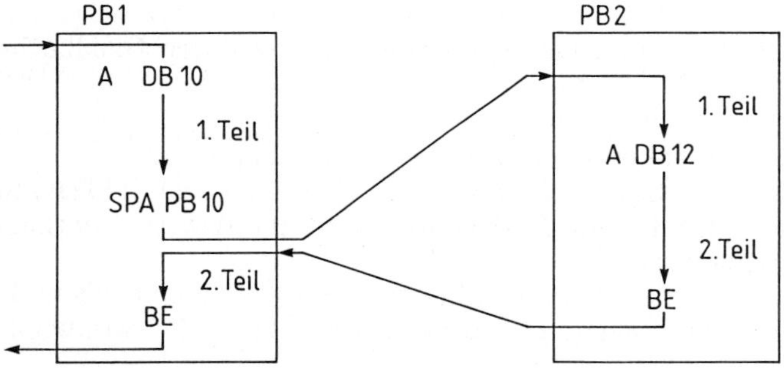

Alle im Programm des PB1 vorkommenden Datenworte DW gehören zum Datenbaustein DB 10, sowohl beim Programmteil 1 als auch beim Programmteil 2.

Die im Programm des PB2 vorkommenden Datenworte DW gehören
- zum DB 10, solange Programmteil 1 bearbeitet wird;
- zum DB 12, wenn Programmteil 2 bearbeitet wird.

14.10.6 Schiebeoperationen

Schiebeoperationen können das im Akkumulator stehende Bitmuster um eine gewünschte Stellenzahl nach rechts (in Richtung des niederwertigsten Bits) oder nach links (in Richtung des höchstwertigen Bits) verschieben. Solche Operationen können z.B. angewendet werden, um

- einen in den Akkumulator eingelesenen Zahlenwert zu verändern,
- ein in den Akkumulator eingelesenes Bitmuster stellenweise zu einem seriellen Ausgangsbit zu verschieben.

SRW xx <u>S</u>chiebe <u>r</u>echts <u>W</u>ort

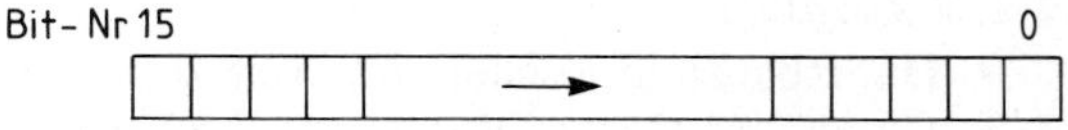

SLW xx <u>S</u>chiebe <u>l</u>inks <u>W</u>ort

AWL FUP

```
L MWy
SRW xx
T MWy
```

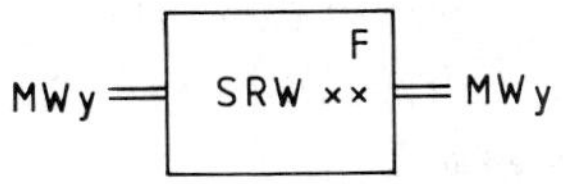

xx = Parameter, der die Anzahl der Binärstellen nennt, um die der Akkuinhalt verschoben werden soll. Zulässig sind Zahlen von 0 bis 15.

```
L MWy
SLW xx
T MWy
```

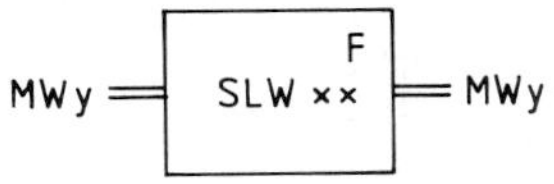

Die beim Schieben freiwerdenden Binärstellen werden mit Nullen aufgefüllt. Schiebeoperationen sind unbedingte Operationen.

Neben den beiden Standardbefehlen SRW, SLW verfügen SPS auch noch über weitere Schiebebefehle, z.B.

- Schieben eines Doppelwortes,
- Rotieren eines Doppelwortes nach links/rechts.

▼ Beispiel: Qualitätskontrolle

Am Ende eines Fertigungsprozesses sollen die Erzeugnisse automatisch kontrolliert werden. Dazu durchlaufen die Prüflinge mit gleichbleibendem Abstand eine Prüfstrecke mit 5 Kontrollstellen (K4...K0).

Ein Förderband sorgt für den Transport der Prüflinge. Die Bandlaufzeit für eine Teilstrecke beträgt 5 s. Der Bandlauf wird erstmalig ausgelöst durch das Einschalten der Anlage mit Schalter S6 und dann jeweils durch das Prüfsignal S5.

Das Signal S5 meldet, daß der Prüfvorgang insgesamt abgeschlossen ist und die Teile zur nächsten Station weitertransportiert werden.

Wird an einer Kontrollstelle ein Fehler am Prüfling festgestellt, so wird an dieser Stelle ein 1-Signal gegeben. Über die gespeicherten Fehlersignale muß dafür gesorgt werden, daß die Weiche am Ende der Prüfstrecke zur Aussortierung des Ausschusses gestellt wird.

Technologieschema:

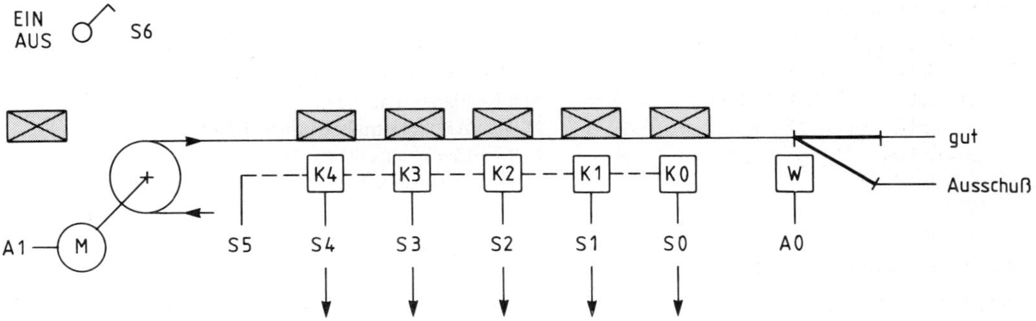

Schema für	MB1 ... 0	1	0	0	0	Fehlerspeicher „alt“.
Verschiebung und	MB1 ... 0	0	1	0	0	Fehlerspeicher nach Schieben.
Ergänzung von	EB1 ... 0	0	0	1	0	Prüfdaten „neu“
Fehlerdaten:	MB1 ... 0	0	1	1	0	Fehlerspeicher „neu“.

Bild 14.4
Qualitätskontrolle

Prüfmerker M 1.0 für Weichenstellung:
M 1.0 = 0 → gut
M 1.0 = 1 → Ausschuß

Zuordnungstabelle:

Eingangsvariable	Betriebsmittel-kennzeichen	Logische Zuordnung	
Schalter EIN/AUS	S6	EIN	S6 = 1
Prüfsignal	S5	Prüfung beendet	S5 = 1
Kontrollstelle 4	S4	fehlerfrei	S4 = 0
Kontrollstelle 3	S3	fehlerfrei	S3 = 0
Kontrollstelle 2	S2	fehlerfrei	S2 = 0
Kontrollstelle 1	S1	fehlerfrei	S1 = 0
Kontrollstelle 0	S0	fehlerfrei	S0 = 0
Ausgangsvariable			
Bandweiche	A0	geradeaus	A0 = 0
Bandmotor	A1	läuft	A1 = 1

Lösung:

Wenn ein Prüfvorgang beendet ist, kommt ein Signal von S5 und es wird über eine Wischerfunktion ein Programmzyklus mit folgenden Einzelfunktionen gestartet:

1. Daten des Merkerbytes MB1 (Fehlerspeicher) werden um 1 Stelle nach rechts verschoben.
2. Aktuelle Prüfdaten vom Eingangsbyte EB1 werden im Fehlerspeicher MB1 ergänzt.
3. Niederwertigste Binärstelle M1.0 des Fehlerspeichers auf 1-Signal abfragen und ggf. Bandweiche umsteuern.
4. Bandmotor für 5 s einschalten. Zusätzlich beim Einschalten der Anlage einen einmaligen Leertransportschritt einfügen. Dazu wird ein Wischerimpuls aus Signal S6 abgeleitet.

Grobstruktur:

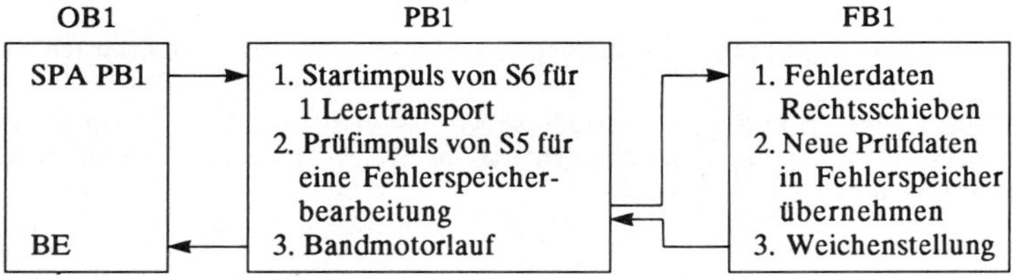

Realisierung mit einer SPS:

Zuordnung:

S0 = E 1.0	A0 = A 0.0	M 0.0 = Wischerimpuls: Prüfung
S1 = E 1.1	A1 = A 0.1	M 0.1 = Flankenmerker
S2 = E 1.2		M 0.6 = Wischerimpuls: Anlage EIN
S3 = E 1.3		M 0.7 = Flankenmerker
S4 = E 1.4		MB1 = Fehlerspeicher:
S5 = E 0.0		Schiebespeicher mit
S6 = E 0.6	T1 = Zeitglied 5 s	M 1.0 als Prüfbit „Weiche“

Anweisungsliste:

```
OB 1

:SPA PB    1
:BE
```

```
PB 1

:U    E    0.6
:UN   M    0.7
:=    M    0.6
:S    M    0.7
:UN   E    0.6
:R    M    0.7
:
:U    E    0.0
:UN   M    0.1
:=    M    0.0
:S    M    0.1
:UN   E    0.0
:R    M    0.1
:
:U    M    0.0
:SPB FB    1
NAME :QUALIT-K
:
:O    M    0.6
:O    M    0.0
:L    KT 050.1
:SV   T    1
:
:U    T    1
:=    A    0.1
:BE
```

```
FB 1

NAME :QUALIT-K
:L    MB   1
:SRW       1
:L    EB   1
:OW
:T    MB   1
:
:U    M    1.0
:=    A    0.0
:BE
```

▲

14.10.7 Operationen mit Adreßrechnung (indirekte Adressierung)

Alle bisher behandelten Anweisungen waren dadurch ausgezeichnet, daß für jede Operation ein Operand mit fester Adresse zugeordnet war.

U E 1.2	Abfrage der Eingangsadresse 1.2 auf 1-Signal
L DW 5	Laden des Dateninhalts von DW 5 in Akku 1

Die *indirekte Adressierung* ermöglicht, daß die Adresse eines Befehls sich im Programmlauf verändern läßt. Operationen mit indirekter Adressierung werden in der Steuerungssprache STEP 5 *Bearbeitungsfunktionen* genannt.

Die Bearbeitungsfunktion stellt sich als Doppelbefehl oder Kombinationsbefehl dar, der eine Adreßrechnung ermöglicht.

Adreßrechnung bei binären Operationen:

Bearbeite Datenwort 20 {B DW 20 / U E 0.0} wirkt insgesamt wie [U E x . y], wobei gilt:
x = rechtes Byte von DW 20 liefert Byteadresse,
y = linkes Byte von DW 20 liefert Bitadresse (0...7)

Beispiel: {B DW 20 / U E 0.0} [7 | 14] DW 20 ausgeführte Operation: {U E 14.7}

Adreßrechnung bei digitalen Operationen:

Bearbeite Datenwort 22 {B DW 22 / L DW 0} wirkt insgesamt wie [L DW x], wobei gilt:
x = rechtes Byte von DW 22 liefert Wortadresse,
linkes Byte von DW 22 muß „0“ sein.

Beispiel: {B DW 22 / L DW 0} [0 | 10] DW 22 ausgeführte Operation: {L DW 10}

Adreßrechnung bei organisatorischen Operationen:

Bearbeite Datenwort 24 {B DW 24 / SPA PB0} wirkt insgesamt wie [SPA PBx], wobei gilt:
x = rechtes Byte von DW 24 liefert Bausteinnummer,
linkes Byte von DW 24 muß „0“ sein.

Beispiel: {B DW 24 / SPA PB0} [0 | 2] DW 24 ausgeführte Operation: {SPA PB2}

Die Beispiele zeigen, was mit indirekter Adressierung gemeint ist: Die Adresse einer auszuführenden Anweisung ist nicht wie sonst üblich direkt mit der Anweisung gegeben, sondern muß aus einem Datenwort oder Merkerwort geholt werden. Dieses Daten- oder Merkerwort wird durch das vorangestellte „B“ gekennzeichnet. Man liest dieses „B“ als „Bearbeite“ und meint damit, daß der *Inhalt* dieses Daten- oder Merkerwortes als *Adreßzahl* für den Kombinationsbefehl verwendet wird. Sorgt der Programmierer durch ein geeignetes Programm dafür, daß der Inhalt des mit „B“ gekennzeichneten Daten- oder Merkerwortes verändert wird, so wird damit auch die Adresse des Kombinationsbefehls verändert.

Die Bearbeitungsfunktion gibt es in den Ausführungen:
- Bearbeite Datenwort B DW
- Bearbeite Merkerwort B MW

Es können folgende Funktionen mit der Bearbeitungsfunktion verknüpft werden:
- Binäre Operationen: U, O, UN, ON
- Speicheroperationen und Zuweisung: S, R, =
- Lade- und Transferoperationen: L, LC, T
- Bausteinaufrufe: A DB, SPA, SPB
- Zeit- und Zählfunktionen: LT, LZ, LCT, LCZ

Wird zu den Operationen, die mit „B DW“ oder „B MW“ kombiniert werden, ein Parameter $\neq 0$ angegeben, so wird keine „Adreßrechnung“ durchgeführt, sondern die beiden Parameter werden ODER-verknüpft. Die Bearbeitungsfunktionen sind unbedingte Operationen.

Zahlenbeispiel: Bearbeitungsfunktion

Das angegebene Programm wird im Funktionsbaustein FB1 ausgeführt. Die verwendeten Datenworte stehen im Datenbaustein DB 10 mit folgenden Inhalten:

KH 050F in DW 2
KH 000C in DW 4

Das Beispiel soll die Zusammenhänge zwischen dem formalen und dem tatsächlich ausgeführten Programm zeigen.

Formales Programm:	Ausgeführtes Programm:
A DB 10	A DB 10
B DW 2	
U E 0.0	U E 15.5
U E 1.7	U E 1.7
= A 0.0	= A 0.0
B DW 4	
L EW 0	L EW 12
T AW 16	T AW 16

▼ Beispiel: Suchen einer Materialnummer

Bei einem Hochregallager werden die Kisten der Materialien, die einzulagern sind, mit Nummern versehen. Die Steuerung sucht das nächste freie Fach im Hochregallager und merkt sich, welche Materialnummer welchem Fach zugeordnet wurde. Bei der Materialausgabe muß die Materialnummer gesucht werden, um das Fach zu ermitteln, damit die Fördereinrichtung dieses Fach anfahren kann.

Folgende Suchaufgabe ist zu lösen:

Die in den Datenworten DW1 bis DW5 (Datenbaustein DB10) stehenden Zahlen sollen überprüft werden, ob ein bestimmter Zahlenwert dabei ist. Die zu suchende Materialnummer wird mit einem BCD-Zahleneinsteller eingegeben.

Der Suchvorgang soll durch Taster S0 gestartet und nach einmaligem Programmdurchlauf beendet werden (Wischerfunktion verwenden).

Wird eine Materialnummer gefunden, so ist dies durch einen zugeordneten Steuerungsausgang anzuzeigen. Es soll der Fall berücksichtigt werden, daß eine Materialnummer mehrmals vorkommen kann. Jedes Fach mit der Materialnummer muß gezeigt werden.

Das Ende des Suchvorgangs soll durch die Anzeige A0 gemeldet werden. Mit Taster S1 können die Anzeigen quittiert (gelöscht) werden.

Technologieschema:

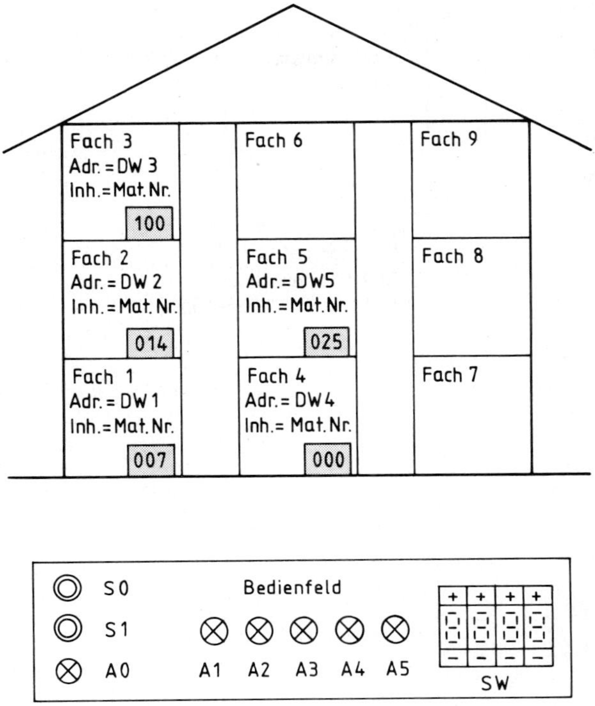

Bild 14.5
Hochregallager:
Wird z.B. die Materialnummer 100 im Fach 3 gefunden, so soll Ausgang A3 gesetzt werden.

Zuordnungstabelle:

Eingangsvariable	Betriebsmittel-kennzeichen	Logische Zuordnung	
Taster „Suchen“	S0	Taster betätigt (Suchen)	S0 = 1
Taster „Quitt“	S1	Taster betätigt (Anzeigen löschen)	S1 = 1
Einsteller	SW	Zahleneinsteller	
Ausgangsvariable			
Anzeige „Suchende“	A0	Suchen beendet	A0 = 1
Anzeige für DW1	A1	Mat. Nr. in DW1 gefunden	A1 = 1
Anzeige für DW2	A2	Mat. Nr. in DW2 gefunden	A2 = 1
Anzeige für DW3	A3	Mat. Nr. in DW3 gefunden	A3 = 1
Anzeige für DW4	A4	Mat. Nr. in DW4 gefunden	A4 = 1
Anzeige für DW5	A5	Mat. Nr. in DW5 gefunden	A5 = 1

Lösung:

Tabelle:
Der Datenbaustein DB10 mit den Materialnummern muß geschrieben werden. Da die gesuchte Zahl als BCD-Zahl eingegeben wird, ist es wegen des Vergleichs zweckmäßig, die Materialnummern in den Datenworten DW1 bis DW5 als Hex.-Zahlen vorzugeben.

```
DB10
 0:    KH = 0000;    frei
 1:    KH = 0007;  }
 2:    KH = 0014;  }
 3:    KH = 0100;  }  Suchbereich
 4:    KH = 0000;  }
 5:    KH = 0025;  }
 6:    KH = 0000;    frei
```

Grobstruktur:

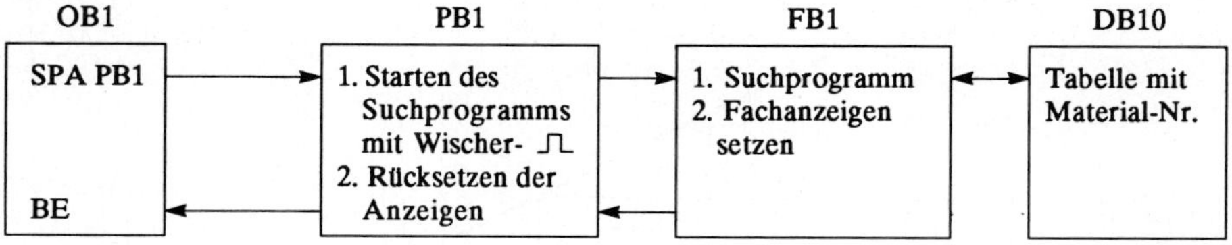

Realisierung mit einer SPS:

Zuordnung:

S0 = E 0.0	A0 = A 0.0	Wischerfunktion
S1 = E 0.1	Fachanzeigen:	M 0.0 Impulsmerker
SW = EW 12	A1 = A 0.1	M 0.1 Flankenmerker
	A2 = A 0.2	
	A3 = A 0.3	
	A4 = A 0.4	
	A5 = A 0.5	

Lösung A:

Jedes Datenwort wird mit der am Zahleneinsteller SW eingestellten Zahl verglichen. Das Programm besteht aus einer Kette von fünf gleichartigen Teilen.

Anweisungsliste:

```
PB 1

      :U   E    0.0
      :UN  M    0.1
      :=   M    0.0
      :S   M    0.1
      :UN  E    0.0
      :R   M    0.1
      :
      :U   M    0.0
      :SPB FB   1
NAME  :SUCHEN
      :
      :U   E    0.1
      :R   A    0.0
      :R   A    0.1
      :R   A    0.2
      :R   A    0.3
      :R   A    0.4
      :R   A    0.5
      :BE

DB10

0:     KH = 0000;
1:     KH = 0007;
2:     KH = 0014;
3:     KH = 0100;
4:     KH = 0000;
5:     KH = 0025;
6:
```

```
FB 1

NAME :SUCHEN
:A   DB   10
:
:L   DW    1
:L   EW   12
:!=F
:S   A     0.1
:
:L   DW    2
:L   EW   12
:!=F
:S   A     0.2
:
:L   DW    3
:L   EW   12
:!=F
:S   A     0.3
:
:L   DW    4
:L   EW   12
:!=F
:S   A     0.4
:
:L   DW    5
:L   EW   12
:!=F
:S   A     0.5
:
:U   M     0.0
:S   A     0.0
:BE
```

Dieser Lösungstyp ist bei umfangreichen Suchaufgaben wegen der notwendigen Programmlänge zu aufwendig.

Lösung B:

Jedes Datenwort wird mit der am Zahleneinsteller SW eingestellten Zahl verglichen. Das Programm durchläuft eine Schleife 5 mal. Dazu ist im Datenbaustein DB10 ein Zählregister DW6 erforderlich, dessen Inhalt sich beim Suchen von 1 bis 5 erhöhen muß.

Grobstruktur:

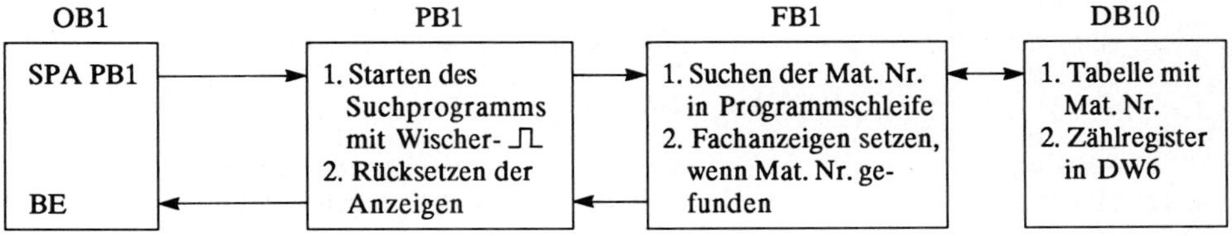

Feinstruktur FB1:

Der Suchvorgang gliedert sich in folgende Teilaktionen:

1. Aufruf Datenbaustein DB10.
2. Suchwortzähler DW6 auf Anfangszustand setzen.
3. Bearbeitungsfunktion:

   B DW6 / L DW0 — Lade Datenwort, dessen Parameter (Zahl x) in Datenwort DW6 steht. Das ausgeführte Programm lautet: L DW x.
4. Vergleiche Datenwortinhalt mit Zahleneinsteller.
   Wenn ja, Sprung zum Unterprogramm „Fachanzeige".
5. Feststellen, ob letztes Datenwort geprüft.
   Wenn ja, dann Anzeige A0 setzen (Suchen beendet) und Rücksprung zum PB1.
6. Erhöhen des Suchwortzählers um +1.
7. Wiederholen der Bearbeitungsfunktion (Sprung nach 3.).
8. Unterprogramm „Fachanzeige":
   Hier soll der betreffende Ausgang gesetzt werden.

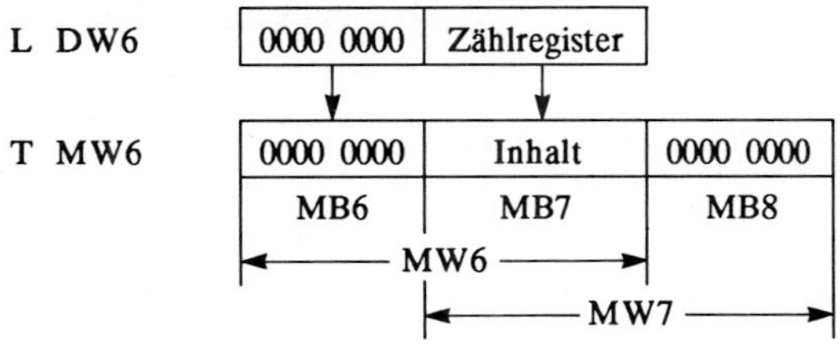

B MW7 / S A 0.0 — wirkt insgesamt wie S A x, y
wobei gilt:
x = rechtes Byte von MW7 liefert Byteadresse, hier: 0
y = linkes Byte von MW7 liefert Bitadresse, hier: 1...5 entsprechend den Datenworten 1...5

Beispiel:

B MW7 / S A 0.0 — | 0000 0011 | 0000 0000 | MW7 (MB7, MB8) — ausgeführte Operation: S A 0.3

9. Rücksprung.

Anweisungsliste:

```
PB 1

     :U   E    0.0
     :UN  M    0.1
     :=   M    0.0
     :S   M    0.1
     :UN  E    0.0
     :R   M    0.1
     :
     :U   M    0.0
     :SPB FB   1
NAME :SUCHEN
     :
     :U   E    0.1
     :R   A    0.0
     :R   A    0.1
     :R   A    0.2
     :R   A    0.3
     :R   A    0.4
     :R   A    0.5
     :BE

DB10

0:     KH = 0000;
1:     KH = 0007;
2:     KH = 0014;
3:     KH = 0100;
4:     KH = 0000;
5:     KH = 0025;
6:     KH = 0000;
7:
```

```
FB 1

NAME :SUCHEN
     :A   DB  10      1. Aufruf Datenbaustein DB10
     :
     :L   KF +1       2. Suchwortzaehler auf Anfangs-
     :T   DW  6          wert setzen
     :
M002 :B   DW  6       3. Bearbeitungsfunktion fuer
     :L   DW  0          Laden der Datenworte
     :L   EW  12      4. Vergleich Datenwort mit
     :!=F                Zahleneinsteller
     :SPB =M001
     :
M003 :L   DW  6       5. Feststellen ob letztes
     :L   KF +5          Datenwort geprueft
     :!=F
     :S   A    0.0
     :BEB
     :
     :L   DW  6       6. Erhoehen des Suchwortzaehlers
     :L   KF +1          um +1
     :+F
     :T   DW  6
     :
     :SPA =M002       7. Wiederholen der Bearbeitungs-
     :                   funktion
     :
M001 :L   DW  6       8. Unterprogramm Fachanzeige
     :T   MW  6
     :
     :B   MW  7          Bearbeitungsfunktion fuer
     :S   A    0.0       den Ausgang
     :
     :SPA =M003          Ruecksprung
     :BE
```

▲

14.10.8 Inkrementieren und Dekrementieren

Inkrementieren und Dekrementieren kommen im Zusammenhang mit Zählvorgängen vor. *Inkrementieren* heißt Erhöhen und *Dekrementieren* bedeutet Vermindern eines Akkumulatorinhaltes.

I xxx Inkrementieren

D xxx Dekrementieren

xxx = Dezimalzahl von 1 bis 255, um die der Akkumulatorinhalt verändert werden soll.

Die Operationsausführung ist unabhängig von Bedingungen. Das Ergebnis steht dual-codiert im Akkumulator.

Die Anweisungen „Inkrementieren und Dekrementieren" werden hauptsächlich bei Zählvorgängen verwendet, bei denen es darum geht, einen Registerinhalt im Zahlenbereich von 0...255 zu verändern z.B. in Zusammenhang mit der Adreßrechnung des Bearbeitungsbefehls (indirekte Adressierung, Kap. 14.10.7).

Das Inkrementieren oder Dekrementieren eines Registerinhalts ist geschickter als eine entsprechende Addition oder Subtraktion. Der Programmierer muß jedoch folgenden Unterschied beachten:

Die Veränderung des Akkumulatorinhalts erfolgt nur im rechten Byte. Ein Übertrag zum linken Byte erfolgt nicht. Bei Erreichen der Zählgrenze beginnt die Zählung wieder von vorne.

Inkrementieren:	253	→	254	→	255	→	0	→	1	→	2
Dekrementieren:	2	→	1	→	0	→	255	→	254	→	253

Anweisungsliste:

L MWy
I xxx
T MWy

Funktionsplan:

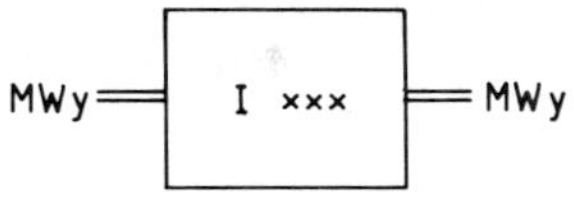

L MWy
D xxx
T MWy

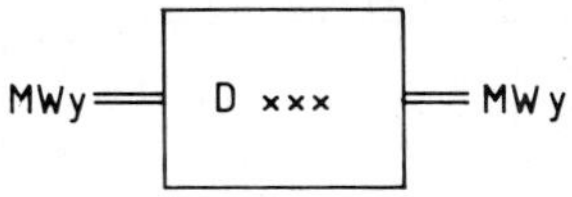

Zahlenbeispiel: Dekrementieren eines Zählregisters

Das Datenwort DW5 im Datenbaustein DB10 soll als Zählregister fungieren. Der Anfangswert sei 32 (dezimal) und liege in DW5 in dual-codierter Form vor. Der Registerinhalt soll um 1 vermindert und das Ergebnis wieder nach Datenwort DW5 transferiert werden. Welche Programmiermöglichkeiten stehen zur Verfügung?

Lösung:

Dekrementieren

A DB10				
L DW5	KF = + 32;	KM = 00000000	00100000;	KH = 0020
D 1				
T DW5	KF = + 31;	KM = 00000000	00011111;	KH = 001F
			LOW-Byte:	bearbeitet
		HIGH-Byte:		nicht bearbeitet

Subtrahieren	*Addieren*
A DB10	A DB10
L DW5	L DW5
L KF + 1	L KF − 1
−F	+F
T DW5	T DW5

▼ Beispiel: Software-Sollwertgeber

Zur Einstellung einer Drehzahl-Sollwert-Vorgabe wurde in einer Steuerung ein 2-stelliger BCD-codierter Zahleneinsteller verwendet, mit dem der Drehzahl-Sollwert zwischen 0...99 % eingestellt werden kann. Die Drehzahl-Istwert-Anzeige zwischen 0...99 % wurde mit einer BCD-codierten 7-Segmentanzeige realisiert.

Um die Sollwertvorgabe stoßfrei einstellen zu können und um vor allem Digitaleingänge bei der SPS zu sparen, soll der Zahleneinsteller durch einen Software-Sollwertgeber ersetzt werden. Zur Bedienung stehen zwei Taster S0 und S1 mit der Aufschrift „↑" bzw. „↓" zur Verfügung. Durch Betätigung der Taster soll der in einem Merkerwort MW10 stehende Sollwert verändert werden können. Die Änderungsgeschwindigkeit ist auf etwa 4 Inkremente pro Sekunde zu bemessen. Der einstellbare Zahlenbereich soll zwischen 0...99 liegen. Die Einstellung des Sollwertes muß sich an der vorhandenen 7-Segmentanzeige beobachtet lassen. Mit dem Schalter S2 kann die Freigabe der Verstellung des Sollwertes erteilt werden. Bei gleichzeitiger Betätigung von S0 und S1 soll der Zähler stehen bleiben.

Technologieschema:

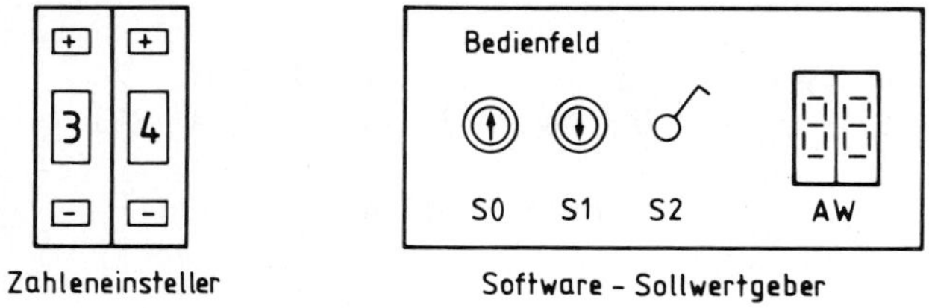

Bild 14.6
Software-Sollwertgeber

Zuordnungstabelle:

Eingangsvariable	Betriebsmittel-kennzeichen	Logische Zuordnung	
Taster Sollwert zu	S0	Taster betätigt (Sollwerterhöhung)	S0 = 1
Taster Sollwert ab	S1	Taster betätigt (Sollwertverminderung)	S1 = 1
Schalter Freigabe	S2	Schalter betätigt	S2 = 1.
Ausgangsvariable			
Anzeige	AW	7-Segmentanzeige	

Lösung:

Als Taktgeber für das Inkrementieren bzw. Dekrementieren des Sollwertes wird ein selbsttaktendes Zeitglied T1 mit dem Zeitwert 0,25 s verwendet. Der Merker M0 führt Impulse von einer Zykluszeitlänge aus, solange der Schalter „Freigabe" betätigt ist. Das Programm für den Taktgeber steht im Programmbaustein PB1.

Der Programmteil „Sollwertgeber" steht im Funktionsbaustein FB1, der vom Programmbaustein PB1 aufgerufen wird.

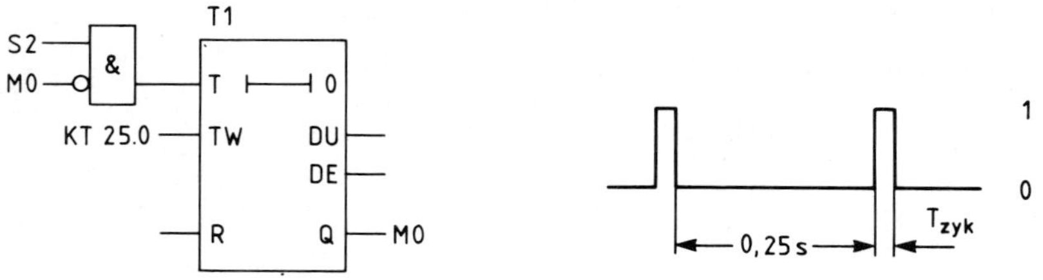

Grobstruktur:

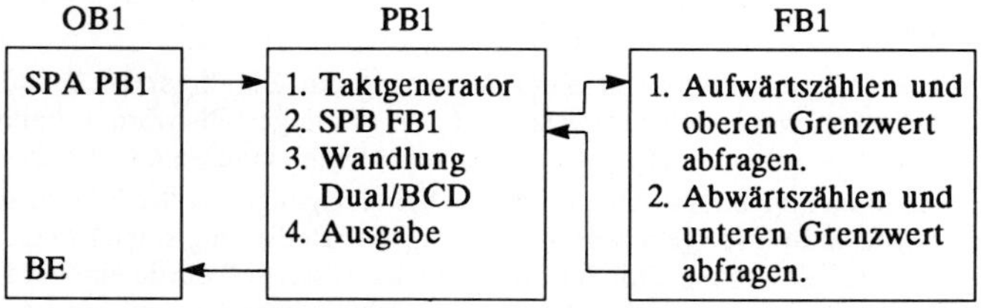

Feinstruktur FB1:

1. Abfragen, ob beide Tasten S0, S1 gedrückt sind.
   Wenn ja, dann Bausteinbearbeitung beenden.
2. Taste Aufwärtszählen gedrückt?
   Wenn ja, Sprung M001.
3. Taste Abwärtszählen gedrückt?
   Wenn ja, Sprung M002.
4. Programm beenden, wenn keine Taste gedrückt.
5. M001: Abfrage auf Zählerstand + 99.
   Wenn ja, Bausteinende.
   Wenn nein, Zähler um 1 hochzählen (inkrementieren),
   Bausteinbearbeitung beenden.
6. M002: Abfrage auf Zählerstand 0.
   Wenn ja, Bausteinende.
   Wenn nein, Zähler um 1 abwärtszählen (dekrementieren).
   Bausteinende.

Realisierung mit einer SPS:

Zuordnung:

S0 = E 0.0	AW = AB16	M0 = M 0.0 (Takt ⎍)
S1 = E 0.1		Sollwert:
S2 = E 0.2		DUAL = MW10
	T1 = Zeitglied	BCD = MW16 + MB18
		SBCD = M 1.0 (Vorzeichen)

Anweisungsliste:

```
PB 1

     :U   E    0.2
     :UN  M    0.0
     :L   KT 025.0
     :SE  T    1
     :
     :U   T    1
     :=   M    0.0
     :SPB FB   1
NAME :SOLLWGEB
     :
     :SPA FB 241
NAME :COD:16
DUAL :    MW   10
SBCD :    M    1.0
BCD2 :    MB   18
BCD1 :    MW   16
     :
     :L   MB   17
     :T   AB   16
     :BE
```

```
FB 1

NAME :SOLLWGEB
     :U   E    0.0
     :U   E    0.1
     :BEB
     :
     :U   E    0.0
     :SPB =M001
     :
     :U   E    0.1
     :SPB =M002
     :
     :BEA
     :
M001 :L   MW   10
     :L   KF  +99
     :!=F
     :BEB
     :
     :L   MW   10
     :I         1
     :T   MW   10
     :BEA
     :

M002 :L   MW   10
     :L   KF  +0
     :!=F
     :BEB
     :
     :L   MW   10
     :D         1
     :T   MW   10
     :
     :BE
```

▲

1) Codewandeln Dual → BCD siehe Abschnitt 14.11

14.11 Codewandlungen

Die mit Zahlenwerten arbeitenden digitalen Steuerungen kommen nicht mit einem einzigen Zahlenformat aus.

Man benötigt:

Festpunktzahlen für Zahlenvergleiche und arithmetische Operationen, wobei nur ganzzahlige Zahlenwerte mit positivem oder negativem Vorzeichen innerhalb eines bestimmten Zahlenbereichs zugelassen sind;

Gleitpunktzahlen für Zahlenvergleiche und arithmetische Operationen, wobei gebrochene Zahlen mit positivem oder negativem Vorzeichen praktisch unbegrenzter Größe verwendet werden können.
Speziell werden Gleitpunktzahlen zur Lösung umfangreicherer Rechenaufgaben mit mehreren Multiplikationen und Divisionen eingesetzt und außerdem dann, wenn mit sehr großen oder sehr kleinen Zahlen gerechnet werden muß;

BCD-Zahlen für die Eingabe und Ausgabe mittels Zahleneinsteller und 7-Segmentanzeigen. Mit BCD-Zahlen können *direkt* keine arithmetischen Operationen ausgeführt werden.

Aufgrund der Notwendigkeiten mit verschiedenen Zahlenformaten zu arbeiten, ergibt sich die Forderung nach Codewandlungsmöglichkeiten. Die nachfolgende Übersicht zeigt die Codewandlungsmöglichkeiten bei 16-Bit- und 32-Bit-Akkumulatoren in den Automatisierungsgeräten.

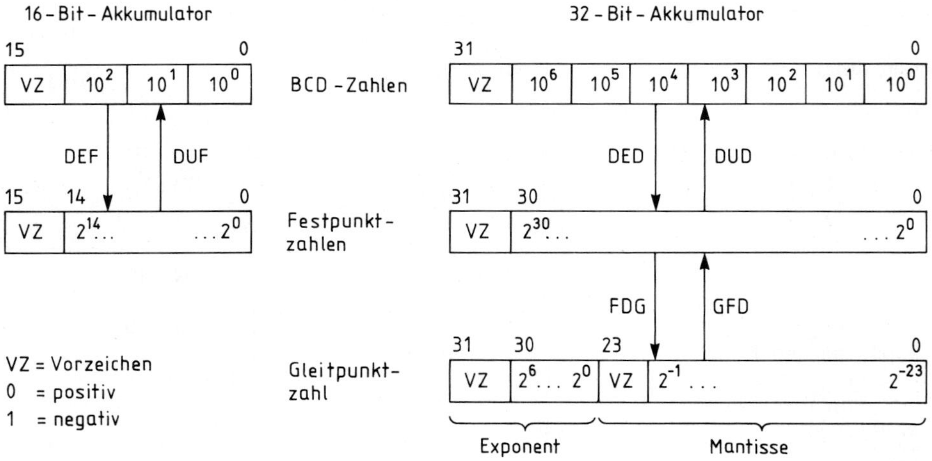

Nicht alle Automatisierungsgeräte verfügen über die angegebenen Codewandlungsmöglichkeiten. Dem SPS-Anwender stehen in solchen Fällen jedoch Standard-Funktionsbausteine zur Verfügung, so z.B. für die Codewandlungen DUAL/BCD und BCD/DUAL für 16-Bit-Wortlänge. Bei diesen Funktionsbausteinen bleibt das Vorzeichen außerhalb der Tetraden. Es muß deshalb ein besonderer Merker oder Ausgang als Vorzeichen-Bit für die BCD-Zahl verwendet werden.

Nachfolgend werden zwei Codewandler-Funktionsbausteine für 16-Bit-Wortlänge vorgestellt. Der besondere Vorteil dieser Funktionsbausteine ist ihre Parametrierbarkeit, d.h. sie sind mit Formaloperanden geschrieben, denen im Programmlauf aktuelle Operanden zugewiesen werden können.

Funktionsbaustein FB240 (COD:B4)

Der Funktionsbaustein interpretiert einen Zahlenwert als BCD-Zahl mit 4 Dekaden und wandelt die vorliegende Zahl in eine Festpunkt-Dualzahl um (15 Bit und 1 VZ-Bit). Das Vorzeichen der BCD-Zahl wird an einem getrennten Eingang des Funktionsbausteins vorgegeben.

Darstellung in AWL:

```
     : SPA FB 240
NAME : COD:B4
BCD  :
SBCD :
DUAL :
```

Darstellung in FUP:

FB 240

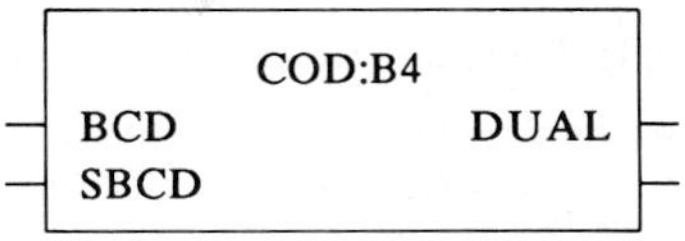

Erläuterung der Parameter:

Name	Art	Typ	Benennung	Bemerkung
BCD	E	W	BCD-codierte Zahl	Zahlenbereich 0000 bis 9999 BCD
SBCD	E	BI	Vorzeichen der BCD-codierten Zahl	„1" ≙ negativ
DUAL	A	W	Festpunkt-Dualzahl	Zahlenbereich – 9999 bis + 9999

Funktionsbaustein FB241 (COD:16)

Der Funktionsbaustein interpretiert einen Zahlenwert als Festpunkt-Dualzahl (15 Bits und 1 VZ-Bit) und wandelt die Zahl in eine 6-stellige BCD-Zahl um. Das Vorzeichen der Festpunktzahl wird bei der BCD-Zahl an einem getrennten Ausgang des Funktionsbausteins ausgegeben.

Darstellung in AWL:

```
     : SPA FB 241
NAME : COD:16
DUAL :
SBCD :
BCD2 :
BCD1 :
```

Darstellung in FUP:

FB 241

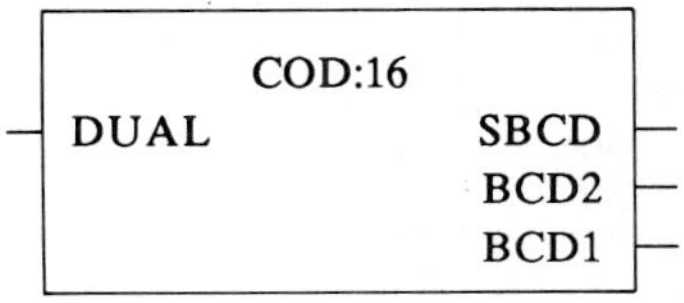

Erläuterung der Parameter:

Name	Art	Typ	Benennung	Bemerkung
DUAL	E	W	Festpunkt-Dualzahl	Zahlenbereich – 32768 bis + 32767
SBCD	A	BI	Vorzeichen	„1" ≙ negativ
BCD2	A	BY	BCD-codierte Zahl (2. Teil)	Dekaden 4 und 5
BCDI	A	W	BCD-codierte Zahl (1. Teil)	Dekaden 0 bis 3

14.12 Vertiefung und Übung

• Übung 14.1: 1 → 0-Signalwechsel

Die Signalzustände eines Eingangswortes sollen auf 1 → 0-Änderungen überprüft werden. Diejenigen Binärstellen, die eine 1 → 0-Änderung erfahren, müssen im Ausgangswort AB0 ein 1-Signal zeigen.

Im Merkerwort MB0 soll sich der jeweils alte Zustand der Daten befinden, die neuen Daten stehen am Eingangswort EB0 an.

Durch Betätigen der Quittiertaste am Eingang E 1.0 können die Meldungen im Ausgangswort AB0 gelöscht werden.

Das Programm soll im Funktionsbaustein FB1 stehen.

Beispiel: Daten zum Zeitpunkt n ....1100 im MB0
Daten zum Zeitpunkt n + 1 ....1001 im EB0

• Übung 14.2: Formatwandlung einer negativen Zahl

Ein digitaler Meßwertgeber von 8 Bit Wortlänge liefert bei Rechtslauf einer Maschine eine zur Drehzahl proportionale positive Dualzahl Z = 0|xxxxxxx. Bei Linkslauf der Maschine gibt der Meßwertgeber eine negative Dualzahl in „Vorzeichen-Betrags-Darstellung" aus, d.h. Z = 1|xxxxxxx. Dem Stillstand der Maschine ordnet der digitale Meßwertgeber den Zahlenwert Z = 0|0000000. zu.

Zur Weiterverarbeitung der Meßwerte müssen die negativen Dualzahlen jedoch in „Zweierkomplement-Darstellung" vorliegen. Die positiven Dualzahlen bleiben unverändert.

Es ist ein geeignetes Programm zur Formatumwandlung der negativen Zahlen zu entwerfen und in den Funktionsbaustein FB1 mit dem Namen MESSUMF zu schreiben.

Das Meßwertbyte liegt am Eingang EB0 an, wobei das höchstwertige Bit an E 0.7 liegt. In Merkerbyte MB10 sollen die Meßwerte zur Weiterverarbeitung bereitgehalten werden. MB0 dient als Zwischenspeicher.

Beispiel:		Vorzeichen-Betrags-Darstellung		2er-Komplement-Darstellung
−7	=	1|0000111	-->	1|1111001
+7	=	0|0000111	-->	0|0000111

• Übung 14.3: Zahl-Bitmuster-Vergleich

Die Vorgabe eines Formatsollwertes bei einer Druckmaschine soll von der Steuerung nur dann angenommen werden, wenn die Stellung von vier Getriebe-Schalthebeln zum gewählten Sollwert in richtiger Beziehung steht:

Sollwertbereiche	Stellung der Getriebehebel 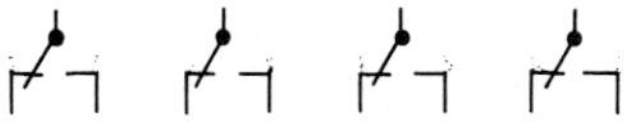							
801 bis 810	1	0	1	0	1	0	1	0
811 bis 820	1	0	0	1	1	0	1	0
821 bis 830	1	0	0	1	0	1	1	0
831 bis 840	0	1	0	1	1	0	0	1
841 bis 850	0	1	0	1	0	1	0	1
EW12	0.7			EB0				0.0

Die Sollwertvorgabe erfolgt durch einen BCD-codierten Zahleneinsteller am Eingangswort EW12. Das Bitmuster der Getriebestellungen liegt an EB0 an.

Bei Übereinstimmung des eingestellten Sollwertes mit der Getriebehebelkombination soll der Freigabe-Ausgang A0.0 = 1 sein.

Programmbedingungen:

1. Das Vergleichsprogramm stehe im Funktionsbaustein FB1, der durch den Programmbaustein PB1 aufgerufen und parametriert wird.
2. Die Formaloperanden haben folgende Bezeichnungen:
   UGR = für den unteren Grenzwert eines Sollwertbereiches
   SOLL = für das Bitmuster der Getriebehebel.
3. Der Freigabe-Ausgang A 0.0 muß vor jeder Einzelprüfung automatisch rückgesetzt werden.

• Übung 14.4: Sollwertvorgabe für Rezeptsteuerung

In einer Dosierungssteuerung werden zwei Komponenten A und B in einem Mischbehälter gefüllt und auf unterschiedliche Temperaturwerte erwärmt.

Die Mengen QA und QB sowie die Temperatur TEMP sind abhängig von der an einem Zahleneinsteller ZE eingestellten Rezept-Nummer.

Es gibt drei Rezepte (Nr. 1, 2, 3), deren zugeordnete Werte QA, QB, TEMP im Datenbaustein DB10 hinterlegt sind.

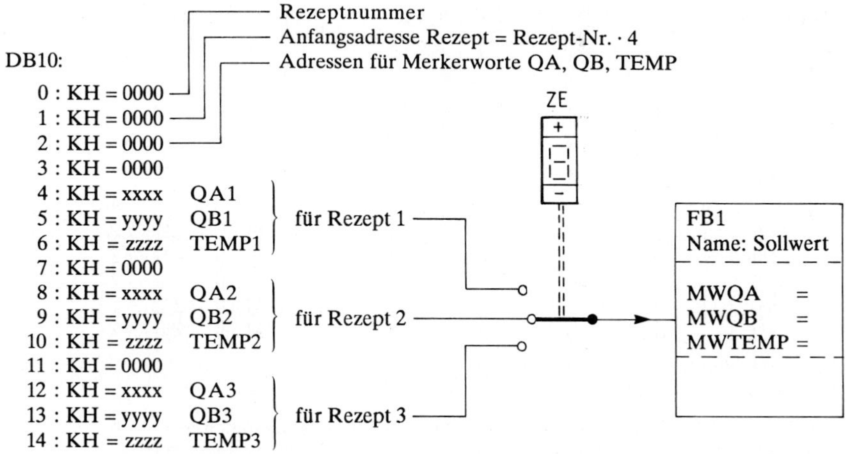

Aufgabe: Im Funktionsbaustein FB1 soll ein Programm stehen, das die Rezeptwerte QA, QB, TEMP in die Merkerworte MWQA, MWQB, MWTEMP überträgt. Der FB1 wird durch den Programmbaustein PB1 aufgerufen.

Programmbedingungen:

1. Beim Betätigen der Starttaste ST darf das Programm des FB1 nur einmal durchlaufen werden.
2. Die Rezept-Nr. soll nach DW0 transportiert werden.
3. Die mit 4 multiplizierte Rezeptnummer ergibt die Anfangsadresse für die Rezeptdaten und soll in DW1 stehen.
4. Im Datenwort DW2 stehe die jeweils benötigte Adresse für die zu bedienenden Merkerworte z.B. 10 für MW10.
5. Der „Bearbeite-Datenwort-Befehl" ist anzuwenden.
6. Der Name des Funktionsbausteins FB1 heiße „SOLLWERT".
7. Das eigentliche Rezept-Steuerungsprogramm ist außerhalb dieser Aufgabenstellung.
8. Bei Eingabe einer falschen Rezept-Nr. soll das Programm keine Daten in den Merkerbereich übertragen und eine Störmeldung am Ausgang A einschalten. Die Störmeldung kann mit der Taste QUIT gelöscht werden.

Zuordnung:

ST = E 0.0	A = A 0.0	MWQA = MW10	M 0.0 Impulsmerker
QUIT = E 0.1		MWQB = MW12	M 0.1 Flankenmerker
ZE = EB12		MWTEMP = MW14	MB16 Schrittzähler

• Übung 14.5: Qualitätskontrolle mit Fehlerauswertung

Am Ende eines Fertigungsprozesses sollen die Erzeugnisse automatisch kontrolliert werden. Dazu durchlaufen die Prüflinge mit gleichbleibendem Abstand eine Prüfstrecke mit 5 Kontrollstellen.

Ein Förderband sorgt für den Transport der Prüflinge. Die Bandlaufzeit für eine Abstandstrecke beträgt 5 s. Der Bandlauf wird erstmalig ausgelöst durch das Einschalten der Anlage mit Schalter S6 und dann jeweils durch das Prüfsignal S5.

Das Signal S5 meldet, daß der Prüfvorgang insgesamt abgeschlossen ist und die Teile zur nächsten Station weitertransportiert werden.

Wird an einer Kontrollstelle ein Fehler am Prüfling festgestellt, so wird an dieser Stelle ein 1-Signal gegeben. Über die gespeicherten Fehlersignale muß dafür gesorgt werden, daß die Weiche am Ende der Prüfstrecke zur Aussortierung des Ausschusses gestellt wird.

In Abänderung zum Beispiel in Abschnitt 14.10.6 soll die Fehlerhäufigkeit pro Kontrollstelle durch Zähler Z0...Z5 ausgewertet werden können, wobei Mehrfachfehler auch erfaßt werden sollen.

Technologieschema:

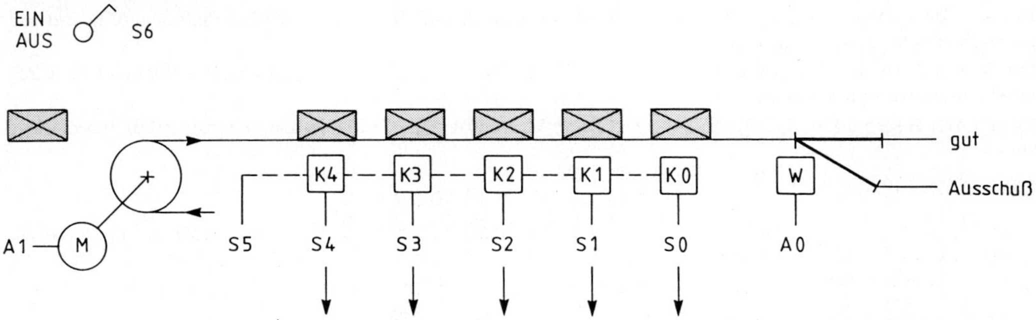

Bit Nr.	4	3	2	1	0	
			→			
MB 1	0	1	0	0	0	M 1.0 → Zähler Z0
MB 2	0	0	1	0	0	M 2.0 → Zähler Z1
MB 3	0	0	0	1	0	M 3.0 → Zähler Z2
MB 4	0	0	0	0	1	M 4.0 → Zähler Z3
MB 5	0	0	0	0	0	M 5.0 → Zähler Z4

Bild 14.7 Schema für die Verschiebung eines Fehlerdatums

Zuordnung:

S0 = E 1.0	A0 = A 0.0	Fehlermerker	MB1...MB5 = Fehlerspeicher (Schiebespeicher)
S1 = E 1.1	A1 = A 0.1	M 1.0 für Z0	
S2 = E 1.2		M 2.0 für Z1	M 0.0 = Wischerimpuls: Prüfung
S3 = E 1.3		M 3.0 für Z2	M 0.1 = Flankenmerker
S4 = E 1.4		M 4.0 für Z3	M 0.6 = Wischerimpuls: Anlage EIN
S5 = E 0.0	T1 = Zeitglied	M 5.0 für Z4	M 0.7 = Flankenmerker
S6 = E 0.6	5 sec		

• Übung 14.6: Parametrierter Funktionsbaustein

a) In welcher Reihenfolge werden die Bausteine des Programms bearbeitet?
b) Welches Programm wird jeweils im FB1 ausgeführt?

```
OB1        PB1                  FB1

SPA PB1    SPA FB1              NAME:UEBUNG
SPA PB2    NAME:UEBUNG          BEZ  : EING    E/A/D/B/T/Z:E   BI/BY/W/D:BI
BE         EING   : E 0.0       BEZ  : AUSG    E/A/D/B/T/Z:A   BI/BY/W/D:BI
           AUSG   : A 0.0       BEZ  : ZEIT    E/A/D/B/T/Z:T
           ZEIT   : T 1         BEZ  : TW      E/A/D/B/T/Z:D   KM/.../KG:KT
           TW     : KT025.0     BEZ  : ZW      E/A/D/B/T/Z:D   KM/.../KG:KZ
           ZW     : KZ005       BEZ  : BAU     E/A/D/B/T/Z:B
           BAU    : PB10        BEZ  : ZAHL    E/A/D/B/T/Z:Z
           ZAHL   : Z 1         :
                  :                  : U   = EING
                  : BE               : L   = TW
                                     : SE  = ZEIT
           PB2                       : U   = ZEIT
           ---                       : =   = AUSG
           SPA FB1              :
           NAME:UEBUNG               : U     E 0.1
           EING   : E 1.0            : L   = ZW
           AUSG   : A 1.0            : S   = ZAHL
           ZEIT   : T 2         :
           TW     : KT001.2          : SPA=BAU
           ZW     : KZ010            : BE
           BAU    : PB20
           ZAHL   : Z 2
                  :
                  : BE
```

15 Funktionsplan als Grobstruktur

15.1 Einführung

Gegenstand dieses Abschnittes ist die Funktionsplandarstellung von signal- bzw. datenorientierten digitalen Steuerungsaufgaben. Die für digitale Steuerungen typische Verarbeitung binärcodierter Informationen erfolgt in digitalen Funktionseinheiten wie Zählern, Registern, Rechenwerken, Code-Umsetzern usw.

Bei Steuerungsaufgaben, deren Lösungsstruktur bereits aus der Aufgabenstellung offensichtlich ist, kann vorteilhaft die Funktionsplanmethode angewandt werden. Dabei wird die Struktur der Steuerungsaufgabe in einem Funktionsplan dargestellt, mit dem alle Funktionen der Steuerung durch einfache grafische Symbole beschrieben werden. Die realisierungsunabhängige Funktionsplandarstellung ist dann Ausgangspunkt für das Steuerungsprogramm. Die Vorteile der Beschreibung einer Aufgabenstellung im Funktionsplan liegen vor allem auch darin, daß nicht nur der Steuerungsexperte, sondern jeder Technologe diese Beschreibungsform zu lesen versteht.

Der Funktionsplan als Beschreibungsmittel für eine Steuerungsaufgabe zeigt die statische Zuordnung der Eingänge und Ausgänge der einzelnen Funktionseinheiten, sowie den Eingriff der Signalgeber über die Signaleingabe in die Steuerung und die Befehlsausgabe an die Stellglieder und Anzeigen. Außerdem enthält der Funktionsplan Angaben über Art und Ausbaugrad der verwendeten Signalgeber, Funktionseinheiten usw.

Ist der Funktionsplan als Beschreibungsmittel für die Grobstruktur digitaler Steuerungen erstellt worden, so kann seine Umsetzung in ein ablauffähiges Steuerungsprogramm erfolgen. Dabei können je nach den Möglichkeiten der Programmiersoftware die Programmdarstellungsarten AWL oder FUP verwendet werden.

Der ursprünglichen Anwendung des Funktionsplanes in der Schaltkreistechnik lag die parallele Verarbeitung der Signale zugrunde. In einem Steuerungsprogramm für SPS werden die Funktionen und Operationen jedoch stets sequentiell abgearbeitet. Diese prinzipiell andere Arbeitsweise bringt einige Vorteile mit sich. Zum einen ist durch die sequentielle Abarbeitung die Reihenfolge der Signalverarbeitung eindeutig bestimmt. „Wettrennen" (*hazards*) zwischen Signalen, die zu nicht beabsichtigten Zuständen führen können und bei der Parallelverarbeitung der Schaltkreistechnik möglich sind, treten bei der sequentiellen Abarbeitung nicht auf.

Bei der Erstellung des Funktionsplanes für Steuerungsaufgaben, die mit einer SPS realisiert werden, ist der sequentiellen Arbeitsweise in sofern Rechnung zu tragen, daß die Reihenfolge der Abarbeitung der einzelnen Funktionen aus dem Plan ersichtlich bleibt. Bei einer sehr umfangreichen Vernetzung von Funktionsgliedern mit Signallinien, wie in Logikplänen der Schaltkreistechnik üblich, kann die oft notwendige Information über die Reihenfolge der Abarbeitung verloren gehen. In technischen Unterlagen werden immer häufiger die einzelnen Funktionen und Operationen in der Reihenfolge ihrer Abarbeitung untereinander gezeichnet.

Ein weiterer Vorteil der sequentiellen Abarbeitung liegt in der Möglichkeit, mit Sprungbefehlen bestimmte Programmteile alternativ auszuwählen oder zu überspringen.

15.2 Funktionsplandarstellung von Sprungoperationen

Bei der Darstellung von digitalen Steuerungsaufgaben im Funktionsplan können die Verbindungslinien der einzelnen Symbole sowohl den Charakter einer *Bit-Leitung*, wie auch den Charakter einer *Wortleitung* (Byte, Wort, Doppelwort) haben. Zur Unterscheidung der Leitungsarten werden Bit-Leitungen mit einem Einfachstrich und Leitungen, die der Zusammenfassung mehrerer Binärstellen entsprechen, durch einen Doppelstrich gekennzeichnet.

▼ **Beispiel: Zählerstandauswertung**

Der Zählerstand eines Vor/Rückwärts-Zählers soll mit einem am Eingangswort EW4 eingestellten dualcodierten Sollwert verglichen werden. Ist das Ergebnis des Vergleichs positiv, soll ein Motor mit K1 (Rechtslauf) angesteuert werden. Bei negativem Ergebnis ist der Motor mit K2 (Linkslauf) anzusteuern. Bei Gleichheit von Sollwert und Zählerstand ist eine Meldeleuchte H1 einzuschalten.

Funktionsplan:

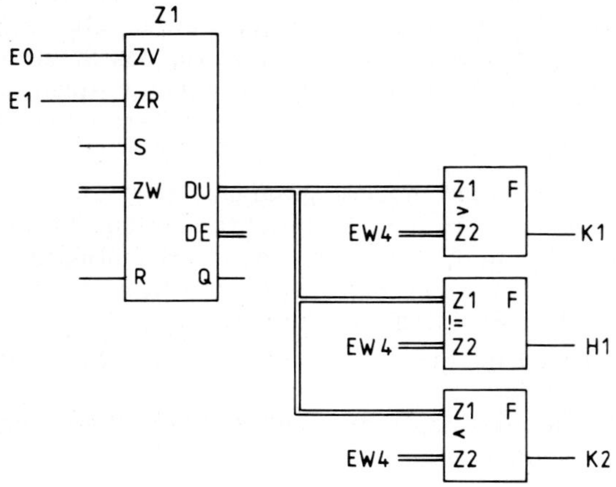

▲

Um Sprünge im Funktionsplan darstellen zu können, ist es erforderlich, bestimmte Programmteile mit Anfangs- und/oder Endmarken zu versehen. Die Anfangsmarke MA . . stellt dabei den Beginn eines Programmteiles dar und dient als Sprungadresse. Die Endmarke ME . . kennzeichnet das Ende des Programmteils und dient ebenfalls als Sprungadresse, um beispielsweise das Ende der Abarbeitung des Programmteils anspringen zu können. Nicht immer ist die Verwendung von Anfangsmarke MA . . oder Endmarke ME . . für einen Programmabschnitt erforderlich. Programmteile, die mit Anfangs- oder Endmarken versehen sind, können zur Verdeutlichung mit einem Rechtecksymbol eingerahmt werden.

Darstellung eines abgeschlossenen Programmteils im Funktionsplan:

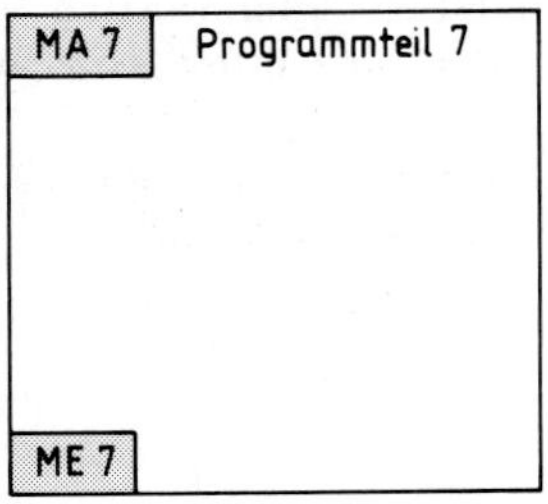

Um eine Sprungoperation in einem Funktionsplan darstellen zu können, wird ein Rechtecksymbol eingeführt, in das das Sprungziel eingetragen wird. Bei bedingten Sprüngen wird an einen Eingang des Symbols die Sprungbedingung eingetragen.

Unbedingter Sprung:

Bedingter Sprung abhängig von einem Verknüpfungsergebnis:

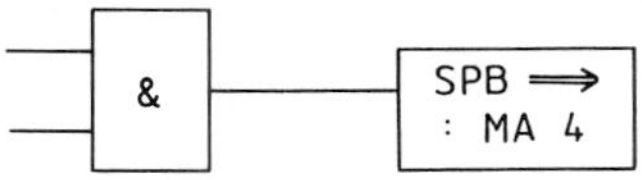

Bedingter Sprung abhängig vom Akkumulatorinhalt nach einer vorausgegangenen Rechenoperation, Vergleichsoperation, Digitalverknüpfung oder Schiebeoperation:

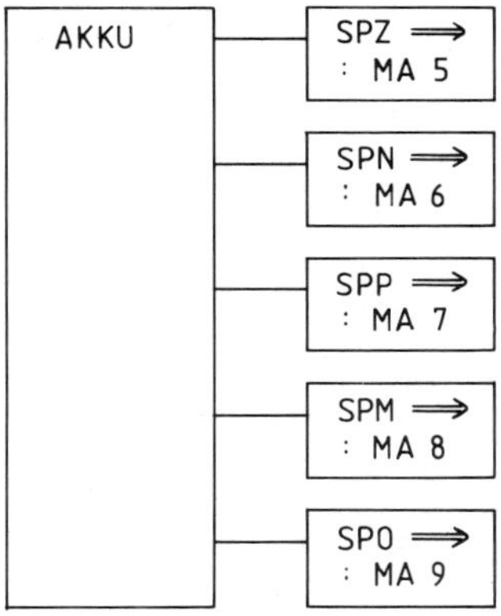

Sprung, wenn der Akkumulatorinhalt gleich Null ist.

Sprung, wenn der Akkumulatorinhalt ungleich Null ist.

Sprung, wenn der Akkumulatorinhalt positiv ist.

Sprung, wenn der Akkumulatorinhalt negativ ist.

Spung, bei Überlauf.

Sind die Sprungziele keine Marken von Programmteilen, sondern andere Programmbausteine, so wird in das Sprungsymbol die Programmbausteinnummer eingetragen.

Bedingter Sprung abhängig von einem Verknüpfungsergebnis zu einem anderen Programmbaustein:

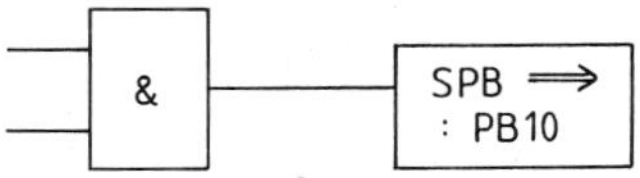

Wie in Abschnitt 14.8.2 beschrieben, muß bei der alternativen Bearbeitung von Programmabschnitten berücksichtigt werden, daß die Signal-Zustände von Ausgängen oder Merkern in nicht mehr bearbeiteten Programmabschnitten erhalten bleiben. Eine Änderung des Signalzustandes solcher Ausgänge bzw. Merker muß deshalb außerhalb der nicht mehr bearbeiteten Programmteile erfolgen.

▼ Beispiel: Darstellung von Sprüngen im Funktionsplan

Abhängig von einem Soll-Istwert-Vergleich ist in drei unterschiedliche Programmteile innerhalb eines Funktionsbausteines zu verzweigen. Der Soll-Istwert-Vergleich wird durch eine Subtraktion durchgeführt.

Sollwert: w
Istwert: x
Vergleich: xd = w – x

Nach der Subtraktion von Sollwert w und Istwert x steht im Akku entweder eine positive Zahl, eine negative Zahl oder bei Gleichheit die Zahl 0 und dementsprechend erfolgt der Programmsprung.

Funktionsplandarstellung:

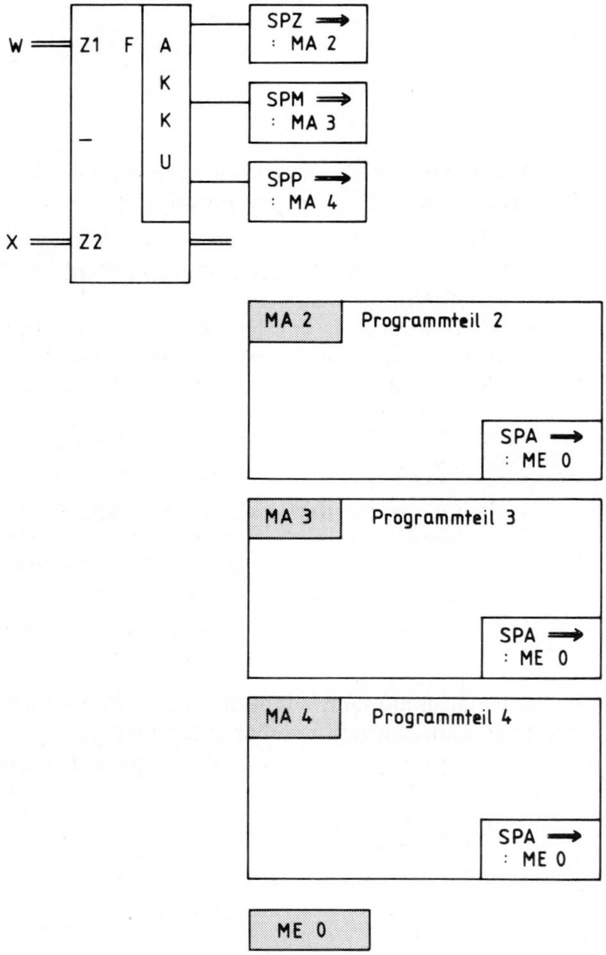

▲

Neben dem Vorteil, Programmsprünge ausführen zu können, bietet die sequentielle Abarbeitung noch die Möglichkeit, die Programmabarbeitung eines Programmbausteines bedingt oder unbedingt an einer bestimmten Stelle beenden zu können. Diese Bausteinoperationen können im Funktionsplan durch ein Rechtecksymbol beschrieben werden, in das die jeweilige Operation BEB, BEA oder BE eingetragen wird. Bei einem bedingten Bausteinende erhält das Rechtecksymbol einen Eingang, an den die Bedingung geschrieben wird.

Steht beispielsweise in einem Programmteil eines Funktionsbausteines statt einer Endmarke ME.. das Symbol der Operation BEA, so wird an dieser Stelle die Bearbeitung des gesamten Funktionsbausteines beendet.

Beispiele für die Verwendung der Bausteinende-Symbole:

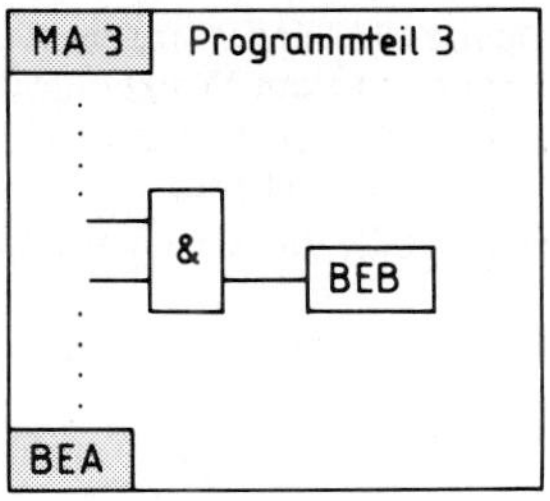

15.3 Programmierung nach Funktionsplanvorlage

Eine im Funktionsplan beschriebene digitale Steuerungsaufgabe dient als Vorlage für die Umsetzung in ein Steuerungsprogramm. Die Art und Weise, wie diese Vorlage in das Steuerungsprogramm übernommen werden kann, hängt von der verwendeten Software des Programmiergerätes ab.

Eine direkte Programmierung nach der Funktionsplanvorlage ist nur dann möglich, wenn die Programmiersoftware über die grafische Darstellung der verwendeten binären und digitalen Funktionseinheiten verfügt und diese auch über die verschiedenen Leitungsarten vernetzt werden können.

Verfügt die Programmiersoftware zwar über die grafische Darstellung von digitalen Funktionssymbolen, deren Vernetzung jedoch nur mit binären Leitungen an den binären Ein/Ausgängen ausgeführt werden kann, ist eine direkte Programmierung nach der Funktionsplanvorlage nicht möglich. In diesem Fall wird der Funktionsplan in einzelne Netzwerke unterteilt und an jedem Worteingang der digitalen Funktion der Operand alphanumerisch angegeben.

Funktionsplan in zusammenhängender Darstellung:

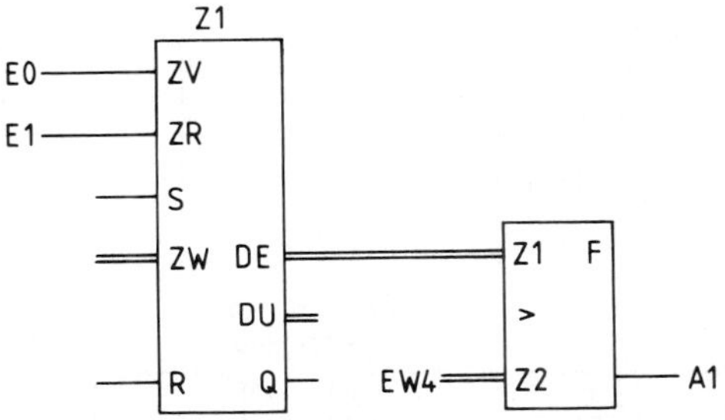

Funktionsplan aufgeteilt in Netzwerke:

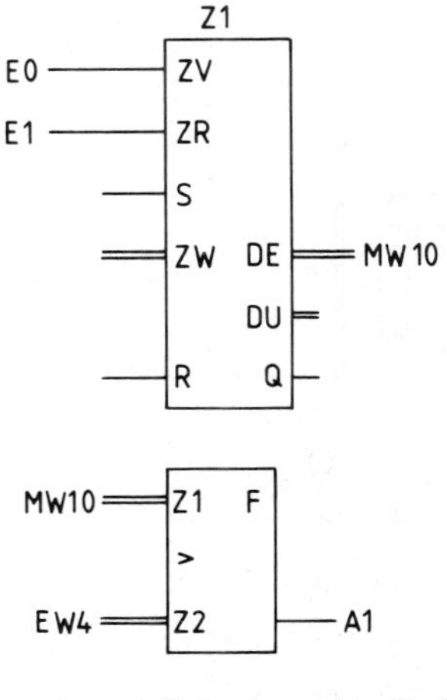

Die Umsetzung der Funktionsplanvorlage in die Anweisungsliste ist mit all den Systemen möglich, die über die verwendeten binären und digitalen Funktionen verfügen oder mit deren Operationsvorrat diese Funktionen gebildet werden können.

▼ Beispiel: Positioniersteuerung

An einer Säge werden Holzplatten maßgerecht zugeschnitten, indem diese, einseitig an einem Anschlag liegend, durch die Säge hindurchgeschoben werden. Von einem Bedienpult aus kann der Anschlag über einen Positionsgeber (Zifferneinsteller) positioniert werden. Hierzu wird ein Antriebsmotor angesteuert, der über eine Verstellspindel den Anschlag verschiebt (siehe Technologieschema).

Die Bewegung des Anschlages wird mit einem Winkelschrittgeber, der am Antriebsmotor für die Spindel angebracht ist, gemessen. Der Winkelschrittgeber liefert wegproportionale Zählimpulse (S1). Jeder Impuls entspricht einer bestimmten vom Schlitten zurückgelegten Wegeinheit. Eine zweite Spur auf dem Winkelschrittgeber liefert je Umdrehung einen Feinsynchronimpuls (S2), der zusammen mit dem Grobsignalimpuls (S3) vom berührungslosen Markengeber zur Synchronisation der Weg-Ist-Wert-Erfassung verwendet wird.

An den Enden des Verfahrbereichs der Spindel befinden sich Endschalter (S4, S5), die ein Überfahren des Anschlages über den erlaubten Bereich verhindern.

Der Spindelantriebsmotor kann über die Schütze K1, K2 und K3 im Linkslauf (K1), Rechtslauf (K2) und in jeder Drehrichtung im Schleichgang (K3) angesteuert werden.

Technologieschema:

Bedienfeld:

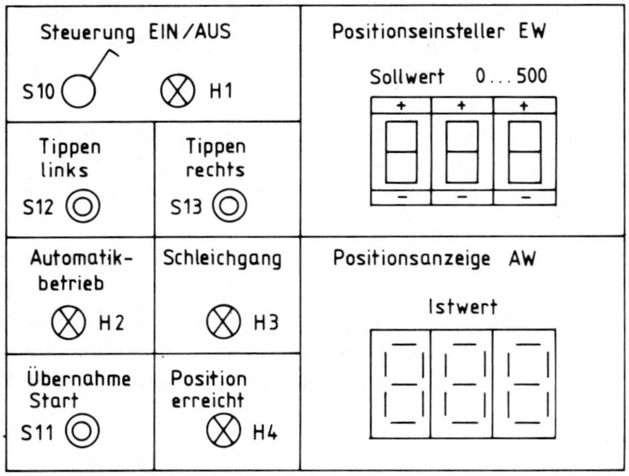

Anlage:

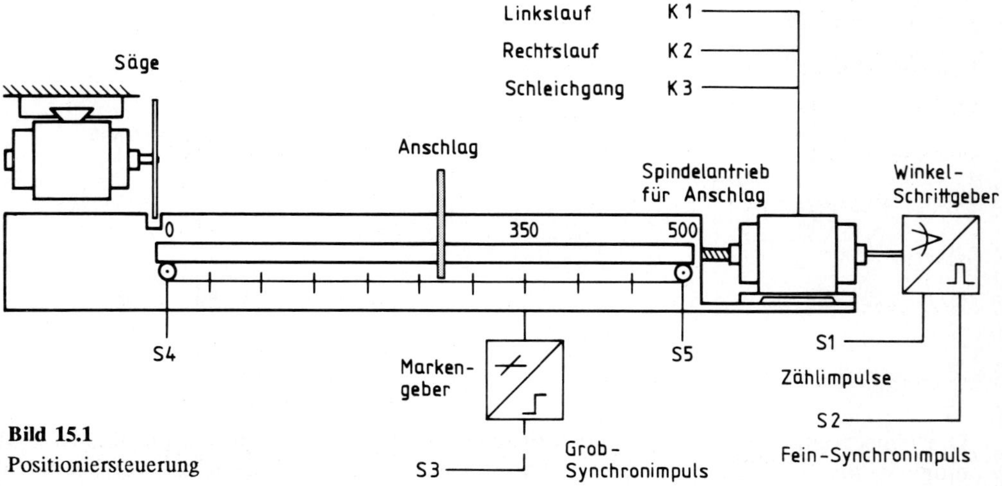

Bild 15.1
Positioniersteuerung

Funktionsbeschreibung:

Nach dem Einschalten der Steuerung mit S10 am Bedienpult muß der Anschlag zwecks Synchronisation der Steuerung durch Betätigen der Tipptasten (S12 oder S13) einmal am Markengeber vorbeigefahren werden. Beim Überfahren des Markengebers wird der für die Position zutreffende Zahlenwert (350) in den Vorwärts-, Rückwärtszähler geladen, wenn von dem Winkelschrittgeber der Richtimpuls zur Feinsynchronisierung ankommt. Eine Ziffernanzeige auf dem Bedienfeld zeigt nach der Synchronisation die Position des Anschlags an. Die Steuerung befindet sich nun im Automatikbetrieb.

Wird im Automatikbetrieb der Taster Übernahme/Start S11 auf dem Bedienfeld betätigt, bewegt sich der Anschlag auf die am Zifferneinsteller eingestellte Position (Bereich 0...500) hin. Um ein Überfahren der Position zu verhindern, wird bei $|Z_{Ist} - Z_{Soll}| \leq 10$ auf Schleichgang umgeschaltet. Während der Zeit, in der eine neue Position angefahren wird, kann kein neuer Sollwert übernommen werden. Einschaltzustand, Automatikbetrieb, Schleichgang und das Erreichen der vorgegebenen Position werden mit je einer Meldeleuchte angezeigt.

Zuordnungstabelle:

Eingangsvariable	Betriebsmittel-kennzeichen	Logische Zuordnung	
Sollwerteingabe	EW	16-Bit	
Steuerung Ein/Aus	S10	betätigt	S10 = 1
Übernahme/Start	S11	betätigt	S11 = 1
Tippen links	S12	betätigt	S12 = 1
Tippen rechts	S13	betätigt	S13 = 1
Zählimpulse	S1	Puls	S1 = 1
Fein-Synchronimpuls	S2	Puls	S2 = 1
Grob-Synchronimpuls	S3	Puls	S3 = 1
Endschalter links	S4	betätigt	S4 = 0
Endschalter rechts	S5	betätigt	S5 = 0
Ausgangsvariable			
Istwertanzeige	AW	16-Bit	
Anzeige Ein/Aus	H1	leuchtet	H1 = 1
Anz. Automatikbetrieb	H2	leuchtet	H2 = 1
Anz. Schleichgang	H3	leuchtet	H3 = 1
Anz. Position erreicht	H4	leuchtet	H4 = 1
Motor Linkslauf	K1	angezogen	K1 = 1
Motor Rechtslauf	K2	angezogen	K2 = 1
Motor Schleichgang	K3	angezogen	K3 = 1

Lösung:

Die Steuerungsaufgabe kann in einen binären und in einen digitalen Steuerungsteil zerlegt werden.

Während im binären Steuerungsteil die Verarbeitung der Bedientasten und Ansteuerung der binären Ausgangsvariablen erfolgt, wird im digitalen Steuerungsteil die Anpassung des IST-Wertes an den SOLL-Wert ausgeführt.

Die folgende Grobstruktur entsteht während des Entwurfs der einzelnen Steuerungsteile. Diese Übersicht stellt beim Entwurf nach der Funktionsplanmethode eine wertvolle Hilfe dar.

Grobstruktur der beiden Steuerungsteile:

Digitaler Steuerungsteil

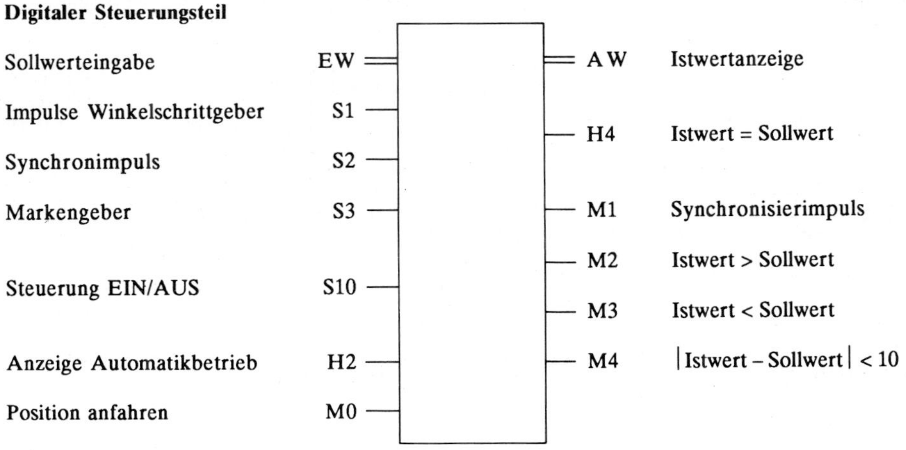

Binärer Steuerungsteil

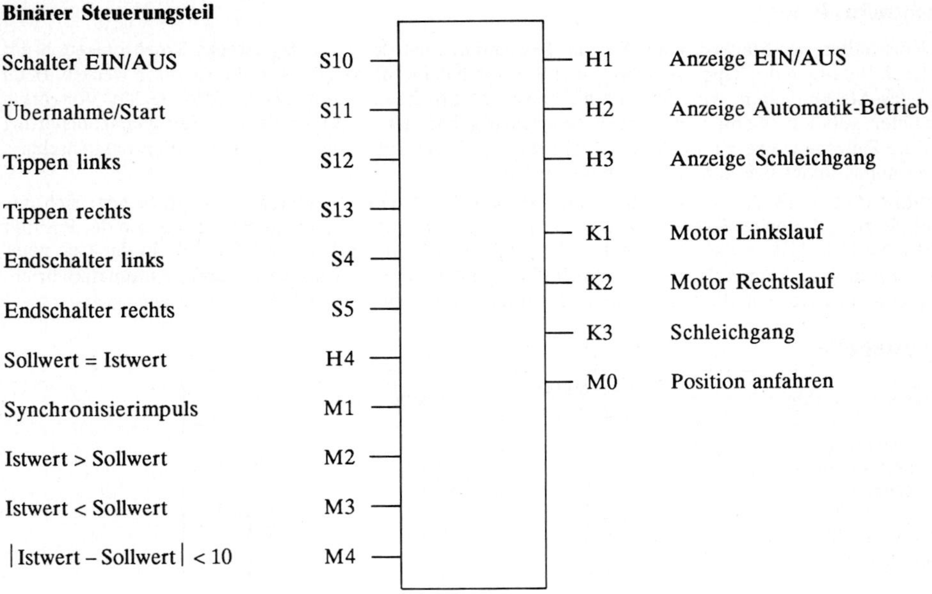

Funktionsplan der Steuerungsaufgabe:

Digitaler Steuerungsteil:

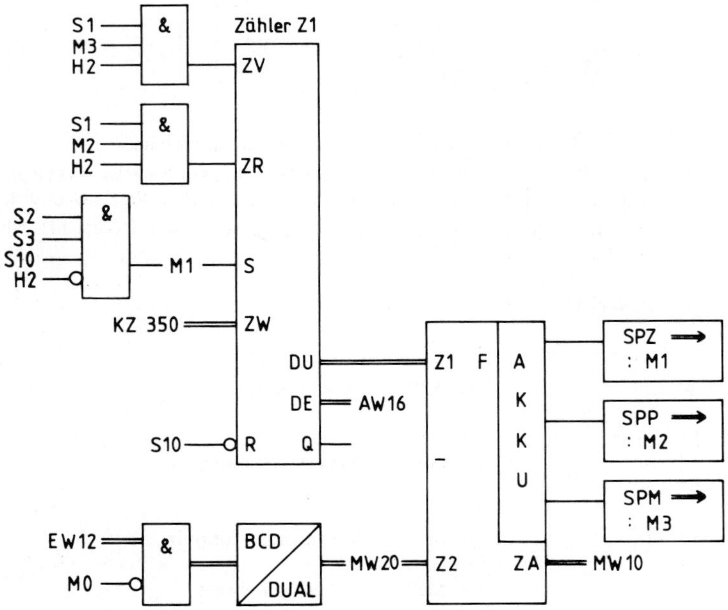

Binärer Steuerungsteil:

Schalter EIN/AUS

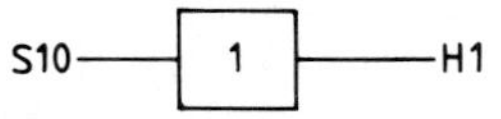

Anzeige EIN/AUS

Synchronisierimpuls
Schalter EIN/AUS

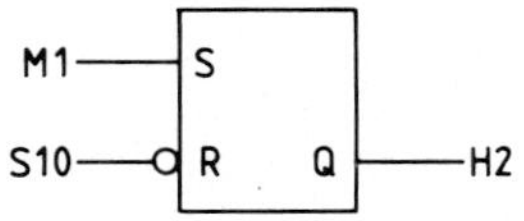

Anzeige
Automatikbetrieb

| Istwert – Sollwert | < 10
Automatikbetrieb

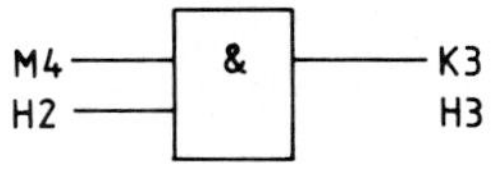

Schleichgang
Anzeige Schleichgang

Tippen links
Tippen rechts
Schalter EIN/AUS
Automatikbetrieb

Position anfahren
Sollwert < Istwert

Endschalter links
Motor Rechtslauf

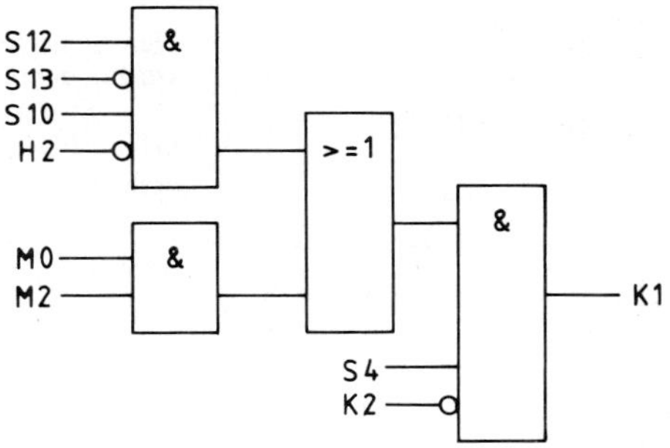

Motor Linkslauf

Tippen rechts
Tippen links
Schalter EIN/AUS
Automatikbetrieb

Position anfahren
Sollwert > Istwert

Endschalter rechts
Motor Linkslauf

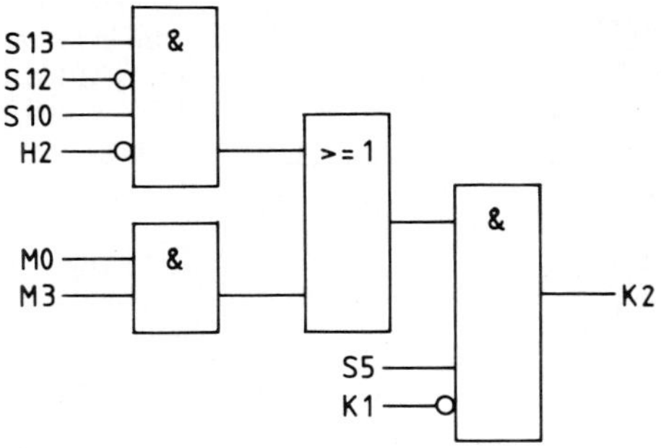

Motor Rechtslauf

Übernahme/Start
Automatikbetrieb

Sollwert = Istwert
Schalter EIN/AUS

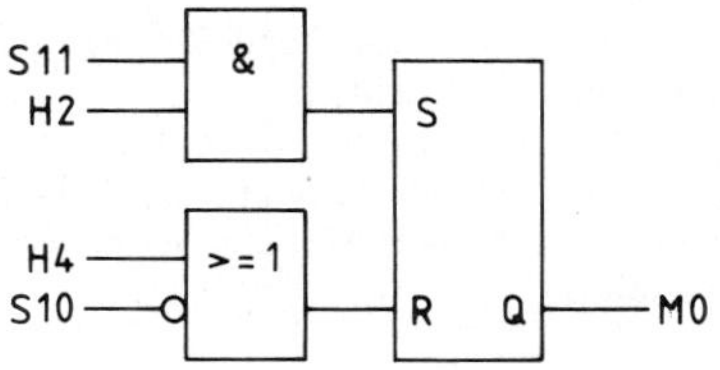

Position anfahren

Unterprogramme für den digitalen Steuerungsteil. Die Zuordnung erfolgt durch die Sprungmarken M1, M2 und M3.

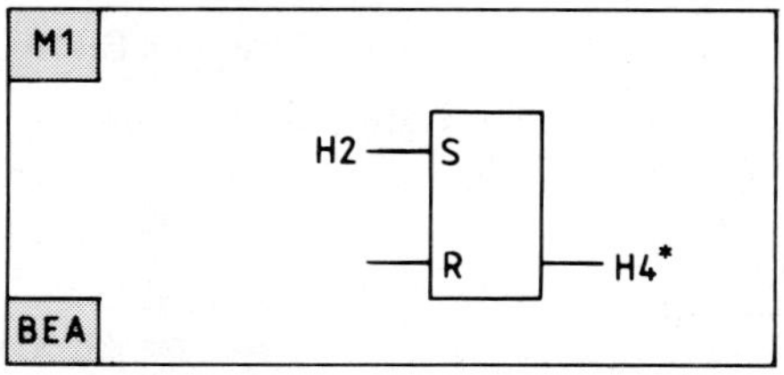

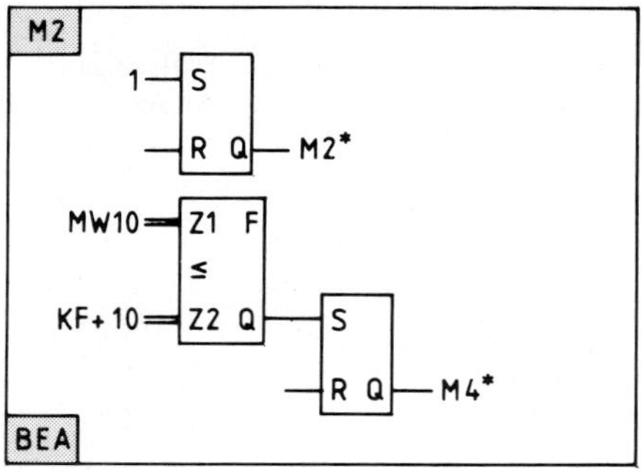

Der Signalzustand "1" für das Setzen von M2 wird in der AWL durch die Befehlsfolge:
O   M 100.0
ON M 100.0
erzeugt.

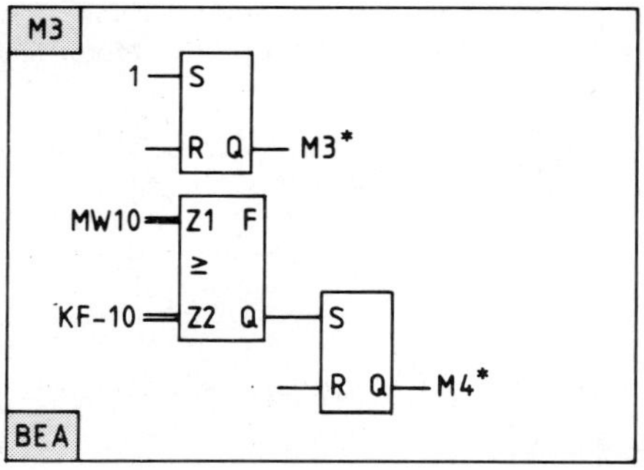

Der Signalzustand "1" für das Setzen von M3 wird in der AWL durch die Befehlsfolge:
O   M 100.0
ON M 100.0
erzeugt.

* Es ist die in Kap. 14.8.2 (Sprungoperation) gegebene Regel für das Rücksetzen von angesteuerten Ausgängen und Merkern bei Unterprogrammtechnik zu beachten:
H4, M2, M3, M4 müssen außerhalb der Unterprogramme rückgesetzt werden. Die Unterprogramme sind im nachfolgenden Funktionsbaustein FB10 durch die Programmabschnitte M001, M002 und M003 ausgewiesen. Das Rücksetzen des Ausgangs H4 und der Merker M2, M3, M4 erfolgt ebenfalls im Funktionsbaustein FB10, und zwar direkt nach der Codewandlung.

Realisierung mit einer SPS:

Das Steuerungsprogramm wird in zwei Programmteile aufgeteilt. Der Programmbaustein PB10 enthält den binären Steuerungsteil und der Funktionsbaustein FB10 den digitalen Steuerungsteil.

Zuordnung:	Eingänge	Ausgänge	Merker	Zähler
	EW = EW 12	AW = AW 16	MW10 = MW 10	Z1
	S10 = E 0.0	H1 = A 0.1	MW20 = MW 20	
	S11 = E 0.1	H2 = A 0.2	M0 = M 2.0	
	S12 = E 0.2	H3 = A 0.3	M1 = M 2.1	
	S13 = E 0.3	H4 = A 0.4	M2 = M 2.2	
	S1 = E 0.4	K1 = A 0.5	M3 = M 2.3	
	S2 = E 0.5	K2 = A 0.6	M4 = M 2.4	
	S3 = E 0.6	K3 = A 0.7		
	S4 = E 0.7			
	S5 = E 1.0			

Anweisungsliste:

```
PB 10
:U   E    0.0
:=   A    0.1
:U   M    2.1
:S   A    0.2
:UN  E    0.0
:R   A    0.2
:U   M    2.4
:U   A    0.2
:=   A    0.3
:=   A    0.7
:U(
:U   E    0.2
:UN  E    0.3
:U   E    0.0
:UN  A    0.2
:O
:U   M    2.0
:U   M    2.2
:)
:U   E    0.7
:UN  A    0.6
:=   A    0.5
:U(
:U   E    0.3
:UN  E    0.2
:U   E    0.0
:UN  A    0.2
:O
:U   M    2.0
:U   M    2.3
:)
:U   E    1.0
:UN  A    0.5
:=   A    0.6
:U   E    0.1
:U   A    0.2
     :S   M    2.0
     :O   A    0.4
     :ON  E    0.0
     :R   M    2.0
     :
     :SPA FB   10
NAME :DIGPOS
     :
     :BE
```

```
FB 10
NAME :DIGPOS
     :U   E    0.4
     :U   M    2.3
     :U   A    0.2
     :ZV  Z    1
     :
     :U   E    0.4
     :U   M    2.2
     :U   A    0.2
     :ZR  Z    1
     :
     :U   E    0.5
     :U   E    0.6
     :UN  A    0.2
     :=   M    2.1
     :L   KZ 350
     :S   Z    1
     :
     :UN  E    0.0
     :R   Z    1
     :
     :LC  Z    1
     :T   AW   16
     :
     :UN  M    2.0
     :SPB FB 240
NAME :COD:B4
BCD  :    EW   12
SBCD :    M    100.0
DUAL :    MW   20
     :
     :R   A    0.4
     :R   M    2.2
     :R   M    2.3
     :R   M    2.4
     :
     :L   Z    1
     :L   MW   20
     :-F
     :T   MW   10
     :SPZ =M001
     :SPP =M002
     :SPM =M003
     :
M001 :U   A    0.2
     :S   A    0.4
     :BEA
     :
M002 :O   M    100.0
     :ON  M    100.0
     :S   M    2.2
     :L   MW   10
     :L   KF   +10
     :<=F
     :S   M    2.4
     :BEA
     :
M003 :O   M    100.0
     :ON  M    100.0
     :S   M    2.3
     :L   MW   10
     :L   KF   -10
     :>=F
     :S   M    2.4
     :BE
```

Das nächste Beispiel zeigt, wie der Funktionsplan die Möglichkeit bietet, eine Steuerungsaufgabe zunächst vorzustrukturieren. Aus dieser Darstellungsart können dann, je nach verwendetem Operationsvorrat verschiedene Steuerungsprogramme entwickelt werden. Welche Programmstruktur der Anwender aus der Vorstrukturierung der Steuerungsaufgabe auswählt, bleibt ihm überlassen. In diesem Abschnitt wird die gewählte Programmstruktur wieder mit einem Funktionsplan beschrieben.

▼ Beispiel: Multiplex-Ausgabe

Ein Zifferneinsteller liefert eine 4-stellige BCD-Zahl. Der jeweils aktuelle BCD-Wert soll mit einer 4-stelligen Ziffernanzeige auf einem Bedienpult angezeigt werden.

Funktionsbeschreibung:

Steuert man jede Dekade einzeln mit Ausgängen an, so sind dafür pro Dekade 4 Leitungen (A, B, C, D) erforderlich.

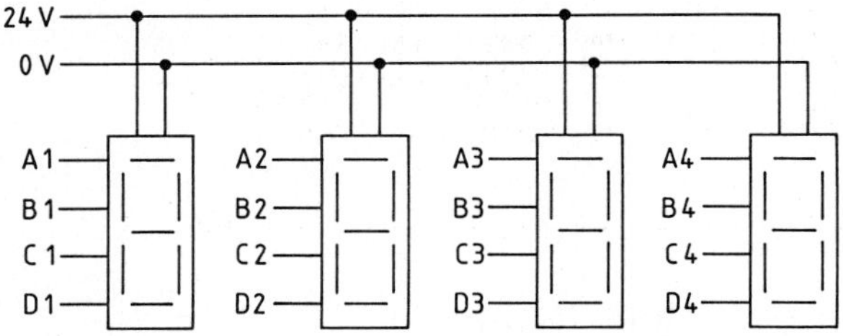

Anzahl der erforderlichen Leitungen L:

$L = 4 \cdot n$ n: Anzahl der Dekaden

Wird eine Ziffernanzeige mit speicherndem Verhalten verwendet, so können die Dateneingänge A, B, C, D aller Dekaden parallel geschaltet werden. Über jeweils einen eigenen Eingang LE (*Latch Enable*) wird eine Stelle der Ziffernanzeige dazu veranlaßt, den auf den Datenleitungen augenblicklich anstehenden Wert in den Speicher und damit in die Anzeige zu übernehmen. So ist es möglich, die Anzahl der Leitungen zur Anzeigeeinheit und damit auch die belegten Ausgänge der SPS merklich zu reduzieren.
Anzahl der erforderlichen Leitungen L:

$L = 4 + n$ n: Anzahl der Dekaden

Aus den beiden Berechnungsregeln für die Anzahl der Leitungen ist zu entnehmen, daß bei 4 Dekaden statt 16 Ausgänge bei direkter Ansteuerung der Stellen nur 8 Ausgänge bei Anzeigen mit Speicherverhalten erforderlich sind.

Technologieschema:

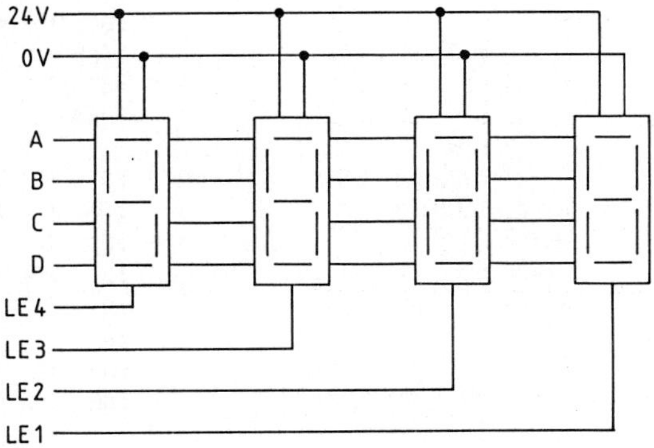

Bild 15.2
Multiplexanzeige

Zuordnungstabelle:

Eingangsvariable	Betriebsmittel-kennzeichen	Logische Zuordnung	
Zifferneinsteller	EW	16-Bit	
Ausgangsvariable			
Wert 1 der Ziffer	A	Wert 2^0	A = 1
Wert 2 der Ziffer	B	Wert 2^1	B = 1
Wert 4 der Ziffer	C	Wert 2^2	C = 1
Wert 8 der Ziffer	D	Wert 2^3	D = 1
Freigabe 4. Ziffer	LE4	Daten einlesen	LE4 = 0
Freigabe 3. Ziffer	LE3	Daten einlesen	LE3 = 0
Freigabe 2. Ziffer	LE2	Daten einlesen	LE2 = 0
Freigabe 1. Ziffer	LE1	Daten einlesen	LE1 = 0
Zusammenfassung der Ausgänge A – LE1	AB1		

Lösung:

Damit jede Dekade zur richtigen Zeit die Daten übernehmen und speichern kann, ist eine zeitlich versetzte Ansteuerung der LE-Eingänge mit den dazugehörenden Daten erforderlich. Ein Zeitablauf für die Ansteuerung der einzelnen Dekaden ist im folgenden Zeitdiagramm dargestellt. DEK 1 = 1 bedeutet dabei, daß auf die Datenleitungen A, B, C und D die Werte der Ziffer für die erste Dekade gelegt werden. Entsprechendes gilt für DEK 2 = 1 usw.

Zeitablaufdiagramm für die Ansteuerung der Eingänge der Ziffernanzeige:

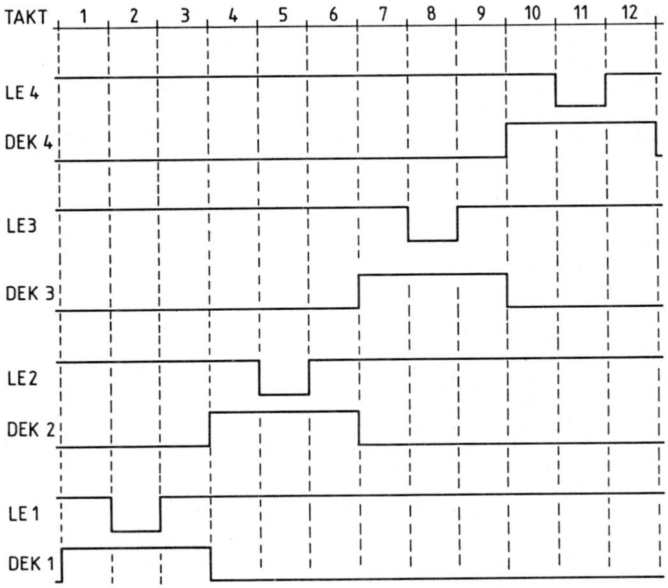

Aus dem Zeitdiagramm ist zu entnehmen, daß nach zwölf Takten alle vier Ziffern in die Anzeige geschrieben sind.

Verbale Vorstrukturierung der Steuerungsaufgabe:

Innerhalb der zwölf erforderlichen Takte werden folgende Operationen gestartet.

Takt 1: Die auszugebende vierstellige BCD-Zahl wird in ein Schieberegister geladen. Die letzten vier Bit des Schieberegisters sind mit den Datenleitungen A, B, C und D der Anzeige verbunden.

Takt 2: Der Freigabe-Ausgang LE1 wird auf „0"-Signal gelegt. Damit wird in der ersten Dekade der Anzeige die Ziffer der Datenleitungen übernommen.

Takt 3: Der Freigabe-Ausgang LE1 wird wieder auf „1"-Signal gelegt. Auf den Datenleitungen liegt weiterhin der Wert der ersten Stelle. Mit der „0-1"-Flanke auf LE1 wird die Ziffer in der ersten Dekade innerhalb der Anzeige gespeichert.

Takt 4, 7 u. 10: Der Inhalt des Schieberegisters wird um vier Bit nach rechts geschoben. Auf den Datenleitungen A, B, C und D liegt dann die Ziffer für die jeweils nächste Dekade.

Takt 5, 8 u. 11: Der Freigabe-Ausgang LE für die jeweils nächste Dekade wird auf „0"-Signal gelegt. Damit erfolgt die Übernahme der Ziffer in die Anzeige.

Takt 6 9 u. 12: Alle Freigabeausgänge LE werden wieder auf „1"-Signal gelegt. Damit wird der auf der Datenleitung liegende Wert an der entsprechenden Stelle in der Anzeige gespeichert.

Darstellung im Funktionsplan:

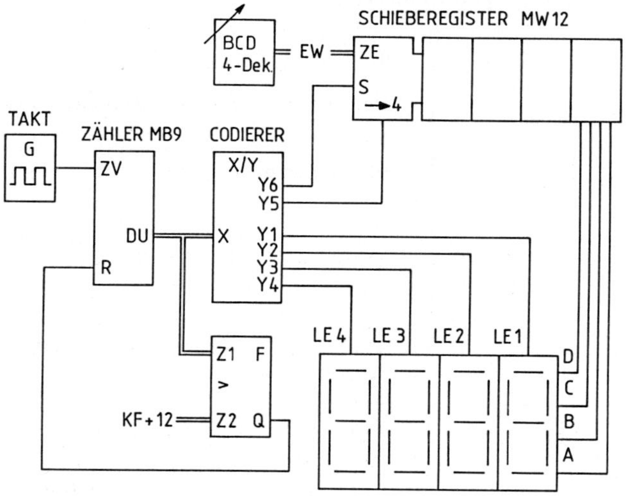

Erklärung der Variablen des Codierers:

X:	Zählvariable des Taktes von 1 bis 12	
Y1:	Freigebeeingang der 1. Ziffer	
Y2:	Freigebeeingang der 2. Ziffer	Yn = 0: Daten einlesen
Y3:	Freigebeeingang der 3. Ziffer	
Y4:	Freigebeeingang der 4. Ziffer	
Y5:	Verschiebung des Registerinhalts um 4 Stellen	Y5 = 1: schieben
Y6:	Übernahme von Eingangswort EW in das Register	Y6 = 1: einlesen

Funktionstabelle des Codierers:

X	Y1	Y2	Y3	Y4	Y5	Y6	Kommentar
1	1	1	1	1	0	1	EW12 in das Schieberegister
2	0	1	1	1	0	0	1. Ziffer in die Anzeige
3	1	1	1	1	0	0	Speichern der 1. Ziffer
4	1	1	1	1	1	0	Schieben um 4 Stellen
5	1	0	1	1	0	0	2. Ziffer in die Anzeige
6	1	1	1	1	0	0	Speichern der 2. Ziffer
7	1	1	1	1	1	0	Schieben um 4 Stellen
8	1	1	0	1	0	0	3. Ziffer in die Anzeige
9	1	1	1	1	0	0	Speichern der 3. Ziffer
10	1	1	1	1	1	0	Schieben um 4 Stellen
11	1	1	1	0	0	0	4. Ziffer in die Anzeige
12	1	1	1	1	0	0	Speichern der 4. Ziffer

Bei der Umsetzung des dargestellten Funktionsplanes in ein Steuerungsprogramm wird der Zähler mit dem Merkerregister MB9 realisiert. Der Inhalt des Registers wird bei jedem Programmdurchlauf um + 1 erhöht. Steht die Zahl 13 in dem Register, so wird der Inhalt sofort wieder auf 0 gesetzt.
Das Schieberegister wird durch das Merkerwort MW12 gebildet. Die Umsetzung des Codierers erfolgt durch die Abfrage des Zählerregisters MB9 und Sprünge in entsprechende Programmabschnitte. Innerhalb dieser Programmabschnitte werden die Verschiebung des Schieberegisters MW12, die Maskierung und die jeweiligen Ausgangszuweisungen vorgenommen.

Funktionsplan des Steuerungsprogramms:

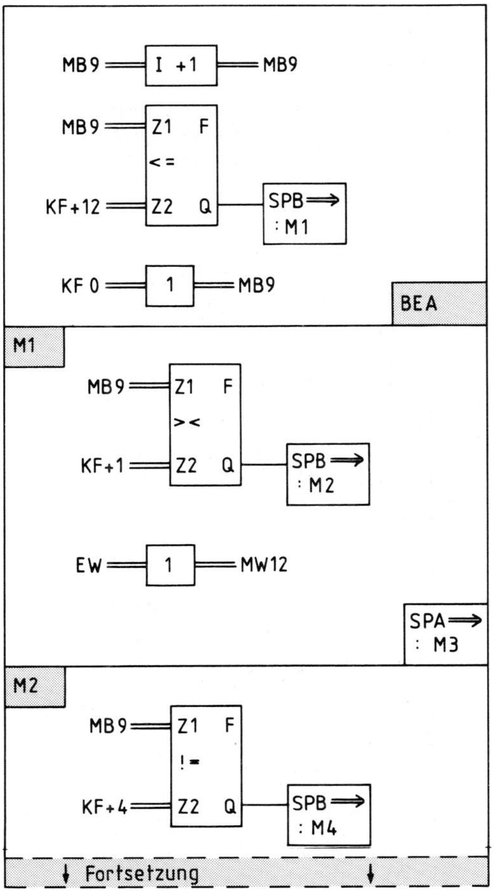

Kommentar:

Modulo 12-Zähler:
Erhöhen des Zählerstandes um + 1.

Prüfen, ob Zählerstand kleiner gleich 12 ist.

Wenn ja: Sprung zu M1.

Wenn nein: Zähler auf Null setzen.

Abfrage, ob der Zählerstand von MB9 ungleich 1 ist.

Wenn ja: Sprung zu M2.

Wenn MB9 = 1, dann Einlesen des aktuellen BCD-Wertes in das Schieberegister MW12.

MW12

Ziffer 4	Ziffer 3	Ziffer 2	Ziffer 1

Sprung zur Marke M3.

Abfrage, ob der Zählerstand von MB9 gleich 4, 7 oder 10 ist.

Wenn ja: Sprung zu M4, Schieberegister muß dann um 4 Stellen verschoben werden.

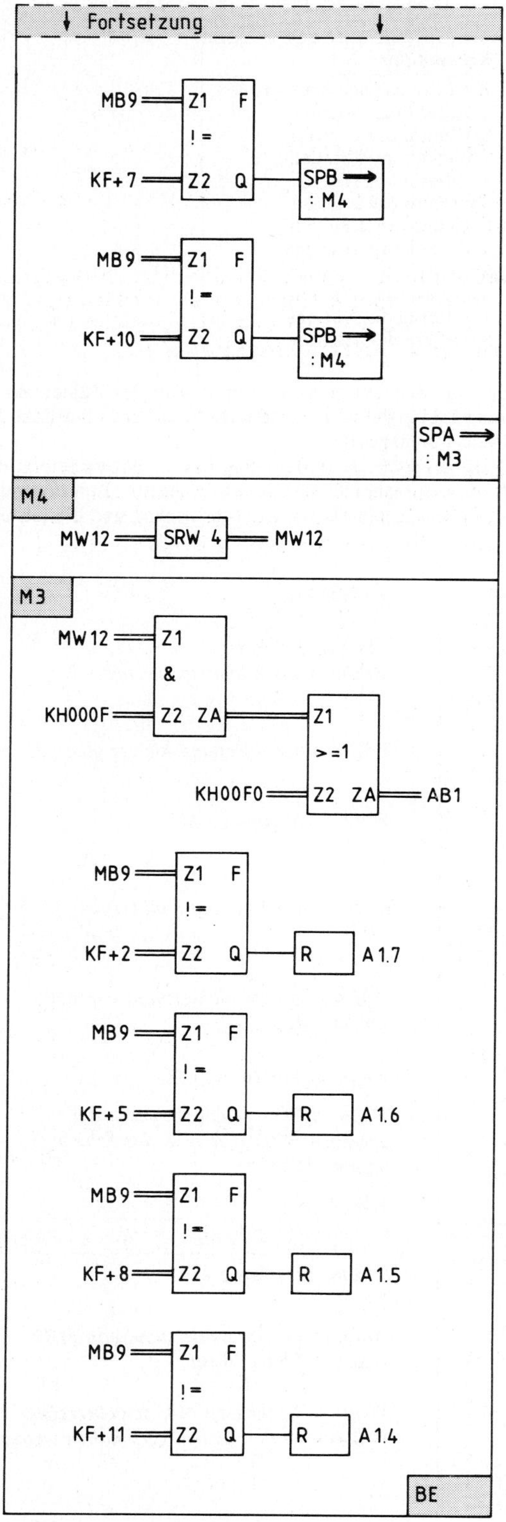

Wenn nein:
Sprung zur Marke M3.

Der Inhalt des Schieberegisters wird um 4 Stellen nach rechts geschoben.

Die letzten vier Bit des Schieberegisters werden mit den Datenleitungen des Ausgangsbyte AB1 verbunden und alle LE-Eingänge werden auf „1"-Signal gesetzt.

AB1

1111	Ziffer x

Abfrage, ob der Zählerstand von MB9 gleich 2 ist.

Wenn ja, erhält LE1 „0"-Signal.

Abfrage, ob der Zählerstand von MB9 gleich 5 ist.

Wenn ja, erhält LE2 „0"-Signal.

Abfrage, ob der Zählerstand von MB9 gleich 8 ist.

Wenn ja, erhält LE3 „0"-Signal.

Abfrage, ob der Zählerstand von MB9 gleich 11 ist.

Wenn ja, erhält LE4 "0"-Signal.

Realisierung mit einer SPS:

Das Steuerungsprogramm ist in zwei Teilprogramme gegliedert:

Programmbaustein PB10:

- Abfrage, ob ein neuer Wert ausgegeben werden muß.
  Wenn EW (Daten „NEU“) gleich MW16 (Daten „ALT“), dann wird die Abarbeitung des Programmbausteines PB10 beendet.
  Andernfalls wird der Funktionsbaustein FB10 entsprechend den 12 Taktschritten zwölfmal durchgearbeitet, um den neuen Wert in die Anzeige einzuspeichern.
- Sprung in den Funktionsbaustein FB10.
  Mit den Flanken eines Taktgenerators (M1) wird alle 10 ms in den Funktionsbaustein FB10 gesprungen, um dort das Programm eines Taktschrittes durchzuarbeiten. Die Übernahme eines vollständigen BCD-Wortes in die gemultiplexte Anzeige dauert also 12 × 10 ms = 120 ms. Damit ist der begrenzten Reaktionszeit einer Ausgabebaugruppe mit einer Schaltfrequenz von 100 Hz Rechnung getragen.

Funktionsbaustein FB10:

- Eigentliches Steuerungsprogramm für die Multiplexausgabe mit Schieberegister, Zähler und Ausgabezuweisung.
- Im 1. Taktschritt wird das BCD-Wort vom Eingangswort EW in das Schieberegister MW12 und den Hilfsspeicher MW14 übertragen. Während das BCD-Wort im Schieberegister entsprechend den Taktschritten bearbeitet wird, bleibt es im Hilfsspeicher MW14 unverändert erhalten. Erst nach dem 12. Taktschritt übergibt Merkerwort MW14 seine Information an den Vergleichsspeicher MW16 (Daten „ALT“).

Zuordnung:	Eingänge	Ausgänge	Merker	Zeit
	EW = EW 12	A = A 1.0	MB9 = MB 9	T1
		B = A 1.1	MW12 = MW 12	
		C = A 1.2	MW14 = MW 14	
		D = A 1.3	MW16 = MW 16	
		LE4 = A 1.4	M1 = M 1.0	
		LE3 = A 1.5		
		LE2 = A 1.6		
		LE1 = A 1.7		

Anweisungsliste:

```
PB 10
      :L   EW  12
      :L   MW  16
      :!=F
      :BEB
      :
      :UN  M     1.0
      :L   KT 001.0
      :SE  T     1
      :
      :U   T     1
      :=   M     1.0
      :SPB FB   10
NAME  :MULTIPLE
      :
      :BE
```

```
FB 10
NAME :MULTIPLE
      :L   MB    9
      :I         1
      :T   MB    9
      :
      :L   KF +12
      :<=F
      :SPB =M001
      :
      :L   KF  +0
      :T   MB    9
      :
      :L   MW   14
      :T   MW   16
      :BEA
M001  :
      :L   MB    9
      :L   KF +1
      :><F
      :SPB =M002
      :
      :L   EW   12
      :T   MW   12
      :T   MW   14
      :SPA =M003
```

```
M002  :
      :L   MB    9
      :L   KF +4
      :!=F
      :SPB =M004
      :L   MB    9
      :L   KF +7
      :!=F
      :SPB =M004
      :L   MB    9
      :L   KF +10
      :!=F
      :SPB =M004
      :
      :SPA =M003
M004  :
      :L   MW   12
      :SRW       4
      :T   MW   12
      :
M003  :
      :L   MW   12
      :L   KH 000F
      :UW
      :L   KH 00F0
```

```
      :OW
      :T   AB    1
      :
      :L   MB    9
      :L   KF +2
      :!=F
      :R   A     1.7
      :
      :L   MB    9
      :L   KF +5
      :!=F
      :R   A     1.6
      :
      :L   MB    9
      :L   KF +8
      :!=F
      :R   A     1.5
      :
      :L   MB    9
      :L   KF +11
      :!=F
      :R   A     1.4
      :
      :BE
```

15.4 Vertiefung und Übung

• Übung 15.1: Anzeigenauswahl

Der gegebene Funktionsplan zeigt, wie, abhängig von Signalzustand des Schalters S3, entweder der Zählerstand des Zählers Z1 oder der Zählerstand des Zählers Z2 an einer dreistelligen Ziffernanzeige angezeigt wird.

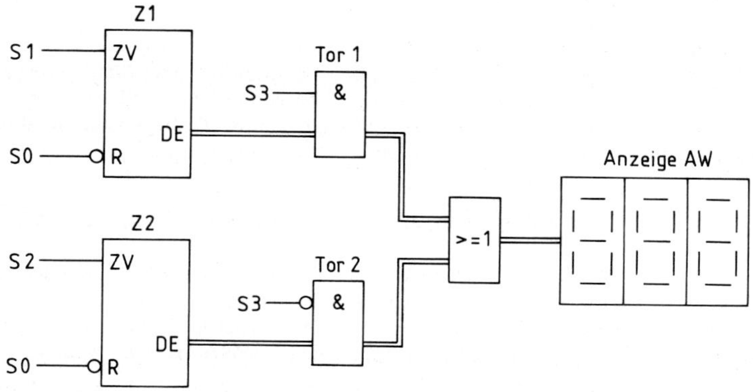

Zuordnungstabelle:

Eingangsvariable	Betriebsmittel-kennzeichen	Logische Zuordnung	
Rücksetzen Z1 u. Z2	S0	Zähler rücksetzen	S0 = 1
Vorwärtszählen Z1	S1	Zählimpuls	S1 = 1
Vorwärtszählen Z2	S2	Zählimpuls	S2 = 1
Auswahlschalter	S3	Anzeige Z1	S3 = 1
		Anzeige Z2	S3 = 0
Ausgangsvariable			
Zähleranzeige	AW	16 Bit	

Für diesen Funktionsplan ist das zugehörige Steuerungsprogramm zu bestimmen.

• Übung 15.2: Sollwert-Begrenzer

In einer verfahrenstechnischen Anlage wird der Sollwert mit einem Software-Sollwertgeber (siehe Kap. 14.10.8) eingestellt. Die Veränderung des Sollwertes erfolgt durch Betätigung der Taster S10 bzw. S11 und wird im Zähler Z1 gespeichert.

Ein dreistelliger Ziffereinsteller EW dient zur Vorgabe eines oberen Grenzwertes für den Sollwert. Ein Zahlenvergleicher überwacht die Vorgabe. Ist der Schlüsselschalter S1 betätigt, so wird der obere Grenzwert bei der Sollwertverstellung beachtet. Eine Meldeleuchte H1 zeigt dann das Erreichen des oberen Grenzwertes an und sperrt eine weitere Erhöhung. H1 leuchtet ebenfalls, wenn der neu vorgegebene obere Grenzwert kleiner ist als der alte Sollwert.

An einer dreistelligen Ziffernanzeige kann, abhängig vom Signalzustand des Wahlschalters S2, entweder der obere Grenzwert oder der aktuelle Sollwert angezeigt werden.

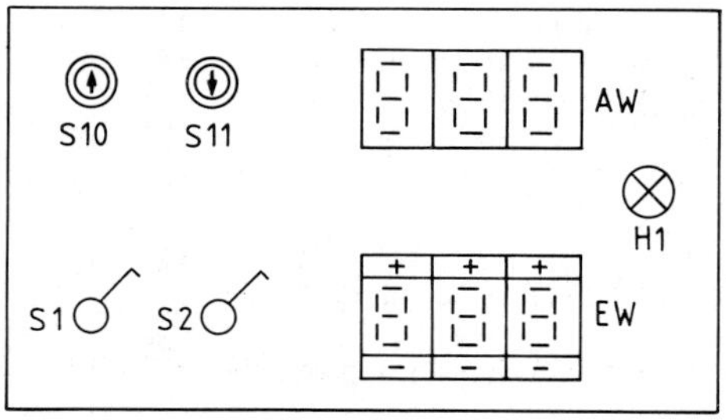

Zuordnungstabelle:

Eingangsvariable	Betriebsmittel-kennzeichen	Logische Zuordnung	
Grenzwertgeber	EW	3-stelliger BCD-Wert	
Schlüsselschalter	S1	betätigt	S1 = 1
Wahlschalter Anzeige	S2	oberer Grenzwert	S2 = 1
		aktueller Wert	S2 = 0
Sollwert größer	S10	betätigt	S10 = 1
Sollwert kleiner	S11	betätigt	S11 = 1
Ausgangsvariable			
Sollwertanzeige	AW	3-stelliger BCD-Wert	
Anzeige Grenzwert	H1	Grenzwert überschritten	H1 = 1

Für diese Aufgabenstellung ist ein Funktionsplan zu entwerfen und aus diesem das Steuerungsprogramm zu bestimmen.

• Übung 15.3: Sollwertnachführung

In einer regelungstechnischen Anlage wird zur stoßfreien Übernahme eines neuen Sollwertes, der mit einem dreistelligen Zifferneinsteller eingestellt werden kann, ein Zähler mit einer bestimmten Taktfrequenz auf den externen Sollwertstand W_{ext} nachgeführt. Der Zählerstand stellt somit den internen Sollwert W_{int} dar.

Die Taktfrequenz für den Zähler ist abhängig von der Differenz des externen und internen Sollwertes.

$\lvert W_{ext} - W_{int} \rvert$	< 10	< 100	sonst
Taktfrequenz	1 Hz	5 Hz	10 Hz

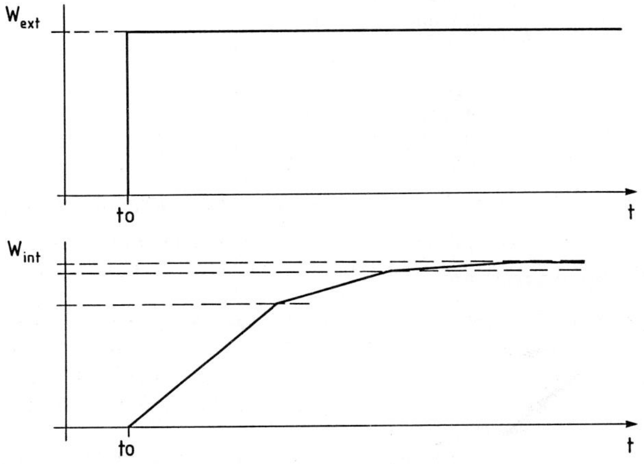

Zuordnungstabelle:

Eingangsvariable	Betriebsmittel-kennzeichen	Logische Zuordnung
Sollwerteingabe	W_{ext}	3-stelliger BCD-Wert
Interne Variable		
Sollwert intern	W_{int}	Dual-codierter Wert

Für diese Aufgabenstellung ist ein Funktionsplan zu entwerfen und aus diesem das Steuerungsprogramm zu bestimmen.

• Übung 15.4: Zeitabhängiges Schrittschaltwerk

In einer Filterreinigungsanlage der chemischen Industrie wird ein 4-schrittiges zeitabhängiges Schrittschaltwerk benötigt. Ist der Hauptschalter S0 eingeschaltet und wird der Betriebsschalter S1 geschlossen, erhält der Ausgang A1 für 0,5 s ein „1“-Signal. Im gleichen zeitlichen Abstand von 2 s folgen die Ausgänge A2, A3 und A4, die jeweils wieder 0,5 s lang angesteuert sind. Danach beginnt der Zyklus von neuem.

Erfolgt eine Betriebsunterbrechung durch Öffnen von S1 während ein Ausgang „1“-Signal führt, wird dieser sofort zurückgesetzt. Nach dem Wiedereinschalten durch S1 wird der nächste Ausgang sofort gesetzt.

Ablaufdiagramm:

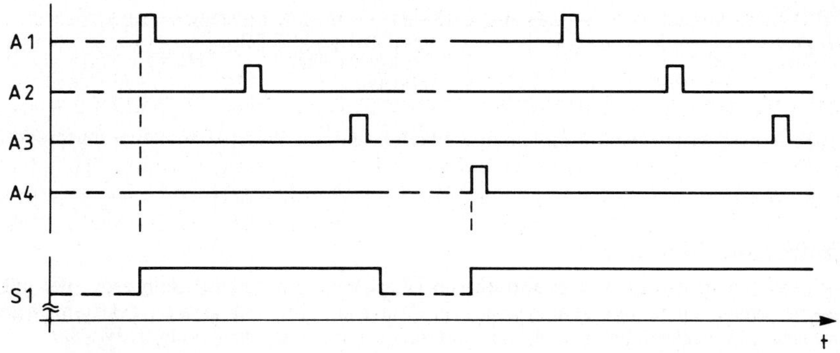

Beim Aus- und Wiedereinschalten mit dem Hauptschalter S0 beginnt der Ablauf stets mit Ausgang A1.

Die Steuerungsaufgabe soll mit einem 4-Bit Ringschieberegister realisiert werden.

Zuordnungstabelle:

Eingangsvariable	Betriebsmittel-kennzeichen	Logische Zuordnung
Hauptschalter	S0	betätigt S0 = 1
Betriebsschalter	S1	betätigt S1 = 1
Ausgangsvariable		
Ausgang 1	A1	angesteuert A1 = 1
Ausgang 2	A2	angesteuert A2 = 1
Ausgang 3	A3	angesteuert A3 = 1
Ausgang 4	A4	angesteuert A4 = 1

Für diese Aufgabenstellung ist ein Funktionsplan zu entwerfen und aus diesem das Steuerungsprogramm zu bestimmen.

• Übung 15.5: Analyse eines Steuerungsprogramms

Aus der gegebenen Anweisungsliste ist ein Funktionsplan zu erstellen, aus dem die Aufgabe des Steuerungsprogramms ersichtlich wird.

AWL:

```
       :L    KB 0
       :T    MB   2
       :SPA  FB 240
NAME   :COD:B4
BCD    :     EW  12
SBCD   :     M  100.0
DUAL   :     MW   8
       :L    MW   8
       :L    Z    1
       :-F
       :T    MW  10
       :SPP  =M001
       :SPM  =M002
       :SPZ  =M003

M001   :S    M    2.1
       :L    MW  10
       :L    KF +5
       :<=F
       :=    M    2.2
       :SPA  =M004
M002   :S    M    2.3
       :L    MW  10
       :L    KF -5
       :>=F
       :=    M    2.4
       :SPA  =M004

M003   :S    M    2.0
M004   :U    M    3.0
       :U    M    2.1
       :ZV   Z    1
       :U    M    3.0
       :U    M    2.3
       :ZR   Z    1
       :LC   Z    1
       :T    AW  16
       :O    M    2.2
       :O    M    2.4
       :SPB  =M005
       :L    KT 010.0
       :SPA  =M006

M005   :L    KT 100.0
M006   :UN   M    2.0
       :UN   M    3.0
       :SE   T    1
       :U    T    1
       :=    M    3.0
       :BE
```

16 Ablaufplan

16.1 Einführung in die Ablaufstrukturmethode

Digitale Steuerungsaufgaben, deren Lösung auf der Anwendung eines Algorithmus basieren, können vorteilhaft mit grafischen Ablaufstrukturen beschrieben werden. Ein Algorithmus ist dabei eine Berechnungsregel, die aus mehreren elementaren Schritten besteht, die in einer bestimmten Reihenfolge ausgeführt werden müssen. Die Beschreibung eines Algorithmus erfolgt durch die Aufzählung der auszuführenden Schritte, sowie der Vorschrift, in welcher Reihenfolge die einzelnen Schritte durchgeführt werden müssen. Der sich dabei ergebende Programmablauf kann mit grafischen Darstellungsmethoden als *Programmablaufplan* PAP (DIN 66001 und DIN 66262) oder *Struktogramm* STG (DIN 66261) beschrieben werden.

Die Analyse vieler Programmabläufe von Steuerungsprogrammen, denen ein Algorithmus zu Grunde liegt, hat gezeigt, daß sich immer wieder die drei folgenden Ablaufstrukturen ergeben:

- Folge: die Verarbeitung von Schritten nacheinander;
- Verzweigung: die Auswahl von bestimmten Schritten;
- Wiederholung: die Wiederholung von Schritten (Schleifen).

Mit diesen drei elementaren Ablaufstrukturen kann nach Festlegung des Algorithmus das Beschreibungsmittel Programmablaufplan oder Struktogramm zur Lösung von Steuerungsproblemen eingesetzt werden.

16.2 Programmablaufplan

In Programmablaufplänen werden die Schritte symbolisch durch Sinnbilder dargestellt und der Steuerungsablauf durch Ablauflinien hergestellt.

Zur besseren Übersichtlichkeit und leichteren Verständlichkeit von Programmablaufplänen werden in der DIN 66262 Programmkonstrukte zur Bildung von Programmen mit abgeschlossenen Zweigen festgelegt. Damit ist eine Grundlage gegeben, auf der jeder Programmablauf in einheitlicher Weise aus wenigen Bausteinen gebildet werden kann.

Ein *Programmkonstrukt* ist eine abgeschlossene funktionale Einheit, welche keine Überlappung mit anderen Programmkonstrukten zuläßt. Jedes Programmkonstrukt hat einen Eingang und einen Ausgang und besteht aus einem Steuerungsteil und einem oder mehreren Verarbeitungsteilen.

Während im Steuerungsteil die Reihenfolge und Häufigkeit der Ausführungen der Verarbeitungsteile festgelegt wird, ist ein Verarbeitungsteil ein abgeschlossener Zweig oder eine elementare Anweisung, jedoch keine Sprunganweisung.

In einem Programmkonstrukt kann zur Detaillierung jeder Verarbeitungsteil wieder durch einen Programmkonstrukt ersetzt werden. Der Programmablauf wird durch Schachtelung von Programmkonstrukten gebildet.

Zur Darstellung von Algorithmen in den beschriebenen Ablaufstrukturen werden folgende Typen von Programmkonstrukten verwendet:

- Verarbeitung: Beschreibung einer einzelnen Anweisung;
- Folge: Zusammenfassung einer Sequenz von Programmkonstrukten;
- Verzweigung: Alternative Ausführung von Programmkonstrukten;
- Wiederholung: Wiederholte Ausführung eines Programmkonstruktes (Schleifen).

16.2.1 Programmkonstrukt: Verarbeitung

Dieses elementare Programmkonstrukt besteht nur aus einem Verarbeitungsteil, der genau einmal ausgeführt wird, wenn das Programmkonstrukt abgearbeitet wird.

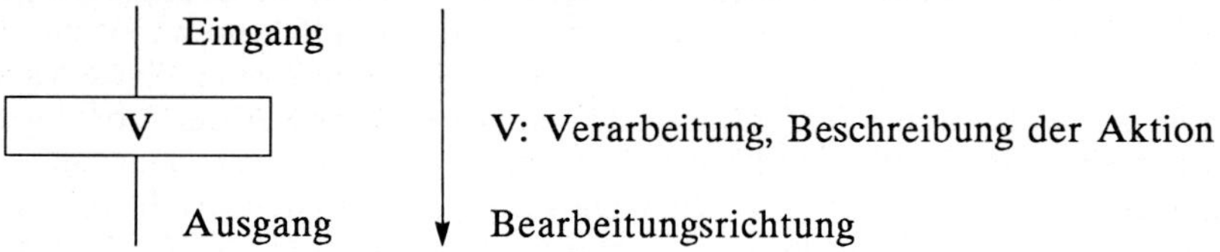

16.2.2 Programmkonstrukt: Folge

Dieses Programmkonstrukt enthält zwei oder mehrere Verarbeitungsteile, die genau je einmal ausgeführt werden, wenn das Programmkonstrukt abgearbeitet wird.

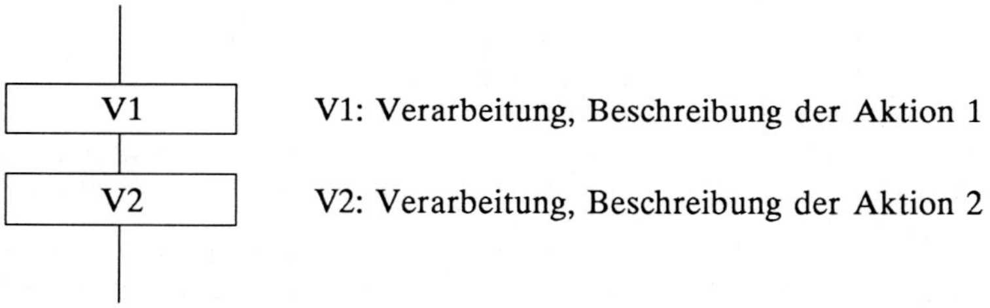

16.2.3 Programmkonstrukte mit Verzweigung

Mit dem Grundelement Verzweigung wird eine Auswahl beim logischen Ablauf des Programms möglich. Hierbei ergeben sich drei unterschiedliche Formen:

a) eine bedingte Auswahl, d.h. die Auswahl einer bestimmten Verarbeitung, wenn eine Bedingung erfüllt ist;
b) eine alternative Auswahl zwischen zwei Verarbeitungen, je nachdem, ob eine Bedingung erfüllt ist oder nicht;
c) eine Auswahl von mehreren Verarbeitungen abhängig von der gleichen Anzahl einander ausschließender Bedingungen.

Diese drei verschiedene Formen von Verzweigungen finden sich in den nachfolgenden Programmkonstrukten wieder.

a) Programmkonstrukt: Bedingte Verarbeitung

Dieses Programmkonstrukt besteht aus einem Verarbeitungsteil und einem Steuerungsteil mit einer Bedingung. Die Bedingung bestimmt, ob der Verarbeitungsteil ausgeführt wird, wenn das Programmkonstrukt abgearbeitet wird. Ist die Bedingung nicht erfüllt, wird der Verarbeitungsteil umgangen.

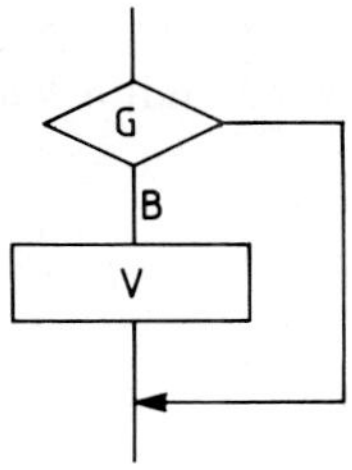

G: gemeinsamer Bedingungsteil
B: Bedingung für die Ausführung des Verarbeitungsteils
V: Verarbeitung

b) Programmkonstrukt: Einfache Alternative

Dieses Programmkonstrukt besteht aus den zwei Verarbeitungsteilen V1 und V2 sowie einem Steuerungsteil mit zwei komplementären Bedingungen B1 und B2. Der Steuerungsteil gibt mit diesen Bedingungen an, welcher der beiden Verarbeitungsteile ausgeführt wird, wenn das Programmkonstrukt bearbeitet wird.

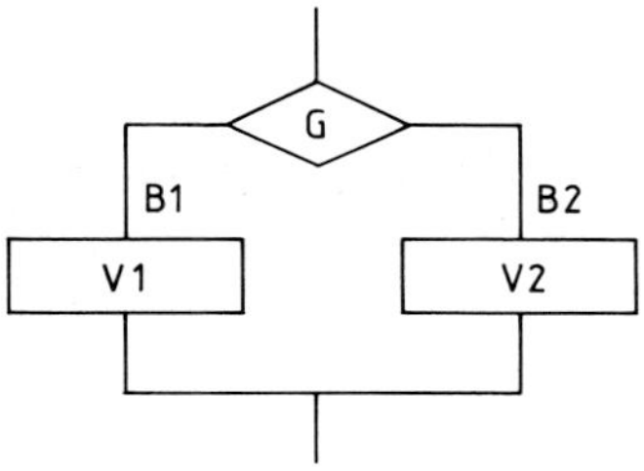

c) Programmkonstrukt: Mehrfache Alternative

Dieses Programmkonstrukt besteht aus mindestens drei Verarbeitungsteilen und einem Steuerungsteil mit der gleichen Anzahl einander ausschließender Bedingungen B1, B2, ..., Bn, von denen immer nur eine erfüllt ist. Der Steuerungsteil gibt mit diesen Bedingungen an, welcher der Verarbeitungsteile ausgeführt wird, wenn das Programmkonstrukt bearbeitet wird.

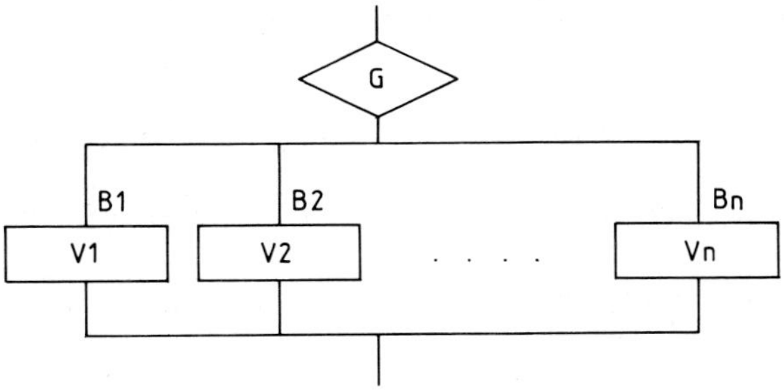

16.2.4 Programmkonstrukte mit Wiederholungen

Bei Wiederholungen, auch Schleifen oder Iterationen genannt, wird ein Verarbeitungsteil solange wiederholt, wie es der Steuerungsteil vorgibt.

Wird eine Wiederholung in Abhängigkeit von einer Bedingungsprüfung ausgeführt, so kann diese vor oder nach dem Verarbeitungsteil stehen.

a) Programmkonstrukt: Wiederholung ohne Bedingungsprüfung

Dieses Programmkonstrukt enthält nur einen Verarbeitungsteil. Dieser wird endlos wiederholt ausgeführt, wenn das Programmkonstrukt bearbeitet wird.

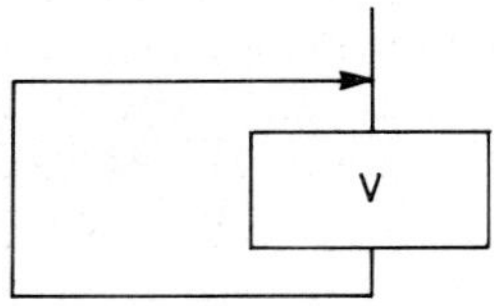

b) Programmkonstrukt: Wiederholung mit vorausgehender Bedingungsprüfung

Dieses Programmkonstrukt besteht aus einem Verarbeitungsteil und einem Steuerungsteil mit einer Bedingung. Die Bedingung bestimmt, ob bzw. wie häufig der Verarbeitungsteil ausgeführt wird, wenn das Programmkonstrukt bearbeitet wird. Es ist eventuell keine einzige Bearbeitung des Verarbeitungsteils möglich.

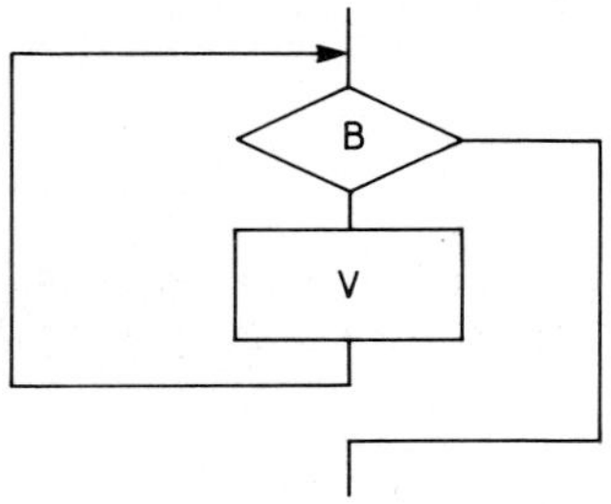

c) Programmkonstrukt: Wiederholung mit nachfolgender Bedingungsprüfung

Dieses Programmkonstrukt besteht aus einem Verarbeitungsteil und einem Steuerungsteil mit einer Bedingung. Die Bedingung bestimmt, ob bzw. wie häufig der Verarbeitungsteil nach der ersten Ausführung wiederholt wird, wenn das Programmkonstrukt bearbeitet wird. Es erfolgt mindestens eine Bearbeitung des Verarbeitungsteils.

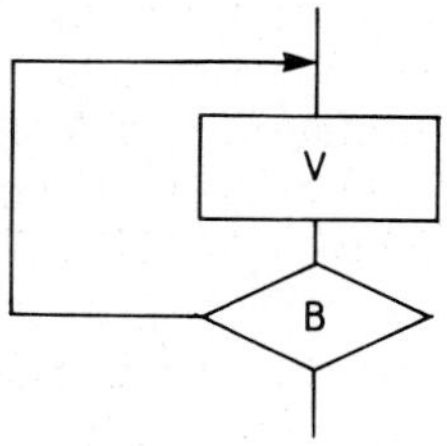

16.3 Struktogramm

Wie Programmablaufpläne haben auch Struktogramme das Ziel, den Steuerungsablauf und den Ablauf von Operationen grafisch anschaulich darzustellen. Die Aussagen eines Struktogramms erfolgen mit Hilfe von Sinnbildern nach Nassi-Shneiderman (DIN 66261) und erläuternden Texten in den Sinnbildern. Der Steuerungsablauf wird durch die Auswahl der Sinnbilder, sowie deren Schachtelung dargestellt. Die Texte beschreiben inhaltlich die Bedingungen und die Verarbeitungen. Die Sinnbilder des Struktogramms werden als *Strukturblöcke* bezeichnet.

Die äußere Form eines Sinnbildes ist immer ein Rechteck. Die Unterteilung innerhalb des Rechtecks erfolgt nur durch gerade Linien. Die obere Linie eines jeden Sinnbildes bedeutet den Beginn der Verarbeitung, die untere Linie das Ende der Verarbeitung. Beim Aneinanderreihen der Elemente muß kantendeckend gearbeitet werden, d.h., die Ausgangskante eines Elements ist zugleich die Eingangskante des folgenden Elements.

Da Struktogramme stets von oben nach unten gelesen werden, sind Ablauflinien überflüssig. Der hauptsächliche Unterschied zwischen der Struktogrammdarstellung und der Darstellung in Programmablaufplänen besteht in dem Ziel, Sprünge möglichst zu vermeiden. Unterstützt wird dieses Ziel, mit der eindeutigen Festlegung von nur einem Eingang (obere Linie) und nur einem Ausgang (untere Begrenzungslinie) für den Strukturblock. Durch diese Zweipoligkeit sind Sprünge aus oder in Strukturblöcke nicht mehr darstellbar.

Das gesamte Struktogramm kann als einziger Strukturblock zur Problemlösung betrachtet werden, der in weitere Strukturblöcke unterteilbar ist. Somit kann zunächst die logische Grobstruktur dargestellt werden, welche dann bis zur Codierfähigkeit in Steuerungsanweisungen schrittweise verfeinert wird. Es entsteht ein hierarchischer Aufbau, der zur Überschaubarkeit der Programmlogik beiträgt. Die schrittweise Verfeinerung im Sinne einer hierarchischen Gliederung (Top-down) ist deshalb möglich, weil jeder logische Strukturblock eindeutig mit seinem Anfang und Ende bestimmt ist.

Für Struktogramme gibt es folgende Strukturblöcke:

- Verarbeitung und Folge,
- Verzweigung,
- Wiederholung.

Die Tafel der Seite 324 zeigt eine Übersicht über die Sinnbilder für Struktogramme nach Nassi-Shneiderman mit Gegenüberstellung der Programmkonstrukte des Programmablaufplans.

16.4 Programmierung nach Vorlage von Programmablaufplan oder Struktogramm

Das Ziel der Beschreibungsmittel Programmablaufplan oder Struktogramm ist die von der Programmiersprache unabhängige, strukturierte, übersichtliche Darstellung der Steuerungsaufgabe und des Programmablaufs.

Bei der Umsetzung der beiden Beschreibungsmittel in ein Steuerungsprogramm muß der Operationsvorrat des verwendeten Automatisierungsgerätes berücksichtigt werden. Viele Automatisierungsgeräte verfügen derzeit noch nicht über die mächtigen Befehle einer Hochsprache oder lassen sich gar in einer Hochsprache programmieren. Um Verzweigungen oder Wiederholungen sprungfrei in einem Programm ausführen zu können, sind Befehle wie z.B. bei Pascal: “IF...THEN...ELSE”, “CASE...”, “REPEAT UNTIL...” usw. erforderlich.

Wird jedoch der in Kapitel 14 dargestellte Operationsvorrat einer SPS bei der Umsetzung der Vorlage in ein Steuerungsprogramm verwendet, lassen sich Programmsprünge nicht vermeiden. Sowohl Verzweigungen, wie auch Wiederholungen müssen mit Sprungbefehlen zu Marken innerhalb des Steuerungsprogramms umgesetzt werden. Trotz dieses Nachteils bei der Umsetzung in ein Steuerungsprogramm, bleibt jedoch das Ziel der beiden Beschreibungsmittel, die übersichtliche Darstellung des Lösungsalgorithmus der Steuerungsaufgabe, erhalten.

Die einzelnen Strukturblöcke des Struktogramms sind, wie die Übersicht der Sinnbilder auf der Seite 324 zeigt, mit den Programmkonstrukten des Programmablaufplanes gleichzusetzen. Die Umsetzung eines Programmkonstrukts und des zugehörigen Strukturblocks in ein Steuerungsprogramm ist deshalb identisch. Die Darstellung der Operationen bei der Umsetzung in ein Steuerungsprogramm könnte mit den Symbolen des Funktionsplanes erfolgen. Vorteilhafter ist es jedoch, die einzelnen Strukturblöcke bzw. Programmkonstrukte in eine *Anweisungsliste* zu übertragen, da die entsprechenden Steuerungsbefehle der AWL direkt aus der Struktur der beiden Beschreibungen bestimmt werden können.

Tafel 7: Sinnbilder von STG und PAP

	Struktogramm	Programmablaufplan
Verarbeitung	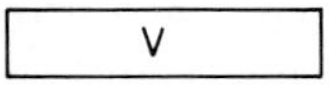	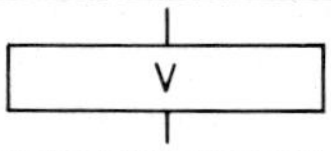
Folge	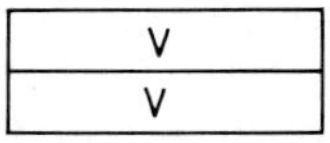	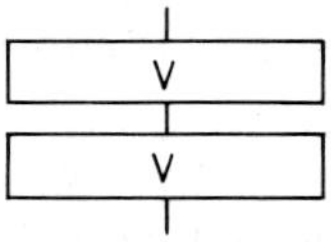
Bedingte Verarbeitung	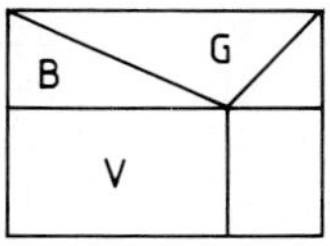	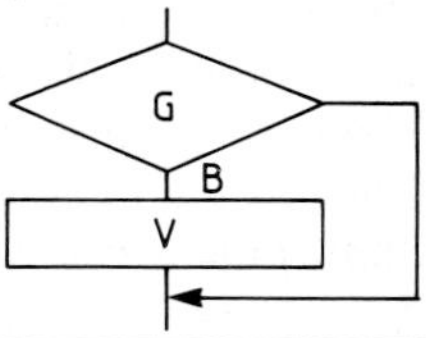
Einfache Alternative	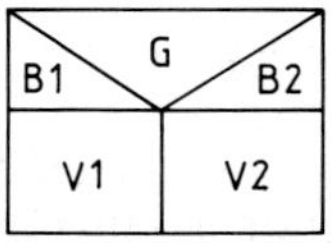	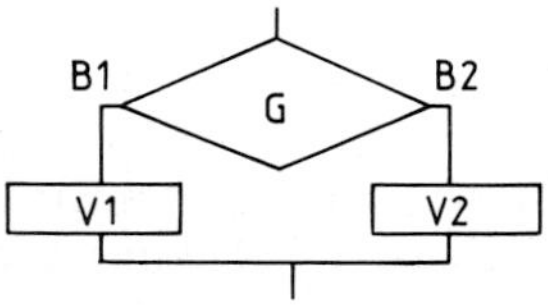
Mehrfache Alternative	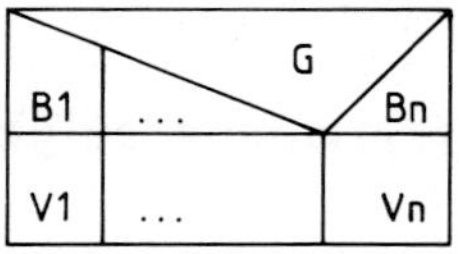	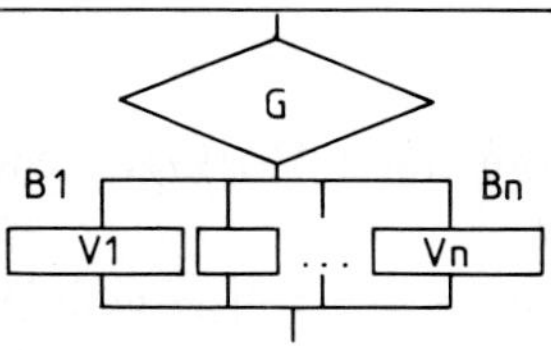
Wiederholung ohne Bedingungsprüfung	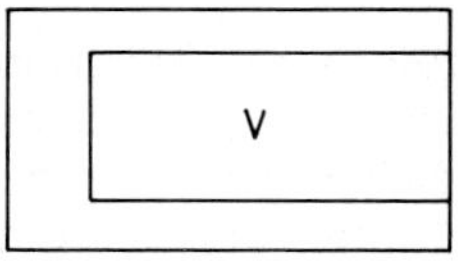	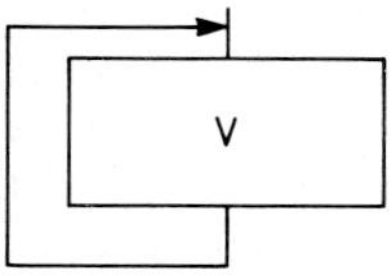
Wiederholung mit vorausgehender Bedingungsprüfung	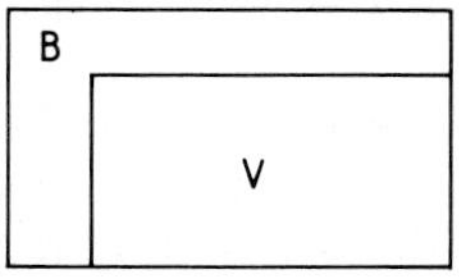	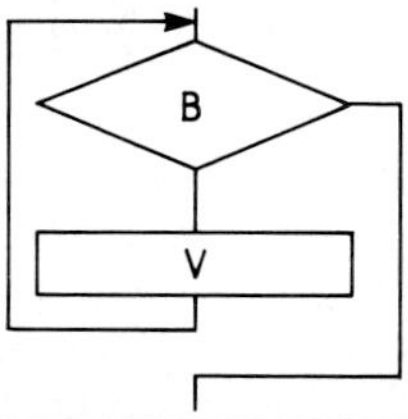
Wiederholung mit nachfolgender Bedingungsprüfung	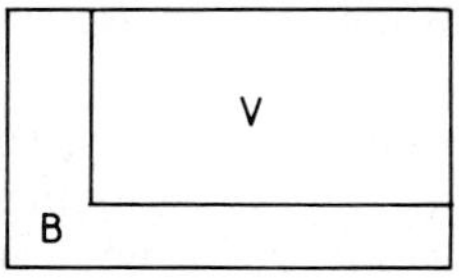	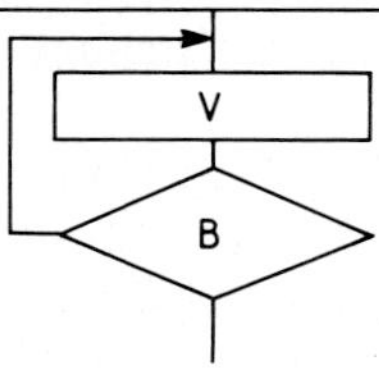

Erläuterung der Innenbeschriftungen:

G: gemeinsamer Bedingungsteil, B: Bedingung, V: Verarbeitung

Im folgenden ist an Beispielen gezeigt, wie die einzelnen Programmkonstrukte bzw. Strukturblöcke in ein Steuerungsprogramm für SPS umgesetzt werden können. Aufgeteilt sind diese Umsetzungsbeispiele wieder in die Grundstrukturen:

- Verarbeitung und Folge,
- Verzweigung,
- Wiederholung.

16.4.1 Verarbeitung und Folge

Verarbeitung

Vom dualcodierten Inhalt des Merkerworts MW10 soll 100 subtrahiert werden und das Ergebnis wieder im Merkerwort M10 abgelegt werden.

Programmablaufplan:

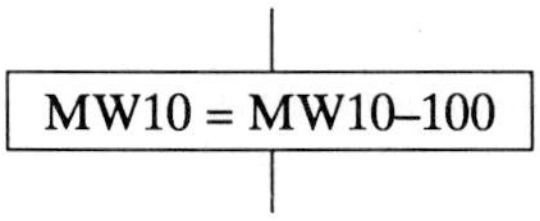

Struktogramm:

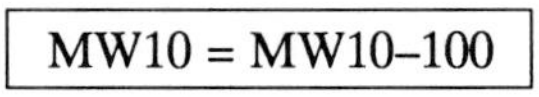

Anweisungsliste:

```
:L   MW10
:L   KF +100
:–F
:T   MW10
```

Folge

Der positive BCD-codierte Wert des Eingangswortes EW12 soll in den Dual-Code gewandelt und in Merkerwort MW12 abgelegt werden. Der Inhalt des Merkerwortes MW12 wird dann durch 2 dividiert und das Ergebnis wieder in Merkerwort MW12 abgelegt. Danach wird die Differenz zwischen dem Inhalt von Merkerwort MW12 und Merkerwort MW6 gebildet und in Merkerwort MW8 abgelegt. Der Dualwert von Merkerwort MW8 wird in eine BCD-Zahl gewandelt und an Ausgangswort AW16 ausgegeben.

Programmablaufplan:

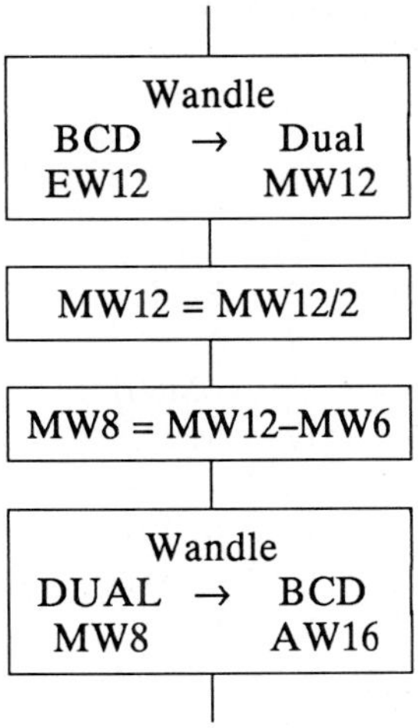

Struktogramm:

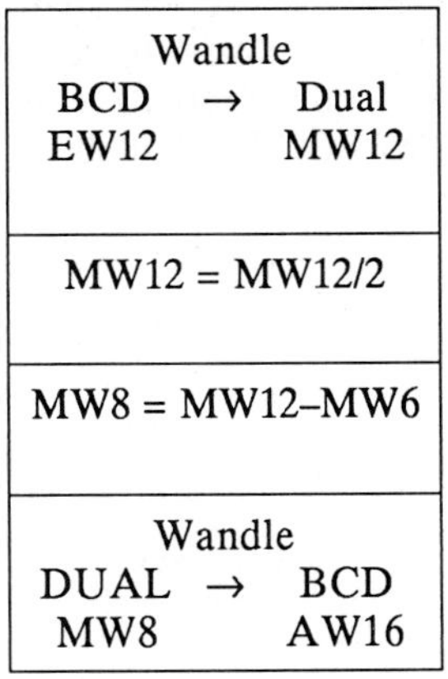

Anweisungsliste:

```
       : SPA FB 240
NAME   : COD:B4
BCD    : EW 12
SBCD   : M 100.0
DUAL   : MW 12
       : L MW 12
       : SRW 1
       : T MW 12
       : L MW 12
       : L MW 6
       : –F
       : T MW 8
       : SPA FB241
NAME   : COD:16
DUAL   : MW8
SBCD   : M 100.0
BCD2   : MB 100
BCD1   : AW 16
```

Verfügt das verwendete SPS-System nicht über die Operationen oder fertige Funktionsbausteine für die BCD → Dual- bzw. Dual → BCD-Wandlung, so muß der SPS-Anwender selbst ein Programm für die Umwandlung schreiben.

16.4.2 Verzweigung

Bedingte Verarbeitung

Hat Eingang E 0.1 den Signalwert „1“, wird der Inhalt von Merkerwort MW10 mit 4 multipliziert und Merkerwort MW10 zugewiesen.

Programmablaufplan:

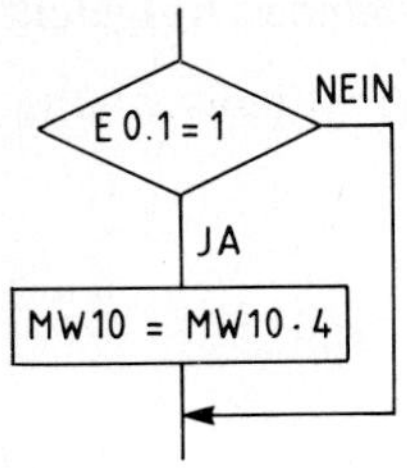

Struktogramm:

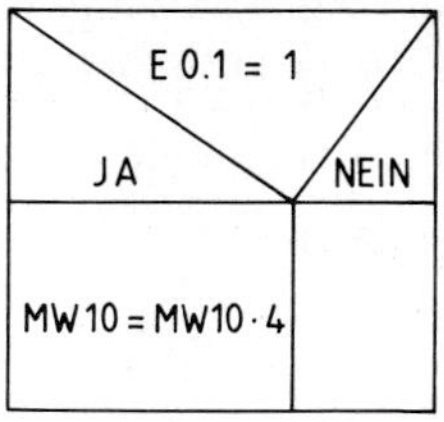

Anweisungsliste:

```
     : UN   E 0.1
     : SPB  =M001
     : L    MW10
     : SLW 2
     : T    MW10
M001 :
```

Einfache Alternative

Hat Merker M20.1 „0“-Signal, wird der Inhalt von MW10 auf + 50 gesetzt. Im anderen Fall wird der Inhalt von MW10 auf – 50 gesetzt.

Programmablaufplan:

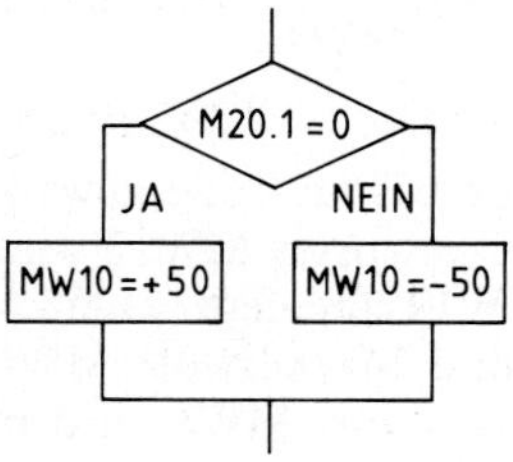

Struktogramm:

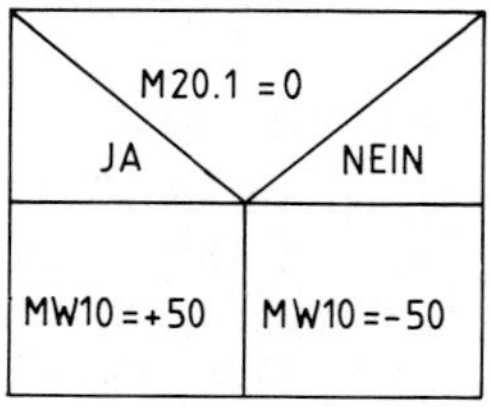

Anweisungsliste:

```
     : UN   M20.1
     : SPB  =M001
     : L    KF–50
     : T    MW10
     : SPA  =M002
M001 : L    KF+50
     : T    MW10
M002 :
```

Mehrfache Alternative

Das Merkerbyte MB10 kann nur die Werte 0, 1, 2 und 3 annehmen. Hat MB10
den Wert 0, wird Merkerwort MW14 der Wert 1 zugewiesen;
den Wert 1, wird Merkerwort MW14 der Wert 10 zugewiesen;
den Wert 2, wird Merkerwort MW14 der Wert 100 zugewiesen;
den Wert 3, wird Merkerwort MW14 der Wert 1000 zugewiesen.

Programmablaufplan:

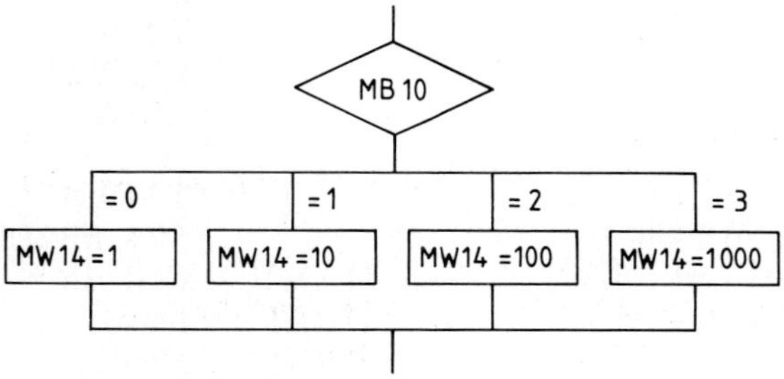

Struktogramm:

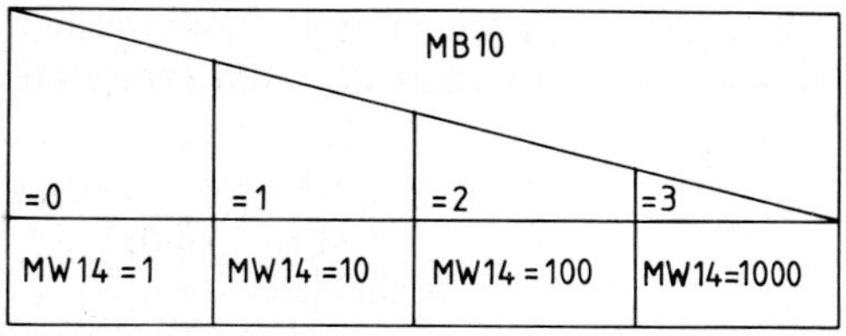

Anweisungsliste:

```
     : U    M 10.0
     : U    M 10.1
     : SPB  =M001
     : O    M 10.1
     : SPB  =M002
     : O    M 10.0
     : SPB  =M003
     : L    KF+1
     : T    MW14
     : SPA  =M004
M001 : L    KF+1000
     : T    MW14
     : SPA  =M004
M002 : L    KF+100
     : T    MW14
     : SPA  =M004
M003 : L    KF+10
     : T    MW14
M004 :
```

16.4.3 Wiederholung

Wiederholung ohne Bedingungsprüfung

Mit diesem Programmkonstrukt, das nur einen endlos ausgeführten Verarbeitungsteil enthält, kann das gesamte Steuerungsprogramm für eine SPS beschrieben werden.

Programmablaufplan:

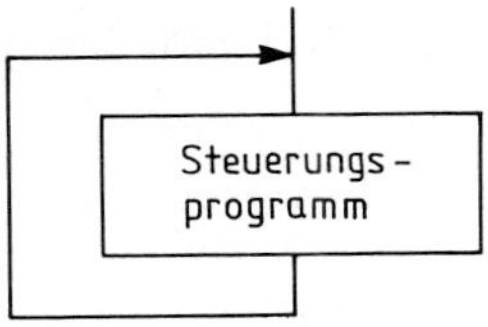

Struktogramm:

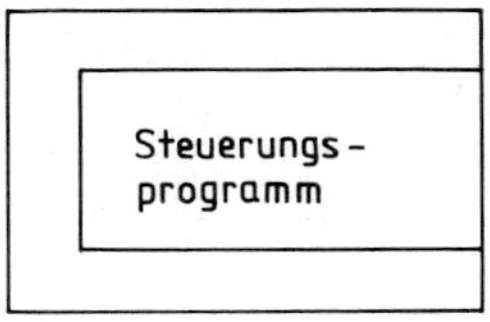

Wiederholung mit vorausgehender Bedingungsprüfung

Das Merkerwort MW11 wird sooft durch 2 dividiert, wie der dualcodierte Wert von MB10 angibt.

Zur Ausführung dieser Berechnungsvorschrift wird MW11 durch 2 dividiert und MB10 um 1 vermindert, solange MB10 > 0 ist.

Programmablaufplan:

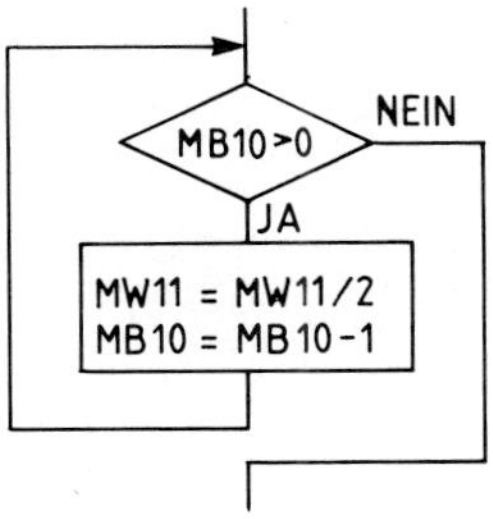

Struktogramm:

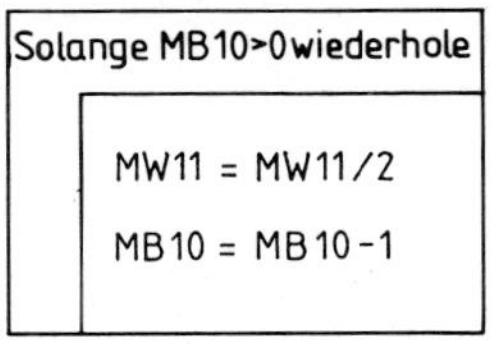

Anweisungsliste:

```
M002 : L    MB10
     : L    KB0
     : !=F
     : SPB  =M001
     : L    MW11
     : SRW  1
     : T    MW11
     : L    MB10
     : D    1
     : T    MB10
     : SPA  =M002
M001 :
```

Wiederholung mit nachfolgender Bedingungsprüfung

Die Multiplikation von MW11 mit 2 wird wiederholt, bis MB10 = 4 ist. Bei jeder Wiederholung wird Merkerbyte MB10 um 1 erhöht.

Programmablaufplan:

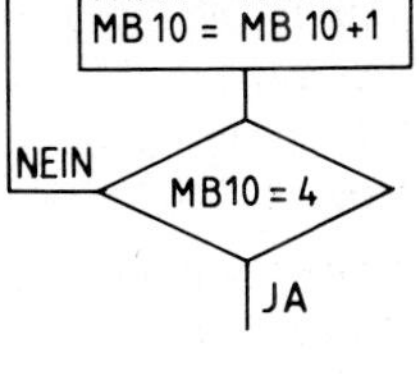

Struktogramm:

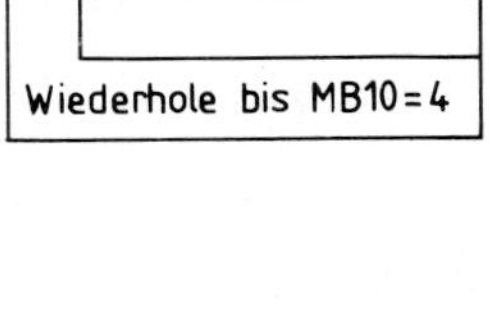

Anweisungsliste:

```
M001 : L    MW11
     : SLW  1
     : T    MW11
     : L    MB10
     : I    1
     : T    MB10
     : L    KF+4
     : < F
     : SPB  =M001
```

16.5 Anwendung der Ablaufstrukturmethode

Die folgenden Beispiele zeigen, wie der Programmablaufplan oder das Struktogramm zur Beschreibung von Steuerungsaufgaben eingesetzt werden können. Der Lösungsweg ist hierbei immer der gleiche. Zunächst wird der Algorithmus des Steuerungsproblems bestimmt. Ist damit die Folge der Berechnungsschritte festgelegt, werden diese in eine der grafischen Beschreibungsmittel übertragen.

Auch in diesem Abschnitt sind die Steuerungsbeispiele wieder in die drei möglichen Ablaufstrukturen:

- Folge,
- Verzweigung und
- Wiederholung

eingeteilt.

16.5.1 Folge

▼ **Beispiel: Durchflußmengenanzeige**

Ein Durchflußmengenmesser liefert proportional zur Durchflußmenge Q ein dual-codiertes 8-Bit Signal. Neben einer weiteren Verarbeitung des Wertes, soll diese Größe an einer zweistelligen Siebensegmentanzeige als prozentualer Wert von 0 %–99 % angezeigt werden.

Technologieschema:

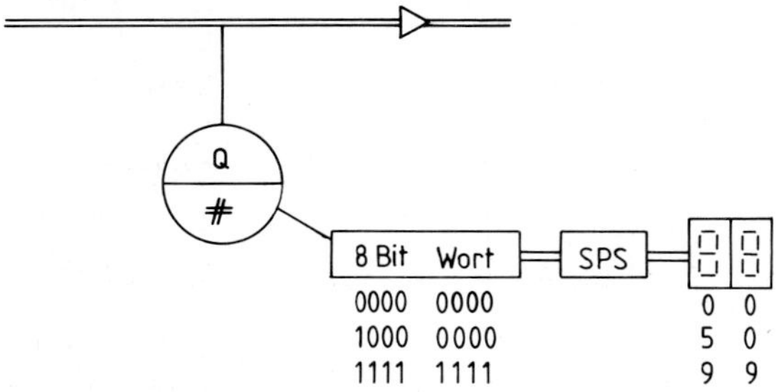

Bild 16.1 Durchflußmengenmessung

Zuordnungstabelle:

Eingangsvariable	Betriebsmittel-kennzeichen	Logische Zuordnung
Durchflußmengenmesser	EB1	8-Bit Dualzahl
Ausgangsvariable		
2-stellige Siebensegmentanzeige	AB16	2-stellige BCD Zahl
Interne Variable		
Zwischenspeicher Hilfsspeicher Hilfsspeicher	MW10 MW16 MW20	16-Bit 16-Bit 16-Bit

Berechnungsregel: Multiplizieren einer Dualzahl mit einer Konstanten

Mit der 8-Bit Auflösung des Durchflußmengenmessers sind insgesamt $2^8 = 256$ verschiedene Werte darstellbar. Diese 256 Werte sind in einen Wertebereich von 0 bis 99 proportional umzusetzen. Dazu wird der jeweilige Wert des 8-Bit-Signals mit 100/256 = 0,390625 multipliziert.

Übertragung des Algorithmus in den Programmablaufplan:

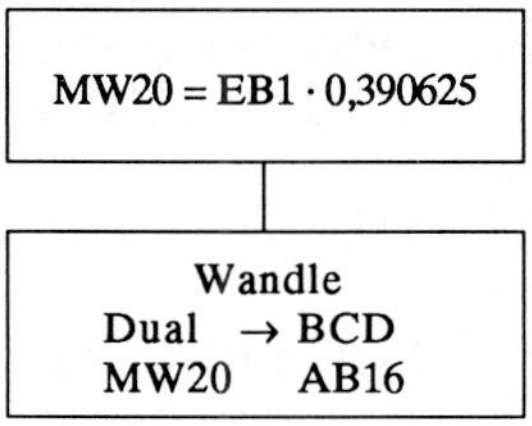

Der Wert von EB1 wird mit 0,390625 multipliziert und in Merkerwort MW20 abgelegt.

Der Dualwert von Merkerwort MW20 wird in eine BCD-Zahl gewandelt und an Ausgangswort AB16 gelegt.

Der Multiplikator 0,390625 kann als Bit-Muster mit einer Gleitpunktzahl dargestellt werden. Bei Automatisierungsgeräten die über Gleitpunktoperationen verfügen, kann der Programmablaufplan direkt in die entsprechenden Befehle umgesetzt werden.

Um die Multiplikation mit 0,390625 jedoch auch mit Automatisierungsgeräten durchführen zu können, die nicht über Operationen für Gleitpunktzahlen und auch nicht über einen Multiplikationsbefehl verfügen, wird die Multiplikation auf Schiebe- und Additionsbefehle zurückgeführt. Dazu wird der Multiplikator 0,390625 zunächst in eine Dualzahl gewandelt.

1. Möglichkeit:

   Dualzahlermittlung von 0,390625 nach den in Abschnitt 13.2 beschriebenen Regeln

0,390625 – 1/2	= –	0
0,390625 – 1/4	= 0,140625	1
0,140625 – 1/8	= 0,015625	1
0,015625 – 1/16	= –	0
0,015625 – 1/32	= –	0
0,015625 – 1/64	= 0	1
Dualzahldarstellung von 0,390625:		0.011001

2. Möglichkeit:

   Dualzahlermittlung von 0,390625 durch Ausführung der Division 100 : 256 im Dualzahlensystem.

   Dualzahl von 100: 1100100

   Dualzahl von $256 = 2^8$: 100000000

   Division 100 : 256 = 0,390625: die Kommastelle der Dualzahl von 100 wird um 8-Stellen nach links verschoben. Ergebnis:
   0.011001

Im Dualzahlensystem zu multiplizieren bedeutet, die Zahl um bestimmte Stellen zu schieben und dann zu addieren. Hat das Eingangsbyte EB1 beispielsweise den Wert 67, so hätte dies eine Anzeige von 26 zur Folge, da 67 * 0,390625 = 26,54875 ist.

Im Dualzahlensystem wird der Wert berechnet aus:

```
01000011 · 0.011001
      10000.11
       1000.011
 +        1.000011
      11010.001011
```

Dabei bedeuten:

01000011 ≙ 67

0.011001 ≙ 0,390625

11010.001011 ≙ 26,...

Die Nachbildung dieser Multiplikation in einem SPS-Programm gelingt durch Schiebe- und Additionsbefehle.

Die Stellen rechts vom Komma sind zwar für die Anzeige unerheblich, dürfen jedoch bei der Berechnung nicht vernachlässigt werden, da sonst Überträge verloren gehen können.

Damit die Nachkommastellen bei der Berechnung nicht verloren gehen, überträgt man zunächst EB1 in MB10, arbeitet aber dann mit MW10 weiter.

Multiplikation 67 · 0,390625

EB1 → MB10	0 1 0 0 0 0 1 1	0 0 0 0 0 0 0 0	MW10
SRW 2 (MW10)	0 0 0 1 0 0 0 0	1 1 0 0 0 0 0 0	MW10 · 0,25
SRW 3 (MW10)	0 0 0 0 1 0 0 0	0 1 1 0 0 0 0 0	MW10 · 0,125
ADDIERE	0 0 0 1 1 0 0 1	0 0 1 0 0 0 0 0	
SRW 6 (MW10)	0 0 0 0 0 0 0 1	0 0 0 0 1 1 0 0	MW10 ·0,015625
ADDIERE	0 0 0 1 1 0 1 0	0 0 1 0 1 1 0 0	
→ MW20	0 0 0 1 1 0 1 0	0 0 1 0 1 1 0 0	MW20
	MB20	MB21	

In Merkerbyte MB20 steht das ganzzahlige Ergebnis (26) der Multiplikation für die Anzeige bereit.

Darstellung des Algorithmus im Programmablaufplan:

Schiebebefehle werden stets im AKKU1 des Automatisierungsgerätes ausgeführt. Bei der Addition werden die Inhalte von AKKU1 und AKKU2 addiert. Wird nach einer Schiebeoperation eine weitere Zahl zum Verschieben geladen, so wird der Inhalt von AKKU1 in den AKKU2 des Automatisierungsgerätes geladen. Deshalb kann auf eine Zwischenspeicherung nach der Verschiebung verzichtet werden.

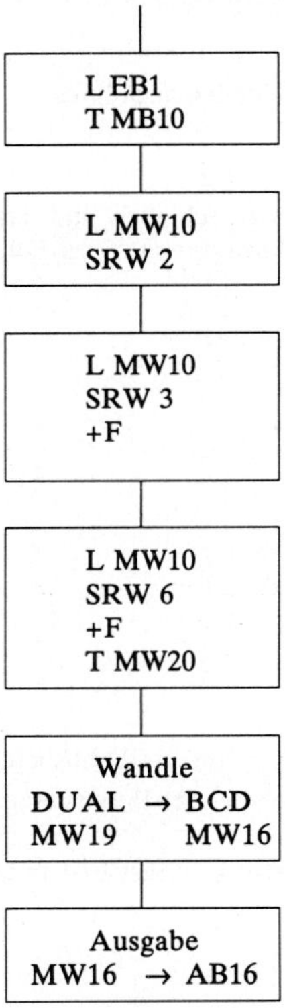

In AKKU1 wird die Zahl von MW10 um zwei Stellen nach rechts geschoben

Der Inhalt von AKKU1 wird durch L MW10 nach AKKU2 geladen und in AKKU1 die Zahl von MW10 um drei Stellen nach rechts geschoben. AKKU1 und AKKU2 werden addiert. Das Ergebnis steht in AKKU1

Realisierung mit einer SPS:

Da sich die Umwandlungsfunktion DUAL → BCD auf eine Wortoperation bezieht, ist zur Umwandlung das Merkerwort MW19 aufzurufen, um den im Merkerbyte MB20 stehenden Ganzzahl zu wandeln.

Zuordnung:	Eingänge	Ausgänge	Merker
	EB1 = EB 1	AB16 = AB 16	MW10 = MW 10
			MW16 = MW 16
			MW10 = MW 20

Anweisungsliste:

```
:L    EB   1
:T    MB   10
:
:L    MW   10
:SRW       2
:
:L    MW   10
:SRW       3

:+F
:
:L    MW   10
:SRW       6
:+F
:T    MW   20
:
:SPA FB 241

NAME :COD:16
DUAL :     MW  19
SBCD :     M   100.0
BCD2 :     MB  100
BCD1 :     MW  16
     :
     :L    MW  16
     :T    AB  16
     :BE
```

16.5.2 Verzweigung

Beispiel: Bearbeitung bei Wertänderungen

Der Wert eines vierstelligen BCD-codierten Ziffernstellers wird zur weiteren Verarbeitung vom BCD-Code in den Dualcode gewandelt. Um Zykluszeit zu sparen, soll die Umwandlung jeweils nur bei einer Veränderung des Wertes am Zifferneinsteller vorgenommen werden.

Zuordnungstabelle:

Eingangsvariable	Betriebsmittel-kennzeichen	Logische Zuordnung
Zifferneinsteller	EW12	16-Bit BCD-Zahl
Interne Variable		
Dualwert	MW10	16-Bit
Hilfsspeicher	MW12	16-Bit

Darstellung der Steuerungsaufgabe im Struktogramm:

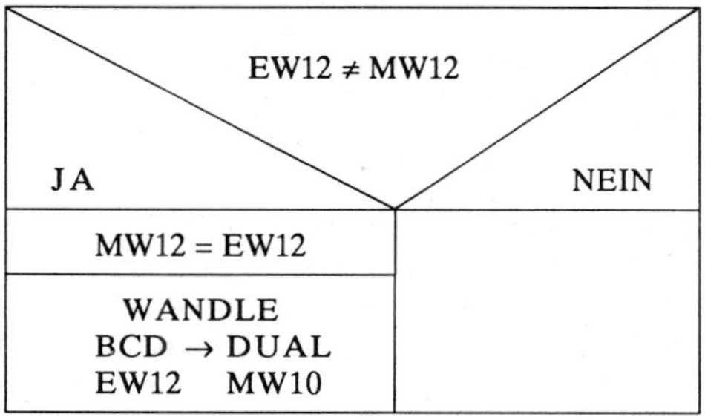

Die Umsetzung des Struktogramms in ein Steuerungsprogramm kann auf drei unterschiedliche Arten erfolgen.

1. Möglichkeit: Umsetzung innerhalb eines Programmbausteines

PB10:

```
L   EW12
L   MW12
! =F
BEB
L   EW12
T   MW12
SPA FB240
 ⋮
```

Bei Gleichheit von „Alter Wert“ (MW12) und „Neuer Wert“ (EW12) wird die Bearbeitung des Programmbausteines beendet.

2. Möglichkeit: Umsetzung innerhalb eines Funktionsbausteines

```
FB10:
        L    EW12
        L    MW12
        ! =F
        SPB =M001
        L    EW12
        T    MW12
        SPA FB240
        :
M001:
```

Bei Gleichheit von „Alter Wert“ (MW12) und „Neuer Wert“ (EW12) wird die Bearbeitung des Funktionsbausteines an Marke M001 fortgesetzt.

3. Möglichkeit: Bedingter Sprung in einen weiteren Programmbaustein

```
PB10:                       PB11:
        L    EW12                   L    EW12
        L    MW12                   T    MW12
        >< F                        SPA FB240
        SPB  PB11                   :
        :
```

▲

▼ **Beispiel: Sollwertbegrenzung**

Die Sollwertvorgabe über einen 4-stelligen BCD-codierten Zifferneinsteller soll durch einen oberen Wert, der in einem Datenbaustein DW2 dual hinterlegt ist, begrenzt werden. Wird ein Sollwert eingegeben, der den oberen Grenzwert überschreitet, so wird mit dem Grenzwert weitergearbeitet. Der jeweils aktuelle Sollwert ist an einer 4-stelligen BCD-codierten Ziffernanzeige darzustellen und die Überschreitung mit einer Meldeleuchte H1 anzuzeigen.

Zuordnungstabelle:

Eingangsvariable	Betriebsmittel-kennzeichen	Logische Zuordnung
Zifferneinsteller	EW12	16-Bit BCD-Zahl
Ausgangsvariable		
Ziffernanzeige Meldeleuchte	AW16 H1	16-Bit BCD-Zahl Meldeleuchte an H1 = 1
Interne Variable		
Oberer Grenzwert Sollwert zur Verarbeitung	DW2 MW10	16-Bit in DB10 16-Bit

Darstellung der Steuerungsaufgabe im Programmablaufplan:

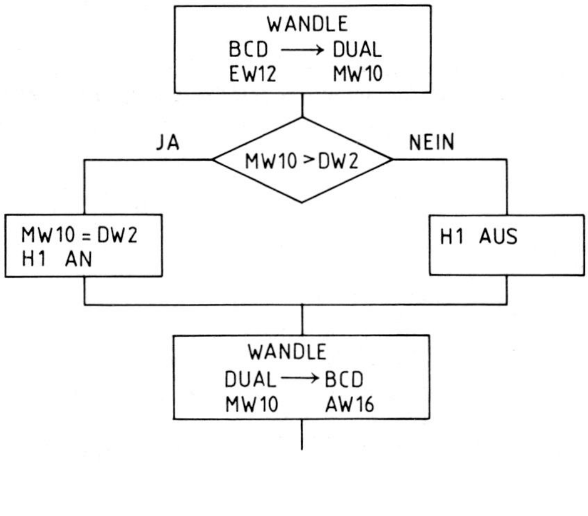

Bei der Umsetzung des Programmablaufplanes in ein Steuerungsprogramm sind aufgrund des Operationsvorrates mehrere Sprünge erforderlich. Um die Stellen, an denen gesprungen werden muß, im Programmablaufplan besser erkennen zu können, wird dieser in eine lineare Struktur umgezeichnet.

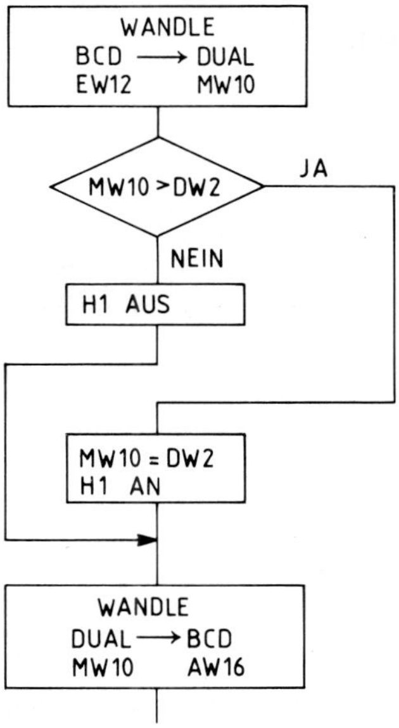

Realisierung mit einer SPS:

Zuordnung:	Eingänge	Ausgänge	Merker	Datenbaustein
	EW12 = EW 12	AW16 = AW 16	MW10 = MW 10	DB 10
		H1 = A 0.1		DW2

Anweisungsliste:

```
      :SPA FB 240
NAME  :COD:B4
BCD   :     EW  12
SBCD  :     M   100.0
DUAL  :     MW  10
      :
      :A    DB  10
      :
```

```
:L    MW  10
:L    DW   2
:>F
:SPB =M1
:
:R    A    0.1
:
```

```
      :SPA =M2
      :
M1    :
      :L    DW   2
      :T    MW  10
      :S    A    0.1
      :
```

```
M2    :
      :SPA FB 241
NAME  :COD:16
DUAL  :     MW  10
SBCD  :     M   100.0
BCD2  :     MB  111
BCD1  :     AW  16
      :
      :BE
```

▲

▼ Beispiel: Regeldifferenz

Im Datenwort DW2 stehe der Sollwert w einer Positioniersteuerung, im Datenwort DW3 liege der Istwert x vor. Die Differenz der beiden Werte $x_d = w - x$ soll ermittelt und im Merkerwort MW10 abgelegt werden. Am binären Ausgang A0 ist ein Meldesignal H0 einzuschalten, wenn der Betrag der Differenz x_d größer als 10 ist (also z.B. + 11 oder − 11).

Zuordnungstabelle:

Ausgangsvariable	Betriebsmittel-kennzeichen	Logische Zuordnung
Meldesignal	H0	leuchtet H0 = 1
Interne Variable		
Sollwert w Istwert x Differenz $x_d = w - x$	DW2 DW3 MW10	16-Bit in DB20 16-Bit in DB20 16-Bit

Darstellung der Steuerungsaufgabe im Struktogramm:

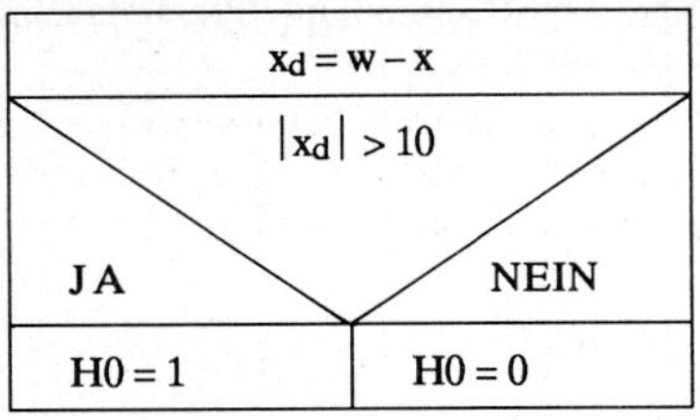

Die direkte Umsetzung dieses Struktogramms in ein Steuerungsprogramm ist wegen der Mehrfachbedingung in der Abfrage nicht möglich. Im Steuerungsprogramm muß diese Mehrfachbedingung durch zwei Abfragen und Sprünge umgesetzt werden. Für diese Steuerungsaufgabe ist deshalb nochmals eine Strukturdarstellung im Programmablaufplan gegeben, aus dem sich dann direkt das Steuerungsprogramm bestimmen läßt.

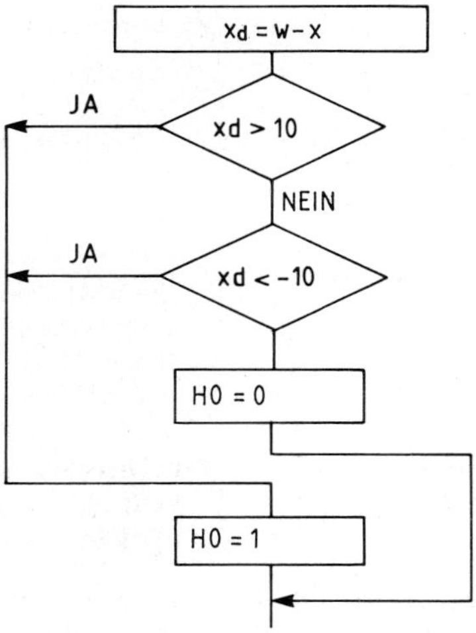

Realisierung mit einer SPS:

Zur Überprüfung des Steuerungsprogramms soll im DW2 ein fester Wert stehen. In das Datenwort DW3 wird der Wert des Eingangswortes EW0 geladen. Mit verschiedenen einstellbaren Werten am Eingangswort EW0 kann dann das Programm überprüft werden.

Zuordnung:	Eingänge	Ausgänge	Merker	Datenbaustein
	EW0 = EW 0	H0 = A 0.0	MW10 = MW 10	DB 20
				DW2
				DW3

Anweisungsliste:

```
     :A   DB  20
     :
     :L   EW   0
     :T   DW   3
     :
     :L   DW   2
     :L   DW   3
     :-F
     :T   MW  10
     :
     :L   MW  10
     :L   KF +10
     :>F
     :SPB =M001
     :
     :L   MW  10
     :L   KF -10
     :<F
     :SPB =M001
     :
     :R   A    0.0
     :
     :SPA =M002
     :
M001 :S   A    0.0
     :
M002 :
     :BE
```

▲

▼ Beispiel: Normierung eines Meßwertes

Ein Analog-Digitalumsetzer ADU wandelt ein analoges Prozeßsignal von – 10 V bis + 10 V in einen Digitalwert um. Dieser Digitalwert wird an das Eingangswort EW0 einer SPS gelegt. Eine BCD-codierte Ziffernanzeige soll den jeweiligen Betrag des Spannungswertes in mV anzeigen. Eine Anzeige H1 leuchtet bei einem negativen Prozeßsignal. Eine weitere Anzeigeleuchte H2 meldet, wenn das Prozeßsignal außerhalb des erlaubten Bereiches ist. In diesem Fall ist an die Ziffernanzeige eine Pseudotetrade zu legen, damit diese dunkel bleibt.

Technologieschema:

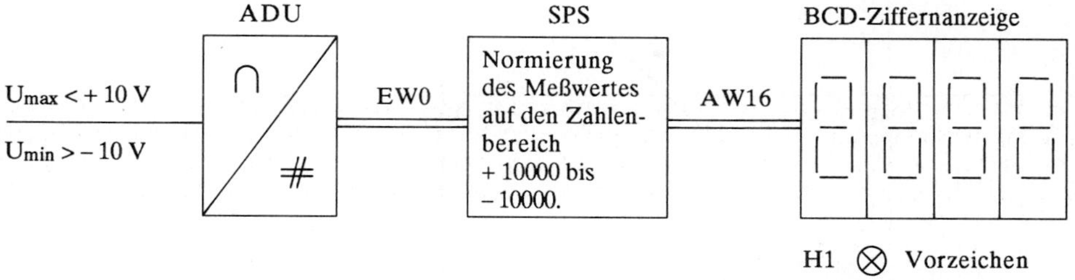

Bild 16.2 Meßwertnormierung

Am Ausgang des ADU und somit am Eingangswort EW0 liegen die digitalen Meßwerte als 12 Bit-Zweierkomplementzahl plus Vorzeichen in einem speziellen Datenformat vor.

Datenformat des digitalisierten Analogwertes:

Linkes-Byte — Rechtes-Byte — Spezielle Fehlererkennungsbits; irrelevant für den Zahlenwert.

VZ	2^{11}	2^{10}	2^9	2^8	2^7	2^6	2^5	2^4	2^3	2^2	2^1	2^0	xx	xx	xx
Bit 15	14	13	12	11	10	9	8	7	6	5	4	3	2	1	0
E0.7	.	.	.	.	.	.	E0.0	E1.7	.	.	.	.	.	.	E1.0

Der höchste zulässige digitale Zahlenwert des Prozeßsignals am Eingang der SPS ist + 2047 und der niedrigste zulässige Wert ist – 2047. Dieser Wertebereich muß auf einen Bereich von – 9 999 bis + 9 999 normiert und in einem Merkerwort MW für die weitere Verarbeitung hinterlegt werden.

Um Zykluszeit zu sparen, ist die Normierung jedoch nur durchzuführen, wenn der Meßwert sich geändert hat.

Tabelle: Wertebereich des AD-Umsetzers

VZ	2^{11}	2^{10}	2^9	2^8	2^7	2^6	2^5	2^4	2^3	2^2	2^1	2^0	xx	xx	xx	digitaler Wert	normierter Wert	Spg. Wert
0	1	1	1	1	1	1	1	1	1	1	1	1	–	–	–	4095	Übersteue-	> + 10V
0	1	0	0	0	0	0	0	0	0	0	0	0	–	–	–	2048	rungsbereich	+ 10V
0	0	1	1	1	1	1	1	1	1	1	1	1	–	–	–	2047	+ 9 999	
0	0	0	0	0	0	0	0	0	0	0	0	1	–	–	–	1	+ 1	
0	0	0	0	0	0	0	0	0	0	0	0	0	–	–	–	0	0	± 0V
1	1	1	1	1	1	1	1	1	1	1	1	1	–	–	–	– 1	– 1	
1	1	0	0	0	0	0	0	0	0	0	0	1	–	–	–	– 2047	– 9 999	
1	1	0	0	0	0	0	0	0	0	0	0	0	–	–	–	– 2048	Übersteue-	– 10V
1	0	0	0	0	0	0	0	0	0	0	0	0	–	–	–	– 4096	rungsbereich	< – 10 V

Normierungsschema:

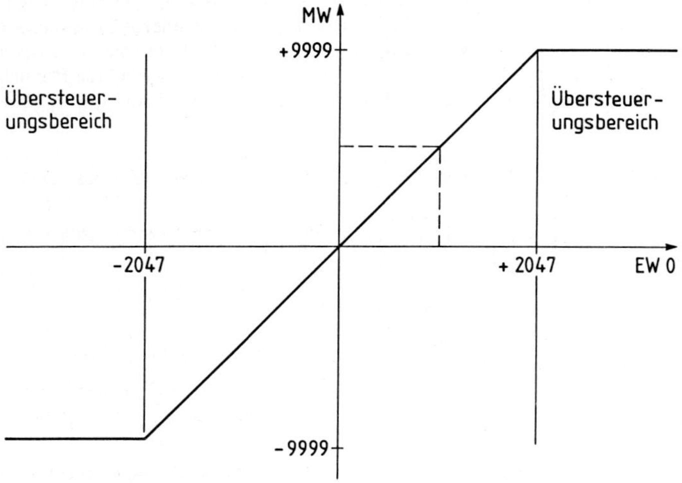

Zuordnungstabelle:

Eingangsvariable	Betriebsmittel-kennzeichen	Logische Zuordnung
Digitalisierter Meßwert	EW0	Dualzahl in Bit 3 bis Bit 15
Ausgangsvariable		
4-stellige Siebensegmentanzeige	AW16	4-stellige BCD Zahl
Vorzeichenanzeige	H1	Meßwert negativ H1 = 1
Bereichsüberschreitung	H2	Bereich überschritten H2 = 1

Bestimmung des Algorithmus:

Das Eingangswort ist zunächst auf eine Veränderung zu überprüfen. Hat sich das Eingangswort verändert, wird der in diesem Wort enthaltene Meßwert durch Maskierung und Stellenverschiebung einem Merkerwort als Zweierkomplementwert zugewiesen.

Zur Normierung wird dann der positive Meßwert mit 10 000/2048 = 4,8828125 multipliziert. Ist der Meßwert negativ, muß vor der Multiplikation zunächst das Zweierkomplement gebildet werden. Bei einer Bereichsüberschreitung wird das zugehörige Ausgangsbit auf „1" gesetzt, die Anzeige mit KH FFFF angesteuert und in das Merkerwort für die weitere Verarbeitung die obere bzw. untere Grenze eingeschrieben.

Liegt der Wert innerhalb des Bereichs, wird dieser nach einer DUAL/BCD-Wandlung an die Ziffernanzeige gegeben.

Negative Meßwerte werden für die weitere Verarbeitung in die Zweierkomplementdarstellung des normierten Wertes zurückgeführt und dem entsprechenden Merkerwort zugewiesen.

Der Algorithmus macht die Einführung folgender Datenspeicher erforderlich:

Datenspeicher für die Meßwerte „NEU": MW2
Datenspeicher für die Meßwerte „ALT": MW4
Datenspeicher für die normierten Meßwerte: MW6

Darstellung des Algorithmus im Struktogramm:

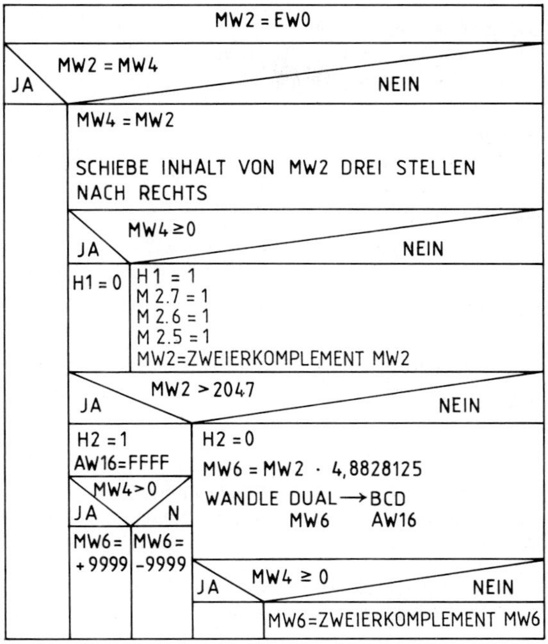

Kommentar:
Eingangswort in Datenspeicher „NEU"!

Neuerer Meßwert gleich alter Meßwert?

NEIN:
Alter Meßwert gleich neuer Meßwert!
Zahlenformat rechtsbündig machen!

Neuer Meßwert Null oder positiv?
JA:
Vorzeichenanzeige aus
NEIN:
Vorzeichenanzeige an
Fehlende „1"-Bits ergänzen!
Umwandlung in positive Dualzahl!
Zahlenwert außerhalb des Bereichs?
JA:
Bereichsüberschreitung anzeigen!
Ziffernanzeige dunkel!
NEIN:
Umrechnung des Zahlenwertes und Anzeige!
Meßwert positiv (MW4 ≥ 0)?
NEIN:
Zweierkomplementbildung!

Verfügt das für dieses Programm verwendete Automatisierungsgerät im Operationsvorrat nicht über die Möglichkeit, Zahlen in der Gleitpunktdarstellung zu verarbeiten, dann kann die Multiplikation mit 4,8828125 wieder dual ausgeführt werden. (Siehe Beispiel: Durchflußmengenanzeige.)

Berechnungsregel für die duale Multiplikation:

1. Umwandlung des Multiplikators in eine Dualzahl

4		: 100
0,8828125 – 1/2	= 0,3828125	: 1
0,3828125 – 1/4	= 0,1328125	: 1
0,1328125 – 1/8	= 0,0078125	: 1
0,0078125 – 1/16	= –	: 0
0,0078125 – 1/32	= –	: 0
0,0078125 – 1/64	= –	: 0
0,0078125 – 1/128	= –	: 1

Dualzahldarstellung von 4,8828125: 100.1110001

Bei der Multiplikation sind die Stellen rechts vom Komma für das Ergebnis zwar unerheblich, jedoch erzeugen die Stellen rechts vom Komma bei der Berechnung Überträge, die bei Vernachlässigung zu einem ungenauen Ergebnis führen.

Zur Verarbeitung aller Nachkommastellen wäre es erforderlich, die Zahl in einem Doppelwort darzustellen. Da dies jedoch zu einem sehr hohen Programmieraufwand führen würde, wird hier eine andere einfachere Möglichkeit gewählt, die ebenfalls zu einem brauchbarem Ergebnis führt. Die aus 12 Bit bestehende Zahl wird dabei im Merkerwort MW2 so weit wie möglich, hier um 2 Bit, nach links geschoben. Diese Zahl wird dann mit 4,8828125 multipliziert und das Ergebnis um 2 Bit nach rechts geschoben.

2. Detaildarstellung der Berechnungsregel: MW6 = MW2 · 4,8828125:

	Kommentar:
L MW2 SLW 2 T MW2	*Die Zahl wird um zwei Stellen nach links geschoben wegen der besseren Verarbeitung der Nachkommastellen*
L MW2 SLW 2	*Multiplikation mit 4*
L MW2 SRW 1 + F	*Multiplikation mit 0.5*
L MW2 SRW 2 + F	*Multiplikation mit 0.25*
L MW2 SRW 3 + F	*Multiplikation mit 0.125*
L MW2 SRW 7 + F SRW 2 T MW6	*Multiplikation mit 0.015625 und rückgängigmachen der anfänglichen Stellenverschiebung um 2 Stellen Die Zahl ist wieder rechtsbündig*

Realisierung mit einer SPS:

Zur Überprüfung des Steuerungsprogramms kann, falls vorhanden, das Eingangswort einer Analogeingangsbaugruppe mit + 10V/– 10V verwendet werden. In diesem Fall liegt das Eingangssignal dann in der erforderlichen Form (s. Tabelle S. 335) bereits vor.

Zuordnung:	Eingänge	Ausgänge	Merker
	EW0 = PW 160	AW16 = AW 16	MW2 = MW 2
		H1 = A 0.1	MW4 = MW 4
		H2 = A 0.2	MW6 = MW 6

Anweisungsliste:

```
:L    PW 160
:T    MW   2
:
:L    MW   4
:!=F
:BEB
:
:L    MW   2
:T    MW   4
:
:SRW       3
:T    MW   2
:
:L    MW   4
:L    KF +0
:>=F
:R    A    0.1
:SPB =M001
:
:S    A    0.1
:L    KH E000
:L    MW   2
:OW
:KZW
:T    MW   2

M001 :L    MW   2
     :L    KF +2047
     :>F
     :SPB =M002
     :
     :R    A    0.2
     :
     :L    MW   2
     :SLW       2
     :T    MW   2
     :
     :L    MW   2
     :SLW       2
     :
     :L    MW   2
     :SRW       1
     :+F
     :
     :L    MW   2
     :SRW       2
     :+F
     :
     :L    MW   2
     :SRW       3
     :+F

     :
     :L    MW   2
     :SRW       7
     :+F
     :SRW       2
     :T    MW   6
     :
     :SPA FB 241
NAME :COD:16
DUAL :     MW   6
SBCD :     M  100.0
BCD2 :     MB 100
BCD1 :     AW  16
     :
     :L    MW   4
     :L    KF +0
     :>=F
     :BEB
     :
     :L    MW   6
     :KZW
     :T    MW   6
     :BEA
     :

M002 :
     :S    A    0.2
     :
     :L    KH FFFF
     :T    AW  16
     :
     :L    MW   4
     :L    KF +0
     :>F
     :SPB =M003
     :
     :L    KF -9999
     :T    MW   6
     :BEA
M003 :
     :L    KF +9999
     :T    MW   6
     :BE
```

▲

▼ Beispiel: Vergleicher mit Dreipunktverhalten

Mit drei Meldeleuchten soll angezeigt werden, ob der Dualwert von MW3 in einem unteren, mittleren oder oberen Bereich liegt. Die drei Bereiche werden bestimmt durch eine untere Grenze im Datenwort DW2 und eine obere Grenze im Datenwort DW4. Die beiden Grenzwerte werden mit einem 4-stelligen BCD-codierten Zifferneinsteller am Eingangswort EW12 und einem Übernahmeschalter in die Datenwörter geschrieben.

Die untere Grenze wird mit der ansteigenden Flanke, die obere Grenze mit der abfallenden Flanke des Schalters in das jeweilige Datenwort übernommen. Ist die untere Grenze fälschlicherweise größer als die obere Grenze eingegeben worden, sind alle drei Meldeleuchten aus. Liegt keine Flanke des Übernahmeschalters vor, wird der am Zifferneinsteller eingestellte Wert in das Merkerwort MW3 als Dualwert geladen.

Zuordnungstabelle:

Eingangsvariable	Betriebsmittel-kennzeichen	Logische Zuordnung
Zifferneinsteller	EW12	16-Bit-BCD-Zahl
Übernahmeschalter	S1	betätigt S1 = 1
		0 → 1 Flanke: EW12 → DW2
		1 → 0 Flanke: EW12 → DW4
		konstant: EW12 → MW3
Ausgangsvariable		
Meldeleuchte 1	H1	Wert MW3 > OG H1 = 1
Meldeleuchte 2	H2	UG < Wert MW3 > OG H2 = 1
Meldeleuchte 3	H3	Wert MW3 > UG H3 = 1
Interne Variable		
Unterer Grenzwert UG	DW2	16-Bit
Oberer Grenzwert OG	DW4	16-Bit
Vergleichswert	MW3	16-Bit

Programmablaufplan:

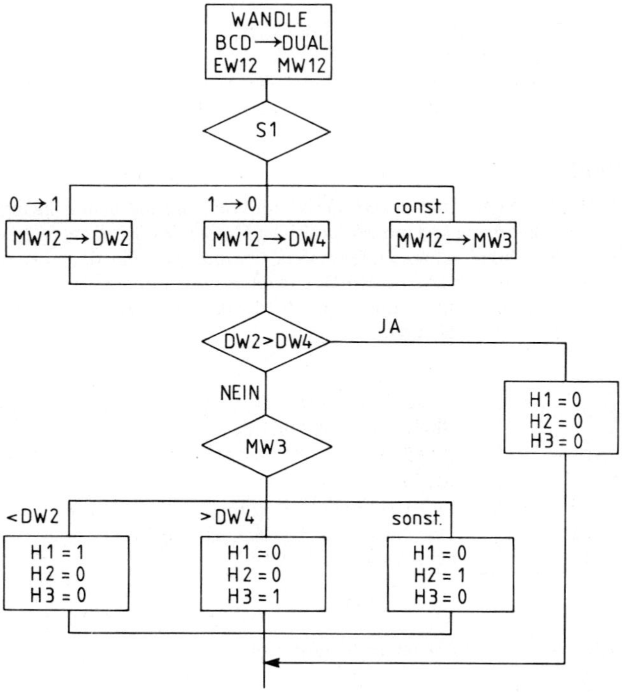

Realisierung mit einer SPS:

Zuordnung:	Eingänge	Ausgänge	Merker	Datenbaustein
	EW12 = EW 12	H1 = A 0.1	MW3 = MW 3	DB 30
	S1 = E 0.1	H2 = A 0.2	MW12 = MW 12	DW4
		H3 = A 0.3		DW2
			M1.0, M1.1 } Flankenauswertung 0 → 1	
			M2.0, M2.1 } Flankenauswertung 1 → 0	

Anweisungsliste:

```
     :A   DB  30
     :
     :SPA FB 240
NAME :COD:B4
BCD  :    EW  12
SBCD :    M   100.0
DUAL :    MW  12
     :
     :U   E   0.1
     :UN  M   1.0
     :=   M   1.1
     :S   M   1.0
     :UN  E   0.1
     :R   M   1.0
     :
     :UN  E   0.1
     :U   M   2.0
     :=   M   2.1
     :R   M   2.0
```

```
     :U   E   0.1
     :S   M   2.0
     :
     :U   M   1.1
     :SPB =M001
     :
     :U   M   2.1
     :SPB =M002
     :
     :L   MW  12
     :T   MW  3
     :SPA =M003
     :
M001 :L   MW  12
     :T   DW  2
     :SPA =M003
     :
M002 :L   MW  12
     :T   DW  4
```

```
     :
M003 :L   DW  2
     :L   DW  4
     :>F
     :SPB =M004
     :
     :L   MW  3
     :L   DW  2
     :<F
     :SPB =M005
     :
     :L   MW  3
     :L   DW  4
     :>F
     :SPB =M006
     :
     :R   A   0.1
     :S   A   0.2
     :R   A   0.3
     :BEA
```

```
     :
M005 :S   A   0.1
     :R   A   0.2
     :R   A   0.3
     :BEA
     :
M006 :R   A   0.1
     :R   A   0.2
     :S   A   0.3
     :BEA
     :
M004 :R   A   0.1
     :R   A   0.2
     :R   A   0.3
     :BE
```

▲

16.5.3 Wiederholung

▼ Beispiel: Suchen in einem Datenfeld

In einem Datenbereich von DW20 bis DW35 des Datenbausteins DB40 soll ein Wert, der mit dem Eingangswort EW12 eingestellt wird, gesucht werden. Der Suchvorgang soll mit der positiven Flanke des Schalters S1 gestartet werden. Stimmt der eingestellte Wert mit dem Inhalt eines Datenwortes überein, soll ein dem Datenwort zugeordneter Merker gesetzt werden. Die Merker sind ab M 20.0 den Datenwörtern zuzuordnen. Während eines Suchvorganges können auch mehrere Übereinstimmungen auftreten. Wird ein eingestellter Wert in dem Datenfeld nicht gefunden, ist die Meldeleuchte H1 einzuschalten.

Zuordnungstabelle:

Eingangsvariable	Betriebsmittel-kennzeichen	Logische Zuordnung
Zu suchender Wert Schalter	EW12 S1	16-Bit S1 0 → 1 suchen
Ausgangsvariable		
Meldeleuchte	H1	Suche negativ H1 = 1

Lösung:

Der Suchvorgang wird durch eine Flankenauswertung des Schalters S1 gestartet.

Algorithmus des Suchvorganges im Datenbaustein:

Die Datenwörter DW20 bis DW35 sind mit dem am Eingangswort EW12 eingestellten Wert zu vergleichen und die entsprechenden Merker bei Gleichheit zu setzen. Um die Vergleichsoperation im Steuerungsprogramm nur einmal schreiben zu müssen, werden die Datenwörter mit Hilfe der Adreßrechnung geladen. Die Zuordnung der Merker erfolgt ebenfalls mit Hilfe der indirekten Adressierung. Für diese Adreßrechnungen sind insgesamt drei Zähler erforderlich:

X1: Zähler für die Datenwörter, in denen gesucht wird.
Zählbeginn: 20

X2: Zähler für die Bit-Adresse der Merker.
Zählbeginn: 0 oberer Grenzwert: 7

X3: Zähler für die Byte-Adresse der Merker.
Zählbeginn: 20

Struktogramm:

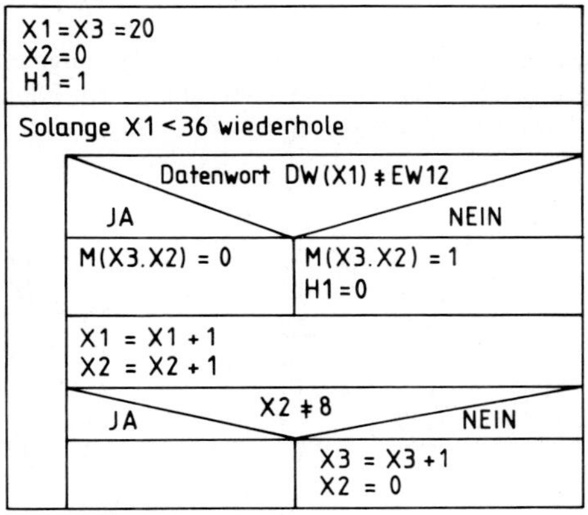

Die Umsetzung des im Struktogramm beschriebenen Ablaufs in ein Steuerungsprogramm erfordert mehrere Sprünge, wenn der in Abschnitt 14 dargestellte Operationsvorrat verwendet wird. Da in der Struktogrammdarstellung Sprünge vermieden werden, wird die Ablaufstruktur nochmals in einem Programmablaufplan gezeigt, der so angeordnet ist, daß die Struktur des Steuerungsprogramms erkennbar wird.

Programmablaufplan:

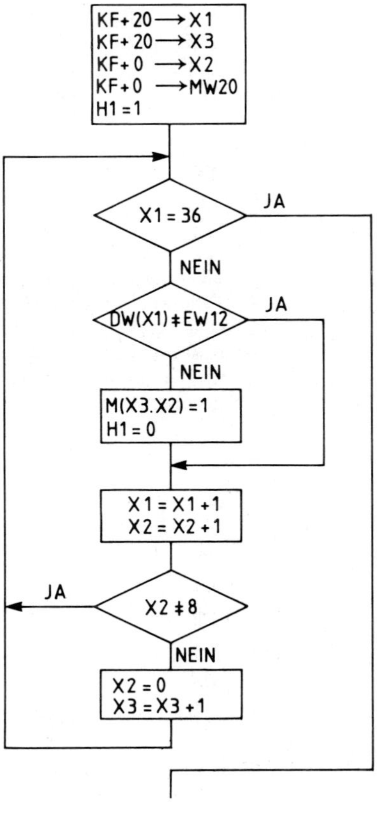

In Abänderung zum gegebenen Struktogramm werden zu Beginn des Suchvorganges zunächst alle den Datenwörtern zugeordneten Merker M20.0–M21.7 auf Signalzustand „0" gesetzt. Somit ist bei der bedingten Abfrage auf Gleichheit nur bei „NEIN" eine Zuordnungsoperation auszuführen. Außerdem werden den Zählvariablen bei den Steuerungsbefehlen folgende Merkerregister zugeordnet:

X1 → MB1
X2 → MB2
X3 → MB3

Realisierung mit einer SPS:

Zum Programmtest wird das Merkerwort MW20 an das Ausgangswort AW18 gelegt. Damit können die gefundenen Werte an den Ausgängen abgelesen werden.

Zuordnung:	Eingänge	Ausgänge	Merker	Datenbaustein
	EW12 = EW 12	H1 = A 0.1	X1 = MB 1	DB40
	S1 = E 0.1	AW18 = AW 18	X2 = MB 2	
			X3 = MB 3	
			MW10 = MW 10	
			MW20 = MW 20	
			M0 = M 0.0 } Flankenauswertung	
			M1 = M 0.1 } Flankenauswertung	

Das Steuerungsprogramm wird in einen Programmbaustein und in einen Funktionsbaustein aufgeteilt. Im Programmbaustein PB10 wird die Flankenauswertung des Schalters S1 vorgenommen und in den Funktionsbaustein FB10 das eigentliche Suchprogramm gemäß Programmablaufplan geschrieben.

Anweisungsliste:

```
     PB 10
     :U   E   0.1
     :UN  M   0.0
     :=   M   0.1
     :S   M   0.0
     :UN  E   0.1
     :R   M   0.0
     :
     :U   M   0.1
     :SPB FB  10
NAME :SUCHEN
     :
     :BE
```

```
     FB 10
NAME :SUCHEN
     :A   DB  40
     :
     :L   KF  +20
     :T   MB  1
     :T   MB  3
     :L   KF  +0
     :T   MB  2
     :T   MW  20
     :
     :S   A   0.1
     :
M003 :L   MB  1
     :L   KF  +36
     :!=F
     :SPB =M001
     :
```

```
     :L   MB  1
     :T   MW  10
     :B   MW  10
     :L   DW  0
     :L   EW  12
     :><F
     :SPB =M002
     :
     :B   MW  2
     :S   M   0.0
     :R   A   0.1
M002 :
     :L   MB  1
     :I       1
     :T   MB  1
     :L   MB  2
     :I       1
     :T   MB  2
     :
```

```
     :L   KF  +8
     :L   MB  2
     :><F
     :SPB =M003
     :
     :L   KF  +0
     :T   MB  2
     :L   MB  3
     :I       1
     :T   MB  3
     :SPA =M003
     :
M001 :L   MW  20
     :T   AW  18
     :
     :BE
```

▲

▼ Beispiel: Zahleneingabe mit Zifferntastatur

Mit 10 Zifferntasten von 0 bis 9 soll in das Merkerwort MW20 eine vierstellige BCD-codierte Zahl eingeschrieben werden. Bei Betätigung einer der Zifferntasten, wird die bisherige Zahl im Merkerwort MW20 um eine Ziffernstelle (= 4 Bit) nach links geschoben und die neue Ziffer rechtsbündig in das Merkerwort geschrieben. Werden mehrere Tasten gleichzeitig gedrückt, so wird keine Ziffer eingeschrieben. Durch Betätigen der Löschtaste CL ist es möglich, den Inhalt von Merkerwort MW20 auf die Zahl 0 zu setzen. Die in Merkerwort MW20 aktuell stehende Zahl wird an einer vierstelligen BCD-codierten Ziffernanzeige angezeigt.

Technologieschema:

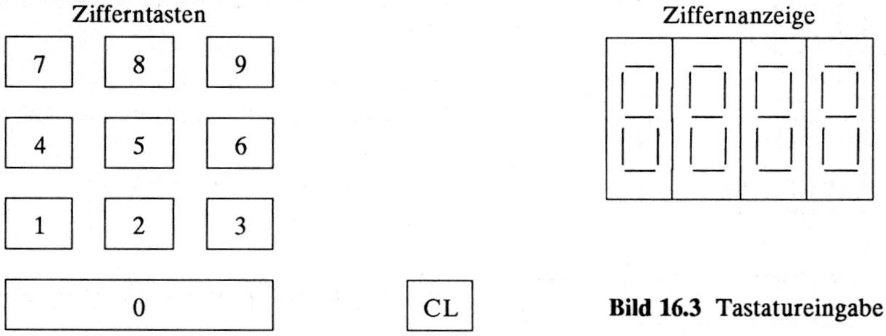

Bild 16.3 Tastatureingabe

Zuordnungstabelle:

Eingangsvariable	Betriebsmittel-kennzeichen	Logische Zuordnung
Zifferntaste 0	S0	betätigt S0 = 1
Zifferntaste 1	S1	betätigt S1 = 1
Zifferntaste 2	S2	betätigt S2 = 1
Zifferntaste 3	S3	betätigt S3 = 1
Zifferntaste 4	S4	betätigt S4 = 1
Zifferntaste 5	S5	betätigt S5 = 1
Zifferntaste 6	S6	betätigt S6 = 1
Zifferntaste 7	S7	betätigt S7 = 1
Zifferntaste 8	S8	betätigt S8 = 1
Zifferntaste 9	S9	betätigt S9 = 1
Löschtaste	CL	betätigt CL = 1
Ausgangsvariable		
4-stellige BCD-codierte Siebensegmentanzeige	AW16	
Interne Variable		
Anzeigewert	MW20	16-Bit

Bestimmung des Algorithmus:

Die Steuerungsaufgabe wird in folgende Programmteile unterteilt:

1. Auswerten der Löschtaste CL

Ist die Löschtaste CL gedrückt wird in Merkerwort MW20 der Wert 0 geladen und an das Ausgangswort AW16 gelegt. Die Programmbearbeitung ist damit bereits beendet.

2. Erkennen von Tastenbetätigungen mit 0 → 1 – Flankenauswertungen

Die Zifferntasten werden an das Eingangswort EW0 wie folgt gelegt:

	Linkes-Byte EB0								Rechtes-Byte EB1							
EW0	CL	xx	xx	xx	xx	xx	S9	S8	S7	S6	S5	S4	S3	S2	S1	S0

Es werden folgende Datenspeicher eingeführt:

MW10 = Neuer Wert (maskiert), MW12 = Alter Wert (maskiert), MW14 = enthält die Stelle der 0 → 1 Flanke.

Programmablaufplan:

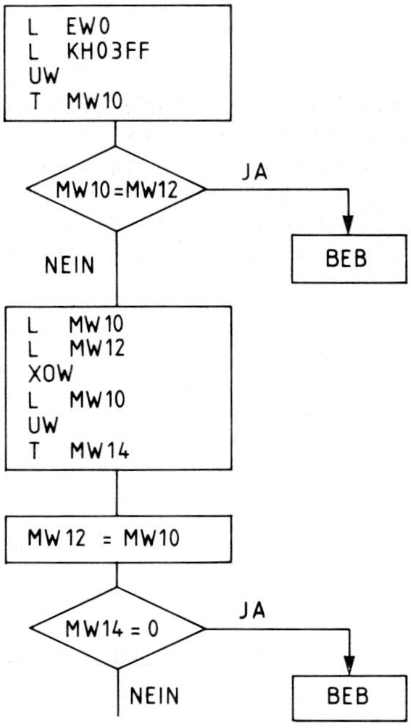

Ausblendung der 6 weiteren Eingänge.

Überprüfen, ob Eingangswort unverändert geblieben ist.

Feststellen von Änderungen durch Antivalenzverknüpfung des alten Wertes MW10 mit dem neuen Wert.

Bestimmung der 0 → 1 Flanken.
Zuweisung der 0 → 1 Flanken nach MW14.

Zuweisung alter Wert = neuer Wert.

Überprüfen, ob keine 0 → 1 Flanke vorhanden ist.

3. Überprüfen, ob mehrere Tasten betätigt sind.

Ist mehr als eine Zifferntaste betätigt, so haben in Merkerwort MW10 mindestens 2 Bit den Signalzustand „1“. In diesem Fall wird die weitere Programmbearbeitung beendet.

Programmablaufplan:

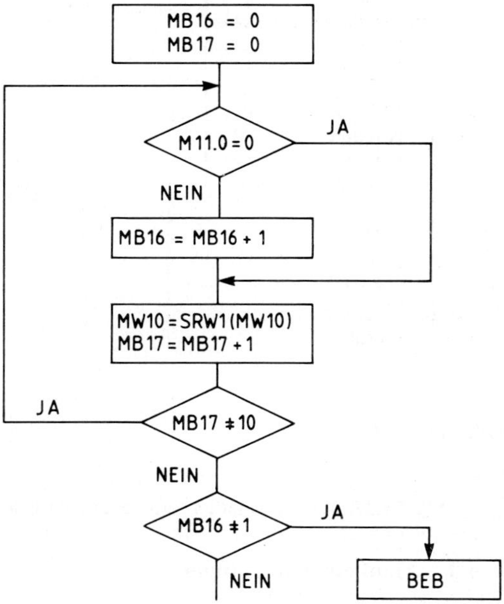

Zur Feststellung, ob nur 1 Bit von Merkerwort MW10 „1“-Signal hat, werden zwei Zähler benötigt. Diese werden durch zwei Merkerbytes realisiert.

MB16 = Zähler für die „1“-Signalwerte von MW10

MB17 = Zähler für die Stellenzahl von MW10

4. Wandlung 1 aus 10-Code in den BCD-Code

In Merkerwort MW14 hat ein Bit Signalzustand „1“. Diese entsprechende Zahl im 1 aus 10 Code ist in den BCD-Code zu wandeln.

Zum Beispiel Zifferntaste 5 gedrückt:

									9	8	7	6	5	4	3	2	1	0
1 aus 10 Code	MW14	0	0	0	0	0	0	0	0	0	0	1	0	0	0	0	0
BCD-Code	MB16									0	0	0	0	0	1	0	1

Programmablaufplan:

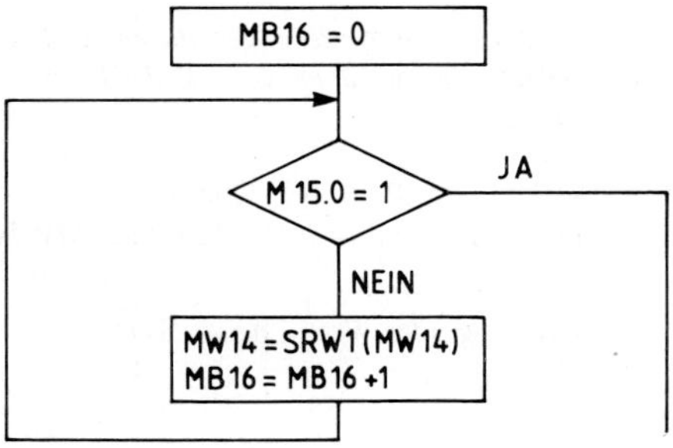

5. Einschreiben der Ziffer in Merkerwort MW20

Die in Merkerwort MW20 stehende Zahl wird zunächst um 4 Stellen nach links verschoben. Danach wird die in Merkerbyte MB14 stehende Ziffer in die rechten 4 Bit von Merkerwort MW20 geschrieben.

6. Darstellung des gesamten Steuerungsprogramm im Struktogramm:

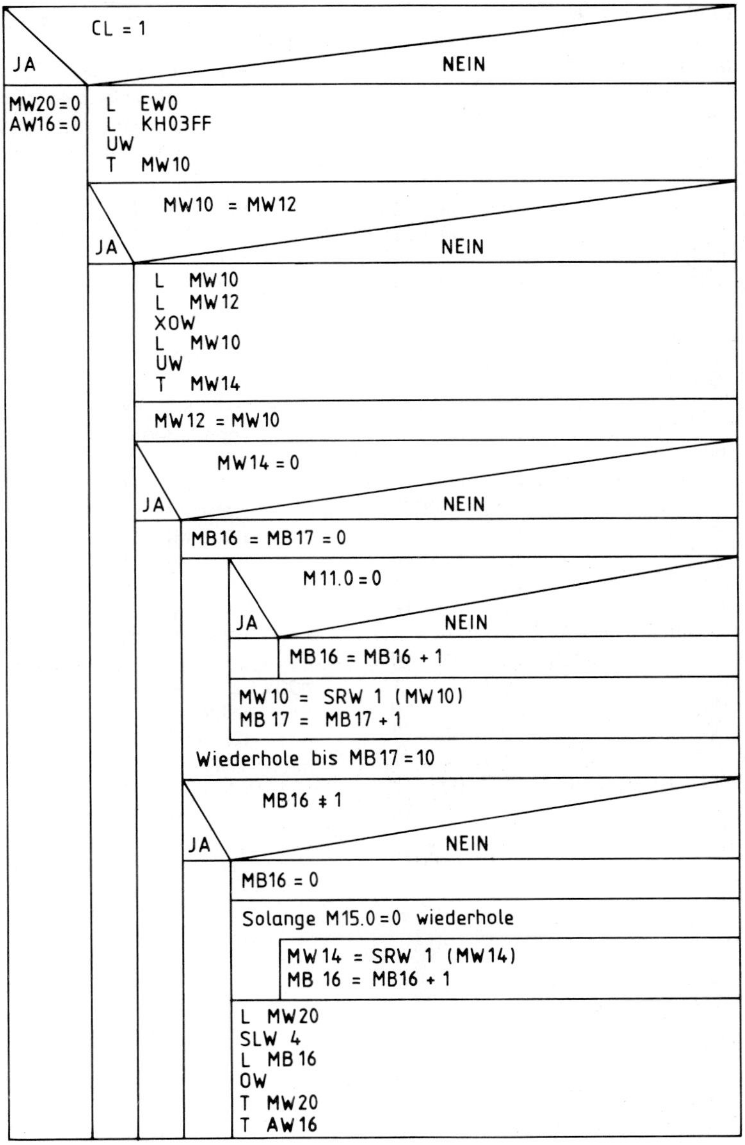

Realisierung mit einer SPS:

Zuordnung:

Eingänge	Ausgänge	Merker
S0 = E 1.0	AW16 = AW 16	MW10 = MW 10
S1 = E 1.1		MW12 = MW 12
S2 = E 1.2		MW14 = MW 14
S3 = E 1.3		MB16 = MB 16
S4 = E 1.4		MB17 = MB 17
S5 = E 1.5		MW20 = MW 20
S6 = E 1.6		
S7 = E 1.7		
S8 = E 0.0		
S9 = E 0.1		
CL = E 0.7		

Anweisungsliste:

```
NAME :TASTENEI

      :UN  E     0.7
      :SPB =M001
      :
      :L   KF +0
      :T   MW   20
      :T   AW   16
      :BEA
      :
M001  :L   EW    0
      :L   KH 03FF
      :UW
      :T   MW   10
      :
      :L   MW   10
      :L   MW   12
      :!=F
      :BEB
      :
      :L   MW   10
      :L   MW   12
      :XOW
      :L   MW   10
      :UW
      :T   MW   14
      :
      :L   MW   10
      :T   MW   12
      :
      :L   MW   14
      :L   KF +0
      :!=F
      :BEB
      :
      :L   KF +0
      :T   MW   16
      :
M003  :UN  M    11.0
      :SPB =M002
      :
      :L   MB   16
      :I         1
      :T   MB   16
      :
M002  :L   MW   10
      :SRW       1
      :T   MW   10
      :L   MB   17
      :I         1
      :T   MB   17
      :L   KF +10
      :><F
      :SPB =M003
      :
      :L   KF +1
      :L   MB   16
      :><F
      :BEB
      :
      :L   KF +0
      :T   MB   16
      :
M005  :U   M    15.0
      :SPB =M004
      :
      :L   MW   14
      :SRW       1
      :T   MW   14
      :L   MB   16
      :I         1
      :T   MB   16
      :SPA =M005
      :
M004  :L   MW   20
      :SLW       4
      :L   MB   16
      :OW
      :T   MW   20
      :T   AW   16
      :
      :BE
```

▲

16.6 Vertiefung und Übung

• Übung 16.1: Gewichtsangabe

Eine elektronische Waage stellt das Gewicht von 0 bis 999 kg als 10 Bit-dualcodierte Zahl einem Automatisierungsgerät zur Verfügung. Zur weiteren Verarbeitung und zur Anzeige des Gewichts in kg an einer dreistelligen BCD-codierten Ziffernanzeige soll der Wertebereich der 10-Bit Zahl (0 bis 1023) auf einen Wertebereich von 0 bis 999 normiert werden.

Zu dieser Normierung ist die Berechnungsregel für ein Automatisierungsgerät zu bestimmen, das nicht über Gleitpunktoperationen verfügt. Die Berechnungsregel ist dann in einem Programmablaufplan darzustellen und aus diesem das Steuerungsprogramm zu schreiben.

• Übung 16.2: Analyse eines Struktogramms

Aus dem gegebenen Struktogramm ist die Aufgabenstellung zu ermitteln und das zugehörige Steuerungsprogramm zu bestimmen.

Struktogramm:

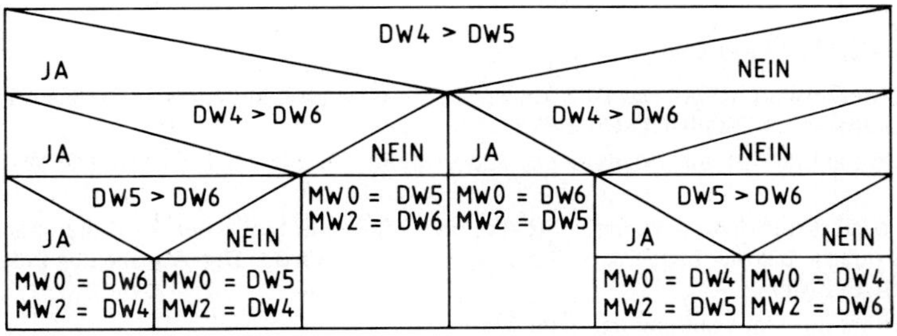

• Übung 16.3: Bereichsermittlung

Ein am Eingangswort EW0 anliegender dualcodierter 16-Bit-Wert wird durch vier vorgegebene Grenzen in fünf Bereiche eingeteilt. Mit fünf Meldeleuchten soll angezeigt werden, in welchem Bereich sich der Eingangswert jeweils befindet.

Funktionsdiagramm:

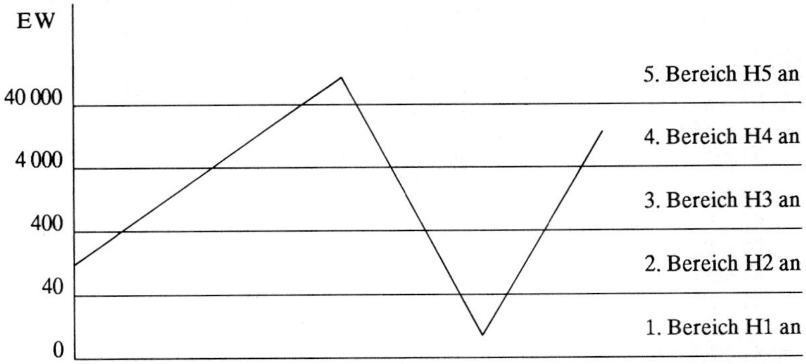

Bestimmen Sie für die Aufgabenstellung die Zuordnungstabelle, den Programmablaufplan und das zugehörige Steuerungsprogramm. Beachten Sie bereits schon bei der Bestimmung des Programmablaufplanes, daß die Vergleichsoperation sich auf das Zahlenformat KF, also auf die Zweierkomplementdarstellung bezieht.

• Übung 16.4: Dosierungsvorgabe mit Tasten

Mit jeweils einer der fünf Tasten S1–S5 soll ein bestimmter Dosierungswert in ein Merkerwort geladen werden. Der zu jeder Taste gehörende Dosierungswert ist in einem Datenwort eines Datenbausteins in BCD-codierter Form hinterlegt. Werden mehrere Tasten zugleich betätigt, bleibt der zuletzt gewählte Dosierungswert erhalten. Welcher Dosierungswert gerade aktuell ist, soll mit einer vierstelligen Ziffernanzeige angezeigt werden. Für die Aufgabenstellung sind eine Zuordnungstabelle, ein Struktogramm und das zugehörige Steuerungsprogramm zu bestimmen.

• Übung 16.5: Multiplex-Ausgabe

Die in Abschnitt 15.3 für das Beispiel „Multiplex Ausgabe“ angegebene Grobstruktur im Funktionsplan soll in ein Struktogramm übertragen und aus diesem das Steuerungsprogramm entwickelt werden.

• Übung 16.6: Analyse einer Anweisungsliste

Die gegebene Anweisungsliste ist in ein Struktogramm zu übertragen. Aus diesem Struktogramm ist dann die Aufgabenstellung des Steuerungsprogramms zu bestimmen.

```
   :A     DB10
   :
   :L     KF-32768
   :T     MW10
   :KEW
   :T     MW12
   :
   :L     KF+1
   :T     DW0
```

```
M1 :L     MW10
   :B     DW0
   :L     DW0
   :>=F
   :SPB   =M2
   :
   :T     MW10
```

```
M2 :L     MW12
   :>=F
   :SPB   =M3
   :B     DW0
   :L     DW0
   :T     MW12
```

```
M3 :L     KF+20
   :L     DW0
   :I     1
   :T     DW0
   :>=F
   :SPB   =M1
   :
   :
   :BE
```

• Übung 16.7: Dual-BCD-Code-Wandler

Der Wert einer Dualzahl im Merkerwort MW10, der stets kleiner als 10 000 ist, soll mit einer vierstelligen Ziffernanzeige angezeigt werden. Dafür ist ein Dual-BCD-Code-Wandler zu entwerfen.

Zum Aufstellen des Struktogrammes ist nachfolgend ein Algorithmus für die Dual-BCD-Code-Wandlung angegeben.

Der gewählte Algorithmus basiert auf dem Verfahren, für die jeweils höchste Stelle der Zahl die zugehörige Zehnerpotenz solange abzuziehen, bis das Ergebnis negativ (< 0) werden würde. Die Anzahl der möglichen Subtraktionen ergeben die BCD-Ziffer.

Darstellung des Algorithmus bei der Umwandlung der Zahl 2763:

1. Subtraktion X2 = 1000

2763 – X2 = 1763	X1 = 1	
1763 – X2 = 763	X1 = X1 + 1	
763 – X2 < 0 →	X1 = 2	2 wird der 4. Stelle zugewiesen

2. Subtraktion X2 = X2/10 = 100

763 – X2 = 663	X1 = 1	
663 – X2 = 563	X1 = X1 + 1	
563 – X2 = 463	X1 = X1 + 1	
463 – X2 = 363	X1 = X1 + 1	
363 – X2 = 263	X1 = X1 + 1	
263 – X2 = 163	X1 = X1 + 1	
163 – X2 = 63	X1 = X1 + 1	
63 – X2 < 0 →	X1 = 7	7 wird der 3. Stelle zugewiesen

3. Subtraktion X2 = X2/10 = 10

63 – X2 = 53	X1 = 1	
53 – X2 = 43	X1 = X1 + 1	
43 – X2 = 33	X1 = X1 + 1	
33 – X2 = 23	X1 = X1 + 1	
23 – X2 = 13	X1 = X1 + 1	
13 – X2 = 3	X1 = X1 + 1	
3 – X2 < 0 →	X1 = 6	6 wird der 2. Stelle zugewiesen

4. Subtraktion X2 = X2/10 = 1

3 – X2 = 2	X1 = 1	
2 – X2 = 1	X1 = X1 + 1	
1 – X2 = 0	X1 = X1 + 1	
0 – X2 < 0 →	X1 = 3	3 wird der 1. Stelle zugewiesen

Für diesen Algorithmus ist ein Struktogramm zu entwerfen und aus diesem das zugehörige Steuerungsprogramm zu bestimmen. Zur Überprüfung des Steuerungsprogramms ist der dual-codierte Wert von Merkerwort MW10 mit dem Eingangswort EW0 einzustellen. Starten der Code-Umsetzung durch 0 → 1 – Flankenauswertung von Taster S.

• Übung 16.8: BCD-Dual-Code-Wandler

Die vierstellige BCD-Zahl eines Zifferneinstellers soll in den Dual-Code umgewandelt und in Merkerwort MW10 gespeichert werden.

Zum Aufstellen des Struktogrammes ist nachfolgend ein Algorithmus für die Dual-BCD-Code-Wandlung angegeben.

Darstellung des Algorithmus bei der Umwandlung der Zahl 2763:

Die Zahl 2763 im BCD-Code: EW = 0010 0111 0110 0011

2 7 6 3

Die Zahl 2763 im DUAL-Code: MW10 = 0000 1010 1100 1011

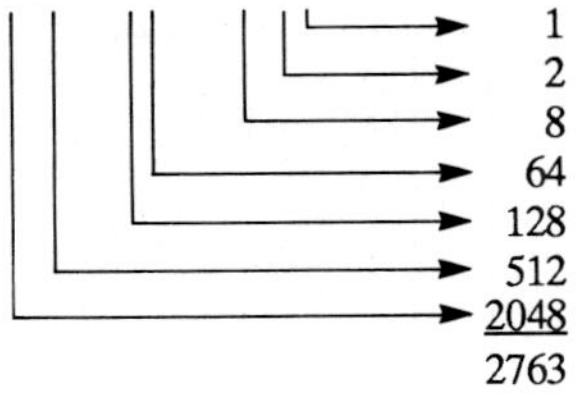

In der ausführlichen Schreibweise wird jede Stelle mit dem entsprechenden Wert multipliziert.

$$2763 = 2 * 1000 + 7 * 100 + 6 * 10 + 3 * 1$$

Mit der Addition der Dualwerte innerhalb jeder Stelle der BCD-Zahl ergibt sich dann:

$$\begin{aligned} 3 &= (0*8+0*4+1*2+1*1)*1 \\ 60 &= (0*8+1*4+1*2+0*1)*10 \\ 700 &= (0*8+1*4+1*2+1*1)*100 \\ 2000 &= (0*8+0*4+1*2+0*1)*1000 \end{aligned}$$

Diese Addition kann durch Auswerten der einzelnen Stellen der Bitkombination der Variablen EW erfolgen. Haben diese den Wert 1, wird der entsprechende Wert zu der Variablen MW10 hinzuaddiert. Die Auswertung der nächsten Stellen erfolgt durch Rechtsschieben der Bitkombination der Variablen EW.

EW: 0010 0111 0110 0011

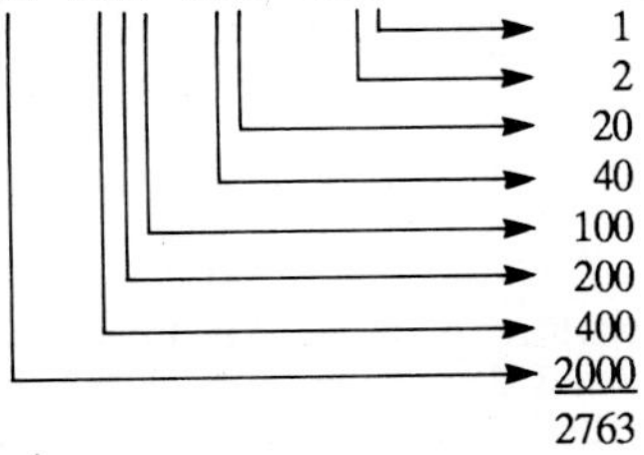

Für diesen Algorithmus ist ein Struktogramm zu entwerfen und aus diesem das zugehörige Steuerungsprogramm zu bestimmen.

• Übung 16.9: Maximumüberwachung einer elektrischen Anlage

Die Maximumüberwachung einer elektrischen Anlage hat die Aufgabe, den elektrischen Leistungsbezug aus dem Stromnetz zu ermitteln und bei drohender Überschreitung der vorgegebenen Leistungsgrenze, Stromverbraucher abzuschalten.

Unter dem elektrischen Leistungsbezug ist dabei der über eine Viertelstunde bezogene Leistungsmittelwert zu verstehen.

Technologieschema:

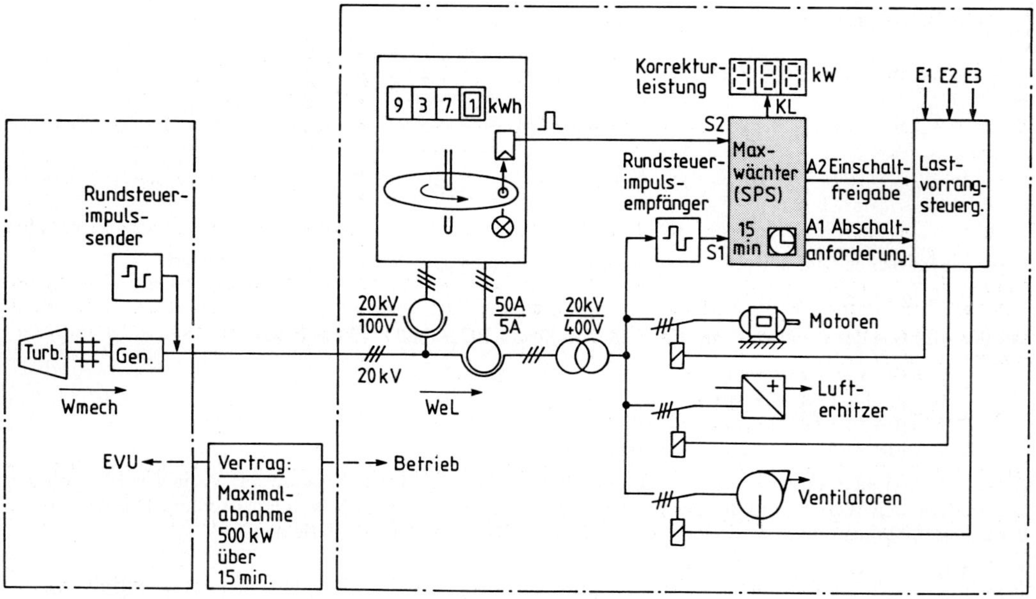

Bild 16.4 Maximumüberwachung einer elektrischen Anlage

Wirkungsweise:

Das zu entwerfende Steuerungsprogramm für den „Maxwächter" berechnet aus den Impulsen des Drehstromzählers innerhalb des Meßintervalls in bestimmten Abständen den durchschnittlichen Leistungsbezug, um davon abhängig entweder elektrische Verbraucher abzuschalten oder die Zuschaltung elektrischer Verbraucher freizugeben.

Dazu ist ein Impulsgeber im Drehstromzähler so beschaffen, daß er pro 1 kWh Energiebezug 6 Impulse liefert:

- Impulswertigkeit IMPW = 6 Imp./kWh.

Bei einem mittleren Leistungsbezug von 500 kW entspricht dies einem Energiebezug von 500 kW · 0,25 h = 125 kWh in dem viertelstündigen Meßintervall. Der Impulsgeber liefert demnach 125 kWh · 6 Imp./kWh = 750 Impulse:

- Zählimpulse (Gesamt) ZIG = 750 Impulse.

Der Beginn des jeweiligen 15 minütigen Meßintervalls wird vom EVU durch Ausgabe eines Synchronisierimpulses festgesetzt. Der Maximumwächter erkennt das Eintreffen dieses Rundsteuerimpulses.

Der Maximumwächter arbeitet, um genügend flexibel auf Leistungsänderungen reagieren zu können, mit Meßperioden von einer Minute und ermittelt in jeder Meßperiode den aktuellen Leistungsbezug in Form von Zählimpulsen:

- Zählimpulse (Aktuell) ZIA.

Nach Ablauf jeder Meßperiode von einer Minute berechnet der Maximumwächter die noch verbleibende Restleistung in Form von Impulsen für die Restzeit Δt bis zum Ablauf des viertelstündigen Meßintervalls. Nach der ersten Meßperiode gilt dabei:

- Zählimpulse (Rest) ZIR = ZIG – ZIA.

Für die weiteren Meßperioden gilt dann die Berechnungsregel:

- Zählimpulse (Rest) $ZIR_n = ZIR_v - ZIA$ Index: v = vorher
  n = nachher

Da der Maximumwächter nach jeder Meßperiode einen Hinweis geben muß, ob der Leistungsbezug so weitergehen kann wie bisher oder ob weitere Verbraucher zugeschaltet werden dürfen bzw. ob Verbraucher abgeschaltet werden müssen, führt das Steuerungsprogramm eine Zielrechnung durch. Bei dieser Zielrechnung wird zunächst der noch zur Verfügung stehende durchschnittliche Leistungswert in Form von Impulsen für die Restzeit Δt berechnet. Dazu wird der Restwert der Zählimpulse ZIR durch die Anzahl m der noch erforderlichen Meßperioden des Meßintervalls dividiert.

- Zählimpulse (Durchschnitt) $ZID = \frac{ZIR}{m}$ m = Anzahl der restlichen Meßperioden pro Meßintervall

Aufgrund dieses noch verbleibenden Durchschnittswertes ZID trifft der Maximumwächter die nachfolgenden Entscheidungen:

- Bei ZIA > ZID wird Ausgang A1 = 1 gesetzt, d.h. es wird die Abschaltung von Verbrauchern angeordnet (Abschaltanforderung).
- Bei ZIA < ZID wird Ausgang A2 = 1 gesetzt, d.h. es können bei Bedarf weitere Verbraucher zugeschaltet werden (Einschaltfreigabe).

Aus der Differenz des jeweiligen Durchschnittswertes ZID und der pro Meßperiode gezählten Zählimpulse ZIA kann der Leistungswert berechnet werden, der abgeschaltet werden muß oder zugeschaltet werden kann. Dieser als Korrekturleistung bezeichnete Wert ist nach Ablauf jeder Meßperiode auf einer vierstelligen Ziffernanzeige zu aktualisieren.

- Korrekturleistung $KL = \frac{ZID - ZIA}{IMPW \cdot 1\,min}$

Ob die Korrekturleistung positiv oder negativ ist, kann an den beiden binären Ausgängen A1 bzw. A2 abgelesen werden.

Die Auswertung der letzten Meßperiode wird für das neu beginnende Meßintervall verwendet.

Hinweise:

Für die erforderlichen Berechnungen sind die Funktionsbausteine für das Multiplizieren und Dividieren zu verwenden.

Das Zu- und Abschalten der Verbraucher soll nicht Gegenstand dieses Steuerungsprogramms sein.

Zuordnungstabelle:

Eingangsvariable	Betriebsmittel-kennzeichen	Logische Zuordnung	
Anlagenschalter	S0	Anlage EIN	S0 = 1
Synchronimpuls vom EVU	S1	Meßintervallbeginn	S1 = ⎍
Zählimpulse vom Zähler	S2	Impulse	S2 = ⎍
Ausgangsvariable			
Abschaltanforderung	A1	ZIA > ZID	A1 = 1
Einschaltfreigabe	A2	ZIA < ZID	A2 = 1
Korrekturleistung	KL	4-stellige BCD-Anzeige	

17 Zustandsgraph und Zustandsdiagramm

17.1 Zustandsgraph

Steuerungsaufgaben, die keinen zwangsläufig schrittweisen Ablauf besitzen und deren Eingangs- und Ausgangsvariablen überwiegend logisch vernetzt sind, können durch die Einführung von Steuerungszuständen mit grafischen Symbolen beschrieben werden. Der Grundgedanke besteht darin, daß es beim Steuerungsablauf bestimmte *Zustände* gibt, die zeitlich aufeinander folgen können. Bei mehreren möglichen Folgezuständen muß durch äußere Größen bestimmbar sein, welcher Zustand als nächster folgt. Eine klare Zuordnung der technologischen Funktionen des Prozesses zu den einzelnen Steuerungszuständen wie bei Ablaufsteuerungen besteht hierbei jedoch nicht. In Kapitel 8 wurde für solche Steuerungsaufgaben die Beschreibungsform Zustandsgraph bereits ausführlich dargestellt. Im ersten Abschnitt dieses Kapitels wird der *Zustandsgraph* erweitert durch die Möglichkeit, *datenorientierte Unterprogramme* mit aufzunehmen. Außerdem wird gezeigt, wie sich Steuerungsaufgaben mit bestimmten Datenabläufen vorteilhaft durch das Zeigerprinzip lösen lassen.

17.1.1 Erweiterung der Beschreibungsform

Die graphische Darstellungsweise und die Symbole für den Zustandsgraph, wie in Kapitel 8 gezeigt, sind an die DIN 40719 angelehnt. Die Zustände werden mit Rechtecken gekennzeichnet, an denen senkrechte Wirkungslinien angebracht sind, die auf den vorherigen bzw. folgenden Zustand hinweisen. Neben diesen, den Steuerungsablauf bestimmenden Wirkungslinien, befindet sich an jedem Rechtecksymbol oben noch eine kurze senkrechte Wirkungslinie, an die die logische Weiterschaltbedingung B angetragen wird. In jedem Zustand können bestimmte Ausgabebefehle gegeben werden. Die Ausgabebefehle können Ausgänge A, Merker M, Zeiten T und Zähler Z betreffen. Die Befehle werden in einem Rechteck rechts vom Zustandssymbol eingetragen.

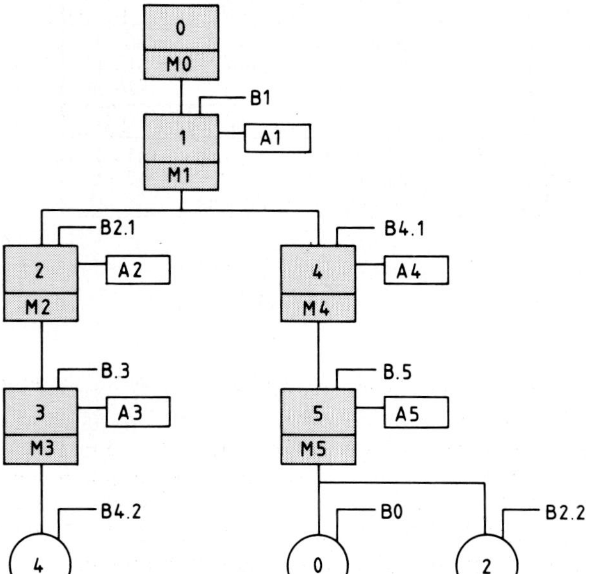

Führt eine senkrechte, den Steuerungsablauf bestimmende Wirkungslinie zu einem Zustand der bereits vorhanden ist, so wird dieser Zustand nochmals, nun allerdings mit einem runden Zustandssymbol, gekennzeichnet.

In Erweiterung zu dem in Kapitel 8 beschriebenen Zustandsgraphen können künftig Ausgabezuweisungen auch aus Programmanweisungen bestehen. *Programmanweisungen* können eigene kurze *Steuerungsprogramme oder Unterprogramme* sein, die beim Erreichen des Zustandes *einmal* durchlaufen werden.

Um Programmanweisungen von Ausgabezuweisungen im Zustandsgraph unterscheiden zu können, wird das Rechteck besonders gekennzeichnet.

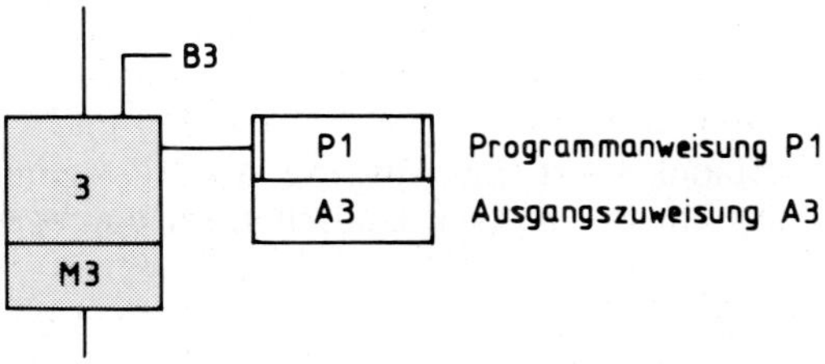

P1 ist die Bezeichnung des Unterprogramms, welches zu dieser Programmanweisung gehört.

Die Umsetzung des Zustandsgraphen in ein Steuerungsprogramm kann mit unterschiedlichen Programmstrukturen durchgeführt werden. Hier erfolgt die Umsetzung nach der Methode:

- jedem Zustand wird ein Speicherglied zugewiesen.

Mit den Speichergliedern wird der Steuerungsablauf aus dem Zustandsgraphen übernommen. In der Setzbedingung des Speichergliedes steht der vorangegangene Zustand UND-verknüpft mit der Weiterschaltbedingung. Der Rücksetzbefehl wird durch die möglichen Folgezustände gebildet.

Umsetzung des Zustandes 3 in ein RS-Speicherglied:

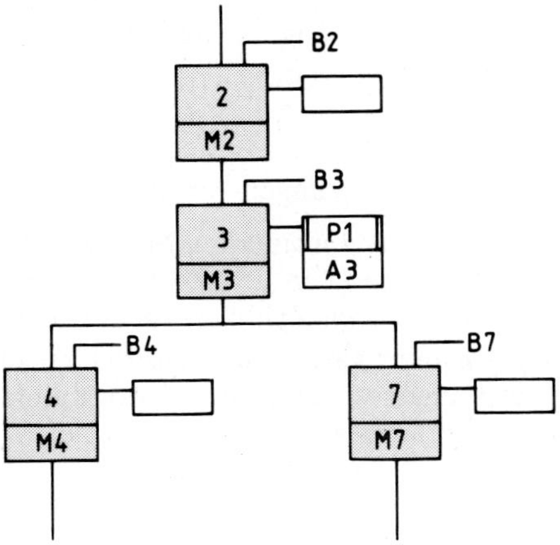

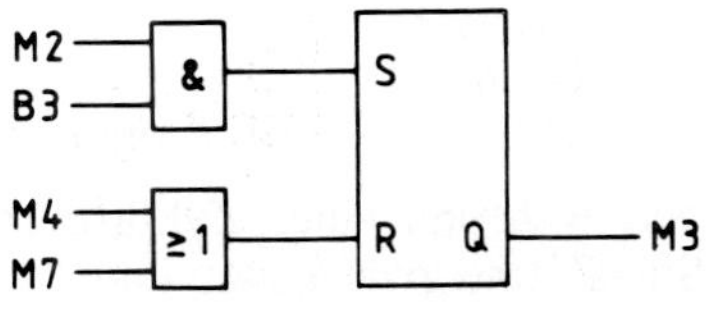

Zusammenfassend sind bei der Umsetzung des Zustandsgraphen in ein Steuerungsprogramm mit RS-Speicherglieder folgende Regeln zu beachten:

- Der Grundzustand (Zustand 0) wird beim Einschalten der Steuerung ohne Bedingung durch einen Richtimpuls gesetzt und alle anderen Speicherglieder gegebenenfalls rückgesetzt.
- Bei Verzweigungen müssen die möglichen Folgezustände gegenseitig verriegelt werden, wenn deren Weiterschaltbedingungen gleichzeitig auftreten können.

- Kurzzeitsignale (z.B. Tasten) oder Signale, die erst später im Zustandsgraph verarbeitet werden, müssen durch eine Vorverarbeitung gespeichert werden.
- Bei Schleifen im Zustandsgraph (z.B. mögliche Zustandsfolge 4 → 5 → 4) müssen die beiden zur Schleife gehörenden Zustände mit der UND-Verknüpfung aus dem jeweiligen Folgezustand und der Setzbedingung des Folgezustandes zurückgesetzt werden.

Die Umsetzung der Ausgangszuweisungen erfolgt direkt mit der Zuweisung des entsprechenden Zustandsmerkers.

Umsetzung der Ausgangszuweisung von Zustand 3:

```
U  M 3
=  A 3
```

Solange sich die Steuerung in Zustand 3 befindet, führt der Ausgang A3 „1"-Signal. Bei Bedarf können hier noch Verriegelungen mit entsprechenden Endschaltern durchgeführt werden.

Werden in einem Zustand Programmanweisungen gegeben, so bedeutet dies, einen einmaligen Sprung in ein Unterprogramm oder den einmaligen Aufruf eines Programm- oder Funktionsbausteines. Der bedingte Aufruf oder Sprung kann durch eine Flankenauswertung des Zustandsmerkers erfolgen.

```
U   M 3
UN  M y
=   M x    (⎍)
S   M y
UN  M 3
R   M y
U   M x
SPB PBz    Im Programmbaustein PBz stehen die Anweisungen von Programm P1.
```

Eine andere Möglichkeit, beim Erreichen von Zustand 3 einmalig in ein Unterprogramm zu springen besteht darin, die UND-Verknüpfung der beim Übergang auf den entsprechenden Zustand beteiligten beiden Zustandsmerkern zu verwenden.

```
U   M 2
U   M 3
SPB PBz    Im Programmbaustein PBz stehen die Anweisungen von Programm P1.
```

Nur während eines Zyklusdurchlaufs haben die beiden Zustandsmerker M2 und M3 „1"-Signal, und zwar genau dann, wenn die Steuerung von Zustand 2 in den Zustand 3 übergeht. In diesem Zyklus wird M3 gesetzt, während M2 erst im nächsten Zyklus zurückgesetzt wird.

Liegt eine Schleife zwischen den beiden Zuständen vor oder kann von mehreren Zuständen aus in den Zustand mit der Programmanweisung gesprungen werden, ist es jedoch einfacher, die Flankenauswertung für den Sprung in das Unterprogramm zu verwenden.

17.1.2 Zeigerprinzip

Treffen bei bestimmten Steuerungsaufgaben zu beliebigen Zeiten Daten ein, die abgespeichert werden müssen und sind diese Daten zu anderen Zeitpunkten wieder auszugeben, so kann die Verwaltung der erforderlichen Speicherzellen nach dem *Zeigerprinzip* erfolgen. Ebenso ist dieses Zeigerprinzip anwendbar, wenn das Eintreffen von binären Signalen zu beliebigen Zeitpunkten das Setzen bzw. Rücksetzen von Speichergliedern zur Folge haben soll.

Das Grundprinzip der Zeigerstruktur besteht darin, daß beim Ein- und Auslesen von Daten ein Zeiger auf die Speicherstelle zeigt, welche als nächste die Daten aufnehmen soll. Ein weiterer Zeiger zeigt auf die Speicherstelle, aus welcher als nächsten die Daten ausgelesen werden.

Darstellung des Zeigerprinzips für das Ein- und Auslesen von n Daten in die Datenworte DW1 bis DWn:

Zeiger „Einlesen“ Zeiger „Auslesen“

Das gleiche Prinzip kann für die Verarbeitung zweier binärer Signale für das Setzen bzw. Rücksetzen von Speichergliedern verwendet werden. Ein Zeiger zeigt dabei auf das Speicherglied, welches als nächstes gesetzt werden soll. Der andere Zeiger gibt das Speicherglied an, welche als nächstes zurückgesetzt werden soll. Statt der Datenworte DW wird in die grafische Darstellung des Zeigerprinzips nun die Bezeichnung des jeweiligen Speichergliedes eingetragen.

17.1.3 Steuerungsbeispiele

Es werden nachfolgend zwei Beispiele für die Anwendung der Beschreibungsform „erweiterter Zustandsgraph“ vorgeführt. Gleichzeitig wird die Lösung von Reihenfolgebedingungen mit Hilfe der Zeigerstruktur dargestellt.

▼ **Beispiel: Pufferspeicher FIFO**

In einem FIFO-Pufferspeicher sollen bis zu 10 Werte mit der Breite von einem Wort gespeichert werden. Mit Eingang E1 wird die am Eingangswort EW stehende Information in den Pufferspeicher übernommen. Sind 10 Werte in den Pufferspeicher geschrieben, wird dies durch die Meldeleuchte H1 angezeigt und ein weiteres Einschreiben ist nicht möglich. Mit Eingang E2 wird derjenige Wert an das Ausgangswort AW ausgegeben, der als erster in den Pufferspeicher geschrieben wurde. Sind alle Werte aus dem Pufferspeicher ausgelesen, wird dies durch die Meldeleuchte H2 angezeigt und ein weiteres Auslesen ist nicht mehr möglich. Das Ein- bzw. Auslesen des Pufferspeichers ist jeweils nur möglich, wenn der entsprechend andere Eingang E0 bzw. E1 „0“-Signal hat.

Technologieschema:

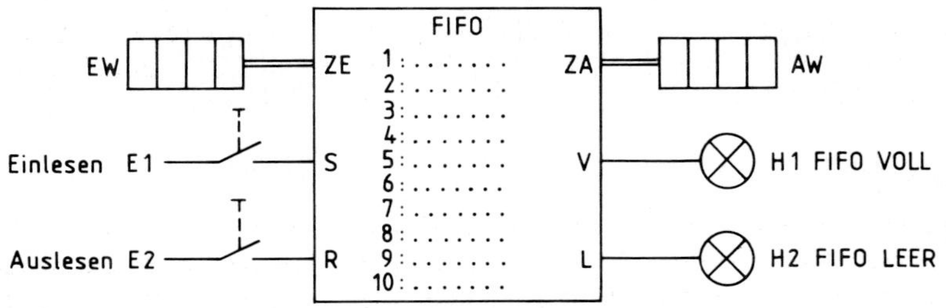

Bild 17.1
Pufferspeicher

ZE: Eingabewort
S: Bei einem Signalwechsel 0 → 1 wird in den Pufferspeicher geschrieben
R: Bei einem Signalwechsel 0 → 1 wird aus dem Pufferspeicher gelesen
ZA: Ausgabewort
V: Bei Signalzustand „1“ ist der Pufferspeicher voll
L: Bei Signalzustand „1“ ist der Pufferspeicher leer

Zuordnungstabelle:

Eingangsvariable	Betriebsmittel-kennzeichen	Logische Zuordnung
Zu speichernder Wert	EW	16-Bit
Einschreiben	E1	Wert wird eingelesen E1 = 1
Auslesen	E2	Wert wird ausgelesen E2 = 1
Ausgangsvariable		
Ausgabewert	AW	16-Bit
Meldeleuchte	H1	Speicher voll H1 = 1
Meldeleuchte	H2	Speicher leer H2 = 1

Lösung:

Für die Steuerungsaufgabe lassen sich folgende Zustände festlegen:

Zustand 0: Pufferspeicher leer:
In diesem Zustand ist der Pufferspeicher leer. Dieser Zustand kann nur durch Betätigung der Einlesetaste verlassen werden.

Zustand 1: Einlesen:
In den Pufferspeicher wird der am Eingangswort EW stehende Wert eingelesen. Nach Loslassen der Eingabetaste wird dieser Zustand wieder verlassen.

Zustand 2: Pufferspeicher zwischen leer und voll:
Der Pufferspeicher ist mit 1 bis 9 Werten gefüllt. Dieser Zustand wird durch Betätigung der Einlesetaste oder Auslesetaste wieder verlassen.

Zustand 3: Auslesen:
Aus dem Pufferspeicher wird der Wert ausgelesen, der als erster in den Pufferspeicher geschrieben wurde. Nach Loslassen der Ausgabetaste wird dieser Zustand wieder verlassen.

Zustand 4: Pufferspeicher voll:
Im Pufferspeicher stehen 10 Werte. Dieser Zustand kann nur durch die Betätigung der Auslesetaste verlassen werden.

Bei der Umsetzung der Steuerungsaufgabe in ein Steuerungsprogramm für SPS wird der FIFO-Pufferspeicher mit einem Datenbaustein realisiert. Die einzelnen Werte werden in die Datenworte DW0 bis DW9 geschrieben.

In welches Datenwort gerade eingelesen bzw. von welchem Datenwort gerade ausgelesen werden soll, wird mit zwei Zählern bestimmt. Der Zählerstand des Zählers Z1 zeigt dabei auf das Datenwort, in das als nächstes eingeschrieben wird, und der Zählerstand des Zählers Z2 kennzeichnet das Datenwort, welches als nächstes ausgelesen wird.

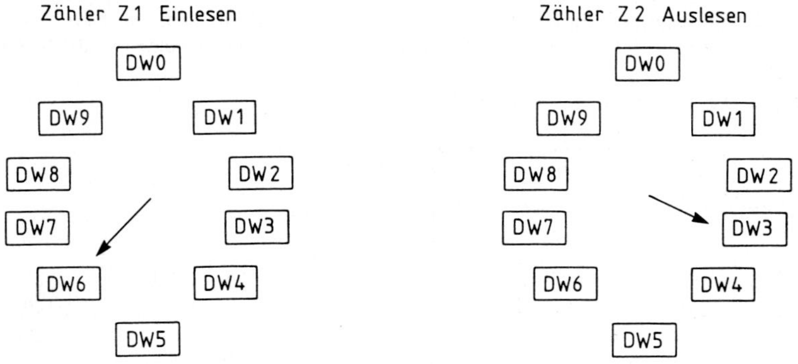

Die Stellung der beiden Zeiger zeigt, daß der nächste einzulesende Wert in das Datenwort DW6 geschrieben wird. Der nächste auszulesende Wert wird aus Datenwort DW3 genommen.

Damit sich die beiden Zeiger nicht überholen, wird ein dritter Zähler Z3 eingeführt, der die Anzahl der im Pufferspeicher stehenden Werte (Abstand der beiden Zeiger) zählt. Hat dieser Zähler den Zählerstand Z3 = 0, ist das Auslesen gesperrt. Bei Zählerstand Z3 = 10 darf nicht mehr eingelesen werden.

Zustandsgraph:

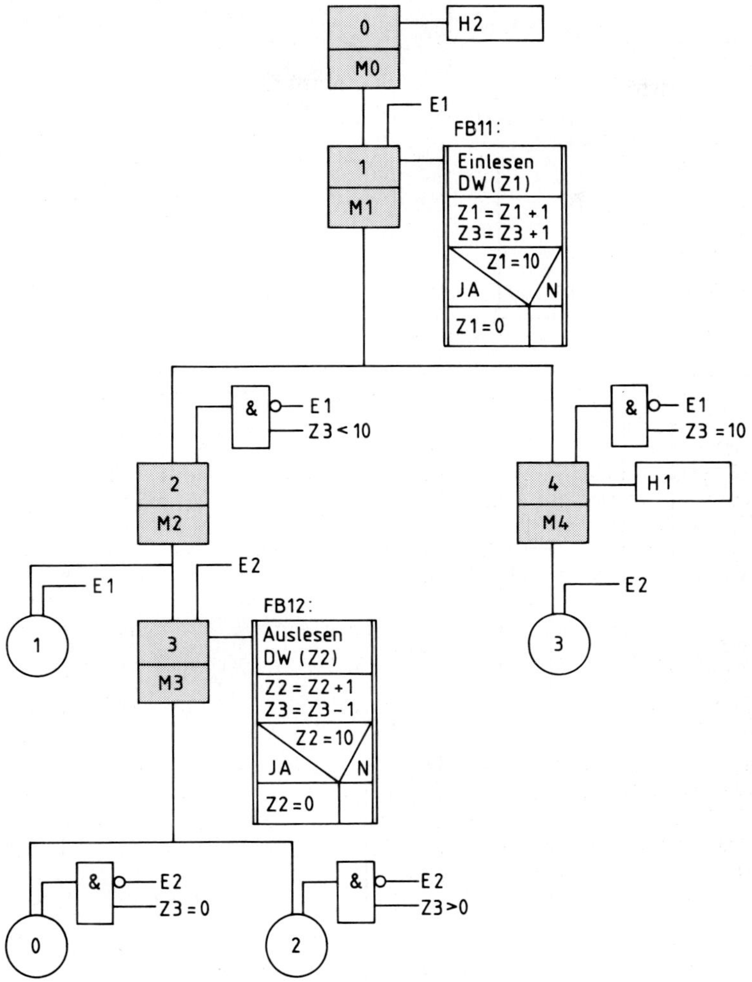

Erklärung der verwendeten Zählvariablen:

Z1: Zählvariable für die Indizierung des einzulesenden Datenwortes,

Z2: Zählvariable für die Indizierung des auszulesenden Datenwortes,

Z3: Zählvariable für die Anzahl der insgesamt gespeicherten Datenworte.

Umsetzung des Zustandsgraphen in den Funktionsplan:

ZUSTAND 0:

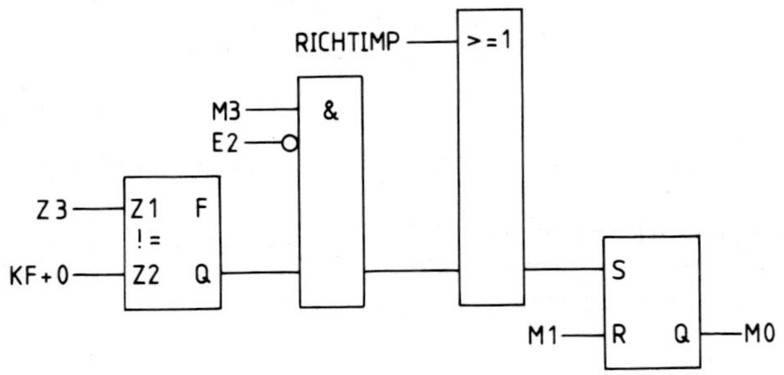

ZUSTAND 1:

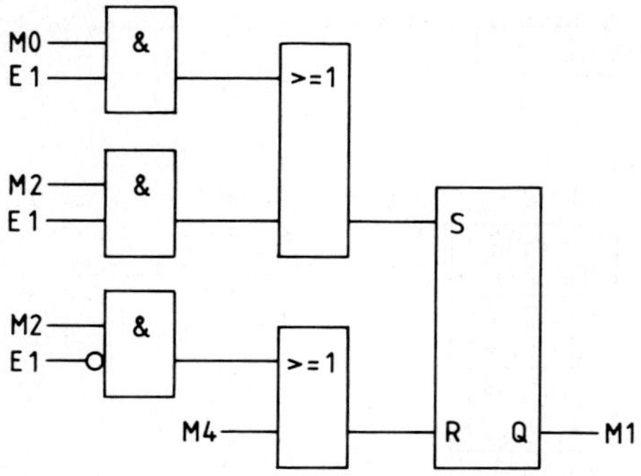

ZUSTAND 2:

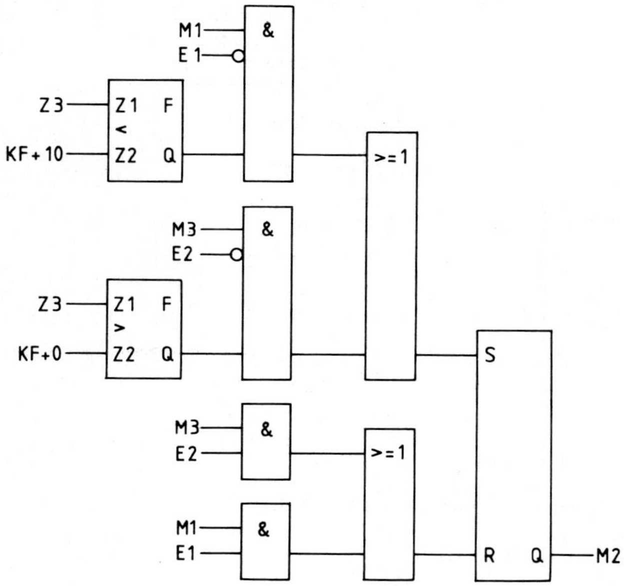

ZUSTAND 3:

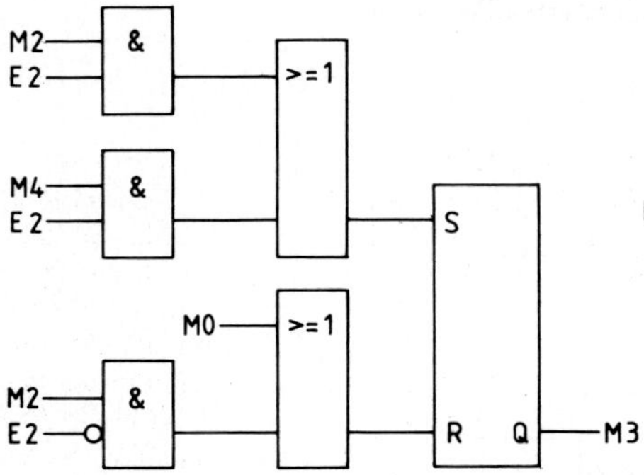

ZUSTAND 4:

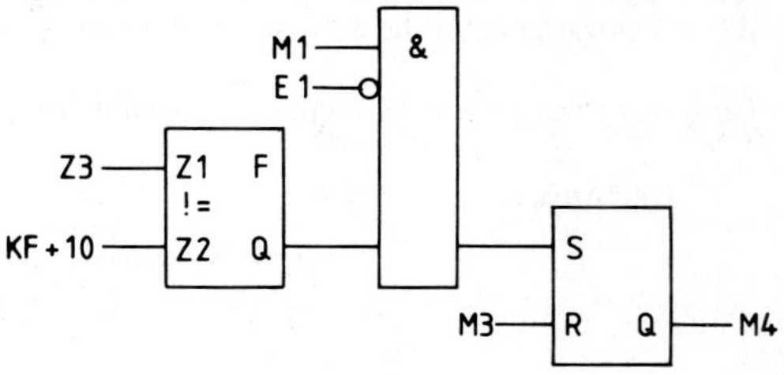

Programmanweisungen:

Die Realisierung der Zähler Z1, Z2 und Z3 erfolgt durch Merkerregister. Dabei gilt folgende Zuordnung:

Zähler Z1: MB10
Zähler Z2: MB12
Zähler Z3: MB14

Da im Zustandsgraph von mehreren Stellen in Zustand 1 bzw. Zustand 3 gesprungen werden kann und darüberhinaus noch eine Schleife zwischen Zustand 1 und Zustand 2 bzw. zwischen Zustand 2 und Zustand 3 vorliegt, wird mit einer Flankenauswertung der zugehörigen Zustände einmalig in die Unterprogramme „Einlesen" bzw. „Auslesen" gesprungen.

```
U    M 1                                U    M 3
UN   M 102                              UN   M 104
=    M 101  (⎍⎍)                        =    M 103  (⎍⎍)
S    M 102                              S    M 104
UN   M 1                                UN   M 3
R    M 102                              R    M 104

U    M 101                              U    M 103
SPB  FB11      FB11: Einlesen           SPB  FB12      FB12: Auslesen
.              L  EW12                  .              B  MW11  *)
.              B  MW 9   *)             .              L  DW0
.              T  DW0                   .              T  AW16

               L  MB10                                 L  MB12
               I  1                                    I  1
               T  MB10                                 T  MB12

               L  MB14                                 L  MB14
               I  1                                    D  1
               T  MB14                                 T  MB14

               L  MB10                                 L  MB12
               L  KF+10                                L  KF+10
               ! = F                                   ! = F
               SPB  = M1                               SPB  = M1
               BEA                                     BEA

          M1:  L  KF+0                            M1:  L  KF+0
               T  MB10                                 T  MB12
               BE                                      BE
```

*) Bei der indirekten Adressierung für den Bearbeitungsbefehl erforderlich:

		Zähler Z1
MW9	MB9	MB10

		Zähler Z2
MW11	MB11	MB12

Realisierung mit einer SPS:

Zuordnung:	Eingänge	Ausgänge	Merker	Zustände
	EW = EW 12	AW = AW 16	Z1 = MB 10	M0 = M 20.0
	E1 = E 0.1	H1 = A 0.1	Z2 = MB 12	M1 = M 20.1
	E2 = E 0.2	H2 = A 0.2	Z3 = MB 14	M2 = M 20.2
				M3 = M 20.3
	Datenbaustein		Richtimpuls:	M4 = M 20.4
	DB10		M 160.0	Flankenauswertung
	als Pufferspeicher		M 160.1	M 101 = M 100.1
	DW0...DW9			M 102 = M 100.0
				M 103 = M 101.1
				M 104 = M 101.0

Anweisungsliste:

```
:UN  M  160.0
:=   M  160.1
:U   M  160.1
:S   M  160.0
:O   M  160.1
:O
:U   M   20.3
:UN  E    0.2
:U(
:L   MB  14
:L   KF +0
:!=F
:)
:S   M   20.0
:U   M   20.1
:R   M   20.0
:U   M   20.0
:U   E    0.1
:O
:U   M   20.2
:U   E    0.1
:S   M   20.1
:U   M   20.2
:UN  E    0.1
:O   M   20.4
:R   M   20.1
:U   M   20.1
:UN  E    0.1
:U(
:L   MB  14
:L   KF +10
:<F
:)
:O
:U   M   20.3
:UN  E    0.2
:U(
```

```
:L   MB  14
:L   KF +0
:>F
:)
:S   M   20.2
:U   M   20.3
:U   E    0.2
:O
:U   M   20.1
:U   E    0.1
:R   M   20.2
:U   M   20.2
:U   E    0.2
:O
:U   M   20.4
:U   E    0.2
:S   M   20.3
:O   M   20.0
:O
:U   M   20.2
:UN  E    0.2
:R   M   20.3
:U   M   20.1
:UN  E    0.1
:U(
:L   MB  14
:L   KF +10
:!=F
:)
:S   M   20.4
:U   M   20.3
:R   M   20.4
:
:A   DB  10
:
:U   M   20.1
:UN  M  100.0
:=   M  100.1
:S   M  100.0
:UN  M   20.1
:R   M  100.0
```

```
     :
     :U   M  100.1
     :SPB FB  11
NAME :EINLESEN
     :
     :U   M   20.3
     :UN  M  101.0
     :=   M  101.1
     :S   M  101.0
     :UN  M   20.3
     :R   M  101.0
     :
     :U   M  101.1
     :SPB FB  12
NAME :AUSLESEN
     :
     :U   M   20.0
     :=   A    0.2
     :U   M   20.4
     :=   A    0.1
     :BE

FB 11
NAME :EINLESEN
     :L   EW  12
     :B   MW   9
     :T   DW   0
     :L   MB  10
     :I        1
     :T   MB  10
     :L   MB  14
     :I        1
     :T   MB  14
     :L   MB  10
     :L   KF +10
     :!=F
     :SPB =M001
     :BEA
     :
```

```
     :
M001 :L   KF +0
     :T   MB  10
     :
     :
     :BE

FB 12
NAME :AUSLESEN
     :B   MW  11
     :L   DW   0
     :T   AW  16
     :L   MB  12
     :I        1
     :T   MB  12
     :L   MB  14
     :D        1
     :T   MB  14
     :L   MB  12
     :L   KF +10
     :!=F
     :SPB =M001
     :BEA
M001 :
     :L   KF +0
     :T   MB  12
     :BE
```

▲

Das im Beispiel Pufferspeicher gezeigte Prinzip der beiden nachlaufenden Zeiger kann bei Steuerungsaufgaben immer verwendet werden, wenn mehrere Werte oder Signale gespeichert und nach einer bestimmten Reihenfolge ausgelesen werden müssen. Auch für das nächste Beispiel Kiesverladestation wird diese Grundstruktur verwendet.

▼ Beispiel: Kiesverladestation

Die Ein- und Ausfahrt einer Kiesverladestation führt einspurig über eine Waage. Eine Ampelanlage soll die Durchfahrt steuern. Das Gewicht der einfahrenden leeren LKW's und der ausfahrenden beladenen LKW's wird der Steuerung als vierstellige BCD-Zahl zur Verfügung gestellt. Im Wägehaus soll das Frachtgewicht der ausfahrenden LKW's angezeigt werden. In der Praxis werden die Daten des angezeigten Wertes einem Rechner zur weiteren Verarbeitung zur Verfügung gestellt.

Vor der Ein- und Ausfahrt ist jeweils eine Induktionsschleife und eine Ampel angebracht.

Mit einem Schalter S1 wird die Anlage eingeschaltet und beide Ampeln zeigen Rot. Fährt dann ein LKW auf die Induktionsschleife I1, so schaltet die Einfahrtampel auf Grün. Der LKW kann nun auf die Waage vor dem Wägehaus fahren. Beim Verlasssen der Induktionsschleife schaltet die Einfahrtampel sofort wieder auf Rot. Befindet sich ein LKW auf der Waage, so gibt der Endschalter S2 ein „1“-Signal.

Das Ende des Wägevorganges meldet die Waage automatisch mit S3, wenn sich ein LKW auf der Waage befindet und sich die Meßwerte nach einer bestimmten Zeit nicht mehr verändern. Das Gewicht des LKW's liegt dann als vierstellige BCD-Zahl vor, wobei die Zahl mit 10 kg multipliziert das tatsächliche Gewicht ergibt. Die rote Signalleuchte H5 am Wägehaus erlischt und die grüne Signalleuchte H6 am Wägehaus zeigt dem LKW-Fahrer an, daß der Wägevorgang beendet ist und er zu den Silos weiterfahren darf. Es können nacheinander bis zu 6 LKW's in die Verladestation einfahren. Ein Überholen ist nicht möglich.

Nach dem Beladen fährt der LKW auf die Induktionsschleife I2 und die Ausfahrtampel schaltet, wenn die Ausfahrt möglich ist, auf Grün, bis das Fahrzeug die Induktionsschleife verläßt. Der beladene LKW wird gewogen und das Ende des Wägevorganges wieder mit S3 gemeldet. Mit der Signallampe H6 am Wägehaus wird dann dem Fahrer wieder angezeigt, daß er die Verladestation verlassen darf. Im Wägehaus erscheint nun auf einer vierstelligen 7-Segment-Anzeige das Frachtgewicht.

Sind die Einfahrt- und Ausfahrtinduktionsschleife gleichzeitig betätigt, so soll zwischen der Einfahrt und der Ausfahrt abgewechselt werden.

Verläßt ein Fahrzeug die Waage (1 → 0 Übergang des Endschalters S2), so werden noch 5 Sekunden abgewartet, bis die Ein- bzw. Ausfahrt in die Verladestation wieder möglich ist. Ein Ausschalten der Anlage ist erst wirksam, wenn alle Fahrzeuge die Verladestation wieder verlassen haben.

Technologieschema:

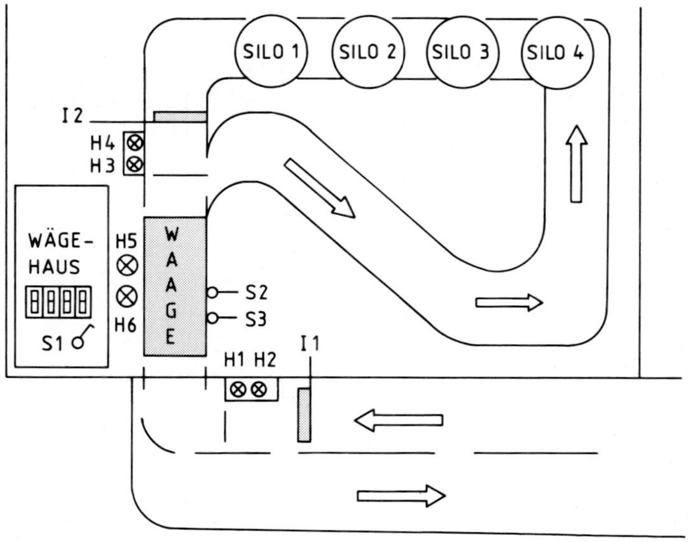

Bild 17.2
Kiesverladestation

Zuordnungstabelle:

Eingangsvariable	Betriebsmittel-kennzeichen	Logische Zuordnung
Schalter EIN	S1	gedrückt S1 = 1
Endschalter	S2	LKW auf Waage S2 = 1
Meldung Wägevorgang beendet	S3	Wägung beendet S3 = 1
Induktionsschleife 1	I1	betätigt I1 = 1
Induktionsschleife 2	I2	betätigt I2 = 1
vierstellige BCD-Zahl	EW	
Ausgangsvariable		
Ampel Einfahrt Rot	H1	leuchtet H1 = 1
Ampel Einfahrt Grün	H2	leuchtet H2 = 1
Ampel Ausfahrt Rot	H3	leuchtet H3 = 1
Ampel Ausfahrt Grün	H4	leuchtet H4 = 1
Ampel Wägehaus Rot	H5	leuchtet H5 = 1
Ampel Wägehaus Grün	H6	leuchtet H6 = 1
vierstellige 7-Segment-Anzeige	AW	

Zustandsgraph für den Steuerungsablauf:

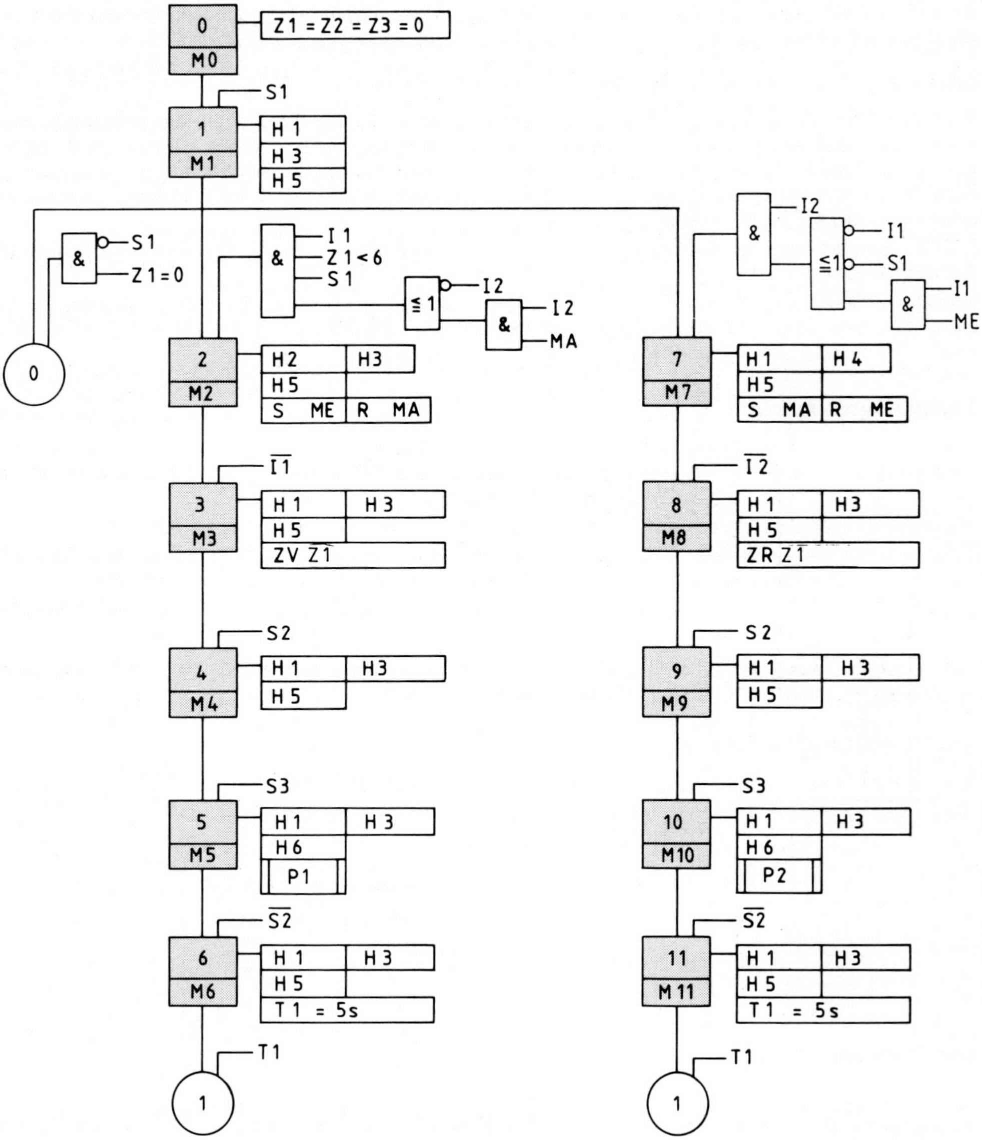

Erklärung der im Zustandsgraph verwendeten Zählvariablen und Merker ME und MA:

Zähler Z1:	Gibt die Anzahl der Lastwagen an, die sich in der Kiesverladestation befinden.
Zähler Z2:	Mit diesem Zählerstand wird die Adresse des Registers angezeigt, in das als nächstes das Leergewicht eingetragen wird.
Zähler Z3:	Mit diesem Zählerstand wird die Adresse des Registers angezeigt, aus welchem das nächste Leergewicht ausgelesen wird.
Merker ME, MA:	Mit diesen Merker wird die Richtung gespeichert, in der die Verladestation zuletzt passiert wurde. Diese Merker bestimmen bei gleichzeitiger Ein- und Ausfahrtanforderung, daß zwischen Ein- und Ausfahrt abgewechselt wird.

Beschreibung der Zustände:

Zustand 0: Grundzustand:
Die Anlage ist in diesem Zustand ausgeschaltet. Es werden alle Zähler zurückgesetzt.

Zustand 1: Die Anlage wurde eingeschaltet. Alle Ampeln zeigen Rot.

Zustand 2: Der Initiator I1 wurde betätigt. Entweder ist der Initiator I2 nicht betätigt oder wenn er betätigt ist, ist zuletzt ein Fahrzeug aus der Station ausgefahren. (Meldung mit MA = 1.) Die Einfahrtampel wird in diesem Zustand auf Grün geschaltet, der Merker für die Einfahrt ME gesetzt und der Ausfahrtmerker MA rückgesetzt.

Zustand 3: Das einfahrende Fahrzeug hat den Initiator I1 verlassen. Alle Ampeln zeigen wieder ROT und der Zähler Z1 wird um 1 erhöht.

Zustand 4: Das Fahrzeug ist auf die Waage gefahren und der Wägevorgang beginnt.

Zustand 5: Das Ende des Wägevorganges wurde mit S3 gemeldet. Die Ampel am Wägehaus wird auf Grün geschaltet und das Leergewicht gespeichert (Unterprogramm P1).

Zustand 6: Der LKW hat die Waage verlassen. Die Wartezeit T1 zur nächsten Ein- oder Ausfahrt-Möglichkeit wird eingeschaltet.

Zustand 7: Der Initiator I2 wurde betätigt. Entweder ist der Initiator I1 nicht betätigt oder wenn er betätigt ist, ist zuletzt ein Fahrzeug in die Station eingefahren. (Meldung mit ME = 1.) Die Ausfahrtampel wird in diesem Zustand auf Grün geschaltet, der Merker für die Ausfahrt MA gesetzt und der Einfahrtmerker ME zurückgesetzt.

Zustand 8: Das ausfahrende Fahrzeug hat den Initiator I2 verlassen. Alle Ampeln zeigen wieder ROT und der Zähler Z1 wird um 1 vermindert.

Zustand 9: Das Fahrzeug ist auf die Waage gefahren und der Wägevorgang beginnt.

Zustand 10: Das Ende des Wägevorganges wurde mit S3 gemeldet. Die Ampel am Wägehaus wird auf Grün geschaltet und das Frachtgewicht ermittelt und angezeigt (Unterprogramm P2).

Zustand 11: Der LKW hat die Waage verlassen. Die Wartezeit T1 zur nächsten Ein- oder Ausfahrt wird eingeschaltet.

Die Zähler Z2 und Z3, die bestimmen in welches Datenwort geschrieben bzw. aus welchem gelesen wird, werden durch die Merkerregister MW12 und MW14 realisiert.

Digitale Unterprogramme:

Unterprogramm P1:

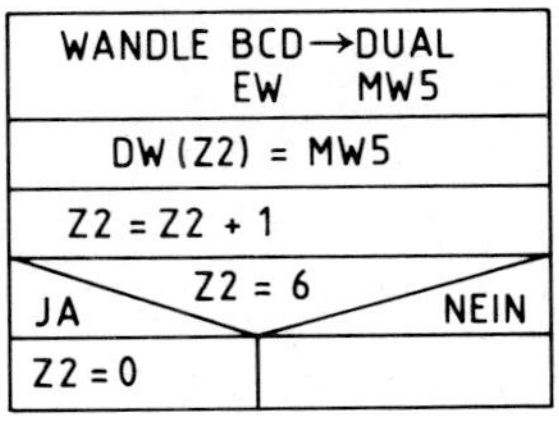

Unterprogramm P2:

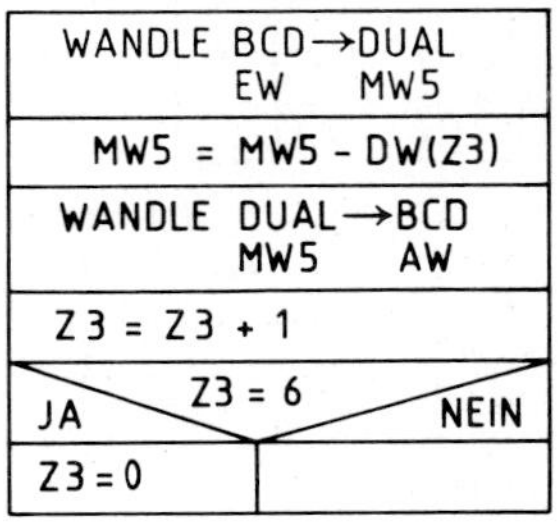

Umsetzung des Zustandsgraphen in die ausführliche Darstellung mit RS-Speichergliedern:

ZUSTAND 0

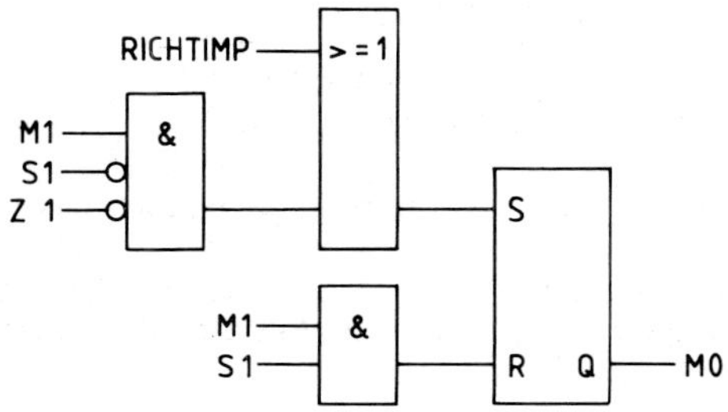

ZUSTAND 1

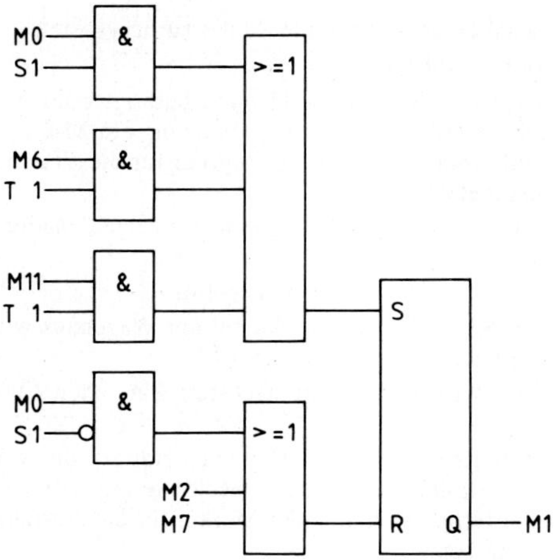

ZUSTAND 2

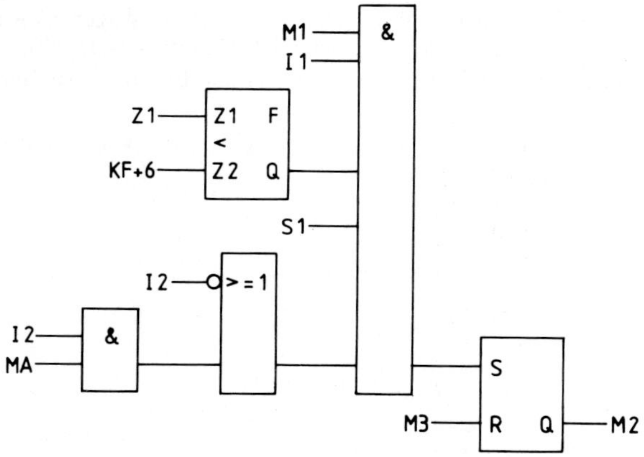

ZUSTAND 3

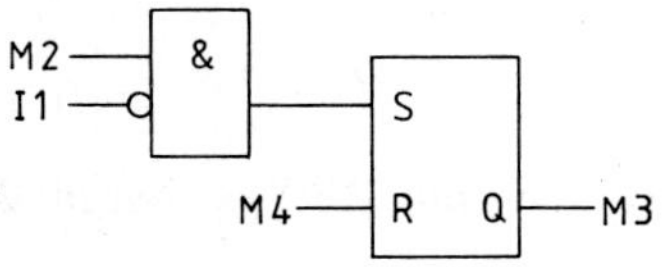

ZUSTAND 4

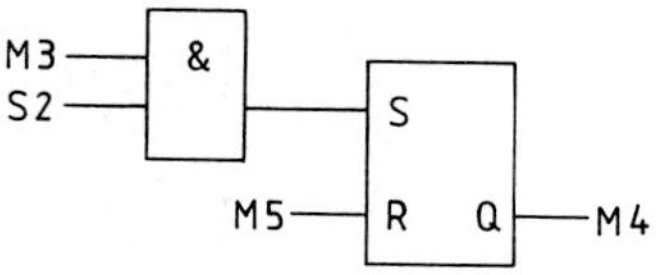

ZUSTAND 5

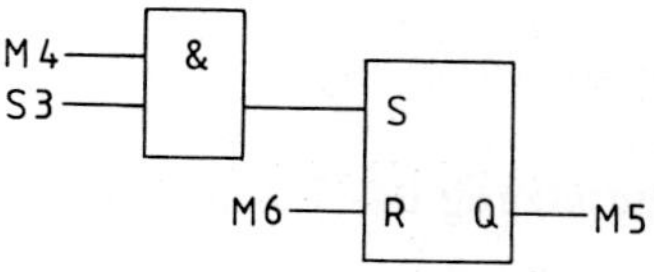

ZUSTAND 6

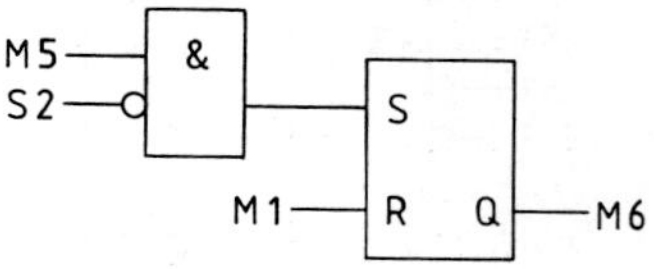

ZUSTAND 7

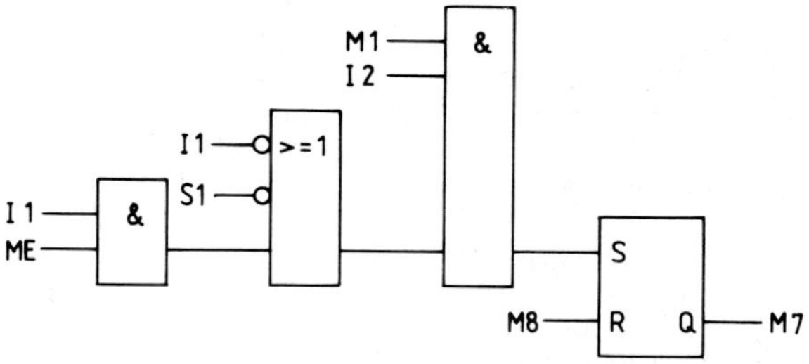

ZUSTAND 10

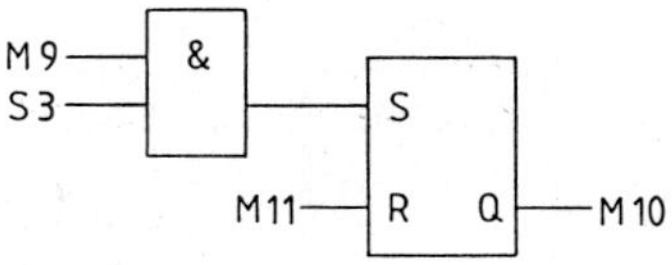

ZUSTAND 8

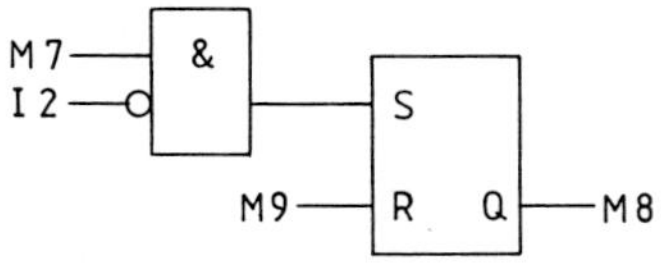

ZUSTAND 11

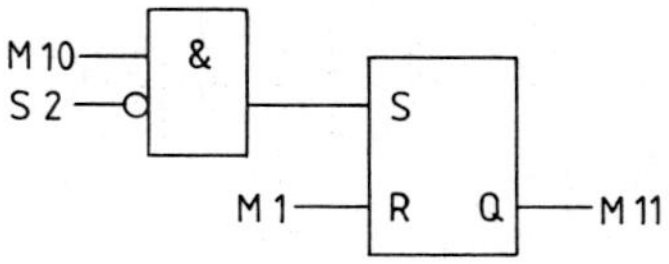

ZUSTAND 9

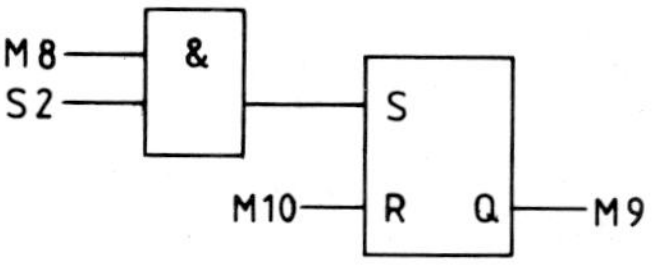

TIMER 1

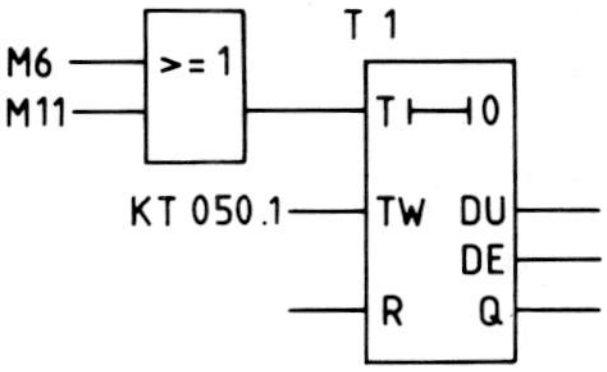

ZÄHLER 1

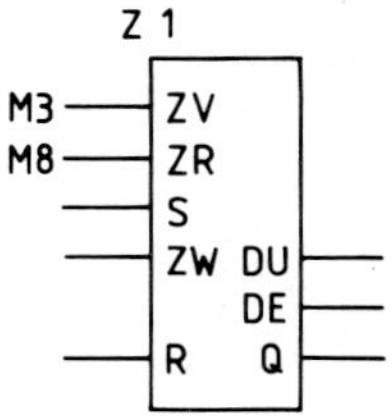

MERKER ME

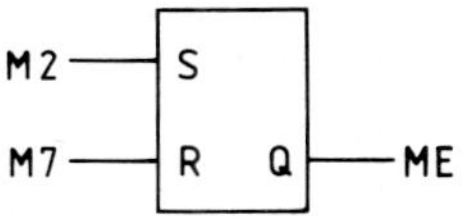

MERKER MA

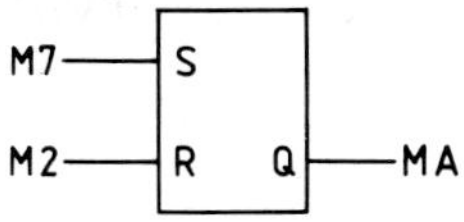

AUSGABEZUWEISUNGEN

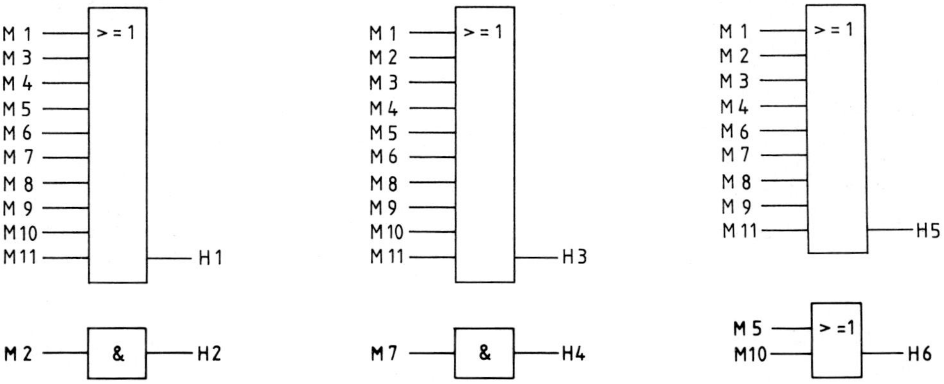

Programmstruktur:

OB1	PB10	FB11	DB10
SPA PB10	Zustandsgraph Programm- anweisungen: P1: SPB FB11 P2: SPB FB12 Ausgabe- anweisungen	Leergewicht wird gespeichert, Zähler Z2 als Zeiger.	DW 0: KF = 0 bis DW 5: KF = 0
		FB12 Frachtgewicht wird ermittelt, Zähler Z3 als Zeiger.	

Realisierung mit einer SPS:

Zuordnung:	Eingänge	Ausgänge	Merker	Zähler
	S1 = E 0.1	H1 = A 0.1	M0 = M 40.0	Z1 = Z1
	S2 = E 0.2	H2 = A 0.2	M1 = M 40.1	Z2 = MW12
	S3 = E 0.3	H3 = A 0.3	M2 = M 40.2	Z3 = MW14
	I1 = E 0.4	H4 = A 0.4	M3 = M 40.3	
	I2 = E 0.5	H5 = A 0.5	M4 = M 40.4	
	EW = EW 12	H6 = A 0.6	M5 = M 40.5	
		A W = AW16	M6 = M 40.6	
			M7 = M 40.7	
	Datenbaustein		M8 = M 41.0	
	DB10		M9 = M 41.1	
			M10 = M 41.2	
			M11 = M 41.3	
			ME = M 20.0	
			M A = M 20.1	
			HILFSM = M 60.0	
			RICHTIMP = M 60.1	
			MW5 = MW 5	(Hilfsregister)

Anweisungsliste:

```
PB 10
:UN  M   60.0
:=   M   60.1
:U   M   60.1
:S   M   60.0
:O   M   60.1
:O
:U   M   40.1
:UN  E    0.1
:UN  Z    1
:S   M   40.0
:U   M   40.1
:U   E    0.1
:R   M   40.0
:U   M   40.0
:U   E    0.1
:O
:U   M   40.6
:U   T    1
:O
:U   M   41.3
:U   T    1
:S   M   40.1
:U   M   40.0
:UN  E    0.1
:O   M   40.2
:O   M   40.7
:R   M   40.1
:U   M   40.1
:U   E    0.4
:U(
:L   Z    1
:L   KF  +6
:<F
:)
:U   E    0.1
:U(
:ON  E    0.5
:O
:U   E    0.5
:U   M   20.1
:)
:S   M   40.2
:U   M   40.3
:R   M   40.2
:U   M   40.2
:UN  E    0.4
:S   M   40.3
:U   M   40.4
:R   M   40.3
:U   M   40.3
:U   E    0.2
:S   M   40.4
:U   M   40.5
:R   M   40.4
:U   M   40.4
:U   E    0.3
:S   M   40.5
:U   M   40.6
:R   M   40.5
```

```
:U   M   40.5
:UN  E    0.2
:S   M   40.6
:U   M   40.1
:R   M   40.6
:U   M   40.1
:U   E    0.5
:U(
:ON  E    0.4
:ON  E    0.1
:O
:U   E    0.4
:U   M   20.0
:)
:S   M   40.7
:U   M   41.0
:R   M   40.7
:U   M   40.7
:UN  E    0.5
:S   M   41.0
:U   M   41.1
:R   M   41.0
:U   M   41.0
:U   E    0.2
:S   M   41.1
:U   M   41.2
:R   M   41.1
:U   M   41.1
:U   E    0.3
:S   M   41.2
:U   M   41.3
:R   M   41.2
:U   M   41.2
:UN  E    0.2
:S   M   41.3
:U   M   40.1
:R   M   41.3
:O   M   40.6
:O   M   41.3
:L   KT 050.1
:SE  T    1
:U   M   40.3
:ZV  Z    1
:U   M   41.0
:ZR  Z    1
:U   M   40.2
:S   M   20.0
:U   M   40.7
:R   M   20.0
:U   M   40.7
:S   M   20.1
:U   M   40.2
:R   M   20.1
```

```
     :A   DB   10
     :
     :U   M   40.4
     :U   M   40.5
     :SPB FB   11
NAME :P1 LEERG
     :
     :U   M   41.1
     :U   M   41.2
     :SPB FB   12
NAME :P2 FRACH
     :
     :O   M   40.1
     :O   M   40.3
     :O   M   40.4
     :O   M   40.5
     :O   M   40.6
     :O   M   40.7
     :O   M   41.0
     :O   M   41.1
     :O   M   41.2
     :O   M   41.3
     :=   A    0.1
     :U   M   40.2
     :=   A    0.2
     :O   M   40.1
     :O   M   40.2
     :O   M   40.3
     :O   M   40.4
     :O   M   40.5
     :O   M   40.6
     :O   M   41.0
     :O   M   41.1
     :O   M   41.2
     :O   M   41.3
     :=   A    0.3
     :U   M   40.7
     :=   A    0.4
     :O   M   40.1
     :O   M   40.2
     :O   M   40.3
     :O   M   40.4
     :O   M   40.6
     :O   M   40.7
     :O   M   41.0
     :O   M   41.1
     :O   M   41.3
     :=   A    0.5
     :O   M   40.5
     :O   M   41.2
     :=   A    0.6
     :BE
```

```
FB 11
NAME :P1 LEERG

      :SPA FB 240
NAME  :COD:B4
BCD   :    EW  12
SBCD  :    M  100.0
DUAL  :    MW   5
      :
      :L   MW   5
      :B   MW  12
      :T   DW   0
      :
      :L   MW  12
      :L   KF +1
      :+F
      :T   MW  12
      :L   KF +6
      :><F
      :BEB
      :L   KF +0
      :T   MW  12
      :BE
```

```
FB 12
NAME :P2 FRACH

      :SPA FB 240
NAME  :COD:B4
BCD   :    EW  12
SBCD  :    M  100.0
DUAL  :    MW   5
      :
      :L   MW   5
      :B   MW  14
      :L   DW   0
      :-F
      :T   MW   5
      :
      :SPA FB 241
NAME  :COD:16
DUAL  :    MW   5
SBCD  :    M  100.0
BCD2  :    MB 100
BCD1  :    AW  16
      :
      :L   MW  14
      :L   KF +1
      :+F
      :T   MW  14
      :
      :L   KF +6
      :><F
      :BEB
      :
      :L   KF +0
      :T   MW  14
      :BE
```

▲

17.2 Zustandsdiagramm

Das *Zustandsdiagramm* dient zunächst genau wie der Zustandsgraph dazu, die inneren Zustände eines Steuerungsprozesses und die von dem Steuerungsablauf durchlaufenden Zustandsfolgen sowie die Ausgangs- und Programmanweisungen anschaulich zu beschreiben.

Da Zustandsdiagramme in der klassischen Automatentheorie als Beschreibungsmittel entwickelt wurden, wird zunächst kurz auf die Verhaltensbeschreibung unterschiedlicher Automaten eingegangen.

17.2.1 Grundlagen der Automaten

Bei einem Automaten wird jeder Kombination von Eingangssignalen, abhängig vom inneren Zustand, eine bestimmte Kombination von Ausgangssignalen zugeordnet. Neben den Eingangsvariablen E und den Ausgangsvariablen A treten also bei einem Automaten noch die Zustandsvariablen Q auf. Mit den Zustandsvariablen Q werden die inneren Zustände des Steuerungsprozesses gekennzeichnet. Die Gesamtheit aller vorkommenden Variablen eines Typs lassen sich in einem Vektor zusammenfassen.

Die Eingangsvariablen $E_1, E_2, \ldots, E_u$ sind die Komponenten des Eingangsvektors $\underline{E}$, die Ausgangsvariablen $A_1, A_2, \ldots, A_v$ sind die Komponenten des Ausgangsvektors $\underline{A}$ und die Zustandsvariablen $Q_1, Q_2, \ldots, Q_w$ sind die Komponenten des inneren Zustandsvektors $\underline{Q}$.

Moore-Automat

Bestimmen nur die einzelnen Zustände die Ausgangszuweisungen, so läßt sich dies mathematisch ausdrücken durch die Gleichung:

$\underline{A}^n = f(\underline{Q}^n)$ mit
$\underline{A}^n$: Ausgangsvektor zum Zeitpunkt n,
$\underline{Q}^n$: Zustandsvektor zum Zeitpunkt n,
f: Ergebnisfunktion oder Ausgabefunktion.

Mit f wird die Gesamtheit aller Schaltfunktionen bzw. Ergebnisfunktionen $f_1, f_2, \ldots, f_v$ bezeichnet. Mit n werden die diskreten Zeitpunkte bestimmt. Der diskrete Zeitpunkt $n - 1$ geht dem diskreten Zeitpunkt n unmittelbar voran und der diskrete Zeitpunkt $n + 1$ folgt unmittelbar auf n. Durch die sequentielle Abarbeitung bei Steuerungsprogrammen für SPS lassen sich die Zeitpunkte bei dieser Realisierungsart eindeutig festlegen.

Die Zustandsvariablen $\underline{Q}^{n+1}$, die sich zu einem neuen Zeitpunkt $n + 1$ ergeben, sind abhängig von den inneren Zustandsvariablen $\underline{Q}^n$ und den Eingangsvariablen $\underline{E}^n$ zum Zeitpunkt n. Mathematisch läßt sich dieser Zusammenhang ausdrücken durch die Gleichung:

$\underline{Q}^{n+1} = g(\underline{Q}^n, \underline{E}^n)$ mit
$\underline{Q}^{n+1}$: Zustandsvektor zum Zeitpunkt $n + 1$,
$\underline{Q}^n$: Zustandsvektor zum Zeitpunkt n,
$\underline{E}^n$: Eingangsvektor zum Zeitpunkt n,
g: Übergangsfunktion.

Mit g wird die Gesamtheit aller Schaltfunktionen bzw. Übergangsfunktionen $g_1, g_2, \ldots, g_w$ bezeichnet. Diese Übergangsfunktionen bestimmen den jeweiligen Folgezustand in Abhängigkeit vom momentanen Zustand und der momentanen Eingangssignalkombination. Schaltwerke mit dieser Ergebnis- und Übergangsfunktion werden in der Automatentheorie als *Moore-Automaten* bezeichnet. Kennzeichen des Moore-Automaten ist es also, daß Ausgabeanweisungen nur aufgrund bestimmter Zustände gegeben werden. Das Ausgabesignal besteht solange, wie der bestimmte Zustand andauert (statische Ausgabe).

Überträgt man diese Zusammenhänge in ein Steuerungsprogramm mit einer SPS, so können die Zustandsvariablen Q durch Merkern M gebildet werden. Die durch den Eingangsvektor $\underline{E}$ gebildeten Eingangskombinationen werden vielfach als Weiterschaltbedingungen B bezeichnet.

Schematische Darstellung des Moore-Automaten:

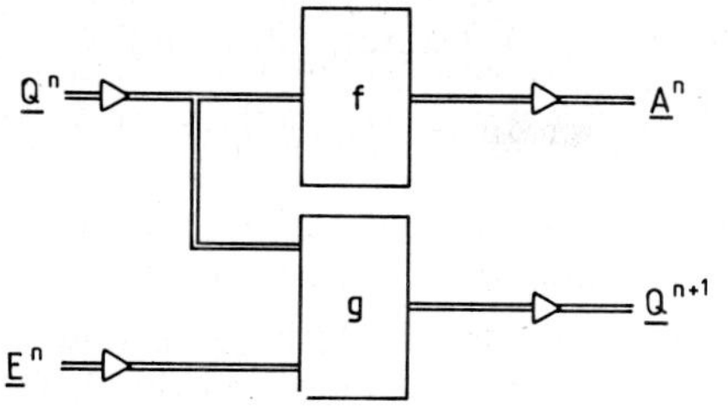

Bei Realisierung mit SPS:
Q = Merker
E = Eingänge, Weiterschaltbedingungen
A =Ausgänge

Mealy-Automat

Bestimmen nicht nur die Zustände die Ausgabezuweisungen, so ändert sich die Automatenstruktur. Die Ausgabezuweisungen sind dann nicht mehr alleine von den Zuständen, sondern auch noch von den Eingangssignalen abhängig.

Mathematisch läßt sich dieser Zusammenhang nun ausdrücken durch die Gleichung:

$\underline{A}^n = f(\underline{Q}^n, \underline{E}^n)$ mit
$\underline{A}^n$: Ausgangsvektor zum Zeitpunkt n,
$\underline{Q}^n$: Zustandsvektor zum Zeitpunkt n,
$\underline{E}^n$: Eingangsvektor zum Zeitpunkt n,
f: Ergebnisfunktion.

Die Übergangsfunktion zur Bildung der Zustandsvariablen $\underline{Q}^{n+1}$ zum Zeitpunkt n + 1 bleibt, wie bisher, von den Zustandsvariablen $\underline{Q}^n$ und den Eingangsvariablen $\underline{E}^n$ zum Zeitpunkt n abhängig. Mathematisch ausgedrückt:

$\underline{Q}^{n+1} = g(\underline{Q}^n, \underline{E}^n)$ mit
$\underline{Q}^{n+1}$: Ausgangsvektor zum Zeitpunkt n + 1,
$\underline{Q}^n$: Zustandsvektor zum Zeitpunkt n,
$\underline{E}^n$: Eingangsvektor zum Zeitpunkt n,
g: Übergangsfunktion.

Schaltwerke mit dieser Ergebnis- und Übergangsfunktion werden in der Automatentheorie als *Mealy-Automaten* bezeichnet. Kennzeichen des Mealy-Automaten ist es also, daß Ausgabeanweisungen nur aufgrund bestimmter *Zustandswechsel* gegeben werden. Da der Zustandswechsel ein schnell ablaufender Vorgang ist, erhält man beim Mealy-Automaten nur *Ausgabeimpulse* (dynamische Ausgabe).

Schematische Darstellung des Mealy-Automaten, unter Verwendung der Bezeichnungen M für Q und B für E.

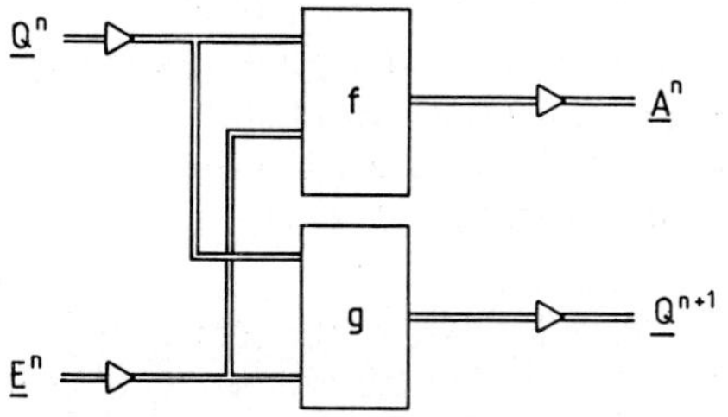

Bei Realisierung mit SPS:
Q = Merker
E = Eingänge, Weiterschaltbedingungen
A =Ausgänge

Wird bei einer Steuerungsaufgabe diese Automatenstruktur zugrunde gelegt, so eignet sich das Beschreibungsmittel *Zustandsdiagramm* für die Darstellung der Zustände, Übergangsbedingungen und Ausgabeanweisungen.

Welche der beiden Automatenstrukturen beim Entwurf eines Schaltwerkes einen Vorteil bringt, ist von der Art der Steuerungsaufgabe abhängig. Ein Moore-Automat ist sicherlich leichter zu erstellen und in ein Steuerungsprogramm umzusetzen, als ein Mealy-Automat. Fehlersuche und Störungsdiagnose lassen sich beim Moore-Automaten ebenfalls leichter durchführen. Die Zustandsanzahl ist jedoch beim Moore-Automaten stets größer, als bei der Realisierung der Steuerungsaufgabe mit einem Mealy-Automaten. Diese Gesichtspunkte sind vom Entwickler des Steuerungsprogramms zu berücksichtigen. Das Erreichen einer der beiden Automatenstrukturen mit einem Entwurfsverfahren setzt voraus, daß die Struktur bereits zu Beginn des Verfahrens festgelegt wird.

Empirische Entwürfe von Steuerungsprogrammen führen in den meisten Fällen auf eine Mealy-Automatenstruktur.

17.2.2 Entwicklung des Zustandsdiagramms

Bei der grafischen Darstellung von Zustandsdiagrammen werden die bisher bekannten Symbole des Zustandsgraphen in Anlehnung an die DIN 40719 verwendet und durch weitere Symbole ergänzt.

Gegenüber Zustandsgraphen treten bei Zustandsdiagrammen folgende Merkmale auf:

- Es besteht eine große Anzahl von inneren Zuständen und wenige Ausgabeanweisungen.
- Die Weiterschaltbedingungen sind von bestimmten Kombinationen der Eingangsvariablen abhängig.
- Es besteht eine große Vernetzung der einzelnen Zustände.
- Ausgabezuweisungen können auch beim Übergang zwischen zwei Zuständen gegeben werden.

Sind die Weiterschaltbedingungen beim Zustandsdiagramm von bestimmten Eingangssignalkombinationen abhängig, so trägt es zur Übersichtlichkeit bei, in dem Diagramm nicht mehr die einzelnen Signale, sondern die Weiterschaltbedingung codiert anzugeben.

In einer Tabelle kann der Code für die Eingangskombinationen festgelegt werden. Für drei Lichtschranken, deren Signalzustände für die Weiterschaltung ausschlaggebend sind, ist beispielhaft eine solche Tabelle angegeben.

LI3	LI2	LI1	Codierung
0	0	0	B0
0	0	1	B1
0	1	0	B2
0	1	1	B3
1	0	0	B4
1	0	1	B5
1	1	0	B6
1	1	1	B7

Im Zustandsdiagramm findet man für die Weiterschaltbedingungen dann nur noch die Bezeichnungen B0...B7 an den oberen Wirkungslinien für die Weiterschaltung.

Bei einer großen Vernetzung der einzelnen Zustände untereinander kann die Darstellung der Zustandsstruktur mit dem Zustandsgraph sehr unübersichtlich werden.

Daß die Zustände in dem gezeichneten Zustandsgraph eine große Vernetzung haben, wird durch das häufige Auftreten von runden Zustandssymbolen deutlich. Die Übersicht über den Steuerungsablauf kann hierbei sehr leicht verloren gehen.

Nachfolgend wird der Zustandsgraph einer Steuerung gezeigt, dargestellt gemäß den Regeln nach Kapitel 8. Danach folgt die Darstellung eines gleichwertigen Zustandsdiagramms.

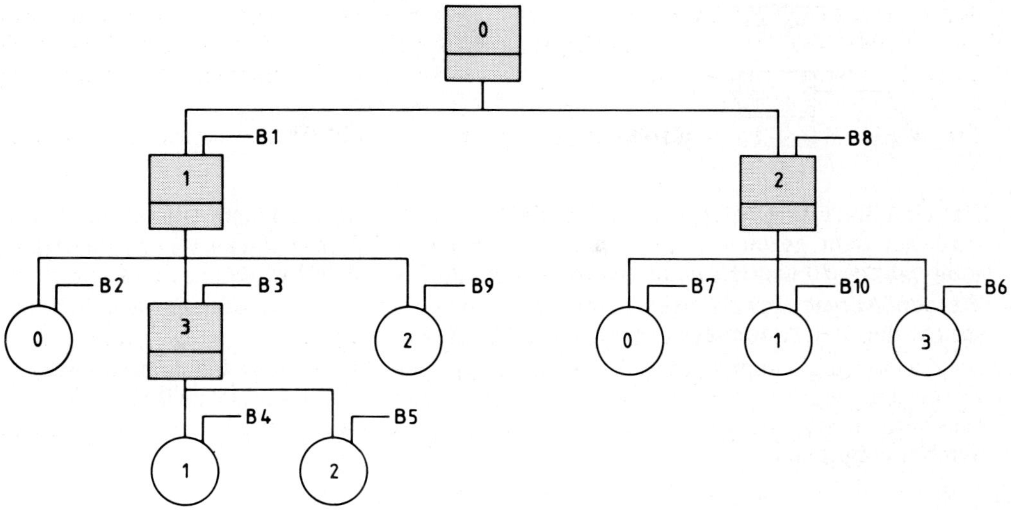

Wird die Darstellungsweise dahingehend verändert, daß die auf den Steuerungsablauf hinweisenden Wirkungslinien mit einem Pfeil versehen und an einer beliebig günstigen Stelle am Zustandssymbol angebracht werden, so kann der gleiche Steuerungsablauf wesentlich übersichtlicher dargestellt werden.

Veränderte Darstellungsmöglichkeit des gleichen Zustandsgraphen in Form eines Zustandsdiagramms:

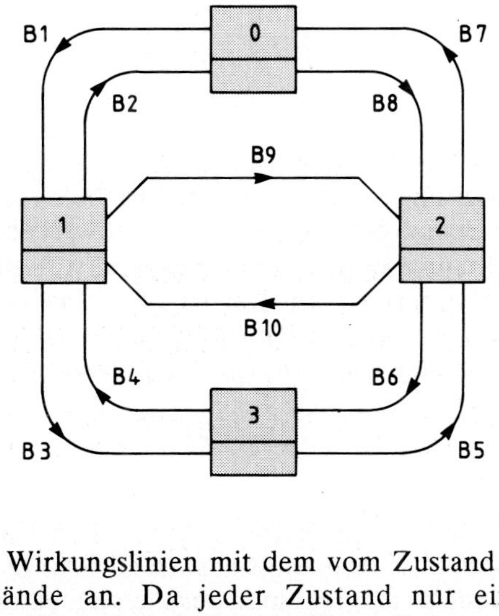

Die Wirkungslinien mit dem vom Zustand wegzeigenden Pfeil geben die möglichen Folgezustände an. Da jeder Zustand nur einmal gezeichnet wird, kann auf die runden Zustandssymbole bei dieser Darstellung verzichtet werden.

Die Weiterschaltbedingungen müssen nun allerdings an den Pfeil der Wirkungslinie geschrieben werden.

Soll das Verhalten eines Zustandes bei allen möglichen Eingangskombinationen beschrieben werden, so können Wirkungslinien von einem Zustand ausgehend wieder zum gleichen Zustand hinführen. Dies bedeutet, daß bei der entsprechenden Eingangssignalkombination die Steuerung im selben Zustand verbleibt.

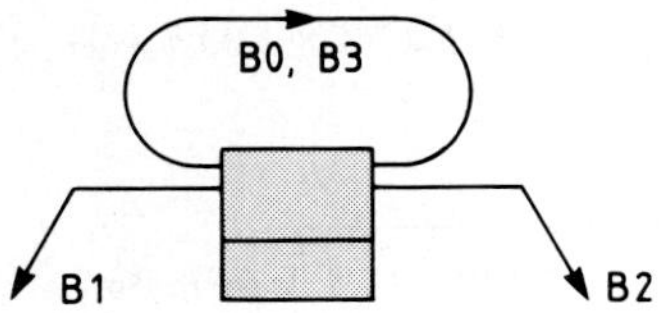

Hat eine Steuerung beispielsweise die vier möglichen Eingangskombinationen B0 bis B3, so wird bei dem gezeichneten Zustand mit B1 und B2 in Folgezustände übergegangen, während mit B0 und B3 die Steuerung in diesem Zustand verbleibt.

Werden Ausgabeanweisungen beim Übergang zwischen zwei Zuständen gegeben, so entspricht dies der Automatenstruktur eines Mealy-Automaten.

Im Zustandsdiagramm werden die Ausgabeanweisungen, die beim Übergang zwischen zwei Zuständen gegeben werden, besonders gekennzeichnet. Es wird zwischen den beiden zugehörigen stabilen Zuständen ein weiterer, quasi instabiler Zustand mit einem neuen Symbol eingezeichnet.

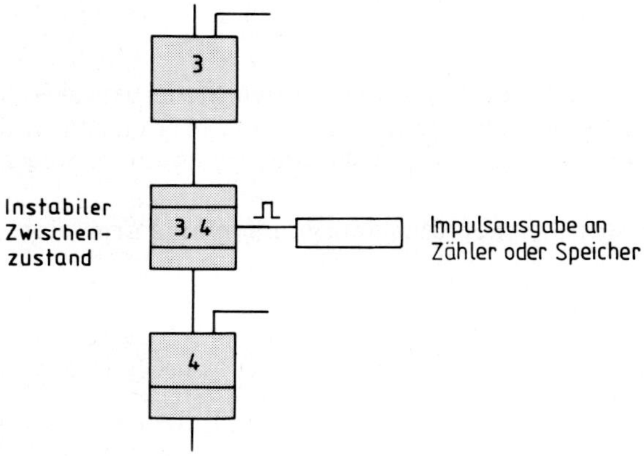

An das Symbol des instabilen Zustandes werden die Ausgabezuweisungen, wie bei den stabilen Zuständen angetragen. Die Ausgangszuweisungen der instabilen Zustände stehen nur als Impuls zur Verfügung und können je nach Bedarf dann weiterverarbeitet werden.

Eine Möglichkeit, das Zustandsdiagramm in ein Steuerungsprogramm umzusetzen, besteht in der Anwendung der beim Zustandsgraph beschriebenen Regeln. Die instabilen Zwischenzustände brauchen hierbei nicht einem Speicher zugewiesen zu werden. Es genügt, die Ausgabezuweisungen der instabilen Zustände als einmalige Ausgangszuweisung beim Übergang der Zustände zu behandeln.

17.2.3 Steuerungsbeispiele

Allen bisher mit den Methoden „Zustandsgraph" und „Ablaufkette" gelösten Steuerungsaufgaben war die statische Signalausgabe gemeinsam. Das Ausgangssignal stand solange zur Verfügung, wie der oder die Steuerungszustände andauerten. Im Sinne der Automatenstrukturen handelte es sich um Steuerungen mit Moore-Automatenstruktur.

Es gibt aber auch Steuerungsprobleme, bei denen die Ausgabesignale nicht statisch sondern dynamisch sein können. Dynamische Ausgabesignale sind *Impulse.*

Bei der Aufgabe „Richtungsabhängige Fahrzeugzählung" müssen für ein- und ausfahrende Fahrzeuge nur Zählimpulse gewonnen und einem Zähler zugeführt werden, der die Belegung der Tiefgarage anzeigt.

Bei der Aufgabe „Pumpensteuerung“ soll der Druck in einem Leitungsnetz bei unterschiedlichem Abnahmebedarf gesteuert werden. Bei Druckänderung soll eine weitere Pumpe zu- bzw. abgeschaltet werden. Auch hier genügt eine Impulsausgabe an das Pumpen-Ein/Abschaltwerk.

Gemäß der Automatentheorie sind Steuerungslösungen mit Impulsausgabe meistens kürzer als die mit statischer Signalausgabe. Das trifft insbesondere dann zu, wenn Steuerungsaufgaben viele innere Steuerungszustände mit großer Vernetzung aufweisen und zugleich nur wenige Ausgabeanweisungen gewonnen werden müssen.

Die beiden nachfolgenden Beispiele sollen zeigen, wie man ein Steuerungsprogramm mit Mealy-Automatenstruktur durch Anwendung des Zustandsdiagramms gewinnt.

▼ Beispiel: Richtungsabhängige Fahrzeugzählung

Es soll ein Steuerungsprogramm entworfen werden, das zur richtungsabhängigen Zählung für rotierende oder reversierende Bewegungen verwendet werden kann.

Zur besseren Anschaulichkeit bei der Entwicklung des Zustandsdiagramms wird angenommen, daß der Richtungsdiskriminator für eine einspurige Einfahrt in eine Tiefgarage zur Erzeugung von Zählimpulsen für einfahrende und ausfahrende Autos benutzt werden soll.

Als Eingabesignale sind hierzu zwei Lichtschranken LI1 und LI2 erforderlich, die so angebracht werden müssen, daß ein PKW beide Lichtschranken gleichzeitig unterbricht, ein Fußgänger jedoch nur eine Lichtschranke.

Technologieschema:

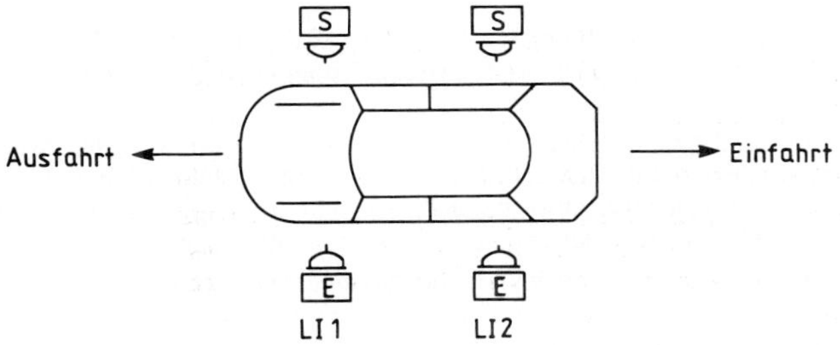

Bild 17.3 Tiefgarageneinfahrt

Zeitdiagramme beschreiben die möglichen Eingangskombinationsfolgen:

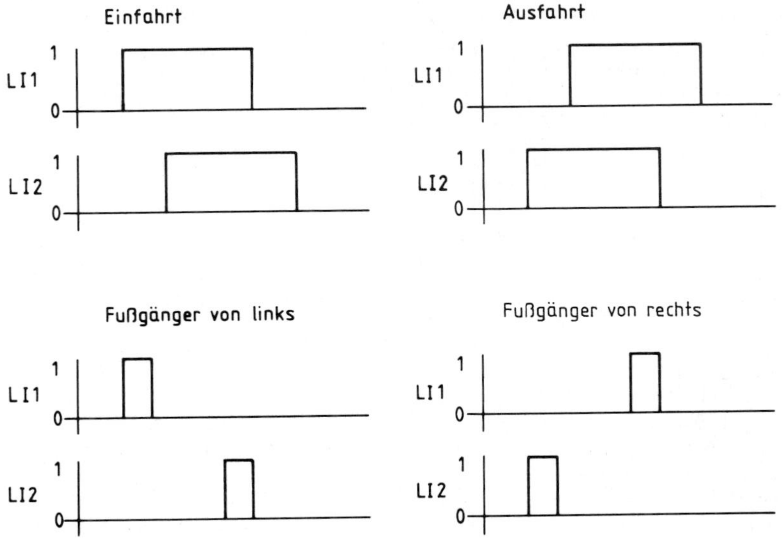

Zählimpulse dürfen nicht erscheinen, wenn die Lichtschranken einzeln, z.B. durch Personen unterbrochen werden.

Ändert ein PKW im Bereich der Lichtschranken seine Fahrtrichtung, so dürfen von der Steuerung entweder zwei Signale in entgegengesetzter Richtung oder kein Signal ausgegeben werden.

Zuordnungstabelle:

Eingangsvariable	Betriebsmittel-kennzeichen	Logische Zuordnung
Lichtschranke 1 Lichtschranke 2	LI1 LI2	unterbrochen LI1 = 1 unterbrochen LI2 = 1
Ausgangsvariable		
Zählimpuls Einfahrt Zählimpuls Ausfahrt	ZE ZA	PKW fährt ein ZE = 1 PKW fährt aus ZA = 1

Bei der graphischen Darstellung des Funktionsablaufs im Zustandsdiagramm werden für die Weiterschaltbedingungen die Eingangssignalkombinationen eingetragen.

Eingangscodierung:

LI2	LI1	Bezeichnung
0	0	B0
0	1	B1
1	0	B2
1	1	B3

Im Zustandsdiagramm entspricht Zustand 0 der Grundstellung der Steuerung. Beide Lichtschranken sind nicht unterbrochen. Mit B1 wird in den Zustand 1 und mit B2 in den Zustand 2 übergegangen. Mit B0 bleibt die Steuerung im Zustand 0.

Daß die Eingangskombination B3 im Zustand 0 unmittelbar auf B0 folgt, ist nur denkbar, wenn zwei PKW „gleichzeitig" von beiden Seiten in den Bereich der Lichtschranken eingefahren sind. Da ein PKW jedoch meist nach einer unter Umständen kurzen aber heftigen Diskussion der Fahrzeuglenker wieder zurückfahren muß, entsteht die Eingangskombination B1 oder B2, mit der in den zugehörigen Zustand übergegangen wird.

Für jeden weiteren Zustand wird nun das Verhalten des Schaltwerks für die möglichen Eingangskombinationen B0 bis B3 eingetragen.

Das zu entwerfende Zustandsdiagramm soll nach der Struktur eines Mealy-Automaten aufgebaut sein. Das bedeutet, die Ausgangszuweisungen ZE und ZA werden beim Übergang von jeweils zwei Zuständen veranlaßt.

Da beim Richtungsdiskriminator die Ausgänge ZE und ZA als Eingänge für einen Zähler dienen, genügt es, wenn ZE und ZA Impulse der Dauer einer Zykluszeit sind. Zur Unterscheidung werden diese Impulse nun mit ZEI und ZAI bezeichnet.

Zustandsdiagramm:

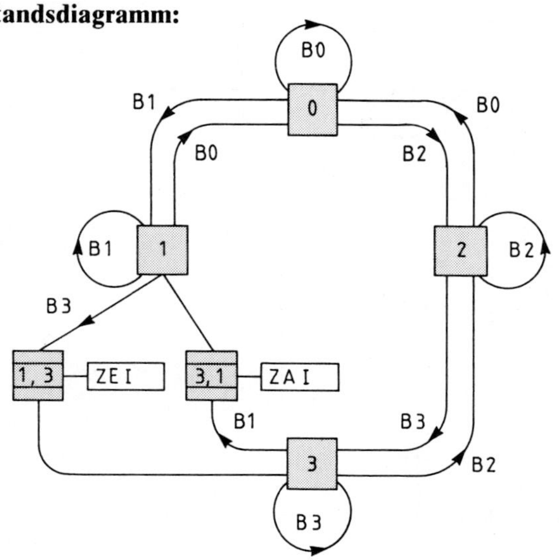

Der Einfahrt-Impuls ZEI wird während des Überganges vom Zustand 1 in den Zustand 3 gegeben. Der Ausfahrtimpuls ZAI hingegen beim Übergang vom Zustand 3 in den Zustand 1.

Zur Kontrolle des Verhaltens des Schaltwerks bei den möglichen Eingangskombinationen wird in den folgenden Darstellungen das Zustandsdiagramm wieder in einzelne Zustandsfolgen aufgelöst.

Zustandsfolgen für das

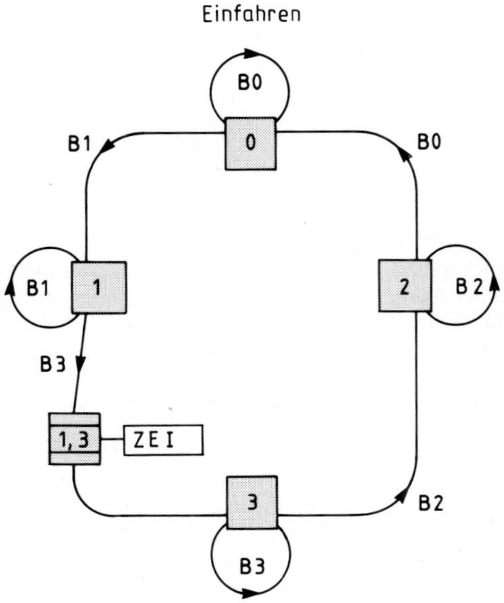

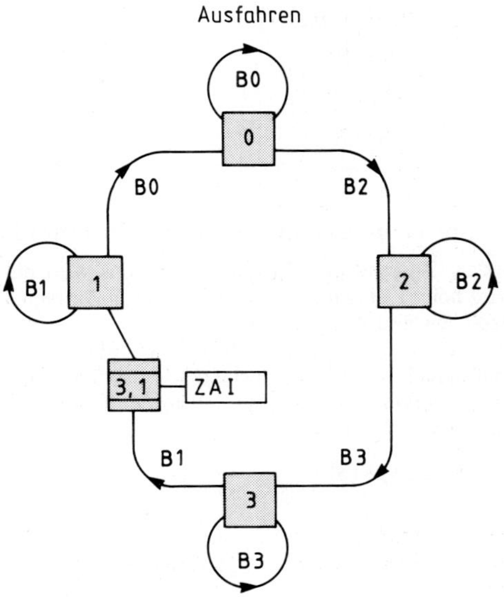

Auf ein Fahrzeug, welches nach Durchfahren der 1. Lichtschranke im Bereich der 2. Lichtschranke die Fahrtrichtung ändert, wird wie folgt reagiert:

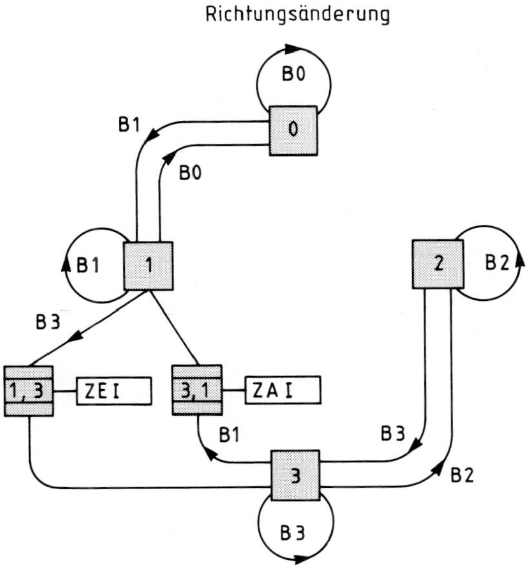

Ein Fußgänger, der von links die Lichtschranken passiert, wird wie folgt im Zustandsdiagramm erfaßt:

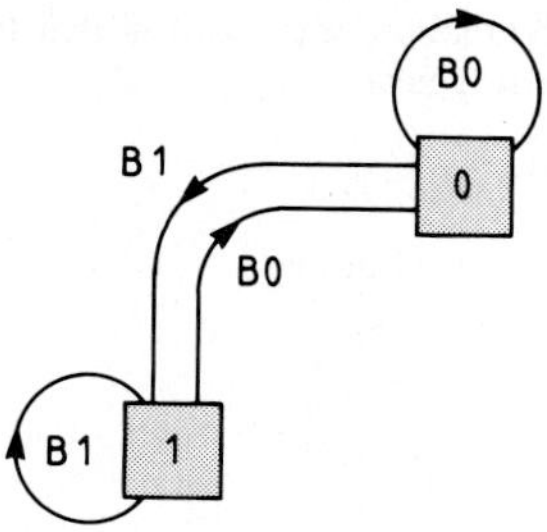

1. Umsetzungsmöglichkeit des Zustandsdiagramms:

Jedem Zustand des Zustandsdiagramms wird ein Speicherglied zugewiesen. Die Ausgabezuweisungen ZEI wird beim Übergang von Zustand 1 nach Zustand 3 und der Ausfahrtimpuls ZAI beim Übergang von Zustand 3 nach Zustand 1 gegeben. Hierzu wird jeweils eine UND-Verknüpfung der Merker M1, M3 und der Bedingung B1 bzw. B3 gebildet. Die UND-Verknüpfung von M1, M3, B3 für den Übergang von Zustand 1 nach Zustand 3 muß dabei direkt nach Zustand 3 in das Steuerungsprogramm geschrieben werden. Entsprechendes gilt für die UND-Verknüpfung M1, M3, B1 für den Übergang von Zustand 3 nach Zustand 1, welche direkt nach Zustand 1 angeordnet werden muß.

Funktionsplan:

ZUSTAND 0

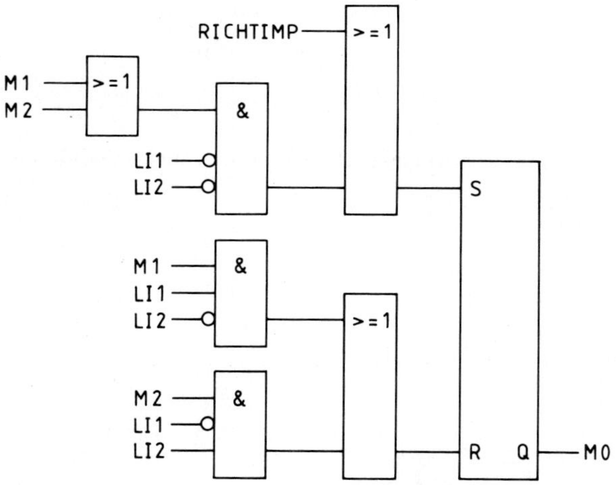

ZUSTAND 1

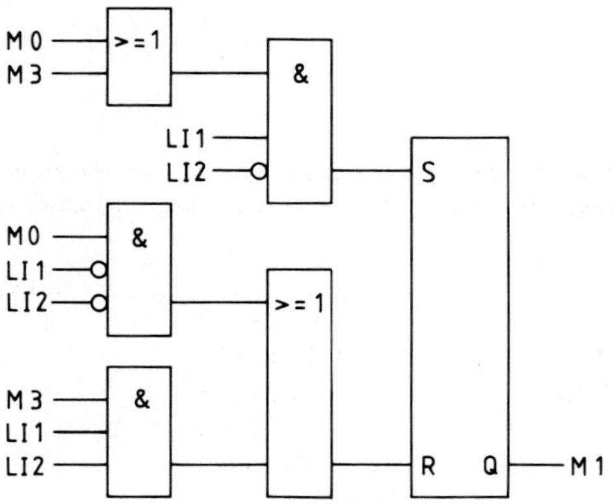

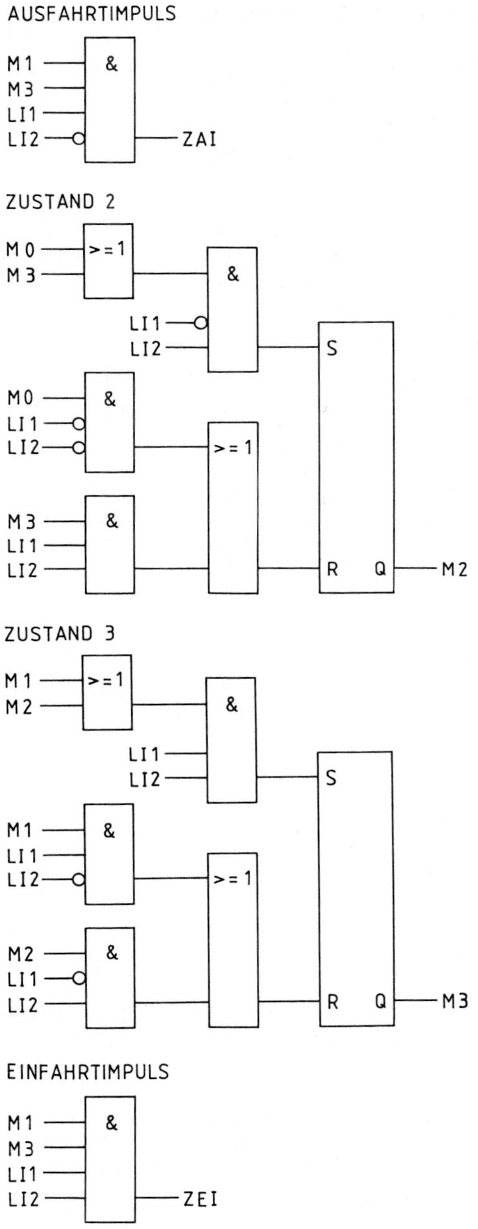

Realisierung mit einer SPS:

Um die Funktionsweise des Steuerungsprogramms untersuchen zu können, werden die Einfahrtimpulse ZEI bzw. die Ausfahrtimpulse ZAI auf einen Vor-Rückwärtszähler gegeben. Der Zählerstand wird dann am Ausgangswort AW angezeigt.

Zuordnung:	Eingänge	Ausgänge	Merker	Zähler
	LI1 = E 0.1	ZEI = A 0.1	M0 = M 40.0	Z1
	LI2 = E 0.2	ZAI = A 0.2	M1 = M 40.1	
		A W = A W16	M2 = M 40.2	
			M3 = M 40.3	
			HILFSM = M 60.0	
			RICHTIMP = M 60.1	

Anweisungsliste:

```
:UN  M   60.0
:=   M   60.1
:U   M   60.1
:S   M   60.0
:O   M   60.1
:O
:U(
:O   M   40.1
:O   M   40.2
:)
:UN  E    0.1
:UN  E    0.2
:S   M   40.0
:U   M   40.1
:U   E    0.1
:UN  E    0.2
:O
:U   M   40.2
:UN  E    0.1
:U   E    0.2
:R   M   40.0
:U(
:O   M   40.0
:O   M   40.3
:)
:U   E    0.1
:UN  E    0.2
:S   M   40.1
```

```
:U   M   40.0
:UN  E    0.1
:UN  E    0.2
:O
:U   M   40.3
:U   E    0.1
:U   E    0.2
:R   M   40.1
:U   M   40.1
:U   M   40.3
:U   E    0.1
:UN  E    0.2
:=   A    0.2
:U(
:O   M   40.0
:O   M   40.3
:)
:UN  E    0.1
:U   E    0.2
:S   M   40.2
:U   M   40.0
:UN  E    0.1
:UN  E    0.2
:O
:U   M   40.3
:U   E    0.1
:U   E    0.2
:R   M   40.2
```

```
:U(
:O   M   40.1
:O   M   40.2
:)
:U   E    0.1
:U   E    0.2
:S   M   40.3
:U   M   40.1
:U   E    0.1
:UN  E    0.2
:O
:U   M   40.2
:UN  E    0.1
:U   E    0.2
:R   M   40.3
:U   M   40.1
:U   M   40.3
:U   E    0.1
:U   E    0.2
:=   A    0.1
:U   A    0.1
:ZV  Z    1
:U   A    0.2
:ZR  Z    1
:LC  Z    1
:T   AW  16
:BE
```

2. Umsetzungsmöglichkeit des Zustandsdiagramms:

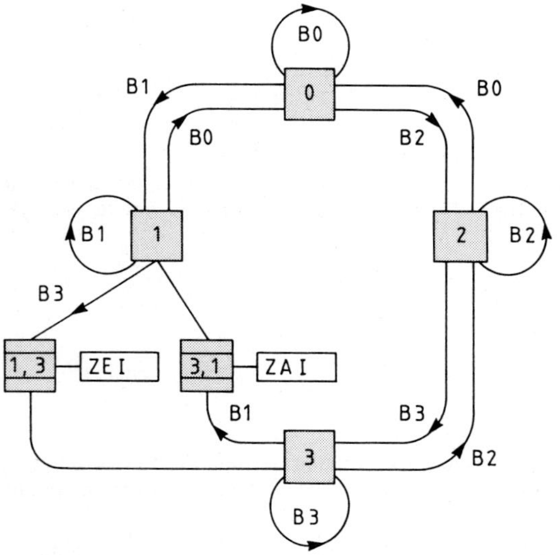

Betrachtet man das Zustandsdiagramm etwas genauer, so stellt man fest, daß jeder Zustand einer ganz bestimmten Eingangskombination entspricht.

Es kann demnach jeder Zustand einer Eingangskombination Bn zugeordnet werden. Das bedeutet, daß aus den Eingangskombinationen direkt die zugehörigen Zustände abgelesen werden können und somit keine Speicherfunktionen für die Zustände erforderlich sind.

Die Erzeugung des Einfahrtimpulses ZEI erfolgt beim Übergang von Zustand 1 nach Zustand 3 also der Übergang der Eingangskombination B1 nach B3.

```
     B1        →      B3
    /  \             /  \
  LI2  LI1         LI2  LI1
   0    1      →    1    1
```

Dieser Übergang ist bestimmt mit LI1 = 1 und LI2 0 → 1, somit ist:

ZEI = LI1 & (LI2 0 → 1)

Der Übergang LI2 0 → 1 wird durch eine *positive Flankenauswertung* ermittelt.

Die Erzeugung des Ausfahrtimpulses ZAI erfolgt beim Übergang von Zustand 3 nach Zustand 1 also der Übergang der Eingangskombination B3 nach B1.

B3		→	B1	
LI2	LI1		LI2	LI1
1	1	→	0	1

Dieser Übergang ist bestimmt mit LI1 = 1 und LI2 1 → 0, somit ist:

ZAI = LI1 & (LI2 1 → 0)

Der Übergang LI2 1 → 0 wird durch eine *negative Flankenauswertung* ermittelt.

Funktionsplan:

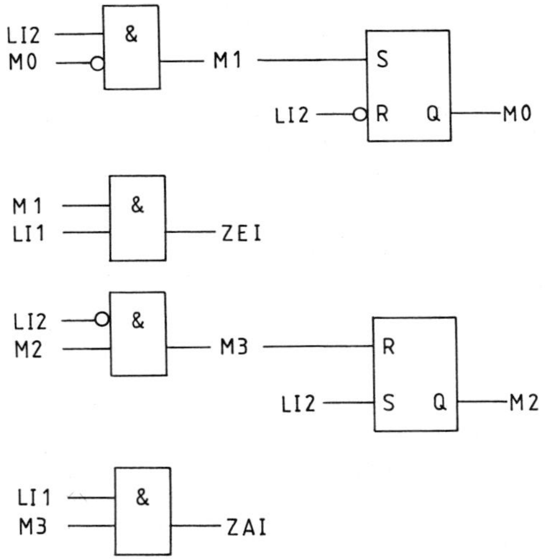

Realisierung mit einer SPS:

Um die Funktionsweise des Steuerungsprogramms wieder untersuchen zu können, werden die Einfahrtimpulse ZEI bzw. die Ausfahrtimpulse ZAI auf einen Vor-Rückwärtszähler gegeben. Der Zählerstand wird dann am Ausgangswort AW angezeigt.

Zuordnung:	Eingänge	Ausgänge	Merker	Zähler
	LI1 = E 0.1	ZEI = A 0.1	M0 = M 40.0	Z1
	LI2 = E 0.2	ZAI = A 0.2	M1 = M 40.1	
		A W = AW16	M2 = M 41.0	
			M3 = M 41.1	

Anweisungsliste:

```
:U   E   0.2      :=   A   0.1      :U   M   41.1
:UN  M  40.0      :UN  E   0.2      :=   A    0.2
:=   M  40.1      :U   M  41.0      :U   A    0.1
:U   M  40.1      :=   M  41.1      :ZV  Z    1
:S   M  40.0      :U   M  41.1      :U   A    0.2
:UN  E   0.2      :R   M  41.0      :ZR  Z    1
:R   M  40.0      :U   E   0.2      :LC  Z    1
:U   M  40.1      :S   M  41.0      :T   AW  16
:U   E   0.1      :U   E   0.1      :BE
```

Im nächsten Beispiel wird nochmals die Anwendung der Beschreibungsform Zustandsdiagramm dargestellt. Das Grundproblem des Beispiels, nämlich die stufenweise Zu- und Abschaltung von Pumpen, Lüftern, Brennern etc. unter Beachtung einer einigermaßen gleichen Laufzeit der Geräte, findet sich bei vielen derartigen Steuerungsaufgaben wieder. Obwohl das Steuerungsbeispiel noch überschaubar klein ist, zeigt es doch, wie die Aufteilung der Aufgabe in zwei Schaltwerke den Entwurf wesentlich vereinfacht.

▼ Beispiel: Pumpensteuerung

Vier Pumpen fördern aus einem Saugbehälter in ein Netz. Durch die stufenweise Zu- bzw. Abschaltung der vier Pumpen soll der Druck im Netz innerhalb eines bestimmten Bereichs gehalten werden.

Um eine möglichst gleiche Laufzeit der Pumpen zu erreichen, ist bei der stufenweise Zu- bzw. Abschaltung zu berücksichtigen, welche Pumpe als erste ein- bzw. abgeschaltet wurde. Ist der Druck zu klein, wird von den stillstehenden Pumpen stets die Pumpe zugeschaltet, die zuerst abgeschaltet wurde. Ist der Druck zu groß, wird von den laufenden Pumpen stets die Pumpe abgeschaltet, die zuerst zugeschaltet wurde.

Sowohl beim Zuschalten wie auch beim Abschalten soll eine Reaktionszeit abgewartet werden, bevor die nächste Stufe zu- bzw. abgeschaltet wird.

Technologieschema:

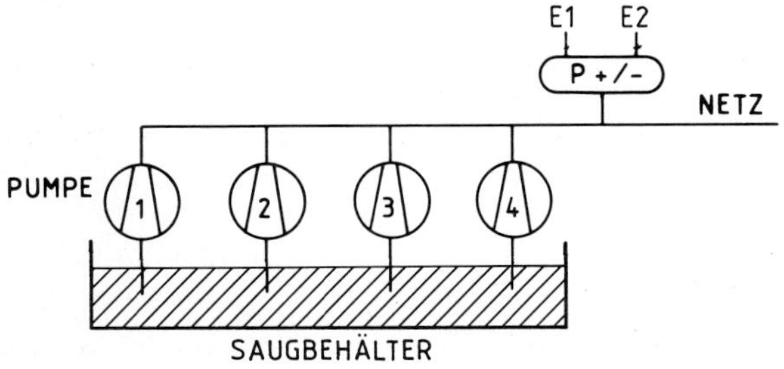

Bild 17.4 Pumpenanlage

Zuordnungstabelle:

Eingangsvariable	Betriebsmittel-kennzeichen	Logische Zuordnung
Druckmesser mit zwei Signalgebern	E1, E2	Druck zu klein E1 = 1 Druck zu groß E2 = 1
Ausgangsvariable		
Pumpe 1 Pumpe 2 Pumpe 3 Pumpe 4	P1 P2 P3 P4	Pumpe 1 läuft P1 = 1 Pumpe 2 läuft P2 = 1 Pumpe 3 läuft P3 = 1 Pumpe 4 läuft P4 = 1

Lösung:

Die Lösung dieser Steuerungsaufgabe wird in vier Abschnitte unterteilt.

1. Grobstruktur der Steuerung:
   Die gesamte komplexe Steuerungsaufgabe wird in zwei Schaltwerke unterteilt und die Schnittstellen festgelegt.
2. EIN/AB-Schaltimpuls-Schaltwerk:
   Lösungsstruktur des ersten Schaltwerks
3. Pumpen ZU/AB-Schaltwerk:
   Lösungsstruktur des zweiten Schaltwerks
4. Realisierung mit einer SPS:
   Die beiden Teilschaltwerke werden zu einem Steuerungsprogramm zusammengefügt.

1. Grobstruktur der Steuerung

Unterteilung der Steuerungsaufgabe in zwei Schaltwerke:

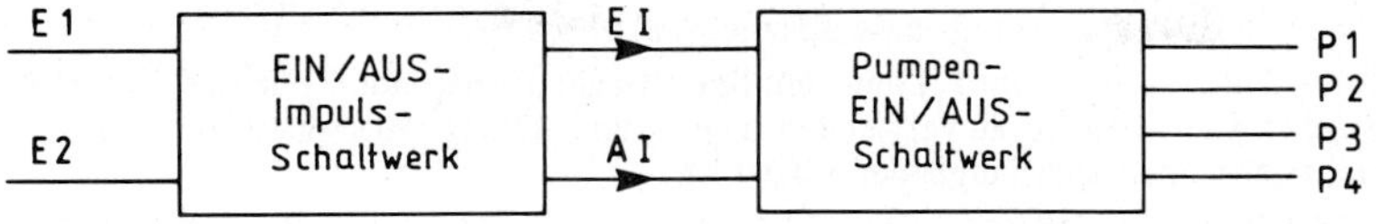

Eingangssignale des EIN/AUS-Impuls-Schaltwerkes sind die Signalgeber des Druckmessers.

Ausgangssignale dieses Schaltwerkes sind die Impulse EI (Einschaltimpuls) und AI (Ausschaltimpuls). Aufgrund der abzuwartenden Reaktionszeit werden aus den Meldungen „Druck zu klein" oder „Druck zu groß" Impulse der Länge einer Zykluszeit gebildet.

Meldet beispielsweise der Drucksensor mit E1 = 1 „Druck zu klein", so wird sofort ein Einschaltimpuls EI gebildet. Nach Ablauf der Reaktionszeit wird ein weiterer Impuls EI gegeben, wenn das entsprechende Eingangssignal noch ansteht.

Diese Impulse mit der Länge einer Zykluszeit schalten die entsprechenden Pumpen mit Hilfe des Pumpen-EIN/AUS-Schaltwerkes ein. Bei der Meldung „Druck zu groß" wird mit den Ausschaltimpulsen AI entsprechend verfahren.

Das Pumpen-EIN/AUS-Schaltwerk bestimmt die Pumpen, welche abhängig von den Eingangssignalen EI und AI zu- bzw. ausgeschaltet werden müssen.

Beide Schaltwerke können zunächst unabhängig voneinander betrachtet werden, um eine Realisierung zu finden.

2. EIN/AUS-Impuls-Schaltwerk

Tritt die Eingangskombination E1 = 1 und E2 = 0 (Druck zu klein) am Eingang des Schaltwerkes auf, so wird zunächst ein Einschaltimpuls EI erzeugt. Liegt die Eingangskombination nach Ablauf einer bestimmten Wartezeit noch immer vor, wird ein weiterer Einschaltimpuls erzeugt. Dieser Vorgang wiederholt sich, bis die Eingangskombination E1 = 0 und E2 = 0 meldet, daß der Druck wieder normal ist. Dieser beschriebene Steuerungsablauf kann wieder mit einem Zustandsdiagramm dargestellt werden.

Da die Ausgangsgrößen des Schaltwerkes Impulse sein sollen, empfiehlt sich die Verwendung eines Zustandsdiagramms nach der Struktur des *Mealy-Automaten*. Das bedeutet, daß die Ausgangssignale EI und AI nicht in einem Zustand, sondern beim Übergang von Zuständen gebildet werden. Durch die Verwendung von zwei Zeitgliedern T1 und T2 ist es möglich, unterschiedliche Reaktionszeiten für das EIN- und AUS-Schalten einzustellen.

Zustandsdiagramm:

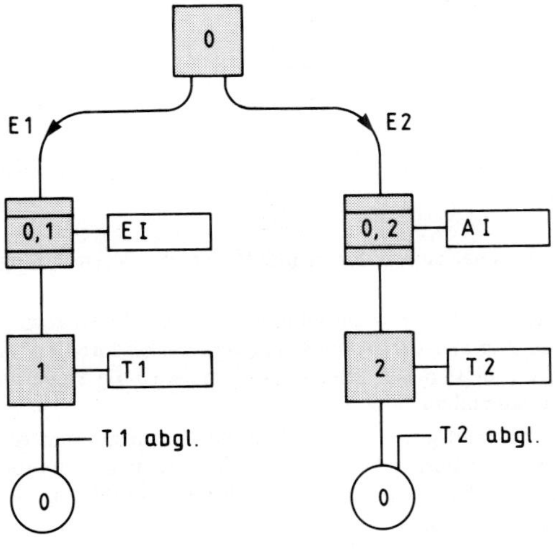

Bei der Umsetzung dieses Zustandsdiagramms in ein Steuerungsprogramm wird noch berücksichtigt, daß der Übergang von Zustand 0 nach Zustand 1 nicht mehr ausgeführt wird, wenn alle vier Pumpen bereits eingeschaltet sind. Der Druckgeber meldet in diesem Fall zwar noch, daß der Druck zu niedrig ist, jedoch kann ja keine weitere Pumpe mehr zugeschaltet werden. Gleichermaßen ist mit dem Übergang des Zustandes 0 nach Zustand 2 zu verfahren, wenn alle Pumpen bereits ausgeschaltet sind.

Für den Zustand 1 und für den Zustand 2 wird jeweils ein Speicherglied verwendet. Für den Zustand 0 ist es nicht erforderlich ein eigenes Speicherglied zu verwenden. Die Grundstellung (Zustand 0) des Schaltwerks ist dann gegeben, wenn keines der beiden Speicherglieder gesetzt ist.

Die Verriegelung des Überganges von Zustand 0 nach Zustand 1 bzw. Zustand 2 ist durch Abfrage des Signalzustandes der vier Pumpen P1, P2, P3 und P4 ausgeführt.

Funktionsplan für den Einschaltimpuls EI

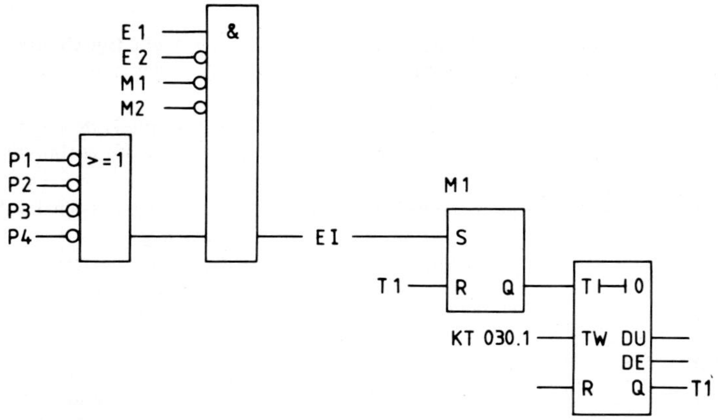

Funktionsplan für den Ausschaltimpuls AI

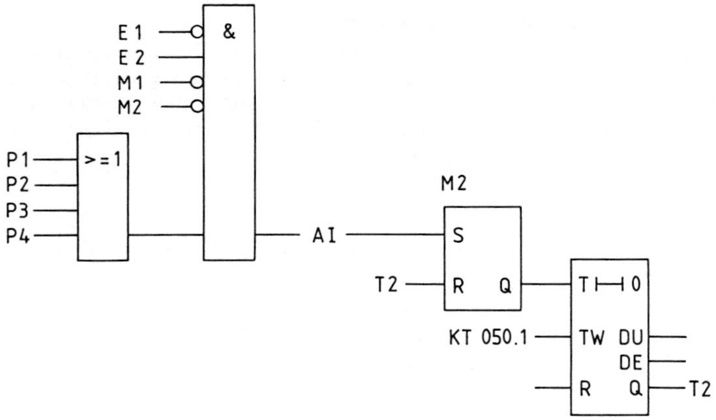

3. Pumpen-EIN/AUS-Schaltwerk

Bei der Realisierung dieses Schaltwerkes bieten sich zunächst wieder grundsätzlich die Verwendung eines Schaltwerkes vom Typ *Moore* oder *Mealy* an.

Legt man zunächst die Struktur eines *Moore*-Automaten für das Zustandsdiagramm zugrunde, so zeigt es sich, daß insgesamt 20 Zustände erforderlich sind, um das Pumpen-EIN/AUS-Schaltwerk zu beschreiben. Auf die Darstellung des sich dabei ergebenden Zustandsgraphen sei an dieser Stelle verzichtet. Wird die Steuerungsaufgabe um eine Pumpe erweitert, so erhöht sich die Zustandszahl auf 30 Zustände.

Bei so vielen Zuständen führt die Umsetzung des Zustandsgraphen in ein Steuerungsprogramm mit Verknüpfungsfunktionen (jeder Zustand entspricht einem Speicherglied) zu einem sehr langem und unübersichtlichem Steuerungsprogramm. Die Erweiterung der Aufgabe um eine Pumpe führt darüberhinaus zu einem völlig neuen Zustandsgraph und zugehörigen Steuerungsprogramm.

Verwendet man für das Schaltwerk die Automaten-Struktur eines *Mealy*-Automaten, so wird bei den Übergängen von Zuständen die Ausgabe veranlaßt. Im Zustandsdiagramm kann somit beim Übergang von

Zustand 0 nach Zustand 1 Pumpe 1,
Zustand 1 nach Zustand 2 Pumpe 2,
Zustand 2 nach Zustand 3 Pumpe 3,
Zustand 3 nach Zustand 0 Pumpe 4

eingeschaltet werden.

Das Ausschalten erfolgt ebenfalls beim Übergang zwischen zwei Zuständen. Allerdings werden hierfür vier neue Zustände (4 ... 7) verwendet.

Es ergeben sich zwei zunächst unabhängige Zustandsdiagramme. In beiden Diagrammen läuft quasi ein *Zeiger* um, der auf die nächste einzuschaltende bzw. auszuschaltende Pumpe zeigt.

Zustandsdiagramm für das Einschalten:

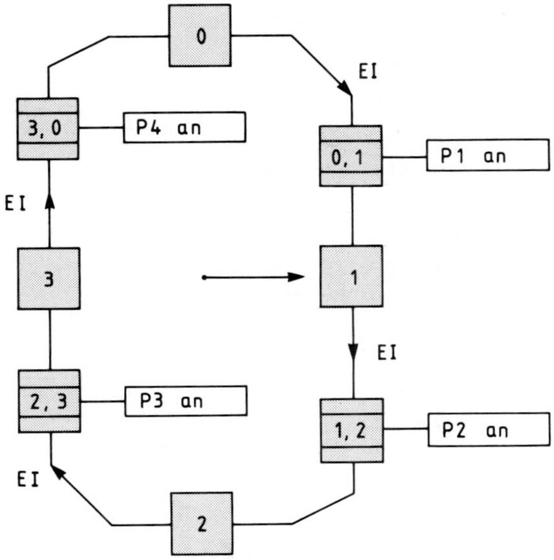

Zustandsdiagramm für das Abschalten:

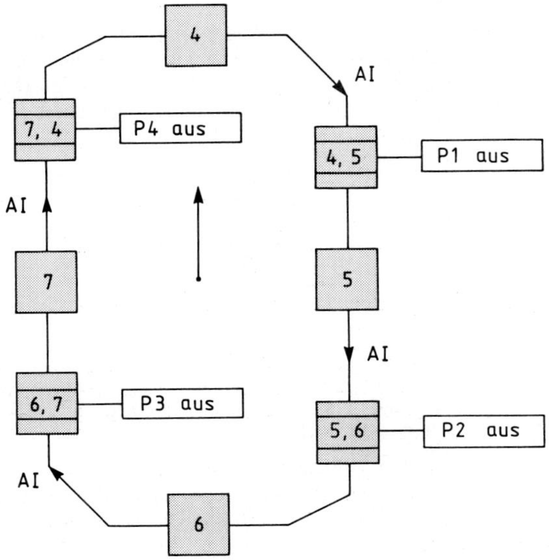

Beim Start des Steuerungsprogramms sind die beiden Diagramme aufeinander abzustimmen, das heißt, die Schaltwerke müssen mit Zustand 0 und Zustand 4 eingeschaltet werden. Hierfür ist notfalls eine Synchronisierung in das Steuerungsprogramm einzubauen. Ferner dürfen keine weiteren Einschaltimpulse mehr gegeben werden, wenn alle vier Pumpen eingeschaltet sind. Das gleiche gilt für die Ausschaltimpulse, wenn alle Pumpen ausgeschaltet sind.

Die Pumpen müssen bei diesem Zustandsdiagramm mit einer Speicherfunktion angesteuert werden. Die Setzbedingungen der Speicher werden durch die Einschaltimpulse EI und die entsprechenden Zustände bestimmt.

Die Rücksetzbedingungen ergeben sich aus dem Ausschaltimpuls AI und den zugehörigen Zuständen.

Die Umsetzung der beiden Diagramme in ein Steuerungsprogramm kann wiederum nach den für den Zustandsgraph beschriebenen Regeln erfolgen, d.h. für jeden Zustand wird ein Speicherglied verwendet. Zählt man die vier Speicherglieder für die Ansteuerung der Pumpen hinzu, so sind bei dieser Realisierung für das Pumpen EIN/AUS-Schaltwerk insgesamt 12 Speicherglieder erforderlich.

Neben dieser Umsetzungsmöglichkeit gibt es noch eine Reihe weiterer Methoden, die Zustandsdiagramme in ein Steuerungsprogramm umzusetzen. Eine Möglichkeit besteht darin, die beiden Zustandsdiagramme mit je einem *Zähler* zu realisieren. Da diese Methode zu einem einfachen und für weitere Pumpen leicht erweiterbaren Steuerungsprogramm führt, ist diese bei der folgenden Realisierung verwendet worden.

Funktionsplan des Pumpen-EIN/AUS-Schaltwerks:

Umsetzung der beiden Zustandsdiagramme:

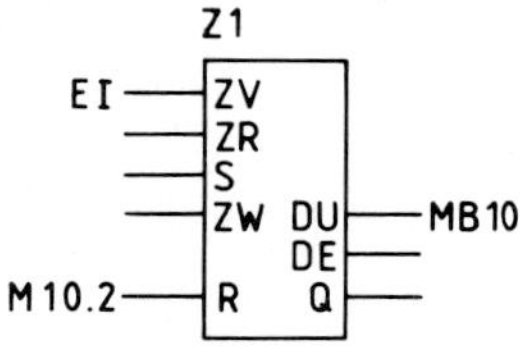

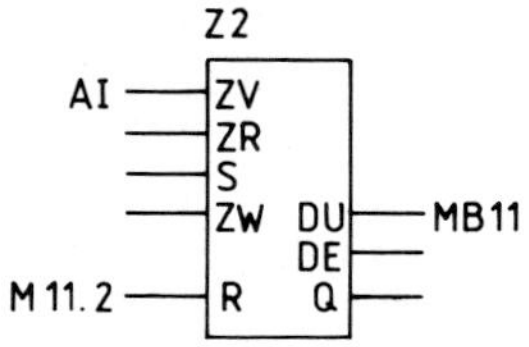

Zustand	Zählerstand	Merker	
		M10.1	M10.0
0	0	0	0
1	1	0	1
2	2	1	0
3	3	1	1

Zustand	Zählerstand	Merker	
		M11.1	M11.0
4	0	0	0
5	1	0	1
6	2	1	0
7	3	1	1

Pumpenansteuerung:

Jede Pumpe wird mit einem Speicherglied angesteuert. Das Setzen und Rücksetzen der Speicherglieder erfolgt jeweils beim Übergang der entsprechenden Zustände.

Beim Übergang von Zustand 0 in Zustand 1 wird das Speicherglied für die Pumpe 1 gesetzt. Rückgesetzt wird dieses Speicherglied beim Übergang von Zustand 4 nach Zustand 5.

Bei der Realisierung des -Steuerungsprogramms werden zunächst die beiden Zähler programmiert und danach die Speicherglieder für die Pumpenansteuerung. Tritt ein Zustandswechsel auf, so wird der Zähler zunächst hochgezählt, bevor die Zustandsabfrage bei den Speichergliedern für die Pumpenansteuerung erfolgt. Deshalb wird im Funktionsplan das Speicherglied für die Pumpe mit den jeweiligen Folgezuständen angesteuert.

Funktionsplan:

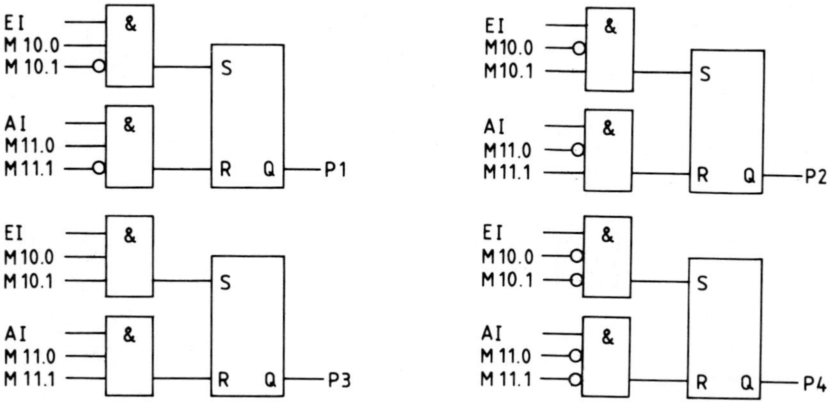

Die Erweiterung der Aufgabe um eine oder mehrere Pumpen kann bei dieser Lösungsstruktur sehr leicht durchgeführt werden. In die Einschalt- bzw. Abschaltdiagramme sind jeweils nur entsprechende Zustände einzutragen. Beim Steuerungsprogramm mit dem Zähler bedeutet dies, daß lediglich die Rücksetzung des Zählers bei einer höheren Zahl erfolgt.

Realisierung mit einer SPS:

Zuordnung:

Eingänge	Ausgänge	Merker	Zeiten	Zähler
E1 = E 0.1	P1 = A 0.1	M1 = M 40.1	T1	Z1, Z2
E2 = E 0.2	P2 = A 0.2	M2 = M 40.2	T2	MB10 = MB 10
	P3 = A 0.3	EI = M 0.1		MB11 = MB 11
	P4 = A 0.4	AI = M 0.2		

Anweisungsliste:

```
:U   E    0.1
:UN  E    0.2
:UN  M   40.1
:UN  M   40.2
:U(
:ON  A    0.1
:ON  A    0.2
:ON  A    0.3
:ON  A    0.4
:)
:=   M    0.1
:S   M   40.1
:U   T    1
:R   M   40.1
:U   M   40.1
:L   KT 030.1
:SE  T    1
:UN  E    0.1
:U   E    0.2
:UN  M   40.1
:UN  M   40.2
:U(
:O   A    0.1
:O   A    0.2
:O   A    0.3
:O   A    0.4
:)
:=   M    0.2
:S   M   40.2
:U   T    2
:R   M   40.2
:U   M   40.2
:L   KT 050.1
:SE  T    2
:U   M    0.1
:ZV  Z    1
:U   M   10.2
:R   Z    1
:L   Z    1
:T   MB  10
:U   M    0.2
:ZV  Z    2
:U   M   11.2
:R   Z    2
:L   Z    2
:T   MB  11
:U   M    0.1
:U   M   10.0
:UN  M   10.1
:S   A    0.1
:U   M    0.2
:U   M   11.0
:UN  M   11.1
:R   A    0.1
:U   M    0.1
:UN  M   10.0
:U   M   10.1
:S   A    0.2
:U   M    0.2
:UN  M   11.0
:U   M   11.1
:R   A    0.2
:U   M    0.1
:U   M   10.0
:U   M   10.1
:S   A    0.3
:U   M    0.2
:U   M   11.0
:U   M   11.1
:R   A    0.3
:U   M    0.1
:UN  M   10.0
:UN  M   10.1
:S   A    0.4
:U   M    0.2
:UN  M   11.0
:UN  M   11.1
:R   A    0.4
:BE
```

17.3 Vertiefung und Übung

● Übung 17.1: Kellerspeicher LIFO

In einem LIFO-Kellerspeicher sollen bis zu 10 Werte mit der Breite von einem Wort gespeichert werden. Mit Eingang E1 wird die am Eingangswort EW stehende Information in den Kellerspeicher übernommen. Sind 10 Werte in den Kellerspeicher geschrieben, wird dies durch die Meldeleuchte H1 angezeigt und ein weiteres Einschreiben ist nicht möglich. Mit Eingang E2 wird derjenige Wert an das Ausgangswort AW ausgegeben, der als letzter in den Kellerspeicher geschrieben wurde. Sind alle Werte aus dem Kellerspeicher ausgelesen, wird dies durch die Meldeleuchte H2 angezeigt und ein weiteres Auslesen ist nicht mehr möglich. Ein Ein- bzw. Auslesen des Kellerspeichers ist jeweils nur möglich, wenn der entsprechend andere Eingang E0 bzw. E1 „0"-Signal hat.

Technologieschema:

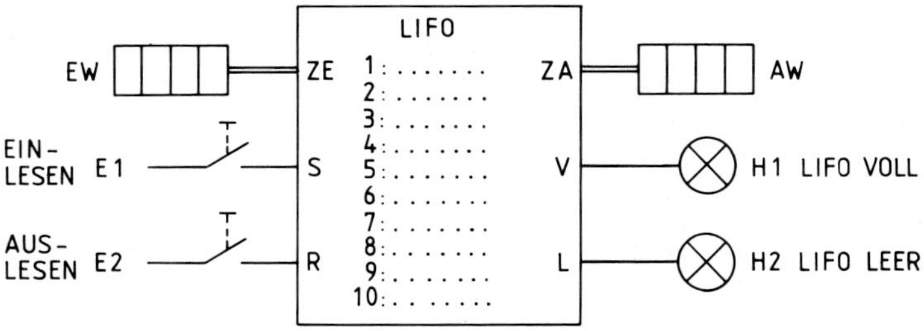

Bild 17.5 Kellerspeicher

ZE: Eingabewort
S: Bei einem Signalwechsel 0 → 1 wird in den Kellerspeicher geschrieben.
R: Bei einem Signalwechsel 0 → 1 wird aus dem Kellerspeicher gelesen.
ZA: Ausgabewort
V: Bei Signalzustand „1" ist der Kellerspeicher voll.
L: Bei Signalzustand „1" ist der Kellerspeicher leer.

Für den Kellerspeicher sind Zuordnungstabelle, Zustandsgraph, digitale Unterprogramme und ein Steuerungsprogramm zu erstellen.

● Übung 17.2: 12-Bit Schieberegister

Der Inhalt eines 12-Bit Schieberegisters wird mit einer 0 → 1 Flanke des Einganges E1 um eine Stelle nach links, bzw. mit einer 0 → 1 Flanke des Einganges E2 um eine Stelle nach rechts geschoben. Dabei wird der jeweils an Serieneingang E3 liegende Signalwert in das Register aufgenommen.

Nachdem E1 bzw. E2 wieder „0"-Signal hat, wird der aus dem Register geschobene Signalwert für 5 s an den Ausgang H1 gelegt. Innerhalb dieser Zeit erlischt die Anzeigeleuchte H2 und ein weiteres Schieben ist nicht möglich.

Zuordnungstabelle:

Eingangsvariable	Betriebsmittel-kennzeichen	Logische Zuordnung
Schieben links	E1	schieben E1: 0 → 1
Schieben rechts	E2	schieben E2: 0 → 1
Serieneingang	E3	1-Bit
Ausgangsvariable		
Serienausgang	H1	1-Bit
Anzeigeleuchte	H2	an H2 = 1

Beschreibung der Steuerungsaufgabe im Zustandsgraph:

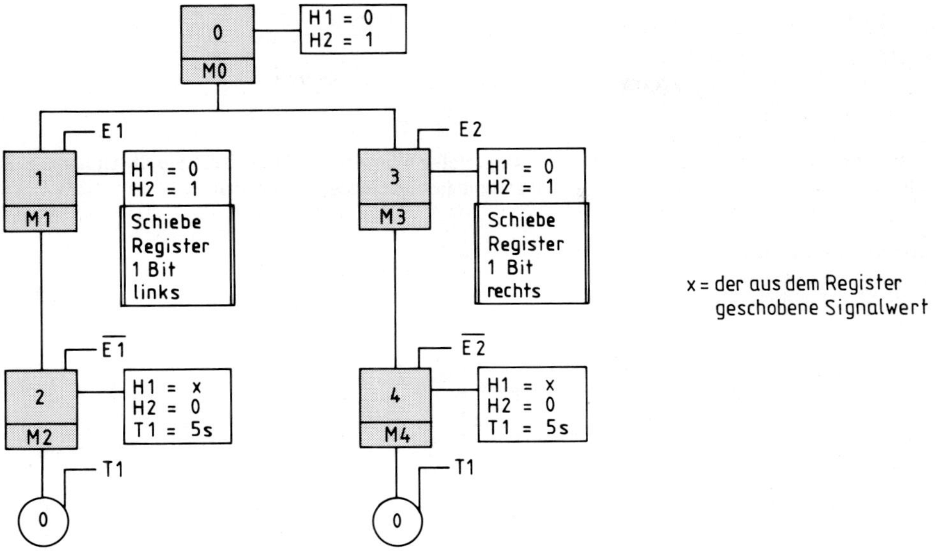

Der Zustandsgraph ist in ein Steuerungsprogramm umzusetzen.

• Übung 17.3: Mischbehälter

In einem Behälter werden die beiden Flüssigkeiten 1 und 2 gleichzeitig gefüllt, umgerührt und auf eine bestimmte Temperatur erwärmt. Es können 10 verschiedene Rezepte mit unterschiedlichen Sollwerten für die Menge Q1, die Menge Q2 und die Temperatur T bearbeitet werden. Die Sollwerte der einzelnen Mischungen sind in einem Datenbaustein hinterlegt. Die gewünschte Rezeptnummer wird mit einem Zifferneinsteller eingegeben.

Steuerungsteil „Mischvorgang"

Nach dem Einschalten der Steuerung durch Schalter S0 kann der Mischvorgang nur beginnen, wenn die Sollwerteingabe durch Schalter S2 gesperrt ist (S2 = 0) und das mit dem Zifferneinsteller eingestellte Rezept mit der Starttaste S1 übernommen wird. Ist die Starttaste S1 nicht mehr betätigt, werden alle vier Einlaßventile gleichzeitig geöffnet. Nach einer Wartezeit von 8 s wird das Rührwerk eingeschaltet. Zwei Durchflußmengengeber QZ1 und QZ2 liefern der Steuerung abhängig von der Füllgeschwindigkeit Impulse bis zu 100 Hz. Durch Zählen der Impulse mit zwei Zählern kann die jeweilige Zuflußmenge ermittelt werden. Zehn Impulse entsprechen dabei einer Füllmenge von 1 %. Die Grobeinlaßventile Y1G und Y2G schließen, wenn die Soll-Ist-Wertdifferenz kleiner als 1 % ist. Die Feinventile Y1F und Y2F werden beim Erreichen der Sollwerte geschlossen und die Heizung H eingeschaltet. Mit einem PT-100 Widerstand wird die Temperatur der Mischung gemessen und der Steuerung als 8-Bit-dualcodierte Zahl zur Verfügung gestellt. Beim Erreichen der Sollwerttemperatur wird die Heizung H abgeschaltet. Nach Ablauf einer Wartezeit von 10 s wird das Rührwerk ausgeschaltet und der Behälter über das Ventil Y3 geleert. Wenn der Behälter leer ist, Meldung mit S3, kann mit S1 ein neuer Mischvorgang mit der eingestellten Rezeptnummer gestartet werden, wenn die Anlage noch eingeschaltet ist. Ist die Anlage ausgeschaltet, geht die Steuerung in den Grundzustand zurück und löscht die Istwert-Mengenzähler Z1 und Z2

Steuerungsteil „Sollwert eingeben".

Die Sollwerte eines Rezepte können zu Beginn des Mischvorganges mit einem vierstelligen Zifferneinsteller in den Datenbaustein eingegeben werden. Hierzu ist nach dem Einschalten der Steuerung mit Schalter S0 der Sollwerteingabeschalter Schalter S2 zu betätigen. Mit den Stellen 1 und 2 des Zifferneinstellers können die Prozentwerte der Füllmengen von Q1 bzw. Q2 oder die erforderliche Temperatur T in °C des jeweiligen Rezepts angegeben werden. Mit der 3. Stelle des Zifferneinstellers wird bestimmt, ob der in den beiden ersten Ziffern angegebenen Wert für die Menge Q1, die Menge Q2 oder die Temperatur T bestimmt ist. Mit der 4. Stelle des Zifferneinstellers wird die Rezeptnummer von 0 bis 9 eingestellt.

Codierung des Zifferneinstellers:

4. Stelle	3. Stelle	2. Stelle	1. Stelle
Rezept Nr. 0…9	1 = Menge Q1 2 = Menge Q2 sonst = Temp.	Zahlenwert	00…99

Durch Betätigung der Quittiertaste S1 wird der eingestellte Wert in den Datenbaustein übernommen. Solange der Schalter S2 betätigt ist, können Werte in den Datenbaustein eingegeben werden.

Technologieschema:

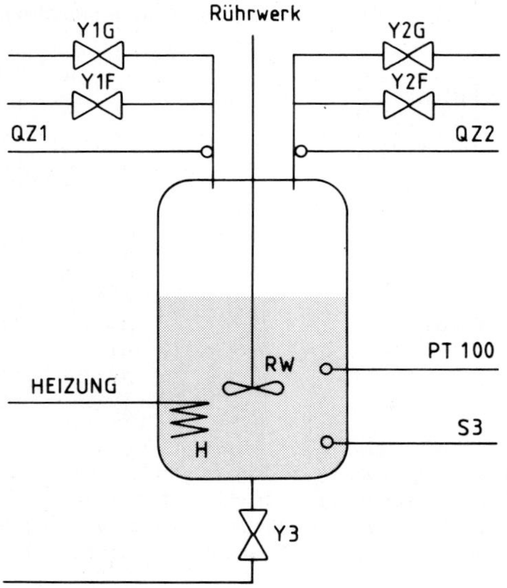

Bild 17.6 Mischbehälter

Zuordnungstabelle:

Eingangsvariable	Betriebsmittel-kennzeichen	Logische Zuordnung	
Ein-Schalter	S0	Steuerung EIN	S0 = 1
Quittiertaste/Starttaste	S1	betätigt	S1 = 1
Sollwerteingabe-Schalter	S2	Sollwerteingabe	S2 = 1
Leermeldung Behälter	S3	Behälter leer	S3 = 1
Durchflußmengengeber 1	QZ1	Impulse < 100 Hz	
Durchflußmengengeber 2	QZ2	Impulse < 100 Hz	
Temperatur PT100	TZ3	8-Bit	
Zifferneinsteller	EW	16-Bit	
Ausgangsvariable			
Grobventil 1	Y1G	offen	Y1G = 1
Grobventil 2	Y2G	offen	Y2G = 1
Feinventil 1	Y1F	offen	Y1F = 1
Feinventil 2	Y2F	offen	Y2F = 1
Ablaßventil	Y3	offen	Y3 = 1
Rührwerk	RW	an	RW = 1
Heizung	H	an	H = 1

Für die Steuerungsaufgabe sind die Zustandsgraphen „Sollwerk eingeben" und „Mischvorgang" zu bestimmen, und aus diesen ein Steuerungsprogramm zu erstellen.

• Übung 17.4: Analyse einer Anweisungsliste (AWL)

Aus der vorgegebenen Anweisungsliste ist das zugehörige Zustandsdiagramm zu bestimmen.

Anweisungsliste:

```
:UN  M   100.0
:=   M   100.1
:U   M   100.1
:S   M   100.0
:
:O   M   100.1
:O
:U(
:O   M   50.1
:O   M   50.2
:O   M   50.5
:O   M   50.6
:)
:UN  E   0.0
:UN  E   0.1
:S   M   50.0
:U   M   50.1
:U   E   0.0
:UN  E   0.1
:O
:U   M   50.2
:UN  E   0.0
:U   E   0.1
:R   M   50.0
:
:U(
:O   M   50.0
:O   M   50.2
:O   M   50.3
:O   M   50.5
:)
:U   E   0.0
:UN  E   0.1
:S   M   50.1
:U   M   50.0
:UN  E   0.0
:UN  E   0.1
:O
:U   M   50.2
:UN  E   0.0
:U   E   0.1
:O
:U   M   50.3
:U   E   0.0
:U   E   0.1
:R   M   50.1
:
:U(
:O   M   50.0
:O   M   50.1
:O   M   50.4
:O   M   50.6
:)
:UN  E   0.0
:U   E   0.1
:S   M   50.2
:U   M   50.0
:UN  E   0.0
:UN  E   0.1
:O
:U   M   50.1
:U   E   0.0
:UN  E   0.1
:O
:U   M   50.4
:U   E   0.0
:U   E   0.1
:R   M   50.2
:
:U(
:O   M   50.1
:O   M   50.6
:)
:U   E   0.0
:U   E   0.1
:S   M   50.3
:U   M   50.1
:U   E   0.0
:UN  E   0.1
:O   M   50.5
:R   M   50.3
:
:U(
:O   M   50.2
:O   M   50.5
:)
:U   E   0.0
:U   E   0.1
:S   M   50.4
:U   M   50.2
:UN  E   0.0
:U   E   0.1
:O   M   50.6
:R   M   50.4
:U   M   50.3
:UN  E   0.0
:U   E   0.1
:S   M   50.5
:O   M   50.0
:O   M   50.1
:O   M   50.4
:R   M   50.5
:
:U   M   50.4
:U   E   0.0
:UN  E   0.1
:S   M   50.6
:O   M   50.0
:O   M   50.2
:O   M   50.3
:R   M   50.6
:
:L   MB  50
:T   AB  0
:
:BE
```

• Übung 17.5: Steuerung für Regenwasserpumpen

Ein Regenwasserbehälter soll abhängig vom Wasserstandsniveau mit drei Pumpen geleert werden. Im Behälter sind drei Niveau-Geber in verschiedenen Höhen angebracht. Steigt der Wasserstand im Behälter, so daß der Geber mit niedrigstem Niveau anspricht, soll die Steuerung eine Wasserpumpe nach 10 s Verzögerung einschalten. Erreicht der Wasserstand den mittleren Niveaugeber, soll eine zweite Pumpe nach ebenfalls 10 s Verzögerung eingeschaltet werden. Steigt der Wasserstand bis zum oberen Niveaugeber wird eine dritte Pumpe mit der gleichen Verzögerungszeit zugeschaltet. Fällt der Wasserstand wieder unter einen Niveaugeber, soll jeweils eine Pumpe mit einer Verzögerung von 20 s ausgeschaltet werden.

Da eine Reservepumpe vorgesehen wurde, sind insgesamt vier Pumpen vorhanden. Um einen unregelmäßigen Verschleiß aller vier Pumpen zu vermeiden, wird beim Einschalten stets die Pumpe eingeschaltet, die zuerst ausgeschaltet wurde. Entsprechend wird stets die Pumpe ausgeschaltet, die zuerst eingeschaltet wurde.

Es sind für die Aufgabe eine Zuordnungsliste, eine Strukturierung in Teilschaltwerke, die Zustandsdiagramme und das Steuerungsprogramm zu bestimmen.

• Übung 17.6: Erweiterung der Pumpensteuerung

Das Beispiel Pumpensteuerung (Seite 380) wird um zwei weitere Pumpen erweitert, welche aber über die doppelte Leistung verfügen.

Beim Zuschalten von Pumpen darf es jedoch nur Leistungssprünge mit der kleinen Leistung geben. Die Pumpen mit der doppelten Leistung ersetzen, wenn möglich, den Betrieb von zwei Pumpen mit der kleinen Leistung.

Durch entsprechendes Vertauschen der Pumpen ist wieder ein ungleichmäßiger Verschleiß zu vermeiden.

Es sind für die Aufgabe eine Zuordnungsliste, eine Strukturierung in Teilschaltwerke, die Zustandsdiagramme und das Steuerungsprogramm zu bestimmen.

18 Tabellen und Zuordner

18.1 Einführung

Steuerungsaufgaben, bei denen es möglich ist, den Zusammenhang zwischen Eingangs- und Ausgangsvariablen in tabellarischer Form darzustellen, können mit Hilfe von *Tabellen* und *Zuordnern* in ein Steuerungsprogramm umgesetzt werden. Die sich dabei ergebende Struktur des Steuerungsprogrammes ist für alle Steuerungsaufgaben die gleiche. Es wird ein Zuordner in Abhängigkeit der gerade gültigen Eingangskombination und bei Schaltwerken noch in Abhängigkeit des jeweiligen Zustandes ausgelesen. In dem Zuordner steht die entsprechende Ausgangszuweisung bzw. der Folgezustand.

Übersicht:

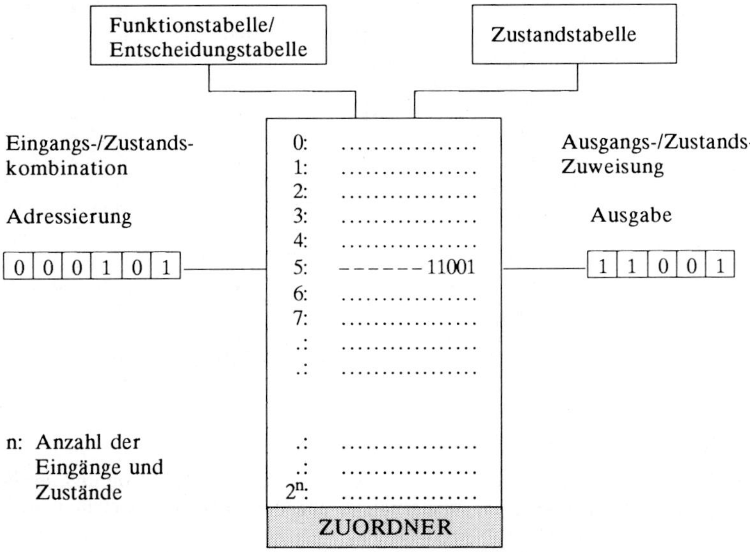

Die Verwendung der Tabellenmethode für ein Steuerungsprogramm einer SPS setzt allerdings voraus, daß das Automatisierungsgerät mit seinem Operationsvorrat die Möglichkeit bietet, Register oder Speicher indirekt zu adressieren. In Abschnitt 14.10 wurde gezeigt, mit welchen Befehlen bei der Steuerungssprache STEP 5 Merker- oder Datenwörter indirekt adressiert werden können. Da die Eintragungen in den Zuordner das Verhalten des Steuerungsprogramms bestimmen und somit nur unter besonderen Voraussetzungen veränderbar sein sollen, empfiehlt sich zur Speicherung des Zuordners die Verwendung eines Datenbereichs in einem Datenbaustein.

Die Ausgangszuweisungen werden für jede Zeile des Zuordners mit dem Dualwert in ein Datenwort eingetragen. Die Zeilennummern und somit die Adressierung des Datenwortes ist mit der gerade aktuellen Eingangskombination und gegebenenfalls durch den aktuellen Zustand bestimmt.

Je nachdem, ob es sich bei der Steuerungsaufgabe um eine Verknüpfungssteuerung ohne Speicher, einer Verknüpfungssteuerung mit Speicher oder um eine Ablaufsteuerung handelt, sind Aufwand, Übersichtlichkeit und Struktur der Tabellen, die die Steuerungsaufgabe beschreiben, verschieden.

Steuerungsprogramme ohne Speicher können mit einer Funktionstabelle oder Entscheidungstabelle dargestellt werden. Für Steuerungsaufgaben mit Speicher eignet sich eine Zustandstabelle zur Beschreibung. Aus diesen Tabellen wird jeweils der Zuordner bestimmt. Für Ablaufsteuerungen kann der Zuordner direkt aus der Ablaufkette bestimmt werden.

Im einzelnen wird die Tabellenmethode innerhalb der folgenden Abschnitte für die verschiedenen Tabellen dargestellt.

18.2 Zuordner aus Funktionstabelle

Bei Verknüpfungssteuerungen ohne Speicher kann der Zusammenhang zwischen Eingangs- und Ausgangsvariablen mit einer *Funktionstabelle* hergestellt werden, wenn die Anzahl der Variablen nicht allzu groß ist.

Auf die Einführung von Zuständen kann verzichtet werden, da die Ausgangssignale zu jedem beliebigen Zeitpunkt allein von der Kombination der Eingangssignale abhängig sind. Wie eine Funktions- oder Entscheidungstabelle in ein Steuerungsprogramm nach der Tabellenmethode umgesetzt werden kann, sei vom Prinzip her zunächst an einer einfachen UND-Verknüpfung mit drei Eingangsvariablen (E0, E1 und E2) erklärt.

Funktionsplan des Schaltnetzes:

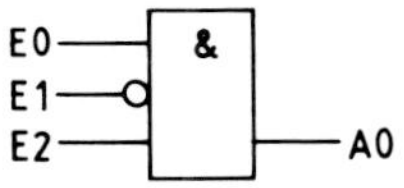

Funktionstabelle der Schaltfunktion:

Dual-Nr.	E2	E1	E0	A0
0	0	0	0	0
1	0	0	1	0
2	0	1	0	0
3	0	1	1	0
4	1	0	0	0
5	1	0	1	1
6	1	1	0	0
7	1	1	1	0

Im Datenbaustein DB10 wird die Zuordnung des Ausgangswertes in Abhängigkeit von der Eingangskombination in die entsprechenden Datenworte eingetragen.

Darstellung des Zuordners:

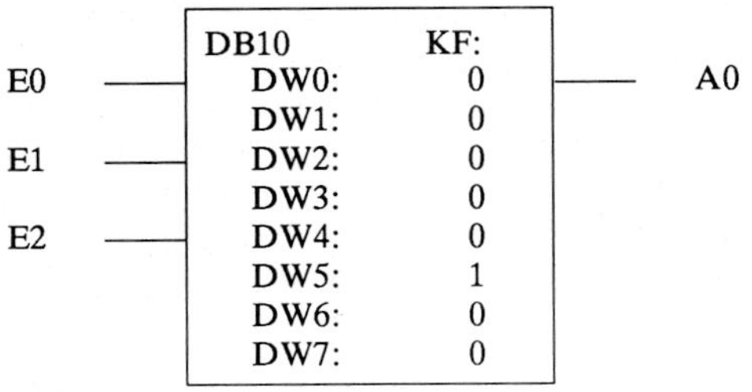

Nachdem im Datenbaustein DB10 die entsprechenden Eintragungen in den Datenworten erfolgt sind, wird innerhalb des Steuerungsprogramms der Inhalt eines Datenwortes ausgelesen und an den Ausgang gelegt. Dazu wird zunächst der Dualwert der Eingangskombination der Eingangsvariablen E0, E1 und E2 einem Merkerwort zugewiesen. Mit dem Wert des Merkerwortes wird danach das entsprechende Datenwort adressiert. Der Inhalt dieses Datenwortes bestimmt dann die Ausgabezuweisung. Für alle Schaltnetze kann diese Vorgehensweise in einem Struktogramm, bestehend aus drei Verarbeitungsteilen dargestellt werden.

Struktogramm:

Struktogramm	
MW10 = DUALWERT von E0, E1, ...	1. Dualwert der Eingangskombination ins Merkerwort MW10
MW20 = DW (MW10)	2. Zuweisung des Datenwortes mit der Adresse von MW10 nach Merkerwort MW20
A = MW20	3. Zuweisung von Merkerwort MW20 an den Ausgang

Umsetzung des Struktogramms in ein Steuerungsprogramm:

1. L EB 0 L KH 0007 UW T MW 10	*Die Eingänge E0, E1 und E2 als die ersten Bits des Eingangsbytes EB0 werden maskiert und der Dualwert dem Merkerwort MW10 zugewiesen.*
2. A DB 10 B MW 10 L DW 0 T MW 20	*Das Datenwort mit der Adresse, die der Dualwert von MW10 angibt, wird geladen und der Inhalt Merkerwort MW20 zugewiesen.*
3. L AB 0 L KH FFFE UW L MW 20 OW T AB 0	*Der Ausgang A0 (erstes Bit des Ausgangsbytes AB0) wird auf den Wert „0" gesetzt. Mit der ODER-Verknüpfung des Inhalts von Merkerwort MW20 erhält der Ausgang A0 den Signalzustand der Schaltfunktion.*

Durch die ODER-Verknüpfung von Merkerwort MW20 mit Ausgangsbyte AB0 werden die Ausgänge A1 bis A7 nicht beeinflußt und können im Steuerungsprogramm anderweitig verwendet werden.

Dieses für eine einfache UND-Verknüpfung sicherlich etwas aufwendige Steuerungsprogramm bleibt jedoch für andere umfangreichere Schaltnetze in Struktur und Umfang stets das gleiche. Zur Veranschaulichung dessen, wird nachfolgend das bisherige Schaltnetz durch drei weitere Ausgangszuweisungen erweitert.

Funktionsplan des erweiterten Schaltnetzes:

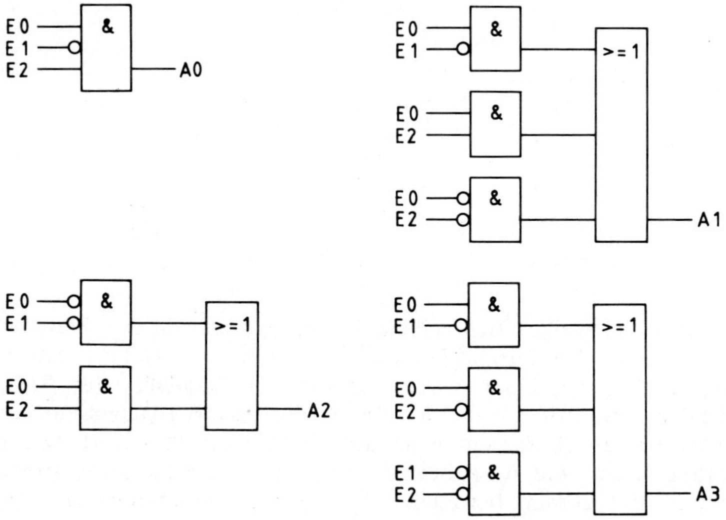

Da nun mehrere Ausgabezuweisungen vorliegen, wird in der Funktionstabelle in einer weiteren Spalte noch der Dualwert der Ausgabekombination eingetragen.

Funktionstabelle für das erweiterte Schaltznetz:

Dual-Nr.	E2	E1	E0	A3	A2	A1	A0	Dualwert der Ausgangskombination
0	0	0	0	1	1	1	0	14
1	0	0	1	1	0	1	0	10
2	0	1	0	0	0	1	0	2
3	0	1	1	1	0	0	0	8
4	1	0	0	0	1	0	0	4
5	1	0	1	1	1	1	1	15
6	1	1	0	0	0	0	0	0
7	1	1	1	0	1	1	0	6

In den Datenbaustein wird nun in die entsprechenden Datenwörter der Dualwert der Ausgangskombination eingetragen. Damit sind für jede Eingangskombination die Werte der Ausgangszuweisungen bestimmt.

Darstellung des Zuordners:

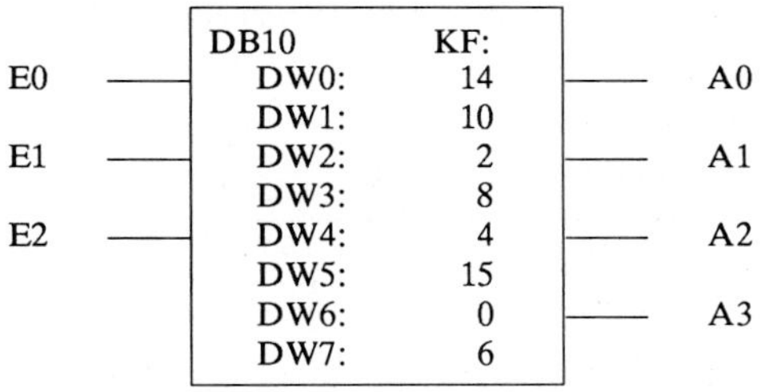

Das Steuerungsprogramm für diese Schaltfunktionen unterscheidet sich nur in der Maskierung der weiteren Ausgangsvariablen von dem Steuerungsprogramm für die einfache UND-Verknüpfung.

Steuerungsprogramm:

1. L EB 0 L KH 0007 UW T MW 10	*Die Eingänge E0, E1 und E2 als die ersten Bits des Eingangsbytes EB0 werden maskiert und der Dualwert dem Merkerwort MW10 zugewiesen.*
2. A DB 10 B MW 10 L DW 0 T MW 20	*Das Datenwort mit der Adresse, die der Dualwert von MW10 angibt, wird geladen und der Inhalt Merkerwort MW20 zugewiesen.*
3. L AB 0 L KH FFF0 UW L MW 20 OW T AB 0	*Die Ausgänge A0, A1, A2 und A3 werden auf den Wert „0" gesetzt. Mit der ODER-Verknüpfung des Inhalts von Merkewort MW20 mit Ausgangsbyte AB0 wird den Ausgängen der Wert der Schaltfunktion zugewiesen. Die Ausgänge A4 bis A7 bleiben dabei unbeeinflußt.*

Es wird deutlich, daß das Verhalten der Ausgangsvariablen in Abhängigkeit von den Eingangsvariablen nicht mehr mit der Befehlsstruktur des Steuerungsprogramms zusammenhängt. Allein die in den Datenworten hinterlegte Information bestimmt den Zusammenhang zwischen Eingangskombination und Ausgabezuweisung. Das bedeutet, daß bei Änderungen oder Ergänzungen der Funktionstabelle lediglich die in den Datenworten befindlichen

Werte geändert werden müssen. Steuerungsprogramme für Schaltnetze die nicht nach der Tabellenmethode, sondern durch die Verwendung von UND- und ODER-Funktionen realisiert sind, müßten dagegen nach Änderungen oder Ergänzungen der Funktionstabelle völlig neu entworfen und geschrieben werden.

Zusammenfassend kann die Anwendung der Tabellenmethode für Schaltnetze wie folgt beschrieben werden:

1. Eintragung des dualen Wertes der Ausgabezuweisungen der Funktionstabelle in die entsprechenden Datenworte eines Datenbausteins.
2. Aufstellen des Steuerungsprogramms mit den Teilen:
   - Einlesen der Eingangskombination und Verwendung ihres Dualwertes als Adresse.
   - Auslesen des indirekt adressierten Datenwortes.
   - Zuweisung des Inhalts des adressierten Datenwortes an die Ausgänge.

▼ **Beispiel: Lüfterüberwachung**

In einer Tiefgarage sind vier Lüfter installiert. Die Funktionsüberwachung erfolgt durch je einen Luftströmungswächter. An der Einfahrt der Tiefgarage ist eine Ampel angebracht. Sind alle vier Lüfter oder drei Lüfter in Betrieb, so ist für eine ausreichende Belüftung gesorgt und die Ampel zeigt Grün. Bei Betrieb von nur zwei Lüftern schaltet die Ampel auf Gelb. Sind weniger als zwei Lüfter in Betrieb, muß die Ampel Rot anzeigen.

Zuordnungstabelle:

Eingangsvariable	Betriebsmittel-kennzeichen	Logische Zuordnung	
Luftströmungswächter 1	E0	Ventilator 1 an	E0 = 1
Luftströmungswächter 1	E1	Ventilator 1 an	E1 = 1
Luftströmungswächter 1	E2	Ventilator 1 an	E2 = 1
Luftströmungswächter 1	E3	Ventilator 1 an	E3 = 1
Ausgangsvariable			
Signalleuchte ROT	A0	Signalleuchte an	A0 = 1
Signalleuchte GELB	A1	Signalleuchte an	A1 = 1
Signalleuchte GRÜN	A2	Signalleuchte an	A2 = 1

Funktionstabelle aus der Aufgabenstellung ermittelt:

Dual-Nr.	E3	E2	E1	E0	A2	A1	A0	Dualwert der Ausgangskombination
0	0	0	0	0	0	0	1	1
1	0	0	0	1	0	0	1	1
2	0	0	1	0	0	0	1	1
3	0	0	1	1	0	1	0	2
4	0	1	0	0	0	0	1	1
5	0	1	0	1	0	1	0	2
6	0	1	1	0	0	1	0	2
7	0	1	1	1	1	0	0	4
8	1	0	0	0	0	0	1	1
9	1	0	0	1	0	1	0	2
10	1	0	1	0	0	1	0	2
11	1	0	1	1	1	0	0	4
12	1	1	0	0	0	1	0	2
13	1	1	0	1	1	0	0	4
14	1	1	1	0	1	0	0	4
15	1	1	1	1	1	0	0	4

Aus dieser Funktionstabelle ergibt sich der nachfolgend dargestellte Zuordner:

Zuordner:

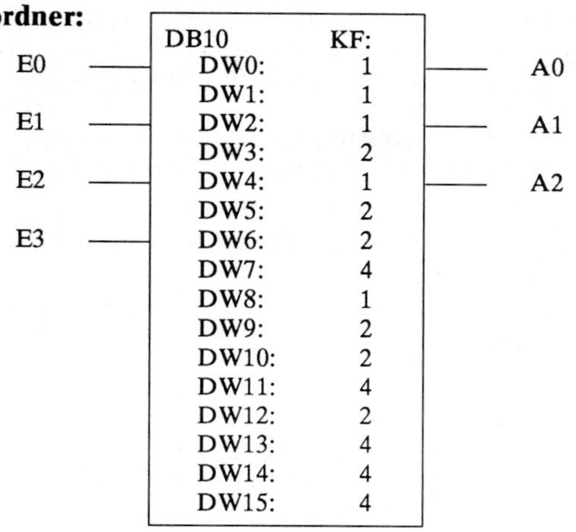

Steuerungsprogramm:

1. L EB 0 L KH 000F UW T MW10	*Maskierung der Eingänge und Verwendung ihres Dualwertes als Adresse im Merkerwort MW10.*
2. A DB10 B MW10 L DW0 T MW20	*Auslesen des indirekt adressierten Datenwortes. Zuweisung nach Merkerwort MW20.*
3. L AB0 L KH FFF8 UW L MW20 OW T AB0	*Maskierung der Ausgänge und Zuweisung von Merkerwort MW20 an die Ausgänge.*

Realisierung mit einer SPS:

Zuordnung:			
	E0 = E 0.0	A0 = A 0.0	Adressenregister MW10
	E1 = E 0.1	A1 = A 0.1	Zustandsregister MW20
	E2 = E 0.2	A2 = A 0.2	
	E3 = E 0.3		

Anweisungsliste:

```
FB 10                     DB10
NAME :LUEFTER
     :L    EB   0         0:      KF = +00001;
     :L    KH 000F        1:      KF = +00001;
     :UW                  2:      KF = +00001;
     :T    MW   10        3:      KF = +00002;
     :                    4:      KF = +00001;
     :A    DB   10        5:      KF = +00002;
     :B    MW   10        6:      KF = +00002;
     :L    DW   0         7:      KF = +00004;
     :T    MW   20        8:      KF = +00001;
     :                    9:      KF = +00002;
     :L    AB   0        10:      KF = +00002;
     :L    KH FFF8       11:      KF = +00004;
     :UW                 12:      KF = +00002;
     :L    MW   20       13:      KF = +00004;
     :OW                 14:      KF = +00004;
     :T    AB   0        15:      KF = +00004;
     :BE                 16:
```

▲

18.3 Zuordner aus Entscheidungstabelle

Bei Verknüpfungssteuerungen ohne Speicher ist bei manchen Steuerungsaufgaben eine vollständige Beschreibung des Zusammenhangs zwischen Eingangs- und Ausgangsvariablen mit der Funktionstabelle nicht erforderlich, da einige der Eingangskombinationen nicht vorkommen können. In einem solchen Fall genügt es, eine verkürzte Funktionstabelle oder eine *Entscheidungstabelle* zu verwenden. Da sich mit der Entscheidungstabelle die widerspruchsfreien Kombinationen der Eingabevariablen leicht finden lassen, wird bei der folgenden Steuerungsaufgabe der Zusammenhang zwischen Ein- und Ausgangsvariablen mit einer Entscheidungstabelle dargestellt. Aus dieser läßt sich dann in der gleichen Weise wie aus der Funktionstabelle der Zuordner bestimmen.

▼ Beispiel: Behälterfüllanlage

Zwei Vorratsbehälter mit den Signalgebern S2 und S3 für die Vollmeldung und S0 und S1 für die Meldung halbvoll können von Hand in beliebiger Reihenfolge entleert werden. Die Füllung der Behälter erfolgt abhängig vom Füllstand durch die drei Pumpen P1, P2 und P3.

Meldet entweder kein Signalgeber oder nur ein Signalgeber eine Halbvoll- oder Vollanzeige, so sollen alle drei Pumpen laufen. Melden sich zwei Signalgeber, so sollen zwei Pumpen die Füllung übernehmen.

Wenn sich drei Signalgeber melden, genügt es, wenn eine Pumpe die Füllung übernimmt.

Melden sich alle vier Signalgeber, so sind alle Behälter gefüllt und alle Pumpen bleiben ausgeschaltet.

Tritt ein Fehler auf, der von einer widersprüchlichen Meldung der Signalgeber herrührt, so soll dies eine Meldelampe H1 anzeigen und keine Pumpe laufen.

Es ist darauf zu achten, eine möglichst gleichmäßige Abnutzung der Pumpen zu erreichen.

Technologieschema:

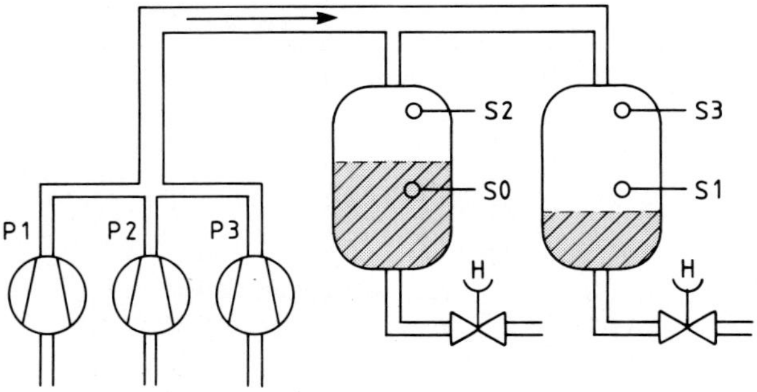

Bild 18.1
Behälterfüllanlage

Zuordnungstabelle:

Eingangsvariable	Betriebsmittel-kennzeichen	Logische Zuordnung
Halbvollmeldung Behälter 1	S0	Behälter 1 halbvoll S0 = 1
Halbvollmeldung Behälter 2	S1	Behälter 2 halbvoll S1 = 1
Vollmeldung Behälter 1	S2	Behälter 1 voll S2 = 1
Vollmeldung Behälter 2	S3	Behälter 2 voll S3 = 1
Ausgangsvariable		
Pumpe 1	**P1**	**Pumpe P1 an P1 = 1**
Pumpe 2	**P2**	**Pumpe P2 an P2 = 1**
Pumpe 3	**P3**	**Pumpe P3 an P3 = 1**
Meldeleuchte	**H1**	**Leuchte H1 an H1 = 1**

In der aufzustellenden Entscheidungstabelle wird den Pumpen bei den entsprechend vorliegenden möglichen Meldungen ein bestimmter Signalzustand zugewiesen. Alle möglichen Kombinationen, also die Entscheidungsregeln, erhält man, indem zunächst eine Meldung, dann zwei Meldungen usw. angenommen und entsprechend kombiniert werden. Bei der Entscheidung, welche Pumpen bei einer bestimmten Kombination der Signalgeber eingeschaltet werden, ist auf eine möglichst gleichmäßige Aufteilung (Anzahl der „1"-Zuweisungen für die einzelnen Pumpen) zu achten.

Die widersprüchlichen Meldungen der Signalgeber werden in der nachfolgenden Entscheidungstabelle unter „Sonst“ erfaßt. Ein Widerspruch liegt beispielsweise vor, wenn S2 „1“-Signal und S0 „0“-Signal meldet.

Entscheidungstabelle:

	Problembeschreibung		Entscheidungsregeln dual-codiert									
			0	1	2	3	5	7	10	11	15	Sonst
Bedingungsteil	Beh.1 halbvoll	S0	0	1	0	1	1	1	0	1	1	
	Beh.2 halbvoll	S1	0	0	1	1	0	1	1	1	1	
	Beh.1 voll	S2	0	0	0	0	1	1	0	0	1	
	Beh.2 voll	S3	0	0	0	0	0	0	1	1	1	
Aktionsteil	Pumpe 1 an	P1	1	1	1	0	1	0	1	0	0	0
	Pumpe 2 an	P2	1	1	1	1	0	1	0	1	0	0
	Pumpe 3 an	P3	1	1	1	1	1	0	1	0	0	0
	Melden an	H1	0	0	0	0	0	0	0	0	0	1
			7	7	7	6	5	2	5	2	0	8
			Ausgabezuweisungen dual-codiert									

In der Entscheidungstabelle sind die Entscheidungsregeln mit dem Dualwert der Eingangsbelegungen angegeben. Ebenso ist der Dualwert der jeweils zugehörigen Ausgabeanweisungen in die Tabelle eingetragen. Aus dieser Tabelle können dann relativ leicht die Inhalte der Datenworte DW0 bis DW15 bestimmt werden.

Zuordner:

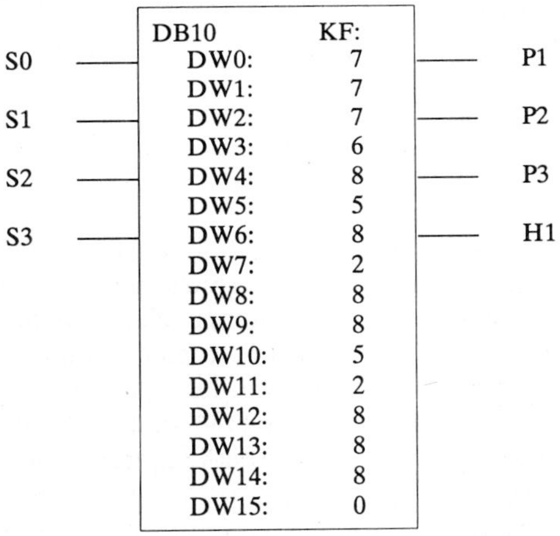

Steuerungsprogramm:

Im Eingangsbyte EB0 liegen die Eingabevariablen S0 bis S3 an den Stellen E 0.0 bis E 0.3. Im Ausgangsbyte AB0 befinden sich die Ausgaben P1 bis H1 an den Ausgängen A 0.0 bis A 0.3.

```
1. L EB 0          Maskierung der Eingänge und Verwendung
   L KH 000F       ihres Dualwertes als Adresse im Merkerwort MW10
   UW
   T MW10

2. A DB10          Auslesen des indirekt adressierten Datenwortes.
   B MW10          Zuweisung nach Merkerwort MW20
   L DW0
   T MW20

3. L AB0           Maskierung der Ausgänge und Zuweisung
   L KH FFF0       von Merkerwort MW20 an die Ausgänge.
   UW
   L MW20
   OW
   T AB0
```

Realisierung mit einer SPS:

Zuordnung:	S1 = E 0.0	P1 = A 0.0	Adressenregister MW10
	S2 = E 0.1	P2 = A 0.1	Ausgaberegister MW20
	S3 = E 0.2	P3 = A 0.2	
	S4 = E 0.3	H1 = A 0.3	

Anweisungsliste:

```
FB 10                       DB10
NAME :BEHAELT
     :L    EB   0           0:      KF = +00007;
     :L    KH 000F          1:      KF = +00007;
     :UW                    2:      KF = +00007;
     :T    MW  10           3:      KF = +00006;
     :                      4:      KF = +00008;
     :A    DB  10           5:      KF = +00005;
     :B    MW  10           6:      KF = +00008;
     :L    DW   0           7:      KF = +00002;
     :T    MW  20           8:      KF = +00008;
     :                      9:      KF = +00008;
     :L    AB   0          10:      KF = +00005;
     :L    KH FFF0         11:      KF = +00002;
     :UW                   12:      KF = +00008;
     :L    MW  20          13:      KF = +00008;
     :OW                   14:      KF = +00008;
     :T    AB   0          15:      KF = +00000;
     :BE                   16:
```

▲

18.4 Zuordner aus Zustandsgraph

Zur Umsetzung eines Zustandsgraphen in ein Steuerungsprogramm nach der Tabellenmethode ist es erforderlich, Eingangskombinationen, Zustände, Übergangsbedingungen und Ausgabezuweisungen in tabellarischer Form darzustellen. Mit einer *Zustandstabelle*, welche für jeden Zustand eine Zeile und für jede Weiterschaltkombination eine Spalte besitzt, können die Zusammenhänge in tabellarischer Form erfaßt werden. Die Grenzen der Beschreibungsform Zustandstabelle sind zum einen durch die noch überschaubare Zahl von Zuständen und zum anderen durch die Anzahl der Weiterschaltbedingungen gegeben.

Die Zustandstabelle für einen Zustandsgraphen wird in eine Übergangstabelle und eine Ausgabetabelle unterteilt. In die Übergangstabelle werden die Folgezustände für jeden Zustand bei den entsprechenden Weiterschaltkombinationen eingetragen. Kann in einem Zustand eine Eingangskombination nicht auftreten, so wird an dieser Stelle in die Tabelle ein „–"-Zeichen eingetragen.

In der Ausgabetabelle werden die Ausgabezuweisungen der einzelnen Zustände angegeben.

Zur Einführung in den Aufbau der Zustandstabelle für ein Zustandsgraph wird eine Steuerungsaufgabe mit den Eingangssignalen E0 und E1, den Ausgabezuweisungen A0 und A1, sowie 4 Zuständen bearbeitet. Ausgangspunkt ist der für die Aufgabe vorgegebene Zustandsgraph. Der Weg vom Zustandsgraphen bis zum Steuerungsprogramm nach der Tabellenmethode ist in 8 Schritten unterteilt. Innerhalb dieser Schritte werden folgende Tabellen, Zuordner, Programmübersichten und Befehlsfolgen erstellt:

Schritt 1: Tabelle für die Codierung der Weiterschaltkombinationen,
Schritt 2: Zustandstabelle,
Schritt 3: Tabelle für die Codierung der Zustände,
Schritt 4: Übergangstabelle mit Eingangs- und Zustandsvariablen,
Schritt 5: Zuordner der Übergangstabelle,
Schritt 6: Zuordner der Ausgabetabelle,
Schritt 7: Programmübersicht,
Schritt 8: Steuerungsprogramm.

Zustandsgraph der Steuerungsaufgabe:

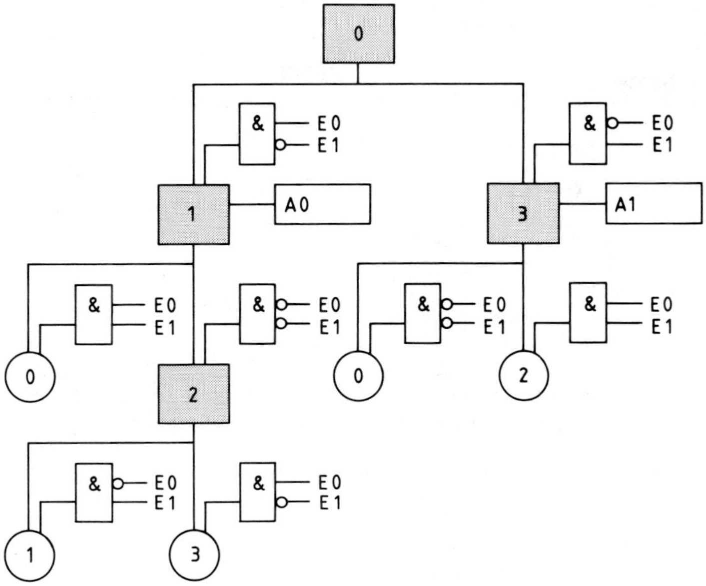

Schritt 1: Tabelle für die Codierung der Weiterschaltkombinationen

E1	E0	Bezeichnung
0	0	B0
0	1	B1
1	0	B2
1	1	B3

Schritt 2: Zum Zustandsgraph gehörende Zustandstabelle

Übergangstabelle Ausgabetabelle

	Weiterschaltkombinationen				Ausgangs-zuweisungen	
Zustand	B0	B1	B2	B3	A1	A0
0	0	1	3	0	0	0
1	2	1	1	0	0	1
2	2	3	1	2	0	0
3	0	3	3	2	1	0

Mit dieser Tabelle sind alle Zustandsübergänge und Ausgabezuweisungen eindeutig bestimmt. Befindet sich das Schaltwerk beispielsweise in Zustand 2, so ist mit der Weiterschaltkombination B1 Zustand 3 und mit B2 Zustand 1 der Folgezustand.

In der Ausgabetabelle sind die zu jedem Zustand gehörenden Ausgabezuweisungen eingetragen.

Bei der Umsetzung der Zustandstabelle in ein Steuerungsprogramm nach der Tabellenmethode werden die Übergangstabelle und die Ausgabetabelle mit jeweils einem Zuordner realisiert. Der Zuordner für die Übergangstabelle wird adressiert mit den Zuständen und den Weiterschaltbedingungen. Dazu ist erforderlich, die Zustände mit internen Variablen Q dual-codiert darzustellen.

Die Anzahl der erforderlichen Zustandsvariablen kann aus der Ungleichung:

$2^n \geq Z$ n: Anzahl der Zustandsvariablen
Z: Anzahl der Zustände

ermittelt werden.
Für vier Zustände sind demnach zur Codierung zwei Zustandsvariablen erforderlich.

Schritt 3: Tabelle für die Codierung der Zustände

Zustands-variablen		Zustand
Q1	Q0	
0	0	Zustand 0
0	1	Zustand 1
1	0	Zustand 2
1	1	Zustand 3

Mit den Zustandsvariablen Q0 und Q1 sowie den Eingangsvariablen E0 und E1 kann die Übergangstabelle in der Struktur einer Funktionstabelle dargestellt werden.

Schritt 4: Übergangstabelle mit Eingangs- und Zustandsvariablen

Vorzustand				Folgezustand		
Q1	Q0	E1	E0	Q1	Q0	Dualwert
0	0	0	0	0	0	0
0	0	0	1	0	1	1
0	0	1	0	1	1	3
0	0	1	1	0	0	0
0	1	0	0	1	0	2
0	1	0	1	0	1	1
0	1	1	0	0	1	1
0	1	1	1	0	0	0
1	0	0	0	1	0	2
1	0	0	1	1	1	3
1	0	1	0	0	1	1
1	0	1	1	1	0	2
1	1	0	0	0	0	0
1	1	0	1	1	1	3
1	1	1	0	1	1	3
1	1	1	1	1	0	2

Aus dieser Tabelle kann nun der Zuordner für die Übergangstabelle bestimmt werden. Dazu wird in einen Datenbaustein die Zuordnung des Folgezustandes in Abhängigkeit von der Eingangskombination und dem Zustand in die entsprechenden Datenworte eingetragen.

Schritt 5: Zuordner der Übergangstabelle

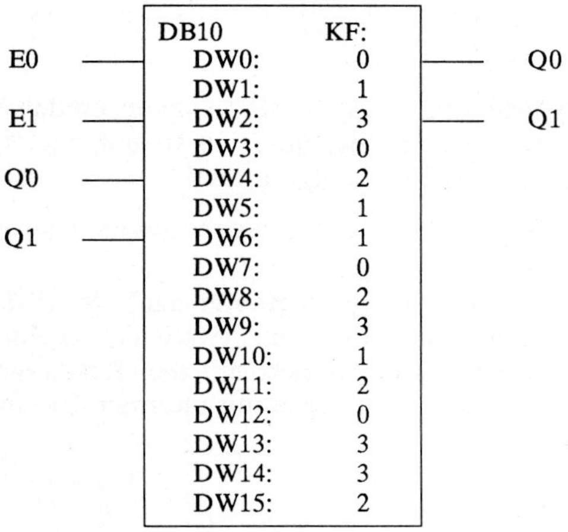

Der Zuordner für die Ausgabetabelle wird nur über die Zustände adressiert. Deshalb können die Eintragungen in die Ausgabetabelle direkt aus der Zustandstabelle erfolgen.

Schritt 6: Zuordner der Ausgabetabelle

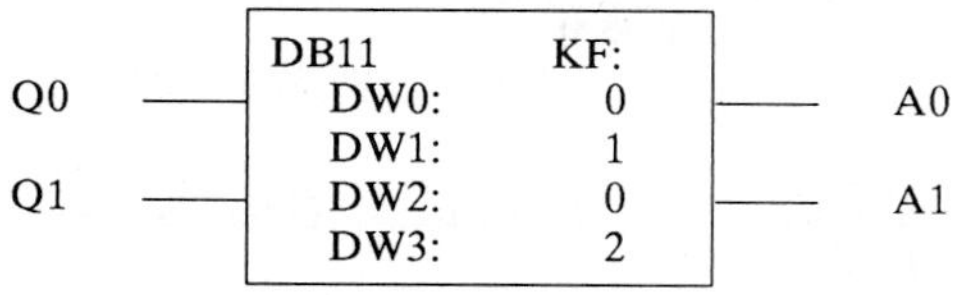

Nachdem die Eintragungen in die zwei Datenbausteine für die beiden Zuordner ausgeführt sind, wird mit einem Steuerungsprogramm zunächst aus dem Zuordner der Übergangstabelle der neue Zustand ermittelt. Danach wird aus dem Zuordner der Ausgabetabelle die zu dem aktuellen Zustand gehörende Ausgabezuweisung bestimmt.

Zur Darstellung der Programmstruktur wird zunächst ein Steuerungsprogramm in Einfachausführung ohne Maskierung der Eingänge und Ausgänge gezeigt.

Schritt 7: Programmübersicht

Die verwendeten Variablen dieses Programms sind:

EB0:	enthält die codierte Weiterschaltbedingung	0 0 0 0 0 0 E1 E0
MB2:	enthält den codierten alten Zustand	0 0 0 0 0 0 Q1 Q0
AB0:	enthält die Ausgabezuweisungen	0 0 0 0 0 0 A1 A0
MW10:	enthält den codierten alten Zustand und die codierte Weiterschaltbedingung als Adresse für den Zuordner „Übergangstabelle“	... 0 0 0 0 Q1 Q0 E1 E0
MW20:	enthält den codierten neuen Zustand als Adresse für den Zuordner „Ausgabetabelle“ ...	0 0 0 0 0 0 Q1 Q0

MW10 und MW20 müssen Wortoperanden sein, da sie im Befehl B MW . . verwendet werden.

DB10:	Zuordner der Übergangstabelle
DB11:	Zuordner der Ausgabetabelle

Programmstruktur:

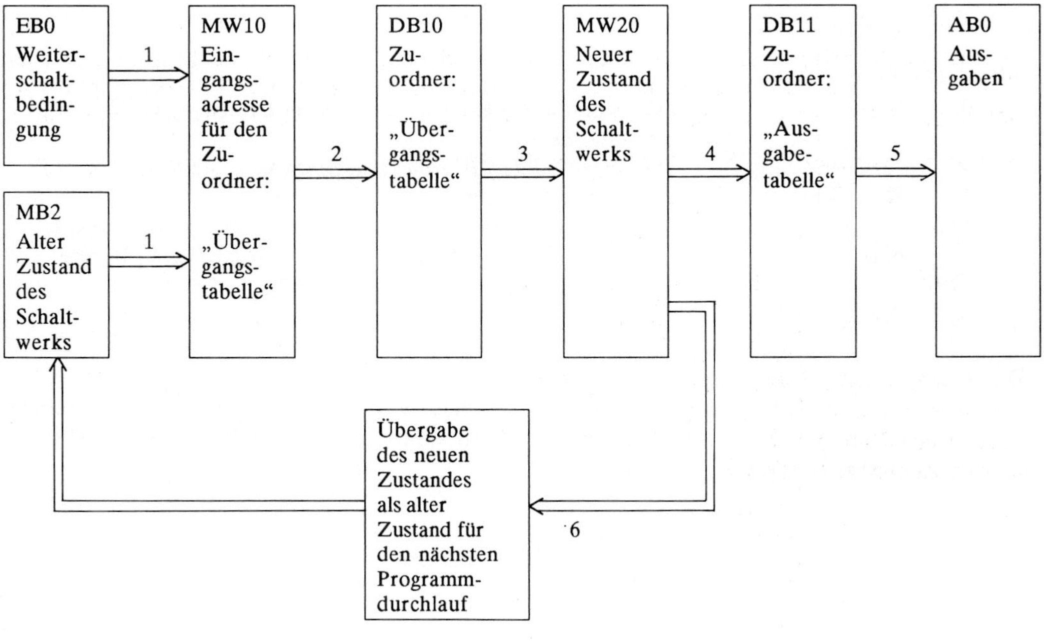

Schritt 8: Steuerungsprogramm

1	L	EB0	*Der Dualwert der Eingangskombination und des alten*
	L	MB2	*Zustandes werden Merkerwort MW10 zugewiesen.*
	SLW	2	
	OW		
	T	MW10	
2	A	DB10	*Der Datenbaustein des Zuordners für die Übergangs-tabelle wird aufgerufen.*
	B	MW10	*Das Datenwort mit der Adresse, die der Dualwert von*
	L	DW0	*MW10 angibt, wird geladen.*
3	T	MW20	*Der Inhalt des Akkus wird Merkerwort MW20 zugewiesen.*
4	A	DB11	*Der Datenbaustein des Zuordners für die Ausgabetabelle wird aufgerufen.*
	B	MW20	*Das Datenwort mit der Adresse, die der Dualwert von*
	L	DW0	*MW20 angibt, wird geladen.*
5	T	AB0	*Der Inhalt des Akkus wird Ausgangsbyte AB0 zugewiesen.*
6	L	MW20	*Der neue Zustand wird in Merkerbyte MB2 übernommen.*
	T	MB2	

Um beim Eingangsbyte EB0 und beim Ausgangsbyte AB0 die für dieses Schaltwerk nicht benötigten Eingänge bzw. Ausgänge anderweitig noch verwenden zu können, wird in den Programmteilen 1 und 5 noch eine Maskierung durchgeführt.

Diese Programmteile ändern sich dann wie folgt:

Programmteil 1:

L	EB0	*Die Eingänge E0 und E1 als die ersten Bits des Eingangs-*
L	KH0003	*bytes EB0 werden maskiert und zusammen mit den um*
UW		*zwei Stellen nach links verschobenen Zustandsvariablen*
L	MB2	*Q1 und Q0 dem Merkerwort MW10 zugewiesen.*
SLW	2	
OW		
T	MW10	

Programmteil 5:

T	MB1	*Der Inhalt des Akkus wird einem Hilfsregister MB1 zugewiesen.*
L	AB0	*Die ersten beiden Bits des Ausgangsbytes AB0 werden auf*
L	KH FFFC	*den Wert „0" gesetzt.*
UW		*Mit der „ODER"-Verknüpfung von MB1 und dem Akku*
L	MB1	*erhält das Ausgangsbyte AB0 an den Ausgängen A0 und*
OW		*A1 die entsprechende Wertzuweisung.*
T	AB0	

Diese dargestellte Programmstruktur ist bei allen Zustandsgraphen, die nach der Tabellenmethode in ein Steuerungsprogramm umgesetzt werden, stets die gleiche. Das unterschiedliche Verhalten der einzelnen Schaltwerke wird allein durch die Programmierung der beiden Zuordner bestimmt.

▼ Beispiel: Einspurige Unterführung

Auf einer Nebenstraße wird die einspurige Unterführung eines Bahndamms durch eine Ampelanlage gesteuert. Um festzustellen, von welcher Seite Fahrzeuge die einspurige Stelle passieren wollen, wurden Initiatoren installiert.

Technologieschema:

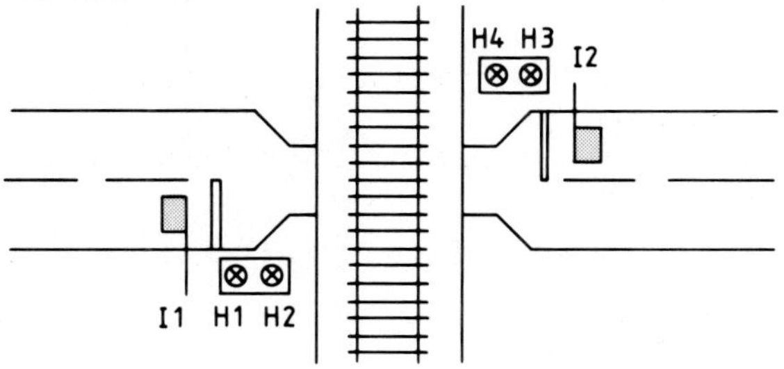

Bild 18.2 Einspurige Unterführung

Funktionsbeschreibung:

Beim Einschalten des Automatisierungsgerätes zeigen beide Ampeln Rot. Wird danach ein Initiator betätigt, schaltet die entsprechende Ampel sofort auf Grün. Hat das Fahrzeug den Bereich des Initiators verlassen, wird die Ampel wieder auf Rot geschaltet. Wird dann wieder ein Initiator betätigt, müssen zunächst 10 Sekunden vergangen sein, bevor eine Seite nun wieder mit Grün bedient wird. Liegt nach diesen 10 Sekunden eine Meldung von beiden Initiatoren vor, so soll zwischen den beiden Seiten abgewechselt werden. Die Steuerungsaufgabe ist nach der Tabellenmethode zu realisieren.

Zuordnungstabelle:

Eingangsvariable	Betriebsmittel-kennzeichen	Logische Zuordnung	
Initiator 1	I1	betätigt	I1 = 1
Initiator 2	I2	betätigt	I2 = 1
Ausgangsvariable			
Lampe Grün 1	H1	leuchtet	H1 = 1
Lampe Rot 1	H2	leuchtet	H2 = 1
Lampe Grün 2	H3	leuchtet	H3 = 1
Lampe Rot 2	H4	leuchtet	H4 = 1

Zustandsgraph:

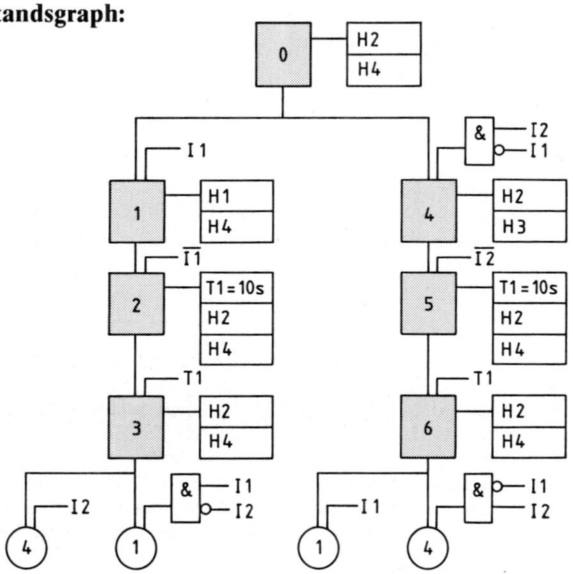

Die Umsetzung des Zustandsgraphen in ein Steuerungsprogramm nach der Tabellenmethode erfolgt in acht nachfolgend beschriebenen Schritten.

Schritt 1: Tabelle für die Codierung der Weiterschaltkombinationen

Die Weiterschaltkombinationen werden durch die beiden Eingänge I2 und I1 sowie der Zeitvariablen T1 bestimmt. Der Timer T1 wird im Zustand 2 bzw. Zustand 4 gestartet und hat dann nach 10 Sekunden „1"-Signal (SE). In einer Tabelle werden die Bezeichnungen der dual-codierten Weiterschaltbedingungen festgehalten.

T1	I2	I1	Weiterschalt-kombinationen
0	0	0	B0
0	0	1	B1
0	1	0	B2
0	1	1	B3
1	0	0	B4
1	0	1	B5
1	1	0	B6
1	1	1	B7

Schritt 2: Zustandstabelle

	Weiterschaltkombinationen								Ausgangszuweisungen					Dualwert
Zustand	B0	B1	B2	B3	B4	B5	B6	B7	T1	H4	H3	H2	H1	
0	0	1	4	1	–	–	–	–	0	1	0	1	0	10
1	2	1	2	1	–	–	–	–	0	1	0	0	1	9
2	2	2	2	2	3	3	3	3	1	1	0	1	0	26
3	3	1	4	4	–	–	–	–	0	1	0	1	0	10
4	5	5	4	4	–	–	–	–	0	0	1	1	0	6
5	5	5	5	5	6	6	6	6	1	1	0	1	0	26
6	6	1	4	1	–	–	–	–	0	1	0	1	0	10

Erläuterungen zur Zustandstabelle:

- An den Stellen der Übergangstabelle, bei denen ein „–"-Zeichen eingetragen ist, kann bei dem jeweiligen Zustand die für die Spalte angegebene Weiterschaltkombination nicht auftreten. Befindet sich das Schaltwerk beispielsweise in Zustand 1, so können die Weiterschaltkombinationen B4 bis B7 nicht auftreten, da hierzu der Timer T1 „1"-Signal liefern müßte. Dieser wird aber erst mit Zustand 2 bzw. 5 gestartet (SE) und verliert nach Ablauf der Zeit sein „1"-Signal, wenn der Zustand 2 bzw. 5 verlassen wird.
- Der Timer T1 tritt als Variable sowohl in den Weiterschaltkombinationen, als auch in der Ausgabetabelle auf. Die Eintragung „1" in der Spalte T1 der Ausgabetabelle bedeutet dabei, daß in dem entsprechenden Zustand der Timer T1 gestartet wird.

Schritt 3: Tabelle für die Codierung der Zustände

Zur Aufstellung des Zuordners für die Übergangstabelle ist es erforderlich, drei Zustandsvariablen einzuführen. Dabei soll folgende Zuordnung gelten:

Zustands-variablen			Zustand
Q2	Q1	Q0	
0	0	0	Zustand 0
0	0	1	Zustand 1
0	1	0	Zustand 2
0	1	1	Zustand 3
1	0	0	Zustand 4
1	0	1	Zustand 5
1	1	0	Zustand 6

Mit den Zustandsvariablen Q2, Q1 und Q0, sowie den Variablen I2, I1 und T1 der Weiterschaltkombinationen ergeben sich insgesamt $2^6 = 64$ Adressen für den Zuordner der Übergangstabelle. Aus der Zustandstabelle ist jedoch zu entnehmen, daß nur insgesamt 36 Adressierungen für den Zuordner erforderlich sind. Adressen, in denen das Zeichen „–" in der Übergangstabelle eingetragen ist, können nicht auftreten. Deshalb sind in dem Datenbaustein, der den Zuordner der Übergangstabelle darstellt, auch nur in 36 Datenworten eine entsprechende Eintragung vorzunehmen. Die folgende Tabelle zeigt, in welchen Datenwörtern die entsprechenden Folgezustände eingetragen werden müssen.

Schritt 4 und 5:
Übergangstabelle mit Eingangs- und Zustandsvariablen und Zuordner der Übergangstabelle

								DB10				DB10
Zustand	Weiterschaltkombinationen	Q2	Q1	Q0	T1	I2	I1	Datenwort DW	Folgezustand Q2	Q1	Q0	Eintragung in das DW
0	B0	0	0	0	0	0	0	DW0	0	0	0	0
0	B1	0	0	0	0	0	1	DW1	0	0	1	1
0	B2	0	0	0	0	1	0	DW2	1	0	0	4
0	B3	0	0	0	0	1	1	DW3	0	0	1	1
1	B0	0	0	1	0	0	0	DW8	0	1	0	2
1	B1	0	0	1	0	0	1	DW9	0	0	1	1
1	B2	0	0	1	0	1	0	DW10	0	1	0	2
1	B3	0	0	1	0	1	1	DW11	0	0	1	1
2	B0	0	1	0	0	0	0	DW16	0	1	0	2
2	B1	0	1	0	0	0	1	DW17	0	1	0	2
2	B2	0	1	0	0	1	0	DW18	0	1	0	2
2	B3	0	1	0	0	1	1	DW19	0	1	0	2
2	B4	0	1	0	1	0	0	DW20	0	1	1	3
2	B5	0	1	0	1	0	1	DW21	0	1	1	3
2	B6	0	1	0	1	1	0	DW22	0	1	1	3
2	B7	0	1	0	1	1	1	DW23	0	1	1	3
3	B0	0	1	1	0	0	0	DW24	0	1	1	3
3	B1	0	1	1	0	0	1	DW25	0	0	1	1
3	B2	0	1	1	0	1	0	DW26	1	0	0	4
3	B3	0	1	1	0	1	1	DW27	1	0	0	4
4	B0	1	0	0	0	0	0	DW32	1	0	1	5
4	B1	1	0	0	0	0	1	DW33	1	0	1	5
4	B2	1	0	0	0	1	0	DW34	1	0	0	4
4	B3	1	0	0	0	1	1	DW35	1	0	0	4
5	B0	1	0	1	0	0	0	DW40	1	0	1	5
5	B1	1	0	1	0	0	1	DW41	1	0	1	5
5	B2	1	0	1	0	1	0	DW42	1	0	1	5
5	B3	1	0	1	0	1	1	DW43	1	0	1	5
5	B4	1	0	1	1	0	0	DW44	1	1	0	6
5	B5	1	0	1	1	0	1	DW45	1	1	0	6
5	B6	1	0	1	1	1	0	DW46	1	1	0	6
5	B7	1	0	1	1	1	1	DW47	1	1	0	6
6	B0	1	1	0	0	0	0	DW48	1	1	0	6
6	B1	1	1	0	0	0	1	DW49	0	0	1	1
6	B2	1	1	0	0	1	0	DW50	1	0	0	4
6	B3	1	1	0	0	1	1	DW51	0	0	1	1

Der Datenbaustein für diesen Zuordner besteht also aus insgesamt 51 Datenworten. Da in die nicht benötigten Datenworte jedoch ebenfalls eine Eintragung erfolgen muß, wird dort der Wert „0" eingetragen.

Schritt 6: Zuordner der Ausgabetabelle

Der Zuordner für die Ausgabetabelle kann wieder direkt aus der Zustandstabelle bestimmt werden.

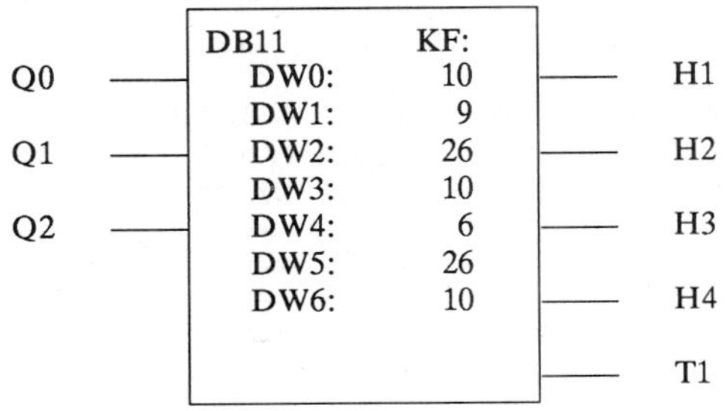

Schritt 7: Programmübersicht

Nachdem die Eintragungen in die zwei Datenbausteine für die beiden Zuordner erfolgt sind, wird mit einem Steuerungsprogramm zunächst wieder aus dem Zuordner der Übergangstabelle der neue Zustand ermittelt. Danach wird aus dem Zuordner der Ausgabetabelle die zu dem aktuellen Zustand gehörende Ausgabezuweisung bestimmt.

Die für diesen Schaltwerkstyp gezeigte Programmstruktur mit den sechs Programmteilen bleibt also erhalten. Lediglich in Programmteil 1 und Programmteil 5 muß zur Verarbeitung des Timers T1 und zur Berücksichtigung der nun drei Zustandsvariablen eine Anpassung vorgenommen werden.

Schritt 8: Steuerungsprogramm

Die verwendeten Variablen des Programms enthalten:

EB0:		x	x	x	x	x	x	I2	I1	
MB2:		0	0	0	0	0	Q2	Q1	Q0	
AB0:		X	X	X	X	H4	H3	H2	H1	
MW10:	00000000	0	0	Q2	Q1	Q0	T1	I2	I1	
MW20:	00000000	0	0	0	0	0	Q2	Q1	Q0	
MB1:		0	0	0	T1	H4	H3	H2	H1	(vor dem Maskieren)
MB1:		0	0	0	0	H4	H3	H2	H1	(nach dem Maskieren)

Programmanpassungen in:

Programmteil 1

L EB0 L KH0003 UW L MB2 SLW 3 OW T MW10	*Die Eingänge I2 und I1 als die ersten Bits des Eingangsbytes EB0 werden maskiert und zusammen mit den um drei Stellen nach links verschobenen Zustandsvariablen Q2, Q1 und Q0 dem Merkerwort MW10 zugewiesen.*
U T1 = M 11.2	*In Merkerwort MW10 erhält das 3. Bit von rechts den Signalzustand des Timers T1.*

Programmteil 5

T MB1	*Der Inhalt des Akkus wird einem Hilfsregister MB1 zugewiesen.*
U M 1.4 L KT 100.1 SE T1	*Timer T1 wird gestartet.*
L MB1 L KH000F UW T MB1	*In Merkerbyte MB1 werden die Ausgabezuweisungen für H1 bis H3 maskiert.*
L AB0 L KH FFF0 UW	*Die ersten 4 Bits des Ausgangsbytes AB0 werden auf den Wert „0" gesetzt.*
L MB1 OW T AB0	*Mit der „ODER"-Verknüpfung von MB1 und dem Akku erhält das Ausgangsbyte AB0 an den Ausgängen A0 bis A3 die entsprechenden Wertzuweisungen.*

Realisierung mit einer SPS:

Zuordnung:	I1 = E 0.0	H1 = A 0.0	Hilfsregister	MB1, MB2
	I2 = E 0.1	H2 = A 0.1	Adressenregister	MW10
		H3 = A 0.2	Ausgaberegister	MW20
		H4 = A 0.4		

Anweisungsliste:

```
FB 10
NAME :UNTERFUE
      :L    EB   0          :L    MW   20
      :L    KH 0003         :T    MB    2
      :UW                   :
      :L    MB   2          :BE
      :SLW       3
      :OW
      :T    MW  10
      :
      :U    T    1
      :=    M   11.2
      :
      :A    DB  10
      :B    MW  10
      :L    DW   0
      :T    MW  20
      :
      :A    DB  11
      :B    MW  20
      :L    DW   0
      :T    MB   1
      :
      :U    M    1.4
      :L    KT 100.1
      :SE   T    1
      :
      :L    MB   1
      :L    KH 000F
      :UW
      :T    MB   1
      :
      :L    AB   0
      :L    KH FFF0
      :UW
      :L    MB   1
      :OW
      :T    AB   0
      :
```

```
DB10

 0:   KF = +00000;      37:   KF = +00000;
 1:   KF = +00001;      38:   KF = +00000;
 2:   KF = +00004;      39:   KF = +00000;
 3:   KF = +00001;      40:   KF = +00005;
 4:   KF = +00000;      41:   KF = +00005;
 5:   KF = +00000;      42:   KF = +00005;
 6:   KF = +00000;      43:   KF = +00005;
 7:   KF = +00000;      44:   KF = +00006;
 8:   KF = +00002;      45:   KF = +00006;
 9:   KF = +00001;      46:   KF = +00006;
10:   KF = +00002;      47:   KF = +00006;
11:   KF = +00001;      48:   KF = +00006;
12:   KF = +00000;      49:   KF = +00001;
13:   KF = +00000;      50:   KF = +00004;
14:   KF = +00000;      51:   KF = +00001;
15:   KF = +00000;      52:
16:   KF = +00002;
17:   KF = +00002;
18:   KF = +00002;
19:   KF = +00002;
20:   KF = +00003;
21:   KF = +00003;
22:   KF = +00003;
23:   KF = +00003;
24:   KF = +00003;
25:   KF = +00001;
26:   KF = +00004;
27:   KF = +00004;
28:   KF = +00000;
29:   KF = +00000;
30:   KF = +00000;
31:   KF = +00000;
32:   KF = +00005;
33:   KF = +00005;
34:   KF = +00004;
35:   KF = +00004;
36:   KF = +00000;
```

```
DB11

0:   KF = +00010;
1:   KF = +00009;
2:   KF = +00026;
3:   KF = +00010;
4:   KF = +00006;
5:   KF = +00026;
6:   KF = +00010;
7:
```

▲

18.5 Zuordner aus Zustandsdiagramm

Mit Zustandsdiagrammen können Schaltwerke der Moore- und Mealy-Automatenstruktur beschrieben werden. Die Umsetzung eines Zustandsdiagramms, das ein Moore-Automat beschreibt, in ein Steuerungsprogramm nach der Tabellenmethode, erfolgt in der gleichen Weise, wie die Umsetzung eines Zustandsgraphen (s. 18.4).

Gezeigt wird nachfolgend die Umsetzung eines Zustandsdiagramms für einen Mealy-Automaten.

Da bei einem Schaltwerk nach der Mealy-Automatenstruktur die Ausgabezuweisungen von den Zuständen und den Weiterschaltbedingungen abhängen, kann die Zustandstabelle nicht mehr in eine Übergangstabelle und eine Ausgabetabelle getrennt werden. In der Zustandstabelle bestehen die Eintragungen bei den Zustandszeilen und Weiterschaltkombinationsspalten nun aus zwei Bezeichnungen, wobei die erste den Folgezustand und die zweite Bezeichnung, getrennt durch einen Schrägstrich, die entsprechende Ausgabe angibt. Wird keine Ausgabe veranlaßt, so wird hierfür das Zeichen „–" verwendet.

Zur Einführung in den Aufbau der Zustandstabelle aus dem Zustandsdiagramm eines Mealy-Automaten ist eine Steuerungsaufgabe mit den Eingangssignalen E0 und E1, den Ausgabezuweisungen A0 und A1, sowie 4 Zuständen gegeben. Der Zusammenhang zwischen den Eingangssignalen, den Zuständen und den Ausgängen ist in einem Zustandsdiagramm vorgegeben.

Zustandsdiagramm der Steuerungsaufgabe mit einer Mealy-Automatenstruktur:

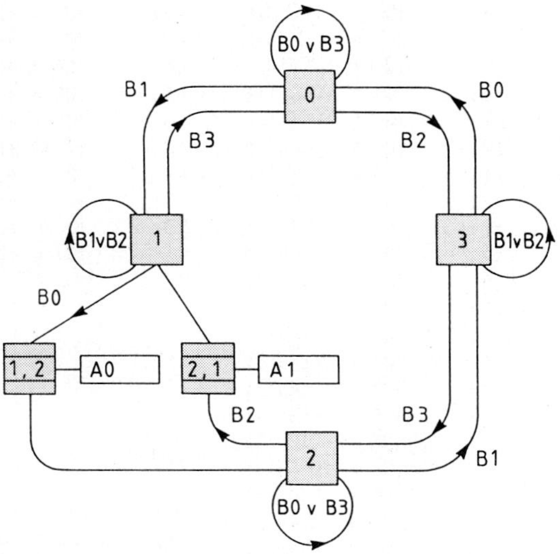

Der Weg vom Zustandsdiagramm bis zum Steuerungsprogramm nach der Tabellenmethode erfolgt in 7 Schritten. Innerhalb dieser Schritte werden folgende Tabellen, Zuordner, Programmübersichten und Befehlsfolgen erstellt:

Schritt 1: Tabelle für die Codierung der Weiterschaltkombinationen,
Schritt 2: Zustandstabelle,
Schritt 3: Tabelle für die Codierung der Zustände,
Schritt 4: Zustandstabelle mit Eingangs- und Zustandsvariablen,
Schritt 5: Zuordner der Zustandstabelle,
Schritt 6: Programmübersicht,
Schritt 7: Steuerungsprogramm.

Schritt 1: Tabelle für die Codierung der Weiterschaltkombinationen

E1	E0	Bezeichnung
0	0	B0
0	1	B1
1	0	B2
1	1	B3

Schritt 2: Zustandstabelle

Zustand	Weiterschaltkombinationen B0	B1	B2	B3
0	0/–	1/–	3/–	0/–
1	2/A0	1/–	1/–	0/–
2	2/–	3/–	1/A1	2/–
3	0/–	3/–	3/–	2/–

Aus der Zustandstabelle ist zu erkennen, daß A0 und A1 Impulsausgaben sind, da sie bei einem Zustandswechsel veranlaßt werden.

Mit dieser Tabelle sind alle Zustandsübergänge und Ausgabezuweisungen eindeutig bestimmt.

Schritt 3: Tabelle für die Codierung der Zustände

Für die Umsetzung der Zustandstabelle in ein Steuerungsprogramm nach der Tabellenmethode, werden die Zustände wieder mit Zustandsvariablen Q codiert.

Zustands-variablen Q1	Q0	Zustand
0	0	Zustand 0
0	1	Zustand 1
1	0	Zustand 2
1	1	Zustand 3

Schritt 4: Zustandstabelle mit Eingangs- und Zustandsvariablen

Mit den Zustandsvariablen Q0 und Q1 sowie den Eingangsvariablen E0 und E1 kann die Zustandstabelle in der Struktur einer Funktionstabelle dargestellt werden.

Vor-zustand				Folge-zustand		Ausgabe-zuweisung		Dual-wert
Q1	Q0	E1	E0	Q1	Q0	A1	A0	
0	0	0	0	0	0	0	0	0
0	0	0	1	0	1	0	0	4
0	0	1	0	1	1	0	0	12
0	0	1	1	0	0	0	0	0
0	1	0	0	1	0	0	1	9
0	1	0	1	0	1	0	0	4
0	1	1	0	0	1	0	0	4
0	1	1	1	0	0	0	0	0
1	0	0	0	1	0	0	0	8
1	0	0	1	1	1	0	0	12
1	0	1	0	0	1	1	0	6
1	0	1	1	1	0	0	0	8
1	1	0	0	0	0	0	0	0
1	1	0	1	1	1	0	0	12
1	1	1	0	1	1	0	0	12
1	1	1	1	1	0	0	0	8

Schritt 5: Zuordner der Zustandstabelle

Aus der Zustandstabelle kann nun der Zuordner bestimmt werden. Dazu wird in einen Datenbaustein der Dualwert von Folgezustand und Ausgabeanweisung in Abhängigkeit von Eingangskombination und Zustand Q1 Q0 E1 E0 in die entsprechenden Datenworte eingetragen.

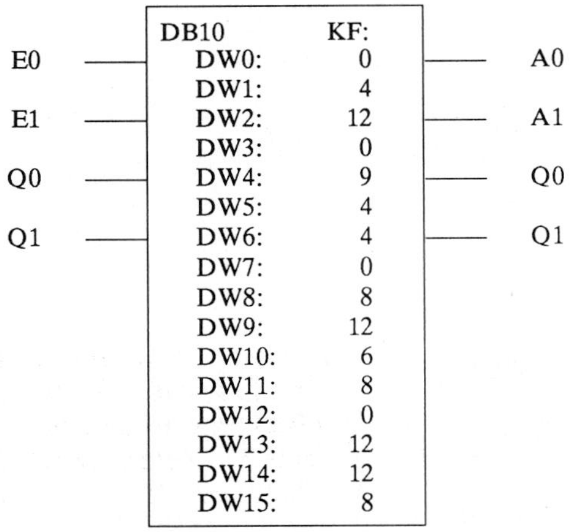

Schritt 6: Programmübersicht

Nachdem die Eintragungen in den Datenbausteinen erfolgt sind, werden mit einem Steuerungsprogramm der neue Zustand und die Ausgabezuweisungen aus dem Zuordner ermittelt. Da die Ausgabezuweisungen während eines Zustandsüberganges auftreten, ist der Signalwert „1" nur ein Zyklus lang vorhanden. Dies entspricht der typischen Impulsausgabe des Mealy-Automaten. In dem nachfolgend dargestellten Steuerungsprogramm werden die Ausgabeimpulse als Vor- bzw. Rückwärtszählimpulse verwendet.

Die verwendeten Variablen dieses Programms sind:

EB0:	enthält die codierte Weiterschaltbedingung	0 0 0 0 0 0 E1 E0
MB2:	enthält den codierten alten Zustand	0 0 0 0 0 0 Q1 Q0
MW10:	enthält den codierten alten Zustand und die codierte Weiterschaltbedingung als Adresse für den Zuordner „Übergangstabelle" ...	0 0 0 0 Q1 Q0 E1 E0
MB20:	enthält den neuen codierten Zustand und die Ausgangszuweisungen	0 0 0 0 Q1 Q0 A1 A0
Z1:	Zähler, der die Ausgabeimpulse verarbeitet	
DB10:	Zuordner der Zustandstabelle	

MW10 muß ein Wortoperand sein, da das Register für den Befehl B MW .. verwendet wird.

Programmstruktur:

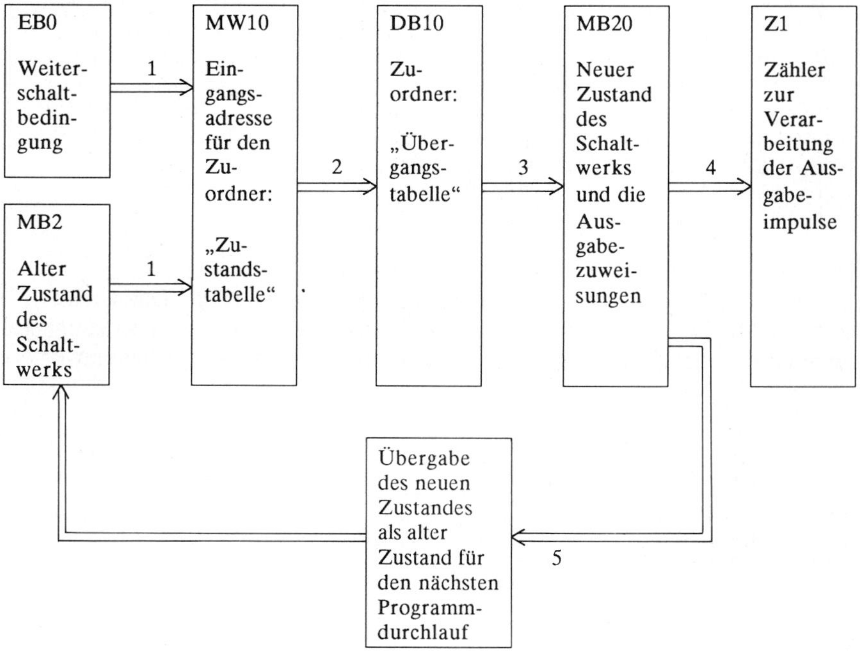

Schritt 7: Steuerungsprogramm

Umsetzung der Programmstruktur in ein Steuerungsprogramm:

1	L EB0 L KH0003 UW L MB2 SLW 2 OW T MW10	*Die Eingänge E0 und E1 als die ersten Bits des Eingangsbytes EB0 werden maskiert und zusammen mit den um zwei Stellen nach links verschobenen Zustandsvariablen Q1 und Q0 dem Merkerwort MW10 zugewiesen.*

2	A	DB10	*Der Datenbaustein des Zuordners für die Übergangstabelle wird aufgerufen.*
	B	MW10	*Das Datenwort mit der Adresse, die der Dualwert von*
	L	DW0	*MW10 angibt, wird geladen.*
3	T	MB20	*Der Inhalt des Akkus wird Merkerbyte MW20 zugewiesen.*
4	U	M 20.0	*Die Ausgabeimpulse werden als Zählimpulse verwendet.*
	ZV	Z1	
	U	M 20.1	
	ZR	Z1	
5	L	MB20	*Der neue Zustand wird in Merkerbyte MB2 übernommen.*
	SRW	2	
	T	MB2	

Diese dargestellte Programmstruktur ist wieder bei allen „Mealy"-Schaltwerken, die nach der Tabellenmethode in ein Steuerungsprogramm umgesetzt werden, stets die gleiche. Das unterschiedliche Verhalten der einzelnen Schaltwerke wird allein durch die Programmierung der beiden Zuordner bestimmt.

▼ Beispiel: Selektive Bandweiche

Auf einem Transportband werden lange und kurze Werkstücke in beliebiger Reihenfolge antransportiert. Die Bandweiche soll so gesteuert werden, daß die ankommenden Teile nach ihrer Länge selektiert und getrennten Abgabestationen zugeführt werden. Die Länge der Teile wird mit zwei Lichtschranken ermittelt. Lange Werkstücke unterbrechen gleichzeitig beide Lichtschranken, im Gegensatz zu kurzen Werkstücken, deren Länge kleiner als der Abstand der beiden Lichtschranken ist. Die kurzen Werkstücke sind so bemessen, daß keine zwei Werkstücke sich vollständig innerhalb der beiden Lichtschranken befinden können.

Zwischen den Werkstücken ist stets eine Lücke, so daß bei zwei unmittelbar aufeinanderfolgenden Werkstücken der Lichstrahl einer Lichtschranke durchgelassen wird.

Die Steuerungsaufgabe ist nach der Tabellenmethode zu realisieren.

Technologieschema:

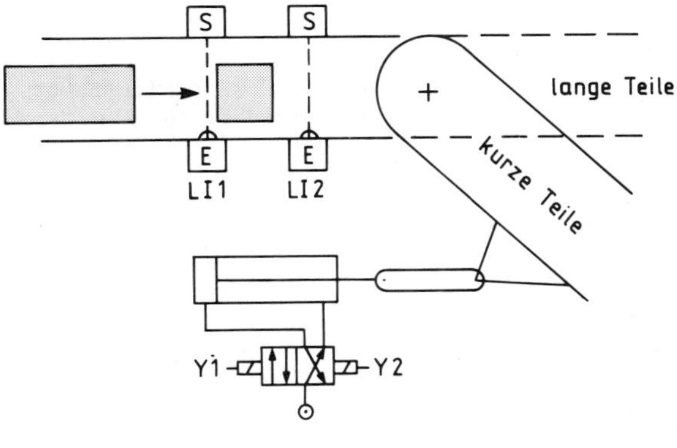

Bild 18.3 Bandweiche

Zuordnungstabelle:

Eingangsvariable	Betriebsmittelkennzeichen	Logische Zuordnung	
Lichtschranke 1	LI1	unterbrochen	LI1 = 1
Lichtschranke 2	LI2	unterbrochen	LI2 = 1
Ausgangsvariable			
Magnetventil 1	Y1	Zylinder ausgefahren für lange Teile	Y1 = 1
Magnetventil 2	Y2	Zylinder eingefahren für kurze Teile	Y2 = 1

Schritt 1: Tabelle für die Codierung der Weiterschaltkombinationen

LI2	LI1	Bezeichnung
0	0	B0
0	1	B1
1	0	B2
1	1	B3

Die verbale Beschreibung der Steuerungsaufgabe wird in ein Zustandsdiagramm übertragen.

Zustandsdiagramm der Steuerungsaufgabe:

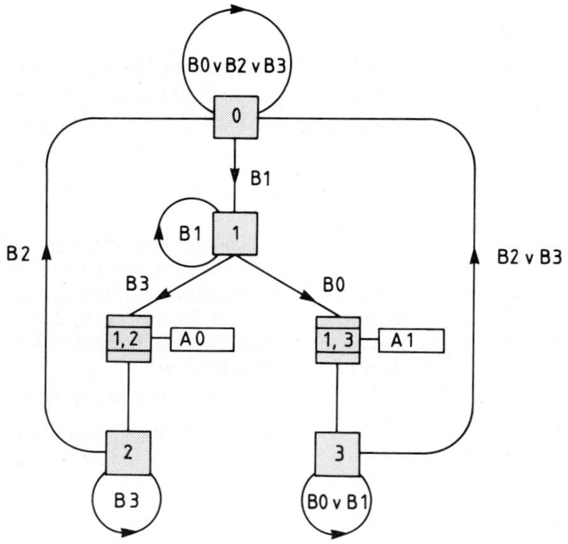

Die flüchtigen Ausgabevariablen A0 und A1 des Zustandsdiagramms setzen ein RS-Speicherglied bzw. setzen es zurück. Der Ausgang des Speichergliedes steuert das Magnetventil Y1 und die Negation des gleichen Speichergliedes steuert das Magnetventil Y2 an.

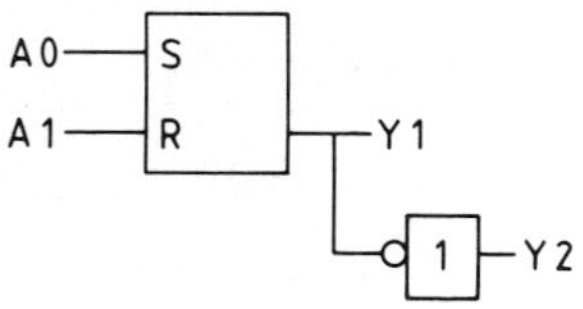

Schritt 2: Zustandstabelle

Zustand	Weiterschaltkombinationen B0	B1	B2	B3
0	0/–	1/–	0/–	0/–
1	3/A1	1/–	–/–	2/A0
2	–/–	–/–	0/–	2/–
3	3/–	3/–	0/–	0/–

Schritt 3: Tabelle für die Codierung der Zustände

Zustands-variablen Q1	Q0	Zustand
0	0	Zustand 0
0	1	Zustand 1
1	0	Zustand 2
1	1	Zustand 3

Schritt 4: Zustandstabelle mit Eingangs- und Zustandsvariablen

Dual-wert	Q1	Q0	LI2	LI1	Folge-zustand Q1	Q0	Ausgabe-zuweisung A1	A0	Dual-wert
0	0	0	0	0	0	0	0	0	0
1	0	0	0	1	0	1	0	0	4
2	0	0	1	0	0	0	0	0	0
3	0	0	1	1	0	0	0	0	0
4	0	1	0	0	1	1	1	0	14
5	0	1	0	1	0	1	0	0	4
6	0	1	1	0	–	–	–	–	–
7	0	1	1	1	1	0	0	1	9
8	1	0	0	0	–	–	–	–	–
9	1	0	0	1	–	–	–	–	–
10	1	0	1	0	0	0	0	0	0
11	1	0	1	1	1	0	0	0	8
12	1	1	0	0	1	1	0	0	12
13	1	1	0	1	1	1	0	0	12
14	1	1	1	0	0	0	0	0	0
15	1	1	1	1	0	0	0	0	0

In den Spalten mit dem Zeichen „–" sind keine Eintragungen erforderlich, da diese Weiterschaltkombinationen nicht auftreten können. Da in dem Datenbaustein bei den entsprechenden Datenwörtern jedoch eine Eintragung vorzunehmen ist, wird dort der Wert „0" eingetragen.

Schritt 5: Zuordner der Zustandstabelle

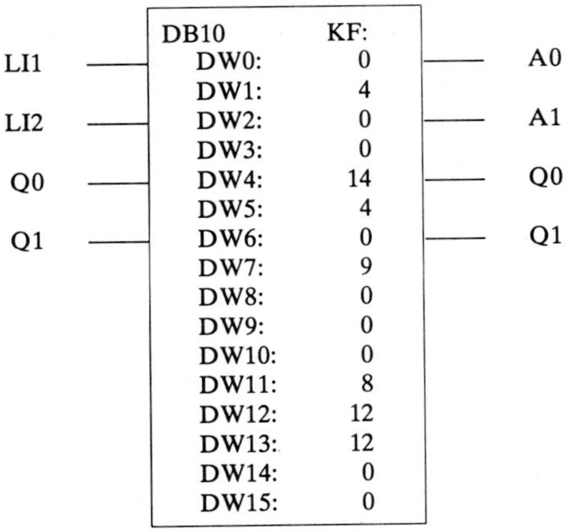

Schritt 6: Programmübersicht und Schritt 7: Steuerungsprogramm

Nachdem die Eintragungen in die zwei Datenbausteine für die beiden Zuordner erfolgt sind, werden mit einem Steuerungsprogramm aus dem Zuordner der Übergangstabelle der neue Zustand und die Ausgabezuweisung ermittelt. Die für diesen Schaltwerkstyp gezeigte Programmstruktur mit den fünf Programmteilen kann fast unverändert übernommen werden. Lediglich in Programmteil 4 wird statt des Zählers Z1 ein RS-Speicherglied verwendet.

Realisierung mit einer SPS:

Zuordnung:	LI1 = E 0.0	Y1 = A 0.0	Altzustandsregister MB2
	LI2 = E 0.1	Y2 = A 0.1	Adressenregister MW10
			Zustandsregister MB20

Anweisungsliste:

```
FB 10                   DB10
NAME :BANDWEIC
     :L    EB    0       0:      KF = +00000;
     :L    KH 0003       1:      KF = +00004;
     :UW                 2:      KF = +00000;
     :L    MB    2       3:      KF = +00000;
     :SLW        2       4:      KF = +00014;
     :OW                 5:      KF = +00004;
     :T    MW   10       6:      KF = +00000;
     :                   7:      KF = +00009;
     :A    DB   10       8:      KF = +00000;
     :B    MW   10       9:      KF = +00000;
     :L    DW    0      10:      KF = +00000;
     :T    MB   20      11:      KF = +00008;
     :                  12:      KF = +00012;
     :U    M    20.0    13:      KF = +00012;
     :S    A     0.0    14:      KF = +00000;
     :U    M    20.1    15:      KF = +00000;
     :R    A     0.0    16:
     :UN   A     0.0
     :=    A     0.1
     :
     :L    MB   20
     :SRW        2
     :T    MB    2
     :BE
```
▲

18.6 Zuordner für zeitgeführte Ablaufsteuerungen

Eine weitere sinnvolle Anwendung der Tabellenmethode besteht darin, die Ausgabezuweisungen einer zeitgeführten Ablaufsteuerung in einen Zuordner zu übertragen. Dabei werden die Ausgabezuweisungen, die in einem Schritt zu geben sind, in eine Zeile des Zuordners eingetragen. Adressiert wird der Zuordner durch die dual-codierte Schrittnummer, des jeweils aktuellen Schrittes. Die Schritte werden mit einem Taktgenerator und einem Modulo-n-Zähler (n = Anzahl der Schritte) gebildet.

Übersichtsdarstellung des Zuordners für die Befehlsausgabe:

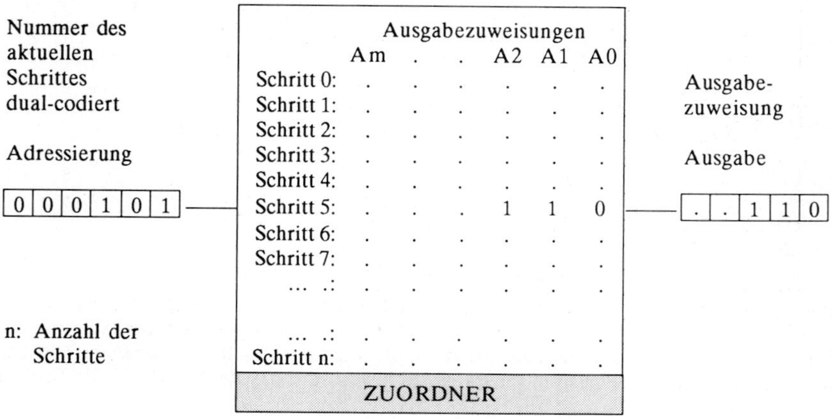

Aus dem Zuordner ist zu ersehen, daß in Schritt 5 die Ausgaben A0 = 0, A1 = 1 und A2 = 1 veranlaßt werden. Das Steuerungsprogramm für diese Realisierungsart der Befehlsausgabe besteht aus einem Funktionsbaustein und einem Datenbaustein, der den Zuordner darstellt. Innerhalb des Funktionsbausteins wird ein Taktgenerator und ein Modulo-n-Zähler programmiert, mit dessen Zählerstand das zum jeweilig aktuellen Schritt gehörende Datenwort mit Hilfe der indirekten Adressierung ausgelesen wird.

Eine etwaig gewünschte Änderung der Befehlsausgabe oder wahlweise Umschaltung zu einer anderen Befehlsausgabe läßt sich hierbei durch Änderungen der Eintragungen in den Zuordner oder die wahlweise Verwendung zweier Zuordner erreichen.

▼ **Beispiel: Taktsteuerung einer Ampelanlage**

An der Kreuzung einer Hauptverkehrsstraße mit einer Nebenstraße wird der Verkehrsfluß durch eine Ampelanlage geregelt. Aus dem gegebenen Zeitdiagramm der Ampelanlage können die Rot-, Gelb- und Grünphasen der beiden Ampeln abgelesen werden. Jede Zeiteinheit betrage 5 s. Mit einem Schalter S wird die Anlage eingeschaltet.

Zeitdiagramm der Ampelanlage:

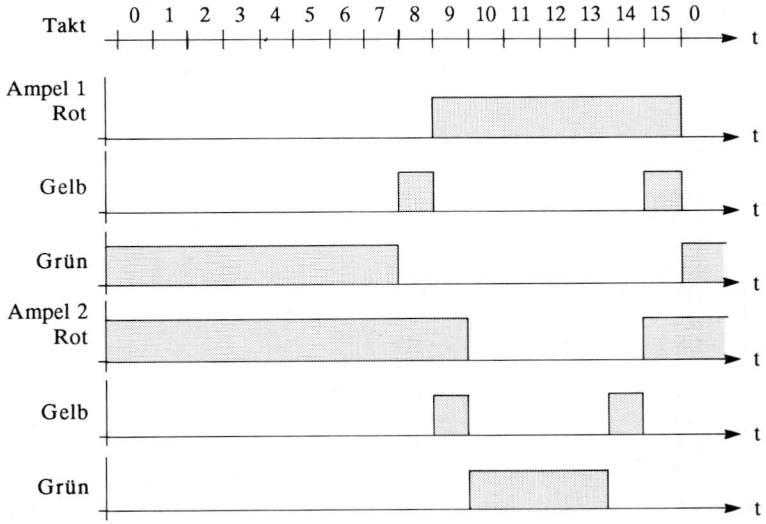

Zuordnungstabelle:

Eingangsvariable	Betriebsmittelkennzeichen	Logische Zuordnung	
Schalter EIN/AUS	S	Anlage Ein	S = 1
Ausgangsvariable			
Hauptverkehrsstraße			
Ampel 1 ROT	H0	Leuchte an	H0 = 1
Ampel 1 GELB	H1	Leuchte an	H1 = 1
Ampel 1 GRÜN	H2	Leuchte an	H2 = 1
Nebenstraße			
Ampel 2 ROT	H3	Leuchte an	H3 = 1
Ampel 2 GELB	H4	Leuchte an	H4 = 1
Ampel 2 GRÜN	H5	Leuchte an	H5 = 1

Lösung:

Mit dem Schalter S wird ein Taktgenerator gestartet, dessen Impulse auf einen „Modulo-16-Zähler" geschaltet werden. Der Zählerstand dieses Zählers ergibt die Eingabespalte der Funktionstabelle.

Funktionstabelle:

Zählerstand	AMPEL 2			AMPEL 1			Dualwert der
Dualwert	H5	H4	H3	H2	H1	H0	Ausgangskombinationen
0	0	0	1	1	0	0	12
1	0	0	1	1	0	0	12
2	0	0	1	1	0	0	12
3	0	0	1	1	0	0	12
4	0	0	1	1	0	0	12
5	0	0	1	1	0	0	12
6	0	0	1	1	0	0	12
7	0	0	1	1	0	0	12
8	0	0	1	0	1	0	10
9	0	1	1	0	0	1	25
10	1	0	0	0	0	1	33
11	1	0	0	0	0	1	33
12	1	0	0	0	0	1	33
13	1	0	0	0	0	1	33
14	0	1	0	0	0	1	17
15	0	0	1	0	1	1	11

Aus der Funktionstabelle ergibt sich der nachfolgende Zuordner.

Zuordner:

	DB10	KF:	
	DW0:	12	H0
	DW1:	12	
	DW2:	12	H1
	DW3:	12	
	DW4:	12	H2
	DW5:	12	
Zählerstand	DW6:	12	H3
	DW7:	12	
	DW8:	10	H4
	DW9:	25	
	DW10:	33	H5
	DW11:	33	
	DW12:	33	
	DW13:	33	
	DW14:	17	
	DW15:	11	

Steuerungsprogramm:

Taktgenerator:

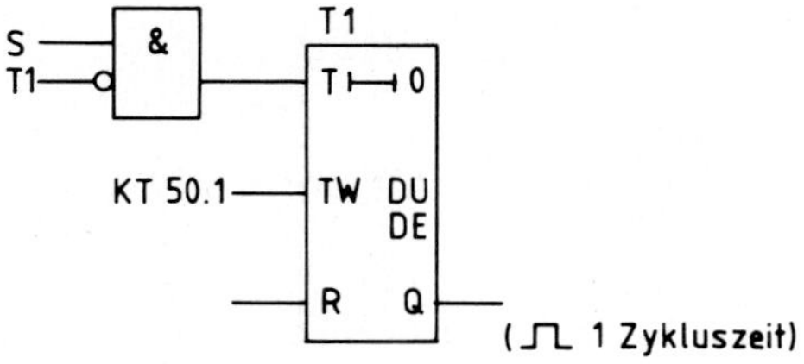

Modulo-16-Zähler:

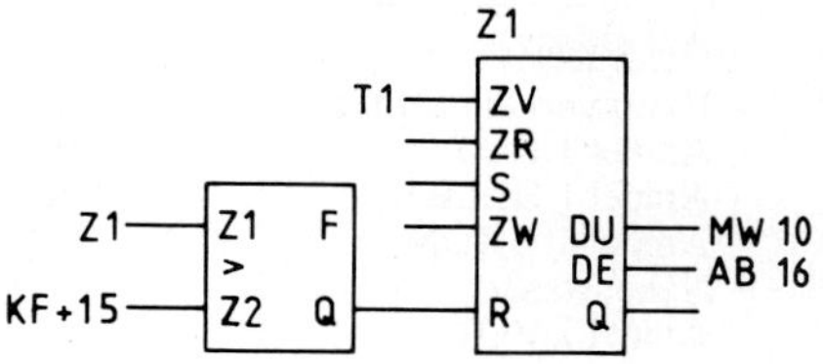

Steuerungsprogramm zur Adressierung des Zuordners:

A DB10 B MW10	*Auslesen des indirekt adressierten Datenwortes*
L DW0 T MW20	*Zuweisung nach Merkerwort MW20*
L AB0 L KH FFC0 UW L MW20 OW T AB0	*Maskierung der Ausgänge und Zuweisung von Merkerwort MW20 an die Ausgänge*

Belegung der verwendeten Variablen:

MW10:	00000000	00 0 0 M3 M2 M1 M0	Zählerstand Z 1
MW20:	00000000	0 0 H5 H4 H3 H2 H1 H0	
AB0 :		x x H5 H4 H3 H2 H1 H0	

Realisierung mit einer SPS:

Zuordnung:

Eingänge	Ausgänge	Merker	Zeit	Zähler	Datenbaustein
S = E 0.1	H0 = A 0.0	M1 = M 0.1	T1	Z1	DB10
	H1 = A 0.1				
	H2 = A 0.2	MW10 = MW 10			
	H3 = A 0.3	MW20 = MW 20			
	H4 = A 0.4				
	H5 = A 0.5				

Anweisungsliste:

```
FB 10
NAME :AMPELANL
     :U   E    0.1
     :UN  M    0.1
     :L   KT 050.1
     :SE  T    1
     :U   T    1
     :=   M    0.1
     :
     :U   M    0.1
     :ZV  Z    1
     :
     :L   Z    1
     :L   KF +15
     :>F
     :R   Z    1
     :
     :L   Z    1
     :T   MW   10
     :
     :LC  Z    1
     :T   AB   16
     :
     :A   DB   10
     :B   MW   10
     :L   DW   0
     :T   MW   20
     :
     :L   AB   0
     :L   KH FFC0
     :UW
     :L   MW   20
     :OW
     :T   AB   0
     :
     :BE
```

```
DB10
 0:    KF = +00012;
 1:    KF = +00012;
 2:    KF = +00012;
 3:    KF = +00012;
 4:    KF = +00012;
 5:    KF = +00012;
 6:    KF = +00012;
 7:    KF = +00012;
 8:    KF = +00010;
 9:    KF = +00025;
10:    KF = +00033;
11:    KF = +00033;
12:    KF = +00033;
13:    KF = +00033;
14:    KF = +00017;
15:    KF = +00011;
16:
```

▲

18.7 Zuordner für die Befehlsausgabe einer prozeßgeführten Ablaufsteuerung

Wie bei zeitgeführten Ablaufsteuerungen kann die Befehlsausgabe auch bei prozeßgeführten Ablaufsteuerungen mit einem Zuordner erfolgen. Die Komponenten

- Betriebsartenteil mit Meldungen,
- Schrittkette mit Schrittanzeige

können dabei wie in Kapitel 9 und 10 gezeigt übernommen werden. Da bei der Adressierung des Zuordners für die Befehlsausgabe die jeweilige Schrittnummer dual-codiert vorliegen muß, empfiehlt sich die Verwendung eines Zählerbausteins bei der Umsetzung der Schrittkette. Mit den erwähnten Komponenten ergibt sich folgende Programmübersicht:

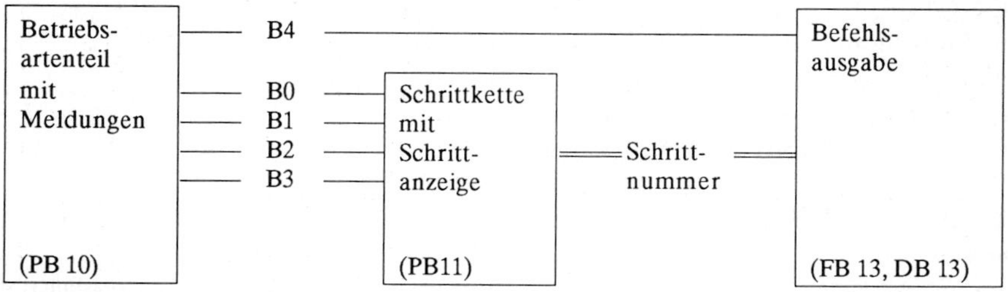

Erklärung der Signale:

B0: Richtimpuls für die Grundstellung der Ablaufkette,
B1: Freigabe der Schrittweiterschaltung mit Bedingungen,
B2: Freigabe der Schrittweiterschaltung ohne Bedingungen,
B3: Startbedingung für die Kette,
B4: Freigabe der Befehlsausgabe.

Wie aus der Programmübersicht zu ersehen ist, spielt neben der aktuellen Schrittnummer noch das Signal B4 aus dem Betriebsartenteil für die Befehlsfreigabe eine Rolle.

Ein Auslesen des Zuordners im Funktionsbaustein FB13 wird deshalb von diesem Freigabesignal abhängig gemacht. Hat das Freigabesignal B4 den Signalwert „0“, werden der Zuordner nicht ausgelesen und alle Ausgänge auf einen bestimmten Signalwert gesetzt. Dieser ist abhängig von speziellen Anforderungen des Prozesses.

Nachfolgend ist die Befehlsfolge des Funktionsbausteines FB13 angegeben, mit der das zum jeweils aktuellen Schritt gehörende Datenwort ausgelesen wird. Dabei wird angenommen, daß in Merkerwort MW10 der dual-codierte Wert des aktuellen Schrittes vorliegt und in Datenbaustein DB13 die Ausgabezuweisungen eingetragen sind. Bei fehlendem Freigabesignal (B4 = „0“) werden alle Ausgänge auf „0“-Signal gesetzt.

Steuerungsprogramm des Programmteils Befehlsausgabe (FB13):

```
      A   DB13      Datenbaustein mit den Ausgabezuweisungen
      UN  B4        Freigabesignal der Befehlsausgabe
      SPB =M1

      B   MW 10     Adressierung des Datenwortes mit dem aktuellen Schritt
      L   DW 0
      T   AB 0      Zuweisung des Inhalts des Datenwortes an die Ausgänge

      BEA           Ende der Programmbearbeitung

M1 :  L   KH0000    Wenn kein Freigabesignal vorhanden ist, werden alle
      T   AB 0      Ausgänge auf Signalzustand „0“ gesetzt.
      BE            Bausteinende
```

Dieser Programmteil ist für verschiedene Ablaufsteuerungen wieder stets der gleiche. Die speziellen Ausgabezuweisungen der unterschiedlichen Steuerungsaufgaben werden allein durch die Eintragungen in den Zuordner bestimmt.

▼ Beispiel: Prägemaschine

Für das in Kapitel 9 und 10 behandelte Beispiel „Prägemaschine" ist nachfolgend das Steuerungsprogramm in der AWL angegeben, wobei die Umsetzung der Befehlsausgabe mit einem Zuordner erfolgen soll. Der Programmbaustein PB10 „Betriebsartenteil mit Meldungen" ist dabei unverändert übernommen worden.

Zuordnungstabelle:

Eingangsvariable	Betriebsmittel-kennzeichen	Logische Zuordnung	
Schalter Hand/Automatik	E1	betätigt Automatik	E1 = 1
Übernahme	E2	betätigt	E2 = 1
Befehlsfreigabe	E3	betätigt	E3 = 1
Stop	E4	betätigt	E4 = 1
Start-Taste	S0	betätigt	S0 = 1
Hintere Endlage Zylinder 1	S1	Hintere Endlage erreicht	S1 = 1
Prägeform belegt	S2	Prägeform belegt	S2 = 1
Vordere Endlage Zylinder 2	S3	Vordere Endlage erreicht	S3 = 1
Lichtschranke	LI	unterbrochen	S4 = 1
Ausgangsvariable			
Schrittanzeige	AB16	1 Byte	
Anzeige Automatikbetrieb	A4	Anzeige an	A4 = 1
Ventil Zylinder 1	Y1	Zylinder 1 fährt aus	Y1 = 1
Ventil Zylinder 2	Y2	Zylinder 1 fährt aus	Y2 = 1
Ventil Zylinder 3	Y3	Zylinder 1 fährt aus	Y3 = 1
Luftdüse	Y4	Ventil offen	Y4 = 1

Die Ablaufkette mit Schrittanzeige (PB11) wird, wie in Kapitel 10 gezeigt, mit einem Zählerbaustein realisiert. Das dort angegebene Steuerungsprogramm kann bis auf folgende Änderungen übernommen werden:

- Eine Dekodierung der Zählerzustände zur Bildung der Schrittmerker ist nicht mehr erforderlich. Lediglich der Schrittmerker M0 muß an dieser Stelle durch die binäre Abfrage des Zählers Z1 gebildet werden.
- Da keine Schrittmerker mehr vorhanden sind, erfolgt die Abfrage des jeweiligen Schrittes durch einen Vergleich des Zählerstandes Z1 mit der Schrittnummer.

Realisierung mit einer SPS:

Bei der Realisierung mit einer SPS werden die einzelnen Programmteile in folgende Programm- bzw. Funktionsbausteine geschrieben:

Betriebsartenteil mit Meldungen:	PB10
Ablaufkette mit Schrittanzeige:	PB11
Befehlsausgabe:	FB13 und DB13

Zuordnung:	Eingänge	Ausgänge	Merker	Zähler	Zeit
	E1 = E 1.1	A4 = A 1.4	B0 = M 50.0	Z 1	T 1
	E2 = E 1.2	AB16 = AB 16	B1 = M 50.1		
	E3 = E 1.3		B2 = M 50.2		
	E4 = E 1.4		B3 = M 50.3		
	S0 = E 0.0	Y1 = A 0.0	B4 = M 50.4		
	S1 = E 0.1	Y2 = A 0.1	AM0 = M 51.0		
	S2 = E 0.2	Y3 = A 0.2	B10 = M 52.0		
	S3 = E 0.3	Y4 = A 0.3	B11 = M 52.1		
	LI = E 0.4		B12 = M 52.2		
			B13 = M 52.3		
			M0 = M 40.0		

Anweisungsliste:

```
PB 10
:U   E    1.2
:UN  M   52.1
:=   M   52.0
:U   M   52.0
:S   M   52.1
:UN  E    1.2
:R   M   52.1
:U   M   52.0
:U   M   51.0
:UN  A    1.4
:U   E    1.1
:UN  M   40.0
:=   M   50.0
:U   M   51.0
:U   M   52.0
:U   M   40.0
:S   A    1.4
:ON  E    1.1
:O
:U   M   52.2
:U   M   40.0
:R   A    1.4
:U   A    1.4
:=   M   50.1
:U   A    1.4
:U   E    1.4
:S   M   52.2
:UN  A    1.4
:R   M   52.2
:U   M   52.0
:UN  E    1.1
:=   M   50.2
:U(
:U   E    0.0
:S   M   52.3
:UN  M   50.1
:R   M   52.3
:U   M   52.3
:)
:U   M   51.0
:=   M   50.3
:O   A    1.4
:O
:UN  E    1.1
:U   E    1.3
:=   M   50.4
:BE
```

```
PB 11
:U   E    0.1
:UN  E    0.2
:UN  E    0.3
:UN  E    0.4
:=   M   51.0
:U(
:L   Z    1
:L   KF +6
:!=F
:)
:U   M   50.1
:UN  E    0.2
:U   E    0.4
:O   M   50.0
:R   Z    1
:UN  Z    1
:U   M   50.1
:U   M   50.3
:ZV  Z    1
:U(
:L   Z    1
:L   KF +1
:!=F
:)
:U   M   50.1
:U   E    0.2
:ZV  Z    1
:U(
:L   Z    1
:L   KF +2
:!=F
:)
:U   M   50.1
:U   E    0.1
:ZV  Z    1
:U(
:L   Z    1
:L   KF +3
:!=F
:)
:U   M   50.1
:U   E    0.3
:ZV  Z    1
:U(
:L   Z    1
:L   KF +4
:!=F
:)
:U   M   50.1
:U   T    1
:ZV  Z    1
:U(
:L   Z    1
:L   KF +5
:!=F
:)
:U   M   50.1
:UN  E    0.3
:ZV  Z    1
:U   M   50.2
:ZV  Z    1
:L   Z    1
:T   MW  10
:LC  Z    1
:T   AB  16
:L   Z    1
:L   KF +7
:!=F
:R   Z    1
:UN  Z    1
:=   M   40.0
:L   Z    1
:L   KF +4
:!=F
:L   KT 030.1
:SE  T    1
:BE
```

```
FB 13
NAME :BEFEHLSA
     :A   DB  13
     :
     :UN  M   50.4
     :SPB =M1
     :
     :B   MW  10
     :L   DW   0
     :T   AB   0
     :
     :BEA
M1   :
     :L   KH 0000
     :T   AB   0
     :BE
```

```
DB13
0:      KF = +00000;
1:      KF = +00001;
2:      KF = +00000;
3:      KF = +00002;
4:      KF = +00002;
5:      KF = +00000;
6:      KF = +00012;
7:      KF = +00000;
8:
```

▲

18.8 Vertiefung und Übung

• Übung 18.1: 7-Segmentanzeige

Mit einer 7-Segmentanzeige sind die Ziffern 0–9 darzustellen. Gebildet werden die 10 Ziffern mit den Schaltern S1–S4 im BCD-Code. Realisieren Sie das erforderliche Steuerungsprogramm zur Ansteuerung der sieben Segmente nach der Tabellenmethode.

• Übung 18.2: Tunnelbelüftung

In einem langen Autotunnel sind fünf Lüfter installiert. Lüfter 1, Lüfter 3 und Lüfter 5 haben eine Leistung von 2 kW. Lüfter 2 und Lüfter 4 haben eine Leistung von 5 kW. An verschiedenen Stellen des Tunnels befinden sich fünf Rauchgasmelder. Gibt ein Rauchgasmelder Signal, so muß Lüfter 1 laufen. Geben zwei Rauchgasmelder Signal, so muß Lüfter 1 und Lüfter 5 laufen. Geben drei Rauchgasmelder Signal, so sind Lüfter 1, Lüfter 3 und Lüfter 5 einzuschalten. Geben vier Rauchgasmelder Signal, so sind die Lüfter 2 und 4 einzuschalten. Bei der Meldung von allen fünf Rauchgasmeldern sind alle Lüfter einzuschalten.

Zuordnungstabelle:

Eingangsvariable	Betriebsmittel-kennzeichen	Logische Zuordnung	
Rauchgasmelder 1	S1	spricht an	S1 = 1
Rauchgasmelder 2	S2	spricht an	S2 = 1
Rauchgasmelder 3	S3	spricht an	S3 = 1
Rauchgasmelder 4	S4	spricht an	S4 = 1
Rauchgasmelder 5	S5	spricht an	S5 = 1
Ausgangsvariable			
Lüfter 1	K1	steht still	K1 = 0
Lüfter 2	K2	steht still	K2 = 0
Lüfter 3	K3	steht still	K3 = 0
Lüfter 4	K4	steht still	K4 = 0
Lüfter 5	K5	steht still	K5 = 0

Realisieren Sie die Ansteuerung der Lüfter mit einem Steuerungsprogramm nach der Tabellenmethode.

• Übung 18.3: Bedarfsampelanlage

Da es an einer unübersichtlichen Einmündung zweier Einbahnstraßen immer wieder zu Verkehrsunfällen kam, soll eine Bedarfsampelanlage die Verkehrsregelung übernehmen.

Um festzustellen, von welcher Einbahnstraße Fahrzeuge zur Einmündung fahren, werden in jeder Fahrspur Initiatoren installiert.

Technologieschema:

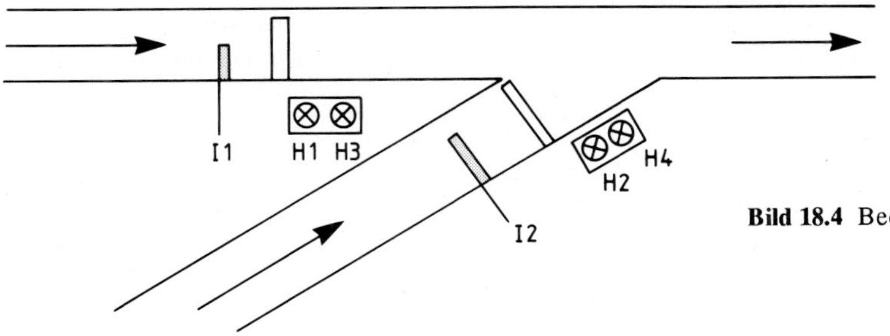

Bild 18.4 Bedarfsampelanlage

Funktionsbeschreibung:

Beim Einschalten des Automatisierungsgerätes zeigen beide Ampeln Rot. Wird ein Initiator betätigt, soll die entsprechende Ampel nach 10 Sekunden auf Grün schalten. Die Grün-Phase soll mindestens 20 Sekunden dauern, bevor durch eventuelle Betätigung des anderen Initiators beide Ampeln wieder Rot zeigen. Nach der

Rot-Phase von 10 Sekunden wird dann die andere Fahrspur mit Grün bedient. Liegt keine Meldung eines Initiators vor, so bleibt die Ampelanlage in ihrem jeweiligen Zustand. Dieses Wechselspiel soll bis zum Ausschalten des Automatisierungsgerätes fortgesetzt werden.
Die Steuerungsaufgabe ist nach der Tabellenmethode zu realisieren.

Zuordnungstabelle:

Eingangsvariable	Betriebsmittelkennzeichen	Logische Zuordnung	
Initiator 1	I1	betätigt	I1 = 1
Initiator 2	I2	betätigt	I2 = 1
Ausgangsvariable			
Lampe Grün 1	H1	leuchtet	H1 = 1
Lampe Grün 2	H2	leuchtet	H2 = 1
Lampe Rot 1	H3	leuchtet	H3 = 1
Lampe Rot 2	H4	leuchtet	H4 = 1

Die verbale Beschreibung der Steuerungsaufgabe ist zunächst in einen Zustandsgraph zu übertragen und dieser nach der Tabellenmethode in ein Steuerungsprogramm umzusetzen.

Übung 18.4: Überwachungsschaltung

Von einer Fernverkehrsstraße zweigt eine kleine, durch ein idyllisches Dorf führende und am Dorfeingang nur eine Spur breite Nebenstraße ab. Mit Rücksicht auf die Feriengäste in diesem Dorf ist die Einfahrt in die Nebenstraße zwischen 18.00 Uhr und 7.00 Uhr und an Sonntagen für LKW und Busse gesperrt. Der Dorfpolizist soll die Einhaltung dieser Anordnung streng überwachen. Da ihn aber das unregelmäßige Erscheinen von Verkehrssündern einerseits zur ständigen Bereitschaft zwingt und daher stark ermüdet, andererseits wegen der zehnprozentigen Beteiligung an den Verwarnungsgebühren aber prinzipiell interessiert, sucht er nach einer weniger anstrengenden Version einer sicheren Überwachung, bei der er trotzdem seine traditionelle Art der Dienstausübung beibehalten kann.

Ein Feriengast, der vor kurzem einen Fortbildungslehrgang in Steuerungstechnik an der Werner-von-Siemens-Schule in Mannheim erfolgreich absolviert hat, schlägt ihm daher vor, das Zeitalter der Automatisierung auch in diesem Dorf einzuführen, und skizziert ihm folgende Lösung:

Installation einer Meldeleuchte H1 und Quittiertaste S0 am Stammtisch im Gasthof zur Krone.

Aufstellen einer Doppellichtschranke passenden Abstandes an der einspurigen Stelle am Dorfeingang.

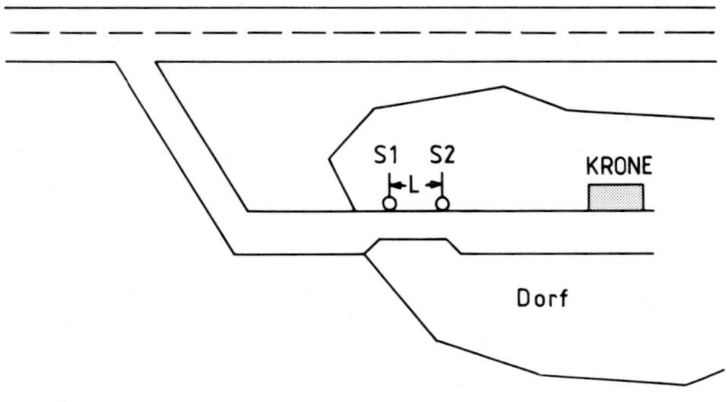

Bild 18.5
Überwachungsschaltung

Es sei dabei stets: Länge eines PkW < L,
L < Länge eines LkW oder Bus,
2L < Abstand zweier Fahrzeuge.

Die verbale Beschreibung der Steuerungsaufgabe ist zunächst in ein Zustandsdiagramm zu übertragen und dieses nach der Tabellenmethode in ein Steuerungsprogramm umzusetzen.

• Übung 18.5: Rohrbiegeanlage

Ermitteln Sie für die in Übung 9.2 dargestellte Rohrbiegeanlage die Ablaufkette. Zur Realisierung der Ablaufsteuerung ist der in diesem Abschnitt verwendete Betriebsartenteil zu übernehmen und der Programmteil Befehlsausgabe nach der Tabellenmethode in ein Steuerungsprogramm umzusetzen.

19 Eingabe und Ausgabe analoger Signale

Speicherprogrammierbare Steuerungen können bei Vorhandensein bestimmter Ein-Ausgabe-Baugruppen analoge Signale aufnehmen bzw. ausgeben. Die eigentliche Informationsverarbeitung innerhalb der SPS erfolgt jedoch digital.

19.1 Analoge Steuersignale

Signale sind Träger von Informationen. SPS können nur elektrische Signale, d.h. Spannungen oder Ströme aufnehmen bzw. ausgeben. Liegen nichtelektrische Signale vor, so müssen diese außerhalb der SPS zunächst in elektrische Signale gewandelt werden. Dafür gibt es *Meßumformer.*

Um analoge Signale auswerten zu können, muß man wissen, in welchem Parameter, d.h. in welcher veränderbaren Eigenschaft des Signals die Information enthalten ist. Als Signalparameter eines elektrischen Signals kommen hauptsächlich in Frage:

- der Spannungsbetrag U,
- der Strombetrag I.

Die Kennzeichnung eines Signals als *analoges Signal* bedeutet, daß der Signalparameter innerhalb technischer Grenzen jeden beliebigen Wert annehmen kann. So erfaßt ein induktiver Analoggeber die Position eines metallischen Objekts und gibt innerhalb des Arbeitsbereiches ein zum Abstand proportionales Stromsignal aus. Im Gegensatz dazu liefert ein induktiver Näherungsschalter je nach Abstand des metallischen Objekts nur ein binäres Signal.

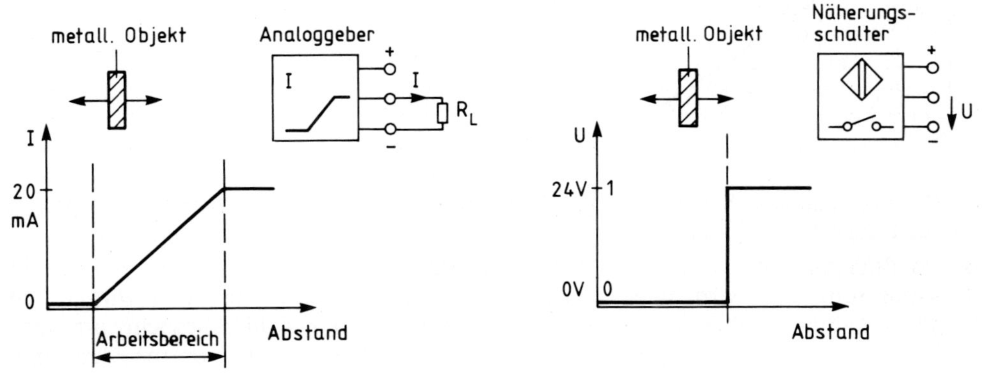

Im praktischen Sprachgebrauch ist der Begriff des „Signalparameters“ weniger üblich. Wenn Verwechslungen ausgeschlossen sind, spricht man einfach nur von *Signalen.*

19.2 Prinzipien der Signalumsetzung

Analogwertverarbeitung mit der SPS setzt voraus, daß eingangsseitig analoge Signale in Zahlen und ausgangsseitig Zahlen in analoge Signale umgesetzt werden können. Dazu sind entsprechende Umsetzer erforderlich.

19.2.1 Analog-Digital-Umsetzer ADU

Analog-Digital-Umsetzer wandeln analoge Spannungssignale in proportionale Digitalwerte (Zahlen) um. Als Umsetzungsprinzip kommt hauptsächlich die Spannungs-Zeit-Umformung zur Anwendung.

Mit dem nachfolgenden Schaltungsprinzip soll erreicht werden, daß der Meßspannungsbereich $U_E = 0 \ldots 10$ V in den Zahlenbereich $Z_E = 0 \ldots 10000$ umgesetzt wird.

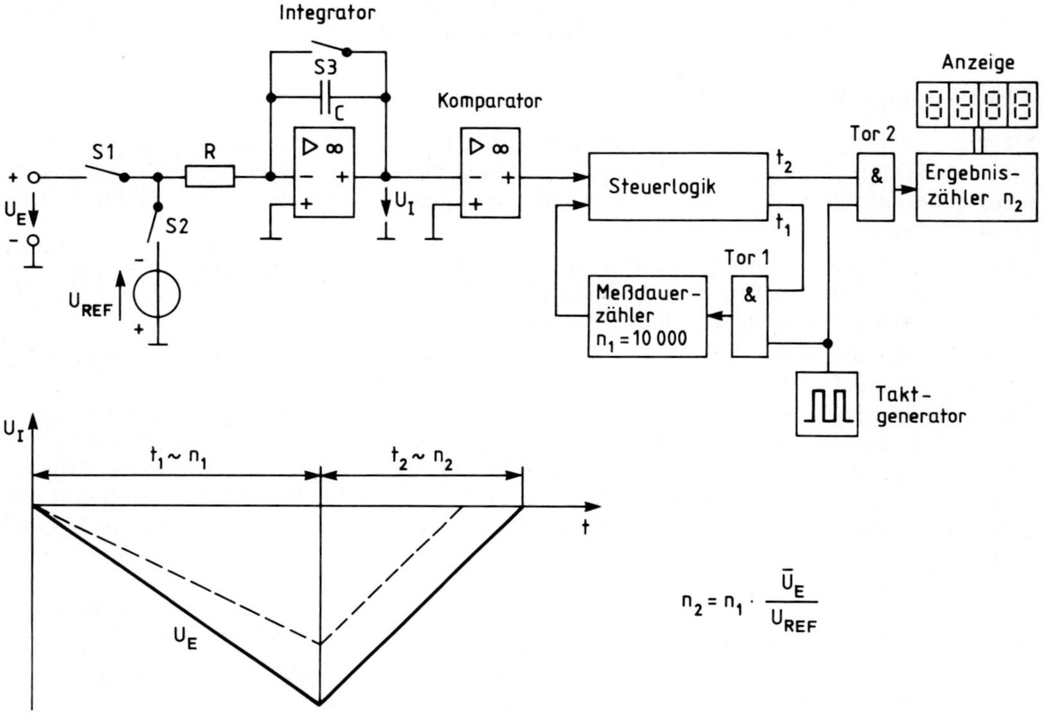

Im Ruhezustand sind Schalter S1 und S2 geöffnet, S3 ist geschlossen; die Ausgangsspannung U_I des Integrators ist Null.

Bei Meßbeginn gibt die Steuerlogik das Tor 1 frei, öffnet Schalter S3 und schließt S1. Die Meßspannung U_E wird über die Zeit t_1 integriert. Die Zeitdauer t_1 wird durch den Meßdauerzähler gebildet und entspricht der Zeit, die der Zähler braucht, um von 0 bis 10000 zu zählen. Die benötigten Zählimpulse liefert ein Taktgenerator. Am Ende der Integrationszeit beträgt die Ausgangsspannung U_I des Integrators:

$$U_I = -\frac{1}{RC}\int_0^{t_1} U_E \cdot dt$$

Beim Zahlenwert 10000 des Meßzeitzählers schaltet die Steuerlogik die Schalter S1 und S2 um: S1 wird geöffnet und S2 geschlossen. Damit wird die umgekehrt gepolte Referenzspannung U_{REF} an den Integrator gelegt und somit dessen Ausgangsspannung U_I verkleinert. Gleichzeitig wird von der Steuerlogik das Tor 2 geöffnet. Der Ergebniszähler zählt von Null beginnend die Taktimpulse solange, bis die Steuerlogik diesen Vorgang abschaltet, weil der Komparator meldet, daß die Spannung U_I wieder Null geworden ist.

Der erreichte Zählerstand im Ergebniszähler ist ein Maß für den Mittelwert der Meßspannung U_E:

$$n_2 = n_1 \cdot \frac{\overline{U}_E}{U_{REF}} \qquad \text{mit } \overline{U}_E = \text{Mittelwert der Meßspannung } U_E$$

Zahlenbeispiel: ADU

U_{REF} = 10 V, n_1 = 10000 } konstante Werte

$\overline{U}_E$ = 4 V Mittelwert der Meßspannung innerhalb der Meßzeit t_1

Lösung:

Zählerstand im Ergebniszähler:

$$n_2 = 10000 \cdot \frac{4\,V}{10\,V} = 4000$$

Das beschriebene Umsetzungsverfahren heißt *Doppelintegrationsverfahren* (*Dual-Slope*). Es setzt Meßspannungen U_E, die kleiner sind als U_{REF}, in proportionale Zahlenwerte um.

19.2.2 Digital-Analog-Umsetzer DAU

Digital-Analog-Umsetzer wandeln digitale Werte (Zahlen) in proportionale analoge Spannungssignale um. Das nachfolgende Bild zeigt das Umsetzungsprinzip am Beispiel eines 4-Bit-Umsetzers.

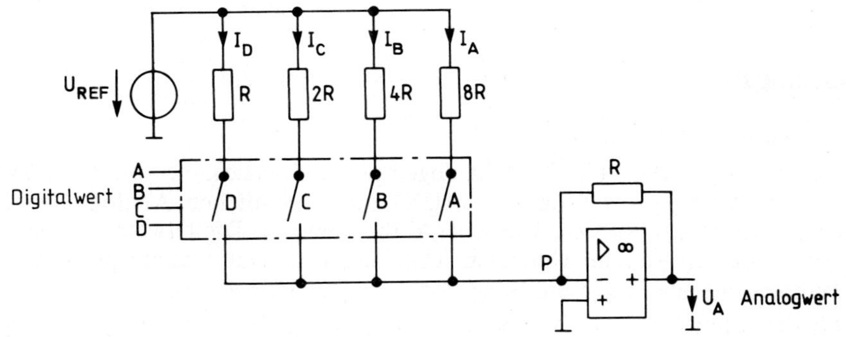

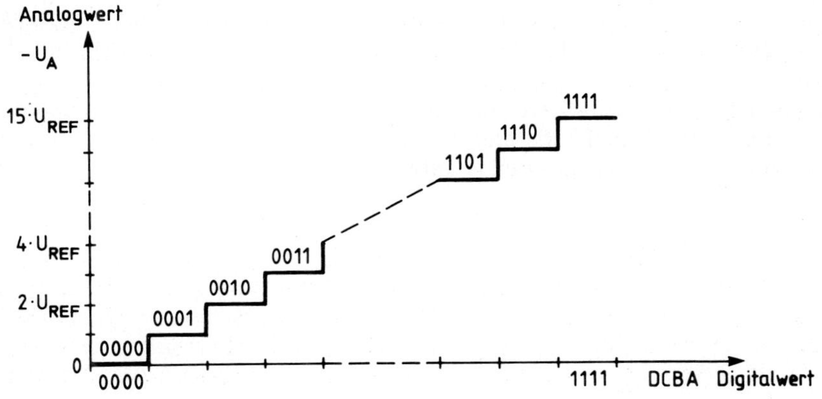

Das Kernstück das Digital-Analog-Umsetzers ist ein Satz dual abgestufter Widerstände. Über diese Widerstände fließen Ströme von der Referenz-Spannungsquelle, sofern Schalter geschlossen sind. Entsprechend dem angelegten Digitalwert DCBA sind die zugehörigen Schalter geöffnet bzw. geschlossen.

Es besteht ein eindeutiger Zusammenhang zwischen der analogen Ausgangsspannung U_A und dem Digitalwert DCBA.

$$U_A = -(D \cdot I_D + C \cdot I_C + B \cdot I_B + A \cdot I_A)\, R$$

$$U_A = -\left(D \cdot \frac{U_{REF}}{R} + C \cdot \frac{U_{REF}}{2R} + B \cdot \frac{U_{REF}}{4R} + A \cdot \frac{U_{REF}}{8R}\right) R$$

Die Umsetzungskennlinie zeigt die zu jeder Bitkombination des Digitalwortes DCBA gehörende analoge Ausgangsspannung U_A.

Bei Vergrößerung der Digitalwortlänge läßt sich eine feinere Abstufung der analogen Ausgangsspannung erzielen.

Zahlenbeispiel: DAU

$U_{REF} = 5\,V$

$R = 1\,k\Omega$

$DCBA = 1011$

Lösung:

Die Ausgangsspannung UA beträgt:

$U_A = -(1 \cdot 5\,mA + 0 \cdot 2{,}5\,mA + 1 \cdot 1{,}25\,mA + 1 \cdot 0{,}625\,mA)\; 1\,k\Omega$

$U_A = -6{,}875\,V$

19.3 Analogeingabe

19.3.1 Aufbau, Adresse, Zahlenformat

Eine Analogeingabe-Baugruppe umfaßt 8 Analogeingänge (Kanäle), die von einem zyklisch arbeitenden Kanalumschalter (Multiplexer MUX) zum eigentlichen Analog-Digital-Umsetzer ADU durchgeschaltet werden. Die vom ADU erzeugten Digitalwerte werden unter der kanalspezifischen Adresse im Umlaufspeicher abgelegt. Der Umlaufspeicher verfügt über soviel Wortspeicherplätze wie die Baugruppe Analogkanäle besitzt.

Zur Abfrage der Speicherplätze verwendet man den Befehl „Lade Peripheriewort L PWxxx" und kann so den digitalisierten Analogwert zur Weiterverarbeitung in den Akkumulator bringen. Ein Peripheriewort (PW160...174) ist hier wie ein Eingangswort (EW) zu sehen. Es umfaßt als Adresse 1 Wort = 2 Byte = 16 Bit. Im Unterschied zum Eingangswort werden die Digitalwerte jedoch nicht über das Prozeßabbild sondern direkt zum Akkumulator geführt.

Für die Umsetzung ist ein Zeitbedarf erforderlich, z.B. pro Kanal 60 ms. Das bedeutet, daß der Zahlenwert eines jeden Kanals erst alle 0,48 s auf den aktuellen Wert gebracht wird, wenn die Baugrupe insgesamt 8 Analogkanäle aufweist.

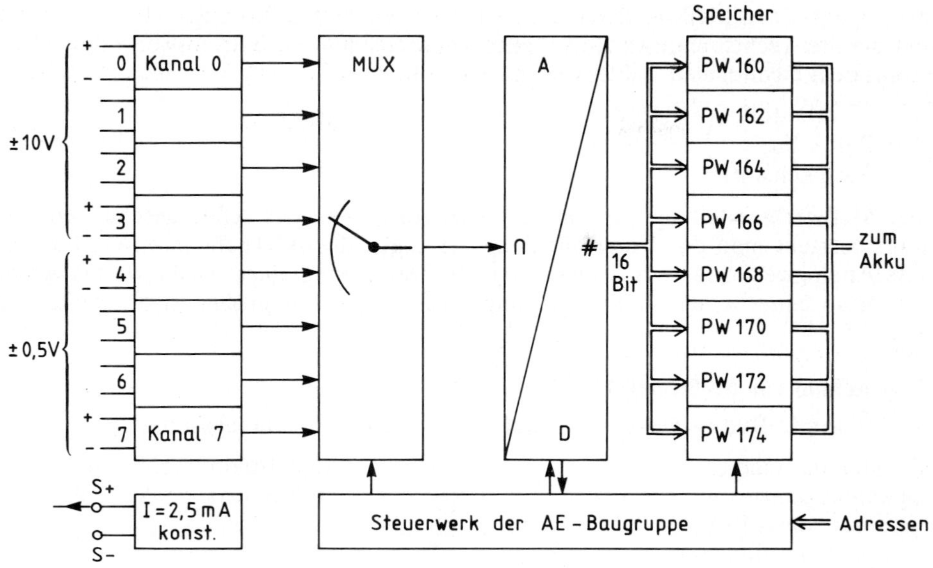

An die Kanaleingänge können Spannungssignale, Stromsignale oder PT100-Widerstände angeschlossen werden. Es ist jedoch eine Signalanpassung derart erforderlich, daß der ADU ein Spannungssignal erhält, welches innerhalb seiner Umwandlungskennlinie liegt.

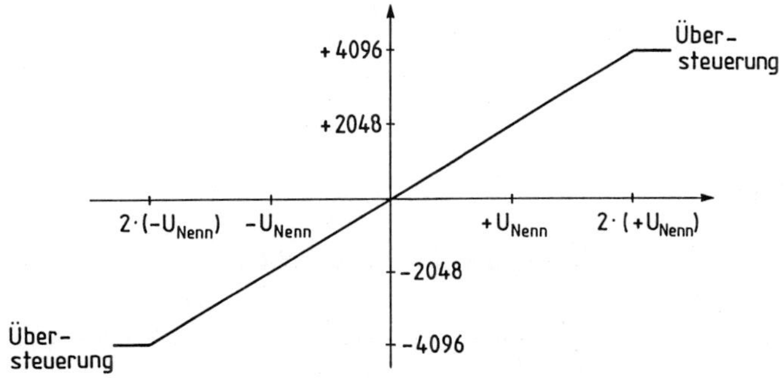

Die meisten Analogeingabe-Baugruppen weisen Anpassungsmöglichkeiten für häufig vorkommende Analogsignale auf. Eine Konfiguration mit 8 potentialfreien Eingängen sieht z.B. vor:

- Kanal 0...3 für Spannungssignale 0...± 10 V,
- Kanal 4...7 für Spannungssignale 0...± 0,5 V,
- Eine Konstantstromquelle zur Speisung von PT100-Widerständen, deren Meßspannung $I \cdot R_{PT100}$ an die 0,5 V-Kanäle geführt werden kann.

Die unterschiedlichen Spannungsbereiche sind an den Nennspannungsbereich des ADU von z.B. 50 mV mit Hilfe von Spannungsteilern angepaßt. Nähere Einzelheiten zu den Anschlußfragen der Geber werden im nachfolgenden Kapitel gegeben.

Wichtig ist ferner die *Meßwertdarstellung* des ADU. Meistens werden die Zahlenwerte im Dualzahlenformat dargestellt. Negative Dualzahlen werden dann mit ihrem Zweierkomplement angegeben.

Bit 7		HIGH-Byte					0	7		LOW-Byte					0
2^{12}	2^{11}	2^{10}	2^9	2^8	2^7	2^6	2^5	2^4	2^3	2^2	2^1	2^0	T	F	Ü
		Adresse n								Adresse n+1					

Bei der angegebenen Meßwertdarstellung ist das linksbündige Bit zugleich das Vorzeichen-Bit und die drei rechtsbündigen Binärstellen kennzeichnen die Betriebsweise des ADU und haben mit dem eigentlichen Zahlenwert nichts zu tun:

Ü = Überlaufbit,
F = Fehlerbit,
T = Tätigkeitsbit.

Aus der Meßwertdarstellung kann auf die sog. *Auflösung* des ADU geschlossen werden. Darunter versteht man das Unterscheidungsvermögen des ADU für zwei eng beieinander liegende Analogwerte. Je mehr Binärstellen zur Darstellung eines Analogwertes verwendet werden, umso feiner ist das Unterscheidungsvermögen, d.h. je größer ist die Auflösung des Signals.

19.3.2 Anschluß von Meßwertgebern

Das nachfolgende Bild zeigt den Anschluß potentialfreier Spannungsgeber:

Einstellung eines Spannungswertes in den Grenzen von – 10 V...+ 10 V mittels Potentiometer

Signalspannungsquelle im Bereich – 0,5 V...+ 0,5 V

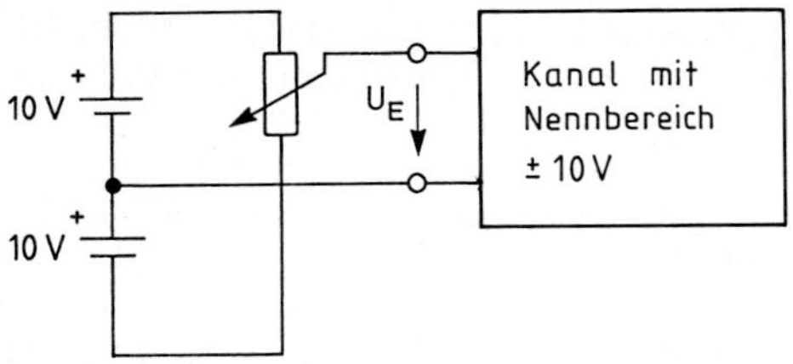

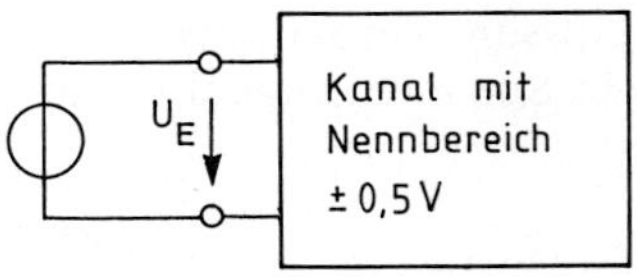

Für die Zahlendarstellung der Meßwerte gilt die nachfolgende Tabelle:

Zahlen-wert	U_E (V)	U_E (V)	Byte 0 7	6	5	4	3	2	1	0	Byte 1 7	6	5	4	3	2	1	0
			2^{12}	2^{11}	2^{10}	2^9	2^8	2^7	2^6	2^5	2^4	2^3	2^2	2^1	2^0	T	F	Ü
≥ 4096	20,0	1,00	0	1	1	1	1	1	1	1	1	1	1	1	1	0/1	0/1	1
3072	15,0	0,75	0	1	1	0	0	0	0	0	0	0	0	0	0	0/1	0/1	0
2560	12,5	0,625	0	1	0	1	0	0	0	0	0	0	0	0	0	0/1	0/1	0
2048	10,0	0,50	0	1	0	0	0	0	0	0	0	0	0	0	0	0/1	0/1	0
1536	7,5	0,375	0	0	1	1	0	0	0	0	0	0	0	0	0	0/1	0/1	0
1024	5,0	0,25	0	0	1	0	0	0	0	0	0	0	0	0	0	0/1	0/1	0
512	2,5	0,125	0	0	0	1	0	0	0	0	0	0	0	0	0	0/1	0/1	0
1	0,0048	0,00024	0	0	0	0	0	0	0	0	0	0	0	0	1	0/1	0/1	0
0	0,0000	0,00000	0	0	0	0	0	0	0	0	0	0	0	0	0	0/1	0/1	0
– 1	– 0,0048	– 0,00024	1	1	1	1	1	1	1	1	1	1	1	1	1	0/1	0/1	0
– 512	– 2,5	– 0,125	1	1	1	1	0	0	0	0	0	0	0	0	0	0/1	0/1	0
– 1024	– 5,0	– 0,25	1	1	1	0	0	0	0	0	0	0	0	0	0	0/1	0/1	0
– 1536	– 7,5	– 0,375	1	1	0	1	0	0	0	0	0	0	0	0	1	0/1	0/1	0
– 2048	– 10,0	– 0,50	1	1	0	0	0	0	0	0	0	0	0	0	0	0/1	0/1	0
– 2560	– 12,5	– 0,625	1	0	1	1	0	0	0	0	0	0	0	0	0	0/1	0/1	0
– 3072	– 15,0	– 0,75	1	0	1	0	0	0	0	0	0	0	0	0	1	0/1	0/1	0
– 4096	– 20,0	– 1,00	1	0	0	0	0	0	0	0	0	0	0	0	1	0/1	0/1	1

Beim Anschluß eines Widerstandsthermometers PT100 muß dessen temperaturabhängiger Widerstandswert in eine proportionale Meßspannung umgesetzt werden. Zu diesem Zweck ist die Analogeingabe-Baugruppe mit eine Konstantstromquelle ausgerüstet. Der Konstantstromwert I = 2,5 mA ist so gewählt, daß er zusammen mit dem Widerstandswert des PT100 einen Spannungswert ergibt, der in den Nennbereich der 0,5 V-Kanäle fällt.

Das Widerstandsthermometer PT100 hat bei 0 °C einen Widerstandswert von 100 Ohm. Bei Temperaturerhöhung $\Delta\vartheta$ steigt der Widerstandswert gemäß der Beziehung:

$$R_{PT100} = 100\,\Omega + \frac{1}{2{,}6}\frac{\Omega}{K} \cdot \Delta\vartheta$$

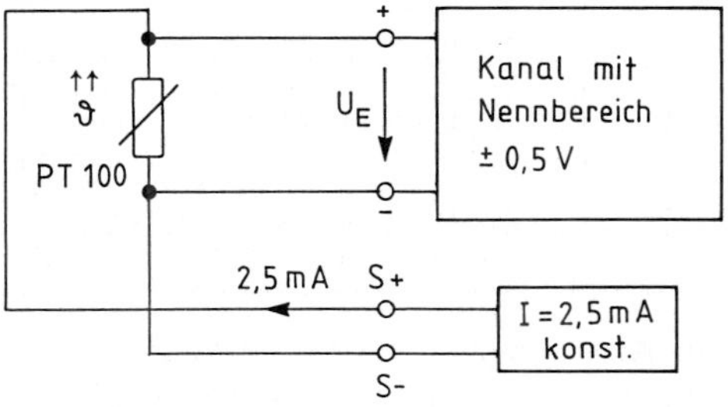

Für die Zahlendarstellung der Meßwerte gilt die folgende Tabelle:

Zahlen-wert	Spannung U_E (V)	Widerstand R_{PT100} (Ω)	Byte 0								Byte 1							
			7	6	5	4	3	2	1	0	7	6	5	4	3	2	1	0
			VZ	2^{11}	2^{10}	2^9	2^8	2^7	2^6	2^5	2^4	2^3	2^2	2^1	2^0	T	F	Ü
4096	1,00	400,0	0	1	1	1	1	1	1	1	1	1	1	1	1	0/1	0/1	1
3072	0,75	300,0	0	1	1	0	0	0	0	0	0	0	0	0	0	0/1	0/1	0
2560	0,625	250,0	0	1	0	1	0	0	0	0	0	0	0	0	0	0/1	0/1	0
2048	0,50	200,0	0	1	0	0	0	0	0	0	0	0	0	0	0	0/1	0/1	0
1536	0,375	150,0	0	0	1	1	0	0	0	0	0	0	0	0	0	0/1	0/1	0
1024	0,25	100,0	0	0	1	0	0	0	0	0	0	0	0	0	0	0/1	0/1	0
512	0,125	50,0	0	0	0	1	0	0	0	0	0	0	0	0	0	0/1	0/1	0
1	≈ 0,00025	≈ 0,1	0	0	0	0	0	0	0	0	0	0	0	0	1	0/1	0/1	0
0	0,00	0,0	0	0	0	0	0	0	0	0	0	0	0	0	0	0/1	0/1	0
Negative Zahlenwerte können nicht vorkommen																		

Im nachfolgenden Bild ist der *Anschluß eines Stromsignalgebers* 4...20 mA gezeigt. Das Stromsignal erzeugt am Meßwiderstand 31,25 Ω einen Spannungsabfall, der gemessen und in eine Zahl entsprechend der Tabelle umgewandelt wird.

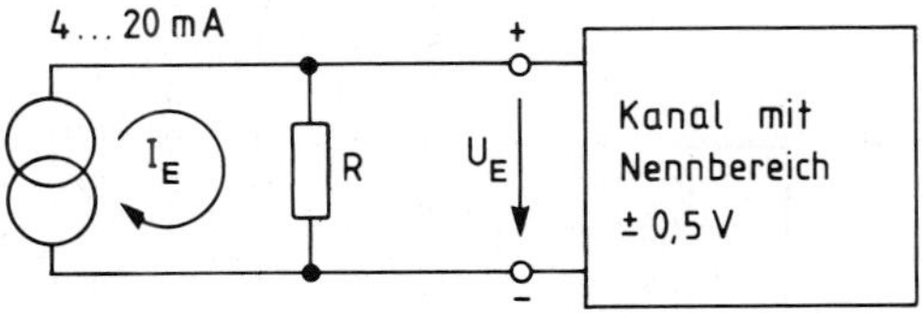

$$U_E = I_E \cdot R$$

$$U_E = I_E \cdot 31{,}25\,\Omega$$

Der Meßbereich 4...20 mA wird auf 2048 Einheiten im Intervall 512...2560 aufgelöst. Für die Zahlendarstellung bei Stromsignalen 4...20 mA gilt die nachfolgende Tabelle.

Zahlenwert	I_E	U_E	High-Byte								Low-Byte								
	(mA)	(mV)	VZ	2^{11}	2^{10}	2^9	2^8	2^7	2^6	2^5	2^4	2^3	2^2	2^1	2^0	T	F	Ü	
4096	32,0	1000,0	0	1	1	1	1	1	1	1	1	1	1	1	1	0/1	0	1	Überlauf
3072	24,0	750,0	0	1	1	0	0	0	0	0	0	0	0	0	0	0/1	0	0	Übersteuerungsbereich
2560	20,0	625,0	0	1	0	1	0	0	0	0	0	0	0	0	0	0/1	0	0	
2048	16,0	500,0	0	1	0	0	0	0	0	0	0	0	0	0	0	0/1	0	0	Nennbereich
512	4,0	125,0	0	0	0	1	0	0	0	0	0	0	0	0	0	0/1	0	0	
384	3,0	93,75	0	0	0	0	1	1	0	0	0	0	0	0	0	0/1	0	0	Nennbereichsunterschreitung
0	0,0	0,0	0	0	0	0	0	0	0	0	0	0	0	0	0	0/1	0	0	
Negative Zahlenwerte können nicht vorkommen.																			

Das nachfolgende Bild zeigt ein *Eingabefeld* für Analogsignale. Es besteht aus 4 Analogeingängen mit dem Nennbereich ± 10 V und 4 Analogeingängen mit dem Nennbereich ± 0,5 V.

Als Signalgeber kann eine einstellbare Spannungsquelle (– 10 V...0...+ 10 V) verwendet werden, die mit einer Anzeigeeinheit verbunden ist. Desweiteren steht eine Konstantstromquelle (I = 2,5 mA) zur Verfügung, um PT100-Widerstände an 0,5 V-Kanäle betreiben zu können.

Die Aufnahme von normierten Stromsignalen 4...20 mA ist ebenfalls möglich, wenn man einen Parallelwiderstand von 31,25 Ohm an einem 0,5 V-Kanal vorsieht (20 mA · 31,25 Ω = 625 mV = Zahlenwert 2560).

Bei 0...20 mA-Signalen müßte softwaremäßig 512 abgezogen werden oder aber ein Parallelwiderstand von 25 Ohm am 0,5 V-Kanal eingesetzt werden (20mA · 25 Ω = 500 mV = Zahlenwert 2048).

Die Kanaladressen sind sowohl als Peripheriewort (PW160...174) als auch als Baugruppenadresse (BG = 160) mit Kanalnummern (KN 0...7) angegeben.

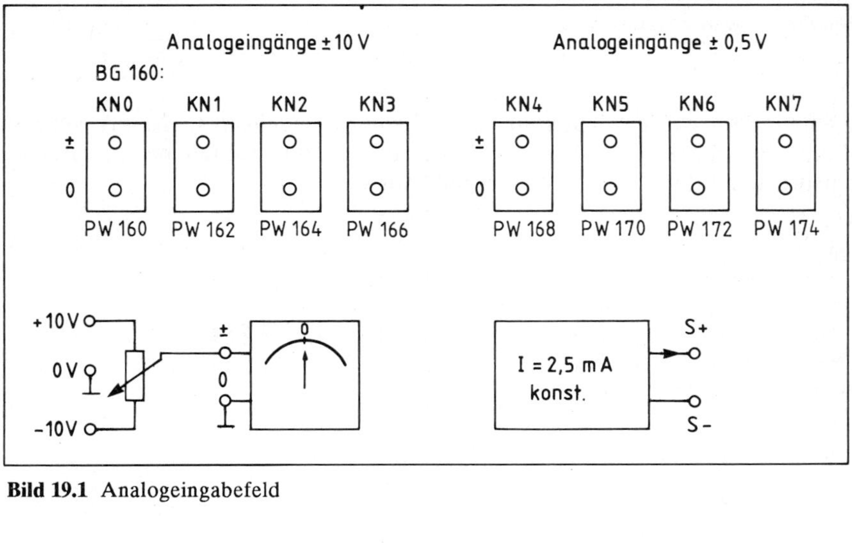

Bild 19.1 Analogeingabefeld

19.3.3 Einlesen von Analogwerten

Es bestehen zwei Möglichkeiten, um den digitalisierten Analogwert in den Akkumulator zur weiteren Verarbeitung zu bringen.

Wenn keine Normierung erforderlich ist, genügt ein einfaches selbstgeschriebenes Einleseprogramm innerhalb des SPS-Anwenderprogramms. Bei erforderlicher Normierung setzt man in der Regel einen speziellen Funktionsbaustein ein.

Möglichkeit 1: Einleseprogramm ohne Normierung

Eine Analogbaugruppe sei auf die Anfangsadresse 160 eingestellt. Es soll der Meßwert am Kanal 1 eingelesen und im Merkerwort MW10 als Festpunktzahl gespeichert werden. Eine Fehlerbit-Auswertung (F, T, Ü) soll nicht erfolgen.

Programm im FB1:

L PW162	*Digitalisierter Analogwert des Kanals 1 in den Akku laden.*
SRW 3	*Bitmuster drei Stellen nach rechts schieben. Die Bits T, F, Ü verschwinden.*
T MW10	*Bitmuster in das Merkerwort MW10 transferieren.*
UN M10.4	*Abfrage, ob die ursprünglich höchstwertige Stelle 2^{12} 0-Signal führt, d.h. der Meßwert positiv ist.*
BEB	*Programmende, wenn positive Zahl vorliegt (M10.4 = 0).*
S M10.5 S M10.6 S M10.7	*Bei negativer Zahl (M10.4 = 1) sind die drei führenden Stellen auf den Signalwert „1“ zu setzen, um die 2er-Komplement-Darstellung zu vervollständigen.*
BE	*Bausteinende:* *Der Meßwert liegt als Festpunktzahl in MW10 vor.*

Möglichkeit 2: Einleseprogramm mit Normierung

Wenn der Eingangs-Nennwert der Analogeingabe-Baugruppe auf bestimmte Zahlenwerte umzurechnen ist, so bezeichnet man dies als *Normierung*. Dazu ist in der Regel eine Multiplikation des digitalisierten Analogwertes mit einer gebrochenen Zahl erforderlich. Diese Rechenoperation kann auf Schiebe- und Additionsbefehle zurückgeführt werden (siehe Beispiel Kapitel 16.5.2).

Einfacher ist jedoch die Verwendung des Funktionsbausteins „Analogwert einlesen“.

Beschreibung des Funktionsbausteins „Analogwert einlesen“:

Der Funktionsbaustein „Analogwert einlesen“ bietet ein komfortables Einleseprogramm an. Es gestattet die Normierung des Ausgangswertes auf frei wählbare Ober- und Untergrenzen und die Auswahl zwischen zyklischer Abtastung bzw. Einzelabtastung.

Aufruf des Funktionsbausteins:

AWL:

```
      : SPA  FB 250
NAME  : RLG: AE
BG    :      KF
KNKT  :      KY
OGR   :      KF
UGR   :      KF
EINZ  :      BI
XA    :      W
FB    :      BI
BU    :      BI
TBIT  :      BI
```

FUP:

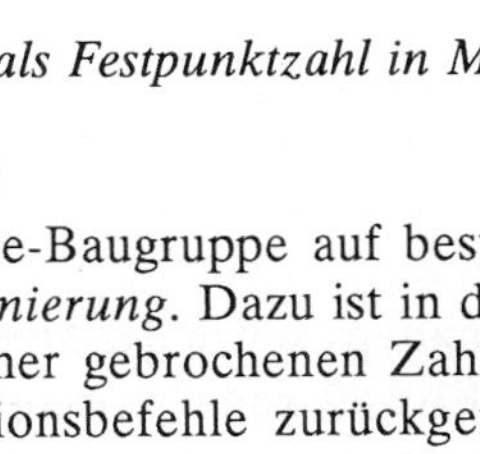

Erläuterung der Parameter:

Parameter	Bedeutung	Art	Typ	Belegung
BG	Baugruppenadresse	D	KF	128...224
KNKT	Kanalnummer KN = x Kanaltyp KT = y	D	KY	KY = x, y x = 0...7 y = 3...6 3: Betragsdarstellung (4...20 mA) 4: unipolare Darstellung 5: Betragszahl bipolar 6: Festpunktzahl bipolar (Zweierkomplement)
OGR	Obergrenze des Ausgangswertes	D	KF	– 32768...+ 32767
UGR	Untergrenze des Ausgangswertes	D	KF	– 32768...+ 32767
EINZ	Einzelabtastung	E	BI	Bei „1“ wird eine Einzelabtastung angeregt.
XA	Ausgangswert	A	W	Normierter Analogwert in rechtsbündiger Darstellung. Ist „0“ bei Drahtbruch.
FB	Fehlerbit	A	BI	Ist „1“ bei Drahtbruch, bei ungültiger Kanal- oder Steckplatznummer oder bei ungültigem Kanaltyp.
BU	Bereichsüberschreitung	A	BI	Ist „1“ bei Überschreitung des Nennbereichs.
TBIT	Tätigkeitsbit des Funktionsbausteins	A	BI	Bei Signalzustand „1“ führt der Funktionsbaustein gerade eine Einzelabtastung durch.

Zur Auswahl des Kanaltyps sowie der Ober- und Untergrenzen:
Der Anwender des FB 250 kann zwischen vier verschiedenen Kanaltypen wählen. Dabei versteht man unter einem Kanaltyp die softwaremäßige Festlegung desjenigen Zahlenbereiches, der als Nennbereich interpretiert werden soll einschließlich eines bestimmten Zahlenformates. Aus dem Gesamtzahlenbereich der Analogeingabe-Baugruppe, der zwischen – 4096...0...+ 4096 liegt, werden je nach Kanaltyp unterschiedliche Teilbereiche als Nennbereiche ausgewählt.

Zahlenbereich Analogeingabe-Baugruppe	Softwaremäßig erzeugte Kanaltypen		
+ 4096	Wahlweise je nach Einstellung der Eingabe-Baugruppe:		
+ 3072			
+ 2560			KT = 3 Dualzahlen-Format (nur positiv) (+ 2560 ... 0)
+ 2048	KT = 5 Vorzeichen-Betrags-Format / KT = 6 Festpunktzahlen-Format (+ 2048 ... – 2048)	KT = 4 Dualzahlen-Format (nur positiv) (+ 2048 ... 0)	
+ 1536			
+ 1024			
+ 512			
0			
– 512			
– 1024			
– 1536			
– 2048			
– 2560			
– 3072			
– 4096			

Gleichzeitig gestattet der Funktionsbaustein FB 250 noch eine Umrechnung des ausgewählten Nennbereiches auf andere Grenzwerte. Der Anwender kann, wenn er das wünscht, den Nennbereich zahlenmäßig anders definieren. Im einfachsten Fall kann dies bedeuten, daß der Anwender z.B. bei Kanaltyp KT = 6 den Nennbereich nicht durch die Zahlenwerte – 2048...0...+ 2048 begrenzt haben will, sondern aus interpretationstechnischen Gründen mit den runden Zahlenwerten – 10000...0...+ 10000 als Nennbereichsgrenzen arbeiten möchte.

Dies sei an einem Beispiel für einen Kanal mit den Nennbereich ± 10 V und softwaremäßig gewähltem Kanaltyp KT = 6 gezeigt:

Spannungsbereich des Signalgebers		Nennbereich der Analogeingabe-Baugruppe		Neu definierter Nennbereich
+ 10 V		+ 2048		+ 10000
|		|		|
0 V	⇒	0	⇒	0
|		|		|
– 10 V		– 2048		– 10000

Die bei der Neudefinition eines Nennbereiches erforderlichen Umrechnungen eines Eingabewertes leistet der Funktionsbaustein. Der Anwender muß seinen neuen Nennbereich durch Angabe der Obergrenze OGR und Untergrenze UGR definieren. Der zulässige Zahlenbereich für OGR und UGR ist in der Funktionsbeschreibung angegeben.

Die nachfolgende Übersicht zeigt, welche Umrechnungsformeln der Funktionsbaustein dabei verwendet. Es bedeuten:

X_E = Digitalisierter Analogwert innerhalb des ursprünglichen Nennbereiches;
X_A = Digitalisierter Analogwert innerhalb des neu definierten Nennbereiches;
OGR = Obergrenze des neuen Nennbereiches;
UGR = Untergrenze des neuen Nennbereiches.

Kanaltyp KT = 3

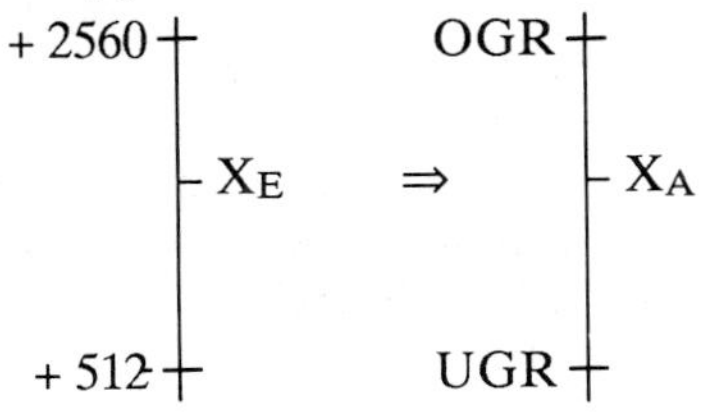

$$\frac{+2560-(+512)}{X_E-(+512)}=\frac{OGR-UGR}{X_A-UGR}$$

$$X_A=\frac{UGR\,(2560-X_E)+OGR\,(X_E-512)}{2048}$$

Kanaltyp KT = 4

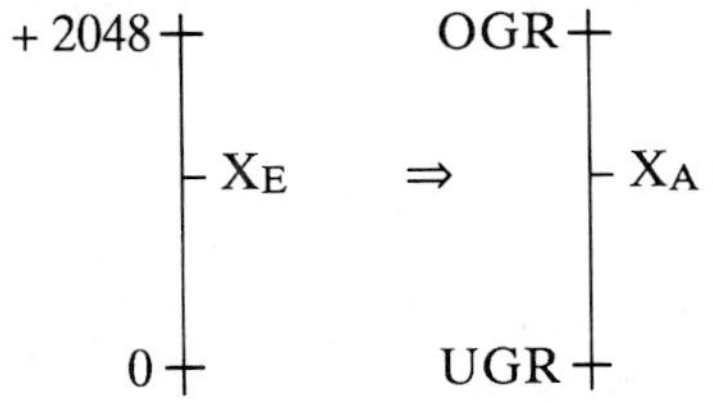

$$\frac{+2048-0}{X_E-0}=\frac{OGR-UGR}{X_A-UGR}$$

$$X_A=\frac{UGR\,(2048-X_E)+OGR\cdot X_E}{2048}$$

Kanaltypen KT = 5 und KT = 6

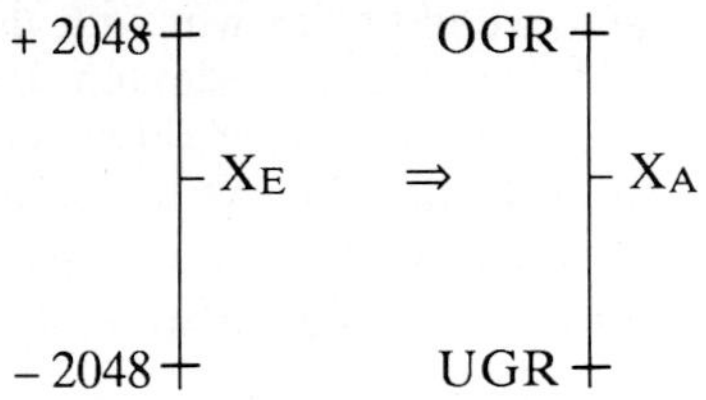

$$\frac{+2048-(-2048)}{X_E-(-2048)}=\frac{OGR-UGR}{X_A-UGR}$$

$$X_A=\frac{UGR\,(2048-X_E)+OGR\,(X_E+2048)}{4096}$$

Will der Anwender den Nennbereich unverändert lassen, so muß er für OGR und UGR die ursprünglichen Zahlenwerte der Analogeingabe-Baugruppe, wie im Schema angegeben, übernehmen.

▼ Beispiel: Funktionsbaustein „Analogwert lesen“

Es ist ein PT100-Widerstandsthermometer an Kanal 4 einer Analogeingabe-Baugruppe anzuschließen, deren Baugruppenadresse BG = 160 ist. Im Merkerwort MW10 soll die dem Widerstandsert zugeordnete Temperatur als Festpunktzahl stehen. Der Temperaturwert soll mit der BCD-codierten Ziffernanzeige AW16 dargestellt werden.

Als Temperatur-Nennbereich ist der nachfolgend angegebene Nennbereich der Analogeingabe-Baugruppe für PT100-Messungen anzusehen.

Zahlenwert	R_{PT100}	Byte 0 7	6	5	4	3	2	1	0	Byte 1 7	6	5	4	3	2	1	0
2048	200 Ω	0	1	0	0	0	0	0	0	0	0	0	0	0	0	0	0
1024	100 Ω	0	0	1	0	0	0	0	0	0	0	0	0	0	0	0	0
0	0 Ω	0	0	0	0	0	0	0	0	0	0	0	0	0	0	0	0

Angaben zu der in der Tabelle noch fehlenden Temperatur-Widerstands-Beziehung:

PT100 können im Bereich – 200 °C bis + 800 °C eingesetzt werden. Innerhalb dieses Bereichs ändert sich der Widerstandswert nahezu linear mit der Temperatur, dabei entspricht einer Temperaturänderung von 2,6 K eine Widerstandsänderung von 1 Ohm. Bei 0 °C ist der Widerstandswert 100 Ohm.

Technologieschema:

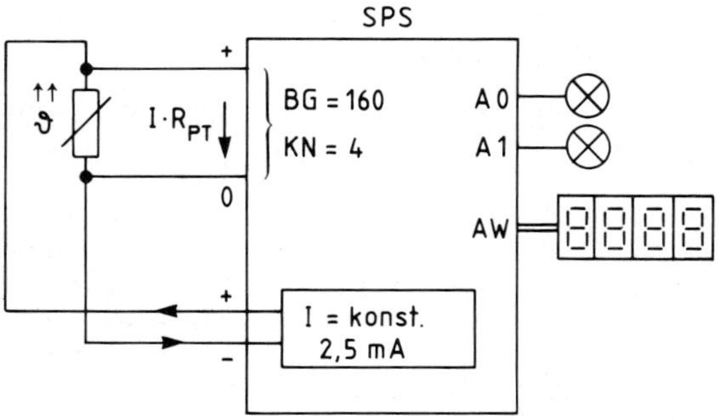

Bild 19.2
Temperaturmessung mit PT100

Zuordnungstabelle:

Eingangsvariable	Betriebsmittel-kennzeichen	Logische Zuordnung
Widerstandsthermometer	PT100	Analogwert
Ausgangsvariable		
Überlaufanzeige	A0	Nennbereich überschritten, A0 = 1
Vorzeichenanzeige	A1	Vorzeichen positiv, A1 = 0
Ziffernanzeige	AW	Digitalwert BCD-codiert

Lösung:

Wir errechnen zunächst die Temperaturentsprechungen zu den gegebenen Werten von Widerstand und Einheiten des Nennbereichs der PT100-Tabelle.

Widerstandswert	Einheiten des Analogwertes	Errechnete Temperaturwerte
0 Ohm	0	$-260\,°C = 2{,}6\,\frac{K}{\Omega}\,(0\,\Omega - 100\,\Omega)$
100 Ohm	1024	$0\,°C$ = Bezugstemperatur
200 Ohm	2048	$+260\,°C = 2{,}6\,\frac{K}{\Omega}\,(200\,\Omega - 100\,\Omega)$

Die errechneten Temperaturwerte sind die gesuchten Grenzwerte

$OGR = +260\,°C$
$UGR = -260\,°C$

Die Normierungsmöglichkeit des Funktionsbausteins „Analogwert einlesen" wird dazu benutzt, aus den Einheiten der digitalisierten Analogwerte (Tabellenwerte) Temperaturwerte zu machen, wie sie im nachfolgenden Meßbereichsdiagramm dargestellt sind. Dazu ist es nur erforderlich, die Grenzwerte OGR und UGR in die Parameterliste des Funktionsbausteins einzutragen. Der Funktionsbaustein errechnet dann selbsttätig die im Meßfall auftretenden abstrakten Zahleneinheiten in konkrete Temperaturwerte um, wobei die Werte unterhalb von – 200 °C nur rein rechnerische Werte sind.

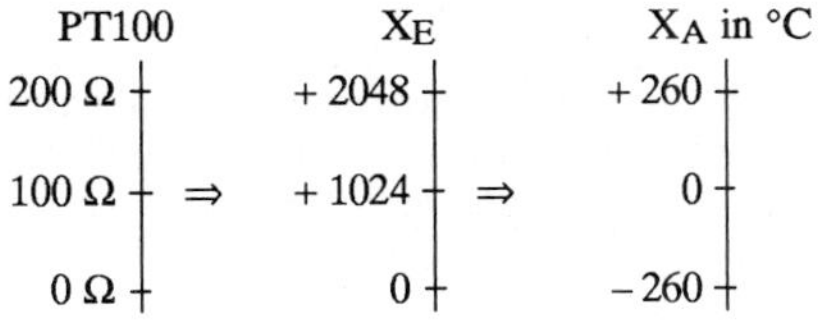

Da die am PT100 Widerstandsthermometer durch den eingespeisten Konstantstrom von 2,5 mA entstehende Meßspannung $I \cdot R_{PT100}$ keinen Polaritätswechsel aufweisen kann, wird beim Formaloperanden KNKT der Kanaltyp KT = 4 gewählt.

Kontrollrechnung:

$$X_A = \frac{UGR\,(2048 - X_E) + OGR \cdot X_E}{2048} = \frac{-260\,°C\,(2048 - X_E) + 260\,°C \cdot X_E}{2048}$$

$X_A = -260\,°C$ für $X_E = 0$

$X_A = +260\,°C$ für $X_E = 2048$

Die normierten Ausgabewerte liegen allerdings noch im Zahlenformat Festpunktzahl vor. Deshalb wandeln wir die Festpunktzahl in eine BCD-Zahl um und bringen sie auf der Ziffernanzeige AW16 zur Darstellung. Die von der Ziffernanzeige ausgegebenen Zahlenwerte sind dann Temperaturwerte, wobei man sich die Einheit „°C" dazudenken muß.

Das Vorzeichen des ausgegebenen Temperaturwertes wird durch Ausgang A1 angezeigt:

0-Signal = positiver Wert,
1-Signal = negativer Wert.

Realisierung mit einer SPS:

Zuordnung:

PT100 =	Baugruppenadresse	BG = 160	A0	= A 0.0
	Kanalnummer	KN = 4	A1	= A 1.0
	Kanaltyp	KT = 4	AW	= AW16

Anweisungsliste:

```
PB 1
      :SPA FB 250
NAME  :RLG:AE
BG    :     KF +160
KNKT  :     KY 4,4
OGR   :     KF +260
UGR   :     KF -260
EINZ  :     M  100.0
XA    :     MW  10
FB    :     M  100.1
BU    :     A    0.0
TBIT  :     M  100.2
      :
      :SPA FB 241
NAME  :COD:16
DUAL  :     MW  10
SBCD  :     A    1.0
BCD2  :     MB 102
BCD1  :     AW  16
      :
      :BE
```

▲

▼ Beispiel: Rauchgastemperaturanzeige

Die Abgastemperatur einer Ölheizung wird mit einem PT100-Widerstandsthermometer im Abgasrohr zum Schornstein gemessen. Der Zustand der Heizungsanlage soll mit einer Leuchtdiodenkette optisch sichtbar gemacht werden. Abgastemperaturen im Bereich von 180 °C bis 270 °C werden in fünf Bereiche unterteilt und mit Wertungen versehen. Eine Verlängerung der aufleuchtenden Diodenkette signalisiert die fortschreitende Verschlechterung des Anlagenzustandes von A1 = sehr gut bis A5 = mangelhaft.

Bei Abgastemperaturen unter 160 °C bzw. über 270 °C ist ein akustischer Melder H einzuschalten, um die Erfordernis einer Inspektion wegen der Gefahr der Taupunktkorrosion bzw. Unwirtschaftlichkeit zu melden.

Die Abgastemperaturauswertung erfolgt nur, wenn die Heizungsanlage durch Schalter S eingeschaltet und der Flammenwächter E das Vorhandensein der Brennerflamme anzeigt und eine Wartezeit von 30 s abgelaufen ist. Die Meldungen müssen auch nach Beendigung der Brennphase erhalten bleiben, solange die Heizungsanlage eingeschaltet ist.

Das PT100-Widerstandsthermometer ist an Kanal 4 einer Analogeingabe-Baugruppe angeschlossen, deren Baugruppenadresse BG = 160 ist.

Technologieschema:

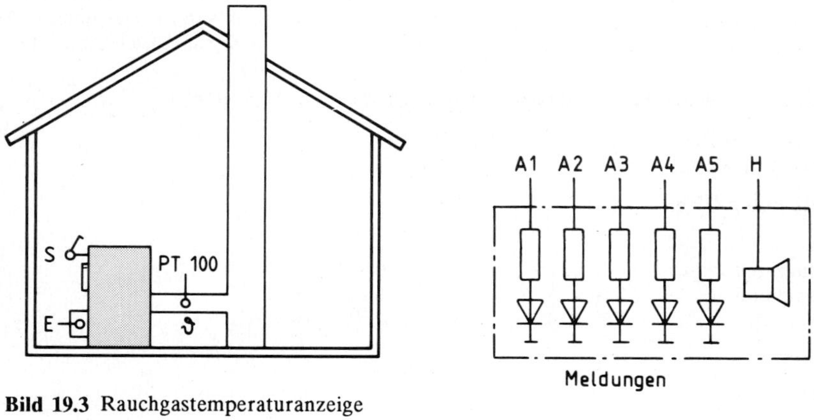

Bild 19.3 Rauchgastemperaturanzeige

Zuordnungstabelle:

Eingangsvariable	Betriebsmittel-kennzeichen	Logische Zuordnung	
Anlagenschalter	S	Schalter betätigt, Heizung EIN,	S = 1
Widerstandsthermometer	PT100	Analogwert	
Flammenwächter	E	Flamme vorhanden,	E = 1
Ausgangsvariable			
Leuchtdiode 1	A1	Abgastemperatur über 180 °C,	A1 = 1
Leuchtdiode 2	A2	Abgastemperatur über 200 °C,	A2 = 1
Leuchtdiode 3	A3	Abgastemperatur über 220 °C,	A3 = 1
Leuchtdiode 4	A4	Abgastemperatur über 240 °C,	A4 = 1
Leuchtdiode 5	A5	Abgastemperatur über 270 °C,	A5 = 1
Akustischer Melder	H	Abgastemperatur über 270 °C, oder unter 160 °C,	H = 1

Lösung 1: Ohne Verwendung des Funktionsbausteins „Analogwert lesen"

Zuerst erfolgt die Berechnung der den Abgastemperaturen zuzuordnenden Grenzwerte. Diese Grenzwerte sollen im Datenbaustein DB10 hinterlegt werden und für die Vergleichsoperationen zur Verfügung stehen.

Temperatur ϑ	R_{PT100} $R_{PT100} = 100\,\Omega + \frac{1\,\Omega}{2{,}6\,K} \cdot \vartheta$	Zahlenwerte für Vergleichsoperationen $X_E = \frac{1024}{100\,\Omega} \cdot R_{PT100}$
160 °C	161,5 Ω	1654
180 °C	169,2 Ω	1732
200 °C	176,9 Ω	1811
220 °C	184,6 Ω	1890
240 °C	192,3 Ω	1969
270 °C	203,8 Ω	2087

Programmstruktur:

PB1	FB1	FB2	DB10
1. Bearbeitungs-bedingung für FBs 2. Rücksetzen der Meldungen	Analogwert einlesen	Grenzwert-kontrolle	Liste der Vergleichs-zahlen

Realisierung mit einer SPS:

Zuordnung:

S = E 0.0	PT100 = Peripheriewort	PW168	A1 = A 0.1
E = E 0.1	= Baugruppenadresse	BG = 160	A2 = A 0.2
	Kanalnummer	KN = 4	A3 = A 0.3
			A4 = A 0.4
			A5 = A 0.5
			H = A 1.0

Anweisungsliste Lösung 1:

```
PB 1
NETZWERK 1       0000
      :U    E    0.0
      :U    E    0.1
      :L    KT 030.2
      :SE   T    1
      :
      :U    T    1
      :SPB  FB   1
NAME  :ANEI
      :
      :U    T    1
      :SPB  FB   2
NAME  :GRENZW
      :
      :UN   E    0.0
      :R    A    0.0
      :R    A    0.1
      :R    A    0.2
      :R    A    0.3
      :R    A    0.4
      :R    A    0.5
      :R    M    0.0
      :R    M    0.1
      :R    A    1.0
      :BE
```

```
FB 1
NETZWERK 1       0000
NAME :ANEI
:L    PW 168
:SRW        3
:T    MW  10
:BE

DB10
0:        KF = +01654;
1:        KF = +01732;
2:        KF = +01811;
3:        KF = +01890;
4:        KF = +01969;
5:        KF = +02087;
6:
```

```
FB 2
NETZWERK 1       0000
NAME :GRENZW
:A    DB  10
:
:L    MW  10
:L    DW  0
:<F
:=    M    0.0
:
:L    MW  10
:L    DW  1
:>F
:=    A    0.1
:
:L    MW  10
:L    DW  2
:>F
:=    A    0.2
:
:L    MW  10
:L    DW  3
:>F
:=    A    0.3
:
:L    MW  10
:L    DW  4
:>F
:=    A    0.4
:
:L    MW  10
:L    DW  5
:>F
:=    A    0.5
:=    M    0.1
:
:O    M    0.0
:O    M    0.1
:=    A    1.0
:BE
```

Lösung 2: Mit Verwendung des Funktionsbausteins „Analogwert lesen“

Die Normierungsmöglichkeit des Funktionsbausteins „Analogwert lesen“ erlaubt, daß im Datenbaustein DB10 die Vergleichszahlen in Temperaturwerten angegeben werden können.

Bestimmung von OGR:

Die Obergrenze des Nennbereichs der Analogeingabe-Baugruppe ist bei Anschluß eines PT100-Widerstandes an einen 0,5 V-Kanal erreicht bei:

$$U_E = I \cdot R_{PT100} = 2{,}5\ \text{mA} \cdot 200\ \Omega = +\,0{,}5\ \text{V} = \text{Zahlenwert} + 2048$$

Anstelle des Zahlenwertes + 2048 soll die Temperatur als Obergrenze OGR gesetzt werden:

$$R_{PT100} = 100\ \Omega + \frac{1\ \Omega}{2{,}6\ \text{K}} \cdot \vartheta$$

$$\vartheta = (R_{PT100} - 100\ \Omega) \cdot 2{,}6\,\frac{\text{K}}{\Omega} = (200\ \Omega - 100\ \Omega) \cdot 2{,}6\,\frac{\text{K}}{\Omega}$$

$$\vartheta = 260\ °\text{C}$$

Damit ist OGR = 260 gefunden.

Bestimmung von UGR:
Die Untergrenze des Nennbereichs der Analogeingabe-Baugruppe ist erreicht bei:

$$U_E = I \cdot R_{PT100} = 2{,}5\,\text{mA} \cdot 0\,\Omega = 0\,\text{V} = \text{Zahlenwert } 0$$

Anstelle des Zahlenwertes 0 soll die Temperatur als Untergrenze UGR gesetzt werden:

$$\vartheta = (R_{PT100} - 100\,\Omega) \cdot 2{,}6\,\frac{K}{\Omega} = (0\,\Omega - 100\,\Omega) \cdot 2{,}6\,\frac{K}{\Omega}$$

$$\vartheta = -260\,°\text{C}$$

Damit ist UGR = – 260 gefunden.

Programmstruktur:

PB1	FB1	FB2	DB10
1. Bearbeitungsbedingung für FBs 2. Rücksetzen der Meldungen	1. Analogwert einlesen mit FB250 2. FB250 rechnet jeden Meßwert in Temperaturen um.	Grenzwertkontrolle	Liste der Vergleichszahlen in Temperaturwerten

Anweisungsliste Lösung 2:

```
PB 1

      :U    E     0.0
      :U    E     0.1
      :L    KT 030.2
      :SE   T     1
      :
      :U    T     1
      :SPB FB     1
NAME  :ANEI
      :
      :U    T     1
      :SPB FB     2
NAME  :GRENZW
      :
      :UN   E     0.0
      :R    A     0.0
      :R    A     0.1
      :R    A     0.2
      :R    A     0.3
      :R    A     0.4
      :R    A     0.5
      :R    M     0.0
      :R    M     0.1
      :R    A     1.0
      :BE
```

```
FB 1

NAME :ANEI
     :SPA FB 250
NAME :RLG:AE
BG   :      KF +160
KNKT :      KY 4,4
OGR  :      KF +260
UGR  :      KF -260
EINZ :      M  100.0
XA   :      MW  10
FB   :      M  100.1
BU   :      M  100.2
TBIT :      M  100.3
     :BE
```

```
DB10
0:      KF  =  +00160;
1:      KF  =  +00180;
2:      KF  =  +00200;
3:      KF  =  +00220;
4:      KF  =  +00240;
5:      KF  =  +00270;
6:
```

```
FB 2

NAME :GRENZW
:A    DB   10
:
:L    MW   10
:L    DW    0
:<F
:=    M     0.0
:
:L    MW   10
:L    DW    1
:>F
:=    A     0.1
:
:L    MW   10
:L    DW    2
:>F
:=    A     0.2
:
:L    MW   10
:L    DW    3
:>F
:=    A     0.3
:
:L    MW   10
:L    DW    4
:>F
:=    A     0.4
:
:L    MW   10
:L    DW    5
:>F
:=    A     0.5
:=    M     0.1
:

:O    M     0.0
:O    M     0.1
:=    A     1.0
:BE
```

19.4 Analogausgabe

19.4.1 Aufbau, Adressen, Zahlenformat

Eine unter ihrer kanalspezifischen Adresse angesprochene Analogausgabe-Baugruppe übernimmt die im Akkumulator stehenden Daten in ihren Umlaufspeicher. Der Umlaufspeicher verfügt über soviel Wortspeicherplätze wie die Baugruppe Ausgabekanäle besitzt. Dies kann im Programm mit dem Befehl „Transferiere Peripheriewort T PWxxx" erfolgen. Ein Peripheriewort ist hier wie ein Ausgangswort (AW) zu sehen, es umfaßt als Adresse 1 Wort = 2 Byte = 16 Bit.

Das Steuerwerk der Analogausgabe-Baugruppe besorgt das zyklische Auslesen des Umlaufspeichers. Dazu werden die Daten an den Digital-Analog-Umsetzer DAU geführt und der Demultiplexer DEMUX so angesteuert, daß die vom DAU gebildeten Analogsignale in die kanalzugehörigen Halteglied-Verstärker gelangen. Von dort werden die Ausgangssignale als Spannungssignale an den Baugruppenausgängen zur Verfügung gestellt. Bei einigen Analogausgabe-Baugruppen wird das Analogsignal sogar doppelt ausgegeben, und zwar als Spannungssignal z.B. im Nennbereich –10 V...0...+ 10 V und als Stromsignal mit dem Nennbereich 0...20 mA bzw. 4...20 mA.

Die Analogsignale können jeweils an ihren Ausgangsbuchsen gegenüber Masse abgegriffen werden.

Das analoge Ausgangssignal ist somit abhängig vom Zahlenwert im zugehörigen Speicherplatz des Umlaufspeichers. Erst wenn dort der Zahlenwert durch einen Transferbefehl verändert wird, kommt es auch zu einem anderen Ausgabewert des Analogsignals. Die erforderliche Umwandlungszeit beträgt ca. 1 ms.

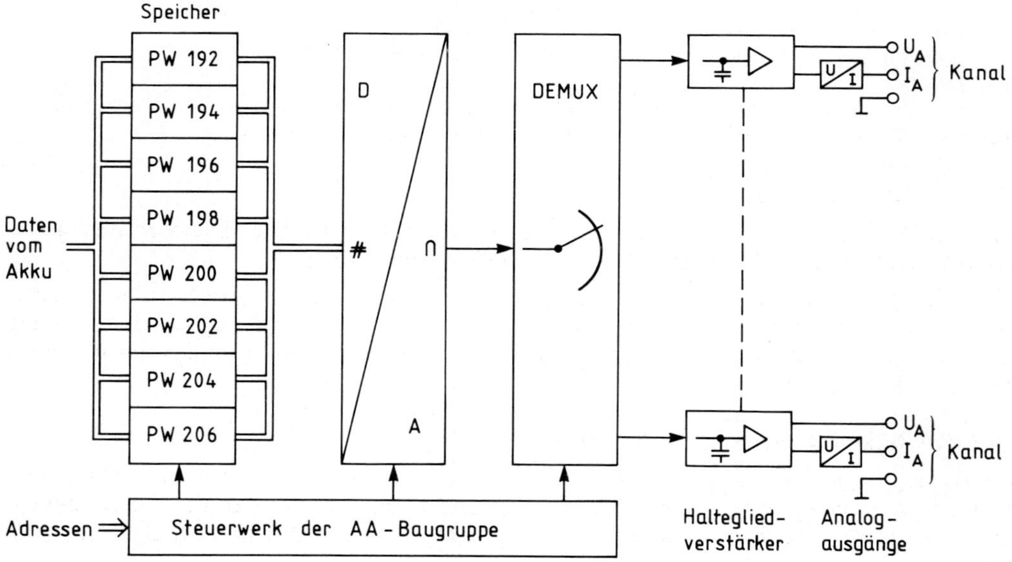

Die nachfolgende Tabelle zeigt den Zusammenhang zwischen analoger Ausgangsgröße und dem erforderlichen Zahlenformat für die Ausgangsgrößen 0...± 10 V und 0...20 mA.

Zahlen-wert	UA (V)	IA (mA)	Byte 0 2^{11}	2^{10}	2^9	2^8	2^7	2^6	2^5	2^4	Byte 1 2^3	2^2	2^1	2^0	
+ 1280	+ 12,5 V	25,0 mA	0	1	0	1	0	0	0	0	0	0	0	0	Übersteuer-
+ 1025	+ 10,0098 V	20,0195 mA	0	1	0	0	0	0	0	0	0	0	0	1	bereich
+ 1024	+ 10,0 V	20,0 mA	0	1	0	0	0	0	0	0	0	0	0	0	
+ 1023	+ 9,99 V	19,98 mA	0	0	1	1	1	1	1	1	1	1	1	1	
+ 512	+ 5,0 V	10,0 mA	0	0	1	0	0	0	0	0	0	0	0	0	
+ 256	+ 2,5 V	5,0 mA	0	0	0	1	0	0	0	0	0	0	0	0	
+ 128	+ 1,25 V	2,5 mA	0	0	0	0	1	0	0	0	0	0	0	0	
+ 64	+ 0,625 V	1,25 mA	0	0	0	0	0	1	0	0	0	0	0	0	
+ 1	+ 9,8 mV	19,5 µA	0	0	0	0	0	0	0	0	0	0	0	1	Nennbereich
0	0,0 V	0,0 mA	0	0	0	0	0	0	0	0	0	0	0	0	
− 1	− 9,8 mV	0,0 mA	1	1	1	1	1	1	1	1	1	1	1	1	
− 64	− 0,625 V	0,0 mA	1	1	1	1	1	1	0	0	0	0	0	0	
− 128	− 1,25 V	0,0 mA	1	1	1	1	1	0	0	0	0	0	0	0	
− 256	− 2,5 V	0,0 mA	1	1	1	1	0	0	0	0	0	0	0	0	
− 512	− 5,0 V	0,0 mA	1	1	1	0	0	0	0	0	0	0	0	0	
− 1024	− 10,0 V	0,0 mA	1	1	0	0	0	0	0	0	0	0	0	0	
− 1025	− 10,0098 V	0,0 mA	1	0	1	1	1	1	1	1	1	1	1	1	Übersteuer-
− 1280	− 12,5 V	0,0 mA	1	0	1	1	0	0	0	0	0	0	0	0	bereich

Die Bereitstellung der Daten im Akkumulator für eine Signalausgabe muß das erforderliche Datenformat gemäß Tabelle berücksichtigen, das wie folgt aufgebaut ist:

Bit 7			HIGH-Byte				0	7		LOW-Byte					0
2^{11}	2^{10}	2^9	2^8	2^7	2^6	2^5	2^4	2^3	2^2	2^1	2^0	x	x	x	x
			Adresse n							Adresse n+1					

Wichtig ist, daß die Zahlenwerte dual-codiert sind und linksbündig liegen, wobei das höchstwertige Bit im HIGH-Byte wie üblich als Vorzeichen gewertet wird:

0 = positives Vorzeichen,

1 = negatives Vorzeichen.

Negative Dualzahlen sind mit ihrem Zweierkomplement anzugeben. Die vier niederwertigsten Stellen im LOW-Byte sind ohne zahlenmäßige Bedeutung.

Bei + 1024 Einheiten erreicht das Ausgangssignal eines Kanals die Grenze des Nennbereichs z.B. + 10 V bzw. 20 mA. Dies entspricht beim Spannungsausgang einer Auflösung von 10 V/1024 = ca. 10 mV/Einheit. Die analoge Ausgangsspannung kann also nur in Schritten von ca. 10 mV verändert werden.

19.4.2 Anschluß von Verbrauchern

Eine Analogausgabe-Baugruppe habe 8 Ausgangskanäle. Jeder Ausgangskanal verfüge über einen Spannungsausgang und einen Stromausgang. Nachfolgend werden die Anschlußmöglichkeiten für Verbraucher am Beispiel eines Kanals x gezeigt. Die verwendeten Kanalbenennungen haben folgende Bedeutung:

M_{ANA} = Massenanschluß des Analogteils

QV_x = Analogausgang Spannung

QI_x = Analogausgang Strom

$S+_x$ = Fühlerleitung +

$S-_x$ = Fühlerleitung −

} von Kanal x

Verbraucher am Spannungsausgang von Kanal x:

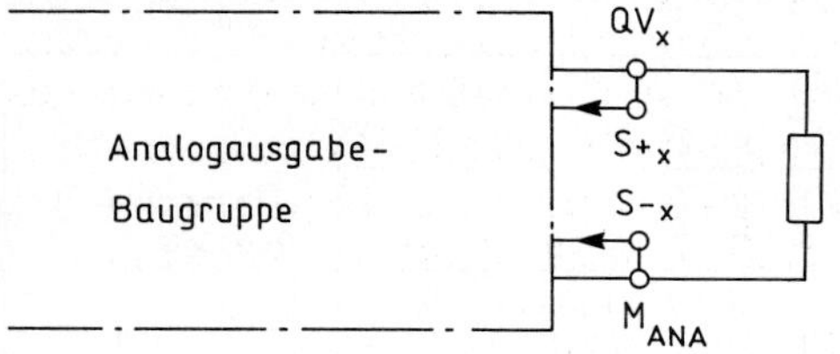

Die Fühlleitungen S+, S– fragen den an den Ausgangsklemmen liegenden Spannungswert ab und veranlassen, daß der Spannungswert an den Ausgangsklemmen dem internen Zahlenwert entspricht.

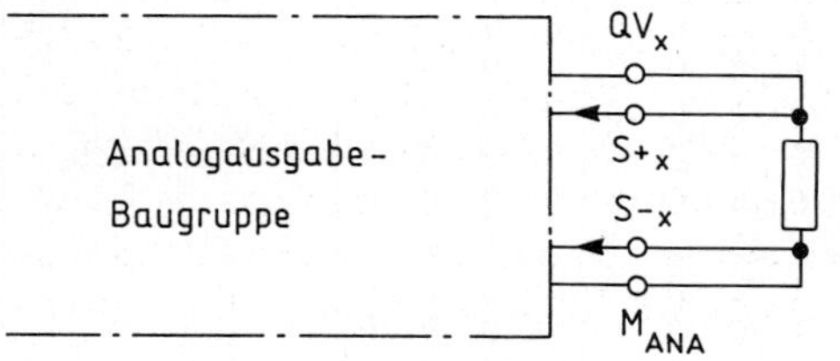

Die Fühlleitungen S+, S– fragen den am Verbraucher liegenden Spannungswert ab und veranlassen, daß der Spannungswert am Verbraucher dem internen Zahlenwert entspricht. Ein eventueller Spannungsabfall auf den Zuleitungen zum Verbraucher wird so ausgeglichen.

Die an den Spannungsausgängen anzuschließenden Verbraucher dürfen einen Mindestwiderstand nicht unterschreiten (z.B. R = 3,3 kΩ). Leerlauf ist zulässig, wobei die Fühlleitungen jedoch angeschlossen sein müssen.

Verbraucher am Stromausgang:

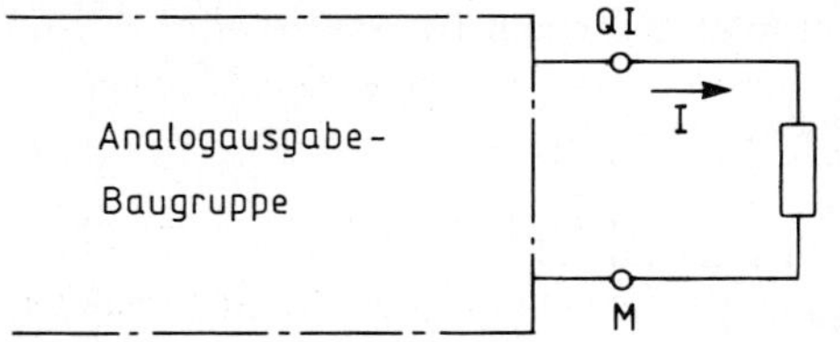

Der Stromausgang liefert einen eingeprägten Strom, so daß Spannungsabfälle auf den Leitungen zum Verbraucher keine Rolle spielen.
Der Verbraucherwiderstand darf einen Maximalwert nicht übersteigen (z.B. 300 Ω). Stromausgänge können unbeschaltet bleiben.
Die Fühlleitungen sind jeweils an QV_x und Masse anzuschließen.

Das nachfolgende Bild zeigt ein Ausgabefeld für Analogsignale. Es besteht aus 8 Spannungsausgängen mit dem Nennbereich ± 10 V.
Die Kanaladressen sind sowohl als Peripheriewort (PW192...206) als auch als Baugruppenadresse (BG = 192) mit Kanalnummern (KN0...7) angegeben.
Als Anzeigeinstrument zur Überprüfung von Analogwerten ist ein Spannungsmesser vorgesehen.

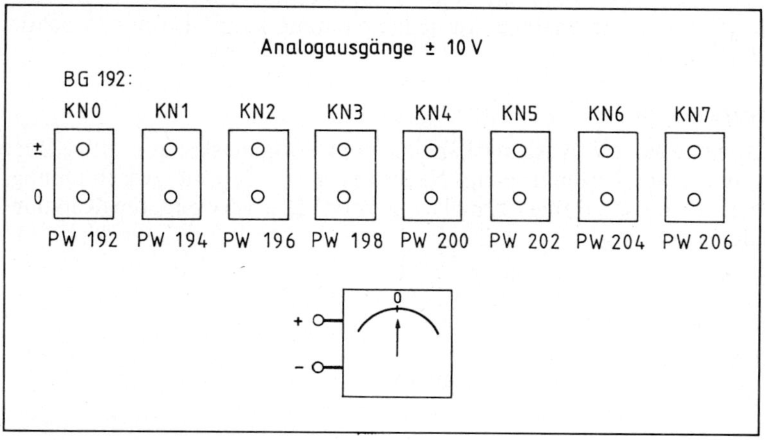

Bild 19.4
Analogausgabefeld

19.4.3 Auslesen von Analogwerten

Ausgangspunkt der Analogwertausgabe ist der in einem Merker- oder Datenwort als Festpunktzahl stehende Ausgabewert. Dieser Ausgabewert soll jedoch nicht als Zahl sondern als Analogwert in Spannungs- oder Stromform an den Steuerungsprozeß abgegeben werden.
Es bestehen zwei Möglichkeiten, die Analogwertausgabe zu realisieren: Wenn keine Normierung erforderlich ist, genügt ein einfaches selbstgeschriebenes Ausleseprogramm. Bei erforderlicher Normierung setzt man in der Regel einen speziellen Funktionsbaustein ein.

Möglichkeit 1: Ausgabeprogramm ohne Normierung

Im Datenwort DW2 des Datenbausteins DB10 stehe der auszugebende Analogwert als Festpunktzahl rechtsbündig zur Verfügung. Die Festpunktzahl liegt im Bereich $-1024 \leq KF \leq +1024$ und übersteigt somit nicht den Nennbereich der Baugruppe. Der Analogwert soll an Kanal 2 der Analogausgabe-Baugruppe erscheinen, deren Baugruppenadresse PW192 ist.
Dazu muß das Datenwort DW2 zunächst in den Akkumulator geladen werden, da es nur von dort zur Analogausgabe-Baugruppe transferiert werden kann. Das Datenwort muß im Akku linksbündig ausgerichtet werden, dies verlangt die Analogausgabe-Baugruppe zu ihrer Funktion.

Programm im FB1:

A DB10	*Aufruf Datenbaustein DB10*
L DW2	*Auszugebender Analogwert als rechtsbündiges Datenwort in den Akku bringen.*
SLW 4	*Datenwort linksbündig ausrichten, 4 Stellen nach links schieben.*
T PW196	*Datenwort zum Kanal 2 transferieren; dort steht dann der entsprechende Analogwert zur Verfügung.*

Möglichkeit 2: Ausleseprogramm mit Normierung

Wenn gegebene Zahlenwerte z.B. ± 10000 zuerst auf den Nennwert der Analogausgabe-Baugruppe von ± 1024 Einheiten umzurechnen sind, spricht man von Normierung des Ausgabewertes. Dazu ist in der Regel eine Multiplikation mit einer gebrochenen Zahl erforderlich, die auf Schiebe- und Additionsbefehle zurückgeführt werden kann.
Einfacher ist jedoch die Verwendung des Funktionsbausteins „Analogwert ausgeben“.

Beschreibung des Funktionsbausteins „Analogwert ausgeben“

Der Funktionsbaustein „Analogwert ausgeben“ gibt einen Analogwert an der Analogausgabe-Baugruppe aus. Der Funktionsbaustein kann außerdem Werte im Bereich zwischen einem oberen und unteren Grenzwert auf den Nennbereich der Baugruppe umrechnen.

Aufruf des Funktionsbausteins:

AWL:

```
      : SPA  FB 251
NAME  : RLG: AA
XE    :      W
BG    :      KF
KNKT  :      KY
OGR   :      KF
UGR   :      KF
FEH   :      BI
BU    :      BI
```

FUP:

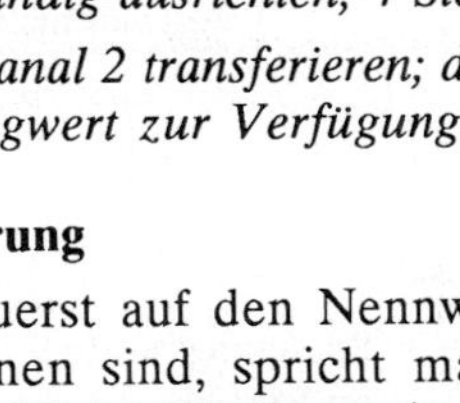

Erläuterung der Parameter:

Name	Art	Typ	Benennung	Parameter
XE	E	W	Auszugebender Analogwert	Festpunktdarstellung im Bereich UGR bis OGR
BG	D	KF	Baugruppenadresse	KF = + 128 bis 240
KNKT	D	KY	Kanalnummer KN = x Kanaltyp KT = y	KY = x, y x = 0 bis 7 Kanalnummer y = 0 unipolar y = 1 bipolar
OGR	D	KF	Oberer Grenzwert	KF = – 32768 bis + 32767
UGR	D	KF	Unterer Grenzwert	KF = – 32768 bis + 32767
FEH	A	BI	Fehlerbit bei der Grenzwertvorgabe	Führt Signalzustand „1", wenn UGR = OGR ist.
BU	A	BI	Bereichs-überschreitung	Führt Signalzustand „1", wenn der XE außerhalb der Grenzen OGR bis UGR liegt.

Zur Auswahl der Kanaltypen sowie der Ober- und Untergrenzen:
Der Anwender des FB251 kann zwischen zwei verschiedenen Kanaltypen wählen, diese unterscheiden sich durch ihren Nennbereich:

Zahlenbereich Analogausgabe-Baugruppe	Softwaremäßig erzeugte Kanaltypen	
+ 1280		
+ 1024		
+ 512		KT = 0
+ 256		Spannungswerte im Bereich
+ 128	KT = 1	0...+ 10 V bzw.
0	Spannungswerte	Stromwerte in den Bereichen
– 128	im Bereich	0...20 mA oder 4...20 mA
– 256	– 10 V...0...+ 10 V	
– 512		
– 1024		
– 1280		

Gleichzeitig gestattet der FB251 die Umrechnung vorgegebener Grenzwerte OGR und UGR auf den Nennbereich der Analogausgabe. Liegt z.B. der Fall vor, daß dem Zahlenbereich – 10000...0...+ 10000 die Spannungen – 10 V...0...+ 10 V zugeordnet werden sollen, so müßte zunächst auf den Nennbereich der Ausgabe-Baugruppe von – 1024...0...+ 1024 umgerechnet werden, da ihnen der Spannungsbereich zugeordnet ist. Die Umrechnung kann die Baugruppe selbst leisten, wenn ihr die entsprechenden Grenzwerte OGR und UGR innerhalb des zulässigen Zahlenbereichs vorgegeben werden.

Die nachfolgende Übersicht zeigt, welche Umrechnungsformeln der Funktionsbaustein dabei verwendet. Es bedeuten:

OGR = Obergrenze des Nennbereichs im Anwenderprogramm;
UGR = Untergrenze des Nennbereichs im Anwenderprogramm;
X_E = Zahlenwert für den auszugebenden Analogwert innerhalb des Nennbereichs im Anwenderprogramm;
X_A = Entsprechender Zahlenwert für den auszugebenden Analogwert innerhalb des Nennbereichs der Ausgabe-Baugruppe.

Kanaltyp KT = 0

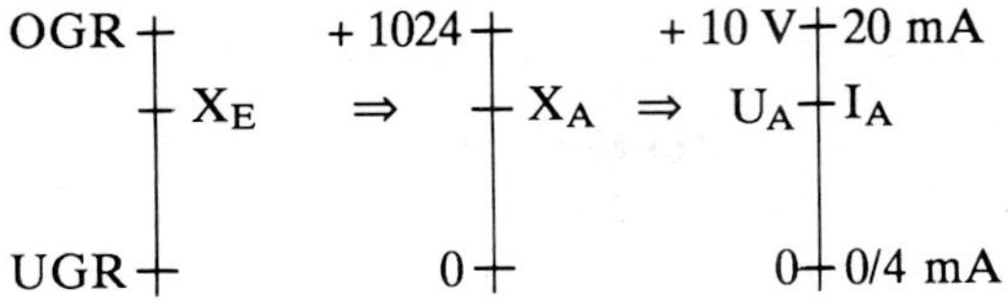

$$\frac{OGR - UGR}{X_E - UGR} = \frac{+1024 - 0}{X_A - 0}$$

$$X_A = \frac{1024\,(X_E - UGR)}{OGR - UGR}$$

Kanaltyp KT = 1

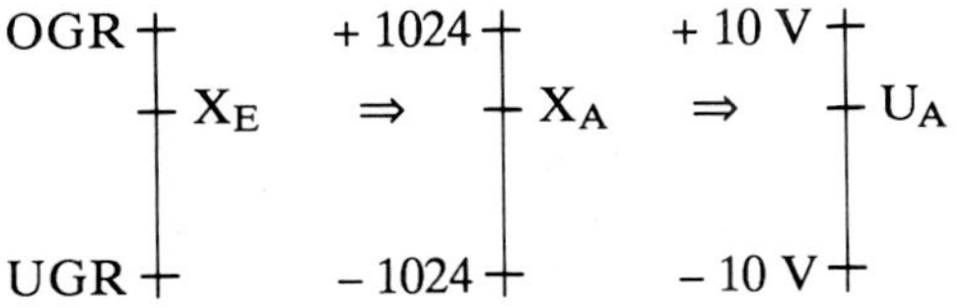

$$\frac{OGR - UGR}{X_E - UGR} = \frac{+1024 - (-1024)}{X_A - (-1024)}$$

$$X_A = \frac{1024\,(2 \cdot X_E - OGR - UGR)}{OGR - UGR}$$

▼ **Beispiel: Funktionsbaustein „Analogwert ausgeben"**

Eine 4-stellige BCD-Zahl soll in eine proportionale Ausgangsspannung umgesetzt werden, wobei + 10000 Einheiten = + 10 V sein sollen. Der Zahleneinsteller liege am Eingangswort EW12; das Vorzeichen der BCD-Zahl werde durch den Signalzustand am Eingang E 0 vorgegeben (E 0 = 1 ≙ negative Zahl).

Der Nennwert der Analogausgabe-Baugruppe sei + 1024 Einheiten. Die Analogspannung soll an Kanal 1 der Baugruppe entstehen, deren Grundadresse BG = 192 ist.

Technologieschema:

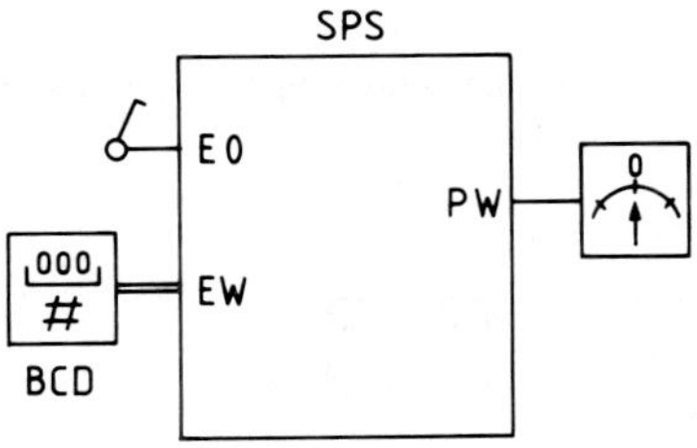

Bild 19.5
Analogwertausgabe

Zuordnungstabelle:

Eingangsvariable	Betriebsmittel-kennzeichen	Logische Zuordnung
Vorzeichengeber Zahleneinsteller	E0 EW	positive Zahl, E0 = 0 BCD-codiert
Ausgangsvariable		
Analoganzeige	PW	Analogwert

Lösung:

Zuerst muß die BCD-Zahl in eine Festpunktzahl umgesetzt werden. Dann erfolgt die Analogausgabe, wobei der auszugebende Zahlenwert an den Nennbereich der Baugruppe angepaßt werden muß. Dies geschieht durch Setzen der Grenzen OGR und UGR.

Realisierung mit einer SPS:

Zuordnung:

E0 = E 0.0	PW =	Baugruppenadresse	BG	= 192
EW = EW12		Kanalnummer	KN	= 1
		Kanaltyp	KT	= 1

Anweisungsliste:

```
PB 1
NETZWERK 1       0000
      :SPA FB 240
NAME  :COD:B4
BCD   :     EW  12
SBCD  :     E    0.0
DUAL  :     MW  10
      :
      :SPA FB 251
NAME  :RLG:AA
XE    :     MW  10
BG    :     KF +192
KNKT  :     KY 1,1
OGR   :     KF +10000
UGR   :     KF -10000
FEH   :     M  100.0
BU    :     M  100.1
      :BE
```
▲

▼ Beispiel: Lackiererei

In einer Lackiererei mit 16 Farbspritz-Arbeitsplätzen muß für eine ausreichende Be- und Entlüftung gesorgt werden.

Für jede Spritzpistole, die eingeschaltet wird, meldet der zugehörige Geber ein 1-Signal. Die Lüftungsleistung der Zuluft- und Abluftventilatoren soll mit jeder eingeschalteten Spritzpistole um 5 % von der Gesamtleistung erhöht werden.

Die Farbspritz-Arbeitsplätze können nur in Betrieb genommen, wenn Schalter SH eingeschaltet ist, was mit einer Lüftungsgrundleistung von 20 % verbunden ist.

Die eingeschaltete Lüftungsleistung zwischen 0...100 % soll an einem Analogausgang als Spannungssignal zwischen 0...10 V und als Digitalwert an einer Ziffernanzeige angezeigt werden.

Technologieschema:

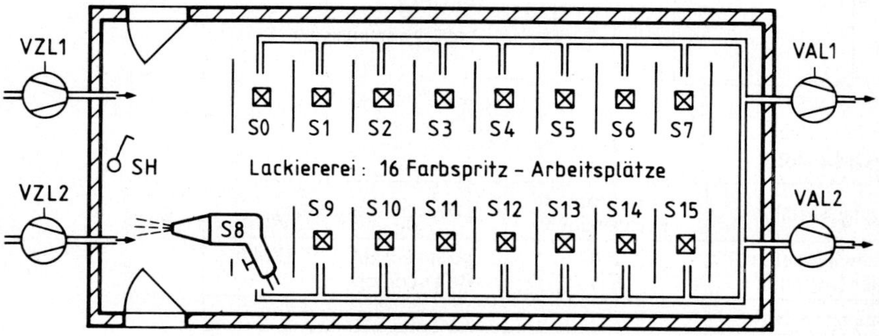

Bild 19.6
Lackiererei

Zuordnungstabelle:

Eingangsvariable	Betriebsmittel-kennzeichen	Logische Zuordnung
Lüftungshauptschalter Geber: Farbspritzplatz	SH S0...S15	Schalter betätigt, Anlage EIN, SH = 1 Spritzpistole ein, S0...S15 = 1
Ausgangsvariable		
Lüfter: Zuluft, Abluft	VZL, VAL	Lüfterleistunganzeige a) als Analogwert am PW192 b) als Digitalwert an Ziffernanzeige AW16

Lösung:

Programmstruktur

FB1

Betriebszustand der Anlage erkennen:
- Betätigung des Lüftungshauptschalters
- Veränderungen in der Anzahl der eingeschalteten Spritzpistolen
- Rücksetzen der Zustandsspeicher und Ausgaben bei Betriebsende

FB2

1. Anzahl der eingeschalteten Spritzpistolen ermitteln
2. Lüftungsleistung berechnen
3. Ausgabe der eingeschalteten Lüftungsleistung als
   - Analogwert
   - BCD-Wert

Legende:

EW0 = Geber Spritzpistolen S15...S0
MW2 = Schiebespeicher für das Bitmuster der Spritzpistolen
MW4 = Zustandsspeicher für das Bitmuster der Spritzpistolen
MB6 = Zählregister des Schleifenzählers
MW8 = Zählregister für die Anzahl der eingeschalteten Spritzpistolen
MW10 = Speicher für die Lüftungsgesamtleistung

Bei dieser Steuerungsaufgabe sind u.a. folgende Fragen programmiertechnisch zu lösen:

1. Wie kann man feststellen, wieviel Spritzpistolen eingeschaltet sind?
2. Wie kann man feststellen, ob die Anzahl der eingeschalteten Spritzpistolen neu bestimmt werden muß?
3. Wie kann die Lüftungsleistung berechnet werden?
4. Wie soll die Analogwertausgabe ausgeführt werden?

Struktogramme:

FB1

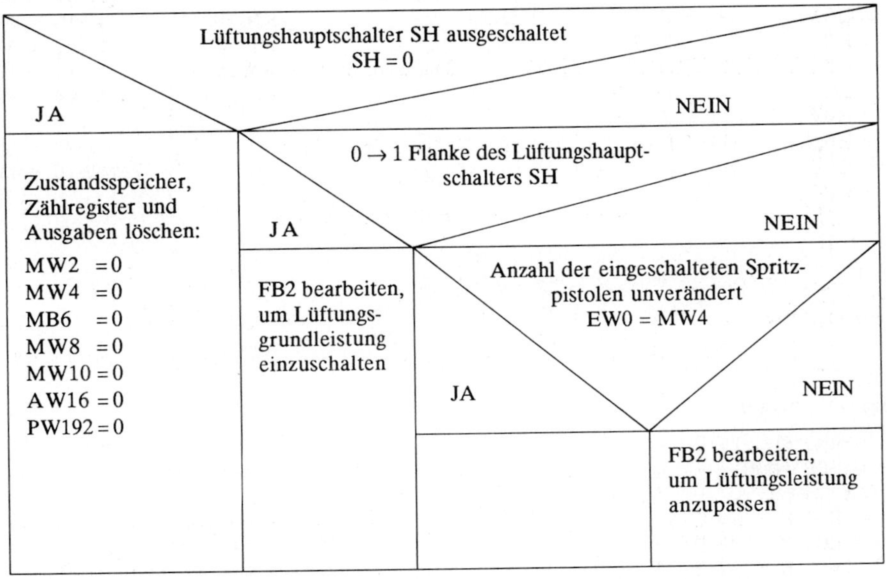

FB2

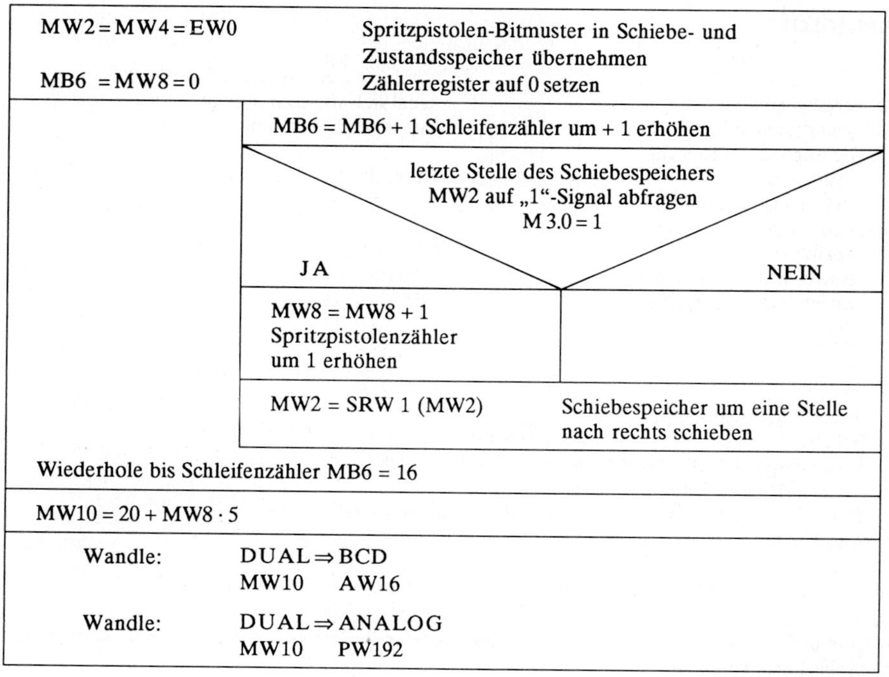

Realisierung mit einer SPS:

Zuordnung:

SH = E 14.0	S8 = E 1.0	VAL = Analoganzeige:	BG192	Bittest = M 3.0
S0 = E 0.0	S9 = E 1.1	VZL	KN = 0	Impuls = M 0.0
S1 = E 0.1	S10 = E 1.2		KT = 0	Flanke = M 1.0
S2 = E 0.2	S11 = E 1.3	Digitalanzeige:	AW16	MW2 = MW2
S3 = E 0.3	S12 = E 1.4			MW4 = MW4
S4 = E 0.4	S13 = E 1.5			MB6 = MB6
S5 = E 0.5	S14 = E 1.6			MW8 = MW8
S6 = E 0.6	S15 = E 1.7			MW10 = MW10
S7 = E 0.7				

Anweisungsliste:

```
FB 1
NAME :ABFRAGEN
     :UN  E   14.0           Stellung des Lueftungshaupt-
     :SPB =M001              schalters auswerten
     :
     :U   E   14.0           0-->1 Flankenauswertung des
     :UN  M    1.0           Lueftungshauptschalters;
     :=   M    0.0           Ruecksetzen M 1.0 unter M001
     :S   M    1.0
     :
     :U   M    0.0           FB2 bearbeiten: Lueftungsgrund-
     :SPB FB   2             leistung berechnen
```

```
NAME :ANA-WERT
     :U   M    0.0
     :BEB
     :
     :L   EW   0              Vergleich "Neu" und "Alt" der
     :L   MW   4              Anzahl der eingeschalteten
     :!=F                     Spritzpistolen
     :BEB
     :
     :SPA FB   2              FB2 bearbeiten: Gesamtleistung
NAME :ANA-WERT
     :BEA
     :
M001 :R   M    1.0            Ruecksetzen Flankenmerker
     :L   KF +0               Loeschen:
     :T   MW   2              Schiebespeicher
     :T   MW   4              Zustandsspeicher Spritzpistolen
     :T   MB   6              Zaehlregister Schleifenzaehler
     :T   MW   8              Zaehlregister Spritzpistolen
     :T   MW  10              Speicher Lueftungsgesamtleistung
     :T   AW  16              BCD-Ziffernanzeige
     :T   PW 192              Analogausgabe Kanal KN=0
     :BE
```

```
FB 2

NAME :ANA-WERT
     :L   EW   0              Spritzpistolen-Bitmuster
     :T   MW   2              in Schiebespeicher
     :T   MW   4              in Zustandsspeicher
     :
     :L   KF +0               Loeschen:
     :T   MB   6              Zaehlregister Schleifenzaehler
     :T   MW   8              Zaehlregister Spritzpistolen
     :
M004 :L   MB   6              Schleifenzaehler
     :I        1              um +1 erhoehen
     :T   MB   6
     :
     :U   M    3.0            Letzte Stelle des Schiebespei-
     :SPB =M001               chers auf 1-Signal abfragen,
     :SPA =M002               d.h. Spritzpistole eingeschaltet
     :
M001 :L   MW   8              Spritzpistolenzaehler
     :I        1              um +1 erhoehen
     :T   MW   8
     :
M002 :L   MW   2              Rechtsschieben Spritzpistolen-
     :SRW      1              bitmuster um eine Stelle
     :T   MW   2
     :
     :L   MB   6              Pruefen der Schleifenabbruch-
     :L   KF +16              bedingung. Falls erfuellt: alle
     :!=F                     Spritzpistolen auf Betriebs-
     :SPB =M003               zustand geprueft
     :SPA =M004
     :
```

```
M003 :L   MW   8         Lueftungsleistung entsprechend
     :SLW      2         der Anzahl der eingeschalteten
     :L   MW   8         Spritzpistolen berechnen
     :+F
     :T   MW  10
     :
     :L   MW  10         Lueftungsgrundleistung von 20%
     :L   KF +20         hinzuzaehlen
     :+F
     :T   MW  10         Lueftungs-Gesamtleistung
     :
     :SPA FB 241         Wandeln: Dual --> BCD
NAME :COD:16
DUAL :    MW  10
SBCD :    M  100.0
BCD2 :    MB 102         Lueftungsleistung an
BCD1 :    AW  16         Ziffernanzeige ausgeben
     :
     :SPA FB 251         Wandeln: Digital --> Analog
NAME :RLG:AA
XE   :    MW  10
BG   :    KF +192
KNKT :    KY 0,0         Alternativ: KY 0,1
OGR  :    KF +100                    KF +100
UGR  :    KF +0                      KF -100
FEH  :    M  100.1
BU   :    M  100.2
     :BE
```

▲

• 19.5 Vertiefung und Übung

Übung 19.1: Schubantrieb mit Widerstandsferngeber

Ein Schubantrieb steuert eine Jalousieklappe an. Bei Ansteuerung mit einem 1-Signal an Y1 erfolgt ein Vorschub der Schubstange und Schließen der Jalousie. Entsprechend wird eine Bewegungsumkehr durch ein 1-Signal an Y0 ausgelöst. Ein Widerstandsgeber G kann zur Stellungsrückmeldung verwendet werden.
Mit einem Steuerungsprogramm soll ein Verstellwinkel von

a) $\alpha = 90°$ ≙ Hub: 0 ├────────┤ 100

b) $\alpha = 45°$ ≙ Hub: 0 (auf) ├ - - - - ├ 50 (halb) ────┤ 100 (zu)

erreicht werden.
Mit den Tastern S0 und S1 kann Öffnen bzw. Schließen der Jalousie veranlaßt werden. Der Schalter S2 dient der Vorwahl für Halb- bzw. Ganzöffnung der Jalousie.

Technologieschema:

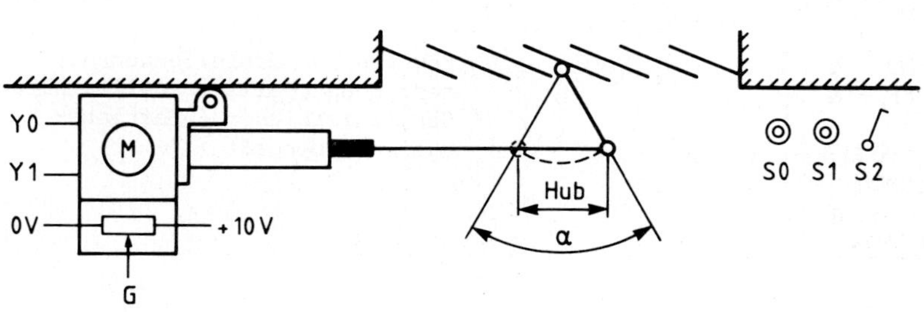

Bild 19.7 Schubantrieb für Jalousie

Zuordnungstabelle:

Eingangsvariable	Betriebsmittel-kennzeichen	Logische Zuordnung
Taster AUF Taster ZU Vorwahl Widerstandsferngeber	S0 S1 S2 G	Jalousie wird geöffnet, S0 = 1 Jalousie wird geschlossen, S1 = 1 Schalter betätigt = 90°, S2 = 1 Analogwert 0...10 V, BG = 160, KN = 0
Ausgangsvariable		
Motor-Rechtslauf Motor-Linkslauf	Y0 Y1	Jalousie öffnet, Y0 = 1 Jalousie schließt, Y1 = 1

• Übung 19.2: Drosselklappe mit 0 (4)...20 mA-Stellungsgeber

In einem ringförmigen Klappengehäuse ist das Klappenblatt drehbar gelagert. Durch Verdrehen des Klappenblattes verändert die Drosselklappe ihren wirksamen Querschnitt und damit die Durchflußmenge.

Im Regelbetrieb wird das Klappenblatt zwischen Schließstellung „ZU" und Öffnungsstellung „AUF" um max. 60° geschwenkt. Dies entspricht einem Antriebsdrehwinkel von 90°.

Um die Positionierung des Klappenblattes kontrollieren zu können, ist mit dem Antrieb ein 20 mA-Stellungsgeber G verbunden. 90°-Drehwinkel entspricht dem vollen Stromhub von 0...20 mA bzw. 4 ... 20 mA.

Der Antriebsmotor öffnet die Klappe durch ein 1-Signal an Y0 und schließt sie durch ein 1-Signal an Y1. Die elektromechanische Bremse im Motor blockiert das Klappenblatt bei Abschalten des Motors (Y0 = Y1 = 0) automatisch.

Mit einem Steuerungsprogramm soll das Klappenblatt auf einen Öffnungswinkel zwischen 0...60° einstellbar sein. Der Winkel wird durch einen BCD-codierten Zahleneinsteller vorgegeben.

Mit Taster S0 kann das Stellen der Klappe eingeleitet werden, nachdem zuvor mit dem Zahleneinsteller EW ein Stellungswinkel α vorgewählt worden ist.

Technologieschema:

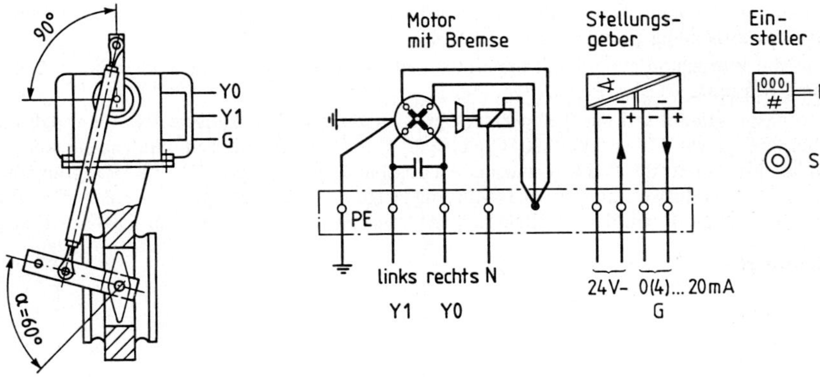

Bild 19.8
Drosselklappe

Zuordnungstabelle:

Eingangsvariable	Betriebsmittel-kennzeichen	Logische Zuordnung
Taster „Stellen" Zahleneinsteller Stellungsgeber	S0 EW G	Taster betätigt, S0 = 1 BCD-codiert Analogwert 0 (4)...20 mA, BG = 160, KN = 4
Ausgangsvariable		
Motor-Rechtslauf Motor-Linkslauf	Y0 Y1	Klappe öffnet, Y0 = 1 Klappe schließt Y1 = 1

Lösungshinweis:

Die Schaltung zeigt, wie der Meßstrom I des Stellungsgebers eingespeist wird. Aus der Tabelle ist zu entnehmen, welche dem Strom zugeordneten Zahlenwerte der Funktionsbaustein FB250 „Analogwert einlesen" bildet.

Dieser Istwert-Zahlenbereich ist ohne Maßstabsverzerrung an den vorgegebenen Sollwert-Zahlenbereich anzupassen:

1. Bei 4 ... 20 mA Stellungsgeber: 512 ... 2560 → 0 ... 60
2. Bei 0 ... 20 mA Stellungsgeber: 0 ... 2048 → 0 ... 60

Die Anpassung kann durch Wahl des geeigneten Kanaltyps, Ausnutzung der Normierungsmöglichkeit des FB250 und einfacher Arithmetik erreicht werden.

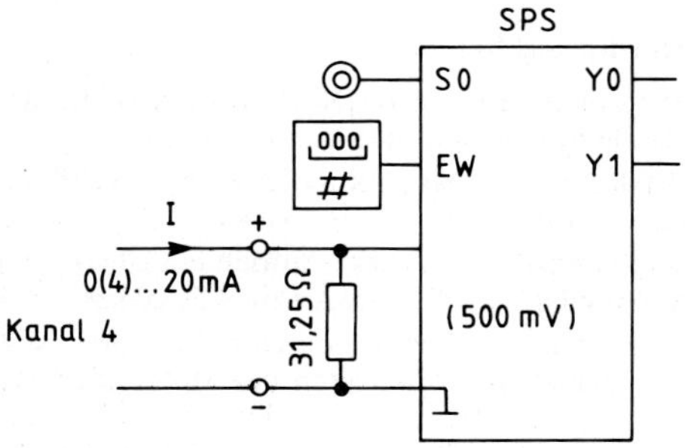

I	I · 31,25 Ω	Einheiten
20 mA	625 mV	2560
16 mA	500 mV	2048
4 mA	125 mV	512
0 mA	0 mV	0

Entwerfen Sie je ein geeignetes Steuerungsprogramm für den Einsatz der 4 ... 20 mA bzw. 0 ... 20 mA Stellungsgeber.

• Übung 19.3: DC-DC-Wandler

Eine Halbleiterdiode mit Polung in Durchlaßrichtung wird als Temperatursensor verwendet. Der Temperaturkoeffizient der Schleusenspannung U_S beträgt ca. – 2 mV/K.

Durch Messung ist die Wertezuordnung von Temperatur und Diodenspannung entsprechend den Angaben im Technologieschema bekannt.

Mit einem Steuerungsprogramm soll das Temperatursignal verstärkt und so kalibriert werden, daß die Ausgangsspannung bei 0 °C gleich 0 V und bei 100 °C gleich 10 V ist. Der Temperatur-Zahlenwert soll in einem Merkerwort MW als Festpunktzahl abgelegt und als Analogspannung an Kanal KN = 0 (Baugruppenadresse BG = 192) sowie als Temperaturwert auf der BCD-Ziffernanzeige (AW 16) ausgegeben werden. Die Temperatur-Spannung der Diode ist auf Kanal KN = 5 (Baugruppenadresse BG = 160) einzuspeisen (500 mV-Eingang).

Technologieschema:

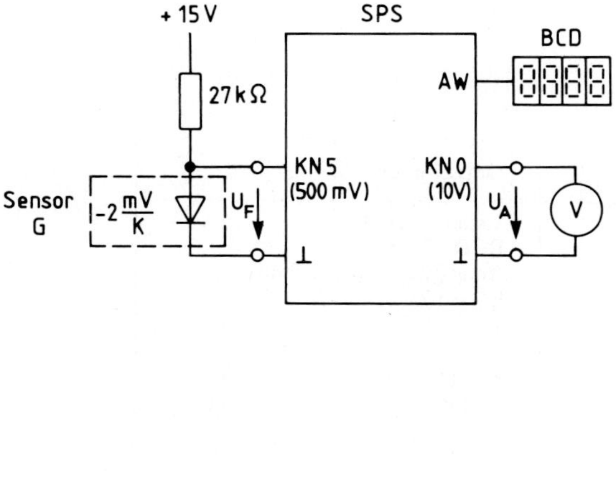

Bild 19.9
SPS als DC-DC-Wandler

Zuordnungstabelle:

Eingangsvariable	Betriebsmittel-kennzeichen	Logische Zuordnung
Sensor	G	0,5 V ... 0,7 V ≙ 100 °C ... 0 °C BG = 160; KN = 5
Ausgangsvariable		
Ziffernanzeige Analoganzeige	AW V	BCD-codiert Analogwert 0 ... 10 V BG = 192; KN = 0

Lösungshinweis:

Es gibt zwei Abgleichpunkte:

1. Bei 0 °C ≙ 0,7 V ≙ 2867 Einheiten muß auf 0 V-Ausgangssignal abgeglichen werden, d.h.: Eine Subtraktion der Zahl 2867 vom Umwandlungsergebnis liefert bei 0 °C die Zahl 0 und damit auch 0 V.
2. Bei 100 °C ≙ 0,5 V ≙ 2048 Einheiten muß auf 10 V-Ausgangssignal abgeglichen werden, d.h.: Die Subtraktion der Zahl 2867 vom Umwandlungsergebnis liefert bei 100 °C die Zahl – 819. Daraus muß softwaremäßig zunächst + 819 gemacht werden. Eine anschließende softwaremäßige Multiplikation mit 1,25 (siehe Kapitel 13.2.2) ergibt dann 819 · 1,25 = 1024 Einheiten. Die Analogausgabe liefert für 1024 Einheiten die Spannung + 10 V (siehe Kapitel 19.4.1).

Die BCD-Ziffernanzeige soll für 1024 Einheiten (≙ 10 V) die Zahl 100 (°C) anzeigen. Will man eine Software-Division durch 10,24 vermeiden, so kann man näherungsweise wie folgt vorgehen: Umwandlung der Zahl aus dem Dualcode in den BCD-Code und dann Stellenverschiebung der BCD-Zahl um 4 Stellen nach rechts. Aus 1024 Einheiten werden dann ca. 102 Einheiten.

Liegen bei einer anderen Aufgabe nicht so günstige Zahlenwerte vor wie hier angenommen, so werden aufwendige Multiplikationen bzw. Divisionen notwendig. Hier ist dann die Situation erreicht, wo an sich eine SPS mit Gleitpunktzahl-Multiplikation/Division erforderlich ist.

20 Regeln

In diesem Kapitel werden die Grundlagen des Regelns mit Speicherprogrammierbaren Steuerungen behandelt. Die allgemeinen regelungstechnischen Grundbegriffe werden nur insoweit dargestellt, wie sie für das Verständnis einfacher Regelungsprogramme mit der SPS als unstetiger und stetiger Regler erforderlich sind.

20.1 Einführung

20.1.1 Regelungsbegriff, Regelkreis

Eine Regelung hat die Aufgabe, die Ausgangsgröße einer Regelstrecke, die *Regelgröße* x, auf einen vorbestimmten Wert, die *Führungsgröße* w, zu bringen und sie gegen den Einfluß von *Störgrößen* z auf diesem Wert zu halten. Dazu muß der tatsächliche Istwert der Regelgröße x fortlaufend erfaßt und mit dem von der Führungsgröße w vorgegebenen Sollwert verglichen werden. Die durch den Vergleich ermittelte *Regeldifferenz*[1] $x_d = w - x$ wird mit einem bestimmten Regelalgorithmus zur *Stellgröße* y verarbeitet und dem Stellgerät zugeführt.

Insgesamt muß gewährleistet sein, daß der *Wirkungssinn* der Regelung so ist, daß bei positiver Regeldifferenz x_d ($w > x$) die Regelgröße vergrößert und bei negativer Regeldifferenz x_d ($w < x$) die Regelgröße x verringert wird.

Bei einer Regelung bilden die Regelstrecke und der Regler einen geschlossenen Wirkungskreislauf (*Regelkreis*).

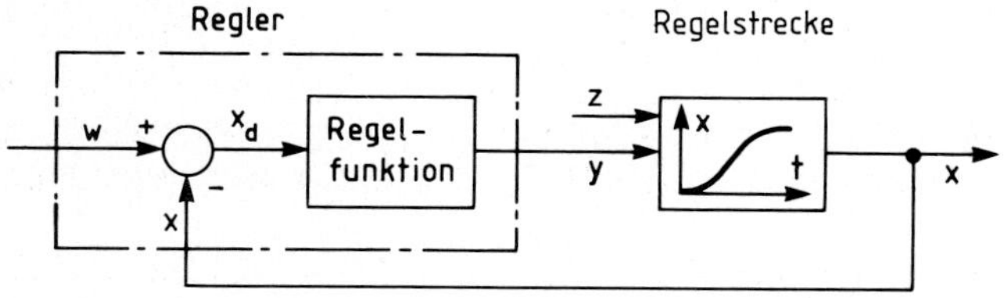

20.1.2 Funktionsschema einer Regelung

Bild 20.1 zeigt die funktionale Darstellung der Regelung eines technischen Prozesses.

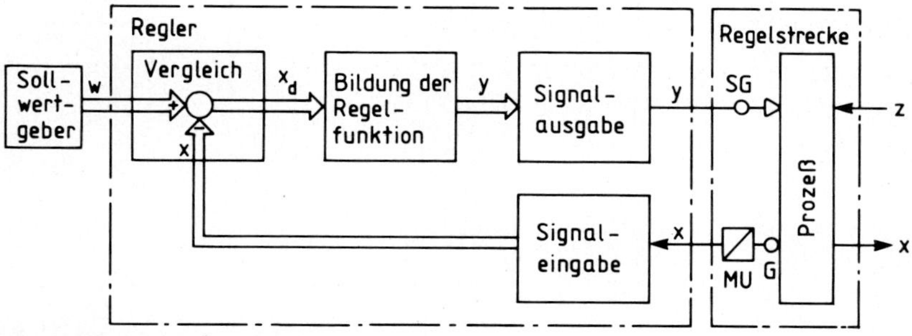

Bild 20.1 Funktionsschema einer Regelung

1) Nach neuer Norm: Regeldifferenz e

x	= Regelgröße	abhängige Größe im Regelkreis, die im Sinn der Regelung beeinflußt werden soll,
w	= Führungsgröße	unabhängige Größe im Regelkreis, die den Sollwert für die Regelgröße festlegt,
x_d	= Regeldifferenz[1)]	$x_d = w - x$,
y	= Stellgröße	Ausgangsgröße des Reglers und steuernde Eingangsgröße der Regelstrecke,
z	= Störgröße	von außen einwirkende, nicht vorhersehbare Versorgungs- oder Laststörung,
SG	= Stellgerät	Stellantrieb und Stellglied, wobei der Stellantrieb der Regeleinrichtung und das Stellglied der Regelstrecke zugeordnet wird,
G	= Meßgeber	Fühler, die bereits ein elektrisches Signal bilden, wie z.B. Widerstandsthermometer und Thermoelemente können direkt an den elektrischen Regler (SPS) angeschlossen werden,
MU	= Meßumformer	wandelt eine physikalische Größe in ein elektrisches Signal um; dabei sind Meßumformer mit eingeprägtem Ausgangsstrom 0...20 mA oder 4...20 mA vorteilhaft.

20.2 SPS als digitaler Regler

20.2.1 Abtastprinzip

Das Funktionsschema der Regelung gemäß Bild 20.1 sagt noch nichts darüber aus, wie der Regler arbeitet. Man unterscheidet dabei zeitkontinuierlich und zeitdiskret arbeitende Regler.

Bei einem zeitkontinuierlichen Regler sind alle in Bild 20.1 dargestellten Funktionen wie Signaleingabe, Vergleich, Bildung der Regelfunktion und Signalausgabe ständig wirksam. Als typisches Beispiel für diese Arbeitsweise eines elektronischen Reglers ist eine als Hardwareregler ausgelegte Operationsverstärkerschaltung anzusehen, die alle Einzelfunktionen ohne jede zeitliche Unterbrechung fortlaufend und gleichzeitig bearbeitet, also ständig im Eingriff ist.

Eine SPS als Softwareregler arbeitet grundsätzlich anders. SPS sind sogenannte *digitale Abtastregler*. Der Abtastregler entnimmt dem kontinuierlichen Verlauf der Regelgröße x in festgelegten Zeitabständen T_A einen Stichprobenwert und speichert diesen bis zur nächsten Abtastung in der Form eines Zahlenwertes. Aus der kontinuierlichen Regelgröße x (t) wird eine Zahlenfolge x (n), mit der gearbeitet wird:

x (t) = Wert der Regelgröße x zum Zeitpunkt t,
x (n) = entsprechender Zahlenwert mit der Folgenummer n.

Hinzu kommt, daß die vom Regler ermittelte Stellgröße y systembedingt für die Dauer einer Abtastzeit auf dem gleichen Wert bleiben muß.

1) Nach neuer Norm: Regeldifferenz e

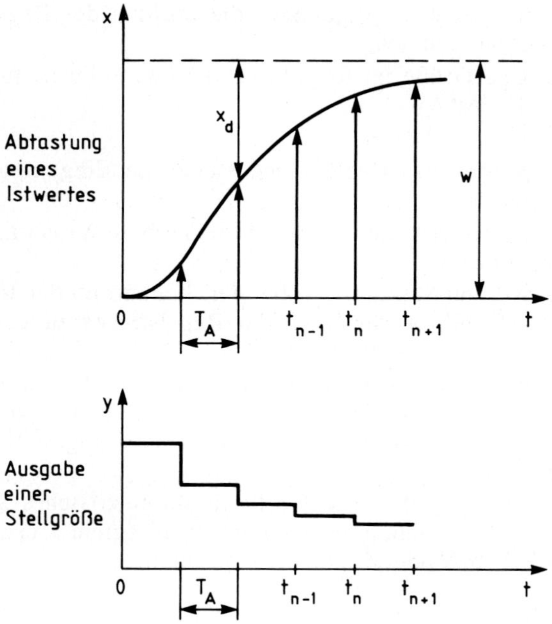

Bild 20.2
Abtastprinzip

Legende:

T_A = Abtastzeit
t = Abtastzeitpunkte
x = Regelgröße (Istwert)
w = Führungsgröße (Sollwert)
x_d = Regeldifferenz
y = Stellgröße

Abtastzeitpunkt	t_{n-1}	t_n	t_{n+1}
Istwert als Zahl	x_{n-1}	x_n	x_{n+1}
Regeldifferenz als Zahl	$x_{d(n-1)}$	$x_{d(n)}$	$x_{d(n+1)}$

Die *Abtastzeit* T_A bestimmt die Stichprobenhäufigkeit und ist somit ein wichtiger Parameter des SPS-Reglers. Die Abtastzeit darf, gemessen an der Schnelligkeit, mit der sich die Regelgröße x ändern kann, nicht zu groß sein, sonst kann der SPS-Regler nicht schnell genug mit einer passenden Veränderung der Stellgröße y reagieren.

Als kleinster Wert der Abtastzeit ist die Zykluszeit vorstellbar. Dies stimmt aber nur dann, wenn für die Umsetzung der analogen Regelgröße in Zahlenwerte extrem schnelle AD-Umsetzer in der Analogeingabe-Baugruppe vorgesehen sind. Bei den langsamen aber störsicher arbeitenden integrierenden Umsetzern ist die zyklische Bearbeitung der Analogeingabe nutzlos, da sich bei einer Verschlüsselungszeit von z.B. 60 ms pro Kanal ein Meßwert auf einer Baugruppe mit 8 Kanälen nur alle 0,48 s aktualisiert. Es bietet sich also eine zeitgesteuerte Programmbearbeitung des Regelalgorithmus mit einem entsprechenden Organisationsbaustein an.

Mit diesen Grundsatzüberlegungen ist auch schon der mögliche Einsatzbereich der SPS als Softwareregler umrissen.

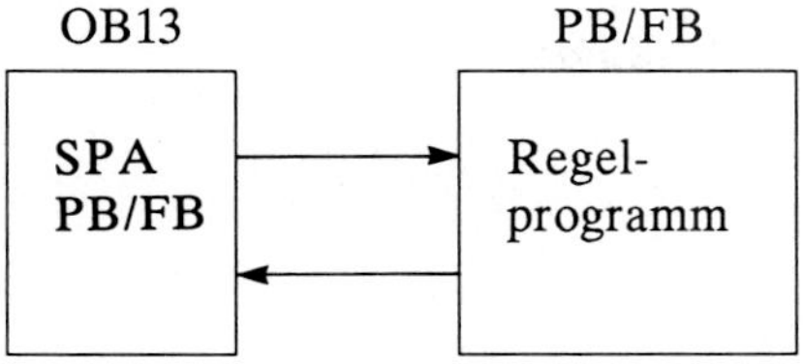

OB13 = Zeitgesteuerter Organisationsbaustein (Aufruf vom System z.B. alle 0,5 s)

Die Erfahrung hat gezeigt, daß eine Abtastzeit T_A von etwa 1/10 der dominierenden Zeitkonstanten $T_{RK\,(dom)}$ des Regelkreises zu mit Analogreglern vergleichbaren Regelergebnissen führt.

$$T_A \approx \frac{1}{10}\, T_{RK\,(dom)}$$

Bei der Ermittlung von $T_{RK\,(dom)}$ müssen viele Einflüsse berücksichtigt werden wie z.B.

- die Ersatz-Zeitkonstante der Regelstrecke,
- die Verschlüsselungszeit der Analogeingabe,
- die Verstellzeit eines Stellantriebs.

20.2.2 Realisierbare Reglerarten

Eine erste grobe Unterscheidung der Reglerarten gibt das nachfolgende Schema:

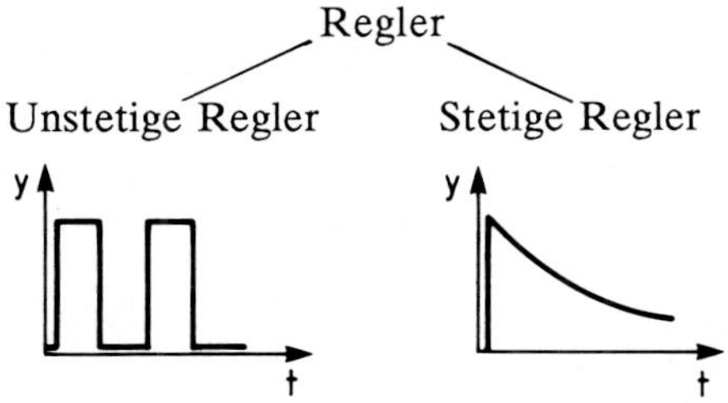

Die vom Regler an das Stellgerät abgegebene Stellgröße y kann unstetige bzw. sprunghafte oder stetige bzw. kontinuierliche Übergänge zwischen den verschiedenen Signalwerten aufweisen.

Mit einer SPS können beide Reglerarten realisiert werden. Für unstetige Regelungen stehen die bekannten binären Signalausgänge und für stetige Regelungen entsprechende Analogausgänge zur Verfügung.

Welche Reglerart eingesetzt wird, hängt in erster Linie vom verwendeten Stellgerät (Stellglied) ab wie die nachfolgende Übersicht zeigt:

1. Schaltende Stellglieder

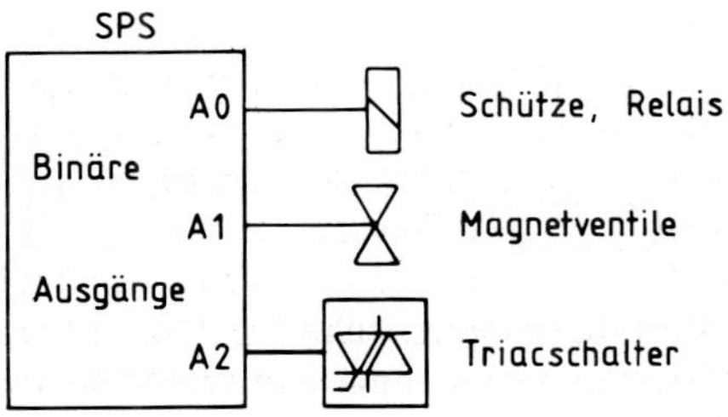

2. Proportional wirkende Stellglieder

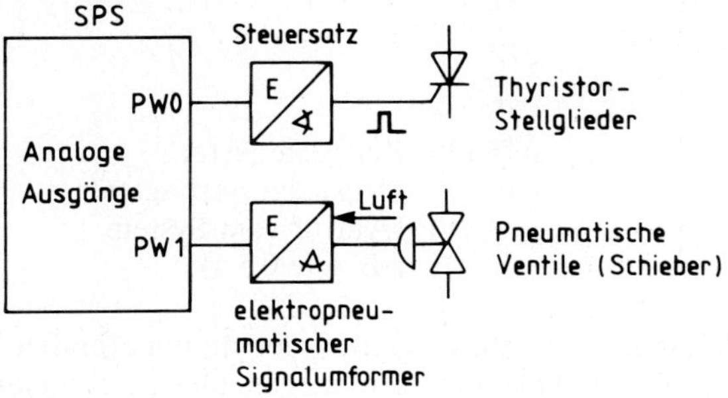

3. Motorisch angetriebene Stellglieder

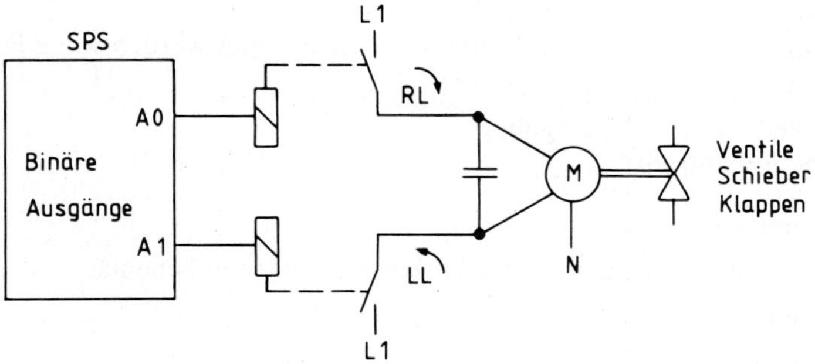

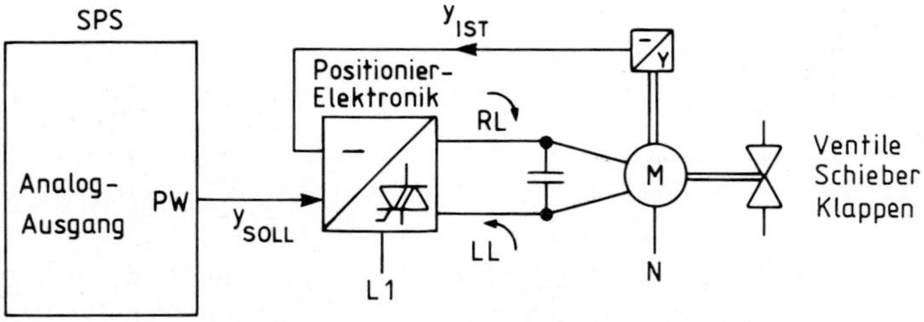

Grundsatz: Reglertyp und Stellglied müssen zusammenpassen!

Eine weitergehende Unterscheidung der Reglerarten führt zu den Reglern für typische Einsatzgebiete. Die nachfolgend unterschiedenen Reglertypen werden innerhalb dieses Kapitels anhand von Beispielen vorgestellt:

Unstetiger Regler: Zweipunktregler, Dreipunktregler

Stetige Regler: Kontinuierliche Regler (K-Regler), Schrittregler (S-Regler)

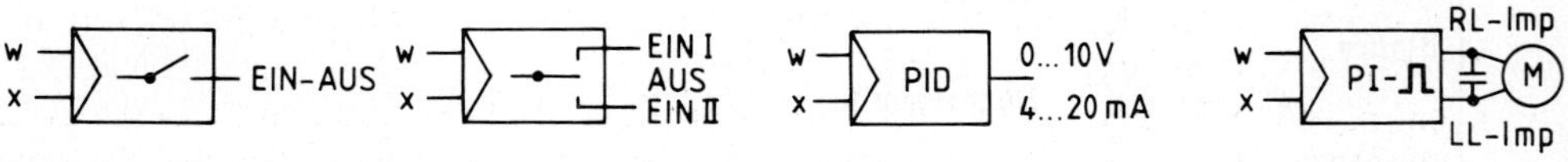

Zweipunktregler	Dreipunktregler	Kontinuierliche Regler (K-Regler)	Schrittregler (S-Regler)
Temperaturregelungen	Klimaanlagen: Heizen-Aus-Kühlen	Verfahrenstechnische Größen mit pneumatischen Antrieben	Stellmotore mit Nennspannung im Impulsbetrieb

Der Schrittregler wird zu den stetigen Reglern gezählt, da das motorisch angetriebene Stellglied (z.B. ein Schieber) jeden Zwischenwert im Stellbereich von 0...100 % erreichen kann. Der Motor arbeitet als integrales Stellglied und bildet aus der Wirkung der Rechtslauf-Linkslauf-Impulse die Stellgröße y.

20.3 Identifikation der Regelstrecke

20.3.1 Begriff der Regelstrecke

Die *Regelstrecke* beginnt am Stellort, d.h. dort, wo die Stellgröße y eingreift und endet am Meßort, wo sich der Meßfühler zur Aufnahme der Regelgröße x befindet.

Im nachfolgenden Technologiebild erkennt man, daß die Regelstrecke das Mischventil, die Umwälzpumpe, den Heizkörper, die Heizungsrohre und den Raum einschließlich Meßfühler umfaßt. Die Regelstrecke ist also derjenige Teil der Anlage, innerhalb dessen eine Beeinflussung der Regelgröße x über das Stellglied erfolgen kann.

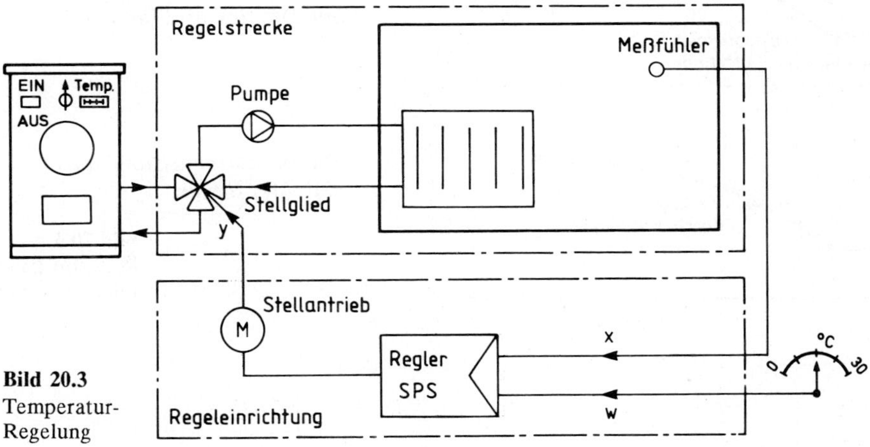

Bild 20.3
Temperatur-Regelung

20.3.2 Kennlinie und Zeitverhalten einer Regelstrecke

Bevor man regeln kann, muß man die Eigenschaften der Regelstrecke kennen. Man versucht das Verhalten von Regelstrecken durch Angabe von Kennlinien und Zeitfunktionen zu erfassen und aus diesen Regelstreckenparameter abzuleiten.

Die bildliche Darstellung des Zeitverhaltens einer veränderlichen Größe wie z.B. der Regelgröße x heißt *Zeitfunktion.* Auf der senkrechten Achse ist z.B. die Raumtemperatur und auf der waagerechten Achse ist die Zeit aufgetragen: $T = f(t)$. Diese Darstellung darf nicht Kennlinie genannt werden.

Eine *Kennlinie* ist ein Diagramm, bei dem die Abhängigkeit einer physikalischen Größe von einer anderen physikalischen Größe (nicht der Zeit) dargestellt ist. Auf der senkrechten Achse können z.B. die Raumtemperatur und auf der waagerechten Achse die Stellung des Mischventilhebels aufgetragen sein: $T = f(\alpha)$.

Im nachfolgenden Bild wird zunächst gezeigt, wie man sich das Entstehen einer Zeitfunktion der Regelgröße x vorstellen kann. Dabei wird angenommen, daß die Stellung des Mischventils sprungartig und bleibend verstellt wird.

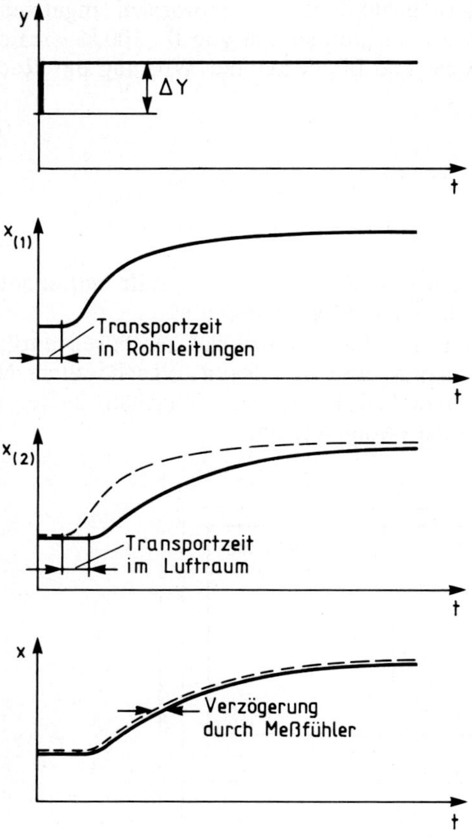

Verstellen des Mischventils erhöht den Anteil des heißen Kesselwassers im Zulauf

Aufheizen der Rohrleitungen und des Heizkörpers

Temperaturanstieg im Raum am Ort des Meßfühlers

Temperaturerfassung durch den Meßfühler

Bild 20.4
Regelstrecke und ihre Energiespeicher

Die Temperatur-Regelstrecke zeigt ein träges Zeitverhalten. Die Trägheit wird zurückgeführt auf das Zusammenwirken mehrerer unterschiedlich großer Energiespeicher wie Rohrleitungen, Heizkörper, Luftmassen, Meßfühler.

Man bezeichnet Regelstrecken, in denen mehrere Speichereinflüsse wirksam sind, als *Regelstrecken höherer Ordnung.*

Bild 20.5 zeigt eine *Sprungantwort* einer Regelstrecke höherer Ordnung zum Zwecke der Einführung regelungstechnisch wichtiger Parameter. Durch Anwendung eines graphischen Verfahrens (Wendetangenten-Konstruktion) teilt man die Sprungantwort in zwei Bereiche ein und definiert mit T_u und T_g sowie K_S drei Kennwerte.

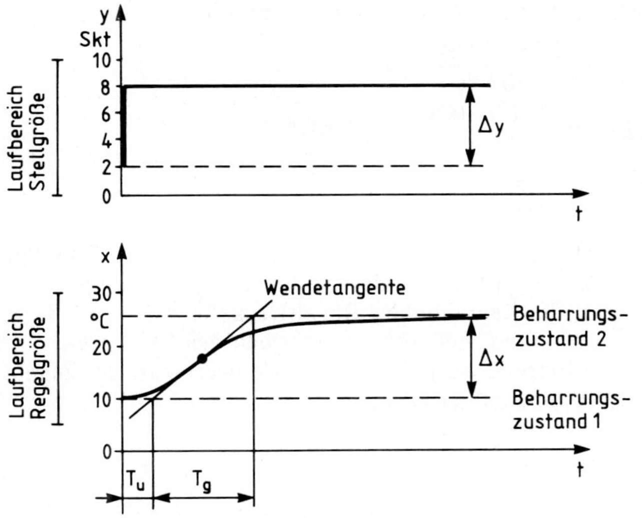

Bild 20.5
Sprungantwort einer Regelstrecke höherer Ordnung mit Ausgleich

Gewonnene *Regelstreckenparameter*:

Verzugszeit	T_u
Ausgleichszeit	T_g
Übertragungsbeiwert der Regelstrecke	$K_S = \frac{\Delta x\ (\%)}{\Delta y\ (\%)}$

Liegt die durch ein Experiment ermittelte Sprungantwort der Regelstrecke vor, so lassen sich die Streckenparameter *Verzugszeit* T_u und *Ausgleichszeit* T_g bei einer Strecke höherer Ordnung mit der Wendetangentenmethode immer ermitteln.
Erfahrungen haben ergeben, daß Strecken mit

$$\left.\begin{array}{ll} \frac{T_u}{T_g} < \frac{1}{10} & \text{gut} \\ \frac{T_u}{T_g} \approx \frac{1}{5} & \text{noch} \\ \frac{T_u}{T_g} > \frac{1}{3} & \text{schlecht} \end{array}\right\} \text{regelbar sind!}$$

Der *Übertragungsbeiwert* K_S der Regelstrecke erscheint in Bild 20.5 als ein Quotient, dessen Bedeutung nicht sofort einleuchtet. Erkennbar ist jedoch seine Aussage, wenn man auf die *Blockdarstellung* einer Regelstrecke übergeht: Bei bekanntem Übertragungsbeiwert der Regelstrecke ließe sich die zu erwartende Regelgrößenänderung Δx ausrechnen, die von einer Stellgrößenänderung Δy verursacht wird. Als Δx-Wert gilt dabei der sich insgesamt nach genügend langer Wartezeit ergebende Betrag.

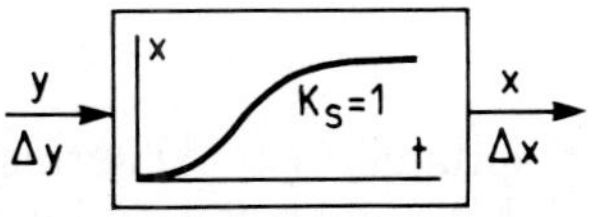

$K_S = 1$ bedeutet z.B.:
60 % Stellgrößenänderung
verursacht
60 % Regelgrößenänderung

Aus Bild 20.5 läßt sich der Übertragungsbeiwert K_S wie folgt ermitteln:

$$\text{Stellgrößenänderung} \quad \Delta y\ (\%) = \frac{8\ \text{Skt} - 2\ \text{Skt}}{10\ \text{Skt}} = 60\ \%$$

$$\text{Regelgrößenänderung}\ \Delta x\ (\%) = \frac{25\ °\text{C} - 10\ °\text{C}}{25\ \text{K}} = 60\ \%$$

$$\text{Übertragungsbeiwert} \quad K_S = \frac{60\ \%}{60\ \%} = 1$$

Die typische Zeitfunktion einer Regelstrecke höherer Ordnung ist in Bild 20.5 als Sprungantwort der Regelgröße auf eine sprunghafte Veränderung der Stellgröße aufgetragen. In Ergänzung zu dieser Zeitfunktion ist die Kennlinie der Regelstrecke zu sehen. Sie zeigt den Zusammenhang zwischen Regelgröße x und Stellgröße y innerhalb des Laufbereichs beider Größen bei konstantem Störgrößen-Einfluß. Zu jedem Stellgrößenwert y ist der zugehörige Regelgrößenwert x im Beharrungszustand aufgetragen.

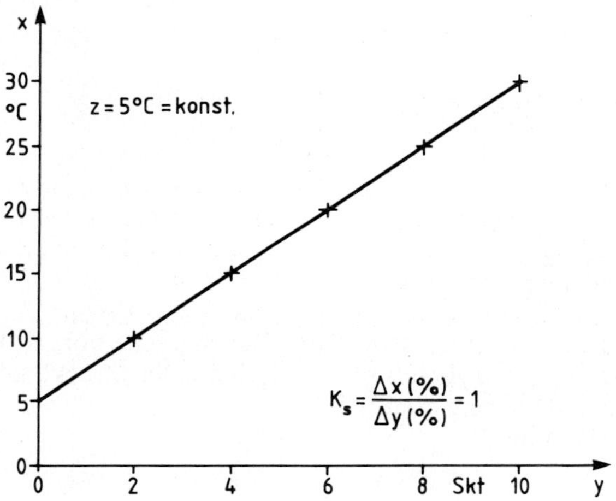

Bild 20.6
Kennlinie einer Regelstrecke passend zu Bild 20.5

Der Übertragungsbeiwert der Regelstrecke ist innerhalb des Laufbereichs der Größen konstant. Regelstrecken dieser Art heißen P-Strecken (P = Proportional) und sind regelungstechnisch einfacher zu beherrschen als Strecken mit nicht konstantem Übertragungsbeiwert.

20.3.3 Beispiele für P- und I-Regelstrecken

Es soll nun ein Ordnungsschema eingeführt werden, um sich besser in der unübersehbaren Vielfalt möglicher Regelstrecken zurecht zu finden.

Als ein erstes Ordnungskriterium wird der Ausgleich herangezogen. Man unterscheidet:

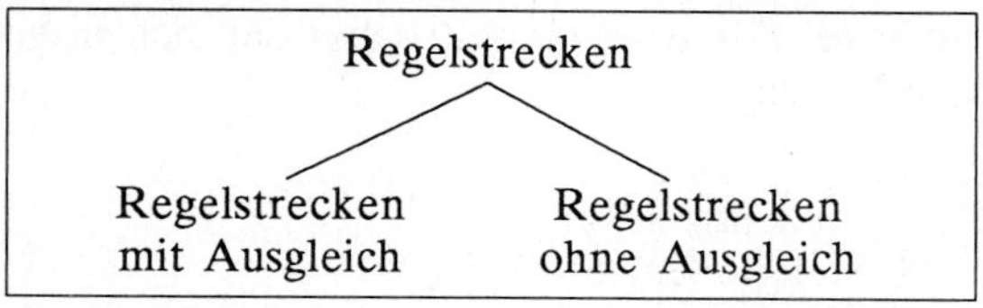

Ausgleich bedeutet, daß die Regelgröße einer Strecke nach sprungartiger Änderung der Stellgröße innerhalb einer Übergangszeit wieder einen stabilen Beharrungszustand annimmt.

Als Beispiel für eine *Regelstrecke mit Ausgleich* sei die Temperaturregelung des voranstehenden Abschnitts genannt: Bei Veränderung der Mischventilstellung erreicht die Raumtemperatur auf verändertem Niveau wieder einen stabilen Wert.

Bei einer *Regelstrecke ohne Ausgleich* würde die Regelgröße x nach einer sprungartigen Änderung der Stellgröße keinen neuen Beharrungszustand finden. Dies ist z.B. der Fall bei einem Behälter mit dem Füllstand als Regelgröße x, wenn die Ablaufmenge in m^3/h durch eine Pumpe konstant gehalten wird. Jede Änderung der Zulaufmenge in m^3/h führt dann entweder zum Überlaufen oder Leerlaufen des Behälters.

Regelstrecken mit Ausgleich und konstantem Übertragungsbeiwert K_S haben einen proportionalen Charakter und werden deshalb auch *P-Strecken* genannt.

Regelstrecken ohne Ausgleich haben einen integralen Charakter und werden daher als *I-Strecken* bezeichnet.

Als zweites Ordnungskriterium wird die Verzögerung herangezogen. Man unterscheidet:

Regelstrecken
- ohne Verzögerung (0. Ordnung)
- mit einer Verzögerung (1. Ordnung)
- mit n Verzögerungen (n. Ordnung)

Verzögerung bedeutet, daß die Regelgröße x einer sprungartigen Änderung der Stellgröße y nicht sprunghaft folgen kann, sondern erst nach einer bestimmten Zeit einen neuen stabilen Wert erreicht. Verzögerungen treten bei technischen Prozessen immer auf, wenn Energie zu- oder abgeführt oder Massen beschleunigt bzw. abgebremst werden müssen.

Als drittes Ordnungskriterium wird die Totzeit herangezogen. Man unterscheidet:

Regelstrecken
- Regelstrecken ohne Totzeit
- Regelstrecken mit Totzeit

Totzeit bedeutet eine Wartezeit bis eine Reaktion eintritt. Ein bekanntes Beispiel für eine Regelstrecke mit Totzeit ist das Förderband. Durch eine Schieberöffnung (Stellgrößenänderung Δy) gelangt mehr Material auf das Band. Die höhere Ausschüttmenge (Regelgrößenänderung Δx) wirkt sich am Bandende jedoch nicht sofort aus, sondern erst nach einer Totzeit, die von der Geschwindigkeit und Länge des Bandes abhängt.

In der Praxis vorkommende Regelstrecken weisen zumeist Kombinationen von Eigenschaften auf. Die Kriterien Ausgleich, Verzögerung und Totzeit treten gemeinsam auf. Die nachfolgende Tafel zeigt Beispiele für verschiedene Regelstrecken. Dabei wird angenommen, daß sich die Stellgröße y sprunghaft ändert.

Stellgröße

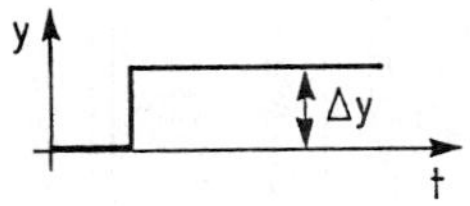

In der Tafel sind die typischen Sprungantworten angegeben.

Tafel 8: Beispiele für verschiedene Regelstrecken

Art der Strecke mit Beispiel	Sprungantwort	T_u	T_g	Signalflußplan
P-Strecke 0. Ordnung 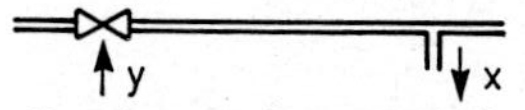 Druck und Durchfluß in Flüssigkeitsrohrnetzen	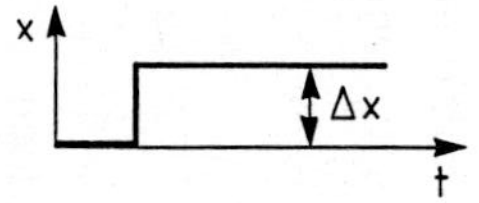	0	0	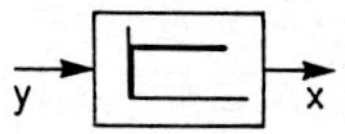 $K = \frac{\Delta x}{\Delta y}$
P-Strecke 1. Ordnung 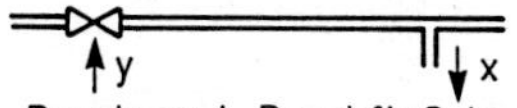 Druck und Durchfluß in Gasrohrnetzen	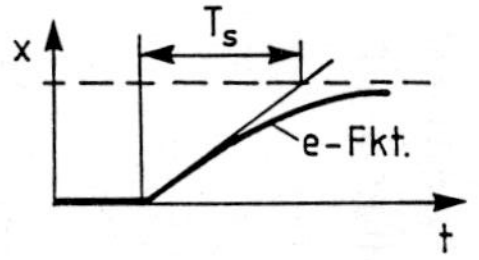	0	T_s = Zeitkonstante	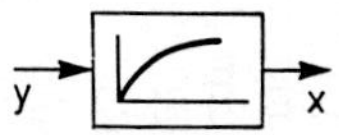 K_s, T_s
P-Strecke 2. Ordnung 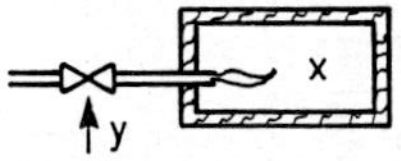 Ofentemperatur	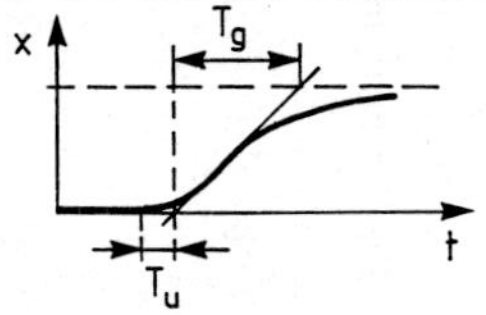	ca. 1…5 min	ca. 5…60 min	Ersatzstrecke 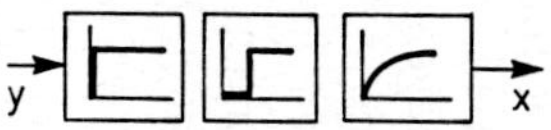 K_s T_u T_g
P-Strecke mit Totzeit 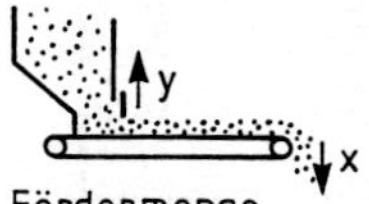 Fördermenge 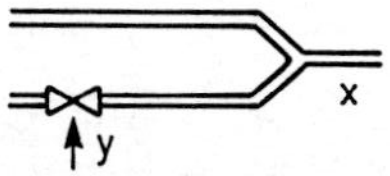 Mischtemperatur	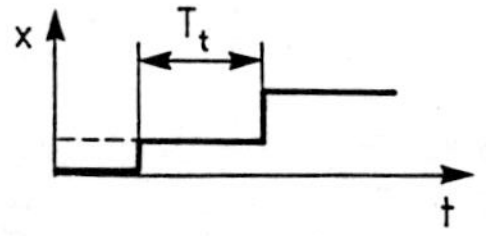	T_t = Totzeit	0	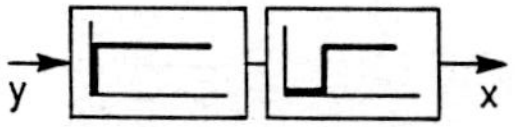 K_s T_t
I-Strecke 0. Ordnung 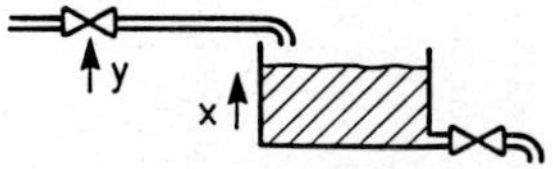 Füllstand	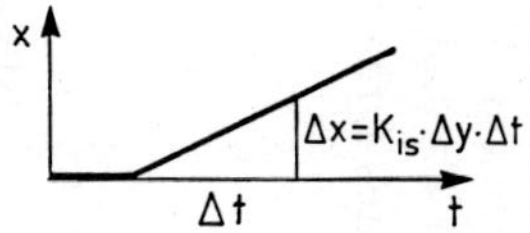	–	–	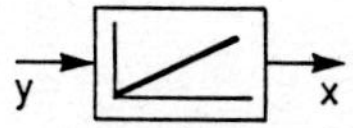 $K_{is} = \frac{\Delta x}{\Delta y \cdot \Delta t}$

20.4 SPS als unstetiger Regler

Unstetige Regelungen sind Vorgänge in Regelkreisen mit schaltenden Reglern und Regelstrecken, bei denen das Ein- und Ausschalten der Stellgröße y zulässig ist. Außerdem müssen die Stellglieder eine u.U. hohe Schalthäufigkeit (mehrere Schaltvorgänge pro Minute) aushalten können.

Wenn im nachfolgenden von Zweipunkt- bzw. Dreipunktreglern die Rede ist, sind nicht spezielle Hardwareregler gemeint, sondern Speicherprogrammierbare Steuerungen, die über ein SPS-Programm ihre binären Ausgänge schalten und damit die Stellglieder der Regelstrecke im Sinne der Regelungsaufgabe beeinflussen. Dabei wird vorausgesetzt, daß die SPS über wenigstens einen Analogeingang verfügt und die grundlegenden Befehle der Wortverarbeitung ausführen kann.

Bild 20.7 zeigt das Technologie- und Regelschema.

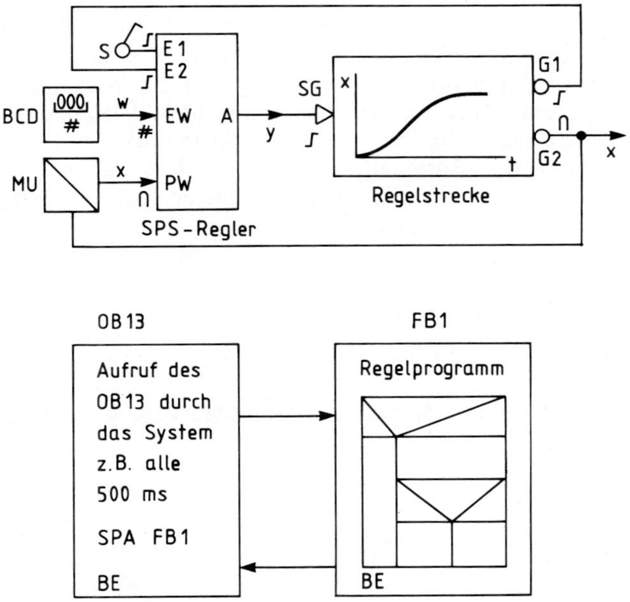

Bild 20.7
Unstetige Regelung
BCD = Zahleneinsteller
MU = Meßumformer
G1 = Grenzwertschalter (binär)
G2 = Meßgeber (analog)
SG = Stellglied
S = Reglerfreigabe

Eingänge/Ausgänge:
ʃ = binär
= digital
∩ = analog

Die *analoge Regelgröße* x muß dem Meßbereich des Analogeingangs angepaßt sein (z.B. 0...10 V) und wird mit dem Funktionsbaustein „Analogwert einlesen" (FB 250) in eine Festpunktzahl umgewandelt und normiert z.B. auf 0...100 (%).

Der *Sollwert* w kann mittels Zahleneinsteller direkt als Zahlenwert im Bereich 0...100 % vorgegeben werden. Bei Verwendung eines BCD-codierten Zahleneinstellers muß eine Codewandlung im Funktionsbaustein FB 240 erfolgen, damit der Zahlenwert ebenfalls als Festpunktzahl vorliegt.

Die *Stellgröße* y des unstetigen Reglers kann nur binäre Signalzustände 0 = AUS bzw. 1 = EIN annehmen. Hier muß sicher gestellt werden, daß das Stellglied (z.B. ein Magnetventil) auch mit der vom SPS-Ausgang angebotenen Spannung arbeitet. Eventuell ist das Zwischenschalten eines Leistungsschützes erforderlich.

20.4.1 Zweipunktregler ohne Schaltdifferenz

Der *Zweipunktregler ohne Schaltdifferenz* ist ein schaltender Regler, dessen Stellgröße y nur zwei Schaltzustände annehmen kann:

$y = 0 \Rightarrow$ AUS

$y = 1 \Rightarrow$ EIN

Als Kennlinie eines Zweipunktreglers bezeichnet man die Abhängigkeit der Stellgröße y von der Regelgröße x, wobei die Führungsgröße w den Sollwert vorgibt.

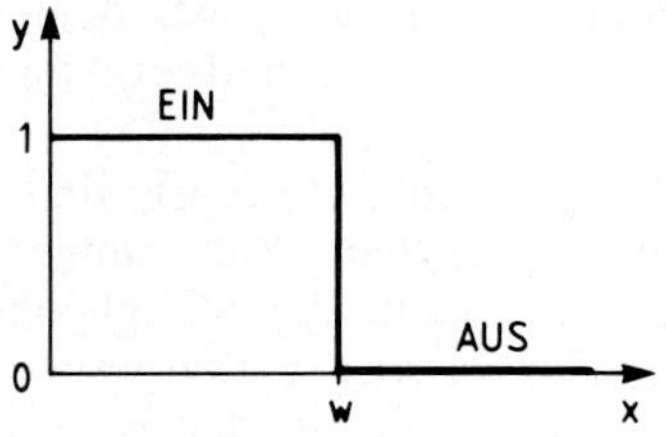

Kennlinie des Zweipunktreglers:
Bei $x < w \Rightarrow y = 1$
$x > w \Rightarrow y = 0$

Überschreitet die Regelgröße x den Sollwert, dann schaltet der Regler den Ausgang y = 0, d.h. AUS. Unterschreitet die Regelgröße x den Sollwert, so schaltet der Regler den Ausgang y = 1, d.h. EIN.

Dieses Regelungskonzept kann nur gutgehen, wenn es sich um eine Regelstrecke höherer Ordnung handelt, die eine ausreichend große Verzugszeit T_u aufweist. Die Verzugszeit der Regelstrecke bewirkt, daß nach dem Einschalten des Reglers (y = 1) die Wirkung auf die Regelstrecke zeitverzögert einsetzt, aber auch erst zeitversetzt aufhört. Überschreitet die Regelgröße x den Sollwert w, so wird die Stellgröße y abgeschaltet (y = 0). Aber erst nach der Zeit $\Delta t_1 = T_u$ hört die Wirkung der Einschaltphase des Reglers auf, so daß die Regelgröße noch über den Sollwert hinaus ansteigt. In umgekehrter Richtung wirkt die Verzugszeit ebenfalls überschwingend auf die Regelgröße.

Das Überschwingen der Regelgröße ist nicht nur ein Nachteil. Man erkennt, daß bei „schnellen" Regelstrecken der Zweipunktregler zu einer hohen Schaltfrequenz gezwungen würde, die u.U. die Lebensdauer der schaltenden Anlagenteile herabsetzen könnte.

Das Zeitverhalten des Zweipunktreglers soll an einer Regelstrecke höherer Ordnung grafisch veranschaulicht werden:

Die Regelstrecke sei ein elektrisch beheizter Glühofen, dessen Streckeneigenschaften mit der Sprungantwort gegeben sind (Bild 20.8).

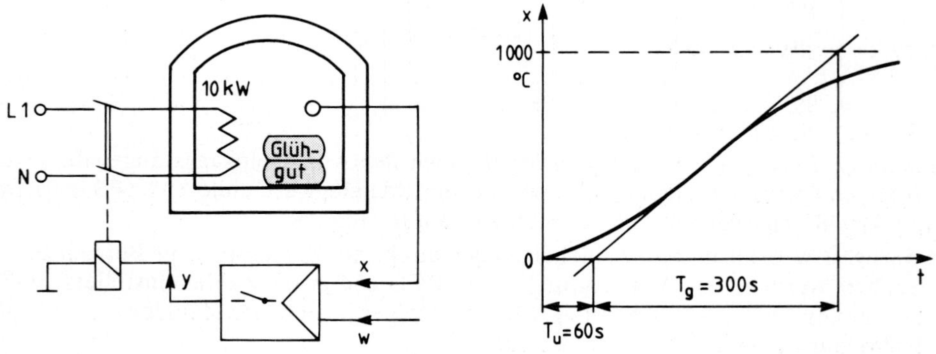

Bild 20.8 Zweipunktregler an Regelstrecke höherer Ordnung

Zur leichteren Darstellung des zeitlichen Verlaufs des Regelvorgangs wird nachfolgend anstelle der gemessenen Sprungantwort die Ersatz-Regelstrecke verwendet. Die *Ersatz-Regelstrecke* besteht aus einem Totzeitglied, das die Verzugszeit $T_u = 60$ s nachbildet und einem PT1-Glied, welches den langsamen zeitlichen Anstieg der Temperatur und damit die Ausgleichszeit $T_g = 300$ s wiedergibt. Die Streckenparameter T_u und T_g sollen gleichermaßen für das Aufheizen und Abkühlen gelten. Es wird weiterhin angenommen, daß die Glühofentemperatur 1000 °C erreichen kann, die Glühtemperatur für das eingebrachte Glühgut jedoch nur 500 °C betragen soll. Es besteht also 100 % Leistungsüberschuß.

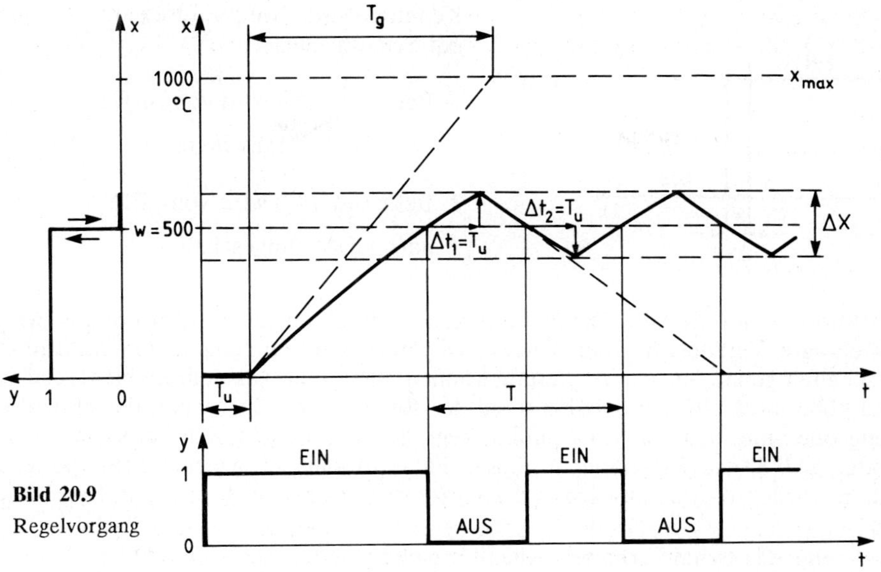

Bild 20.9
Regelvorgang

Man erkennt aus Bild 20.9, daß der Zweipunktregler nicht verhindern kann, daß die Regelgröße x den vorgegebenen Sollwert w = 500 °C über- und unterschreitet. Der Temperaturwert schwankt also in den Grenzen

$$x = w \pm \frac{\Delta x}{2}.$$

Für den Zweipunktregler ohne künstliche Schaltdifferenz (Hysterese) berechnen sich die Schwingungsweite Δx und die Schwingungsdauer T bei 100 % Leistungsüberschuß aus den folgenden Beziehungen:

$$\text{Schwingungsweite } \Delta x \approx x_{max} \cdot \frac{T_u}{T_g}$$

$$\text{Schwingungsdauer } T \approx 4\,T_u$$

Im ausgeführten Beispiel ergeben sich die Werte x = 500 °C ± 100 K und t_{EIN} = 2 min, t_{AUS} = 2 min.

20.4.2 Zweipunktregler mit Schaltdifferenz

Der Zweipunktregler kann auch bei verzögerten Regelstrecken ohne Totzeit bzw. bei sehr kleiner Verzugszeit eingesetzt werden, wenn man dafür sorgt, daß die Einschalt- und Ausschaltpunkte nicht mehr zusammenfallen.

Das nachfolgende Bild zeigt eine *Zweipunktregler-Kennlinie mit Schaltdifferenz*. Der Schaltpunkt „EIN" liegt unterhalb und der Schaltpunkt „AUS" oberhalb des Sollwertes.

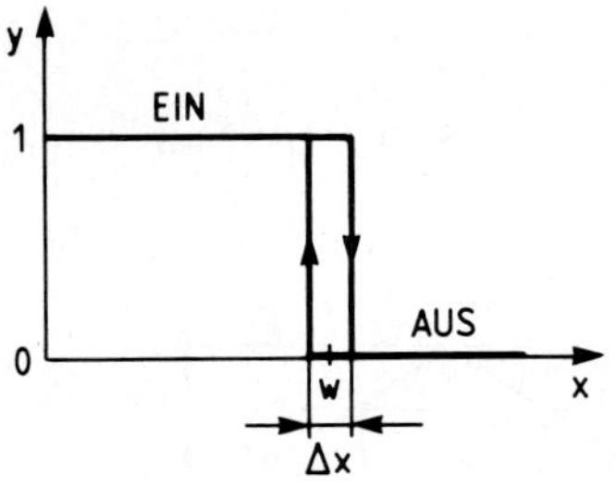

Kennlinie des Zweipunktreglers mit Schalthysterese:

1. Bei $x < w - \frac{\Delta x}{2}$ wird von „AUS" auf „EIN" umgeschaltet.
2. Bei $x > w + \frac{\Delta x}{2}$ wird von „EIN" auf „AUS" umgeschaltet.

Das Einführen einer Schaltdifferenz übt einen vergleichbaren Einfluß aus wie eine streckenbedingte Verzugszeit oder Totzeit. Obwohl die Bedingungen für das Einschalten und Ausschalten genau angegeben werden können, kann man aus dem momentanen Istwert der Regelgröße nicht auf den Schaltzustand des Reglers schließen, wenn der aktuelle Wert der Regelgröße innerhalb der Schaltpunkte liegt. So kann es sein, daß bei $x = w$ der Regler „EIN" oder „AUS" ist. Es kommt in diesen Fällen darauf an, welcher Schaltpunkt zuvor durchlaufen wurde. Man kennzeichnet dieses Schaltverhalten auch mit dem Begriff *Schalthysterese.*

Bild 20.10 zeigt das Schaltverhalten eines Zweipunktreglers an einer PT1-Strecke, deren Zeitkonstante $T_s = 300$ s betragen soll. Der Regler arbeitet wieder mit 100 % Leistungsüberschuß. Die Schaltdifferenz Δx sei 40 % des Sollwertes.

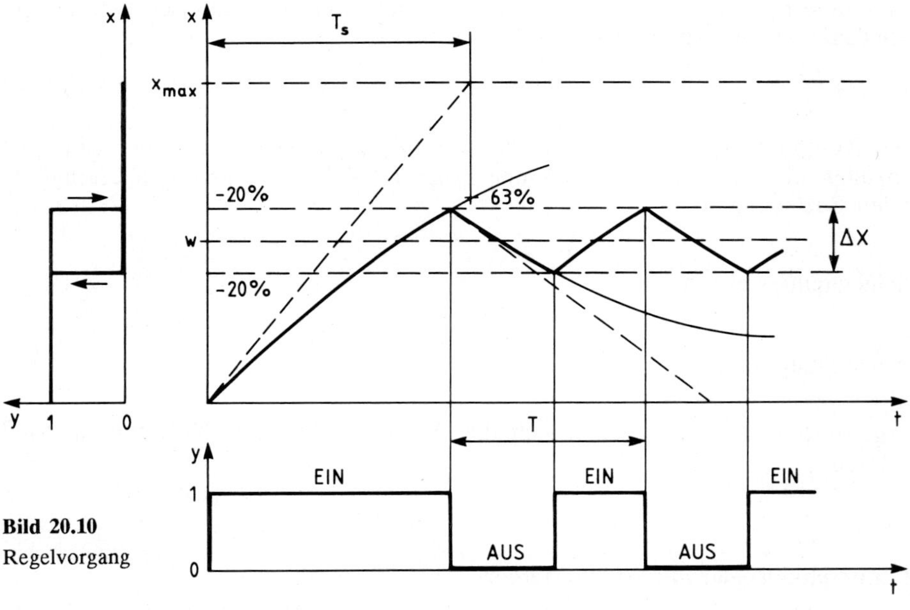

Bild 20.10
Regelvorgang

Für den Zweipunktregler mit Schalthysterese Δx ist die Schwingungsweite vorgegeben, während sich die Schwingungsdauer für 100 % Leistungsüberschuß aus

$$\text{Schwingungsdauer} \quad T \approx 2\,\frac{\Delta x}{w}\cdot T_s$$

w = Sollwert
T_s = Zeitkonstante

berechnet.

Wendet man die Formel auf das voranstehende Beispiel an, so erhält man mit x = 500 °C ± 100 K und t_{EIN} = 2 min, t_{AUS} = 2 min die gleichen Werte. Der Unterschied liegt nur darin, daß im Glühofenbeispiel die Schwingungsweite durch die Verzugszeit T_u verursacht wurde, während sie im Fall der PT1-Strecke aus der dem Zweipunktregler vorgegebenen Schaltdifferenz herrührt.

▼ **Beispiel: Zweipunktregelung eines Behälterfüllstandes**

Behälter, in denen ein Füllstand möglichst konstant gehalten werden soll, haben die Aufgabe, bei Störungen im Zufluß als Sammelbehälter und bei Störungen im Abfluß als Vorratsbehälter zu dienen.

Der Füllstand im Behälter ist die Regelgröße x, die in geeigneter Weise mit einem Meßaufnehmer (Fühler) erfaßt und von einem Meßumformer in ein elektrisches Signal umgewandelt wird. Ein Einsteller liefert die Führungsgröße w, die ein bestimmtes Füllstandsniveau vorgibt (Sollwert).

Aufgabe der Füllstandsregelung ist es, den Füllstand auf einem vorgegebenen Niveau konstant zu halten, wobei der Einfluß nicht vorhersehbarer Störgrößen z ausgeschaltet werden soll. Als nicht vorhersehbare Störeinflüsse können Veränderungen der Entnahmemenge oder des Pumpendrucks angesehen werden. Der Regler soll das Problem dadurch lösen, daß er eine Stellgröße y abgibt, die das Magnetventil in passender Weise ansteuert (1 = offen, 0 = geschlossen). Mit Schalter S kann die Regelung ein- bzw. ausgeschaltet werden.

Technologieschema:

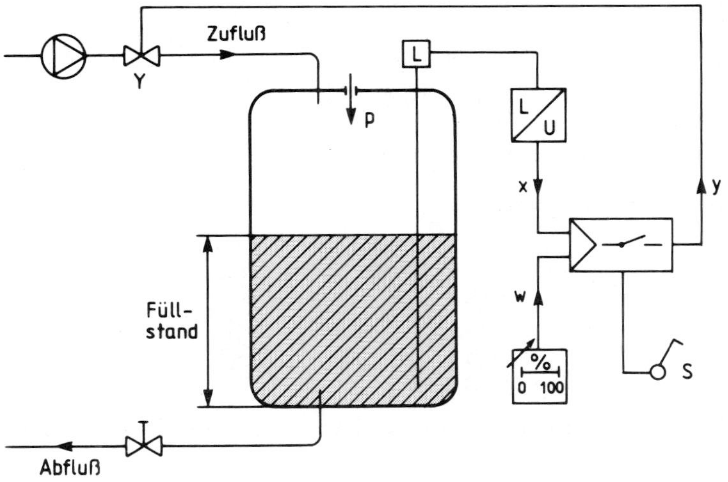

Bild 20.11
Füllstandsregelung mit Zweipunktregler

Zuordnungstabelle:

Eingangsvariable	Betriebsmittel-kennzeichen	Logische Zuordnung
Reglerfreigabe Sollwertgeber 0...99 % Füllstandgeber	S w x	Schalter gedrückt, S = 1 (EIN) BCD-codiert, 2-stellig Analogwert 0...10 V
Ausgangsvariable		
Magnetventil 24 V	Y	Magnetventil auf, Y = 1

Lösung:

Analyse des Regelungsvorganges unter folgenden Annahmen:

- Das binär wirkende Magnetventil Y sitzt unmittelbar am Behälter. Die Zulaufmenge pro Zeit bei geöffnetem Ventil sei Q_{zu} = 10 m³/h.
- Der Behälter sei druckbelastet (p = Gasdruck), so daß die Auslaufmenge pro Zeit unabhängig vom Füllstand ist.
- Die Flüssigkeitsentnahme erfolgt durch Handbetätigung des Abflußventils. Die Abflußmenge pro Zeit bei geöffnetem Ventil sei Q_{ab} = 5 m^3/h, d.h. 100 % Leistungsüberschuß, da Q_{zu} = 10 m^3/h.
- Behälter-Bodenfläche A = 2 m^2, Behälterhöhe h = 2,5 m.

Da das Magnetventil unmittelbar am Behälter sitzt, handelt es sich um eine Regelstrecke ohne Totzeit. Das Zeitverhalten der Strecke kann als Zusammenhang zwischen Füllstand x und Füllzeit t bei konstanter Ablaufmenge Q_{ab} bestimmt werden.

$$\Delta Q = Q_{zu} - Q_{ab}$$

$$A \cdot \frac{\Delta x}{\Delta t} = Q_{zu} - Q_{ab}$$

$$\Delta x = \frac{1}{A}(Q_{zu} - Q_{ab})\,\Delta t$$

Die Füllhöhe ist zeitproportional zur Öffnungszeit des Magnetventils. Der Behälter als Regelstrecke wird als I-Strecke erkannt.

Zunahmegeschwindigkeit des Füllstandes bei geöffnetem Magnetventil:

$$\frac{\Delta x}{\Delta t} = \frac{1}{2\,m^2}\left(10\frac{m^3}{h} - 5\frac{m^3}{h}\right)$$

$$\frac{\Delta x}{\Delta t} = 2{,}5\frac{m}{h} \quad \left(\text{bei geschlossenem Ablaufventil: } 5\frac{m}{h}\right)$$

Abnahmegeschwindigkeit des Füllstandes bei gesperrtem Zulauf:

$$\frac{\Delta x}{\Delta t} = \frac{1}{2\,m^2}\left(0 - 5\frac{m^3}{h}\right)$$

$$\frac{\Delta x}{\Delta t} = -2{,}5\frac{m}{h}$$

Schalthäufigkeit und Lebensdauer:

Der Füllstand soll bei w = 50 % gehalten werden. Die Schaltdifferenz (Hysterese) des Zweipunktreglers sei fest eingestellt auf $\Delta x = 25$ cm.

Die Zeit Δt zwischen Ein- und Ausschalten des Magnetventils beträgt:

$$\frac{\Delta x}{\Delta t} = 2{,}5\frac{m}{h}$$

$$\Delta t = \frac{\Delta x}{2{,}5\frac{m}{h}} = \frac{0{,}25\,m}{2{,}5\frac{m}{h}}$$

$$\Delta t = 0{,}1\,h = 6\,min$$

D.h. 1 Schaltvorgang pro 6 min. Die Lebensdauer des Magnetventils beträgt dann bei angenommenen 1.000.000 Schaltvorgängen

$$L = 1.000.000 \cdot 0{,}1\,h = 100.000\,h$$
$$L = 11{,}4\ \text{Jahre.}$$

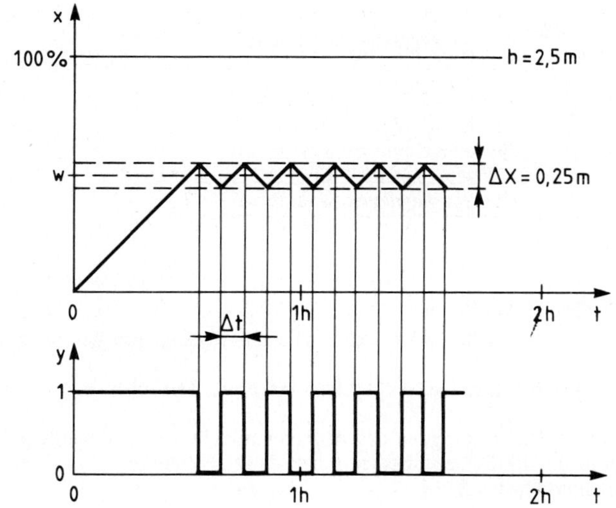

Bild 20.12
Zweipunktregler an Regelstrecke ohne Ausgleich

Regelalgorithmus:

Der grundlegende Gedanke des Regelalgorithmus für den Zweipunktregler lautet:

Ist der Istwert der Regelgröße x kleiner als die festgelegte untere Schaltschwelle, dann muß die Stellgröße y = 1 werden (Magnetventil AUF). Ist der Istwert der Regelgröße x größer als die festgelegte obere Schaltschwelle, dann muß die Stellgröße y = 0 werden (Magnetventil ZU). Liegt der Istwert der Regelgröße x zwischen der unteren und der oberen Schaltschwelle, dann bleibt die Stellgröße y unverändert (Magnetventil AUF, wenn es zuvor AUF war bzw. Magnetventil ZU, wenn es zuvor ZU war ⇒ Leerfeld im Struktogramm!).

Aus Gründen der einfachen Programmgestaltung wird die Schalthysterese Δx abhängig vom Betrag des Sollwertes w auf 25 % vom Sollwert festgelegt: $\Delta x = w/4$.

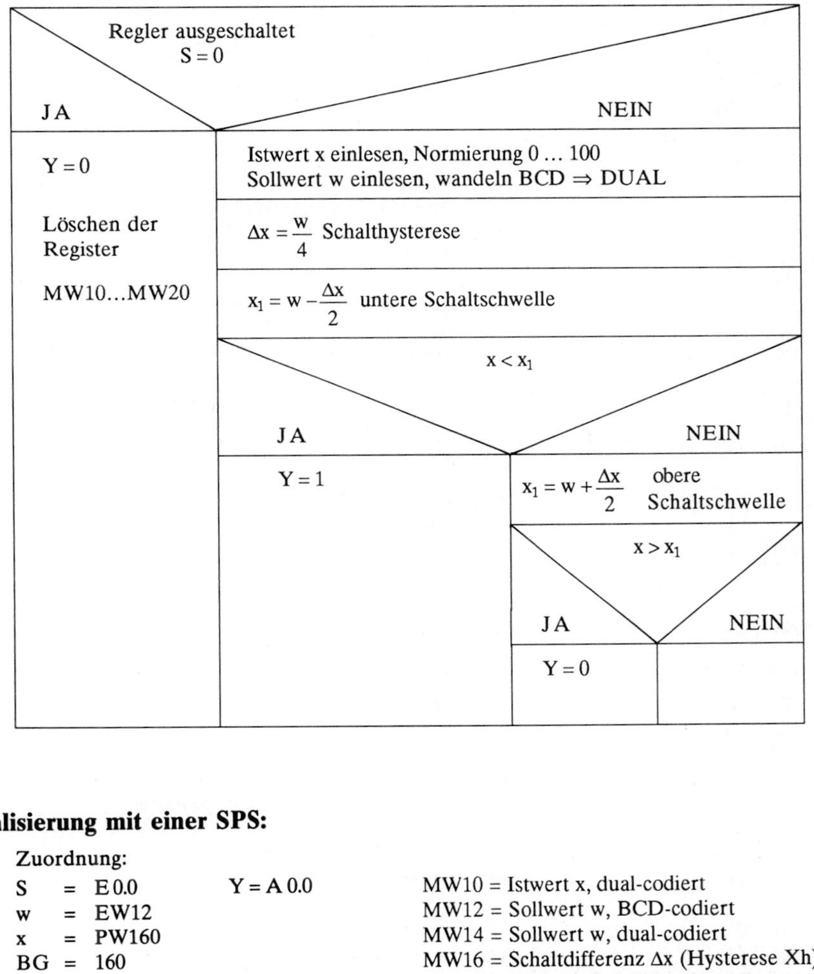

Realisierung mit einer SPS:

Zuordnung:

S = E 0.0	Y = A 0.0	MW10 = Istwert x, dual-codiert
w = EW12		MW12 = Sollwert w, BCD-codiert
x = PW160		MW14 = Sollwert w, dual-codiert
BG = 160		MW16 = Schaltdifferenz Δx (Hysterese Xh)
KN = 0		MW18 = Halbe Schaltdifferenz $\Delta x/2$
KT = 4		MW20 = Obere bzw. untere Schaltschwelle x_1

Anweisungsliste:

```
FB 1
NAME :ZWEIPKT
     :UN  E    0.0            Abfrage Reglerfreigabe
     :R   A    0.0            Magnetventil Y zu, wenn S = 0
     :SPB =M001               Bedingter Sprung zur Marke
     :SPA FB 250              Istwert x (analog) einlesen
NAME :RLG:AE
BG   :    KF +160             Baugruppenadresse 160
KNKT :    KY 0,4              Kanal 0; Kanaltyp KT=4(unipolar)
OGR  :    KF +100             Obergrenze 100%
UGR  :    KF +0               Untergrenze  0%
EINZ :    M  100.0
XA   :    MW  10              Istwert x (dual-codiert)
FB   :    M  100.1
BU   :    M  100.2
TBIT :    M  100.3
     :
     :L   EW  12              Abfrage Zahleneinsteller zur
     :T   MW  12              Vorgabe des Sollwertes w
     :SPA FB 240              Wandlung BCD-->Dual
NAME :COD:B4
BCD  :    MW  12              Sollwert w (BCD-codiert)
SBCD :    M  100.2
DUAL :    MW  14              Sollwert w (dual-codiert)
     :
     :L   MW  14              Hysterese Xh = w/4 berechnen
     :SRW      2
     :T   MW  16
     :
     :L   MW  16              Halbe Schaltdifferenz Xh/2
     :SRW      1              berechnen
     :T   MW  18
     :
     :L   MW  14              Untere Schaltschwelle X1
     :L   MW  18              berechnen
     :-F
     :T   MW  20
     :L   MW  10              Vergleich x < X1 ?
     :L   MW  20
     :<F
     :S   A    0.0            Wenn ja, Magnetventil Y oeffnen
     :BEB                     und Bausteinbearbeitung beenden
     :
     :L   MW  14              Obere Schaltschwelle X1
     :L   MW  18              berechnen
     :+F
     :T   MW  20
     :L   MW  10              Vergleich x > X1
     :L   MW  20
     :>F
     :R   A    0.0            Wenn ja, Magnetventil Y zu
     :BEA                     und Bausteinbearbeitung beenden
M001 :L   KF +0               Loeschen der Register, wenn
     :T   MW  10              keine Reglerfreigabe
     :T   MW  12
     :T   MW  14
     :T   MW  16
     :T   MW  18
     :T   MW  20
     :BE
```

▲

20.4.3 Dreipunktregelung

Der Dreipunktregler ist ein schaltender Regler mit zwei Schaltkontakten, der *drei Schaltzustände* ausgeben kann: EIN I – AUS – EIN II

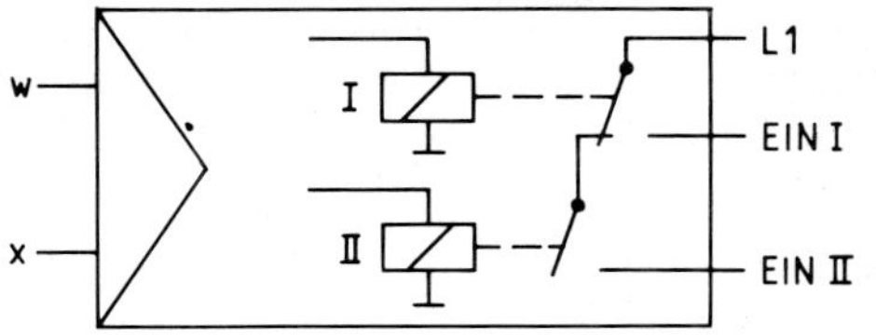

I	II	Stellgröße y
0	0	AUS
0	1	EIN II
1	0	EIN I
1	1	EIN I

Die Übertragungskennlinie eines Dreipunktreglers ohne Schalthysterese zeigt die drei Zustände, die den logischen Zuständen des Sollwert-Istwert-Vergleichs einer unstetigen Regelung zugeordnet werden können:

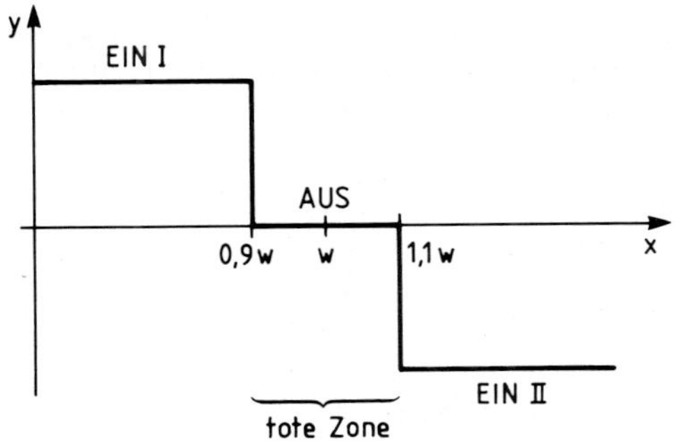

Die *tote Zone* zwischen EIN I und EIN II kann einstellbar sein. Je größer diese Schaltlücke gewählt wird, umso unempfindlicher ist der Regler.

Zur weiteren Herabsetzung der Schalthäufigkeit der Anlagenteile kann dem Dreipunktregler auch noch eine *Schalthysterese* gegeben werden.

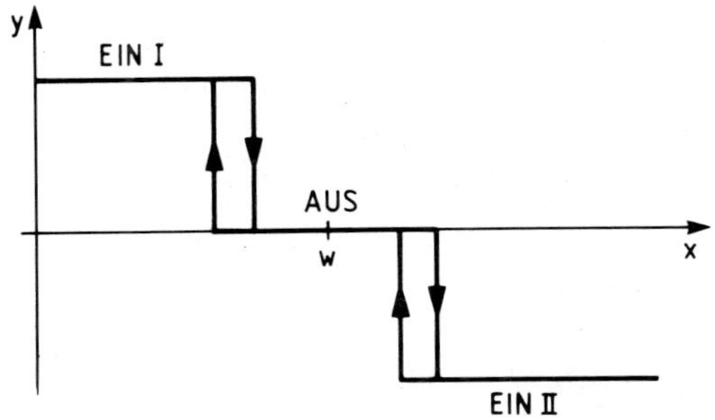

Übertragungskennlinie des Dreipunktreglers mit Schalthysterese

▼ **Beispiel: Temperaturregelung eines Lagerraums**

Die Temperaturregelung eines Lagerraums umfaßt sowohl die Möglichkeit der Lufterwärmung durch eine Lufterhitzer LE als auch der Luftabkühlung durch einen Luftkühler LK. Dem Lufterhitzer kann durch Einschalten seines Ventils Heißwasser und dem Luftkühler durch Einschalten seines Ventils Kältemittel zugeführt werden. Der Umluftventilator VUL führt die zu erwärmende oder abzukühlende Umluft heran.

Die Temperatur des Lagerraumes kann mit einem analogen Sollwertgeber im Bereich 5...15 °C stufenlos eingestellt werden. Diesem Einstellbereich ist das Normsignal 0...10 V zugeordnet.

Der Temperaturregelung soll die nachfolgende Regelsequenz von „Heizen–Aus–Kühlen“ zugrunde gelegt werden.

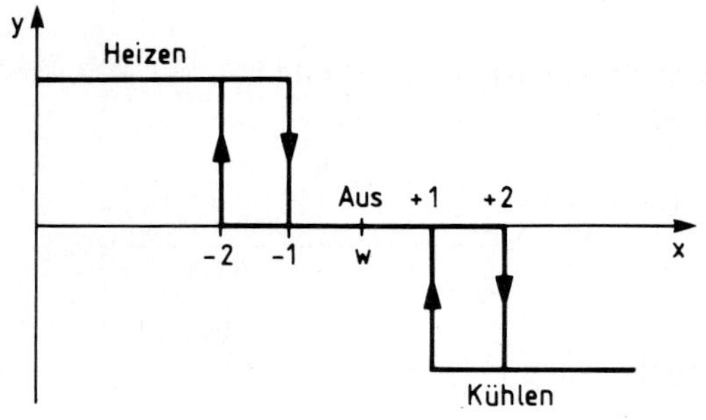

w = Sollwert (Temperatur)
+1 = Sollwert plus 1 Grad

Die Lagerraumtemperatur wird durch einen Temperaturfühler erfaßt, der den Temperaturbereich 0...50 °C in das Normsignal 0...10 V umsetzt.
Der Lagerraum sei zwangsbelüftet, d.h. die Ventilatoren VZL (Zuluft) und VAL (Abluft) sorgen für eine ausreichende Luftqualität. Die Zwangsbelüftung ist nicht Gegenstand der Aufgabe, sie hat jedoch je nach Außentemperatur einen Einfluß auf die Lagerraumtemperatur und ist somit als eine mögliche Störgröße zu betrachten, deren Auswirkung ausgeregelt werden soll. Andere klimatechnische Details wie z.B. die Luftfeuchte sollen unberücksichtigt bleiben.

Technologieschema:

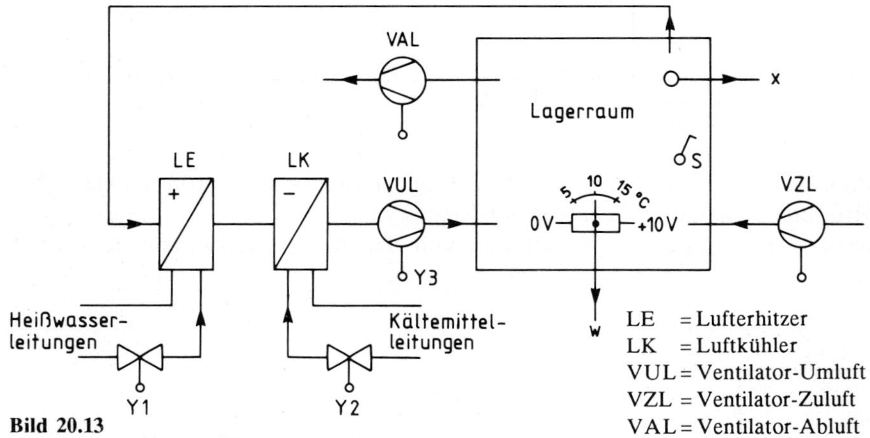

Bild 20.13
Temperaturregelung eines Lagerraumes mit Dreipunktregler

Zuordnungstabelle:

Eingangsvariable	Betriebsmittel-kennzeichen	Logische Zuordnung	
Reglerfreigabe	S	Schalter gedrückt, S = 1 (EIN)	
Sollwertgeber	w	Analogwert 5...15 °C = 0...10 V	
Temperaturfühler	x	Analogwert 0...50 °C = 0...10 V	
Ausgangsvariable			
Magnetventil LE	Y1	Magnetventil auf	Y1 = 1
Magnetventil LK	Y2	Magnetventil auf	Y2 = 1
Ventilator VUL	Y3	Ventilator ein	Y3 = 1

Lösung:

Bei der Normierung der Analogeingaben werden folgende Entsprechungen festgesetzt:

Sollwert: Normsignal 0...10 V $\hat{=}$ Temperaturwerte 5...15 °C $\hat{=}$ Zahlenbereich 50...150

Istwert: Normsignal 0...10 V $\hat{=}$ Temperaturwerte 0...50 °C $\hat{=}$ Zahlenbereich 0...500

Schwellenwerte: 1 Grad Temperaturänderung $\hat{=}$ Zahlenwert 10

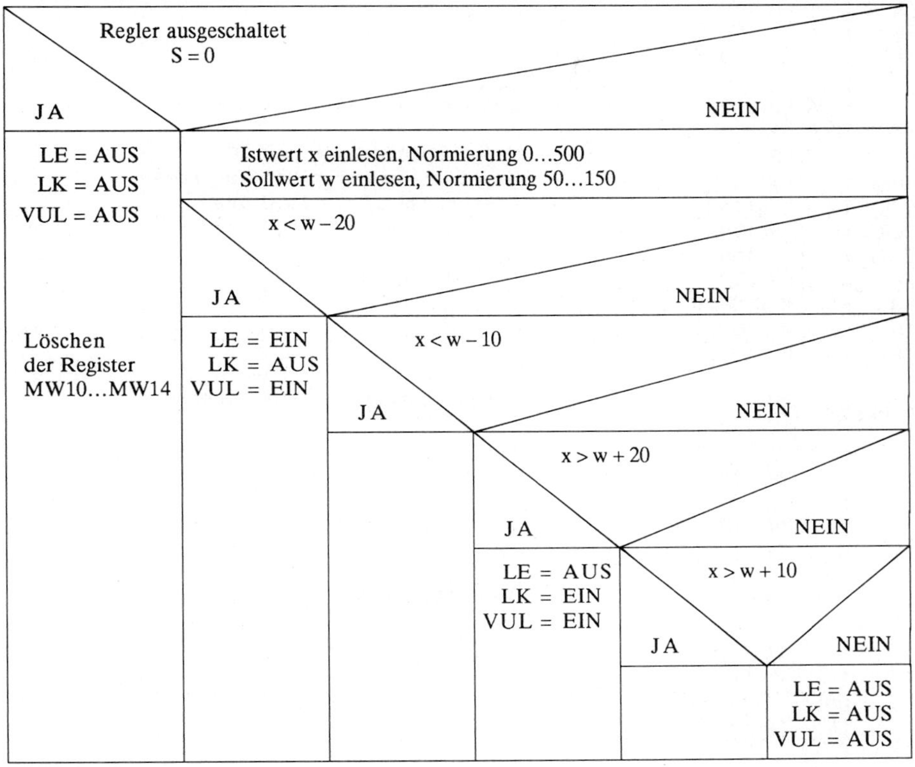

Realisierung mit einer SPS:

Zuordnung:

S = E 0.0	Y1 = A 0.1	MW10 = Istwert, dual-codiert
w = PW160	Y2 = A 0.2	MW12 = Sollwert, dual-codiert
x = PW162	Y3 = A 0.3	MW14 = Hilfsregister

Anweisungsliste:

```
FB 1
NAME :DREIPKT

     :UN  E    0.0          Abfrage Reglerfreigabe; wenn ja,
     :R   A    0.1          Magnetventil Y1 (LE) zu,
     :R   A    0.2          Magnetventil Y2 (LK) zu,
     :R   A    0.3          Magnetventil Y3 (VUL) zu und
     :SPB =M001             bedingter Sprung zu Marke M001
     :
     :SPA FB 250            Istwert x (analog) einlesen
```

```
NAME :RLG:AE
BG   :    KF +160        Baugruppenadresse 160
KNKT :    KY 0,4         Kanal 0; Kanaltyp KT=4(unipolar)
OGR  :    KF +500        Obergrenze 500 = 50,0 Grad
UGR  :    KF +0          Untergrenze  0 =  0,0 Grad
EINZ :    M  100.0
XA   :    MW  10         Istwert x (dual-codiert)
FB   :    M  100.1
BU   :    M  100.2
TBIT :    M  100.3
     :
     :SPA FB 250         Sollwert w (analog) einlesen
NAME :RLG:AE
BG   :    KF +160        Baugruppenadresse 160
KNKT :    KY 1,4         Kanal 1; Kanaltyp KT=4(unipolar)
OGR  :    KF +150        Obergrenze 150 = 15,0 Grad
UGR  :    KF +50         Untergrenze 50 =  5,0 Grad
EINZ :    M  100.0
XA   :    MW  12         Sollwert w (dual-codiert)
FB   :    M  100.1
BU   :    M  100.2
TBIT :    M  100.3
     :
     :L   MW  12         Vergleichswert (w-20) berechnen
     :L   KF +20
     :-F
     :T   MW  14
     :
     :L   MW  10         Vergleich x < (w-20)
     :L   MW  14
     :<F
     :SPB =M002          Wenn ja, Sprung zu Marke M002
     :
     :L   MW  12         Vergleichswert (w-10) berechnen
     :L   KF +10
     :-F
     :T   MW  14
     :
     :L   MW  10         Vergleich x < (w-10)
     :L   MW  14
     :<F                 Wenn ja, keine Aenderung bei
     :BEB                Magnetventilen und Ventilator
     :
     :L   MW  12         Vergleichswert (w+20) berechnen
     :L   KF +20
     :+F
     :T   MW  14
     :
     :L   MW  10         Vergleich x > (w+20)
     :L   MW  14
     :>F
     :SPB =M003          Wenn ja, Sprung zu Marke M003
     :
     :L   MW  12         Vergleichswert (w+10) berechnen
     :L   KF +10
     :+F
     :T   MW  14
     :
     :L   MW  10         Vergleich x > (w+10)
     :L   MW  14
     :>F                 Wenn ja, keine Aenderung bei
     :BEB                Magnetventilen und Ventilator
```

```
        :
        :R    A     0.1              Wenn nein, Magnetventile
        :R    A     0.2              sperren und Ventilator
        :R    A     0.3              ausschalten
        :BEA
        :
M002    :S    A     0.1              Magnetventil LE auf
        :R    A     0.2              Magnetventil LK zu
        :S    A     0.3              Ventilator VUL ein
        :BEA
        :
M003    :R    A     0.1              Magnetventil LE zu
        :S    A     0.2              Magnetventil LK auf
        :S    A     0.3              Ventilator VUL ein
        :BEA
        :
M001    :L    KF +0                  Loeschen der Register
        :T    MW   10
        :T    MW   12
        :T    MW   14
        :BE
```

▲

20.5 Reglertypen für stetige Regelung

Die bisher bekannten unstetigen Regler haben den Nachteil, daß sie die Regelgröße x nur annähernd konstant halten können, da die Stellgröße y nur in groben Stufen (0 = AUS, 1 = EIN) ausgegeben werden kann. Dies wirkt sich auf die Regelgröße x so aus, daß diese um den konstant gehaltenen Mittelwert herum schwankt.

Ein genaueres Einhalten des Sollwertes läßt sich erreichen, wenn für eine auftretende Regeldifferenz x_d die passende Stellgröße y ausgegeben werden könnte. Damit ist die Forderung erhoben, daß die Stellgröße y innerhalb des Stellbereichs y_n jeden beliebigen Zwischenwert annehmen können muß. Man bezeichnet Regler mit diesem Verhalten als stetig wirkende oder kurz *stetige Regler.*

Es gibt zwei grundsätzliche Möglichkeiten, wie eine SPS den Anforderungen stetiger Regler entsprechen kann:

1. Die SPS verfügt über eine Analogausgabe mit ausreichend hoher Auflösung des DA-Umsetzers, so daß das Stellgrößensignal y in sehr kleinen Stufen alle Zwischenwerte des Stellbereichs erreichen kann. Die Veränderung des Stellgrößensignals muß softwaremäßig realisiert werden.

   Ein stetiger SPS-Regler, der auf der Grundlage dieses Konzepts arbeitet, heißt K-Regler (K = Kontinuierlich).

2. Die SPS gibt wie bei der unstetigen Regelung nur binäre Signalwerte (0 = AUS, 1 = EIN) aus, jedoch wird der geforderte genaue Stellgrad durch Ausgabe einer berechneten Anzahl von Impulsen erreicht. Wirken diese Rechtslauf-Linkslauf-Impulse auf ein motorisch angetriebenes Stellglied, so ist festzustellen, daß auch bei dieser Vorgehensweise die Stellgröße y jeden beliebigen Wert innerhalb des Stellbereichs erreichen kann. Die Veränderung der Impulsbreite muß softwaremäßig realisiert werden.

   Ein stetiger SPS-Regler, der auf der Grundlage dieser Möglichkeit arbeitet, wird S-Regler (S = Schrittregler) genannt.

Stetige Regler

K-Regler S-Regler

Für beide Reglerarten der stetigen Regelung gelten die bewährten Regelalgorithmen wie sie von den klassischen Analogreglern her bekannt sind.

Regler werden unabhängig von ihrer Realisierung nach ihren typischen Sprungantworten unterschieden. Man unterscheidet P-, I-, PI-, PD- und PID-Regelverhalten. Als Sprungantwort des Reglers bezeichnet man seine typische Reaktion am Ausgang (Stellgröße y) auf eine sprunghafte Signaländerung am Eingang (Regeldifferenz x_d) bei unterbrochenem Regelkreis.

20.5.1 P-Regelverhalten

Beim P-Regler ist die Ausgangsgröße y proportional der Regeldifferenz x_d. Der Faktor K_R wird Proportionalbeiwert genannt. Der Proportionalbeiwert K_R gibt an, um welchen Betrag sich die Stellgröße y ändert, wenn sich die Regelgröße x um einen 1-Betrag ändert.

Der P-Regler benötigt demnach für eine Verstellung des Stellglieds immer eine Regeldifferenz. Eine Störgröße oder Führungsgröße, die in einer Regelstrecke eine Regeldifferenz hervorruft, kann mit dem P-Regler nie vollständig beseitigt werden. Diese sogenannte bleibende Regelabweichung ist ein Nachteil des P-Reglers; sie wird zwar bei großen Proportionalbeiwerten K_R klein, jedoch kann K_R nicht beliebig erhöht werden, da sonst der Regler instabil arbeitet.

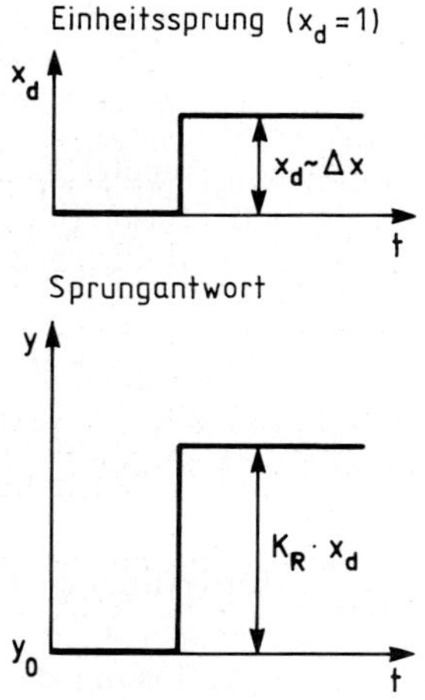

$$y - y_0 = K_R \cdot x_d$$

$$K_R = \frac{\Delta y}{\Delta x}$$

20.5.2 I-Regelverhalten

Bei einem I-Regler ist die Stellgröße y proportional zum Zeitintegral der Regeldifferenz x_d. Das Zeitintegral $\int x_d \cdot dt$ entspricht der Fläche, die die Regeldifferenz x_d in einer bestimmten Zeitspanne Δt bildet. Der Integrierbeiwert K_{IR} gibt an, um wieviele Einheiten sich die Stellgröße in einer Zeiteinheit ändert, wenn sich die Regelgröße ebenfalls um eine Einheit ändert.

Bei einer I-Regeleinrichtung ist die Änderung der Stellgröße nicht nur der Änderung der Regeldifferenz, sondern zusätzlich auch der Zeit proportional. Die Stellgeschwindigkeit ist der Regeldifferenz proportional. Eine I-Regeleinrichtung kann eine Änderung der Regelgröße erst nach Ablauf einer gewissen Zeit ausgleichen.

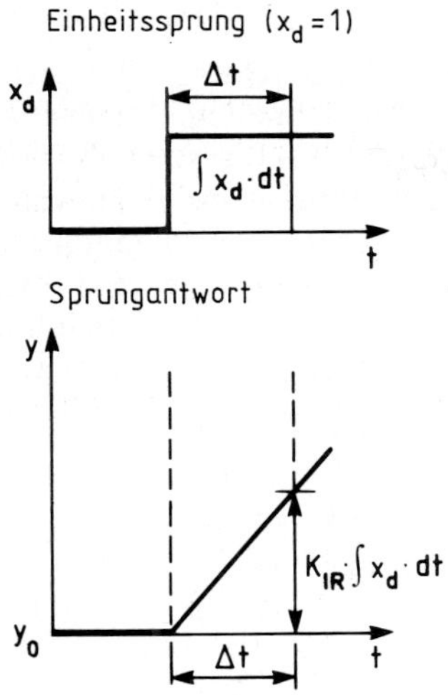

$$y - y_0 = K_{IR} \cdot \int x_d \cdot dt$$

$$K_{IR} = \frac{\Delta y}{\Delta x \cdot \Delta t}$$

20.5.3 PI-Regelverhalten

Die PI-Regeleinrichtung wird sehr häufig verwendet, da mit ihr je nach Art der Regelstrecke sowohl P- oder I-Verhalten als auch das PI-Verhalten eingestellt werden kann. Bei der PI-Regeleinrichtung entspricht die Stellgröße y einer Addition der Ausgangsgrößen eines P- und eines I-Reglers. In der Übergangsfunktion wird die Stellgröße zunächst ebenso wie bei der P-Regeleinrichtung verändert. Anschließend erfolgt eine weitere Änderung der Stellgröße, die ebenso wie beim I-Regler dem Zeitintegral der Regeldifferenz entspricht.

Verlängert man die Gerade der I-Verstellung in der Übergangsfunktion nach links bis zum Schnittpunkt der Stellgröße y vor der Verstellung, so ergibt sich ein Zeitabschnitt, der als Nachstellzeit T_n bezeichnet wird. Die Nachstellzeit ist die Zeit, die die I-Verstellung benötigt, um die gleiche Stellgrößenänderung zu bewirken, die vorher von der P-Verstellung ausgeführt worden ist.

Der PI-Regler hat den Vorteil, daß er nach der schnellen P-Verstellung in der nachfolgenden und durch T_n bestimmten Zeit, die bei einem P-Regler immer vorhandene „bleibende Regeldifferenz" vollständig kompensiert (genaues Regeln).

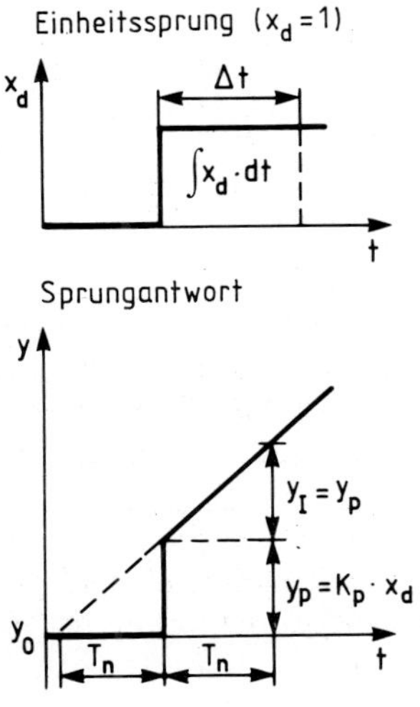

$$y - y_0 = \underbrace{K_R \cdot x_d}_{P} + \underbrace{\frac{K_R}{T_n} \cdot \int x_d \cdot dt}_{I}$$

20.5.4 PD-Regelverhalten

Ein PD-Regler besteht aus einem P-Regler mit zusätzlicher D-Aufschaltung (D = Differential). Durch die D-Aufschaltung wird erreicht, daß bei einer schnellen Änderung der Regeldifferenz die Stellgröße gleich am Anfang für eine kurze Zeit kräftig verstellt wird.

Wie beim PI-Regler besteht beim PD-Regler die Übergangsfunktion aus zwei Anteilen, dem P-Anteil und dem D-Anteil. Der D-Anteil ist der Änderungsgeschwindigkeit der Regeldifferenz $d\,x_d/dt$ proportional. Der Einstellparameter T_V, der die Größe des D-Anteils bestimmt, wird Vorhaltzeit genannt. Beim idealen Regler ergibt der Differentialquotient $d\,x_d/dt$ eine Nadelfunktion ($y \to \infty$); beim realen Regler mit Verzögerung wird dagegen der D-Anteil auf einen Wert begrenzt, der vom Proportionalbeiwert K_R, der Vorhaltzeit T_V und der Regler-Verzögerungszeit abhängig ist.

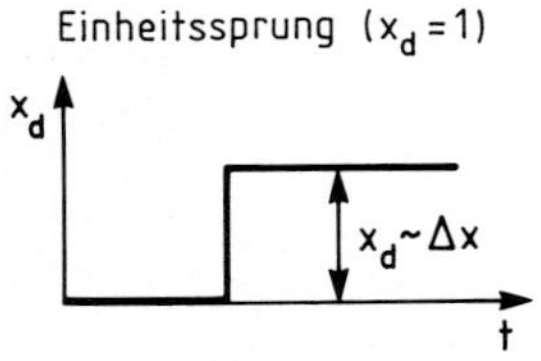

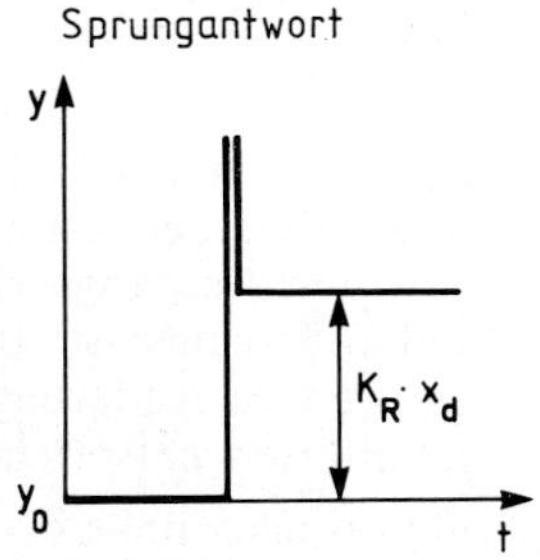

$$y - y_0 = \underbrace{K_R \cdot x_d}_{P} + \underbrace{K_R \cdot T_v \cdot \frac{d\,x_d}{dt}}_{D}$$

20.5.5 PID-Regelverhalten

Im PID-Regler sind die drei grundsätzlichen Übertragungseigenschaften der Regler – proportional, integral und differentiell – zusammengefaßt. Mit einem PID-Regler kann auch bei einer schwierig zu regelnden Regelstrecke eine hohe Regelgüte erreicht werden, jedoch ist die optimale Reglereinstellung nicht einfach.

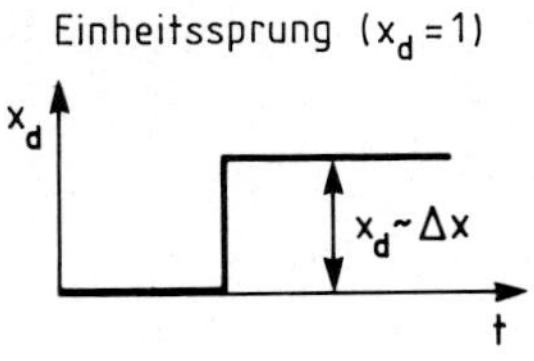

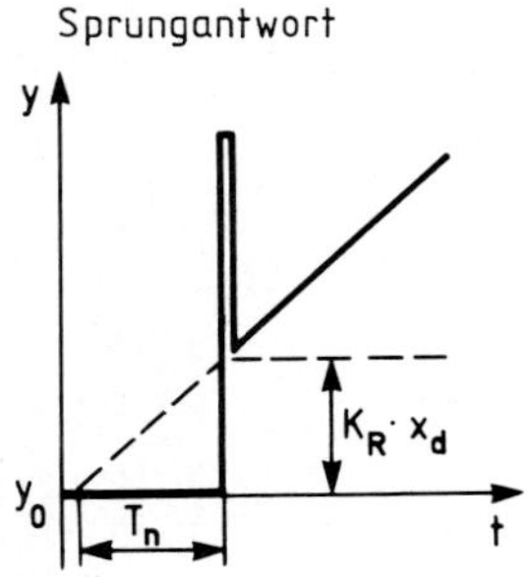

$$y - y_0 = \underbrace{K_R \cdot x_d}_{P} + \underbrace{\frac{K_R}{T_n} \cdot \int x_d \cdot dt}_{I} + \underbrace{K_R \cdot T_v \cdot \frac{d\,x_d}{dt}}_{D}$$

Mit dem nachfolgend beschriebenen Regler-Funktionsbaustein der SPS können alle beschriebenen Reglereigenschaften eingestellt werden.

20.6 PID-Regelalgorithmus für SPS

20.6.1 Diskretisierung der PID-Regelfunktion

SPS-Regler sind Software-Regler. Sie sollen mit denselben Regelparametern möglichst das gleiche Regelverhalten erzeugen wie die schon lange bekannten Analogregler.

Die Analogregler unterscheidet man nach ihrem Regelverhalten: P-, I-, PI- und PD-Regler sind Sonderfälle des PID-Reglers, dessen Regelfunktion lautet:

$$y(t) = K\left(\underbrace{R \cdot x_d}_{\text{P-Anteil}} + \underbrace{\frac{1}{T_n}\int_0^t x_d \cdot dt}_{\text{I-Anteil}} + \underbrace{T_v \frac{d\,x_d}{dt}}_{\text{D-Anteil}}\right)$$

Das nachfolgende Bild zeigt die Struktur des PID-Reglers passend zur Regelfunktion.

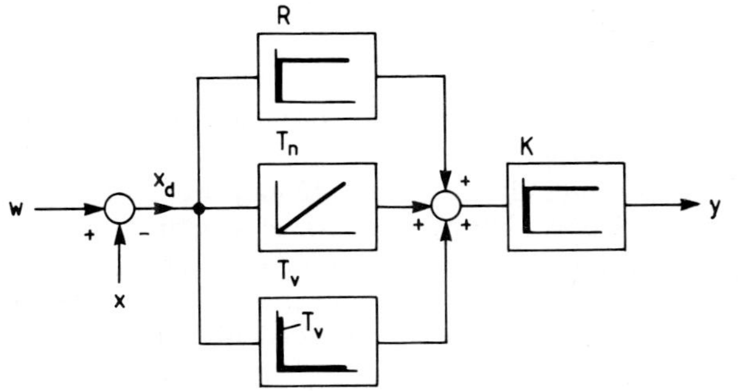

K = Proportionalbeiwert
R = Konstante
T_n = Nachstellzeit
T_v = Vorhaltzeit

Aus der PID-Reglerfunktion muß eine Rechenvorschrift mit diskreten Werten abgeleitet werden. Dazu wird das Integral durch eine Summe ersetzt und der Differentialquotient auf einen Differenzenquotienten zurückgeführt. Dabei wird für die Zeitspanne dt die Abtastzeit T_A gesetzt.

Man erhält für den Abtastzeitpunkt „n – 1“ die Differenzengleichung I:

$$\text{I} \quad Y_{(n-1)} = K\left(R \cdot x_{d\,(n-1)} + \frac{1}{T_n}\sum_{i=0}^{i=n-1} x_{d\,(i)} \cdot T_A + T_v \cdot \frac{x_{d\,(n-1)} - x_{d\,(n-2)}}{T_A}\right)$$

Entsprechend erhält man für den Abtastzeitpunkt „n“ die Differenzengleichung II:

$$\text{II} \quad Y_{(n)} = K\left(R \cdot x_{d\,(n)} + \frac{1}{T_n}\sum_{i=0}^{i=n} x_{d\,(i)} \cdot T_A + T_v \cdot \frac{x_{d\,(n)} - x_{d\,(n-1)}}{T_A}\right)$$

20.6.2 Geschwindigkeits-Algorithmus für S-Regler

Durch Subtrahieren der Gleichungen II–I ergibt sich eine Rechenvorschrift, die den Änderungsbetrag der Stellgröße ausdrückt:

$$\Delta y = y_{(n)} - y_{(n-1)}$$

$$\Delta y = K\left[R \cdot \left(x_{d\,(n)} - x_{d\,(n-1)}\right) + \frac{T_A}{T_n} x_{d\,(n)} + \frac{T_v}{T_A}\left(x_{d\,(n)} - 2 \cdot x_{d\,(n-1)} + x_{d\,(n-2)}\right)\right]$$

$x_{d\,(n)}$ = Aktuelle Regeldifferenz

$x_{d\,(n-1)}$ = Vergangenheitswert der Regeldifferenz

$x_{d\,(n-2)}$ = Vorvergangenheitswert der Regeldifferenz

In einem SPS-Regelungsprogramm kann mit der gefundenen Formel das gesuchte Stellinkrement Δy berechnet werden, das die Regelgröße x optimal an die Führungsgröße w annähert. Bei der Berechnung müssen die Regeldifferenzen von verschiedenen Zeitpunkten, die jeweils um die Zeitspanne der Abtastzeit T_A auseinanderliegen, verarbeitet werden:

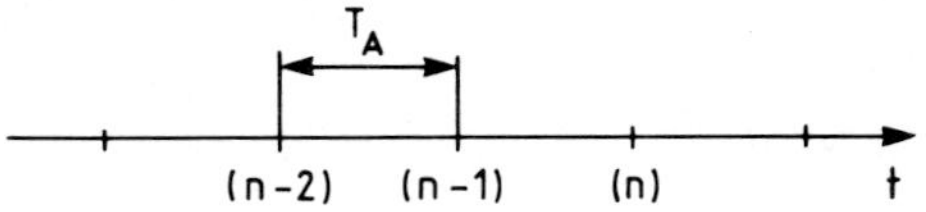

Die gefundene Formel wird als *Geschwindigkeits-Algorithmus* bezeichnet, da er die Stellgrößenänderung Δy pro Abtastzeitraum T_A berechnet.

SPS-Abtastregler, die aus dem PID-Algorithmus die Stellgrößenänderung Δy berechnen und als Ausgangssignal anbieten, heißen *S-Regler* (Schrittregler). Die Ausgangssignale des S-Reglers sind Impulse, deren Zeitdauer proportional zur Stellgrößenänderung ist. Stellgrößensignale dieser Art sind nur geeignet zur Ansteuerung von *integrierend wirkenden elektrischen Stellantrieben* mit den Betriebsmöglichkeiten „Rechtslauf-Stillstand-Linkslauf".

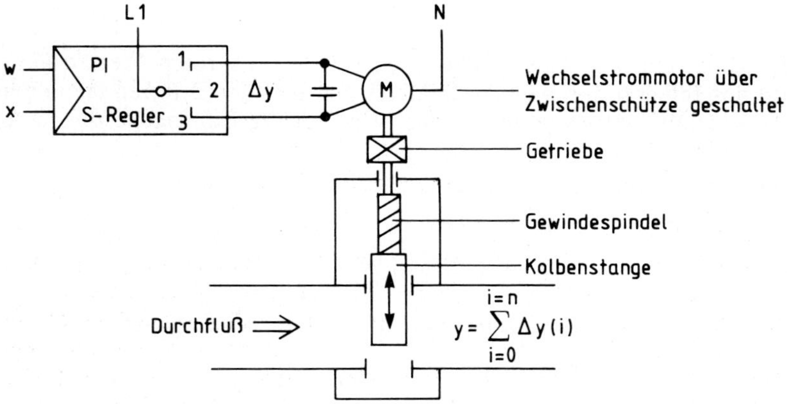

Der S-Regler liefert nur Stellinkremente an den Stellmotor, der das Ventil entsprechend Betrag und Vorzeichen der Stellinkremente (± Δy) verstellt und so die eigentliche Stellgröße y bildet. Bei x = w ist Δy = 0 und der Motor steht still, d.h. die Stellgröße hat den erforderlichen Wert angenommen. Der Stellmotor hat die Stellinkremente Δy zur Stellgröße y integriert.

20.6.3 Stellungs-Algorithmus für K-Regler

Der Regler berechnet durch Summierung der Stellinkremente Δy die für den Zeitpunkt t_n gültige Stellgröße y nach der Formel:

$$\boxed{y_{(n)} = \sum_{i=0}^{i=n} \Delta y_{(i)}} \quad \text{oder} \quad y_{(n)} = y_{(n-1)} + \Delta y$$

Diese Formel wird als *Stellungs-Algorithmus* bezeichnet, da die wirkliche Stellgröße y an das Stellgerät ausgegeben wird.

Die Stellgröße y wird als analoge Spannung geliefert. Damit können Stellgeräte angesteuert werden, die ein ununterbrochen wirkendes, d.h. kontinuierliches Stellsignal benötigen. Das nachfolgende Bild zeigt einen pneumatischen Stellantrieb, der ein kontinuierliches Stellsignal y erfordert. Bei x = w muß die Stellgröße y den richtigen Wert ununterbrochen aufweisen.

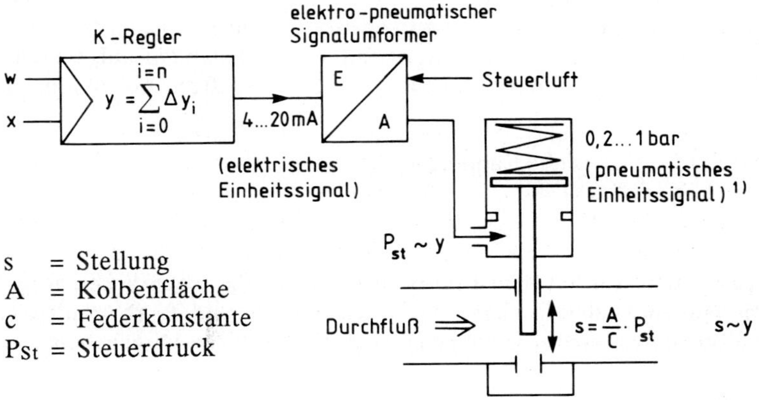

s = Stellung
A = Kolbenfläche
c = Federkonstante
P_{St} = Steuerdruck

Regler, die Stellinkremente Δy selber zur Stellgröße y aufsummieren und als Ausgangssignal ununterbrochen zur Verfügung stellen und jeden Wert innerhalb des Stellbereichs annehmen können, heißen *K-Regler* (Kontinuierliche Regler).

20.6.4 Handhabung des Regelalgorithmus-Bausteins

Es wird im nachfolgenden davon ausgegangen, daß das Automatisierungsgerät (SPS) über einen fertigen PID-Regelalgorithmus-Baustein verfügt. Dieser Baustein ist ein Standard-Programm und braucht nicht jedesmal wieder erfunden zu werden. Ist jedoch ein fertiger PID-Regelalgorithmus-Baustein nicht verfügbar, so kann dessen Aufgabe auch mit dem Befehlssatz der SPS im Anwenderprogramm nachgebildet werden. Dies ist jedoch nur dann mit erträglichem Programmieraufwand machbar, wenn die SPS über Gleitpunktzahlarithmetik verfügt.

Aufgabe des Regelalgorithmus-Bausteins ist es, aus dem Sollwert w und dem Istwert x die Stellgröße y oder die Stellgrößeninkremente Δy zu erzeugen.

1) Überdruck

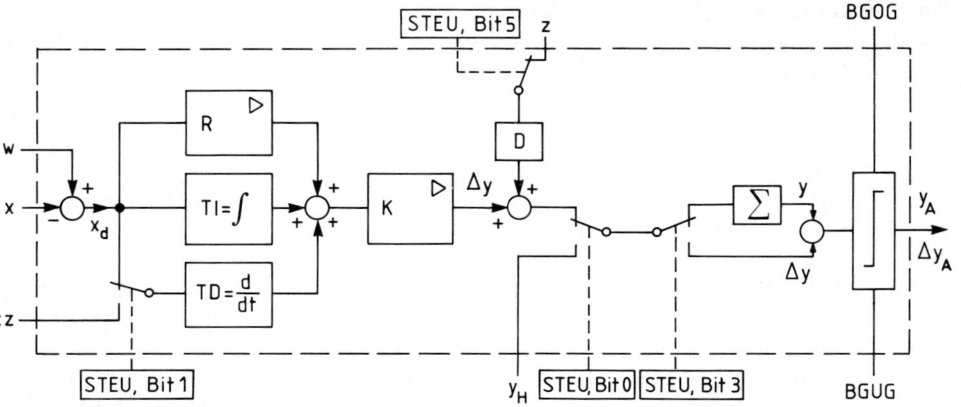

Bild 20.14 Regelalgorithmus-Baustein OB251

Aufruf des PID-Regelalgorithmus:
Der Regelbaustein muß mit gleichbleibenden Abtastintervallen betrieben werden. Die Abtastzeit T_A kann durch Verwendung eines zeitgesteuerten Organisationsbausteins realisiert werden. Dieser wird vom Betriebssystem in vorgewählten Zeitabständen aufgerufen. Beim Automatisierungsgerät AG 115 U können Aufrufintervalle von 10 ms bis 10 min gewählt werden. Man wählt:

$$T_A = \frac{1}{10} T_{RK\,(dom)} \qquad \text{(siehe Kapitel 20.2.1)}$$

Regelparameter:
Um Rechenarbeit zu sparen, werden dem PID-Baustein nicht die eigentlichen Regelparameter K_R (Proportionalbeiwert des Reglers), T_n (Nachstellzeit) und T_v (Vorhaltzeit) sondern umgerechnete Konstanten innerhalb festgelegter Zahlenbereiche vorgegeben:

1. Konstante TI
   Parameter, mit dem der I-Anteil eingestellt werden kann.

   $$TI = \frac{\text{Abtastzeit } T_A \text{ (s)}}{\text{Nachstellzeit } T_n \text{ (s)}}$$

   Eintrag: TI · 1000

2. Konstante TD
   Parameter, mit dem der D-Anteil eingestellt werden kann.

   $$TD = \frac{\text{Vorhaltzeit } T_v \text{ (s)}}{\text{Abtastzeit } T_A \text{ (s)}}$$

3. Konstante K
   Parameter, mit dem eine Verstärkung des P-, I- und D-Anteils eingestellt werden kann.

   Eintrag: K · 1000

   $K > 0$ für positiven Regelsinn, d.h. gleichsinnige Änderung von Sollwert und Stellgröße
   $K < 0$ für negativen Regelsinn

4. Konstante R
   Parameter, mit dem der Proportionalanteil eingestellt werden kann, ohne den I-Anteil oder den D-Anteil zu beeinflussen.

   Eintrag: R · 1000

Die einzelnen P-, I- und D-Anteile sind über ihre jeweiligen Parameter R, TI und TD abschaltbar, indem die betreffenden Werte auf Null gesetzt werden. Somit können alle gewünschten Reglertypen z.B. P-, I-, PI-, PD- und PID-Regler realisiert werden.

Datenbaustein für den PID-Regler:

Der PID-Regelalgorithmus im OB251 benötigt einen Datenbaustein zur Vorgabe der Regelparameter und Ablage von Regelergebnissen. Der Datenbaustein z.B. DB 10 muß die Datenworte DW0 bis DW48 umfassen:

DW	Name	Funktion	Zahlenformat	Wertebereich	Faktor
1	K	Proportionalbeiwert	KF	$-32768 \leq K \leq +32767$	0,001
3	R	Konstante R	KF	$-32768 \leq R \leq +32767$	0,001
5	TI	Konstante TI = T_A/T_n	KF	$0 \leq TI \leq +9999$	0,001
7	TD	Konstante TD = T_v/T_A	KF	$0 \leq TD \leq +999$	1
9	w	Sollwert	KF	$-2047 \leq w \leq +2047$	1
11	STEU	Steuerwort	KM	siehe Steuerwort	–
12	y_H	Handwert (Stellgröße)	KF	$-2047 \leq y_H \leq +2047$	1
14	BGOG	obere Grenze Stellgröße	KF	$-2047 \leq BGOG \leq +2047$	1
16	BGUG	untere Grenze Stellgröße	KF	$-2047 \leq BGUG \leq +2047$	1
22	x	Istwert	KF	$-2047 \leq x \leq +2047$	1
24	z	Störgröße	KF	$-2047 \leq z \leq +2047$	1
29	xz	separat zugeführter D-Anteil	KF	$-2047 \leq xz \leq +2047$	1
48	y_A (Δy_A)	Ausgangsgröße (Stellgröße)	KF	$-2047 \leq y_A \leq +2047$ (Δy_A)	1

Die nichtspezifizierten Datenwörter werden vom Algorithmus als Merkerzellen verwendet.

Steuerwort STEU (DW 11):

Aufbau des Steuerwortes:

15	...	5	4	3	2	1	0

- Bit 0: 0 = Handbetrieb; 1 = Automatikbetrieb
- Bit 1: 0 = D-Glied erhält $x_{d\,(n)}$; 1 = D-Glied erhält Wert des separaten D-Eingangs xz
- Bit 2: 0 = Regler EIN; 1 = Regler AUS und Löschen der Vergangenheitswerte außer „z“
- Bit 3: 0 = K-Regler; 1 = S-Regler
- Bit 4: nur wichtig bei Umschaltung auf Handbetrieb (Vorschlag: Bit 4 = Bit 3)
- Bit 5: 0 = mit Störgrößenaufschaltung; 1 = keine Störgrößenaufschaltung

Bit 6...15 —— werden vom Algorithmus als Merkerbits benötigt und können bei der Bestimmung des Steuerwortes als „0“ angenommen werden

Meldungswort MERK (DW20):

15	...	5	4	3	2	1	0

Bit 0: 1 = Obergrenze der Stellgröße BGOG überschritten

Bit 1: 1 = Untergrenze der Stellgröße BGUG überschritten

Zahlenbeispiel:

Wie lautet das Steuerwort für den Fall, daß ein K-Regler ohne Störgrößenaufschaltung im Automatikbetrieb

a) eingeschaltet,
b) ausgeschaltet

werden soll. Dem D-Glied wird $x_{d\,(n)}$ zugeführt.

Lösung:

a) DW11 = 0000 0000 0010 0001 ≙ KH 0021 ≙ KF + 33
b) DW11 = 0000 0000 0010 0101 ≙ KH 0025 ≙ KF + 37

20.7 SPS als kontinuierlicher Regler (K-Regler)

Speicherprogrammierbare Steuerungen haben einen Analogausgang und bilden das Ausgangssignal durch einen Stellungsalgorithmus.

20.7.1 Einsatz des K-Reglers

Kontinuierliche Regler wirken auf proportionale Stellglieder wie z.B. pneumatische oder hydraulische Stellantriebe sowie auf Steuersätze von Thyristoren. Dementsprechend liefern K-Regler eine in der Amplitude stetig veränderbare und zeitlich ununterbrochene Stellgröße y, meist in der Form eines Gleichstrom-Normsignals 0(4)...20 mA.

Kontinuierliche Regler werden insbesondere zur pneumatischen Regelung verfahrenstechnischer Größen wie Temperatur, Durchfluß, Niveau etc. eingesetzt. Dazu wird das elektrische Stellgrößensignal mit einem elektropneumatischen Signalumformer in ein pneumatisches Einheitssignal 0,2...1 bar umgesetzt und dem pneumatischen Stellantrieb zugeführt.

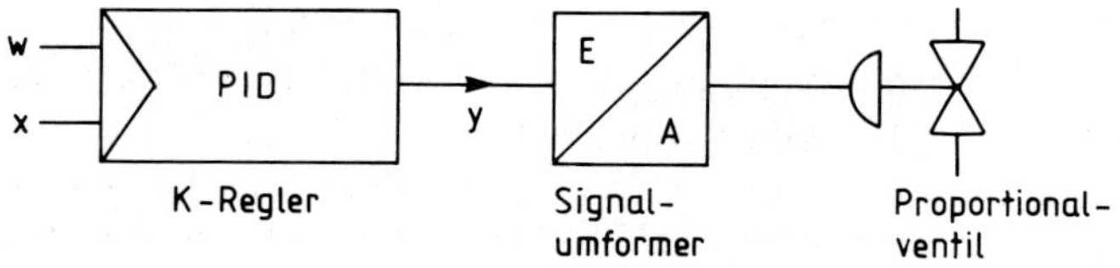

K-Regler werden in zunehmendem Maße in Verbindung mit Thyristor-Leistungsstellgliedern verwendet, die in Form von Impulsgruppensteuerungen oder Phasenanschnittssteuerungen arbeiten.

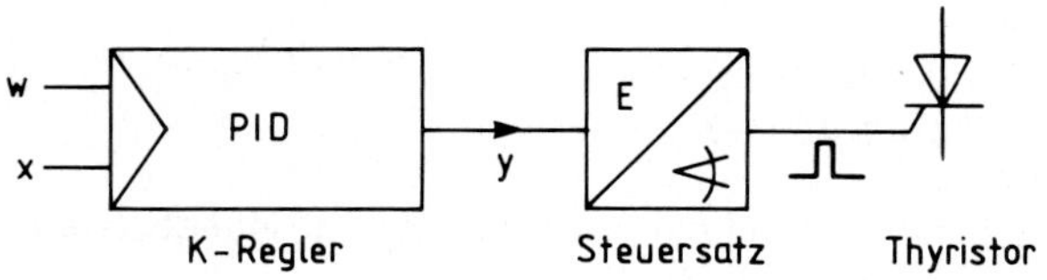

K-Regler können auch auf Stellmotoren wirken. Es muß dann jedoch ein *Stellungsregler* oder *Dreipunkt-Positionierer* zwischengeschaltet werden. Der Dreipunkt-Positionierer erhält als Eingangssignale die Stellgröße y des eigentlichen Reglers (K-Regler) und das Stellungs-Rückführsignal y_s des Stellantriebs. Der Dreipunkt-Positionierer gibt z.B. bei

$y > y_s$ Rechtslaufimpulse, bei $y < y_s$ Linkslaufimpulse und bei $y = y_s$ keine Impulse an den Stellmotor ab. Dadurch kann eine zur Stellgröße y proportionale Stellgliedposition erreicht werden.

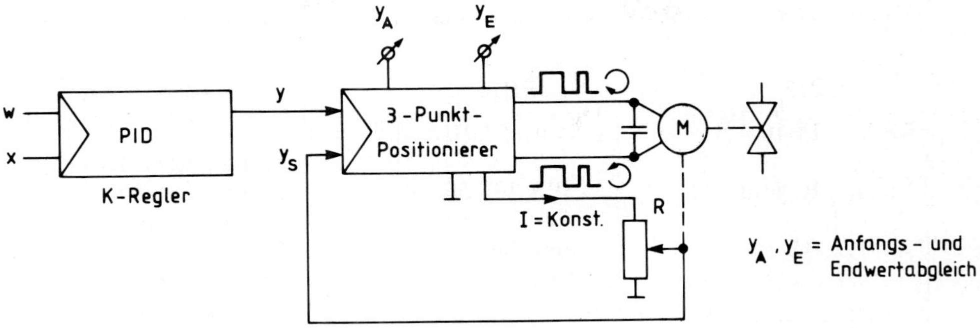

20.7.2 Regelungsprogramm für K-Regler

Es wird bei den nachfolgenden einfachen Regelungsaufgaben davon ausgegangen, daß *ein analoger Istwert* x eingegeben und *eine analoge Stellgröße* y ausgegeben werden muß. Der *Sollwert* x wird durch einen BCD-codierten Zahleneinsteller vorgegeben.

Unter diesen Voraussetzungen ist die Programmstruktur für beliebige Regelungsaufgaben mit dem K-Regler immer dieselbe. Die unterschiedlichen Übertragungsverhalten des Reglers (P-, I-, PI-, PD-, PID-Verhalten) werden einzig durch die Vorgabe entsprechender *Regelparameter* (K, R, T_n, T_v) erreicht.

Unterschiedlich groß kann bei den einzelnen Regelungsaufgaben die *Abtastzeit* T_A sein. Wichtig ist jedoch, daß die Abtastzeit T_A während des Regelungsvorganges konstant bleiben muß. Das erreicht man am sichersten dadurch, daß man die Regelfunktion durch einen *zeitgesteuerten Organisationsbaustein* aufruft. Die Verwendung eines Zeitgliedes als Taktgeber ist unnötiger Programmaufwand und bringt nicht den gleich guten Erfolg.

Für den OB13 können Aufrufintervalle von 10 ms bis 10 min eingestellt werden. Es wird nachfolgend mit einer Abtastzeit von $T_A = 500$ ms gearbeitet.

Die Einstellung des zeitgesteuerten Organisationsbausteins OB13 auf die gewünschte Abtastzeit erfolgt durch einmalige Bearbeitung des Funktionsbausteins FB1 bei Neustart des Automatisierungsgerätes:

OB21	FB1
SPA FB1 BE	Laden der Abtastzeit $T_A = 0{,}5$ s in das Systemdatenwort 97: L KF + 50 T BS 97
OB22	
SPA FB1 BE	

OB21 = Manueller Neustart

OB22 = Automatischer Neustart

Für das Regelungsprogramm werden benötigt:

OB13: Abtastzeit $T_A = 500$ ms,
FB10: Regelungsprogramm (mit den schon bekannten FB240, FB250, FB251),
OB251: PID-Regelalgorithmus (ist im Automatisierungsgerät vorhanden),
DB10: Datenbaustein: 49 Datenworte lang.

OB13	FB10	DB10
SPA FB10 Name : Regeln : : BE	1. Aufruf DB10 2. SPA FB250 Analogwert- eingabe: Istwert x, 3. SPA FB240 Codewandeln BCD ⇒ KF: Sollwert w 4. SPA OB251 PID-Regel- algorithmus 5. SPA FB251 Analogwert- ausgabe: Stellgröße y 6. BE	0: 1: Parameter K 3: Parameter R 5: Parameter TI 7: Parameter TD 9: Sollwert w 11: Steuerwort 12: Handwert y_H 14: BGOG 16: BGUG 22: Istwert x 48: Stellgröße y Die nicht spezifi- zierten Daten- worte mit Nullen vorbesetzen

Man erkennt, daß das Regelungsprogramm aus einer Zusammenstellung mehrerer Funktionsbausteine besteht, die alle schon mehrfach verwendet wurden. Nur der Regelalgorithmus-Baustein kommt neu vor, jedoch lediglich als eine Anweisung in Form eines absoluten Sprungs zum OB251. Entscheidend sind die Eintragungen im Datenbaustein DB10.

Man programmiert zuerst den FB10, dann den DB10 und zum Schluß den OB13. Der bisher immer verwendete OB1 kommt nicht vor bzw. könnte anderweitig verwendet werden.

▼ Beispiel: Behälterfüllstand mit K-Regler

Der Füllstand eines Behälters mit Zulauf und gleichzeitigem Ablauf bei unterschiedlichen Entnahmemengen ist dem vorgegebenen Sollwert regelnd anzugleichen.

Die Zulaufmenge pro Zeit Q_{zu} wird mit einem Membranventil Y1 durch das Stellsignal y eines K-Reglers mit Proportionalverhalten beeinflußt. Der Regler liefert ein Einheitssignal 0...10 V. Bei 0 V sei das Ventil gesperrt, bei 10 V voll geöffnet.

Die Ablaufmenge pro Zeit Q_{ab} kann durch das handbetätigte Ventil V beeinflußt werden. Bedingt durch den statischen Druck der Flüssigkeitssäule sei die Ablaufmenge pro Zeit Q_{ab} abhängig vom Flüssigkeitsstand, so daß der Behälter als eine P-T_1-Strecke angesehen werden kann.

Technologieschema:

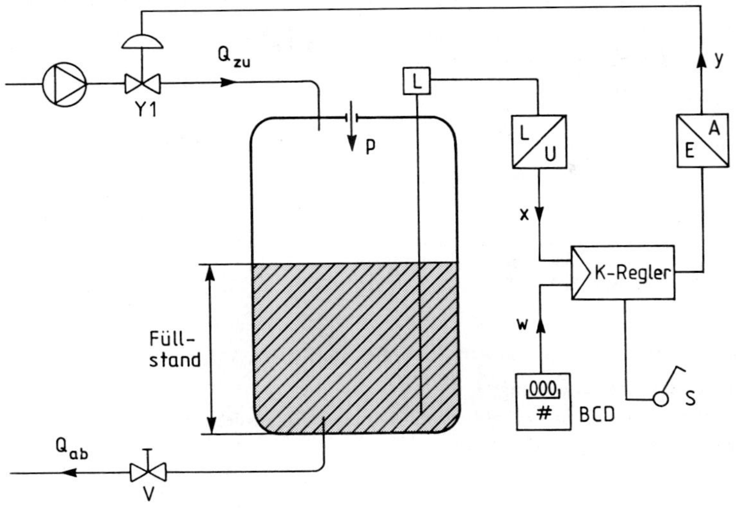

Bild 20.15
Füllstandsregelung mit K-Regler

Zuordnungstabelle:

Eingangsvariable	Betriebsmittel-kennzeichen	Logische Zuordnung	
Reglerfreigabe	S	Schalter gedrückt,	S = 1 (EIN)
Sollwertgeber	w	BCD-codiert	0...1000 = 0...100 %
Füllstandsgeber	x	Analogwert	0...10 V = 0...100 %
Ausgangsvariable			
Stellgröße	y	Analogwert	0...10 V = 0...100 %
Abtastzeitpunkt	A1	Anzeige an	A1 = 1

Lösung:

Zunächst wird die Regelstrecke bei voll geöffnetem Ablaufventil untersucht:

1. *Beharrungsverhalten* (statische Kennlinie x = f (y))

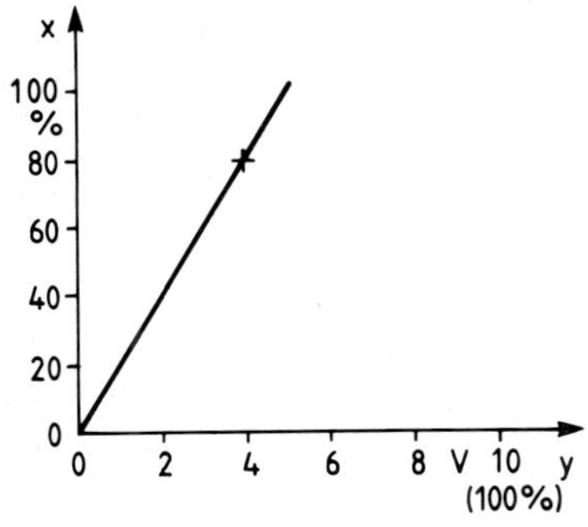

$$K_S = \left(\frac{\Delta x\ (\%)}{\Delta y\ (\%)}\right)_{t \to \infty}$$

$$K_S = \frac{80\ \%}{40\ \%} = 2$$

Der Übertragungsbeiwert K_S der Regelstrecke ist konstant, d.h. der Behälter ist eine P-Strecke, deren zeitliches Verhalten jedoch noch bestimmt werden muß.

2. *Zeitverhalten* (dynamische Kennlinie x = f (t)) bei einer sprunghaften Änderung der Stellgröße y von 0 auf 40 %.

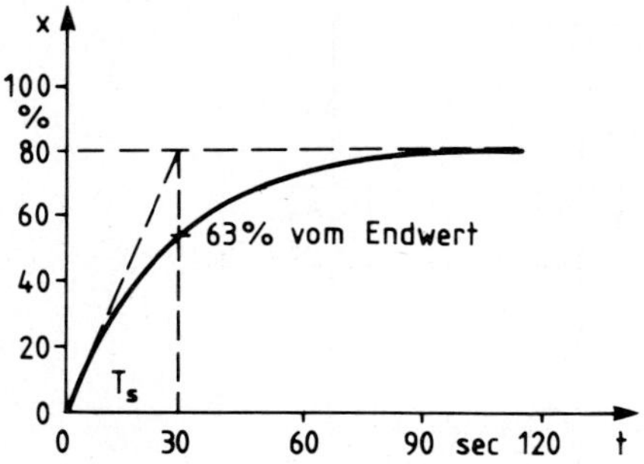

$T_S = 30\,s$

$T_u = 0$

Es handelt sich um eine Regelstrecke 1. Ordnung mit Ausgleich; die Strecke ist gut regelbar.

Es folgen Überlegungen zur Reglerdimensionierung:

1. Zunächst soll die Füllstandsstrecke durch einen K-Regler mit reinem P-Regelverhalten geregelt werden. Erwartet wird eine „bleibende Regelabweichung x_{dbl}".

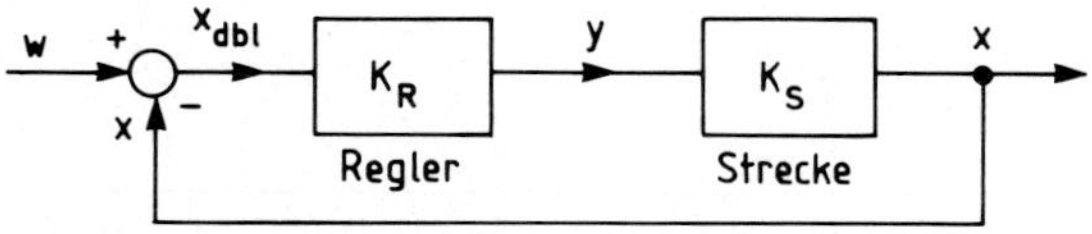

$x_{dbl} = w - x$ mit $x = K_S \cdot y$

$x_{dbl} = w - K_S \cdot y$ mit $y = K_R \cdot x_{dbl}$

$x_{dbl} = w - K_S \cdot K_R \cdot x_{dbl}$

$$\boxed{x_{dbl} = \frac{1}{1 + K_S \cdot K_R} \cdot w}$$

Die Regelgröße x bleibt um den Betrag der bleibenden Regelabweichung x_{dbl} hinter dem Sollwert w zurück.

$x = w - x_{dbl}$

$$\boxed{x = w\left(1 - \frac{1}{1 + K_S \cdot K_R}\right)}$$

Wird der Proportionalbeiwert des Reglers $K_R = 1$ gewählt, so erreicht die Regelgröße x bei dem Streckenverstärkungsfaktor $K_S = 2$ den Wert

$$x = w\left(1 - \frac{1}{1 + 2 \cdot 1}\right) = 0{,}67 \cdot w.$$

Wählt man die Reglerverstärkung $K_R = 4{,}5$, so wird die Regelgröße x bereits

$$x = w\left(1 - \frac{1}{1 + 2 \cdot 4{,}5}\right) = 0{,}9 \cdot w.$$

Zum Austesten des Reglerprogramms werden im Datenbaustein DB10 folgende Regelparameter eingesetzt:

K = 2 ⇒ DW1: KF = + 2000
R = 1 ⇒ DW3: KF = + 1000
TI = 0 ⇒ DW5: KF = 0
TD = 0 ⇒ DW7: KF = 0
BGOG ⇒ DW14: KF = + 1000 (in Übereinstimmung mit dem Parameter OGR im FB251)
BGUG ⇒ DW16: KF = – 1000 (ebenso KF = 0 möglich wie bei Parameter UGR im FB251)

BGUG mit dem Wert KF = – 1000 läßt beim Regelungsvorgang auch negative Stellgrößenwerte y zu Beobachtungszwecken zu. An das Stellglied Y1 werden jedoch keine negativen Stellgrößenwerte ausgegeben, da im FB251 der unipolare Kanaltyp gewählt wird.

2. Weiterhin soll die Füllstandsstrecke mit einem K-Regler mit PI-Regelverhalten geregelt werden. Erwartet wird, daß die bleibende Regelabweichung verschwindet.

K = 2 ⇒ DW1: KF = +2000
R = 1 ⇒ DW3: KF = +1000
TI = 0,1 ⇒ DW5: KF = +0100
TD = 0 ⇒ DW7: KF = 0
BGOG ⇒ DW14: KF = +1000
BGUG ⇒ DW16: KF = −1000

Ausgetestet werden soll das Führungsverhalten des Reglers bei einer sprungartigen Veränderung des Sollwertes von 0 % auf 50 %.

Realisierung mit einer SPS:

Zuordnung:

S = E 0.0	y = BG = 192	MW10 = Istwert (dual-codiert)
	KN = 0	MW12 = Sollwert (BCD-codiert)
w = EW12	KT = 0	MW14 = Sollwert (dual-codiert)
x = BG = 160		DW11 = Steuerwort
KN = 0	A1 = A 1.0	KF = 33 für K-Regler „EIN“
KT = 4		KF = 37 für K-Regler „AUS“

Anweisungsliste (ohne Organisationsbausteine OB21 u. OB22, Funktionsbaustein FB1 und Datenbaustein DB10):

```
OB 13

Zeitgesteuertes Programm
          :SPA FB  10                Sprung zum Regelprogramm
     NAME :KREG
          :
          :UN  A    1.0              Anzeige der Abtastzeitpunkte
          :=   A    1.0
          :BE


FB 10

NAME :KREG

          :A   DB  10                Aufruf Datenbaustein DB10
          :
          :UN  E    0.0              Abfrage Reglerfreigabe S
          :SPB =M001                 Wenn S=0, Sprung zu Marke M001
          :L   KF +33                Wenn S=1, Steuerwort fuer Regler
          :T   DW  11                "EIN" nach Datenwort DW11
          :
          :SPA FB 250                Istwert x (analog) einlesen
     NAME :RLG:AE
     BG   :    KF +160               Baugruppenadresse 160
     KNKT :    KY 0,4                Kanal 0; Kanaltyp KT=4(unipolar)
     OGR  :    KF +1000              Obergrenze +1000 = 100,0% Fuell
     UGR  :    KF +0                 Untergrenze    0 =   0,0% Fuell
     EINZ :    M  101.0
     XA   :    MW  10                Istwert x (dual-codiert)
     FB   :    M  101.1
     BU   :    M  101.2
     TBIT :    M  101.3
          :
```

```
        :L    MW  10                     Istwert nach Datenwort DW22
        :T    DW  22
        :
        :L    EW  12                     Sollwert w (BCD) einlesen
        :T    MW  12
        :
        :SPA FB 240                      Wandeln: BCD --> Dual
NAME    :COD:B4
BCD     :     MW  12                     Sollwert w (BCD-codiert)
SBCD    :     M  101.4
DUAL    :     MW  14                     Sollwert w (dual-codiert)
        :
        :L    MW  14                     Sollwert w nach Datenwort DW9
        :T    DW   9
        :
        :SPA OB 251                      PID-Regelalgorithmus
        :
        :SPA FB 251                      Stellgroesse y (analog) ausgeben
NAME    :RLG:AA
XE      :     DW  48                     Stellgroesse y (dual-codiert)
BG      :     KF +192                    Baugruppenadresse 192
KNKT    :     KY 0,0                     Kanal 0; Kanaltyp KT=0(unipolar)
OGR     :     KF +1000                   Obergrenze 1000 = 10V
UGR     :     KF +0                      Untergrenze    0 = 0V
FEH     :     M  101.5
BU      :     M  101.6
        :BEA
        :
M001    :L    KF +37                     Steuerwort fuer Regler "AUS"
        :T    DW  11                     nach Datenwort DW 11
        :
        :SPA OB 251                      Bearbeiten des Regelalgorithmus-
        :                                bausteins zum Loeschen der
        :                                Vergangenheitswerte
        :L    KF +0
        :T    MW  10                     Loeschen der Register
        :T    MW  12
        :T    MW  14
        :T    PW 192
        :BE
```

Ergebnisse:
Die Abbildung zeigt das Zeitverhalten des K-Reglers
a) mit P-Regelverhalten ($K_R = 2$)
b) mit PI-Regelverhalten ($K_R = 2$, $TI = T_A/T_n = 0{,}1$)

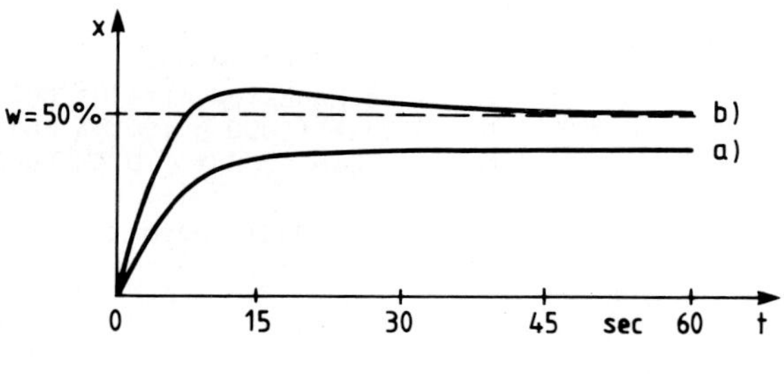

▲

20.8 SPS als Schrittregler (S-Regler)

Speicherprogrammierbare Steuerungen als S-Regler haben zwei binäre Stellgrößenausgänge und bilden die Ausgangssignale durch den Geschwindigkeitsalgorithmus.

20.8.1 Das PI-Verhalten des S-Reglers

Der S-Regler heißt genauer bezeichnet *Dreipunkt-Schrittregler mit PI-Verhalten*. Sein Impulsverhalten zeigt das nachfolgende Bild.

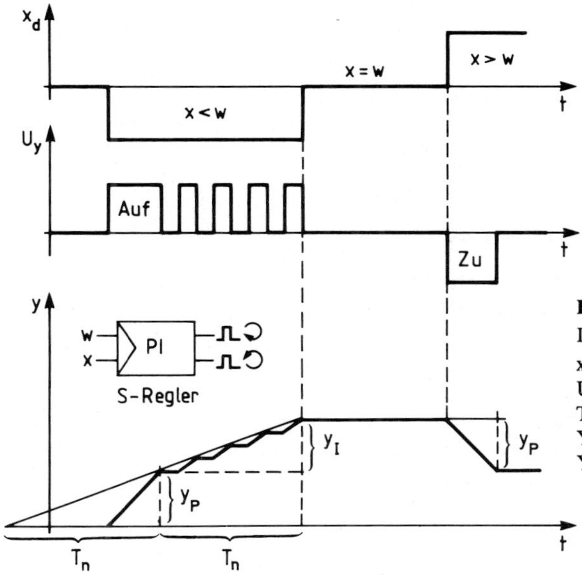

Bild 20.16
Impulsverhalten des PI-Schrittreglers
x_d = Regeldifferenz $x_d = w - x$
U_y = Spannung am Reglerausgang
T_n = Nachstellzeit
Y_P = Stellweg ausgelöst durch P-Verhalten
Y_I = Stellweg ausgelöst durch I-Verhalten

Auf eine sprungförmige Änderung der Regeldifferenz x_d reagiert der PI-Schrittregler sofort mit einem „langen Schritt“. Dieser Impuls wird durch den P-Anteil des PI-Reglers verursacht. Die darauffolgenden kürzeren Impulse werden durch den I-Anteil des PI-Reglers gebildet. Betrachtet man als Stellgröße y den vom motorisch angetriebenen Stellglied verursachten Stellweg, so nimmt dieser infolge des langen Schrittes rasch zu. Unter dem Einfluß der kurzen Impulse verändert sich der Stellweg anschließend weniger schnell. Die Sprungantwort weist ein PI-Verhalten auf, das durch die *Nachstellzeit* T_n und den *Proportionalbeiwert* K_R des Reglers gekennzeichnet ist.

20.8.2 Funktionsgruppen des S-Reglers

Die nachfolgende Abbildung zeigt die Funktionsgruppen des S-Reglers.

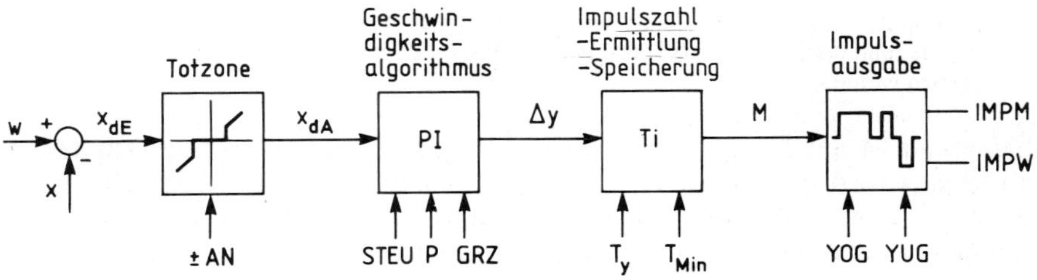

Legende:

w	= Sollwert	AN	= Ansprechschwelle
x	= Istwert (Regelgröße)	STEU	= Steuerwort DW11 im DB
x_{dE}	= Regeldifferenz (Eingang)	P	= Parameter: R, TI, K
x_{dA}	= Regeldifferenz (Ausgang)	GRZ	= Grenzwerte BGOG, BGUG

T_y = Stellglied-Laufzeit
T_{Min} = Mindestimpulsdauer
T_i = Impulszahl, die je Abtastzeitpunkt aus Δy ermittelt wird.
M = Inhalt des Impulsspeichers, Anzahl der auszugebenden Impulse.

YOG = Stellgliedgrenze oben
YUG = Stellgliedgrenze unten
IMPM = Impulse-Mehr = z.B. Rechtslauf
IMPW = Impulse-Weniger = Linkslauf

Die Impulse wirken auf eine geeignete Stelleinrichtung, die den Stellmotor für die Zeitdauer der Impulse an die Betriebsspannung legt. Dabei ist die Mindesteinschaltdauer T_{Min} zu berücksichtigen.

Die Funktionsgruppe *Totzone* hat die Aufgabe, die Empfindlichkeit des S-Reglers zu begrenzen. Sehr kleine Regeldifferenzen $x_d = w - x$, die unterhalb der gesetzten Ansprechschwelle AN liegen, sollen nicht zu Regleraktivitäten führen:

$$x_{dE} < |AN| \Rightarrow x_{dA} = 0 \quad \Rightarrow \text{ S-Regler bleibt passiv}$$

$$x_{dE} > |AN| \Rightarrow x_{dA} = x_{dE} \quad \Rightarrow \text{ S-Regler wird aktiv}$$

Die Funktionsgruppe *PI-Regelalgorithmus* liefert für jeden Abtastzeitpunkt T_A das Stellinkrement Δy in Form einer positiven oder negativen Zahl im Bereich von $-2047...0...+2047$. Die Abtastzeit T_A muß ein ganzes Vielfaches von der Mindestimpulsdauer T_{Min} sein:

$$T_A = n \cdot T_{Min}$$

Die Funktionsgruppe *Impulszahlermittlung und -speicherung* berechnet aus dem Zahlenwert eines Stellinkrements Δy die logisch zugehörige Anzahl T_i von T_{Min}-Zeitabschnttten, in denen der Stellantrieb eingeschaltet werden muß.

$$T_i = \frac{T_y^*}{\Delta y_{max}} \cdot \Delta y \qquad \text{mit} \qquad T_y^* = \frac{T_y}{T_{min}}$$

Zahlenbeispiel:

Gegeben: $T_y = 25{,}6$ s (Stellglied-Laufzeit zum Durchfahren des Stellwegs 0...100 %)
$T_{min} = 0{,}1$ s (Mindestimpulsdauer)
$\Delta y_{max} = 2048$
$\Delta y = 400$ (vom PI-Regelalgorithmus berechnetes Stellinkrement)

Gesucht: $T_i = ?$ (Anzahl von Impulsen von $T_{min} = 0{,}1$ s Zeitdauer)

Lösung: $$T_y^* = \frac{T_y}{T_{min}} = \frac{25{,}6\text{ s}}{0{,}1\text{ s}} = 256$$

$$T_i = \frac{T_y^*}{\Delta y_{max}} \cdot \Delta y = \frac{256}{2048} \cdot 400 = 50$$

Ergebnis: Der Impulszahlspeicher bekommt die Impulszahl $T_i = 50$ zugewiesen. Die nachgeordnete Impulsausgabe muß dafür sorgen, daß 50 Impulse von 0,1 s Zeitdauer als Einschaltzeit an den Stellmotor gegeben werden.

Der Zahleninhalt M des Impulsspeichers wird bei jedem Abtastvorgang aktualisiert. Vom Regelalgorithmus wird mit dem neu berechneten, vorzeichenbehafteten Stellinkrement Δy gemeldet, ob die Zahl M der auszugebenden Impulse um einen bestimmten Wert T_i erhöht oder vermindert werden muß. Da der Regelungsvorgang in den Abtastzeiten T_A fortlaufend beobachtet und ausgewertet wird, steht im Impulsspeicher immer der Prognosewert der noch auszugebenden Impulse.

Die Funktionsgruppe *Impulsausgabe* muß die Impulse IMPM bzw. IMPW ausgeben. Die Anzahl der auszugebenden Impulse M steht im Impulsspeicher vorzeichenbehaftet bereit. Der Impulsspeicherinhalt muß um die Anzahl der ausgegebenen Impulse vermindert werden.

Die Bildung der Impulse von T_{Min} Zeitdauer erfolgt durch Ansteuerung des Ausgabeprogramms im T_{Min}-Takt (OB13). Stehen keine Impulse bereit, so sind die Ausgänge IMPM, IMPW = 0, d.h. die Regelgröße x hat den Sollwert w erreicht. Stehen Impulse bereit und ist das Stellglied bereits an den entsprechenden Stellgrenzen angekommen, so werden keine Impulse ausgegeben. Die Impulszahl wird in diesem Fall dadurch abgebaut, daß Stellinkremente Δy mit entgegengesetztem Vorzeichen vom Regelalgorithmus gebildet werden.

Stellmotoren haben ein *integrales Zeitverhalten.* Sie durchfahren je nach Länge der Impulse schrittweise mehr oder weniger schnell den Stellbereich. Ihre Aufgabe ist es, das Stellglied nur soweit zu verstellen, wie es zur Ausregelung einer Störung oder einer Führungsgrößenänderung erforderlich ist.

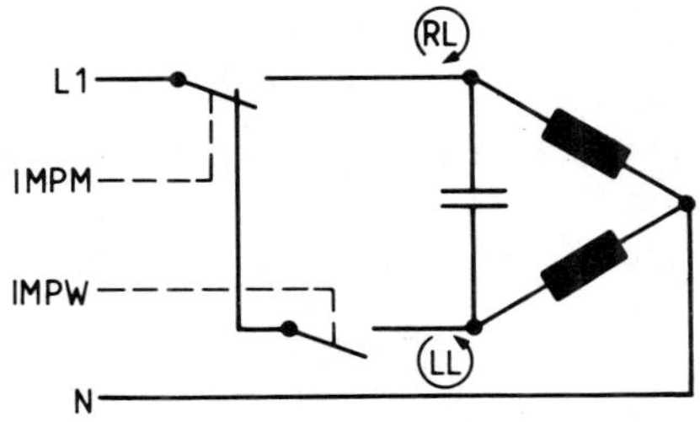

Bild 20.17
Motor-Stellglied:
Zweiphasen-Induktionsmotor
mit Hilfskondensator
RL = Rechtslauf
LL = Linkslauf

20.8.3 Regelungsprogramm für S-Regler

Die nachfolgende Abbildung zeigt die Programmstruktur des S-Reglers.

OB13	FB5	FB10	FB20	DB10
SPA FB5 (alle T_{Min})	Verteiler: 1. Sprung zum FB10 (alle T_A Abtastzeiten) 2. Sprung zum FB20 (alle T_{Min} Mindestimpulsdauer)	1. Totzone 2. PI-Regelalgorithmus 3. Impulszahlermittlung 4. Impulszahlspeicherung	Impulsausgabe 1. IMPM 2. IMPW	DW0: . . . DW49:

Die Einstellung des zeitgesteuerten Organisationsbausteins OB13 auf die gewünschte Zeit T_{Min} = 100 ms geschieht in derselben Weise wie bereits beim K-Regler beschrieben:

OB21	FB1
SPA FB1 BE	Laden der Zeit T_{Min} in das Systemdatenwort 97: L KF + 10 T BS 97

OB22
SPA FB1 BE

▼ Beispiel: Behälterfüllstand mit S-Regler

Der Füllstand eines Behälters mit Zulauf und gleichzeitigem Ablauf bei unterschiedlichen Entnahmemengen ist dem vorgegebenen Sollwert regelnd anzugleichen.

Die Zulaufmenge pro Zeit Q_{zu} wird mit einem motorisch angetriebenen Stellglied Y1 durch die Stellsignale eines S-Reglers mit PI-Verhalten beeinflußt.

Die Stellglied-Laufzeit beträgt $T_y = 25{,}6$ s. Als Mindestimpulsdauer für das Einschalten des Stellmotors wird $T_{Min} = 0{,}1$ s gewählt. Die Abtastzeit ist mit $T_A = 0{,}5$ s so gewählt, daß genügend viele Stichproben während der Stellzeit T_y genommen werden, wobei die Umsetzungszeit der 8-kanaligen Analogeingabe-Baugruppe beachtet worden ist.

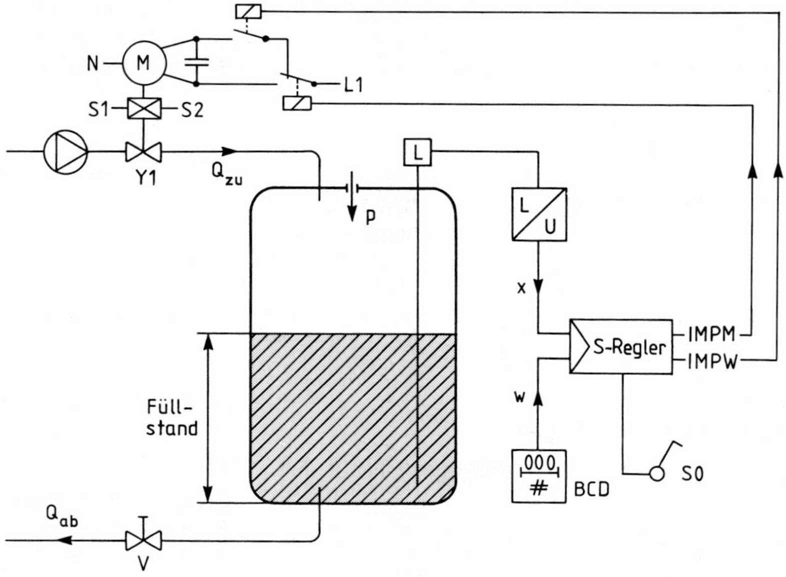

Bild 20.18
Füllstandsregelung mit S-Regler

Zuordnungstabelle:

Eingangsvariable	Betriebsmittel-kennzeichen	Logische Zuordnung
Reglerfreigabe	S0	Schalter gedrückt, S0 = 1 (EIN)
Sollwertgeber	w	BCD-codiert 0...1000 = 0...100 %
Füllstandsgeber	x	Analogwert 0...10 V = 0...100 %
Stellgerät-		
Endschalter oben	S1	Endlage erreicht, S1 = 1
Endschalter unten	S2	Endlage erreicht, S2 = 1
Ausgangsvariable		
Impulsausgang	IMPM	Impulse zur Motoransteuerung RL
Impulsausgang	IMPW	Impulse zur Motoransteuerung LL

Liefert der S-Regler am Ausgang IMPM ein „1"-Signal, so bewirkt dies Motor-Rechtslauf, der die Zulaufmenge Q_{zu} erhöht. Gibt der S-Regler dagegen an seinem Ausgang IMPW ein „1"-Signal, so bewirkt dies Motor-Linkslauf, der die Zulaufmenge Q_{zu} vermindert. Die Endschalter S1 bzw. S2 melden jeweils das Erreichen der Endlage des Stellgerätes Y1.

Lösung:

Das Programm wird durch Struktogramme beschrieben. Die verwendeten Merkerworte bedeuten:

MB10 = Zählvariable: Sie wirkt so, daß FB10 nur alle 0,5 s bearbeitet wird während FB20 alle 0,1 s aufgerufen wird;
MW12 = Regeldifferenz x_d: Kann positiv sein bei $w - x > 0$ oder negativ bei $w - x < 0$;
MW14 = Sammelspeicher für Stellinkremente Δy und Restwerte von Δy, die sich nicht in volle 0,1 s-Impulse umrechnen lassen;
MW16 = Zwischenspeicher;
MW18 = Neue Impulszahl T_i der 0,1 s-Impulse errechnet aus den Stellinkrementen Δy aufgrund einer Abtastung;
MW20 = Rest von Δy: Wird vorzeichenbehaftet in den Sammelspeicher zurückgebracht;
MW22 = Impulszahlspeicher, der zugleich durch die Impulsausgabe abgearbeitet werden muß und durch neue Abtastergebnisse verändert wird;

Gewählte Ansprechschwelle: Kleinster Wert AN = 1 (= 1 ‰ von maximaler Regeldifferenz).

OB13

SPA FB5: alle $T_{Min} = 0{,}1$ s

FB5

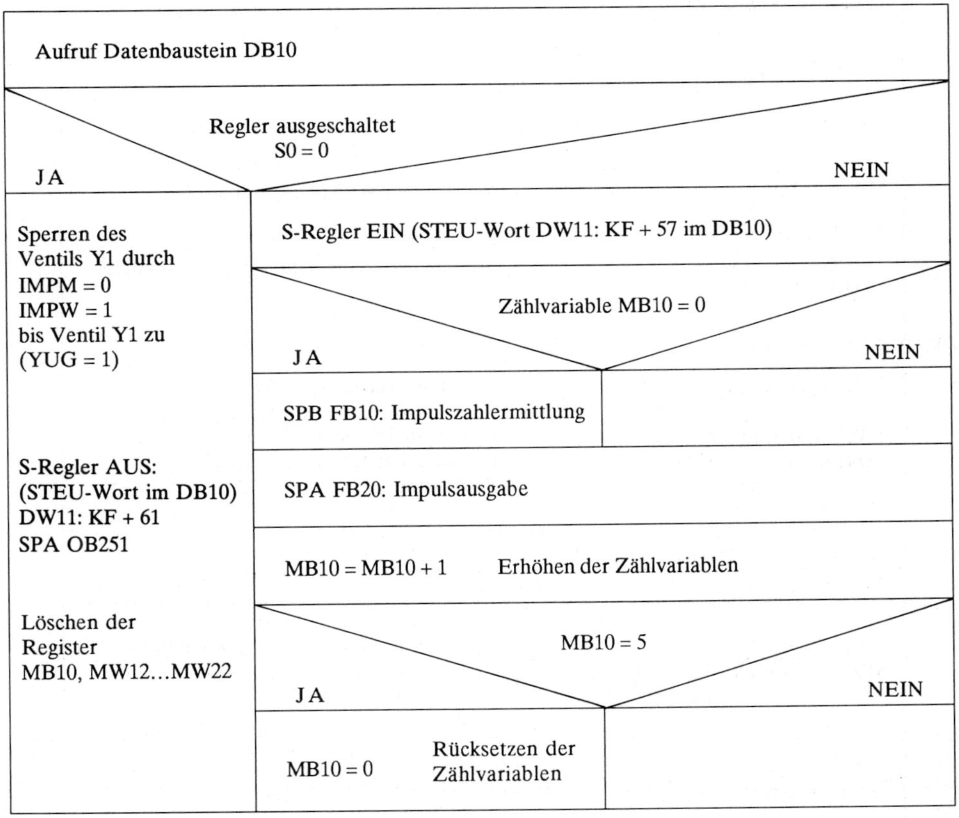

FB10

Eingabe Sollwert w:	BCD ⇒ DUAL (EW12) (DW9)
Eingabe Istwert x:	Analog ⇒ DUAL (PW160) (DW22)
x_d = w − x (MW12) (DW9) (DW22)	Regeldifferenz x_d berechnen

$x_d > 0$ (MW12) — JA / NEIN

- JA: —
- NEIN: MW12 = KZW (MW12) — Umwandeln in positiven Wert

x_d > AN (MW12) (1) — JA / NEIN

- JA:

SPA OB251: PI-Geschwindigkeitsalgorithmus bearbeiten	
Δy = Δy + Δy_{neu} (MW14) (MW14) (DW48)	Sammelspeicher für Stellinkremente Δy und Reste, die keine vollen Impulse ergeben

$\Delta y > 0$ (MW14) — JA / NEIN

- JA: MW16 = MW14
- NEIN: MW16 = KZW (MW14) — Umwandeln in positive Werte

T_i = $\Delta y : 8$ (MW18) (MW16)	Berechnung Impulszahl T_i für 0,1 s-Impulse $T_i = \frac{T_y^*}{2048} \cdot \Delta y = \frac{256}{2048} \cdot \Delta y = \frac{1}{8} \Delta y$ Strecken-Laufzeit T_y = 25,6 s
MW20 = MW16 ∧ KH 0007 (Δy_{Rest}) (Maske)	Δy_{Rest} (die letzten drei Stellen) ist der bei der Berechnung von Ti übrig bleibende Zahlenrest

MW14 > 0 — JA / NEIN

- JA: MW14 = MW20 — Rest zurück an Sammelspeicher
- NEIN: MW14 = KZW (MW20) — Umwandeln des Rests in Negativwert und zurück an Sammelspeicher; MW18 = KZW (MW18) — Umwandeln in Negativwert

MW22 = MW22 + MW18	Neu berechnete Impulszahl T_i in Impulsspeicher aufnehmen

- NEIN: —

FB20

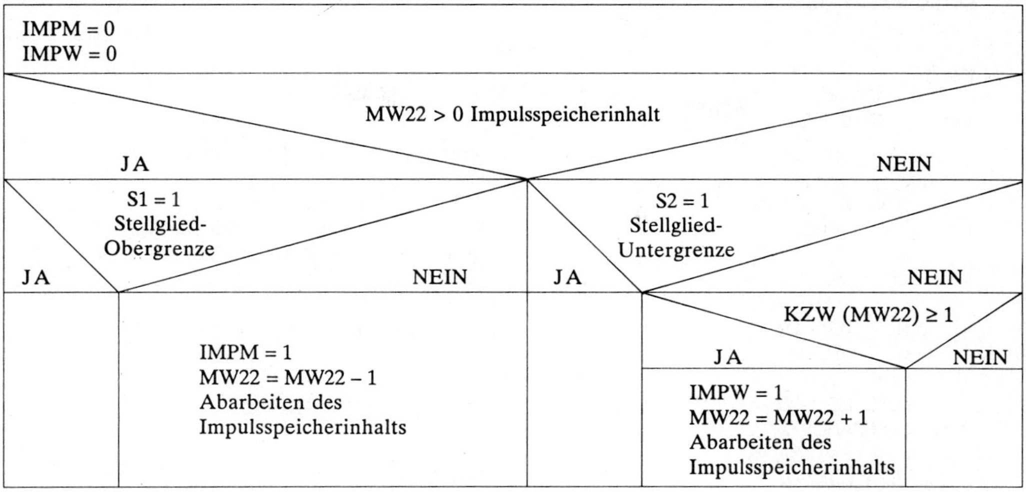

Zum Austesten des Reglerprogramms werden in den Datenbaustein DB10 folgende Regelparameter eingesetzt:

K = 2	⇒	DW1 :	KF = + 2000
R = 1	⇒	DW3 :	KF = + 1000
TI = 0,1	⇒	DW5 :	KF = + 0100
TD = 0	⇒	DW7 :	KF = 0
BGOG	⇒	DW14 :	KF = + 2047
BGUG	⇒	DW16 :	KF = – 2047

Realisierung mit einer SPS:

Zuordnung:

S0 = E 0.0	IMPM = A 0.0	MB10 = Zählvariable
S1 = E 1.0	IMPW = A 0.1	MW12 = Regeldifferenz
S2 = E 1.1		MW14 = Sammelspeicher
w = EW12 (BCD-Zahleneinsteller)		MW16 = Zwischenspeicher
x = BG = 160		MW18 = Neue Impulszahl T_i
KN = 0		MW20 = Rest
KT = 4		MW22 = Impulszahlspeicher
		DW11 = Steuerwort
		KF + 57 für S-Regler „EIN“
		KF + 61 für S-Regler „AUS“

Anweisungsliste (ohne Organisationsbausteine OB13, OB21 und OB22, Funktionsbaustein FB1 und Datenbaustein DB10):

```
FB 5

NAME :VERTEILE
     :A   DB  10                       Aufruf Datenbaustein DB10
     :
     :UN  E    0.0                     Abfrage Reglerfreigabe
     :SPB =M001                        Wenn S=0, Sprung zu Marke M001
     :L   KF +57                       Wenn S=1, Steuerwort fuer Regler
     :T   DW  11                       "EIN" nach  Datenwort DW11
     :
     :L   MB  10                       Zaehlvariable fuer Sprung
     :L   KF +0                        zu FB10
     :!=F
     :SPB FB  10                       Impulszahlermittlung
NAME :IMPZAHL
     :
     :SPA FB  20                       Impulsausgabe
NAME :IMPAUSG
     :
     :L   MB  10                       Zaehlvariable um 1 erhoehen
     :I        1
     :T   MB  10
     :
     :L   MB  10                       Abfragen ob Zaehlgrenze erreicht
     :L   KF +5
     :!=F
     :SPB =M002
     :BEA
     :
M002 :L   KF +0                        Ruecksetzen der Zaehlvariablen
     :T   MB  10
     :BEA
     :
M001 :R   A    0.0                     Sperren Ventil Y1
     :UN  E    1.1
     := A      0.1
     :
     :L   KF +61                       Steuerwort fuer Regler "AUS"
     :T   DW  11                       nach Datenwort DW11
     :SPA OB 251                       Bearbeiten des Regelalgorithmus-
     :                                 bausteins zum Loeschen der
     :                                 Vergangenheitswerte
     :L   KF +0
     :T   MB  10                       Loeschen der Register
     :T   MW  12
     :T   MW  14
     :T   MW  16
     :T   MW  18
     :T   MW  20
     :T   MW  22
     :BE
```

```
FB 10

NAME :IMPZAHL
     :SPA FB 240
NAME :COD:B4                      Sollwert w einlesen und wandeln
BCD  :    EW  12
SBCD :    M  100.0                Sollwert w (BCD-codiert)
DUAL :    DW   9
     :                            Sollwert w (dual-codiert)
     :SPA FB 250
NAME :RLG:AE                      Istwert x (analog) einlesen
BG   :    KF +160
KNKT :    KY 0,4                  Baugruppenadresse 160
OGR  :    KF +1000                Kanal 0, Kanaltyp KT=4(unipolar)
UGR  :    KF +0                   Obergrenze +1000 = 100% Fuell
EINZ :    M  100.1                Untergrenze    0 =   0% Fuell
XA   :    DW  22
FB   :    M  100.2                Istwert x (dual-codiert)
BU   :    M  100.3
TBIT :    M  100.4
     :
     :L   DW   9
     :L   DW  22                  Regeldifferenz berechnen
     :-F
     :T   MW  12
     :
     :L   MW  12
     :L   KF +0                   Erkennen, ob Regeldifferenz
     :>F                          positiv oder negativ
     :SPB =M001
     :                            Wenn positiv, dann Sprung zu
     :L   MW  12                  Marke M001
     :KZW                         Wenn negativ, dann umwandeln
     :T   MW  12                  in positiven Wert zur Betrags-
     :                            auswertung
M001 :L   MW  12
     :L   KF +1
     :>F
     :SPB =M002
     :BEA
     :
M002 :SPA OB 251
     :                            Geschwindigkeits-Algorithmus
     :L   MW  14
     :L   DW  48                  Sammelspeicher fuer Stell-
     :+F                          inkremente und Reste
     :T   MW  14
     :
     :L   MW  14
     :L   KF +0                   Erkennen, ob Sammelspeicher
     :>F                          positiv oder negativ
     :SPB =M003
     :                            Wenn positiv, dann Sprung
     :L   MW  14                  zu Marke M003
     :KZW                         Wenn negativ, dann Vorzeichen-
     :T   MW  16                  umwandlung zur Betragsauswertung
     :SPA =M004
     :
```

```
M003 :L   MW  14                     Zuweisung
     :T   MW  16
     :
M004 :L   MW  16                     Impulszahlberechnung
     :SRW      3
     :T   MW  18
     :
     :L   MW  16                     Ermittlung und Speicherung des
     :L   KH 0007                    Restwertes
     :UW
     :T   MW  20
     :
     :L   MW  14                     Vorzeichenauswertung des
     :L   KF +0                      Sammelwertes
     :>F
     :SPB =M005                      Wenn positiv, dann Sprung zu
     :                               Marke M005
     :L   MW  20                     Wenn negativ, dann Rest als
     :KZW                            negativer Zahlenwert zurueck
     :T   MW  14                     an Sammelspeicher
     :
     :L   MW  18                     Impulszahlenwert in negativen
     :KZW                            Zahlenwert umwandeln
     :T   MW  18
     :SPA =M006
     :
M005 :L   MW  20                     Positiver Rest zurueck an
     :T   MW  14                     Sammelspeicher
     :
M006 :L   MW  22                     Neuer Impulszahlwert in
     :L   MW  18                     Impulszahlspeicher nehmen
     :+F
     :T   MW  22
     :BE
```

```
FB 20

NAME :IMPAUSG
     :R   A    0.0        Ruecksetzen der Impulsausgaenge
     :R   A    0.1
     :
     :L   MW  22          Abfrage ob Impulszahlspeicher
     :L   KF +0           positiv oder negativ ist
     :>F
     :SPB =M001           Wenn positiv, dann Sprung zu
     :                    Marke M001
     :U   E    1.1        Abfrage, ob untere Stellglied-
     :BEB                 grenze erreicht. Wenn ja, keine
     :                    Impulsausgabe
     :
     :L   MW  22          Abfragen ob negative Impulszahl
     :KZW                 fuer Impulsausgabe vorhanden
     :L   KF +1
     :>=F
     :SPB =M002           Wenn ja, Sprung zu Marke M002
     :BEA
     :
M002 :S   A    0.1        Impuls an IMPW ausgeben
     :
     :L   MW  22          Impulszahlspeicher um einen
     :L   KF +1           ausgegebenen Impuls verringern
     :+F
     :T   MW  22
     :BEA
     :
M001 :U   E    1.0        Abfrage, ob obere Stellglied-
     :BEB                 grenze erreicht. Wenn ja, keine
     :                    Impulsausgabe
     :O   M  100.0
     :ON  M  100.0
     :S   A    0.0        Impuls an IMPM ausgeben
     :
     :L   MW  22          Impulszahlspeicher um einen
     :L   KF +1           ausgegebenen Impuls verringern
     :-F
     :T   MW  22
     :BE
```

▲

20.9 Vertiefung und Übung

• Übung 20.1: Mehrpunktregler

Die Temperatur eines Raumes wird mit einem Elektro-Lufterhitzer durch eine SPS geregelt. Der 3-stufige Elektro-Lufterhitzer habe zwei binäre Signaleingänge mit den folgenden Betriebsmöglichkeiten:

Betriebsart	Eingang II	Eingang I
AUS	0	0
Stufe 1	0	1
Stufe 2	1	0
Stufe 3	1	1

Es soll folgende Regler-Kennlinie mit einer SPS realisiert werden:

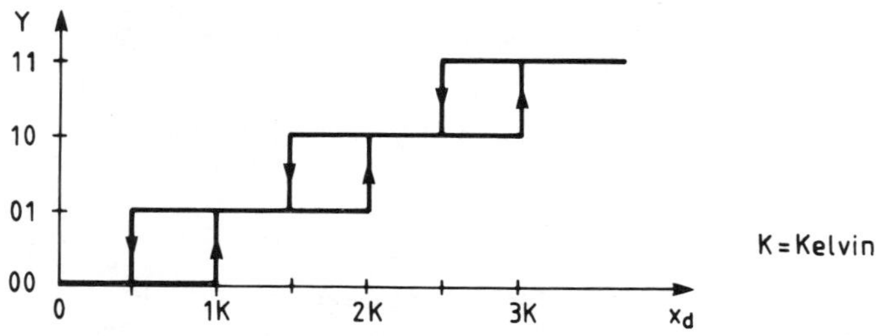

Technologieschema:

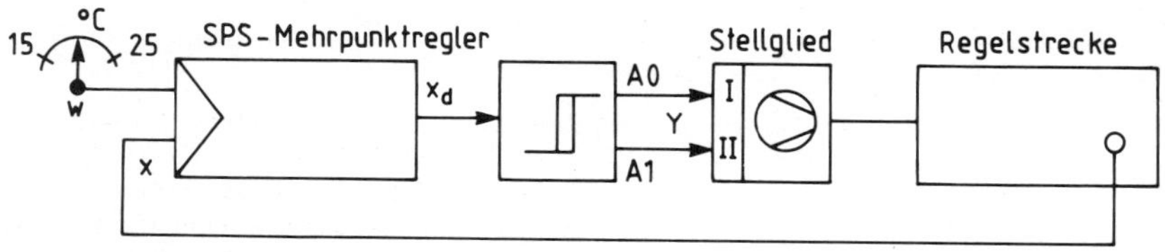

Bild 20.19 Mehrpunktregler

Zuordnungstabelle:

Eingangsvariable	Betriebsmittel-kennzeichen	Logische Zuordnung
Schalter EIN/AUS	S	Schalter gedrückt, S = 1 (EIN)
Temperatureinsteller	w	Analogwert: 0...10 V = 15...25 °C
Temperaturfühler	x	Analogwert: 0...10 V = 0...50 °C
Ausgangsvariable		
Elektro-Lufterhitzer		
Eingang I	A0	eingeschaltet, A0 = 1
Eingang II	A1	eingeschaltet, A1 = 1

Zur Normierung der Analogeingaben wird festgelegt: Zahlenwert = 10 · Temperaturwert

• Übung 20.2: Thyristor-Stellglied an K-Regler

Ein elektrisch beheizter Wärmeofen soll eine gleichbleibende Heizleistung erzeugen. Die Leistungsaufnahme des Heizofens, dessen Widerstand R als konstant angenommen werden kann, soll mit einem Zahleneinsteller einstellbar sein. Als Störgröße tritt die Schwankung der Netzspannung im Bereich von 200 V... 255 V auf.

Um eine gleichbleibende Heizleistung zu garantieren, soll der Effektivwert der Verbraucherspannung auf 180 V konstant gehalten werden. Zu diesem Zweck wird der Heizofen über ein Thyristor-Stellglied angesteuert. Das Thyristor-Stellglied arbeitet als Wechselstromsteller nach dem Prinzip der Phasenanschnittssteuerung. Bei Zunahme der Netzwechselspannung wird die Stromführungsdauer passend verringert bzw. bei Abnahme der Netzspannung passend verlängert, so daß der Effektivwert der Heizofenspannung mit 180 V konstant bleibt.

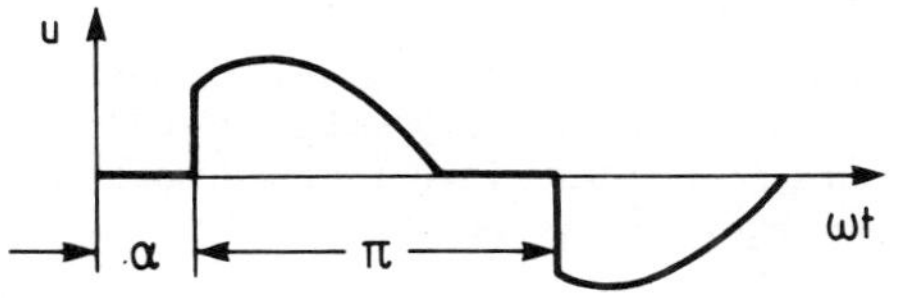

Beispielwerte des Steuerwinkels α für 180 V:

bei U_{Netz}	200	210	220	230	240	255 V
α	60°	68°	75°	80°	84°	90°

Die Zündimpulse für den Wechselstromsteller werden von einem Steuergerät erzeugt. Die dem Steuergerät zugeführte Steuerspannung U_Y verschiebt die Lage der Zündimpulse:

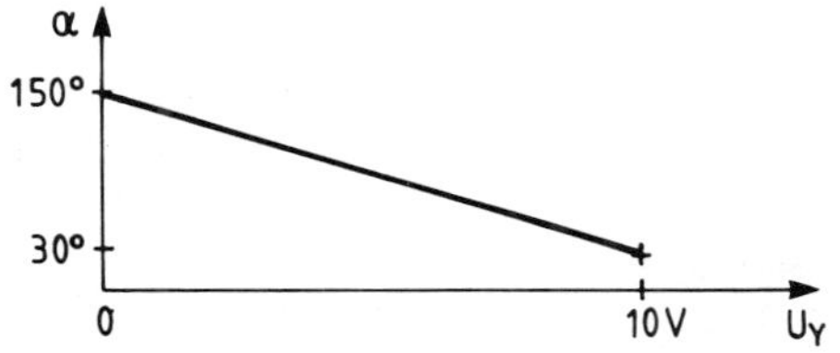

Der Istwert der Verbraucherspannung wird mit dem Schaltkreis AD 736 gewonnen. Dieser Schaltkreis liefert an seinem Ausgang eine Gleichspannung U_X im Bereich 0...10 V, die dem Effektivwert U_{eff} der Verbraucherspannung proportional ist.

Entwerfen Sie ein geeignetes Reglerprogramm für eine SPS als K-Regler mit PI-Verhalten, indem Sie von der im Beispiel „K-Regler" dargestellten Programmstruktur ausgehen.

Technologieschema:

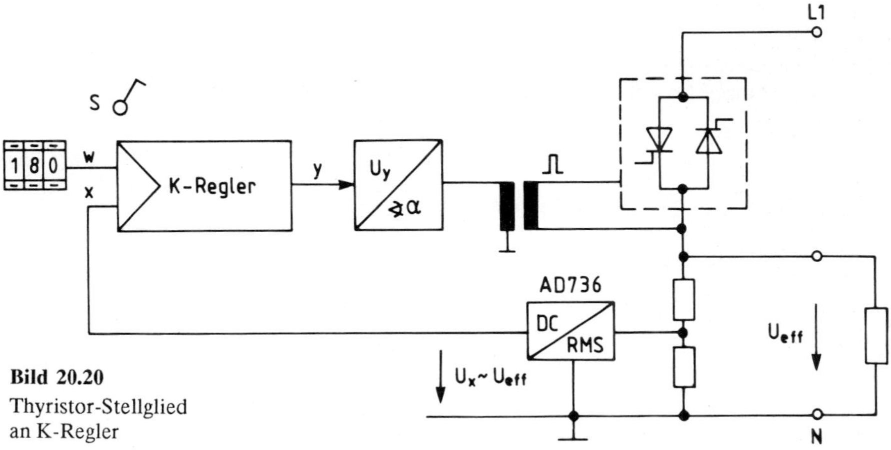

Bild 20.20
Thyristor-Stellglied
an K-Regler

Zuordnungstabelle:

Eingangsvariable	Betriebsmittel-kennzeichen	Logische Zuordnung
Schalter EIN/AUS	S	Schalter gedrückt, S = 1 (EIN)
Zahleneinsteller	w	Zahlenwert: BCD-codiert
Meß-IC	x	Analogwert: $U_x = 0 \ldots 10\,V \mathrel{\hat{=}} U = 0 \ldots 250\,V$
Ausgangsvariable		
Steuersatz	y	Analogwert: $U_y = 0 \ldots 10\,V \mathrel{\hat{=}} \alpha = 30 \ldots 150°$

• Übung 20.3: Erweitertes Programm für einen S-Regler

Das in dem Beispiel Behälterfüllstand mit S-Regler beschriebene Steuerungsprogramm ist dahingehend zu erweitern, daß die Stellgliedlaufzeit T_y und die Mindestimpulsdauer T_{Min} auf das jeweilige verwendete Stellglied angepaßt und somit variabel in das Steuerungsprogramm eingegeben werden kann. Darüberhinaus soll auch die Abtastzeit T_A als einstellbare Größe prozeßabhängig vorgegeben werden können.

Zur Eintragung der drei Parameter T_y, T_{Min} und T_A ist der für das Regelungsprogramm verwendete Datenbaustein DB um 10 Datenworte auf demnach insgesamt 60 Datenworte zu erweitern. In die Datenworte DW 52, DW 54 und DW 56 werden dann vom Anwender die von der Strecke und Stellglied abhängigen spezifischen Werte der Stellgliedlaufzeit T_y, der Mindesteinschaltdauer T_{Min} und der Abtastzeit T_A eingetragen. Dabei sind die folgenden Eingabeformate für die drei Werte zu beachten.

Eintragung in das Datenwort DW 52:

Laufzeit T_y des Stellgliedes als Wert von 1 s bis 99 s im Format:

1 s ⇒ DW 52: KF +10
10 s ⇒ DW 52: KF +100
99 s ⇒ DW 52: KF +990

Eintragung in das Datenwort DW 54:

Mindesteinschaltdauer T_{Min} als Wert von 0,1 s bis 9,9 s im Format:

0,1 s ⇒ DW 54: KF +1
1 s ⇒ DW 54: KF +10
9,9 s ⇒ DW 54: KF +99

Eintragung in das Datenwort DW 56:

Abtastzeit T_A als Wert von 0,1 s bis 9,9 s im Format:

0,1 s ⇒ DW 54: KF +1
1 s ⇒ DW 54: KF +10
9,9 s ⇒ DW 54: KF +99

Bei der Festlegung der Abtastzeit T_A ist darauf zu achten, daß die Werte nur ein ganzzahliges Vielfaches der Mindestimpulsdauer sein dürfen.

$T_A = x\,T_{Min}$ $\qquad x$ = ganze Zahl.

Entwerfen Sie ein geeignetes Reglerprogramm für eine SPS als S-Regler, indem Sie die im Beispiel Behälterfüllstand mit S-Regler vorgegebene Programmstruktur auf die neuen Anforderungen anpassen.

Anhang

I Normung und Vorschriften

Die nachfolgende Auflistung nennt eine Auswahl von DIN-Normen und VDE- bzw. VDI-Vorschriften für die Steuerungs- und Regelungstechnik im allgemeinen und Speicherprogrammierte Steuerungen im besonderen.

DIN 19225	Benennung und Einteilung von Reglern
DIN 19226	Regelungstechnik und Steuerungstechnik
DIN 19227	Bildzeichen und Kennbuchstaben für Messen, Steuern, Regeln in der Verfahrenstechnik
DIN 19228	Bildzeichen für Messen, Steuern, Regeln
DIN 19233	Automat, Automatisierung
DIN 19235	Steuerungstechnik, Meldung von Betriebszuständen
DIN 19237	Steuerungstechnik, Begriffe
DIN 19239	Steuerungstechnik, Speicherprogrammierte Steuerungen
DIN 28004	Fließbilder verfahrenstechnischer Anlagen
DIN 40719 T6	Schaltungsunterlagen; Regeln und graphische Symbole für Funktionspläne
DIN 40900	Schaltzeichen der Elektrotechnik
T12	Schaltzeichen – Binäre Elemente
T13	Graphische Symbole für analoge Informationsverarbeitung
DIN 61131-3	Speicherprogrammierbare Steuerungen
T3	Programmiersprachen
DIN 66261	Sinnbilder für Struktogramme nach Nassi-Shneiderman
DIN 66262	Programmkonstrukte zur Bildung von Programmen mit abgeschlossenen Zweigen
DIN VDE 0113	Elektrische Ausrüstung von Industriemaschinen
DIN VDE 0160	Ausrüstung von Starkstromanlagen mit elektronischen Betriebsmitteln
VDI 2880	Speicherprogrammierbare Steuerungsgeräte Blatt 1: Definition und Kenndaten Blatt 2: Prozeß- und Datenschnittstellen Blatt 3: Programmier- und Testeinrichtungen Blatt 4: Programmiersprachen Blatt 5: Sicherheitstechnische Grundsätze

II Operationsliste der Steuerungssprache STEP-5

Die nachfolgende Zusammenstellung zeigt den gesamten Befehlsvorrat der Steuerungssprache STEP-5.

Grundoperationen

Operation (AWL)	Operanden					1 VKE abhängig? 2 VKE beeinflußt?		Funktionsbeschreibung
	E	A	M	T	Z	1	2	
Verknüpfungsoperationen								
U	•	•	•	•	•	N	J	UND-Verknüpfung: Abfrage auf Signalzustand „1“
UN	•	•	•	•	•	N	J	UND-Verknüpfung: Abfrage auf Signalzustand „0“
O	•	•	•	•	•	N	J	ODER-Verknüpfung: Abfrage auf Signalzustand „1“
ON	•	•	•	•	•	N	J	ODER-Verknüpfung: Abfrage auf Signalzustand „0“
O						N	J	ODER-Verknüpfung von UND-Funktionen
U(						N	J	UND-Verknüpfung von Klammerausdrücken (6 Klammerebenen)
O(						N	J	ODER-Verknüpfung von Klammerausdrücken (6 Klammerebenen)
)						N	J	Klammer zu (Abschluß eines Klammerausdrucks)
Speicheroperationen								
S	•	•	•			J	N	Den Operanden auf den Wert „1“ setzen
R	•	•	•			J	N	Den Operanden auf den Wert „0“ rücksetzen
=	•	•	•			J	N	Dem Operanden wird der Wert des VKE zugewiesen.
Ladeoperationen								
L	EB					N	N	Ein Eingangsbyte vom PAE in den AKKU 1 laden
L	AB					N	N	Ein Ausgangsbyte vom PAA in den AKKU 1 laden

Operation (AWL)	Operanden E A M T Z	1 VKE abhängig? 2 VKE beeinflußt? 1	2	Funktionsbeschreibung
Ladeoperationen (Fortsetzung)				
L	EW	N	N	Ein Eingangswort vom PAE in den AKKU 1 laden: Byte n → AKKU 1 (Bits 8–15); Byte n + 1 → AKKU 1 (Bits 0–7)
L	AW	N	N	Ein Ausgangswort vom PAA in den AKKU 1 laden: Byte n → AKKU1 (Bits 8–15); Byte n + 1 → AKKU 1 (Bits 0–7)
L	PB	N	N	Ein Peripheriebyte der Digital-/Analog-Eingaben in den AKKU 1 laden
L	PW	N	N	Ein Peripheriewort der Digital-/Analog-Eingaben in den AKKU 1 laden. Byte n → AKKU 1 (Bits 8–15); Byte n + 1 → AKKU 1 (Bits 0–7)
L	MB	N	N	Ein Merkerbyte in den AKKU 1 laden
L	MW	N	N	Ein Merkerwort in den AKKU 1 laden: Byte n → AKKU 1 (Bits 8–15); Byte n + 1 → AKKU 1 (Bits 0–7)
L	DL	N	N	Ein Datenwort (linkes Byte) des aktuellen Datenbausteins in den AKKU 1 laden
L	DR	N	N	Ein Datenwort (rechtes Byte) des aktuellen Datenbausteins in den AKKU 1 laden
L	DW	N	N	Ein Datenwort des aktuellen DB in den AKKU 1 laden: Byte n → AKKU 1 (Bits 8–15); Byte n + 1 → AKKU 1 (Bits 0–7)
L	KB	N	N	Eine Konstante (1-Byte-Zahl) in den AKKU 1 laden
L	KC	N	N	Eine Konstante (2-Character-Zeichen im ASCII-Format) in den AKKU 1 laden
L	KF	N	N	Eine Konstante (Festpunktzahl) in den AKKU 1 laden
L	KH	N	N	Eine Konstante (Hexa-Code) in den AKKU 1 laden
L	KM	N	N	Eine Konstante (Bitmuster) in den AKKU 1 laden
L	KY	N	N	Eine Konstante (2-Byte-Zahl) in den AKKU 1 laden
L	KT	N	N	Eine Konstante (Zeitwert) in den AKKU 1 laden (BCD-codiert)

Operation (AWL)	Operanden E	A	M	T	Z	1 VKE abhängig? 2 VKE beeinflußt? 1	2	Funktionsbeschreibung
Ladeoperationen (Fortsetzung)								
L	KZ					N	N	Eine Konstante (Zählwert) in den AKKU 1 laden (BCD-codiert)
L				•	•	N	N	Einen Zeit- oder Zählwert (dual-codiert) in den AKKU 1 laden
LC				•	•	N	N	Zeit- oder Zählwerte (BCD-codiert) in den AKKU 1 laden
Transferoperationen								
T	EB					N	N	Den Inhalt des AKKU 1 zu einem Eingangsbyte transferieren (ins PAE)
T	AB					N	N	Den Inhalt des AKKU 1 zu einem Ausgangsbyte transferieren (ins PAA)
T	EW					N	N	Den Inhalt des AKKU 1 zu einem Eingangswort transferieren (ins PAE): AKKU 1 (Bits 8–15) → Byte n; AKKU 1 (Bits 0–7) → Byte n + 1
T	AW					N	N	Den Inhalt des AKKU 1 zu einem Ausgangswort transferieren (ins PAA): AKKU 1 (Bits 8–15) → Byte n; AKKU 1 (Bits 0–7) → Byte n + 1
T	PB					N	N	Den Inhalt des AKKU 1 zu einem Peripheriebyte der Digital-Ausgaben mit Nachführen des PAA oder der Analog-Ausgaben transferieren
T	PW					N	N	Den Inhalt des AKKU 1 zu einem Peripheriewort der Digital-Ausgaben mit Nachführen des PAA oder der Analog-Ausgaben transferieren
T	MB					N	N	Den Inhalt des AKKU 1 zu einem Merkerbyte transferieren
T	MW					N	N	Den Inhalt des AKKU 1 zu einem Merkerwort transferieren (ins PAA): AKKU 1 (Bits 8–15) → Byte n; AKKU 1 (Bits 0–7) → Byte n + 1
T	DL					N	N	Den Inhalt des AKKU 1 zu einem Datenwort (linkes Byte) transferieren
T	DR					N	N	Den Inhalt des AKKU 1 zu einem Datenwort (rechtes Byte) transferieren
T	DW					N	N	Den Inhalt des AKKU 1 zu einem Datenwort transferieren

Operation (AWL)	Operanden E	A	M	T	Z	1 VKE abhängig?	2 VKE beeinflußt?	Funktionsbeschreibung
Zeitoperationen								
SI				•		J$\uparrow$	N	Eine Zeit (im AKKU 1 hinterlegt) als Impuls starten (Signalbegrenzung)
SV				•		J$\uparrow$	N	Eine Zeit (im AKKU 1 hinterlegt) als verlängerten Impuls starten (Signalbegrenzung und -verlängerung)
SE				•		J$\uparrow$	N	Eine Zeit (im AKKU 1 hinterlegt) einschaltverzögernd starten
SS				•		J$\uparrow$	N	Eine Zeit (im AKKU 1 hinterlegt) speichernd einschaltverzögernd starten
SA				•		J$\downarrow$	N	Eine Zeit (im AKKU 1 hinterlegt) ausschaltverzögernd starten
R				•		J	N	Eine Zeit rücksetzen
Zähloperationen								
ZV					•	J$\uparrow$	N	Zähler zählt um 1 vorwärts
ZR					•	J$\uparrow$	N	Zähler zählt um 1 rückwärts
S					•	J	N	Einen Zähler setzen
R					•	J	N	Einen Zähler rücksetzen
Arithmetische Operationen								
+ F						N	N	Zwei Festpunktzahlen addieren: AKKU 1 + AKKU 2; Ergebnis über ANZ 1/ANZ 0/OV auswertbar
– F						N	N	Zwei Festpunktzahlen subtrahieren: AKKU 2 – AKKU 1; Ergebnis über ANZ 1/ANZ 0/OV auswertbar
Vergleichsoperationen								
! = F						N	J	Vergleich zweier Festpunktzahlen auf gleich: Gilt AKKU 2 = AKKU 1, dann wird das VKE = „1“; ANZ 1/ANZ 0 wird beeinflußt
> < F						N	J	Vergleich zweier Festpunktzahlen auf ungleich: Gilt AKKU 2 ≠ AKKU 1, dann wird das VKE = „1“; ANZ 1/ANZ 0 wird beeinflußt

Operation (AWL)	Operanden (E A M T Z)	1 VKE abhängig?	2 VKE beeinflußt?	Funktionsbeschreibung
Vergleichsoperationen (Fortsetzung)				
> F		N	J	Vergleich zweier Festpunktzahlen auf größer: Gilt AKKU 2 > AKKU 1, dann wird VKE = „1"; ANZ 1/ANZ 0 wird beeinflußt
> = F		N	J	Vergleich zweier Festpunktzahlen auf größer oder gleich: Gilt AKKU 2 ≥ AKKU 1, dann wird das VKE = „1"; ANZ 1/ANZ 0 wird beeinflußt
< F		N	J	Vergleich zweier Festpunktzahlen auf kleiner: Gilt AKKU 2 < AKKU 1, dann wird das VKE = „1"; ANZ 1/ANZ 0 wird beeinflußt
< = F		N	J	Vergleich zweier Festpunktzahlen auf kleiner oder gleich: Gilt AKKU 2 ≤ AKKU 1, dann wird das VKE = „1"; ANZ 1/ANZ 0 wird beeinflußt
Bausteinaufrufoperationen				
SPA	OB	N	N	Organisationsbaustein absolut aufrufen
SPA	PB	N	N	Absolut (unbedingt) zu einem Programmbaustein springen
SPA	FB	N	N	Absolut (unbedingt) zu einem Funktionsbaustein springen
SPA	SB	N	N	Absolut (unbedingt) zu einem Schrittbaustein springen
SPB	OB	J	J	Organisationsbaustein bedingt aufrufen
SPB	PB	J	J	Bedingt zu einem Programmbaustein springen
SPB	FB	J	J	Bedingt zu einem Funktionsbaustein springen
SPB	SB	J	J	Bedingt zu einem Schrittbaustein springen
A	DB	N	N	Einen Datenbaustein aufrufen
E	DB	N	N	Einen Datenbaustein erzeugen

Operation (AWL)	Operanden					1 VKE abhängig? 2 VKE beeinflußt?		Funktionsbeschreibung
	E	A	M	T	Z	1	2	
Rücksprungoperationen								
BE						N	N	Baustein beenden (Abschließen eines Bausteines)
BEB						J	J	Baustein bedingt beenden
BEA						N	N	Baustein absolut (unbedingt) beenden (nicht in Organisationsbausteinen verwendbar)
Null-Operationen								
NOP 0						N	N	Nulloperation (alle Bits gelöscht)
NOP 1						N	N	Nulloperation (alle Bits gesetzt)
Stop-Operation								
STP						N	N	Stop: Zyklus wird noch beendet; Fehlerkennung STS im USTACK wird gesetzt
Bildaufbau-Operationen								
BLD 130						N	N	Bildaufbau-Befehl für das Programmiergerät: Erzeugen einer Leerzeile durch Carriage Return
BLD 131						N	N	Bildaufbau-Befehl für das Programmiergerät: Umschalten auf Anweisungsliste (AWL)
BLD 132						N	N	Bildaufbau-Befehl für das Programmiergerät: Umschalten auf Funktionsplan (FUP)
BLD 133						N	N	Bildaufbau-Befehl für das Programmiergerät: Umschalten auf Kontaktplan (KOP)
BLD 255						N	N	Bildaufbau-Befehl für das Programmiergerät: Segment beenden

Ergänzende Operationen für Funktionsbausteine

Operation (AWL)	Operanden E	A	M	T	Z	1 VKE abhängig? 1	2 VKE beeinflußt? 2	Funktionsbeschreibung
Verknüpfungsoperationen								
U =	Formaloperand					N	J	UND-Verknüpfung: Formaloperanden auf den Signalzustand „1“ abfragen
	•	•	•	•	•			
UN =	Formaloperand					N	J	UND-Verknüpfung: Formaloperanden auf den Signalzustand „0“ abfragen
	•	•	•	•	•			
O =	Formaloperand					N	J	ODER-Verknüpfung: Formaloperanden auf den Signalzustand „1“ abfragen
	•	•	•	•	•			
ON =	Formaloperand					N	J	ODER-Verknüpfung: Formaloperanden auf den Signalzustand „0“ abfragen
	•	•	•	•	•			
UW						N	N	UND-Verknüpfung (wortweise): AKKU 2 mit AKKU 1; Ergebnis in AKKU 1; ANZ 1/ANZ 0 wird beeinflußt
OW						N	N	ODER-Verknüpfung (wortweise): AKKU 2 mit AKKU 1; Ergebnis in AKKU 1; Ergebnis ANZ 1/ANZ 0 auswertbar
XOW						N	N	Exclusiv-ODER-Verknüpfung (wortweise): AKKU 2 mit AKKU 1; Ergebnis in AKKU 1; Ergebnis ANZ 1/ANZ 0 auswertbar
Bit-Testoperationen								
P				•	•	N	J	Bit eines Zeit- bzw. Zählwortes auf Signalzustand „1“ prüfen
P			D			N	J	Bit eines Datenwortes auf Signalzustand „1“ prüfen
P			BS			N	J	Bit eines Datenwortes im Bereich der Systemdaten auf Signalzustand „1“ prüfen
PN				•	•	N	J	Bit eines Zeit- bzw. Zählwortes auf Signalzustand „0“ prüfen
PN			D			N	J	Bit eines Datenwortes auf Signalzustand „0“ prüfen

Operation (AWL)	Operanden E	A	M	T	Z	1 VKE abhängig?	2 VKE beeinflußt?	Funktionsbeschreibung
Bit-Testoperationen (Fortsetzung)								
PN			BS			N	J	Bit eines Datenwortes im Bereich der Systemdaten auf Signalzustand „0" prüfen
SU				•	•	N	N	Bit eines Zeit- bzw. Zählwortes unbedingt setzen
SU			D			N	N	Bit eines Datenwortes unbedingt setzen
RU				•	•	N	N	Bit eines Zeit- bzw. Zählwortes unbedingt rücksetzen
RU			D			N	N	Bit eines Datenwortes unbedingt rücksetzen
Speicheroperationen								
S =	Formaloperand					J	N	Einen Formaloperanden setzen (binär); bei VKE = 1
	•	•	•					
RB =	Formaloperand					J	N	Einen Formaloperanden rücksetzen (binär); bei VKE = 1
	•	•	•					
RD =	Formaloperand					J	N	Einen Formaloperanden rücksetzen (digital); bei VKE = 1
				•	•			
= =	Formaloperand					J	N	Dem Status des Formaloperanden wird der Wert des VKE zugewiesen (binär).
	•	•	•					
Zeit- und Zähloperationen								
FR				•	•	J↑	N	Zeit/Zähler für den Neustart freigeben Wenn VKE = 1 anliegt, wird bei – 'FR T' die Zeit neu gestartet bzw. – 'FR Z' der Zähler gesetzt, vor- oder rückwärts gezählt.
FR =	Formaloperand					J↑	N	Formaloperand (Zeit, Zähler) für den Neustart freigeben (Weitere Beschreibungs-Operation „FR")
				•	•			
SI =	Formaloperand					J↑	N	Eine Zeit (Formaloperand) als Impuls starten; Wert ist im AKKU 1 hinterlegt
				•				
SE =	Formaloperand					J↑	N	Eine Zeit (Formaloperand) einschaltverzögernd starten; Wert ist im AKKU 1 hinterlegt
				•				
SVZ =	Formaloperand					J↑	N	Eine Zeit (Formaloperand) als verlängerten Impuls mit dem im AKKU 1 hinterlegten Wert starten bzw. einen Zähler (Formaloperand) mit dem nachfolgenden angegebenen Zählwert setzen
				•	•			

Operation (AWL)	Operanden	E	A	M	T	Z	1 VKE abhängig?	2 VKE beeinflußt?	Funktionsbeschreibung
Zeit- und Zähloperationen (Fortsetzung)									
SSV =	Formaloperand				•	•	J↑	N	Eine Zeit (Formaloperand) als speichernde Einschaltverzögerung mit dem im AKKU 1 hinterlegten Wert starten bzw. Vorwärtszählen eines Zählers (Formaloperand)
SAR =	Formaloperand				•	•	J	N	Eine Zeit (Formaloperand) als Ausschaltverzögerung mit dem im AKKU 1 hinterlegten Wert starten bzw. Rückwärtszählen eines Zählers (Formaloperand)
Lade- und Transferoperationen									
L =	Formaloperand	•	•		•	•	N	N	Den Wert des Formaloperanden in den AKKU 1 laden (Parametertyp: BY, W)
L	BS						N	N	Ein Wort aus dem Bereich Systemdaten in den AKKU 1 laden
LC =	Formaloperand				•	•	N	N	Den Wert des Formaloperanden im BCD-Code in den AKKU 1 laden
LW =	Formaloperand	•	•	•	•	•	N	N	Das Bitmuster eines Formaloperanden in den AKKU 1 laden (Parameterart: D; Parametertyp: KF, FH, KM, KY, KC, KT, KZ)
T =	Formaloperand	•	•				N	N	Inhalt des AKKU 1 zum Formaloperanden transferieren (Parametertyp: BY, W)
Umwandlungsoperationen									
KEW							N	N	Das 1er-Komplement von AKKU 1 bilden
KZW							N	N	Das 2er-Komplement von AKKU 1 bilden ANZ 1/ANZ 0 und OV wird beeinflußt.
Schiebeoperationen									
SLW	Parameter n = 0...15						N	N	Inhalt von AKKU 1 nach links um den im Parameter angegebenen Wert schieben Freiwerdende Stellen werden mit Nullen aufgefüllt; ANZ 1/ANZ 0 wird beeinflußt.
SRW	Parameter n = 0...15						N	N	Inhalt von AKKU 1 nach rechts um den im Parameter angegebenen Wert schieben Freiwerdende Stellen werden mit Nullen aufgefüllt; ANZ 1/ANZ 0 wird beeinflußt.

Operation (AWL)	Operanden E A M T Z	1 VKE abhängig? 2 VKE beeinflußt? 1	2	Funktionsbeschreibung
Sprungoperationen				
SPA =	Symboladresse max. 4 Zeichen	N	N	Absolut (unbedingt) zur Symboladresse springen
SPB =	Symboladresse max. 4 Zeichen	J	J	Bedingter Sprung zur Symboladresse (Ist VKE = „0“, wird das VKE auf „1“ gesetzt.)
SPZ =	Symboladresse max. 4 Zeichen	N	N	Sprung bei Null: wird nur ausgeführt, wenn ANZ 1 = 0 und ANZ 0 = 0; das VKE wird nicht verändert
SPN =	Symboladresse max. 4 Zeichen	N	N	Sprung bei nicht Null: wird nur ausgeführt, falls ANZ 1 ≠ ANZ 0; das VKE wird nicht verändert
SPP =	Symboladresse max. 4 Zeichen	N	N	Sprung bei Vorzeichen plus: wird nur ausgeführt, falls ANZ 1 = 1 und ANZ 0 = 1; das VKE wird nicht verändert
SPM =	Symboladresse max. 4 Zeichen	N	N	Sprung bei Vorzeichen minus: wird nur ausgeführt, falls ANZ 1 = 0 und ANZ 0 = 1; VKE wird nicht verändert
SPO =	Symboladresse max. 4 Zeichen	N	N	Sprung bei „Überlauf“: wird nur ausgeführt, wenn Anzeige OVERFLOW gesetzt ist; VKE wird nicht verändert
Setzoperationen				
SU	BS	N	N	Bit im Bereich der Systemdaten unbedingt setzen
RU	BS	N	N	Bit im Bereich der Systemdaten unbedingt rücksetzen
Lade- und Transferoperationen				
LIR =	0 2	N	N	Das Register mit dem Inhalt eines Speicherwortes indirekt laden (0: AKKU 1; 2: AKKU 2)
TIR	0 2	N	N	Den Registerinhalt in das Speicherwort indirekt transferieren (0: AKKU 1; 2: AKKU 2)
TNB	Parameter n = 0…255	N	N	Byteweiser Blocktransfer (Anzahl der Bytes 0…255)
T	BS	N	N	Ein Wort in den Bereich der Systemdaten transferieren

Operation (AWL)	Operanden E A M T Z	1 VKE abhängig? 1	2 VKE beeinflußt? 2	Funktionsbeschreibung
Sprungoperation				
SPR		N	N	Beliebiger Sprung innerhalb eines Funktionsbausteins (Sprungdistanz: – 32768 bis + 32767)
Arithmetische Operationen				
ADD	BF	N	N	Byte-Konstante (Festpunkt) zum AKKU 1 addieren
ADD	KF	N	N	Festpunkt-Konstante (Wort) zum AKKU 1 addieren
Sonstige Operationen				
AS		N	N	Alarm sperren: Peripheriealarme bzw. Zeit-OB-Bearbeitung wird gesperrt
AF		N	N	Alarm freigeben; hebt die Wirkung der Operation AS wieder auf
D		N	N	Das Low-Byte (Bit 0 bis 7) von AKKU 1 um den Wert n (n = 0 bis 255) dekrementieren
I		N	N	Das Low-Byte (Bit 0 bis 7) von AKKU 1 um den Wert n (n = 0 bis 255) inkrementieren
B =	Formaloperand • • • • •	N	N	Baustein bearbeiten (Nur A DB, SPA PB, SPA FB, SPA SB können substituiert werden.)
B	DW**	N	N	Datenwort bearbeiten: die nachfolgende Operation wird mit dem im Datenwort angegebenen Parameter kombiniert (ODER-Verknüpfung) und ausgeführt**.
B	MW**	N	N	Merkerwort bearbeiten: die nachfolgende Operation wird mit dem im Merkerwort angegebenen Parameter kombiniert (ODER-Verknüpfung) und ausgeführt**.
BI	Formaloperand • • • • •	N	N	Über einen Formaloperanden bearbeiten (indirekt) Die Nummer des Formaloperanden steht im AKKU 1.
STS		N	N	Stop-Befehl: unmittelbar nach dem Befehl wird die Programmbearbeitung abgebrochen.
TAK		N	N	Den Inhalt von AKKU 1 und AKKU 2 tauschen

** Zulässige Operationen:
U, UN, O, ON;
S, R, =;
FR T, R T, SA T, SE T, SI T, SS T, SV T;
FR Z, R Z, S Z, ZR Z, ZV Z;
L, LC, T;
SPA, SPB, SPZ, SPN, SPP, SPM, SPO, SLW, SRW;
D, I;
A DB; T BS, TNB

Erläuterungen zur Operationsliste

Abkürzungen		Erklärungen
AKKU 1		Akkumulator 1 (Beim Laden des AKKU 1 wird der ursprüngliche Inhalt in den AKKU 2 geschoben.)
AKKU 2		Akkumulator 2
ANZ 0 / ANZ 1		Ergebnisanzeige 0 / Ergebnisanzeige 1
AWL		STEP-5-Darstellungsart Anweisungsliste
Formaloperand		Ausdruck mit max. 4 Zeichen, wobei das erste Zeichen ein Buchstabe sein muß
FUP		STEP-5-Darstellungsart Funktionsplan
KOP		STEP-5-Darstellungsart Kontaktplan
OV		Überlauf-Anzeige (Overflow): diese Anzeige wird gesetzt, wenn z.B. bei arithmetischen Operationen der Zahlenbereich überschritten wird.
PAE		Prozeßabbild der Eingänge
PAA		Prozeßabbild der Ausgänge
VKE		Verknüpfungsergebnis
VKE abhängig	J J ↑/↓ N	Die Anweisung wird nur ausgeführt, wenn das VKE = „1“ ist. Die Anweisung wird nur ausgeführt, wenn positiver/negativer Flankenwechsel beim VKE vorliegt. Die Anweisung wird immer ausgeführt.
VKE beeinflussend	J/N	Das VKE wird durch die Operation beeinflußt/nicht beeinflußt.
A		Ausgang: 1. Ausgang (PAA) 2. Ausgang eines FB (s. S. 257)
AB		Ausgangsbyte

Abkürzungen	**Erklärungen**
AW	Ausgangswort
BF	Byte-Konstante (Festpunktzahl)
BS	Bereich Systemdaten – bei Ladeoperationen (ergänzende Operation) und Transferoperationen (Systemoperationen) – bei Bit-Test- und Setzoperationen (Systemoperationen)
D	Datenbit
DB	Datenbaustein
DL	Datenwort (linkes Byte)
DR	Datenwort (rechtes Byte)
DW	Datenwort
E	Eingang 1. Eingang (PAE) 2. Eingang eines FB (s. S. 257)
EB	Eingangsbyte
EW	Eingangswort
FB	Funktionsbaustein
KB	Konstante (1 byte)
KC	Konstante (2 Character-Zeichen)
KF	Konstante (Festpunktzahl)
KH	Konstante (Hexa-Code)

Abkürzungen	**Erklärungen**
KM	Konstante (2 byte Bitmuster)
KT	Konstante (Zeitwert)
KY	Konstante (2 byte)
KZ	Konstante (Zählwert)
M	Merker – remanent – nicht remanent
MB	Merkerbyte – remanent – nicht remanent
MW	Merkerwort – remanent – nicht remanent
OB	Organisationsbaustein
PB	Programmbaustein
PB	Peripheriebyte
PW	Peripheriewort
SB	Schrittbaustein
T	Zeit – bei den ergänzenden Operationen „Bit testen“ und „Setzen“
Z	Zähler – remanent – nicht remanent – bei den ergänzenden Operationen „Bit testen“ und „Setzen“

III Zusammenstellung der Beschreibungsmittel

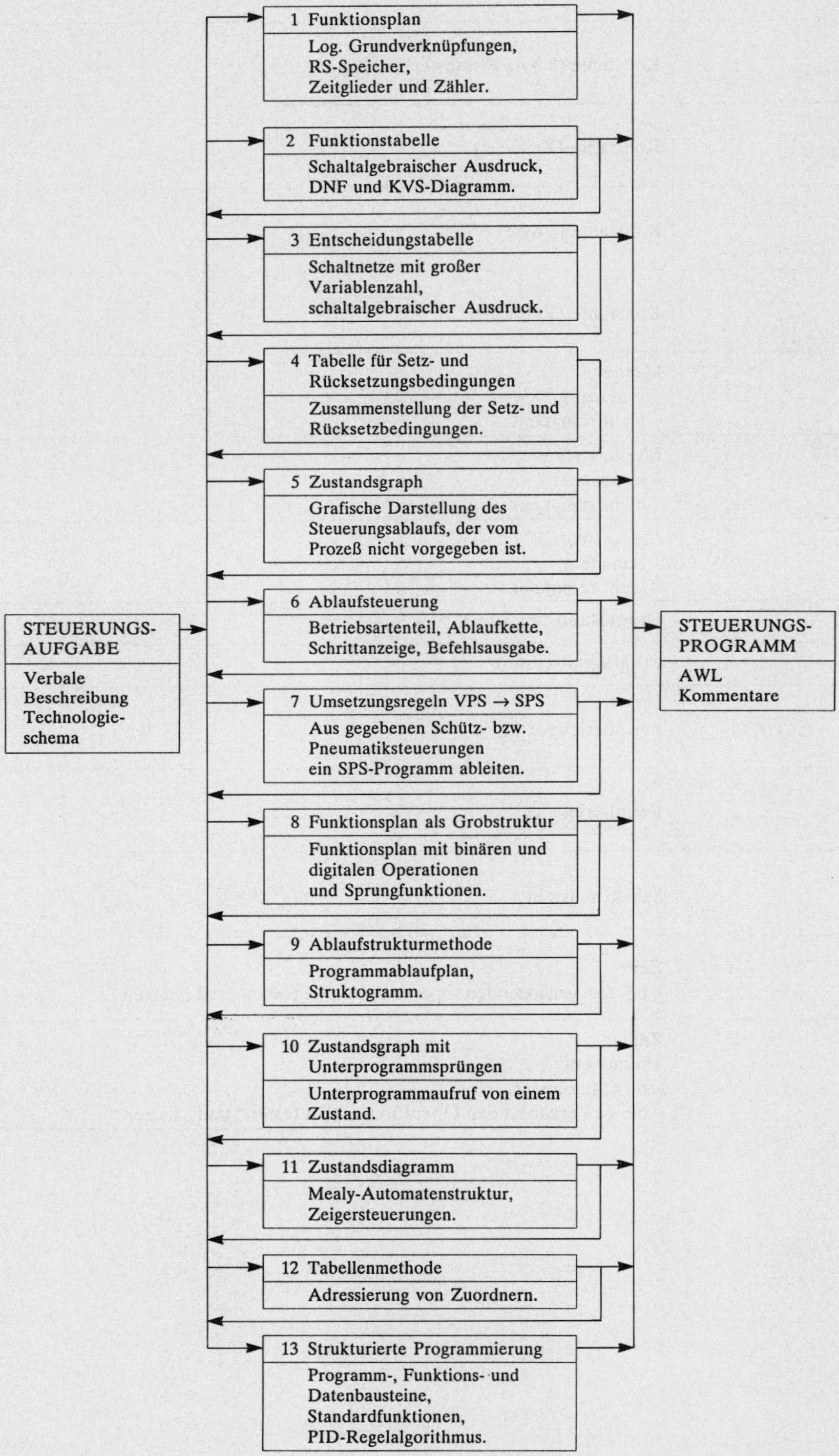

IV Kommentiertes Programmverzeichnis mit Angabe der verwendeten Beschreibungsmittel

Das kommentierte Programmverzeichnis bezieht sich auf das Übersichtsblatt „Zusammenstellung der Beschreibungsmittel". Die dort aufgeführten Beschreibungsmittel sind von 1 bis 13 durchnumeriert. Die Pfeile zeigen den eingeschlagenen Lösungsweg. Ein mit 2, 1 angegebener Lösungsweg bedeutet z.B., daß zur Lösung der Steuerungsaufgabe zuerst das Beschreibungsmittel „Funktionstabelle" und danach, der Pfeilrichtung folgend, das Beschreibungsmittel „Funktionsplan" angewendet wird, um das Steuerungsprogramm in Form der Anweisungsliste AWL zu erhalten.
Der Kommentar gibt einen Hinweis auf die Steuerungsaufgabe und die Eigenart des Steuerungsproblems. Für den Benutzer dieses Buches kann so die Zugriffsmöglichkeit auf einen Lösungsweg erleichtert werden, wenn er die Ähnlichkeit mit seinem Steuerungsproblem erkennt.
Die im kommentierten Programmverzeichnis aufgeführten Beispiele (Bsp.) und Übungen (Übg.) sind unter dem Gesichtspunkt der Praxisrelevanz ausgesucht worden. Für die Beispiele finden Sie den kompletten Lösungsweg in diesem Lehrbuch unter der angegebenen Seitenzahl. Für die Übungen sei auf den zu diesem Lehrbuch erschienenen Lösungsband verwiesen (Seitenangaben in Klammern).

Steuerungsproblem	Kommentar	Lösungsweg	Beispiel Übung	Seite
Analogwert ausgeben	Das Programm setzt eine 4-stellig vorzeichenbehaftete BCD-Zahl in eine proportionale Ausgangsspannung um.	13	Bsp.	445
Analogwert lesen	Das Programm steuert eine Temperaturmessung mit Pt-100 Temperaturfühler. Der Analogwert wird erfaßt und in einen Zahlenwert umgesetzt, der anschließend auf einen konkreten Temperaturbereich normiert wird.	13	Bsp.	434
Anlassersteuerung	Im Läuferstromkreis eines Drehstrom-Schleifringläufermotors befinden sich drei Widerstandsgruppen, die beim Anlassen mit einer Verzögerungszeit von jeweils 5 s kurzgeschlossen werden. Lösung mit 3 Zeitgliedern; Lösung mit einem Zeitglied.	1	Übg.	90 (38)
Automatisches Rollentor	Ampelsteuerung der Ein- und Ausfahrt einer nur einspurig befahrbaren Tiefgarage und Steuerung eines Rollentors.	5	Übg.	133 (53)
Bandsteuerung	Impulsauswertung von Drehzahlwächtern, Wartezeiten für Bandleerlauf beim Ausschalten. Den Tastern eines Bedienfeldes sind Signallampen zugeordnet, die auch Störmeldefunktionen übernehmen. Blinktaktprogramm.	1	Bsp.	86
Baustellenampel	Schaltwerk für die bedarfsgerechte Signalumschaltung einer Ampel unter Berücksichtigung von zeitgesteuerten Rot- und Grünphasen.	5, 1	Bsp.	109

Steuerungsproblem	Kommentar	Lösungsweg	Beispiel Übung	Seite
BCD-Dual-Code-Wandler	Eine 4-stellige BCD-Zahl wird in den Dualcode umgesetzt.	8	Übg.	349 (127)
Behälterfüllanlage	Je 2 Signalgeber für Voll- und Halbvollmeldung steuern 3 Pumpen unter mehreren Bedingungen, eine davon ist die möglichst gleiche Schalthäufigkeit.	3	Übg.	55 (15)
	Variante: Steuerung der Pumpen über einen Datenbaustein.	3, 12	Übg.	396
Behälterfüllanlage mit 3 Behälter	Es soll immer nur 1 Behälter nach erfolgter Leermeldung nachgefüllt werden. Weitere Behälter werden entsprechend ihrer numerischen Reihenfolge nachgefüllt.	4, 1	Bsp.	64
	Variante: Es sollen stets nur 1 oder höchstens 2 Behälter gleichzeitig gefüllt werden. Meldeleuchte zeigt an, wenn 1 Behälter noch nicht nachgefüllt werden kann. Automatische Löschung der Anzeige.	4, 1	Übg.	75 (30)
	Variante: Die Nachfüllung soll in der Reihenfolge der eingetroffenen Leermeldungen erfolgen.	4, 1	Übg.	75 (31)
	Variante: Gleiche Aufgabenstellung, anderes Lösungsverfahren.	5, 1	Bsp.	127
Behälterfüllstand mit K-Regler	Einsatz der SPS als kontinuierlicher Regler mit PID-Regelalgorithmus zur Ansteuerung eines Proportionalventils im Zulaufzweig. Die Regelparameter werden in einem Datenbaustein hinterlegt.	13	Bsp.	489
Behälterfüllstand mit S-Regler	Das Programm läßt die SPS als Dreipunkt-Schrittregler mit PID-Regelalgorithmus zur Ansteuerung eines motorischen Stellgliedes arbeiten. Es werden Linkslauf- bzw. Rechtslauf-Stellimpulse an das integrierende Stellglied ausgegeben.	9, 13	Bsp.	496
Bereichersermittlung	Meldeleuchten sollen anzeigen, in welchem Zahlenbereich sich ein dualcodierter Eingabewert befindet.	9	Übg.	347 (119)
Beschickungsanlage	Befüllung eines Wagens mit Schüttgut über ein Transportband aus einem Silo.	5, 1	Bsp.	106
Biegewerkzeug	Ablaufsteuerung für 3 pneumatische Zylinder, die einen Blechstreifen biegen. Verwendung eines vorgegebenen Betriebsartenteils.	6	Übg.	166 (59)
Biegewerkzeug	Der vorgegebene pneumatische Schaltplan wird in ein funktionsgleiches SPS-Programm umgesetzt.	7, 1	Bsp.	224

Steuerungsproblem	Kommentar	Lösungsweg	Beispiel Übung	Seite
Bohrvorrichtung	Ein pneumatischer Schaltplan mit 2 Impulsventilen wird durch ein SPS-Programm ersetzt.	7, 1	Übg.	234 (98)
Bördelvorrichtung	Eine pneumatische Schaltung mit Drosselventil wird in ein SPS-Programm mit Zeitglied umgesetzt.	7, 1	Bsp.	228
Chargenbetrieb	Ablaufsteuerung für 2 Reaktoren und 1 Mischkessel. Ablaufkette mit UND-Verzweigung	6, 1	Übg.	172 (74)
DC-DC-Wandler	Halbleiterdiode als Temperatursonde liefert ein temperaturproportionales Spannungssignal, das in eine Zahl umgewandelt, auf Temperaturwerte normiert und analog sowie digital angezeigt wird.	13	Übg.	452 (167)
Dosierungsvorgabe mit Tasten	Jeder Taste entspricht ein im Datenbaustein stehender Dosierungswert, der in das Merkerwort eines Steuerungsprogramms zu laden ist. Anzeige des aktuellen Dosierungswertes. Unterdrückung einer Mehrfachwahl.	9	Übg.	347 (120)
Drosselklappe mit 0 (4) … 20 mA-Geber	Steuerung des Klappenblattes einer Drosselklappe mit Stellungswinkelgeber.	13	Übg.	451 (165)
Dual-BCD-Code-Wandler	Eine dual-codierte Zahl < 10 000 wird in eine 4-stellige BCD-Zahl umgesetzt.	8	Übg.	348 (126)
Durchflußmengen-anzeige	Das Programm rechnet eine Wertebereich 0 … 256 auf 0 … 99 ohne Verwendung von Gleitpunktzahlarithmetik um. Anzeige der normierten Durchflußmenge mit BCD-codierter Ziffernanzeige. Lösung ohne Gleitpunktzahlbefehle.	9	Bsp.	328
Durchlauferhitzer	Von 5 Durchlauferhitern gleicher Leistung dürfen nur 2 gleichzeitig eingeschaltet werden. Auswertung des Betriebszustandes der Lastabwurfrelais.	2, 1	Übg.	54 (13)
Einspurige Unterführung	Eine einspurige Unterführung wird durch eine Ampelanlage gesteuert. Initiatoren melden die Fahrzeuge an.	5, 12	Bsp.	403
	Variante: Bedarfsampelanlage an einer Einmündung zweier Einbahnstraßen.	5, 12	Übg.	421 (156)
Elektropneumatische Steuerung einer Reinigungsanlage	Die Arbeitsschritte einer Tauchreinigungsanlage sind zeitgesteuert und müssen gezählt werden.	1	Bsp.	96
Farbspritzmaschine	Ein Werkstück soll auf 4 Seiten mit Farbe überzogen werden. Steuerung des Drehtellers, Hubwerkes, Kompressors und der Spritzpistole. Überwachung des Farbvorrates. Ablaufsteuerung mit Betriebsartenteil. Umsetzung der Ablaufkette mit RS-Speicher.	6	Übg.	168 (63)

Steuerungsproblem	Kommentar	Lösungsweg	Beispiel Übung	Seite
Förderbandkontrolle	Fehlende Bandwächterimpulse bei laufendem Motor signalisieren eine Störung. Abschalten des Bandmotors und Blinklicht als Störmeldung.	1	Übg.	91 (40)
Füllmengenkontrolle	Erkennen und Auswerfen nicht richtig abgefüllter, geschlossener Konservendosen.	1	Übg.	92 (42)
Gewichtsangabe	Der Wertebereich 0 … 1023 einer dualcodierten 10 Bit-Zahl soll auf 0 … 999 normiert werden. Gewichtsanzeige mit BCD-codierter Ziffernanzeige.	9	Übg.	347 (117)
Impulsschalter für zwei Meldeleuchten	Software-Stromstoßschalter für 2 Meldeleuchten mit der Reihenfolge Ein-1, Ein-2, Aus-1 und 2.	1	Übg.	77 (37)
Impulssteuerung	Eine Schützsteuerung arbeitet als Stromstoßschalter, der beim 1. Impuls den ersten Heizkörper, beim 2. Impuls den zweiten Heizkörper einschaltet und beim 3. Impuls beide Heizkörper ausschaltet. Umwandlung in SPS-Steuerung.	7, 1	Übg.	232 (96)
Kellerspeicher LIFO	Das Programm ermöglicht die Eingabe, Speicherung und Ausgabe von 10 Zahlenwerten: Last In, First Out.	10, 11	Übg.	386 (136)
Kiesverladestation	Maximal 6 LKW können gleichzeitig Kies laden. Leer- und Frachtgewichte werden ermittelt und gespeichert. Signale steuern den Verkehr und den Betrieb der Waage.	10, 11, 1	Bsp.	360
Lackiererei	Die geforderte Lüfterleistung einer Belüftungsanlage soll oberhalb einer Lüfter-Grundleistung abhängig sein von der Anzahl der eingeschalteten Lackierplätze.	9, 13	Bsp.	446
Maximumüberwachung einer elektrischen Anlage	Das Programm überwacht den vertraglich festgelegten Höchstwert für den Enrgiebezug je Viertelstunde. Es werden Einschaltfreigaben oder Abschaltanforderurngen für Verbaucher aufgrund von Hochrechnungen ausgegeben.	8	Übg.	350 (131)
Mehrpunktregler	Ansteuerung eines 3-stufigen Elektrolufterhitzers zur Temperaturregelung eines Raumes. Dreipunkt-Regelalgorithmus.	9, 13	Übg.	504 (169)
Mischbehälter	Ablaufsteuerung für einen in festgelegten Verfahrensschritten ablaufenden chemischen Prozeß. Verwendung eines vorgegebenen Betriebsartenteils.	6, 1	Bsp.	155
Mischbehälter	Steuerung für 10 verschiedene Rezepte. Eingabe- bzw. Korrekturmöglichkeit für die Sollwerte. Steuerung des Mischvorgangs mit Dosierung über Grob- und Feinventile.	10, 9	Übg.	387 (139)

Steuerungsproblem	Kommentar	Lösungsweg	Beispiel Übung	Seite
Mischkessel	Ein Rohprodukt wird bei einer bestimmten Temperatur mit einem Zusatzstoff versehen. Umsetzung der Ablaufkette mit UND-Verzweigung mittels Zählers.	6, 1	Bsp.	184
Multiplex-Ausgabe	Das Programm zeigt eine Möglichkeit zur Einsparung von Steuerungsausgängen bei der Ansteuerung von Ziffernanzeigen mit Speicher.	8	Bsp.	310
	Ausgabenwiederholung: Lösung mit anderem Beschreibungsmittel.	9	Übg.	348 (123)
Normering eines Meßwertes	Das Programm rechnet einen vom Analog-Digital-Umsetzer vorgegebenen Wertebereich – 2047 … + 2047 auf – 9999 … + 9999 um. Anzeige mit BCD-codierten Ziffern. Lösung ohne Gleitpunktzahl-befehle!	9	Bsp.	335
Ölbrennersteuerung	Schaltwerk für die Betriebsphasen einer Brennersteuerung mit zahlreichen Einzelbedingungen.	5	Übg.	132 (51)
Ofentürsteuerung	Überwachung von Endschaltern und Lichtschranke, eine Wartezeit für geöffnete Ofentür. Gegenseitige Verriegelung der Türbewegungen.	1	Bsp.	84
Parkhaus	Steuerung der Einfahrt- und Ausfahrtschranke. Einfahrtampel zeigt Rot, wenn das Parkhaus voll belegt ist.	5	Übg.	134 (55)
Positioniersteuerung	Eine Säge wird für die gewünschte Zuschnittslänge positioniert. Schnell- und Schleichgang.	8	Bsp.	304
Prägemaschine	Ablaufsteuerung mit automatischer Wiederholung nach einem einmaligen Startsignal. Betriebsarten und Schrittanzeige. Umsetzung der Ablaufkette mittels RS-Speicher.	6, 1	Bsp.	160
	Umsetzung der Ablaufkette mittels Zähler. Einbindung eines kompletten Betriebsartenprogramms.	6	Bsp.	180
Pufferspeicher	Zwischenlagerproblem mit Stückzählung im Zu- und Abgang.	1	Bsp.	98
Pufferspeicher FIFO	Das Programm ermöglicht die Eingabe, Speicherung und Ausgabe von 10 Zahlenwerten: First In, First Out.	10, 11, 1	Bsp.	355

Steuerungsproblem	Kommentar	Lösungsweg	Beispiel Übung	Seite
Pumpensteuerung	Verriegelungsproblem n aus 4. Es dürfen nur so viel Pumpen eingeschaltet werden, daß eine Gesamtanschlußleistung von 10 kW nicht überschritten wird.	4, 1	Bsp.	67
Pumpensteuerung	Das Programm löst die anforderungsgesteuerte Zu- oder Abschaltung von Pumpen und sorgt für eine gleiche Zuschalthäufigkeit aller Pumpen.	11, 1	Bsp.	380
	Ähnliche Aufgabe mit 4 Regenwasserpumpen.	11, 1	Übg.	389 (144)
	Erweiterung der Aufgabe um 2 Pumpen mit doppelter Leistung. Substitutionsbedingungen	11, 1	Übg.	389 (147)
Qualitätskontrolle	Fehlerüberwachung mittels Schieberegisterfunktion. Fehlersignale laufen parallel mit dem Prüfling durch 5 Prüfstationen. Am Ende der Prüfstrecke wird eine Weiche zur Aussortierung des Ausschusses gestellt.	13	Bsp.	283
	Erweiterung der Aufgabe: Erfassung der Fehlerhäufigkeit pro Kontrollstelle.	13	Übg.	297 (195)
Rauchgastemperaturanzeige	Das Programm verarbeitet die Analogsignale eines Abgassensors und bewertet den Anlagenzustand des Brenners durch Vergleich mit Tabellenwerten. Der Anlagenzustand wird signalisiert.	13	Bsp.	436
Reaktionsgefäß	In einem Reaktionsgefäß werden 4 verfahrenstechnische Funktionen (Heizen, Kühlen, Rühren und Sichern) ausgeführt. Signalgeber melden je 2 Grenzwerte von Druck und Temperatur. Die Betriebszustände der Anlage werden signalisiert.	2, 1	Übg.	53 (8)
Reklamebeleuchtung	Schützschaltung mit Anzugsverzögerung wird durch ein SPS-Programm mit Zeitgliedern ersetzt.	7, 1	Übg.	232 (97)
Richtungsabhängige Fahrzeugzählung	Das Programm ermöglicht die Richtungserkennung von Fahrzeugen an einer Schranke und erzeugt Einfahrt- und Ausfahrtimpulse für einen Zähler.	11, 1	Bsp.	373
Rohrbiegeanlage	Ablaufsteuerung mit Transportwagen, Schutzgitter und Biegewerkzeug. Verwendung eines vorgegebenen Betriebsartenteils. Umsetzung der Ablaufkette mit RS-Speicher.	6	Übg.	167 (61)
	Umsetzung der Ablaufkette mittels Zähler. Unveränderte Übernahme von Programmteilen für Betriebsarten und Befehlsausgabe.	6	Übg.	191 (94)
	Umsetzung des Programmteils „Befehlsausgabe" mittels Tabellenmethode.	12	Übg.	422 (162)

Steuerungsproblem	Kommentar	Lösungs-weg	Beispiel Übung	Seite
Rüttelsieb	Rückwärtszähler zählt Impulse eines Taktgenerators und bildet eine 24 h-Zeit, an deren Ende ein Rüttelsieb für 5 min eingeschaltet wird.	1	Übg.	100 (49)
Schleifmaschine	Speicherung von Tasteneingaben, Rechts-Linkslauf-Verriegerlung, NOT-AUS und thermische Auslösung bei Überlast.	4, 1	Übg.	75 (32)
Schloßsteuerung	Ein Schloß darf sich nur öffnen, wenn 5 Tasten in der richtigen Reihenfolge betätigt wurden.	1	Übg.	77 (35)
Schrittschalt-steuerung einer Blindstromkompen-sationsanlage	Der vorgegebene Stromlaufplan einer Schützsteuerung wird in ein funktions-gleiches SPS-Programm umgesetzt.	7, 1	Bsp.	216
Schubantrieb mit Widerstandsfern-geber	Ein Schubantrieb steuert eine Jalousie-klappe. Ein Vorwahlschalter bestimmt den Öffnungswinkel.	13	Übg.	450 (164)
Selbstgeschriebener Funktionsbaustein „Melden"	2 Gruppen von je drei Motoren werden mit einer 2 aus 3-Stillstandserkennung durch einen parametrierbaren Funk-tionsbaustein überwacht.	8, 13	Bsp.	259
Selektive Bandweiche	Selektion kurzer und langer Werkstücke durch Steuerung einer Bandweiche.	11, 12	Bsp.	411
Software-Sollwert-geber	Das Programm realisiert eine Rampen-funktion, nach der ein Sollwert bis zum gewünschten Einstellwert erhöht oder vermindert wird. Ziffernanzeige.	13	Bsp.	293
	1. Erweiterung der Aufgabe: Verände-rung des oberen Grenzwertes zulässig, wenn Schlüsselschalter betätigt. Anzeige: Grenzwert oder aktueller Sollwert.	8	Übg.	316 (108)
	2. Erweiterung der Aufgabe: Nach-führung eines internen Sollwertes auf neuen Vorgabewert bei stoßfreier Übernahme.	8	Übg.	317 (109)
Sollwertvorgabe für Rezeptsteuerung	Die Rezepte unterscheiden sich in den Mengen- und Temperaturwerten. Nach Eingabe einer Rezeptnummer werden die Werte aus einem Datenbaustein ausgelesen und an die zugehörigen Variablen des Steuerungsprogramms übergeben.	13	Übg.	297 (103)
Sortieranlage	Teile werden nach Größe und Werk-stoffart sortiert. Ablaufkette mit ODER-Verzweigung. Umsetzung der Ablauf-kette mit RS-Speicher.	6, 1	Übg.	170 (67)
Speiseaufzug	Aufzug rufen und schicken, Aufwärts-bzw. Abwärtsfahrt, automatische Tür-öffnung/-schließung, Rufanzeige.	5	Übg.	135 (57)

Steuerungsproblem	Kommentar	Lösungsweg	Beispiel Übung	Seite
Steuerung einer Türschleuse	Reihenfolgenproblem beim automatischen Öffnen und Schließen von 2 Türen unter zahlreichen Einzelbedingungen.	5, 1	Bsp.	114
Suchen einer Materialnummer	Das Programm durchsucht einen Datenbereich in einem dem Hochregellager zugeordneten Datenbaustein nach einer Materialnummer und gibt eine Ergebnismeldung aus. Die Materialnummer wird mittels Zahleneinsteller eingegeben.	13	Bsp.	286
	Erweiterung der Aufgabenstellung: Suchen in einem Datenfeld.	8	Bsp.	340
Tablettenabfüllautomat	Zählen von Mengenimpulsen beim Abfüllen, Signalvorverarbeitung der Auswahltasten für die Tablettenanzahl.	5, 1	Bsp.	120
Temperaturregelung eines Lagerraumes	Das Programm realisiert einen Dreipunkt-Regelalgorithmus (HEIZEN-AUS-KÜHLEN) zur Temperaturregelung. Der Temperatursensor liefert ein Analogsignal.	9, 13	Bsp.	473
Thyristor Stellglied an K-Regler	PID-Regelung eines elektrisch beheizten Wärmeofens durch Ansteuerung eines Thyristor-Stellgliedes mit einer analogen Steuerspannung.	13	Übg.	506 (171)
	Erweiterung: Die Stellgliedlaufzeit T_y, die Mindestimpulsdauer T_{Min} und die Abtastzeit T_A sollen als variable Grössen prozeßabhängig vorgegeben werden.	13	Übg.	506 (174)
Torsteuerung	Verriegelung der Motorschütze für Öffnen und Schließen des Tores. Betriebsarten Automatikbetrieb und Tippen.	4, 1	Übg.	76 (34)
Transportband	Weichenstellung nach Zählung von 20 Kisten, Auswertung eines Zählerstandes.	1	Übg.	100 (42)
Tunnelbelüftung	Die Zuschaltung von max. 3 Lüftern erfolgt in Abhängigkeit von den Meldesignalen der 3 Rauchgasmelder.	2, 1	Übg.	53 (7)
	Lüftungsanlage mit 5 Lüftern unterschiedlicher Leistung, die aufgrund einer festen Zuordnung zu den Signalen der 3 Rauchgasmelder einzuschalten sind.	12	Übg.	421 (154)
Überwachungsschaltung	Automatische Verkehrskontrolle für längere Fahrzeuge (LKWs und Busse) durch eine Doppellichtschranke.	11, 12	Übg.	422 (160)
Zahl-Bitmuster-Vergleich	Bei einer Druckmaschinensteuerung soll die Vorgabe eines neuen Formatsollwertes nur dann angenommen werden, wenn die Stellung von 4 Getriebeschalthebeln zum gewählten Sollwert in richtiger Beziehung steht.	13	Übg.	296 (102)

Steuerungsproblem	Kommentar	Lösungsweg	Beispiel Übung	Seite
Zahleneingabe mit Zifferntastatur	Das Programm wertet die binären Signale einer 10er-Tastatur aus, über die eine 4-stellige Zahl eingegeben werden kann. Anzeige mit BCD-codierter Ziffernanzeige.	9	Bsp.	342
Zeitabhängiges Schrittschaltwerk	Ringschieberegister, Laden eines vorwählbaren Bitmusters. Einstellbare Impulsverkürzung an den Parallelausgängen.	8	Übg.	318 (113)
Zerkleinerungsanlage	Der vorgegebene Stromlaufplan einer Schützsteuerung mit Abfall- und Anzugsverzögerung wird in ein funktionsgleiches SPS-Programm umgesetzt.	7, 1	Bsp.	221
Zweihandverriegelung	2 Tastschalter müssen innerhalb der Zeitspanne t betätigt werden, um den Arbeitshub einer Maschine auszulösen.	2, 1	Bsp.	79
Zweipunktregelung eines Behälterfüllstandes	Das Programm bewirkt eine Störgrößenausregelung bei einer Füllstandsaufgabe. Als Störgrößen kommen unterschiedliche Abnahmemengen, Veränderung des Pumpendrucks u.a. in Frage. Zweipunkt-Regelalgorithmus.	9, 13	Bsp.	469

Sachwortverzeichnis